Springer-Lehrbuch

Helmut Laux
Felix Liermann

Grundlagen der Organisation

Die Steuerung von Entscheidungen
als Grundproblem
der Betriebswirtschaftslehre

Sechste Auflage
mit 111 Abbildungen
und 13 Tabellen

 Springer

Professor Dr. Dr. h.c. Helmut Laux
Johann Wolfgang Goethe-Universität Frankfurt
Lehrstuhl für Organisation und Management
Mertonstraße 17
60054 Frankfurt am Main
E-Mail: laux@em.uni-frankfurt.de

Professor Dr. Felix Liermann
Fachhochschule Frankfurt –
University of Applied Sciences
Fachbereich 3, Wirtschaft und Recht
Nibelungenplatz 1
60318 Frankfurt am Main
E-Mail: liermann@fb3.fh-frankfurt.de

OEk
8,31

Die erste und zweite Auflage erschienen in der Reihe
»Heidelberger Lehrtexte Wirtschaftswissenschaften«

Bibliografische Information Der Deutschen Bibliothek
Die Deutsche Bibliothek verzeichnet diese Publikation in der Deutschen Nationalbibliografie; detaillierte bibliografische Daten sind im Internet über *http://dnb.ddb.de* abrufbar.

ISBN 3-540-24436-0 6. Auflage Springer Berlin Heidelberg New York
ISBN 3-540-43875-0 5. Auflage Springer Berlin Heidelberg New York

Springer ist ein Unternehmen von Springer Science+Business Media
springer.de

009 0936

© Springer-Verlag Berlin Heidelberg 1987, 1990, 1993, 1997, 2003, 2005
Printed in Italy

Die Wiedergabe von Gebrauchsnamen, Handelsnamen, Warenbezeichnungen usw. in diesem Werk berechtigt auch ohne besondere Kennzeichnung nicht zu der Annahme, dass solche Namen im Sinne der Warenzeichen- und Markenschutz-Gesetzgebung als frei zu betrachten wären und daher von jedermann benutzt werden dürften.

Umschlaggestaltung: design & production GmbH, Heidelberg
Herstellung: Helmut Petri
Druck: Legoprint

SPIN 11380696   Gedruckt auf säurefreiem Papier – 42/3130 – 5 4 3 2 1 0

Vorwort zur 6. Auflage

Da die gründlich überarbeitete 5. Auflage erst 2003 erschienen ist, haben wir diesmal lediglich einige Druckfehler korrigiert und das Literaturverzeichnis aktualisiert.

Vorwort zur 5. Auflage

Auch die 5. Auflage wurde gründlich überarbeitet. Umfangreiche Verbesserungen wurden vor allem in den Kapiteln XIX, XX, XXI und XXVI vorgenommen. Das Literaturverzeichnis wurde um neuere Arbeiten ergänzt. Herr Martin Dommermuth, Frau Ute Imkenberg und Frau Kerstin Schüler haben das druckfertige Manuskript erstellt, Herr Burkhard Eisele hat die Textverarbeitung organisiert. Hierfür danken wir herzlich.

Vorwort zur 4. Auflage

Die 4. Auflage wurde vollständig überarbeitet. Dabei wurden umfangreiche Verbesserungen vor allem in den Kapiteln XVII, XXI und XXIII-XXV vorgenommen. Außerdem wurde das Literaturverzeichnis aktualisiert.

Die Herren Carsten Kraft, Marcus Oehlrich, Matthias Schabel und Jens Wiederstein haben das druckfertige Manuskript erstellt. Dafür danken wir herzlich.

Vorwort zur 3. Auflage

Die 3. Auflage wurde um ein Kapitel erweitert, das einige Grundfragen der ökonomischen Agency-Theorie behandelt. Zudem wurde das Literaturverzeichnis aktualisiert.

Vorwort zur 2. Auflage

Die positive Aufnahme und rasche Verbreitung des Buches haben seine Grundkonzeption eindrucksvoll bestätigt. Wir konnten uns daher auf die Korrektur von Druckfehlern sowie auf eine Aktualisierung des Literaturverzeichnisses beschränken.

Vorwort zur 1. Auflage

Aufgrund der steigenden Variabilität der Faktor- und Produktmärkte und der sinkenden Transparenz der zukünftigen ökonomischen und sozialen Entwicklung werden die Planungshorizonte für unternehmerische Entscheidungen zunehmend kürzer: Die Problemlösungen der Vergangenheit sind immer seltener auch den gegenwärtigen Problemen angemessen. Zudem werden die jeweils (neu) zu lösenden Probleme immer komplexer.

Die Betriebswirtschaftslehre hat zahlreiche, z.T. sehr ausgefeilte Modelle entwickelt, mit denen komplexe „Objektentscheidungsprobleme" (z.B. die Auswahl von Investitionsprojekten, die Bestimmung von optimalen Produktions- und Absatzmengen) strukturiert und gelöst werden können. Inwieweit solche Planungs- und Entscheidungstechniken in einer Unternehmung mit Erfolg angewendet werden (können), hängt jedoch weitgehend von deren Organisationsstruktur ab. Die wesentliche Fragestellung der Betriebswirtschaftslehre liegt heute weniger darin, wie das vorhandene technische Instrumentarium weiter „verfeinert" werden kann, als vielmehr in der Schaffung organisatorischer Rahmenbedingungen, unter denen „gute" Objektentscheidungen getroffen und gegen potentielle interne und externe Widerstände gut in die Wirklichkeit umgesetzt werden können.

Die Organisation des betrieblichen Entscheidungsprozesses ist eine wesentliche Aufgabe vor allem auch der Unternehmensleitung. Dies gilt insbesondere für größere Unternehmungen, in denen die Vielzahl der konkreten Objektentscheidungen nicht von der obersten Leitungsinstanz bewältigt werden kann, so daß eine Übertragung von Entscheidungskompetenzen an nachgeordnete Mitarbeiter geboten ist. Entscheidungen über Maßnahmen zur Steuerung des Entscheidungsverhaltens dieser Mitarbeiter gewinnen dann besondere Bedeutung.

Eine befriedigende Lösung dieses Problems erfordert die verstärkte Integration von betriebswirtschaftlicher Theorie und Organisationstheorie. Im Vordergrund der betriebswirtschaftlichen Theorie (etwa der Investitionstheorie, der Theorie der Produktion und des Absatzes) stehen bisher vornehmlich Objektentscheidungen; organisatorische Maßnahmen zur Steuerung dieser Entscheidungen werden nur sporadisch analysiert. Im allgemeinen wird (implizit) davon ausgegangen, daß sämtliche Entscheidungen von einem einzigen Entscheidungsträger getroffen werden - er wird z.B. als „Unternehmer", „Investor" oder „Produzent" bezeichnet. Die Umsetzung der Entscheidungen ist kein Problem; die Entscheidungen werden realisiert, ohne daß der Entscheidungsträger irgend etwas tun muß, um die Tätigkeiten anderer Organisationsmitglieder entsprechend zu beeinflussen.

Umgekehrt stehen im Mittelpunkt der Organisationstheorie „Organisationsentscheidungen", wobei präzise definierte Objektentscheidungsprobleme nur selten berücksichtigt werden. Die Diskussion von Koordinationsproblemen z.B. beschränkt sich in der Regel auf die allgemeine Darstellung von Koordinationskonzepten und deren möglichen Vor- und Nachteilen. Konkrete Problemstellungen, etwa die Koordination von Produktion und Absatz oder die Koordination von Investitionsentscheidungen bei mehreren Entscheidungsträgern, werden kaum behandelt. Für eine fundierte Analyse genügt es jedoch nicht, daß nur so allgemeine und unverbindliche Aussagen gemacht werden, daß sie für alle Typen von Objektentscheidungen gelten. Auch die spezifischen Probleme der Steuerung konkreter Objektentscheidungen sollten analysiert werden.

Da sich organisatorische Maßnahmen nicht unmittelbar auf den Erfolg auswirken, sondern nur in Verbindung mit den Entscheidungen (möglicherweise sehr
vieler) „zwischengeschalteter" Entscheidungsträger, sind Organisationsent-
scheidungsprobleme wesentlich komplexer als „reine" Objektentscheidungsprobleme. Es besteht ein Bedarf an Strukturierungskonzepten, die Leitlinien für die
Lösung organisatorischer Gestaltungsprobleme geben und dabei berücksichtigen,
daß die menschliche Kapazität, Informationen zu beschaffen bzw. aufzunehmen
und (kreativ) zu verarbeiten, begrenzt ist. In der vorliegenden Arbeit werden solche
Konzepte entwickelt. Am Beispiel wichtiger organisatorischer Problemstellungen
wird gezeigt, wie mit diesen Konzepten gearbeitet werden kann und welche Problemlösungen in unterschiedlichen Situationen tendenziell vorteilhaft sind.

Organisatorische Regelungen entstehen grundsätzlich nicht im Rahmen eines
„großen Wurfes". Die derzeit in einer Organisation geltenden Verhaltensnormen
haben sich möglicherweise über viele Jahrzehnte hinweg entwickelt. Im Verlauf
dieses Entwicklungsprozesses sind immer wieder Normen, die sich nicht (mehr)
bewährt haben, revidiert oder durch völlig neue Regelungen ersetzt worden. Den
gegenwärtigen Organisationsmitgliedern ist meist gar nicht bekannt, welche Ereignisse und Erfahrungen in der Vergangenheit zu den heutigen Regelungen geführt
haben. Dies erschwert deren Beurteilung, zumal die Verhaltensnormen für einen
einzelnen Tätigkeitsbereich im allgemeinen nicht unabhängig von denen für andere
Bereiche beurteilt werden können. Einerseits besteht die Gefahr, daß Verhaltensnormen geändert werden und gerade jene nachteiligen Konsequenzen eintreten, die
früher dazu geführt haben, die betreffenden Regelungen einzuführen. Andererseits
besteht die Gefahr, daß Regelungen beibehalten werden, obwohl sie für die nunmehr relevante interne und externe Situation der Organisation nicht mehr sinnvoll
sind. Eine entscheidungsorientierte Organisationstheorie kann diese Gefahren verringern.

Der Leser soll in den einzelnen Kapiteln nicht mit den zahlreichen und z.T. sehr
heterogenen Ansätzen auf dem Gebiet der Organisationslehre konfrontiert werden.
Die Arbeit ist *problemorientiert*; es wird untersucht, warum organisatorische Probleme überhaupt entstehen und wie sie gelöst werden können. Der entwickelte
konzeptionelle Rahmen ermöglicht die Beurteilung bzw. Analyse auch solcher
„Ansätze" und Detailfragen, die in der Arbeit nicht explizit behandelt werden.

Die Darstellungen sind gestaltend normativ ausgerichtet. Der Leser soll lernen,
sich kritisch mit der Literatur auseinanderzusetzen, Probleme zu entdecken, Zusammenhänge zwischen ihnen zu erkennen und sich (auch aufgrund persönlicher
Erfahrungen) ein *eigenes* Urteil darüber zu bilden, welche organisatorischen Maßnahmen im Hinblick auf ökonomische Ziele sowie auf die interne und externe Situation einer Unternehmung vorteilhaft sind. Die Kenntnis der (häufig durch Mo-
deströmungen geprägten) Organisationstendenzen in der Praxis – die empirisch
ausgerichtete Organisationsforschung versucht, sie zu beschreiben und zu erklären
- kann das eigenständige Nachdenken darüber, wie eigene Organisationsprobleme
gelöst werden sollen, nicht ersetzen. In einer Welt wachsender Dynamik und sin-
kender Transparenz der Faktor- und Produktmärkte wird die unkritische Nachah-
mung der Gepflogenheiten anderer immer problematischer.

Da sich die Arbeit mit vielen verschiedenartigen Fragestellungen befaßt, mußte bei der Literaturauswahl sehr selektiv vorgegangen werden: Innerhalb der einzelnen Kapitel werden nur jene Arbeiten zitiert, auf denen die Darstellungen unmittelbar aufbauen; ergänzende und vertiefende Literatur wird am Kapitelende angegeben. Einige Kapitel geben einen allgemeinen Überblick, wobei wichtige Einzelfragen später behandelt werden; erst dort wird dann auch auf die jeweils einschlägige (Spezial-) Literatur verwiesen.

Die Mitarbeiter am Frankfurter Lehrstuhl für Organisationstheorie haben durch vielfältige Unterstützung zum Entstehen dieses Buches beigetragen. Wir danken Frau Dipl.-Kfm. Uta Bormann, Frau cand.rer.pol. Elke Eller und Herrn Dipl.-Kfm. Frank Ruhl für die kritische Durchsicht des Textes und für zahlreiche Verbesserungsvorschläge. Herr cand.rer.pol. Kai-Uwe Köhler hat mit Engagement die Zeichnungen angefertigt; Frau Luise Wagner und Frau Edeltraud Haiker haben ebenso wie Frau cand.rer.pol. Prisca Grossmann und Herr cand.rer.pol. Detlef Lipka mit Sorgfalt und Geduld die verschiedenen Fassungen des Manuskripts geschrieben und korrigiert. Auch dafür danken wir herzlich.

Dank gebührt schließlich auch dem Bundesministerium für Wissenschaft und Forschung der Republik Österreich, das diese Arbeit gefördert hat.

HELMUT LAUX und FELIX LIERMANN

Inhaltsverzeichnis

TEIL A: EINLEITUNG

TEIL C: ENTSCHEIDUNGEN IN HIERARCHISCHEN SYSTEMEN

TEIL D: GRUNDLAGEN EINER ENTSCHEIDUNGSORIENTIERTEN
           ORGANISATIONSTHEORIE

TEIL E: ORGANISATORISCHE STRUKTURIERUNGSKONZEPTE: AUFBAU- UND ABLAUFORGANISATION

TEIL F: NOTWENDIGKEIT DER KOMPLEXITÄTSREDUKTION:
           EFFIZIENZKRITERIEN ZUR VEREINFACHTEN BEURTEILUNG
           ORGANISATORISCHER MASSNAHMEN

TEIL G: ORGANISATORISCHE STRUKTURIERUNG IM LICHTE DER
          KOMPATIBILITÄTSKRITERIEN

TEIL H: DIE STEUERUNG KONKRETER
           (OBJEKT-) ENTSCHEIDUNGSPROZESSE

TEIL I: ANREIZ UND KONTROLLE

XXII. Die Kontrolle von Objektentscheidungen: Möglichkeiten und Grenzen

TEIL K: ORGANISATION ALS PROZESS

TEIL A: EINLEITUNG

Schüler: „Kann Euch nicht eben ganz verstehen."
Mephistopheles: „Das wird nächstens schon besser gehen,
                  Wenn Ihr lernt alles reduzieren
                  Und gehörig klassifizieren."

JOHANN WOLFGANG VON GOETHE (1749-1832)

I. Grundlagen: Kooperation, Koordination und Organisation

1. Organisationsbegriff und Gegenstand der Organisationstheorie

Die Organisationstheorie beschäftigt sich mit sozialen Gebilden (z.B. Unternehmungen, Krankenhäusern und Universitäten), in denen zwei oder mehr Personen miteinander kooperieren, um bestimmte Ziele (besser) zu erreichen. Eine Kooperation kann vor allem deshalb Vorteile mit sich bringen, weil sie eine Arbeitsteilung und Spezialisierung ermöglicht. In einer Unternehmung erfolgt die Arbeitsteilung z.B. in der Weise, daß ein Teil der Mitarbeiter Maschinen bedient, andere Mitarbeiter technische Zeichnungen anfertigen und wieder andere Informationen beschaffen, Produktionspläne erstellen, Preise festsetzen und/oder Weisungen geben.

Von den verschiedenartigen Tätigkeiten der Aufgabenträger in einer Organisation hängt es ab, welche Ergebnisse (z.B. welche Erlöse, Produktionsmengen, Ausschußraten, Marktanteile, bearbeitete Rechtsfälle) erzielt werden. Damit diese Tätigkeiten in Richtung auf das Organisationsziel zusammenwirken, müssen sie aufeinander abgestimmt, d.h. *koordiniert* werden. Darüber hinaus sind (z.B. durch Personalauswahl, Ausbildung und Gewährung von Belohnungen) die Voraussetzungen dafür zu schaffen, daß die jeweiligen Aufgaben gut erfüllt werden (können).

Die Formulierung von Aussagen über die zielgerichtete Steuerung der Tätigkeiten in sozialen Gebilden mit mehreren Mitgliedern ist das Forschungsziel der Organisationstheorie. Der Begriff „Organisation" bezeichnet sowohl die Tätigkeit der zielorientierten Steuerung der Aktivitäten in einem sozialen System mit mehreren

Mitgliedern (*funktionaler* Organisationsbegriff) als auch das soziale Gebilde selbst (*institutionaler* Organisationsbegriff). Organisationen sind durch zwei wesentliche Merkmale charakterisiert: Erstens müssen mindestens zwei Personen beteiligt sein; die Koordination der eigenen Tätigkeiten durch ein Individuum fällt nicht unter den Organisationsbegriff. Zweitens müssen die Tätigkeiten der Beteiligten zielorientiert gesteuert werden; „durch rein zufälliges Zusammenwirken mehrerer Personen entsteht noch keine Organisation" (HAX, 1965, S. 9).

Die vorliegende Arbeit gibt einen Überblick über Grundprobleme und Lösungsansätze der Organisationstheorie. Dabei steht die organisatorische Gestaltung in *Unternehmungen* im Vordergrund. Ein großer Teil der behandelten Probleme stellt sich jedoch in anderen Organisationen analog.

In jeder Unternehmung geht es letztlich darum, Güter und Dienstleistungen herzustellen und (am Markt) abzusetzen. Hierzu sind *operative Tätigkeiten* (Arbeitsverrichtungen) durchzuführen, z.B. die Messung des Gewichts der eingehenden Waren, die Bearbeitung von Werkstücken, die Anfertigung technischer Zeichnungen. Jedoch beschränken sich die Tätigkeiten nicht nur auf die Ausführung von *Arbeitsverrichtungen*. Es müssen stets auch *Entscheidungen* getroffen werden. Dabei wird unter „Entscheidung" die mehr oder weniger bewußte Auswahl einer von mehreren möglichen (Handlungs-)Alternativen verstanden. Entscheidungen werden nicht nur auf den „höheren Ebenen" der „Organisationshierarchie" getroffen, sondern auch bei der Ausführung von Arbeitsverrichtungen. Auch wenn ein Arbeiter genauen Anweisungen folgt, die keinen Ermessensspielraum belassen, trifft er die Entscheidung, die Anweisung auszuführen. Er hätte ja auch etwas anderes tun können. Vielleicht hätte er dann mit erheblichen Sanktionen rechnen müssen. Das ändert jedoch nichts an der prinzipiellen Wahlmöglichkeit und damit an der Notwendigkeit, zu entscheiden.[1]

Genaugenommen sind also alle Personen, die in einer Organisation tätig sind, Entscheidungsträger, wenn auch ihre Entscheidungsspielräume sehr verschieden sein können. Das Problem der organisatorischen Gestaltung besteht demnach im Kern darin, die *Entscheidungen* von Organisationsmitgliedern zielorientiert zu steuern. Die Steuerung der Entscheidungen der in einem Betrieb beschäftigten Personen ist ein Grundproblem der Betriebswirtschaftslehre.

Neben den Personen, die primär Verrichtungen ausführen, gibt es auch Mitarbeiter, die (praktisch) „nur" Entscheidungen treffen. Sie stehen über der untersten oder operativen Ebene der organisatorischen Hierarchie. Ihre Aufgabe besteht letztlich darin, die operativen Tätigkeiten zu steuern. Dazu beschaffen sie Informationen, erwägen Handlungsalternativen, erstellen (mehr oder weniger formalisierte) Pläne, geben Weisungen, führen Kontrollen durch und gewähren Be-

---

[1] Natürlich werden Weisungen häufig befolgt, ohne daß explizit abgewogen wird, welche Vor- und Nachteile die Befolgung der Weisung im Vergleich zu anderen Verhaltensweisen mit sich bringt. Die Weisungen werden routinemäßig ausgeführt, weil es offensichtlich als nachteilig erscheint, etwas anderes zu tun. Wenn allerdings schwer oder gar nicht kontrollierbar ist, ob bestimmte Verhaltensnormen befolgt werden, kann es für den Weisungsempfänger zweckmäßig erscheinen, explizite Überlegungen darüber anzustellen, ob er die Normen befolgen soll.

lohnungen. Solche „übergeordnete" Entscheidungen bedürfen ebenfalls der Steuerung, insbesondere auch der Koordination.

Mit diesem Problemkreis sind folgende organisatorische Fragestellungen verbunden: Wie sind die Entscheidungskompetenzen zu verteilen, damit einerseits überschaubare und relativ einfach lösbare Entscheidungskomplexe entstehen und trotzdem den Abhängigkeiten zwischen den verschiedenen Entscheidungen adäquat Rechnung getragen werden kann? Wie kann erreicht werden, daß die verfügbaren Entscheidungsrelevanten Informationen rasch aufgenommen und verarbeitet werden können? Wie können die Entscheidungsträger motiviert werden, Entscheidungen zu treffen, die im Sinne des „Organisationsziels" vorteilhaft sind? Wie können mit Hilfe von Kontrollen Fehlentscheidungen frühzeitig entdeckt werden und welche Folgemaßnahmen sind dann vorzunehmen?

Im vorliegenden Kapitel soll verdeutlicht werden, warum überhaupt organisatorische Probleme entstehen (Abschnitt 2), in welcher Weise sie sich stellen und welche (vielfältigen) Aspekte für ihre Lösung maßgeblich sind (Abschnitt 3). Danach wird die theoretische Konzeption der in dieser Arbeit dargestellten Strukturierungs- und Lösungsansätze erläutert und ein Überblick über die einzelnen Kapitel und deren Zusammenhang gegeben (Abschnitt 4).

2. Kooperation und Koordination

2.1. Möglichkeiten und Probleme der Kooperation

2.1.1. *Arbeitsbündelung und Arbeitsteilung als Grundprinzipien der Kooperation*

Das Verständnis für organisatorische Probleme und Lösungskonzepte wird erleichtert, wenn Klarheit darüber besteht, *warum* überhaupt Menschen im Rahmen von Organisationen (z.B. in Unternehmungen) miteinander kooperieren.

Die Kooperation ermöglicht vor allem Vorteile aus der Bündelung und Zerlegung von Arbeiten (GRASS/STÜTZEL, 1983, S. 164). Jede Aufgabe, die nicht von einem Einzelnen erfüllt werden kann, erfordert eine *Arbeitsbündelung*. Diese kann zum einen in der Weise erfolgen, daß die kooperierenden Personen gleichartige Beiträge leisten. (Mehrere Arbeiter transportieren oder heben z.B. in gemeinsamer Anstrengung einen schweren Gegenstand und erbringen damit eine Leistung, zu der ein Einzelner allein nicht fähig wäre.) Zum anderen können bei der Arbeitsbündelung die Beteiligten auch Beiträge leisten, die unterschiedliches Spezialwissen und/oder unterschiedliche Fähigkeiten erfordern. Im Grunde erfolgt bei jeder Produktion von Gütern und Dienstleistungen durch Kooperation mehrerer Personen eine Arbeitsbündelung. Das gilt für die Fließbandfertigung von elektronischen Geräten ebenso wie für die Vorbereitung und Durchführung von Zirkusvorstellungen.

Jede Kooperation, bei der die Beteiligten *unterschiedliche* Beiträge leisten, beruht auf *Arbeitsteilung* und damit auf Spezialisierung. Wenn in einem Betrieb die Aktivitäten im Produktionsprozeß so aufgeteilt werden, daß kein Arbeiter das Produkt vollständig bearbeitet, erfolgt die Arbeitsteilung in Form einer sogenannten „Arbeitszerlegung". Die ökonomischen Vorteile der Arbeitszerlegung wurden von ADAM SMITH schon erkannt und ausführlich beschrieben (SMITH, 1776 (1974)). Er demonstriert sie anhand des berühmt gewordenen Beispiels der Stecknadelmanufaktur: Die Stecknadelfertigung zerfällt „... in eine Reihe getrennter Arbeitsgänge, die zumeist zur fachlichen Spezialisierung geführt haben. Der eine Arbeiter zieht den Draht, der andere streckt ihn, ein dritter schneidet ihn, ein vierter spitzt ihn zu, ein fünfter schleift das obere Ende, damit der Kopf aufgesetzt werden kann. Auch die Herstellung des Kopfes erfordert zwei oder drei getrennte Arbeitsgänge" (SMITH, 1974, S. 9).

In dem klassischen Beispiel von SMITH kann ein Arbeiter, der alle Arbeitsgänge allein ausführt, nur 20 Stecknadeln pro Tag herstellen. Wird jedoch die Arbeit in der von SMITH beschriebenen Weise zerlegt, so können 10 auf verschiedene (Teil-) Verrichtungen spezialisierte Arbeiter pro Tag 48.000 Nadeln herstellen. Die Zerlegung der Aufgabe in 10 Teilaufgaben vergrößert also den Output auf das 240-fache.

„Es gibt mehrere Gründe, warum durch Arbeitsteilung die Produktionsmenge steigt. Einmal lassen spezialisierte Tätigkeiten Raum für Begabungen des Einzelnen, sei es, daß jemand von Natur aus gut für eine bestimmte Arbeit veranlagt ist, sei es, daß er eine entsprechende Ausbildung genossen hat. Werden die verschiedensten Arbeiten jeweils von dem verrichtet, der dazu am besten in der Lage ist, führt ein solches Arrangement zu einer größeren Produktionsmenge, als wenn man die Begabungsunterschiede ignorierte. Außerdem verrichtet der Einzelne dann wahrscheinlich seine Arbeit mit größerer Freude.

Zum anderen muß jeder bei jeder Tätigkeit lernen, bis er sie so verrichten kann, daß sie mit möglichst wenig Kraft, Abfall oder Rohstoffverbrauch erledigt werden kann. In die Geheimnisse des zu bearbeitenden Materials, die Tücken der benutzten Maschinen und natürlich auch die Eigenschaften der jeweils mitarbeitenden Menschen einzudringen braucht Zeit. Je mehr das aber gelingt, desto besser wird die Arbeit von der Hand gehen" (GRASS/STÜTZEL, 1983, S. 167).

Lerneffekte können nicht nur bei der Ausführung rein operativer Tätigkeiten erzielt werden, sondern auch bei der Lösung von Entscheidungsproblemen. Wenn sich z.B. Organisationsmitglieder auf Werbemaßnahmen spezialisieren, lernen sie eher, Informationen über das Verhalten der Nachfrager zu beschaffen, Informationen zu interpretieren, Prognosen über die Konsequenzen von Werbemaßnahmen zu erstellen und originelle Ideen zu entwickeln, als wenn sie darüber hinaus auch umfangreiche Einkaufs- und Fertigungsaktivitäten auszuführen haben.

Die Arbeitszerlegung kann auch eine Verminderung der Betriebsmittelkosten bewirken. Wenn jeder Arbeiter ein Produkt von Anfang bis Ende bearbeitet, muß jeder über sämtliche im Produktionsprozeß benötigten Werkzeuge und Maschinen verfügen können. Erfolgt eine Arbeitszerlegung, so benötigt jeder am Produktionsprozeß Beteiligte nur die für seine jeweilige Verrichtung maßgeblichen Betriebsmittel. Da jeder Arbeiter eine (erheblich) größere Zahl von Produkten bearbeitet als bei Verzicht auf Arbeitszerlegung, kann es außerdem vorteilhaft werden, leistungsfähigere Spezialaggregate einzusetzen.

Auch die Spezialisierung hinsichtlich der Bedienung einzelner Betriebsmittel kann den Bedarf an Ressourcen reduzieren. Bei dem Einsatz eines Krans im Hochbau kann die Arbeitszerlegung z.B. in der Weise erfolgen, daß ein Arbeiter den Kran belädt, ein zweiter den Kran führt und ein dritter schließlich die Entladung vornimmt. Werden statt dessen drei Kräne mit je einem Arbeiter eingesetzt, der alle maßgeblichen Verrichtungen allein ausführt, also belädt, zur Führerkabine aufsteigt, den Transport ausführt, wieder herunterklettert und die Entladung vornimmt, so wird trotz des höheren Betriebsmitteleinsatzes der Output wesentlich geringer sein als bei Einsatz nur eines Krans mit entsprechender Arbeitszerlegung.

Die Arbeitsteilung und Arbeitsbündelung kann für alle Kooperierenden erhebliche Vorteile mit sich bringen. An der Wertschöpfung einer Unternehmung werden sie z.B. beteiligt in Form von
– Löhnen bzw. Gehältern als Entgelt für die Bereitstellung von Arbeit,
– Zinsen als Entgelt für die Bereitstellung von Fremdkapital und
– Gewinnanteilen, vor allem als Entgelt für die Bereitstellung von Eigenkapital.

2.1.2. *Koordinationsbedarf als Folge der Arbeitsteilung*

Die innerbetriebliche Arbeitsteilung kann in horizontaler und in vertikaler Weise erfolgen. Im ersten Fall wird die Arbeitsteilung zwischen organisatorischen Einheiten auf derselben Hierarchieebene vorgenommen. Im zweiten Fall erfolgt die Arbeitsteilung in vertikaler Richtung zwischen Vorgesetzten und nachgeordneten Mitarbeitern.

Die *horizontale* Arbeitsteilung kann z.B. dadurch erfolgen, daß die Beschaffung der Einsatzgüter, die Produktion, der Vertrieb, die Buchhaltung usw. in gesonderten Abteilungen durchgeführt wird. In diesen Abteilungen können ihrerseits wieder horizontale Differenzierungen vorgenommen werden, z.B. in Beschaffung der Faktorgruppe A, Beschaffung der Faktorgruppe B bzw. Herstellung der Produktgruppe X, Herstellung der Produktgruppe Y.

Die horizontale Arbeitsteilung führt zu einem Bedarf an Koordination der Aktivitäten der verschiedenen Abteilungen oder Aufgabenträger. Es müssen Instanzen eingesetzt werden, deren primäre Aufgabe darin besteht, die Koordinationsprobleme zu lösen. Damit kommt es zugleich zu einer *vertikalen* Arbeitsteilung zwischen denjenigen, die die Verrichtungen ausführen und denjenigen, die die Koordination der spezialisierten und interdependenten (operativen) Einzeltätigkeiten vornehmen. In einer Hierarchie kann eine vertikale Arbeitsteilung auch im Bereich der Koordinationsaktivitäten selbst vorteilhaft sein (Kapitel VI und XVI).

Mit zunehmender horizontaler Arbeitsteilung wachsen tendenziell die Interdependenzen zwischen den Teilaufgaben. Dies führt zu erhöhten Koordinationskosten. Außerdem ist ein System von Verrichtungen um so anfälliger gegen Störungen (z.B. den Ausfall einer Maschine oder eines Arbeiters, die mangelhafte Bearbeitung von Werkstücken), je größer die gegenseitigen Abhängigkeiten sind. (Besonders groß sind diese Abhängigkeiten z.B. bei der Fließfertigung: Wenn ein Aggregat ausfällt, wird u.U. der gesamte Arbeitsablauf beeinträchtigt. Bei Werkstattfertigung dagegen ist das System im allgemeinen weniger störanfällig.) Die mit zunehmender Arbeitsteilung und Spezialisierung wachsende Koordinationsproblematik und Störanfälligkeit ist eine Ursache dafür, daß einer Arbeitsteilung ökonomische Grenzen gesetzt sind.

Grenzen für die Arbeitsteilung ergeben sich darüber hinaus auch aufgrund motivationaler Aspekte. Je stärker die Arbeitszerlegung, desto enger ist das Tätigkeitsfeld des Einzelnen und desto schwerer fällt es ihm, sich mit seiner Arbeit zu identifizieren und sich für sie verantwortlich zu fühlen. Dadurch wiederum kann der Arbeitsprozeß beeinträchtigt werden. Möglicherweise wird die Arbeit als so monoton und uninteressant empfunden, daß die Leistung trotz potentieller Spezialisierungsvorteile gering ist und außerdem hohe Fehlzeiten und Fluktuationsraten entstehen; auch daraus entstehen Kosten.

2.1.3. *Kooperation und Motivation*

Unzureichende Motivation kann nicht nur aus der Art der Arbeitsteilung resultieren, sondern auch unmittelbar aus der Kooperation selbst. Die Kooperierenden treten zwar freiwillig der Organisation bei, weil sie erwarten, daß sie damit ihre persönlichen Ziele, z.B. der Erwerb von Einkommen, Prestige, Erfahrungen, Streben nach guten Arbeitsbedingungen und Freizeit, besser verwirklichen können. Daraus folgt aber nicht, daß sie ihre individuellen Wünsche gerade dann optimal befriedigen, wenn sie sich am „Organisationsziel" orientieren. Wenn sich z.B. jemand mit Erfolg vor der Arbeit „drückt", so erzielt er damit einen entsprechenden Vorteil; die Nachteile dagegen muß er selbst (wenn überhaupt) nur zum Teil tragen. Damit wird deutlich, daß der Kontrolle und der Schaffung positiver (Leistungs-)Anreize im Rahmen der Organisationstheorie eine besondere Bedeutung zukommt.

2.2. Grundformen der Koordination: Markt und Hierarchie

2.2.1. *Der Preismechanismus als Steuerungsprinzip*

Arbeitsteilung erfolgt nicht nur *in*, sondern auch *zwischen* den einzelnen Unternehmungen. Die Aktivitäten der verschiedenen Unternehmungen werden in einer Marktwirtschaft mit Hilfe des Preismechanismus koordiniert. Marktpreise steuern Angebot und Nachfrage sowohl auf den Gütermärkten als auch auf den Faktormärkten und führen zu einer bestimmten Verteilung der vorhandenen Ressourcen auf die einzelnen Wirtschaftszweige und Produktionsprozesse: Ein Angebotsüberschuß bewirkt tendenziell eine Preissenkung und damit normalerweise eine Verringerung der Angebotspositionen; die Reaktion auf einen Nachfrageüberschuß ist tendenziell eine Anhebung des Preises und damit in der Regel sowohl eine Verminderung der Nachfrage als auch eine Erhöhung des Angebots.

2.2.2. „Marktversagen" als Ursache für die Existenz von Unternehmungen

Es stellt sich die Frage, warum es neben Märkten überhaupt Unternehmungen gibt, in denen die Tätigkeiten der Kooperierenden langfristig unter einheitlicher Leitung zusammengefaßt und mit Hilfe von Anweisungen koordiniert werden (vgl. zu dieser Problematik COASE, 1937; ALCHIAN/DEMSETZ, 1972; ARROW, 1974; WILLIAMSON, 1975; PICOT, 1982; 1993; GÜMBEL, 1985; SCOTT, 1986, S. 202ff.). Die Kooperation könnte ja auch in der Weise erfolgen, daß auf dem Markt ausschließlich selbständige „Ein-Mann-Unternehmen" auftreten, die sämtliche Teilaufgaben aufgrund frei vereinbarter Kauf- und Werkverträge erfüllen.

Wenn z.B. ein „Produzent" in Kooperation mit anderen Personen ein Produkt herstellen will, könnte er auf dem Markt nach Partnern suchen und mit ihnen vertraglich vereinbaren, welchen Beitrag jeder zu leisten hat, z.B. welche Betriebsmittel oder Finanzierungsmittel bereitzustellen, welche Zwischenprodukte zu liefern und/oder welche konkreten Verrichtungen im Betrieb des „Produzenten" auszuführen sind. Eine derartige Koordination über den Markt kann aber zu gravierenden Problemen führen: Der Markt kann hinsichtlich seiner Koordinationsfunktion „versagen".

Der Gebrauch des Preismechanismus ist nämlich mit Kosten verbunden, die sich mit einer Koordination in Unternehmungen (Kooperation unter einheitlicher Leitung) z.T. vermeiden lassen. Diese Kosten lassen sich wie folgt erklären (COASE, 1937; WILLIAMSON, 1975; PICOT, 1982; BÖSSMANN, 1983):

1. Informationen über die potentiellen Anbieter und Nachfrager der relevanten (Zwischen-)Produkte und Dienstleistungen und deren Konditionen stehen nicht ohne weiteres zur Verfügung. Die Beschaffung (und Verarbeitung) solcher Informationen verursacht mehr oder weniger hohe Kosten durch Einsatz von Zeit und anderen Ressourcen.

2. Zwischen Anbietern und Nachfragern müssen Verträge ausgehandelt werden, deren Einhaltung überwacht und gegebenenfalls auf dem Rechtsweg durchgesetzt werden muß. Der damit verbundene Einsatz von Zeit und anderen Ressourcen führt ebenfalls zu Kosten (Kosten der Vertragsformulierung, Kosten der Überwachung der vereinbarten Termine, Qualitäten, Mengen usw.).

3. Bei Abschluß von kurzfristigen Verträgen stellt sich (insbesondere bei hoher Variabilität der zu erfüllenden Aufgaben) das Problem der Suche von Vertragspartnern und der Vertragsformulierung im Zeitablauf ständig neu, so daß bereits unmittelbar daraus hohe Kosten resultieren können. Zudem können sich schwer durchschaubare Risiken ergeben. Wenn z.B. ein „Produzent" in Kooperation mit anderen einen größeren Auftrag erledigen möchte und dazu Tag für Tag mit selbständigen Vertragspartnern konkrete (Werk-)Verträge darüber abschließt, welche Verrichtungen jeweils auszuführen sind, besteht die Gefahr, daß nach Abwicklung eines Teils des Projekts Verzögerungen eintreten, weil für be-

stimmte Verrichtungen keine Vertragspartner (mehr) zur Verfügung stehen. Möglicherweise muß das Projekt sogar aufgegeben werden. Dem „Produzenten" entgeht dann der vollständige Erlös, während die Kosten zum Teil bereits angefallen sind. Vielleicht sind die bisherigen Vertragspartner zwar grundsätzlich bereit, weiterhin mit dem „Produzenten" zu „kooperieren", sie verlangen aber einen sehr hohen Preis, da sie die Abhängigkeit des „Produzenten" kennen. Insbesondere Spezialisten, die im Verlauf ihrer Arbeit projektspezifische Informationen und Fähigkeiten erwerben, erlangen eine starke Machtstellung: Wenn der „Produzent" auf neue Vertragspartner ausweicht, entstehen für ihn hohe Anpassungskosten, da die betreffenden Aufgabenträger zunächst nicht die relevanten Informationen und Fähigkeiten besitzen. Die aufgezeigte Problematik gilt nicht nur für Personen, die im Betrieb des „Produzenten" die Verrichtungen ausführen sollen, sondern auch z.B. im Hinblick auf die (potentiellen) Lieferanten von Zwischenprodukten, die für das Projekt benötigt werden.

4. Um eine über die Zeit reibungslose Produktion zu gewährleisten, ist es naheliegend, *langfristige* Verträge abzuschließen. Dann ergeben sich aber andere Probleme. Da die zukünftige Entwicklung unsicher ist, kann es dazu kommen, daß die späteren Erfordernisse von den ursprünglichen Vertragsinhalten abweichen. Wenn z.B. vertraglich vereinbart wird, eine bestimmte Menge eines Produktionsfaktors abzunehmen (und zu liefern), besteht die Gefahr, daß die Menge später aufgrund einer (durch den Markt erzwungenen) Änderung des Produktionsprogramms gar nicht benötigt wird. Die Durchsetzung von Qualitäts-, Mengen- und Terminänderungen während der Laufzeit eines Vertrages kann hohe (Anpassungs-)Kosten verursachen.

5. Der Unsicherheit kann zwar im Prinzip Rechnung getragen werden, indem *bedingte* Verträge abgeschlossen werden: Der Vertragsinhalt wird dann nicht definitiv, sondern in Abhängigkeit von den maßgeblichen Erfordernissen festgelegt. Ein derartiges Vorgehen führt aber tendenziell zu um so höheren Kosten der Vertragsanbahnung und -formulierung, je größer die Zahl der Eventualitäten ist, für die gesonderte Vereinbarungen getroffen werden (sollen).

Es ist in der Regel auch nicht möglich oder zumindest nicht sinnvoll, im Rahmen der Arbeitsverträge für alle möglichen Eventualitäten Vereinbarungen darüber zu treffen, welche *konkreten* Arbeitsleistungen jeweils erbracht werden sollen. Es ist wirtschaftlich sinnvoller, in Arbeitsverträgen die zu erbringenden Arbeitsleistungen nur mehr oder weniger *global* festzulegen. Ein Arbeitnehmer „verkauft" dann seine Arbeitskraft, indem er sich verpflichtet, einen bestimmten Typ von Tätigkeiten (z.B. Schlosserarbeiten, Schreinerarbeiten oder Verwaltungsarbeiten) zu erledigen. Die Konkretisierung dessen, was im Zeitablauf zu tun ist, erfolgt durch laufende Koordination und Anweisung von vorgesetzten „Instanzen" (Kapitel VI). Auf diese Weise entsteht ein hierarchisches System (Kapitel XI und XVI).

Die Einbettung der wirtschaftlichen Aktivitäten in hierarchische Strukturen kann nicht nur die Koordination der auszuführenden Tätigkeiten erleichtern. Je nach Art der zu erfüllenden Teilaufgaben können zudem auch solche Kontroll- und Anreizsysteme leichter konzipiert und praktiziert werden, die die Wahrscheinlichkeit dafür erhöhen, daß die Aufgaben im Sinne der Kooperation „gut" erledigt werden.

2.2.3. „Organisationsversagen" als Ursache für die Existenz von Märkten

Die Argumentation verdeutlicht, warum es sinnvoll sein kann, Aktivitäten statt über Märkte unternehmensintern zu koordinieren („interne Organisation"). Sie könnte darüber hinaus sogar den Eindruck erwecken, daß die unternehmensinterne Koordination generell die geringeren Kosten verursacht. Es wäre dann ökonomisch vorteilhaft, die gesamte Produktion einer Volkswirtschaft in einer einzigen „Unternehmung" durchzuführen. COASE (1937) gibt eine Erklärung dafür, warum neben Unternehmungen auch Märkte existieren: Die unternehmensinterne Koordination verursacht Kosten, die der Integration immer weiterer Transaktionen in die Unternehmung Grenzen setzen. Dabei nimmt COASE an, daß mit steigender Zahl abzustimmender Tätigkeiten die Grenzerträge der Koordinationstätigkeiten sinken und die Wahrscheinlichkeit von Fehlentscheidungen und folglich auch die Wahrscheinlichkeit unwirtschaftlicher Faktoreinsätze steigt; dies führt dazu, daß die Koordinationskosten überproportional steigen. Dabei begründet COASE die steigenden Koordinationsschwierigkeiten u.a. damit, daß mit wachsender Zahl von Aktivitäten deren räumliche Entfernungen und Heterogenität zunimmt.

Die Alternativen „Markt" und „Hierarchie" sind Grenzfälle einer breiten Palette von Koordinationsformen, in denen hierarchische und marktliche Elemente miteinander kombiniert werden (z.B. langfristige Lieferverträge, Kartelle, Holdings, Franchising) und deren Entstehung analog erklärt werden kann (PICOT, 1993, S. 109). Daß die Grenze zwischen „Markt" und „Hierarchie" nicht immer eindeutig ist, zeigt sich z.B. bei Verträgen, in denen hinsichtlich gewisser Details Optionsrechte bestehen: Diese Rechte werden faktisch dadurch wahrgenommen, daß „Weisungen" erteilt werden.

2.2.4. „Interne Organisation" als Gegenstand der Organisationstheorie

Die „interne Organisation" (die unternehmensinterne Steuerung der Tätigkeiten) ist der eigentliche Gegenstand der betriebswirtschaftlichen Organisationstheorie. Dabei geht es letztlich immer darum, wie von einer Unternehmung Güter und Leistungen zieladäquat hergestellt und abgesetzt werden können. Jedoch darf nicht übersehen werden, daß die herzustellenden Güter und Leistungen *nicht* exogen vorgegeben sind. Sie sind ihrerseits das Resultat von Entscheidungen. Bei diesen Entscheidungen muß die Möglichkeit des Fremdbezuges von Gütern (Zwischenprodukten) und Leistungen in Betracht gezogen werden („externe Organisation"); die Probleme der internen und der externen Koordination sind hierbei zumindest in groben Zügen zu antizipieren (Kapitel XXVI).

Die interne Organisation ist durch hierarchische Strukturen geprägt. Dabei kann eine vorgesetzte Instanz auch aus einer Gruppe von Personen bestehen, die mit Hilfe einer Abstimmungsregel die Entscheidungen trifft („Pluralinstanz"); auch die einzelnen Gruppenmitglieder (z.B. die Mitglieder eines Vorstandes oder einer Rechtsanwaltskanzlei) sind dann an die Beschlüsse der Pluralinstanz gebunden. Wie im nächsten Abschnitt verdeutlicht wird, bietet die Hierarchie ein weites Spektrum von Gestaltungsmöglichkeiten; sie werden in den nachfolgenden Kapiteln ausführlich analysiert.

3.   Aspekte organisatorischer Problemstellungen

3.1.   Führungsstile in einem hierarchischen System

3.1.1.   Darstellung

Die Art und Weise, wie ein Vorgesetzter die Entscheidungen bzw. Verrichtungen in seinem Bereich steuert, wird als dessen *Führungsstil* bezeichnet. Im folgenden wird ein Katalog möglicher Führungsstile zusammengestellt (TANNENBAUM/ SCHMIDT, 1958) und ein kurzer Überblick über mögliche Vor- und Nachteile gegeben (vgl. auch WITTE, 1969; HÄUSLER, 1974; VROOM/YETTON, 1973).

(a) *Der Vorgesetzte trifft die Entscheidung und teilt sie mit:* In diesem Fall formuliert jeweils der Vorgesetzte das Entscheidungsproblem, erwägt Lösungsalternativen und wählt eine davon aus. Danach informiert er die nachgeordneten Mitarbeiter über seine Entscheidung, damit diese sie ausführen können. Der Vorgesetzte erteilt Weisungen. Die nachgeordneten Mitarbeiter haben keine Möglichkeit, direkt am Entscheidungsprozeß mitzuwirken. (Weisungen können auch als generelle Regelungen vorgegeben werden, die auf Dauer gelten und bei der Aufgabenerfüllung einzuhalten sind.)

(b) *Der Vorgesetzte „verkauft" seine Entscheidung:* Auch hier wählt der Vorgesetzte die zu realisierende Alternative aus. Allerdings versucht er, die nachgeordneten Mitarbeiter von der Angemessenheit der Entscheidung zu überzeugen. Dabei bemüht er sich vor allem auch, potentielle Widerstände gegen seine Entscheidung abzubauen; er weist z.B. darauf hin, welche Vorteile für die betroffenen Mitarbeiter mit der Entscheidung verbunden sind.

(c) *Der Vorgesetzte präsentiert eine vorläufige Entscheidung, die geändert werden kann:* Der Vorgesetzte formuliert das Entscheidungsproblem, entwickelt Lösungsalternativen und trifft eine vorläufige Entscheidung. Bevor er jedoch endgültig entscheidet, gibt er seine Pläne bekannt und regt die betroffenen Mitarbeiter an, sie zu beurteilen und gegebenenfalls bessere Vorschläge zu unterbreiten. Dabei behält sich der Vorgesetzte die endgültige Entscheidung vor. Der Vorgesetzte hat hier die Möglichkeit, aus den Informationen und Fachkenntnissen jener Personen Nutzen zu ziehen, die seine Entscheidung realisieren sollen. Er kann seine Entscheidungen revidieren, wenn er über bisher vernachlässigte Aspekte und/oder weitere Alternativen informiert wird.

(d) *Der Vorgesetzte stellt das Problem dar, nimmt Vorschläge entgegen und trifft dann die Entscheidung:* Bisher hat der Vorgesetzte den Mitarbeitern eine (wenn auch nur vorläufige) Lösung präsentiert. Jetzt beschreibt er zunächst nur das Problem und bittet um Lösungsvorschläge. („Der Absatz unserer Produkte ist im letzten Jahr um 30% gesunken. Worauf ist das zurückzuführen? Wie könnte man Ihrer Meinung nach die Nachfrage wieder beleben?") Der Vorgesetzte verfolgt auch bei diesem Führungsstil das Ziel, von den Informationen und Fachkenntnissen jener Personen zu profitieren, die seine Entscheidung realisieren. Im Gegensatz zu dem vorher beschriebenen Führungsstil läßt er sich jedoch schon Vorschläge machen, bevor er eigene Pläne erstellt. Die Entscheidung trifft auch jetzt wieder der Vorgesetzte, indem er aus der Menge der von ihm und seinen Mitarbeitern gefundenen Alternativen diejenige auswählt, die er selbst für optimal hält.

(e) *Der Vorgesetzte legt Entscheidungsspielräume fest und delegiert Entscheidungen:* Der Vorgesetzte schreibt nicht im einzelnen vor, was zu tun ist. Er räumt den nachgeordneten Mitarbeitern Entscheidungsspielräume ein, die mehr oder weniger weit sein können, und gibt ihnen ein Ziel vor, an dem sie sich bei ihrer Entscheidung zu orientieren haben. Entscheidungen können auch an Gruppen delegiert werden. Die Gruppenmitglieder entscheiden dann im Rahmen einer Abstimmung darüber, welche Alternative realisiert wird (Kapitel V). Bei Delegation der Entscheidungen steuert der Vorgesetzte die Entscheidungen und Tätigkeiten außer durch Zielvorgabe (Kapitel XIX) und Begrenzung der Entscheidungsspielräume vor allem auch durch die Bereitstellung von Informationen. Um die Wahrscheinlichkeit zu erhöhen, daß die Verhaltensnormen (Kapitel X) befolgt werden, können Kontrollen (Kapitel XXII) durchgeführt und positive Anreize (Kapitel XXIII und XXIV) gewährt werden. Die Ziele, die Entscheidungsspielräume und die Anreizsysteme können in enger Kooperation mit den unterstellten Mitarbeitern erarbeitet werden.

Den beschriebenen Führungsstilen entsprechen verschiedene Autoritätsgrade des Vorgesetzten und Freiheitsgrade seiner Mitarbeiter. Bei den ersten beiden Führungsstilen behält sich der Vorgesetzte nahezu alle Entscheidungen vor. Bei den nachfolgenden Führungsstilen werden die Nachgeordneten in immer stärkerem Maße am Entscheidungsprozeß beteiligt. Die Führungsstile (c)-(e) werden als *partizipative Führungsstile* bezeichnet; sie bieten gegenüber den Führungsstilen (a) und (b) mögliche *Vorteile* (SCANLAN, 1973, S. 287-299):

1. Es werden bessere Entscheidungen getroffen, da die gesamten Ressourcen besser genutzt werden können: Der Vorgesetzte kennt in der Realität nur in Ausnahmefällen von vornherein sämtliche Handlungsalternativen und die möglichen Konsequenzen der Alternativen. Weitere Handlungsalternativen und Konsequenzen werden erst im Rahmen eines kreativen Suchprozesses erkannt. Bei Beteiligung der nachgeordneten Mitarbeiter an diesem Prozeß können deren Ideenpotential und deren Informationen genutzt werden.

2. Die Untergebenen identifizieren sich stärker mit ihrer Aufgabe.

3. Die unterstellten Mitarbeiter können sich stärker verantwortlich fühlen, die aus dem Entscheidungsprozeß resultierenden Aufgaben wahrzunehmen, wenn sie selbst am Entscheidungsprozeß beteiligt werden. Es sind dann weniger Kontrollen und Sanktionen zur Durchsetzung der Entscheidung erforderlich.

4. Die Bereitschaft, Änderungen zu akzeptieren, kann bei partizipativem Führungsstil größer sein als bei autoritärem Führungsverhalten. Werden Änderungen ohne nähere Informationen über Gründe und Auswirkungen angeordnet, so
   besteht die Gefahr, daß sich die nachgeordneten Mitarbeiter den Änderungen
   widersetzen und die daraus resultierenden Maßnahmen erschweren.

Mit partizipativen Führungsstilen sind andererseits auch mögliche *Nachteile* verbunden:

1. Partizipative Führungsstile erfordern in der Regel mehr Zeit und mehr Personal.
   Ist es notwendig, schnell zu entscheiden, um Chancen nutzen oder Gefahren abwenden zu können, dürfte eine weitgehende Partizipation wenig sinnvoll sein.
2. Bei partizipativem Führungsstil können den unterstellten Mitarbeitern auch de-
   motivierende Informationen zugehen. So könnten z.B. Mitarbeiter aus bestimmten Informationen schließen, daß mit einer Verringerung des Personalbestands
   zu rechnen ist.
3. Je mehr Informationen die unterstellten Mitarbeiter erhalten, desto größer ist die
   Gefahr, daß wertvolle Informationen an die Konkurrenz weitergegeben werden.
4. Die beim Entscheidungsprozeß beteiligten Mitarbeiter können sich überfordert
   fühlen und die mit selbständiger Entscheidung verbundene Verantwortung
   scheuen. Das ist insbesondere dann zu erwarten, wenn ihnen Informationen und
   Sachverstand für die übertragenen Aufgaben fehlen. Die Mitarbeiter werden demotiviert und schieben die Entscheidung hinaus. Inwieweit allerdings mit solchen Konsequenzen zu rechnen ist, hängt vom Verhalten des Vorgesetzten ab.
   Er kann seine Mitarbeiter unterstützen, indem er ihnen zunächst nur einfache
   Entscheidungsprobleme überträgt, Informationen gibt, Rat erteilt und bei Fehlentscheidungen eingreift.

Es gibt keinen Führungsstil, der generell als der effiziente anzusehen ist. In empirischen Untersuchungen zeigt sich immer wieder, daß die Effizienz eines Führungsstils vor allem von den Aufgaben bzw. den zu lösenden Entscheidungsproblemen
sowie von den Zielen, Fähigkeiten und Informationen des Vorgesetzten und seiner
Mitarbeiter abhängt (HÄUSLER, 1974). Die Wahl eines Führungsstils stellt ein
komplexes (Entscheidungs-)Problem dar. Lösungsansätze hierfür werden in nachfolgenden Kapiteln diskutiert.

3.1.2. *Führungsstil und Informationsprozeß*

Die dargestellten Führungsstile lassen sich auch durch Art und Umfang des jeweiligen Informations- und Kommunikationsprozesses zwischen Vorgesetzten und
nachgeordneten Mitarbeitern charakterisieren. Bei den Führungsstilen (a) und (b)
verläuft der Informationsfluß - wenn man von Rückfragen und Kontrollinformationen absieht - nur in eine Richtung: vom Vorgesetzten zu den nachgeordneten Mitarbeitern. Während beim Führungsstil (a) die Informationen ausschließlich in Weisungen bestehen, werden beim Führungsstil (b) auch Informationen übermittelt,
die die Wahrscheinlichkeit der Akzeptanz der Weisungen erhöhen sollen. Erst
beim Führungsstil (c) wird die Kommunikation „zweiseitig": Es werden in Form

von Ideen und konkreten Nachrichten über Handlungsalternativen und deren Konsequenzen auch Informationen an die vorgesetzten Instanzen übermittelt. Das gleiche gilt beim Führungsstil (d).

Beim Führungsstil (e) werden Entscheidungskompetenzen an nachgeordnete Mitarbeiter delegiert. Da die vorgesetzten Instanzen die delegierten Entscheidungen nicht selbst treffen, wird tendenziell der Bedarf an Kommunikation über *konkrete Handlungsalternativen* und deren *Konsequenzen* zwischen Vorgesetzten und nachgeordneten Mitarbeitern reduziert. Der Gegenstand der Kommunikation verlagert sich auf andere Aspekte: Die Instanz gibt primär Informationen über die zu befolgenden Ziele und über die Belohnungen und Sanktionen, die für gute bzw. schlechte Entscheidungen gewährt werden.

In der Regel beschafft sich die Instanz zudem Informationen über den Ablauf und die Ergebnisse der nachgeordneten Entscheidungsprozesse, um bei Fehlentscheidungen korrigierend eingreifen zu können. Eventuell gibt der Vorgesetzte auch Weisungen oder Empfehlungen darüber, in welchen Fällen bestimmte Informationen an andere Aufgabenträger zu übermitteln sind.

3.2.   Organisation als System von Entscheidungen

Um die komplexen Zusammenhänge zwischen den verschiedenen Entscheidungen in einem (hierarchischen) System mit mehreren Entscheidungsträgern beschreiben und analysieren zu können, werden die Begriffe „Objekt-", „Organisations-" und „Kommunikationsentscheidung" eingeführt. (Eine ausführliche Darstellung erfolgt in Kapitel VII.)

Zu den *Objektentscheidungen* zählen alle Typen von Entscheidungen, die im Prinzip in einer „Ein-Mann-Unternehmung" getroffen werden können, z.B. die Entscheidungen über Produktmengen, Preise, Lagerbestände, die Reihenfolge der Fertigung, die Belegung von Maschinen und die Information der Nachfrager über Eigenschaften der hergestellten Produkte.

In einem hierarchischen System gibt es mindestens eine „Instanz", deren Aufgabe (auch) darin besteht, die Entscheidungen nachgeordneter Mitarbeiter zu steuern. Die Wahl einer Steuerungsmaßnahme wird als *Organisationsentscheidung* bezeichnet. Die Organisationsentscheidungen einer Instanz dienen vor allem auch dazu, die von ihr (mehr oder weniger global) getroffenen Objektentscheidungen in die Wirklichkeit umzusetzen.

Wenn eine Instanz einem nachgeordneten Mitarbeiter eine Information gibt, um damit dessen Entscheidungsverhalten zu beeinflussen, so handelt es sich (als Steuerungsmaßnahme einer vorgesetzten Instanz) um das Ergebnis einer Organisationsentscheidung. Informationen werden in einer Organisation jedoch nicht nur von den Vorgesetzten an nachgeordnete Mitarbeiter übermittelt. Die Mitarbeiter geben ihrerseits Informationen auch an Vorgesetzte; außerdem informieren sie sich untereinander. (Eine Information kann auch in der Mitteilung bestehen, daß bestimmte Informationen gewünscht werden.) Die Entscheidung, bestimmte Informationen an den Vorgesetzten oder an andere, hierarchisch nicht nachgeordnete

Organisationsmitglieder zu übermitteln, wird als *Kommunikationsentscheidung* bezeichnet.

Jede Organisation kann als System von Objekt-, Organisations- und Kommunikationsentscheidungen interpretiert und analysiert werden. Zwar geht es bei organisatorischen (Gestaltungs-)Maßnahmen letztlich allein darum, daß „gute" Objektentscheidungen getroffen und realisiert werden. Die Beeinflussung der Objektentscheidungen erfolgt aber häufig nicht unmittelbar, sondern mittelbar über die Steuerung von (zwischengeschalteten) Organisations- und/oder Kommunikationsentscheidungen.

Organisationsentscheidungen gehören vor allem auch zum Aufgabenbereich der Unternehmensleitung. Dies gilt insbesondere für größere Unternehmungen, in denen die vielfältigen konkreten Objektentscheidungen nicht von der Unternehmensleitung selbst getroffen werden können und damit eine Übertragung von Entscheidungskompetenzen an nachgeordnete Mitarbeiter geboten ist. Entscheidungen über die Steuerung des Entscheidungsverhaltens dieser Mitarbeiter gewinnen dann besondere Bedeutung.

3.3.   Organisationsziel und Ziele der Organisationsmitglieder

Wie bereits betont wurde, entsteht durch rein zufälliges Zusammenwirken mehrerer Personen noch keine Organisation. Die Tätigkeiten der Beteiligten müssen zielorientiert aufeinander abgestimmt werden. Das Ziel, an dem sich organisatorische Gestaltungsmaßnahmen letztlich orientieren (sollen), wird als „Organisationsziel" bezeichnet. Da nur Menschen - nicht aber Organisationen - Zielvorstellungen besitzen können, stellt sich das Problem, an welchen Individualzielen organisatorische Gestaltungsüberlegungen ausgerichtet werden sollen (KIRSCH, 1969).

Die Lösung dieses Problems wäre relativ einfach, wenn *alle* Organisationsmitglieder *identische* Vorstellungen darüber hätten, welchen Zielen die Aktivitäten in der Organisation dienen sollen. Es läge dann nahe, das gemeinsame Individualziel der Organisationsmitglieder als Organisationsziel zu definieren.

Die Voraussetzung gleicher Ziele ist jedoch grundsätzlich nicht erfüllt. Trotzdem gibt es eine Zielgröße, die für die Erreichung der individuellen Ziele aller Organisationsmitglieder grundlegende Bedeutung hat. Dies ist der ökonomische Erfolg der Unternehmung (HAX, 1977, S. 31-34):

– Finanzielle Erfolge müssen erzielt werden, damit das Interesse der *Anteilseigner* (Kapitalgeber) an der Verzinsung ihres Kapitals in dem Maße befriedigt werden kann, daß die Unternehmensleitung nicht ihre Position verliert.
– Finanzielle Erfolge sind notwendige Voraussetzung für das Wachstum der Unternehmung; Stagnation kann in einer wachsenden Wirtschaft für die Unternehmung existenzbedrohend werden. Wachstum entspricht auch den Interessen der *Arbeitnehmer*, da es in der Regel zur Schaffung und Erhaltung von Arbeitsplätzen führt. Finanzielle Überschüsse können entweder direkt für die Finanzierung von Wachstumsinvestitionen verwendet werden. Sie können aber auch indirekt der Finanzierung dienen, indem Dividenden an die Anteilseigner ausge-

schüttet werden und dadurch ein Anreiz geschaffen wird, der Unternehmung neues Kapital zur Verfügung zu stellen.
- Wenn Gewinne in Verluste umschlagen, ist die Existenz der *Unternehmung* gefährdet: Das Vermögen schrumpft, ohne daß Ersatzinvestitionen durchgeführt werden können, die erforderlich sind, um das Produktionspotential auf dem bisherigen Stand zu halten. Schließlich können Zahlungsunfähigkeit und Überschuldung eintreten. Dieser Gesichtspunkt erfordert zwar zunächst nur, Verluste zu vermeiden, nicht jedoch, Gewinne zu erzielen oder sogar zu maximieren. Eine Unternehmung ist jedoch stets von Rückschlägen bedroht, z.B. aufgrund unerwarteter Bedarfsverschiebungen, neuer Konkurrenten, starker und nicht überwälzbarer Preissteigerungen bei Produktionsfaktoren. Je größer die erwirtschafteten Überschüsse sind, desto eher kann die Unternehmung Rückschläge ertragen.
- Ökonomische Erfolge schaffen Handlungsspielräume. Sie ermöglichen nicht nur die Ausschüttung finanzieller Mittel an die Anteilseigner, sondern z.B. auch die Gewährung höherer Löhne und Gehälter für die *Mitarbeiter* und die Schaffung sozialer Einrichtungen in der Unternehmung.

Wir gehen im folgenden davon aus, das Ziel organisatorischer Gestaltungsüberlegungen bestehe letztlich darin, den Barwert der „erwarteten" Erfolge bzw. Überschüsse (den Wert) des Unternehmens zu maximieren. Dabei wird allerdings nicht angenommen, daß sich jedes Organisationsmitglied mit Sicherheit an diesem Ziel orientiert. Wenn jemand ein abweichendes persönliches Ziel (etwa das der Maximierung der Bequemlichkeit) verfolgt, so erzielt er bestimmte Vorteile, während ihn nachteilige Konsequenzen aus der Erfolgsschmälerung möglicherweise nur mit geringer Wahrscheinlichkeit treffen. Wenn sich allerdings viele Organisationsmitglieder an abweichenden Zielen orientieren, kann die Existenz der Unternehmung gefährdet werden. Es können dann für alle Beteiligten erhebliche Nachteile entstehen. Die Frage, wie durch Kontrollen und positive Anreize die Wahrscheinlichkeit dafür erhöht werden kann, daß die Organisationsmitglieder im Sinne des Organisationsziels agieren, ist daher ein weiteres Kernproblem der Organisationstheorie.

Im Fall der Trennung von Management und Kapital ist es möglich, daß sich auch die Unternehmensleitung bei ihren Entscheidungen nicht am Organisationsziel orientiert. Daher wird in Kapitel XXIII und XXIV untersucht, wie erfolgsorientierte „Anreizsysteme" geschaffen werden können, bei denen die Unternehmensleitung Vorteile erzielt, wenn sie ihre Entscheidungen (verstärkt) am Organisationsziel ausrichtet.

Das Organisationsziel ist noch recht vage formuliert. Die Unternehmensleitung kann es in der Weise präzisieren, daß sie „Sachziele" (z.B. Herstellung bestimmter Produkte, Erreichung bestimmter Marktanteile, Erweiterung der Kapazität) beschreibt, deren Befolgung dem übergeordneten Organisationsziel dient. Aber auch solche Sachziele belassen in der Realität noch weite Spielräume für Interpretationen und Konkretisierungen.

Die Unternehmensleitung ist im allgemeinen deshalb nicht in der Lage, eindeutige Zielbeschreibungen vorzunehmen, weil ihr dazu die Informationen fehlen. Da ihre Fähigkeiten zur Aufnahme und Verarbeitung von Informationen begrenzt sind, überträgt sie Entscheidungskompetenzen an nachgeordnete Mitarbeiter, deren Aufgabe dann z.T. auch darin besteht, die vagen Ziele situationsabhängig zu interpretieren und zu präzisieren. Eine wesentliche organisatorische Aufgabe der Unternehmensleitung besteht darin, z.B. durch geeignete Personalauswahl, durch die Bereitstellung von Kommunikationseinrichtungen und durch die Gewährung positiver Anreize die Voraussetzung für sinnvolle Zielinterpretationen und -präzisierungen durch nachgeordnete Mitarbeiter zu schaffen.

3.4.   Probleme der Organisationstheorie

3.4.1. Steuerung von Entscheidungen durch Verhaltensnormen und ergänzende Maßnahmen

3.4.1.1.   Explizite und implizite Verhaltensnormen

Damit die Aktionen der verschiedenen Entscheidungsträger in Richtung auf das Organisationsziel zusammenwirken, müssen die Entscheidungsträger bestimmte Verhaltensnormen befolgen. Für jede Organisation stellt sich das Problem, diese Verhaltensnormen so zu formulieren, daß die Einzelentscheidungen in der Weise aufeinander abgestimmt werden, daß das Ziel der Organisation möglichst gut erreicht wird (Kapitel X). Man kann zwei Typen von Verhaltensnormen unterscheiden (HAX, 1965, S. 73ff.; 1969a):

Die eine Möglichkeit besteht darin, den Entscheidungsträgern für alle möglichen Situationen ausdrücklich vorzuschreiben, wie sie sich zu verhalten haben. So kann man etwa einem Einkäufer die Weisung geben, immer dann eine Bestellung aufzugeben, wenn der Lagerbestand auf eine genau festgelegte Menge gesunken ist. Für alle Eventualitäten, die eintreten können, wird explizit vorgeschrieben, wie darauf zu reagieren ist. Solche Regelungen werden als *explizite Verhaltensnormen* bezeichnet.

Der obersten Leitungsinstanz einer Unternehmung (allgemein: einer Organisation) wird es kaum möglich sein, den gesamten Entscheidungsprozeß der nachgeordneten Mitarbeiter ausschließlich auf dem Wege expliziter Verhaltensnormen zu steuern. Dies würde einen Planungsaufwand verursachen, der nicht bewältigt werden kann. Da keine Unternehmung unter ständig gleichbleibenden Bedingungen arbeitet, müßte ein System expliziter Verhaltensnormen nicht nur einmal ausgearbeitet werden. In der Realität müssen die expliziten Verhaltensnormen fortlaufend neuen Situationen angepaßt werden. So kann z.B. eine Änderung des Systems expliziter Verhaltensnormen deshalb notwendig werden, weil neue Rohstoffe entdeckt, neue Verfahrenstechniken entwickelt wurden oder sich die Erwartungen über das zukünftige Verhalten der Nachfrager und Konkurrenten geändert haben. Bis schließlich das neue System expliziter Verhaltensnormen ausgearbeitet ist, kann es schon wieder überholt sein.

In vielen Bereichen treten außerdem immer wieder Situationen ein, die bei der Ausarbeitung der expliziten Verhaltensnormen nicht vorhersehbar waren. In einem reinen System expliziter Verhaltensnormen kann für unvorhergesehene Ereignisse nur die Regelung gelten, daß diese Ereignisse unverzüglich an die oberste Leitungsinstanz gemeldet werden müssen, damit sie die entsprechenden Entscheidungen treffen kann. Ein solches System kann aber nur unter der Voraussetzung funktionieren, daß nicht allzuoft unvorhergesehene Situationen eintreten; andernfalls wird die oberste Leitungsinstanz überlastet.

In der Realität ist es aus diesen Gründen für die oberste Leitungsinstanz grundsätzlich nicht sinnvoll, alle nachgeordneten Entscheidungsträger völlig an explizite Verhaltensnormen zu binden. Auch die nachgeordneten Entscheidungsträger müssen mit Entscheidungskompetenzen ausgestattet werden. Dies geschieht durch *Delegation von Entscheidungen*. Hierbei wird eine zweite Art von Verhaltensnormen angewendet: Dem Entscheidungsträger wird nicht für alle möglichen Eventualitäten explizit vorgeschrieben, was er jeweils zu tun hat; ihm wird ein *Ziel* vorgegeben, an dem er sich orientieren muß. Er hat aus der Menge der relevanten Handlungsalternativen jeweils diejenige auszuwählen, die diesem Ziel am besten dient. Wie er im konkreten Einzelfall zu entscheiden hat, „ist durch diese Zielvorgabe nicht explizit, sondern nur implizit bestimmt. Der Entscheidungsträger muß nach freiem Ermessen darüber befinden, welche Aktionen im Hinblick auf das vorgegebene Ziel angezeigt erscheinen. In der Zielvorgabe liegt somit eine implizite Verhaltensnorm" (HAX, 1969a, S. 42f.). Als Beispiel sei wieder der Fall des Einkäufers betrachtet: Ihm könnte die *implizite Verhaltensnorm* vorgegeben werden, den Rohstoffbedarf mit minimalen Kosten zu decken. In diesem Fall werden ihm keine expliziten Weisungen hinsichtlich der Meldemengen und der Bestellmengen gegeben; er muß im Hinblick auf das ihm gesetzte Ziel selbständig darüber entscheiden.

Eine Delegation von Entscheidungen schließt die Vorgabe expliziter Verhaltensnormen nicht aus. In fast allen Organisationen werden die impliziten Verhaltensnormen durch explizite Verhaltensnormen ergänzt und dadurch die Entscheidungsspielräume der jeweils nachgeordneten Entscheidungsträger begrenzt.

Die Delegation von Entscheidungen kann man sich als mehrstufigen Prozeß vorstellen. Für die oberste Leitungsinstanz stellt sich zunächst das Problem, Entscheidungen an unmittelbar nachgeordnete Instanzen zu delegieren. Auch für diese Instanzen ist es in der Regel nicht möglich, die Mitarbeiter in ihren Bereichen völlig an explizite Verhaltensnormen zu binden, so daß sich wieder die Notwendigkeit ergibt, Entscheidungen zu delegieren. Das Problem der Delegation und der Vorgabe impliziter Verhaltensnormen ergibt sich folglich auf allen Ebenen der Hierarchie, die unterste ausgenommen.

Die einem Organisationsmitglied gesetzten Verhaltensnormen bringen (mehr oder weniger präzise) zum Ausdruck,
– welche Informationen es beschaffen und
– wie es auf empfangene Informationen reagieren, d.h. welche Objekt-, Kommunikations- und Organisationsentscheidungen es jeweils treffen soll (Kapitel X).
Verhaltensnormen werden in der Praxis in vielfältiger Weise formuliert, etwa durch konkrete Weisungen, durch generelle Regelungen, die z.B. auf Dauer vorschreiben, wie Aufträge zu bearbeiten und Maschinen zu bedienen sind, durch Handbücher, die z.B. vorschreiben, nach welchen Kriterien und aufgrund welcher Informationen Investitionsentscheidungen getroffen werden sollen.

Die Ermittlung expliziter und impliziter Verhaltensnormen zur Steuerung der Entscheidungsprozesse und der damit in enger Beziehung stehenden Verrichtungsprozesse stellt ihrerseits ein komplexes Entscheidungsproblem dar. Die oberste Leitungsinstanz kann im allgemeinen auch dieses Problem nicht vollständig lösen. So ist sie z.B. in der Regel nicht in der Lage, auf dem Wege expliziter Verhaltensnormen für alle nachgeordneten Ebenen der Organisationshierarchie eindeutig vorzuschreiben, welche Entscheidungskompetenzen (nicht) delegiert werden dürfen und welche delegiert werden müssen. Die oberste Leitungsinstanz ist also gezwungen, auch Entscheidungskompetenzen über Verhaltensnormen zu delegieren.

3.4.1.2. Aufbau- und Ablauforganisation

Auch die Ermittlung der organisatorischen Regelungen, in deren Rahmen die Entscheidungsprozesse ablaufen sollen, stellt einen mehrstufigen Entscheidungsprozeß dar. Dabei erweist es sich im allgemeinen als zweckmäßig, wie folgt vorzugehen: Die oberste Leitungsinstanz (oder eine damit beauftragte Stelle) steckt mit der „Aufbauorganisation" einen allgemeinen Rahmen für die Arbeitsverrichtungen und Entscheidungen der Personen in der Organisation ab. Die detaillierte Steuerung dieser Tätigkeiten erfolgt dann im Rahmen der Ablauforganisation, wobei die Aufbaustruktur Nebenbedingungen beschreibt, denen die ablauforganisatorischen Regelungen genügen müssen.

Die wichtigsten Strukturmerkmale der Aufbauorganisation sind die Abteilungsgliederung, das System der Weisungsbefugnisse und das Kommunikationssystem (Kapitel XI). „Unter Ablauforganisation versteht man die raum-zeitliche, zielgerichtete Strukturierung von Arbeitsprozessen (Unternehmungsprozessen)" (SCHWEITZER, 1974, Sp. 1). Dabei können Gegenstand der Strukturierung sowohl Arbeitsverrichtungen (z.B. Beschaffungs-, Fertigungs-, Absatz- und Kontrollaktivitäten) als auch Entscheidungsabläufe sein (Kapitel XII).

Die Lehre vom Aufbau der Organisation und die Lehre von den Ablaufvorgängen beschäftigen sich nicht mit zwei getrennten Organisationsteilen. Es handelt sich nur um „verschiedene Gesichtspunkte der Betrachtung für den gleichen einheitlichen Gegenstand" (KOSIOL, 1976, S. 32). Durch die Aufbauorganisation wird ein grober Rahmen abgesteckt, der die Tätigkeiten der Organisationsmitglieder in bestimmte Bahnen lenken soll. Die mit der Aufbauorganisation festgelegte Struktur beinhaltet im allgemeinen noch einen weiten Gestaltungsspielraum im Hinblick auf die Steuerung der Verrichtungs- und Entscheidungsabläufe. Eine detaillierte Strukturierung dieser Prozesse erfolgt in Rahmen der Ablauforganisation. Dabei werden die ablauforganisatorischen Regelungen von einer Ebene der Organisationshierarchie zur nächsten Ebene immer detaillierter ausgearbeitet, wodurch schrittweise die Entscheidungsspielräume der nachgeordneten Entscheidungsträger eingeengt werden (Kapitel XII).

3.4.1.3. Personelle Zuordnung von Verhaltensnormen

Verhaltensnormen bringen nicht nur zum Ausdruck, *was* in *welcher Weise* zu tun ist, sondern auch, *wer* diesen Normen folgen soll (Personalauswahl und personelle Zuordnung von Verhaltensnormen). Verhaltensnormen können z.B. konkret einem bestimmten Organisationsmitglied oder allgemein einer bestimmten Arbeitsstelle zugeordnet sein; im zweiten Fall gelten die Normen für jeden Inhaber dieser Stelle. „Stellennormen" gelten auf „Dauer" und beschreiben in allgemeiner Form jene Aufgaben, die unabhängig davon zu erfüllen sind, wer gerade Stelleninhaber ist. Die Stellennormen begrenzen den Rahmen, innerhalb dessen dem jeweiligen Stelleninhaber konkrete Aufgaben übertragen werden (dürfen). Die Konkretisierung bzw. Präzisierung erfolgt im Zeitablauf in Abhängigkeit von der jeweils zu erfüllenden Gesamtaufgabe der Unternehmung. Die konkreten Verhaltensnormen gelten dann für dasjenige Organisationsmitglied, das gerade Inhaber der betreffenden Stelle ist.

3.4.1.4. Ergänzende Steuerungsmaßnahmen

Die Formulierung und Vorgabe von Verhaltensnormen stellen die primären organisatorischen Instrumente dar, um die Entscheidungen der nachgeordneten Organisationsmitglieder zu steuern. Die Steuerungswirkung von Verhaltensnormen hängt davon ab,
– wie hoch die Bereitschaft der Mitarbeiter ist, sich an diesen Normen zu orientieren, und
– ob die Entscheidungsträger aufgrund ihres Informationsstandes und ihrer Fähigkeiten (vorgegebene) Verhaltensnormen richtig interpretieren und befolgen können.

Die Reaktion der Entscheidungsträger auf bestimmte Verhaltensnormen ist jedoch *kein Datum*. Eine organisierende Instanz hat vielfältige Möglichkeiten, Einfluß auf die Interpretation und die Befolgung der vorgegebenen Normen zu nehmen. Da solche „ergänzenden" Maßnahmen ebenfalls der Steuerung der nachgeordneten Entscheidungen dienen, gehören auch sie zu den organisatorischen (Gestaltungs-) Maßnahmen. Eine Instanz kann durch folgende ergänzende Maßnahmen die Wahrscheinlichkeit dafür erhöhen, daß die Verhaltensnormen in ihrem Sinne befolgt werden (Kapitel IX):
– Verständnis- und akzeptanzfördernde Informationen über die Verhaltensnormen (z.B. Erhöhung der Redundanz, Information über die Bedeutung der Regelungen für die Organisation als Ganzes),
– Verbesserung der Informationsstände und Fähigkeiten der betroffenen Organisationsmitglieder durch allgemeine Ausbildung (z.B. Einführungs- und Übungskurse, Gruppentraining) und spezielle Informationen über Handlungsmöglichkeiten und Konsequenzen,
– Motivierung der Entscheidungsträger (zur Befolgung der Normen) durch partizipative Ermittlung der Verhaltensnormen, (andere Formen der) Beeinflussung

der Motivationsstrukturen, Gewährung von Belohnungen (Kapitel XXIII und XXIV) und/oder die Ankündigung von Sanktionen (Kapitel XXII).

3.4.2. Koordination von Organisationsentscheidungen

Die Wirkung einer bestimmten organisatorischen Maßnahme hängt in der Regel auch davon ab, welche organisatorischen Maßnahmen außerdem ergriffen werden. (Zum Beispiel mag sich die Motivierung von Mitarbeitern nur dann auf ihre Aufgabenerfüllung auswirken, wenn auch ihre Qualifikationen verbessert werden.) Es stellt sich somit das Problem, die Organisationsentscheidungen zu koordinieren.

Abhängigkeiten bestehen insbesondere auch zwischen den organisatorischen Maßnahmen zu verschiedenen Zeitpunkten, so daß die gegenwärtigen Organisationsmaßnahmen nicht isoliert von den zukünftigen (Folge-)Maßnahmen optimal bestimmt werden können: Bei der Entscheidung über die gegenwärtigen organisatorischen Maßnahmen müssen mehr oder weniger grob auch die zukünftigen geplant werden (Kapitel XXVI). Bei organisatorischen Regelungen, die im Prinzip auf Dauer gelten sollen (wie z.B. der Aufbauorganisation), können die Pläne über die zukünftige organisatorische Gestaltung auch vorsehen, unter bestimmten Bedingungen in einer bestimmten Weise Revisionen der ursprünglichen Regelungen (z.B. eine Umstrukturierung der Abteilungen) vorzunehmen.

3.4.3. Durchsetzung von Organisationsentscheidungen

Damit eine organisatorische Gestaltungsalternative wirksam werden kann, muß sie realisiert werden. Dazu sind Maßnahmen der Einführung und Durchsetzung der gewählten Organisationsalternative erforderlich. Da (auch) diese Aktivitäten der Steuerung des Verhaltens von Organisationsmitgliedern dienen (sollen), sind sie ihrerseits Gegenstand von Organisationsentscheidungen (Kapitel XXVI).

Schwierigkeiten bei der Einführung und Durchsetzung organisatorischer Regeln können folgende Ursachen haben:
- Die betroffenen Organisationsmitglieder kennen die an sie gerichteten Verhaltensnormen nicht genügend und/oder haben sie nicht richtig verstanden,
- sie sind nicht bereit, die Verhaltensnormen zu erfüllen,[2)]
- sie sind nicht in der Lage, den Verhaltensnormen nachzukommen (z.B. weil ihnen dazu die relevanten Informationen, Qualifikationen und/oder Ressourcen wie Arbeitsmittel und Kapital fehlen).

Es sind dann Maßnahmen erforderlich, um solche Schwierigkeiten zu vermeiden bzw. zu überwinden. Neben einer geeigneten Personalauswahl (bzw. personellen Zuordnung der Verhaltensnormen) und Bereitstellung von Ressourcen kommen

---

[2)]   Erhebliche Widerstände können sich vor allem auch dann ergeben, wenn seit langem bestehende Organisationsstrukturen geändert werden sollen. Im Gefolge von Reorganisationen gibt es nicht nur „Gewinner", sondern auch „Verlierer", die z.B. Macht und Ansehen einbüßen und/oder Aufgaben übertragen bekommen, die ihnen zu monoton oder zu anspruchsvoll erscheinen.

primär die in Abschnitt 3.4.1. beschriebenen unterstützenden Maßnahmen in Betracht.

3.4.4. *Kontrolle von Organisationsentscheidungen*

Da die organisatorische Strukturierung immer nur auf der Basis eines sehr begrenzten Informationsstandes und stark vereinfachter Kalkülüberlegungen erfolgen kann, geht man bei Organisationsmaßnahmen schwer durchschaubare Risiken ein. Insbesondere können nachteilige Konsequenzen eintreten, die im voraus nicht als möglich erkannt wurden. Für die organisierenden Instanzen ist es daher wichtig, gegenüber den eigenen Maßnahmen stets kritisch eingestellt zu sein und beständig zu prüfen, inwieweit sie sich bewähren oder zu nachteiligen Konsequenzen führen (*Organisationskontrolle*).

Die Organisationskontrolle (Kapitel XXVI) steht in enger Beziehung zur Organisationsplanung und zur Durchsetzung organisatorischer Maßnahmen. Sie dient der Beurteilung bereits getroffener bzw. realisierter Organisationsentscheidungen und liefert damit zugleich auch die (Informations-)Basis für zukünftige Organisationsmaßnahmen. Da die organisatorischen Maßnahmen letztlich dazu dienen sollen, die *Objektentscheidung*en zu steuern, ist die Kontrolle gerade dieser Entscheidungen ein wesentliches Element der Organisationskontrolle.

3.4.5. *Präzisierung des Organisationsbegriffes*

Der funktionale Organisationsbegriff wird in dieser Arbeit sehr weit gefaßt. Zu den organisatorischen (Gestaltungs-)Maßnahmen zählen wir sämtliche Aktivitäten einer Instanz, die dazu dienen (sollen), die Objekt-, Organisations- und/oder Kommunikationsentscheidungen nachgeordneter Mitarbeiter zu beeinflussen bzw. zu steuern. Wenn eine Instanz einem nachgeordneten Mitarbeiter in einem konkreten Einzelfall Informationen gibt, damit er eine bessere Entscheidung treffen kann, handelt es sich (definitionsgemäß) ebenso um eine Organisationsmaßnahme, wie wenn die Instanz auf „Dauer" generelle Kommunikationsnormen vorgibt.

In der Literatur wird dagegen der Organisationsbegriff üblicherweise auf Regelungen bzw. Ordnungssysteme beschränkt, die auf Dauer und für den Wiederholungsfall gelten sollen: „Die Begriffe *Dauer* und *Wiederholung* sind (...) kennzeichnend für organisatorisches Handeln. Organisieren versucht Regelungen und Ordnungssysteme zu finden, die auf Dauer gültig sind und damit die Unsicherheit wechselnder Strukturen absorbieren. Organisation ist also im Prinzip auf Dauer angelegt, wobei das Organisationsziel, eine dynamische Anpassung an sich ändernde Gegebenheiten zu vollziehen, den Begriff der Dauer relativiert. Gleichfalls beschäftigt sich Organisation mit sich wiederholenden Prozessen in der Absicht, diese zu strukturieren. Einmalige Vorgänge unterliegen daher in der Regel nicht organisatorischem Gestalten" (VOSSBEIN, 1984, S. 11).

Wir halten einen derart engen Organisationsbegriff nicht für zweckmäßig:

1. Da der Begriff „Dauer" nicht klar definiert wird, ist auch der Organisationsbegriff vage; der Gegenstandsbereich der Organisationstheorie bleibt weitgehend unbestimmt.
2. Es ist wenig sinnvoll, Probleme der Verhaltenssteuerung in konkreten (einmaligen) Entscheidungssituationen aus dem Gegenstandsbereich der Organisationstheorie auszuschließen. Diese Probleme haben dieselbe Grundstruktur wie die Probleme der Steuerung mittels „dauerhafter" Regelungen: In beiden Fällen geht es darum, wie durch Zuordnung von Verfügungsmöglichkeiten über Ressourcen, durch Vorgaben von Verhaltensnormen und durch „ergänzende Steuerungsmaßnahmen" (Kapitel VIII) die Primärdeterminanten der Entscheidung (Kapitel VII) nachgeordneter Mitarbeiter gesteuert werden sollen.

Ein wesentlicher Erkenntnisfortschritt kann nur erzielt werden, wenn *auch* untersucht wird, wie Probleme der optimalen Steuerung *konkreter* (einmaliger) Entscheidungen strukturiert und gelöst werden können. (Vgl. zu dieser Problemstellung LAUX, 1979a; 1979b; MANKE, 1980; LIERMANN, 1982; SPIELBERGER, 1983; KAUS, 1985.) Die in diesem Zusammenhang entwickelten Strukturierungs- und Lösungskonzepte liefern eine theoretische Basis für die Analyse der wesentlich komplexeren Probleme der optimalen Steuerung von Entscheidungsprozessen durch Regelungen mit längerer Geltungsdauer. Wird die Organisationstheorie auf Regelungen und Ordnungssysteme eingeengt, die auf Dauer gelten sollen, so wird die Erforschung theoretischer Grundlagen in erheblichem Umfang aus ihrem Gegenstandsbereich verdrängt. Das Defizit an theoretischer Grundlagenforschung ist eine wesentliche Ursache dafür, daß die Gestaltungsempfehlungen der Organisationslehre (noch) sehr allgemein und unpräzise sind.

4.   Konzeption und Aufbau der Arbeit

4.1.   Integration von betriebswirtschaftlicher Theorie und Organisationstheorie

Die befriedigende Lösung betrieblicher Organisationsprobleme setzt voraus, daß die betriebswirtschaftliche Theorie und die Organisationstheorie stärker als bisher integriert werden. Die Organisation soll letztlich den Rahmen dafür schaffen, daß „gute" *Objektentscheidungen* getroffen und diese „gut" in die Wirklichkeit umgesetzt werden.

Im Vordergrund der betriebswirtschaftlichen Theorie (etwa der Investitionstheorie, der Theorie der Produktion und des Absatzes) stehen Objektentscheidungen; organisatorische Maßnahmen zur Steuerung dieser Entscheidungen werden nur sehr sporadisch analysiert. Im allgemeinen wird (implizit) davon ausgegangen, daß sämtliche Entscheidungen von einer einzigen Person - dem „Unternehmer", „Investor" oder „Produzent" - getroffen werden. Auch die Umsetzung der Entscheidungen in die Wirklichkeit ist kein eigenständiges Problem; die Entscheidungen werden realisiert, ohne daß der Entscheidungsträger irgend etwas tun muß, um hierzu die Tätigkeiten anderer Organisationsmitglieder entsprechend zu beeinflussen.

Im Mittelpunkt der Organisationstheorie stehen Organisationsentscheidungen, wobei präzise definierte Objektentscheidungsprobleme selten in die Analyse einbezogen werden. Die Diskussion von Koordinationsproblemen z.B. beschränkt sich in der Regel auf die allgemeine Darstellung von Koordinationskonzepten und ihrer möglichen Vor- und Nachteile. Konkrete Problemstellungen wie etwa die Koordination von Produktion und Absatz oder die Koordination von Investitionsentscheidungen bei mehreren Entscheidungsträgern werden kaum behandelt. Für eine fundierte Analyse genügt es jedoch nicht, daß nur Aussagen so allgemeiner und unverbindlicher Art gemacht werden, daß sie für alle Typen von Objektentscheidungen gelten. Auch die spezifischen Probleme der Steuerung verschiedener Typen von Objektentscheidungen sollten analysiert werden.

In der vorliegenden Arbeit wird ein begrifflicher und konzeptioneller Rahmen für eine Integration von betriebswirtschaftlicher Theorie und Organisationstheorie vorgelegt. (In den Kapiteln XVIII-XXIV wird exemplarisch gezeigt, wie die Integration konkret vorgenommen werden kann.)

4.2.   Grundlagen der Konzeption

4.2.1. Integration von Organisationstheorie und Entscheidungstheorie

Die vorliegende Arbeit ist in starkem Maß von der Sichtweise der (normativen) Entscheidungstheorie geprägt. Die Organisation wird als System von Entscheidungen interpretiert und analysiert. Zwar geht es letztlich bei organisatorischen (Gestaltungs-)Maßnahmen allein darum, Objektentscheidungen zu beeinflussen. Dies geschieht aber in der Regel nicht nur unmittelbar, sondern auch mittelbar über die Steuerung der Organisations- und Kommunikationsentscheidungen zwischengeschalteter Organisationsmitglieder.

Die enge Verbindung zwischen Organisationstheorie und Entscheidungstheorie ergibt sich aus zwei Gründen: Zum einen dienen alle organisatorischen Maßnahmen dazu, Entscheidungen zu steuern. Zum anderen ist die Auswahl geeigneter Organisationsmaßnahmen selbst Gegenstand mehr oder weniger komplexer Entscheidungsprobleme. Entscheidungen können aber nur dann in sinnvoller Weise getroffen bzw. gesteuert werden, wenn hinreichende Vorstellungen darüber bestehen, wie (komplexe) Entscheidungsprobleme gelöst werden sollen.

Entscheidungen können immer nur in der Weise gesteuert werden, daß Einfluß auf „Determinanten" der Entscheidung ausgeübt wird. Mit Hilfe des Entscheidungstheoretischen Instrumentariums werden die Entscheidungsdeterminanten in eine überschaubare Systematik gebracht. Diese Determinanten knüpfen den „roten Faden", der sich durch alle nachfolgenden Kapitel zieht. Allerdings ist es bei der Lösung komplexer Organisationsprobleme nicht möglich, die Entscheidungsdeterminanten aller betroffenen Organisationsmitglieder explizit zu betrachten. Es besteht die Notwendigkeit der Komplexitätsreduktion. Die Kalkülvereinfachung kann insbesondere in der Weise erfolgen, daß die Entscheidungsdeterminanten mehr oder weniger stark aggregiert dargestellt werden.

In der vorliegenden Arbeit sollen Strukturierungskonzepte entwickelt werden, die für die Lösung organisatorischer Gestaltungsprobleme Hilfestellung bieten und dabei der Tatsache Rechnung tragen, daß die menschliche Kapazität, Informationen zu beschaffen (bzw. aufzunehmen) und kreativ zu verarbeiten, begrenzt ist. (Grenzen der Rationalität sind nicht nur für die organisierenden Instanzen selbst maßgeblich, sondern auch für jene Organisationsmitglieder, deren Entscheidungen gesteuert werden sollen.) Zugleich soll am Beispiel wichtiger organisatorischer Problemstellungen gezeigt werden, wie mit diesen Konzepten gearbeitet werden kann und welche Problemlösungen in unterschiedlichen Situationen tendenziell vorteilhaft sind.

4.2.2. Das Delegationswert-Konzept als theoretische Basis

Als theoretische Leitlinie für die nachfolgenden Darstellungen dient das Delegationswert-Konzept (LAUX, 1972; 1979a; 1979b; MANKE, 1980; LIERMANN, 1982; SPIELBERGER, 1983; KAUS, 1985; LAUX/LIERMANN, 1986; SCHAUENBERG, 1987; BEA/GÖBEL, 2002, S. 100-118). Im Rahmen dieses Konzepts wird gezeigt, wie organisatorische Gestaltungsmaßnahmen bewertet werden können. Dabei wird berücksichtigt, daß zum Zeitpunkt der Organisationsentscheidung noch nicht mit Sicherheit bekannt ist, wie die betroffenen Entscheidungsträger auf die organisatorischen Maßnahmen reagieren werden. Die organisierende Instanz „antizipiert" in ihrem eigenen Bewertungskalkül die Entscheidungskalküle der potentiellen Entscheidungsträger und bildet sich über die möglichen Reaktionen ein Wahrscheinlichkeitsurteil.

Das Delegationswert-Konzept befaßt sich mit den folgenden *Delegationsproblemen*:
(a) Welche Entscheidungsprobleme sollen an nachgeordnete Entscheidungsträger delegiert werden?
(b) An welche Person bzw. Personen soll jeweils die Delegation erfolgen?
(c) Welche Ziele sollen den Entscheidungsträgern gesetzt werden?
(d) Wie kann durch ergänzende Maßnahmen (z.B. durch die Begrenzung der Entscheidungsspielräume, durch Informationsübermittlungen, durch Kontrollen und positive Leistungsanreize) die Wahrscheinlichkeit dafür erhöht werden, daß die Entscheidungsträger im Sinne des gesetzten Ziels gute Entscheidungen treffen?
Anregungen für die Entwicklung des Delegationswert-Konzeptes hat vor allem der Lösungsansatz der *Team-Theorie* gegeben (MARSCHAK, 1955; 1959; MARSCHAK/ RADNER, 1972; HAX, 1965, S. 73ff.; BAETGE, 1977; SCHÜLER, 1978). Die Team-Theorie bietet ein Verfahren zur Bestimmung eines optimalen Systems *expliziter* Verhaltensnormen. Dabei wird unter einem Team eine Gruppe von Personen verstanden, die in einer Organisation zusammenarbeiten und ein einheitliches Ziel

verfolgen. Zielkonflikte zwischen den Mitgliedern eines Teams sind ausgeschlossen.

Im Delegationswert-Konzept, das eine Weiterentwicklung der Team-Theorie für die Lösung von Delegationsproblemen darstellt, werden Zielkonflikte nicht ausgeschlossen. Es wird berücksichtigt, daß das Verhalten der Entscheidungsträger möglicherweise nicht durch das von der Instanz vorgegebene Ziel, sondern durch abweichende (persönliche) Ziele bestimmt wird. Ferner wird dem Tatbestand Rechnung getragen, daß die Instanz bei der Lösung des Delegationsproblems unsichere Erwartungen darüber hat,

- welche Informationen die potentiellen Entscheidungsträger (an die delegiert werden kann) zum Zeitpunkt ihrer Entscheidung haben,
- welche Schlüsse sie daraus ziehen und
- welche Ziele sie bei der Auswahl der Handlungsalternative verfolgen werden (Kapitel XIII).

4.3.   Grundannahmen

Die Arbeit beruht auf den folgenden Grundannahmen, die je nach Problemstellung später noch präzisiert werden.

Ziele

Annahme 1: Jedes Organisationsmitglied richtet sein Verhalten allein danach aus, persönliche Vorteile zu erzielen und persönliche Nachteile abzuwenden. Dies schließt nicht aus, daß ein Organisationsmitglied genau dann persönliche Vorteile erzielt, wenn es im Sinne des Organisationszieles handelt. Ebensowenig wird ausgeschlossen, daß es einem Organisationsmitglied vorteilhaft erscheinen kann, ethischen Normen zu folgen. Jedes Organisationsmitglied strebt danach, den Erwartungswert des eigenen Nutzens zu maximieren. Es ist durchaus möglich, daß dadurch andere Organisationsmitglieder oder die „Organisation als Ganzes" geschädigt wird. Insbesondere kann auch die Zurückbehaltung oder Fälschung von Informationen als Mittel zur individuellen Nutzenmaximierung dienen.

Annahme 2: Die Organisationsmitglieder orientieren sich grundsätzlich an verschiedenen „Zielgrößen", sie gewichten Zielgrößen unterschiedlich und/oder haben unterschiedliche Einstellungen zum Risiko. „Bequemlichkeit" kann eine eigenständige und bedeutsame Zielgröße sein.

Fähigkeiten

Annahme 3: Jedes Organisationsmitglied hat begrenzte Fähigkeiten (SIMON, 1957; 1972; WILLIAMSON, 1975),

- Informationen aufzunehmen, zu speichern, abzurufen und zu verarbeiten, d.h. logische Operationen bzw. Berechnungen oder Interpretationen vorzunehmen,

– Informationen in eindeutiger Form zu übermitteln (es mangelt an sprachlicher Präzisionsmöglichkeit) und
– operative Tätigkeiten zu erlernen.

Annahme 4: Die Fähigkeiten der Organisationsmitglieder sind grundsätzlich verschieden. Die Unterschiede in den individuellen Fähigkeiten resultieren aus Unterschieden in der Begabung, der Lernrichtung (Art der Spezialisierung und Ausbildung) und der Lernmotivation.

Informationen

Annahme 5: Die Informationen in einer Organisation sind grundsätzlich asymmetrisch verteilt; nicht alle Organisationsmitglieder haben denselben Informationsstand.

Annahme 6: Die Übermittlung von Informationen verursacht Kosten durch Einsatz von Zeit und anderen Ressourcen.

Zwischen den angenommenen Sachverhalten bestehen enge *Wechselwirkungen:*
Da jedes Organisationsmitglied begrenzte Fähigkeiten hat *(Annahme 3)*, besteht die Notwendigkeit zur Spezialisierung. Dadurch können Unterschiede in den individuellen Fähigkeiten entstehen oder verstärkt werden *(Annahme 4)*.
Informationsasymmetrien *(Annahme 5)* können daraus resultieren, daß die Fähigkeiten der Organisationsmitglieder, Informationen aufzunehmen und zu speichern, begrenzt sind *(Annahme 3)*. Informationsasymmetrien werden auch dadurch gefördert, daß
– die Informationsübermittlung Kosten verursacht *(Annahme 6)*,
– die Fähigkeiten der Organisationsmitglieder, ihr Wissen zweifelsfrei zu übermitteln, begrenzt sind *(Annahme 3)* und
– Mitglieder Informationen zurückhalten oder manipulieren, um persönliche Vorteile zu erzielen *(Annahme 1)*.
Nach *Annahme 1* ist nicht ausgeschlossen, daß ein Organisationsmitglied der Organisation Nachteile zufügt, um den Erwartungswert des eigenen Nutzens zu erhöhen. Dieses Verhalten wird durch die übrigen Annahmen erleichtert oder gar erst ermöglicht: Die Kontrollinstanz des betreffenden Organisationsmitglieds orientiert sich an der Zielgröße „Bequemlichkeit"; sie nimmt ihre Kontrollfunktion nur in lascher Weise wahr *(Annahme 2)*. Die Kontrollinstanz hat nur begrenzte Möglichkeiten, Kontrollinformationen aufzunehmen und zu verarbeiten *(Annahme 3)*. Die Informationen sind zwischen der Kontrollinstanz und dem kontrollierten Organisationsmitglied asymmetrisch verteilt *(Annahme 5)*. Die Beschaffung von Kontrollinformationen (also die Verminderung der Informationsasymmetrie) verursacht Kosten *(Annahme 6)*. Die Kontrolle kann daher nur in mehr oder weniger grober Weise durchgeführt werden, wodurch Freiräume für die Erzielung persönlicher Vorteile auf Kosten anderer entstehen können. Die Kontrolle kann schließlich auch dadurch erschwert werden, daß das kontrollierte Organisationsmitglied versucht, Informationen zurückzuhalten oder zu manipulieren, um Nachteile aus der Kontrolle abzuwenden *(Annahme 1)*.

4.4.   Grenzen präziser Gestaltungsempfehlungen: Das Dilemma der Organisationstheorie

Da die Arbeit primär gestaltend-normativ ausgerichtet ist, bleibt die Frage, wie in der Realität tatsächlich Organisationsentscheidungen getroffen werden, weitgehend offen. (Vgl. hierzu z.B. KIESER/KUBICEK, 1983.) Der Leser soll lernen, sich ein *eigenes* Urteil darüber zu bilden, welche organisatorischen Gestaltungsmaßnahmen im Hinblick auf das angestrebte Ziel unter Berücksichtigung der internen und der externen Situation der „eigenen" Unternehmung vorteilhaft sind.

Die gewonnenen Aussagen haben z.T. den Charakter von Tendenzaussagen. Die im Vergleich zu anderen betriebswirtschaftlichen Disziplinen, z.B. der Investitionstheorie und Produktionstheorie relative Unschärfe der Aussagen ist aber gerade bedingt durch den Charakter der organisatorischen Gestaltungsprobleme:

Würde die interpersonelle Übermittlung von Informationen sowie die Aufnahme, Speicherung und Verarbeitung von Informationen durch die Unternehmensleitung weder Zeit noch andere Ressourcen in Anspruch nehmen, so würden sich die später untersuchten organisatorischen Probleme zum großen Teil gar nicht stellen. Die Zentrale könnte sämtliche Objektentscheidungen selbst treffen (und koordinieren) und den nachgeordneten Mitarbeitern eindeutig vorschreiben, was sie tun sollen. Da unter den genannten Voraussetzungen „ideale" Kontrollmöglichkeiten bestünden, hätte auch das Problem der Schaffung positiver Anreize ein relativ geringes Gewicht.

Die grundlegenden organisationstheoretischen Probleme resultieren jedoch gerade daraus, daß die genannten Voraussetzungen *nicht* erfüllt sind: In größeren Unternehmungen sind die zu lösenden Objektentscheidungsprobleme in ihrer Gesamtheit so komplex, daß sie von einem einzelnen Organisationsmitglied nicht befriedigend gelöst werden können (Kapitel III). Die Komplexität muß dann reduziert werden, indem Objektentscheidungsprobleme zerlegt und auf einige oder alle Organisationsmitglieder „verteilt" werden.

Organisatorische Maßnahmen der Komplexitätsreduktion *verlieren aber ihren Sinn*, wenn entscheidungstheoretisch „exakt" überprüft wird, welche Maßnahmen optimal sind (*Dilemma der Organisation*): Die Komplexität würde sich dann von den Objektentscheidungen auf die Organisationsentscheidungen verlagern.

Das Problem der Komplexitätsreduktion im Entscheidungsprozeß ist noch weitgehend offen. Es gibt keine einfachen und präzise darstellbaren Kriterien, mit denen dieses Problem befriedigend gelöst werden kann (Kapitel III). Dies hat Konsequenzen für spätere Darstellungen: Sie können häufig ebenfalls *nicht präzise* sein in dem Sinne, daß sie in eindeutiger Weise angeben, wie im organisatorischen Entscheidungsprozeß vorzugehen ist.

Das Beispiel des Delegationswert-Konzeptes (Kapitel XVI) zeigt zwar, daß für die Lösung organisatorischer Entscheidungsprobleme prinzipiell mathematische Modelle mit präzise definierten Basiselementen entwickelt werden können. Die „exakte" Anwendung des Delegationswert-Konzeptes würde jedoch einen Planungsaufwand verursachen, der grundsätzlich *höher* ist als der Aufwand bei der Lösung desjenigen (Objekt-) Entscheidungsproblems, das man zu delegieren erwägt: Die Delegation einer Entscheidung verliert ihren Sinn, wenn entscheidungstheoretisch „exakt" geprüft wird, ob die Delegation überhaupt vorteilhaft ist und an wen die Delegation gegebenenfalls erfolgen soll (LAUX, 1979a; S. 110f.). Es stellt sich wieder das Problem der Vereinfachung. Das Delegationswert-Konzept kann nur vage Anhaltspunkte geben, wie diese vorgenommen werden kann.

Trotzdem ist dieses Konzept von großer praktischer Bedeutung: Es zeigt, welche Determinanten den „Delegationswert" bestimmen und in welcher Weise dieser Wert von den Determinantenausprägungen abhängt. Damit liefert das Delegationswert-Konzept eine Orientierungshilfe für eigenständige - vereinfachte - Delegationswertüberlegungen.

4.5. Zum Aufbau der Arbeit

Die Kapitel der Arbeit - in zehn Teilen zusammengefaßt - lassen sich auf den ersten Blick durch vier Aspekte charakterisieren. Einen ersten Block bilden die Teile B bis D, in denen die theoretischen Grundlagen einer entscheidungsorientierten Organisationstheorie dargestellt werden. Der Teil E gibt anschließend einen Überblick über aufbau- und ablauforganisatorische Strukturierungskonzepte, die in der Praxis angewendet werden. Diese (deskriptiven) Darstellungen verdeutlichen die Vielfalt organisatorischer Gestaltungsmöglichkeiten und die Komplexität organisatorischer Entscheidungsprobleme. In einem dritten Block (Teile F bis I) werden Strukturierungskonzepte für die Lösung solcher Probleme entwickelt und gezeigt, welche organisatorischen Maßnahmen in unterschiedlichen Situationen tendenziell vorteilhaft sind. Teil K schließlich erfüllt eine Integrationsfunktion: Er verdeutlicht vor allem, daß auch organisatorische Maßnahmen der Koordination bedürfen, und zeigt, wie eine solche Koordination im Prinzip vorgenommen werden kann.

In *Teil B* werden die entscheidungstheoretischen Grundlagen der Arbeit dargestellt. Es wird u.a. ein System von Entscheidungsdeterminanten entwickelt, an dem sich alle nachfolgenden Kapitel orientieren: Organisatorische Maßnahmen können immer nur dann verhaltenswirksam sein, wenn sie die Ausprägung mindestens einer dieser Determinanten beeinflussen.

In *Teil C* wird zunächst mit Hilfe der Entscheidungsdeterminanten verdeutlicht, welche prinzipiellen Vorteile (bzw. Nachteile) die Hierarchie gegenüber anderen internen Koordinationsformen (Selbstabstimmung und Gruppenabstimmung) aufweist. Anschließend wird gezeigt, wie Hierarchien als Systeme von Objekt-, Organisations- und Kommunikationsentscheidungen interpretiert werden können. Obwohl zwischen diesen Entscheidungstypen enge Interdependenzen bestehen, erweist sich deren begriffliche Trennung als sehr fruchtbar. Fast alle nachfolgenden Problemstellungen werden mit Hilfe dieser Begriffe beschrieben und analysiert.

In *Teil D* wird zunächst gezeigt, wie in einem hierarchischen System die Determinanten nachgeordneter Objekt-, Organisations- und Kommunikationsentscheidungen gesteuert werden können. Danach wird die immense Vielzahl der Steuerungsmöglichkeiten in eine relativ einfach überschaubare Systematik der „Basisvariablen organisatorischer Gestaltung" gebracht. Anschließend wird das Kernproblem der Steuerung von Entscheidungen, die Vorgabe von Verhaltensnormen, eingehender analysiert.

Der *Teil E* hat primär deskriptiven Charakter. Es werden idealtypische Konzepte der Aufbau- und Ablauforganisation dargestellt.

In *Teil F* wird gezeigt, daß mit Hilfe des entscheidungstheoretischen Instrumentariums organisatorische Entscheidungsprobleme im Prinzip ebenso gelöst werden können wie Objektentscheidungsprobleme. Jedoch sind organisatorische Entscheidungsprobleme wesentlich komplexer; das Dilemma der Organisationstheorie wird offenkundig. Ein Ausweg kann nur darin bestehen, Organisationsentscheidungen auf der Grundlage stark vereinfachter Kalküle zu treffen. Als Hilfskriterien für die vereinfachte Strukturierung (und Lösung) organisatorischer Gestaltungsprobleme werden sogenannte „Kompatibilitätseigenschaften" herausgearbeitet: die Informations-, die Kalkül-, die Anreiz- und die operative Anforderungskompatibilität. Das Kernproblem der organisatorischen Gestaltung besteht nun darin, die Aufgaben der Organisation derart in Teilaufgaben zu zerlegen und auf die Organisationsmitglieder zu verteilen, daß die Kompatibilitätseigenschaften befriedigende Ausprägungen annehmen.

In *Teil G* wird vor dem Hintergrund der Kompatibilitätseigenschaften untersucht, welche organisatorischen „Grundstrukturen" in unterschiedlichen Situationen tendenziell vorteilhaft sind.

Der *Teil H* befaßt sich mit Problemen der laufenden Steuerung von (Objekt-) Entscheidungsprozessen im Rahmen einer gegebenen Aufbauorganisation.

In *Teil I* werden Grundprobleme der Kontrolle und der Schaffung positiver Leistungsanreize analysiert.

Gegenstand von *Teil K* ist schließlich der Prozeßcharakter der Organisation.

Die Überlegungen in den einzelnen Kapiteln bauen aufeinander auf. Trotzdem sind die Darstellungen in sich relativ geschlossen. Dadurch wird der isolierte „Einstieg" in die jeweilige Problemstellung und die Lösungsansätze erleichtert. Andererseits lassen sich bei dieser Vorgehensweise Wiederholungen nicht vermeiden. Wiederholungen ergeben sich auch daraus, daß zwischen den verschiedenen organisatorischen Gestaltungsmaßnahmen enge Interdependenzen bestehen.

Die Formeln, Abbildungen, Matrizen und Tabellen sind kapitelweise durchnumeriert: Die römische Zahl kennzeichnet das Kapitel, die arabische die laufende Nummer.

Ergänzende und vertiefende Literatur:

ALT (2004); BEA/GÖBEL (2002); BÜHNER (1986; 1987); BRICKLEY/SMITH/ ZIMMERMANN (1997); BUXMANN (2001); DRUMM (1996; 2004); FÖHR (1997); FRESE (1995); GABELE (1981); GALBRAITH (1973; 1977); GROCHLA (1980; 1982); GÜMBEL (1985); HALL (1972); HAX (1965; 2005); HILL/FEHLBAUM/ULRICH (1981); HOFFMANN (1976); JENSEN (1998); JOST (1998; 2000a; 2000b); KIESER (1981a); KIESER/KUBICEK (1978; 1983); KIRSCH (1969); KRÄKEL (1992; 1999); KRÜGER (1983; 1984); LAUX/LIERMANN (1988); MILGROM/ROBERTS (1992); MINTZBERG (1979;1983); PICOT (1993); PICOT/DIETL/FRANCK (1999); SCANLAN (1973); SCHANZ (1978; 1982); SCHAUENBERG (2004); SCHMIDT, G. (1983; 1985); SCOTT (1986); SIMON (1976); STAEHLE (1989); VOSSBEIN (1984); WILLIAMSON (1975).

TEIL B: ENTSCHEIDUNGSTHEORETISCHE GRUNDLAGEN

Im vorliegenden Buch werden organisatorische Zusammenhänge und Problemstellungen entscheidungsorientiert dargestellt und strukturiert. Für das Verständnis dieser Sichtweise sind einige Grundkenntnisse der Entscheidungstheorie erforderlich. In den Kapiteln II bis IV werden Entscheidungen einzelner Personen betrachtet: Es werden Konzepte und Kriterien der Entscheidungsfindung vorgestellt (Kapitel II), sodann die Notwendigkeit der Komplexitätsreduktion begründet und Möglichkeiten hierzu aufgezeigt (Kapitel III) und schließlich die Determinanten der Entscheidung systematisiert (Kapitel IV). Im Kapitel V wird der Entscheidungsprozeß einer Gruppe erläutert. Die Kommunikations- und Abstimmungsprozesse innerhalb eines multipersonalen Entscheidungssystems lassen sich am Beispiel der Gruppenentscheidung anschaulich darstellen.

II. Konzepte und Kriterien der Entscheidungsfindung: Ein Überblick

1. Problemstellung

In dieser Arbeit wird die Organisation als System von Entscheidungen interpretiert und analysiert; die Darstellungen sind entscheidungsorientiert. Die enge Verbindung zwischen Organisations- und Entscheidungstheorie resultiert insbesondere aus folgenden Aspekten:

1. Organisatorische Maßnahmen dienen letztlich der Steuerung von Entscheidungen (nachgeordneter Mitarbeiter). Organisationsalternativen können folglich nur dann sinnvoll analysiert bzw. bewertet werden, wenn fundierte Vorstellungen darüber bestehen, wie Entscheidungsprobleme gelöst werden können bzw. sollen.

2. Die Wahl organisatorischer Maßnahmen stellt ihrerseits ein Entscheidungsproblem dar, bei dem mögliche Vor- und Nachteile zu prognostizieren und gegeneinander abzuwägen sind.

3. In der Entscheidungstheorie werden wichtige Grundbegriffe definiert, die den Kommunikationsprozeß und damit die Zusammenarbeit mehrerer Organisationsmitglieder im Entscheidungsprozeß erleichtern.

Entscheidungstheoretische Untersuchungen werden in der Absicht vorgenommen, beschreibende (deskriptive) oder vorschreibende (präskriptive oder normative) Aussagen zu gewinnen. Entsprechend wird, je nach dem im Vordergrund stehenden Forschungsziel, zwischen deskriptiver und präskriptiver (oder normativer) Entscheidungstheorie unterschieden.

Die deskriptive Entscheidungstheorie will beschreiben, wie in der Realität Entscheidungen tatsächlich getroffen werden, und erklären, warum sie gerade so und nicht anders zustande kommen. Ihr Ziel ist es, empirisch gehaltvolle Hypothesen über das Verhalten von Individuen und Gruppen im Entscheidungsprozeß zu finden, mit deren Hilfe bei Kenntnis der jeweiligen konkreten Entscheidungssituation Entscheidungen prognostiziert werden können.

Die präskriptive (oder normative) Entscheidungstheorie will nicht die tatsächlichen Entscheidungsprozesse beschreiben und erklären, sondern zeigen, wie Entscheidungen „rational" getroffen werden können. Sie will Ratschläge für die Lösung von Entscheidungsproblemen erteilen, also Antwort geben auf die Frage, was ein Entscheider in unterschiedlichen Entscheidungssituationen tun soll.

Im Vordergrund des vorliegenden Kapitels stehen Problemstellungen und Strukturierungskonzepte der präskriptiven Entscheidungstheorie; sie haben für die Darstellungen in den nachfolgenden Kapiteln besondere Bedeutung. (Zur Erweiterung und Vertiefung vgl. LAUX, 2005a.) Im Abschnitt 2 werden zunächst die Einzelaktivitäten betrachtet, die im Verlauf des Entscheidungsprozesses erforderlich sind. Danach wird gezeigt, wie eine reale Problemsituation in einem Entscheidungsmodell abgebildet werden kann (Abschnitt 3). Die Bausteine eines solchen Modells (Abschnitt 3.1) werden von dem jeweiligen Entscheider individuell festgelegt (Abschnitt 3.2). Das Grundmodell der Entscheidungstheorie (Abschnitt 3.3) bietet dazu eine wesentliche Strukturierungshilfe. Die Strukturierung mehrperiodiger Entscheidungen kann nach dem Konzept der flexiblen Planung erfolgen (Abschnitt 3.4). Der Informationsstand des Entscheidungsträgers ist nicht unabänderlich: In Abschnitt 4 wird das Problem der Beschaffung zusätzlicher Informationen diskutiert. Abschließend wird der Beitrag der Betriebswirtschaftslehre zur Lösung von Entscheidungsproblemen gewürdigt.

2.   Entscheidung als Prozeß

2.1.   Phasen der Entscheidung

Die Auswahl einer von mehreren zur Wahl stehenden Aktionsmöglichkeiten ist das Resultat einer Reihe von Vorüberlegungen. Deshalb wird mit dem Begriff „Entscheidung" häufig nicht nur der eigentliche Entschluß, sondern auch dessen Vorbereitung bezeichnet. Eine „Entscheidung" entspricht dann einem Problemlösungsprozeß, in dessen Verlauf zunächst Vorentscheidungen getroffen werden und danach die (eigentliche) Entscheidung: Die möglichen Lösungen des (Entscheidungs-)Problems werden durch die erwogenen Handlungsalternativen repräsentiert, die tatsächliche Lösung durch die gewählte Alternative.

Für die im Verlauf eines Entscheidungsprozesses zu lösenden Aufgaben wurde in der Literatur eine gewisse Systematik entwickelt (SCANLAN, 1973, S. 113-130; HEINEN, 1976, S. 19-21). Es werden darin folgende Teilschritte unterschieden:

(a) Problemformulierung (Ermittlung von Ist- und Soll-Zustand),
(b) Präzisierung des Zielsystems,
(c) Erforschung der möglichen Handlungsalternativen,
(d) Auswahl einer Handlungsalternative,
(e) Entscheidungen in der Realisationsphase.

(a) *Problemformulierung:* Ein Entscheidungsprozeß wird im allgemeinen dadurch angeregt, daß bestimmte Symptome wahrgenommen werden, z.B. der Ausfall einer Maschine, eine Verringerung des Periodengewinns, eine Erhöhung der laufenden Kosten oder eine Verschlechterung der Arbeitszufriedenheit von Mitarbeitern (Ist-Zustand). Die Erkenntnis, daß sich eine bestimmte Situation unbefriedigend entwickelt, d.h. sich von einem angestrebten Sollzustand entfernt, und deshalb verbessert werden kann (oder muß), kann bereits routinemäßig zu einer (wenn auch nur vorläufigen) Problemformulierung führen. In anderen Fällen erfordert die Problemformulierung u.U. einen langwierigen, kreativen Analyse- und Suchprozeß (vgl. Kapitel III). Wie das zu lösende Entscheidungsproblem beschrieben werden soll, ist eine Frage der Zweckmäßigkeit. Die Problemformulierung stellt somit selbst ein (Vor-)Entscheidungsproblem dar.

(b) *Präzisierung des Zielsystems:* Eine rationale Entscheidung kann nur getroffen werden, wenn Zielvorstellungen existieren, mit deren Hilfe die erwogenen Handlungsalternativen beurteilt werden können. Das zu lösende Entscheidungsproblem wird zwar häufig schon in Gestalt eines (Sach-)Zieles beschrieben: z.B. Beseitigung eines Schadens, Besetzung einer Stelle, Durchführung einer Ersatzinvestition. Das Ziel besteht hier jeweils darin, einen bestimmten Endzustand zu erreichen. Dieser Endzustand ist jedoch noch sehr unscharf definiert. Die grobe Zielformulierung mag zunächst ausreichen, um den Entscheidungsprozeß (vor allem die Alternativensuche) überhaupt in Gang zu setzen. Im Verlauf des Entscheidungsprozesses muß jedoch das Zielsystem präzisiert werden, um der Erforschung der Handlungsalternativen eine konkrete Richtung zu geben; außerdem stellt es (als Formalziel) den Beurteilungsmaßstab für die abschließende Auswahl einer der (gefundenen) zulässigen Alternativen. (Zu den Begriffen „Sachziel" und „Formalziel" vgl. auch den folgenden Abschnitt 2.2.)

(c) *Erforschung der Handlungsalternativen:* Um den Ist-Zustand in den angestrebten Sollzustand zu transformieren, müssen Maßnahmen durchgeführt werden. Es stellt sich die Frage, welche Aktionsmöglichkeiten hierzu überhaupt bestehen und inwieweit sie dazu geeignet sind, den Sollzustand zu erreichen. Drei Teilprobleme sind in diesem Zusammenhang von Bedeutung:
  – Suche nach möglichen Alternativen: Grundsätzlich gibt es nicht nur eine einzige Möglichkeit, ein gegebenes Entscheidungsproblem zu lösen. Für

den Entscheider stellt sich die Aufgabe, (weitere) Alternativen zu finden bzw. zu erfinden.

– Ermittlung der Restriktionen für zulässige Alternativen: Die Problemanalyse erfordert, daß die Restriktionen oder Bedingungen herausgearbeitet werden, denen die Lösung (die zu realisierende Handlungsalternative) genügen muß. Wenn von vornherein die kritischen Restriktionen offengelegt werden, kann der Entscheidungsprozeß vereinfacht und beschleunigt werden, da frühzeitig erkannt wird, ob denkbare Alternativen überhaupt zulässig sind.

– Prognose der Ergebnisse der (erwogenen) Alternativen: Um eine rationale Entscheidung treffen zu können, muß der Entscheider die Konsequenzen (Ergebnisse) der erwogenen Alternativen abschätzen. Da Entscheidungen in der Realität praktisch immer bei unvollkommenem Informationsstand zu treffen sind, kann er sich allenfalls ein Wahrscheinlichkeitsurteil über die Ergebnisse bilden.

(d) *Auswahl einer Handlungsalternative:* Aus der Menge der zulässigen Aktionsmöglichkeiten wird in dieser Phase die im Hinblick auf die angestrebten Ziele beste (oder wenigstens eine „gute") Alternative ausgewählt. Die Gestaltung der Auswahlphase orientiert sich an einem Entscheidungsmodell.

(e) *Entscheidungen in der Realisationsphase:* Schließlich wird die gewählte Alternative realisiert. Auch im Zuge der Realisation sind ständig Entscheidungen zu treffen, denn bei der Auswahl einer Handlungsalternative werden im allgemeinen nicht schon sämtliche Details festgelegt. Detailentscheidungen werden später „vor Ort" unter Berücksichtigung der jeweiligen Gegebenheiten getroffen.

Der dargestellte Katalog bringt die im Rahmen eines Entscheidungsprozesses erforderlichen Einzelaktivitäten in eine gewisse Systematik, um die gedankliche Einordnung der Überlegungen in den nachfolgenden Abschnitten zu erleichtern. Die Darstellung könnte allerdings den Eindruck erwecken, es sei stets sinnvoll, die einzelnen Aktivitäten bis hin zur Realisation als Teilphasen unabhängig voneinander und starr in der dargestellten Reihenfolge durchzuführen. Dies ist nicht der Fall: Zwischen den „Phasen" des Entscheidungsprozesses bestehen enge Interdependenzen, so daß über die Maßnahmen einzelner Phasen nur dann sinnvoll entschieden werden kann, wenn zugleich Überlegungen hinsichtlich anderer Phasen angestellt werden. In der „Phase der Problemformulierung" müssen bereits Überlegungen der Such- und Realisationsphase in mehr oder weniger grober Weise vorweggenommen werden; z.B. erübrigt sich die Problemformulierung, wenn der Entscheider erkennt, daß er zur Lösung des Problems keine sinnvollen Alternativen realisieren kann (vgl. auch Kapitel III).

2.2.   Sachziele und Formalziele

In der organisationstheoretischen Literatur werden zwei Zieltypen unterschieden: Sachziele und Formalziele.

Sachziele und Formalziele unterscheiden sich in der Beschreibung des anzustrebenden Endzustandes: Bei Formalzielen wird der Endzustand nicht explizit, sondern implizit durch die Eigenschaft charakterisiert, daß er im Sinne des angestrebten Ziels (z.B. Maximierung des Gewinns oder Minimierung der Kosten) nicht mehr verbessert werden kann. (Der Endzustand ergibt sich also jeweils aus einer Extremierungsvorschrift.)

Bei einem Sachziel ist der anzustrebende Endzustand explizit durch konkrete Merkmale charakterisiert. Zum Beispiel soll auf einem genau bezeichneten Gelände in einem vorgegebenen Zeitraum eine Werkshalle mit bestimmten Eigenschaften errichtet werden. Ein Sachziel engt die Menge der (noch) zulässigen Handlungsalternativen ein: Es sind nur solche Maßnahmen zu erwägen, die zur Erreichung des Sachziels beitragen können.

Ein Sachziel kann im Einzelfall so präzise definiert sein, daß praktisch kein Entscheidungsspielraum verbleibt; in einem solchen Sachziel kommt eindeutig zum Ausdruck, welche Handlungsalternative zu realisieren ist. Im allgemeinen belassen aber auch Sachziele noch einen Entscheidungsspielraum. (Das Sachziel „Herstellung der Menge X des Produkts Y bis zum Zeitpunkt Z" z.B. kann noch einen weiten Spielraum hinsichtlich der fertigungstechnischen Verfahrensweisen belassen.) Das Sachziel definiert dann die Menge der zulässigen Handlungsalternativen; es bleibt aber noch offen, welche dieser Alternativen gewählt werden soll. Für eine rationale Letztentscheidung ist dann ein Formalziel zu formulieren (etwa die Minimierung der Produktionskosten), mit dessen Hilfe die Ergebnisse der Handlungsalternativen (die Endzustände) bewertet bzw. beurteilt werden können.

Zwischen Sachzielen und Formalzielen bestehen enge Interdependenzen: Einerseits stellt die Formulierung eines Sachziels selbst ein Entscheidungsproblem dar, bei dessen Lösung man sich an einem übergeordneten Formalziel orientiert. Andererseits hängt das für die Auswahl einer Handlungsalternative maßgebliche Formalziel von dem angestrebten Sachziel ab, das seinerseits die Menge der zulässigen Alternativen charakterisiert. Besteht z.B. das Sachziel darin, eine bestimmte Produktmenge herzustellen, so ist das Formalziel „Kostenminimierung" naheliegend. Lautet das Sachziel „Durchführung einer Ersatzinvestition", so könnte das Formalziel in der Maximierung des Barwertes der Einzahlungsüberschüsse bestehen. Der Begriff „Ziel" bzw. „Zielfunktion" wird in dieser Arbeit im Sinne von „Formalziel" verwendet. Statt des Begriffs „Sachziel" werden häufig synonyme Bezeichnungen wie „Aufgabe" und „Entscheidungsproblem" gewählt. Das häufig diskutierte Problem der Beschränkung des Entscheidungsspielraumes nachgeordneter Mitarbeiter kann als Problem der Vorgabe eines geeigneten „Sachzieles" interpretiert werden.

2.3.   Meta-Entscheidungen im Entscheidungsprozeß

Die Entscheidungen, die der eigentlichen Entscheidung (Wahl einer Handlungsalternative) vorgelagert sind, bezeichnen wir als Meta-Entscheidungen. Bei der Strukturierung seines individuellen Entscheidungsprozesses muß der Entscheider eine Vielzahl solcher Meta-Entscheidungen treffen. Dabei muß er festlegen,
- durch welches Modell er die eigentliche Entscheidungssituation abbildet (Wahl eines Entscheidungsmodells),
- auf welche Weise er zu Handlungsalternativen gelangt (Strategie der Alternativensuche),
- welche der ihm dann bekannten Handlungsalternativen er in seinem Kalkül berücksichtigt (Vorauswahl von Alternativen),
- wie er die ungewissen Konsequenzen der Handlungsalternativen in seinem Kalkül abbildet (subjektive Wahrscheinlichkeiten),
- welche zusätzlichen Informationen er zur Prognose der Konsequenzen beschafft (Konzept der Informationsbewertung) und
- auf welche Weise er seine Zielsetzung im Entscheidungsmodell konkretisiert (Wahl einer Entscheidungsregel).

Die Meta-Entscheidungen bestimmen letztlich die Auswahlentscheidung des Entscheiders. Deshalb können die Verhaltensentscheidungen anderer Personen gerade dadurch beeinflußt und gesteuert werden, daß auf die Meta-Entscheidungen dieser Personen Einfluß genommen wird. Wir kommen darauf in Kapitel VIII zurück.

3.   Entscheidungsmodelle

3.1.   Die Bausteine eines Entscheidungsmodells

3.1.1. Der Modelltyp

Wenn eine „Entscheidung" nicht nach irgendeinem Zufallsmechanismus getroffen oder das Verhalten anderer Personen bzw. das eigene Verhalten in früheren Situationen ungeprüft nachgeahmt werden soll, ergibt sich stets die Notwendigkeit, Alternativen gegeneinander abzuwägen. Die damit verbundenen Überlegungen orientieren sich grundsätzlich an bestimmten Denkmodellen, auch wenn das jeweilige Modell nicht explizit (aber implizit im „Hinterkopf" des Entscheiders) angewendet wird.

Obwohl die Entscheidungsprobleme, mit denen wir täglich konfrontiert werden, auf den ersten Blick sehr heterogen erscheinen, gibt es eine gemeinsame Struktur, auf die alle Entscheidungsprobleme zurückgeführt werden können. Entsprechend beinhalten die Entscheidungsmodelle gleiche Bausteine, auch wenn sich die Modelle im Detail sehr unterscheiden mögen. In jedem Entscheidungsmodell sind mehr oder weniger präzise folgende Bausteine abzubilden:
- Handlungsalternativen,
- Ergebnisse,

– Umweltzustände (unter Berücksichtigung ihrer Eintrittswahrscheinlichkeiten),
– Zielfunktion des Entscheiders.

Die Entscheidungstheorie hat solche Denkmodelle zusammengestellt und struktu-riert. Sie werden als A-Modelle bezeichnet, weil sie *allgemein* formuliert sind und noch nicht explizit auf konkrete Entscheidungssituationen ausgerichtet werden. Zur Lösung eines konkreten Entscheidungsproblems mit Hilfe eines Entschei-dungsmodells ist zunächst ein geeigneter Modelltyp (ein A-Modell) auszuwählen. Wenn dessen Modellelemente problembezogen definiert worden sind, ist daraus ein K-Modell geworden, in dem die *konkret* vorliegende Entscheidungssituation mehr oder weniger präzise abgebildet ist (BRETZKE, 1980, S. 10f.).

3.1.2. Die erwogenen Handlungsalternativen

Ein Entscheider besitzt einen Handlungsspielraum, wenn er die Ausprägungen ge-wisser Aktions- oder Entscheidungsvariablen innerhalb bestimmter Grenzen eigen-ständig variieren kann. Handlungsalternativen sind die sich gegenseitig ausschlie-ßenden Kombinationen möglicher Ausprägungen dieser Entscheidungsvariablen.

Welche der möglichen Handlungsalternativen ein Entscheider im Entschei-dungsmodell berücksichtigt, hängt einerseits davon ab, inwieweit er seinen Hand-lungsspielraum erforscht und seine tatsächlichen Aktionsmöglichkeiten erkannt hat. Andererseits wird der Entscheider in einer konkreten Problemsituation nicht sämtliche erkannten Aktionsmöglichkeiten erwägen, sondern nur solche, die aus seiner Sicht für die Problemlösung in Betracht kommen.

Mit der Festlegung der im Modell erwogenen Handlungsalternativen ist bereits eine Vorentscheidung getroffen: Die Letztentscheidung kann nur noch in der Wahl einer dieser (zulässigen) Handlungsalternativen bestehen; andere Aktionen werden nicht (mehr) berücksichtigt. Erweist sich die auf dieser Basis ermittelte Lösung als unbefriedigend, so kann die Menge der erwogenen Handlungsalternativen nach-träglich um weitere Aktionsmöglichkeiten erweitert werden.

3.1.3. Die Ergebnisse der Handlungsalternativen

Zur Beurteilung der erwogenen Alternativen müssen die damit verbundenen mögli-chen Konsequenzen im Modell abgebildet werden. Für den Vergleich der zur Wahl stehenden Alternativen sind allerdings nur solche Konsequenzen relevant, die für die „Zufriedenheit" des Entscheiders von Bedeutung sind: Sie sind die Ausprägun-gen von sogenannten Zielgrößen (oder Zielvariablen). Eine Wertekonstellation der Zielgrößen wird als „Ergebnis" bezeichnet. Die Auswahl der maßgeblichen Ziel-größen und damit auch die Zuordnung von Ergebnissen zu Handlungsalternativen ist subjektiv geprägt und kann für unterschiedliche Entscheider verschieden sein.

3.1.4. *Die Umweltzustände und deren Eintrittswahrscheinlichkeiten*

Welches Ergebnis bei Wahl einer bestimmten Alternative erzielt wird, hängt von Größen ab, die der Entscheider im Rahmen der jeweiligen Entscheidungssituation nicht beeinflussen kann bzw. will. Die Größen, die die Ergebnisse der Alternativen beeinflussen, aber keine Entscheidungsvariablen des Entscheiders darstellen, werden als (entscheidungsrelevante) Daten bezeichnet.

Der Entscheider kennt nur in Ausnahmefällen mit Sicherheit die Ausprägungen aller entscheidungsrelevanten Daten. Folglich kennt er auch nicht mit Sicherheit das Ergebnis, das bei der Wahl einer bestimmten Handlungsalternative erzielt wird. Wir gehen im folgenden davon aus, daß der Entscheider möglichen Datenkonstellationen (Umweltzuständen) jedoch subjektive Eintrittswahrscheinlichkeiten zuordnen kann. Es liegt dann eine sogenannte „Risikosituation" vor.

Die Bildung eines Wahrscheinlichkeitsurteils ist zentraler Bestandteil der Analyse von Handlungsalternativen. Da objektive Wahrscheinlichkeiten in realen Entscheidungssituationen selten gegeben sind, muß sich der Entscheider aufgrund seiner allgemeinen Erfahrungen und seiner speziellen Informationen über die konkrete Entscheidungssituation ein subjektives Wahrscheinlichkeitsurteil über die Umweltzustände bilden. Subjektive Wahrscheinlichkeiten sind definitionsgemäß nicht intersubjektiv überprüfbar. Es handelt sich um Größen, mit denen die personengebundenen Erwartungen hinsichtlich des Eintretens unsicherer Ereignisse in präziserer Weise ausgedrückt werden als bei rein verbaler Beschreibung. Ebenso wie subjektive Überzeugungen können auch subjektive Wahrscheinlichkeiten von Person zu Person verschieden sein. Unterschiedliche Wahrscheinlichkeitsurteile können auftreten, weil die betreffenden Personen unterschiedlich „gut" informiert sind oder weil sie aus gleichen Informationen unterschiedliche Rückschlüsse ziehen.

Da subjektive Wahrscheinlichkeiten nicht objektiv überprüfbar sind, könnte man die Ansicht vertreten, sie seien als Basis für Entscheidungen ungeeignet. Doch welche Alternativen gibt es gegenüber dem Konzept der subjektiven Wahrscheinlichkeiten? Wenn wohlbegründete objektive Wahrscheinlichkeiten vorliegen, sind sie subjektiven Wahrscheinlichkeiten eindeutig vorzuziehen. Es existieren aber in den meisten praktisch relevanten Entscheidungssituationen gar keine objektiven Wahrscheinlichkeiten; der Verzicht auf subjektive Wahrscheinlichkeiten bedeutet dann den Verzicht auf die Berücksichtigung von Wahrscheinlichkeiten im Entscheidungskalkül schlechthin. Diese Alternative ist noch problematischer als die Verwendung subjektiver Wahrscheinlichkeiten, da dann der Entscheider keine Möglichkeit hat, seine allgemeinen Erfahrungen und speziellen Informationen über die Ergebnisse der jeweiligen Handlungsalternativen bei seiner Entscheidung zu berücksichtigen. Derartige Informationen sollten nicht generell vernachlässigt werden, auch dann nicht, wenn sie nur schwer zu quantifizieren sind.

Glaubwürdigkeitsvorstellungen über ungewisse Ereignisse werden in der Realität auch oft verbal ausgedrückt, z.B. in Formulierungen wie „es ist sehr wahrscheinlich", „es ist kaum damit zu rechnen", „die Chancen stehen gut", „es ist zweifelhaft". Derartige Formulierungen sind jedoch häufig problematisch, da nicht klar genug zum Ausdruck kommt, was gemeint ist. Wie empirische Untersuchungen gezeigt haben, können sich die Wahrscheinlichkeitsvorstellungen, die durch dieselben verbalen Beschreibungen (wie z.B. „es ist sehr unwahrscheinlich") dargestellt werden, von Individuum zu Individuum erheblich unterscheiden (MOORE/THOMAS, 1976, S. 132f.). Die Mehrdeutigkeit der verbalen Sprache läßt es sinnvoll erscheinen, die Glaubwürdigkeitsvorstellungen mit Hilfe einer *quantitativen* Sprache auszudrücken, d.h. durch Wahrscheinlichkeitsangaben. Hierdurch kann (auch) die Zusammenarbeit zwischen mehreren Organisationsmitgliedern erleichtert werden, da die Gefahr von Mißverständnissen verringert wird.

Das Konzept subjektiver Wahrscheinlichkeiten hat für die Organisationstheorie grundlegende Bedeutung: Zum einen sind Organisationsentscheidungen im allgemeinen dadurch charakterisiert, daß unsichere Erwartungen über die Konsequenzen der erwogenen Maßnahmen bestehen; es bestehen jedoch Glaubwürdigkeitsvorstellungen über diese Konsequenzen, die bei der Entscheidung berücksichtigt werden können, indem sie durch subjektive Wahrscheinlichkeiten quantifiziert werden. Zum anderen dienen organisatorische Maßnahmen (z.B. die Delegation von Entscheidungskompetenzen, die Einrichtung von Kommunikationswegen) häufig dazu, die Beschaffung und Verarbeitung *auch* solcher Informationen zu erleichtern, die keine „objektiv richtigen" Schlüsse ermöglichen. Diese Informationen können nur in der Weise die Entscheidungen beeinflussen, daß sie bei der Bildung subjektiver Glaubwürdigkeitsvorstellungen berücksichtigt werden. Wären subjektive Wahrscheinlichkeiten als Basis für rationale Entscheidungen unbrauchbar, so würden sich viele organisatorische Maßnahmen bzw. Regelungen, die in der Praxis anzutreffen sind, erübrigen.

3.1.5. Die Zielfunktion

3.1.5.1. Die Elemente einer Entscheidungsregel

Eine rationale Entscheidung kann nur dann getroffen werden, wenn Zielvorstellungen existieren, mit deren Hilfe die erwogenen Handlungsalternativen hinsichtlich ihrer Konsequenzen miteinander verglichen werden können. Solche Zielvorstellungen müssen auch bei der Konstruktion eines Entscheidungsmodells (mehr oder weniger präzise) abgebildet werden. Erst die Formulierung einer Zielfunktion ermöglicht die Bewertung der erwogenen Alternativen. Unter einer Zielfunktion wird die formale oder gedankliche Darstellung einer Entscheidungsregel verstanden. Sie ist gekennzeichnet durch

- die Menge der Zielgrößen, an denen sich der Entscheider orientiert (Definitionsbereich der Zielfunktion),
- die Präferenzfunktion, die den Alternativen A_a Präferenzwerte $\Phi(A_a)$ zuordnet und die zum Ausdruck bringt, wie der Entscheider die jeweiligen sicheren Ergebnisse bzw. Wahrscheinlichkeitsverteilungen über die Ergebnisse bewertet, sowie
- das Optimierungskriterium, das die angestrebte Ausprägung für den Präferenzwert (etwa das Maximum oder ein bestimmtes Anspruchsniveau) definiert.

3.1.5.2. Präferenzfunktionen bei Sicherheit

Kennt der Entscheider den Umweltzustand und damit die Ergebnisse der Alternativen und orientiert er sich nur an einer Zielgröße, Z, so ist die Formulierung einer Präferenzfunktion einfach:

(II.1) $\Phi(A_a) = Z_a$.

Der Präferenzwert einer Handlungsalternative A_a ist dann gleich dem ihr entsprechenden Zielgrößenwert Z_a: Die Maximierung des Präferenzwertes $\Phi(A_a)$ ist äquivalent der Maximierung des Zielgrößenwertes.

Ob der Fall mehrerer Zielgrößen gegenüber dem Fall nur einer Zielgröße besondere Probleme hinsichtlich der Formulierung einer Präferenzfunktion aufwirft, hängt von den Beziehungen zwischen den Zielgrößen ab. Zwischen zwei Zielgrößen kann Neutralität, Komplementarität oder Konkurrenz bestehen. Zwei Zielgrößen stehen im Verhältnis der Neutralität zueinander, wenn die Maßnahmen zur Verbesserung der einen Zielgröße keinen Einfluß auf die Ausprägung der anderen Zielgröße haben. *Komplementarität* zwischen zwei Zielgrößen liegt dann vor, wenn die Maßnahmen zur Verbesserung der einen Zielgröße zugleich auch zu einem besseren Resultat hinsichtlich der anderen führen. Zwischen zwei Zielgrößen besteht *Konkurrenz* (Konflikt), wenn die Maßnahmen zur Verbesserung der einen Zielgröße die andere Zielgröße beeinträchtigen.

Wenn sich alle Zielgrößen neutral oder komplementär zueinander verhalten, ergeben sich bei der Formulierung einer Präferenzfunktion gegenüber dem Fall nur einer Zielgröße keine besonderen Probleme (LAUX, 2005a, S. 66). Zielneutralität und Zielkomplementarität werden aber in der Realität nur selten gegeben sein; hier sind (zumindest partielle) Zielkonflikte der Regelfall. Bei Zielkonflikt müssen Vorteile in bezug auf einzelne Zielgrößen durch Nachteile hinsichtlich anderer Zielgrößen „erkauft" werden. Beim Vergleich von Handlungsalternativen (bzw. ihrer Ergebnisse) stellt sich dann das Problem, die Vor- und Nachteile hinsichtlich der verschiedenen Zielgrößen gegeneinander abzuwägen.

Die Präferenzvorstellungen des Entscheiders können in der Entscheidungsregel theoretisch in der Weise zum Ausdruck gebracht werden, daß eine Nutzenfunktion formuliert wird, die den Ergebnissen der Handlungsalternativen Nutzenwerte zuordnet. (Zur Problematik der Ermittlung einer Nutzenfunktion vgl. LAUX, 2005a, S. 84ff.) Werden die Zielgrößen mit $Z_1, Z_2, ..., Z_Z$ bezeichnet, so lautet die Präferenzfunktion:

(II.2) $\Phi(A_a) = U(E_a) \equiv U(Z_{1a}, Z_{2a}, ..., Z_{Za})$.

Im Spezialfall der vollständigen Nutzenunabhängigkeit läßt sich die Nutzenfunktion (II.2) relativ einfach bestimmen. Wie weit der Nutzen U ansteigt, wenn die Zielgröße Z_z ($z = 1, 2, ..., Z$) um einen bestimmten Betrag wächst, ist dann unabhängig von den Ausprägungen der anderen Zielgrößen. Die Nutzenfunktion ist in diesem Fall additiv:

$$U(E_a) = U(Z_{1a}) + U(Z_{2a}) + \ldots + U(Z_{Za}) \, .$$

Im allgemeinen besteht jedoch zumindest zwischen einem Teil der Zielgrößen Nutzenabhängigkeit, d.h. die Bewertung einer Zielgröße hängt von den Ausprägungen der anderen Zielgrößen ab. Die Erfassung von Nutzenabhängigkeiten verursacht äußerst schwierige Probleme bei der Ermittlung von „exakten" Nutzenfunktionen. Es stellt sich daher das Problem, nach Ersatzkriterien zu suchen, bei denen die Präferenzfunktion in vereinfachter Form bestimmt werden kann. Zwei praktisch wichtige Konzepte sollen im folgenden skizziert werden: Das Konzept der Zielgewichtung und das der Fixierung von Anspruchsniveaus.

Bei Zielgewichtung wird die Präferenzfunktion wie folgt (vereinfachend) dargestellt:

(II.3) $\Phi(A_a) = g_1 \cdot Z_{1a} + g_2 \cdot Z_{2a} + \ldots + g_Z \cdot Z_{Za}$.

Sofern der Entscheider einen höheren Wert der Zielgröße Z_z ($z = 1, 2, \ldots, Z$) einem niedrigeren vorzieht, ist der Gewichtungsfaktor g_z positiv; wird ein niedrigerer Wert präferiert, ist der Gewichtungsfaktor negativ. Die Präferenzfunktion (II.3) impliziert eine lineare Nutzenfunktion. Bei Anwendung des Konzepts der Zielgewichtung stellt sich das Problem, welche Zielgewichte $g_1, g_2, \ldots, g_Z$ gewählt werden sollen.

Bei dem zweiten Konzept werden für alle Zielgrößen bis auf eine, die hier mit Z_{z*} bezeichnet wird, Anspruchsniveaus fixiert, die nicht unter- bzw. überschritten werden dürfen. Es darf nur eine Alternative gewählt werden, deren Ergebnis den Anspruchsniveaus genügt. Die Letztentscheidung wird dann ausschließlich nach der Zielgröße Z_{z*} getroffen. Für den Präferenzwert einer Alternative A_a gilt demnach:

(II.4) $\Phi(A_a) = Z_{z*a}$.

Bei diesem Konzept stellt sich das Problem, welche der Zielgrößen für die Ermittlung des Präferenzwertes ausschlaggebend sein soll und wie die Anspruchsniveaus für die anderen Zielgrößen festzulegen sind. Bei komplexen Entscheidungsproblemen ist nur schwer zu durchschauen, welche Implikationen die Anspruchsniveaus hinsichtlich der „Güte" der gewählten Handlungsalternative haben. Ist z.B. die Zielgröße Z_1 zu maximieren, so müßte bei der Fixierung der Anspruchsniveaus für die übrigen Zielgrößen $Z_2, \ldots, Z_Z$ antizipiert werden, wie diese den maximalen Wert der Zielgröße Z_1 beeinflussen. Je nach der Struktur der Aktionsmöglichkeiten kann bei Erhöhung eines Anspruchsniveaus der maximale Z_1-Wert sehr stark oder nur geringfügig sinken. Der Informationsstand über diese Implikationen kann sich im Verlauf des Entscheidungsprozesses verbessern. Es ist daher nicht sinnvoll, an den zunächst gewählten Anspruchsniveaus unwiderruflich festzuhalten.

3.1.5.3. *Präferenzfunktionen bei Risiko*

Das bisher überzeugendste theoretische Konzept für die Entscheidung bei Risiko stellt das BERNOULLI-Kriterium dar (LUCE/RAIFFA, 1957; SCHNEEWEISS, 1967, S. 61-88; BITZ/ROGUSCH, 1976; LAUX, 2005a, S. 167-197). Eine Entscheidung nach dem BERNOULLI-Kriterium wird in zwei Schritten getroffen:

- Auf der Grundlage relativ einfacher hypothetischer Entscheidungsprobleme wird eine Nutzenfunktion U bestimmt, die den möglichen Ergebnissen E_{as} reelle Nutzenwerte $U(E_{as})$ zuordnet.
- Diejenige Alternative wird gewählt, mit deren Ergebnissen der höchste Nutzenerwartungswert erzielt wird.

Nach dem BERNOULLI-Prinzip ist der Präferenzwert einer Alternative A_a definiert als

$$(\text{II.5}) \qquad \Phi(A_a) = \sum_{s=1}^{S} w(S_s) \cdot U(E_{as}).$$

Dabei bezeichnen $S_1, S_2, ..., S_S$ die möglichen Umweltzustände, $w(S_1), w(S_2), ...,$ $w(S_S)$ deren (subjektive) Eintrittswahrscheinlichkeiten und $E_{a1}, E_{a2}, ..., E_{aS}$ die Ergebnisse der Alternative A_a in diesen Umweltzuständen.

Ein Entscheider, der sich nur an einer Zielgröße Z orientiert (z.B. Gewinn, Umsatz oder Einkommen), wird als risikoneutral bezeichnet, wenn seine Nutzenfunktion linear verläuft. Verläuft sie konkav (konvex) - sinkt (steigt) also der Grenznutzen mit steigendem Z - so wird er als risikoscheu (risikofreudig) bezeichnet.

Bei linearer Nutzenfunktion und einer Zielgröße Z folgt aus dem BERNOULLI-Kriterium das Erwartungswert-Kriterium. Nach diesem Kriterium werden die Alternativen nach dem Erwartungswert der Zielgröße beurteilt; der Präferenzwert der Alternative A_a ist definiert als

$$(\text{II.6}) \qquad \Phi(A_a) = \sum_{s=1}^{S} w(S_s) \cdot Z_{as},$$

wobei Z_{as} den Wert der Zielgröße Z bei Wahl der Alternative A_a und Eintreten des Umweltzustandes S_s darstellt. Ist die Nutzenfunktion U(Z) des Entscheiders quadratisch, so folgt aus dem BERNOULLI-Kriterium das (μ, σ)-Kriterium, bei dem für die Bewertung von Handlungsalternativen neben dem Erwartungswert der Zielgröße (μ) auch deren Standardabweichung (σ) maßgeblich ist. Die Berücksichtigung der Standardabweichung ist eine relativ einfache Möglichkeit, das Risiko zu erfassen. Wegen seiner Einfachheit wird das (μ, σ)-Kriterium häufig zur Analyse von Entscheidungsproblemen bei Risiko herangezogen. Ein nach dem (μ, σ)-Kriterium handelnder Entscheider wird als risikoscheu (risikofreudig) bezeichnet, sofern er von zwei beliebigen Handlungsalternativen mit demselben Erwartungswert der Zielgröße diejenige mit der kleineren (größeren) Standardabweichung vorzieht. Bei Risikoaversion wird insbesondere ein sicherer Zielgrößenwert in Höhe von μ

einer Wahrscheinlichkeitsverteilung mit dem Erwartungswert von µ vorgezogen; bei Risikofreude gilt die umgekehrte Präferenzrelation.

3.1.5.4. Die Wahl des Optimierungskriteriums

Die Präferenzfunktion kann in jeder Entscheidungssituation so formuliert werden, daß der Entscheider einen höheren Präferenzwert einem niedrigeren vorzieht. Es erscheint dann sinnvoll, die Zielfunktion des Modells wie folgt darzustellen:

$$(II.7) \qquad \Phi(A_a) \to \underset{a}{\text{Max}}!$$

In Worten: Gesucht ist die Handlungsalternative $A_{\hat{a}}$ mit dem *höchsten* Präferenzwert.

Gegen die Maximierungshypothese wird eingewandt, daß die Entscheidungsfindung mit Zeitaufwand, Arbeitsleid und Kosten verbunden ist. Dies bewirke, daß die Suche nach einer Lösung des Entscheidungsproblems nicht so lange fortgesetzt wird, bis ein Maximum erreicht ist. (Unter Umständen läßt sich gar nicht feststellen, wann das Maximum erreicht ist.) Vielmehr werde ein bestimmtes Anspruchsniveau - d.h. ein „befriedigender" Mindestwert für den Präferenzwert (z.B. den Gewinnerwartungswert) - festgelegt und die Suche nach Lösungen schon dann als erfolgreich angesehen und eingestellt, wenn eine Lösung gefunden ist, bei der der Präferenzwert dieses Anspruchsniveau überschreitet oder gerade erreicht: Es wird keine Maximierung, sondern „Satisfizierung" angestrebt (Anspruchsanpassungstheorie von SIMON, 1957).

Wenn jedoch für ein bestimmtes Entscheidungsproblem bereits ein konkretes Entscheidungsmodell konstruiert ist, das die Maximierung des Präferenzwertes (z.B. mit Hilfe elektronischer Rechenanlagen) ohne besonderen Aufwand zuläßt, so besteht kein Grund, auf die Ermittlung der im Rahmen des Modells optimalen Handlungsalternative zu verzichten und sich statt dessen mit einer befriedigenden Lösung abzufinden (HAX, 1974, S. 26).

Während die analytische Deduktion einer Optimallösung innerhalb eines gegebenen, konkreten Entscheidungsmodells einen aufgrund moderner Rechentechnik häufig vernachlässigbaren Aufwand verursacht, sind jedoch insbesondere die Aktivitäten im Meta-Bereich des Modells mit möglicherweise erheblichem Zeitaufwand, Arbeitsleid und Kosten verbunden. Die Aktivitäten im Meta-Bereich des Entscheidungsmodells beziehen sich auf die Bestimmung der Basiselemente, die im Modell erfaßt werden sollen, auf die Konstruktion eines konkreten Entscheidungsmodells und auf die Beurteilung der Lösung (der Handlungsalternative), die sich im Rahmen des Modells als optimal erweist.

Es ist kaum möglich bzw. sinnvoll, diese Aktivitäten ausschließlich an der Maximierung des Präferenzwertes der im Modell erfaßten Zielgrößen auszurichten. Hier erscheint eine Orientierung am Konzept der Anspruchsanpassung sinnvoller. Wenn der Entscheider mit seinen Aktivitäten im Meta-Bereich des Entscheidungsmodells ein Anspruchsniveau anstrebt, so folgt daraus aber nicht, daß die Idee der

Maximierung auch bei der Deduktion einer (optimalen) Handlungsalternative aus dem konkreten Modell aufgegeben werden muß.

Der Entscheidungsprozeß könnte wie folgt verlaufen: Der Entscheider orientiert sich mit seinen Aktivitäten im Meta-Bereich an einem Anspruchsniveau für den Präferenzwert der im Modell erfaßten Zielgrößen. Seine Aktivitäten führen zu einem ersten konkreten Entscheidungsmodell. Danach wird von den im Modell erfaßten Handlungsalternativen diejenige mit dem maximalen Präferenzwert bestimmt. Liegt der maximale Wert unter dem Anspruchsniveau, so wird z.B. nach weiteren Aktionsmöglichkeiten gesucht und das Modell um diese Alternativen erweitert. Wenn der im Rahmen des Modells ermittelte maximale Präferenzwert dem Anspruchsniveau genügt, wird die Suche nach besseren Lösungen eingestellt. Der Entscheider verhält sich im Meta-Bereich als „Satisfizierer", bei der Ermittlung der jeweiligen Modellösung als „Maximierer" (LAUX, 2005a, S. 54ff.).

3.2.   Die Subjektivität der Modellelemente

Wenn ein allgemeiner und wohldefinierter Konsens darüber bestünde, wie in einem Entscheidungsprozeß unter alternativen Bedingungen vorzugehen ist, dann wären die Abläufe der Entscheidungsprozesse in der Realität weitgehend „vorprogrammiert". Die Empfehlungen der Entscheidungstheorie bzw. der Betriebswirtschaftslehre sind aber nicht so eindeutig. Es werden vielmehr Modelltypen zur Verfügung gestellt, die Leitlinien für den Entscheidungsprozeß geben. Die konkrete Anwendung dieser Modelle ist weitgehend subjektiven Ermessensentscheidungen überlassen. Zwei Entscheider werden in der Regel selbst dann verschiedene Entscheidungen treffen, wenn ihre Zielfunktionen und die Menge ihrer objektiv gegebenen Handlungsalternativen identisch sind:
– Die Entscheider nehmen aus der Menge der objektiv gegebenen Alternativen unterschiedliche (unterschiedlich viele) Alternativen wahr, z.B. weil sie bei der Entdeckung (Erfindung) von Handlungsmöglichkeiten unterschiedlich kreativ sind. Welche Aktionsmöglichkeiten ein Entscheider wahrnimmt, hängt auch von Zufälligkeiten ab: Dem einen werden ungefragt bestimmte Informationen über Aktionsmöglichkeiten gegeben, der andere erhält keine solchen Hinweise.
– Die Entscheider haben unterschiedliche Erwartungen hinsichtlich der Konsequenzen von Handlungsalternativen, weil sie unterschiedlich gut informiert sind oder aus denselben Informationen verschiedene Rückschlüsse auf die Umweltzustände ziehen (sie sind unterschiedlich befähigt und/oder motiviert, Informationen zu verarbeiten).
– Außerdem können auch der Kenntnisstand über Entscheidungsmodelle, die Beurteilung ihrer Stärken und Schwächen sowie die Fähigkeit, sie anzuwenden, von Entscheider zu Entscheider verschieden sein. Deren Modellkonstruktionen können daher stark divergieren.

3.3. Das Grundmodell der Entscheidungstheorie

3.3.1. Darstellung

Eine sehr anschauliche Strukturierungs- und Darstellungsweise für Entscheidungsprobleme bei unsicheren Erwartungen bietet das Grundmodell der Entscheidungstheorie (SCHNEEWEIß, 1966). Die wesentlichen Bausteine dieses Modells sind die Ergebnismatrix und die Zielfunktion.

In der Ergebnismatrix (Matrix II.1) werden in der Vorspalte die erwogenen Handlungsalternativen $(A_1, A_2, ..., A_A)$ zusammengestellt, in der Kopfzeile die Umweltzustände $(S_1, S_2, ..., S_S)$, die der Entscheider für möglich hält, sowie die Eintrittswahrscheinlichkeiten, die er ihnen zuordnet $(w(S_1), ..., w(S_S))$. In den Feldern der Ergebnismatrix werden die jeweiligen Ergebnisse dargestellt; dabei bezeichnet E_{as} $(a = 1, 2, ..., A; s = 1, 2, ..., S)$ jenes Ergebnis, das erzielt wird, wenn die Alternative A_a gewählt wird und der Umweltzustand S_s eintritt.

	$w(S_1)$ S_1	$w(S_2)$ S_2	...	$w(S_S)$ S_S
A_1	E_{11}	E_{12}	...	E_{1S}
A_2	E_{21}	E_{22}	...	E_{2S}
⋮	⋮	⋮		⋮
A_A	E_{A1}	E_{A2}	...	E_{AS}

Matrix II.1: Ergebnismatrix

Einem Ergebnis E_{as} muß nicht unbedingt ein sicherer Zielgrößenwert bzw. (bei mehreren Zielgrößen) ein sicherer Zielgrößenvektor entsprechen. Je nach Beschreibung der Alternativen und der Umweltzustände ist es in der Realität auch möglich, daß die Ergebnisse E_{as} mehrwertig sind. Insbesondere kann jedem Ergebnis E_{as} eine Wahrscheinlichkeitsverteilung über die Zielgröße bzw. die Zielgrößen entsprechen. Im allgemeinen kann zwar durch eine geeignete Definition der Umweltzustände erreicht werden, daß jeder Konstellation (A_a, S_s) ein sicherer Zielgrößenwert bzw. ein sicherer Zielgrößenvektor entspricht. Ein solches Vorgehen führt jedoch dazu, daß die Anzahl S der berücksichtigten Umweltzustände sehr groß wird. Für die praktische Planung kann dies nachteilige Konsequenzen haben. Wenn hingegen die Umweltzustände lediglich grob umrissen werden, können die Ergebnisse E_{as} auch in Wahrscheinlichkeitsverteilungen über die Ausprägungen der Zielgrößen bestehen.

3.3.2. *Zur Bedeutung des Grundmodells der Entscheidungstheorie*

Da die zentralen Begriffe „Handlungsalternativen", „Umweltzustände" und „Ergebnisse" allgemein definiert sind, stellt die Ergebnismatrix einen außerordentlich flexiblen Bezugsrahmen zur Strukturierung sehr unterschiedlicher Entscheidungssituationen dar. Bei der konkreten Anwendung müssen allerdings die zentralen Grundbegriffe problemadäquat präzisiert werden: Es muß geklärt werden, welches die relevanten Alternativen sind, wie die Ergebnisse beschrieben werden sollen, von welchen Daten sie abhängen, welche Konstellationen von Ausprägungen für diese Daten möglich sind und welche Eintrittswahrscheinlichkeiten diesen Konstellationen entsprechen.

In der Realität ist die Zahl der zulässigen Alternativen und der möglichen Umweltzustände bei komplexeren Entscheidungsproblemen oft sehr groß. Der mit der Erstellung einer Ergebnismatrix verbundene Planungsaufwand kann dann „von Hand" kaum bewältigt werden. Es besteht zwar die Möglichkeit, durch Vernachlässigung möglicher Alternativen und Umweltzustände sowie durch eine mehr oder weniger grobe Beschreibung der relevanten Ergebnisse den Planungsaufwand in praktikablen Grenzen zu halten. Damit wächst aber die Gefahr, daß eine „schlechte" Entscheidung getroffen wird.

In der Literatur sind auch Entscheidungsmodelle - insbesondere mathematische Programmierungsansätze - entwickelt worden, deren Planungsaufwand im Vergleich zum Grundmodell der Entscheidungstheorie wesentlich geringer sein kann. Obwohl das Grundmodell bei komplexeren Entscheidungsproblemen in der expliziten Anwendung versagt, ist es gerade für die Strukturierung solcher Probleme von großer Bedeutung. Vor allem bietet die Ergebnismatrix einen einheitlichen Bezugsrahmen zur Darstellung und Analyse der entscheidungstheoretischen Grundprobleme, die sich in sehr unterschiedlichen Entscheidungssituationen ergeben; dies gilt auch dann, wenn die Entscheidung gar nicht auf der Basis einer Ergebnismatrix getroffen wird.

3.4.   Entscheidungen im Zeitablauf

3.4.1. *Planung als Entscheidung besonderer Art*

Planung bedeutet, daß zukünftige Aktionen (in definitiver oder in bedingter Weise) im voraus aufeinander abgestimmt werden. Ein Bedarf an Planung entsteht immer dann, wenn die Konsequenzen einzelner Aktionen nicht unabhängig voneinander betrachtet werden können, sondern die Einzelmaßnahmen koordiniert werden müssen. Abhängigkeiten sind bei Entscheidungen in der Unternehmung praktisch immer zu berücksichtigen. So müssen vor allem die Entscheidungen der verschiedenen Teilbereiche im Rahmen einer Planung koordiniert werden.

Ein Bedarf an Planung ergibt sich in einer Unternehmung aber nicht nur aufgrund von Interdependenzen zwischen verschiedenen Teilbereichen, sondern auch deshalb, weil die Aktionen verschiedener Zeitpunkte aufeinander abzustimmen sind.

3.4.2. Das Konzept der flexiblen Planung

Die Interdependenzen zwischen den Entscheidungen verschiedener Zeitpunkte können auf folgende Ursachen zurückgeführt werden:

1. Die zu einem Zeitpunkt durchgeführten Maßnahmen beeinflussen den Handlungsspielraum für spätere Aktionen. So hängen z.B. die Produktionsmöglichkeiten späterer Zeitpunkte davon ab, welche Anlagen zu den vorhergehenden Zeitpunkten installiert werden. Das zukünftige Absatzpotential einer Unternehmung wird u.a. durch die jetzigen Werbemaßnahmen bestimmt. Die gegenwärtigen Investitions- und Finanzierungsmaßnahmen beeinflussen den zukünftigen Finanzierungsspielraum.

2. Wie weit der Erfolg (allgemein: die Ausprägungen der Zielgrößen) steigt bzw. sinkt, wenn zu einem Zeitpunkt bestimmte Maßnahmen durchgeführt werden, hängt in der Regel auch von den Aktionen anderer Zeitpunkte ab. Der Erfolg wird also nicht allein von Einzelmaßnahmen bestimmt, sondern von der Gesamtheit aller Aktionen, die im Zeitablauf realisiert werden. So hängen etwa die Erfolge zukünftiger Werbemaßnahmen im allgemeinen davon ab, welche Werbeaktivitäten gegenwärtig erfolgen. Die Einzahlungsüberschüsse zukünftiger Investitionen werden u.a. dadurch bestimmt, welche Investitionen zu den vorhergehenden Zeitpunkten durchgeführt werden.

3. Sofern der Entscheider nicht risikoneutral ist, gibt es in Risikosituationen eine dritte Ursache für Interdependenzen zwischen den Einzelmaßnahmen verschiedener Zeitpunkte: Wie die mit den Maßnahmen eines Zeitpunktes verbundenen Risiken bewertet werden, hängt davon ab, welche Risiken den Maßnahmen anderer Zeitpunkte entsprechen und welcher „Risikoverbund" zwischen den einzelnen Maßnahmen besteht.

Zur expliziten Erfassung von intertemporalen Interdependenzen sind mehrstufige (sequentielle) Entscheidungsmodelle erforderlich, die simultan mit den gegenwärtigen Maßnahmen (mehr oder weniger grob) auch die Aktionen für spätere Zeitpunkte erfassen. Wären die Umweltentwicklung - d.h. die im Zeitablauf eintretende Sequenz der entscheidungsrelevanten Daten (etwa die Preisentwicklung) - und die gegenwärtigen und zukünftigen Aktionsmöglichkeiten mit Sicherheit bekannt, könnten alle zukünftigen Aktionen endgültig und unwiderruflich festgelegt werden; es könnten dann keine Ereignisse eintreten, die eine Revision der Pläne erforderlich machen. In Risikosituationen bestehen jedoch zumindest mehrwertige Erwartungen über die Umweltentwicklung, wobei sich grundsätzlich die Wahrscheinlichkeiten für die zukünftigen Entwicklungen der Umwelt im Zeitablauf mit den zwischenzeitlich zugehenden Informationen ändern. Zum Beispiel erhält der Entscheider Informationen über die Entwicklung der Preise seiner Erzeugnisse, über die Anschaffungsauszahlungen für Investitionsprojekte, die Entwicklungen des Kapitalmarktes usw.

Da in Zukunft weitere Informationen zugehen, ist es nicht sinnvoll, zukünftige Aktionen vorher schon endgültig festzulegen. Über die zu einem zukünftigen Zeitpunkt zu ergreifende Aktion sollte erst dann definitiv entschieden werden, wenn dieser Zeitpunkt tatsächlich eingetreten ist. Nur dann können alle Informationen berücksichtigt werden, die bis dahin vorliegen. Trotzdem darf nicht auf die Planung zukünftiger Maßnahmen verzichtet werden, da sonst die Voraussetzung für eine optimale Entscheidung über die Aktion zu Beginn des Planungszeitraums fehlt.

Einen Ausweg aus diesem Dilemma bietet das Konzept der flexiblen Planung (HAX/LAUX, 1972; LAUX, 2005a, S. 249ff.; 2005b, Kapitel XII), bei dem nur die zu Beginn des Planungszeitraums zu ergreifende Aktion endgültig festgelegt wird. Simultan damit wird für jeden zukünftigen Aktionszeitpunkt ein System von bedingten Plänen (Eventualplänen) erstellt, wobei die oben beschriebenen Interdependenzen zwischen den Aktionen verschiedener Zeitpunkte berücksichtigt werden. Welcher Plan zu einem zukünftigen Zeitpunkt tatsächlich realisiert (welche Aktion dann also gewählt) wird, hängt von der Umweltentwicklung ab, die bis zu diesem Zeitpunkt eintritt. Die flexible Planung führt zu einem gegenwärtigen Aktionsprogramm, das einen optimalen (nicht notwendig maximalen) Spielraum für zukünftige Anpassungen an die möglichen Umweltentwicklungen offen läßt: Schon bei der Formulierung der Eventualpläne wird berücksichtigt, welche zukünftigen Entscheidungsspielräume bestehen und in welcher Weise sie jeweils genutzt werden.

Auch mehrstufige Entscheidungsprobleme, bei denen die Entscheidungen verschiedener Zeitpunkte aufeinander abzustimmen sind, können mittels einer Ergebnismatrix dargestellt werden. Die Alternativen $A_1, A_2, ..., A_A$ werden dann als Strategien, die Umweltzustände $S_1, S_2, ..., S_S$ als Umweltentwicklungen bis zum Ende des Planungszeitraums definiert. Dabei gibt eine Strategie an, welche Aktion zu Beginn des Planungszeitraumes durchgeführt wird und welche Aktionsfolgen bei alternativen Umweltentwicklungen in Zukunft jeweils gewählt werden.

4. Verbesserung der Entscheidungsgrundlagen

Eine Ergebnismatrix (allgemein: ein Entscheidungsmodell) kann immer nur den derzeitigen subjektiven Informationsstand des Entscheiders widerspiegeln. Dieser Informationsstand ist jedoch im allgemeinen nicht unabänderlich. Der Entscheider kann insbesondere auch selbst dazu beitragen, seinen Informationsstand zu verbessern. Die Informationsaktivitäten können darauf ausgerichtet sein,
– neue Aktionsmöglichkeiten (Alternativen) zu finden bzw. zu erfinden,
– die Ergebnisse E_{as} der Handlungsalternativen genauer abzuschätzen und/oder
– das Wahrscheinlichkeitsurteil über die maßgeblichen Umweltzustände zu verbessern.
Die Beschaffung von Informationen ist im allgemeinen nicht kostenlos. Kosten entstehen in Form von Ausgaben und/oder durch Einsatz von Arbeit und Zeit (Opportunitätskosten); u.U. können bestimmte Aktionen gar nicht mehr realisiert werden, wenn zuvor umfangreiche Informationen über deren Konsequenzen eingeholt werden. Die Entscheidung darüber, ob bestimmte Informationen beschafft werden sollen oder nicht, erfordert daher ein Abwägen der Kosten und des Nutzens dieser Informationen. Bei der Ermittlung des Nutzens entsteht das Problem, daß zum

Zeitpunkt der Bewertung noch nicht bekannt ist, zu welchem Ergebnis die erwogene Informationsbeschaffung führen wird. Wäre der Inhalt der Informationen bereits
bekannt, würde sich das Problem der Informationsbeschaffung nicht mehr stellen.

Die Frage, ob zusätzliche Informationen eingeholt werden sollen und welche, ist
ein Entscheidungsproblem bei Risiko. In der Literatur ist eingehend untersucht
worden, wie dieses Problem gelöst werden kann (vgl. LAUX, 2005a, S. 281ff. und
die dort angegebene Literatur). Im Vordergrund stehen dabei solche Informationsaktivitäten, die zur Verbesserung des Wahrscheinlichkeitsurteils über die Umweltzustände $S_1, S_2, ..., S_S$ führen: Der eintretende Umweltzustand - er ist durch die
Ausprägungen der entscheidungsrelevanten Daten charakterisiert - kann zum Zeitpunkt der Entscheidung nicht unmittelbar beobachtet werden. Der Entscheider
überprüft im Zuge der Informationsbeschaffung statt dessen die Ausprägungen anderer Größen, die leichter zu beobachten sind, und zieht hieraus aufgrund seiner
Erfahrung (probabilistische) Rückschlüsse hinsichtlich der denkbaren Umweltzustände.

Sofern der Entscheider keine (weiteren) Informationen einholt, bildet er sich
sein Wahrscheinlichkeitsurteil über die Umweltzustände auf der Basis seines bisherigen Informationsstandes (a priori-Wahrscheinlichkeiten). Im Fall der Informationsbeschaffung korrigiert er den neuen Kenntnissen entsprechend sein bisheriges
Wahrscheinlichkeitsurteil über die Umweltzustände und wählt dann jene Alternative, die sich im Licht der revidierten Wahrscheinlichkeiten (der sogenannten
a posteriori-Wahrscheinlichkeiten) als optimal erweist. Die Größen bzw. Ereignisse, die unmittelbar überprüft werden und als Grundlage für die Prognose der
entscheidungsrelevanten Daten dienen, werden als Indikatoren bezeichnet. Indikatoren sind z.B. die bisherige Preisentwicklung, Bilanzen, Berichte in Zeitungen,
die Auskunft eines Informanten, die Daten des Rechnungswesens, das bisherige
Verhalten von Individuen.

Der Wert bestimmter Informationen für den Entscheider hängt davon ab, welche „Prognosequalität" die betreffenden Indikatoren (oder der Indikator) aus seiner
Sicht haben. Das Urteil des Entscheiders über die Prognosequalität hängt wiederum davon ab, wie er (vor Information) die stochastische Beziehung zwischen
den möglichen Ausprägungen der Indikatoren und den Umweltzuständen einschätzt. Bei stochastischer Unabhängigkeit zwischen Indikatorausprägung und
Umweltzustand ist der Informationswert null; die a posteriori- und die a priori-
Wahrscheinlichkeiten stimmen überein.

Informationsaktivitäten können auch das Ziel haben, weitere Handlungsmöglichkeiten zu entdecken. Ob und in welcher Weise nach weiteren Aktionsmöglichkeiten gesucht werden soll, ist ein Entscheidungsproblem bei unsicheren
Erwartungen über den „Sucherfolg".[1]

---

1) Ansätze zur Lösung dieses Entscheidungsproblems finden sich bei SAVAGE (1954, S. 19ff.);
    SCHNEEWEIß (1966, S. 120-129); NIGGEMANN (1973, S. 115ff.); DYCKHOFF (1986).

5.   Der Beitrag der Betriebswirtschaftslehre zur Lösung von Entscheidungsproblemen: Möglichkeiten und Grenzen

Die Betriebswirtschaftslehre bzw. die Entscheidungstheorie versucht in der Weise Rat zu erteilen, daß sie

- Hinweise gibt, wie Zielvorstellungen in ein widerspruchsfreies Zielsystem überführt werden können,
- Entscheidungsmodelle entwickelt und deren Annahmen darstellt, und
- Hinweise gibt, wie diese Modelle zu konkretisieren und zu lösen sind.

Die Empfehlungen belassen noch einen großen Spielraum für Kreativität und Ermessensentscheidungen des Entscheiders:

- Es wird nicht konkret gesagt, welche Alternativen in einer Entscheidungssituation zu erwägen sind. Es bleibt der Kreativität des Entscheiders überlassen, gute Handlungsalternativen zu finden bzw. zu erfinden. Es gibt keine eindeutigen Normen für kreatives Verhalten; kreatives Verhalten ist gerade dadurch charakterisiert, daß man nicht routinisierten Normen folgt, sondern Neuland betritt.
- Es wird nicht konkret gesagt, wie subjektive Wahrscheinlichkeiten zu bilden sind. Wenn die Betriebswirtschaftslehre (die Entscheidungstheorie) konkrete und allgemein akzeptierte Normen zur Bildung „subjektiver" Wahrscheinlichkeiten aufstellen würde, so wären dies keine subjektiven Wahrscheinlichkeiten mehr.
- Auch die Auswahl eines Entscheidungsmodells aus dem Katalog allgemeiner Modelle und die konkrete Darstellung dieses Modells folgt Ermessensentscheidungen.

Die Betriebswirtschaftslehre steht bei der Erarbeitung ihrer Empfehlungen vor dem folgenden Dilemma (BALLWIESER, 1983, S. 23ff.): Einfache Entscheidungsmodelle verletzen im allgemeinen gewisse plausible theoretische Anforderungen. Modelle, die diesen Anforderungen (besser) genügen, sind komplexer und erfordern höhere Planungskosten. Ob die zusätzlichen Planungskosten gerechtfertigt sind, ist in einer konkreten Entscheidungssituation jedoch nur schwer zu beurteilen. Dieser Sachverhalt crschwert auch die Kontrolle bei Delegation von Entscheidungen (vgl. Kapitel XXII).

Ergänzende und vertiefende Literatur:

BAMBERG/COENENBERG (2002); BITZ (1981); DINKELBACH (1982); EISENFÜHR/ WEBER (2003); HAMEL (1973; 1974); HAUSCHILDT (1977), LAUX (1993; 2005a; 2005b); LINK (1996); LUCE/RAIFFA (1957); MAG (1977); MEYER (1999); PFOHL (1977); PFOHL/BRAUN (1981); RAIFFA (1973); SCHNEEWEIß (1967).

III. Komplexitätsreduktion im Entscheidungsprozeß: Notwendigkeit, Grundformen und offene Probleme

1. Problemstellung

Da die menschliche Fähigkeit, Informationen aufzunehmen, zu speichern und (logisch) konsistent zu verarbeiten, begrenzt ist, stellt sich praktisch bei jedem Entscheidungsprozeß das Problem, die Kalkülüberlegungen zu vereinfachen. Die Problematik der Komplexitätsreduktion ist auch für die Organisationstheorie von grundlegender Bedeutung (vgl. auch Kapitel XIII):

1. Aufgrund ihrer begrenzten Fähigkeit, Informationen aufzunehmen, zu verarbeiten und in Form von Weisungen an die nachgeordneten Mitarbeiter zu übermitteln, ist die Unternehmensleitung insbesondere in größeren Unternehmungen mit variablen und unstrukturierten Aufgaben nicht in der Lage, alle maßgeblichen Entscheidungen (in befriedigender Weise) selbst zu treffen. Sie muß die Komplexität ihrer (Entscheidungs-)Aufgaben reduzieren, indem sie z.B. Entscheidungskompetenzen an nachgeordnete Mitarbeiter delegiert. Dabei zerlegt sie die komplexen Gesamtprobleme in Teilprobleme, die einfacher zu überschauen und zu lösen sind. Die Tendenz zur Delegation ist um so größer, je komplexer die Gesamtaufgabe ist.

2. Bei Delegation von Entscheidungen muß berücksichtigt werden, daß auch die Rationalität der nachgeordneten Mitarbeiter begrenzt ist; es ist (mehr oder weniger grob) zu antizipieren, wie die Mitarbeiter ihrerseits bei der Lösung ihrer Entscheidungsprobleme Komplexität reduzieren (müssen) und welche Konsequenzen sich hinsichtlich der „Güte" ihrer Entscheidungen daraus ergeben können.

3. Auch bei der Lösung organisatorischer Entscheidungsprobleme selbst müssen grundsätzlich in starkem Maße Vereinfachungen vorgenommen werden. Dies gilt insbesondere auch hinsichtlich jener Maßnahmen, die der Reduktion von Komplexität dienen sollen. Sie verlieren ihren Sinn, wenn ihre möglichen Vor- und Nachteile ausführlich gegeneinander abgewogen werden.

Die Problematik der Komplexitätsreduktion soll im vorliegenden Kapitel analysiert werden. Die dargestellten Grundformen und Grundprobleme der Modellvereinfachung gelten im Prinzip für alle Typen von Entscheidungsproblemen, also gleichermaßen für Objekt-, Organisations- und Kommunikationsentscheidungen. Einige Konzepte der Vereinfachung werden beispielhaft für Objektentscheidungen verdeutlicht. In Kapitel XXVI wird gezeigt, daß in analoger Weise auch organisatorische Entscheidungsprobleme strukturiert und gelöst werden können.

Zunächst (Abschnitt 2) wird die Notwendigkeit der Komplexitätsreduktion begründet und die Problematik aufgezeigt, die mit der Bestimmung eines „optimalen" Komplexionsgrades verbunden ist. Im Abschnitt 3 werden verschiedene Möglichkeiten der Komplexitätsreduktion erläutert: Nach der Darstellung der Grundformen (Abschnitt 3.1) wird die sukzessive Einengung und Präzisierung von Pro-

blemstellungen (Abschnitt 3.2), die Vorauswahl auf der Basis von Effizienzkriterien (Abschnitt 3.3) sowie die Zerlegung von Entscheidungsproblemen (Abschnitt 3.4) als Maßnahmen der Vereinfachung interpretiert.

2.   Notwendigkeit der Komplexitätsreduktion und Problematik der Ermittlung eines „optimalen" Komplexionsgrades

Bei der Konstruktion eines Entscheidungsmodells kann der Entscheider höchstens
diejenigen Aspekte seines jeweiligen Entscheidungsproblems berücksichtigen, die
er nach einem mehr oder weniger kreativen Analyseprozeß überhaupt wahrnimmt.
Da seine Erkenntnismöglichkeiten begrenzt sind (es werden z.B. objektiv mögliche
Handlungsalternativen nicht entdeckt bzw. nicht erkannt und/oder mögliche Folgen der erwogenen Alternativen übersehen), wäre ein Entscheidungsmodell selbst
dann eine vereinfachte Abbildung der Realität, wenn der Entscheider alle subjektiv
wahrgenommenen Aspekte des Entscheidungsproblems getreu seiner Wahrnehmung im Modell abbilden würde.

Die Konstruktion und Lösung eines „vollständigen" Entscheidungsmodells, das
alle jene Aspekte originalgetreu abbildet, die der Entscheider wahrnimmt und von
denen er glaubt, daß sie für eine optimale Entscheidung von Bedeutung sein könnten, würde einen Planungsaufwand erfordern, der nicht bewältigt werden kann. Unter Berücksichtigung der mit der Formulierung und Lösung eines Modells verbundenen Kosten in Form von Ausgaben und/oder Opportunitätskosten erscheint die
Formulierung eines vollständigen Modells zudem unzweckmäßig. Es besteht ein
Zwang zur Vereinfachung, zur Komplexitätsreduktion. In der Realität wird daher
das Entscheidungsmodell grundsätzlich nicht vollständig („exakt") formuliert. Die
Zielvorstellungen und die (wahrgenommenen) Handlungsmöglichkeiten sowie deren mögliche Konsequenzen werden immer nur in mehr oder weniger grober Weise im Modell erfaßt.

Art und Ausmaß der Vereinfachung eines Entscheidungsmodells stellen ihrer-
seits ein Entscheidungsproblem dar, das dem eigentlichen Entscheidungsproblem
(Welche Handlungsalternative A_a soll gewählt werden?) vorgelagert ist und das
deshalb als Vor- oder Meta-Entscheidungsproblem bezeichnet wird. Für die Lösung dieses Problems sind einerseits die *Kosten* der Formulierung und Lösung des
Entscheidungsmodells von Bedeutung und andererseits der *Ertrag*, der mit der
Kenntnis der Modellösung verbunden ist (die „Güte" der Entscheidung, zu der das
Modell führen wird). Vor allem der Ertrag läßt sich in der Regel nur schwer ab-
schätzen.

Das Problem, in welcher Weise vereinfacht werden soll, stellt sich grundsätzlich für jedes Entscheidungsmodell und jede Planungstechnik: Es wird als das Problem des optimalen Komplexionsgrades bezeichnet. Es mag naheliegen, die Lösung dieses Entscheidungsproblems mit Hilfe eines Entscheidungsmodells anzustreben, d.h. ein „Meta-Modell" zur Bestimmung des optimalen Komplexionsgrades des eigentlichen Entscheidungsmodells zu konstruieren. In einem solchen Mo-

dell müßten jedoch alle relevanten Gegebenheiten (z.B. Handlungsalternativen und Umweltzustände) berücksichtigt werden, die im eigentlichen Modell, für das der optimale Komplexionsgrad gesucht wird, enthalten sein könnten. Das Meta-Modell wäre daher mindestens ebenso komplex wie das nicht vereinfachte eigentliche Modell und das Problem der Vereinfachung entstünde analog für das Meta-Modell. Hierzu müßte ein *Meta-Meta-Modell* konstruiert werden, für das sich wieder das Problem der Vereinfachung ergibt, usw. Ein solches Vorgehen führt zu einem infiniten Regreß. Auf diesem Weg ist das Problem des optimalen Komplexionsgrades nicht sinnvoll zu lösen; eine tatsächliche Vereinfachung wird nur dann erreicht, wenn die Auswirkung der Vereinfachung nicht theoretisch „exakt" ermittelt, sondern mehr oder weniger pauschal abgeschätzt wird.

3.   Maßnahmen zur Komplexitätsreduktion

3.1.   Grundformen der Komplexitätsreduktion

Bei der Konstruktion eines Entscheidungsmodells stellen sich zwei Grundprobleme, die jeweils unter dem Aspekt der Vereinfachung zu lösen sind:
– Welcher Modelltyp (welches A-Modell) soll gewählt werden?
– Wie soll der gewählte Modelltyp (das gewählte A-Modell) zu einem konkreten Entscheidungsmodell (K-Modell) spezifiziert werden?
Mit der Wahl eines bestimmten Modelltyps wird der allgemeine Rahmen für die konkrete Modellkonstruktion festgelegt. Eine Vereinfachung kann zunächst erfolgen, indem von mehreren erwogenen Modelltypen jener mit der einfacheren Grundstruktur gewählt wird. Eine solche Vereinfachung erfolgt z.B. dann, wenn zur Lösung eines mehrstufigen Entscheidungsproblems bei Risiko statt eines Modells der flexiblen Planung ein deterministischer Ansatz herangezogen wird, wobei in Zukunft die vorliegenden Pläne entsprechend der eintretenden Umweltentwicklung fortlaufend revidiert werden.

Bei der konkreten Ausgestaltung des gewählten Modelltyps stellt sich wiederum das Problem, wie vereinfacht werden soll. Eine Vereinfachung kann in der Weise erfolgen, daß „relevante" Aspekte des zu lösenden, konkreten Entscheidungsproblems nur teilweise und/oder in verkürzter Form abgebildet werden. Komplexitätsreduktion ist dabei grundsätzlich bei der Darstellung *aller* Bausteine des Entscheidungsmodells möglich, also hinsichtlich
(a) der Handlungsalternativen,
(b) der Umweltzustände (unter Berücksichtigung ihrer Eintrittswahrscheinlichkeiten),
(c) der Ergebnisse und
(d) der Zielfunktion.

(a) Handlungsalternativen: Die erste Möglichkeit der Komplexitätsreduktion besteht darin, bekannte Alternativen zu vernachlässigen oder auf die Suche nach weiteren Alternativen zu verzichten. Die Vereinfachung erfolgt häufig auch

dadurch, daß die erwogenen Alternativen unvollständig dargestellt werden. Diese Form der Komplexitätsreduktion wird vor allem bei sequentiellen Entscheidungsproblemen notwendig, wo insbesondere die bedingten (Folge-) Maßnahmen zukünftiger Zeitpunkte nur in Form einer Grobplanung erfaßt werden können.

(b) *Umweltzustände* unter Berücksichtigung ihrer Eintrittswahrscheinlichkeiten: Eine zweite Möglichkeit der Komplexitätsreduktion besteht darin, einen oder mehrere Umweltzustände völlig zu vernachlässigen und/oder Teilmengen von Umweltzuständen zusammenzufassen und jeweils durch einen „mittleren" Zustand zu repräsentieren. Die derart vereinfachte Darstellung der Umweltzustände ist insbesondere auch bei sequentiellen Entscheidungsproblemen geboten, bei denen die Umweltzustände als Sequenzen von Ausprägungen der entscheidungsrelevanten Daten im Zeitablauf zu interpretieren sind. Die Vernachlässigung eines Umweltzustandes ist dann naheliegend, wenn er eine sehr niedrige Eintrittswahrscheinlichkeit hat und/oder die Ergebnisse aller Alternativen in diesem betrachteten Zustand ähnlich sind. Die Zusammenfassung mehrerer Umweltzustände zu einem „mittleren" Zustand kommt vor allem dann in Betracht, wenn die Alternativen in diesen Zuständen zu jeweils ähnlichen Ergebnissen führen. Die Bildung eines Wahrscheinlichkeitsurteils über die Umweltzustände erfolgt in vereinfachter Weise, wenn der Entscheider keine sehr fundierten Überlegungen darüber anstellt, welche Schlüsse er aus seinen Informationen ziehen soll, sondern die Wahrscheinlichkeiten in mehr oder weniger grober Form schätzt.

(c) *Ergebnisse:* Eine weitere Form der Vereinfachung besteht darin, die Ergebnisse der Handlungsalternativen weniger genau zu beschreiben. Der Entscheider überprüft nicht „exakt", zu welchen Ergebnissen die Alternativen in den einzelnen Umweltzuständen führen, sondern setzt Schätzwerte ein. Ein solches Vorgehen kann vor allem im Hinblick auf Umweltzustände mit sehr geringer Wahrscheinlichkeit sinnvoll sein. Der Entscheider kann auch Zielgrößen, die für ihn relevant sind, bei der Beschreibung der Ergebnisse vernachlässigen und nur die „gewichtigeren" Zielgrößen berücksichtigen.

(d) *Präferenzfunktion:* Schließlich besteht die Möglichkeit, Vereinfachungen bei der Ermittlung und Darstellung der Präferenzfunktion vorzunehmen. Ein Entscheider, der sich an zwei Zielgrößen orientiert, nimmt z.B. vereinfachend eine (lineare) Zielgewichtung vor, obwohl seine Indifferenzkurven nicht linear verlaufen.

Zwischen den dargestellten Grundformen der Vereinfachung bestehen enge Interdependenzen. Die Zuordnung „exakter" Ergebnisse ist z.B. um so schwieriger, je stärker bei der Darstellung der Umweltzustände und der Handlungsalternativen vereinfacht wird.

3.2. Komplexitätsreduktion durch sukzessive Einengung und Präzisierung von Problemstellungen

3.2.1. Das allgemeine Konzept

Der Entscheidungsprozeß beginnt im allgemeinen damit, daß ein unstrukturiertes Entscheidungsproblem wahrgenommen wird. Komplexere Entscheidungsprobleme können nun nicht in der Weise strukturiert und gelöst werden, daß die Vielzahl von objektiv möglichen Handlungsalternativen (Kombinationen von Einzelmaßnahmen) explizit erwogen werden und ein umfassendes Entscheidungsmodell formuliert wird.

Die Notwendigkeit der Komplexitätsreduktion beginnt schon bei der „Suche" nach möglichen Handlungsalternativen. Die Alternativen sind ja grundsätzlich nicht im voraus bekannt; der Entscheider muß sich erst Klarheit darüber verschaffen, welche Maßnahmen er ergreifen könnte. Die Alternativensuche ist ein (kreativer) Prozeß, der hohe Kosten in Form von Ausgaben sowie durch Einsatz von Arbeit und Zeit verursachen kann. Es besteht das Problem, die Suchaktivitäten zu begrenzen und zugleich in erfolgreiche Bahnen zu lenken.

Der Problemlösungsprozeß erfordert also, daß sich der Entscheider zunächst überlegt, auf welche Maßnahmen zur Lösung des gestellten Problems er sich konzentrieren soll. Dabei leitet er aus dem vage formulierten Ausgangsproblem engere und präzisere Teilprobleme ab, deren Lösung zu einer guten Entscheidung hinsichtlich des Ausgangsproblems führen soll. Bei der Formulierung dieser Teilprobleme werden bestimmte Aktionsmöglichkeiten ausgeschlossen, die (zumindest vorläufig) nicht mehr berücksichtigt werden. Die Teilprobleme können aber immer noch ein weites Feld von Handlungsmöglichkeiten belassen, die nicht alle entdeckt und umfassend gegeneinander abgewogen werden können. Für den Entscheider ist es dann naheliegend, aus den Teilproblemen noch engere und konkretere Unterprobleme abzuleiten (usw.). Auf diesem Weg kann er zu einer Problemebene gelangen, bei der es möglich und sinnvoll ist, die Ergebnisse konkreter Handlungsalternativen in analytisch fundierter Weise (etwa mit Hilfe einer Ergebnismatrix) gegeneinander abzuwägen. Die Handlungsalternative, die sich dann als optimal erweist, wird realisiert. Kommt der Entscheider jedoch zu der Vermutung, daß im Prozeß der sukzessiven Einengung der Problemstellung Handlungsalternativen ausgeschlossen wurden, die bei genauerer Betrachtung vorteilhafter sind, so kann er aus dem Ausgangsproblem neue Problemstellungen ableiten.

3.2.2. Beispiel

Mit Hilfe eines Beispiels soll diese Vorgehensweise verdeutlicht werden[1]:

Da der Absatz des Produkts A zurückgegangen ist, stelle sich das Problem der „Produktförderung" (oder der Erreichung eines Absatzzuwachses von 10%). Da es

---

[1] In Kapitel XXVI wird gezeigt, daß analog auch Organisationsentscheidungen strukturiert werden können.

sehr viele Möglichkeiten der Produktförderung gibt, die nicht alle erforscht und im Rahmen einer fundierten Analyse bewertet werden können, besteht das Problem, „gute" Ideen zur Produktförderung zu entwickeln (zu verfolgen) und „schlechte" Aktionsmöglichkeiten frühzeitig aus dem Entscheidungsprozeß zu eliminieren, um die begrenzte Planungskapazität effizient nutzen zu können.

Um auf Ideen für sinnvolle Aktionen zur „Förderung" des Produkts zu kommen, wird eine Analyse der Stärken und Schwächen des Produkts durchgeführt. (Welche Vorteile bietet das Produkt gegenüber Konkurrenzprodukten? Worin bestehen die Schwächen des eigenen Produkts im Vergleich zu diesen Produkten?) Aufgrund dieser Analyse beschließt der Entscheider, das Produkt durch zwei „Maßnahmenpakete" zu fördern (Abbildung III.1): 1. Durch Werbung sollen verstärkt die komparativen Vorteile des Produkts A bekannt gemacht werden. 2. Das Produkt soll verbessert werden, indem gewisse „Mängel" beseitigt werden.

Das ursprüngliche Problem („Produktförderung") wird jetzt also durch zwei Teilprobleme („Werbung" und „Produktverbesserung") repräsentiert. Dies hat folgende Konsequenzen: 1. Es werden bestimmte Handlungsmöglichkeiten zumindest vorläufig im Entscheidungsprozeß nicht mehr in Betracht gezogen (z.B. Herabsetzung des Preises, Veränderung der Vertriebspolitik). 2. Die im weiteren Entscheidungsprozeß zu analysierenden Probleme (der Ebene 2) sind konkreter formuliert als das Ausgangsproblem.

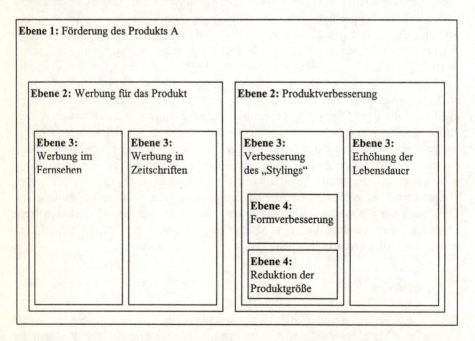

Abb. III.1: Schrittweise Präzisierung und Einengung einer Problemstellung

Die beiden Problemstellungen der Ebene 2 lassen aber immer noch viele Handlungsmöglichkeiten offen. Es liegt nahe, die beiden Problemstellungen weiter einzuengen und zu präzisieren. Hierzu wird die Stärken-Schwächen-Analyse fortgesetzt. Aufgrund dieser Analyse kommt der Entscheidungsträger zu den Teilproblemen, die auf der Ebene 3 dargestellt sind. Zum Beispiel werden die Versendung von Prospekten oder die Sendung von Werbe-Spots im Rundfunk als verkaufsfördernde Maßnahmen ausgeschlossen. Auf der vierten Ebene wird schließlich das Teilproblem „Verbesserung des Stylings" durch die Teilprobleme „Formverbesserung" und „Reduktion der Produktgröße" konkretisiert, wobei z.B. die Änderung der Farbgebung ausgeschlossen wird.

Diejenigen Teilprobleme, die nicht weiter zerlegt werden, müssen nun gelöst werden. Hierzu müssen Handlungsalternativen erdacht und z.B. auf der Basis von Ergebnismatrizen gegeneinander abgewogen werden. Dabei ist zu beachten, daß Erfolgsinterdependenzen zwischen den Maßnahmen der einzelnen Teilprobleme bestehen können. Der Erfolg von Werbemaßnahmen im Fernsehen kann z.B. davon abhängen, welche Werbemaßnahmen in Zeitschriften durchgeführt werden und/oder in welcher Weise die Lebensdauer des Produkts verbessert wird.

Der beschriebene Problemlösungsprozeß ist dadurch charakterisiert, daß aus dem mehr oder weniger vage formulierten Ausgangsproblem sukzessive engere und präzisere Teilprobleme abgeleitet werden: Aus dem Oberziel „Förderung des Produkts" werden immer präzisere Unterziele abgeleitet, deren Befolgung zur Erreichung des Oberziels beitragen soll. Die Teilprobleme bzw. die Unterziele ergeben sich dabei nicht einfach durch logische Deduktionen aus dem Oberziel; es sind vielmehr schöpferische Akte erforderlich, um gute Teilprobleme bzw. Unterziele zu (er-)finden.

Die schrittweise Einengung und Präzisierung der Problemstellung hat auch heuristische Bedeutung hinsichtlich der Entdeckung bzw. Wahrnehmung von „guten" Aktionsmöglichkeiten. Es ist schwierig, unmittelbar sinnvolle Möglichkeiten der „Förderung des Produkts A" zu entdecken bzw. wahrzunehmen. Indem der Entscheider nach gewissen Vorüberlegungen konkretere Teilprobleme formuliert, gibt er dem weiteren Suchprozeß eine konkrete Richtung. Zugleich wird der Suchprozeß vereinfacht, indem bestimmte Aktionsmöglichkeiten nicht mehr berücksichtigt werden; nur noch den verbleibenden Alternativenraum muß der Entscheider erforschen.

Die hiermit verbundenen Vorentscheidungen setzen Bewertungen voraus, die nur in sehr grober Form durchgeführt werden können. Aktionsmöglichkeiten, die der Entscheider auszuschließen und nicht näher zu analysieren erwägt, hat er eben noch nicht näher analysiert, so daß ihre Vorteilhaftigkeit nur schwer zu beurteilen ist. Es ist möglich, daß er im Entscheidungsprozeß einen Weg einschlägt, der zu keinem befriedigenden Ergebnis führt. Es kann dann zweckmäßig sein, aus dem Ausgangsproblem („Förderung des Produkts A") neue Aufgabenstellungen abzuleiten und dabei auch Aktionsmöglichkeiten in Betracht zu ziehen, die zuvor schon einmal im Planungsprozeß verworfen wurden.

3.3.   Vorauswahl auf der Basis von Effizienzkriterien

3.3.1.   Das allgemeine Konzept

Orientiert sich ein Entscheider an der Zielgröße „Erfolg", so besteht für ihn die Aufgabe,

- Indikatoren bzw. Symptome zu entdecken, die auf Chancen der Erfolgsverbesserung hinweisen, und
- Entscheidungsprobleme zu formulieren und aus diesen konkrete Handlungsalternativen zur Erfolgsverbesserung herzuleiten.

Zwar werden in vielen Fällen Indikatoren (Symptome) für Möglichkeiten der Erfolgsverbesserung ohne kreative Suchaktionen wahrgenommen: Es fällt z.B. eine Maschine aus, vor einer Kasse entstehen ständig sehr lange Warteschlangen, der Bestand an Halbfabrikaten ist stark angestiegen. Es wird jeweils deutlich, daß durch geeignete Maßnahmen der Erfolg verbessert werden könnte. Aber nicht alle Chancen der Erfolgsverbesserung äußern sich in einer solch offensichtlichen Form. Für den Entscheider stellt sich daher das komplexe Problem, systematisch nach Chancen der Erfolgsverbesserung zu suchen.

Der Suchprozeß wird vereinfacht und erleichtert, wenn der Entscheider Indikatoren kennt, die einen (probabilistischen) Rückschluß auf Erfolgspotentiale ermöglichen. Solche Indikatoren werden in der Literatur unter der Bezeichnung „Effizienzkriterien" in großer Zahl zur Diskussion gestellt. Zum Beispiel werden folgende Erfolgsindikatoren genannt (FESSMANN, 1979, S. 11): Produktivität, Flexibilität, Fluktuation, Gewinn, Quantität der Produktion bzw. Umsatz, Absentismus, Konfliktvermeidung, Zufriedenheit mit der Arbeit, Qualität, Kosten (Kostenwirtschaftlichkeit), Moral, Wachstum (Wachstumsrate), Zufriedenheit der Mitarbeiter, Bedeutung und Qualität des Managements, Beschaffung und effiziente Nutzung von Ressourcen, Kohäsion, Kooperation (vgl. auch GRABATIN, 1981; THOM, 1980; WELGE/FESSMANN, 1980)[2].

Einige Indikatoren sind allerdings so allgemein definiert, daß sie praktisch inhaltsleer sind. Der Indikator „effiziente Nutzung von Ressourcen" bringt nicht mehr zum Ausdruck, als daß Ressourcen nicht „verschwendet" werden sollen.

Erfolgsindikatoren bieten eine Orientierungshilfe für die Suche nach Erfolgspotential, indem sie Anregungen geben, welche Tatbestände bzw. Größen systematisch beobachtet werden können, um Chancen aufzudecken. Zum Beispiel könnte sich der Entscheider Informationen über die Ausprägung des Indikators „Arbeitszufriedenheit der Mitarbeiter" beschaffen. Erste Hinweise können dabei die Effizienzkriterien „Fluktuation" und „Absentismus" liefern. Darüber hinaus können Be-

---

2)   Zwischen diesen Indikatoren bestehen enge Beziehungen: Das Ausmaß der Zufriedenheit hat z.B. einen Einfluß auf die Qualität der Arbeit: Die Qualität der bereits geleisteten Arbeit läßt gewisse Rückschlüsse auf die Arbeitszufriedenheit in der Vergangenheit zu. Umgekehrt kann die gegenwärtige Arbeitszufriedenheit ein Indikator für die zukünftige Arbeitsqualität sein. Auch zwischen der Zufriedenheit der Mitarbeiter und dem Ausmaß des Absentismus bestehen Abhängigkeiten. Steigender Absentismus kann den Schluß nahelegen, daß sich die Arbeitszufriedenheit verringert hat.

fragungen der Mitarbeiter und Berichte ihrer Vorgesetzten weitere Anhaltspunkte geben. Der Entscheider kann dabei Möglichkeiten entdecken, die zur Verbesserung der Arbeitszufriedenheit und des Erfolges führen.

Wie in Abschnitt 3.2 erläutert wurde, werden im Verlauf des Entscheidungsprozesses Aktionsmöglichkeiten sukzessive ausgeschlossen und die verbleibenden Aktionsmöglichkeiten immer detaillierter (präziser) beschrieben, bis schließlich konkrete Handlungsmöglichkeiten gegeneinander abgewogen werden. Der Ausschluß von Handlungsalternativen, die nicht näher analysiert werden sollen, erfordert eine Bewertung dieser Alternativen. Da sie aber noch nicht näher definiert und analysiert worden sind, ist ihr Einfluß auf den Erfolg nur schwer abzuschätzen. Die Orientierung an Effizienzkriterien kann die Bewertung erleichtern. Wenn der Entscheider z.B. erwägt, technische Veränderungen zur Verbesserung der Arbeitszufriedenheit vorzunehmen, kann er sich u.a. an Erfolgsindikatoren wie „Produktivität" und „Kostenwirtschaftlichkeit" orientieren. Möglicherweise kommt er zu dem Ergebnis, daß sich die Produktivitäts- und Kostensituation bei bestimmten technischen Veränderungen zu sehr verschlechtern würden; diese Möglichkeiten werden dann im Entscheidungsprozeß nicht weiter berücksichtigt.

Die Orientierung an Erfolgsindikatoren stellt ein komplexes Problem dar. Bisher ist kaum untersucht worden, welche (probabilistischen) Rückschlüsse Erfolgsindikatoren auf den (zukünftigen) Erfolg zulassen. Die Beantwortung dieser Frage erfordert empirische Untersuchungen über den stochastischen Zusammenhang zwischen Indikatorausprägungen und Erfolgsentwicklung. Die Erforschung und Beschreibung dieses Zusammenhangs ist deshalb schwierig, weil er in starkem Maße situationsabhängig ist und sich ständig ändern kann.

Bei der Orientierung an Effizienzkriterien im Entscheidungsprozeß stellt sich das komplexe Problem, wie deren Ausprägungen bewertet (gewichtet) werden sollen. Es ist kaum sinnvoll, für die einzelnen Erfolgsindikatoren a priori Anspruchsniveaus zu fixieren und alle Handlungsalternativen aus dem weiteren Entscheidungsprozeß auszuschließen, bei denen mindestens ein Erfolgsindikator das Anspruchsniveau nicht erreicht. Der Nachteil, der daraus resultiert, daß bei einer Handlungsalternative ein Erfolgsindikator unter dem Anspruchsniveau liegt, kann dadurch kompensiert werden, daß andere Erfolgsindikatoren (weit) darüber liegen.

Im Gegensatz zu Zielgrößen wie „Freizeit" und „Prestige" charakterisieren Erfolgsindikatoren keine eigenständigen Wertkomponenten. Hohe „Anpassungsfähigkeit" und hohe „Geschwindigkeit des Materialdurchflusses" z.B. sind keine Vorteile an sich. Die Steigerung der „Anpassungsfähigkeit" und der „Geschwindigkeit des Materialdurchflusses" kann dann zu einem Vorteil führen, wenn dadurch mit positiver Wahrscheinlichkeit der (ökonomische) Erfolg steigt, z.B. weil mehr produziert werden kann und/oder die Produktionskosten sinken. Die „Geschwindigkeit des Materialdurchflusses" könnte z.B. für die Bewertung einer Produktionsanlage irrelevant sein, weil in anderen Produktionsbereichen Engpässe bestehen, die nicht beseitigt werden können (oder sollen), und folglich der Erfolg bei Beschleunigung des Materialdurchflusses nicht steigt.

Bei der Gewichtung der Ausprägungen von Erfolgsindikatoren muß abgeschätzt werden, welche Bedeutung die einzelnen Indikatoren in der gegebenen Entscheidungssituation für den Erfolg haben und welche Erfolgschancen alternative Ausprägungen der Erfolgsindikatoren eröffnen. Diese Abschätzung kann allerdings nur in recht grober Form erfolgen, da sonst die angestrebte Vereinfachung nicht erreicht wird.

3.3.2. Beispiel

Eine alte Produktionsanlage ist durch eine neue zu ersetzen. Da als Ersatzinvestition sehr viele Produktionsanlagen mit unterschiedlichen Eigenschaften in Frage kommen, ist es nicht möglich oder zumindest nicht sinnvoll, alle Investitionsalternativen mit Hilfe des investitionstheoretischen Instrumentariums zu analysieren. Daher soll die Menge der Alternativen zunächst eingeengt werden. Das Problem besteht darin, eine „gute" Vorauswahl vorzunehmen.

Zunächst werden für die Vorauswahl folgende Indikatoren zugrunde gelegt:
- Anschaffungskosten,
- Erweiterungsmöglichkeit,
- Störanfälligkeit,
- Elastizität (Anpassungsfähigkeit).

Die Vorentscheidung fällt in mehreren Schritten:

1. Ein Vergleich der *Anschaffungskosten* führt bereits zu einer Vorauswahl solcher Investitionsalternativen, die nicht weiter in Betracht gezogen werden sollen. Zum einen sind die betreffenden Produktionsanlagen relativ teuer, zum anderen kommt der Entscheider durch grobes Abwägen zu dem Ergebnis, daß diese Anlagen hinsichtlich der anderen Kriterien keine besonderen Vorteile bieten, die die höheren Anschaffungsausgaben rechtfertigen. Andere Anlagen, die ebenfalls relativ teuer sind, werden (noch) nicht ausgeschlossen, da sie eine besonders hohe Elastizität aufweisen, die den Nachteil der höheren Anschaffungskosten kompensieren könnte.

2. Der Entscheider hält es für möglich, daß die Nachfrage nach den eigenen Produkten steigen wird. Er will zwar heute die Kapazität noch nicht wesentlich erweitern, aber schon dafür Sorge tragen, daß in Zukunft die Kapazität zu relativ geringen Kosten vergrößert werden kann. Daher überprüft er die Investitionsalternativen, die noch in der engeren Wahl stehen, hinsichtlich ihrer *Erweiterungsmöglichkeiten*. Dabei zeigt sich, daß bei einigen Produktionsanlagen die Kapazitätserweiterung nur schwer möglich ist und relativ hohe Kosten verursacht. Nur ein Teil dieser Anlagen verbleibt im weiteren Entscheidungsprozeß; bei diesen Anlagen vermutet der Entscheider, daß sie Vorteile hinsichtlich „Elastizität" und „Störanfälligkeit" bieten, die den Nachteil der relativ „schlechten" Erweiterungsmöglichkeiten überkompensieren könnten.

3. Auf der Produktionsanlage sollen unterschiedliche Produkte bearbeitet werden, wobei recht heterogene Arbeitsgänge notwendig sind und die Anlage häufig umzurüsten ist; dem Gesichtspunkt *„Elastizität"* wird daher ein besonderes Gewicht eingeräumt. Eine grobe Analyse der Produktionsanlagen, die noch erwogen werden, zeigt, daß einige Anlagen hinsichtlich der Elastizität dem An-

spruch nicht genügen: Mit diesen Anlagen können einige Produkte, die der Entscheider nicht aus dem Produktionsprogramm nehmen möchte, entweder gar nicht hergestellt werden oder nur zu Kosten, die offensichtlich zu hoch sind. Diese Anlagen werden ebenfalls nicht mehr in Betracht gezogen.

4. Der Entscheider erwägt nun, die verbliebenen Investitionsalternativen in fundierterer Weise als zuvor hinsichtlich ihrer „Elastizität" zu analysieren. Um den damit verbundenen Aufwand zu begrenzen, wird jedoch zunächst die Alternativenmenge mit Hilfe des Indikators *„Störanfälligkeit"* weiter eingeengt.

5. Nun wird das Effizienzkriterium „Elastizität" durch folgende Indikatoren präzisiert:

   –Umrüstzeiten,

   –Umrüstkosten und

   –Kosten der laufenden Produktion.

   Nach einer Analyse dieser Größen werden weitere Produktionsanlagen aus der Betrachtung ausgeschlossen. Hierzu gehören auch einige jener Produktionsanlagen, deren Anschaffungskosten relativ hoch sind, von denen jedoch ursprünglich vermutet wurde, daß sie komparative Vorteile hinsichtlich der Elastizität aufweisen, die die höheren Anschaffungskosten rechtfertigen könnten; die genauere Analyse hat diese Vermutung nicht bestätigt.

Diejenigen Investitionsalternativen, die nach der Vorauswahl schließlich noch zu erwägen sind, werden mit Hilfe des investitionstheoretischen Instrumentariums, etwa mit der Kapitalwertmethode oder mit einem Modell der flexiblen Investitionsplanung, beurteilt und erst danach die endgültige Auswahl einer Investitionsalternative vorgenommen.

Das Beispiel verdeutlicht:

- Es ist zweckmäßig, bei der Vorauswahl zunächst jene Indikatoren zugrundezulegen, deren Ausprägungen einfach zu messen bzw. zu bewerten sind und für die in relativ einfacher Weise befriedigende Mindest- oder Höchstwerte fixiert werden können. Der Planungsaufwand wird insbesondere dann stark reduziert, wenn bei der Vorauswahl auf der Basis „komplexer" Indikatoren nur noch wenige Alternativen zu beurteilen sind.

- Bei der Vorauswahl aufgrund eines einzelnen Indikators dürfen die übrigen Indikatoren nicht völlig vernachlässigt werden. Wenn eine Indikatorausprägung unbefriedigend ist, so wird dieser Nachteil möglicherweise durch günstige Werte hinsichtlich *anderer* Indikatoren überkompensiert. In Zweifelsfällen müssen erst andere Indikatoren näher untersucht werden, bevor über den Ausschluß einer Alternative entschieden wird.

- Bei der Vorauswahl auf der Basis von Indikatoren kann es sinnvoll sein, mit einer „Hierarchie" von Indikatoren zu arbeiten. Zunächst erfolgt eine Vorauswahl aufgrund eines recht allgemeinen Effizienzkriteriums (z.B. „Elastizität"). Zur Vorauswahl weiterer Handlungsalternativen wird später dieser Indikator präzisiert, indem er durch „Subindikatoren" repräsentiert wird (z.B. „Umrüstzeiten", „Umrüstkosten" und „Kosten der laufenden Produktion"). Diese Indikatoren können ihrerseits durch weitere Subindikatoren repräsentiert werden usw.

– Die Verwendung von Effizienzkriterien (Erfolgsindikatoren) ist keine Alternative zur Konstruktion fundierterer Entscheidungsmodelle. Beide Konzepte können miteinander kombiniert werden, wobei die Effizienzkriterien insbesondere dazu dienen, eine Vorauswahl solcher Handlungsalternativen vorzunehmen, die im (formalen) Entscheidungsmodell nicht berücksichtigt werden. (Außerdem können Effizienzkriterien auch als Zielgrößen in die Zielfunktion des Entscheidungsmodells eingehen.)

3.4. Komplexitätsreduktion durch Zerlegung von Entscheidungsproblemen

Die Formulierung und Lösung eines „Totalmodells", mit dessen Hilfe simultan die (optimalen) Ausprägungen *aller* Entscheidungsvariablen bestimmt werden, verursachen im allgemeinen einen Planungsaufwand, der nicht bewältigt werden kann. Die Entscheidung kann in komplexen Entscheidungssituationen lediglich auf der Basis von Partialmodellen getroffen werden, in denen jeweils nur ein Teil der Aktionsmöglichkeiten (ein Teil der Entscheidungsvariablen) berücksichtigt wird. Eine Zerlegung des gesamten Problemfeldes in Teilbereiche ist unproblematisch, wenn zwischen den Entscheidungen in den verschiedenen Bereichen keine Interdependenzen bestehen. Diese Voraussetzung ist aber im allgemeinen nicht erfüllt. Es besteht dann das Problem, die Entscheidungen in den verschiedenen Bereichen aufeinander abzustimmen (Koordinationsproblem). Dieses Problem wird in den Kapiteln XII, XX und XXI behandelt.

Ergänzende und vertiefende Literatur:

BALLWIESER (1983); BITZ (1977); BRETZKE (1980); GAITANIDES (1979); LAUX (2005a, S. 315ff.); LINDBLOM (1959); MAG (1984); MEYER (1999); SCHMIDT, R.H. (1983); SIMON (1957); STAUDT (1979); ZENTES (1976).

IV.   Die Determinanten der Entscheidung: Eine Systematik

1.   Problemstellung

Organisatorische Maßnahmen dienen der Steuerung von Entscheidungen nachgeordneter Organisationsmitglieder (Entscheidungsträger) durch eine vorgesetzte Instanz. Die Steuerung erfolgt immer in der Weise, daß die Ausprägungen bestimmter „Entscheidungsdeterminanten" beeinflußt werden (vgl. LIERMANN, 1982, S. 59f.; FRESE, 1998, S. 39ff.). Im vorliegenden Kapitel wird eine Systematik solcher Determinanten entwickelt, wobei zwischen Primär- und Sekundärdeterminanten unterschieden wird. Bei der Ermittlung des Katalogs von Primärdeterminanten (Abschnitt 2) können wir unmittelbar an den „Bausteinen eines Entscheidungsmodells" anknüpfen, die in Kapitel II diskutiert worden sind. Die Ausprägungen der Primärdeterminanten hängen ihrerseits von bestimmten Einflußgrößen ab, die wir als „Sekundärdeterminanten" bezeichnen (Abschnitt 3). Zwischen den Ausprägungen der Primär- und der Sekundärdeterminanten bestehen zahlreiche Abhängigkeiten (Abschnitt 4). Phänomene wie „Erfahrung" und „Macht" können mit Hilfe der zuvor erklärten Entscheidungsdeterminanten präzisiert werden (Abschnitte 5 und 6).

Das hier entwickelte System von Entscheidungsdeterminanten bildet in den nachfolgenden Kapiteln den Bezugsrahmen für die Strukturierung organisatorischer Gestaltungsmaßnahmen und die Formulierung von Gestaltungsempfehlungen.

2.   Die Primärdeterminanten der Entscheidung

2.1.   Darstellung

Wie sich ein Entscheider in einer Wahlsituation verhält, hängt ab (vgl. Kapitel III)
- von dem Modelltyp, der von ihm zur Abbildung der realen Entscheidungssituation gewählt wird (kurz: von dem Entscheidungsmodell),
- von der Menge der Alternativen, die im Modell erfaßt werden (kurz: von der Alternativenmenge),
- von den Zielgrößen, anhand derer die erwogenen Alternativen bewertet werden, und den jeweiligen Zielgrößenwerten, die den Alternativen in den im Modell erfaßten Umweltzuständen zugeordnet werden (kurz: von den möglichen Ergebnissen),
- von den Wahrscheinlichkeiten, die diesen Umweltzuständen im Modell zugeordnet werden (kurz: von dem Wahrscheinlichkeitsurteil des Entscheiders) und
- von seiner Zielfunktion.

Das *Wahrscheinlichkeitsurteil* eines Entscheiders über die Umweltzustände hängt seinerseits ab von dessen Informationen und den (probabilistischen) Rückschlüssen, die er aus diesen Informationen zieht (welches Prognosemodell er also anwendet). Zur Präzisierung dieser Aussagen dienen folgende Begriffe:

Als *Indikatoren* bezeichnen wir diejenigen Größen bzw. Ereignisse, die der Entscheider als Basis für sein Wahrscheinlichkeitsurteil heranzieht. Die Menge der „entscheidungsrelevanten" Indikatoren, deren jeweilige Ausprägungen dem Entscheider bekannt sind, definiert seine *Informationsmenge* (oder seinen Informationsstand). Da das Wahrscheinlichkeitsurteil eines Entscheiders nicht nur davon abhängt, über welche Indikatoren er informiert ist, sondern auch von deren *Ausprägungen*, wird der Begriff der Informationsmenge zum Begriff der Informationsstruktur spezifiziert: Die *Informationsstruktur* eines Entscheiders ist determiniert 1. durch seine Informationsmenge und 2. durch die Ausprägungen der zu seiner Informationsmenge gehörenden Indikatoren.

Die *Prognosefunktion* eines Entscheiders gibt an, welche Wahrscheinlichkeiten er den Umweltzuständen bei alternativen Informationsstrukturen zuordnet; sie bringt zum Ausdruck, in welcher Weise Informationen in (subjektive) Wahrscheinlichkeitsurteile transformiert werden. Zwei Individuen mit identischer Informationsstruktur können zu unterschiedlichen Wahrscheinlichkeitsurteilen kommen, weil sie aus den Informationen unterschiedliche (probabilistische) Schlüsse ziehen, d.h. weil sie unterschiedliche „Prognosemodelle" verwenden.

Die Entscheidungsdeterminante „Wahrscheinlichkeitsurteil über die Umweltzustände" wird also ihrerseits durch die Determinanten „Informationsstruktur" und „Prognosefunktion" bestimmt. Aufgrund ihrer erheblichen organisationstheoretischen Bedeutung sollen diese Determinanten bei den folgenden Darstellungen explizit berücksichtigt werden. Wir erhalten damit den folgenden Katalog von Entscheidungsdeterminanten:

- Entscheidungsmodell (EM),
- Menge der (erwogenen Handlungs-)Alternativen (A),
- mögliche Ergebnisse (E),
- Informationsstruktur des Entscheiders (IS),
- Prognosefunktion des Entscheiders (PF),
- Zielfunktion des Entscheiders (ZF).

Wir bezeichnen diese Determinanten als *Primärdeterminanten* der Entscheidung. In Anlehnung an das Grundmodell der Entscheidungstheorie kann die Struktur dieser Determinanten wie in Abbildung IV.1 graphisch veranschaulicht werden:

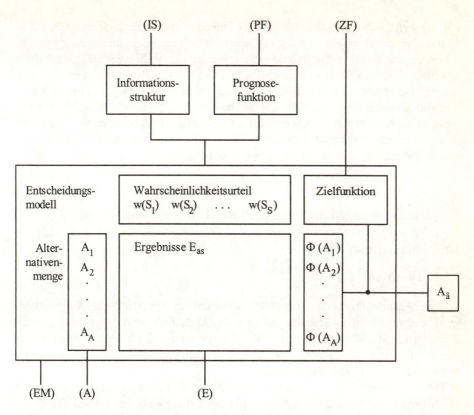

Abb. IV.1: Die Primärdeterminanten der Entscheidung

2.2.   Interdependenzen zwischen den Ausprägungen der Primärdeterminanten

Zwischen den Ausprägungen der Primärdeterminanten bestehen enge Interdependenzen. Einige Beispiele sollen dies verdeutlichen:

- Die von einem Entscheider in die engere Wahl gezogenen Handlungsalternativen hängen davon ab, an welcher Zielfunktion er sich orientiert. Strebt er z.B. die Minimierung der Produktionskosten an, so wird er andere Handlungsalternativen erwägen als jemand, der sich an der Minimierung der eigenen Arbeitszeit orientiert. Orientiert er sich an der Maximierung einer Zielgröße, so wird er vielleicht intensiver nach Handlungsalternativen suchen als jemand, der lediglich einen befriedigenden Wert anstrebt.
- Die Informationsaktivitäten eines Entscheiders hängen im allgemeinen (auch) von seiner Zielfunktion ab. Wenn er etwa eine bestimmte Handlungsalternative persönlich präferiert, ist zu erwarten, daß er gezielt solche Informationen einholt, die die Auswahl dieser Alternative (z.B. gegenüber Vorgesetzten) rechtfertigen.

– Umgekehrt haben die Aktivitäten eines Entscheiders zur Beschaffung von Informationen im allgemeinen nicht nur einen Einfluß auf seine Informationsmenge, sondern auch auf die Zielfunktion, die er bei der Auswahl einer Handlungsalternative verfolgt. Wenn er zunächst z.B. das Ziel verfolgt, die Alternative mit dem höchsten Gewinnerwartungswert auszuwählen, aber im Zuge seiner Informationsbeschaffung feststellt, daß er besondere persönliche Vorteile erzielt, wenn eine andere Alternative realisiert wird, so entscheidet er sich aufgrund dieser Erkenntnis möglicherweise für diese Alternative, auch wenn er ihr nicht den maximalen Gewinnerwartungswert zuordnet.

3.   Die Sekundärdeterminanten der Entscheidung

3.1.   Darstellung

3.1.1.   *Überblick*

Welche Ausprägungen der Primärdeterminanten im Einzelfall die Alternativenwahl bestimmen, ist das Resultat individueller *Meta-Entscheidungen* des Entscheiders. Diese Meta-Entscheidungen werden ihrerseits durch Determinanten bestimmt, die wir als *Sekundärdeterminanten* bezeichnen. Abbildung IV.2 bringt diese Determinanten in eine Systematik.

Die erste Gruppe von Sekundärdeterminanten dient zur Charakterisierung der „(subjektiven) Eigenschaften des Entscheiders", die zweite zur Beschreibung der „objektiven Umweltrestriktionen", innerhalb derer der Entscheider handeln muß.

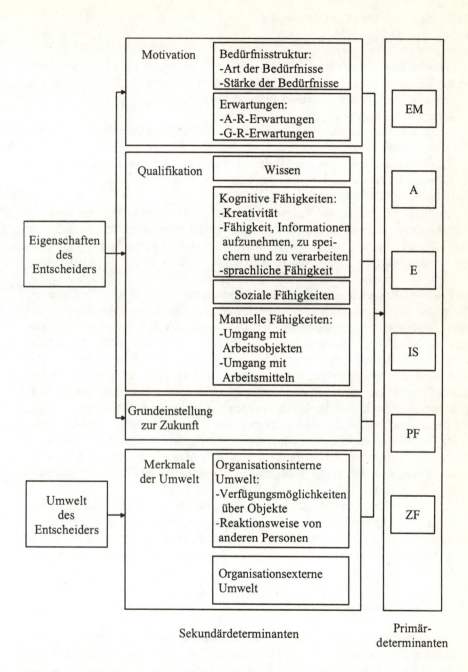

Abb. IV.2: Sekundär- und Primärdeterminanten der Entscheidung

3.1.2. Eigenschaften des Entscheiders

3.1.2.1. Motivation

Die (Stärke der) Motivation eines Individuums für ein bestimmtes (leistungsbezogenes) Verhalten (z.B. Suche nach Handlungsalternativen sowie Konstruktion und Lösung eines komplexen Entscheidungsmodells) wird bestimmt von
– seiner Bedürfnisstruktur und
– seinen Erwartungen darüber, inwieweit dieses Verhalten dazu beitragen kann, seine Bedürfnisse zu befriedigen.
Die *Bedürfnisstruktur* wird charakterisiert durch die Art der Einzelbedürfnisse (z.B. den Bedürfnissen nach materiellen Gütern, sozialen Kontakten, Anerkennung und Macht) und die „Stärke" dieser Bedürfnisse.

Die Bedürfnisstruktur führt nicht unmittelbar zu einer konkreten Handlung. Es muß die Erwartung hinzukommen, daß mit dieser Handlung die Bedürfnisse besser befriedigt werden als bei anderen Verhaltensweisen. Es ist zweckmäßig, zwei Arten von *Erwartungen* zu unterscheiden (SCHANZ, 1982, S. 82ff.), die *Anstrengung-Resultat-Erwartungen* (A-R-Erwartungen) und die *Gratifikation-Resultat-Erwartungen* (G-R-Erwartungen). Diese Erwartungen haben grundsätzlich die Form von Wahrscheinlichkeitsurteilen. Die A-R-Erwartungen eines Individuums bringen zum Ausdruck, welche Resultate bei alternativen Verhaltensweisen (Anstrengungsniveaus) nach dessen Meinung möglich sind und welche Eintrittswahrscheinlichkeiten ihnen entsprechen. Dabei werden die Resultate charakterisiert durch die Ausprägungen von Variablen wie z.B. Zahl der bearbeiteten Produkte, Umsatz, Gewinn, Zahl der Vertragsabschlüsse. Die G-R-Erwartungen bringen zum Ausdruck, welche Gratifikationen bei alternativen Resultaten möglich sind und welche Eintrittswahrscheinlichkeiten ihnen entsprechen. Dabei werden unter Gratifikationen jene Konsequenzen verstanden, die für die mehr oder weniger gute Befriedigung der Bedürfnisse des Individuums Bedeutung haben, z.B. Einkommen, Aufstieg in der Hierarchie, Konsequenzen für die Beziehungen zu Mitarbeitern (GALBRAITH, 1977, S. 263ff.; VROOM, 1964).

Die Motivation eines Individuums ist (auch) abhängig von der Einschätzung der eigenen Qualifikation, der Grundeinstellung zur Zukunft und der Umweltsituation. Diese Determinanten können sowohl die Bedürfnisstruktur als auch die Erwartungsstruktur über die von ihm erzielbaren Resultate und die damit verbundenen Gratifikationen beeinflussen.

3.1.2.2. Qualifikation

Die Qualifikation wird charakterisiert durch die Sekundärdeterminanten „Wissen", „kognitive Fähigkeiten", „soziale Fähigkeiten" und „manuelle Fähigkeiten". Das Wissen und die Fähigkeiten eines Entscheiders haben zwar einen Einfluß auf seine Motivation. Darüber hinaus erscheint es jedoch sinnvoll, Wissen und Fähigkeiten als eigenständige Sekundärdeterminanten zu erfassen. Auch wenn zwei Individuen gleichermaßen motiviert sind, können sie zu verschiedenen Entscheidungen gelangen, weil sie z.B. verschieden gut befähigt sind, Informationen zu beschaffen und zu verarbeiten.

Das *Wissen* ist insbesondere charakterisiert durch die Kenntnis von Tatsachen, Theorien („Wenn-Dann"-Beziehungen) und Entscheidungsmodellen. Die *kognitiven Fähigkeiten* sind vor allem gekennzeichnet durch die Kreativität und die Fähigkeit, Informationen aufzunehmen, zu speichern und logisch konsistent zu verarbeiten. Unter *sozialen Fähigkeiten* werden z.B. die Fähigkeiten verstanden, Gefühle auszudrücken, Mitarbeiter zu motivieren und zu führen, zu kooperieren, Sympathie zu erwerben (STAEHLE, 1989, S. 191). Die *manuellen Fähigkeiten* sind charakterisiert durch die Geschicklichkeit im Umgang mit Arbeitsobjekten und Arbeitsmitteln.

3.1.2.3. Grundeinstellung zur Zukunft

Je nachdem, ob ein Entscheider eine optimistische oder pessimistische Grundeinstellung hat, wird er aus seinen Informationen unterschiedliche Wahrscheinlichkeitsurteile über die Konsequenzen der erwogenen Handlungsalternativen ableiten.

3.1.3. Merkmale der Umwelt

Die Umweltsituation hat einen Einfluß auf die Motivation des Entscheiders. Darüber hinaus hat sie jedoch als Sekundärdeterminante auch eigenständige Bedeutung: Zwei Organisationsmitglieder mögen z.B. gleichermaßen motiviert sein, Informationen zu beschaffen. Trotzdem können sie unterschiedliche Informationen erhalten, weil das eine Mitglied die Verfügungsmöglichkeit über ein Telefon bekommt und das andere nicht, oder weil dem einen Mitglied in oder außerhalb der Organisation ungefragt Informationen zugetragen werden, dem anderen jedoch nicht.

3.2. Interdependenzen zwischen den Ausprägungen der Sekundärdeterminanten

Zwischen den Ausprägungen verschiedener Sekundärdeterminanten bestehen gleichfalls enge Interdependenzen: Wie bereits erläutert wurde, hängt die Motivation z.B. von den Fähigkeiten des Entscheiders ab. Umgekehrt hängen aber auch (insbesondere auf längere Sicht) dessen Fähigkeiten von der allgemeinen Motivationslage ab. Auch zwischen dem Wissen und den kognitiven Fähigkeiten bestehen enge Interdependenzen: Der Wissensstand ist im allgemeinen um so umfangreicher, je besser die Fähigkeit ist, Informationen aufzunehmen und zu speichern.

4.   Zur Abhängigkeit der Primärdeterminanten von den Sekundärdeterminanten

Die Motivation eines Entscheiders beeinflußt in der Regel nicht nur dessen Zielfunktion, sondern die Ausprägungen sämtlicher Primärdeterminanten seiner Entscheidung. Tendenziell wird eine Erhöhung der *leistungsbezogenen Motivation* sich wie folgt auf den Entscheidungsprozeß auswirken:

– Die Wahl des Komplexionsgrades des verwendeten Entscheidungsmodells wird gründlicher vorbereitet; die Einführung von Vereinfachungen und die Vernachlässigung von Modellelementen wird vorsichtiger gehandhabt. Der Komplexionsgrad des Entscheidungsmodells wird dadurch eher umfangreich.
– Bei der Suche nach Handlungsalternativen und bei der Vorauswahl von zu erwägenden Alternativen wird größerer Einsatz und mehr Sorgfalt verwendet.
– Die Ergebnisermittlung erfolgt sorgfältiger und detaillierter.
– Es werden bei der Entscheidung mehr Informationen berücksichtigt. Der Informationsstand des Entscheiders wird umfangreicher. Die Informationsbeschaffung erfolgt mit größerer Sorgfalt.
– Es werden sorgfältigere Prognosen über die Umweltentwicklung erstellt.
– Eine vorgegebene Zielfunktion wird eher befolgt; eigene Zielvorstellungen treten in den Hintergrund.

Auch das *Wissen* hat einen Einfluß auf sämtliche Primärdeterminanten, jedoch vor allem auf das gewählte Entscheidungsmodell, auf die Alternativenmenge, die Informationsstruktur und die Prognosefunktion:

– Die Auswahl eines Entscheidungsmodells wird z.B. in starkem Maße durch den Kenntnisstand über Entscheidungsmodelle und deren Vor- und Nachteile bestimmt.
– Der allgemeine Informationsstand über Tatsachen dürfte einen erheblichen Einfluß haben auf die Art der Beschaffung von Informationen über konkrete Handlungsalternativen und deren Konsequenzen.
– Der Kenntnisstand über Theorien mit empirischem Gehalt beeinflußt die Prognosefunktion des Entscheidungsträgers.

Die *kognitiven Fähigkeiten* haben vorwiegend einen Einfluß auf das Entscheidungsmodell, die Alternativenmenge, die Informationsstruktur und die Prognosefunktion sowie auf die Ergebnisse, die den erwogenen Alternativen zugeordnet werden. Ein wenig kreativer Entscheider wird dazu neigen, Entscheidungsprobleme so zu lösen, wie es bisher üblich war (oder wie *er* es bisher getan hat). Er erwägt eventuell nur wenige Handlungsalternativen und nimmt die üblichen Informationsmöglichkeiten in Anspruch. Bei größerer Kreativität entdeckt (oder erfindet) er neue Handlungsalternativen, schlägt eventuell neue Wege der Informationsbeschaffung ein (bessere Informationsstruktur) und denkt an zukünftige Entwicklungen, die andere übersehen (bessere Prognosefunktion). Die Fähigkeit, Informationen aufzunehmen, zu speichern und zu verarbeiten, hat einen Einfluß auf den Typ des verwendeten Entscheidungsmodells und dessen Komplexionsgrad. Je besser diese Fähigkeit ausgeprägt ist, um so mehr Handlungsalternativen kann ein Entscheider in seinem Entscheidungskalkül erfassen und um so eingehender kann er sie analysieren.

Die *sozialen Fähigkeiten* eines Entscheiders haben vor allem Einfluß auf seine Möglichkeiten, Informationen zu beschaffen und Handlungsalternativen durchzusetzen.

Manuelle Fähigkeiten sind in besonderer Weise für jene Entscheider relevant, die schwerpunktmäßig operative Tätigkeiten auszuüben haben. Von den manuellen Fähigkeiten hängt es ab, welche Handlungsalternativen der Entscheider durchführen kann.

Die *Grundeinstellung zur Zukunft* beeinflußt insbesondere die Prognosefunktion des Entscheiders.

Die unternehmensinterne und unternehmensexterne *Umwelt* hat vornehmlich Einfluß auf die Alternativenmenge, die Informationsstruktur und die Zielfunktion: Das Ausmaß der Verfügungsmöglichkeiten über Objekte kann vor allem die Menge der erwogenen Alternativen beeinflussen. Welche Investitionsprojekte ein Geschäftsbereichsleiter realisieren kann, hängt z.B. davon ab, über welchen Etat er verfügt. Auch die Informationsstruktur eines Entscheiders hängt von den Verfügungsmöglichkeiten über Objekte (z.B. Telefon, Bibliothek, Akten) ab. Ebenso kann die Reaktionsweise von anderen Personen in der Organisation die Informationsstruktur beeinflussen. Es werden z.B. Informationen ungefragt an den Entscheider übermittelt, ihm vorenthalten oder in manipulierter Form weitergegeben. Die Reaktionsweise der anderen Organisationsmitglieder kann auch die Ergebnisse und die Zielfunktion des Entscheiders beeinflussen. Er muß z.B. mit nachteiligen Konsequenzen seitens seiner Mitarbeiter rechnen, wenn er bestimmte Handlungsalternativen realisiert.

5. „Erfahrung" als Entscheidungsdeterminante

Mit dem entwickelten Katalog von Entscheidungsdeterminanten lassen sich sämtliche Sachverhalte charakterisieren, die einen Einfluß auf die (Güte der) Entscheidung haben können, auch wenn diese Sachverhalte im Katalog nicht explizit enthalten sind. So ist z.B. die praktisch bedeutsame Einflußgröße „Erfahrung" im Determinantenkatalog nicht ausdrücklich aufgeführt. „Erfahrung" ist jedoch im Vergleich zu den dargestellten Entscheidungsdeterminanten keine zusätzliche, eigenständige Größe, sondern kann mit Hilfe dieser Determinanten operationalisiert werden. Erfahrungen im dispositiven Bereich wirken sich aus auf den Informationsstand und auf die Fähigkeit, zusätzliche Informationen zu beschaffen und zieladäquat zu verarbeiten. Sie können z.B. in den Primärdeterminanten Entscheidungsmodell, Menge der Alternativen, Informationsstruktur und Prognosefunktion durch folgende Eigenschaften ihren Ausdruck finden:

- *Entscheidungsmodell:* Der Entscheider kennt eine breite Palette von Entscheidungsmodellen sowie deren Stärken und Schwächen. Er hat bereits zahlreiche und heterogene Entscheidungsprobleme gelöst, so daß er bei zukünftigen Entscheidungen auf bisherigen Kalkülüberlegungen aufbauen kann. Er hat gelernt, Informationen modellanalytisch konsistent zu verarbeiten, und ein „Gespür" für sinnvolle Kalkülvereinfachungen entwickelt.

- *Alternativenmenge:* Der Entscheider hat einen umfassenden Kenntnisstand über Handlungsalternativen. Er hat zudem gelernt, neue (und „gute") Handlungsalternativen zu finden bzw. zu erfinden.
- *Informationsstruktur:* Der Entscheider kennt die Ausprägungen vieler entscheidungsrelevanter Indikatoren. Außerdem ist er „gut" darüber informiert, wo und wie er zusätzliche Informationen zur Prognose der Konsequenzen von Handlungsalternativen beschaffen kann.
- *Prognosefunktion:* Der Entscheider hat gelernt, aus Informationen „gute" Rückschlüsse auf die jeweils maßgeblichen Umweltzustände zu ziehen.

Als Entscheidungsträger kann er natürlich in einem bestimmten Tätigkeitsfeld (etwa dem Absatz) sehr „erfahren" sein, dagegen auf einem anderen Gebiet (z.B. dem Fertigungsbereich) wenig Erfahrungen aufweisen. Zudem kann sich Erfahrung in den Ausprägungen verschiedener Primärdeterminanten der Entscheidung sehr unterschiedlich niederschlagen. Ein Entscheidungsträger, der sich im Verlauf seiner bisherigen Arbeit einen guten Informationsstand angeeignet hat, muß nicht unbedingt gelernt haben, seine Informationen gut zu verarbeiten. Hinsichtlich der Informationsverarbeitung hat er dann keine Erfahrungen „gesammelt", auch wenn er in der Vergangenheit bereits mit zahlreichen Entscheidungsproblemen konfrontiert worden ist.

6.   „Macht" als Möglichkeit der Einflußnahme auf die Entscheidungen anderer Personen

Das Verhalten eines Individuums kann nur in der Weise beeinflußt werden, daß auf mindestens eine der Primärdeterminanten seiner Entscheidungen eingewirkt wird (vgl. Abbildung IV.3). Die Ausprägungen der Primärdeterminanten sind selbst das Resultat von Meta-Entscheidungen. Diese Entscheidungen können (nur) beeinflußt werden, indem Eigenschaften des Entscheiders und/oder dessen Umwelt verändert werden. (Zur Charakterisierung der Eigenschaften und der Umwelt eines Entscheiders vgl. Abbildung IV.2.)

Die Möglichkeit einer Person (Personengruppe), auf die Entscheidungsdeterminanten anderer Personen(-gruppen) und damit auf deren Verhalten einzuwirken, ist das Kennzeichen von *Macht* (SIMON, 1981, S. 156f.; FRENCH/RAVEN, 1968; KRÜGER, 1976; KAUS, 1985). Die Begriffe Einfluß und Macht werden im folgenden synonym verwendet.

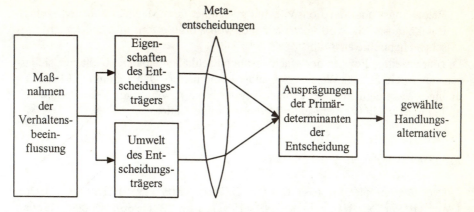

Abb. IV.3: Bestimmungsfaktoren der Meta-Entscheidungen des Entscheidungsträgers über die Determinantenausprägungen

In Kapitel VIII wird gezeigt, wie eine vorgesetzte Instanz ihren Einfluß geltend machen und die Primärdeterminanten der Entscheidungen nachgeordneter Entscheidungsträger beeinflussen kann. In gleicher Weise kann auch Einfluß auf andere Personen genommen werden, z.B. auf die Entscheidungen von *Vorgesetzten* oder auf die Präferenzordnungen von *Gremienmitgliedern*, mit denen man gemeinsam Entscheidungen zu treffen hat (Kapitel V). Allerdings kann das Ausmaß der Macht wesentlich davon abhängen, ob man Vorgesetzter der zu beeinflussenden Person(-en) ist oder nicht. An dieser Stelle sollen nur einige wenige Formen der Machtausübung skizziert werden. (Zur Vertiefung vgl. Kapitel VIII und IX.)

- Die Menge der von einem Entscheidungsträger *realisierbaren Handlungsalternativen* wird eingeengt oder erweitert, z.B. durch die Einschränkung oder Erweiterung seiner Verfügungsmöglichkeiten über Finanzmittel, Material, Maschinen, Werkzeuge oder andere Ressourcen.
- Der *Informationsstand* eines Entscheidungsträgers über Handlungsalternativen und deren Konsequenzen wird gezielt verändert, z.B. durch Übermittlung, Manipulation und Vorenthaltung von Informationen.
- Die *Zielfunktion* eines Entscheidungsträgers wird (durch Überzeugung oder durch Indoktrination) beeinflußt. In diesem Zusammenhang sind vor allem die *Legitimationsmacht* und die *Identifikationsmacht* von Bedeutung. Die Legitimationsmacht einer Person leitet sich ab aus bestimmten Rechten, die ihr - z.B. aufgrund ihrer hierarchischen Stellung - zugeordnet sind. Identifikationsmacht resultiert daraus, daß eine Person von anderen als Vorbild (als Bezugsperson) angesehen wird.
- Die *Ergebnisse* von Handlungsalternativen werden verändert, indem alternativenabhängige Belohnungen gewährt oder Sanktionen verhängt werden (*Belohnungsmacht*). Die Belohnungsmacht ist insbesondere dann hoch, wenn einerseits der Machtausübende Belohnungen gewähren (bzw. Sanktionen verhängen) kann, denen der zu Beeinflussende ein hohes positives (bzw. negatives) Gewicht beimißt, der zu Beeinflussende dagegen seinerseits nur über ein geringes

Belohnungs- und Sanktionspotential gegenüber dem Machtausübenden verfügt. Belohnungsmacht wird vor allem auch von Vorgesetzten in einer organisatorischen Hierarchie ausgeübt.

Die dargestellten Formen der Machtausübung schließen einander nicht aus; sie lassen sich in vielfältiger Weise miteinander kombinieren. Dabei dient die Machtausübung jeweils dem Ziel, bei anderen Personen ein gewünschtes Verhalten herbeizuführen bzw. ein unerwünschtes Verhalten zu verhindern.

Ergänzende und vertiefende Literatur:

FRENCH/RAVEN (1968); JOST (2000a; 2000b); KAUS (1985); KRÜGER (1976); LAUX (1979a, S. 37ff.); LIERMANN (1982); MANKE (1980); REBER (1980a); STAEHLE (1989).

V. Der Entscheidungsprozeß in Gruppen: Die gegenseitige Beeinflussung von Entscheidungsdeterminanten und der Abstimmungsprozeß

1. Problemstellung

In den vorangegangenen Kapiteln wurde der Entscheidungsprozeß eines einzelnen Entscheiders betrachtet. Häufig jedoch werden Entscheidungen durch Personengruppen getroffen. Der Aufsichtsrat einer Aktiengesellschaft z.B. bestellt gemeinsam die Mitglieder des Vorstands; der Vorstand entscheidet im Rahmen einer Abstimmung darüber, welches Unternehmensziel verfolgt werden soll; die Leiter der Geschäftsbereiche einer Unternehmung legen gemeinsam das Investitionsprogramm fest.

Die steigende Komplexität vieler Entscheidungsprobleme hat dazu geführt, daß in Unternehmungen in zunehmendem Maße Entscheidungsgremien (Entscheidungsgruppen) mit der Problemlösung betraut werden. Mit dem Einsatz von Entscheidungsgremien wird die Erwartung verbunden, daß diese „bessere" bzw. „ausgewogenere" Entscheidungen treffen als ein einzelner. Die Entscheidungsgremien in Unternehmungen werden i.d.R. durch eine übergeordnete Instanz, etwa durch den Aufsichtsrat oder den Vorstand, eingesetzt: Mehr oder weniger präzise räumt die Instanz dem Gremium Entscheidungskompetenzen ein und gibt ein Formalziel vor, das bei der Entscheidung zu verfolgen ist (*eingesetzte Gremien*). Entscheidungsgremien können aber auch dadurch zustande kommen, daß sich Personen „freiwillig" zu einer Gruppe zusammenschließen und als gleichberechtigte Mitglieder ein selbstbestimmtes Ziel verfolgen, wobei einige oder alle Entscheidungsprobleme gemeinsam gelöst werden. Solche *autonomen Gruppen* können z.B. entstehen durch den Zusammenschluß von gleichberechtigten Rechtsanwälten oder Wirtschaftsprüfern zu einer Kanzlei oder von Personen, die gemeinsam einen landwirtschaftlichen Betrieb, einen Handwerksbetrieb oder eine Werkstätte führen.

Der Entscheidungsprozeß in einer Gruppe ist vor allem dadurch gekennzeichnet, daß nach einer Phase des gegenseitigen Informationsaustausches sich jedes Mitglied eine individuelle Präferenzordnung über die erwogenen Handlungsalternativen bildet. Die Entscheidung der Gruppe fällt im Verlauf einer Abstimmung.

In diesem Kapitel werden die Elemente eines solchen Entscheidungsprozesses in eine gewisse Systematik gebracht (Abschnitt 2) und mögliche Vor- und Nachteile von Gremienentscheidungen im Vergleich zur Entscheidung durch ein Individuum aufgezeigt (Abschnitt 5). Dabei wird auch verdeutlicht, wie die Gruppenmitglieder im Verlauf des Entscheidungsprozesses wechselseitig ihre Präferenzordnungen über die Handlungsalternativen beeinflussen (Abschnitt 3) und Einfluß auf das Ergebnis der Abstimmung nehmen können (Abschnitt 4). Analoge Möglichkeiten der Beeinflussung (wenn auch mit unterschiedlicher Intensität) bestehen auch in solchen Gruppen (etwa Abteilungen oder Unterabteilungen), in denen die Entscheidung nicht im Rahmen einer Abstimmung, sondern durch einen oder mehrere Vorgesetzte getroffen wird. Die folgenden Darstellungen sind daher von allgemeiner Bedeutung für das Verständnis der Entscheidungsprozesse in Systemen mit mehreren Entscheidungsträgern.

2.   Kommunikation und Abstimmung als Elemente des Gruppenprozesses

Wir betrachten eine relativ einfache Entscheidungssituation:

1. Die Gruppe hat im Rahmen irgendeines Entscheidungsproblems aus einer gegebenen Menge $\{A_1, A_2, ..., A_A\}$ von Handlungsalternativen eine Alternative auszuwählen.[1]

2. Die Konsequenzen der Alternativen hängen davon ab, welcher Umweltzustand eintreten wird. Die möglichen Umweltzustände werden mit $S_1, S_2, ..., S_S$ bezeichnet.

3. Jedes Gruppenmitglied $M_1, ..., M_n$ ($n \geq 2$) bildet sich eine eigene Präferenzordnung über die Alternativen, dabei orientieren sich alle Mitglieder am BERNOULLI-Prinzip.

4. Da nur in Ausnahmefällen alle Mitglieder gleiche Präferenzen besitzen, erfolgt die endgültige Auswahl der Handlungsalternativen in Form einer Abstimmung (vgl. Abschnitt 4). Der Abstimmung geht ein Informationsprozeß voraus: Die Gruppenmitglieder
   - beschaffen Informationen außerhalb der Gruppe, d.h. sie überprüfen die Ausprägungen von Indikatoren, die Rückschlüsse auf die Umweltzustände ermöglichen,
   - sie informieren sich gegenseitig über die Ausprägungen von Indikatoren und
   - diskutieren darüber, welche Schlüsse aus Informationen (d.h. aus den Ausprägungen von Indikatoren) zu ziehen sind.

Einzelne Mitglieder versprechen möglicherweise Belohnungen (bzw. drohen Sanktionen an) für den Fall, daß eine bestimmte Handlungsalternative gewählt bzw. nicht gewählt wird.

Der Entscheidungsprozeß einer Gruppe besteht also aus den in Abbildung V.1 dargestellten Grundelementen.

---

1) Durch die Annahme, die Menge der Handlungsalternativen sei bereits gegeben, wird die Problemstellung nicht wesentlich eingeengt. Häufig stellt sich einer Gruppe im Rahmen eines Entscheidungsproblems zwar auch die Aufgabe, (zusätzliche) Alternativen zu finden bzw. zu erfinden. In dieser Hinsicht unterscheidet sich jedoch der Entscheidungsprozeß in einer Gruppe nicht wesentlich von dem eines einzelnen. Der Aspekt der Alternativensuche läßt sich außerdem leicht in die folgenden Darstellungen einbeziehen.

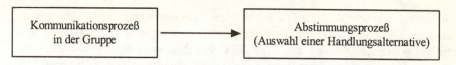

Abb. V.1: Der Entscheidungsprozeß einer Gruppe im Überblick

Wenn in einer bestimmten Phase des Kommunikationsprozesses nicht alle Mitglieder dieselbe Handlungsalternative als die beste ansehen, liegt ein Interessenkonflikt (Zielkonflikt) vor. Er kann den Kommunikationsprozeß der Gruppe fördern, aber auch beeinträchtigen. Wenn etwa die Mitglieder schon bald nach Beginn des Kommunikationsprozesses dieselbe Handlungsalternative präferieren, wird die Motivation fehlen, weitere Informationen zu beschaffen und zu verarbeiten. Interessenkonflikte bewirken andererseits häufig, daß der Kommunikationsprozeß fortgesetzt wird, um eine größere Übereinstimmung der individuellen Präferenzordnungen zu erreichen. Jedoch besteht bei Interessenkonflikten auch die Gefahr, daß die Mitglieder ihre Energien nicht auf den Entscheidungsprozeß selbst verwenden, sondern für die Sicherung und Verbesserung der eigenen Position innerhalb der Gruppe einsetzen.

Im folgenden werden zunächst die Aktivitäten der einzelnen Mitglieder im Rahmen des Kommunikationsprozesses der Gruppe näher untersucht und systematisiert; danach wird der Abstimmungsprozeß analysiert. Hierzu ist es zweckmäßig, an die Determinanten zu erinnern, von denen die Präferenzordnung eines Mitglieds über die Handlungsalternativen $A_1, A_2, ..., A_A$ abhängt: Die Präferenzordnung über die Alternativen wird bei gegebenen Konsequenzen der Handlungsalternativen $A_1, A_2, ..., A_A$ in den Umweltzuständen $S_1, S_2, .., S_S$ bestimmt von seiner Zielfunktion, seiner Informationsstruktur (die ihrerseits von seinem Informationsstand abhängt) und seiner Prognosefunktion.[2]

3.   Der Kommunikationsprozeß in der Gruppe

3.1.   Überblick

Schon zu Beginn des Kommunikationsprozesses in der Gruppe - so nehmen wir an - hat jedes Mitglied (mehr oder weniger präzise) Vorstellungen über die eigene Präferenzordnung. Durch den Austausch von Informationen versuchen die Mitglieder, ihre eigenen Präferenzordnungen zu „verbessern" und die der anderen Mitglieder im eigenen Sinne zu beeinflussen.

Es soll zunächst untersucht werden, aus welchen Gründen sich die individuellen Präferenzordnungen zu Beginn des Informationsprozesses der Gruppe unterschei-

---

2)   Auch der von einem Gruppenmitglied gewählte Modelltyp könnte seine Präferenzordnung beeinflussen. Darauf soll hier nicht näher eingegangen werden. Wir nehmen an, jedes Gruppenmitglied orientiere sich am Grundmodell der Entscheidungstheorie.

den können (Abschnitt 3.2). Danach werden die Aktivitäten eines Gruppenmitglieds im Kommunikationsprozeß systematisiert (Abschnitt 3.3). Schließlich wird gezeigt, warum sich auch am Ende des Kommunikationsprozesses die individuellen Präferenzordnungen (immer noch) unterscheiden können (Abschnitt 3.4). Unterschiede in den individuellen Präferenzordnungen machen eine explizite Abstimmung notwendig. Der Abstimmungsprozeß wird in Abschnitt 4 untersucht.

3.2. Die individuellen Präferenzordnungen zu Beginn des Kommunikationsprozesses

Vor allem zu Beginn des Informationsprozesses werden nur in Ausnahmesituationen alle Gruppenmitglieder dieselbe Handlungsalternative als die beste ansehen. (Eine solche Situation liegt z.B. dann vor, wenn von vornherein ein einzelnes Mitglied eine besonders starke Machtposition hat, so daß niemand es wagt, ein abweichendes Urteil zu vertreten.)

Die Präferenzordnungen der einzelnen Mitglieder können vor allem deshalb voneinander abweichen, weil die Mitglieder verschiedene Ziele verfolgen: Zum einen mögen sich die Mitglieder an verschiedenen Zielgrößen orientieren. Zum anderen können sich unterschiedliche Präferenzordnungen auch dann ergeben, wenn sich die Mitglieder an derselben Zielgröße orientieren und zudem ihre Wahrscheinlichkeitsurteile über die Umweltzustände identisch sind, jedoch ihre jeweilige Risikoeinstellung voneinander abweicht. Orientieren sich zwei Mitglieder einer Gruppe ausschließlich am gemeinsamen Einkommen, so können ihre Präferenzordnungen z.B. deshalb verschieden sein, weil sich das eine Mitglied risikoneutral verhält (die Nutzenfunktion ist dann linear), das andere risikoscheu (die Nutzenfunktion ist konkav).

Nun könnte eingewendet werden, Unterschiede in den individuellen Zielfunktionen seien in der Realität kaum zu erwarten: Den eingesetzten Gremien wird von der übergeordneten Instanz ein Ziel vorgegeben, an dem sich die Mitglieder zu orientieren haben; autonome Gruppen verfolgen ohnehin ein selbstbestimmtes, gemeinsames Ziel. Allein die Tatsache, daß eine übergeordnete Instanz der Gruppe ein Ziel setzt, gibt jedoch noch nicht die Gewähr, daß sich jedes Mitglied dieses Ziel zu eigen macht. Einzelne oder alle Mitglieder können sich an abweichenden persönlichen Zielen orientieren. Ist etwa das Ziel der Instanz die Maximierung des Gewinnerwartungswertes, so könnte ein Gruppenmitglied sich neben dem Gewinn z.B. auch an Zielgrößen wie Umsatz, Betriebsgröße und Zahl der unterstellten Mitarbeiter orientieren, um seine Beförderungschancen und/oder sein soziales Ansehen zu erhöhen. Auch wenn sich ein Gruppenmitglied primär nur am Gewinn orientiert, kann es die Zielvorgabe (Maximierung des Gewinnerwartungswertes) verletzen. Es mag bei niedrigen Gewinnen persönliche Nachteile erwarten (z.B. sinkt die Wahrscheinlichkeit einer Beförderung oder die der Vergrößerung seiner Abteilung) und deshalb für eine Alternative eintreten, die zwar im eigenen Urteil keinen maximalen Gewinnerwartungswert aufweist, bei der aber die Wahrscheinlichkeit für einen niedrigen Gewinn gering ist. Natürlich wird ein Mitglied kaum offenlegen, daß es (abweichende) persönliche Ziele verfolgt. Abweichende Präferenzen wird es in der Diskussion mit abweichenden Wahrscheinlichkeitsurteilen begründen. (Zur Problematik der Kontrolle von Wahrscheinlichkeitsurteilen vgl. Kapitel XXII.) Eine Orientierung an persönlichen Zielen ist im allgemeinen um so eher zu erwarten, je schwieriger es ist, eine Mißachtung des von der Instanz vorgegebenen Ziels nachzuweisen.

Autonome Gruppen verfolgen zwar ein gemeinsames Ziel, das jedoch in der Regel sehr allgemein definiert ist. Dann sind unterschiedliche Zielinterpretationen möglich: Das Ziel einer autonomen Gruppe kann z.B. darin bestehen, „gemeinsam einen Bauernhof zu bewirtschaften". Innerhalb dieser Zielsetzung kann zwischen zwei Gruppenmitgliedern Zielkonflikt bestehen, weil das eine die Viehzucht, das andere die Feldbestellung präferiert.

Die Präferenzordnung eines Mitglieds hängt auch von seiner Informationsstruktur ab. Sie ist gekennzeichnet durch die Menge der entscheidungsrelevanten Indikatoren, die das Mitglied kennt (Informationsmenge), und durch deren Ausprägungen. Vor allem zu Beginn des Kommunikationsprozesses ist zu erwarten, daß sich die Informationsmengen der einzelnen Mitglieder unterscheiden. Für eine Instanz kann es gerade sinnvoll sein, eine solche Gruppe einzusetzen, deren Mitglieder in der Ausgangssituation über unterschiedliche Informationsmengen verfügen. Weichen die Informationsmengen der Mitglieder voneinander ab, so unterscheiden sich im allgemeinen auch deren Wahrscheinlichkeitsurteile über die Umweltzustände und deren Präferenzordnungen über die Handlungsalternativen.

Selbst bei identischen Informationsmengen können die Wahrscheinlichkeitsurteile der Mitglieder verschieden sein, weil diese aus den Informationen unterschiedliche Schlüsse ziehen. Unterschiede in den individuellen Prognosefunktionen, also im Prognoseverhalten der einzelnen Mitglieder, sind gerade zu Beginn des Gruppenprozesses zu erwarten. Durch die Diskussionsbeiträge über die Auswertung der beobachteten Indikatoren werden sich die individuellen Prognosefunktionen im Verlauf der Gruppendiskussion möglicherweise einander angleichen.

3.3.   Aktivitäten der Mitglieder im Verlauf des Kommunikationsprozesses

3.3.1. Grundproblem

Im folgenden wird angenommen, daß die Aktivitäten eines jeden Mitglieds im Kommunikationsprozeß der Gruppe allein dazu dienen, das Wahlergebnis (aus eigener Sicht) günstig zu beeinflussen. Wenn ein Mitglied sich dazu nicht in der Lage sieht, wird es in der Gruppe nicht aktiv mitwirken.[3]

---

3)   In der Realität könnte ein Mitglied z.B. aus Prestigegründen durchaus auch dann Beiträge leisten (es dokumentiert etwa seinen guten Informationsstand), wenn es davon überzeugt ist, daß seine Beiträge keinen Einfluß auf die Entscheidung der Gruppe haben.

Im Verlauf des Kommunikationsprozesses bemüht sich i. d. R. jedes Mitglied (wenn auch mit unterschiedlicher Intensität) darum,

(a) Informationen für die „Verbesserung" der eigenen Präferenzordnung über die Handlungsalternativen zu bekommen und/oder

(b) die Präferenzordnungen anderer Mitglieder so zu beeinflussen, daß die Wahrscheinlichkeit dafür steigt, daß die im eigenen Urteil beste oder wenigstens eine „gute" Handlungsalternative als Wahlsieger aus der Abstimmung hervorgeht.

Zu (a): Die Maßnahmen der Informationsbeschaffung eines Mitglieds zielen zum einen darauf ab, die Konsequenzen der Handlungsalternativen besser zu prognostizieren, um bei der *Abstimmung* die Stimme bzw. Stimmen zielgerechter vergeben zu können. Zum anderen dienen die zusätzlichen Informationen als Beurteilungsgrundlage dafür, wie die Präferenzordnungen der übrigen Mitglieder im *Kommunikationsprozeß* der Gruppe beeinflußt werden sollen.

Zu (b): Ein Gruppenmitglied kann auch daran interessiert sein, die Präferenzordnungen anderer Mitglieder und damit deren Stimmabgabe zu beeinflussen, um die Wahrscheinlichkeit dafür zu erhöhen, daß der „Spitzenreiter" der eigenen Präferenzordnung oder zumindest eine ranghohe Handlungsalternative im Verlauf der Abstimmung gewählt wird. Für unsere Überlegungen ist es dabei unerheblich, ob das betreffende Mitglied seine Präferenzordnung nach seinen persönlichen Zielvorstellungen bildet oder nach dem Ziel der das Gremium einsetzenden Instanz.

Die beiden genannten Aktivitäten werden aus Gründen der Übersichtlichkeit im folgenden getrennt betrachtet. In der Realität lassen sie sich jedoch nicht immer streng trennen. Erfragt z.B. ein Gruppenmitglied eine Information in der Gruppe, so hat diese Information möglicherweise nicht nur Auswirkungen auf die eigene Präferenzordnung dieses Mitglieds, sondern auch auf die Präferenzordnungen anderer Mitglieder, die den Informationsaustausch mithören. Aus diesem Grund lassen sich die beiden Aktivitäten auch nicht zeitlich in eine bestimmte Reihenfolge bringen, sondern sie verlaufen in der Regel „parallel" zueinander. Dabei stellt sich das folgende Grundproblem: Von seiner eigenen Präferenzordnung hängt es ab, in welche Richtung ein Gruppenmitglied die Präferenzordnungen der anderen Mitglieder zu lenken versucht. Während des Kommunikationsprozesses kann sich jedoch die eigene Präferenzordnung (z.B. aufgrund zusätzlicher Informationen und/oder anderer Schlußfolgerungen) noch ändern. Wenn nun aber das Mitglied mit seinen Aktivitäten zur Beeinflussung der Präferenzordnungen anderer Mitglieder erst dann beginnt, wenn sich seine eigene Präferenzordnung „gefestigt" hat, besteht unter Umständen nicht mehr die Möglichkeit, die Präferenzordnungen der anderen Mitglieder zu verändern.

3.3.2. Beeinflussung der eigenen Präferenzordnung

Die Aktivitäten, die ein Mitglied zur Verbesserung der eigenen Präferenzordnung unternimmt, hängen neben der bisherigen Gestalt der Präferenzordnung vor allem davon ab,

(a) wie es die Möglichkeiten beurteilt, durch zusätzliche Informationen sein Wahrscheinlichkeitsurteil über die Konsequenzen der Handlungsalternativen verbessern zu können, und

(b) wie es das Gewicht des eigenen Votums hinsichtlich der Beeinflussung des Abstimmungsergebnisses einschätzt.

Zu (a): Jedes Mitglied hat grundsätzlich zwei Möglichkeiten, sein Wahrscheinlichkeitsurteil zu verbessern: Es kann seinen Informationsstand erweitern und/oder seine Prognosefunktion korrigieren. Zur Verbesserung seines Informationsstandes informiert sich das betreffende Mitglied über die Ausprägungen entscheidungsrelevanter Indikatoren, wobei als Informanten vor allem auch die übrigen Gruppenmitglieder in Betracht kommen. Zur Korrektur seiner Prognosefunktion beschafft es sich (auch) Informationen darüber, welche Rückschlüsse andere Mitglieder aus bestimmten Informationen auf die Umweltzustände oder auf einzelne entscheidungsrelevante Daten ziehen und mit welchen Argumenten und Theorien diese Schlußfolgerungen begründet werden. Zwar muß ein Mitglied nicht die Prognosen anderer Mitglieder übernehmen; es kann aber seine Prognosefunktion im Lichte der jeweiligen Argumente bzw. Theorien korrigieren.

Welche Aktivitäten zur Verbesserung seines Informationsstandes ein Mitglied in der Gruppe unternimmt, hängt davon ab, wie es die bisherigen Informationsstände der anderen Mitglieder und/oder ihre Möglichkeiten zur Beschaffung zusätzlicher Informationen einschätzt. Wenn es damit rechnet, daß andere Mitglieder keine zusätzlichen entscheidungsrelevanten Informationen haben, wird es auch nicht nach weiteren Informationen fragen, sondern allenfalls die Anregung geben, zusätzliche Informationen außerhalb der Gruppe zu beschaffen. Wenn hingegen das Mitglied erwartet, daß andere Mitglieder die Ausprägungen wichtiger Indikatoren bereits kennen, wird es vielleicht (in der Gruppensitzung oder außerhalb) die Ausprägungen erfragen oder darauf warten, daß die betreffenden Mitglieder von sich aus diese Informationen geben. Wer selbst keine Informationen gibt, erhält häufig auch keine. Aus diesem Grund wird ein Mitglied der Gruppe allein schon deshalb Informationen liefern, um die Informationsbereitschaft anderer Mitglieder zu erhöhen.

Zu (b): Ein Mitglied wird im Zuge seiner Aktivitäten zur Verbesserung der eigenen Präferenzordnung allerdings auch seinen Einfluß auf das Wahlergebnis abschätzen, um beurteilen zu können, ob sich diese Aktivitäten überhaupt lohnen. Wenn das Mitglied zur Überzeugung kommt, daß es ohnehin keinen Einfluß auf das Wahlergebnis hat, wird ihm die Motivation fehlen, durch entsprechende Informationsaktivitäten zu einer fundierteren eigenen Präferenzordnung über die Handlungsalternativen zu gelangen. Vor allem wird auch die Motivation fehlen, anderen Mitgliedern Rat und Informationen zu geben.

Möglichkeiten zur Beeinflussung des Wahlergebnisses durch ein einzelnes Mitglied bestehen sowohl bei der *Abstimmung* durch die Abgabe eines Votums als auch im Verlauf des *Kommunikationsprozesses* der Gruppe: Das Mitglied kann versuchen, die Präferenzordnungen der anderen Mitglieder im eigenen Sinne zu beeinflussen.

3.3.3. Beeinflussung der Präferenzordnungen anderer Mitglieder

Die Aktivitäten zur Beeinflussung der Präferenzordnungen anderer Mitglieder im
Verlauf des Kommunikationsprozesses hängen neben der eigenen Präferenzordnung des einzelnen Gruppenmitglieds vor allem ab von seiner Erwartungsstruktur hinsichtlich

(a) der bisherigen Präferenzordnungen der anderen Mitglieder (sowie den Ausprä-
     gungen der Determinanten dieser Präferenzordnungen),
(b) der Möglichkeit, die Präferenzordnungen der anderen Mitglieder (durch Be-
     einflussung ihrer Determinanten) zu verändern, und
(c) der Möglichkeit, dadurch im Verlauf der Abstimmung einer besseren Hand-
     lungsalternative zum Wahlsieg zu verhelfen.

Zu (a): Zunächst stellt sich für das betreffende Mitglied das Problem, ein
(Wahrscheinlichkeits-)Urteil über die Präferenzordnungen der anderen Mitglieder
zu bilden. Wenn es z.B. zur Überzeugung kommt, daß die Präferenzordnungen der
anderen Mitglieder ohnehin mit der eigenen Präferenzordnung übereinstimmen,
wird es keine Aktivitäten speziell zur Änderung dieser Präferenzordnungen vornehmen. Es wird allenfalls dafür plädieren, (bestimmte) zusätzliche Informationen
zu beschaffen und einander zu übermitteln, um die gemeinsame Basis für die Prognose der Konsequenzen der Handlungsalternativen zu verbessern. Die Präferenzordnungen der anderen Mitglieder (sowie die Ausprägungen der sie bestim-
menden Determinanten) sind vor allem zu Beginn des Kommunikationsprozesses
der Gruppe oft nur schwer abzuschätzen. Der Verlauf dieses Prozesses liefert jedoch möglicherweise (zusätzliche) Informationen, die Rückschlüsse darauf zulassen. Ein Mitglied setzt sich z.B. offen für die Wahl einer bestimmten Handlungsalternative ein. Ein anderes Mitglied gibt immer nur Informationen, die eine
bestimmte Alternative als vorteilhaft erscheinen lassen. Ein drittes Mitglied plädiert immer wieder für die Verfolgung eines bestimmten Zieles, so daß offenkundig wird, welche Gestalt seine Präferenzordnung hat. Trotz solcher Informationen
werden zumindest die Präferenzordnungen eines Teils der anderen Mitglieder nicht
mit Sicherheit bekannt sein. Um abschätzen zu können, ob die Präferenzordnungen
anderer Mitglieder beeinflußt werden können bzw. sollen und in welcher Weise,
muß sich das einzelne Mitglied ein *Wahrscheinlichkeitsurteil* bilden über die bisherigen Präferenzordnungen dieser Mitglieder und die jeweiligen Determinanten
(die jeweilige Zielfunktion, Informationsstruktur und Prognosefunktion).

Zu (b): Ist ein Mitglied davon überzeugt, daß andere Mitglieder dieselbe Zielfunktion verfolgen wie es selbst und daß deren Präferenzordnung nur deshalb von
der eigenen abweicht, weil sie umfassender informiert sind und/oder „bessere"
Prognosefunktionen besitzen, so wird es natürlich nicht versuchen, deren Präferenzordnung in Richtung auf die eigene Präferenzordnung zu beeinflussen. Es
wird vielmehr deren Präferenzordnung übernehmen.

Wenn das Mitglied jedoch davon überzeugt ist, daß die abweichenden Präferenzordnungen der anderen Mitglieder aus eindeutig geringeren Informationsmengen, schlechteren Prognosefunktionen und/oder abweichenden Zielfunktionen resultieren, wird es sich möglicherweise (mehr) bemühen, Einfluß auf die Präferenz-

ordnungen der anderen Mitglieder zu nehmen. Als Möglichkeiten hierzu kommen prinzipiell in Betracht die[4)]
– Beeinflussung der Informationsstrukturen,
– Beeinflussung der Prognosefunktionen,
– Beeinflussung der Zielfunktionen.

Wenn das betrachtete Mitglied vermutet, daß die Präferenzordnungen anderer Mitglieder (auch) deshalb von der eigenen Präferenzordnung abweichen, weil diese Mitglieder einen ungenügenden Informationsstand haben, ist es für das betrachtete Mitglied naheliegend, ihnen die fehlenden Informationen entweder selbst zu geben oder andere Personen zu veranlassen, sie zu übermitteln. Ist da Mitglied davon überzeugt, daß die Präferenzordnungen anderer Mitglieder (auch) deshalb von der eigenen Präferenzordnung abweichen, weil diese Mitglieder über schlechtere Prognosefunktionen verfügen, wird es versuchen, diese Funktionen zu beeinflussen. Es kann z.B. erläutern, welche Schlüsse es selbst aus Informationen zieht, und Argumente liefern, die diese Schlußfolgerungen rechtfertigen. Im Falle abweichender Zielfunktionen wird das Mitglied versuchen, die Ziele der anderen Mitglieder zu beeinflussen, so daß diese Ziele mit dem eigenen Ziel übereinstimmen oder ihm zumindest näherkommen.

Zu (c): Die beschriebenen Aktivitäten zur Beeinflussung der Präferenzordnungen anderer Mitglieder lohnen sich für das betrachtete Mitglied nur dann, wenn dadurch die Chance steigt, daß eine Handlungsalternative die Wahl gewinnt, die aus der Sicht dieses Mitglieds besser ist als jene Alternative, die ohne diese Aktivitäten gewinnen würde. Wenn z.B. eine Mehrheit von Mitgliedern eine bestimmte Alternative bevorzugt und das betrachtete Mitglied sich nicht in der Lage sieht, genügend viele Mitglieder zu beeinflussen, um dieses Votum umzustoßen, dann unternimmt es auch keine derartigen Aktivitäten. Es wird allenfalls versuchen, die Präferenzvorstellungen eines solchen Mitglieds zu beeinflussen, das seinerseits möglicherweise in der Lage ist, die Mehrheitsverhältnisse zu verändern. Die Möglichkeit der Beeinflussung des Wahlergebnisses hängt von der Abstimmungsregel ab.

3.3.4. Das Ende des Kommunikationsprozesses

Das Ende des Kommunikationsprozesses der Gruppe kann auf verschiedene Weisen bestimmt werden, z.B.:
1. Die Dauer des Kommunikationsprozesses wird durch die einsetzende Instanz, einen Gruppenleiter oder die Gruppe im Rahmen einer Abstimmung von vornherein festgelegt.
2. Das Ende des Kommunikationsprozesses wird nicht im voraus fixiert; die Gruppenmitglieder einigen sich nach einer bestimmten Zeit darauf (ohne daß es einer

---

4) Gegebenenfalls kann das Mitglied die Präferenzordnungen anderer Mitglieder auch dadurch beeinflussen, daß es Belohnungen verspricht (bzw. Sanktionen androht) für den Fall, daß eine bestimmte Handlungsalternative gewählt (bzw. nicht gewählt) wird. Darauf wird im folgenden nicht weiter eingegangen.

formellen Abstimmung bedarf), den Kommunikationsprozeß zu beenden und über die zu realisierende Handlungsalternative abzustimmen. Ein einmütiger Abbruch der Gruppendiskussion ist vor allem dann zu erwarten, wenn jedes Gruppenmitglied davon überzeugt ist, daß eine Fortsetzung der Diskussion nicht zur Wahl einer anderen Handlungsalternative führen wird.

3. Das Ende des Kommunikationsprozesses wird nicht im voraus festgelegt, sondern es erfolgt nach einer bestimmten Zeit eine formelle Abstimmung: Falls dann die Mehrheit der Mitglieder für die sofortige Beendigung des Kommunikationsprozesses stimmt, erfolgt unmittelbar danach die Abstimmung über die zu realisierende Handlungsalternative. Falls die Mehrheit gegen die Beendigung stimmt, wird der Kommunikationsprozeß fortgesetzt und zu einem späteren Zeitpunkt erneut über die Beendigung abgestimmt.

3.4. Die individuellen Präferenzordnungen nach Abschluß des Kommunikationsprozesses

Auch nach Abschluß des Gruppenprozesses werden die Mitglieder im allgemeinen nicht alle dieselbe Präferenzordnung haben. Die Ursachen hierfür lassen sich wieder an den individuellen Zielfunktionen, Informationsstrukturen und Prognosefunktionen erläutern:

Trotz des Informationsaustausches in der Gruppe können die individuellen Zielfunktionen am Ende des Gruppenprozesses verschieden sein.

Eine umfassende gegenseitige Übermittlung der in der Gruppe (asymmetrisch) verteilten Informationen verursacht im allgemeinen hohe Kosten, so daß die Informationsmengen der Mitglieder auch zum Zeitpunkt der Abstimmung nicht identisch sind. Außerdem sind manche Mitglieder gar nicht bereit, über alle der ihnen bekannten Indikatoren zu berichten, etwa weil sie sich Vorteile davon versprechen, wenn sie bestimmte Informationen später allein nutzen können, oder weil sie mit Sanktionen durch Außenstehende rechnen, wenn sie bestimmte Informationen weitergeben.

In der Gruppe wird zwar auch darüber diskutiert, welche (probabilistischen) Rückschlüsse aus Informationen zu ziehen sind. Diese Diskussion muß aber nicht bewirken, daß Unterschiede in den individuellen Prognosefunktionen völlig aufgehoben werden. Daher können die Gruppenmitglieder selbst bei identischer Informationsstruktur auch am Ende des Informationsprozesses den Umweltzuständen verschiedene subjektive Wahrscheinlichkeiten zuordnen. Subjektive Wahrscheinlichkeiten können definitionsgemäß nicht intersubjektiv daraufhin überprüft werden, welches der individuellen Wahrscheinlichkeitsurteile „richtig" ist.

Auch wenn die Präferenzordnungen der Gruppenmitglieder am Ende des Kommunikationsprozesses nicht zwingend identisch sind, so bestehen in der Regel doch gewisse Abhängigkeiten: Die Wahrscheinlichkeit dafür, daß sich ein Mitglied eine bestimmte Präferenzfunktion bildet, hängt ab von den Präferenzordnungen der anderen Mitglieder.

Eine enge stochastische Abhängigkeit besteht vor allem dann, wenn einzelne Mitglieder mit hoher Wahrscheinlichkeit die Präferenzordnung eines anderen Mitglieds übernehmen, weil sie dieses Mitglied z.B. für besonders kompetent halten. Die Präferenzordnung eines Mitglieds mag auch deshalb übernommen werden, um materielle oder immaterielle Belohnungen zu erzielen bzw. Sanktionen zu vermeiden. Möglicherweise stimmt ein Mitglied wie sein Vorgesetzter, um seine Beförderungschancen nicht zu beeinträchtigen; oder es orientiert sich am Votum eines ihm nahestehenden Mitgliedes, weil es die persönlichen Beziehungen nicht belasten möchte. Wie in empirischen Untersuchungen beobachtet wurde, geben Individuen oft auch dann das gleiche Urteil ab wie andere, wenn sie diese nicht näher kennen und deren Urteil als falsch ansehen. Dabei geben sie dem Bedürfnis nach, „nicht als verschieden von den anderen oder minderwertig zu erscheinen. Sie sind nicht fähig, den Anschein der Fehlerhaftigkeit in den Augen der Gruppe zu ertragen. Die Versuchspersonen unterdrücken ihre Beobachtungen und gleichen ihre Aussagen bewußt denen der Mehrheit an" (ASCH, 1969, S. 65). Nach dem Befund von ASCH sinkt die Zahl der Mitglieder, die ihr Urteil an das der Mehrheit angleichen, wenn sie in ihrem Urteil durch andere Mitglieder unterstützt werden.

Abhängigkeit zwischen den Präferenzordnungen besteht auch dann, wenn jedes Mitglied nicht die Präferenzordnungen anderer Mitglieder ungeprüft übernimmt, sondern seine Präferenzordnung im Rahmen eines eigenen Kalküls ermittelt. Dies kann wieder an den Determinanten der individuellen Präferenzordnungen erläutert werden:

Bei eingesetzten Gruppen wird der Gruppe von der Instanz ein bestimmtes Ziel vorgegeben. Wenn alle Mitglieder dieses Ziel verfolgen, ist die Wahrscheinlichkeit relativ hoch, daß sie sich ähnliche Präferenzordnungen bilden werden; Unterschiede können dann nur aus abweichenden Informationsmengen und/oder abweichenden Prognosefunktionen resultieren. Ob ein Mitglied die Verhaltensnorm befolgt oder nicht, hängt vor allem auch von den Zielen und Kontrollmöglichkeiten der anderen Mitglieder ab. Sind diese gut informiert und mit dem Entscheidungsproblem vertraut, so kann es schwierig sein, persönliche Ziele zu verfolgen, ohne daß dies erkannt wird. Ein Verletzung der Verhaltensnorm ist jedoch auch bei guten gegenseitigen Kontrollmöglichkeiten zu erwarten, wenn die Mitglieder ähnliche abweichende Ziele verfolgen, also keine persönlichen Zielkonflikte zwischen ihnen auftreten. Auch in diesem Fall bestehen wieder enge Abhängigkeiten zwischen den Präferenzordnungen.

Da die Mitglieder gemeinsam Informationen beschaffen und/oder Informationen gegenseitig austauschen, verfügen sie zum Zeitpunkt der Abstimmung über ähnliche Informationsmengen. Das kann - je nach den individuellen Prognose- und Zielfunktionen - auch zu ähnlichen Präferenzordnungen führen.

Die Gruppenarbeit kann schließlich auch eine Annäherung der individuellen Prognosefunktionen bewirken. Die Arbeit der Gruppenmitglieder erschöpft sich nicht darin, Informationen über entscheidungsrelevante Daten zu beschaffen und gegenseitig auszutauschen, sondern es wird auch darüber diskutiert, welche Schlüsse jeweils daraus zu ziehen sind. Jedes Mitglied erhält also auch Informationen darüber, welche Wahrscheinlichkeitsurteile andere Mitglieder vertreten und mit welchen Argumenten sie diese begründen. Die Prognosefunktionen der einzelnen Mitglieder können dadurch stark vereinheitlicht werden.

Daß Abhängigkeiten zwischen den Präferenzordnungen der Gruppenmitglieder bestehen, bedeutet freilich nicht zwingend, daß alle Mitglieder dieselbe Alternative auf den ersten Platz ihrer Präferenzordnung setzen werden; dies ist eher der Ausnahmefall. Deshalb ist eine Abstimmung erforderlich, die die unterschiedlichen Voten zur Gruppenentscheidung aggregiert.

4.   Der Abstimmungsprozeß in der Gruppe

4.1.   Formelle und informelle Abstimmung

Die endgültige Auswahl einer Handlungsalternative durch die Gruppe erfolgt in Form einer Abstimmung. Bei formeller Abstimmung erfolgt die Wahl einer Handlungsalternative durch explizite Anwendung einer Abstimmungsregel, die entweder von einer übergeordneten Instanz vorgegeben oder durch die Gruppe selbst bestimmt wird; dabei kann die Abstimmung offen (durch Akklamation) oder geheim erfolgen. Bei informeller Abstimmung wird zwar ebenfalls eine bestimmte Abstimmungsregel angewendet (auch wenn sich die Gruppenmitglieder dessen nicht bewußt sind). Die Abstimmungsregel ist aber nicht explizit vorgegeben und wird auch nicht offiziell angewendet. Wenn z.B. bereits bei der Gruppendiskussion deutlich wird, daß die Mehrheit der Gruppenmitglieder von den Handlungsalternativen A_1 und A_2 die Alternative A_1 präferiert, und sich deshalb die Minderheit der Gruppenmitglieder der Mehrheit beugt und die Alternative A_1 realisiert wird, so wird implizit die Mehrheitsregel (Abschnitt 4.2.1) angewendet, auch wenn die Anzahl der Stimmen, die für bzw. gegen die Alternative A_1 sind, nicht exakt ermittelt wird.

Welche Handlungsalternative von der Gruppe bei formeller Abstimmung gewählt wird, hängt von der Abstimmungsregel und den Präferenzordnungen der einzelnen Mitglieder $M_1, M_2, ..., M_n$ zum Zeitpunkt der Abstimmung ab. Eine Konstellation individueller Präferenzordnungen heißt Präferenzordnungsprofil. Bei drei Handlungsalternativen und fünf Mitgliedern kann das Präferenzordnungsprofil z.B. die in Matrix V.1 gezeigte Gestalt haben.

M_1	M_2	M_3	M_4	M_5
A_1	A_1	A_2	A_3	A_1, A_2
A_2	A_2	A_1, A_3	A_2	A_3
A_3	A_3		A_1	

Matrix V.1: Beispiel eines Präferenzordnungsprofils

In der Präferenzordnung des Mitglieds M_1 nimmt die Alternative A_1 den ersten und die Alternative A_3 den letzten Rang ein. Mitglied M_3 ist indifferent zwischen A_1 und A_3; beiden Alternativen wird jedoch A_2 vorgezogen.

Bei gegebenem Präferenzordnungsprofil hängt das Wahlergebnis allein von der Abstimmungsregel ab. In der Literatur werden zahlreiche Abstimmungsregeln diskutiert (vgl. z.B. BLACK, 1958). Einige der prominentesten Regeln werden im folgenden dargestellt und die damit erzielten Wahlergebnisse miteinander verglichen (LAUX, 1979a; 1979b).

4.2.   Abstimmungsregeln

4.2.1. Darstellung

Nach dem *Einstimmigkeits-Kriterium* hat jedes Mitglied eine Stimme; gewählt ist diejenige Alternative, die die Stimmen sämtlicher Mitglieder erhält. Eine Entscheidung kommt also nur dann zustande, wenn sich alle Mitglieder auf die gleiche Alternative einigen. Wenn in den Präferenzordnungen aller Mitglieder dieselbe Alternative an erster Stelle steht, ist diese Regel trivial. Bei unterschiedlichen Präferenzvorstellungen ist ein Kompromiß erforderlich. Ist kein Mitglied bereit, bei der Abstimmung von seiner Präferenzordnung abzuweichen, so kommt keine Entscheidung zustande. Das Einstimmigkeits-Kriterium ist vor allem dann problematisch, wenn die Entscheidung rasch getroffen werden muß, damit die gegebenen Aktionsmöglichkeiten überhaupt realisiert werden können. Bei den folgenden Abstimmungsregeln wird keine Einstimmigkeit gefordert.

Bei dem *Kriterium des paarweisen Vergleichs (Mehrheitsregel)* werden - etwa durch den Vorsitzenden der Gruppe oder nach dem Zufallsprinzip - aus der Menge der Alternativen zunächst zwei Alternativen ausgewählt und über sie abgestimmt, wobei jedes Mitglied eine Stimme abgibt. Die Alternative mit der geringeren Stimmenzahl scheidet aus. Die verbleibende Alternative wird einer weiteren Alternative gegenübergestellt und es kommt zu einer erneuten Abstimmung. Dieser Prozeß wiederholt sich so lange, bis alle Alternativen beteiligt waren; diejenige, die beim letzten Wahlgang die Mehrheit der Stimmen erhält, ist schließlich gewählt. Erhalten bei einem Wahlgang beide Alternativen die gleiche Stimmenzahl, so entsteht eine Pattsituation. Die Auswahl einer Alternative kann dann nach einem Zufallsprozeß (z.B. durch Würfeln) erfolgen; als gewählt kann aber auch die Alternative gelten, die die Stimme des Vorsitzenden erhält.

Eine Alternative, die im paarweisen Vergleich mit jeder anderen Alternative stets die Mehrheit der Stimmen erhält, wird als CONDORCET-*Alternative* bezeichnet. Existiert eine CONDORCET-Alternative, so wird sie beim Kriterium des paarweisen Vergleichs zwingend gewählt. Da sie definitionsgemäß bei jeder paarweisen Abstimmung gewinnt, kann sie durch keine Alternative verdrängt werden, unabhängig davon, wann sie in den Abstimmungsprozeß aufgenommen wird und welche Alternativen ihr dann noch gegenübergestellt werden. Existiert *keine*

CONDORCET-Alternative, hängt das Wahlergebnis davon ab, in welcher Reihenfolge über die Alternativen abgestimmt wird.

Bei dem folgenden Präferenzordnungsprofil (Matrix V.2) z.B. existiert keine CONDORCET-Alternative.

M_1	M_2	M_3
A_1	A_2	A_3
A_2	A_3	A_1
A_3	A_1	A_2

Matrix V.2: Präferenzordnungsprofil für A=3 und n=3

Der paarweise Vergleich der Alternativen führt zum Zyklus $A_1 \succ A_2 \succ A_3 \succ A_1$: Bei einer Abstimmung über A_1 und A_2 gewinnt A_1 (A_1 erhält je eine Stimme von M_1 und M_3, A_2 die Stimme von M_2); bei einer Abstimmung über A_2 und A_3 gewinnt A_2 (A_2 erhält je eine Stimme von M_1 und M_2, A_3 die Stimme von M_3); bei einer Abstimmung über A_3 und A_1 schließlich gewinnt A_3 (A_3 erhält je eine Stimme von M_2 und M_3, A_1 die Stimme von M_1). Jede Alternative wird also von genau einer anderen Alternative geschlagen.

Das *Single-Vote-Kriterium* (BLACK, 1958, S. 156f.) erfordert nur einen Wahlgang. Jedes Mitglied gibt dabei eine Stimme ab; die Alternative, die die meisten Stimmen erhält, ist gewählt.[5] Bei dieser Abstimmungsregel werden also nur die Erstpräferenzen berücksichtigt. Bei einer Abstimmung nach dem *BORDA-Kriterium* werden hingegen die Präferenzordnungen vollständig berücksichtigt. Jedes Mitglied gibt bei einer Abstimmung über A Alternativen der Alternative auf dem ersten Platz seiner Präferenzordnung A Stimmen, der auf dem zweiten Platz A−1 Stimmen usw., der Alternative auf dem letzten Platz 1 Stimme (BLACK, 1958, S. 156-158). Gewählt ist die Alternative mit der höchsten Gesamtstimmenzahl.

4.2.2. Vergleich

Existieren nur zwei Alternativen, so stehen die Mehrheitsregel (das Kriterium des paarweisen Vergleichs), das Single-Vote- und das BORDA-Kriterium miteinander im Einklang; nach jedem dieser Kriterien wird die Alternative gewählt, die in der Präferenzordnung der Mehrheit der Mitglieder jeweils den ersten Rang einnimmt. Bei mehr als zwei Handlungsalternativen kann das Wahlergebnis je nach Abstimmungsregel unterschiedlich ausfallen: Daß z.B. das Single-Vote-Kriterium im allgemeinen zu einer anderen Entscheidung führt als das BORDA-Kriterium, ist nicht

---

5)   Erhalten zwei oder mehr Alternativen die (gleiche) maximale Stimmenzahl, so ist das Wahlergebnis noch nicht endgültig determiniert. Aus der Menge der Alternativen mit maximaler Stimmenzahl ist noch eine Auswahl zu treffen: Als gewählt könnte dann die Alternative gelten, die in der Rangordnung des Vorsitzenden den höchsten Platz einnimmt; die Auswahl könnte aber auch nach dem Zufallsprinzip erfolgen.

überraschend. Das Single-Vote-Kriterium berücksichtigt eben nur die Erstpräferenzen, während bei dem BORDA-Kriterium auch die nachfolgenden Ränge in den Präferenzordnungen (wenn auch abnehmendes) Gewicht haben.

Wie in der Matrix V.3 verdeutlicht wird, führen weder Single-Vote-Kriterium noch BORDA-Kriterium zwingend zur Wahl einer CONDORCET-Alternative.

M_1	M_2	M_3	M_4	M_5	M_6
A_1	A_1	A_2	A_3	A_4	A_5
A_3	A_2	A_3	A_2	A_2	A_2
A_4	A_5	A_5	A_4	A_3	A_3
A_5	A_3	A_4	A_5	A_5	A_4
A_2	A_4	A_1	A_1	A_1	A_1

Matrix V.3: Präferenzordnungsprofil für $A=5$ und $n=6$

Im Fall der Matrix V.3 erhält nach dem Single-Vote-Kriterium die Alternative A_1 je eine Stimme von M_1 und M_2, alle anderen Alternativen jeweils nur eine Stimme. Folglich wird A_1 gewählt. CONDORCET-Alternative ist jedoch A_2, die beim paarweisen Vergleich mit 4:2 Stimmen gegen A_1 gewinnt. (A_1 erhält dann nur die Stimmen der Mitglieder M_1 und M_2, A_2 die Stimmen aller übrigen Mitglieder.) Da A_1 in den Präferenzordnungen der Mitglieder M_3-M_6 an letzter Stelle steht, würde auch jede andere Alternative mit 4:2 Stimmen gegen A_1 gewinnen. Die CONDORCET-Alternative A_2 gewinnt (bei Matrix V.3) jedoch dann die Wahl, wenn das BORDA-Kriterium angewendet wird. (A_2 erhält dann $1+4+5+4+4+4=22$ Stimmen.) Dieses Ergebnis ist jedoch abhängig von dem zugrunde liegenden Präferenzordnungsprofil und kann nicht verallgemeinert werden.

Die Darstellung in diesem Abschnitt ist keinesfalls vollständig. Es wurden nur einige Abstimmungsregeln dargestellt, die besondere theoretische und praktische Bedeutung haben. In der Literatur finden sich darüber hinaus zahlreiche andere Abstimmungsregeln. Mit etwas Phantasie lassen sich beliebig viele solcher Regeln entwickeln. Diese kurze Darstellung genügt jedoch, um den Einfluß der Abstimmungsregel auf das Abstimmungsergebnis zu erkennen. Die Problematik der Auswahl einer Abstimmungsregel bei Gruppenentscheidungen wird damit deutlich (LAUX, 1979a; 1979b).

4.3.   Strategisches Verhalten bei der Abstimmung

Bisher wurde unterstellt, daß jedes Mitglied seine Stimme bzw. seine Stimmen gemäß seiner tatsächlichen Präferenzordnung abgibt - eine Voraussetzung, die nicht erfüllt sein muß. Wenn sich ein Mitglied bei der Abstimmung nämlich so verhält, als hätte es eine andere Präferenzordnung, kann das zur Wahl einer Alternative führen, die in seiner eigentlichen Präferenzordnung einen höheren Rang einnimmt.

Ein Abweichen von der eigentlichen Präferenzordnung mit dem Ziel, die Wahl einer „besseren" Alternative durchzusetzen, wird als strategisches Verhalten bezeichnet (FARQUHARSON, 1956; PATTANAIK, 1973; LAUX, 1979a; KAUS, 1985; VETSCHERA, 2004). Beim Kriterium des paarweisen Vergleichs kann sich das strategische Verhalten auch darauf richten, die Reihenfolge der Abstimmung zu beeinflussen. Im folgenden sollen einige Anhaltspunkte für das strategische Verhalten eines beliebigen Gruppenmitgliedes skizziert werden.

Beim Single-Vote-Kriterium wird das Mitglied seine Stimme der erstrebten Alternative geben. Die erstrebte Alternative muß jedoch nicht diejenige sein, die in seiner Präferenzordnung den ersten Platz einnimmt. Es könnte z.B. die Alternative auf dem dritten Rang sein, weil aus der Sicht des Mitglieds keine Chance besteht, eine Alternative mit höherem Rang durchzusetzen.

Beim Kriterium des paarweisen Vergleichs wird das Mitglied zunächst bemüht sein, die Reihenfolge der Abstimmung zu beeinflussen. Es wird zu erreichen versuchen, daß die von ihm erstrebte Alternative möglichst spät in den Wahlprozeß aufgenommen wird und die Alternativen, die gegen die erstrebte Alternative gewinnen können, möglichst früh. Je später nämlich die erstrebte Alternative in den Wahlprozeß aufgenommen wird, um so kleiner ist die Zahl der Alternativen, gegen die sie den Vergleich bestehen muß, um endgültig als Sieger hervorzugehen; je früher die Alternativen, die gegen die erstrebte Alternative gewinnen könnten, in den Wahlprozeß aufgenommen werden, um so höher ist die Chance, daß diese Alternativen bereits in einem früheren Stadium des Abstimmungsprozesses überstimmt und folglich der erstrebten Alternative nicht mehr gegenübergestellt werden. Bei den einzelnen paarweisen Vergleichen wird das Mitglied so stimmen, daß jeweils möglichst eine solche Alternative im Wahlprozeß verbleibt, die beim (späteren) paarweisen Vergleich gegen die erstrebte Alternative verliert.

Beim BORDA-Kriterium liegt es nahe, der erstrebten Alternative möglichst viele Stimmen, den Alternativen, die gegen sie gewinnen könnten, jeweils möglichst wenige Stimmen zu geben.

Vom Standpunkt eines Teils der Mitglieder kann sich auch ein Vorteil daraus ergeben, daß sie ihr Verhalten gezielt aufeinander abstimmen, also eine Koalition bilden. Das nachfolgende Präferenzordnungsprofil dient zur Verdeutlichung (Matrix V.4).

M_1	M_2	M_3	M_4	M_5	M_6	M_7
A_1	A_1	A_1	A_2	A_2	A_3	A_3
A_2	A_2	A_5	A_3	A_3	A_2	A_2
A_4	A_4	A_4	A_4	A_5	A_4	A_4
A_5	A_3	A_2	A_1	A_1	A_1	A_1
A_3	A_3	A_3	A_5	A_4	A_5	A_5

Matrix V.4: Präferenzordnungsprofil für A=5 und n=7

M_1 sei Vorsitzender der Gruppe; in einer Pattsituation entscheidet seine Stimme. Wenn jedes Mitglied für die Alternative auf dem ersten Rang der eigenen Präferenzordnung stimmt, wird beim Single-Vote-Kriterium die Alternative A_1 gewählt, die in den Präferenzordnungen der Mitglieder M_4-M_7 auf dem vierten Platz steht. Wenn nun diese Mitglieder eine Koalition bilden und gemeinsam für A_2 bzw. A_3 stimmen, gewinnt diese Alternative die Wahl, wobei jedes dieser Mitglieder gegenüber der Wahl von A_1 einen Vorteil erzielt. Können sich allerdings nur drei der Mitglieder M_4-M_7 auf eine gemeinsame Alternative einigen, so gewinnt nach wie vor A_1 die Wahl, da dann eine Pattsituation entsteht, in der der Vorsitzende M_1 (er stimmt für A_1) den Ausschlag gibt.

Absprachen über ein gemeinsames Vorgehen bei der Abstimmung können vor allem bei geheimer Wahl naheliegen, da dann der einzelne nur schwer abschätzen kann, wie die anderen Mitglieder stimmen. Ohne explizite Absprache dürfte die Wahrscheinlichkeit relativ gering sein, daß alle Mitglieder M_4-M_7 für dieselbe Alternative (A_2 bzw. A_3) stimmen.

Koalitionsabsprachen mögen für Gruppenmitglieder auch dann vorteilhaft sein, wenn für sie in der konkreten Situation nur Nachteile daraus entstehen. Als Gegenleistung können ihnen die Koalitionspartner in zukünftigen Entscheidungssituationen zu Vorteilen verhelfen, indem sie dann die Entscheidungen in ihrem Sinne beeinflussen. Die betreffenden Koalitionspartner tun dies - auch wenn sie möglicherweise dabei erhebliche Nachteile erleiden - in der Erwartung, später selbst wieder Unterstützung zu finden.

5.   Zur Vorteilhaftigkeit eines Gremiums

5.1.   Das allgemeine Beurteilungsproblem

Im folgenden soll zunächst untersucht werden, zu welchen Vor- oder Nachteilen der Einsatz eines Entscheidungsgremiums aus der Sicht der delegierenden Instanz führen kann.

Mit dem Einsatz einer (Entscheidungs-)Gruppe ist aus der Sicht der Instanz gegenüber der Entscheidung durch einen einzelnen zwar die Chance verbunden, daß z.B. mehr und „gehaltvollere" Informationen im Entscheidungsprozeß verarbeitet werden und/oder aufgrund eines größeren Sachverstandes aus Informationen bessere Rückschlüsse auf die Folgen der erwogenen Handlungsalternativen gezogen werden. Andererseits besteht aber auch die Gefahr, daß sich bei der Abstimmung z.B. Mitglieder durchsetzen, die sich an persönlichen Zielen orientieren (statt am Ziel der Instanz) oder aus den Informationen inadäquate Wahrscheinlichkeitsurteile über die Folgen der Handlungsalternativen ableiten. Außerdem setzt sich das einzelne Mitglied in der Gruppe möglicherweise wesentlich weniger ein als bei alleiniger Entscheidung, weil es sich nicht persönlich für das Ergebnis des Gruppenentscheidungsprozesses verantwortlich fühlt.

Es kann also nicht generell davon ausgegangen werden, eine Gruppe treffe bessere Entscheidungen als ein Individuum. Vielmehr muß im Einzelfall geprüft werden, ob der Einsatz einer Gruppe vorteilhaft ist oder nicht. Dies erfordert jedoch die Lösung eines komplexen Bewertungsproblems, in dem die genannten Chancen und Risiken gegeneinander abzuwägen sind.

Ob der Einsatz eines Gremiums vorteilhaft ist oder nicht, läßt sich u.a. deshalb nur schwer beurteilen, weil es sehr viele Varianten des Gruppeneinsatzes und der Steuerung des Entscheidungsprozesses durch die einsetzende Instanz gibt, die in Abhängigkeit vom Entscheidungsproblem zu sehr unterschiedlichen Konsequenzen führen können (KAUS, 1985). Als Gestaltungs- bzw. Steuerungsvariablen der Instanz kommen u.a. in Betracht: Gruppengröße, Gruppenzusammensetzung, Abstimmungsregel, Normen über den Verlauf des Entscheidungsprozesses (z.B. welche Informationen einzuholen sind, wie die Aufgaben in der Gruppe zu verteilen sind, wie oft und wie lange jeweils Gruppensitzungen stattfinden sollen) und die Kompetenzverteilung in der Gruppe. (Sind alle Gruppenmitglieder gleichberechtigt oder wird ein Vorsitzender bestimmt, der den anderen Mitgliedern im Entscheidungsprozeß bestimmte Aufgaben zuweisen darf bzw. soll?)

Zum Vergleich zwischen Gruppen- und Individualentscheidung existiert eine große Anzahl empirischer Untersuchungen. Einige grundlegende Ergebnisse sollen im folgenden skizziert werden (KELLEY/THIBAUT, 1969, S. 61ff.; TÜRK, 1973; LAUX, 1979a, S. 217ff.; MANKE, 1980).

5.2.   Zur Beurteilung eines Gremiums bei isolierter Problemlösung

Bei Delegation der Entscheidung an eine Gruppe kann im Vergleich zur Delegation an einen einzelnen schon dann ein Vorteil entstehen, wenn die Gruppenmitglieder völlig isoliert voneinander arbeiten und anschließend abstimmen. Notwendige (jedoch nicht hinreichende) Voraussetzung ist allerdings, daß nicht mit Sicherheit alle Mitglieder im Rahmen ihrer Individualkalküle dieselbe Alternative als die beste einstufen. Die Wahrscheinlichkeit für die Wahl einer (vom Standpunkt der Instanz) guten Alternative durch die Gruppe kann unter dieser Voraussetzung auch dann hoch sein, wenn sie bei alleiniger Entscheidung durch ein beliebiges Mitglied niedrig ist. Mit der Entscheidung durch die Gruppe ist die Chance verbunden, daß diejenigen Mitglieder überstimmt werden, die bei alleiniger Entscheidung eine ungünstige Alternative wählen würden. Allerdings besteht zugleich die Gefahr, daß gerade diese Mitglieder bei der Abstimmung den Ausschlag geben und jene Mitglieder überstimmen, die bei alleiniger Entscheidung eine gute Alternative gewählt hätten.

Zur Verdeutlichung dieses Zusammenhangs betrachten wir ein einfaches Beispiel mit zwei Handlungsalternativen, von denen eine zu wählen (und zu realisieren) ist. Als Entscheidungsträger kommen die Personen M_1, M_2 und M_3 in Betracht. Jeder Entscheidungsträger würde bei alleiniger Entscheidung mit der Wahrscheinlichkeit p die (nach irgendeinem Kriterium) günstigere Alternative wählen. Wie groß ist die Wahrscheinlichkeit p für die Wahl der günstigeren Alternative, wenn über die Alternativen abgestimmt wird und dann jene Alternative realisiert wird, die die Mehrheit der Voten bekommt?

Wir betrachten zwei Fälle: p=0,8 und p=0,3. Außerdem nehmen wir vereinfachend an, die Voten der einzelnen Entscheidungsträger seien voneinander stochastisch unabhängig. Die Tabelle V.1 zeigt, welche Abstimmungsprofile möglich sind und welche Wahrscheinlichkeiten ihnen entsprechen. „+" bzw. „–" heißt dabei daß der betreffende Entscheidungsträger für bzw. gegen die günstigere Alternativ „stimmt".

Abstimmungs-profil	Voten von M_1 M_2 M_3			Wahrscheinlichkeiten (p = 0,8)	Wahrscheinlichkeiten (p = 0,3)
1	+	+	+	$0,8 \cdot 0,8 \cdot 0,8 = 0,512$	$0,3 \cdot 0,3 \cdot 0,3 = 0,027$
2	+	+	-	$0,8 \cdot 0,8 \cdot 0,2 = 0,128$	$0,3 \cdot 0,3 \cdot 0,7 = 0,063$
3	+	-	+	$0,8 \cdot 0,2 \cdot 0,8 = 0,128$	$0,3 \cdot 0,7 \cdot 0,3 = 0,063$
4	-	+	+	$0,2 \cdot 0,8 \cdot 0,8 = 0,128$	$0,7 \cdot 0,3 \cdot 0,3 = 0,063$
5	-	-	+	$0,2 \cdot 0,2 \cdot 0,8 = 0,032$	$0,7 \cdot 0,7 \cdot 0,3 = 0,147$
6	-	+	-	$0,2 \cdot 0,8 \cdot 0,2 = 0,032$	$0,7 \cdot 0,3 \cdot 0,7 = 0,147$
7	+	-	-	$0,8 \cdot 0,2 \cdot 0,2 = 0,032$	$0,3 \cdot 0,7 \cdot 0,7 = 0,147$
8	-	-	-	$0,2 \cdot 0,2 \cdot 0,2 = 0,008$	$0,7 \cdot 0,7 \cdot 0,7 = 0,343$

Tabelle V.1: Die im Beispiel möglichen Abstimmungsprofile und deren Wahrscheinlichkeiten

Die günstigere Alternative wird dann gewählt, wenn sie die Mehrheit der Voten erhält. Das ist bei den Abstimmungsprofilen 1-4 der Fall. Die Wahrscheinlichkeit P dafür, daß eines dieser Abstimmungsprofile eintritt, ist gleich der Summe der Wahrscheinlichkeiten dieser Profile. Somit gilt:

$$P = 0,512 + 3 \cdot 0,128 = 0,896, \text{ falls } p = 0,8$$

und

$$P = 0,027 + 3 \cdot 0,063 = 0,216, \text{ falls } p = 0,3.$$

Die Gruppe wählt die günstigere der beiden Alternativen also im Fall p=0,8 mit höherer Wahrscheinlichkeit, im Fall p=0,3 mit geringerer Wahrscheinlichkeit als ein einzelner Entscheidungsträger.

5.3. Zur Beurteilung eines Gremiums bei gemeinsamer Problemlösung

5.3.1. Einfluß der Gruppenbildung auf die Informationsmengen und Prognosefunktionen der Mitglieder

Die Mitglieder einer Gruppe arbeiten im allgemeinen jedoch nicht völlig isoliert voneinander. Im Rahmen eines arbeitsteiligen Entscheidungsprozesses werden Informationen beschafft, gegenseitig ausgetauscht und verarbeitet. Die Präferenzordnungen der Mitglieder am Ende des Gruppenprozesses sind daher häufig nicht identisch mit jenen, die sie bei alleiniger Entscheidung vertreten würden.

Schon bei der Konstituierung der Gruppe können die Mitglieder gemeinsam mehr entscheidungsrelevante Informationen besitzen als jedes einzelne Mitglied allein. Bei geeigneter Arbeitsteilung können außerdem von einer Gruppe mehr zusätzliche Informationen beschafft werden als von einem einzelnen. Durch den gegenseitigen Austausch der bereits vorhandenen und der neu beschafften Informationen kann der Informationsstand jedes Gruppenmitglieds gegenüber individueller Entscheidung wesentlich erhöht werden. Die Mitglieder können sich dann bei der Bildung ihrer Präferenzordnungen auf eine breitere Informationsbasis stützen.

Darüber hinaus wird in einer Gruppe auch diskutiert, welche (probabilistischen) Rückschlüsse aus den Informationen zu ziehen sind. Dadurch können die Wahrscheinlichkeitsfunktionen einiger oder aller Mitglieder beeinflußt werden. Ein Mitglied kann folglich auch dann zu einem anderen Wahrscheinlichkeitsurteil über die Umweltzustände und mithin zu einer anderen Präferenzordnung kommen als bei alleiniger Entscheidung, wenn es in der Gruppe keine zusätzlichen Informationen erhält. Ob das vom Standpunkt der Instanz vorteilhaft ist oder nicht, kann nicht allgemeingültig beurteilt werden.

Ob der Einsatz einer Gruppe gegenüber der Entscheidung durch einen einzelnen vorteilhaft ist, hängt vor allem auch von den Möglichkeiten der Arbeitsteilung ab, die wiederum vom Entscheidungsproblem sowie von den Informationen und Fähigkeiten der einzelnen Mitglieder abhängen (KELLEY/THIBAUT, 1969, S. 65f.; COLLINS, 1970, S. 180ff.). Kann das Entscheidungsproblem in weitgehend unabhängig voneinander zu bearbeitende Teilaufgaben zerlegt werden und ergänzen sich die Informationen und Fähigkeiten der Mitglieder gerade so, daß diese Aufgaben gut verteilt werden können, ist der Vorteil der Gruppenbildung relativ hoch. Sind indessen die Teilaufgaben nicht unabhängig voneinander zu lösen und besteht die Gruppe nur aus hochspezialisierten Mitgliedern, die nicht beurteilen können, wie sich die Lösungen ihrer jeweiligen Teilprobleme auf andere Bereiche auswirken, so ist der Vorteil der Gruppenbildung gering. In dieser Situation wird die Vorteilhaftigkeit der Gruppe ansteigen, wenn als Mitglied zusätzlich ein „Generalist" aufgenommen wird, der die Teilaufgaben gut aufeinander abstimmen kann.

5.3.2. Einfluß der Gruppenbildung auf die Ziele und die Motivation der Mitglieder

Zwar wird den Mitgliedern ein Ziel gesetzt, an dem sie sich bei ihrer Entscheidung zu orientieren haben. Damit besteht aber noch nicht die Gewähr, daß dieses Ziel auch tatsächlich verfolgt wird. Ob ein Individuum die Verhaltensnorm befolgt oder nicht, ist im allgemeinen nicht unabhängig davon, ob es allein entscheidet oder Mitglied einer Gruppe ist und aus welchen Personen sich diese Gruppe zusammensetzt. Entscheidet ein Individuum allein, so ist die Wahrscheinlichkeit relativ hoch, daß eine Zielabweichung zugunsten eigener Interessen nicht erkannt wird. Bei Gruppenentscheidung werden dagegen auch andere Personen mit den Alternativen und den entscheidungsrelevanten Daten vertraut. Die dadurch ermöglichte gegenseitige Kontrolle erschwert es, sich von eigenen Interessen leiten zu lassen. Dadurch kann die Wahrscheinlichkeit steigen, daß die Verhaltensnorm befolgt und eine vom Standpunkt der Instanz gute Alternative gewählt wird. Das gilt vor allem dann, wenn auch neutrale Mitglieder ins Gremium aufgenommen werden, die von der Entscheidung nicht persönlich betroffen sind.

Es ist andererseits auch möglich, daß einzelne Mitglieder, die bei individueller Entscheidung die Verhaltensnorm befolgen würden, in der Gruppe ihre persönlichen Ziele vertreten und andere Mitglieder in ihrem Sinne beeinflussen. Nachdem auch andere Personen für dieselbe (suboptimale) Alternative gestimmt haben, trifft sie nicht mehr allein die Verantwortung. Einzelne Mitglieder können sich auch an materiellen oder immateriellen Belohnungen und Sanktionen durch andere Mitglieder orientieren und die Stimmabgabe von deren Präferenzen abhängig machen. Eine solche Orientierung kann dazu führen, daß das betreffende Mitglied eine Präferenzordnung über die Alternativen vertritt, die vom Standpunkt der Instanz weniger gut, möglicherweise aber auch besser ist als jene, die das Mitglied bei alleiniger Entscheidung erarbeitet hätte.

Ein Gruppenmitglied kann gegenüber alleiniger Entscheidung auch deshalb weniger motiviert sein, sich für die Lösung des Entscheidungsproblems einzusetzen, weil es sich nicht mehr persönlich für das Ergebnis der Entscheidung verantwortlich fühlt und/oder weil es damit rechnet, daß sein Beitrag keinen Einfluß auf das Ergebnis hat. Eine solche Einstellung ist vor allem bei größeren Gruppen zu erwarten. Empirische Befunde zeigen, daß in größeren Gruppen (mit mehr als sieben Mitgliedern) beim einzelnen verstärkt das Gefühl aufkommt, sein Beitrag sei von untergeordneter Bedeutung für die Gruppe (OLSON, 1968, S. 52). Hieraus resultiert eine geringere Teilnahme am Gruppengeschehen; die Anzahl der Mitglieder, die ihre Ideen zum Ausdruck bringen und ihre Informationen zur Verfügung stellen, sinkt.

Empirische Untersuchungen haben gezeigt, daß eine bezüglich der Persönlichkeit der Mitglieder heterogene Zusammensetzung der Gruppe sich auf die Motivation der Mitglieder positiv auswirkt (DEUTSCH, 1968, S. 269). Obwohl im allgemeinen bei Individuen die Tendenz besteht, lieber mit Personen gleicher Einstellungen und Interessen zusammenzuarbeiten, zeigte sich, daß aufgabenbezogene Konflikte, deren Ursprung in der Heterogenität der Mitglieder zu suchen ist, eine positive Wirkung auf die Leistung der Gruppe haben können (COLLINS, 1970, S. 221).

5.3.3. Zur „ausgleichenden" Wirkung der Abstimmung

Wie bereits erläutert wurde, besteht aufgrund der Abstimmung die Chance, daß Mitglieder, die sich eine vom Standpunkt der Instanz „nachteilige" Präferenzordnung bilden, von anderen überstimmt werden. Andererseits kann aber auch die Gefahr bestehen, daß gerade diejenigen Mitglieder von anderen überstimmt werden, die bei alleiniger Entscheidung eine vom Standpunkt der Instanz „gute" Alternative gewählt hätten. Orientiert sich z.B. jedes Gruppenmitglied mit der Wahrscheinlichkeit p ($0,5 < p < 1$) am Ziel der Instanz und sind die Ziele der einzelnen Mitglieder voneinander (stochastisch) unabhängig, so ist die Wahrscheinlichkeit dafür, daß mehr als die Hälfte der Mitglieder das Ziel der Instanz verfolgt, größer als p. Dabei liegt die betreffende Wahrscheinlichkeit um so weiter über p, je größer die Mitgliederzahl n ist (LAUX, 1979a, S. 233). Im Falle $0 < p < 0,5$ gilt die umgekehrte Beziehung: Die Wahrscheinlichkeit dafür, daß die Mehrheit der Mitglieder das Ziel der Instanz verfolgt, sinkt mit steigender Mitgliederzahl immer stärker unter p. Analoge Aussagen gelten auch für die anderen Determinanten der individuellen Präferenzordnungen. Die Gruppe kann demnach schon dann mit höherer Wahrscheinlichkeit eine (aus der Sicht der Instanz) „gute" Handlungsalternative wählen als jedes einzelne Mitglied bei alleiniger Entscheidung, wenn keinerlei Interaktionen in der Gruppe erfolgen. Je nach den Wahrscheinlichkeiten für die Präferenzordnungen der einzelnen Mitglieder und der Abstimmungsregel ist es aber auch möglich, daß die Gruppe mit geringerer Wahrscheinlichkeit eine „gute" Alternative wählt als jedes einzelne Mitglied bei alleiniger Entscheidung.

5.4. Der Kostenaspekt

Gruppenentscheidungsprozesse sind oft langwieriger als Individualentscheidungen (KELLEY/THIBAUT, 1969, S. 73). Dies gilt vor allem bei Vorgabe der Einstimmigkeits-Regel, bei der sich alle Mitglieder auf dieselbe Alternative einigen müssen. Andere Abstimmungsregeln erfordern keinen spezifischen Zeitaufwand, so daß eine Gruppe durch eine sinnvolle Arbeitsteilung auch wesentlich schneller zu einer Entscheidung kommen kann als ein Individuum.

Die (Opportunitäts-)Kosten eines Gremiums können allerdings hoch sein. Dies gilt insbesondere dann, wenn sich alle Mitglieder mit dem gesamten Problem befassen und die Mitgliederzahl hoch ist.

Ergänzende und vertiefende Literatur:

BAMBERG/COENENBERG (2002, S. 250-269); BLACK (1958); BLEICHER (1975); CARTWRIGHT/ZANDER (1968); COLLINS (1970); DEUTSCH (1968); KAUS (1985); KELLEY/THIBAUT (1969); LAUX (1979A, S. 139-236; 1979B); LINDSTÄDT (1997); MAG (1992); MANKE (1980); MEYER (1983; 1999); OLSON (1968); SCHAUENBERG (1992); SCHENK/MATHES (2004); SEIDEL (1992); TÜRK (1973); VETSCHERA (2004).

Eine weitverbreitete (und organisationstheoretisch bedeutsame) Anordnung von multipersonalen Entscheidungssystemen ist die Hierarchie. Sie dient - ebenso wie die Abstimmung innerhalb einer Gruppe - der Koordination der Einzelentscheidungen. Im Kapitel VI wird die Hierarchie als Koordinationsform mit der Gruppenabstimmung und der Selbstabstimmung der Systemmitglieder verglichen und tendenziell als vorteilhaft charakterisiert. In einer Hierarchie sind dispositive und operative Aufgaben unterschiedlich auf die Mitglieder verteilt. Dies führt zu voneinander verschiedenen Grundtypen von Entscheidungsproblemen, die im Kapitel VII erläutert werden.

VI. Grundformen der Koordination in der Unternehmung: Die Tendenz zur Hierarchie

1. Problemstellung

Zwar werden Entscheidungen von besonderer Bedeutung häufig durch Gruppen getroffen, z.B. vom Vorstand oder von der Gruppe der Abteilungsleiter. Die gleichberechtigte Teilnahme *aller* Organisationsmitglieder am Entscheidungsprozeß ist jedoch eine seltene Form der Entscheidungsfindung. Vielmehr überwiegen - insbesondere in größeren Organisationen - hierarchische Entscheidungssysteme. Sie stehen auch im Vordergrund dieser Arbeit.

In einem hierarchischen System haben bestimmte Organisationsmitglieder - sogenannte Instanzen - das Recht bzw. die Pflicht, (innerhalb gewisser Grenzen) darüber zu entscheiden, was andere Organisationsmitglieder tun sollen bzw. tun dürfen. Die Instanzen setzen den nachgeordneten Mitarbeitern „Verhaltensnormen" (Kapitel X), die diese bei ihren Entscheidungen zu befolgen haben: Die nachgeordneten Mitarbeiter sind weisungsgebunden. Die vorgegebenen Verhaltensnormen können im Einzelfall so detailliert und eindeutig sein, daß praktisch kein Ermessensspielraum besteht.

Existiert in einem Entscheidungssystem nur *eine* Instanz, so liegt eine einstufige Hierarchie vor. In größeren Organisationen umfaßt das hierarchische System im allgemeinen jedoch mehr als zwei Ebenen. In einer solchen Hierarchie gibt es Instanzen, die einerseits Weisungen an nachgeordnete Mitarbeiter geben und andererseits selbst Weisungen von vorgesetzten Instanzen erhalten.

Da in einem hierarchischen System die jeweils nachgeordneten Mitarbeiter an Weisungen gebunden werden, sind deren Tätigkeiten mehr oder weniger „fremdbestimmt". Ein nachgeordnetes Organisationsmitglied mag insbesondere dann mit dem System unzufrieden sein, wenn ihm nur geringe Rechte auf Selbstbestimmung der eigenen Arbeit verbleiben. Andererseits kann - vor allem bei einer größeren Zahl von Organisationsmitgliedern und engen Interdependenzen zwischen ihren Tätigkeiten - die Hierarchie gegenüber anderen Entscheidungssystemen erhebliche *ökonomische* Vorteile bieten: Die Hierarchie erleichtert die Koordination der einzelnen Tätigkeiten, da der Prozeß der Informationsbeschaffung, -verteilung und -verarbeitung vereinfacht wird.

Im folgenden wird die „Hierarchie" mit der „Selbstabstimmung" und der „Gruppenabstimmung" als zwei anderen Grundformen der Koordination in der Unternehmung konfrontiert (vgl. hierzu auch ARROW, 1974; WILLIAMSON, 1975, S. 41ff.; KIESER/KUBICEK, 1983, S. 103ff.; KRÜGER, 1985). Selbstabstimmung, Gruppenabstimmung und Hierarchie sind keine Alternativen, die sich gegenseitig ausschließen; es bestehen vielfältige Kombinationsmöglichkeiten. Die Möglichkeit der Kombination soll jedoch in den folgenden Überlegungen vernachlässigt werden. Das intuitive Verständnis der möglichen Vor- und Nachteile der einzelnen Koordinationsformen wird dadurch erleichtert.

Im Abschnitt 2 werden die drei Koordinationsformen zunächst dargestellt. Der Vergleich wird anschließend (Abschnitt 3) für vier unterschiedliche Problemsituationen vorgenommen: Zuerst wird angenommen, alle Organisationsmitglieder konstruierten identische Entscheidungskalküle (Abschnitt 3.3). Sodann werden die Annahmen dahingehend gelockert, daß von Informationsasymmetrie zwischen den einzelnen Mitgliedern (Abschnitt 3.4) und zusätzlich (Abschnitt 3.5) von unterschiedlichen Kalkülfähigkeiten ausgegangen wird. Im Abschnitt 3.6 besteht darüber hinaus auch noch Zielkonflikt zwischen den Organisationsmitgliedern. Die Tendenz zur Hierarchie verstärkt sich dabei mit zunehmender Komplexität der Problemsituation. Der Abschnitt 4 behandelt Einzelaspekte. Das Kapitel schließt mit einem Ausblick auf Hierarchien mit mehr als zwei Ebenen (Abschnitt 5).

2.   Koordinationsformen

2.1.   Selbstabstimmung

Selbstabstimmung ist dadurch charakterisiert, daß jedes Organisationsmitglied auf der Basis eines eigenen Entscheidungskalküls eigenständig darüber entscheidet, welche Tätigkeiten es ausübt; kein Mitglied ist an Weisungen gebunden. Die Abstimmung der Tätigkeiten liegt im Ermessen der Betroffen (KIESER/KUBICEK, 1983, S. 115f.).

Die Koordination durch Selbstabstimmung könnte theoretisch in der Weise erfolgen, daß die einzelnen Organisationsmitglieder individuelle Entscheidungskalküle erstellen, die den Interdependenzen zwischen den eigenen (ausführenden) Tätigkeiten und denen der anderen Mitglieder Rechnung tragen. Da aber zunächst kein Organisationsmitglied weiß, welche Tätigkeiten die anderen Mitglieder ausüben (es besteht ja gerade das Problem, wer welche Tätigkeiten ausführen soll), müßte jedes Organisationsmitglied ein Gesamtkalkül erstellen, aus dem simultan hervorgeht, was es selbst *und* was die anderen Organisationsmitglieder zu tun haben. Auf diese Weise gelingt die Koordination aber nur dann, wenn alle Individualkalküle den einzelnen Organisationsmitgliedern jeweils dieselben Tätigkeiten zuordnen; bei divergierenden Kalkülergebnissen führen die Organisationsmitglieder Tätigkeiten aus, die nicht mit den übrigen Tätigkeiten abgestimmt sind. Falls die Organisationsmitglieder ihre Individualkalküle unabhängig voneinander erstellen und lösen, gelingt die Koordination nur unter äußerst restriktiven Bedingungen.

Die Selbstabstimmung kann daher praktisch immer nur in der Weise erfolgen, daß die von einem gemeinsamen Problem berührten Personen (MINTZBERG, 1979, S. 3ff.) eine sukzessive wechselseitige Abstimmung vornehmen. „Kleine, nur wenige Mitglieder zählende Organisationen können, insbesondere wenn sie mit leicht überschaubaren, d.h. wenig komplexen Aufgaben zu tun haben, auf diese Weise ihren gesamten Koordinationsbedarf befriedigen. Sämtliche Abstimmungsprobleme lassen sich dadurch lösen, daß die betroffenen Personen miteinander Kontakt aufnehmen" (SCHANZ, 1982, S. 6). Wenn allerdings zahlreiche Personen an der wechselseitigen Abstimmung beteiligt sind, kann ein extrem hoher Koordinationsaufwand entstehen, vor allem dann, wenn zwischen den Einzelaufgaben enge Interdependenzen bestehen, diese Aufgaben „unstrukturiert" sind und stark „variieren". Die Wahrscheinlichkeit kann dann hoch sein, daß selbst bei langwierigen wechselseitigen Abstimmungsversuchen keine Einigung darüber zustande kommt, wer welche Tätigkeiten ausüben soll.

2.2.   Gruppenabstimmung

Bei Gruppenabstimmung entscheiden die Organisationsmitglieder als Gruppe mittels einer Abstimmungsregel über die Aufteilung der (operativen) Tätigkeiten auf die einzelnen Mitglieder. Jedes Mitglied hat dem Gruppenbeschluß zu folgen, auch wenn es überstimmt wird.

Die Gruppenabstimmung kann gegenüber der Selbstabstimmung zwei grundsätzliche Vorteile bieten: Zum einen kann der Informationsaustausch und damit die Koordination der auszuführenden Tätigkeiten erleichtert werden. Zum anderen ermöglicht die formale Abstimmung durch die Gruppe (und die Bindung der Organisationsmitglieder an den Gruppenbeschluß) auch dann die Wahl eines *koordinierten* Aktionsprogramms, wenn die Meinungen der Organisationsmitglieder über die Aufgabenverteilung divergieren.

2.3.   Hierarchie

Beim Koordinationskonzept „Hierarchie" ist ein Teil der Organisationsmitglieder mit Entscheidungs- und Weisungsrechten ausgestattet; sie werden als *Instanzen* bezeichnet. Die jeweils nachgeordneten Organisationsmitglieder sind verpflichtet, den Weisungen der Instanzen zu folgen. Zur Vereinfachung der Darstellungen werden im folgenden zunächst nur einstufige Hierarchien betrachtet, bei denen es definitionsgemäß nur eine Instanz gibt. Ihre Aufgabe besteht darin, die Tätigkeiten der übrigen Organisationsmitglieder zu koordinieren. Hierarchien mit mehr als zwei Ebenen werden in Abschnitt 5 (und in nachfolgenden Kapiteln) behandelt.

Zwischen den hier dargestellten Koordinationskonzepten bestehen vielfältige Kombinationsmöglichkeiten. Zum Beispiel könnten die Organisationsmitglieder als Gruppe über das allgemeine Rahmenprogramm der Unternehmung abstimmen, etwa darüber, welche Produkte hergestellt und auf welchen Märkten sie abgesetzt werden sollen. Eine Instanz trifft dann im Zeitablauf konkretere Entscheidungen in Form von Grobplänen. Zugleich delegiert sie Entscheidungen an die nachgeordneten Mitarbeiter, die durch wechselseitige (Selbst-)Abstimmung die Feinkoordination vornehmen. Solche Möglichkeiten der Kombination werden im vorliegenden Kapitel vernachlässigt.

3.   Die Entscheidung über die Koordinationsform

3.1.   Präzisierung der Problemstellung

Wir gehen im folgenden davon aus, eine bestimmte Menge von Individuen, die sich alle als gleichberechtigt ansehen, habe den Plan gefaßt, gemeinsam eine bestimmte Zeit lang eine Unternehmung zu betreiben. Es stellt sich für sie das Problem, wer welche Tätigkeiten ausführen soll, sofern überhaupt eine Kooperation zustande kommt.

Da zwischen den zu erfüllenden Aufgaben (z.B. im Beschaffungs-, Fertigungs- und Absatzbereich) Interdependenzen bestehen, ist eine Koordination der Tätigkeiten der verschiedenen Organisationsmitglieder geboten. Die (potentiellen) Organisationsmitglieder suchen daher einen akzeptablen Koordinationsmechanismus.

Wäre die zukünftige Arbeitssituation, insbesondere die zukünftigen Aktionsmöglichkeiten und deren Konsequenzen, hinreichend bekannt und wenig variabel, so könnte das Koordinationsproblem schon bei der Gründung des Unternehmens eindeutig gelöst und eine (vertragliche) Vereinbarung darüber getroffen werden, welche konkreten Tätigkeiten die einzelnen Organisationsmitglieder in alternativen Situationen jeweils ausführen sollen. Eine derart weitreichende „Vorauskoordination" ist aber vor allem dann praktisch nicht möglich oder zumindest nicht sinnvoll, wenn die interne Unternehmenssituation und die externe Umwelt der Unternehmung im Zeitablauf stark variieren und die Entwicklung schwer zu prognostizieren ist, weil sich z.B. immer wieder neue, bisher unbekannte Aktionsmöglichkeiten eröffnen. In diesem Fall kann nur in sehr *globaler* Weise (vertraglich) vereinbart werden, welche Tätigkeiten auszuführen (z.B. welche Produkte herzustellen) sind, und wie die Aufgaben verteilt werden sollen (wer z.B. im Produktionsbereich und wer im Absatzbereich arbeiten soll). Es ist dann unumgänglich, daß im *Zeitablauf* ständig Entscheidungen darüber getroffen werden, wer welche konkreten Tätigkeiten ausführen soll.

Als Koordinationskonzepte hierfür werden von den (potentiellen) Organisationsmitgliedern die Selbstabstimmung, die Gruppenabstimmung und die Hierarchie erwogen. Da sich die Gruppenmitglieder alle als gleichberechtigt ansehen, mag die Vermutung naheliegen, daß sie entweder die Selbst- oder die Gruppenabstimmung wählen. Wie im folgenden gezeigt wird, besteht jedoch die Tendenz, daß alle Organisationsmitglieder (oder zumindest die Mehrheit) einen Vorteil erzielen, wenn statt dessen die Hierarchie gewählt wird. Die Hierarchie kann den Prozeß der Beschaffung, Übermittlung und Verarbeitung der relevanten Informationen wesentlich vereinfachen und damit die Planungskosten erheblich vermindern[1]; zudem besteht die Chance, daß bessere Entscheidungen getroffen werden.

Wenn sich die potentiellen Organisationsmitglieder für die Hierarchie entscheiden, räumen sie *einem* Organisationsmitglied das Recht ein, den übrigen Organisationsmitgliedern Weisungen zu erteilen (einstufige Hierarchie). Die ursprünglich gleichberechtigten Individuen ordnen sich damit freiwillig einem System von „befehlen können" und „gehorchen müssen" unter.

Dabei stellt sich das Problem, wer als Instanz eingesetzt werden soll. Wie später verdeutlicht wird, besteht die Tendenz, daß ein Organisationsmitglied die Wahl gewinnt, das den anderen Organisationsmitgliedern anstelle eines Anteils am Unternehmensgewinn feste Bezüge für ihre Mitarbeit anbietet. Bei festen Bezügen ist jedoch die Neigung der nachgeordneten Mitarbeiter, sich vor der Arbeit zu „drücken", tendenziell größer als bei Entlohnung in Form einer Gewinnbeteiligung. Die Vorteile fester Bezüge müssen daher von den Mitarbeitern dadurch erkauft werden, daß sie der Instanz, die das Erfolgsrisiko trägt[2], (zusätzliche) Rechte auf Kontrollen und Sanktionen einräumen. Die Tendenz zur Hierarchie wird durch feste Bezüge also noch verstärkt.

---

1) Diese Kosten entstehen in Form von Ausgaben und/oder Opportunitätskosten. Ausgaben entstehen z.B. dann, wenn technische Einrichtungen für die Kommunikation erworben werden. Opportunitätskosten können z.B. dadurch anfallen, daß die Organisationsmitglieder aufgrund der Beschaffung, der gegenseitigen Übermittlung sowie der Verarbeitung von Informationen andere (insbesondere auch ausführende) Tätigkeiten nicht mehr so gut oder gar nicht mehr wahrnehmen können. Außerdem ist es möglich, daß bestimmte Handlungsalternativen nicht mehr durchgeführt werden können oder zu weniger guten Ergebnissen führen, wenn erst im Rahmen langwieriger Entscheidungsprozesse überprüft wird, ob sie vorteilhaft sind; die damit verbundenen Nachteile stellen ebenfalls Opportunitätskosten dar.

2) Für die übrigen Organisationsmitglieder besteht allerdings das Risiko, daß sie ihren Arbeitsplatz verlieren und/oder daß die Instanz die Löhne bzw. Gehälter nicht in vollem Umfang auszahlen kann.

3.2.   Annahmen

Die drei Koordinationskonzepte und die damit verbundenen Probleme werden im folgenden für verschiedene Situationen miteinander verglichen. Dabei wird zunächst von folgenden Voraussetzungen ausgegangen, die nach und nach aufgehoben werden:

(a) *Objektalternativen:* Alle Organisationsmitglieder haben im Zeitablauf jeweils denselben Informationsstand über die Aktionsmöglichkeiten; sie kennen also die gleichen Handlungsalternativen. Damit wird zugleich vorausgesetzt, daß alle Organisationsmitglieder über die manuellen Fähigkeiten irgendeines Mitglieds denselben Informationsstand haben wie dieses Mitglied selbst.

(b) *Indikatoren:* Alle Organisationsmitglieder haben jeweils denselben Informationsstand zur Prognose der Konsequenzen der Aktionen; sie kennen alle dieselben entscheidungsrelevanten Indikatoren.

(c) *Prognosefunktionen:* Alle Organisationsmitglieder leiten aus denselben Informationen dieselben (subjektiven) Wahrscheinlichkeiten für die Konsequenzen der Aktionen ab; sie haben die gleichen Prognosefunktionen.

(d) *Modelltypen:* Alle Organisationsmitglieder würden bei Selbstabstimmung ihrer (Koordinations-)Entscheidung denselben Modelltyp zugrunde legen und die Komplexitätsreduktion in derselben Weise vornehmen. Alle Organisationsmitglieder benötigen außerdem die gleiche Zeit für die Konstruktion und Lösung eines Entscheidungsmodells.

(e) *Zielfunktionen:* Die Organisationsmitglieder orientieren sich ausschließlich am Ziel der Maximierung des Erwartungswertes des eigenen Einkommens. Zunächst nehmen wir an, es werde erwogen, den (Gesamt-)Gewinn nach einem bestimmten Schlüssel auf die Organisationsmitglieder zu verteilen. (Ob dies sinnvoll ist, soll noch untersucht werden.) Die Maximierung des individuellen Einkommenserwartungswertes ist dann der Maximierung des Gewinnerwartungswertes äquivalent.

Es ist einleuchtend, daß diese Voraussetzungen in der Realität nicht alle erfüllt sind; die explizite Betrachtung dieser Annahmen ermöglicht aber die Analyse grundlegender Organisationsprobleme. Die Verletzung obiger Voraussetzungen führt zu Konsequenzen, die ihrerseits von den *Ergebnissen* der Handlungsalternativen abhängen; diese Ergebnisse sollen im folgenden nicht explizit in die Betrachtung einbezogen werden.

3.3.   Fall A: Identische Entscheidungskalküle

3.3.1. *Selbstabstimmung*

Sind die obigen Annahmen alle erfüllt, so führen zwar sämtliche Individualkalküle zum gleichen Ergebnis und die Koordination durch Selbstabstimmung ist prinzipiell möglich: Jedes Organisationsmitglied bestimmt dann selbst, welche Aktivitäten es durchführen soll.[3] Diese Freiheit hat jedoch ihren Preis. Da jedes Organisationsmitglied ein umfassendes Entscheidungskalkül erstellt, entsteht Mehrfacharbeit im Entscheidungsprozeß. Es bleibt weniger Zeit für die Ausführung der geplanten Tätigkeiten.

3.3.2. Gruppenabstimmung

Die Gruppenabstimmung kann (sofern alle Annahmen erfüllt sind) gegenüber der Selbstabstimmung keinen Vorteil mit sich bringen: Der Planungsaufwand wird nicht reduziert und die formale Abstimmung ist überflüssig, da die einzelnen Mitglieder ohnehin zu demselben Kalkülergebnis kommen.

3.3.3. Hierarchie

(1) Grundsätzliche Vorteile

Die genannten Gründe lassen es zweckmäßig erscheinen, eine Arbeitsteilung in dem Sinne vorzunehmen, daß nur *ein* Organisationsmitglied ein Entscheidungskalkül erstellt, mit dem es die Tätigkeiten der Organisationsmitglieder koordiniert. Es teilt dann den übrigen Mitgliedern in Form von Weisungen mit, welche operativen Tätigkeiten sie ausüben sollen. Aufgrund der Reduktion des Planungsaufwandes (nur ein Organisationsmitglied erstellt das Koordinationskalkül) verbleibt in der Hierarchie mehr Zeit für ausführende Tätigkeiten. Dadurch steigt tendenziell der Gewinnerwartungswert, so daß bei gegebenem Verteilungsschlüssel für alle Organisationsmitglieder ein Vorteil entsteht. Den nachgeordneten Mitarbeitern verbleibt auch mehr Zeit, im Zeitablauf ihre manuellen Fähigkeiten zu verbessern. Dies kann zu einem weiteren Erfolgszuwachs führen.

(2) Die Akzeptanz der Weisungen

Die Befolgung der Weisungen stellt in dieser Situation kein Problem dar: Jedes nachgeordnete Organisationsmitglied hat die Gewähr, daß die erteilten Weisungen auch aus seiner eigenen Sicht optimal sind; als Instanz hätte es selbst dieselbe Aufgabenverteilung vorgenommen und ebensolche Weisungen erteilt.

(3) Die Wahl der Instanz

Wenn die (potentiellen) Organisationsmitglieder die Hierarchie als Koordinationsform wählen, müssen sie entscheiden, wer von ihnen die Rolle der Instanz übernehmen soll. Unter den gegebenen Voraussetzungen ist jedoch die Wahl der Instanz unproblematisch; die Objekt- und Organisationsentscheidungen sind un-

---

3)   Die Koordination ist allerdings nur dann in jedem Fall gewährleistet, wenn hinsichtlich der (identischen) Individualkalküle keine Mehrfachoptimalität besteht. Bei Mehrfachoptimalität existieren mehrere optimale Lösungen (die einander gleichwertig sind). Aufgrund der fehlenden Eindeutigkeit besteht dann die Gefahr, daß Organisationsmitglieder sich an verschiedenen Optimallösungen orientieren und folglich ihre Tätigkeiten nicht miteinander im Einklang stehen.

abhängig davon, wer zur Instanz gewählt wird: Gemäß Annahme (e) orientieren sich alle Organisationsmitglieder (nur) am Ziel der Maximierung des Gewinnerwartungswertes. Das impliziert z.B., daß kein Organisationsmitglied Entscheidungsaufgaben gegenüber rein ausführenden Tätigkeiten vorzieht oder umgekehrt. Daher hat niemand ein besonderes Interesse daran, zur Instanz gewählt oder nicht gewählt zu werden. Da niemand bestimmte Arbeitsverrichtungen gegenüber anderen präferiert, kann auch kein Organisationsmitglied daran interessiert sein, daß eine Instanz gewählt wird, die ihm besonders „angenehme" Aufgaben überträgt. Die Auswahl der Instanz verursacht keine Konflikte. Falls die Organisationsmitglieder jedoch unterschiedliche manuelle Fähigkeiten haben, ist es nicht gleichgültig, *wer* zur Instanz gewählt wird. Es sollte dann jenes Mitglied gewählt werden, das im operativen Bereich am besten entbehrt werden kann.

3.4.   Fall B: Informationsasymmetrie

3.4.1. *Selbstabstimmung*

Die in Abschnitt 3.2 dargestellten Annahmen sind grundsätzlich nicht alle erfüllt. Die damit verbundenen Konsequenzen sollen im folgenden aufgezeigt werden. Dabei nähern wir uns schrittweise der Realität, indem nach und nach Annahmen aufgegeben werden. Zunächst wird davon ausgegangen, nur die Annahmen (a) und (b) seien verletzt; es besteht also eine asymmetrische Verteilung der Informationen über die Handlungsalternativen und deren Konsequenzen. Informationsasymmetrie ist in der Realität der Regelfall. Je größer die Unterschiede zwischen den individuellen Informationsständen sind, um so stärker divergieren die Individualkalküle, aus denen die einzelnen Organisationsmitglieder ihre jeweiligen Aktivitäten ableiten, und um so weniger gut gelingt die Koordination durch Selbstabstimmung.

Wenn die Informationen zunächst asymmetrisch verteilt sind, besteht theoretisch die Möglichkeit, durch umfassende Informationsübermittlung zu erreichen, daß jedes Organisationsmitglied schließlich denselben Informationsstand erlangt. Dabei muß grundsätzlich jedes Mitglied an alle anderen Mitglieder Informationen abgeben, so daß z.B. bei fünf Organisationsmitgliedern nachstehende Kommunikationsbeziehung entsteht.

Dieser Informationsaustausch kann sehr viel Zeit in Anspruch nehmen und hohe Kosten verursachen. Nachdem alle Informationen übermittelt sind, ist ein Teil der Aktionsmöglichkeiten vielleicht gar nicht mehr gegeben. Bei Selbstabstimmung bleibt im Fall B noch weniger Zeit, Entscheidungen auszuführen, als im Fall A (wo alle Annahmen erfüllt sind).

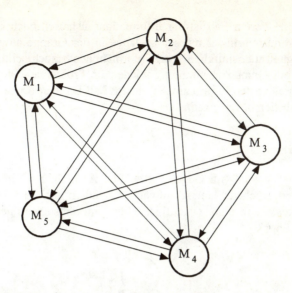

Abb. VI.1: Kommunikationsbeziehung bei Selbstabstimmung
(5·4=20 Informationsaktivitäten, 5 Kalküle)

3.4.2. Gruppenabstimmung

Der Informationsaustausch kann erleichtert werden, indem sich die Organisationsmitglieder zu gemeinsamen Gruppensitzungen zusammenfinden.

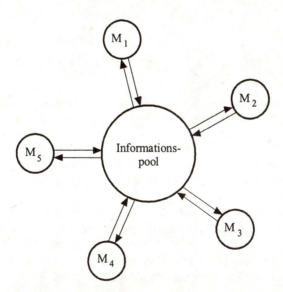

Abb. VI.2: Kommunikationsbeziehungen in der Gruppe
(5 Informationsaktivitäten, 5 Kalküle)

Aber auch in diesem Fall ist der Informationsaustausch noch sehr aufwendig. Alle Organisationsmitglieder müssen so lange in der Gruppe anwesend sein, bis das letzte Organisationsmitglied seine Informationen eingebracht hat. Außerdem besteht auch bei Gruppenabstimmung wieder die Problematik der Mehrfachverarbeitung der relevanten Informationen, die im Fall B (ebenso wie im Fall A) keinen Vorteil mit sich bringen kann.

3.4.3. Hierarchie

Die Hierarchie ist jetzt (im Gegensatz zu Fall A) nicht nur ein Mittel zur Reduktion des eigentlichen Planungsaufwandes, sondern auch zur Verringerung der Informationskosten. In einer einstufigen Hierarchie entsteht folgende Kommunikationsbeziehung:

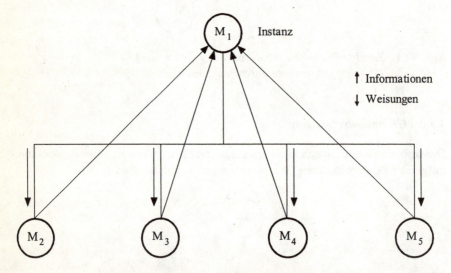

Abb. VI.3: Kommunikationsbeziehung in der einstufigen Hierarchie
(4 Informationsabgaben, 1 Kalkül, 4 Weisungen)

Jedes nachgeordnete Organisationsmitglied übermittelt seine Informationen *nur* an die vorgesetzte Instanz, die als einziges Organisationsmitglied ein Entscheidungskalkül erstellt und dann in Form von Weisungen mitteilt, welche Tätigkeiten auszuführen sind.

Die Wahl der Instanz und die Akzeptanz ihrer Weisungen stellt jetzt immer noch kein gravierendes Problem dar. Als Instanz sollte allerdings möglichst dasjenige Organisationsmitglied gewählt werden, das bereits bei der Organisationsgründung über den „besten" Informationsstand verfügt; dadurch kann der Umfang des späteren Kommunikationsprozesses reduziert werden.

3.5.   Fall C: Informationsasymmetrie und unterschiedliche Kalkülfähigkeiten

3.5.1. Selbstabstimmung

Wenn zwischen den Organisationsmitgliedern nicht nur Informationsasymmetrie hinsichtlich der Aktionsmöglichkeiten und ihrer Konsequenzen besteht, sondern auch die Prognosefunktionen und die individuellen Modellkonstruktionen Unterschiede aufweisen (d.h. die Annahmen (a)-(d) sind verletzt), so ist die Selbstabstimmung noch problematischer.[4]

Unterschiede in den (subjektiven) *Prognosefunktionen* können sich aus unterschiedlichen persönlichen Grundeinstellungen ergeben. Das Organisationsmitglied M_1 z.B. ist optimistisch eingestellt, das Mitglied M_2 pessimistisch. Abweichende Wahrscheinlichkeitsvorstellungen können auch daraus resultieren, daß die Organisationsmitglieder über unterschiedliche Erfahrungen, Ausbildungen und intellektuelle Fähigkeiten verfügen: Das Organisationsmitglied M_3 legt bei seinen Prognosen gut bestätigte Theorien zugrunde, das Mitglied M_4 bildet sich sein Wahrscheinlichkeitsurteil nach irgendwelchen Zufallsereignissen.

Auch die individuellen *Modellkonstruktionen* sind grundsätzlich sehr unterschiedlich:
– Die subjektiven Vorstellungen darüber, welcher Modelltyp und welche Form der Komplexitätsreduktion sinnvoll sind, können von Individuum zu Individuum sehr verschieden sein. Daher können sich selbst dann unterschiedliche Individualkalküle ergeben, wenn alle Organisationsmitglieder denselben Informationsstand über Entscheidungsmodelle haben und gleichermaßen befähigt sind, Modelle zu formulieren und damit Probleme zu lösen.
– Der Informationsstand über Entscheidungsmodelle und die Fähigkeit, sie anzuwenden, sind außerdem unter den Organisationsmitgliedern im allgemeinen sehr unterschiedlich ausgeprägt.

Bei Selbstabstimmung entsteht somit das Problem, daß die Organisationsmitglieder unterschiedliche Kalküle anwenden, so daß die Koordination ihrer Tätigkeiten nicht gewährleistet ist. Natürlich können sich die Organisationsmitglieder gegenseitig über ihre Modellkonstruktionen informieren und dadurch die Heterogenität der Individualkalküle eventuell reduzieren. Ein solcher Informationsprozeß kann aber sehr hohe Kosten (insbesondere durch Einsatz von Arbeit und Zeit) verursachen. Abgesehen davon ergeben sich selbst nach sehr aufwendigen Informationsprozessen kaum einheitliche Individualkalküle.

Es wird eine Autorität benötigt, die die Koordination der Einzelaktivitäten herbeiführt. Als solche Autoritäten kommen die Gruppe und die (Individual-) Instanz

---

4)   Zwar könnte eventuell durch Informationsaustausch (durch gemeinsame Lernprozesse) erreicht werden, daß sich die Prognosefunktionen und die Modellkonstruktionen einander annähern. Hiermit wäre aber ein sehr großer Aufwand verbunden. (Es ist zu bedenken, daß die Lernfähigkeit einzelner Organisationsmitglieder sehr begrenzt sein kann.) Ein allgemeiner Konsens, der zu gleichen Prognosefunktionen und Modellkonstruktionen führt, ist grundsätzlich nicht möglich.

in Betracht. Im ersten Fall entscheiden die Organisationsmitglieder mit einer Abstimmungsregel darüber, welche Tätigkeiten die einzelnen Mitglieder ausüben sollen. Im zweiten Fall koordiniert die Instanz und weist an, was zu tun ist.

3.5.2. Gruppenabstimmung

Die Gruppenabstimmung dient jetzt nicht nur dazu, die gegenseitige Information über Aktionsmöglichkeiten und deren Konsequenzen zu erleichtern. In der Gruppe wird z.B. auch darüber diskutiert, welche (probabilistischen) Rückschlüsse aus Informationen zu ziehen sind, welche Handlungsalternativen (koordinierte Tätigkeitsprogramme) erwogen werden sollen und wie diese zu beurteilen sind. Da diese Diskussion nicht notwendig zu einem allgemeinen Konsens darüber führt, welche Tätigkeiten von den einzelnen Organisationsmitgliedern ausgeführt werden sollen, erfolgt abschließend eine formale Abstimmung (mit einer Abstimmungsregel) über die Verteilung der Aufgaben.

Bei Gruppenabstimmung wird zwar die Koordination im allgemeinen besser gelingen als bei Selbstabstimmung. Jedoch ist auch die Gruppenabstimmung - insbesondere bei einer größeren Zahl von Organisationsmitgliedern - problematisch:
– Der Planungsprozeß der Gruppe (der Austausch von Informationen, die Diskussion über Konsequenzen, die Erarbeitung und Lösung von Entscheidungsmodellen, die Verteilung der auszuführenden Arbeiten) kann extrem aufwendig werden. Es bleibt dann wenig Zeit für ausführende Tätigkeiten.
– Die Gruppe trifft möglicherweise eine sehr schlechte Entscheidung, weil jene Mitglieder bei der Abstimmung den Ausschlag geben, die wenig informiert und/oder wenig qualifiziert sind.

3.5.3. Hierarchie

(1) Grundsätzliche Vorteile

Eine besonders starke Reduktion des Planungsaufwandes bewirkt wieder die Hierarchie. Jedes nachgeordnete Organisationsmitglied informiert nur die vorgesetzte Instanz. Diese konstruiert und löst Entscheidungskalküle und teilt dann mit, welche Aktivitäten die nachgeordneten Organisationsmitglieder ergreifen sollen.

Nun könnte eingewendet werden, daß die Gruppe möglicherweise „bessere" Entscheidungen trifft als ein einzelnes Organisationsmitglied (die Instanz). Der Nachteil des größeren Planungsaufwandes bei Gruppenabstimmung könnte dadurch vielleicht sogar überkompensiert werden. Da der Planungs- und Koordinationsaufwand bei Gruppenabstimmung tendenziell mit steigender Mitgliederzahl wächst, müßte dann jedoch der Vorteil besserer Entscheidungen um so größer sein, je größer die Mitgliederzahl ist. Je größer aber die Zahl der Organisationsmitglieder, desto eher ist zu erwarten, daß bei Gruppenabstimmung *schlechtere* Entscheidungen getroffen werden als bei Wahl der Hierarchie; das gilt insbesondere dann, wenn einerseits die Qualifikationsniveaus der einzelnen Organisationsmitglieder stark divergieren und es andererseits gelingt, ein relativ gut qualifiziertes Organisationsmitglied zur Instanz zu wählen und dieses auch die Wahl annimmt.

Damit genügend Zeit für die Realisation der Entscheidungen verbleibt, muß bei Gruppenabstimmung die Zeit für die gemeinsame Entscheidungsfindung relativ stark begrenzt werden. Dies bewirkt ebenfalls eine Tendenz zu „schlechten" Entscheidungen. Eine einzelne Entscheidungsinstanz dagegen kann von rein ausführenden Tätigkeiten freigestellt werden, so daß sie über mehr Zeit verfügt, ihre Entscheidungen sorgfältig vorzubereiten.

Die Hierarchie erleichtert auch die Aneignung von Qualifikationen. Zum einen können sich die nachgeordneten Mitarbeiter stärker (als bei Gruppenentscheidung) auf ausführende Tätigkeiten konzentrieren und so ihre manuellen Fähigkeiten verbessern. Zum anderen kann die Instanz von rein ausführenden Tätigkeiten freigestellt werden, so daß sie besser lernen kann, gute Entscheidungen zu treffen. Durch beides steigt tendenziell der Gewinnerwartungswert und (bei gegebenem Verteilungsschlüssel) auch die Erwartungswerte der individuellen Einkommensbeträge. Durch die Wahl der Hierarchie als Koordinationsform können somit alle Organisationsmitglieder einen Vorteil erzielen.

Ein nachgeordnetes Organisationsmitglied hat allerdings in der Hierarchie relativ begrenzte Möglichkeiten, im Entscheidungsprozeß mitzuwirken. Es kann zur Entscheidungsfindung nur in der Weise beitragen, daß es der Instanz Informationen gibt und ihr Rat erteilt. Bei einer Gruppenabstimmung könnte es den Entscheidungsprozeß vielleicht eher nach eigenen Zweckmäßigkeitsvorstellungen beeinflussen (vgl. Kapitel V). Trotzdem besteht die Tendenz, daß die Hierarchie als Koordinationsform der Gruppenabstimmung vorgezogen wird, da die Gruppenabstimmung eine kostspielige Koordinationsform darstellt und außerdem die Gefahr besteht, daß jene Mitglieder bei der Abstimmung den Ausschlag geben, die wenig informiert und qualifiziert sind.[5] Ein Organisationsmitglied kann auch dann eine hierarchische Lösung der Gruppenabstimmung vorziehen, wenn es davon überzeugt ist, selbst bessere Entscheidungen treffen zu können als die gewählte Instanz.

(2) Die Akzeptanz der Weisungen

Die Akzeptanz der Weisungen der Instanz ist unter den gesetzten Annahmen (im Vergleich zu den vorher betrachteten Situationen) ein gewisses Problem. Wenn ein Weisungsempfänger vermutet, daß die Instanz eine schlechte Entscheidung getroffen hat, könnte er Bedenken haben, die Weisung auszuführen. Trotz der Gefahr von Fehlentscheidungen wird es jedoch für die Organisationsmitglieder sinnvoll sein (z.B. im Gesellschaftsvertrag) zu beschließen, daß Weisungen *stets* zu befolgen sind, sofern die Instanz auf ihrer Weisung besteht. Da nämlich die einzelnen Weisungsempfänger nur partielle Informationen haben, fehlt ihnen weitgehend die

---

5) Als Kompromiß zwischen Gruppenabstimmung und Hierarchie könnte die folgende Organisationsform gewählt werden: Es wird ein Führungsgremium aus zwei oder drei Organisationsmitgliedern gewählt, die gemeinsam die Entscheidung treffen. Diese Möglichkeit soll hier nicht diskutiert werden (vgl. hierzu Kapitel V).

Basis, um die Entscheidungen der Instanz beurteilen zu können; auch dann, wenn ein System von Verhaltensnormen als Ganzes den Gewinnerwartungswert maximiert, können einzelne Normen isoliert gesehen unsinnig erscheinen. Das wird besonders deutlich in dem bekannten Dockbeispiel von MARSCHAK (Kapitel XIII, Abschnitt 2.3.1). Hier muß der Vertreter auf dem Westmarkt einen Auftrag bei hohem Preis ablehnen und bei niedrigem Preis annehmen. Diese Verhaltensnorm erscheint isoliert gesehen als paradox; trotzdem führt sie - aufgrund der im Beispiel bestehenden stochastischen Abhängigkeit zwischen den Preisen auf den verschiedenen Märkten - zum maximalen Gewinnerwartungswert.

(3) Die Wahl der Instanz

Bei unterschiedlichen Fähigkeiten, Entscheidungen zu treffen, ist es nicht mehr gleichgültig, *wer* zur Instanz gewählt wird. Die Wahl der Instanz ist ein komplexes Problem, denn die Organisationsmitglieder haben i.d.R. nur begrenzte Informationen über die Fähigkeiten jener Mitglieder, die sich um die Stellung der Instanz bewerben (falls sich überhaupt ein Kandidat hierfür findet). Außerdem haben sie keine genauen Vorstellungen darüber, wie sich Unterschiede in den individuellen Fähigkeiten auf die Güte der Entscheidungen (die Höhe des Gewinnerwartungswertes) auswirken werden. Beurteilungsschwierigkeiten haben insbesondere jene Organisationsmitglieder, die sich selbst nicht qualifiziert fühlen, gute Entscheidungen zu treffen; sie müssen sich bei der Wahl an Hilfskriterien wie Alter, Ausbildung, Titel und dergleichen orientieren oder sich dem Urteil solcher Wähler anschließen, die sie - aus welchen Gründen auch immer - als qualifiziert ansehen.

Annahmegemäß orientiert sich jedes Organisationsmitglied nur am Ziel der Maximierung des Gewinnerwartungswertes bzw. am Ziel der Maximierung des Erwartungswertes des persönlichen Einkommens; Aspekte wie Prestige, Macht, Arbeitsfreude und Arbeitsleid bleiben einstweilen noch außer Betracht. In dieser Situation wird ein Organisationsmitglied nur dann für die Position der Instanz kandidieren, wenn es davon überzeugt ist, daß es eine Chance hat, gewählt zu werden, und daß in diesem Fall ein höherer Gewinnerwartungswert erzielt wird als bei Wahl eines anderen Organisationsmitglieds.

Der Wahlprozeß könnte nun wie folgt verlaufen: Jeder Kandidat bildet sich ein Urteil über den Gewinnerwartungswert (bzw. den Barwert der Gewinnerwartungswerte), der unter seiner Führung erzielt wird. Gewählt wird der Kandidat, der den höchsten Gewinnerwartungswert verspricht. Dieses Vorgehen ist jedoch wenig sinnvoll, da die übrigen Organisationsmitglieder gute Gründe haben, den Angaben der Kandidaten *nicht* zu trauen:

- Die Kandidaten haben zum Zeitpunkt der Wahl der Instanz einen schlechten Informationsstand über die Aktionsmöglichkeiten und deren Konsequenzen. Ihre Angaben über die Gewinnerwartungswerte sind weitgehend Spekulationen.
- Wenn ein Kandidat einen relativ hohen Gewinnerwartungswert verspricht, so ist dies kein eindeutiger Indikator dafür, daß er gut qualifiziert ist und gute Vorstellungen darüber hat, wie die Probleme des Unternehmens gelöst werden sollten. Die Angabe des hohen Gewinnerwartungswertes kann gerade ein Indiz dafür sein, daß der betreffende Kandidat ein schlechter Entscheider ist. Er ist z.B. ex-

trem optimistisch und/oder verwendet Entscheidungsmodelle, die die Kosten von Aktionen nur zum Teil erfassen.

– Die Kandidaten können außerdem ein Interesse daran haben, die Angaben über die Gewinnerwartungswerte zu *manipulieren*. (Zur Problematik der Aufdeckung solcher Manipulationen vgl. Kapitel XXII.) Von zwei möglichen Kandidaten, M_1 und M_2, sei Kandidat M_1 z.B. der Meinung, daß bei eigener Entscheidung ein Gewinnerwartungswert von 1000 erzielt wird. Der Kandidat M_2 hingegen glaubt, daß bei Entscheidung durch M_1 nur ein Gewinnerwartungswert von 600, bei eigener Entscheidung jedoch ein Gewinnerwartungswert von 900 erzielt wird. Wenn M_1 seine Angabe (1000) gemacht hat, wird M_2 einen höheren Gewinnerwartungswert als 1000 nennen, um die Wahl zu gewinnen, obwohl er davon überzeugt ist, daß seine Angabe falsch ist.

Wie verdeutlicht wurde, können die Organisationsmitglieder kaum hinreichend gut beurteilen, welcher Gewinnerwartungswert bei Wahl eines bestimmten Kandidaten erzielt wird. Es besteht die Gefahr eines sehr niedrigen Gewinnerwartungswertes. Gegen dieses Risiko können sich die (nachgeordneten) Organisationsmitglieder kaum adäquat versichern. Es besteht die Tendenz, feste Gehälter einer (reinen) Gewinnbeteiligung vorzuziehen. Folglich ist es naheliegend, daß die Bewerber um die Position der Instanz den übrigen Organisationsmitgliedern feste Gehälter bzw. Löhne anbieten.[6] Derjenige Kandidat, der die höchsten Bezüge bietet, gewinnt die Wahl. Das Risiko von Fehlentscheidungen trägt die gewählte Instanz. Das kann z.B. in der Weise geschehen, daß die Instanz das Eigenkapital der Unternehmung aufbringt und/oder persönlich für die Schulden der Unternehmung haftet. Ist die Instanz dazu nicht bereit und/oder nicht in der Lage, ergeben sich Finanzierungsprobleme, die hier nicht behandelt werden können.

Feste Bezüge bieten den nachgeordneten Organisationsmitgliedern einen gewissen Schutz vor Fehlentscheidungen der Instanz. Zugleich bietet das hierarchische System die Chance, daß *alle* Organisationsmitglieder ihre Position verbessern. Wenn ein Mitglied davon überzeugt ist, daß es besonders gute Entscheidungen treffen kann, wird es sich zur Wahl stellen und den übrigen Mitgliedern hohe Bezüge anbieten. (Wenn es die Situation falsch beurteilt, trägt es allerdings die Nachteile.) Bei festem Gehalt besteht andererseits in der Realität das Problem des Leistungsanreizes. Dieses Problem wird erst im Fall D relevant.

3.6. Fall D: Informationsasymmetrie, unterschiedliche Kalkülfähigkeiten und Zielkonflikt

3.6.1. Die Art des betrachteten Zielkonflikts

Die bisherigen Überlegungen beruhen auf der Annahme, daß sich jedes Organisationsmitglied ausschließlich am Gewinnerwartungswert bzw. am Erwartungswert

---

6) Es könnte auch sinnvoll sein, zusätzlich zu den festen Bezügen eine Beteiligung an den positiven Gewinnen zu bieten.

seines persönlichen Einkommens orientiert (Annahme (e)): Alle organisatorischen Regelungen, die zu demselben Erwartungswert des Gewinns bzw. des persönlichen Einkommens führen, werden von einem Organisationsmitglied als gleichwertig angesehen, unabhängig davon, welche Aufgaben ihm selbst dabei zugewiesen werden.

In der Realität orientieren sich die Organisationsmitglieder jedoch nicht nur am Gewinn bzw. Einkommen. Die daraus resultierenden (Koordinations-) Probleme sollen in diesem Abschnitt untersucht werden. Dabei gehen wir zunächst wieder davon aus, daß der (positive bzw. negative) Gewinn nach einem festen Schlüssel auf die Organisationsmitglieder verteilt werden soll; feste Bezüge werden also zunächst nicht erwogen. Die Darstellungen beruhen auf folgenden Annahmen:

1. Der Nutzen eines jeden Organisationsmitglieds ist eine Funktion der ihm zugewiesenen Aufgaben. Die Aufgaben werden nicht von allen Organisationsmitgliedern in derselben Weise bewertet. Manche Mitglieder ziehen z.B. dispositive Tätigkeiten (manuellen) Arbeitsverrichtungen vor, bei anderen Mitgliedern ist die Präferenz entgegengesetzt.

2. Die Organisationsmitglieder haben die Tendenz, sich (innerhalb gewisser Grenzen) vor der Arbeit zu „drücken"; diese Tendenz ist um so größer, je weniger die übertragenen Aufgaben den Interessen der Organisationsmitglieder entsprechen.

3. Bei gegebenen Tätigkeiten ist der Nutzen jedes Organisationsmitglieds eine steigende Funktion des Gewinnerwartungswertes bzw. des (Erwartungswertes des) persönlichen Einkommens.[7]

In dieser Situation besteht zwar prinzipiell die Möglichkeit, daß alle Organisationsmitglieder (vertraglich) vereinbaren, sich *ausschließlich* am Gewinnerwartungswert zu orientieren. Ob ein Mitglied die Vereinbarungen tatsächlich einhält oder nicht, läßt sich jedoch nur in begrenztem Umfang überprüfen. Es besteht ein mehr oder weniger großer Spielraum, sich von persönlichen Interessen leiten zu lassen; dies gilt insbesondere auch für die Instanz selbst.

Da annahmegemäß jedes Organisationsmitglied einen bestimmten (konstanten) Teil des Gewinns erhält, ist der Erwartungswert des Einkommens jeweils eine linear steigende Funktion des Gewinnerwartungswertes. Daher erzielt ein Organisationsmitglied zwar einen finanziellen Nachteil, wenn es (z.B.) seinen Arbeitseinsatz reduziert und dadurch der Gewinnerwartungswert sinkt. Dieser Nachteil ist aber tendenziell um so geringer, je größer die Zahl n der Organisationsmitglieder ist. Angenommen, jedes Organisationsmitglied erhalte denselben Gewinnanteil: Wenn nun ein Organisationsmitglied durch Verminderung seiner Arbeitsleistung den Gewinnerwartungswert um den Betrag B senkt, so reduziert sich der Erwartungswert seines Einkommens nur um $1/n \cdot B$. Dieser Betrag ist eine fallende Funktion von n. Je größer die Mitgliederzahl, desto geringer ist für den einzelnen der

---

7)   Bestimmte Koordinationsformen könnten für die Organisationsmitglieder auch (unabhängig von den Ergebnissen des Entscheidungsprozesses) einen gewissen Eigenwert besitzen. Zum Beispiel mögen Mitglieder eine Vorliebe für die Gruppenabstimmung haben, weil sie gerne debattieren bzw. den persönlichen Kontakt in der Gruppe suchen. Solche Aspekte sollen im folgenden nicht berücksichtigt werden.

Preis der Bequemlichkeit und desto eher ist c.p. zu erwarten, daß das Organisationsziel (Maximierung des Gewinnerwartungswertes) von den einzelnen Organisationsmitgliedern *nicht* befolgt wird.

3.6.2. Selbstabstimmung

Die Selbstabstimmung ist im Fall D wiederum problematischer als im vorhergehenden Fall C. Jedes Organisationsmitglied hat jetzt ein Interesse daran, ein Entscheidungskalkül zu formulieren, bei dem es optimal erscheint, gerade jene Tätigkeiten selbst auszuführen, die von ihm persönlich präferiert werden. Die Koordination wird - auch bei wechselseitiger Abstimmung - zusätzlich erschwert.

3.6.3. Gruppenabstimmung

Auch die Gruppenabstimmung ist durch den Zielkonflikt der Organisationsmitglieder erschwert. Jedes Mitglied wird versuchen, den Entscheidungsprozeß derart zu beeinflussen, daß die Gruppe ihm gerade jene Aufgaben zuweist, die es persönlich präferiert. Insbesondere bei einer größeren Zahl von Organisationsmitgliedern können erhebliche Konflikte entstehen, die die Abstimmung verzögern und damit die Zeit für ausführende Tätigkeiten reduzieren. Immerhin dürfte aber bei Gruppenabstimmung die Koordination eher gelingen als bei Selbstabstimmung.

3.6.4. Hierarchie

Für die einzelnen Organisationsmitglieder ist es wieder naheliegend, die Hierarchie als Koordinationsform zu wählen. Es besteht die Tendenz, daß damit ein höherer Gewinnerwartungswert erzielt wird als mit den beiden anderen Koordinationsformen. Allerdings muß der Einzelne dafür einen gewissen Preis zahlen: Die Gefahr kann groß sein, daß einem nachgeordneten Organisationsmitglied eine Arbeit zugewiesen wird, die ihm nicht gefällt; im Rahmen einer Gruppenabstimmung hätte es vielleicht eine angenehmere Tätigkeit für sich durchsetzen können.

Bei Zielkonflikt können sich größere Akzeptanzprobleme ergeben als in der zuvor beschriebenen Situation C. Nachgeordnete Mitglieder sträuben sich u.U. gegen die Weisungen der Instanz; sie klagen über eine zu hohe Arbeitsbelastung oder darüber, daß sie stets die unangenehmen Tätigkeiten übernehmen müssen. Andererseits besteht aus der Sicht der Instanz die Gefahr, daß die übertragenen Aufgaben nicht gut erledigt werden und daß die nachgeordneten Mitarbeiter die Instanz nicht angemessen informieren, um eigene Unannehmlichkeiten zu vermeiden. Für die Instanz wird in dieser Situation die *Kontrolle* der nachgeordneten Mitarbeiter zu einer wichtigen Aufgabe.

Für das einzelne Organisationsmitglied ist es im allgemeinen nachteilig, von der Instanz kontrolliert zu werden, denn es wird möglicherweise zu unangenehmeren Tätigkeiten als bisher eingesetzt. Bei Ausführung dieser Tätigkeiten steigt zwar der

Gewinnerwartungswert; an diesem Vorteil partizipiert das kontrollierte Organisationsmitglied jedoch nur zum (geringen) Teil. Auch wenn jedes Mitglied die Kontrolle der *eigenen* Tätigkeiten als nachteilig empfindet, kann es für alle Mitglieder vorteilhaft sein, wenn die Instanz sorgfältige Kontrollen *aller* Nachgeordneten vornimmt. Jedes Mitglied kann folgende Überlegungen anstellen: Wenn zugleich mit der eigenen Kontrolle *auch die anderen* Organisationsmitglieder kontrolliert werden, kann der Gewinnerwartungswert und damit der Erwartungswert des eigenen Einkommens erheblich steigen. Dieser Vorteil kann den Nachteil des eigenen „Kontrolliertseins" überkompensieren. Das Kontrollsystem als Ganzes kann somit für jedes Mitglied einen Vorteil bringen.

Aber nicht nur die nachgeordneten Organisationsmitglieder können eine Vorliebe für Bequemlichkeit haben, sondern auch die Instanz, die sich möglicherweise bei der Lösung der Koordinationsprobleme und/oder bei der Kontrolle der nachgeordneten Mitarbeiter keine besondere Mühe gibt. Da diese Mitarbeiter ihrerseits nur begrenzte Möglichkeiten haben, die Instanz zu kontrollieren, ist es naheliegend, die Instanz durch *positive* Anreize zu motivieren. Das kann in der Weise geschehen, daß die Instanz einen relativ hohen Gewinnanteil erhält. Die Vergrößerung des Gewinnanteils der Instanz kann bewirken, daß der Gewinnerwartungswert so weit ansteigt, daß die nachgeordneten Mitarbeiter trotz eines kleineren (relativen) Gewinnanteils einen höheren Erwartungswert ihres Einkommens erzielen.

In dem in Abschnitt 3.5 behandelten Fall C kandidiert ein Organisationsmitglied nur dann für die Stelle der Instanz, wenn es erwartet, daß es als Instanz ein höheres Gesamteinkommen erzielt. Bei den nunmehr maßgeblichen Nutzenfunktionen kann es auch dann vorteilhaft sein, die Aufgaben der Instanz zu übernehmen, wenn dadurch das Einkommen sinkt; z.B. könnte der Prestigewert der Position „Instanz" diesen finanziellen Nachteil überkompensieren.

Die Organisationsmitglieder haben jetzt nicht nur begrenzte Möglichkeiten, die Qualifikationen der Kandidaten zu beurteilen; darüber hinaus können sie auch deren Motive für die Kandidatur und deren zukünftige Einsatzbereitschaft nur unvollkommen antizipieren. Daher wird i.d.R. nur ein Kandidat die Wahl gewinnen, der selbst das Risiko „schlechter" Entscheidungen trägt und den übrigen Mitgliedern feste Bezüge bietet. Bei festen Bezügen verursachen Maßnahmen (z.B.) zur Erleichterung der Arbeit, der Vergrößerung der Bequemlichkeit und der Verbesserung der Arbeitsumwelt für die nachgeordneten Mitarbeiter auch dann keine Kosten, wenn diese Maßnahmen den Erfolg erheblich reduzieren.[8] Die betreffenden Mitarbeiter können auch dann ein großes Interesse an derartigen Maßnahmen haben, wenn sie bei einer Entlohnung in Form einer Gewinnbeteiligung dagegen wären. Ein Organisationsmitglied wird daher nur dann bereit sein, die Rolle der Instanz zu übernehmen (das erforderliche Eigenkapital aufzubringen und feste Bezüge zu zahlen), wenn solche Maßnahmen innerhalb „akzeptabler" Grenzen bleiben. Das kann am einfachsten dadurch gewährleistet werden, daß der Instanz das Recht eingeräumt wird, im wesentlichen *selbst* über derartige Maßnahmen zu entschei-

---

8) Voraussetzung ist freilich, daß die Arbeitsplätze durch diese Maßnahmen nicht gefährdet werden und die Instanz in jedem Fall die Löhne zahlen kann.

den. Die Gewährung fester Bezüge verstärkt daher gegenüber einer Gewinnbeteiligung die Tendenz zur Hierarchie.

Bei fester Bezahlung kann sich ein Organisationsmitglied (mit Erfolg) vor der Arbeit „drücken", ohne daß sein Einkommen sinkt; die nachteiligen Konsequenzen muß die Instanz allein tragen. Ein Organisationsmitglied wird deshalb nur dann bereit sein, das Erfolgsrisiko zu übernehmen, wenn ihm im Gesellschaftsvertrag gewisse Kontrollrechte und Sanktionsmöglichkeiten eingeräumt werden. Es wird nun nicht mehr unbedingt derjenige Kandidat zur Instanz gewählt, der die höchsten Bezüge anbietet. Vielmehr wird derjenige gewinnen, der das beste System von Bezügen, Kontrollen, Sanktionen und Mitbestimmungsrechten anbietet.

4.   Einzelaspekte

4.1.   Hierarchie und Nichtrisikoneutralität

Die bisherigen Überlegungen beruhen auf der Annahme, daß alle Organisationsmitglieder hinsichtlich ihrer Einkünfte risikoneutral sind. Diese Voraussetzung ist in der Realität nicht erfüllt; es ist eher mit risikoscheuem Verhalten zu rechnen. Bei Risikoscheu ziehen die Organisationsmitglieder tendenziell eine feste Vergütung einer rein gewinnabhängigen Bezahlung vor; das gilt insbesondere in Organisationen mit hohen Erfolgsrisiken. Es entsteht dann die Frage, *wer* das Risiko des Gesamterfolges tragen soll. Es wird kaum jemand dieses Risiko übernehmen, wenn die Gruppe der Organisationsmitglieder als Ganzes die riskanten Entscheidungen trifft. Diejenigen, die feste Vergütungen erhalten, haben keinen besonderen Anlaß, Risiken sorgfältig zu erwägen. Sie stimmen möglicherweise für arbeitserleichternde Investitionen, obwohl sie davon überzeugt sind, daß mit hoher Wahrscheinlichkeit Verluste daraus entstehen werden. Die Verluste tragen eben nicht sie, sondern andere, die dabei vielleicht auch ihr privates Vermögen riskieren. (Allerdings kann mit solchen Maßnahmen auch die Gefahr verbunden sein, den Arbeitsplatz zu verlieren.)

Je größer die Risiken sind, die eine Instanz übernehmen soll, desto größer muß deren Einfluß auf den betrieblichen Entscheidungsprozeß sein, damit sie tatsächlich das Risiko zu tragen bereit ist (SCHMIDT, R.H., 1981). Entscheidungskompetenz und Risikoübernahme stehen somit wieder in enger Verbindung.

4.2.   Hierarchie in Verbindung mit Gruppenabstimmung

Die nachgeordneten Mitarbeiter können ein Interesse daran haben, daß Maßnahmen von besonderer Tragweite (etwa die Verlegung des Standortes, die Einführung neuer Technologien) nicht *ohne* ihre Zustimmung durchgeführt werden dürfen. Zustimmungsrechte reduzieren jedoch den Entscheidungsspielraum der Instanz; aus ihrer Sicht besteht die Gefahr, daß Maßnahmen, die den Erfolg verbessern oder ei-

nen Erfolgsrückgang verhindern würden, nicht durchgeführt werden dürfen. Die
Wahrscheinlichkeit, daß jemand bereit ist, als Instanz das Erfolgsrisiko zu übernehmen, sinkt, sofern die übrigen Organisationsmitglieder auf (weitreichenden)
Zustimmungsrechten bestehen, jedoch keine Zugeständnisse in anderer Hinsicht
machen, etwa in der Weise, daß sie geringere Bezüge akzeptieren.

4.3.   Zur Entstehung eines hierarchischen Systems

Wenn die Zahl der potentiellen Organisationsmitglieder groß ist und diese alle in
die Organisation aufgenommen werden sollen, dürfte kaum ein System von Vergütungen, Weisungs-, Kontroll- und Mitbestimmungsrechten existieren, bei dem
einerseits ein Mitglied bereit ist, die Position der Instanz zu übernehmen, das andererseits von allen anderen Mitgliedern akzeptiert wird. Die möglichen Kandidaten
für die Stelle der Instanz haben z.B. deshalb Bedenken, die Risiken zu übernehmen, weil sie einen Teil der potentiellen Organisationsmitglieder nicht für genügend qualifiziert und/oder motiviert halten oder weil sie damit rechnen, daß nicht
alle potentiellen Organisationsmitglieder sinnvoll ausgelastet werden können.

Selbst wenn ein allseits akzeptables System von Vergütungen, Organisations-
und Mitbestimmungsrechten existiert, dürfte der Zusammenschluß aller potentiellen Organisationsmitglieder zu einer Organisation scheitern. Dieses System ist
ja a priori nicht bekannt, sondern muß erst im Zuge eines möglicherweise sehr
langwierigen Verhandlungsprozesses entdeckt werden. Da die potentiellen Kandidaten für die Position der Instanz in der Regel nicht wissen, ob eine allseitige Einigung möglich ist (dies muß ihnen eher als unwahrscheinlich erscheinen), scheu-
en sie die mit der Verhandlung verbundenen (Opportunitäts-) Kosten.

Die Gründung einer Organisation wird wesentlich erleichtert, wenn die In-
itiative dazu *nicht* von einer (größeren) Menge gleichberechtigter Individuen ausgeht, die alle in die Organisation aufgenommen werden sollen: Individuen, die bereit sind, die Position einer Entscheidungsinstanz und die damit verbundenen Risiken zu übernehmen, entscheiden selbst darüber, wie groß die Zahl der Organisationsmitglieder sein soll und mit wem sie Verhandlungen über die Aufnahme
als Organisationsmitglied führen wollen. Die Bereitschaft, die Position einer Instanz zu übernehmen, wird zusätzlich vergrößert, wenn die Mitgliedschaft in der
Organisation nicht auf Dauer erworben wird, sondern die Instanz die Möglichkeit
hat, (unter bestimmten Bedingungen) Entlassungen vorzunehmen (*offene Organisation*).

Der „Gründer" wird (vor allem dann, wenn die potentiellen Mitarbeiter auch
deshalb eine Präferenz für feste Bezüge haben, weil sie risikoscheu sind) die Hierarchie als Koordinationsform wählen und selbst die Rolle der Instanz übernehmen.
Er kann statt dessen auch einen Geschäftsführer (oder eine Gruppe von Geschäfts-
führern) berufen. Dann bleibt aber die Hierarchie bestehen: Der Gründer kontrolliert als Eigentümer den Geschäftsführer oder läßt ihn von einem Kontrollorgan
überwachen. Er kann den Geschäftsführer bei schlechter Geschäftsführung entlas-

sen. Der Geschäftsführer gibt seinerseits den ihm nachgeordneten Organisationsmitgliedern Anweisungen.

Wenn der Gründer nicht bereit oder in der Lage ist, das benötigte Eigenkapital
allein aufzubringen, muß er weitere Eigenkapitalgeber gewinnen und einen Gesellschaftsvertrag mit ihnen abschließen. Die betreffenden Gesellschafter partizipieren
am Geschäftsrisiko (wobei der Umfang des Risikos eines einzelnen Gesellschafters
u.a. von der Höhe seiner Beteiligung und von der Rechtsform der Unternehmung
abhängt, insbesondere davon, ob die Gesellschafter persönlich für die Schulden der
Gesellschaft haften oder nicht). Daher werden die potentiellen (Mit-)Gesellschafter
nur dann bereit sein, Eigenkapital bereitzustellen, wenn ihnen gewisse (Mit-)Ent-
scheidungs- und Kontrollrechte eingeräumt werden. Je größer das Risiko ist, das
ein Gesellschafter übernehmen soll, desto größer ist im allgemeinen auch sein Interesse an Einflußmöglichkeiten (SCHMIDT, R.H., 1981). Die Einräumung von Mit-
entscheidungs- und Kontrollrechten führt zu komplexeren hierarchischen Strukturen.[9]

4.4. Organisation bei Fehlen von Interdependenzen

Wenn zwischen den Aktionen der Organisationsmitglieder keinerlei Interdependenzen bestehen, kann im Prinzip jedes Mitglied auf der Grundlage eines Partial-
kalküls selbst darüber entscheiden, was es tun soll. Es fragt sich allerdings, aus
welchen Gründen sich die Individuen dann überhaupt zu einer Organisation zusammenschließen sollen (bzw. wollen). Ein wesentlicher Grund könnte darin bestehen, daß Kosten vermindert werden, wenn gewisse Ressourcen, z.B. Räume,
Fernmeldeeinrichtungen, die Kapazität von Schreibkräften oder anderem Personal,
gemeinsam genutzt werden.

Koordinationsprobleme können sich im Zeitablauf dann daraus ergeben, daß die
gepoolten Ressourcen knapp werden und damit doch (wieder) Interdependenzen
zwischen den Aktionen der Organisationsmitglieder entstehen. Wenn kein Konsens über operationale Prioritätsregeln möglich ist, muß eine Instanz bestimmt
werden, die im Einzelfall die Verteilung vornimmt. Da die laufende Verteilung der
knappen Ressourcen durch Gruppenabstimmung einen sehr hohen Aufwand verursachen kann, ist es naheliegend, damit ein einzelnes Organisationsmitglied (oder
eine kleine Gruppe) zu beauftragen. Die Organisationsmitglieder können zugleich
allgemeine Prinzipien beschließen, nach denen die Verteilung vorzunehmen ist.
Möglicherweise sind die Normen so eindeutig, daß die „Verteilungsinstanz" gar
keinen Ermessensspielraum hat; sie verwaltet dann lediglich die knappen Ressourcen nach den gegebenen Regeln.

---

9)   Auch Gläubiger lassen sich möglicherweise gewisse Kontroll- und Mitentscheidungsrechte
       einräumen, um ihr Risiko in relativ engen Grenzen zu halten. Ihr Risiko besteht darin, daß die
       Unternehmung ihre Schulden - einschließlich der Zinsschulden - nicht in jedem Fall tilgen
       kann. Da aber das Risiko der Gläubiger im allgemeinen geringer ist als das der Eigen-
       kapitalgeber, ist auch deren Interesse an Mitentscheidung und Kontrolle tendenziell geringer.

5.   Hierarchie mit mehr als zwei Ebenen - Ein Ausblick

Bei einer größeren Zahl von Organisationsmitgliedern ist eine einzelne Instanz nicht in der Lage, in detaillierter Weise zu entscheiden, welche operativen Tätigkeiten auszuführen sind, den nachgeordneten Mitarbeitern entsprechende Anweisungen zu geben und außerdem auch noch zu kontrollieren, ob die Ausführung der Tätigkeiten im Einklang mit den Anweisungen stehen. Nicht nur die Fähigkeit, Informationen zu beschaffen und zu verarbeiten, ist begrenzt, sondern auch die Möglichkeit, Weisungen zu geben und Kontrollen durchzuführen. Je detaillierter die Anordnungen der Instanz sind, um so mehr Zeit benötigt sie, um diese zu formulieren bzw. zu übermitteln.

Insbesondere bei umfangreichen, variablen und/oder unstrukturierten Aufgabenkomplexen ist es geboten, Entscheidungskompetenzen an nachgeordnete Mitarbeiter zu delegieren. Die Instanz schreibt dann nur in *Umrissen* vor, was zu tun ist. Die nachgeordneten Mitarbeiter können bzw. sollen im Rahmen der vorgegebenen Grenzen selbst über die konkreten Tätigkeiten entscheiden. Wenn zwischen den delegierten Entscheidungsproblemen Interdependenzen bestehen (und dies ist der Regelfall), stellt sich für die nachgeordneten Mitarbeiter das Problem der Koordination (durch Selbstabstimmung). Es besteht die Gefahr, daß die Entscheidungsfindung durch die nachgeordneten Mitarbeiter viel Zeit in Anspruch nimmt und trotzdem schlechte Entscheidungen getroffen werden. Zwar kann die Instanz Kontrollen durchführen, Rat erteilen und gegebenenfalls korrigierend eingreifen. Die Instanz ist aber bei diesen Aktivitäten Zeitrestriktionen unterworfen; außerdem kann die wirksame Steuerung aller Bereiche Kenntnisse und Fähigkeiten erfordern, über die die Instanz gar nicht verfügt, und die sie sich auch im Zeitablauf nicht aneignen kann.

Es liegt daher nahe, die Komplexität des Problems dadurch zu verringern, daß zwischen die oberste Leitungsinstanz und die operative Ebene der Unternehmenshierarchie mindestens eine weitere Ebene mit weisungsberechtigten Instanzen eingefügt und „Abteilungen" gebildet werden. Es entsteht dann eine Hierarchie mit mehr als zwei Ebenen. (Die potentiellen Vorteile der Abteilungsbildung werden in Kapitel XVI behandelt.)

Für ein solches hierarchisches System existieren vielfältige Gestaltungsformen. „Die" Hierarchie gibt es nicht. Insbesondere gebietet sie nicht, nachgeordnete Mitarbeiter autoritär an explizite Verhaltensnormen zu binden. Es können auch in großem Umfang Entscheidungskompetenzen delegiert werden. Die *optimale* Steuerung der Entscheidungen stellt ein komplexes Problem dar, das in nachfolgenden Kapiteln eingehend untersucht wird.

Ergänzende und vertiefende Literatur:

ARROW (1974); BALLWIESER/SCHMIDT, R.H. (1981); GALBRAITH (1977); HAX (1981); KIESER/KUBICEK (1983, S. 103ff.); KRÜGER (1985); KÜPPER (1981); SCOTT (1986, S. 287ff.); WILLIAMSON (1975, S. 41ff.).

VII. Die Hierarchie als System von Entscheidungen: Objekt-, Organisations- und Kommunikationsentscheidungen

1. Problemstellung

Die Aufgabenstellungen für die Organisationsmitglieder unterscheiden sich insbesondere im Hinblick auf die hierarchische Einordnung. Auf den unteren Hierarchieebenen müssen vor allem Entscheidungen über die Ausführung von operativen Tätigkeiten getroffen (und die Verrichtungen ausgeführt) werden. Dagegen stehen auf den vorgesetzten Ebenen überwiegend dispositive Entscheidungen im Vordergrund, die ihrerseits wieder die Entscheidungsaktivitäten der nachgeordneten Mitarbeiter steuern. Neben der Verschiedenartigkeit der Aufgaben haben die Mitarbeiter jedoch die gemeinsame Eigenschaft, daß sie Entscheidungen darüber treffen, durch welche Aktivitäten sie zu der Erreichung des Unternehmenszieles beitragen: Unabhängig von ihrer Stellung in der Unternehmenshierarchie sind sie stets Entscheidungsträger.

Welche konkreten Entscheidungen von den einzelnen Mitarbeitern innerhalb der Hierarchie zu treffen sind, läßt sich nur für den Einzelfall angeben. Es können jedoch Grundtypen von Entscheidungsproblemen charakterisiert werden, aus denen die unterschiedlichen Aufgabenstellungen der einzelnen Mitglieder zusammengesetzt sind. Als Grundtypen von Entscheidungen werden im folgenden die *Objektentscheidungen* (Abschnitt 3), die *Organisationsentscheidungen* (Abschnitt 4) und die *Kommunikationsentscheidungen* (Abschnitt 5) dargestellt. Außerdem wird gezeigt, welcher Strukturzusammenhang und welche Interdependenzen zwischen diesen Entscheidungstypen in einem hierarchischen System bestehen (Abschnitt 6).

In den nachfolgenden Kapiteln wird untersucht, wie die Objekt-, die Organisations- und die Kommunikationsentscheidungen nachgeordneter Mitarbeiter beeinflußt werden können und welche Zuordnung von „Objekt-", „Organisations-" und „Kommunikationsaufgaben" zu Entscheidungsträgern in unterschiedlichen Situationen tendenziell vorteilhaft ist.

2. Entscheidungen und ihre Ausführung

In jeder Unternehmung geht es im Kern darum, Güter und/oder Dienstleistungen herzustellen und am Markt abzusetzen. Hierzu sind *operative* Tätigkeiten durchzuführen. Die Tätigkeiten der Personen in einer Organisation beschränken sich jedoch nicht auf die Ausführung von Arbeitsverrichtungen; die Organisationsmitglieder müssen stets auch Entscheidungen treffen (SIMON, 1981, S. 47ff.).

Auch ein Arbeiter auf der operativen (der untersten) Ebene der organisatorischen Hierarchie trifft ständig Entscheidungen. Das Problem der Entscheidung stellt sich ihm insbesondere dann, wenn er (innerhalb gewisser Grenzen) selbst darüber befinden kann bzw. soll, in welcher Weise er die ihm übertragenen operativen Aufgaben erfüllt.

Es gibt andererseits Organisationsmitglieder, die (praktisch) gar keine operativen Tätigkeiten ausführen, sondern „nur" Entscheidungen treffen. Sie stehen über der untersten (der operativen) Ebene der organisatorischen Hierarchie und haben z.B. die Aufgabe, das Organisationsziel zu formulieren bzw. zu interpretieren und die Tätigkeiten der nachgeordneten Mitarbeiter im Hinblick auf dieses Ziel zu steuern. Hierzu beschaffen sie Informationen, erwägen Handlungsalternativen und erstellen mehr oder weniger formalisierte Pläne. Schließlich versuchen sie, z.B. durch Weisung, Anreiz und Kontrolle die operativen Tätigkeiten so zu beeinflussen, daß die Pläne möglichst gut erfüllt werden (können).

Der Entscheidungsprozeß erstreckt sich im allgemeinen über alle Ebenen der Unternehmenshierarchie. Dabei trifft die Unternehmensleitung Entscheidungen in Form von Globalplänen, die von Stufe zu Stufe der Hierarchie immer detaillierter ausgearbeitet werden, bis schließlich konkret feststeht, wie die Entscheidungen ausgeführt werden (sollen).

3.   Objektentscheidungen

Aus didaktischen Gründen betrachten wir zunächst eine Ein-Mann-Unternehmung. Die wenig realistische Annahme eines einzigen Entscheiders wird häufig auch im Rahmen der betriebswirtschaftlichen Theorie getroffen. In unserem Zusammenhang dient die Annahme einer Ein-Mann-Unternehmung der Definition: Alle Gestaltungsgrößen, deren Ausprägungen ein „Ein-Mann-Unternehmer" bei der Führung seiner Geschäfte festlegen kann, definieren wir als *Objektvariablen*. Zu den Objektvariablen zählen z.B. Absatzpreise, Produktmengen, Kapazitäten und Lagerbestände. Die möglichen Tupel von Ausprägungen, die im Rahmen eines Entscheidungsproblems für die maßgeblichen Objektvariablen festgelegt werden können, werden als *Objektalternativen* bezeichnet. Die Auswahl einer dieser Objektalternativen wird als *Objektentscheidung* definiert.

In der Ein-Mann-Unternehmung gibt es keinen Mitarbeiter, dem irgendwelche Aufgaben übertragen werden könnten. Daher muß der Ein-Mann-Unternehmer die von ihm getroffene Objektentscheidung auch selbst realisieren. Im allgemeinen sind dazu noch weitere Entscheidungen über Details zu treffen, die er der Einfachheit halber bei der ursprünglichen Beschreibung der Objektalternativen noch nicht berücksichtigt hat. Objektentscheidungen können also auch den Charakter von Vorentscheidungen haben: In diesem Fall werden zunächst lediglich eine oder mehrere mögliche Objektalternativen von der Wahl ausgeschlossen, während die endgültige Entscheidung noch offen bleibt. Eine Vorentscheidung über Objektalternativen ist dadurch gekennzeichnet, daß nicht die Werte sämtlicher Objektvariablen genau fixiert werden; für alle oder einen Teil dieser Variablen wird lediglich entschieden, daß sie in einem bestimmten Wertebereich liegen sollen. Vorentscheidungen werden vor allem auch bei der Erstellung von Globalplänen für zukünftige Perioden getroffen. Solche Pläne stecken den Rahmen für zukünftige Aktionen ab, wobei insbesondere noch offen bleibt, wie über Details entschieden wird. (Die Details werden spätestens bei der Realisation der Pläne im Zuge weiterer Objektentscheidungen festgelegt.)

In der Abbildung VII.1 ist die Problemsituation des Ein-Mann-Unternehmers durch einen Würfel, die von ihm getroffene Objektentscheidung durch einen darin enthaltenen Quader dargestellt. Der Quader links außen steht für die Realisation dieser Entscheidung. Die gleiche Größe der beiden Quader soll verdeutlichen, daß der Entscheidungsträger die Objektentscheidung vollständig selbst realisiert.

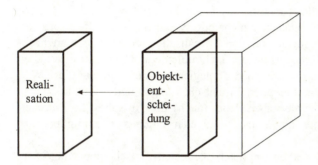

Abb. VII.1: Die Objektentscheidung des Ein-Mann-Unternehmers und ihre Realisation

Einer Objektentscheidung gehen (wie jeder anderen Entscheidung auch) stets Aktivitäten des Entscheiders voraus, bei denen ebenfalls Wahlmöglichkeiten und damit die Notwendigkeit der Entscheidung bestehen. So ist z.B. festzulegen, wie detailliert das verwendete Entscheidungsmodell ausgestaltet werden soll, welche Aktionsmöglichkeiten erwogen werden sollen, ob zur Beurteilung der Konsequenzen der Handlungsmöglichkeiten zuvor noch weitere Informationen beschafft werden sollen. Kurz: Es sind die Ausprägungen der Determinanten der (Objekt-)Entscheidung festzulegen.

Würden diese Vorentscheidungen in dem hier betrachteten Zusammenhang jeweils explizit berücksichtigt, ergäbe sich eine komplexe Sequenz von Entscheidungsproblemen. Zur Vereinfachung wird daher im folgenden bei der Darstellung der Entscheidungssituation eines Entscheidungsträgers die Menge sämtlicher Vorentscheidungen unter der Bezeichnung *„Meta-Entscheidung"* zusammengefaßt. Diese Meta-Entscheidungen werden nicht explizit analysiert; sie stellen vielmehr die individuellen Rahmenbedingungen für die jeweils explizit betrachteten Entscheidungen dar.

In einem System mit einem einzigen Entscheider gibt es keinen Vorgesetzten, der Verhaltensnormen für andere fixiert. Der maßgebliche Entscheider trifft somit seine (Meta- und Objekt-)Entscheidungen ausschließlich nach eigenen Zielvorstellungen und eigenen Erwartungen über die Konsequenzen seiner Maßnahmen. (Die Meta-Entscheidungen sind in Abbildung VII.1 und in den folgenden Abbildungen nicht gesondert dargestellt.) Da der Ein-Mann-Unternehmer die von ihm gewählte Objektalternative selbst realisiert, besteht für ihn auch nicht das Problem, seinerseits das Verhalten von Mitarbeitern derart zu steuern, daß diese die Objektentscheidung in die Tat umsetzen.

4.   Organisationsentscheidungen

4.1.   Begriffliche Abgrenzung

Die Annahme einer Ein-Mann-Unternehmung ist realitätsfern. Im allgemeinen wird die oberste Instanz in der Unternehmenshierarchie die Objektentscheidungen nur zum (geringen) Teil und auch nur mehr oder weniger grob treffen. Die verbleibenden Objektentscheidungen und deren Realisation delegiert sie an nachgeordnete Mitarbeiter, die ihrerseits wieder Teilprobleme und deren Realisation an ihnen nachgeordnete Organisationsmitglieder delegieren. Es entsteht auf diese Weise ein System von ineinandergreifenden Teilentscheidungen und Teilrealisationen. Die Instanzen in der Hierarchie haben dabei (auch) die Aufgabe, die Entscheidungen und Tätigkeiten der ihnen nachgeordneten Organisationsmitglieder zu *steuern*.

Eine Instanz kann das Verhalten von (nachgeordneten) Entscheidungsträgern im Prinzip auf folgende Weise beeinflussen:

1. Den Entscheidungsträgern werden Verfügungsmöglichkeiten über Produktionsfaktoren (Ressourcen) eingeräumt bzw. entzogen.
2. Ihnen werden Verhaltensnormen vorgegeben, die in mehr oder weniger präziser Weise Rechte (z.B. Verfügungsrechte über Produktionsfaktoren) und Pflichten zum Ausdruck bringen, und
3. es werden „ergänzende" Maßnahmen ergriffen, damit die Verhaltensnormen gut befolgt werden (können).

Wie in Kapitel IX näher erläutert wird, verbirgt sich hinter diesem Katalog eine Vielzahl von Gestaltungsgrößen, die als *„Organisationsvariablen"* bezeichnet werden. Die von einer Instanz im Rahmen eines Steuerungsproblems erwogenen Tupel von Ausprägungen der Organisationsvariablen stellen *Organisationsalternativen* (oder Ausprägungen organisatorischer Gestaltungsmaßnahmen) dar; die Wahl einer Organisationsalternative wird als *Organisationsentscheidung* definiert.[1]

Eine Organisationsmaßnahme kann z.B. auch darin bestehen, daß eine Instanz einem nachgeordneten Mitarbeiter die Weisung erteilt, ihr bestimmte Informationen zu geben. Eine Organisationsmaßnahme liegt auch dann vor, wenn eine In-

---

1)   Organisationsentscheidungen werden vielfach nicht durch explizites Abwägen mehrerer organisatorischer Gestaltungsalternativen getroffen. Man folgt gewissen Gepflogenheiten in der Unternehmung oder Programmen, die offiziell vorschreiben, welche Organisationsmaßnahmen in alternativen Situationen zu wählen sind. Trotzdem handelt es sich um Organisationsentscheidungen: Aus der Menge alternativer Organisationsmaßnahmen werden (routinemäßig) bestimmte Maßnahmen ausgewählt.

stanz einem nachgeordneten Mitarbeiter Informationen gibt, damit dieser besser entscheiden kann.

Die Organisationsentscheidung einer Instanz dient insbesondere dazu, denjenigen Teil der Objektentscheidung, der von ihr (noch) nicht vollständig festgelegt und/oder von ihr nicht selbst realisiert wird, an nachgeordnete Mitarbeiter zu delegieren und die Weiterbearbeitung bzw. Ausführung zu steuern und zu überwachen. Ein nachgeordneter Mitarbeiter löst selbst wieder ein Objektentscheidungsproblem. Im Rahmen der ihm eingeräumten Kompetenzen kann auch dieser Mitarbeiter seinerseits Teile seiner Objektentscheidung und/oder deren Realisation an nachgeordnete Organisationsmitglieder übertragen; er trifft eine Organisationsentscheidung und wird dadurch ebenfalls zu einer Instanz.

In der Abbildung VII.2 sind die Problemsituationen von Entscheidungsträgern dreier Hierarchieebenen dargestellt. Auf der ersten und der zweiten Ebene werden die jeweiligen Objektentscheidungen nur zum Teil selbst realisiert. Die Ausführung der verbleibenden Teile wird im Rahmen von Organisationsentscheidungen jeweils nachgeordneten Mitarbeitern übertragen. Die unterschiedlich großen Quader verdeutlichen diesen Zusammenhang.

Die Steuerung des Entscheidungsprozesses ist eine wesentliche Aufgabe vor allem auch der Unternehmensleitung. Dies gilt insbesondere für größere Unternehmungen, wo die Vielzahl der konkreten Objektentscheidungen nicht von der obersten Instanz bewältigt werden kann und damit eine Übertragung von Entscheidungskompetenzen an nachgeordnete Mitarbeiter geboten ist. (Organisations-)Entscheidungen über die Steuerung der Entscheidungen dieser Mitarbeiter gewinnen dann für die Unternehmensleitung besonderes Gewicht.

Die Organisationsentscheidungen sollen letztlich bewirken, daß von den nachgeordneten Mitarbeitern „gute" Objektentscheidungen getroffen und außerdem diese Entscheidungen „gut" realisiert werden (können). Da die Objektentscheidungen der verschiedenen Entscheidungsträger ineinandergreifen, hat dabei der Aspekt der Koordination eine besondere Bedeutung.

Die im Rahmen organisatorischer Maßnahmen formulierten Verhaltensnormen können sich unmittelbar auf *Objektentscheidungen* beziehen (z.B. werden einem Entscheidungsträger, der über den Absatzpreis eines Produkts zu entscheiden hat, Preisgrenzen vorgegeben). Sie können aber auch der Steuerung nachgeordneter *Organisationsentscheidungen* dienen, indem sie z.B. mehr oder weniger präzise vorschreiben, nach welchen Prinzipien eine Abteilung zu gliedern ist. Maßnahmen zur Steuerung von Organisationsentscheidungen haben zwar keinen unmittelbaren Einfluß auf Objektentscheidungen; trotzdem dienen auch sie letztlich der Steuerung dieser Entscheidungen. Deshalb ist die Eignung solcher Maßnahmen stets danach zu beurteilen, wie sie sich (voraussichtlich) auf die Objektentscheidungen auswirken werden.

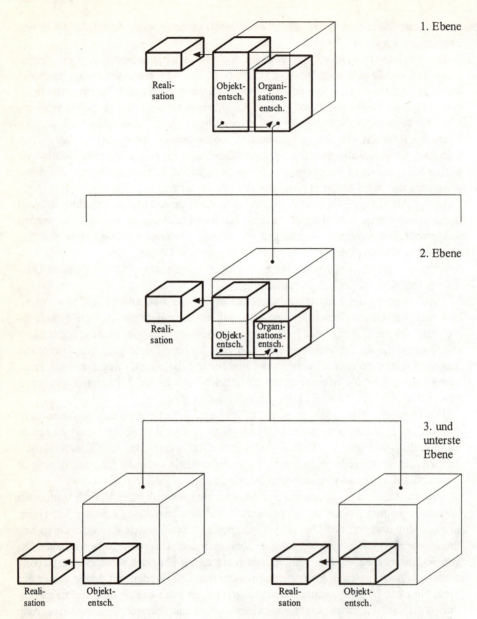

Abb. VII.2: Objekt- und Organisationsentscheidungen in einer Hierarchie

Die Kompetenzen über Objektentscheidungen einerseits und über Organisationsentscheidungen andererseits können sehr unterschiedlich auf die verschiedenen
Mitarbeiter verteilt sein. Entscheidungsträger können einen weiten Ermessensspielraum für Objektentscheidungen haben und einen engen Rahmen für Organisationsentscheidungen, während für andere Entscheidungsträger gerade das Gegenteil gilt.

Objektentscheidungen und Organisationsentscheidungen erfordern eben unterschiedliche Qualifikationen.[2] Zum Beispiel kann eine Linieninstanz einem Stab einen weiten Ermessensspielraum hinsichtlich der Objektentscheidungen einräumen, während sie sich selbst die Entscheidung darüber vorbehält, wie z.B. durch Anweisung, Anreiz und Kontrolle die Tätigkeiten der nachgeordneten Mitarbeiter gesteuert werden sollen, damit die getroffenen Objektentscheidungen „gut" in die Wirklichkeit umgesetzt werden.[3]

Das Verhalten in Organisationen wird in der Realität nicht nur von den für Organisationsentscheidungen zuständigen übergeordneten Instanzen beeinflußt. Häufig erfolgen auch *informelle* Steuerungsaktivitäten. Zum Beispiel erteilt ein Organisationsmitglied einem gleichrangigen Mitarbeiter den Rat, eine bestimmte Objektentscheidung zu treffen. Solche Aktivitäten werden hier nicht als Organisationsmaßnahmen bezeichnet. Die Möglichkeiten und Konsequenzen informeller Verhaltenssteuerung dürfen aber bei Organisationsentscheidungen nicht vernachlässigt werden.

4.2. Interdependenzen zwischen Organisations- und Objektentscheidungen

Wie auch immer die Kompetenzen über Objekt- und Organisationsentscheidungen verteilt werden, es bestehen zwischen ihnen enge Interdependenzen: Zum einen dienen Organisationsmaßnahmen der Steuerung von Objektentscheidungen; bei der Entscheidung über Organisationsmaßnahmen (z.B. der Abteilungsgliederung und Stellenbeschreibung) ist daher zu antizipieren, inwieweit damit gute Objektentscheidungen ermöglicht werden. Zum anderen dienen Organisationsentscheidungen dazu, die Objektentscheidungen der steuernden Instanz in die Wirklichkeit umzusetzen; bei einer Objektentscheidung sollten deshalb auch die organisatorischen Möglichkeiten und Probleme der Realisation antizipiert werden.

Die Grenze zwischen Objektentscheidungen und Organisationsentscheidungen ist in der Realität nicht immer eindeutig. Im Rahmen betrieblicher Entscheidungsprozesse werden häufig Objektentscheidungen und Organisationsentscheidungen simultan getroffen. Ein einziger Satz eines Vorgesetzten kann zugleich eine Objekt- und eine Organisationsentscheidung zum Ausdruck bringen. Ein Vorgesetzter diskutiert z.B. mit einigen Mitarbeitern das Problem, ob eine ausgefallene Produktionsanlage ersetzt werden soll oder nicht. Nach einiger Zeit trifft er seine Entscheidung: Die Anlage wird nicht ersetzt (Objektentscheidung) und Mitarbeiter B nimmt die Reparatur vor (Organisationsentscheidung). Der Mitarbeiter B trifft

---

2) „Derjenige, der bestimmen darf, wer ein Problem lösen soll, muß nicht auch das Recht besitzen, zu sagen, wie es gelöst werden soll; und wer eine Alternative auswählt, hat nicht unbedingt das Recht, zu bestimmen, wer sie durchführt" (PICOT, 1993, S. 136).

3) Es darf nicht übersehen werden, daß die Objektentscheidungen ihrerseits die Organisationsentscheidungen relativ stark präjudizieren können; Organisationsmaßnahmen dienen ja gerade der Lösung bestimmter Objektentscheidungsprobleme bzw. deren Realisation.

dann weitere Objektentscheidungen, z.B. über den Zeitpunkt des Beginns der Reparatur und über die zu verwendenden Ersatzteile.

Eine besonders enge Verbindung von Objektentscheidungen und Organisationsentscheidungen besteht bei der Ablauforganisation. Gegenstand der Ablauforganisation können sowohl rein ausführende Tätigkeiten (Arbeitsverrichtungen) als auch Entscheidungsabläufe sein. Die Lehre von der Ablauforganisation und die hierfür entwickelten Entscheidungsmodelle beschränken sich jedoch noch weitgehend auf die Analyse und Strukturierung von rein ausführenden Tätigkeiten. Dabei wird der Arbeitsablauf als ein System ineinandergreifender Verrichtungen betrachtet. Bei der Ablauforganisation geht es um die Bestimmung der Arbeitsinhalte (d.h. der durchzuführenden operativen Tätigkeiten) und die zeitliche sowie räumliche Gestaltung des Arbeitsablaufs (Objektentscheidung). Simultan damit wird darüber entschieden, welche *Personen* mit welchen Sachmitteln die Arbeit ausführen sollen (Organisationsentscheidung).[4]

5.   Kommunikationsentscheidungen

In einem hierarchischen System mit mehreren Entscheidungsträgern gibt es neben Objekt- und Organisationsentscheidungen als dritten Typ von Entscheidungen die Kommunikationsentscheidungen, d.h. Entscheidungen hinsichtlich der Übermittlung von Informationen zwischen bestimmten Organisationsmitgliedern.

Wenn eine Instanz einem nachgeordneten Mitarbeiter z.B. Informationen über Handlungsalternativen und deren Konsequenzen gibt, um dessen Entscheidung zu beeinflussen, so kommt damit allerdings definitionsgemäß eine *Organisationsentscheidung* zum Ausdruck. Wenn eine Instanz einem nachgeordneten Mitarbeiter A die Weisung gibt, dem Mitarbeiter B Informationen zu übermitteln, so trifft sie ebenfalls eine Organisationsentscheidung. Wenn dabei der Mitarbeiter B dem Mitarbeiter A nachgeordnet ist, und der Mitarbeiter A aus mehreren Informationsalternativen eine Alternative auswählt, so trifft er selbst ebenfalls eine Organisationsentscheidung.[5]

Als *Kommunikationsentscheidung* hingegen wird die Entscheidung eines Mitarbeiters definiert, ob und welche Informationen er an solche Organisationsmitglieder übermitteln soll, die ihm (dem Informanten) *nicht* hierarchisch nachgeordnet sind. Die Kommunikationspartner können dabei der gleichen oder auch anderen Hierarchieebenen angehören.

---

4)   Die Bezeichnung „Ablauforganisation" ist nur deshalb sinnvoll, weil sie *auch* der Vorbereitung von Organisationsentscheidungen dient. Wäre dies nicht der Fall, so wäre es sinnvoller, von „Ablaufplanung" zu sprechen. Man spricht z.B. auch deshalb von „Modellen der Investitionsplanung" und nicht von „Modellen der Investitionsorganisation", weil diese Modelle explizit nur der Vorbereitung von Objektentscheidungen (der Auswahl von Investitionsprojekten) dienen. Welche Organisationsmitglieder die Investitionspläne realisieren sollen, bleibt in den Modellen der Investitionsplanung offen.

5)   Auch dann, wenn die Instanz dem Mitarbeiter A eindeutig vorschreibt, welche Informationen er B geben soll, und A dieser Weisung folgt, trifft er eine Organisationsentscheidung. Er hätte ja entgegen der Weisung auch die Informationsübermittlung unterlassen können.

Ob es sich bei Entscheidungen über Informationsaktivitäten um eine Organisations- oder eine Kommunikationsentscheidung handelt, hängt also ab von der Richtung und von dem Partner des Informationstransfers. Die folgende Abbildung dient zur Verdeutlichung.

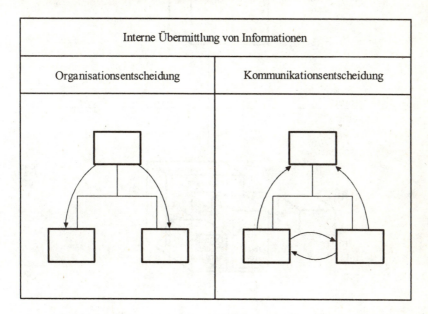

Abb. VII.3: Zur Definition von Kommunikationsentscheidungen

Der Inhalt der übermittelten Information kann unterschiedlich sein (vgl. HAX, 1965, S. 51):
- Es kann sich um *Mitteilungen* über beobachtete Indikatoren und die daraus zu ziehenden Schlüsse handeln, um getroffene Entscheidungen oder um die Ergebnisse bzw. Teilergebnisse von Entscheidungen.
- Die übermittelte Information kann in *Anregungen*, *Vorschlägen* oder *Empfehlungen* bestehen, die möglicherweise die Entscheidungen des Informationsempfängers unmittelbar beeinflussen.
- Es können *Anfragen* sein, also Mitteilungen darüber, daß eine der obengenannten Informationen gewünscht wird.

Mit Ausnahme der obersten Leitungsinstanz - der sämtliche übrigen Organisationsmitglieder nachgeordnet sind - haben alle Entscheidungsträger auch Kommunikationsentscheidungen zu treffen. In der Abbildung VII.4 sind die von den einzelnen Mitarbeitern im Prinzip zu treffenden Entscheidungen zusammengestellt. Über den Umfang von Kommunikationsentscheidungen läßt sich keine generelle Aussage machen: Maßgeblich sind hierfür nicht nur die eigenen Objekt- und Organisationsentscheidungen, sondern auch die Erwartungen hinsichtlich der Entscheidungen der übrigen Organisationsmitglieder. Deshalb werden Kommunikationsentscheidungen in der Abbildung durch gleich große Quader dargestellt.

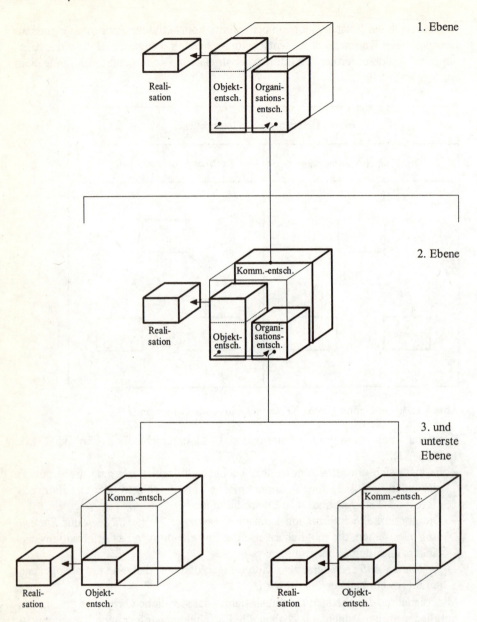

1. Ebene

2. Ebene

3. und
unterste
Ebene

Abb. VII.4: Objekt-, Organisations- und Kommunikationsentscheidungen in der Hierarchie

Häufig dienen organisatorische Maßnahmen gerade der Steuerung von nachgeordneten Kommunikationsentscheidungen. Beispiele hierfür sind:
- Den Entscheidungsträgern werden Verfügungsmöglichkeiten über Datenspeicher und Kommunikationskanäle eingeräumt,

– ihnen werden Verhaltensnormen vorgegeben, die in mehr oder weniger präziser Weise zum Ausdruck bringen, in welchen Fällen welche Informationen an andere Mitglieder zu übermitteln sind.

Ergänzende und vertiefende Literatur:

ALBACH (1961); BUXMANN (2001); HAX (1965, S. 50-72); KRÜGER (1985); PICOT (1993); SIMON (1981).

TEIL D: GRUNDLAGEN EINER ENTSCHEIDUNGSORIENTIERTEN ORGANISATIONSTHEORIE

Mit den Ergebnissen der vorhergehenden Kapitel kann nun dem Organisations-problem eine entscheidungsorientierte Struktur gegeben werden: Da durch organi-satorische Maßnahmen die Verhaltensweisen der Mitarbeiter gesteuert werden sollen, sind deren Determinanten der Entscheidung die Zielvariablen organisatori-scher Gestaltung (Kap. VIII). Das für die organisatorische Gestaltung verfügbare Instrumentarium wird in Kapitel IX systematisiert. Eine herausragende Rolle neh-men dabei die von einer Instanz vorgegebenen Verhaltensnormen ein; sie werden in Kapitel X gesondert behandelt.

VIII.   Zielkomponenten organisatorischer Gestaltung: Die Determinanten nachgeordneter Objekt-, Organisations- und Kommunikationsentscheidungen und Möglichkeiten ihrer Steuerung

1.   Problemstellung

Das Kernproblem der Organisation besteht darin, die interdependenten Objekt-, Organisations- und Kommunikationsentscheidungen von Mitarbeitern derart zu steuern, daß das Organisationsziel erreicht wird. Unabhängig davon, wie sich der Aufgabenbereich eines nachgeordneten Entscheidungsträgers im einzelnen aus die-sen Entscheidungstypen zusammensetzt, ist der Gegenstand der Steuerung stets ein Entscheidungsprozeß, dessen Resultat von den Ausprägungen der Entscheidungs-determinanten dieses Entscheidungsträgers abhängt (Kap. IV). Die Entscheidungs-determinanten stellen somit die Zielkomponenten organisatorischer Gestaltungs-maßnahmen dar. Dies soll im vorliegenden Kapitel verdeutlicht werden (Abschnitt 2). Zugleich wird gezeigt, wie die Ausprägungen der (Primär-)Determinanten von Objektentscheidungen (Abschnitt 3), Organisationsentscheidungen (Abschnitt 4) und Kommunikationsentscheidungen (Abschnitt 5) beeinflußt werden können. Im Abschnitt 6 wird anschließend gezeigt, wie die Zielkomponenten organisatorischer Gestaltung aggregiert werden können.

2.   Die Determinanten der Entscheidungen nachgeordneter Mitarbeiter als Zielkomponenten der Steuerung

Steuerungsmaßnahmen können sich auf das Verhalten eines Entscheidungsträgers nur unter der Voraussetzung auswirken, daß mindestens eine der folgenden Determinanten seiner Entscheidung verändert wird (vgl. Abbildung VIII.1):

(1) Typ des Entscheidungsmodells (EM),
(2) Menge der erwogenen Alternativen (A),
(3) Informationsstruktur (IS),
(4) Prognosefunktion (PF),
(5) Zielfunktion (ZF),
(6) Ergebnisse der Alternativen (E).

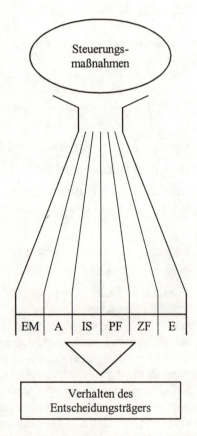

Abb. VIII.1: Determinanten der Entscheidung als Zielkomponenten der Steuerung

Handelt es sich bei der zu steuernden Entscheidung um eine Objektentscheidung, so müssen sich die Steuerungsmaßnahmen auf die Determinanten der Objektentscheidung des Entscheidungsträgers beziehen; geht es darum, eine Organisations-

oder Kommunikationsentscheidung zu steuern, so muß sich die Steuerung auf eine Beeinflussung der Determinanten speziell dieser Entscheidungen konzentrieren (vgl. LIERMANN, 1982, S. 62-78).

3.   Die Steuerung von Objektentscheidungen

3.1.   Beeinflussung des Entscheidungsmodells

Organisatorische Maßnahmen zur Steuerung von Objektentscheidungen können zunächst darauf abzielen, die Entscheidungsmodelle der nachgeordneten Entscheidungsträger zu beeinflussen. Diese Form der Entscheidungssteuerung ist insbesondere dann von Bedeutung, wenn Entscheidungskompetenzen hinsichtlich der Objektentscheidungen eingeräumt werden. Die Beeinflussung der Entscheidungsmodelle kann auf verschiedene Arten erfolgen:

– Durch generelle Regelungen (etwa in Form von Investitionshandbüchern) wird festgelegt, welche Modelltypen (z.B. die Kapitalwertmethode bzw. das DEAN-Modell) anzuwenden sind. Zudem kann der anzustrebende Komplexionsgrad von Entscheidungsmodellen vorgegeben werden.
– Für eine konkrete Entscheidungssituation wird dem Entscheidungsträger von der Instanz ein bestimmtes Entscheidungsmodell empfohlen oder explizit vorgeschrieben.
– Durch Ausbildungsmaßnahmen werden die nachgeordneten Entscheidungsträger mit Entscheidungsmodellen und deren Vor- und Nachteilen vertraut gemacht.
– Die Instanz entscheidet über die Einstellung von Mitarbeitern unter dem Gesichtspunkt, inwieweit diese mit bestimmten Entscheidungsmodellen bereits vertraut sind.
– Im Rahmen von Planungskontrollen kann die Instanz die Modellkonstruktion von Entscheidungsträgern überprüfen und damit zu sorgfältigeren Kalkülüberlegungen motivieren. Die Motivation kann durch positive Leistungsanreize, z.B. in Form einer Ergebnisbeteiligung, verstärkt werden.

3.2.   Beeinflussung der Menge der Objektalternativen

Organisatorische Maßnahmen dienen häufig auch dazu, die Menge der erwogenen Handlungsalternativen zu beeinflussen. In dieser Hinsicht sind zwei Arten von Maßnahmen zu unterscheiden:

1. Durch objektive Begrenzungen werden die Mengen jener Handlungsalternativen bestimmt, die die Entscheidungsträger realisieren können.
2. Durch die Vorgabe von Verhaltensnormen und durch ergänzende Maßnahmen wird die Menge jener Handlungsalternativen beeinflußt, die von den nachgeordneten Mitarbeitern in ihren jeweiligen Entscheidungskalkülen erwogen werden und die damit eine Chance haben, gewählt (und realisiert) zu werden.

Die Beeinflussung der *Menge der tatsächlich realisierbaren Handlungsalternativen* erfolgt insbesondere über die Begrenzung der „Verfügungsmöglichkeit über Ressourcen" (Kapitel IX). Durch eine Kreditvereinbarung z.B. werden die finanziellen Mittel begrenzt, über die ein Investor verfügen kann; wenn ein Arbeiter keinen Schlüssel zum Magazin bekommt, ist für ihn die Möglichkeit der Lagerentnahme eingeschränkt.

Durch objektive Begrenzungen können nachteilige Handlungsalternativen in gewissem Umfang bereits a priori ausgeschlossen werden. Trotzdem kann weiterhin die Gefahr bestehen, daß (im Rahmen der objektiv möglichen Handlungsalternativen) eine schlechte Entscheidung getroffen wird. Diese Gefahr kann gemindert werden durch die Vorgabe von Verhaltensnormen, die (im Rahmen der gegebenen Verfügungsmöglichkeiten) die Menge der erwogenen Handlungsalternativen beeinflussen sollen: Zum einen können diese Verhaltensnormen dazu dienen, diese Menge um bestimmte Alternativen zu erweitern, und zwar insbesondere um solche, die sich vom Standpunkt der Instanz als vorteilhaft erweisen könnten, aber von einem Entscheidungsträger in seinem Kalkül nicht berücksichtigt würden, weil sie ihm z.B. nicht bekannt sind bzw. von ihm übersehen werden. Zum anderen können die Verhaltensnormen dazu dienen, die Menge der erwogenen Handlungsalternativen insbesondere um solche Alternativen zu reduzieren, die vom Standpunkt der Instanz nachteilig sind, möglicherweise aber trotzdem von einem Entscheidungsträger gewählt werden würden.

Zur *Erweiterung der Menge der erwogenen Handlungsalternativen* (bei unveränderten Verfügungsmöglichkeiten über Ressourcen) können z.B. folgende Maßnahmen dienen:

- Durch generelle Regelungen wird in mehr oder weniger grober Form festgelegt, wie bei der Suche nach Handlungsalternativen vorzugehen ist; es werden Verhaltensnormen erlassen, die vorschreiben, daß sich die Entscheidungsträger gegenseitig über bestimmte Handlungsalternativen informieren sollen.
- In einer konkreten Entscheidungssituation macht die Instanz einen Entscheidungsträger auf bestimmte Handlungsalternativen aufmerksam, an die dieser vielleicht bisher nicht gedacht hat, oder sie gibt ihm die Weisung (die Kommunikationsnorm), einem anderen Entscheidungsträger bestimmte Handlungsalternativen aufzuzeigen.
- Durch Ausbildungsmaßnahmen werden Techniken vermittelt, die helfen sollen, Handlungsalternativen zu entdecken bzw. zu erfinden (Förderung der Kreativität und der kognitiven Fähigkeiten).
- Es werden Mitarbeiter eingestellt, die bereits gute Handlungsalternativen kennen.
- Durch Erfolgsbeteiligung werden die Entscheidungsträger motiviert, verstärkt nach (guten) Handlungsalternativen zu suchen. Durch Planungskontrollen (Kapitel XXII) wird ein zusätzlicher Anreiz für die sorgfältige Suche nach Handlungsalternativen geschaffen.

Zur *Einengung der Menge der erwogenen Handlungsalternativen* (bei gegebenen Verfügungsmöglichkeiten über Ressourcen) können z.B. folgende Maßnahmen dienen:

- Die Entscheidungs*kompetenzen* werden dadurch begrenzt, daß die Entscheidungsträger (mehr oder weniger präzise) darüber informiert werden, welche Handlungsalternativen sie durchführen dürfen und welche nicht. Es werden Zulässigkeitsbereiche für die Entscheidungsvariablen definiert. Dies geschieht durch die Vorgabe von Sachzielen z.B. bei der Abteilungsgliederung und Stellenbildung sowie bei der Übertragung konkreter Aufgaben auf nachgeordnete Mitarbeiter. Der „Entscheidungsspielraum" kann so eng sein, daß die Menge der zulässigen Alternativen nur noch ein Element enthält. Eine derart enge Begrenzung ist dann gegeben, wenn ein Entscheidungsträger in einer konkreten Situation die eindeutige Weisung bekommt, eine bestimmte Alternative zu realisieren. Verhaltensnormen, die (praktisch) keinen Entscheidungsspielraum belassen, können auch in bedingter Form gegeben werden und den Charakter genereller Regelungen besitzen (Kapitel X).
- Die Begrenzung des Entscheidungsspielraumes kann unmittelbar bewirken, daß die Entscheidungsträger in ihren Kalkülen nur noch zulässige Alternativen berücksichtigen; unzulässige Alternativen werden dann nicht gewählt. Jedoch wird sich in der Regel die Begrenzung des Entscheidungsspielraumes allein nicht in dieser strengen Form auswirken. Ein Entscheidungsträger könnte dann immer noch unzulässige Handlungsalternativen in sein Entscheidungskalkül aufnehmen und feststellen, daß er seinen persönlichen Nutzen maximiert, wenn er eine dieser Alternativen wählt. Die Wahrscheinlichkeit für die Wahl einer unzulässigen Alternative kann insbesondere dadurch reduziert werden, daß die *Ergebnisse* der unzulässigen Handlungsalternativen beeinflußt werden. Zu diesem Zweck werden z.B. (mit positiver Wahrscheinlichkeit) Kontrollen durchgeführt und gegen den Entscheidungsträger Sanktionen verhängt, wenn festgestellt wird, daß er eine unzulässige Alternative gewählt hat. Allerdings kann häufig nicht eindeutig überprüft werden, ob der Entscheidungsspielraum eingehalten wurde oder nicht; zudem kann eine solche Kontrolle sehr hohe Kosten verursachen. Es ist dann naheliegend, die Zielfunktion der nachgeordneten Mitarbeiter derart zu beeinflussen, z.B. durch „Überzeugung" oder im Extremfall durch „Indoktrination", daß sie sich stärker mit den Zielvorstellungen der Instanz (bzw. dem Organisationsziel) identifizieren und die Entscheidungsspielräume im eigenen Interesse einhalten.

3.3. Beeinflussung der Informationsstruktur

Organisatorische Maßnahmen dienen häufig dazu, die Informationsstrukturen der Entscheidungsträger zu beeinflussen (SIMON, 1981, S.58, 188ff.; LIERMANN, 1982, S. 69; FRESE, 1998, S. 108-127), damit diese die Konsequenzen der relevanten Alternativen besser beurteilen können.
- Es werden (technische) Einrichtungen zur Übermittlung und Speicherung von Informationen geschaffen und den Organisationsmitgliedern Möglichkeiten und Rechte zur Nutzung dieser Einrichtungen eingeräumt.

– Die Instanz gibt generelle Regelungen darüber vor, welche Informationen in alternativen Entscheidungssituationen einzuholen und welche Informationen in welchen Fällen an andere Entscheidungsträger weiterzugeben sind.
– In einer konkreten Entscheidungssituation informiert die Instanz einen Entscheidungsträger über die Ausprägungen bestimmter Indikatoren oder sie gibt ihm die Weisung, vor seiner Entscheidung bestimmte Informationen einzuholen.
– Durch Ausbildungsmaßnahmen werden Entscheidungsträger trainiert, die Relevanz von Informationen zu beurteilen und Informationen klar zu übermitteln.
– Durch positive Anreize und/oder Planungskontrollen werden Entscheidungsträger motiviert, verstärkt nach zusätzlichen Informationen zu suchen.
– Einem Entscheidungsträger wird ein Stab zugeordnet, der Informationen beschafft und (eventuell in verdichteter Form) an den Entscheidungsträger weitergibt.
– Die Instanz verbietet, bestimmte Informationen zu beschaffen (z.B. weil sie zu teuer sind), oder erläßt Regelungen, die die Entscheidungsträger von solchen Informationen abschirmen, die einen geringen Wert haben.

3.4.   Beeinflussung der Prognosefunktion

Die Beeinflussung der Prognosefunktion ist insbesondere dann relevant, wenn Entscheidungen bei Risiko zu treffen sind. Die Prognosefunktion kann in unterschiedlicher Weise verändert werden:
– Durch Ausbildungsmaßnahmen werden Theorien mit empirischem Gehalt vermittelt, die als Grundlage für die Prognose dienen können. Darüber hinaus gibt die Instanz im Einzelfall Hinweise, welche Schlüsse sie selbst aus bestimmten Informationen ziehen würde.
– Die Entscheidung wird an eine Gruppe delegiert, deren Mitglieder über Schlußfolgerungen aus den vorhandenen Informationen diskutieren. Auch dadurch können die Prognosefunktionen der einzelnen Entscheidungsträger beeinflußt werden.

3.5.   Beeinflussung der Zielfunktion

Die Zielfunktion eines Entscheidungsträgers ist gekennzeichnet durch (vgl. Kapitel II, Abschnitt 3.1.5.1)
(a) die *Menge der Zielgrößen*, an denen er sich bei seiner Entscheidung orientiert (Definitionsbereich der Zielfunktion),
(b) die *Gestalt seiner Präferenzfunktion* (in ihr kommt zum Ausdruck, welches Gewicht er den einzelnen Zielgrößen beimißt und/oder mit welcher Risikoeinstellung er seine Entscheidung trifft) und
(c) das *Optimierungskriterium*, das zum Ausdruck bringt, welche Ausprägung der Entscheidungsträger für den Präferenzwert anstrebt (etwa das Maximum oder ein bestimmtes Anspruchsniveau).

Die Menge der Zielgrößen eines Entscheidungsträgers kann u.U. dadurch beeinflußt werden, daß vorgeschrieben wird, an welchen Zielgrößen er sich orientieren soll. Zielgrößen werden insbesondere bei der Vorgabe von Formalzielen festgelegt. Wenn einem Entscheidungsträger z.B. das Ziel gesetzt wird, den Gewinn zu maximieren oder ein bestimmtes Anspruchsniveau für den Gewinn anzustreben, so kommt damit zum Ausdruck, daß der Gewinn als maßgebliche Zielgröße dienen soll.

Die Menge der Zielgrößen eines Entscheidungsträgers kann vor allem auch dadurch beeinflußt werden, daß die Konsequenzen der erwogenen Handlungsalternativen verändert werden. Wird der Entscheidungsträger z.B. am Gewinn beteiligt, so wird für ihn als zusätzliche Zielgröße sein Gewinnanteil maßgeblich. Änderungen in den Konsequenzen der Handlungsalternativen können auch deshalb einen Einfluß auf die Menge der Zielgrößen eines Entscheidungsträgers haben, weil er (und dies ist der Regelfall) Vereinfachungen bei der Formulierung seiner Zielfunktion vornimmt. Er konzentriert sich bei seiner Entscheidung auf einige wenige Zielgrößen, die für ihn ein relativ hohes „Gewicht" haben. Dabei ist die Zielgrößenmenge jeweils davon abhängig, welche Konsequenzen den Handlungsalternativen entsprechen. Die Veränderung der Konsequenzen kann diese Menge beeinflussen.

Die Zielfunktion eines am Gewinn beteiligten Geschäftsbereichsleiters berücksichtige z.B. neben dem „Spartengewinn" auch Zielgrößen, die die Eigenschaften „Prestigeerfolg" und „Unproblematische Durchsetzung der gewählten Handlungsalternative" repräsentieren. Wird nun der Gewinnanteil des Geschäftsbereichsleiters erhöht, so kann das bewirken, daß er in seiner Zielfunktion *nur* noch den Bereichsgewinn als Zielgröße berücksichtigt; die anderen Größen werden jetzt aufgrund ihres geringen (relativen) Gewichts nicht mehr als Zielgrößen betrachtet, sondern bei der Entscheidung vernachlässigt.

Bei gegebener Menge von Zielgrößen des Entscheidungsträgers hängt seine Entscheidung davon ab, welche Präferenzfunktion und welches Optimierungskriterium er anwendet. Die zieladäquate Beeinflussung dieser Komponenten hat daher für die Instanz erhebliche Bedeutung. Maßnahmen zur Beeinflussung von Präferenzfunktion und Optimierungskriterium sind z.B.:

– Dem Entscheidungsträger wird mehr oder weniger präzise gesagt, welche Präferenzfunktion und welches Optimierungskriterium für die Entscheidung maßgeblich sein soll, z.B. Maximierung des Gewinnerwartungswertes, Erhöhung des Umsatzes um 10% oder Maximierung der gewichteten Summe aus kurzfristigem Gewinn und Marktanteil (wobei die Gewichtungsfaktoren von der Instanz als Daten vorgegeben werden). Nur in Ausnahmefällen wird die Zielvorgabe überhaupt keinen Einfluß auf die Zielfunktion des Entscheidungsträgers haben. Andererseits besteht jedoch auch nicht die Gewähr, daß der Entscheidungsträger das ihm gesetzte Ziel streng befolgt. Es ist möglich, daß er sich an abweichenden Zielen orientiert und das ihm gesetzte Ziel nur in dem Maß berücksichtigt, wie damit (zu hohe) Sanktionen durch die Instanz vermieden werden.

– Der Entscheidungsträger wird an der Zielbildung beteiligt (partizipative Zielvereinbarung statt autoritärer Zielvorgabe).

– Die Präferenzfunktion eines Entscheidungsträgers kann möglicherweise auch dadurch beeinflußt werden, daß die Instanz ihm (zusätzliche) Informationen über die „Bedeutung" einzelner oder aller Zielgrößen gibt. Ein Entscheidungsträger habe sich bei seinen Entscheidungen etwa an den Zielgrößen „Auslastungsgrad der Anlagen", „Kapitalbindung in den Vorräten" und „Einhaltung der Liefertermine" zu orientieren. Wird er darüber informiert, welche Konsequenzen sich für das Unternehmen ergeben können, wenn die Liefertermine nicht eingehalten werden, so wird er der entsprechenden Zielgröße u.U. ein höheres Gewicht einräumen, als er es ohne diese Information getan hätte.
– Durch Überzeugung oder im Extremfall durch Indoktrination kann versucht werden, die grundsätzlichen Wertvorstellungen von Entscheidungsträgern zu beeinflussen (OUCHI, 1980).
– Die für die Entscheidung maßgeblichen Zielfunktionen können auch dadurch beeinflußt werden, daß die Mitarbeiter bereits unter dem Gesichtspunkt eingestellt werden, ob sie sich mit den Zielen der Instanz (bzw. dem Organisationsziel) identifizieren werden oder nicht.

3.6.   Beeinflussung der Ergebniswerte

Bei gegebener Zielfunktion des Entscheidungsträgers hängt dessen Entscheidung wesentlich davon ab, zu welchen Ergebnis*werten* die erwogenen Alternativen in den als möglich erachteten Umweltzuständen führen. Für die Instanz stellt sich daher das Problem, die Höhe einiger oder aller Zielgrößenwerte derart zu beeinflussen, daß der Entscheidungsträger (mit hoher Wahrscheinlichkeit) eine in ihrem Sinne „gute" Entscheidung trifft.

Die Beeinflussung der *Höhe* der Zielgrößenwerte (mit dem Ziel der Entscheidungssteuerung) erfolgt in der Realität in vielfältiger Weise. Einige typische Beispiele dienen zur Verdeutlichung:
– Der Prämiensatz eines am Gewinn beteiligten Entscheidungsträgers wird erhöht; dadurch wird der Wert seiner Zielgröße „Einkommen" beeinflußt.
– Gegen einen Entscheidungsträger werden Sanktionen verhängt, wenn er eine Handlungsalternative außerhalb seines Zuständigkeitsbereiches wählt; dadurch werden die Ergebnisse unzulässiger Alternativen beeinflußt.
– Der Entscheidungsspielraum eines Entscheidungsträgers wird eingeengt, wenn seine Entscheidung zu niedrigen „Erfolgen" führt, während er bei hohen Erfolgen befördert wird; hierdurch werden die Ausprägungen von Zielgrößen wie „Einkommen", „Einfluß", „Prestige" und „Arbeitsfreude" beeinflußt.
– Zielgrößenwerte können z.T. auch dadurch beeinflußt werden, daß präzisere Regeln für die Ermittlung der Ausprägungen dieser Zielgrößen vorgegeben werden. Einem Entscheidungsträger, der sich am Gewinn orientieren soll, wird z.B. die Weisung gegeben, bestimmte Gewinnermittlungsvorschriften einzuhalten. Der Entscheidungsträger ordnet dann den Handlungsalternativen möglicherweise andere Gewinnwerte zu als ohne diese Vorschriften.

3.7.   Interdependenzen

Organisationsmaßnahmen beziehen sich zumeist auf mehrere Primärdeterminanten der Entscheidung. Bei Begrenzung des Entscheidungsspielraumes eines Entscheidungsträgers (damit wird explizit die Menge der zu erwägenden Alternativen angesprochen) werden häufig zugleich Sanktionen für den Fall verhängt, daß eine unzulässige Alternative gewählt wird (Beeinflussung der Ergebnisse der unzulässigen Alternative). Über diese Sanktionen wird der Entscheidungsträger mehr oder weniger präzise informiert (Beeinflussung der Informationsstruktur).

Aber auch dann, wenn organisatorische Maßnahmen explizit nur *eine* Primärdeterminante ansprechen, können sie mittelbar zugleich auch die Ausprägungen anderer Determinanten beeinflussen. Zwei Beispiele dienen zur Veranschaulichung:

– Der Entscheidungsspielraum eines Entscheidungsträgers wird erweitert. Er fühlt sich dadurch stärker als bisher für seine Entscheidung „verantwortlich" mit der Folge, daß er mehr Informationen über Aktionsmöglichkeiten und deren Konsequenzen einholt, sorgfältiger über Schlußfolgerungen nachdenkt und sich stärker mit dem Organisationsziel identifiziert. Die Erweiterung des Entscheidungsspielraumes hat somit einen mittelbaren Einfluß auf die Alternativenmenge, die Informationsstruktur, die Prognosefunktion und die Zielfunktion.

– Ein Entscheidungsträger wird am Gewinn beteiligt (Primärdeterminante „Ergebnis der Handlungsalternativen"). Diese Maßnahme motiviert den Entscheidungsträger, mehr oder bessere Handlungsalternativen zu erwägen, zusätzliche Informationen einzuholen und sorgfältiger über Schlußfolgerungen nachzudenken. Die Gewinnbeteiligung beeinflußt dann zugleich die Ergebniswerte, die Alternativenmenge, die Informationsstruktur und die Prognosefunktion.

4.   Die Steuerung von Organisationsentscheidungen

4.1.   Überblick

In einer einstufigen Hierarchie sind der (einzigen) Instanz nur Entscheidungsträger nachgeordnet, die Objekt- und Kommunikationsentscheidungen treffen. Die Aufgabe der Instanz besteht darin, diese Entscheidungen so zu steuern, daß ein möglichst gutes „Gesamtergebnis" erzielt wird. In einer Unternehmenshierarchie mit mehr als zwei Ebenen dagegen gibt es eine oder mehrere Instanzen, denen ihrerseits wieder Instanzen nachgeordnet sind, die Organisationsentscheidungen treffen. Die Organisationsentscheidungen der vorgesetzten Instanz dienen dann auch dazu, die Organisationsentscheidungen der nachgeordneten Instanzen zieladäquat zu beeinflussen.

Organisatorische Maßnahmen einer Instanz können sich auf die Organisationsentscheidungen einer nachgeordneten Instanz nur unter der Bedingung auswirken, daß mindestens eine der folgenden *Primärdeterminanten der Organisationsentscheidung* dieser (nachgeordneten) Instanz verändert wird:

- Typ ihres Entscheidungsmodells für die Strukturierung und Lösung des Organisationsproblems,
- Menge der (erwogenen) Organisationsalternativen,
- Informationsstruktur,
- Prognosefunktion,
- Zielfunktion und
- Ergebnisse der Organisationsalternativen.

Im folgenden soll untersucht werden, wie die Ausprägungen der Determinanten von Organisationsentscheidungen im Prinzip beeinflußt werden können.

4.2.   Beeinflussung des Entscheidungsmodells

Organisatorische Maßnahmen in einer Unternehmung können darauf abzielen, die Typen der (explizit oder implizit) verwendeten organisatorischen Entscheidungsmodelle zu beeinflussen. Diese Form der Steuerung ist insbesondere dann von Bedeutung, wenn nachgeordnete Mitarbeiter hinsichtlich ihrer Organisationsentscheidungen Ermessensspielräume haben.

Bereits die Beeinflussung des Urteils über die Zweckmäßigkeit von *Objektmodellen* kann organisatorische Veränderungen mit sich bringen. Wenn z.B. eine Instanz davon überzeugt wird, es sei sinnvoll, statt unverbundener Partialmodelle ein Simultanmodell (etwa bei der Investitions- oder der Produktionsplanung) anzuwenden, dann wird sie vielleicht in geringerem Umfang Entscheidungskompetenzen delegieren und die nachgeordneten Mitarbeiter stärker an explizite Verhaltensnormen binden.

Wenn Empfehlungen oder Weisungen gegeben werden, bestimmte Objektmodelle anzuwenden, wird an organisatorische Aspekte häufig gar nicht gedacht; organisatorische Veränderungen werden dann nur implizit angesprochen. Andererseits steht bei Maßnahmen zur Beeinflussung von Entscheidungsmodellen gelegentlich auch der Aspekt der Steuerung organisatorischer Gestaltungsmaßnahmen explizit im Vordergrund.

Im Rahmen des „Operations Research" sind zahlreiche (ablauforganisatorische) Entscheidungsmodelle für die Steuerung von rein ausführenden Tätigkeiten entwickelt worden. Zur Ermittlung einer „guten" Aufbauorganisation und für die Steuerung dispositiver Tätigkeiten bei gegebener Aufbauorganisation gibt es bisher jedoch keine geschlossenen Entscheidungsmodelle; die vorliegenden formalen Modelle, wie z.B. die der pretialen Lenkung, der Team-Theorie und des Delegationswert-Konzeptes, beziehen sich auf relativ enge Problemstellungen und können nur Bausteine für umfassendere Optimierungsmodelle liefern.

In der Literatur werden zwar Strukturierungskonzepte diskutiert, die als Modelle bezeichnet werden, z.B. das Colleague-Modell (GOLEMBIEWSKI, 1967), das Modell der überlappenden Gruppen (LIKERT, 1961), das Tensor-Modell (vgl. z.B. BLEICHER/MEYER, 1976, S. 120) und die Modelle der divisionalen bzw. funktionalen Organisation (vgl. z.B. EISENFÜHR, 1970). Hierbei handelt es sich aber lediglich um *Beschreibungsmodelle*, die in sehr allgemeiner Form Möglichkeiten der organisatorischen Gestaltung darstellen; es sind keine Entscheidungsmodelle. Wenn ein Abteilungsleiter etwa die Weisung erhält, seine Abteilung nach dem Colleague-Modell zu strukturieren, so kommt damit nur zum Ausdruck, welche Organisationsalternativen er realisieren darf; wie er seine Strukturierungsüberlegungen (modell-)theoretisch untermauern soll, bleibt offen. Es wird damit nur die Alternativenmenge beeinflußt, jedoch kein Entscheidungsmodelltyp vorgegeben. Die Determinante „Typ des verwendeten organisationstheoretischen Entscheidungsmodells" hat also beim gegenwärtigen Stand der Forschung nur geringe Bedeutung für die Steuerung der Organisationsentscheidungen einer Instanz. Die nachfolgend beschriebenen Steuerungsmöglichkeiten haben ein wesentlich größeres Gewicht.

4.3.   Beeinflussung der Menge der Organisationsalternativen

Die Menge der erwogenen Organisationsalternativen wird insbesondere durch die Übertragung bzw. die Begrenzung von Entscheidungskompetenzen für organisatorische Maßnahmen gesteuert. Bereits mit der Fixierung der Entscheidungsspielräume für Objektentscheidungen werden (zumindest implizit) Grenzen für organisatorische Entscheidungskompetenzen abgesteckt. Eine Instanz, die z.B. nur für Objektentscheidungen im Absatzbereich zuständig ist, darf eben (auch wenn es ihr nicht explizit gesagt wird) ihre Mitarbeiter nicht anweisen, Rohstoffe zu beschaffen oder Anlagen im Fertigungsbereich zu bedienen.

Innerhalb eines bestimmten Objektbereichs kann jedoch noch ein sehr weiter Ermessensspielraum für Organisationsentscheidungen bestehen, insbesondere dann, wenn die Zahl der Objektvariablen und die Zahl der nachgeordneten Mitarbeiter groß ist. Um der Gefahr zu begegnen, daß die betreffende Instanz schlechte Organisationsentscheidungen trifft, kann es sinnvoll sein, ihren Kompetenzbereich (Zulässigkeitsbereich) für Organisationsentscheidungen weiter einzuengen. Das kann im Prinzip auf zwei Arten erfolgen:

– Die Instanz darf nur über einen Teil der organisatorischen Gestaltungsvariablen selbst entscheiden; über die anderen entscheidet ein übergeordnetes Organisationsmitglied. Ein Abteilungsleiter darf etwa die Gliederung seiner Abteilung in kleinere Einheiten und die allgemeine Aufgabenbeschreibung der Stellen nicht selbst vornehmen oder verändern; darüber entscheidet die Unternehmensleitung oder eine zentrale Organisationsabteilung. In den Kompetenzbereich des Abteilungsleiters fällt dann nur die laufende Steuerung der Entscheidungs- und Verrichtungsprozesse (Ablauforganisation) unter Einhaltung des gegebenen Strukturrahmens (Aufbauorganisation).

– Die Instanz muß bei der Fixierung ihrer organisatorischen Entscheidungsvariablen bestimmte Restriktionen beachten, die ihren Gestaltungsspielraum einengen: Zum Beispiel ist das Prinzip der Einheit der Auftragserteilung einzuhalten, die Kontrollspanne darf nicht größer sein als sechs, die nachgeordneten Mitarbeiter sollen in gewissem Umfang an den Entscheidungsprozessen partizipieren. Die Regelungen zur Steuerung der Organisationsentscheidungen einer

Instanz können insbesondere auch festlegen, welche organisatorischen Entscheidungen sie selbst treffen soll und welche sie delegieren darf.

Es ist möglich, daß die Instanz eine schlechte Organisationsentscheidung trifft, weil sie gute Organisationsalternativen nicht kennt bzw. übersieht. Daher kann es auch zweckmäßig sein, Maßnahmen zu ergreifen, die die erwogene Alternativenmenge erweitern. Dies kann z.B. in Form eines gezielten Hinweises erfolgen, durch Weiterbildungsmaßnahmen oder durch die Vorgabe von Verhaltensnormen, die zum Ausdruck bringen, wie bei der Suche nach möglichen Organisationsalternativen vorzugehen ist.

4.4.   Beeinflussung der Informationsstruktur

Die Konsequenzen der organisatorischen Maßnahmen einer Instanz hängen ab
- von der Entwicklung der entscheidungsrelevanten Daten, die die Instanz und die nachgeordneten Organisationsmitglieder nicht beeinflussen (können) und
- von den Entscheidungen, die die nachgeordneten Organisationsmitglieder bei den betreffenden organisatorischen Regelungen treffen werden.

Die entscheidungsrelevanten *Daten* beziehen sich zum einen auf die (externe) Umwelt der Unternehmung, zum anderen auf die interne Unternehmenssituation. Externe Daten sind z.B. Absatzpreise und Absatzhöchstmengen, die nicht beeinflußt werden können, oder Größen wie „Konkurrenzintensität" bzw. „Stärke der Konkurrenz". Zu den internen Daten gehören z.B. die Produktionstechnologie und die Kommunikationseinrichtungen. Bei der Organisationsentscheidung ist die zukünftige Datenentwicklung nicht mit Sicherheit bekannt. Die Instanz kann sich allenfalls ein Wahrscheinlichkeitsurteil auf der Basis von Indikatoren bilden. Die zugrunde liegenden Indikatoren werden hier als Indikatoren des *Typs D* bezeichnet.

Die *Entscheidungen*, die eine zu „steuernde" Instanz und die ihr nachgeordneten Organisationsmitglieder in den möglichen Umweltentwicklungen treffen werden, sind (der vorgesetzten Instanz) ebenfalls nicht mit Sicherheit bekannt. Sie hängen von den jeweiligen Ausprägungen der maßgeblichen Entscheidungsdeterminanten ab, die schwer abzuschätzen sind. Die Indikatoren zur Prognose des (Entscheidungs-)*Verhaltens* bei alternativen Datenentwicklungen werden hier als Indikatoren des *Typs V* bezeichnet. Die Menge der Indikatoren des Typs V und die des Typs D überschneiden sich: Indikatoren können zugleich vom Typ V und vom Typ D sein.

Die Bedeutung der Indikatoren des Typs V für das Treffen guter Organisationsentscheidungen ist davon abhängig, wie gut die Instanz die Datenentwicklung kennt. Wenn ihr die Datenentwicklung (weitgehend) bekannt ist, besteht die Tendenz, die nachgeordneten Mitarbeiter an explizite Verhaltensnormen zu binden (Kapitel X). Diese Tendenz ist insbesondere dann groß, wenn sich die Ausprägungen der entscheidungsrelevanten Daten von Periode zu Periode nur wenig ändern. Je schlechter die Instanz die Datenentwicklung vorhersehen kann und je größer deren Variationsbereich ist, desto größer ist die Tendenz, Entscheidungskompetenzen an nachgeordnete Mitarbeiter zu delegieren. Wenn eine umfangreiche Delegation von Entscheidungen erwogen wird, gewinnen Informationen des Typs V besonderes Gewicht. (Wie sind Informationen auf die nachgeordneten Mitarbeiter verteilt? Welche Schlüsse ziehen sie aus Informationen? Welche Handlungsalternativen werden sie entdecken? Welche Ziele verfolgen sie bei der Alternativenwahl?)

Der Informationsstand einer nachgeordneten Instanz kann im Prinzip ebenso beeinflußt werden wie der eines nachgeordneten Entscheidungsträgers in einer einstufigen Hierarchie. Für die Steuerung der Entscheidungen einer Instanz haben jedoch solche Verhaltensnormen besondere Bedeutung, die vorschreiben, welche Indikatoren des Typs V zu beobachten sind (wie z.B. die Entscheidungen und Verrichtungen der nachgeordneten Mitarbeiter kontrolliert werden sollen).

4.5.   Beeinflussung der Prognosefunktion

Auch die Prognosefunktion einer nachgeordneten Instanz kann im Prinzip ebenso beeinflußt werden wie die eines nachgeordneten Entscheidungsträgers in einer einstufigen Hierarchie. Für die Steuerung von Organisationsentscheidungen gewinnen aber jene Komponenten der Prognosefunktion große Bedeutung, die sich auf das individuelle Verhalten von Organisationsmitgliedern beziehen. Die Prognosefunktion einer nachgeordneten Instanz könnte in der Weise verbessert werden, daß ihr Theorien über menschliches Verhalten, z.B. über den Zusammenhang zwischen Motivation und individueller Leistung, übermittelt werden und/oder Hinweise gegeben werden, *wie* sie sich darüber informieren kann. Eventuell erfolgen gezielte Ausbildungsmaßnahmen, um ihre Theoriekenntnisse zu verbessern (GALBRAITH, 1977).

4.6.   Beeinflussung der Zielfunktion

Schließlich kann auch die Zielfunktion einer nachgeordneten Instanz im Prinzip ebenso beeinflußt werden wie die eines Entscheidungsträgers in einer einstufigen Hierarchie. Das Problem, in *welcher* Weise sie beeinflußt werden soll, ist jedoch im allgemeinen erheblich komplexer als bei der Steuerung von Objektentscheidungen.

Insbesondere besteht das Problem, an welchen Zielgrößen sich die Instanz orientieren soll. Die primäre Orientierung an der Zielgröße „Erfolg" (z.B. Unternehmenserfolg oder Bereichserfolg) ist problematisch, da die Instanz nur schwer beurteilen kann, wie sich ihre Organisationsentscheidungen auf den Erfolg auswirken werden. Es stellt sich das Problem, Hilfskriterien zu formulieren, deren Befolgung für die Erreichung des Betriebszieles wichtig ist. Solche Zielgrößen werden in der Literatur unter der Bezeichnung „Effizienzkriterien" in großer Zahl zur Diskussion gestellt (Kapitel III und XIV).

4.7. Beeinflussung der Ergebniswerte

Bei gegebener Zielfunktion einer Instanz hängt ihre (Organisations-)Entscheidung wesentlich davon ab, welche Ergebnis*werte* die erwogenen Alternativen in den von ihr als möglich erachteten Umweltzuständen bieten. Die Maßnahmen zur Steuerung ihrer Organisationsentscheidungen können folglich auch darin bestehen, die Konsequenzen der Organisationsalternativen zu fixieren bzw. zu verändern. Von besonderer Bedeutung sind hierbei vor allem jene Ergebniskomponenten, die die Instanz persönlich betreffen:

– Gegen die Instanz werden z.B. Sanktionen verhängt, wenn sie eine Organisationsalternative außerhalb ihres Kompetenzbereiches wählt (wenn sie z.B. vorgegebene Organisationsprinzipien nicht befolgt) oder wenn sie im Rahmen ihrer Kompetenzen eine „schlechte" Organisationsentscheidung trifft.

– Die Instanz erhält positive Belohnungen, wenn sie „gute" Organisationsmaßnahmen realisiert. Da es bei organisatorischen Regelungen letztlich darum geht, die Objektentscheidungen zu steuern, können die damit verbundenen Ergebnisse (z.B. Gewinne, bearbeitete Produktmengen) als „Endergebnisse" der organisatorischen Einflußnahme aufgefaßt werden. Die organisierende Instanz kann an diesen Endergebnissen beteiligt werden, z.B. indem sie eine Prämie auf den ihrem Bereich zurechenbaren Gewinn erhält (Kapitel XXIII und XXIV).

5. Die Steuerung von Kommunikationsentscheidungen

Kommunikationsentscheidungen nachgeordneter Mitarbeiter können durch organisatorische Maßnahmen im Prinzip ebenso gesteuert werden wie Objekt- und Organisationsentscheidungen: Zielkomponenten der Steuerung sind nun aber die Determinanten der Kommunikationsentscheidungen. Nachfolgend werden beispielhaft einige Steuerungsmaßnahmen zusammengestellt, mit denen versucht wird, auf die Determinanten der Kommunikationsentscheidungen einzuwirken.

(1) *Beeinflussung des Entscheidungsmodells:* Eine besondere Rolle für die Auswahl von Kommunikationsaktivitäten spielen die Erwartungen des Entscheidungsträgers hinsichtlich der Auswirkungen einer Informationsübermittlung auf sein eigenes Kalkül und das des Kommunikationspartners (vgl. Kapitel V). Durch Ausbildungsmaßnahmen und durch gezielte Informationen der vorgesetzten Instanz kann der Entscheidungsträger in die Lage versetzt werden, entsprechende theoretische Problemlösungskonzepte einzusetzen. (Vgl. z.B. den teamtheoretischen Ansatz von MARSCHAK, 1955, oder den Ansatz von KAUS, 1985, in dem die Konsequenzen der Informationsabgabe im Gremium analysiert werden.)

(2) *Beeinflussung der Menge der Kommunikationsalternativen:* Maßnahmen zur Unterstützung der informellen Zusammenarbeit zwischen den Mitarbeitern und die Förderung von „kleinen Dienstwegen", z.B. durch gemeinsame Veranstaltungen, außerberufliche Aktivitäten, räumliche Zentralisation usw. füh-

ren dazu, daß eine größere Anzahl von Kommunikationsmöglichkeiten gegeben ist. Umgekehrt führen streng einzuhaltende Dienstwege und Berichtssysteme sowie eine räumlich sehr dezentrale Anordnung der Mitarbeiter dazu, daß die Menge der Kommunikationsalternativen relativ begrenzt bleibt.

(3) *Beeinflussung der Informationsstruktur und*

(4) *Beeinflussung der Prognosefunktion:* Trainee-Ausbildung und Job Rotation sind Maßnahmen, die dem Entscheidungsträger einen Einblick in die Aufgabenbereiche anderer Mitarbeiter geben und damit auch seine Informationsstruktur und seine Prognosefunktion für die Lösung von Kommunikationsentscheidungen verbessern (können).

(5) *Beeinflussung der Zielfunktion:* Eine Erziehung der Mitarbeiter *gegen* den Abteilungsegoismus beeinflußt die für die Kommunikationsentscheidungen maßgebliche Zielfunktion. Ein Entscheidungsträger ist dann möglicherweise auch bereit, zum Nutzen der Gesamtunternehmung Informationen an andere Mitarbeiter zu übermitteln, wenn er selbst daraus keinen unmittelbaren (Abteilungs-)Vorteil erzielt.

(6) *Beeinflussung der Ergebniswerte:* Die Konsequenzen einer Informationsübermittlung lassen sich - gemessen in Zielgrößenwerten der ursprünglichen Objektentscheidung - im Prinzip zwar ermitteln (KAUS, 1985). Der damit verbundene Aufwand ist jedoch im allgemeinen so groß, daß die Konsequenzen in der Realität nur mehr oder weniger grob geschätzt werden können. Eine Feinsteuerung von Kommunikationsentscheidungen über die Ergebniswerte ist deshalb von geringer praktischer Bedeutung. Allerdings wirken z.B. Sanktionen für unerlaubte Informationsabgaben (etwa für Geheimnisträger) gerade auf diese Determinante der Kommunikationsentscheidungen.

6. Aggregierte Darstellung von Zielkomponenten organisatorischer Gestaltung

Die explizite Betrachtung der Primärdeterminanten der Entscheidungen nachgeordneter Mitarbeiter ist insbesondere dann sinnvoll, wenn von den erwogenen organisatorischen Maßnahmen nur wenige Mitarbeiter betroffen und deren Entscheidungsdeterminanten (aufgrund von Erfahrungen) gut zu prognostizieren sind. Wenn jedoch die Entscheidungsprozesse in der Unternehmung als Ganzes oder in größeren Teilbereichen (etwa Abteilungen) Gegenstand der organisatorischen Steuerungsüberlegungen sind, so ist es nicht möglich oder zumindest nicht sinnvoll, die Entscheidungsdeterminanten aller betroffenen Organisationsmitglieder explizit in diese Überlegungen einzubeziehen. Es besteht die Notwendigkeit der Komplexitätsreduktion.

Die Komplexität kann reduziert werden, indem die Zielkomponenten organisatorischer Gestaltungsmaßnahmen mehr oder weniger stark *aggregiert* dargestellt werden. Auch eine solche Darstellung kann Orientierungshilfe bieten. Insbesondere kann dadurch vermieden werden, daß der Organisator aufgrund der Vielzahl von maßgeblichen Einzelaspekten den Überblick über die wesentlichen Grundzusammenhänge verliert.

Das Ziel organisatorischer Gestaltungsmaßnahmen kann darin gesehen werden, zu bewirken, daß die „Unternehmung als Ganzes" sowie die einzelnen Organisationsmitglieder ihre Aufgaben „gut" erfüllen, wobei die „Aufgabe" eines Organisationsmitgliedes auch darin bestehen kann, anderen Mitgliedern Aufgaben zu übertragen. Es liegt daher für bestimmte Fragestellungen nahe, die Zielkomponenten organisatorischer Gestaltungsmaßnahmen *aufgabenorientiert* zu beschreiben.

In jeder Unternehmung sind - in sehr allgemeiner Darstellung - die in Abbildung VIII.2 aufgeführten Grundaufgaben zu erfüllen:

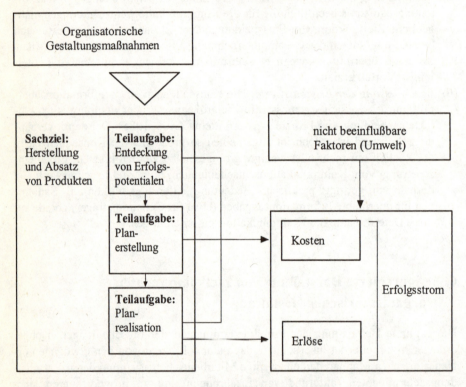

Abb. VIII.2: Grundaufgaben (in) der Unternehmung

Die Unternehmensaufgabe (das „Sachziel" der Unternehmung) kann darin gesehen werden, bestimmte Produkte (Güter und/oder Dienstleistungen) herzustellen und abzusetzen. In enger Verbindung dazu stehen die folgenden Grundtätigkeiten:

– Entdeckung von Erfolgspotentialen,
– Planerstellung (Treffen von Objektentscheidungen) und
– Planrealisation.

Zu den Aktivitäten der Entdeckung von Erfolgspotentialen zählen wir die mehr oder weniger kreative Suche nach Objektalternativen, die Erfolgschancen bieten könnten, *und* die Beschaffung von Informationen zur Prognose ihrer (möglichen) Erfolge. Erfolgspotentiale können sowohl im innovativen Bereich wie im operativen Bereich entdeckt werden. Im innovativen Bereich kann dies etwa geschehen durch die Entdeckung neuer Produkte, neuer Fertigungstechnologien und Verwendungsmöglichkeiten für vorhandene Rohstoffe und Abfallprodukte.[1] Der operative Bereich beinhaltet vor allem die laufenden Verrichtungsprozesse im Rahmen der gegebenen Kapazitäten und technischen Verfahrensmöglichkeiten. Erfolgspotential kann hier insbesondere durch die Kontrolle der Ablaufprozesse entdeckt werden, z.B. durch Kostenkontrolle, Qualitätskontrolle, Durchführungskontrolle, Kontrolle der Fehlzeiten. Die Kontrolle bietet u.a. die Möglichkeit, gegebenenfalls korrigierend einzugreifen und dadurch den Erfolg zu erhöhen.

Bei der Planerstellung geht es insbesondere darum, aus den wahrgenommenen Aktionsmöglichkeiten die zu realisierenden Objektmaßnahmen auszuwählen. Hierbei werden mehr oder weniger komplexe (Objekt-)Entscheidungsmodelle konstruiert und gelöst. Die Planung mag zunächst nur zu groben Rahmenplänen führen. Diese Pläne müssen spätestens im Zuge ihrer Realisation präzisiert werden. Für die betreffenden Planungsaktivitäten kann die weitere Suche von Erfolgspotentialen (im Rahmen der durch die Globalpläne definierten Grenzen) erforderlich werden. Der Planungsprozeß und die Suche von Erfolgspotentialen sind somit eng miteinander verbunden. Die Planung beginnt nicht erst, wenn die Suche von Erfolgspotentialen vollständig abgeschlossen ist; sie lenkt vielmehr diesen Suchprozeß zum Teil erst in sinnvolle Bahnen (Kapitel III).

Auch hinsichtlich Planerstellung und Planrealisation besteht keine eindeutige zeitliche Folge, denn die „Realisation" von Plänen erfordert ebenfalls Planung, sofern die zu realisierenden Pläne noch Ermessensspielräume belassen. Selbst solche Pläne, die in der Praxis als Detailpläne bezeichnet werden, können gewisse Wahlmöglichkeiten einräumen, so daß auch bei ihrer Realisation noch Ermessensentscheidungen getroffen werden können und müssen. Bei sehr engen Entscheidungsspielräumen wird man allerdings kaum noch von „Planung" sprechen.

Obwohl die Grenzen zwischen „Entdeckung von Erfolgspotentialen", „Planerstellung" und „Planrealisation" kaum exakt zu definieren sind und außerdem zwischen diesen Tätigkeitsbereichen enge Interdependenzen bestehen, ist es sinnvoll, zwischen diesen Aktivitäten zu unterscheiden, da für sie unterschiedliche organisatorische Maßnahmen sinnvoll sein können. Die Art und Weise, wie die in Abbildung VIII.2 aufgeführten Grundaufgaben erfüllt werden, bestimmen (gemeinsam mit der eintretenden Umweltentwicklung) die Erlöse und Kosten der Unternehmung und damit ihren Erfolgsstrom. Die Maßnahmen zur Entdeckung von Er-

---

[1]   Der Aufgabenbereich „Entdeckung von Erfolgspotentialen" wird hier sehr weit gefaßt. Er umfaßt auch die Entdeckung von Möglichkeiten, die *Umwelt* so zu beeinflussen, daß der Erfolg steigt. Die Entdeckung von Erfolgspotential geschieht im allgemeinen nicht zufällig; die Chance, vorhandenes Erfolgspotential auch wahrzunehmen, kann dadurch vergrößert werden, daß gezielt danach gesucht wird.

folgspotentialen und die Planungsaktivitäten führen in der Regel nicht unmittelbar zu Erlösen, sondern nur in Verbindung mit der Planrealisation (Erlöse entstehen z.B. aus dem Verkauf von Gütern und Dienstleistungen). Jedoch verursachen sie unmittelbar Kosten. Die Planung verursacht z.B. Personalkosten; die Entdeckung von internen Störungen verursacht Kontrollkosten; die Entdeckung von Absatzchancen kann eine umfassende Marktforschung erforderlich machen; die Produktverbesserung kann hohe Forschungs- und Entwicklungskosten verursachen.

Wird davon ausgegangen, daß organisatorische Maßnahmen dazu dienen sollen, die Entscheidungsprozesse so zu steuern, daß die in Abbildung VIII.2 dargestellten Grundaufgaben „gut" erfüllt werden, so werden diese Aufgaben zu primären Zielkomponenten der organisatorischen Gestaltung. Jedoch sind diese Zielkomponenten noch sehr allgemein definiert. Eine Präzisierung kann in der Weise erfolgen, daß Kriterien herangezogen werden, die für die Qualität (die Effizienz) der Aufgabenerfüllung besondere Bedeutung haben. Als Zielkomponenten der organisatorischen Gestaltung können z.B. folgende (Effizienz-)Kriterien dienen (vgl. auch Kapitel XIV und die dort angegebene Literatur):

Hinsichtlich der Aufgabe „Entdeckung von Erfolgspotentialen":
- *Frühzeitigkeit* der Entdeckung von Handlungsalternativen,
- *Güte* der entdeckten Alternativen (die Güte kann z.B. durch Gewinn oder Kapitalwert gemessen werden) und
- *Kosten* der Entdeckung.

Hinsichtlich der Aufgabe „Planerstellung":
- *Geschwindigkeit* der Planung,
- *Güte* der Planung (Werden die Pläne auf das Organisationsziel ausgerichtet und die Interdependenzen zwischen den Einzelaktionen erfaßt? Werden die vorhandenen Ressourcen gut genutzt?),
- *Planungskosten.*

Hinsichtlich der Aufgabe „Planrealisation":
- *Geschwindigkeit* der Planerfüllung (Inwieweit treten Durchsetzungsprobleme auf?),
- *Güte* der Planerfüllung,
- *Kosten* der Planerfüllung (hierzu zählen z.B. die Kontrollkosten und die Kosten der Schaffung positiver Leistungsanreize).[2]

Auch wenn die Zielkomponenten der organisatorischen Gestaltung in dieser oder in einer anderen aufgabenorientierten Weise definiert bzw. interpretiert werden, haben die Primärdeterminanten der Entscheidungen für die Beurteilung der organisatorischen Maßnahmen grundlegende Bedeutung, selbst wenn sie nicht alle explizit analysiert werden (können). Zum einen kann der Rückgriff auf die Primärdeterminanten die Prognose der zukünftigen Ausprägungen der Effizienzkriterien der

---

[2] Zwischen der Bewertung von Ausprägungen dieser Kriterien bestehen Interdependenzen. Es ist z.B. nicht sinnvoll, Maßnahmen zur schnelleren Entdeckung von „guten" Handlungsalternativen zu ergreifen, wenn die damit verbundenen Erfolgschancen nicht genutzt werden können, weil die Planerstellung und Planerfüllung zu viel Zeit in Anspruch nimmt. Die drei Teilaufgaben müssen daher aufeinander abgestimmt werden.

Aufgabenerfüllung (bei alternativen organisatorischen Gestaltungsmaßnahmen) erleichtern, zum anderen kann er (und dieser zweite Aspekt ist eng mit dem ersten verbunden) eine Erklärung dafür bieten, warum diese Kriterien in der Vergangenheit gerade die beobachteten Werte und keine anderen angenommen haben.

Bei der Beurteilung organisatorischer Maßnahmen im Hinblick auf die Zielkomponente „Entdeckung von Erfolgspotentialen" z.B. können vor dem Hintergrund der Primärdeterminanten folgende Fragen untersucht werden: Orientieren sich die betreffenden Entscheidungsträger am Organisationsziel? Erwarten sie Belohnungen für den Fall, daß sie Erfolgspotential entdecken? (Damit dürfte z.B. dann kaum zu rechnen sein, wenn in der Unternehmung die Tendenz besteht, neue Ideen *nicht* aufzugreifen.) Werden die Entscheidungsträger über die Ausprägungen solcher Indikatoren informiert (bzw. können sie sich selbst darüber informieren), die Rückschlüsse auf Erfolgspotentiale zulassen?

Ergänzende und vertiefende Literatur:

KAUS (1985); LIERMANN (1982; S. 68ff.); MANKE (1980); REBER (1973); SCHANZ (1978).

IX.   Basisvariablen organisatorischer Gestaltung: Verfügungsmöglichkeiten über Ressourcen, Verhaltensnormen und ergänzende Steuerungsmaßnahmen

1.   Problemstellung

Im vorangegangenen Kapitel wurde gezeigt, daß die (Primär-)Determinanten der Entscheidungen nachgeordneter Mitarbeiter als die Zielkomponenten organisatorischer Maßnahmen interpretiert werden können. Zugleich wurde verdeutlicht, wie eine Instanz Einfluß auf die verschiedenen Determinanten nehmen kann, um die Objekt-, Organisations- und Kommunikationsentscheidungen der nachgeordneten Mitarbeiter zu steuern. Offen geblieben ist bisher weitgehend, welche organisatorischen Instrumentalvariablen der Instanz zur Verfügung stehen, um Einfluß auf die nachgeordneten Entscheidungen auszuüben. Dieses Problem steht im Mittelpunkt des vorliegenden Kapitels. Die entwickelte Systematik der Basisvariablen organisatorischer Gestaltung (Abschnitt 2) soll die Einordnung der Vielfalt konkreter Steuerungsmöglichkeiten erleichtern.

Organisatorische Gestaltung kann danach durch die Eröffnung bzw. Begrenzung von Verfügungsmöglichkeiten über Ressourcen (Abschnitt 3), durch die Vorgabe von Verhaltensnormen (Abschnitt 4) und durch ergänzende Maßnahmen (Abschnitt 5) erfolgen. Zu den ergänzenden Maßnahmen zählt die Verbesserung der Information über den Inhalt der Verhaltensnormen (Abschnitt 5.2), die Verbesserung der Informationsstände und Fähigkeiten der Mitarbeiter (Abschnitt 5.3) und Maßnahmen zu deren Motivierung (Abschnitt 5.4). Einzelne Steuerungsmöglichkeiten aus dem aufgestellten Katalog werden in nachfolgenden Kapiteln eingehender analysiert.

Das Problem der Formulierung von Verhaltensnormen wird in Kapitel X behandelt; Kontroll- und Anreizprobleme werden in den Kapiteln XXII-XXIV erläutert.

2.   Überblick

Die Steuerung des Verhaltens irgendeines (nachgeordneten) Organisationsmitglieds erfolgt grundsätzlich in der Weise, daß
- *Verfügungsmöglichkeiten* über Ressourcen eingeräumt bzw. entzogen werden,
- *Verhaltensnormen* vorgegeben werden, die mehr oder weniger präzise zum Ausdruck bringen, welche Informationen zu beschaffen sind und wie auf empfangene Informationen zu reagieren ist, und außerdem

- *ergänzende Maßnahmen* ergriffen werden, die die Wahrscheinlichkeit erhöhen sollen, daß diese Normen gut befolgt werden (können) (ARROW, 1974; HAX, 1965, S. 73ff.).

Jede Steuerungsmaßnahme setzt sich aus bestimmten Ausprägungen dieser „Basisvariablen organisatorischer Gestaltung" zusammen. Ihre Wirkungsweise besteht in der Beeinflussung der Determinanten der Entscheidung. Das damit erreichte Verhalten des „gesteuerten" Entscheidungsträgers ist einerseits die Grundlage für eine Kontrolle der Bemessungsgrundlage für Belohnungen und Sanktionen; andererseits können aus dem Verhalten des Entscheidungsträgers Rückschlüsse auf die Eignung der gewählten Steuerungsmaßnahmen gezogen werden. Die Abbildung IX.1 verdeutlicht diese Zusammenhänge.

3.   Verfügungsmöglichkeiten über Ressourcen

Die Verfügungsmöglichkeiten über Ressourcen bestimmen die objektiven Grenzen des individuellen Verhaltens. Von den Verfügungsmöglichkeiten eines Entscheidungsträgers hängen somit dessen Aktionsmöglichkeiten ab. Wenn z.B. ein Organisationsmitglied ein Telefon erhält, werden seine Informationsmöglichkeiten erweitert.

Die Instanz kann das Verhalten eines nachgeordneten Organisationsmitglieds dadurch beeinflussen, daß sie ihm Verfügungsmöglichkeiten einräumt bzw. entzieht. Eine Beschränkung der Verfügungsmöglichkeiten bewirkt eine absolute Verhaltensrestriktion; die Menge der Aktionsmöglichkeiten wird wie in einer Vorauswahl begrenzt (einige der Verhaltensweisen sind dann nicht mehr möglich). Werden dem Entscheidungsträger zusätzliche Verfügungsmöglichkeiten eröffnet, so entstehen zwar - objektiv betrachtet - auch zusätzliche Aktionsmöglichkeiten. Inwieweit der Entscheidungsträger diese Möglichkeiten jedoch subjektiv wahrnimmt und in seinen Entscheidungskalkülen als zusätzliche Alternativen erwägt, ist a priori nicht mit Sicherheit bekannt.

In welcher Weise Verfügungsmöglichkeiten genutzt werden, hängt in der Regel auch davon ab, welche Verfügungs*rechte* übertragen werden; diese Rechte kommen in den Verhaltensnormen zum Ausdruck.

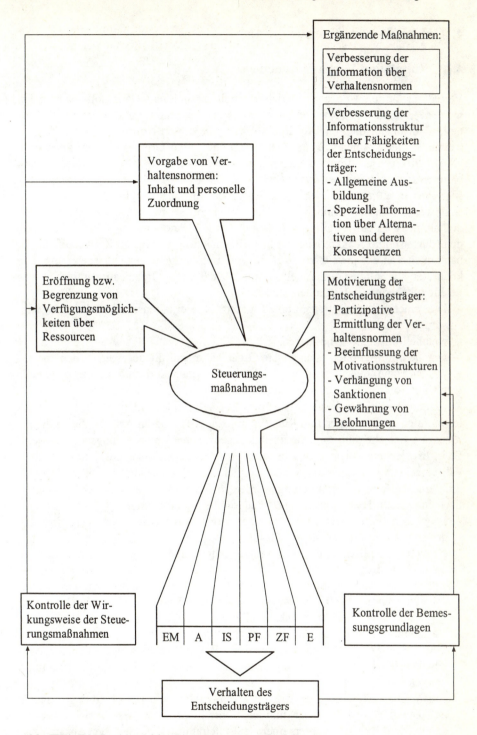

Abb. IX.1: Die Basisvariablen organisatorischer Gestaltung

4.   Verhaltensnormen

4.1.   Inhalt von Verhaltensnormen

Verhaltensnormen sind charakterisiert durch ihren Inhalt (*Was* soll wann getan werden?), durch ihre Präzision (*Wie* soll es getan werden?) und durch ihre personelle Zuordnung, die zum Ausdruck bringt, *wer* diesen Normen folgen soll. Verhaltensnormen können z.B. konkret einem speziellen Organisationsmitglied oder allgemein einer bestimmten Stelle zugeordnet sein; im letzteren Fall gelten die Normen für jeden Inhaber dieser Stelle. „*Stellennormen*" gelten auf Dauer und beschreiben in allgemeiner Form jene Aufgaben, die unabhängig davon zu erfüllen sind, wer gerade Stelleninhaber ist. Die Stellennormen begrenzen den Rahmen, innerhalb dessen dem jeweiligen Stelleninhaber konkrete Aufgaben übertragen werden (dürfen). Die Konkretisierung bzw. Präzisierung erfolgt im Zeitablauf in Abhängigkeit von der jeweils zu erfüllenden Gesamtaufgabe der Unternehmung. Die konkreten Verhaltensnormen gelten dann für dasjenige Organisationsmitglied, das gerade Inhaber der betreffenden Stelle ist.

Die einem Organisationsmitglied gesetzten Verhaltensnormen bringen zum Ausdruck,
– welche Informationen es beschaffen,
– welche Informationen es an andere Organisationsmitglieder weitergeben und
– welche Handlungsalternative (Objekt- bzw. Organisationsalternative) es jeweils wählen soll.

Konkret stehen hinter dieser allgemeinen Formulierung für den Inhalt von Verhaltensnormen Anweisungen und Richtlinien jeder erdenkbaren Art, mit denen die Instanz den Entscheidungsprozeß eines nachgeordneten Entscheidungsträgers beeinflußt. In welchem Ausmaß und in welchem Detail dies geschieht, ist von Fall zu Fall verschieden. Die Grundformen möglicher Verhaltensnormen und die Grundprobleme bei deren Formulierung werden im nachfolgenden Kapitel X systematisch dargestellt. Hier genügen zur Erläuterung einige Beispiele:
– Es werden explizit jene Handlungsalternativen aufgezählt, die zulässig sind; alle anderen Alternativen sind unzulässig.
– Es werden explizit diejenigen Handlungsalternativen dargestellt, die unzulässig sind; alle anderen sind zulässig.
– Einem Entscheidungsträger, in dessen Verantwortungsbereich mehrere Entscheidungsvariablen fallen, werden ein Teil der Variablenwerte als Daten vorgegeben. Unter Beachtung einer impliziten Verhaltensnorm muß er die übrigen Variablen so bestimmen, daß die vorgegebenen Werte eingehalten werden. Dem Leiter einer Fertigungsabteilung werden z.B. die Produktmengen als Daten vorgegeben. Er hat diese Mengen so zu produzieren, daß die Kosten minimiert werden.
– Einem Entscheidungsträger, der die Ausprägungen von Entscheidungsvariablen zu fixieren hat, werden Ober- und/oder Untergrenzen für diese Variablen vorgegeben. Zum Beispiel werden einem Entscheidungsträger, der über Absatzpreise zu entscheiden hat, Höchst- und Mindestpreise als Grenzwerte vorgegeben.

– Die Grenzen für Entscheidungsvariablen werden häufig nicht unmittelbar zum Ausdruck gebracht, sondern mittelbar, indem gewisse (Mindest-) Anforderungen an die Handlungsalternativen gestellt werden, denen sie genügen müssen. Diese Anforderungen können sich zum einen auf den Verbrauch von Ressourcen beziehen, zum anderen auf die Ergebnisse, die mit Handlungsalternativen verbunden sind (vgl. Kapitel XXII).

– Die Menge der zulässigen Handlungsalternativen kann schließlich auch durch die Beschreibung einer Aufgabe charakterisiert werden, z.B.: Errichte eine Produktionsstätte (und mache nichts anderes). Der Entscheidungsträger darf dann nur solche Aktionen wählen, die zur Erfüllung dieses Sachziels beitragen.

Verhaltensnormen können auch dazu dienen, die Spielräume für *Meta-Entscheidungen* einzuengen. Einem Entscheidungsträger, dem die Verhaltensnorm gesetzt wird, den Gewinnerwartungswert zu maximieren, könnte z.B. explizit vorgeschrieben werden, bestimmte Informationen einzuholen und seine Entscheidung auf der Basis eines bestimmten Modelltyps (z.B. des Grundmodells der Entscheidungstheorie) zu treffen. Die Verhaltensnormen können also auch Verfahren beschreiben, mit denen die auftauchenden Probleme zu lösen sind (Standardisierung der Problemlösungsprozesse).

4.2.   Zuordnung von Verhaltensnormen

Werden Verhaltensnormen im Sinne einer Stellenbeschreibung für den Aufgabenbereich einer Stelle formuliert, so gelten sie unabhängig von der Stellenbesetzung für *jeden* Entscheidungsträger, der diesen Aufgabenbereich jemals vertritt. Die Zuordnung von Verhaltensnorm und Weisungsempfänger erfolgt dabei, indem die Instanz darüber entscheidet, *wer* diese Stelle (mit der bereits vorgegebenen Verhaltensnorm) einnehmen soll; das Problem der Auswahl von Entscheidungsträgern ist ein eigenständiges Steuerungsproblem der Instanz.

Umgekehrt werden Verhaltensnormen in der Realität häufig personenspezifisch formuliert. Der Umfang eines übertragenen Aufgabenbereiches hängt dann z.B. von den Fähigkeiten des jeweiligen Entscheidungsträgers ab (es werden möglicherweise zusätzliche „maßgeschneiderte" Stellen innerhalb der bestehenden Aufbauorganisation der Unternehmung geschaffen). Bei der Festlegung des Inhalts und der Präzision der Normen kann berücksichtigt werden, welche Erwartungen die Instanz besitzt hinsichtlich der Fähigkeiten und der Motivation des jeweiligen Entscheidungsträgers, die vorgegebenen Normen auch zu befolgen.

5.   Ergänzende Steuerungsmaßnahmen

5.1.   Überblick

Die Gestaltung der objektiven Verfügungsmöglichkeiten der Entscheidungsträger und die Formulierung und Vorgabe von Normen für ihr Entscheidungsverhalten stellen die wesentlichen organisatorischen Aktionsmöglichkeiten für die Instanz

dar, um die Entscheidungen der nachgeordneten Organisationsmitglieder zu steuern. In den vorangegangenen Abschnitten ist deutlich geworden, auf welch vielfältige Weise damit auf die Determinanten nachgeordneter Entscheidungen Einfluß
genommen werden kann. Die Ausprägungen dieser Determinanten hängen jedoch
auch von einer Reihe weiterer Bestimmungsfaktoren ab; die Reaktion auf bestimmte Verhaltensnormen ist daher ungewiß:

– Die Steuerungswirkung von Verhaltensnormen wird davon bestimmt, wie hoch
  die Bereitschaft der Mitarbeiter ist, sich an diesen Normen zu orientieren.
– Die Steuerungswirkung hängt auch davon ab, ob die Entscheidungsträger aufgrund ihres Informationsstandes und ihrer Fähigkeiten eine vorgegebene Verhaltensnorm richtig interpretieren und befolgen können.

Andererseits ist für die Instanz die Reaktion der Entscheidungsträger auf bestimmte Verhaltensnormen *kein Datum*. Eine Instanz hat vielfältige Möglichkeiten,
Einfluß auf die Interpretation und die Befolgung der vorgegebenen Normen zu
nehmen. Solche „ergänzende" Maßnahmen dienen ebenfalls der Steuerung der
nachgeordneten Entscheidungen und gehören damit zu den organisatorischen Instrumentalvariablen der Instanz.

Die Instanz kann durch folgende ergänzende Maßnahmen die Wahrscheinlichkeit für die Befolgung von Verhaltensnormen in ihrem Sinne erhöhen (vgl. Abbildung IX.1):

– Verbesserung der Information über den Inhalt der Verhaltensnormen;
– Verbesserung der Informationsstände und der Fähigkeiten der Entscheidungsträ-
  ger;
– Motivierung der Entscheidungsträger.

5.2.   Verbesserung der Information über den Inhalt der Verhaltensnormen

Daß die Entscheidungsträger über die Verhaltensnormen zu informieren sind, sagt
nichts darüber aus, wie dies geschehen soll. Art und Ausmaß der Information über
die zu befolgenden Verhaltensnormen stellen daher ein eigenständiges organisatorisches Gestaltungsproblem dar. Bei der Information über den Inhalt von Verhaltensnormen stellt sich insbesondere das Problem, daß die betreffende Nachricht
vom Entscheidungsträger nicht so verstanden wird, wie sie die Instanz vermitteln
will. Die Gefahr von Mißverständnissen kann z.B. in der Weise reduziert werden,
daß den Entscheidungsträgern die Möglichkeit der Rückfrage eingeräumt wird
und/oder die Instanz bei der Vorgabe von Verhaltensnormen die Redundanz erhöht, indem sie dieselben Nachrichten mehrmals mit unterschiedlichen Codes
übermittelt. Verständigungsprobleme können auch verringert werden durch Ausbildung und die „Schaffung gemeinsamer, unternehmensintern eindeutig interpre-
tierbarer Fachsprachen und Wertmuster" (PICOT, 1993, S. 149).

Art und Ausmaß der Information können auch einen Einfluß haben auf die Motivation, den Normen zu folgen. Wenn einem Entscheidungsträger im Rahmen eines „face-to-face"-Gesprächs etwa mit ermutigenden Bemerkungen gesagt wird,

was er tun soll, wird er seine Aufgaben vielleicht besser erfüllen, als wenn ihm die Normen schriftlich übermittelt werden. Andererseits kann es aber auch motivierend wirken, wenn die Aufgaben schriftlich festgehalten sind; die Gefahr, daß bei späteren Kontrollen Entscheidungsträger und Instanz unterschiedliche Meinungen darüber vertreten, welche Aufgaben hätten ausgeführt werden sollen, kann dann geringer sein.

5.3. Verbesserung der Informationsstände und Fähigkeiten

5.3.1. Allgemeine Ausbildung

Ob ein Entscheidungsträger bestimmte Verhaltensnormen gut oder schlecht befolgt, hängt auch ab von seinem Informationsstand über Handlungsalternativen und deren Konsequenzen und von seinem Sachverstand. Dieser ist im dispositiven Bereich insbesondere geprägt durch die Fähigkeit, aus der Kenntnis von Indikatorenausprägungen gute Prognosen über die relevanten Ergebnisse abzuleiten, sowie durch die Kenntnis von Entscheidungsmodellen und die Fähigkeit, sie anzuwenden. Im operativen Bereich ist die Fähigkeit insbesondere durch Eigenschaften charakterisiert wie Kraft, Ausdauer und Geschicklichkeit im Umgang mit Werkstoffen und Betriebsmitteln (Maschinen, Werkzeugen).

Durch Ausbildung in eigenen oder fremden Ausbildungsstätten können die Informationsstände und Fähigkeiten der Organisationsmitglieder verbessert werden. Im dispositiven Bereich kann die Ausbildung insbesondere den folgenden Zwecken dienen:

- Es wird, z.B. im Rahmen von Trainee-Programmen, ein allgemeiner Überblick vermittelt über die Ziele, Aufgaben und Gliederung der Unternehmung sowie über ihre (wichtigsten) Absatz- und Beschaffungsmärkte. Diese Maßnahmen dienen u.a. dazu, das Verständnis unterschiedlicher Sachbereiche zu fördern. Der Einblick in die Gesamtzusammenhänge kann es dem einzelnen Organisationsmitglied erleichtern, sich mit (den Zielen) der Unternehmung zu identifizieren und seine Aufgaben gut zu erfüllen.
- Die (zukünftigen) Entscheidungsträger werden über Theorien mit empirischem Gehalt informiert, z.B. über Motivationstheorien, Theorien über das Konsumentenverhalten und Theorien über die Entwicklung von Preisen. Diese Maßnahmen dienen dazu, die allgemeine Grundlage für eine gute Prognose zu verbessern.
- Die Entscheidungsträger werden über Entscheidungsmodelle und Optimierungstechniken sowie deren allgemeine Vor- und Nachteile informiert. Eventuell erhalten sie - etwa durch die Teilnahme an Planspielen - die Gelegenheit, ihre Fähigkeiten im Umgang mit Entscheidungsmodellen zu verbessern.

Die Ausbildung kann auch die Motivation beeinflussen, bestimmten Verhaltensnormen zu folgen (bzw. nicht zu folgen). Ein Entscheidungsträger mit breiter Ausbildung wird z.B. eher motiviert sein, komplexe Probleme selbständig zu lösen, als ein Mitarbeiter, der sich nicht für ausreichend qualifiziert und motiviert hält und daher die Verantwortung scheut, die mit selbständigen Entscheidungen verbunden ist. Umgekehrt kann es auch demotivierend wirken, wenn breit ausgebildete Mitarbeiter nicht in entsprechendem Maße am Entscheidungsprozeß partizipieren, sondern eng an explizite Verhaltensnormen gebunden werden.

5.3.2. *(Spezielle) Information über Handlungsalternativen und Konsequenzen*

Durch eine „breite" Ausbildung kann zwar der Informationsstand über mögliche Alternativen und deren Konsequenzen erweitert werden; sie vermittelt aber eher einen allgemeinen Überblick, der die Orientierung in den konkreten Entscheidungssituationen erleichtern soll. Ein Entscheidungsträger muß (insbesondere bei variablen und unstrukturierten Aufgaben) dann nach eigenem Ermessen zusätzliche Informationen über Verhaltensnormen und Konsequenzen beschaffen. Aber auch die Instanz kann einem nachgeordneten Mitarbeiter spezielle Informationen für die Lösung seiner konkreten Entscheidungsprobleme geben. Sie kann auch anderen (nachgeordneten) Mitarbeitern die Weisung erteilen, solche Informationen zu übermitteln. Dadurch kann die Wahrscheinlichkeit steigen, daß „gute" Entscheidungen getroffen (Verhaltensnormen „gut" erfüllt) werden.

5.4.   Motivierung der Entscheidungsträger

Ob bestimmte Verhaltensnormen vorteilhaft sind oder nicht, hängt (auch) davon ab, inwieweit es gelingt, mit Hilfe von ergänzenden Maßnahmen die Entscheidungsträger zu motivieren, die Verhaltensnormen zu befolgen. Bereits die Art der Ermittlung der Verhaltensnormen kann einen erheblichen Einfluß auf die Motivation ausüben. Wenn die Instanz z.B. mit den nachgeordneten Mitarbeitern gemeinsam deren Verhaltensnormen erarbeitet, so können sich diese Mitarbeiter stärker verantwortlich fühlen, die Aufgaben wahrzunehmen, als wenn die Instanz dieselben Verhaltensnormen ohne Partizipation ermittelt und autoritär vorgibt.

Die Idee der Motivation durch Partizipation bei der Erarbeitung von Verhaltensnormen steht beim „Management by Participation" und beim „Management by Objectives" im Vordergrund. Im Rahmen des zuletzt genannten Managementkonzepts werden den nachgeordneten Mitarbeitern Ziele gesetzt bzw. mit ihnen „vereinbart" (etwa „Umsatzzuwachs von 10%" und/oder „Gewinnzuwachs von 5%"), die sie innerhalb eines bestimmten Zeitraumes weitgehend nach eigenen Zweckmäßigkeitsvorstellungen erreichen sollen. Dabei werden die Ziele *gemeinsam* mit den betroffenen Mitarbeitern erarbeitet. Es wird erwartet, daß sich die Mitarbeiter dann stärker mit den Zielen identifizieren, als wenn diese autoritär vorgegeben werden.

Die Art der Ermittlung der Verhaltensnormen kann auch einen Einfluß auf deren Inhalt haben. Im Falle der Beteiligung der Mitarbeiter an der Normenfindung können deren Informationen und Ideenpotential genutzt werden. Die Instanz kann auf diese Weise Informationen erhalten, die andernfalls nicht zu ihr gelangt wären. Partizipation dient also nicht nur der Motivation der Mitarbeiter, sondern auch der

Verbesserung des Informationsstandes der Instanz, so daß sie bessere Verhaltensnormen formulieren kann.

Die Motivierung eines Entscheidungsträgers zu einem von der Instanz gewünschten Verhalten erfolgt im allgemeinen durch die Verknüpfung der gewünschten Verhaltensweisen mit Konsequenzen, die sich auf bestimmte persönliche Ziele dieses Entscheidungsträgers (z.B. Einkommen, Macht) positiv auswirken. Es wird dann erwartet, daß der Entscheidungsträger im eigenen Interesse andere persönliche Ziele (z.B. Freizeit, Bequemlichkeit) den Zielen der Organisation unterordnet.

Welche der persönlichen Ziele sich für die Motivierung eines Entscheidungsträgers besonders eignen, weil etwa eine Erhöhung der Ausprägungen gerade dieser Zielgrößen in besonderem Maße die Vernachlässigung anderer Ziele kompensiert, hängt davon ab, welchen Nutzen der Entscheidungsträger den Ausprägungen seiner Zielgrößen bzw. deren relevanten Veränderungen zuordnet, kurz: von seiner *Motivationsstruktur*. Je höher der Nutzenzuwachs ist, der hinsichtlich ausgewählter Zielgrößen erreicht werden kann, desto größer ist auch die Bereitschaft, andere eigene Ziele zugunsten der in der Unternehmung übernommenen Aufgabe zurückzustellen.

Noch vor einer Gewährung von Belohnungen und der Verhängung von Sanktionen kann die Instanz deshalb versuchen, die Motivationsstrukturen der Entscheidungsträger so zu beeinflussen, daß auf möglichst einfache Weise gute Motivierungswirkungen erzielt werden können. Hierzu müssen die Wertvorstellungen der Entscheidungsträger derart geprägt werden, daß ihre Bereitschaft, (andere) persönliche Ziele zurückzustellen, gestärkt wird (vgl. HAX, 1965, S. 199f.; MINTZBERG, 1979, S. 97ff.; OUCHI, 1980; WILLIAMSON/OUCHI, 1981).

Bei gegebenen Bedürfnisstrukturen kann die Wahrscheinlichkeit, daß Verhaltensnormen gut befolgt werden, erhöht werden, indem Sanktionen für den Fall verhängt werden, daß die getroffenen Entscheidungen mit den Verhaltensnormen nicht im Einklang stehen. Die Verhängung von Sanktionen für Fehlentscheidungen setzt voraus, daß die Entscheidungen überprüft und an bestimmten Sollvorstellungen gemessen werden, d.h. daß mehr oder weniger eingehende Kontrollen durchgeführt werden. (Varianten und Probleme der Kontrolle werden in Kapitel XXII behandelt.)

Es kann auch sinnvoll sein, durch die Gewährung von Belohnungen zusätzliche (positive) Anreize zu schaffen, die Verhaltensnormen zu befolgen (Kapitel XXIII und XXIV). Eine Belohnung kann z.B. in Form von Prämien, immateriellen Belohnungen oder Beförderungen erfolgen. Positive Anreize sind insbesondere dort sinnvoll, wo Kontrollen einen hohen Aufwand erfordern und/oder Sanktionen schwer zu rechtfertigen sind. Bei der Einführung eines Belohnungssystems werden Kontrollen allerdings nicht überflüssig. Zumindest müssen die Ausprägungen jener Größen überprüft werden, von denen die Belohnungen abhängen. Darüber hinaus liefert die Kontrolle der Auswirkungen von Steuerungsmaßnahmen die Informationsbasis für zukünftige Steuerungsaktivitäten.

Bei der Formulierung von Verhaltensnormen (bei der Verteilung von Aufgaben) sollte bereits darauf geachtet werden, welche Möglichkeiten dann gegeben sind, gute Bemessungsgrundlagen für Belohnungen zu fixieren und entsprechende Kontrollen durchzuführen.

6.   Organisation und Information

Organisation ist eng mit Information verbunden:
- Organisationsentscheidungen beruhen stets auf bestimmten Informationen, z.B. über die zu erfüllenden Aufgaben, die vorhandenen Ressourcen, die Motivation und Fähigkeit der (potentiellen) Aufgabenträger. Im Rahmen der Organisationstheorie stellt sich das Problem, wie erreicht werden kann, daß Organisationsentscheidungen auf der Grundlage guter Informationsstände getroffen werden (können). Ein wichtiges Instrument der Beschaffung von Informationen für organisatorische Gestaltungsmaßnahmen ist die interne *Kontrolle* (Kapitel XXII und XXVI).
- Die Realisation einer Organisationsalternative kann immer nur in Verbindung mit der Übermittlung von Informationen an die betroffenen Mitarbeiter erfolgen. Die im Rahmen einer Stellenbeschreibung dargestellten Verhaltensnormen, in denen die Rechte und Pflichten beschrieben sind, können z.B. nur dann verhaltenssteuernd wirken, wenn der Stelleninhaber (mehr oder weniger präzise) darüber informiert wird. Eine besonders enge Beziehung zwischen Organisation und Information besteht bei der persönlichen Weisung. Hier wird der Mitarbeiter unmittelbar über die zu erfüllende Aufgabe informiert. Die Frage, wie Organisationsmitglieder über organisatorische Regelungen informiert werden sollen, ist ein eigenständiges Problem der Organisationstheorie. (Soll z.B. mündlich oder schriftlich, mit oder ohne Redundanz darüber informiert werden?) Die Art der Information über organisatorische Regelungen kann in starkem Maße das Verhalten der betroffenen Mitarbeiter beeinflussen.
- Organisatorische Regelungen dienen z.T. unmittelbar dazu, die Informationsprozesse der (nachgeordneten) Mitarbeiter zu steuern. Die Informationsstände über Handlungsalternativen und deren Konsequenzen sind dann selbst Zielkomponenten der organisatorischen Steuerungsmaßnahmen.

Ergänzende und vertiefende Literatur:

ARROW (1974); HAX (1965, S. 73ff.); PICOT (1993); STIGLITZ (1975).

X.   Die Formulierung von Verhaltensnormen:
Das Kernproblem organisatorischer Gestaltung

1.   Problemstellung

Für jede Organisation stellt sich das Problem, die Verhaltensnormen für die einzelnen Entscheidungsträger so zu formulieren, daß die Einzelentscheidungen aufeinander abgestimmt werden und dabei das Ziel der Organisation möglichst gut erreicht wird. Im vorliegenden Kapitel wird zunächst gezeigt, wie Verhaltensnormen nach ihren Eigenschaften und ihrem Zweck strukturiert werden können: Explizite und implizite Verhaltensnormen unterscheiden sich grundsätzlich in ihrer Präzision und bilden zugleich die Endpunkte einer Skala von Kombinationsmöglichkeiten. Fallweise und generelle Regelungen unterscheiden sich in ihrer Gültigkeitsdauer. Im Fall genereller Regelungen wird auch von Standardisierung und Programmierung gesprochen (Abschnitt 2). Je geringer die Präzision von Verhaltensnormen, um so größer ist der Ermessensspielraum des Entscheidungsträgers (Abschnitt 3).

Die Formulierung von Verhaltensnormen für einen Entscheidungsträger (und damit die Auswahl einer bestimmten Präzision und Gültigkeitsdauer) ist ein Entscheidungsproblem der Instanz. Dieses Problem steht im vorliegenden Kapitel im Mittelpunkt (Abschnitte 4 und 5).

2.   Grundformen von Verhaltensnormen

2.1.   Explizite und implizite Verhaltensnormen

In Anlehnung an HAX (1965; 1969a) können Verhaltensnormen explizit oder implizit formuliert sein (vgl. auch Kapitel I, Abschnitt 3.4.1.1). *Explizite* Verhaltensnormen schreiben einem Entscheidungsträger eindeutig (explizit) vor, welche Aktivitäten er ausführen soll. Sie werden im allgemeinen als bedingte Weisungen formuliert, in denen die auszuführenden Aktionen an bestimmte Ereignisse oder Beobachtungen geknüpft werden. Solche „Wenn-Dann"-Vorschriften lassen zwar im voraus offen, welche Aktivitäten tatsächlich durchzuführen sind (das hängt von der noch unbekannten Ausprägung der Wenn-Komponente ab). Trotzdem verbleibt dem Entscheidungsträger kein Entscheidungsspielraum: Aus der Beobachtung der Wenn-Komponente folgt zwingend, was zu tun ist. Ein Entscheidungsträger, dessen Verhalten vollständig durch explizite Verhaltensnormen bestimmt werden soll, hat grundsätzlich keinen Ermessensspielraum für eigene Entscheidungen. Ihm wird ein Katalog von Anweisungen vorgegeben, in dem für alle möglichen Informationsstrukturen angegeben ist, was er in dem betreffenden Fall tun soll.

Die oberste Leitungsinstanz einer Unternehmung ist grundsätzlich nicht in der Lage, die Entscheidungen aller nachgeordneten Mitarbeiter ausschließlich durch explizite Verhaltensnormen zu steuern. Dies würde einen kaum zu bewältigenden Planungsaufwand verursachen. Außerdem treten in vielen Bereichen immer wieder Ereignisse ein, die bei der Formulierung der expliziten Verhaltensnormen nicht als möglich erkannt worden sind. Für unvorhergesehene Ereignisse kann in einem reinen System expliziter Verhaltensnormen nur die Regelung gelten, daß sie unverzüglich an die oberste Leitungsinstanz gemeldet werden müssen, damit diese Instanz die jeweiligen Entscheidungen treffen und für die aktuelle Situation (wieder explizit) vorschreiben kann, wie auf das jeweilige Ereignis zu reagieren ist. Eine solche Vorgehensweise ist aber nur dann möglich, wenn unvorhergesehene Situationen nicht allzu häufig eintreten; andernfalls wird die oberste Leitungsinstanz überlastet.

Die Vorgabe einer zweiten Art von Verhaltensnormen kann die Instanz erheblich entlasten: Die Instanz gibt dem Entscheidungsträger nicht für alle möglichen Eventualitäten eine explizite Anweisung. Vielmehr gibt sie ihm ein Ziel vor, an dem er seine Verhaltensweise auszurichten hat. Er hat also im Rahmen eines eigenen Ziel-Mittel-Kalküls jeweils diejenige Alternative zu wählen, die diesem Ziel am besten entspricht. Wie er im Einzelfall zu entscheiden hat, „ist durch diese Zielvorgabe nicht explizit, sondern nur implizit bestimmt. Der Entscheidungsträger muß nach freiem Ermessen darüber befinden, welche Aktionen im Hinblick auf das vorgegebene Ziel angezeigt erscheinen. In der Zielvorgabe liegt somit eine *implizite Verhaltensnorm*" (HAX, 1969a, S. 42f.).

Eine Delegation von Entscheidungen durch die Vorgabe impliziter Verhaltensnormen schließt die Vorgabe expliziter Verhaltensnormen nicht aus. In fast allen Unternehmungen werden implizite Verhaltensnormen durch explizite Vorgaben ergänzt und dadurch die Entscheidungsspielräume der Entscheidungsträger begrenzt. Ein Entscheidungsträger, der über Investitionen und Desinvestitionen zu befinden hat, darf möglicherweise nicht über Produktions- und Absatzmaßnahmen entscheiden. Darüber hinaus mag sein Entscheidungsspielraum noch weiter eingeengt werden, indem z.B. eine Obergrenze für die Investitionssumme vorgegeben wird, die in keiner Periode ohne besondere Genehmigung des Vorgesetzten überschritten werden darf.

2.2. Standardisierung und Programmierung

Bezogen auf die Geltungsdauer von Verhaltensnormen läßt sich ein weiteres Begriffspaar einführen: Fallweise und generelle Regelungen.

Fallweise Regelungen werden für den Einzelfall formuliert, d.h. jeweils für eine bestimmte Entscheidungssituation und für einen bestimmten Entscheidungsträger. Da diese Vorgehensweise für die Instanz sehr aufwendig ist, wird sie prüfen, inwieweit bestimmte Regelungen dem Entscheidungsträger (oder für die von ihm besetzte Stelle) auf Dauer vorgegeben werden können (*generelle Regelungen*).

Eine Steuerung mit Hilfe von generellen Regelungen wird auch als Programmierung oder Standardisierung bezeichnet. Bei den Vorgaben handelt es sich meist um allgemeine Instruktionen, die den Ablauf der jeweiligen Aufgabenerfüllung normieren. Je nachdem, wie komplex und umfassend ein solches System von Regelungen ausfällt, entstehen auf diese Weise Verfahrensrichtlinien und Handbücher (KIESER/KUBICEK, 1983, S. 119ff.). Das Verhalten der Organisationsmitglieder innerhalb eines Kataloges von generellen Regelungen wird für andere Mitglieder leichter prognostizierbar; die Koordination von Teilentscheidungen wird dadurch erleichtert (PICOT, 1993, S. 143-147; LUHMANN, 1976, S. 54-59; LIERMANN, 1982, S. 257ff.).

Verhaltensnormen lassen sich also danach charakterisieren, wie hoch einerseits der Anteil an expliziten bzw. impliziten Komponenten ist und für welchen Zeitraum sie andererseits vorgegeben werden. Die Abbildung X.1 macht die Dimension dieser Eigenschaften deutlich.

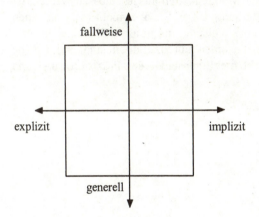

Abb. X.1: Eigenschaften von Verhaltensnormen

3.   Präzision von Verhaltensnormen und Ermessensspielraum

Verhaltensnormen können unterschiedlich „präzise" formuliert sein. Eine Norm ist „*eindeutig*", wenn sie alle (Sequenzen von) Verhaltensweisen bis auf eine als unzulässig ausschließt und wenn intersubjektiv überprüfbar ist, ob die Norm befolgt wird oder nicht. Der Entscheidungsträger, der an eine solche Norm gebunden ist, hat keinen Ermessensspielraum für eigene Wahlhandlungen. Zwar kann er faktisch etwas anderes tun; er verstößt damit jedoch gegen die Norm. Eine eindeutige Norm ist extrem präzise.

Eine „*mehrdeutige*" Norm schließt zwar mögliche Handlungsalternativen in intersubjektiv überprüfbarer Weise als unzulässig aus (sonst wäre es keine Norm), sie beläßt aber noch einen Spielraum für (subjektive) Ermessensentscheidungen, d.h. für Interpretationen der vorliegenden Situation und der durch die Norm in dieser

Situation gebotenen Verhaltensweise. Verschiedene Personen, insbesondere auch Vorgesetzte und nachgeordnete Mitarbeiter, können dabei unterschiedliche Auffassungen darüber vertreten, welche Handlungsalternativen im Einklang mit der Norm stehen und welche nicht.

Eine mehrdeutige Norm kann mehr oder weniger präzise sein. Eine Verhaltensnorm ist um so präziser, je stärker sie den Handlungsspielraum in intersubjektiv überprüfbarer Weise einengt. Verhaltensnormen können präzisiert werden, indem sie derart umformuliert werden, daß weitere Handlungsalternativen als unzulässig ausgeschlossen werden. Die bisherigen Verhaltensnormen können auch durch zusätzliche Normen ergänzt werden, die ihrerseits weitere mögliche Handlungsalternativen verbieten. Die Weisung „Intensivieren Sie die Werbung" z.B. ist sehr unpräzise. Sie könnte dahingehend interpretiert werden, daß die Werbeausgaben zu erhöhen sind; jedoch ist das Ausmaß der Erhöhung unbestimmt und es bleibt offen, wie die zusätzlichen Mittel auf die verschiedenen Werbemöglichkeiten verteilt werden sollen. Etwas präziser, da mehr Möglichkeiten ausgeschlossen werden, ist die Weisung „Intensivieren Sie die Werbung, geben Sie aber nicht mehr als einen Betrag X aus". Extrem präzise wäre eine Weisung, die in allen Einzelheiten (eindeutig) vorschreibt, welche Werbemaßnahmen durchzuführen sind und welche nicht. Die Abbildung X.2 verdeutlicht die Eigenschaft der Präzision durch ein Mengendiagramm:

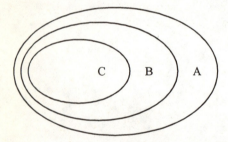

Abb. X.2: Verhaltensnormen mit unterschiedlichem Präzisionsgrad

Die Mengen A, B und C sind Teilmengen von Aktionsmöglichkeiten, die dem Entscheidungsträger verbleiben, wenn er die jeweilige Verhaltensnorm der Instanz befolgt. Wegen $C \subset B$ und $B \subset A$ ist die Norm C präziser als die Norm B und diese wiederum präziser als die Norm A. Die Norm C schließt Handlungsalternativen aus, die nach der Norm B zulässig sind. Umgekehrt verbietet jedoch die Norm B keine Handlungsalternative, deren Wahl nach Norm C zulässig ist.

Nicht in jedem Fall kann angegeben werden, welche von zwei Verhaltensnormen die präzisere ist (vgl. Abbildung X.3). Jede Norm schließt dann für sich Handlungsalternativen aus, die nach der anderen Norm zulässig sind. Jedoch ist ein Normensystem, das aus *beiden* Normen besteht, präziser als jede Norm für sich allein: Die Schnittmenge $A \cap B$ ist sowohl Teilmenge von A als auch von B.

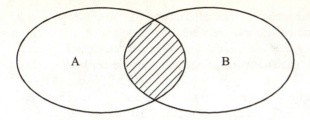

Abb. X.3: Verhaltensnormen mit (a priori) nicht vergleichbarem Präzisionsgrad

Zwischen Mitarbeitern entstehen häufig gewisse Sprachkonventionen. Wenn ein Vorgesetzter einem Mitarbeiter z.B. einen Auftrag erteilt mit der Bemerkung, er soll ihn diesmal „richtig" ausführen, so kann darin sehr präzise zum Ausdruck kommen, was zu tun ist. Ein außenstehender Beobachter, der die Sprachkonvention nicht kennt, wird möglicherweise die Charakterisierung „richtig" als inhaltsleer ansehen. Der Präzisionsgrad einer Verhaltensnorm hängt also auch von gegebenen Konventionen hinsichtlich der Interpretation von Normen ab.

Eine Verhaltensnorm ist tendenziell um so präziser, je weniger umfangreich der Aufgabenbereich ist, in dem subjektive Ermessensentscheidungen zu treffen sind. Ob eine Norm mehr oder weniger präzise vorschreibt, was zu tun ist, hängt nicht nur von ihrem Inhalt ab, sondern auch von der konkreten Entscheidungssituation, für die sie formuliert wird. Die gleiche Norm kann für unterschiedliche Entscheidungssituationen einmal sehr präzise, ein anderes mal sehr unpräzise sein.

4.   Implizite vs. explizite Verhaltensnormen

4.1.   Grundprobleme der Delegation von Entscheidungen

Die Delegation von Entscheidungsproblemen an einen oder mehrere Entscheidungsträger und deren Steuerung durch die Vorgabe impliziter Verhaltensnormen bietet der delegierenden Instanz eine Reihe von Vorteilen: Sie wird von Maßnahmen der Informationsbeschaffung und -verarbeitung entlastet; in der verbleibenden Zeit kann sie sich anderen Aufgaben widmen. Möglicherweise trifft ein Entscheidungsträger auch eine bessere Entscheidung als die Instanz. Andererseits kann die Gefahr von Fehlentscheidungen bestehen. Die Formulierung eines Systems von Verhaltensnormen ist ein komplexes Entscheidungsproblem. Bevor wir darauf näher eingehen, soll der Zweck einer Delegation von Entscheidungen und die Bestimmungsfaktoren für die Vorteilhaftigkeit der Delegation näher betrachtet werden.

Bei Delegation von Entscheidungen hat der Entscheidungsträger im allgemeinen die Aufgabe,

– (im Rahmen seines Entscheidungsspielraumes) nach Handlungsalternativen A_a zu suchen,

- Informationen über die maßgeblichen Umweltzustände S_s einzuholen und sich ein Wahrscheinlichkeitsurteil über diese Umweltzustände zu bilden,
- den relevanten (A_a, S_s)-Konstellationen die jeweiligen Ergebnisse E_{as} zuzuordnen und dann nach Maßgabe des vorgegebenen Zieles eine der Handlungsalternativen auszuwählen.

Die Delegation entlastet die Instanz zunächst dadurch, daß sie nicht selbst nach Handlungsalternativen suchen muß; außerdem kann die Chance bestehen, daß der Entscheidungsträger vorteilhafte Aktionsmöglichkeiten entdeckt, die die Instanz bei einer eigenen Entscheidung übersehen hätte. Andererseits übersieht vielleicht der Entscheidungsträger vorteilhafte Aktionsmöglichkeiten, die die Instanz erkannt hätte.

Außerdem bewirkt die Delegation eine Entlastung der Instanz von Maßnahmen der Beschaffung von Informationen zur Prognose des Umweltzustandes. Die Delegation ist vor allem dann naheliegend, wenn die Instanz damit rechnet, daß der Entscheidungsträger
- mehr Informationen besitzt bzw. beschaffen kann als sie selbst und/oder
- besser „qualifiziert" ist, den eintretenden Umweltzustand zu prognostizieren.

Im ersten Fall eröffnet die Delegation der Instanz die Möglichkeit, für die zu treffende Entscheidung die Information des Entscheidungsträgers zu nutzen, ohne daß sie selbst diese Informationen aufnehmen (und verarbeiten) muß. Dadurch entfallen für sie die Kosten der eigenen Informationsbeschaffung (und Informationsverarbeitung). Im zweiten Fall kann die Instanz die bessere Prognosefähigkeit des Entscheidungsträgers nutzen. Auch wenn die Instanz gut informiert ist, kann sie sich als unzureichend qualifiziert fühlen, aus den vorhandenen Informationen ein fundiertes Wahrscheinlichkeitsurteil abzuleiten; sie fühlt sich nicht in der Lage, aus den Informationen befriedigende Schlüsse zu ziehen.

Schließlich bedeutet es für die Instanz eine Entlastung, wenn sie nicht selbst den Handlungsalternativen die (möglichen) Ergebnisse zuordnen muß. Andererseits besteht aber die Gefahr, daß der Entscheidungsträger nicht das ihm gesetzte Ziel verfolgt, sondern abweichende persönliche Ziele.

Die Beurteilung der Delegation setzt voraus, daß im konkreten Fall die damit verbundenen Vor- und Nachteile gegeneinander abgewogen werden. Im folgenden werden Aspekte dargestellt, die für die Beurteilung der Vorteilhaftigkeit einer Delegation von Entscheidungen relevant sind. Dabei gehen wir davon aus, eine Person (die Instanz) erwäge, bestimmte Entscheidungen an *eine* nachgeordnete Person, den *potentiellen Entscheidungsträger*, zu delegieren. Die Darstellungen gelten analog für mehrere Entscheidungsträger.

(1) *Kapazität der Beschaffung, Verarbeitung und Übermittlung von Informationen:* Die Kapazität der Instanz, Informationen zu beschaffen, zu verarbeiten und weiterzugeben, ist begrenzt. Je umfassender sie die Entscheidungen der unterstellten Mitarbeiter durch explizite Verhaltensnormen steuert, um so mehr Zeit benötigt sie, die Mitarbeiter über die durchzuführenden Aktionen zu informieren, und um so weniger Zeit verbleibt ihr für die Lösung der einzelnen Entscheidungsprobleme. Durch die Delegation von Entscheidungen wird die Instanz entlastet und kann sich

den verbleibenden Entscheidungsproblemen eingehender widmen. Vor allem durch die Delegation von Routineaufgaben kann sie die Voraussetzungen dafür schaffen, daß sie sich eingehend den Entscheidungsproblemen von besonderer Tragweite widmen kann. Sie hat dann mehr Zeit, sich mit langfristigen Strategien und der Koordination der einzelnen Entscheidungsbereiche zu befassen. Aufgrund der Begrenztheit der intellektuellen Kapazität der Instanz kann eine Delegation von Entscheidungen auch dann sinnvoll sein, wenn der Entscheidungsträger weniger Informationen und einen geringeren Sachverstand hat als die Instanz.

(2) *Verteilung von Informationen, Informationsbeschaffungsmöglichkeiten und Informationskosten:* Ob die Delegation von Entscheidungsbefugnissen vorteilhaft ist, hängt auch davon ab,
– über welche entscheidungsrelevanten Informationen jeweils die Instanz und der (potentielle) Entscheidungsträger in der Ausgangssituation bereits verfügen,
– welche Informationsbeschaffungsmöglichkeiten ihnen offen stehen und
– welche Kosten bei der Beschaffung und Weiterleitung von Informationen anfallen.
Die Unternehmensleitung hat z.B. im allgemeinen eine bessere Übersicht über die gesamte Unternehmung. Sie kann daher Interdependenzen zwischen den einzelnen Bereichen bei ihren Entscheidungen zieladäquater berücksichtigen als ein einzelner Bereichsleiter. Andererseits ist ein Bereichsleiter in der Regel besser über die Gegebenheiten innerhalb seines Bereichs informiert. Er ist daher eher in der Lage, die allein seinen Bereich betreffenden Entscheidungsprobleme zieladäquat zu lösen.

Ob eine Delegation vorteilhaft ist oder nicht, hängt auch von den Informationskosten sowie den Informationsbeschaffungsmöglichkeiten der Instanz und des (potentiellen) Entscheidungsträgers ab. Die Instanz hat insbesondere auch die Möglichkeit, sich vom potentiellen Entscheidungsträger Informationen geben zu lassen und dann selbst zu entscheiden. Dabei entstehen jedoch Informationskosten durch den Einsatz von Zeit und anderen Ressourcen. Der Instanz kann bei einem umfangreichen Informationsbeschaffungsprozeß die Zeit fehlen, sich hinreichend mit dem eigentlichen Entscheidungsproblem zu befassen (sie hat z.B. nur noch wenig Zeit, über Handlungsmöglichkeiten und deren Konsequenzen nachzudenken). Außerdem können günstige Anpassungsmöglichkeiten an die Umweltentwicklung oft nicht wahrgenommen werden, wenn erst übergeordnete Instanzen eingeschaltet werden müssen und die Möglichkeiten nicht gleich genutzt werden können.

Eine Delegation von Entscheidungen erscheint also vor allem dann sinnvoll, wenn
1. der potentielle Entscheidungsträger einen hohen Informationsstand in bezug auf die Aktionsmöglichkeiten und entscheidungsrelevanten Daten hat, und wenn
2. die Kosten der Information über die entscheidungsrelevanten Daten und die durchzuführenden Aktionen hoch sind. Eine Delegation von Entscheidungen kann die Anpassungsfähigkeit der Organisation an die Umweltentwicklung erhöhen, da aufgrund kürzerer Instanzenwege der Informationsbeschaffungs- und -verarbeitungsprozeß vereinfacht wird.

(3) *Sachverstand (Befähigung):* Ob es vorteilhaft ist, bestimmte Entscheidungsprobleme zu delegieren oder nicht, hängt auch vom Sachverstand (der Befähigung) der Instanz und dem des potentiellen Entscheidungsträgers ab. Der Sachverstand ist geprägt durch
- die Fähigkeit, aus der Kenntnis bestimmter Indikatoren „gute" Prognosen über die relevante Umweltentwicklung (d.h. hinsichtlich der entscheidungsrelevanten Daten) abzuleiten, sowie
- die Kenntnis von Optimierungstechniken und die Fähigkeit, sie anzuwenden.

Eine Delegation von Entscheidung kann auch dann sinnvoll sein, wenn der Entscheidungsträger zunächst noch wenig Sachverstand hat. Er kann lernen, Entscheidungsprobleme zu lösen. Dabei kann die delegierende Instanz den Lernprozeß fördern, indem sie z.B. Rat erteilt, auf Interdependenzen hinweist und bei (Gefahr von) Fehlentscheidungen korrigierend eingreift.

(4) *Ziele der Instanz:* Ob eine Delegation von Entscheidungen vorteilhaft ist oder nicht, hängt auch davon ab, welche Ziele die Instanz verfolgt und inwieweit sich ihre Zielvorstellungen durch eine operationale Zielfunktion ausdrücken lassen. Wird einem Entscheidungsträger nur ein vage formuliertes Ziel vorgegeben, so fehlt ihm weitgehend die Beurteilungsgrundlage für seine Entscheidungen. Die Formulierung operationaler Unterziele stellt oft ein sehr komplexes Problem dar. Das gilt vor allem dann, wenn mehrere Zielgrößen relevant sind und/oder unsichere Erwartungen über die Umweltentwicklung bestehen. Die Instanz wird im allgemeinen nicht umhin kommen, erhebliche Vereinfachungen bei der Beschreibung der Zielfunktion vorzunehmen; dann besteht aber die Gefahr, daß bei Delegation Entscheidungen getroffen werden, die vom Standpunkt des tatsächlichen Ziels der Instanz nachteilig sind. Wenn die Instanz selbst auf der Grundlage eines eigenen Kalküls die Entscheidung trifft, so ergibt sich zwar ebenfalls die Notwendigkeit, Vereinfachungen bei der Darstellung ihrer Zielfunktion vorzunehmen. Die Instanz ist sich aber der Vereinfachung bewußt. Sie kann sich bei ihrer Entscheidung auf das Ergebnis ihres Kalküls stützen und zugleich der Vereinfachung Rechnung tragen, indem sie z.B. die im Kalkül vernachlässigten Zielgrößen implizit berücksichtigt. Einem Entscheidungsträger dagegen ist die komplexe Zielstruktur der Instanz im allgemeinen nicht bekannt; er kennt nur das vorgegebene Unterziel.

Eine Delegation von Entscheidungen setzt bei der Instanz die Bereitschaft voraus, ihre Ziele offenzulegen.

(5) *Ziele und Motivation des potentiellen Entscheidungsträgers:* Eine Delegation von Entscheidungen kann die Mitarbeiter dazu motivieren, sich stärker für die Ziele der Organisation einzusetzen. Viele Menschen sind stärker motiviert, nach Handlungsalternativen und relevanten Informationen zu suchen, wenn sie im Rahmen eines eigenen Entscheidungskalküls eine Alternative auswählen können, als wenn eine übergeordnete Instanz die Entscheidung trifft. Außerdem sind viele Menschen eher bereit, sich intensiv für die Realisation von Entscheidungen einzusetzen, wenn sie die Entscheidung selbst getroffen haben.

Die Delegation von Entscheidungen kann allerdings auch Unsicherheit hervorrufen und demotivierend wirken. Das ist vor allem dann zu erwarten, wenn sich der Entscheidungsträger für nicht ausreichend informiert und qualifiziert hält und die Verantwortung scheut, die mit selbständigen Entscheidungen verbunden ist. Es kann dann viel Zeit vergehen, bis eine Entscheidung getroffen wird. Die Anpassungsfähigkeit des Unternehmens an die Umweltentwicklung wird damit beeinträchtigt. Inwieweit mit solchen Konsequenzen zu rechnen ist, hängt allerdings vom Führungsstil der Instanz ab. Sie kann dem Entscheider bei der Problemlösung helfen, indem sie ihm Informationen gibt, Rat erteilt und/oder darauf hinweist, daß bei Fehlentscheidungen nicht gleich mit Sanktionen zu rechnen ist.

Ob eine Delegation vorteilhaft ist oder nicht, hängt vor allem auch davon ab, ob sich der Entscheidungsträger bei seinen Entscheidungen am vorgegebenen Ziel orientieren wird oder sich von abweichenden eigenen Zielen leiten läßt (vgl. hierzu Kapitel XXIII und XXIV).

(6) *Kontrollmöglichkeiten:* Auch dann, wenn kein Zielkonflikt vorliegt, besteht die Gefahr von Fehlentscheidungen: Ein Entscheidungsträger bildet sich möglicherweise ein Wahrscheinlichkeitsurteil über die maßgeblichen Umweltzustände, das vom Standpunkt der Instanz nicht sinnvoll ist. Er nimmt vielleicht bei seinem Entscheidungskalkül Vereinfachungen vor, die der Instanz unzweckmäßig erscheinen. Je schneller durch ein internes Kontrollsystem „Fehlentscheidungen" aufgedeckt werden können und je leichter es ist, nachteilige Konsequenzen durch korrigierendes Eingreifen abzuwenden, um so vorteilhafter ist eine Delegation von Entscheidungen. (Zum Problem der Kontrolle vgl. Kapitel XXII.)

4.2.   Ermessensentscheidungen bei der Orientierung an impliziten Verhaltensnormen

Im folgenden Abschnitt wird auf Ermessensprobleme bei der Befolgung impliziter Verhaltensnormen eingegangen. Dabei wird zunächst angenommen, durch explizite Verhaltensnormen sei bereits in *eindeutiger* Weise die Menge jener (zulässigen) Handlungsalternativen begrenzt, aus der mit Hilfe einer impliziten Verhaltensnorm eine Alternative auszuwählen ist.

Wenn eindeutig (in intersubjektiv überprüfbarer Weise) festgestellt werden kann, welche der zulässigen Handlungsalternativen der impliziten Verhaltensnorm am besten entspricht, dann besteht für den Entscheidungsträger kein Spielraum für Ermessensentscheidungen; das Normensystem ist extrem präzise.[1] Implizite Verhaltensnormen sind jedoch nur in Ausnahmefällen eindeutig. Dies gilt selbst dann, wenn die Menge der konkreten (zulässigen) Handlungsalternativen bereits bekannt ist. Es geht dann ausschließlich darum, eine dieser Alternativen nach einer impliziten Verhaltensnorm auszuwählen. Einzige Zielgröße sei der Gewinn. In dieser Si-

---

1)   Man könnte vermuten, daß es in diesem Fall nicht sinnvoll ist, den Entscheidungsspielraum durch explizite Verhaltensnormen zu begrenzen. Die Einengung des Entscheidungsspielraumes kann aber gerade deshalb zweckmäßig sein, weil die implizite Verhaltensnorm nur hinsichtlich der *zulässigen* Alternativen eindeutig, jedoch hinsichtlich der unzulässigen Alternativen mehrdeutig ist, so daß solche Alternativen nicht adäquat beurteilt werden können.

tuation ist die Verhaltensnorm „Maximierung des Gewinns" nur dann eindeutig, wenn bereits vor der Entscheidung objektiv festgestellt werden kann, welche Gewinne den Alternativen entsprechen, und wenn außerdem die Ermittlung der Gewinne selbst keine Kosten verursacht (die den Gewinn reduzieren würden). Der Entscheidungsträger hat dann keinen Spielraum für eine Ermessensentscheidung.

Sind dagegen die Gewinne der Handlungsalternativen zum Zeitpunkt der Entscheidung nicht mit Sicherheit bekannt, so folgt aus der Verhaltensnorm „Maximierung des Gewinns" in eindeutiger Weise nur, daß keine Handlungsalternative gewählt werden darf, die von einer anderen dominiert wird. Maßnahmen, die mit Sicherheit den Gewinn erhöhen (verringern), sind durchzuführen (zu unterlassen). Nur in dem Ausnahmefall, daß eine Handlungsalternative existiert, die alle anderen dominiert, kann aus der Norm eindeutig abgeleitet werden, welche Alternative zu wählen ist (nämlich die dominante Alternative). Wenn keine Handlungsalternative existiert, die alle anderen dominiert (und dies ist der Regelfall), so gibt die implizite Verhaltensnorm „Maximierung des Gewinns" nicht eindeutig an, welche Alternative zu wählen ist. Der Entscheidungsträger kann dann eine Auswahl nur durch eine Ermessensentscheidung treffen: Er muß ein Entscheidungskriterium für Risikosituationen auswählen, die Ungewißheit subjektiv abschätzen und dann die Alternativen bewerten.

Wird dem Entscheidungsträger statt dessen die Verhaltensnorm „Maximierung des Gewinnerwartungswertes" gesetzt, so verbleibt ihm hinsichtlich des Entscheidungskriteriums kein Ermessensspielraum. Trotzdem besteht keine Eindeutigkeit. Die Verhaltensnorm wäre nur dann eindeutig, wenn die Wahrscheinlichkeiten der Umweltzustände objektiv gemessen werden könnten - eine Voraussetzung, die bei ökonomischen Entscheidungsproblemen im allgemeinen nicht erfüllt ist. Es existieren allenfalls subjektive Wahrscheinlichkeiten, deren intersubjektive Überprüfung definitionsgemäß nicht möglich ist. Der Entscheidungsträger trifft auf der Basis seiner Informationsstruktur eine Ermessensentscheidung über die Wahrscheinlichkeiten, die er den Umweltzuständen zurechnet.

Darüber hinaus wird jedoch dem Entscheidungsträger kein Ermessensspielraum gewährt; er soll diejenige Handlungsalternative wählen, die im Lichte seines Wahrscheinlichkeitsurteils den höchsten Gewinnerwartungswert bietet. Ob der Entscheidungsträger dieser Norm folgt, ist aber schwer zu kontrollieren. Er hat daher einen Spielraum für die Verfolgung persönlicher Ziele. Nutzt er diesen Spielraum, so hat eine Kontrollinstanz nur sehr begrenzte Möglichkeiten, dies nachzuweisen: Der Entscheidungsträger kann behaupten, die von ihm gewählte Alternative weise im Lichte seiner subjektiven Wahrscheinlichkeiten für die Umweltzustände den höchsten Gewinnerwartungswert auf. Da diese Wahrscheinlichkeiten nicht intersubjektiv nachprüfbar sind, kann die Kontrollinstanz diese Behauptung letztlich nicht widerlegen. Sanktionen sind daher schwer oder gar nicht begründbar (vgl. Kapitel XXII).

Die Annahme, die zulässigen Handlungsalternativen seien mit Sicherheit bekannt, ist unrealistisch. Die Aufgabe eines Entscheidungsträgers besteht in der Regel gerade auch darin, Handlungsalternativen zu suchen. Die implizite Verhaltensnorm „Maximierung des Gewinns" ist in diesem Fall selbst dann nicht eindeutig,

wenn die Gewinne der jeweils entdeckten Handlungsalternativen nach ihrer Entdeckung mit Sicherheit bekannt sind. Zwar ist diese Verhaltensnorm dann eindeutig hinsichtlich des *Auswahlproblems*: Der Entscheidungsträger hat diejenige der
von ihm erkannten Handlungsalternativen zu wählen, die den höchsten Gewinn
bietet. Sie ist aber nicht eindeutig hinsichtlich des *Suchproblems*, sofern die Suche
von Handlungsalternativen (Opportunitäts-)Kosten verursacht (und dies ist der
Regelfall). Der Entscheidungsträger muß dann bei der Gestaltung des Suchprozesses die noch ungewissen Gewinne der möglicherweise entdeckten Aktionsmöglichkeiten gegen die Suchkosten (die den Gewinn reduzieren) abwägen. Die Norm
„Maximierung des Gewinns" läßt offen, wie das geschehen soll. Der Entscheidungsträger muß sich nach eigenem Ermessen für ein Entscheidungskriterium bei
Risiko entscheiden, damit er eine Basis für seine Suchüberlegungen hat.

Ist die Zielgröße Gewinn nicht eindeutig definiert, so tritt zusätzlich das Ermes-
sensproblem auf, *wie* (nach welchem Erfolgskonzept) der Gewinn zu ermitteln ist.
Ermessensspielräume bestehen insbesondere auch bei der Interpretation von Zielgrößen wie „Anpassungsfähigkeit", „Zufriedenheit", und „Kooperation", denen in
der Literatur zur Organisationstheorie große Bedeutung beigemessen wird.

4.3. Ermessensentscheidungen bei der Orientierung an expliziten Verhaltensnormen

Auch die Abgrenzung des Entscheidungsspielraumes durch die Vorgabe expliziter
Verhaltensnormen ist in der Realität häufig nicht eindeutig. Die Verhaltensnorm
„Ergreife Maßnahmen, die bei gegebenem Preis die Absatzmenge des Produktes A
erhöhen" ist ein Beispiel für eine mehrdeutige Begrenzung. Zwar fallen alle Maßnahmen, die bei gegebenem Preis die Absatzmenge mit Sicherheit erhöhen, in die
Entscheidungskompetenz, während alle Maßnahmen, die die Absatzmenge mit Sicherheit reduzieren, unzulässig sind. Es gibt indessen auch Maßnahmen, bei denen
im voraus nicht mit Sicherheit bekannt ist, ob sie den Absatz fördern oder beeinträchtigen. Die Verhaltensnorm bringt dann nicht klar zum Ausdruck, ob diese
Maßnahmen in den Kompetenzbereich des Entscheidungsträgers fallen oder nicht;
er muß eine Ermessensentscheidung treffen. Er könnte z.B. die Verhaltensnorm so
interpretieren, daß alle jene Dispositionen in seinem Entscheidungsspielraum liegen, die den Absatz des Produktes A mit einer gewissen Mindestwahrschein-
lichkeit erhöhen.

Eine Verhaltensnorm wie „Ergreife Maßnahmen, die bei gegebenem Preis die
Absatzmenge des Produktes A erhöhen (und mache nichts anderes)" ist zwar nicht
eindeutig, sie kann aber trotzdem einen großen Einfluß auf das Entscheidungsverhalten haben. Wird dem Entscheidungsträger statt dessen nur die implizite Verhaltensnorm „Maximiere den Gewinnerwartungswert" vorgegeben, so ist sein Ermessensspielraum extrem weit gefaßt. Die zusätzliche Norm „Ergreife Maßnahmen..." engt seinen Entscheidungsspielraum ein. Unzulässig sind dann alle
Maßnahmen, die mit der Absatzmenge des Produktes A in keinem Zusammenhang

stehen. Der Entscheidungsträger darf sie auch dann nicht realisieren, wenn er glaubt, daß sie zu einem höheren Gewinnerwartungswert führen.

5.   Die Formulierung von Verhaltensnormen als Entscheidungsproblem

Ob einem Entscheidungsträger mehr oder weniger präzise Verhaltensnormen vorgegeben werden sollen, ist ein komplexes Entscheidungsproblem bei Risiko. Bei der Lösung dieses Problems sind zum einen die *Kosten* der Formulierung der Normen und die Kosten der Information des Entscheidungsträgers über deren Inhalt von Bedeutung, zum anderen die *Verhaltenskonsequenzen*, zu denen die Normen führen werden. Sowohl die Kosten wie auch die Konsequenzen sind grundsätzlich (im voraus) nicht mit Sicherheit bekannt.

Die Kosten der Formulierung und der Vorgabe von Verhaltensnormen entstehen in Form von Ausgaben und/oder durch den Einsatz von Arbeit und Zeit (Opportunitätskosten).[2] Sie sind im allgemeinen um so höher, je präziser die Normen formuliert werden (je stärker sie ins Detail gehen). Wenn einem Organisationsmitglied Aufgaben übertragen werden, die sich ständig unter gleichen oder ähnlichen Bedingungen wiederholen, können explizite Verhaltensnormen vorgegeben werden, die im Zeitablauf kaum verändert werden müssen. In dieser Situation fallen Kosten der Formulierung und Information selbst dann relativ wenig ins Gewicht, wenn die Normen sehr präzise formuliert werden. Wenn jedoch die Aufgaben eines Organisationsmitgliedes unstrukturiert sind und sich ständig ändern (vgl. Kapitel XVII, Abschnitt 4), ist es (auch) unter Kostengesichtspunkten wenig sinnvoll, jeweils sehr präzise Verhaltensnormen vorzugeben. Es ist dann naheliegend, Entscheidungskompetenzen zu übertragen, innerhalb derer der Entscheidungsträger selbst beurteilen soll, *wie* die Aufgaben zu erledigen sind.[3]

Je präziser eine Verhaltensnorm formuliert ist, desto mehr Handlungsalternativen schließt sie als unzulässig aus. Ob durch eine Präzisierung „gute" oder „schlechte" Handlungsalternativen ausgeschlossen werden, ist insbesondere bei unstrukturierten Entscheidungsproblemen, die erst vom Entscheidungsträger in eine Struktur gebracht werden sollen, nur schwer abzuschätzen. Es besteht die folgende *Konfliktsituation*: Einerseits besteht bei einer „unpräzisen" Norm die Gefahr, daß der Entscheidungsträger eine „schlechte" Entscheidung trifft, weil er die Norm nicht „gut" interpretiert und/oder sich an abweichenden persönlichen Zielen orientiert. Andererseits kann eine adäquate Präzisierung der Norm (die Einengung

---

2)   (Opportunitäts-)Kosten im Zusammenhang mit der Information über den Inhalt der Verhaltensnorm entstehen nicht nur deshalb, weil die Instanz diese Informationen abgeben muß. Der Entscheidungsträger muß diese Informationen auch aufnehmen; er muß z.B. zuhören oder schriftliche Anweisungen, Stellenbeschreibungen und Verfahrensrichtlinien studieren.

3)   Diese Beurteilung kann um so besser erfolgen, je intensiver der Aufgabenträger ausgebildet worden ist. Ausbildung kann somit auch dazu dienen, die Kosten der Formulierung und Vorgabe von Verhaltensnormen zu reduzieren.

des Ermessensspielraumes des Entscheidungsträgers durch die Instanz) Informationen und Fähigkeiten erfordern, über die die Instanz nicht verfügt; der Entscheidungsträger wird aufgrund der Präzisierung möglicherweise gezwungen, eine Handlungsalternative zu wählen, die im Lichte *seiner* Informationen wesentlich schlechter ist als jene, für die er sich sonst entschieden hätte.

Die Vorgabe einer (relativ) unpräzisen Verhaltensnorm ist insbesondere dann naheliegend, wenn

- die Instanz nur wenig Informationen und/oder geringe Fähigkeiten zur Beurteilung von Handlungsalternativen und von Strategien der Alternativensuche hat,
- der Entscheidungsträger über einen guten Informationsstand verfügt und befähigt ist, die Verhaltensnorm im Sinne des Organisationszieles adäquat zu präzisieren bzw. zu interpretieren,
- er sich am Organisationsziel (und nicht an abweichenden persönlichen Zielen) orientiert und/oder
- die (Opportunitäts-)Kosten der Formulierung von Verhaltensnormen und der Information über deren Inhalt hoch sind.

Die Vorgabe einer relativ präzisen Verhaltensnorm ist vor allem dann naheliegend, wenn

- die Instanz einen besseren Informationsstand hat als der Entscheidungsträger und/oder besser qualifiziert ist, Informationen zu verarbeiten,
- die Gefahr besteht, daß sich der Entscheidungsträger bei einer weniger präzisen Verhaltensnorm an abweichenden persönlichen Zielen orientiert und
- die Kosten der Formulierung von Verhaltensnormen und der Information über deren Inhalt niedrig sind.

Zu den Aufgabenbereichen, in denen unpräzise Verhaltensnormen vorherrschen, zählen z.B. der Investitionsbereich, der Absatzbereich und der Forschungs- und Entwicklungsbereich. Präzise Anweisungen sind insbesondere für Organisationsmitglieder geboten, zwischen deren Tätigkeiten enge Interdependenzen bestehen und die aufgrund ihrer Spezialisierung und ihres begrenzten Informationsstandes nicht beurteilen können, wie sich die eigenen Tätigkeiten auf die Organisation als Ganzes auswirken. Dagegen besteht die Tendenz, daß Organisationsmitglieder um so weniger eng an explizite Verhaltensnormen (an generelle Regelungen) gebunden werden, je höher sie in die organisatorische Hierarchie eingebunden sind.

Die Neigung, Organisationsmitglieder an generelle Regelungen zu binden (die Tendenz zur Programmierung bzw. Standardisierung), ist um so höher, je höher die Strukturiertheit und je geringer die Variabilität der zu erfüllenden Aufgaben ist (Kapitel XIV). Bei gleicher Strukturiertheit und Variabilität der Unternehmensaufgabe verstärkt sich dabei die Tendenz zur Standardisierung mit der Unternehmensgröße, weil in größeren Unternehmungen eine vermehrte Spezialisierung stattfindet und damit auch die Interdependenzen zwischen den Einzelaktivitäten verstärkt werden. Standardisierung ist nicht nur ein wesentliches Instrument der Koordination, sie erleichtert darüber hinaus auch die Einarbeitung (und den Austausch) von Mitarbeitern sowie die Einschätzung (bzw. die Berechenbarkeit) ihres zukünftigen Verhaltens. Bereits daraus kann schon ein Vorteil entstehen, auch wenn die Notwendigkeit der Koordination gar nicht besteht.

Die Standardisierung wird jedoch als Steuerungsinstrument um so problematischer, je geringer die Strukturiertheit und je höher die Variabilität der zu erfüllenden Aufgaben ist. Um so mehr gewinnen dann solche (implizite) Verhaltensnormen an Bedeutung, die dem jeweiligen Mitarbeiter Ermessensspielräume belassen und (kreative) Interpretationen erfordern. Derartige Verhaltensnormen stellen hohe Anforderungen an die Aufgabenträger. Zudem ist ihre Befolgung nur schwer zu kontrollieren. Sorgfältige Personalauswahl, Ausbildung und Motivation erhalten dann einen besonderen Stellenwert.

Ergänzende und vertiefende Literatur:

HAX (1965, S. 73ff.); HILL/FEHLBAUM/ULRICH (1981, S. 266ff.); KAUS (1985); KIESER/KUBICEK (1983, S. 103-132); LAUX (1979a, 1979b); LIERMANN (1982); PICOT (1993).

TEIL E: ORGANISATORISCHE STRUKTURIERUNGSKONZEPTE: AUFBAU- UND ABLAUFORGANISATION

Die Analyse organisatorischer Gestaltungsvariablen und ihrer Ausprägungen führt zu einer außerordentlichen Vielfalt von Organisationsmaßnahmen. In der Praxis haben sich hingegen einige typische Organisationskonzepte bewährt. In den beiden folgenden Kapiteln werden solche Konzeptionen dargestellt: In Kapitel XI werden aufbauorganisatorische Strukturkonzepte vorgestellt. Das Kapitel XII befaßt sich mit ablauforganisatorischen Konzepten, wobei der Aspekt der Koordination im Vordergrund steht.

XI. Hierarchische Strukturierungskonzepte: Ein Überblick

1. Problemstellung

Die Vielzahl von Ausprägungs- und Kombinationsmöglichkeiten der Organisationsvariablen führt zu einer kaum überschaubaren Alternativenvielfalt bei der organisatorischen Gestaltung. In der Praxis hingegen haben sich einige typische Strukturierungskonzepte bewährt. Sie sollen im folgenden dargestellt werden.

Im Rahmen von Strukturierungskonzepten werden den Organisationsmitgliedern mehr oder weniger präzise definierte Aufgabenbereiche zugeordnet. Das Grundproblem der Strukturierung besteht darin, aus der „Gesamtaufgabe" der Organisation Teilaufgaben zu entwickeln, diese Aufgaben bestimmten Aufgabenträgern (organisatorischen Einheiten) zuzuordnen und unterstützende Maßnahmen zu ergreifen, damit die Aufgaben gut erfüllt werden.

Diese Formulierung könnte den Eindruck erwecken, als ob die Teilaufgaben stets aus einer präzise definierten Gesamtaufgabe logisch eindeutig deduziert werden könnten. Die Gesamtaufgabe ist jedoch nur in Ausnahmefällen eindeutig beschrieben; insbesondere bei der Strukturierung der Aufbauorganisation bestehen darüber im allgemeinen nur vage Vorstellungen. Sie könnte z.B. in „Herstellung und Verkauf der Produkte A, B, C..." bestehen, wobei noch weitgehend offen ist, welche konkreten (Teil-)Aufgaben aus dieser Gesamtaufgabe erwachsen. Konkrete (Teil-) Aufgaben werden erst in Zukunft definiert, und zwar in Abhängigkeit von der jeweiligen internen und externen Umweltsituation. Die konkreten Aufgaben ergeben sich dann nicht durch logische Deduktionen aus der vagen Gesamtaufgabe, sondern aufgrund schöpferischer Akte. Ein Kernproblem der organisatorischen Strukturierung besteht somit gerade darin, Bedingungen für die Entdeckung und Formulierung „guter" Aufgabenstellungen zu schaffen.

Zunächst wird in diesem Kapitel die Problematik der Bildung von (Teil-)Aufgaben aufgezeigt und die Vielfalt der möglichen Aufgaben in eine Systematik gebracht (Abschnitt 2). Danach werden als Grundformen der Strukturierung von Aufgaben die „Aufbauorganisation" und die „Ablauforganisation" erläutert (Abschnitt 3). Im Abschnitt 4 werden aufbauorganisatorische Strukturierungskonzepte vorgestellt: Die Verteilung von Objektaufgaben erfolgt durch Abteilungsbildung (Abschnitt 4.1). Mit der Übertragung von Weisungsbefugnissen werden Organisationsaufgaben verteilt (Abschnitt 4.2). Kommunikationsaufgaben werden durch Regelungen des Informationsaustausches übertragen (Abschnitt 4.3). Die Formulierung von Aufgaben erfolgt im Rahmen der Aufbauorganisation in relativ unbestimmter Form; durch ablauforganisatorische Regelungen werden sie situationsabhängig präzisiert (Abschnitt 5). Ablauforganisatorische Strukturierungskonzepte werden im nachfolgenden Kapitel XII gesondert dargestellt.

2.   Grundtypen von Aufgaben

2.1.   Objektaufgaben

Die Aufgaben innerhalb einer Organisation lassen sich auf drei Grundtypen zurückführen, zwischen denen allerdings enge Interdependenzen bestehen: Objekt-, Organisations- und Kommunikationsaufgaben.

Objektaufgaben beziehen sich auf operative Tätigkeiten (Arbeitsverrichtungen) und/oder Objektentscheidungen. Operative Tätigkeiten werden vor allem von den Mitarbeitern auf der untersten Ebene der Unternehmenshierarchie ausgeführt. Sie treffen dabei stets auch Objektentscheidungen, selbst wenn ihre Entscheidungsspielräume sehr eng sein mögen.

Die Übertragung von (Objekt-)Aufgaben führt nicht nur zu Pflichten, sondern es werden auch Rechte eingeräumt, die zur adäquaten Aufgabenerfüllung notwendig sind. Diese Rechte werden als Kompetenzen bezeichnet. Bei der Übertragung von Objektaufgaben können folgende Kompetenzarten von Bedeutung sein:
- *Objektentscheidungskompetenz* (Entscheidungsrecht im Hinblick auf bestimmte Objektalternativen),
- *„Ausführungskompetenz* (Erledigung von übertragenen Aufgaben unter Beachtung zeitlicher und verfahrensmäßiger Restriktionen),
- *Verfügungskompetenz* (Zugriffsrecht auf bestimmte Informationen, Materialien, Werkzeuge, Maschinen, die sich außerhalb des Arbeitsplatzes befinden)" (PICOT, 1993, S. 126).

Die Objektentscheidungskompetenz kann auch in bedingter Form übertragen werden. Dies ist z.B. dann der Fall, wenn ein Organisationsmitglied bestimmte Objektentscheidungen nur dann treffen darf, wenn ein anderes Mitglied verhindert ist (*Vertretungskompetenz*). Auch Gruppen kommen als Träger von Objektentscheidungen in Betracht. In diesem Fall werden die Objektentscheidungen von mehreren Personen nach einer Abstimmungsregel getroffen; den Gruppenmitgliedern werden *„Mitentscheidungsrechte"* eingeräumt. Entscheidungskompetenzen sind im Prinzip auch dann auf eine Gruppe übertragen, wenn ein einzelner Entscheidungsträger eine Alternative nur dann wählen darf, wenn ein anderer, etwa der Sicherheits- oder der Umweltschutzbeauftragte, kein Veto einlegt. Als gewählt gilt eine Alternative erst dann, wenn sie die „Stimmen" beider Entscheidungsträger erhält.

Ein Entscheidungsträger kann auch die Kompetenz besitzen, andere Organisationsmitglieder zu Rate zu ziehen bzw. von ihnen Informationen einzuholen, bevor er seine Objektentscheidungen trifft.

2.2. Organisationsaufgaben

Organisationsaufgaben beziehen sich sowohl auf operative Tätigkeiten als auch auf Organisationsentscheidungen. Organisationsaufgaben in Form operativer Tätigkeiten werden vor allem von den Mitarbeitern auf der vorletzten Ebene der Unternehmenshierarchie, etwa den Meistern oder den Vorarbeitern, wahrgenommen, indem sie z.B. nachgeordneten Mitarbeitern zeigen, wie bestimmte Arbeitsverrichtungen auszuführen sind. Diese vorgesetzten Mitarbeiter treffen dabei stets auch Organisationsentscheidungen (auch wenn ihre Entscheidungsspielräume eng begrenzt sein mögen).

Bei der Zuordnung von Organisationsaufgaben werden nicht nur Pflichten, sondern auch solche Rechte übertragen, die für eine adäquate Erfüllung dieser Aufgaben notwendig sind. Hinsichtlich der Organisationsentscheidungen können u.a. folgende Kompetenzen bestehen:

- *Richtlinienkompetenz* (Recht zur Setzung allgemeiner Rahmenbedingungen für die Entscheidungen der nachgeordneten Mitarbeiter),
- *Anordnungskompetenz* (Recht, nachgeordneten Mitarbeitern konkrete Weisungen zu erteilen),
- *Sanktions- und Belohnungskompetenz* (Recht, gewisse Belohnungen zu gewähren und/oder Sanktionen zu verhängen),
- *Partizipationskompetenz* (Recht, nachgeordnete Mitarbeiter z.B. dadurch an der eigenen Entscheidungsfindung zu beteiligen, daß sie Handlungsempfehlungen und/oder Informationen zur Prognose der Konsequenzen von Handlungsalternativen geben),
- *Delegationskompetenz* (Recht, Objekt-, Organisations- bzw. Kommunikationsentscheidungen an nachgeordnete Mitarbeiter zu übertragen).

Die Kompetenz für bestimmte Organisationsentscheidungen kann auch in bedingter Form als *Vertretungskompetenz* übertragen werden.

2.3. Kommunikationsaufgaben

Kommunikationsaufgaben umfassen operative Tätigkeiten (z.B. das Erstellen und die Weitergabe vorgeschriebener Berichte für Vorgesetzte) und Kommunikations-entscheidungen. Auch die Übertragung von Informationsaufgaben führt zu Kompetenzen, wobei vor allem folgende Kompetenzarten von Bedeutung sind:
– *Verfügungskompetenz* (Zugriffsrecht auf bestimmte Informationen bzw. das Recht, von bestimmten Personen Informationen anzufordern, Verfügungsrecht über Informationsmittel und Informationskanäle),
– *Beratungskompetenz* (Recht, andere Entscheidungsträger in der Organisation zu beraten).

2.4.   Grundtypen von Aufgaben und Stellenarten

Die Bestimmung zieladäquater Aufgaben für die einzelnen Mitglieder ist ein Grundproblem jeder Organisation. Eine erste, allerdings noch grobe Zuordnung von Aufgaben zu Entscheidungsträgern erfolgt durch die Bildung von *Stellen* und die Besetzung dieser Stellen mit bestimmten Personen. „Eine Stelle wird definiert als *Aufgabenkomplex*, der von einer dafür qualifizierten Person unter normalen Umständen bewältigt werden kann und der grundsätzlich unabhängig von dem jeweiligen Stelleninhaber gebildet wird. In ihr konkretisieren sich also die formalen Rollenerwartungen, die die Unternehmung an ein Organisationsmitglied richtet. Eine organisatorische Stelle kann mehrere räumliche Arbeitsplätze (z.B. Werkbänke, Schreibtische) umfassen. Stellen können bei ihrer Arbeit in erheblichem Umfang durch technische Hilfsmittel unterstützt werden, z.B. Fertigungstechnik, Informationstechnik, Kommunikationstechnik. Jedoch sind derartige Sachmittel keine eigenständigen organisatorischen Einheiten, sondern nur im Verbund mit der aufgabenbezogenen Unterstützung einer oder mehrerer Stellen zu verstehen. Sie beeinflussen unter Umständen die Struktur der Stellenaufgabe erheblich. In diesem Sinne werden Organisationen auch als sozio-technische Systeme interpretiert" (PICOT, 1993, S. 125).

Je nach dem vorherrschenden Aufgabentyp lassen sich verschiedene Stellen-arten unterscheiden:
– Stellen, bei denen sich operative Tätigkeiten ohne wesentliche Kompetenzen hinsichtlich Objekt-, Organisations- und Kommunikationsentscheidungen konzentrieren, werden als *Ausführungsstellen* bezeichnet.
– Stellen, bei denen sich Kompetenzen über Objekt- und Organisationsentscheidungen konzentrieren, werden *Instanzen* (Leitungsstellen) genannt.
– Stellen, bei denen Kommunikationsaufgaben überwiegen, die aber nicht die Kompetenz gewähren, Objekt- und/oder Organisationsentscheidungen zu treffen, werden *Stabsstellen* oder Stäbe genannt. Die Inhaber von Stabsstellen sollen Instanzen bei der Informationsbeschaffung und -verarbeitung entlasten und aufgrund eines besonderen Sachverstandes beraten. Stäbe wirken bei der Vorbereitung (Planung) und Überwachung (Kontrolle) von (Objekt- und Organisati-

ons-)Entscheidungen mit, indem sie u.a. Handlungsalternativen ausarbeiten, Informationen zur Beurteilung der Konsequenzen von Alternative geben und/oder Spezialprobleme lösen. Allerdings vollzieht sich in der Praxis die Arbeit von Stäben oft in der Form, daß sie Weisungen erarbeiten, die vom eigentlichen Vorgesetzten nur noch formal bestätigt werden. So kann z.B. eine Arbeitsvorbereitungsstelle Produktionspläne erstellen, die vom Produktionsleiter abgezeichnet und dadurch für die ausführenden Stellen als verbindlich erklärt werden. Hier liegen inhaltlich Weisungen der Arbeitsvorbereitungsstelle vor, obwohl es sich formal um Weisungen des Produktionsleiters handelt. Die Arbeitsvorbereitungsstelle gibt aber die Weisungen nicht aufgrund eigener Befehlsgewalt, sondern im Namen des Produktionsleiters. Dessen Vorstellungen sind auch bei Meinungsverschiedenheiten ausschlaggebend.

Die den Stellen zugeordneten Aufgaben sind in der Regel relativ allgemein definiert. Eine präzise (detaillierte) Beschreibung von Stellenaufgaben ist insbesondere dann nicht möglich bzw. sinnvoll, wenn die Aufgaben sehr unstrukturiert sind und/oder im Zeitablauf stark variieren (vgl. hierzu Kapitel XVII, Abschnitt 4). Durch eine allgemeine Formulierung von Stellenaufgaben wird ein Aufgabenfeld abgesteckt, innerhalb dessen die konkreten Aufgaben liegen sollen. Die Präzisierung der jeweiligen Aufgabe kann im Zeitablauf in der Weise erfolgen, daß eine vorgesetzte Instanz zusätzliche Weisungen erteilt. Zum anderen kann einem Stelleninhaber auch das Recht eingeräumt werden, seine Aufgaben nach eigenen Zweckmäßigkeitsvorstellungen (weiter) zu konkretisieren.

Die *Stellenbeschreibungen* bringen (auch) zum Ausdruck, welche Instanzen die Aufgaben anderer Stellen präzisieren dürfen bzw. müssen und inwieweit die einzelnen Stelleninhaber Ermessensspielräume für die eigenständige Konkretisierung ihrer Aufgaben haben. Die Stellenbeschreibung legt darüber hinaus fest, welche Kompetenzbeziehungen zwischen den Aufgaben verschiedener Stellen bestehen. Dadurch erfolgt eine grobe Strukturierung der Organisation. Der betreffende Strukturrahmen wird als Aufbauorganisation bezeichnet. Die detailliertere Steuerung der einzelnen Tätigkeiten erfolgt im Rahmen der Ablauforganisation, wobei die Aufbaustruktur Nebenbedingungen definiert, die bei der Festlegung der ablauforganisatorischen Regelungen einzuhalten sind.

3.   Verhältnis zwischen Aufbau- und Ablauforganisation

Die wichtigsten Strukturmerkmale der *Aufbauorganisation* sind die Abteilungsgliederung, das System der Weisungsbefugnisse und das Kommunikationssystem. Die Organisation wird in Abteilungen untergliedert, für die ihrerseits Unterabteilungen usw. gebildet werden. Eine Abteilung besteht aus einer Anzahl von Stellen, die im Zuge der Abteilungsbildung zu einer organisatorischen Einheit zusammengefaßt werden. Jedem Bereich (Abteilung, Unterabteilung usw.) ist eine Instanz vorgesetzt, die mit bestimmten Kompetenzen ausgestattet ist. Dabei werden die Kompetenzen der einzelnen Instanzen sowohl in horizontaler als auch in vertikaler Richtung gegeneinander abgegrenzt, so daß eine Hierarchie von Weisungsbefugnissen entsteht. Die horizontale Abgrenzung wird gegenüber anderen Instanzen der gleichen Gliederungsstufe vorgenommen, während die vertikale Abgrenzung gegenüber Instanzen der übergeordneten oder nachgeordneten Gliederungseinheiten erfolgt. Diese Abgrenzung erfolgt durch explizite Verhaltensnormen, die den Entscheidungsspielraum jeder Instanz begrenzen.

Da die Leitungsinstanz einer organisatorischen Einheit in der Regel gegenüber den Leitungsinstanzen der jeweils nachgeordneten Ebene weisungsberechtigt ist, steht das *System der Weisungsbefugnisse* in engem Zusammenhang mit der Abteilungsgliederung. „Weisungsbefugnisse entstehen dadurch, daß für die Empfänger von Weisungen die explizite Verhaltensnorm aufgestellt wird, daß sie bestimmte Weisungen zu befolgen haben" (HAX, 1969b, Sp. 1985). Das System der Weisungsbefugnisse wird auch als Leitungssystem bezeichnet.

„Das *Kommunikationssystem* einer Organisation ergibt sich aus den expliziten Vorschriften über die einzuhaltenden Kommunikationswege, über die Form und Technik der Kommunikation und vor allem darüber, in welchen Fällen Nachrichten zu übermitteln sind und was sie zu enthalten haben" (HAX, 1969b, Sp. 1985). Das Kommunikationssystem wiederum hängt eng mit dem Leitungssystem zusammen. Weisungen stellen nämlich besondere Nachrichten dar, die im Rahmen eines Kommunikationssystems übermittelt werden müssen; außerdem werden zur Erteilung von Weisungen Informationen benötigt, die z.T. ebenfalls das Kommunikationssystem durchlaufen.

Die Strukturmerkmale, die den Organisationsaufbau bestimmen, stehen offenbar in enger Beziehung zueinander: Durch die Abteilungsgliederung und die damit verbundene Kompetenzabgrenzung werden die Aufgaben- und Verantwortungsbereiche der einzelnen Entscheidungsträger umrissen. Das System der Weisungsbefugnisse ist die Grundlage dafür, daß die getroffenen Entscheidungen gemeinsam mit anderen Personen zur Ausführung gebracht werden. Das Kommunikationssystem schließlich soll u.a. die Nachrichten in bestimmte Bahnen lenken und gewährleisten, daß die zuständigen Entscheidungsträger jene Informationen erhalten, die für ihre Entscheidungen und Kontrollen notwendig sind.

Unter *Ablauforganisation* (KÜPPER, 1982) wird die zielgerichtete Strukturierung von Arbeitsprozessen verstanden. Gegenstand der Ablauforganisation können sowohl rein ausführende Tätigkeiten (Arbeitsverrichtungen) als auch Entscheidungsabläufe sein.

Die Lehre vom Aufbau der Organisation und die von den Ablaufvorgängen beschäftigen sich nicht mit zwei getrennten Organisationsteilen. Es handelt sich vielmehr um verschiedene Gesichtspunkte der Betrachtung eines einheitlichen Gegenstandes. Durch die Aufbauorganisation wird ein grober Rahmen abgesteckt, der die Tätigkeiten der Organisationsmitglieder in bestimmte Bahnen lenken soll. Die mit der Aufbauorganisation festgelegte Struktur läßt aber noch einen weiten Gestaltungsspielraum im Hinblick auf die Steuerung der Verrichtungs- und Entscheidungsabläufe. Eine detaillierte Strukturierung dieser Prozesse erfolgt im Rahmen der Ablaufplanung. Dabei werden die ablauforganisatorischen Regelungen von Hierarchieebene zu Hierarchieebene immer detaillierter ausgearbeitet und dabei die Entscheidungsspielräume der nachgeordneten Entscheidungsträger schrittweise eingeengt.

Der geschilderte Zusammenhang impliziert nicht, daß zunächst die Aufbauorganisation festzulegen ist und dann erst die ablauforganisatorischen Regelungen zu bestimmen und vorzugeben sind. Eine derartige starre Folge organisatorischer Überlegungen ist nicht sinnvoll. Welches Ergebnis in einer Organisation erzielt wird, hängt primär nicht von der durch den Organisationsaufbau beschriebenen Struktur ab, sondern von den Verrichtungs- und Entscheidungsabläufen, die durch diese Struktur in eine bestimmte Richtung gelenkt werden. Eine Beurteilung der „vom Organisationsaufbau beschriebenen Strukturen vom ökonomischen Standpunkt aus ist offenbar nur möglich aufgrund einer Analyse der Ablaufvorgänge, die sich innerhalb der Strukturen vollziehen und durch sie bedingt werden" (HAX, 1965, S. 12). Bei der Gestaltung der Aufbauorganisation muß also bereits mehr oder weniger grob antizipiert werden, welche Möglichkeiten für ablauforganisatorische Regelungen jeweils gegeben und welche Folgen daraus zu erwarten sind.

Die Ablauforganisation läßt sich inhaltlich nur schwer von der Aufbauorganisation abgrenzen. Die Verhaltensnormen, die die Aufbauorganisation beschreiben, stehen in enger Beziehung zu den ablauforganisatorischen Regelungen. Eine bestimmte Aufbauorganisation hat im allgemeinen einen längeren Bestand als die Verhaltensnormen der Ablauforganisation. Im Rahmen der Aufbauorganisation werden für einen relativ langen Zeitraum die Aufgaben und Kompetenzbereiche von Entscheidungsträgern abgegrenzt. Innerhalb dieser Grenzen werden im Rahmen der Ablaufplanung die konkreten Verrichtungs- und Entscheidungsprozesse den sich ständig ändernden Bedingungen angepaßt.

4.   Aufgabenverteilung und Aufbauorganisation

4.1.   Zur Verteilung von Objektaufgaben: Abteilungsgliederung

Die Verteilung von Aufgaben erfolgt vor allem durch die Gliederung der Gesamtorganisation in Abteilungen. Dabei werden die Hauptabteilungen, Unterabteilungen usw. durch die ihnen zugeordneten *Objektaufgaben* charakterisiert.

Als Leitlinie für die Verteilung von Aufgaben auf organisatorische Einheiten haben das *Verrichtungsprinzip* und das *Objektprinzip* besondere Bedeutung: Werden die organisatorischen Einheiten nach dem Verrichtungsprinzip gebildet, so erfolgt eine Spezialisierung der Mitarbeiter auf bestimmte Tätigkeiten, z.B. Einkaufen, Verkaufen, Sägen, Hobeln usw. Bei Anwendung des Objektprinzips wird hingegen eine Spezialisierung auf Objekte (Produkte, Regionen, Kundengruppen usw.) vorgenommen; z.B. werden in der einen Abteilung Schränke hergestellt, in einer anderen Tische und in einer dritten Stühle. Die Anwendung des Objektprinzips schließt eine Gliederung nach dem Verrichtungsprinzip nicht aus. Die Bildung organisatorischer Einheiten kann z.B. in einem ersten Schritt nach dem Objektprinzip erfolgen, während sich die weitere Untergliederung in Abteilungen am Verrichtungsprinzip orientiert.

Ein besonderes Charakteristikum von Organisationen ist das Gliederungskriterium für diejenigen organisatorischen Einheiten, die der *obersten* Leitungsinstanz unmittelbar nachgeordnet sind: Werden sie nach dem Verrichtungsprinzip gebildet, so entstehen Funktionsbereiche; es liegt eine *funktionale Organisationsstruktur* vor. Erfolgt die Gliederung nach dem Objektprinzip, so entstehen Geschäftsbereiche (Divisionen, Sparten); es liegt eine *divisionale Organisationsstruktur* vor. Der Unterschied zwischen beiden Organisationsstrukturen wird in den Abbildungen XI.1 und XI.2 am Beispiel einer Unternehmung aus der Kraftfahrzeugindustrie verdeutlicht.

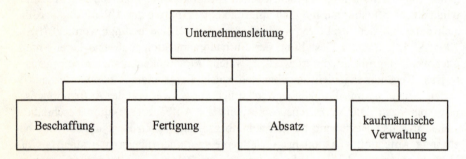

Abb. XI.1: Funktionale Organisationsstruktur

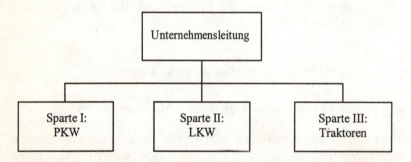

Abb. XI.2: Divisionale Organisationsstruktur

Die Frage, ob eine funktionale oder eine divisionale Organisation vorteilhafter ist, kann nicht generell beantwortet werden. Die Vorteilhaftigkeit einer Organisationsstruktur hängt von den Situationsmerkmalen der einzelnen Unternehmung und von deren Umwelt ab (Kapitel XVI und XVIII).

Die Abteilungsgliederung führt zu einer relativ *groben* Verteilung von Objektaufgaben, die dafür allerdings noch sehr übersichtlich in einem Organisationsschaubild abgebildet werden kann. Es bleibt jedoch unbestimmt, in welchem Ausmaß nachgeordneten Organisationsmitgliedern die Kompetenz übertragen ist, im Rahmen des jeweiligen Aufgabengebietes eigenständig Objektentscheidungen zu treffen. Die genauere Verteilung der Objektaufgaben wird in Stellenbeschreibungen dokumentiert.

4.2.   Zur Verteilung von Organisationsaufgaben: Das System der Weisungsbefugnisse

4.2.1. Einliniensystem

Die Verteilung von Organisationsaufgaben erfordert stets auch die Übertragung von Weisungsrechten. Die Verteilung der Weisungsrechte wird durch das System der Weisungsbefugnisse zum Ausdruck gebracht. Die betriebswirtschaftliche Praxis kennt als Grundtypen von Weisungssystemen das Einlinien- und das Mehrliniensystem. Welchem System der Vorzug zu geben ist, hängt von der Aufgabenstruktur ab.

Beim *Einliniensystem* erhält jeder nachgeordnete Entscheidungsträger nur von *einer* übergeordneten Instanz Weisungen (Abbildung XI.3):

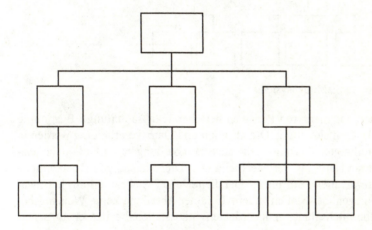

Abb. XI.3: Idealtyp des Einliniensystems

Das Einliniensystem verwirklicht das von FAYOL (1929) verfochtene Prinzip von der „Einheit der Auftragserteilung". Es entsteht eine hierarchische Struktur, bei der die Weisungen der obersten Instanz die einzelnen Stufen des Leitungssystems durchlaufen müssen, denn Weisungsrecht und Folgepflicht besteht nur zwischen zwei unmittelbar aufeinanderfolgenden Stufen. Dies führt zu einer klaren Regelung der Unterstellungsverhältnisse mit einer eindeutigen Abgrenzung der Kompetenzbereiche; das Gesamtsystem bleibt durchsichtig. Nachteilig dagegen ist die Länge und Umständlichkeit der Instanzenwege, die starke kapazitätsmäßige Belastung der Zwischeninstanzen und eine gewisse Starrheit des Systems. Die Nachteile fallen um so stärker ins Gewicht, je größer die Zahl der Hierarchiestufen ist und je vielfältiger und komplexer die Aufgaben der nachgeordneten Stelleninhaber sind.

Um die Überforderung von Vorgesetzten zu vermeiden, können einzelnen Instanzen Spezialisten (Stäbe) zugeordnet werden, die sie bei der Vorbereitung und Kontrolle ihrer Entscheidungen unterstützen. Es entsteht ein *Stabliniensystem*. Die Spezialisten können selbst nicht unmittelbar Weisungen erteilen. Sie beschaffen Informationen und arbeiten Vorschläge aus, aufgrund derer der Vorgesetzte seine

Entscheidungen trifft. Im Prinzip können den Instanzen aller Leitungsebenen Stäbe zur Seite gestellt werden. In der Praxis werden sie jedoch überwiegend auf den oberen Ebenen der Leitungshierarchie eingesetzt. Die Abbildung XI.4 zeigt die Grundstruktur eines Stabliniensystems.

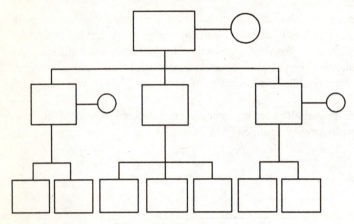

Abb. XI.4: Idealtyp des Stabliniensystems

Ein Stab kann auch aus mehreren Personen bestehen (Stabsabteilung). Bestimmte Aufgaben wie z.B. Rechtsberatung, Organisation und Datenverarbeitung werden in der Praxis oft Abteilungen übertragen, die als Stabsabteilungen der Unternehmensspitze zugeordnet sind und als Serviceabteilungen Dienstleistungen für sämtliche Bereiche des Unternehmens erbringen. Der Leiter einer Stabsabteilung hat zwar definitionsgemäß gegenüber Stellen außerhalb seiner Abteilung keine Weisungsbefugnisse; gegenüber den ihm nachgeordneten Stabsstellen besitzt er Entscheidungs- und Weisungskompetenzen (Stabshierarchie).

Durch den Einsatz eines Stabes wird die Instanz entlastet. Zugleich wird sie bei der Erfüllung ihrer Aufgaben qualifiziert unterstützt. Andererseits können aus der stabsgemäßen Position innerhalb der Hierarchie schwerwiegende Probleme entstehen: Stäbe haben aufgrund ihres Informations- und Qualifikationsvorteils häufig erheblichen Einfluß auf die Entscheidungen der Instanz, ohne sie auch verantworten zu müssen (unverantwortete *Expertenmacht*). Andererseits kann die fehlende Entscheidungsbefugnis bei zugleich hoher Qualifikation zur *Frustration* der Stabsmitglieder führen. Ob eine fruchtbare Zusammenarbeit zwischen Stab und Linie gelingt, hängt neben der Art der zu bewältigenden Aufgaben vor allem von den Persönlichkeitsmerkmalen der Stelleninhaber im Linien- und Stabsbereich ab (vgl. PICOT, 1993, S. 132f.).

4.2.2. Mehrliniensystem

Beim Mehrliniensystem sind nachgeordnete Entscheidungsträger mindestens zwei übergeordneten Instanzen unterstellt (Mehrfachunterstellung). Die Grundstruktur eines solchen Systems ist in der Abbildung XI.5 dargestellt:

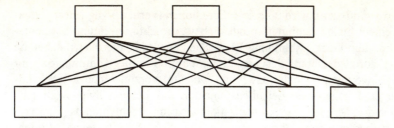

Abb. XI.5: Idealtyp des Mehrliniensystems

Das Mehrliniensystem geht auf TAYLORS „Funktionsmeistersystem" zurück: An die Stelle eines einzigen Universalmeisters treten sogenannte Funktionsmeister, die auf einzelne Verrichtungen spezialisiert sind und die den nachgeordneten Arbeitern jeweils nur innerhalb ihrer Spezialgebiete Weisungen erteilen. Das Mehrlinien- und das Einliniensystem sind aus unterschiedlichen Zwecksetzungen heraus entwickelt worden: Während das Einliniensystem eine eindeutige Zuordnung der Verantwortung und eine reibungslose Koordination sicherstellen soll, soll das Mehrliniensystem eine Spezialisierung der Vorgesetzten und dadurch qualifiziertere Entscheidungen und Weisungen ermöglichen. Außerdem dient es dazu, die Kommunikations- und Dienstwege zwischen den einzelnen Stellen zu verkürzen. Der Grundgedanke des Mehrliniensystems kommt in der Praxis vor allem in zwei Weisungssystemen zum Ausdruck:

Die der Unternehmensleitung für bestimmte Funktionen (z.B. Personal, Finanzen, Rechnungswesen, Planung, Recht) zugeordneten Stäbe (Zentralabteilungen) erhalten gegenüber Linienstellen ein *funktionales Weisungsrecht* (vgl. Abbildung XI.6).

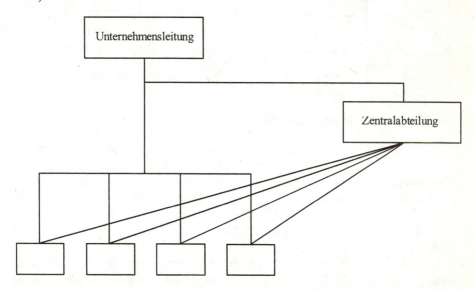

Abb. XI.6: Funktionales Weisungsrecht einer Zentralabteilung in der Linienorganisation

Bei der *Matrixorganisation* wird eine nach Funktionen (vertikal) gegliederte Organisation von einer objektorientierten (produkt- bzw. projektorientierten) horizontalen Organisation überlagert (Abbildung XI.7). Die Objektmanager haben dabei die Aufgabe, quer durch die hierarchischen Linienfunktionen die Koordination hinsichtlich ihres jeweiligen Objekts (bzw. ihrer Objekte) vorzunehmen. Die Funktionsbereichsleiter dagegen sind bei allen Objekten für die von ihnen vertretene Funktion zuständig. Mit der Matrixorganisation wird im allgemeinen das Ziel verfolgt, eine verbesserte objektbezogene Koordination der einzelnen Linienaktivitäten zu erreichen.

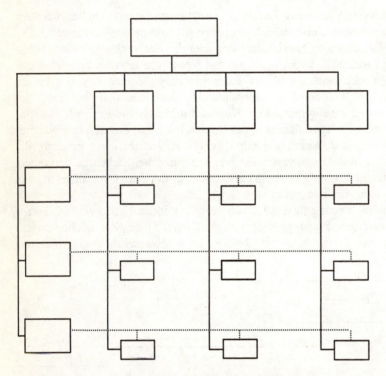

Abb. XI.7: Idealtyp der Matrixorganisation

Vorteile sind bei dieser objektbezogenen Dezentralisierung der Entscheidung und Verantwortung vor allem zu erwarten hinsichtlich der Geschwindigkeit der Objektabwicklung, der Anpassungsfähigkeit an sich verändernde Umweltbedingungen, der Ausnutzung des Informations- und Begabungspotentials der Organisation und der Ausbildung des potentiellen Führungsnachwuchses. Probleme ergeben sich aus den Schwierigkeiten der Kompetenzabgrenzung zwischen Objektmanagern und Funktionsbereichsleitern.

Je größer die Zahl der Objektmanager, desto komplexer werden die Abstimmungsprobleme. Es sind nicht nur Kompetenzkonflikte zwischen Objektmanagern einerseits und Funktionsbereichsleitern andererseits möglich, sondern auch Konflikte zwischen den Objektmanagern untereinander, und zwar vor allem im Hinblick auf die Verteilung der knappen Ressourcen auf die einzelnen Objekte (Mengen- bzw. Prioritätskonflikte). Durch Verbesserung der Kooperationsfähigkeit und durch Bildung von „Letztentscheidungsinstanzen" können diese Probleme gemildert werden.

4.2.3. *Leitungsspanne und Gliederungstiefe*

„Mit der Gestaltung der Leitungshierarchie eng verbunden ist die Frage der Leitungsspanne (Anzahl der einem Vorgesetzten direkt unterstellten Stelleninhaber). Der Versuch, optimale Leitungsspannen (Kontrollspannen) zu berechnen, hat die betriebswirtschaftliche Organisationslehre lange beschäftigt (vgl. Überblick bei GUTENBERG, 1962, S. 114ff.; HILL/FEHLBAUM/ULRICH, 1981, S. 219ff.). Heute ist man sich darüber einig, daß derartige generelle Formeln unbrauchbar sind, da die Leitungskapazität einer Instanz von einer Vielzahl nur im Einzelfall zu beurteilender Faktoren abhängt (z.B. Strukturiertheit, Planbarkeit, Veränderlichkeit und technisch-organisatorische Einbindung der Aufgaben von Vorgesetztem und Untergebenen, Entlastung der Instanz durch Stäbe und Informationstechnik, Vorhandensein eines akzeptierten Planungs- und Kontrollsystems, Art des Führungsstils, Ausmaß der Delegation, Zahl der nachgelagerten hierarchischen Ebenen, Qualifikation und Persönlichkeitseigenarten von Vorgesetzten und Untergebenen). Dementsprechend findet man in der Praxis Leitungsspannen von fünfzig Personen ebenso wie solche von nur zwei Personen.

Wie man sich leicht klar machen kann, hängt von der Leitungsspanne ceteris paribus auch die Gliederungstiefe der Unternehmungshierarchie (Zahl der Vorgesetztenebenen) ab: Je geringer die Leitungsspanne, desto höher ist die Zahl der Gliederungsstufen; und umgekehrt: Je höher die Leitungsspanne, desto flacher ist die Hierarchie" (PICOT, 1993, S. 135f.).

Das System der Weisungsbefugnisse bringt die Verteilung der Organisationsaufgaben nur sehr unvollkommen zum Ausdruck. Es zeigt zwar, wer wem gegenüber weisungsberechtigt ist, nicht jedoch, welche Pflichten und Rechte hinsichtlich der organisatorischen Gestaltungsmaßnahmen bestehen. Einen zusätzlichen Einblick können die Stellenbeschreibungen geben.

Es wird oft gefordert, flache Hierarchien mit wenigen Ebenen zu bilden und Entscheidungskompetenzen auf nachgeordnete Ebenen zu verlagern. Dieses Vorgehen kann in der Tat vor allem dann sinnvoll sein, wenn die „Gesamtaufgabe" des Unternehmens in weitgehend unabhängige Aufgaben zerlegt werden kann, so daß der Koordinationsbedarf gering ist. Bei engen Interdependenzen zwischen den Entscheidungsproblemen (Kapitel XII) und ausgeprägter Informationsasymmetrie zwischen den Entscheidungsträgern kann es jedoch vorteilhaft sein, die Koordination nicht durch Selbstabstimmung vorzunehmen, sondern hierarchisch über Zwischeninstanzen (Kapitel XV, XVI und XVII). Strukturempfehlungen sollten nicht ohne Rücksicht auf die zu lösenden Entscheidungsprobleme gegeben werden.

4.3. Zur Verteilung von Kommunikationsaufgaben: Regelung des Informationsaustausches

4.3.1. Kommunikationssystem

Die Verteilung der Objekt- und Organisationsaufgaben legt bereits in starkem Maße auch Kanäle der Informationsübermittlung fest. Mit der Verteilung der Objekt- und Organisationsaufgaben, die zunächst ja nur in relativ globaler Weise erfolgt, sind allerdings die Kommunikationsaufgaben der einzelnen Stelleninhaber noch nicht *eindeutig* festgelegt. Die Formulierung zieladäquater Kommunikationsaufgaben stellt daher neben der Bestimmung von Objekt- und Organisationsaufgaben ein eigenständiges Problem dar. Bei der Lösung dieses Problems sind die Kommunikationskosten und die „Informationserträge" gegeneinander abzuwägen. Informationserträge können nur aus einer besseren Erfüllung von Objektaufgaben resultieren, die ihrerseits davon abhängen, in welcher Weise die Organisationsaufgaben wahrgenommen werden. Die Formulierung von Kommunikationsaufgaben kann daher nicht isoliert von den anderen Aufgaben erfolgen; es bestehen enge Interdependenzen.

Die Verteilung von Kommunikationsaufgaben wird durch die Schaffung eines „Kommunikationssystems" vorbestimmt. Das Kommunikationssystem einer Organisation ergibt sich vor allem aus den allgemeinen Verhaltensnormen darüber,
– in welchen Fällen bestimmte Informationen an andere Organisationsmitglieder zu übermitteln sind (Informationen als „Bringschuld"),
– welche Informationen von anderen Organisationsmitgliedern zu beschaffen sind (Informationen als „Holschuld"),
– welche Kommunikationswege einzuhalten sind (hierin kommt zum Ausdruck, welche Stellen mit welchen anderen Stellen unmittelbar in Kontakt treten dürfen und welche nicht direkt miteinander verbunden sind),
– welche Kommunikationsmittel (z.B. Brief, Telefon, „face-to-face"-Gespräch) eingesetzt werden sollen.

Das Kommunikationssystem enthält außerdem Regelungen darüber, wie Informationen gespeichert werden sollen und wer in welchen Fällen Zugang zu den Datenspeichern hat. Ein Kommunikationssystem kann mehr oder weniger detailliert formuliert sein: Verbleiben Ermessensspielräume hinsichtlich der Informationsübermittlung, so wird die Kommunikation als „offen" bezeichnet; sind dagegen Art und Inhalt des Informationsaustausches explizit festgelegt, wird von einer „gebundenen" Kommunikation gesprochen.

Das Kommunikationssystem bestimmt u.a. auch, in welcher Weise nachgeordnete Entscheidungsträger an der Entscheidung ihrer Vorgesetzten partizipieren und inwieweit Instanzen durch Stäbe unterstützt werden (sollen). Die Strukturmerkmale Partizipation, Stäbe und Kommunikationswege sollen im folgenden näher betrachtet werden.

4.3.2. Kommunikationswege

Die Gestaltung der Kommunikationswege kann einen wesentlichen Einfluß auf Art und Umfang der Kommunikationsaktivitäten ausüben. Die Kommunikationswege sollten nicht zwingend mit den hierarchischen Dienstwegen übereinstimmen. Am Beispiel des Einliniensystems kann dies verdeutlicht werden: Wenn zwischen zwei Stellen aus verschiedenen organisatorischen Einheiten eine Abstimmung notwendig wird, müssen - bei strenger Einhaltung des Dienstweges - ihre gegenseitigen Informationen über die einzelnen Ebenen der Hierarchie bis zum gemeinsamen Vorgesetzten und von dort die Hierarchie wieder hinab bis zu dem betreffenden Informationsempfänger laufen. Es werden u.U. zahlreiche Instanzen mit der ausschließlichen Weitergabe von Informationen beschäftigt. Dadurch kann die Übermittlung der entscheidungsrelevanten Informationen über Gebühr erschwert werden: Die einzelnen Stellen werden durch Kommunikationsaufgaben überlastet; außerdem besteht die Gefahr, daß die Nachrichten bewußt oder unbewußt verkürzt oder verfälscht weitergegeben werden (Informationsfilterung bzw. -verzerrung).

Es kann daher zweckmäßig sein, für bestimmte Fälle einen direkten Kontakt zwischen Stellen aus verschiedenen organisatorischen Einheiten vorzusehen („FAYOL'sche Brücke"). Dabei darf aber nicht übersehen werden, daß der Leiter einer organisatorischen Einheit seiner Verantwortung nur dann gerecht werden kann, wenn auch er „ausreichend" informiert wird. Wenn das Kommunikationssystem direkte Kontakte ermöglicht, besteht die Gefahr, daß der Informationsfluß an den zuständigen Vorgesetzten vorbeiläuft, so daß diese die Verantwortung für ihre Bereiche nicht tragen können. Wenn Informationen über eine „FAYOL'sche Brücke" übermittelt werden, sollten daher auch die Vorgesetzten davon in Kenntnis gesetzt werden.

4.3.3. Kommunikationsinstitutionen

Stäbe unterstützen Instanzen bei der Vorbereitung und Kontrolle ihrer Entscheidungen; sie nehmen Kommunikationsaufgaben wahr (und können dadurch die Entscheidungen der Instanzen wesentlich präjudizieren). Die Einrichtung von Stabsstellen ist eine bedeutsame Möglichkeit zur Verteilung von Kommunikationsaufgaben.

Eine zweite Institution des Informationsaustausches ist die *Partizipation* am Entscheidungsprozeß: Nachgeordnete Mitarbeiter sind an der Entscheidungsfindung der vorgesetzten Instanzen beteiligt, indem sie u.a. auf Handlungsalternativen hinweisen und/oder Informationen zur Prognose der Konsequenzen von Alternativen geben. Hierdurch sollen die Ideen, Informationen und Fachkenntnisse jener Personen genutzt werden, die später die Entscheidungen auch realisieren müssen. Bei dieser Form der Partizipation nehmen die nachgeordneten Mitarbeiter u.U. in sehr großem Umfang Kommunikationsaufgaben wahr. Hinsichtlich Art und Umfang dieser Aufgaben können allgemeine Grundsätze bzw. Regeln fixiert werden (z.B. bei der Stellenbeschreibung). Das Ausmaß der Partizipation durch Übertragung von Kommunikationsaufgaben kann sehr groß sein, während andererseits der Grad der Delegation von Organisations- und Objektentscheidungen sehr gering sein mag.

5.   Die Präzisierung von Aufgaben als Gegenstand der Ablauforganisation

Die Darstellungen in diesem Kapitel haben gezeigt, wie durch die aufbauorganisatorischen Regelungen den verschiedenen Stellen bzw. Organisationsmitgliedern Organisations-, Objekt- und Kommunikationsaufgaben zugeordnet werden (können). Die Beschreibung der Aufgaben im Rahmen der Aufbauorganisation erfolgt relativ allgemein. In Abhängigkeit von der Entwicklung der externen Umwelt und der internen Situation der Unternehmung müssen die übertragenen Aufgaben durch ablauforganisatorische Regelungen präzisiert und konkretisiert werden. Die Aufgabe „Einkauf" wird dann z.B. spezifiziert zu der Aufgabe „Beschaffung der Menge A des Faktors B beim Lieferanten C bis zum Zeitpunkt D" oder „Stichprobenweise Überprüfung der Qualität der gelieferten Ware E durch den Mitarbeiter F".

Die ablauforganisatorischen Maßnahmen einer Instanz dienen dazu, die Organisations-, Objekt- und Kommunikationsentscheidungen der nachgeordneten Mitarbeiter so zu steuern, daß schließlich auf der untersten Ebene ihres Hierarchiebereichs „gute" Objektentscheidungen getroffen und diese gut in die Wirklichkeit umgesetzt werden. Der Zielerreichungsgrad der Objektentscheidungen hängt insbesondere auch davon ab, inwieweit diese Entscheidungen aufeinander abgestimmt sind. Die Koordination der konkreten Objektentscheidungen ist daher eines der Kernprobleme der Ablauforganisation. Die Möglichkeiten zur Lösung dieses Problems sind davon abhängig, wie durch die Aufbauorganisation die allgemeine Aufgabenstruktur festgelegt ist.

Im nachfolgenden Kapitel XII werden einige praktisch bedeutsame Strukturierungskonzepte für die Koordination von Objektentscheidungen dargestellt. Die jeweilige Koordinationskonzeption beeinflußt in starkem Maße auch die Kommunikations- sowie die Organisationsentscheidungen.

Ergänzende und vertiefende Literatur:

BEA/GÖBEL (2002, S.248-393); BLEICHER (1981); BÖSSMANN (1967); BÜHNER/ WALTER (1977); CLELAND (1984); DRUMM (1978; 1980c); DULLIEN (1972); EISENFÜHR (1970; 1980); FRESE (1980; 1995); GAUGLER (1980); GROCHLA (1982, S. 89ff.); KÖHLER (1980); KREIKEBAUM (1980); KÜPPER (1982); LAUX (1980); MAG (1971; 1980); MERTENS (1969); MINTZBERG (1983); MÜLLER, H./SCHREYÖGG (1982); MÜLLER, W. (1980b); MÜLLER-MERBACH (1980); POENSGEN (1973); RÜHLI (1980); SCANLAN (1973); SCHMIDT, G. (1985); SCHREYÖGG (1978); SOLOMONS (1965); WELGE (1975); WILD (1973).

XII.   Interdependenzarten und Koordinationskonzepte: Ein Überblick

1.   Problemstellung

Ablauforganisatorische Probleme wären einfach zu lösen, wenn zwischen den Tätigkeiten der Aufgabenträger keine Interdependenzen bestünden. Interdependenzen erfordern Koordination, deren Art und „Umfang" von der Art der Interdependenzen zwischen den Entscheidungen (bzw. Verrichtungen) der Aufgabenträger abhängen.

Im vorliegenden Kapitel soll zunächst die Vielfalt der möglichen Interdependenzarten zwischen Objektentscheidungen in eine Systematik gebracht werden (Abschnitt 2). Danach wird ein Überblick über praxisrelevante Koordinationskonzepte gegeben (Abschnitt 3). Koordinationsprobleme bei Risiko werden noch zurückgestellt (Abschnitt 4); es wird dazu auf Kapitel XIX und XXI verwiesen.

2.   Interdependenzarten

2.1.   Restriktionsverbund

Interdependenzen zwischen Entscheidungsbereichen lassen sich auf *vier* mögliche Verbundbeziehungen zurückführen: Restriktionsverbund, Erfolgsverbund, Risikoverbund und Bewertungsverbund.

Restriktionsverbund zwischen zwei Entscheidungsbereichen liegt vor, wenn die Aktionsmöglichkeiten mindestens eines dieser Bereiche davon abhängen, welche Aktionen im anderen Bereich durchgeführt werden. Genauer: Der Variationsbereich (d.h. die Grenzen bzw. Restriktionen) für die Entscheidungsvariablen mindestens eines Bereichs hängen von den Ausprägungen der Entscheidungsvariablen im anderen Bereich ab. Die nachfolgenden Beispiele veranschaulichen diese Interdependenzen:
- Welche Mengen der Absatzbereich von einem Produkt absetzen kann, hängt davon ab, wieviele Einheiten dieses Produkts der Fertigungsbereich herstellt.
- Die maximale Produktionsmenge eines Fertigungsbereichs kann davon abhängen, wieviele Einheiten eines Zwischenprodukts in einem anderen Bereich hergestellt werden.
- Gewisse Ressourcen (z.B. Maschinenstunden, Kapital, Rohstoffe) sind nur in begrenztem Umfang vorhanden (Problem der Rationierung). Wenn in einem Bereich Ressourcen verbraucht werden, stehen sie in dem anderen Bereich nicht (mehr) zur Verfügung: Dessen Handlungsspielraum wird dadurch eingeengt.

Bei Restriktionsverbund entsteht folgendes *Koordinationsproblem*: Welche Aktionen ein Bereich A durchführen (welchen Erfolgsbeitrag er erzielen) kann, hängt davon ab, welche Aktionen im Bereich B durchgeführt werden. Bei der Planung der Aktionen für den Bereich B muß diesem Sachverhalt Rechnung getragen werden. Das kann im allgemeinen nur in der Weise geschehen, daß die Aktionen beider Bereiche simultan betrachtet und aufeinander abgestimmt werden (vgl. Abschnitt 3.2).

2.2.   Erfolgsverbund

Erfolgsverbund (Ergebnisverbund) zwischen zwei Entscheidungsbereichen liegt vor, wenn zumindest für einen Bereich gilt: Wie weit bei Durchführung bestimmter Aktionen in diesem Bereich der Gesamterfolg der Organisation steigt oder fällt, hängt davon ab, welche Maßnahmen im anderen Bereich realisiert werden. Der Gesamterfolg setzt sich also nicht additiv aus den Erfolgen der Einzelmaßnahmen zusammen, sondern wird von der Gesamtheit der Aktionen in beiden Bereichen bestimmt. Im folgenden werden hierfür einige Beispiele gegeben:

– Der durch Werbeanstrengungen in einem Geschäftsbereich erzielte Beitrag zum (Gesamt-)Erfolg hängt davon ab, welche Werbemaßnahmen in anderen Bereichen durchgeführt werden.

– Inwieweit der Erfolg der Unternehmung steigt oder sinkt, wenn in der Fertigung bestimmte Produktmengen hergestellt werden, hängt davon ab, ob und zu welchen Bedingungen es dem Absatzbereich gelingt, diese Mengen am Markt abzusetzen.

– Ist der Preis eines Produktionsfaktors eine steigende oder fallende Funktion der beschafften Menge, so ergibt sich ein Erfolgsverbund über die Kostenkomponente: Wie weit die Kosten der Unternehmung steigen, wenn in einem Bereich eine bestimmte Menge des betreffenden Faktors verbraucht wird, hängt dann auch davon ab, wieviele Einheiten des Faktors in anderen Bereichen eingesetzt werden.

Auch bei Erfolgsverbund besteht *Koordinationsbedarf*: Wie weit der (Gesamt-)Erfolg steigt oder sinkt, wenn in einem Bereich bestimmte Aktionen durchgeführt werden, hängt von den Maßnahmen in den anderen Bereichen ab. Ein einzelner Bereich kann - isoliert gesehen - nicht beurteilen, welche seiner Maßnahmen erfolgreich sind: Die Aktionen der (Teil-)Bereiche müssen aufeinander abgestimmt werden.

2.3.   Risikoverbund

Wenn im Fall sicherer Erwartungen weder ein Restriktionsverbund noch ein Erfolgsverbund besteht, ist eine Koordination nicht erforderlich. In Risikosituationen dagegen kann sich jedoch - sofern nicht gerade Risikoneutralität besteht - auch in diesem Spezialfall aufgrund eines Risikoverbundes die Notwendigkeit der Koordination ergeben. Risikoverbund liegt vor, wenn die Erfolge der Bereiche voneinander stochastisch abhängig sind. Wie weit die Varianz des Gesamterfolges (als Maßstab des Risikos) steigt bzw. sinkt, wenn in einem Bereich riskante Maßnahmen durchgeführt werden, hängt dann davon ab, welche riskanten Entscheidungen in anderen Bereichen getroffen werden und welche stochastischen Beziehungen zwischen den Erfolgen der verschiedenen Bereiche bestehen. Bei Risikoverbund entsteht ein analoger Koordinationsbedarf wie bei Erfolgsverbund (Kapitel XIX).

2.4. Bewertungsverbund

Schließlich kann sich - auch wenn keine anderen Verbundbeziehungen vorliegen - die Notwendigkeit der Koordination aufgrund eines Bewertungsverbundes ergeben. Das folgende Beispiel macht dies deutlich:

Im Bereich A werden Maßnahmen erwogen, deren Erfolge den Erwartungswert μ_A und die Varianz σ_A^2 aufweisen (und zwar unabhängig von den Maßnahmen im Bereich B). Ob diese (μ_A, σ_A^2)-Kombination positiv oder negativ zu bewerten ist, hängt bei nichtlinearen Indifferenzkurven davon ab, welche (μ_B, σ_B^2)-Kombination mit den Aktionen im Bereich B erzielt wird. Die Abbildung XII.1 verdeutlicht diesen Zusammenhang:

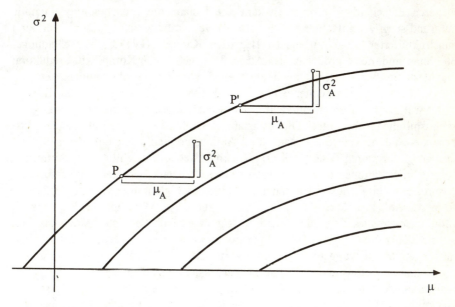

Abb. XII.1: Zur Problematik der isolierten Beurteilung von Handlungsalternativen bei Bewertungsverbund

Entspricht den Aktionen des Bereichs B der Punkt P=(μ_B, σ_B^2), so steigt der Nutzen, wenn im Bereich A die erwogene Kombination aus μ_A und σ_A^2 realisiert wird. Gilt hingegen P'=($\mu_B', \sigma_B^2{}'$), so führt die Aktion im Bereich A zu einem Nachteil: Im ersten (bzw. zweiten) Fall gelangt man zu einer Indifferenzkurve mit höherem (bzw. niedrigerem) Nutzenniveau. (Vgl. hierzu auch Kapitel XIX.)

3.   Koordinationskonzepte

3.1.   Zentrales Entscheidungssystem

Verbundbeziehungen erfordern die Koordination von Entscheidungen. Bei der Entscheidung über Koordinationsmaßnahmen entsteht jedoch ein Konflikt: Einerseits sollten bestehende Interdependenzen bei der Planung möglichst sorgfältig und vollständig erfaßt werden. Andererseits verursacht dann die Planung (zu) hohe Kosten. Es muß daher ein Mittelweg gefunden werden, der Vereinfachungen in den Koordinationsüberlegungen in Kauf nimmt und die Interdependenzen nur unvollkommen berücksichtigt (MELLWIG, 1979).

Im Rahmen eines zentralen Entscheidungssystems werden die einzelnen Teilaktionen unmittelbar von einer einzelnen Instanz (z.B. von der Unternehmensleitung) aufeinander abgestimmt. Da die Instanz simultan über alle Teilprobleme entscheidet, findet die Koordination *intrapersonell* in einem Totalkalkül statt. Dabei werden an die Instanz in der Regel erhebliche Anforderungen hinsichtlich der Beschaffung und Verarbeitung der relevanten Informationen gestellt. Bei komplexeren Entscheidungsproblemen kann die Instanz die Entscheidung allenfalls aufgrund stark vereinfachter Kalküle treffen. Je „umfangreicher", „variabler" und „unstrukturierter" (vgl. zu diesen Begriffen Kapitel XIV) die Entscheidungsprobleme sind, desto größer ist das Ausmaß der gebotenen Komplexitätsreduktion und desto größer ist damit auch die Gefahr von Fehlentscheidungen. (Zu den Möglichkeiten und Konsequenzen der Komplexitätsreduktion vgl. Kapitel III.)

Natürlich können in einem zentralen Entscheidungssystem die übrigen Organisationsmitglieder die Entscheidungsinstanz in vielfältiger Weise unterstützen. Insbesondere können sie die Instanz über Aktionsmöglichkeiten und deren Konsequenzen informieren (Kapitel XXI). Jedoch bestehen hinsichtlich der Aufnahme solcher Informationen durch die Instanz auch Grenzen. Zwar kann der Informationsprozeß vereinfacht werden, indem die Instanz lediglich über globale Größen informiert wird, z.B. über Renditen, Deckungsbeiträge, Marktanteile, Kapazitäten. Möglicherweise trifft sie dann allerdings gerade deshalb Fehlentscheidungen, weil sie nicht über die maßgeblichen „Hintergrundinformationen" verfügt. Aufgrund eines negativen Deckungsbeitrages könnte sie z.B. ein Produkt aus dem Produktionsprogramm herausnehmen, ohne zu berücksichtigen, daß dieses Produkt sehr entwicklungsfähig ist und/oder daß es den Absatz anderer Produkte mit positiven Deckungsbeiträgen in erheblichem Maße fördert. Informationen über solche Aspekte verursachen wiederum zusätzliche Kosten durch den Einsatz von Zeit und anderen Ressourcen.

3.2.   Dezentrales Entscheidungssystem

3.2.1.   *Sukzessivplanung*

Wenn es nicht möglich oder zumindest nicht sinnvoll ist, daß eine einzelne Instanz sämtliche Entscheidungen trifft (und dabei die Koordinationsfunktion wahrnimmt), ist es naheliegend, das Entscheidungsproblem in Teilprobleme zu zerlegen und die Lösung der Teilprobleme verschiedenen Personen zu übertragen. Bei einer Verteilung von Entscheidungskompetenzen auf mehrere Organisationsmitglieder werden an den einzelnen Entscheidungsträger hinsichtlich der Informationsverarbeitung in der Regel (wesentlich) geringere Anforderungen gestellt, als wenn er sämtliche Entscheidungen allein treffen müßte. Auch der Prozeß der Informationsbeschaffung bzw. der Informationsübermittlung kann wesentlich vereinfacht sein; die Informationen können eher dort verarbeitet werden, wo sie anfallen. Darüber hinaus kann die Dezentralisation von Entscheidungen die Aufgabenträger motivieren, sich verstärkt im Sinne des Organisationsziels einzusetzen. Viele Organisationsmitglieder sind stärker motiviert, Informationen zu beschaffen, Ideen zu entwickeln und Entscheidungen in die Wirklichkeit umzusetzen, wenn sie selbst auch entscheiden können und nicht ständig eine vorgesetzte Instanz eingeschaltet werden muß, die sich die wesentlichen Entscheidungen vorbehält.

In einem dezentralen Entscheidungssystem stellt sich das Problem der *interpersonellen* Koordination: Die Entscheidungen mehrerer Organisationsmitglieder müssen aufeinander abgestimmt werden. Im folgenden soll ein *Überblick* über Koordinationskonzepte für dezentrale Entscheidungssysteme gegeben werden. (Vgl. hierzu auch Kapitel XIX bis XXI.) Dabei wird deutlich: Je „stärker" die Interdependenzen zwischen verschiedenen Entscheidungsproblemen, desto enger sind die Grenzen für dezentrale Entscheidungssysteme.

Bei der *Sukzessivplanung* werden die Teilpläne verschiedener Bereiche der gleichen Hierarchieebene nacheinander festgelegt. Man beginnt mit der Planung im allgemeinen in jenem Bereich, der voraussichtlich den „Minimumsektor" (den Engpaß) bildet. Häufig wird davon ausgegangen, daß dies der Absatzbereich ist. Wird der Ausgangsplan durch den Absatzbereich erstellt, so wird als zweiter Teilplan der Produktionsplan erarbeitet. Darauf aufbauend wird anschließend die Beschaffungsplanung durchgeführt usw. Die Koordination erfolgt bei Sukzessivplanung dadurch, daß jeder Teilplan auf den ihm unmittelbar vorhergehenden (kumulierten) Teilplan ausgerichtet wird. Der Planungsprozeß wird daher in starkem Maße durch den Ausgangsplan geprägt. Damit ein „guter" Gesamtplan entsteht, sollte bei der Ausgangsplanung bereits (im Rahmen des Möglichen) antizipiert werden, wie sich die übrigen Teilbereiche anpassen werden und welche Konsequenzen dies für die Unternehmung als Ganzes hat. Analog gilt dies für die Erstellung des zweiten Teilplanes, der auf dem Ausgangsplan aufbaut, usw. Die Antizipation nachfolgender Teilplanungen wird erleichtert, wenn jeder Teilbereich Informationen über entscheidungsrelevante Daten jener Teilbereiche erhält, die sich mit ihrer Planung anschließen.

Es ist naheliegend, daß unter diesem Gesichtspunkt derjenige Teilbereich mit der Planung beginnt, der in besonders einfacher Weise über die maßgeblichen Daten der übrigen Bereiche informiert werden kann. Zur Verdeutlichung betrachten wir zunächst zwei idealtypische Entscheidungssituationen, wobei wir der Einfachheit halber davon ausgehen, das Unternehmen bestehe nur aus einer *Produktionsabteilung* und einer *Absatzabteilung*.

Die *Situation A* ist durch folgende Annahmen charakterisiert:

1. Für jedes Produkt ist der Absatzpreis (nach Abzug der variablen Vertriebskosten) ein (Markt-)Datum. Der Leiter der Absatzabteilung weiß, daß er von jedem Produkt bis zu einer bestimmten Obergrenze jede beliebige Menge zu dem gegebenen Preis verkaufen kann. Allerdings ist noch offen, welche Verkaufsaktivitäten im einzelnen durchgeführt werden müssen, um eine geplante Absatzmenge zu realisieren.

2. Die Kapazitäten im Produktionsbereich sind begrenzt, so daß es nicht möglich ist, von jedem Produkt die maximal absetzbare Menge herzustellen. Außerdem sind bei der Produktionsplanung komplexe ablauforganisatorische Probleme zu lösen, die einen umfassenden Kenntnisstand z.B. über Maschinenkapazitäten, die Fähigkeiten der Mitarbeiter, die Höhe der Umrüstkosten sowie die Möglichkeiten und Konsequenzen intensitätsmäßiger Anpassungen erfordern.

In dieser Situation ist es sinnvoll, daß der Produktionsbereich mit der (Sukzessiv-)Planung beginnt und die Produktmengen festlegt. Dem Absatzbereich wird dann mitgeteilt, welche Mengen der einzelnen Produkte abzusetzen sind. Der Absatzbereich entscheidet lediglich darüber, in welcher Weise die Absatzpläne realisiert werden. Damit der Produktionsbereich einen optimalen Produktions- und Absatzplan erstellen kann, wird er vom Absatzbereich über die Absatzpreise und Absatzhöchstmengen informiert. Es ist in der Situation A dagegen nicht zweckmäßig, daß der Absatzbereich mit der Sukzessivplanung beginnt und Absatzpläne erstellt, auf denen dann die Produktionsplanung aufbaut. Die Entscheidungsträger im Absatzbereich können nur schwer antizipieren, ob die Pläne überhaupt realisierbar sind und welche Produktionskosten dabei entstehen. Die Information des Absatzbereichs über die komplexen Zusammenhänge im Produktionsbereich würde andererseits (in der Situation A) hohe Kosten verursachen; den Entscheidungsträgern im Absatzbereich fehlt außerdem die Erfahrung, die betreffenden Informationen zu verarbeiten.

Die *Situation B* ist durch folgende Annahmen charakterisiert:

1. Absatzpreise und Absatzhöchstmengen sind keine feststehenden Daten. Für jedes Produkt ist die Nachfragemenge eine fallende Funktion des Absatzpreises, wobei die funktionale Beziehung zwischen Preis und Nachfrage nicht mit Sicherheit bekannt ist. Die Nachfrage kann durch Werbemaßnahmen gesteigert werden. Gegenwärtige Absatzmengen beeinflussen die zukünftigen Absatzchancen; wenn z.B. an bestimmte Kunden gegenwärtig keine Lieferung erfolgt, werden sie in Zukunft möglicherweise bei anderen Unternehmen einkaufen.

2. Die Kapazitäten im Produktionsbereich sind so groß, daß keine Engpässe entstehen können; alle Produktions- und Absatzmengen, die sich als optimal erweisen, können termingerecht produziert werden. Der Produktionsablauf ist einfach zu durchschauen: Die Produktionskosten sind eine lineare Funktion der Produktmengen, wobei für jedes Produkt die (proportionalen) Stückkosten bekannt sind.

In dieser Situation ist es naheliegend, daß die Absatzabteilung mit der Sukzessivplanung beginnt. Bei der Absatzplanung werden die vielfältigen Informationen verarbeitet, die die Entscheidungsträger im Absatzbereich über Kunden und Konkurrenz haben. Dem Produktionsbereich werden dann Produktionsaufträge erteilt. Darauf aufbauend werden in der Produktionsabteilung die Produktions- und Beschaffungspläne erstellt. Damit der Absatzbereich die Auswirkungen seiner Entscheidungen auf die Produktionskosten beurteilen kann, wird er vom Produktionsbereich über die Höhe der proportionalen Stückkosten der einzelnen Produkte informiert. Es ist in der Situation B dagegen nicht zweckmäßig, daß der Produktionsbereich mit der Sukzessivplanung beginnt und die Absatzplanung auf die geplanten Produktionsmengen ausgerichtet wird: Die Entscheidungsträger im Produktionsbereich können nicht adäquat beurteilen, ob und zu welchen Bedingungen die geplanten Mengen überhaupt abgesetzt werden können. Die Information über die komplexen Zusammenhänge im Absatzbereich würde jedoch hohe Kosten verursachen; den Entscheidungsträgern im Produktionsbereich fehlt außerdem die Erfahrung, diese Informationen zu verarbeiten.

In den Situationen A und B kann jener Bereich, der jeweils die Ausgangsplanung vornimmt, in einfacher und vollständiger Weise über die maßgeblichen Konsequenzen (Erlöse bzw. Kosten) seiner Entscheidungen für den anderen Bereich informiert werden. Hier führt bereits eine einzige „Runde" der Sukzessivplanung zum optimalen Gesamtplan. In der Realität ist es jedoch kaum möglich, die Träger der Ausgangsplanung hinreichend gut über die Konsequenzen ihrer (Vor-)Entscheidungen für die übrigen Teilbereiche zu informieren. Hier kann es zweckmäßig sein, eine iterative Sukzessivplanung (in mehreren Runden) vorzunehmen: Ein Bereich (z.B. der Minimumsektor) nimmt die Ausgangsplanung vor; die übrigen Bereiche passen sich sukzessiv mit ihren Plänen an. Nachdem der vorläufige Gesamtplan vorliegt und damit die Konsequenzen des Ausgangsplans relativ gut durchschaubar sind, wird dieser Ausgangsplan revidiert und damit eine neue Runde der Sukzessivplanung eingeleitet. Der Planungsprozeß wird abgebrochen, wenn ein Gesamtplan vorliegt, mit dem ein hinreichend gutes Ergebnis (ein hinreichend hoher Erfolg oder Erfolgserwartungswert) erzielt wird; es besteht keine Gewähr, daß ein Optimum (wie immer es auch definiert sein mag) erreicht wird. Zur Verdeutlichung betrachten wir die *Situation C*:

1. Absatzpreise und Absatzhöchstmengen sind keine feststehenden Daten. Für jedes Produkt ist die Nachfragemenge eine fallende Funktion des Absatzpreises, wobei die funktionale Beziehung zwischen Preis und Nachfrage nicht mit Sicherheit bekannt ist. Die Nachfrage kann durch Werbemaßnahmen gesteigert werden. Gegenwärtige Absatzmengen beeinflussen die zukünftigen Absatzchancen; wenn z.B. bestimmte Kunden gegenwärtig nicht beliefert werden, kaufen sie in Zukunft möglicherweise bei anderen Unternehmungen ein.

2. Die Kapazitäten im Produktionsbereich sind begrenzt, so daß es nicht möglich ist, von jedem Produkt die maximal absetzbare Menge herzustellen. Außerdem sind bei der Produktionsplanung komplexe ablauforganisatorische Probleme zu lösen, die einen umfassenden Kenntnisstand z.B. über Maschinenkapazitäten, die Fähigkeiten der Mitarbeiter, die Höhe der Umrüstkosten sowie die Möglichkeiten und Konsequenzen intensitätsmäßiger Anpassungen erfordern.

In dieser Situation kann grundsätzlich weder der Produktionsbereich noch der Absatzbereich den jeweils anderen Bereich in einfacher und zugleich hinreichend guter Weise über die komplexen Zusammenhänge im eigenen Bereich informieren: Der Absatzbereich kann z.B. den Produktionsbereich nicht in der Weise informieren, daß er für jedes Produkt eine Preis-Absatz-Funktion mitteilt. Die Preis-Absatz-Funktionen sind nicht genau bekannt. Prognoseprobleme resultieren insbesondere daraus, daß die (stochastische) Preis-Absatz-Funktion eines Produkts (auch) abhängt von den Absatzmengen der anderen Produkte sowie von Werbemaßnahmen der Unternehmung. Dieser Zusammenhang kann (abgesehen davon, daß die Entscheidungsträger im Absatzbereich vielfach nur vage Vorstellungen über diesen Zusammenhang haben) kaum hinreichend gut dargestellt werden.

Umgekehrt kann der Produktionsbereich die Absatzabteilung nicht in der Weise informieren, daß er exakte proportionale Kosten, Kapazitäten und Produktionskoeffizienten benennt. Welche Kosten die Herstellung einer bestimmten Menge eines Produkts verursacht, hängt z.B. davon ab, welche Produktionsmengen sonst noch hergestellt werden, welche Reihenfolgeprobleme dabei entstehen, in welcher Weise die Produktionsanlagen umgerüstet oder intensitätsmäßig angepaßt werden müssen. Die Darstellung der planungsrelevanten Daten des Produktionsbereichs wird jedoch im allgemeinen einfacher sein als die des Absatzbereichs, für den die Prognoseproblematik besonders komplex ist. Es ist daher naheliegend, bei der Sukzessivplanung mit der Absatzplanung zu beginnen. Damit die Absatzabteilung ihre Pläne hinsichtlich Durchführbarkeit und Kosten zumindest in grober Form beurteilen kann, erhält sie Vorinformationen über Kapazitäten und proportionale Kosten, die bei „normalem" Produktionsbetrieb zu erwarten sind. Wenn der Ausgangsplan vorliegt, wird in der Produktionsabteilung geprüft, ob die geplanten Produktmengen (termingerecht) hergestellt werden können und wie die Produktion kostenoptimal durchgeführt werden kann. Zugleich wird untersucht, ob die bei dem vorliegenden Produktionsprogramm zu erwartenden Kosten mit den ursprünglichen Kostenangaben übereinstimmen.

Kostenabweichungen können z.B. daraus entstehen, daß die Absatzabteilung von einem bestimmten Produkt wesentlich mehr Einheiten absetzen möchte, als die Produktionsabteilung bei ihren früheren Kostenprognosen erwartet hat. Es sind jetzt z.B. intensitätsmäßige Anpassungen erforderlich, es müssen Produktionsaufgaben an weniger befähigte Mitarbeiter übertragen werden, es werden zusätzliche Umrüstungen an Maschinen erforderlich; um den zusätzlichen Materialbedarf zu decken, muß bei Lieferanten mit höheren Preisen eingekauft werden. Wenn sich Kostenabweichungen ergeben, die höher sind als eine gewisse Toleranzgrenze, wird die Absatzabteilung informiert. Diese prüft dann, ob ihr Ausgangsplan auch im Licht der aktualisierten Kostenangaben vorteilhaft ist. Dabei können sich z.B. die folgenden Fragen ergeben: Sollen die ursprünglich geplanten Absatzmengen zumindest teilweise reduziert werden? Welche Auswirkungen hat dies auf den gegenwärtigen Erlös und die zukünftige Absatzentwicklung? Wenn die Absatzabteilung ihren ursprünglichen Plan revidiert, überarbeitet anschließend wiederum die Produktionsabteilung ihre Pläne, wobei sie erneut die Kostensituation überprüft. Der Planungsprozeß endet, wenn ein „befriedigender" Gesamtplan vorliegt.

Die Sukzessivplanung dient zur Abstimmung der Pläne von Bereichen, die auf der gleichen Ebene der Unternehmenshierarchie stehen. Aufgrund ihrer Spezialisierung können die Bereichsleiter die Auswirkungen ihrer eigenen Disposition auf andere Bereiche häufig nur schwer beurteilen. Es können daher zahlreiche Planungsrunden erforderlich sein, um einen befriedigenden Gesamtplan zu finden. Dies gilt insbesondere bei einer größeren Zahl von zu koordinierenden Teilbereichen. Dann kann es zweckmäßig sein, daß bei der Koordination eine Instanz mitwirkt, die einen relativ guten Überblick über die zu koordinierenden Bereiche hat. Die oberste Leitung einer Unternehmung (die zentrale Planungsabteilung) z.B. hat im allgemeinen eine bessere Übersicht über die gesamte Unternehmung als die nachgeordneten Bereichsleiter. Sie kann daher Interdependenzen zwischen den einzelnen Bereichen bei ihren Entscheidungen besser berücksichtigen als ein einzelner Bereichsleiter. Andererseits ist ein Bereichsleiter besser über die Gegebenheiten informiert, die seinen eigenen Bereich betreffen. Er ist daher eher in der Lage, Entscheidungsprobleme, die allein seinen Bereich betreffen, zieladäquat zu lösen. Die nachfolgend beschriebenen (hierarchischen) Koordinationskonzepte tragen diesem Sachverhalt Rechnung, indem Entscheidungsträger mehrerer Hierarchieebenen in den Planungsprozeß einbezogen werden.

3.2.2. Top-Down-Planung

Bei der Top-Down-Planung (sie wird auch als „retrograde" oder „hierarchische" Planung bezeichnet) beginnt der Planungsprozeß an der Spitze der Unternehmenshierarchie. Hier werden die langfristigen Ziele formuliert und Gesamt- oder Rahmenpläne zur Erreichung dieser Ziele entwickelt. Bei der Planung wird angestrebt, den Interdependenzen zwischen den Bereichen, insbesondere zwischen den Hauptabteilungen, Rechnung zu tragen. Die Pläne gehen dabei noch nicht ins Detail, sondern legen die erforderlichen Aktivitäten nur in Umrissen fest. Aus diesen Plänen werden Sach- und Formalziele für die Planungsaktivitäten der Entscheidungsträger auf der nachgeordneten Ebene der Hierarchie abgeleitet. Jeder dieser Entscheidungsträger detailliert und präzisiert jenen Teil des Rahmenplans, der seinem Bereich entspricht; dabei versucht er, den Interdependenzen innerhalb seines Bereichs Rechnung zu tragen. Auch sein Bereichsplan hat im allgemeinen noch die Gestalt eines Grobplanes; über die noch offenen Detailprobleme entscheiden die Entscheidungsträger nachfolgender Ebenen, die täglich mit zu planenden Sachverhalten beschäftigt sind.

Die Top-Down-Planung läßt sich als ein Prozeß charakterisieren, in dessen Verlauf ausgehend von einer vagen Problemstellung immer engere und präzisere Problemstellungen formuliert und gelöst werden, bis schließlich konkret das Handlungsprogramm festgelegt ist (Kapitel III). Dabei werden die Definitionsbereiche der relevanten Entscheidungsvariablen (der Aktionsspielraum) von Ebene zu Ebene der Unternehmenshierarchie immer stärker eingeengt, bis schließlich die Ausprägungen aller Entscheidungsvariablen fixiert sind. Das nachfolgende einfache *Beispiel* - es geht darin um die Verteilung finanzieller Mittel für Werbezwecke auf mehrere Stellen - soll den beschriebenen Planungsprozeß veranschaulichen. Der relevante Hierarchieausschnitt ist in der Abbildung XII.2 dargestellt:

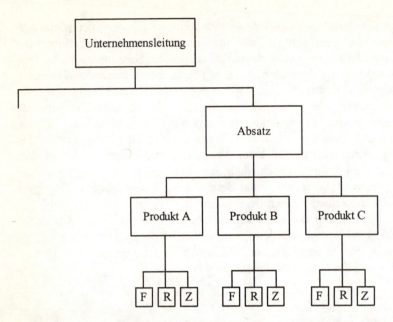

Abb. XII.2: Zur Zuteilung finanzieller Mittel auf neun Werbestellen

Symbole: F $\stackrel{\frown}{=}$ Fernsehwerbung
R $\stackrel{\frown}{=}$ Rundfunkwerbung
Z $\stackrel{\frown}{=}$ Zeitschriftenwerbung

Der Absatzbereich ist in drei Unterabteilungen gegliedert, die jeweils für den Absatz eines bestimmten Produktes zuständig sind. In jeder Unterabteilung gibt es je eine Stelle für F, R und Z. Das Problem besteht darin, die Werte der Entscheidungsvariablen

$$x_F^A, x_R^A, x_Z^A, x_F^B, x_R^B, x_Z^B, x_F^C, x_R^C \text{ und } x_Z^C$$

zu fixieren. Dabei bezeichnet z.B. x_F^A (bzw. x_Z^C) den Etat der Unterabteilung A (bzw. C) für Fernsehwerbung (bzw. Zeitschriftenwerbung).

Im ersten Schritt genehmigt die *Unternehmensleitung* der Absatzabteilung einen Gesamtetat für Werbung in Höhe von G. Damit sind zwar die obigen Entscheidungsvariablen noch nicht fixiert. Jedoch ist eine Vorentscheidung darüber getroffen worden. Es muß gelten:

$$x_F^A + x_R^A + x_Z^A + x_F^B + x_R^B + x_Z^B + x_F^C + x_R^C + x_Z^C \leq G.$$

Im zweiten Schritt verteilt der Leiter der *Absatzabteilung* den Betrag G auf die drei Unterabteilungen; es gelte:

$$G^A > 0, \ G^B > 0, \ G^C > 0 \text{ und } G^A + G^B + G^C \leq G.$$

G^A z.B. bezeichnet den Betrag, der der Unterabteilung A zugewiesen wird. Der Leiter der Absatzabteilung schränkt damit den Zulässigkeitsbereich der einzelnen Entscheidungsvariablen x_F^A, ..., x_Z^C noch weiter ein. Es gilt nun:

$$x_F^A + x_R^A + x_Z^A \leq G^A < G,$$
$$x_F^B + x_R^B + x_Z^B \leq G^B < G,$$
$$x_F^C + x_R^C + x_Z^C \leq G^C < G.$$

Schließlich legen die Leiter der Unterabteilungen A, B und C die Werte ihrer jeweiligen Entscheidungsvariablen x_F, x_R und x_Z fest und weisen den jeweiligen Werbestellen (F, R bzw. Z) die betreffenden Mittel zu. Die Stelleninhaber entscheiden schließlich darüber, wie sie die Mittel verwenden.

Die Top-Down-Planung kann im Rahmen eines Systems „überlappender" Gruppen (Teams) erfolgen (LIKERT, 1961). Derartige Entscheidungssysteme setzen sich in der Praxis mehr und mehr durch. Nach Diskussionen von Alternativen und deren möglichen Konsequenzen in einer Gruppe kann die Entscheidung durch die Gruppe selbst (nach einer Abstimmungsregel) oder durch ihren Leiter getroffen werden. Wie die Abbildung XII.3 verdeutlicht, ist der Leiter einer nachgeordneten Gruppe zugleich auch Mitglied der übergeordneten Gruppe. Durch solche Mehrfachmitgliedschaften („linking pins") sind die Gruppen miteinander verbunden, wodurch die Übermittlung entscheidungsrelevanter Informationen im Prozeß der Top-Down-Planung erleichtert wird.

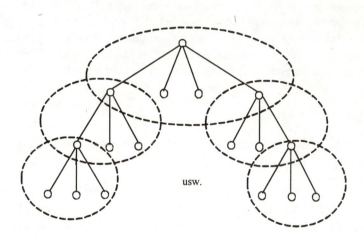

Abb. XII.3: Zur Koordination in überlappenden Gruppen

Da bei der Ermittlung von Rahmen- oder Gesamtplänen viele Details noch weitgehend offen bleiben, ist es allgemein schwierig, die Konsequenzen (insbesondere

die Erlöse und Kosten) abzuschätzen, zu denen diese Pläne führen werden. Es
kann sich herausstellen, daß diese Pläne mit den vorhandenen Ressourcen nicht
realisierbar sind bzw. - im vorhergehenden Beispiel - die Budgets den tatsächlichen Bedürfnissen der Werbestellen nicht entsprechen. Dieser Aspekt führt zu der
Bottom-Up-Planung und der Planung nach dem Gegenstromverfahren.

3.2.3. Bottom-Up-Planung

Bei einer Bottom-Up-Planung (sie wird auch als „progressive" Planung bezeichnet) beginnen die Entscheidungsträger auf einer nachgeordneten (möglicherweise
sogar der untersten) Ebene der Hierarchie den Planungsprozeß. Aufgrund ihrer Informationen und Erfahrungen erstellen sie konkrete Detailpläne für ihren jeweiligen Bereich. Sie übermitteln ihre Vorschläge der vorgesetzten Instanz, die sie
schrittweise abstimmt und verbessert und weiterleitet, bis schließlich der integrierte Rahmenplan entstanden ist. Die oberste Instanz informiert dann die nachgeordneten Stellen über diesen Gesamtplan. Die Problematik der Bottom-Up-
Planung besteht darin, daß die Entscheidungsträger auf der untersten Ebene der
Planungshierarchie zwar gute Detailkenntnisse hinsichtlich ihres jeweiligen Ar-
beitsgebietes besitzen, aber die Interdependenzen zwischen ihren Maßnahmen und
denen der anderen Entscheidungsträger nur schwer oder gar nicht beurteilen können bzw. nicht berücksichtigen wollen, weil sie sich an Partikularzielen orientieren. Deshalb müssen die Einzelpläne von der jeweils vorgesetzten Instanz aufeinander abgestimmt werden.

Der Vorgesetzte, der die Pläne seiner nachgeordneten Mitarbeiter koordiniert,
hat jedoch selbst nur einen begrenzten Überblick: Er kennt nicht genau die Interdependenzen zwischen seinem eigenen Bereich und den anderen Bereichen der gleichen Planungsebene; außerdem kennt er nicht genau die Konsequenzen einer Plan-
revision im eigenen Bereich. (Zur Erweiterung und Vertiefung vgl. Kapitel XXI.)

3.2.4. Gegenstrom-Planung

Die Planung nach dem Gegenstromverfahren stellt eine Synthese von Top-Down-
und Bottom-Up-Planung dar; sie versucht, die potentiellen Vorteile beider Konzepte zu verbinden.

„Grundsatz dieser Planung ist, daß die Mitarbeiter, die für die Realisierung der
Pläne einer Ebene in der Planungshierarchie verantwortlich sind, diese Pläne auch
erstellen und die Planung auf den nachgeordneten Planungsebenen zu steuern und
integrieren versuchen. Sie besteht aus einem Top-Down-Vorlauf und einem Bottom-Up-Rücklauf, wobei im einzelnen folgende Schritte zu unterscheiden sind:
- Der Rahmenplan für die Gesamtunternehmung wird in den Grundzügen zentral
  erstellt, soweit dies ohne größere Konkretisierung der Planung möglich ist. Dieser Rahmenplan, der lediglich Entwurfscharakter hat, wird in Teilpläne für die
  nachgeordnete Planungsebene zerlegt. Die Teilpläne werden den Mitarbeitern,

die für die Realisierung der Pläne auf der nachgeordneten Ebene zuständig sind, vorgegeben. Dieser Vorgang wiederholt sich auf jeder Planungsebene, so daß jeweils die Planvorstellungen auf der übergeordneten Ebene in untergeordnete Teilpläne aufgespalten und den Mitarbeitern der nachgeordneten Ebene vorgegeben werden.

– Die für die Realisierung der Pläne auf den nachgeordneten Ebenen zuständigen Mitarbeiter dürfen die vorgegebenen Plänen nicht ohne weiteres akzeptieren oder ablehnen. Sie müssen ihrerseits die Planung soweit konkretisieren, daß erkennbar wird, inwieweit die aus den übergeordneten Planungsebenen abgeleiteten Vorgaben realisierbar sind. Auf diese Weise wird die Planung erneut auf jeder nachgeordneten Ebene weiter konkretisiert und auf ihre Realisierbarkeit überprüft.

– Ist man mit der Plankonkretisierung im Rahmen des Top-Down-Vorlaufs auf der letzten Ebene der Planungshierarchie angekommen, dann beginnt der Bottom-Up-Rücklauf, der zur Korrektur der übergeordneten Pläne und zu ihrer schrittweisen Integration im Rahmenplan führt. Nach beendetem Rücklauf, der durchaus Unterzyklen in Form von Rückkopplungen enthalten kann, ist ein integrierter Plan für die gesamte Unternehmung und ihre Teilbereiche entstanden" (PFOHL, 1981, S. 141f.).

3.2.5. Pretiale Lenkung

Die Interdependenzen zwischen verschiedenen Teilbereichen der Unternehmung können daraus resultieren, daß diese untereinander Güter und Leistungen austauschen. Der innerbetriebliche Güter- und Leistungsaustausch kann unter bestimmten Voraussetzungen mengenmäßig koordiniert werden, indem für die betreffenden Güter und Leistungen Verrechnungspreise fixiert werden (pretiale Lenkung). Dieses Konzept wird ausführlich im Kapitel XX diskutiert.

3.2.6. Budgetsysteme

Ein Budget ist ein in quantitativen (insbesondere finanziellen) Größen dargestellter Plan, der sich auf einen bestimmten Zeitraum bezieht (KLOOCK, 1980) und in dem bestimmte Sachziele zum Ausdruck kommen. Der Prozeß der Budgeterstellung wird als Budgetierung bezeichnet. In der Regel entstehen dabei „eine Reihe mehr oder weniger voneinander abhängiger Budgets...; insofern kann auch von einem Budgetsystem gesprochen werden" (STREIM, 1975, S. 25).

Budgets begrenzen die Aktionsspielräume und/oder charakterisieren die anzustrebenden Ergebnisse. Von besonderer Bedeutung sind Gewinnbudgets, die ihrerseits auf Teilbudgets wie Umsatz-, Kosten-, Finanz- und Produktionsbudgets beruhen. Sie stellen zwar kein eigenständiges Koordinationsinstrument dar; sie erleichtern aber die Koordination der Entscheidungen. Einerseits liefern die quantitativen Bezugsgrößen des Budgetsystems einen Orientierungsrahmen für koordinierende Planungsaktivitäten. Andererseits soll die Bindung der nachgeordneten Mitarbeiter an die erstellten Budgets verhindern, daß sie Entscheidungen treffen, die - weil sie nicht aufeinander abgestimmt sind - zu nachteiligen Konsequenzen führen.

4.   Zur Problematik der Koordination bei Risiko

Die in diesem Kapitel betrachteten Koordinationskonzepte berücksichtigen vor allem Interdependenzen, die aus einem Restriktions- und/oder einem Erfolgsverbund resultieren. In Risikosituationen ergeben sich jedoch - sofern keine Risikoneutralität besteht - selbst dann Koordinationsprobleme, wenn weder ein Restriktions- noch ein Erfolgsverbund vorliegt. Die Koordinationsprobleme bei Risiko entstehen, weil es bei Nichtrisikoneutralität grundsätzlich nicht möglich ist, Unterziele vorzugeben, die mit dem Organisationsziel „kompatibel" sind. Wir wollen das Problem der Ableitung von geeigneten Unterzielen bei Nichtrisikoneutralität noch etwas zurückstellen; es wird in den Kapiteln XIX und XXI ausführlich behandelt.

Ergänzende und vertiefende Literatur:

ADAM (1980); BRINK (1981); FIETEN (1977); FRESE (1972; 1975a; 1975b; 1995); GAITANIDES (1983); HAX (1965; 1969a); HURWICZ (1971; 1972; 1973); KERN (1971); KIRSCH (1971); KLOOCK (1980); KOCH (1983); KÜPPER (1982); LAUX (1980; 2005b); LIERMANN (1982); MELLWIG (1979); PFOHL (1981); POENSGEN (1980); SEELBACH (1975); SOLOMONS (1965); STAUDT (1979); STEINER (1979).

TEIL F: NOTWENDIGKEIT DER KOMPLEXITÄTSREDUKTION: EFFIZIENZKRITERIEN ZUR VEREINFACHTEN BEURTEILUNG ORGANISATORISCHER MASSNAHMEN

Die explizite Anwendung entscheidungstheoretischer Modelle für organisatorische Problemstellungen ist zwar prinzipiell möglich, jedoch wegen des erheblichen Planungsaufwandes nur bedingt sinnvoll. Am Beispiel des teamtheoretischen Ansatzes und des Delegationskonzeptes werden die Grenzen einer solchen Vorgehensweise aufgezeigt (Kapitel XIII). In vereinfachten Kalkülüberlegungen werden organisatorische Gestaltungsmaßnahmen anhand von Effizienzkriterien beurteilt. Im Kapitel XIV definieren wir die Kompatibilitätseigenschaften organisatorischer Lösungen als solche Effizienzkriterien: Von dem Ausmaß der Übereinstimmung zwischen Anforderungen und Fähigkeiten (Anforderungskompatibilität) bzw. zwischen den Zielen der Organisationsmitglieder und dem Unternehmensziel (Anreizkompatibilität) kann immerhin auf die Vorteilhaftigkeit der Maßnahmen „geschlossen" werden. In Kapitel XV wird gezeigt, auf welche Weise organisatorische Maßnahmen auf das Ausmaß der Kompatibilität Einfluß nehmen können.

XIII. Organisationstheoretische Entscheidungsmodelle: Möglichkeiten und Grenzen

1. Problemstellung

Die zu Anfang „programmatisch" formulierte entscheidungsorientierte Sichtweise von Organisationsproblemen hat im Verlauf der bisherigen Darstellungen zunehmend an Gestalt gewonnen. Mit der entscheidungsorientierten Sichtweise wird die Auswahl von zu realisierenden Organisationsmaßnahmen aus der Menge der möglichen Gestaltungsalternativen zum Kernproblem einer jeden Organisation. Die Frage liegt nahe, inwieweit das entscheidungstheoretische Instrumentarium zur Lösung von Organisationsproblemen einen Beitrag leisten kann.

Organisationsentscheidungen erfordern das Abwägen von Organisationsalternativen. Dabei sind zugleich zwei Grunderfordernisse zu beachten:

1. Bei der Analyse und der Beurteilung organisatorischer Gestaltungsalternativen ist es wichtig, zunächst den betrachteten Realitätsausschnitt genau abzugrenzen. Welche Organisationsvariablen, Zielgrößen und entscheidungsrelevante Daten jeweils maßgeblich sind, hängt wesentlich davon ab, ob die Entscheidungsprozesse in der Unternehmung als Ganzes, in einzelnen Abteilungen bzw. Unterabteilungen oder nur die eines einzelnen Organisationsmitgliedes Gegenstand der organisatorischen Steuerungsüberlegung sind.

2. Da zwischen den einzelnen Bereichen der Organisation Interdependenzen bestehen (können), haben organisatorische Maßnahmen, die sich auf einen bestimmten Bereich (oder einen Arbeitsplatz) beziehen, u.U. erhebliche Konsequenzen für die Abläufe in anderen Bereichen: Wenn es z.B. gelingt, die Beschaffungszeiten für Material zu reduzieren, so können sich daraus erhebliche Auswirkungen auf die Lagerhaltung und die Produktion ergeben. Wenn in einem Fertigungsbereich, der Zwischenprodukte herstellt, die Fertigungsdauer verringert und die Qualität verbessert wird, kann sich das positiv auf die Anpassungsfähigkeit oder Leistungsqualitäten jener Bereiche auswirken, die diese Zwischenprodukte beziehen.

Bei der Beurteilung organisatorischer Maßnahmen für einen Entscheidungsbereich darf dieser also grundsätzlich nicht als isolierte Einheit betrachtet werden.

Um Fehlurteile aufgrund verengter Sicht zu vermeiden, ist das gesamte Umfeld (etwa andere Abteilungen oder Unterabteilungen) einzubeziehen, das durch die organisatorischen Maßnahmen betroffen ist (PICOT, 1993, S. 117). Häufig erfordern organisatorische Maßnahmen einer bestimmten Instanz auch organisatorische Folgemaßnahmen anderer Instanzen. Es ist dann sinnvoll, die organisatorischen Maßnahmen von vornherein aufeinander abzustimmen (zu koordinieren).

Alle organisatorischen Entscheidungsprobleme lassen sich im Prinzip mit dem Grundmodell der Entscheidungstheorie abbilden, wenn auch der damit verbundene Planungsaufwand extrem hoch sein kann. Dies soll im folgenden für die Formulierung expliziter (Abschnitt 2) und impliziter Verhaltensnormen (Abschnitt 3) aufgezeigt werden. Die Überlegungen verdeutlichen die Komplexität „exakter" organisationstheoretischer Entscheidungsmodelle und die Notwendigkeit der Komplexitätsreduktion (Abschnitt 4). Möglichkeiten hierzu werden in Abschnitt 5 erläutert.

Die Problematik organisatorischer Strukturierungsmodelle soll bereits hier skizziert werden:

Prinzipiell bestehen keine Hindernisse, auch Organisationsprobleme im Rahmen eines Entscheidungsmodells als Wahlproblem bei unsicheren Erwartungen zu formulieren. Die Grundstruktur von Organisationsentscheidungen unterscheidet sich nicht von anderen Entscheidungsproblemen. (Im vorliegenden Kapitel wird das an Beispielen verdeutlicht.) Darum können formale Entscheidungsmodelle auch Richtlinien für Organisationsentscheidungen geben.

Immense Probleme entstehen jedoch aus der *Komplexität* der Entscheidungssituation. Die Formulierung von Organisationsproblemen in einem operablen Entscheidungsmodell erfordert drastische Vereinfachungen bei sämtlichen Modellelementen. Es stellt sich dann die Frage, ob ein derart vereinfachtes Modell noch ein adäquates Abbild der Realität darstellt, mit dessen Hilfe die Auswahlentscheidung sinnvoll getroffen werden kann. Eine Alternative hierzu stellt die Verwendung von Effizienzkriterien dar. Entsprechende Überlegungen schließen sich in den Kapiteln XIV bis XXVI an.

2. Die Formulierung expliziter Verhaltensnormen als Entscheidungsproblem: Grundzüge der Team-Theorie

2.1. Die betrachtete Entscheidungssituation

Verfahren zur Bestimmung eines optimalen Systems expliziter Verhaltensnormen sind von MARSCHAK und RADNER im Rahmen der Team-Theorie entwickelt worden (MARSCHAK, 1954; 1955; 1959; MARSCHAK/RADNER, 1972). Dabei wird unter einem Team eine Gruppe von Personen verstanden, die in einer Organisation zusammenarbeiten und sich an demselben Ziel orientieren. Zwischen den Mitgliedern eines Teams existieren also keine Zielkonflikte; die expliziten Verhaltensnormen werden mit Sicherheit befolgt. Es erübrigen sich daher Anreiz und Kontrolle.

Im folgenden wird gezeigt, auf welche Weise optimale explizite Verhaltensnormen im Prinzip bestimmt werden können. Ein einfaches Beispiel dient zur Verdeutlichung (MARSCHAK, 1959). Es beruht auf folgenden Annahmen:
1. Eine Werft hat ein altes und ein neues Dock. Auf jedem Dock kann je Periode ein Schiff gebaut werden. Die variablen Kosten je Schiff betragen für das neue Dock 20, für das alte 35 Geldeinheiten.
2. Die Werft hat zwei Vertreter, von denen der eine auf dem „Westmarkt" agiert, der andere auf dem „Ostmarkt". In jeder Periode geht bei jedem Vertreter genau ein Auftrag ein. Auf dem Ostmarkt wird entweder ein Preis von 39 oder von 21 geboten, auf dem Westmarkt ein Preis von 31 oder von 29. Die Höhe der Preise stellt ein Umweltdatum dar. Die Instanz, die die expliziten Verhaltensnormen bestimmt, ordnet den möglichen Preiskonstellationen die folgenden Wahrscheinlichkeiten zu (Tabelle XIII.1):

		mögliche Preise auf dem Ostmarkt	
		39	21
mögliche Preise auf	31	0,4	0,1
dem Westmarkt	29	0,1	0,4

Tabelle XIII.1: Wahrscheinlichkeitsverteilung über die möglichen Preiskonstellationen

Mit der Wahrscheinlichkeit 0,4 sind beide Preise hoch (d.h. sie betragen auf dem Westmarkt 31 und auf dem Ostmarkt 39), ebenfalls mit der Wahrscheinlichkeit 0,4 sind beide Preise niedrig (also Preis auf dem Westmarkt 29 und auf dem Ostmarkt 21). Jeweils mit der Wahrscheinlichkeit 0,1 ist der Preis auf dem Ostmarkt hoch und der auf dem Westmarkt niedrig bzw. der Preis auf dem Westmarkt hoch und der auf dem Ostmarkt niedrig. Es wird also angenommen, daß eine Preisentwicklung derselben Richtung wahrscheinlicher ist als eine entgegengesetzte Änderung.

3. Jeder Vertreter kann den Auftrag auf seinem Markt annehmen oder ablehnen. Bei Annahme des Auftrags wird ein Erlös in Höhe des angegebenen Preises erzielt. Die variablen Kosten bei der Durchführung des Auftrages hängen davon ab, ob gleichzeitig auch der andere Vertreter einen Auftrag annimmt oder nicht und auf welchem Dock dann der Auftrag ausgeführt wird.

4. Das Organisationsproblem der Instanz besteht in der Bestimmung eines Systems expliziter Verhaltensnormen für die beiden Vertreter, bei dem derart über Annahme bzw. Ablehnung der Aufträge entschieden wird, daß nach Abzug der innerbetrieblichen Kommunikationskosten eine möglichst vorteilhafte Situation erreicht wird. Da der Instanz im voraus nicht bekannt ist, welche Preise geboten werden, ist auch ungewiß, zu welchem Ergebnis ein bestimmtes System expliziter Verhaltensnormen führen wird. Die Auswahl eines Systems expliziter Verhaltensnormen ist daher ein Entscheidungsproblem bei Risiko. Optimal sei jenes System, bei dem der Erwartungswert des Gewinns nach Abzug der Kommunikationskosten maximiert wird.

2.2.   Das zentrale System

Beim zentralen System erhält jeder Vertreter die explizite Verhaltensnorm, die Instanz über den Preis auf seinem Markt zu informieren. Die Instanz, die auch die variablen Produktionskosten beider Docks kennt, nimmt dann die Auftragsselektion vor und teilt jedem Vertreter explizit mit, ob er den Auftrag auf seinem Markt annehmen oder ablehnen soll. Da bei jeder Preiskonstellation der niedrigere der beiden Preise unter den Kosten des alten Docks liegt, nimmt die Instanz immer nur den Auftrag mit dem höheren Preis an und gibt die Weisung, ihn auf dem neuen Dock abzuwickeln. Wenn also der Preis auf dem Ostmarkt 39 beträgt, wird der Auftrag auf diesem Markt angenommen, andernfalls der auf dem Westmarkt. Folglich entsprechen den alternativen Preiskonstellationen folgende Gewinne vor Abzug der Kommunikationskosten (Tabelle XIII.2):

Preiskonstellation			w_i	angenommener Auftrag	Gewinn G_i	Gewinn- erwartungswert
i	Ost	West				
1	39	31	0,4	Ostmarkt	39-20=19	
2	39	29	0,1	Ostmarkt	39-20=19	
3	21	31	0,1	Westmarkt	31-20=11	
4	21	29	0,4	Westmarkt	29-20= 9	$\sum_{i=1}^{4} G_i w_i = 14,2$

Tabelle XIII.2: Gewinnerwartungswert bei zentraler Entscheidung
(vor Kommunikationskosten)

Demnach ergibt sich beim zentralen System ein Gewinnerwartungswert vor Abzug der Kommunikationskosten in Höhe von $(0,4 \cdot 19 + 0,1 \cdot 19 + 0,1 \cdot 11 + 0,4 \cdot 9 =)$ 14,2.

2.3.   Dezentrale Systeme

2.3.1.   Kommunikationssystem I

Beim zentralen Entscheidungssystem sind die Kommunikationskosten relativ hoch. Daher werden von der Instanz auch Entscheidungssysteme erwogen, bei denen sie nicht über die Preise der eingehenden Aufträge informiert wird. Zunächst wird das Kommunikationssystem I betrachtet, bei dem auch zwischen den Vertretern keine Informationen übermittelt werden: Jeder Vertreter kennt nur den Preis auf seinem Markt.

Es ist vermutlich nicht sinnvoll, den Vertretern definitiv mitzuteilen, ob sie annehmen bzw. ablehnen sollen; die Auftragsselektion wäre dann unabhängig von der vorliegenden Preiskonstellation. Es sind daher (auch) Verhaltensnormen zu erwägen, die auf die jeweils eingetretene Preiskonstellation Bezug nehmen. Dabei muß allerdings berücksichtigt werden, daß jeder Vertreter nur den Preis auf seinem Markt kennt. Jedem Vertreter können folgende explizite Verhaltensnormen gesetzt werden:

(a) Der Auftrag ist bei jedem Preis anzunehmen.
(b) Der Auftrag ist bei jedem Preis abzulehnen.
(c) Der Auftrag ist genau dann anzunehmen, wenn der Preis hoch ist.
(d) Der Auftrag ist genau dann anzunehmen, wenn der Preis niedrig ist.

Folglich gibt es $(4 \cdot 4 =) 16$ Paare expliziter Verhaltensnormen für die beiden Vertreter. Für jedes Paar kann der Gewinnerwartungswert analog bestimmt werden wie für das zentrale Entscheidungssystem. Es ergeben sich dabei die in Tabelle XIII.3 dargestellten Gewinnerwartungswerte vor Abzug der Kommunikationskosten.

Ost \ West	(a)	(b)	(c)	(d)
(a)	5,0	10,0	8,0	7,0
(b)	10,0	0	5,5	4,5
(c)	12,0	9,5	9,0	12,5
(d)	3,0	0,5	4,5	-1,0

Tabelle XIII.3: Gewinnerwartungswerte für die verschiedenen Paare von Verhaltensnormen beim Kommunikationssystem I (vor Abzug der Kommunikationskosten)

Als optimal erweist sich also das folgende Paar (c,d) von Verhaltensnormen:
– Der Vertreter auf dem Ostmarkt nimmt den Auftrag genau dann an, wenn der Preis auf seinem Markt hoch (also 39) ist.

– Der Vertreter auf dem Westmarkt nimmt den Auftrag genau dann an, wenn der Preis auf seinem Markt niedrig (also 29) ist.

Den alternativen Preiskonstellationen entsprechen dann die in Tabelle XIII.4 gezeigten Gewinne. Der Gewinnerwartungswert beträgt $(0,4 \cdot 19 + 0,1 \cdot 13 + 0,4 \cdot 9 =)$ 12,5; Kommunikationskosten sind darin noch nicht berücksichtigt.

Preiskonstellation			w_i	angenommener Auftrag	Gewinn G_i	Gewinn- erwartungswert
i	Ost	West				
1	39	31	0,4	Ostmarkt	$39 - 20 = 19$	
2	39	29	0,1	Ostmarkt und Westmarkt	$68 - 55 = 13$	
3	21	31	0,1	–	0	
4	21	29	0,4	Westmarkt	$29 - 20 = 9$	$\sum_{i=1}^{4} G_i w_i = 12,5$

Tabelle XIII.4: Gewinnerwartungswert bei dem Kommunikationssystem I und optimaler Kombination von Verhaltensnormen (vor Kommunikationskosten)

Die Verhaltensnorm für den Vertreter auf dem Westmarkt (er darf den Auftrag nur dann annehmen, wenn der Preis niedrig ist) mag auf den ersten Blick paradox erscheinen. Sie wird jedoch plausibel, wenn die stochastische Abhängigkeit zwischen den Preisen auf beiden Märkten berücksichtigt wird. Sofern der Preis auf dem Westmarkt hoch (31) ist, so ist mit relativ hoher Wahrscheinlichkeit der Preis auf dem Ostmarkt noch höher (39). Wenn der Preis auf dem Westmarkt niedrig (29) ist, so ist mit relativ hoher Wahrscheinlichkeit der Preis auf dem Ostmarkt noch niedriger (21). Das rechtfertigt es, auf dem Westmarkt den Auftrag bei niedrigem Preis anzunehmen, um die Wahrscheinlichkeit zu verringern, daß beide Docks leer stehen, den Auftrag bei hohem Preis jedoch abzulehnen, um die Wahrscheinlichkeit zu verringern, daß beide Aufträge angenommen werden.

Bei dem betrachteten Paar von Verhaltensregeln ist der Gewinnerwartungswert (vor Kommunikationskosten) um $(14,2 - 2,5 =)$ 1,7 niedriger als beim zentralen Entscheidungssystem. Die Differenz resultiert daraus,

– daß bei der Preiskonstellation (39,29) beide Aufträge angenommen werden, während beim zentralen System nur der Auftrag auf dem Ostmarkt angenommen wird, und

– daß bei der Preiskonstellation (21,31) kein Auftrag angenommen wird, während beim zentralen System der Auftrag auf dem Westmarkt angenommen wird.

Dem Kommunikationssystem I ist gegenüber dem zentralen System nur dann der Vorzug zu geben, wenn die damit verbundene Ersparnis an Kommunikationskosten höher ist als 1,7.

Da beim Kommunikationssystem I keiner der beiden Vertreter beide Preise kennt, ist es nicht möglich, ein Normensystem zu formulieren, bei dem mit Sicherheit (nur) der Auftrag mit dem höheren Preis angenommen wird.[1] Eine stärkere Differenzierung der Verhaltensnormen ist nur dann möglich, wenn mindestens einer der beiden Vertreter über den Preis auf dem anderen Markt informiert wird.

2.3.2. Kommunikationssystem II

Ein zweites Kommunikationssystem bestimmt, daß der Westvertreter den Vertreter auf dem Ostmarkt über den Westpreis informiert, nicht aber umgekehrt der Ostvertreter den Vertreter auf dem Westmarkt über den Ostpreis. Da jetzt der Ostvertreter über die Preise beider Märkte informiert wird, können für ihn 16 Verhaltensnormen formuliert werden (Tabelle XIII.5).

Verhaltensnorm	Annahme des Auftrages bei Preiskonstellation				Erläuterung
$(e_{15}) = (a)$	1	2	3	4	Auftrag bei jeder Preiskonstellation annehmen
$(e_0) = (b)$	-	-	-	-	Auftrag bei keiner Preiskonstellation annehmen
(e_1)	1	-	-	-	Auftrag nur bei der angegebenen Preiskonstellation annehmen
(e_2)	-	2	-	-	"
(e_3)	-	-	3	-	"
(e_4)	-	-	-	4	"
$(e_5) = (c)$	1	2	-	-	"
(e_6)	1	-	3	-	"
(e_7)	1	-	-	4	"
(e_8)	-	2	3	-	"
(e_9)	-	2	-	4	"
$(e_{10}) = (d)$	-	-	3	4	"
(e_{11})	1	2	3	-	"
(e_{12})	1	2	-	4	"
(e_{13})	1	-	3	4	"
(e_{14})	-	2	3	4	"

Tabelle XIII.5: Mögliche Verhaltensnormen für den Vertreter auf dem Ostmarkt

Für den Westvertreter sind weiterhin (nur) die Verhaltensnormen (a)-(d) in Abschnitt 2.3.1 relevant. Für beide Vertreter zusammen gibt es also $4 \cdot 16 = 64$ Paare

---

1) Wären die variablen Kosten auf beiden Docks gleich, so wäre auch der mit der Annahme eines Auftrags verbundene Gewinn (bzw. Verlust) unabhängig davon, ob der andere Auftrag angenommen wird oder nicht. Es wäre dann optimal, einen Auftrag genau dann anzunehmen, wenn der Preis höher ist als die variablen Kosten je Dock. Ein zentrales System kann in diesem Fall gegenüber dem dezentralen keinen Vorteil bieten; es besteht kein Koordinationsproblem.

von Verhaltensnormen. Die damit erzielbaren Gewinnerwartungswerte sind in der Tabelle XIII.6 zusammengestellt.

Ost \ West	(a)	(b)	(c)	(d)
(e_{15}) = (a)	5,0	10,0	8,0	7,0
(e_0) = (b)	10,0	0	5,5	4,5
(e_1)	11,6	7,6	7,1	12,1
(e_2)	10,4	1,9	7,4	4,9
(e_3)	8,6	0,1	4,1	4,6
(e_4)	4,4	0,4	5,9	-1,1
(e_5) = (c)	12,0	9,5	9,0	12,5
(e_6)	10,2	7,7	5,7	12,2
(e_7)	6,0	8,0	7,5	6,5
(e_8)	9,0	2,0	6,0	5,0
(e_9)	4,8	2,3	7,8	-0,7
(e_{10}) = (d)	3,0	0,5	4,5	-1,0
(e_{11})	10,6	9,6	7,6	12,6
(e_{12})	6,4	9,9	9,4	6,9
(e_{13})	4,6	8,1	6,1	6,6
(e_{14})	3,4	2,4	6,4	-0,6

Tabelle XIII.6: Gewinnerwartungswerte für die verschiedenen Paare von Verhaltens-normen beim Kommunikationssystem II (vor Kommunikationskosten)

Wenn der Vertreter auf dem Ostmarkt über den Westpreis informiert wird (Kommunikationssystem II), führt folgendes Paar expliziter Verhaltensnorm (bezüglich Auftragsannahme bzw. -ablehnung) zum maximalen Gewinnerwartungswert:
– Der Vertreter auf dem Westmarkt nimmt den Auftrag genau dann an, wenn der Preis auf seinem Markt 29 ist (Verhaltensnorm (d)).
– Der Vertreter auf dem Ostmarkt nimmt den Auftrag genau dann an, wenn entweder der Preis auf dem Ostmarkt 21 und der Preis auf dem Westmarkt 31 ist, oder wenn der Preis auf dem Ostmarkt 39 beträgt (Verhaltensnorm (e_{11})).

Die Tabelle XIII.7 zeigt, welche Gewinne dann bei den möglichen Preiskonstellationen erzielt werden. Der entsprechende Gewinnerwartungswert (vor Kommunikationskosten) beträgt $(0,4 \cdot 19 + 0,1 \cdot 13 + 0,1 \cdot 1 + 0,4 \cdot 9 =) 12,6$. Er ist um 0,1 höher als der maximale Gewinnerwartungswert beim System I. Wie der Vergleich der Tabellen XIII.4 und XIII.7 zeigt, resultiert die Differenz daraus, daß jetzt bei der Preiskonstellation (21,31) nicht beide Aufträge abgelehnt werden, sondern der Auftrag auf dem Ostmarkt angenommen wird.

Sind die Kosten der Information des Vertreters auf dem Ostmarkt geringer als 0,1, so ist das Kommunikationssystem II gegenüber dem System I vorteilhaft.

Preiskonstellation			w_i	angenommener Auftrag	Gewinn G_i	Gewinn-erwartungswert
i	Ost	West				
1	39	31	0,4	Ostmarkt	39-20 =19	
2	39	29	0,1	Ostmarkt und Westmarkt	68-55 =13	
3	21	31	0,1	Ostmarkt	21-20 = 1	
4	21	29	0,4	Westmarkt	29-20 = 9	$\sum_{i=1}^{4} G_i w_i = 12,6$

Tabelle XIII.7: Gewinnerwartungswert beim Kommunikationssystem II und optimalem Paar von Verhaltensnormen (vor Kommunikationskosten)

2.3.3. Kommunikationssystem III

Wenn der Vertreter auf dem Ostmarkt den auf dem Westmarkt informiert (Kommunikationssystem III), so kann analog folgendes Paar expliziter Verhaltensnormen (bezüglich Auftragsannahme bzw. -ablehnung) als optimal ermittelt werden:
– Der Vertreter auf dem Ostmarkt nimmt den Auftrag genau dann an, wenn der Preis auf seinem Markt 39 ist (Verhaltensnorm (c)).
– Der Vertreter auf dem Westmarkt nimmt den Auftrag genau dann an, wenn der Preis auf dem Ostmarkt 21 ist (Verhaltensnorm (e_{10})).
Bei dem Kommunikationssystem III wird also derselbe Auftrag angenommen wie beim zentralen System. Die dabei verursachten Kommunikationskosten können jedoch niedriger sein als beim zentralen System, bei dem beide Vertreter die Instanz über die Preise informieren müssen und die Instanz anschließend (definitiv) mitteilt, ob der jeweilige Auftrag anzunehmen oder abzulehnen ist.

2.4. Darstellung der Organisationsalternativen in Form einer Ergebnismatrix

Die möglichen Gewinne der Organisationsalternativen, d.h. der möglichen Konstellationen expliziter Verhaltensnormen, können in einer Ergebnismatrix dargestellt werden. Von den zahlreichen Alternativen sollen hier nur jene berücksichtigt werden, die bereits explizit betrachtet worden sind (Matrix XIII.1).
In der Kopfzeile werden die möglichen Preiskonstellationen als Umweltzustände (S_1, S_2, S_3, S_4) sowie deren Eintrittswahrscheinlichkeiten dargestellt. In der Vorspalte stehen die Organisationsalternativen (OA_1, OA_2, OA_3, OA_4) in der Reihenfolge angeordnet, wie sie bisher behandelt wurden. Innerhalb der Ergebnismatrix stehen die möglichen Gewinne nach (Abzug der) Kommunikationskosten. Dabei bezeichnet K_z die Kommunikationskosten beim zentralen System, K_I diejenigen beim Kommunikationssystem I, usw. Die Gewinnzeile für die Organisati-

onsalternative OA_1 ergibt sich aus Tabelle XIII.2, die für OA_2 aus Tabelle XIII.4 usw.

		0,4 S_1 $(39,31)$	0,1 S_2 $(39,29)$	0,1 S_3 $(21,31)$	0,4 S_4 $(21,29)$
Zentrales System	OA_1	$19-K_Z$	$19-K_Z$	$11-K_Z$	$9-K_Z$
Kommunikationssystem I und Verhaltensnorm (c,d)	OA_2	$19-K_I$	$13-K_I$	$0-K_I$	$9-K_I$
Kommunikationssystem II und Verhaltensnorm (e_{11},d)	OA_3	$19-K_{II}$	$13-K_{II}$	$1-K_{II}$	$9-K_{II}$
Kommunikationssystem III und Verhaltensnorm (c,e_{10})	OA_4	$19-K_{III}$	$19-K_{III}$	$11-K_{III}$	$9-K_{III}$

Matrix XIII.1: Ergebnismatrix zum Vergleich expliziter Verhaltensnormen

3. Die Formulierung impliziter Verhaltensnormen als Entscheidungsproblem: Grundzüge des Delegationswert-Konzeptes

3.1. Die betrachtete Entscheidungssituation

Das Delegationswert-Konzept (LAUX, 1979a; 1979b; 1990; MANKE, 1980; LIER-MANN, 1982; SCHAUENBERG, 1987; SPIELBERGER, 1983; KAUS, 1985; WINTER, 1986) betrachtet organisatorische Entscheidungsprobleme, die durch folgende Merkmale charakterisiert sein können:

1. Eine Instanz steht vor einem bestimmten Objektentscheidungsproblem: Aus einer gegebenen Menge von (Objekt-)Alternativen, $\{A_1, A_2, ..., A_A\}$, ist eine Alternative auszuwählen. (Die Phase der Alternativensuche wird als bereits abgeschlossen betrachtet.) Die Konsequenzen der Handlungsalternativen hängen davon ab, welcher der Umweltzustände $S_1, S_2, ..., S_S$ eintreten wird.

2. Die Instanz orientiert sich nur an der Zielgröße „Gewinn" (G). Ihre Nutzenfunktion ist linear; als Zielsetzung verfolgt sie die Maximierung des Gewinnerwartungswertes.

3. Für die Instanz stellt sich das Organisationsentscheidungsproblem, ob sie die Objektentscheidung selbst treffen oder die Entscheidung (zumindest teilweise) delegieren soll und, wenn ja, an welche(n) Entscheidungsträger (Delegationsproblem).

4. Die Instanz hat das Objektentscheidungsproblem bereits in Form einer Ergebnismatrix strukturiert (Matrix XIII.2). Bei ihrem bisherigen Informationsstand ordnet die Instanz dem Umweltzustand S_s $(s=1,2,...,S)$ die Wahrscheinlichkeit $w(S_s)$ zu.

	$w(S_1)$ S_1	$w(S_2)$ S_2	...	$w(S_S)$ S_S
A_1	G_{11}	G_{12}	...	G_{1S}
A_2	G_{21}	G_{22}	...	G_{2S}
⋮	⋮	⋮	⋮	⋮
A_A	G_{A1}	G_{A2}	...	G_{AS}

Matrix XIII.2: Gewinnmatrix der Instanz

Die Annahme, die Instanz habe bereits eine vollständige Gewinnmatrix erstellt, mag als sehr einschränkend erscheinen. Wenn sie indessen keine eigenen Vorstellungen über das Objektentscheidungsproblem hat, fehlt ihr auch die Basis für die Lösung ihres Organisationsproblems; sie kann dann die Konsequenzen, die sich bei eigener Lösung des Entscheidungsproblems und bei alternativen Delegationsformen ergeben können, nicht abwägen.

5. Trifft die Instanz die Entscheidung selbst, so wählt sie diejenige Handlungsalternative, die im Lichte der a priori-Wahrscheinlichkeiten $w(S_1)$, $w(S_2)$,..,$w(S_S)$ den höchsten Gewinnerwartungswert aufweist. Die Entscheidung wird dann also auf der Basis der Matrix XIII.2 getroffen. Der Einfachheit halber wird hier nicht berücksichtigt, daß die Instanz vor der Entscheidung zusätzliche Informationen einholen könnte. (Zur Erfassung dieser Möglichkeit im Rahmen des Delegationswert-Konzeptes vgl. LAUX, 1979a; 1979b.)

6. Die Instanz erwägt die Delegation, weil sie damit rechnet, daß der bzw. die (potentiellen) Entscheidungsträger zur Prognose des eintretenden Umweltzustandes mehr Informationen besitzen bzw. beschaffen können als sie selbst und/oder die Entscheidungsträger besser qualifiziert sind, den eintretenden Umweltzustand zu prognostizieren.

7. Die Instanz zieht folgende Grundformen der Delegation in Betracht:
   – Delegation der Entscheidung an einen einzelnen Entscheidungsträger (der möglicherweise durch einen Stab unterstützt wird),
   – Zerlegung des Entscheidungsproblems in Teilprobleme und Delegation der Teilentscheidungsprobleme an verschiedene Entscheidungsträger. In diesem Fall entsteht für die Instanz das Problem, die Entscheidungen der einzelnen Entscheidungsträger so zu steuern, daß eine „gute" Koordination gewährleistet wird (LIERMANN, 1982; 1987; WINTER, 1986).
   – Delegation der Entscheidung als Ganzes an ein Gremium, das mit einer von der Instanz vorgegebenen Abstimmungsregel eine der Alternativen auswählt (LAUX, 1979a; 1979b; MANKE, 1980; KAUS, 1985).

   Diese drei Grundformen der Delegation repräsentieren ein weites Feld von Gestaltungsmöglichkeiten. Da z.B. die Gruppengröße, die Zusammensetzung der Gruppe und die Abstimmungsregel nicht von vornherein feststehen, läßt bereits die Alternative „Delegation an ein Gremium" sehr viele Möglichkeiten offen.

8. Im Falle der Delegation wird von der Instanz das Ziel gesetzt, den Gewinnerwartungswert zu maximieren. Wird die Entscheidung z.B. an einen einzelnen
   Entscheidungsträger delegiert, so hat dieser sich (in der Regel nach Beschaffung
   weiterer Informationen) ein eigenes Wahrscheinlichkeitsurteil über die Umweltzustände $S_1, S_2, ..., S_S$ zu bilden und diejenige Alternative zu wählen, die im
   Lichte dieser Wahrscheinlichkeiten den höchsten Gewinnerwartungswert aufweist. Wird an ein Gremium delegiert, so erhalten die Mitglieder die Weisung,
   sich eigene Wahrscheinlichkeitsurteile über die Umweltzustände zu bilden und
   die Handlungsalternativen nach fallenden Gewinnerwartungswerten in individuelle Präferenzordnungen zu bringen; im Rahmen einer Abstimmung ist schließlich eine der Objektalternativen auszuwählen. Zusätzlich zur impliziten Verhaltensnorm „Maximierung des Gewinnerwartungswertes" kann die Instanz explizite Verhaltensnormen vorgeben, um z.B. die Beschaffung und Übermittlung
   von Informationen zu steuern (KAUS, 1985).
9. Um die Wahrscheinlichkeit zu erhöhen, daß sich der bzw. die Entscheidungsträger am Ziel der Instanz orientieren, beeinflußt die Instanz u.U. die Ergebnisse
   der Alternativen, z.B. durch die Gewährung von Erfolgsprämien.
10. Eine Delegation der Entscheidung verursacht grundsätzlich Kosten in Form von
    Ausgaben und/oder als Opportunitätskosten. Die Höhe der Delegationskosten
    hängt von der Delegationsform ab. Zum Beispiel werden bei Einsatz eines Gre-
    miums im allgemeinen höhere Delegationskosten entstehen als bei Delegation
    an einen einzelnen Entscheidungsträger. Die Delegationskosten sind selten mit
    Sicherheit bekannt. Es wird davon ausgegangen, daß sie wenigstens als Erwar-
    tungswert bekannt sind.

In dieser Problemsituation ist von allen Delegationsformen vom Standpunkt der Instanz diejenige am vorteilhaftesten, bei der die Differenz aus Wert und Kosten am
größten ist. Dabei ist der Wert einer bestimmten Delegationsform definiert als Differenz zwischen demjenigen Gewinnerwartungswert, der bei Delegation erzielt
wird, und dem Gewinnerwartungswert bei Entscheidung durch die Instanz (ohne
zusätzliche Information). Ist die mit den erwogenen Delegationsformen maximal
erzielbare Differenz aus Delegationswert und Delegationskosten negativ, so ist es
für die Instanz vorteilhaft, die Entscheidung selbst zu treffen.

3.2.   Der Gewinnerwartungswert bei Entscheidung durch die Instanz

Wenn die Instanz die Alternative selbst auswählt, trifft sie ihre Entscheidung auf
der Basis der Gewinnmatrix XIII.2; sie wählt diejenige Alternative, die im Lichte
der (a priori-)Wahrscheinlichkeiten $w(S_1), w(S_2), ..., w(S_S)$ den maximalen Gewinnerwartungswert aufweist. Mithin wird bei Entscheidung durch die Instanz ein
Gewinnerwartungswert E in Höhe von

$$(XIII.1) \quad E = \sum_{s=1}^{S} w(S_s) \cdot G_{\hat{a}s} = \max_{a} \sum_{s=1}^{S} w(S_s) \cdot G_{as}$$

erzielt. Dabei bezeichnet $G_{\hat{a}s}$ ($s=1,2,...,S$) den Gewinn, den die von der Instanz gewählte Alternative ($A_{\hat{a}}$) im Umweltzustand S_s bietet.

3.3.   Der Wert der Delegation

3.3.1.   Zustandsabhängige Alternativenwahl als notwendige Voraussetzung für einen positiven Delegationswert

Zur Ermittlung eines Delegationswertes ist neben dem Gewinnerwartungswert bei Entscheidung durch die Instanz auch jener Gewinnerwartungswert zu bestimmen, der bei der entsprechenden Delegationsform erzielt wird. Dabei ergibt sich das folgende Grundproblem: Zum Zeitpunkt der Bewertung ist noch unbekannt, welche Alternative bei Delegation gewählt wird. (Wäre diese Alternative bereits im voraus bekannt, so könnte die Delegation nicht vorteilhaft sein (LAUX, 1979a, S. 74); die betreffende Delegationsform würde daher gar nicht erst im Delegationswertkalkül berücksichtigt.) Bei der Bestimmung des Wertes einer Delegation ist also stets von unsicheren Erwartungen der Instanz über die Alternativenwahl auszugehen. Wie können diese Erwartungen adäquat im Bewertungskalkül abgebildet werden?

Wenn die Instanz annehmen muß, daß bei Delegation die Alternative A_a ($a=1,2,...,A$) mit der Wahrscheinlichkeit $p(A_a)$ gewählt wird - unabhängig davon, welcher der Umweltzustände S_s ($s=1,2,...,S$) in Zukunft eintritt und welche Gewinne dann jeweils mit den erwogenen Handlungsalternativen erzielt werden können -, kann der Delegationswert nicht positiv sein: Der Entscheidungsträger trifft seine Entscheidung zustands*un*abhängig. Die Instanz würde den gleichen Gewinnerwartungswert erzielen, wenn sie die Alternativenwahl nach einem Zufallsmechanismus träfe, der die Alternative A_a mit der Wahrscheinlichkeit $p(A_a)$ auswählt. Bei eigener Entscheidung hingegen nimmt die Instanz keine Zufallsauswahl vor, sondern wählt die Alternative mit dem höchsten a priori-Gewinnerwartungswert.

Der Delegationswert kann nur unter der (notwendigen, aber nicht hinreichenden) Bedingung positiv sein, daß im Urteil der Instanz die bei Delegation gewählte Handlungsalternative stochastisch vom Umweltzustand abhängt *(zustandsabhängige Alternativenwahl)*. Diese Bedingung kann grundsätzlich nur dann erfüllt sein, wenn die Instanz erwartet, daß im Falle der Delegation die Entscheidung auf der Basis von Indikatoren getroffen wird, deren Ausprägungen ihrerseits vom eintretenden Umweltzustand (stochastisch) abhängig sind. Mit Hilfe zweier einfacher Beispiele soll verdeutlicht werden, wie der Delegationswert bei zustandsabhängiger Alternativenwahl bestimmt werden kann.

3.3.2.   Beispiele zur Bestimmung des Delegationswertes

Beispiel XIII.1: Die Instanz steht vor dem Entscheidungsproblem, ob sie einen Auftrag über ein Großprojekt annehmen soll (Alternative A_1) oder nicht (Alternative A_2). Der Gewinn der Alternative A_1 ist davon abhängig, ob der Auftraggeber nach Abwicklung des Projekts zahlungsfähig ist (Zustand S_1) oder nicht

(Zustand S_2). Im Urteil der Instanz hat jeder der beiden Zustände die Eintrittswahrscheinlichkeit 0,5. Die Gewinnmatrix der Instanz hat die folgende Gestalt (Matrix XIII.3).

Bei eigener Entscheidung (annahmegemäß holt sie keine zusätzlichen Informationen ein) würde die Instanz den Auftrag ablehnen; der Gewinnerwartungswert beträgt E=0.

	0,5 S_1	0,5 S_2	a priori-Gewinnerwartungswerte
A_1	1000	−2000	−500
A_2	0	0	0

Matrix XIII.3: Gewinnmatrix der Instanz (Beispiel XIII.1)

Die Instanz erwägt nun, ein Gremium einzusetzen, das zunächst Informationen über die Zahlungsfähigkeit des Auftraggebers einholen und dann die Entscheidung treffen soll. Die Instanz ist davon überzeugt, daß nach der Informationsbeschaffung die Mehrheit der Gruppenmitglieder den Umweltzustand mit Sicherheit kennt und für die Alternative mit dem höheren Gewinn stimmt. Dieser Einschätzung entspricht die in Matrix XIII.4 dargestellte Abhängigkeit zwischen der vom Gremium gewählten Alternative und dem Umweltzustand.

$p(A_a|S_s)$	S_1	S_2
A_1	1	0
A_2	0	1

Matrix XIII.4: Die Abhängigkeit der vom Gremium gewählten Alternative vom Umweltzustand (Beispiel XIII.1)

Unter der Hypothese, daß der Umweltzustand S_1 (bzw. S_2) eintritt, wird mit Sicherheit die Alternative A_1 (bzw. A_2) gewählt. Entsprechend ergibt sich bei Einsatz des Gremiums ein Gewinnerwartungswert ED in Höhe von

$$\begin{aligned} ED &= w(S_1) \cdot 1000 + w(S_2) \cdot 0 \\ &= 0,5 \quad \cdot 1000 + 0,5 \quad \cdot 0 \\ &= 500. \end{aligned}$$

Da bei Entscheidung durch die Instanz ein Gewinnerwartungswert E=0 erzielt wird, gilt für den Delegationswert (den Wert des Gremiums)

$$WD = ED - E = 500.$$

Im Beispiel XIII.1 wählt das Gremium mit Sicherheit jene Alternative, die in dem tatsächlich eintretenden Umweltzustand den höchsten Gewinn bietet. Dies ist natürlich ein Idealfall, der nur dann gegeben sein kann, wenn die Möglichkeit besteht, „vollkommene" Informationen zu beschaffen (die einen sicheren Rückschluß auf den Umweltzustand ermöglichen).

Beispiel XIII.2: Im Gegensatz zu Beispiel XIII.1 rechnet die Instanz nun nicht damit, daß die Gruppe mit Sicherheit die Alternative mit dem höchsten Gewinn wählt. Die Instanz hegt vielmehr folgende Erwartungen:

1. Unter der Hypothese, daß der Zustand S_1 eintritt, erhält die Gruppe mit der Wahrscheinlichkeit 0,8 Informationen, bei denen die Mehrheit der Mitglieder der Alternative A_1 einen positiven Gewinnerwartungswert zuordnet und für diese Alternative stimmt. Mit der Gegenwahrscheinlichkeit von 0,2 wählt die Gruppe die Alternative A_2.

2. Unter der Hypothese, daß der Zustand S_2 eintritt, erhält die Gruppe mit der Wahrscheinlichkeit 0,7 Informationen, bei denen die Mehrheit der Mitglieder der Alternative A_1 einen negativen Gewinnerwartungswert zuordnet und für A_2 stimmt. Mit der Gegenwahrscheinlichkeit 0,3 wird die Alternative A_1 gewählt.

Die vermutete stochastische Beziehung zwischen der gewählten Alternative und dem Umweltzustand wird durch Matrix XIII.5 ausgedrückt.

$p(A_a|S_s)$	S_1	S_2
A_1	0,8	0,3
A_2	0,2	0,7

Matrix XIII.5: Die (stochastische) Abhängigkeit der vom Gremium gewählten Alternative vom Umweltzustand (Beispiel XIII.2)

Welcher Gewinnerwartungswert wird nunmehr bei Einsatz des Gremiums (vor Abzug der Kosten des Gremiums) erzielt? Unter der Hypothese, daß der Umweltzustand S_1 der wahre ist, wird bei Entscheidung durch das Gremium der folgende (bedingte) Gewinnerwartungswert erzielt:

$$ED(S_1) = 0,8 \cdot 1000 + 0,2 \cdot 0 = 800.$$

Analog entspricht dem Umweltzustand S_2 ein (bedingter) Gewinnerwartungswert von:

$$ED(S_2) = 0,3 \cdot (-2000) + 0,7 \cdot 0 = -600.$$

Zum Zeitpunkt der Bewertung des Gremiums ordnet die Instanz beiden Umweltzuständen die Wahrscheinlichkeit 0,5 zu. Folglich entspricht der Delegation der Entscheidung an das Gremium der (unbedingte) Gewinnerwartungswert

$$
\begin{aligned}
ED &= w(S_1) \cdot ED(S_1) + w(S_2) \cdot ED(S_2) \\
&= 0,5 \quad \cdot 800 \quad + 0,5 \quad \cdot (-600) \\
&= 100.
\end{aligned}
$$

Da bei Entscheidung durch die Instanz ein Gewinnerwartungswert von null erzielt wird, gilt für den Wert des Gremiums

$$WD = ED - E = 100.$$

Der Wert WD ist um 400 niedriger als in Beispiel XIII.1. Der Grund dafür ist, daß bei Delegation nicht mehr mit Sicherheit die Alternative mit dem höchsten Gewinn gewählt wird: Unter der Hypothese, daß der Umweltzustand S_1 der wahre ist, wird nur noch mit der Wahrscheinlichkeit 0,8 die Alternative A_1 gewählt (statt mit der Wahrscheinlichkeit 1). Damit ist eine Minderung des bedingten Gewinnerwartungswertes (für S_1) von $(1-0,8) \cdot 1000 = 200$ verbunden. Unter der Hypothese, daß der Umweltzustand S_2 der wahre ist, wird mit der Wahrscheinlichkeit 0,3 die Alternative A_1 gewählt (statt mit der Wahrscheinlichkeit 0). Dadurch sinkt der bedingte Gewinnerwartungswert (für S_2) um $0,3 \cdot 2000 = 600$. Da im Urteil der Instanz jeder Umweltzustand eine Eintrittswahrscheinlichkeit von 0,5 hat, ist der Wert des Gremiums gegenüber Beispiel XIII.1 um $0,5 \cdot 200 + 0,5 \cdot 600 = 400$ geringer.

3.3.3. *Ein allgemeiner Ansatz zur Bestimmung des Delegationswertes*

3.3.3.1. *Das Bewertungskonzept*

Die Überlegungen im Rahmen der beiden Beispiele sollen nun verallgemeinert werden. Das Kernproblem der Ermittlung eines Delegationswertes besteht darin, die stochastische Abhängigkeit der bei Delegation gewählten Handlungsalternative von dem in Zukunft eintretenden Umweltzustand zu erfassen. Zur Darstellung dieser Abhängigkeit werden die Wahrscheinlichkeiten $p(A_a|S_s)$ (a=1,2,...,A; s=1, 2,...,S) verwendet.

$p(A_a|S_s) \hat{=}$ Wahrscheinlichkeit (im Urteil der Instanz) dafür, daß bei Delegation die Alternative A_a gewählt wird, wenn in Zukunft der Umweltzustand S_s eintritt.

In der p(A|S)-Matrix (Matrix XIII.6) sind diese Wahrscheinlichkeiten explizit aufgeführt. Alle Spaltensummen dieser Matrix haben den Wert 1. Die Matrizen XIII.4 und XIII.5 sind spezielle p(A|S)-Matrizen. Unter der Hypothese, daß der Umweltzustand S_s (s=1,2,...,S) eintritt, wird bei Delegation der folgende (bedingte) Gewinnerwartungswert (vor Abzug der Delegationskosten) erzielt:

$$(XIII.2) \quad ED(S_s) = \sum_{a=1}^{A} p(A_a|S_s) \cdot G_{as}.$$

Der Gewinnerwartungswert $ED(S_s)$ wird ermittelt, indem die Wahrscheinlichkeiten derjenigen Spalte der p(A|S)-Matrix XIII.6, die dem Zustand S_s entspricht, mit den Gewinnen der betreffenden Spalte der Ergebnismatrix XIII.2 multipliziert und die Produkte addiert werden.

$p(A_a|S_s)$	S_1	S_2	...	S_S
A_1	$p(A_1|S_1)$	$p(A_1|S_2)$	...	$p(A_1|S_S)$
A_2	$p(A_2|S_1)$	$p(A_2|S_2)$	...	$p(A_2|S_S)$
$\vdots$	$\vdots$	$\vdots$		$\vdots$
A_A	$p(A_A|S_1)$	$p(A_A|S_2)$	...	$p(A_A|S_S)$

Matrix XIII.6: $p(A|S)$-Matrix

Der unbedingte Gewinnerwartungswert ED bei Delegation der Entscheidung (vor Abzug der Delegationskosten) ist gleich dem Erwartungswert über die den Umweltzuständen S_s ($s=1,2,...,S$) entsprechenden (bedingten) Gewinnerwartungswerte $ED(S_s)$:

$$(XIII.3) \quad ED = \sum_{s=1}^{S} w(S_s) \cdot ED(S_s)$$

$$= w(S_1) \cdot \sum_{a=1}^{A} p(A_a|S_1) \cdot G_{a1}$$

$$+ w(S_2) \cdot \sum_{a=1}^{A} p(A_a|S_2) \cdot G_{a2}$$

$$\vdots$$

$$+ w(S_S) \cdot \sum_{a=1}^{A} p(A_a|S_S) \cdot G_{aS}$$

$$= \sum_{s=1}^{S} w(S_s) \cdot \sum_{a=1}^{A} p(A_a|S_s) \cdot G_{as}.$$

Definitionsgemäß ist der Delegationswert gleich dcm Gewinnerwartungswert bei Delegation (vor Abzug der Delegationskosten) abzüglich des Gewinnerwartungswertes bei Entscheidung durch die Instanz. Somit folgt aus (XIII.1) und (XIII.3):

$$(XIII.4) \quad WD = ED - E$$

$$= \sum_{s=1}^{S} w(S_s) \cdot \sum_{a=1}^{A} p(A_a|S_s) \cdot G_{as} - \sum_{s=1}^{S} w(S_s) \cdot G_{\hat{a}s}.$$

Durch Ausklammern folgt hieraus:

$$(XIII.5) \quad WD = \sum_{s=1}^{S} w(S_s) \cdot \left[\sum_{a=1}^{A} p(A_a|S_s) \cdot G_{as} - G_{\hat{a}s} \right].$$

Der Ausdruck in der eckigen Klammer bezeichnet den (positiven oder negativen) Zuwachs des Gewinnerwartungswertes, der bei Delegation gegenüber der Entscheidung durch die Instanz erzielt wird, wenn in Zukunft der Umweltzustand S_s eintritt. Gemäß (XIII.5) ist der Delegationswert gleich dem Erwartungswert dieser bedingten Zuwächse.

3.3.3.2. Zur Ermittlung der Wahrscheinlichkeiten $p(A_a|S_s)$

Die Wahrscheinlichkeiten $p(A_a|S_s)$ hängen von der konkreten Delegationsform ab. Ihre Ermittlung ist das Kernproblem der Bestimmung von Delegationswerten. (Vgl. hierzu ausführlich LAUX, 1979a; 1979b; LIERMANN, 1982.) Definitionsgemäß bringen die Wahrscheinlichkeiten $p(A_a|S_s)$ zum Ausdruck, wie - aus der Sicht der Instanz - die bei Delegation gewählte Handlungsalternative stochastisch vom Umweltzustand abhängt.

Die Alternativenwahl wird ihrerseits eindeutig bestimmt durch die Primärdeterminanten der Entscheidung des Entscheidungsträgers bzw. der Entscheidungsträger. Die Ausprägungen dieser Determinanten sind der Instanz (zum Teil) nicht mit Sicherheit bekannt. Im Rahmen des Delegationswert-Konzeptes wird im allgemeinen davon ausgegangen, die Instanz könne sich für jede erwogene Delegationsform ein Wahrscheinlichkeitsurteil darüber bilden, welche Ausprägungen die jeweils relevanten Primärdeterminanten der Entscheidung aufweisen werden; für jene Determinantenausprägungen, die vom eintretenden Umweltzustand abhängen, kann sie die maßgeblichen bedingten Wahrscheinlichkeiten fixieren. Die einer bestimmten Delegationsform entsprechenden Wahrscheinlichkeiten $p(A_a|S_s)$ können dann wie folgt ermittelt werden:

1. Zunächst wird geprüft, welche Determinantenkonstellationen $D_1, D_2, ..., D_D$ (also Konstellationen von Ausprägungen der maßgeblichen Primärdeterminanten der Entscheidung) möglich sind und welche Handlungsalternative A_a jeweils gewählt wird.

2. Nun werden die (bedingten) Wahrscheinlichkeiten $w(D_d|S_s)$ ($d=1,2,...,D$; $s=1,2,...,S$) ermittelt, wobei den Berechnungen die (bedingten) Wahrscheinlichkeiten für die möglichen Ausprägungen der *einzelnen* Primärdeterminanten der Entscheidung zugrunde gelegt werden. Dabei bezeichnet $w(D_d|S_s)$ die Wahrscheinlichkeit für die Determinantenkonstellation D_d unter der Bedingung, daß der Umweltzustand S_s eintritt.

3. Schließlich werden die Wahrscheinlichkeiten $p(A_a|S_s)$ nach der folgenden Formel berechnet:

$$(XIII.6) \quad p(A_a|S_s) = \sum_{d \in V_a} w(D_d|S_s) \quad (a=1,2,...,A; s=1,2,...,S).$$

Hierin bezeichnet V_a die Indexmenge derjenigen Determinantenkonstellationen, bei denen die Alternative A_a gewählt wird.[2] Gemäß (XIII.6) ist $p(A_a|S_s)$ gleich der Summe der Wahrscheinlichkeiten, die jene Determinantenkonstellationen, bei denen die Alternative A_a gewählt wird, unter der Hypothese aufweisen, daß der Umweltzustand S_s eintritt. Ist die Indexmenge V_a leer - wird also die Alternative A_a bei keiner Determinantenkonstellation D_d gewählt - so ist $p(A_a|S_s)=0$ ($s=1,2,...,S$).

Die Primärdeterminanten der Entscheidung bilden im Rahmen des Delegationswertansatzes gewissermaßen die „Brücke" zwischen der gewählten Alternative und dem eintretenden Umweltzustand. Nur dann, wenn bestimmte Primärdeterminanten (stochastisch) vom Umweltzustand abhängen, kann ihrerseits die bei Delegation gewählte Handlungsalternative zustandsabhängig sein. (Wie bereits erläutert wurde, ist die Zustandsabhängigkeit der Alternativenwahl eine notwendige - wenn auch nicht hinreichende - Voraussetzung für einen positiven Delegationswert.) Im Rahmen des Delegationswert-Konzeptes wird in der Regel davon ausgegangen, daß außer den Ergebnissen (den Gewinnen) der Handlungsalternativen nur die Informationsstrukturen des Entscheidungsträgers bzw. der Entscheidungsträger vom Umweltzustand abhängen.

Bei der Ermittlung eines Delegationswertes ist zu beachten, daß die jeweils maßgeblichen Primärdeterminanten der Entscheidung keine unbeeinflußbaren Daten sind. Die Instanz hat vielfältige Möglichkeiten, diese Determinanten und damit auch die Wahrscheinlichkeiten $p(A_a|S_s)$ sowie den Delegationswert zu beeinflussen (vgl. Kapitel VIII und IX). Eine Delegationsform (eine Delegationsalternative) ist mithin nicht nur zu kennzeichnen durch die Menge der Personen, an die delegiert wird, sondern auch durch diejenigen Maßnahmen, mit denen die Primärdeterminanten ihrer Entscheidungen gesteuert werden (LIERMANN, 1982; KAUS, 1985), etwa durch Regelungen der Informationsbeschaffung und Kommunikation, durch Anreize und Kontrollen. Es wird deutlich, daß es in realitätsnahen Entscheidungssituationen eine Vielzahl von Delegationsalternativen gibt, die bei der Ermittlung eines Optimums nicht alle explizit berücksichtigt werden können.

Auch dann, wenn eine Instanz nur wenige Delegationsalternativen erwägt, wird sie sich in der Realität kaum ein umfassendes Wahrscheinlichkeitsurteil über die (zustandsabhängigen) Ausprägungen der jeweils maßgeblichen (ungewissen) Primärdeterminanten der Entscheidung bilden können; zumindest wäre dies im allgemeinen zu aufwendig: Auch bei der Fixierung der Wahrscheinlichkeiten der Determinantenausprägungen besteht die Notwendigkeit der Vereinfachung.

Im Rahmen des Delegationswert-Konzeptes wird gezeigt, wie der Delegationswert von diesen Wahrscheinlichkeiten abhängt. Die Kenntnis der theoretischen Zusammenhänge kann die Schätzung von Delegationswerten erleichtern. Daher haben die zur Ermittlung des Delegationswertes entwickelten Modelle auch dann praktische Bedeutung, wenn sie nicht explizit angewendet werden.

---

2)   Wird z.B. die Alternative A_1 bei den Determinantenkonstellationen D_1, D_3, D_8 und D_{10} gewählt, gilt $V_1=\{1, 3, 8, 10\}$. Wird die Alternative A_2 in keinem Fall gewählt, gilt $V_2=\{ \}$.

3.4. Darstellung der Organisationsalternativen in Form einer Ergebnismatrix

Die Konsequenzen der erwogenen Organisationsalternativen lassen sich wieder mit Hilfe einer Ergebnismatrix vergleichend darstellen. Trifft die Instanz die Entscheidung selbst (Organisationsalternative KD = keine Delegation), so wählt sie die Alternative $A_{\hat{a}}$; bei Eintreten des Umweltzustandes S_s (s=1,2,...,S) wird dann mit Sicherheit der Gewinn $G_{\hat{a}s}$ erzielt. Im Falle der Delegation hat die Instanz (zunächst) mehrwertige Erwartungen darüber, welche Handlungsalternative bei Eintreten des Umweltzustandes S_s (s=1,2,...,S) gewählt wird; zum Zeitpunkt der Delegation ist ihr also (noch) nicht bekannt, welche Gewinne in den möglichen Umweltzuständen erzielt werden. Daher sind in Matrix XIII.7 die Ergebnisse der Delegationsalternativen $DA_1, DA_2,...,DA_N$ als Wahrscheinlichkeitsverteilungen dargestellt. Diejenigen Wahrscheinlichkeiten $p(A_a|S_s)$, die der Delegationsalternative DA_n (n=1,2,...,N) entsprechen, erhalten den Index n; K_n (n=1,2,...,N) kennzeichnet die (Delegations-) Kosten der Alternative DA_n.

	$w(S_1)$ S_1	$w(S_2)$ S_2	...	$w(S_S)$ S_S
KD	$G_{\hat{a}1}$	$G_{\hat{a}2}$	...	$G_{\hat{a}S}$
DA_1	$\begin{cases} p_1(A_1|S_1), G_{11}-K_1; \\ p_1(A_2|S_1), G_{21}-K_1; \\ \vdots \\ p_1(A_A|S_1), G_{A1}-K_1; \end{cases}$	$\begin{cases} p_1(A_1|S_2), G_{12}-K_1; \\ p_1(A_2|S_2), G_{22}-K_1; \\ \vdots \\ p_1(A_A|S_2), G_{A2}-K_1; \end{cases}$	...	$\begin{cases} p_1(A_1|S_S), G_{1S}-K_1; \\ p_1(A_2|S_S), G_{2S}-K_1; \\ \vdots \\ p_1(A_A|S_S), G_{AS}-K_1; \end{cases}$
DA_2	$\begin{cases} p_2(A_1|S_1), G_{11}-K_2; \\ p_2(A_2|S_1), G_{21}-K_2; \\ \vdots \\ p_2(A_A|S_1), G_{A1}-K_2; \end{cases}$	$\begin{cases} p_2(A_1|S_2), G_{12}-K_2; \\ p_2(A_2|S_2), G_{22}-K_2; \\ \vdots \\ p_2(A_A|S_2), G_{A2}-K_2; \end{cases}$	...	$\begin{cases} p_2(A_1|S_S), G_{1S}-K_2; \\ p_2(A_2|S_S), G_{2S}-K_2; \\ \vdots \\ p_2(A_A|S_S), G_{AS}-K_2; \end{cases}$
$\vdots$	$\vdots$	$\vdots$		$\vdots$
DA_N	$\begin{cases} p_N(A_1|S_1), G_{11}-K_N; \\ p_N(A_2|S_1), G_{21}-K_N; \\ \vdots \\ p_N(A_A|S_1), G_{A1}-K_N; \end{cases}$	$\begin{cases} p_N(A_1|S_2), G_{12}-K_N; \\ p_N(A_2|S_2), G_{22}-K_N; \\ \vdots \\ p_N(A_A|S_2), G_{A2}-K_N; \end{cases}$	...	$\begin{cases} p_N(A_1|S_S), G_{1S}-K_N; \\ p_N(A_2|S_S), G_{2S}-K_N; \\ \vdots \\ p_N(A_A|S_S), G_{AS}-K_N; \end{cases}$

Matrix XIII.7: Ergebnismatrix der Instanz für die Organisationsalternativen

Da die Instanz annahmegemäß risikoneutral ist, kann die Ergebnismatrix in der Weise vereinfacht werden, daß die den Umweltzuständen entsprechenden Wahrscheinlichkeitsverteilungen durch den jeweiligen Erwartungswert des Gewinns repräsentiert werden. Die Darstellung XIII.7 bringt jedoch deutlicher zum Ausdruck, daß die Delegationsalternativen in den einzelnen Umweltzuständen nicht unmittelbar zu Erfolgen führen, sondern nur mittelbar über die Objektentscheidung der Entscheidungsträger.

3.5.   Zur Höhe des Delegationswertes

3.5.1.   Der maximale Delegationswert

Gemäß (XIII.5) ist der Delegationswert um so höher, je größer die bedingte Gewinnerwartungswerte

$$ED(S_s) = \sum_{a=1}^{A} p(A_a|S_s) \cdot G_{as} \qquad (s=1,2,...,S)$$

sind, je größer also die Wahrscheinlichkeit dafür ist, daß bei Eintreten des Umweltzustandes S_s ($s=1,2,...,S$) eine Alternative gewählt wird, die in diesem Zustand einen relativ hohen Gewinn bietet. Bei gegebenen Gewinnen G_{as} ($a=1,2,...,A$; $s=1,2,...,S$) und a priori-Wahrscheinlichkeiten $w(S_s)$ ($s=1,2,...,S$) ist der Delegationswert dann am größten, wenn bei Eintreten des Umweltzustandes S_s ($s=1,2,...,S$) mit Sicherheit diejenige Alternative gewählt wird, die in diesem Zustand den höchsten Gewinn bietet. Diese Bedingung ist z.B. dann erfüllt, wenn der Entscheidungsträger den Umweltzustand kennt und die Alternative mit dem maximalen Gewinn wählt. Für den maximalen Delegationswert WD_{Max} gilt:

$$(XIII.7) \qquad WD_{Max} = \sum_{s=1}^{S} w(S_s) \cdot (\max_a G_{as} - G_{\hat{a}s}).$$

Dabei bezeichnet $\max G_{as}$ das Maximum jener Gewinnspalte, die dem Zustand S_s ($s=1,2,...,S$) entspricht.

WD_{Max} ist als kritische Größe von besonderer Bedeutung: Sind die Kosten einer Delegationsform höher als WD_{Max}, so kann diese Delegation gegenüber der Entscheidung durch die Instanz nicht vorteilhaft sein. Sämtliche Delegationsmöglichkeiten, deren Kosten nicht niedriger sind als der maximale Delegationswert, können daher bereits *vor* der Bestimmung eines Optimums vernachlässigt werden.

3.5.2.   Zum Einfluß der Gewinnstreuung

Der maximale und der tatsächliche Delegationswert hängen davon ab, in welcher Weise die Gewinne der Alternativen $A_1, A_2, ..., A_A$ in den einzelnen Gewinnzeilen und Gewinnspalten streuen. Je stärker die Gewinne „gegenläufig" variieren, um so höher ist tendenziell der Delegationswert. Zur Veranschaulichung dienen die Abbildungen XIII.1 und XIII.2. Die Punkte in diesen Abbildungen charakterisieren die Gewinne der gegebenen Objektalternativen (A_1, A_2, A_3) in den möglichen Umweltzuständen $(S_1, S_2, ..., S_6)$. Der Anschaulichkeit wegen werden diese Punkte durch Polygonzüge verbunden.

In der in Abbildung XIII.1 dargestellten Situation variieren die Gewinne von Umweltzustand zu Umweltzustand in relativ starkem Maße. Da aber die Gewinnstreuung innerhalb der einzelnen Umweltzustände gering ist, kann eine zustandsabhängige Alternativenwahl trotzdem keinen besonderen Vorteil bringen: Die möglichen Delegationswerte sind relativ gering.

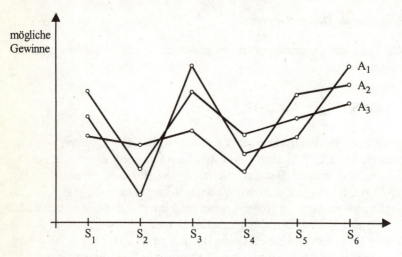

Abb. XIII.1: Darstellung von Gewinnverteilungen

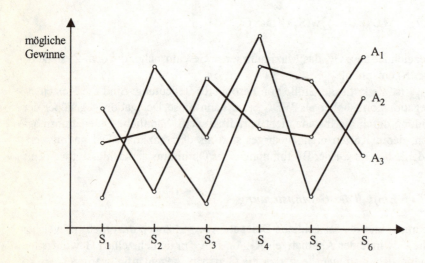

Abb. XIII.2: Darstellung von Gewinnverteilungen

Eine andere Beurteilung ergibt sich für die in Abbildung XIII.2 dargestellte Situation. Da hier die Gewinne stark gegenläufig variieren, hängt der bei Eintreten des Umweltzustandes S_s (s=1,2,...,6) erzielte Gewinn in hohem Maße von der gewählten Handlungsalternative ab. Eine zustandsabhängige Alternativenwahl kann somit einen großen Vorteil bieten, so daß auch ein hoher Delegationswert möglich ist. Der Delegationswert ist tendenziell um so höher, je höher die Wahrscheinlichkeit dafür ist, daß bei Eintreten des Umweltzustandes S_s (s=1,2,...,6) eine Alternative gewählt wird, die in diesem Zustand einen relativ hohen Gewinn bietet.

Der Zusammenhang zwischen der Höhe des Delegationswertes und der Gewinnstreuung läßt sich besonders anschaulich für den Fall demonstrieren, daß bei Delegation mit Sicherheit die Alternative mit dem höchsten Gewinn gewählt wird; der Delegationswert erreicht dann sein Maximum. Zur Verdeutlichung werden die maximalen Delegationswerte für folgende a priori-Gewinnmatrizen miteinander verglichen (Matrix XIII.8 und Matrix XIII.9).

	$\frac{1}{3}$ S_1	$\frac{1}{3}$ S_2	$\frac{1}{3}$ S_3
A_1	30	60	90
A_2	30	60	90
A_3	29	62	90

Matrix XIII.8: Gewinnmatrix der Instanz

	$\frac{1}{3}$ S_1	$\frac{1}{3}$ S_2	$\frac{1}{3}$ S_3
A_1	30	60	90
A_2	90	60	30
A_3	29	90	62

Matrix XIII.9: Gewinnmatrix der Instanz

Bei beiden Matrizen weist die Alternative A_3 den höchsten Gewinnerwartungswert auf, es gilt also jeweils â = 3. Demnach gilt für Matrix XIII.8:

$$WD_{Max} = \frac{1}{3} \cdot (30-29) + \frac{1}{3} \cdot (62-62) + \frac{1}{3} \cdot (90-90) = \frac{1}{3}.$$

Für Matrix XIII.9 gilt hingegen:

$$WD_{Max} = \frac{1}{3} \cdot (90-29) + \frac{1}{3} \cdot (90-90) + \frac{1}{3} \cdot (90-62) = 29\frac{2}{3}.$$

Da bei beiden Matrizen der a priori-Gewinnerwartungswert von A_a ($a=1,2,3$) jeweils gleich hoch ist, zeigt sich somit: Bei gegebenen a priori-Gewinnerwartungswerten der Objektalternativen können sich erhebliche Unterschiede hinsichtlich des (maximalen) Delegationswertes ergeben, je nachdem, wie die Gewinne der erwogenen Alternativen über die Umweltzustände verteilt sind.

3.5.3. Zum Einfluß der Erwartungsstruktur der Instanz

Der Delegationswert hängt auch vom Informationsstand der Instanz ab. Je besser sie selbst über den eintretenden Umweltzustand informiert ist, um so geringer ist tendenziell der Delegationswert. Wenn die Instanz keinerlei spezifische Informationen hat und allen möglichen Umweltzuständen nach dem Prinzip des unzureichenden Grundes dieselbe Wahrscheinlichkeit 1/S zuordnet, so ist der Delegationswert relativ hoch. Auch dieser Zusammenhang läßt sich in besonders anschaulicher Weise für den Fall verdeutlichen, daß der (oder die) Entscheidungsträger mit Sicherheit die Alternative mit dem maximalen Gewinn wählt, also der Delegationswert sein Maximum erreicht. Wir legen folgende a priori-Gewinnmatrix zugrunde (Matrix XIII.10).

	$w(S_1)$ S_1	$w(S_2)$ S_2
A_1	100	0
A_2	0	100

Matrix XIII.10: A priori-Gewinnmatrix der Instanz

Drei Fälle werden verglichen:

Fall A: Die Instanz hat keinerlei Informationen über den eintretenden Umweltzustand und ordnet deshalb beiden Umweltzuständen dieselbe Eintrittswahrscheinlichkeit zu: $w(S_1)=w(S_2)=0,5$.

Fall B: Die Instanz hat einen guten Informationsstand, bei dem sie „fast" sicher ist, daß der Umweltzustand S_1 eintritt: $w(S_1)=0,9$; $w(S_2)=0,1$.

Fall C: Die Instanz hat einen guten Informationsstand, bei dem sie „fast" sicher ist, daß der Zustand S_2 eintritt: $w(S_1)=0,1$; $w(S_2)=0,9$.

Im *Fall A* haben beide Alternativen einen a priori-Gewinnerwartungswert von 50. Die Instanz wählt daher bei eigener Entscheidung eine beliebige Alternative, z.B. A_2. Für den maximalen Delegationswert gilt somit:

$$WD_{Max} = 0,5 \cdot (100-0) + 0,5 \cdot (100-100) = 50.$$

Im *Fall B* wählt die Instanz bei eigener Entscheidung die Alternative A_1. Der maximale Delegationswert beträgt dann:

$$WD_{Max} = 0,9 \cdot (100-100) + 0,1 \cdot (100-0) = 10.$$

Der maximale Delegationswert ist jetzt wesentlich geringer. Das Ergebnis ist plausibel: Aufgrund ihres guten Informationsstandes ordnet die Instanz im Fall B dem Umweltzustand S_2 eine geringe Eintrittswahrscheinlichkeit zu. Da bei Delegation gegenüber der Entscheidung durch die Instanz aber nur dann ein Vorteil entstehen kann, wenn dieser Zustand eintritt (statt A_1 wird dann A_2 gewählt), ist der maximale Delegationswert relativ niedrig.

Im *Fall C* ist WD_{Max} ebenso hoch wie im *Fall B*.

Allgemein gilt folgende Tendenz: Je näher die a priori-Wahrscheinlichkeit eines Umweltzustandes bei 1 liegt, desto niedriger ist der (maximale) Delegationswert.

3.5.4. *Zum Einfluß der Ziele und der Erwartungsstrukturen der Entscheidungsträger*

Für die Höhe des Delegationswertes sind schließlich auch die Ziele und die Erwartungsstrukturen (bzw. die zugrunde liegenden Informationsstrukturen) des Entscheidungsträgers bzw. der Entscheidungsträger relevant. Wenn diese Determinanten Ausprägungen aufweisen, bei denen die im Falle der Delegation gewählte Handlungsalternative vom Umweltzustand stochastisch unabhängig ist, kann der Delegationswert nicht positiv sein; er ist dann grundsätzlich negativ. Stochastische Unabhängigkeit ist aus der Sicht der Instanz z.B. in den folgenden Fällen gegeben:
1. Der Entscheidungsträger präferiert im Urteil der Instanz aus persönlichen Gründen eine bestimmte Handlungsalternative und wählt diese unabhängig davon, welche Wahrscheinlichkeiten er den Umweltzuständen (und welche Gewinnerwartungswerte er mithin den einzelnen Alternativen) zuordnet.
2. Der Entscheidungsträger orientiert sich bei seiner Entscheidung nur an Indikatoren, deren Ausprägungen im Urteil der Instanz vom eintretenden Umweltzustand unabhängig sind.

Wie in Abschnitt 3.5.1 gezeigt wurde, ist der Delegationswert um so höher, je größer im Falle der Delegation die Wahrscheinlichkeit dafür ist, daß bei Eintreten des Umweltzustandes S_s ($s = 1, 2, ..., S$) eine Alternative gewählt wird, die in diesem Umweltzustand einen relativ hohen Gewinn bietet.[3] Diese Wahrscheinlichkeit ist ihrerseits tendenziell um so höher,
– je geringer die Wahrscheinlichkeit dafür ist, daß der (bzw. die) Entscheidungsträger sich bei der Entscheidung an abweichenden persönlichen Zielen orientiert und
– je größer die Wahrscheinlichkeit dafür ist, daß er jenem Umweltzustand eine hohe Wahrscheinlichkeit zuordnet, der in Zukunft tatsächlich eintritt.

Die Erwartungsstruktur eines Entscheidungsträgers hängt ab von seiner Informationsstruktur und seiner Prognosefunktion. Er ordnet dem tatsächlich eintretenden Umweltzustand dann eine hohe Wahrscheinlichkeit zu, wenn

---

3) Für die Delegationsentscheidung sind nicht nur die Delegationswerte, sondern auch die Delegationskosten von Bedeutung. Es ist daher nicht ohne weiteres vorteilhaft, organisatorische Maßnahmen zu ergreifen, bei denen ein möglichst hoher Delegationswert erzielt wird.

– es Indikatoren gibt, die bei entsprechendem Sachverstand einen guten Rückschluß auf diesen Umweltzustand ermöglichen,
– der Entscheidungsträger die betreffenden Indikatorenausprägungen kennt (sich darüber informiert) und außerdem
– die Fähigkeit hat, aus diesen Informationen gute Rückschlüsse zu ziehen, also über eine gute Prognosefunktion verfügt.

4.   Die Notwendigkeit der Komplexitätsreduktion

4.1.   Grenzen organisationstheoretischer Entscheidungsmodelle

Die Darstellungen in den beiden vorangegangenen Abschnitten haben gezeigt, daß prinzipiell keine Hindernisse bestehen, auch Organisationsprobleme im Rahmen eines Entscheidungsmodells als Wahlproblem bei unsicheren Erwartungen zu analysieren; die Grundstruktur von Organisationsproblemen unterscheidet sich nicht von der anderer Entscheidungsprobleme. Unüberschaubare Probleme entstehen jedoch aus der Komplexität der Entscheidungssituation. Die Formulierung von Organisationsproblemen in einem operablen Entscheidungsmodell erfordert einschneidende Vereinfachungen bei sämtlichen Modellelementen.

Die Grenzen der expliziten Anwendung organisationstheoretischer Entscheidungsmodelle werden besonders deutlich, wenn man bedenkt, daß bereits das Delegationswertmodell extrem vereinfachungsbedürftig ist, obwohl es sich auf eine relativ einfache Entscheidungssituation bezieht: Die optimale Delegationsform ist für ein einmaliges Entscheidungsproblem in einer Hierarchie zu bestimmen, die nur aus zwei Ebenen besteht. Demgegenüber sind die Steuerungsprobleme in der Realität wesentlich komplexer.

4.2.   Delegation auf Dauer

In der Realität wird häufig keine Einzelentscheidung über organisatorische Gestaltungsmaßnahmen getroffen. Entscheidungskompetenzen z.B. werden in der Regel auf Dauer delegiert: Der Entscheidungsträger hat dann alle die in seinem Bereich im Zeitablauf auftretenden Entscheidungsprobleme zu lösen. Die Bestimmung optimaler Entscheidungsbereiche auf Dauer stellt ein sehr komplexes Problem dar. Die Schwierigkeiten bei der Lösung dieses Problems resultieren vor allem daraus, daß die Instanz nicht von vornherein weiß, welche konkreten Entscheidungsprobleme im Zeitablauf entstehen, welche Informationen den (potentiellen) Entscheidungsträgern im Zeitablauf zugehen werden und wie sie lernen, Informationen zu verarbeiten.

Bei theoretisch „exakter" Lösung des Delegationsproblems müßte sich die Instanz ein Wahrscheinlichkeitsurteil bilden

- über die möglichen Sequenzen konkreter Entscheidungsprobleme, die in den alternativen Umweltentwicklungen zu lösen sind,
- über die jeweils gewählten Objektalternativen bei Entscheidung durch die Instanz bzw. die Entscheidungsträger bei alternativen Delegationsformen und
- über die Erfolge, die mit diesen Alternativen in den möglichen Umweltentwicklungen erzielt werden.

Die Ergebnismatrix wäre extrem umfangreich. Jedem Umweltzustand würde eine Folge der im Zeitablauf eintretenden Ausprägungen der maßgeblichen Daten entsprechen. Die Ergebnisse wären (bei Verzicht auf Vereinfachung) zu charakterisieren als Wahrscheinlichkeitsverteilungen von Sequenzen konkreter Entscheidungen bzw. der entsprechenden Erfolgsströme im Zeitablauf.

Bei der Bestimmung dieser Wahrscheinlichkeitsverteilungen ergibt sich auch das Problem, daß die Instanz bei ihren Delegationsüberlegungen häufig nur sehr vage Vorstellungen darüber hat, welche Objektalternativen sich in Zukunft zur Durchführung anbieten werden. Insbesondere bei unstrukturierten und variablen Objektentscheidungsproblemen besteht die Aufgabe der nachgeordneten Entscheidungsträger vor allem auch darin, Objektalternativen zu (er-)finden. Die Entdeckung von Handlungsalternativen stellt einen kreativen Prozeß dar, der bei der Lösung organisatorischer Probleme nur schwer zu antizipieren ist.

Die Instanz ist deshalb kaum in der Lage, sich in der zur Verfügung stehenden Zeit ein fundiertes Wahrscheinlichkeitsurteil darüber zu bilden, welche konkreten Objektalternativen bei den erwogenen Organisationsformen entdeckt werden und welche Erfolgsströme ihnen in den möglichen Umweltentwicklungen entsprechen.

4.3.   Organisationsstrategien

Die zukünftigen Konsequenzen der gegenwärtigen organisatorischen Maßnahmen der Instanz hängen (auch) davon ab, wie sie in Zukunft die eintretende Umweltentwicklung und die Entscheidungen der nachgeordneten Mitarbeiter kontrolliert und welche organisatorischen Folgemaßnahmen sie jeweils ergreifen wird. Zur expliziten Erfassung dieses Sachverhaltes sind mehrstufige (sequentielle) Entscheidungsmodelle erforderlich, die simultan mit den jetzigen organisatorischen Maßnahmen (mehr oder weniger grob) in bedingter Weise auch die (organisatorischen) Aktionen der Instanz für zukünftige Zeitpunkte festlegen. Die Organisationsalternativen sind dann als Organisationsstrategien definiert.

Das Prinzip der flexiblen Planung kann zwar auch bei Organisationsentscheidungen befolgt werden. Hierbei stellt sich allerdings das Problem, daß nicht nur die Instanz Entscheidungen trifft, sondern auch die nachgeordneten Entscheidungsträger; auch diese Entscheidungen müßte die Instanz bei ihren Organisationsentscheidungen antizipieren.

4.4.   Hierarchien mit mehr als zwei Ebenen

Das Delegationswert-Konzept berücksichtigt (beim gegenwärtigen Entwicklungsstand) nur einstufige Hierarchien; die der Instanz nachgeordneten Mitarbeiter treffen also ausschließlich Objektentscheidungen. In größeren Unternehmungen besteht die Hierarchie jedoch aus mehr als zwei Ebenen. Es gibt dann Instanzen, denen Mitarbeiter (Instanzen) nachgeordnet sind, die ihrerseits Organisationsentscheidungen treffen.

Die Organisationsmaßnahmen der vorgesetzten Instanzen dienen dann nicht primär der Steuerung der Objektentscheidungen der unmittelbar nachgeordneten Mitarbeiter, sondern ihrer Organisationsentscheidungen. Bei der Prognose der Konsequenzen von Organisationsalternativen müßte (in Form eines Wahrscheinlichkeitsurteils) antizipiert werden, welche Organisationsentscheidungen die unmittelbar nachgeordneten Mitarbeiter jeweils treffen, wie die ihnen nachgeordneten Mitarbeiter jeweils reagieren, welche Sequenzen von Objektentscheidungen schließlich in den möglichen Umweltentwicklungen gewählt werden und welche Erfolgsströme ihnen entsprechen. Dieses Problem kann zwar wiederum theoretisch nach dem Prinzip der flexiblen Planung gelöst werden. Die Konstruktion und Lösung sequentieller Entscheidungsmodelle, in denen die Entscheidungsfolgen über mehrere Hierarchieebenen hinweg für alternative Umweltentwicklungen in Form eines umfassenden Wahrscheinlichkeitsurteils antizipiert werden, würde aber einen Planungsaufwand verursachen, der selbst in hypothetischen Entscheidungssituationen, die gegenüber der Realität extrem vereinfacht sind, nicht bewältigt werden kann.

5.   Formen der Komplexitätsreduktion

5.1.   Vereinfachung bei der Darstellung der Organisationsalternativen

Die Überlegungen verdeutlichen die Notwendigkeit der Komplexitätsreduktion bei der Beurteilung organisatorischer Gestaltungsmaßnahmen. Die Bausteine eines organisatorischen Entscheidungsmodells müssen um so stärker vereinfacht werden, je größer der Realitätsausschnitt dieses Modells und je länger die erwartete Geltungsdauer der erwogenen Regelungen sind. In Kapitel III wurden die Grundformen der Vereinfachung von Entscheidungsmodellen dargestellt. Sie sind auch für organisationstheoretische Entscheidungsmodelle relevant. Eine erste Möglichkeit der Vereinfachung besteht darin, gewisse Organisationsalternativen zu vernachlässigen. Aber auch bei Vernachlässigung vieler objektiv möglicher Organisationsalternativen verursacht im allgemeinen die „präzise" Darstellung der dann noch erwogenen Alternativen einen Planungsaufwand, der nicht bewältigt werden kann (vor allem, wenn diese Alternativen sich auf einen großen Realitätsausschnitt beziehen, etwa auf die Unternehmung als Ganzes oder auf eine Abteilung).

Bei der Darstellung der betreffenden Alternativen müssen weitere Vereinfachungen vorgenommen werden. Das kann in der Weise geschehen, daß die Alternativen nicht als umfassende Strategien der Organisationsgestaltung definiert werden; bei der Beschreibung der Organisationsalternativen werden vielmehr explizit nur diejenigen organisatorischen Gestaltungsmaßnahmen berücksichtigt, die gegenwärtig bzw. in naher Zukunft zu ergreifen sind. Dabei bleibt weitgehend offen, welche organisatorischen Folgemaßnahmen in Zukunft in alternativen Situationen gewählt werden (sollen).

Diese Form der Vereinfachung ist praktisch bei jeder Organisationsentscheidung geboten. Wenn z.B. eine Instanz erwägt, Entscheidungskompetenzen an einen Mitarbeiter zu übertragen, kann sie ihr Entscheidungsproblem nicht dadurch lösen, daß sie eine umfassende Strategie ermittelt, die zum Ausdruck bringt, welche Kontrollen sie in Zukunft durchführen und wie sie bei alternativen Kontrollergebnissen jeweils korrigierend eingreifen wird. Wenn zwischen divisionaler und funktionaler Organisationsstruktur zu entscheiden ist, bleiben viele organisatorische Details, etwa die genaue Verteilung der Objektaufgaben, noch offen. Über diese „Folgemaßnahmen" wird später entschieden, wobei zunächst nur in grober Form antizipiert wird, welche Folgemaßnahmen gewählt werden (Kapitel XXVI).

5.2.   Vereinfachung bei der Darstellung der Umweltzustände

Auch bei der Darstellung der möglichen Umweltentwicklungen und der Zuordnung von Eintrittswahrscheinlichkeiten ist in hohem Maße Komplexitätsreduktion geboten. Dies gilt insbesondere dann, wenn zahlreiche Umweltdaten relevant sind. Ein Möglichkeit der Vereinfachung besteht darin, Umweltzustände mit geringen Wahrscheinlichkeiten völlig zu vernachlässigen und/oder verschiedene Umweltzustände mit nur geringen Unterschieden hinsichtlich der Datenausprägungen zusammenfassend durch einen „mittleren" Umweltzustand zu repräsentieren.

Insbesondere bei Strukturierungsüberlegungen für größere Organisationsbereiche ist eine Vielzahl von Umweltdaten entscheidungsrelevant. Es ist dann grundsätzlich nicht möglich, die den repräsentativen Umweltzuständen entsprechenden Datenausprägungen in vollständiger Weise quantitativ darzustellen. Es liegt dann nahe, sie in vereinfachter Weise verbal zu beschreiben. Zum Beispiel könnten die repräsentativen Umweltzustände durch folgende qualitativen Merkmale charakterisiert werden:

Geringe Variabilität: Die Umweltdaten (z.B. die Marktpreise, die Nachfrage, die Liefertermine) ändern sich von Periode zu Periode nur wenig.

Hohe Variabilität: Die Umweltdaten ändern sich von Periode zu Periode in starkem Maße. In diesem Fall könnte die Umwelt zusätzlich auch danach charakterisiert werden, ob im Zeitablauf die weitere Umweltentwicklung „gut" prognostiziert werden kann oder nicht.

Steigende (fallende) Tendenz der Umweltdaten: Die Werte der Umweltdaten steigen (bzw. fallen) tendenziell im Zeitablauf.

Eine präzisere Darstellung der repräsentativen Umweltzustände kann in der Weise erfolgen, daß Teilmengen von Umweltdaten gebildet und jeweils gesondert

charakterisiert werden. Werden die Teilmengen „Daten des Beschaffungsberei-
ches", „Fertigungszeiten" und „Daten des Absatzmarktes" betrachtet, so können
die Umweltzustände z.B. wie in Tabelle XIII.8 charakterisiert werden.

Zustand	Beschaffungsbereich	Fertigungszeiten	Absatzbereich
S_1	hohe Variabilität, gute Prognostizierbarkeit	fallende Tendenz	geringe Variabilität
S_2	hohe Variabilität, schlechte Prognostizierbarkeit	konstant	hohe Variabilität, gute Prognostizierbarkeit
⋮	⋮	⋮	⋮

Tabelle XIII.8: Zur (verbalen) Darstellung von Umweltzuständen

5.3. Vereinfachung bei der Ermittlung und Darstellung der Ergebnisse

Je vager die Umweltzustände beschrieben werden, desto schwieriger wird die Prognose der jeweiligen Konsequenzen der Organisationsalternativen. Eine Vereinfachung bei der Darstellung der Umweltzustände zwingt in der Regel dazu, auch bei
der Ermittlung der Ergebnisse von Organisationsalternativen stark vereinfachte
Kalkülüberlegungen anzustellen.

Aber selbst dann, wenn ein Umweltzustand präzise beschrieben wird, ist es im
allgemeinen nicht möglich, diejenige Wahrscheinlichkeitsverteilung über den Erfolgsstrom „exakt" zu bestimmen, die in diesem Zustand mit einer Organisationsalternative erzielt wird. Die Organisationsalternativen wirken sich nicht unmittelbar auf die Erfolge in den einzelnen Umweltzuständen aus, sondern mittelbar über
die Entscheidungen der nachgeordneten Mitarbeiter, zwischen denen vielfältige
Interdependenzbeziehungen bestehen. Die Instanz kann in komplexeren Situationen die Entscheidungsabläufe und damit die Erfolgsströme nur global antizipieren,
wie immer auch die Umweltzustände beschrieben werden.

5.4. Vereinfachung bei der Formulierung der Zielfunktion

Für die Vorteilhaftigkeit von Steuerungsmaßnahmen ist zwar letztlich der damit
erzielbare Erfolg der Unternehmung (bzw. ihr Erfolgsstrom) als Zielgröße maßgeblich. Da sich aber der Einfluß organisatorischer Maßnahmen auf den Erfolg nur
schwer messen bzw. prognostizieren läßt, muß vereinfachend auf Ersatz- oder Effizienzkriterien zurückgegriffen werden, die einen Zusammenhang zwischen diesen
Maßnahmen und dem Erfolg wenigstens *vermuten* lassen. Mit diesem Problem befaßt sich das nachfolgende Kapitel.

Ergänzende und vertiefende Literatur:

ALBACH (1961); BAETGE (1977); BECKMANN (1978; 1983); FANDEL (1979a; 1979b); FRANKE (1977); HANSSMANN (1970); HAX (1965; 1969a; 1969b); KAUS (1985); LAUX (1979a; 1979b; 1992b); LAUX, C./LAUX, V. (2004); LIERMANN (1982; 2004); MANKE (1980); MARSCHAK (1954; 1955; 1959); MARSCHAK/ RADNER (1972); MCGUIRE/RADNER (1972); MÜLLER-MERBACH (1980); SCHAUEN-BERG (1987); SCHÜLER (1978; 1980; 1992); WILLIAMSON (1967).

XIV. Kriterien für vereinfachte organisatorische Strukturierungskalküle: Die Kompatibilitätseigenschaften

1. Problemstellung

Organisatorische Maßnahmen dienen letztlich dazu, die Primärdeterminanten der Objektentscheidungen so zu beeinflussen, daß ein befriedigender Erfolg bzw. Erfolgsstrom erzielt wird. Wie jedoch in Kapitel XIII gezeigt wurde, ist es grundsätzlich nicht möglich, bei Organisationsentscheidungen alle diese Determinanten (sowie deren mögliche Ausprägungen) explizit zu berücksichtigen; die Antizipation der zukünftigen Entscheidungsprozesse kann nur in stark vereinfachter Form erfolgen. Die „mikroanalytischen" Kalkülüberlegungen müssen durch „Makrobetrachtungen" ersetzt werden.

Die Komplexitätsreduktion kann dadurch vorgenommen werden, daß die Gesamtaufgabe der Organisation bzw. die Teilaufgaben der einzelnen Organisationsmitglieder lediglich in globaler Form dargestellt und die organisatorischen Maßnahmen zur Steuerung dieser Aufgaben in vereinfachter Weise nach gewissen *Hilfskriterien* bewertet bzw. beurteilt werden. Im vorliegenden Kapitel sollen derartige Kriterien entwickelt werden.

Im Abschnitt 2 wird die Beziehung zwischen Aufgabe und Aufgabenträger durch die Eigenschaften der „Anforderungskompatibilität" und der „Anreizkompatibilität" gekennzeichnet. Die Anforderungen dispositiver Aufgaben werden in Abschnitt 3, die Eigenschaften von Aufgabenträgern in Abschnitt 4 präzisiert. Für die weiteren Überlegungen ist es zweckmäßig, die Anforderungskompatibilität durch die Übereinstimmung der für die Aufgabenerfüllung benötigten und der verfügbaren Informationen bzw. dem Kalkülbedarf und den Kalkülfähigkeiten zu charakterisieren (Abschnitt 5). Schließlich wird demonstriert (Abschnitt 6), in welcher Weise die Kompatibilitätskriterien Hilfestellung für organisatorische Gestaltungsentscheidungen geben können.

2. Anforderungskompatibilität und Anreizkompatibilität als Kriterien für die Beurteilung organisatorischer Maßnahmen

2.1. Darstellung

Im Rahmen einer Makrobetrachtung kann das Kernproblem der organisatorischen Gestaltung darin gesehen werden, im Zusammenhang mit der Entdeckung von Erfolgspotential, der Planung und Planrealisation die Entscheidungsprozesse der Organisationsmitglieder derart zu beeinflussen, daß eine „gute" und „rasche" Anpassung an die Umweltentwicklung erfolgt und auf diese Weise ein „guter" Erfolgsstrom erzielt wird (Abbildung VIII.2). In dieser Form ist die organisatorische Aufgabenstellung allerdings sehr allgemein formuliert. In der Realität stellt sich konkret das Problem, die „Gesamtaufgabe" der Unternehmung zu präzisieren, sie in Teilaufgaben zu zerlegen, diese den verschiedenen Organisationsmitgliedern zuzuordnen und schließlich die Erfüllung der übertragenen Aufgaben durch weitere organisatorische Maßnahmen zu unterstützen und zu kontrollieren.

Für die Auswahl organisatorischer Maßnahmen ist zwar letztlich der damit erzielbare Erfolg der Unternehmung (bzw. ihr Erfolgsstrom) als Zielgröße maßgeblich. Da sich aber der Einfluß solcher Maßnahmen auf den Erfolg nur schwer messen bzw. prognostizieren läßt, muß vereinfachend auf Ersatz- oder Effizienzkriterien zurückgegriffen werden, die einen Zusammenhang zwischen diesen Maßnahmen und dem Erfolg wenigstens *vermuten* lassen.

Organisatorische Maßnahmen wirken sich auf den Erfolg nicht unmittelbar aus, sondern mittelbar über die Entscheidungen bzw. operativen Tätigkeiten der betroffenen Organisationsmitglieder. Der Erfolg hängt maßgeblich davon ab, wie die Organisationsmitglieder ihre jeweiligen Aufgaben erfüllen. Es ist deshalb naheliegend, organisatorische Gestaltungsalternativen nach ihrem Einfluß auf die Güte der Aufgabenerfüllung zu beurteilen. (Dabei kann eine „Aufgabe" auch darin bestehen, Aufgaben für andere Organisationsmitglieder zu formulieren.)

Die Güte der Aufgabenerfüllung wird davon bestimmt, inwieweit die einzelnen Organisationsmitglieder *in der Lage* sind, den Anforderungen der ihnen übertragenen Aufgaben zu genügen, und in welchem Umfang sie *gewillt* sind, diese Aufgaben im Sinne der Unternehmung zu erfüllen. Zur Präzisierung dieses Zusammenhangs definieren wir die Eigenschaften „Anforderungskompatibilität" und „Anreizkompatibilität":

Anforderungskompatibilität:

Ausmaß der Übereinstimmung zwischen den Anforderungen an die einzelnen Aufgabenträger und deren jeweiligen Qualifikationen und objektiven Verfügungsmöglichkeiten über Ressourcen.

Anreizkompatibilität:

Ausmaß der Verträglichkeit der Ziele, die die Aufgabenträger bei der Erfüllung ihrer Aufgaben befolgen, mit den Zielen der Organisation bzw. den Zielen der jeweils vorgesetzten Instanz (HURWICZ, 1972, S. 320).

Wenn die Anforderungen der Aufgaben im Vergleich zu den Qualifikationen (bzw. objektiven Möglichkeiten) der jeweiligen Aufgabenträger zu gering sind, so entstehen überhöhte (Personal-)Kosten; qualifiziertes Personal ist teurer als weniger qualifizierte Mitarbeiter. Außerdem sind die betreffenden Entscheidungsträger tendenziell wenig motiviert, ihre Aufgaben gut zu erfüllen. Es besteht u.a. die Gefahr schlechter Arbeitsqualität, von Unzufriedenheit und Absentismus. Sind andererseits die Anforderungen zu hoch, so werden die Aufgaben ebenfalls nur unzureichend erfüllt (HOFSTEDE, 1970, S. 148f.). Inwieweit die übertragenen Aufgaben im Einklang mit den Qualifikationen bzw. Möglichkeiten der Aufgabenträger stehen, hängt auch davon ab, über welche Ressourcen, z.B. Maschinen, Werkzeuge, Material, Informationskanäle, Datenspeicher, die Aufgabenträger verfügen.

Zwar kann die Motivation der Entscheidungsträger in starkem Maße von den Anforderungen der Aufgabe und den jeweiligen Fähigkeiten abhängen. Die Stärke und Richtung der Motivation werden jedoch auch von anderen Aspekten beeinflußt, so daß dem Kriterium der Anreizkompatibilität eine eigenständige Bedeutung zukommt. Unter dem Gesichtspunkt der Anreizkompatibilität ist u.a. zu prüfen, inwieweit die Aufgaben im Einklang mit den Interessen, Zielen und Risikoeinstellungen der jeweiligen Entscheidungsträger stehen und ob diese wiederum mit dem Organisationsziel kompatibel sind. Durch die Gewährung von Belohnungen (etwa in Form von Prämien oder Aufstieg in der Unternehmenshierarchie) kann die Wahrscheinlichkeit dafür erhöht werden, daß die Entscheidungsträger die ihnen übertragenen Aufgaben im Sinne des Unternehmensziels „gut" erfüllen (Kapitel XXIII bis XXV).

Anforderungen stellen sich sowohl bei operativen als auch bei dispositiven Tätigkeiten. Um diesem Sachverhalt bei den späteren Darstellungen Rechnung tragen zu können, unterscheiden wir dementsprechend *operative* und *dispositive* Anforderungskompatibilität.

Die Abbildung XIV.1 veranschaulicht Kompatibilität als das Ausmaß der Übereinstimmung zwischen

– den Anforderungen der Aufgabe(n) und bestimmten Eigenschaften des Entscheidungsträgers (der Einfachheit halber werden hier auch die Verfügungsmöglichkeiten über Ressourcen zu seinen Eigenschaften gezählt) bzw.
– den Zielen der Organisation und den Zielen des Entscheidungsträgers.

Die objektiven Verfügungsmöglichkeiten eines Entscheidungsträgers über Ressourcen (kurz: seine Ausstattung) sind kein Datum; organisatorische Maßnahmen können gerade darauf abzielen, sie im Sinne des Organisationsziels zu beeinflussen. Dasselbe gilt für die individuellen Qualifikationen. Die Qualifikation eines Aufgabenträgers wird bestimmt durch Art und Umfang seines *Wissens* und seiner Fähigkeiten. (Vgl. Kapitel IV, insbesondere Abbildung IV.2.)

Abb. XIV.1: Kompatibilität als Ausmaß der Übereinstimmung zwischen Anforderungen der Aufgabe und Eigenschaften des Entscheidungsträgers bzw. Zielen der Organisation und Zielen des Entscheidungsträgers

2.2. Die Anwendungsproblematik

Die Kompatibilitätseigenschaften sollen einfache Orientierungshilfen für die Beurteilung der Effizienz organisatorischer Strukturierungsmaßnahmen geben. Welcher Kompatibilitätsgrad hinsichtlich der Informationsbeschaffung und -verarbeitung soll nun durch organisatorische Maßnahmen angestrebt werden? Wann weist eine Organisation gute Kompatibilitätseigenschaften auf und wann nicht? Hinter diesen Fragen verbirgt sich weniger ein technischer als ein *ökonomischer* Aspekt.

Auch für die Beurteilung der Kompatibilitätseigenschaften ist letztlich der Erfolg das entscheidende Kriterium. Maßnahmen zur Verbesserung der Kompatibilitätseigenschaften beeinflussen den Erfolg mittelbar, indem sie die Entscheidungsprozesse und die damit verbundenen Erlöse und Kosten beeinflussen, aber auch unmittelbar, weil mit ihrem Einsatz selbst Kosten verbunden sind, z.B. Ausbildungskosten, höhere Gehälter für qualifizierteres Personal, Kosten in Form von Prämien. Bei der Beurteilung von Maßnahmen zur „Verbesserung" der Kompatibilitätseigenschaften sind die jeweiligen *Kosten* und *Erträge* gegeneinander abzuwägen.

Im Delegationswertmodell (Kapitel XIII) werden zwar Kompatibilitätseigenschaften nicht explizit berücksichtigt. Trotzdem führt dieses Konzept theoretisch zu einer Lösung, bei der diese Eigenschaften optimale Ausprägungen aufweisen: Für relativ einfache Situationen wird gezeigt, wie diejenige Organisationsalternative ermittelt werden kann, bei der die Differenz aus Delegationswert und Delegationskosten (also der Erwartungswert des Erfolges) maximal ist. Im vorhergehenden Kapitel wurde deutlich, daß die explizite Anwendung des Delegationswert-Konzeptes in realistischeren Entscheidungssituationen jedoch einen Planungsaufwand erfordert, der praktisch nicht bewältigt werden kann. Für praktisch alle organisatorischen Entscheidungsprobleme stellt sich das Problem der Komplexitätsreduktion. Das Ausmaß der gebotenen Komplexitätsreduktion ist tendenziell um so größer, je länger die Geltungsdauer der organisatorischen Regelungen sein soll und je größer derjenige Ausschnitt der Unternehmung ist, für den diese Regelungen maßgeblich sein sollen.

Die Vereinfachung komplexer Entscheidungsmodelle stellt ihrerseits ein komplexes Problem dar. Es gibt keine einfachen und zugleich operationalen Normen, die das Problem der Komplexitätsreduktion eindeutig lösen. Das Problem der Komplexitätsreduktion stellt sich auch für die Vereinfachungsüberlegungen selbst. Dieser Aspekt hat Konsequenzen für die Darstellungen in diesem und in den nachfolgenden Kapiteln: Wir können lediglich versuchen, ein *intuitives Verständnis* darüber zu vermitteln, wie mit Hilfe der Kompatibilitätskriterien vereinfachte organisatorische Strukturierungs- und Steuerungsüberlegungen angestellt werden können. Jedoch sind die Darstellungen *nicht präzise* in dem Sinne, daß sie in eindeutiger Weise aufzeigen, wie die Kompatibilitätseigenschaften zu messen und zu bewerten sind. Es bleibt ein Spielraum für eigene Interpretationen und kreative Überlegungen bei der praktischen Anwendung dieser Kriterien.

Insbesondere das Kriterium der Anforderungskompatibilität ist bisher noch so allgemein formuliert, daß seine Eignung zur Beurteilung organisatorischer Gestaltungsmaßnahmen gering ist. „Anforderungskompatibilität" ist deshalb noch weiter zu operationalisieren. Die Operationalisierung der Anforderungen ausschließlich *operativer* Tätigkeiten kann z.B. mit Hilfe von Indikatoren wie Arbeitsgeschwindigkeit, Gewicht der Arbeitsobjekte, Umwelttemperatur, Qualitätsanforderungen der zu bearbeitenden Produkte erfolgen. Demgegenüber ist das Problem der Operationalisierung von Anforderungen dispositiver Aufgaben wesentlich komplexer. Bei *dispositiven* Aufgaben steht im voraus nicht eindeutig fest, welche Tätigkeiten im einzelnen auszuführen sind. Es gibt (insbesondere bei sehr „unscharf" definierten Aufgabenbereichen) möglicherweise sehr viele Varianten der Aufgabenerfüllung, die jeweils sehr unterschiedliche Anforderungen an die Entscheidungsträger stellen können. Die jeweiligen Entscheidungsträger haben dann gerade auch die Aufgabe, Ermessensentscheidungen darüber zu treffen, wie sie ihre eigentlichen Aufgaben zweckmäßigerweise erfüllen sollen. Organisatorische Maßnahmen sollen u.a. die Voraussetzungen dafür schaffen, daß diese Entscheidungen gut getroffen werden.

Da bei dispositiven Aufgaben die auszuübenden Tätigkeiten nicht eindeutig vorbestimmt sind, stehen auch deren Anforderungen a priori nicht eindeutig fest.

Das Kriterium der dispositiven Anforderungskompatibilität kann nur in der Weise sinnvoll interpretiert werden, daß danach gefragt wird, inwieweit die Anforderungen einer „guten" Aufgabenerfüllung mit den tatsächlichen Qualifikationen (bzw. den Ausstattungen) der jeweiligen Aufgabenträger im Einklang stehen. Die Vorstellungen darüber, was zu tun ist, um dispositive Aufgaben „gut" zu erfüllen, sowie die Beurteilung der Qualifikationen der jeweiligen Aufgabenträger, können von Organisationsmitglied zu Organisationsmitglied sehr verschieden sein: Es ist (wie in Abschnitt 3.2 näher erläutert wird) nicht möglich, die Ausprägung der dispositiven Anforderungskompatibilität *objektiv* zu messen.

Zur Beurteilung der dispositiven Anforderungskompatibilität bezüglich eines Entscheidungsträgers ist ein subjektiver Vergleich zwischen seinen Eigenschaften (bzw. Möglichkeiten) und denjenigen Anforderungen anzustellen, die die jeweiligen Aufgaben an ihn stellen. Mit diesem Problemkreis befassen sich die folgenden Abschnitte. Zunächst wird untersucht, wie die Anforderungen dispositiver Aufgaben operationalisiert (präzisiert) und beurteilt werden können.

3.   Anforderungen dispositiver Aufgaben

3.1.   Kriterien zur Operationalisierung: Strukturiertheit, Variabilität und Umfang

Wir gehen zunächst davon aus, der Entscheidungsträger habe nur „eine" Aufgabe zu erfüllen, die sich im Zeitablauf in mehr oder weniger veränderter Gestalt wiederholt. Zur Charakterisierung dieser Aufgabe sollen die folgenden drei Kriterien verwendet werden:

Strukturiertheit: Die Strukturiertheit einer dispositiven Aufgabe ist um so höher, je eindeutiger der Weg vorgezeichnet ist, der zu einer „guten" Lösung des entsprechenden Entscheidungsproblems führt (PERROW, 1970, S. 75ff.; KUBICEK/THOM, 1976; PICOT, 1993, S. 165).

Variabilität: Die Variabilität einer dispositiven Aufgabe ist um so höher, je mehr es erforderlich ist, die Ausprägungen der Primärdeterminanten der Entscheidung im Zeitablauf zu ändern, damit die Aufgabe jeweils „gut" erfüllt werden kann (vgl. auch PERROW, 1970, S. 75ff.; KUBICEK/THOM, 1976; PICOT, 1993, S. 165).

Umfang: Der Umfang einer dispositiven Aufgabe wird charakterisiert durch die Anzahl der zu lösenden Entscheidungsprobleme und die Zahl der Entscheidungsvariablen, die dabei (im Durchschnitt) jeweils zu fixieren sind.

Je geringer die Strukturiertheit und je höher die Variabilität und der Umfang einer Aufgabe, desto höher sind die Anforderungen, die ihre Erfüllung in quantitativer und/oder qualitativer Hinsicht an einen Entscheidungsträger stellt. Darüber hinaus hängt es von den *Interdependenzen* zwischen den einzelnen Bestandteilen der Aufgabe ab, ob sie sich in (relativ einfache) Teilaufgaben zerlegen läßt, die unabhängig voneinander gelöst werden können. Je ausgeprägter diese Interdependenzen sind, um so komplexer ist die Aufgabe als Ganzes. Die Aufgabeneigenschaften

„Strukturiertheit", „Variabilität" und „Umfang" lassen sich vor dem Hintergrund der Primärdeterminanten der Entscheidung präzisieren.

3.2. „Strukturiertheit" einer Aufgabe

Definitionsgemäß ist die Strukturiertheit einer dispositiven Aufgabe um so höher, je eindeutiger der Weg vorgezeichnet ist, der zur Lösung der entsprechenden Entscheidungsprobleme zu gehen ist. Wird ein Entscheidungsträger vollständig an explizite Verhaltensnormen gebunden, so ist seine Aufgabe hoch strukturiert; es ist ihm eindeutig vorgeschrieben, welche Informationen er beschaffen und wie er auf empfangene Informationen reagieren soll. Im allgemeinen ist jedoch der Entscheidungsträger nicht vollständig an explizite Verhaltensnormen gebunden; hinsichtlich der Aktivitäten im Entscheidungsprozeß bestehen Ermessensspielräume. In Abbildung XIV.2 werden diese Aktivitäten in eine Systematik gebracht. Je höher die Strukturiertheit der betreffenden Einzelaufgaben, um so strukturierter ist die dispositive Aufgabe als Ganzes. Der Einfachheit halber wird dabei das Ausmaß der Strukturiertheit nur durch die beiden Ausprägungen „hoch" und „gering" gekennzeichnet.

(1)Entdeckung von Handlungsalternativen: Die Strukturiertheit der Alternativensuche ist um so höher, je eindeutiger feststeht, welche konkreten Handlungsalternativen für die Lösung des Entscheidungsproblems in Betracht kommen und/oder in welcher Weise man sich über neue Alternativen informieren kann. Sie ist vor allem bei innovativen Problemen gering. Bei geringer Strukturiertheit ist nur schwer zu durchschauen, welche Handlungsalternativen für die Lösung in Betracht kommen. Die Entdeckung neuer Alternativen erfordert viel Zeit, Phantasie und Einfallsreichtum, da keine eindeutigen (und bewährten) Lösungsmuster für den Suchprozeß existieren (bzw. bekannt sind).

(2)Beschaffung von Informationen zur Prognose der Konsequenzen der erwogenen Alternativen: Die Strukturiertheit der Informationsbeschaffung ist um so höher, je eindeutiger feststeht, welche Informationen für eine „gute" Entscheidung benötigt werden und wie diese gewonnen werden können. Bei geringer Strukturiertheit ist es schwierig, sich ein Urteil darüber zu bilden, welche Indikatoren überhaupt als Prognosegrundlage dienen könnten; die Wahrnehmung von Signalen erfordert in der Regel viel Zeit, Unterscheidungsvermögen und Phantasie.

(3)Bildung eines Wahrscheinlichkeitsurteils (über die Konsequenzen der Handlungsalternativen) auf der Basis der vorliegenden Informationen: Die Strukturiertheit der Prognoseerstellung ist insbesondere dann hoch, wenn gut bestätigte Theorien bekannt sind, die aus den vorhandenen Informationen eindeutige Rückschlüsse auf die Entwicklung` der entscheidungsrelevanten Daten ermöglichen. Für die Prognose ökonomischer Größen, z.B. Auslastungsgrad der Produktionsanlagen, Marktanteil, Kosten, Erlös, stehen im allgemeinen derartige Theorien nicht zur Verfügung. Der Entscheidungsträger muß sich auf der Basis seiner speziellen Informationen und seiner allgemeinen Erfahrungen ein eigenes, *subjektives* (Wahr-

scheinlichkeits-)Urteil bilden. Die Strukturiertheit dieses Problems ist (insbesondere) gering bei innovativen Entscheidungen und bei Entscheidungen, deren Konsequenzen weit in die Zukunft reichen.

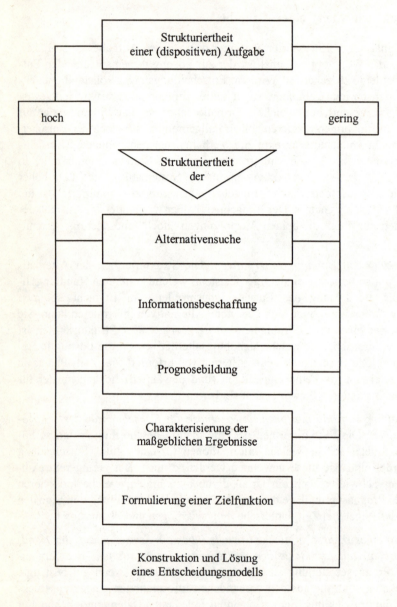

Abb. XIV.2: Zur Präzisierung der „Strukturiertheit"

(4) und (5) Charakterisierung der maßgeblichen Ergebnisse und Formulierung einer Zielfunktion: Für die Auswahl einer Handlungsalternative muß der Entscheidungsträger eine (Meta-)Entscheidung darüber treffen, welche Zielgrößen als Be-

urteilungsbasis dienen sollen. Wenn ihm präzise vorgeschrieben wird, an welchen Zielgrößen er sich orientieren soll, ist für ihn dieses Entscheidungsproblem eindeutig vorstrukturiert. Bei komplexen und ständig variierenden dispositiven Aufgaben ist es aber häufig nicht möglich oder zumindest nicht sinnvoll, operationale Zielgrößen vorzugeben. Die Aufgabe des Entscheidungsträgers kann dann gerade auch darin bestehen, selbst Ermessensentscheidungen über die Zielgrößen zu treffen. Die Strukturiertheit dieser Aufgabe ist insbesondere bei innovativen und langfristigen Entscheidungen gering.

(6)Konstruktion und Lösung eines Entscheidungsmodells: Die Modellkonstruktion ist insbesondere bei komplexen und umfangreichen Entscheidungsproblemen sehr unstrukturiert: Es stellt sich dann vor allem das Problem der Komplexitätsreduktion, für das bisher keine wohlstrukturierten Lösungsmuster existieren.

Die Strukturiertheit einer dispositiven Aufgabe kann hinsichtlich einzelner Primärdeterminanten der Entscheidung hoch, hinsichtlich anderer gering sein. Die pauschale Einordnung einer Aufgabe als „wenig strukturiert" oder als „hoch strukturiert" reicht dann für die Lösung organisatorischer Gestaltungsprobleme möglicherweise nicht aus. Dann ist eine genauere Charakterisierung vorzunehmen, in der explizit zum Ausdruck kommt, hinsichtlich welcher Primärdeterminanten hohe bzw. niedrige Strukturiertheit besteht.

Ein Problem kann immer auch in der Weise strukturiert werden, daß über Gebühr Komplexität reduziert wird, indem z.B. im Zeitablauf immer wieder die gleichen (schlechten) Handlungsalternativen erwogen und die gleichen Informationen eingeholt werden. Andererseits wird ein (ökonomisches) Problem tendenziell um so weniger strukturiert, je höher das angestrebte Anspruchsniveau festgesetzt wird. Der Begriff „Strukturiertheit" ist deshalb jeweils auf eine „gute" Aufgabenerfüllung zu beziehen.

Je geringer die Strukturiertheit ist, desto mehr Zeit wird tendenziell für die Informationsbeschaffung und -verarbeitung benötigt, um „gute" Entscheidungen treffen zu können, und desto höher sind die Anforderungen hinsichtlich analytischer Fähigkeit, schöpferischer Phantasie und Erfahrung im Umgang mit Entscheidungsmodellen.

Das Ausmaß an Strukturiertheit ist keine Eigenschaft der Aufgabe „an sich" (wie etwa die Temperatur oder das Volumen eines Körpers), sondern kann nur als *relative Eigenschaft* im Rahmen einer Subjekt-Objekt-Beziehung beurteilt werden. Während ein qualifizierter Entscheidungsträger eine Aufgabe als hoch strukturiert ansehen kann, scheitern vielleicht andere Mitarbeiter ohne die entsprechende Qualifikation an eben derselben Aufgabe. Ein Problem ist für denjenigen keines mehr, der dessen Lösung schon kennt. Es kommt bei der Beurteilung der Strukturiertheit einer Aufgabe also darauf an, aus wessen Sicht die Einschätzung erfolgt. Es muß eine Bezugsperson oder Bezugsgruppe angegeben werden.

Eine naheliegende Möglichkeit bestünde darin, jeweils denjenigen (potentiellen) Mitarbeiter als Bezugsperson zu wählen, für den die Anforderungskompatibilität beurteilt werden soll. Je nach Qualifikation wird er die Anforderungen einer zu übertragenden Aufgabe hoch oder gering einschätzen. Werden dann jedoch zur

Beurteilung der Anforderungskompatibilität die so charakterisierten Anforderung-en der Aufgabe den Qualifikationen des (potentiellen) Aufgabenträgers gegenüber-gestellt so führt dies in der Regel zu Fehlbeurteilungen: Wenn z.B. aus der Sicht eines hochqualifizierten Mitarbeiters eine Aufgabe hochstrukturiert ist (und mithin nur geringe Anforderungen stellt), könnte dieser Mitarbeiter für die betreffende Aufgabe als überqualifiziert erscheinen. Jedoch kann die hohe Qualifikation gerade die Voraussetzung für eine befriedigende Aufgabenerfüllung bilden.

Ein so gewählter Bezugsmaßstab wäre also nicht sinnvoll. Zudem steht derjeni-ge Entscheidungsträger, der die Aufgabe übernehmen soll, häufig noch gar nicht fest. Gerade das Problem der Aufgabenverteilung soll mit Hilfe von Effizienz-kriterien gelöst werden. Schließlich werden Aufgabenbereiche möglicherweise auf Dauer gebildet und im Zeitablauf unterschiedlichen Mitarbeitern übertragen. An-stelle eines potentiellen Aufgabenträgers wollen wir deshalb eine *anonyme* Be-zugsperson wählen: Die Strukturiertheit einer Aufgabe soll aus der Sicht der Fä-higkeiten und Möglichkeiten eines „Durchschnittsmenschen" beurteilt werden. In vielen Fällen kann dabei die Grundgesamtheit auf Personengruppen mit gemein-samen Eigenschaften beschränkt werden (z.B. Hochschulabsolventen, Spezialisten, Personen mit langjähriger Führungserfahrung). Je geringer der Anteil der Personen aus der gewählten Bezugsgruppe ist, die über die analytischen Fähigkeiten und/oder die schöpferische Phantasie verfügen, die für die Erfüllung einer be-stimmten Aufgabe erforderlich sind, desto geringer ist tendenziell die Struk-turiertheit dieser Aufgabe. Sie ist außerdem tendenziell um so geringer, je mehr Zeit im Durchschnitt benötigt wird, um ein Strukturierungskonzept zu erarbeiten und/oder „hinreichend gut" einzusetzen.

Bei unstrukturierten Aufgaben ist es für eine Instanz wichtig, sich sorgfältig darüber zu informieren, inwieweit die Fähigkeiten der potentiellen Aufgabenträger den Anforderungen genügen. Je geringer die Strukturiertheit, desto geringer ist de-finitionsgemäß auch die Wahrscheinlichkeit, daß mit einer Zufallsauswahl eines Aufgabenträgers (aus der Menge der Bezugspersonen, hinsichtlich derer die „Strukturiertheit" der Aufgabe beurteilt wird) eine hinreichende Anforderungs-kompatibilität erzielt wird.

Schließlich ist zu beachten, daß zwar die Erarbeitung eines Lösungsweges eine sehr unstrukturierte Aufgabe, die praktische Anwendung dieses Konzepts hingegen eine wohlstrukturierte und einfache Aufgabe sein kann. Umgekehrt können Struk-turierungskonzepte gegeben sein, deren Anwendung im konkreten Fall ein unstruk-turiertes Problem darstellt, weil der darin beschriebene Lösungsweg nicht operatio-nal bzw. eindeutig ist. Dieser Aspekt gilt insbesondere auch hinsichtlich der hier entwickelten Kompatibilitätseigenschaften selbst: Sie geben zwar gewisse Orien-tierungshilfen; da aber nicht präzise gesagt werden kann, wie sie mit vertretbarem Aufwand gemessen bzw. bewertet werden können, ist die Auswahl organisatori-scher Gestaltungsmaßnahmen auf der Basis dieser Effizienzkriterien kein wohl-strukturiertes Entscheidungsproblem.

3.3.   „Variabilität" einer Aufgabe

Die Variabilität einer (dispositiven) Aufgabe ist um so höher, je höher die Veränderlichkeit der in Abbildung XIV.3 dargestellten Primärdeterminanten im Zeitablauf ist. Die „Variabilität" kann ihrerseits operationalisiert werden durch die „Stärke", „Häufigkeit" und „Vorhersehbarkeit" der jeweiligen Änderungen.

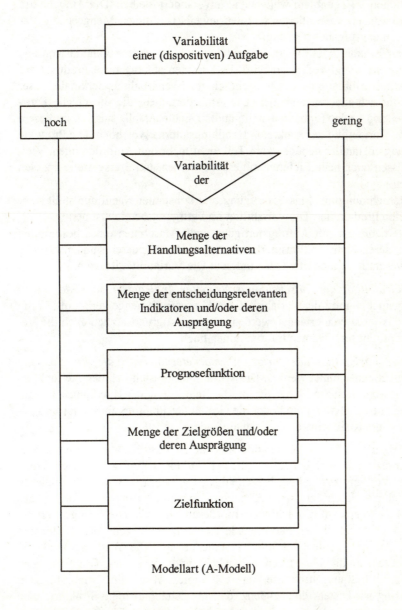

Abb. XIV.3: Zur Präzisierung der „Variabilität"

(1) Die Variabilität der (konkreten) Handlungsalternativen ist gering, wenn sich die Menge der relevanten Alternativen im Zeitablauf wenig (oder gar nicht) ändert. Sie ist hoch, wenn ständig neue Handlungsalternativen gesucht und erwogen werden müssen, damit die übertragene Aufgabe „gut" erfüllt werden kann. Zur Verdeutlichung dienen einige Beispiele:

- Ein Einkäufer hat bestimmte Rohstoffe zu beschaffen, deren Anbieter, Preise und Qualitäten im Zeitablauf weitgehend unverändert bleiben. Die Aufgabe des Einkäufers variiert dann allenfalls in den jeweils benötigten Mengen. Die Variabilität seiner Aufgabe ist gering.
- Ein anderer Einkäufer ist für ein Einbauteil zuständig, dessen Qualität von den Anbietern fortlaufend verbessert wird. Es kommen ständig neue Produkte auf den Markt, die billiger und/oder hinsichtlich gewisser Qualitätsmerkmale besser sind als die der anderen Anbieter. Die Anforderungen, die die eigene Fertigungsabteilung an das Einbauteil stellt, ändern sich ebenfalls ständig. In diesem Fall ist die Variabilität der konkreten Handlungsalternativen hoch: Die Produkte der bisherigen Händler genügen zum Teil nicht mehr den Anforderungen. Vielleicht müssen auch neue Lieferanten gesucht werden, um Preisvorteile erzielen zu können.
- Eine Unternehmung mit Massenfertigung und konstanter Nachfrage stellt ständig dasselbe Produkt her: Die Variabilität im Fertigungsbereich ist gering.
- Eine Unternehmung mit Auftragsfertigung stellt Maschinen eines bestimmten Typs her, deren Konstruktionsmerkmale aufgrund besonderer Kundenwünsche ständig wesentlich geändert werden müssen: Die Variabilität ist hoch.

(2) Die Variabilität der entscheidungsrelevanten Indikatoren und/oder deren Ausprägungen ist eng mit der Variabilität der Alternativenmenge verknüpft: Wenn ständig neue Alternativen erwogen werden müssen, ist grundsätzlich auch die Variabilität der prognoserelevanten Informationen hoch.

(3)-(6) Die Variabilität der übrigen Primärdeterminanten der Entscheidung kann analog gekennzeichnet werden. Die Variabilität hinsichtlich der Zielfunktion ist z.B. hoch, wenn sich die Menge der für die Beurteilung der Handlungsalternativen maßgeblichen Zielgrößen und/oder die Gestalt der Präferenzfunktion (die Zielgewichte bzw. die Risikoeinstellung) ständig ändern.

Auch das die Aufgabe charakterisierende Ausmaß an Variabilität orientiert sich an den Erfordernissen, die sich bei einer „guten" Erfüllung der Aufgabe stellen. Wenn etwa ein für Werbung zuständiger Entscheidungsträger immer wieder die gleichen Werbemaßnahmen durchführt, seine Aktionen also wenig variieren, so folgt daraus nicht, daß seine Werbeaufgabe geringe Anforderungen stellt. Die geringe Variabilität seiner Werbemaßnahmen kann gerade ein Indiz dafür sein, daß er die ihm übertragene Aufgabe schlecht erfüllt; für eine erfolgreiche Werbung müßte er möglicherweise ständig *neue* Ideen entwickeln und realisieren. Die Beziehung zwischen Variabilität und Strukturiertheit ist komplex. Wenn die Variabilität einer Aufgabe gering ist, besteht die Tendenz, daß im Zeitablauf hohe Strukturiertheit erzielt werden kann. Andererseits besteht bei hoher Variabilität eher die Tendenz zu geringer Strukturiertheit, obwohl im Einzelfall auch variable Aufgaben wohl-strukturiert sein können. Je höher die Variabilität einer dispositiven Aufgabe, desto größer ist tendenziell auch der Bedarf an Informationen über realisierbare Handlungsalternativen und deren Konsequenzen und um so höher ist der gebotene Kalkülaufwand im Zusammenhang mit der Verarbeitung dieser Informationen. Variieren die Entscheidungsdeterminanten nur wenig, so kann den Änderungen u.U. dadurch Rechnung getragen werden, daß frühere Entscheidungen (geringfügig) revidiert werden, ohne daß dabei erneut ein besonderer Planungsaufwand entsteht. Stehen jedoch z.B. immer wieder neue Handlungsalternativen zur Debatte und/oder ändern sich die entscheidungsrelevanten Daten bzw. deren Ausprägungen in starkem Maße, so sind jeweils neue Entscheidungskalküle erforderlich, um den Besonderheiten der aktuellen Entscheidungssituation Rechnung tragen zu können; Problemlösungen der Vergangenheit werden den zukünftigen Problemen dann nicht mehr gerecht. Der insgesamt erforderliche Planungsaufwand kumuliert sich dabei in starkem Maße mit der Zahl von Entscheidungsaufgaben.

3.4.   „Umfang" einer Aufgabe

Den Umfang einer dispositiven Aufgabe haben wir vereinfachend lediglich charakterisiert durch die Anzahl der zu lösenden Entscheidungsprobleme und die Zahl der Entscheidungsvariablen, die dabei (im Durchschnitt) jeweils zu fixieren sind. Nicht berücksichtigt wird z.B., wieviele Nebenbedingungen bei den Entscheidungen einzuhalten sind und welche Gestalt diese Bedingungen aufweisen.

Bei der Beurteilung des Umfangs einer Aufgabe nach der Zahl der Entscheidungsvariablen stellt sich das Problem, daß diese Zahl im allgemeinen nicht objektiv vorgegeben ist; es ist gerade die Aufgabe des Entscheidungsträgers selbst, gute Meta-Entscheidungen darüber zu treffen, wie viele (und welche) Entscheidungsvariablen er in seine Entscheidungskalküle einbezieht. Für einen Entscheidungsträger, der z.B. für die Beschaffung von zwei Produktionsfaktoren zuständig ist, ist die Zahl der Entscheidungsvariablen mit dieser Aufgabenstellung nicht eindeutig vorbestimmt. Sie hängt u.a. davon ab, wie viele Lieferanten er in Betracht zieht; je größer die Anzahl der erwogenen Lieferanten, desto größer ist auch die Zahl der Entscheidungsvariablen. Für die Beurteilung des Umfanges einer Aufgabe ist jene Menge von Entscheidungsvariablen relevant, die im Rahmen „guter" Entscheidungskalküle berücksichtigt werden sollten.

Je umfangreicher eine dispositive Aufgabe ist, um so mehr Zeit wird tendenziell für die Beschaffung und Verarbeitung von Informationen benötigt, um gute Entscheidungen treffen zu können. Möglicherweise ist eine Aufgabe so umfangreich, daß die Komplexität der entsprechenden Entscheidungsprobleme stark reduziert werden muß. Eine umfangreiche Aufgabe wird deshalb häufig auch unstrukturiert sein.

Je stärker die Primärdeterminanten der Entscheidung im Zeitablauf variieren, desto häufiger ist tendenziell erneut darüber zu entscheiden (um eine „gute" Anpassung an die Umweltentwicklung zu gewährleisten) und desto größer ist (bei gegebener Zahl von Entscheidungsvariablen) der Umfang der Aufgabe. Trotz der engen Verbindung zur „Variabilität" hat der „Umfang" der Aufgabe eigenständige Bedeutung. Es macht eben einen Unterschied, ob ein Aufgabenträger z.B. Beschaffungsentscheidungen nur hinsichtlich eines einzigen Produktionsfaktors zu treffen hat oder ob er für die Bereitstellung einer breiten Palette von Produktionsfaktoren verantwortlich ist.

3.5.   „Ähnlichkeit" von Aufgaben

Wenn ein Entscheidungsträger *„mehrere"* Aufgaben zu erfüllen hat, so können die an ihn gestellten Anforderungen auch dadurch charakterisiert werden, inwieweit die einzelnen (Teil-)Aufgaben einander ähnlich sind und welche Interdependenzen zwischen ihnen bestehen. Die Anforderungen sind tendenziell um so höher, je weniger die Aufgaben einander ähneln und je mehr Interdependenzen zu berücksichtigen sind.

Ob ein Entscheidungsträger nur *eine* oder *mehrere* Aufgaben erfüllt, ist allerdings eine Frage der Aufgabendefinition: Man kann z.B. der Auffassung sein, der Einkäufer einer Brauerei habe zwei Aufgaben - „Einkauf von Hopfen" und „Einkauf von Malz". Seine Tätigkeit könnte jedoch auch durch die *eine* Aufgabe „Einkauf von Rohstoffen" beschrieben werden. Deshalb stellt auch die Ähnlichkeit von Aufgaben über Strukturiertheit, Variabilität und Umfang hinaus *kein eigenständiges* Merkmal für den Schwierigkeitsgrad eines Aufgabenkomplexes dar. „Der Entscheidungsträger erfüllt mehrere unähnliche Aufgaben" kann z.B. zum Ausdruck bringen, daß ihm „*eine* Aufgabe mit hoher Variabilität" übertragen ist. Je enger Aufgaben definiert werden, um so hilfreicher wird jedoch zu deren Charakterisierung die Eigenschaft der Ähnlichkeit. Wir wollen sie deshalb ebenfalls anhand der Primärdeterminanten näher erläutern.

Für die Beurteilung der Ähnlichkeit verschiedener Aufgaben sind sowohl qualitative als auch quantitative Unterschiede (bzw. Gemeinsamkeiten) hinsichtlich der Primärdeterminanten zu berücksichtigen. Die qualitativen Unterschiede können mit Hilfe des Begriffs „Strukturiertheit" charakterisiert werden, die quantitativen mit Hilfe des Begriffs „Variabilität".

Verschiedene Aufgaben sind in *qualitativer* Hinsicht ähnlich, wenn sie vergleichbare (qualitative) Anforderungen hinsichtlich der Ermittlung bzw. Fixierung der Primärdeterminanten der Entscheidung stellen. Dies ist dann der Fall, wenn im Entscheidungsprozeß jeweils gleiche oder ähnliche Strukturierungskonzepte angewendet werden können bzw. wenn sich Lösungsmuster relativ einfach von einem Entscheidungskomplex auf den anderen übertragen lassen. Unähnliche Aufgaben erfordern unterschiedliche Strukturierungskonzepte die alle zu erlernen im allgemeinen viel Zeit und hohe Qualifikationen erfordern.

Auch bei qualitativer Ähnlichkeit kann in *quantitativer* Hinsicht von Aufgabe zu Aufgabe eine hohe Variabilität bestehen. Es gibt dann z.B. wenig Entscheidungsvariablen und Indikatoren bzw. entscheidungsrelevante Daten, die für mehrere Aufgaben relevant sind. Je höher die Variabilität der Entscheidungsprobleme,

desto weniger kann bei der Lösung eines Problems auf vorhergehende Problemlösungen aufgebaut werden und um so mehr Zeit wird benötigt, um die jeweils relevanten Informationen zu beschaffen und zu verarbeiten.

Die Funktionen Produktion und Absatz werden im allgemeinen als sehr unähnliche Aufgaben angesehen: Es sind jeweils andere Alternativenmengen, Indikator-
mengen, Prognosefunktionen und Typen von Entscheidungsmodellen maßgeblich.
Strukturierungskonzepte, die in einem Bereich erlernt werden, lassen sich kaum
auf die andere Fragestellung (sinnvoll) übertragen. Andererseits sind Aufgaben mit
derselben Bezeichnung nicht notwendigerweise ähnlich. Die Mitarbeiter in der Absatzabteilung mögen z.B. sehr unähnliche Aufgaben erfüllen, selbst wenn sie für
dasselbe Produkt zuständig sind: Der Verkauf eines Produkts an industrielle Abnehmer kann ganz andere Informationen und Fähigkeiten erfordern als der Verkauf
an private Kunden.

Die Ähnlichkeit dispositiver Aufgaben kann hinsichtlich einzelner Primärdeterminanten der Entscheidung hoch sein und hinsichtlich anderer gering. Investitionsentscheidungen stellen z.B. ähnliche Anforderungen hinsichtlich des analytischen
Instrumentariums. Jedoch können die Anforderungen bezüglich der Alternativensuche, der Prognose ihrer Konsequenzen und der Informationsspeicherung von Investitionsproblem zu Investitionsproblem sehr divergieren. Man denke etwa an Investitionen im Fertigungsbereich und im Absatzbereich.

Je ähnlicher die zu erfüllenden Aufgaben sind, um so geringer sind tendenziell
die Anforderungen, die in qualitativer und/oder quantitativer Hinsicht an den Aufgabenträger gestellt werden.

4.   Eigenschaften der Aufgabenträger

Dispositive Aufgaben (und deren Schwierigkeitsgrad) haben wir durch diejenigen
Anforderungen charakterisiert, die sie an die Meta-Entscheidungen der Aufgabenträger, also hinsichtlich der Fixierung der Primärdeterminanten stellen. Deshalb ist
es sinnvoll, bei den Kompatibilitätsüberlegungen auch die Kenntnisse, Fähigkeiten
und (objektiven) Möglichkeiten eines Entscheidungsträgers in bezug auf die Determinanten seiner Entscheidung zu strukturieren.

Für die Beurteilung der *Fähigkeit* eines Aufgabenträgers ist dann z.B. von Be-
deutung, welche Einzelfähigkeiten er hinsichtlich der folgenden Teilschritte bereits
mitbringt oder sich (kurzfristig) aneignen kann:
- Erforschung des Handlungsspielraums und Auswahl derjenigen Menge von
  Handlungsalternativen, die im Modell näher analysiert werden sollen;
- Beschaffung von Informationen über die möglichen Konsequenzen der erwogenen Handlungsalternativen;
- Bildung eines Wahrscheinlichkeitsurteils über den Umweltzustand aufgrund
  vorhandener Informationen;
- Bestimmung der Zielgrößenwerte für die erwogenen Handlungsalternativen in
  den für möglich erachteten Umweltzuständen;

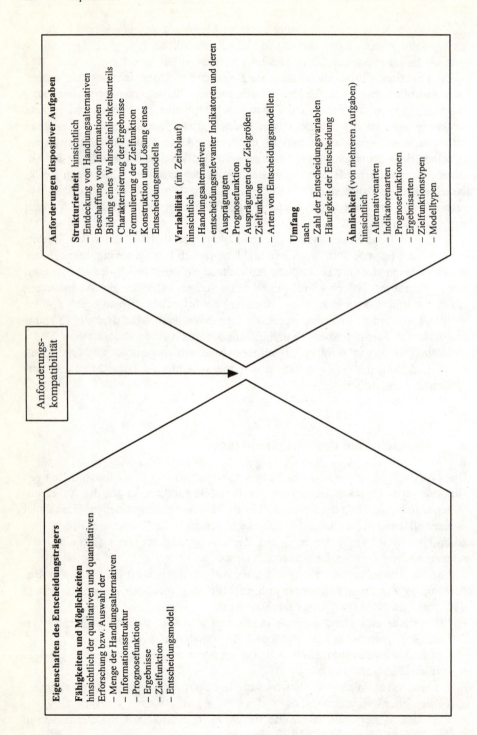

Abb. XIV.4: Bestimmungsfaktoren der dispositiven Anforderungskompatibilität

– Formulierung einer Zielfunktion als Auswahlkriterium;
– Konstruktion eines Entscheidungsmodells.

Die Qualifikation eines Entscheidungsträgers hinsichtlich dieser Aktivitäten hängt u.a. von seiner Fähigkeit ab, Analogien zwischen Problemstellungen zu erkennen und erlernte Strukturierungskonzepte auf unterschiedliche Aufgabenstellungen zu übertragen.

Die Anforderungskompatibilität zwischen Aufgabe und Aufgabenträger kann nun durch die Gegenüberstellung der Anforderungen der Aufgabe und der Eigenschaften des Entscheidungsträgers veranschaulicht werden (vgl. Abbildung XIV.4). Die gemeinsame Gliederungsstruktur ermöglicht dabei eine differenziertere Analyse des Ausmaßes der Kompatibilität.

5. Informations- und Kalkülkompatibilität als Teilaspekte der dispositiven Anforderungskompatibilität

Bei der Bildung und personellen Zuordnung der einzelnen Aufgabenbereiche ist darauf zu achten, ob die Entscheidungsträger jeweils in der Lage sind, die Ausprägungen der Primärdeterminanten ihrer Entscheidungen in befriedigender Weise zu fixieren. Die nachfolgenden Kapitel befassen sich mit diesem Problemkreis. Dabei sollen aber der Einfachheit halber nicht (immer) alle Primärdeterminanten explizit betrachtet werden. Die Aktivitäten im Entscheidungsprozeß werden vielmehr global durch zwei Tätigkeitsbereiche repräsentiert, die *Informationsbeschaffung* einerseits und die *Informationsverarbeitung* andererseits. Abbildung XIV.5 verdeutlicht, auf welche Primärdeterminanten der Entscheidung sich diese Tätigkeitsbereiche beziehen.

Die Charakterisierung dispositiver Aufgaben durch „Informationsbeschaffung" und „Informationsverarbeitung" ermöglicht eine weitere Präzisierung der dispositiven Anforderungskompatibilität:

```
┌─────────────────────────────────────────────────────────────────────┐
│ Informationsbeschaffung                                               │
│     ┌─────────────────────────────────────────────────────────────┐  │
│     │ A: Entdeckung von Handlungsalternativen                      │  │
│     └─────────────────────────────────────────────────────────────┘  │
│     ┌─────────────────────────────────────────────────────────────┐  │
│     │ IS: Beschaffung von Informationen zur Prognose der Konsequenzen │ │
│     └─────────────────────────────────────────────────────────────┘  │
└─────────────────────────────────────────────────────────────────────┘
┌─────────────────────────────────────────────────────────────────────┐
│ Informationsverarbeitung                                              │
│     ┌─────────────────────────────────────────────────────────────┐  │
│     │ PF: Bildung eines Wahrscheinlichkeitsurteils                 │  │
│     └─────────────────────────────────────────────────────────────┘  │
│     ┌─────────────────────────────────────────────────────────────┐  │
│     │ E:  Charakterisierung der maßgeblichen Ergebnisse            │  │
│     └─────────────────────────────────────────────────────────────┘  │
│     ┌─────────────────────────────────────────────────────────────┐  │
│     │ ZF: Formulierung einer Zielfunktion                          │  │
│     └─────────────────────────────────────────────────────────────┘  │
│     ┌─────────────────────────────────────────────────────────────┐  │
│     │ EM: Konstruktion und Lösung eines konkreten Entscheidungsmodells │ │
│     └─────────────────────────────────────────────────────────────┘  │
└─────────────────────────────────────────────────────────────────────┘
```

Abb. XIV.5: Aktivitäten im Entscheidungsprozeß und die jeweils maßgeblichen Primärdeterminanten der Entscheidung

---

Informationskompatibilität:

Ausmaß der Übereinstimmung zwischen dem Informationsstand eines Entscheidungsträgers (über Handlungsalternativen und deren Konsequenzen) bzw. dessen Fähigkeiten (und Möglichkeiten), Informationen einzuholen und zu speichern, und demjenigen Kenntnisstand, der im Rahmen des jeweiligen Aufgabengebietes für das Treffen „guter" Entscheidungen erforderlich ist.

Kalkülkompatibilität:

Ausmaß der Übereinstimmung zwischen der Fähigkeit (bzw. den Möglichkeiten) eines Entscheidungsträgers, Informationen (mit Hilfe von Entscheidungskalkülen) zu verarbeiten, und der Bedeutung, dem Umfang und der Komplexität der ihm übertragenen Entscheidungsprobleme.

Die Bestimmungsfaktoren der Informationskompatibilität und der Kalkülkompatibilität sind in Abbildung XIV.6 zusammengestellt.

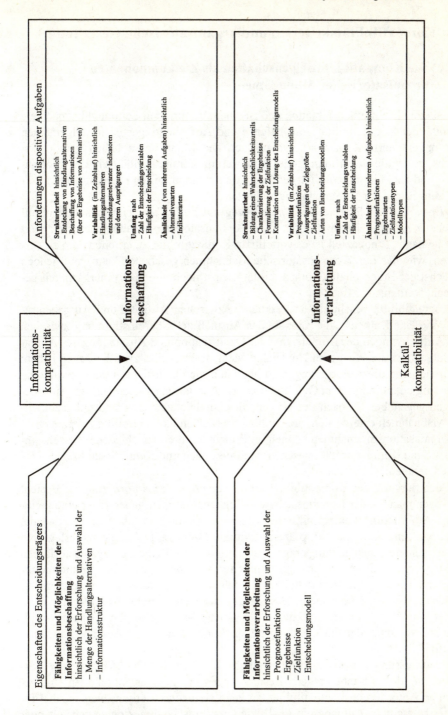

Abb. XIV.6: Bestimmungsfaktoren der Informationskompatibilität und der Kalkül-kompatibilität

6.   Kompatibilitätskriterien und organisatorische Gestaltung

6.1.   Die Kompatibilitätseigenschaften als Zielkomponenten organisatorischer Maßnahmen

Das in einer bestimmten Situation und zu einem bestimmten Zeitpunkt beobachtete Ausmaß der Kompatibilität von Aufgabe und Aufgabenträger ist im allgemeinen kein unveränderliches Datum. Organisatorische Maßnahmen haben gerade den Zweck, durch die Beeinflussung der Anforderungskompatibilität (d.h. der Informations- und Kalkülkompatibilität) und der Anreizkompatibilität einen positiven Beitrag zum Erfolg der Unternehmung zu leisten.

Wir wollen am Beispiel der *Anforderungskompatibilität* veranschaulichen, auf welche Weise die Kompatibilität durch organisatorische Maßnahmen verändert werden kann. Tendenziell ist es vorteilhaft, Kompatibilität zu erhöhen. Um zu verstehen, wie dies durch organisatorische Maßnahmen geschehen kann, muß jedoch zunächst der Eigenschaft „Kompatibilität" selbst noch einige Aufmerksamkeit geschenkt werden:

Kompatibilität beschreibt das Verhältnis zwischen Aufgabe und Aufgabenträger. Wie eine Balkenwaage mißt sie das Ausmaß der Übereinstimmung zwischen den Anforderungen der Aufgabe und der Qualifikation und Ausstattung des Aufgabenträgers. Ist die Waage im Ungleichgewicht, so kann dies zwei Ursachen haben: Entweder sind die Anforderungen zu hoch und die Qualifikation und Ausstattung zu gering oder einer hohen Qualifikation und Ausstattung stehen geringe Anforderungen gegenüber. Je nach der Ursache des Ungleichgewichts sind unterschiedliche Maßnahmen erforderlich, um ein höheres Maß an Kompatibilität zu erzielen.

Organisationsmaßnahmen können im Prinzip auf drei verschiedene Weisen Einfluß auf die Kompatibilität zwischen Anforderungen und Kenntnissen bzw. Fähigkeiten nehmen:

1. Beeinflussung der Kompatibilität durch *Variation der Anforderungen*: Besteht wegen mangelnder Kenntnisse bzw. Fähigkeiten der Aufgabenträger eine geringe Anforderungskompatibilität, so kann sie dadurch erhöht werden, daß die übertragene Aufgabe z.B. präziser formuliert oder in Teilaufgaben zerlegt und an mehrere Entscheidungsträger delegiert wird; mit diesen organisatorischen Maßnahmen nimmt die Strukturiertheit der Aufgabe zu, der Umfang und möglicherweise auch die Variabilität ab, so daß sich die Anforderungen an den Entscheidungsträger verringern. Besteht dagegen bereits hohe Anforderungskompatibilität, so kann sie sich durch die gleiche Maßnahme über Gebühr verringern, weil dann der Entscheidungsträger für die übertragene Aufgabe „überqualifiziert" ist.

2. Beeinflussung der Kompatibilität durch *Variation der Qualifikation und Ausstattung* des Aufgabenträgers: Besteht wegen mangelnder Fähigkeiten eine geringe Anforderungskompatibilität, so kann sie dadurch erhöht werden, daß für die betrachtete Aufgabe ein qualifizierterer Entscheidungsträger gewählt oder der vorgesehene Aufgabenträger mit zusätzlichen Informationen und Informationsbeschaffungsmöglichkeiten ausgerüstet wird. Die gleiche Maßnahme

kann dazu führen, daß die Kompatibilität abnimmt, sofern bereits hohe Anforderungskompatibilität gegeben ist.

3. Beeinflussung der Kompatibilität durch gleichzeitige *Variation der Anforderungen und der Qualifikation und Ausstattung* des Aufgabenträgers: Beide zuvor beschriebenen Organisationsmaßnahmen können auch miteinander kombiniert werden. Es ist dabei zu beachten, daß eine geringe Kompatibilität auch dadurch verursacht sein kann, daß der Aufgabenträger überqualifiziert ist bzw. die Aufgabe zu geringe Anforderungen stellt. Die Gestaltungsmaßnahmen zur Erhöhung der Kompatibilität müssen dann darauf abzielen, weniger qualifizierte Aufgabenträger einzusetzen oder die Problemstellungen anspruchsvoller zu formulieren.

Die Kompatibilitätskriterien messen keinen „Wert an sich". Ihre Beurteilung kann immer nur aufgrund der Konsequenzen erfolgen, die sich bei alternativen Ausprägungen jeweils ergeben. Diese Konsequenzen können in vielfältiger Weise beschrieben werden, z.B. durch die Kriterien „Problemumsicht", „Dauer der Entscheidungsfindung", „Zahl der entgangenen Geschäfte", „Zahl der Beschwerden von Kunden und Mitarbeitern", „Bestände an Halb- und Fertigfabrikaten". Die Beurteilung der Ausprägungen solcher Kriterien kann aber wiederum nur in der Weise erfolgen, daß geprüft wird, welche Vor- und Nachteile mit ihnen verbunden sind. Als Beurteilungsbasis kann letztlich nur der Erfolg bzw. der Erfolgsstrom der Unternehmung dienen. Nun sind aber die Kompatibilitätskriterien gerade deshalb eingeführt worden, weil es im allgemeinen sehr schwierig ist, die Auswirkungen organisatorischer Maßnahmen auf den Erfolg zu prognostizieren. Strebt man bei der Beurteilung der Kompatibilitätskriterien eine umfassende und detaillierte Prognose der jeweiligen Entscheidungsprozesse und der damit verbundenen Erfolge an, so stellen sich gerade wieder jene komplexen Probleme, die mit Hilfe der Kompatibilitätskriterien umgangen werden sollen; die Kompatibilitätskriterien wären dann überflüssig.

Ein Ausweg aus diesem Dilemma kann nur darin bestehen, daß die jeweiligen Erfolgskonsequenzen (mehr oder weniger) *pauschal* abgeschätzt werden. Bei Maßnahmen zur Verbesserung der Informationskompatibilität sind z.B. relativ pauschale Antworten auf folgende Fragen zu suchen: Welche Kosten sind mit diesen Maßnahmen verbunden? Welche Erfolgschancen bietet die Intensivierung der Alternativensuche? Inwieweit werden neue Aktionsmöglichkeiten vom Entscheidungssystem der Unternehmung „aufgenommen" und in die Wirklichkeit umgesetzt? Wer könnte die neuen Aktionsmöglichkeiten unterstützen, wer ihre Realisation erschweren? Wie steigen die Erfolgschancen, wenn aufgrund eines besseren Informationsstandes über die Konsequenzen der Handlungsalternativen andere Objektentscheidungen getroffen werden?

Für organisatorische Gestaltungsentscheidungen auf der Basis der Kompatibilitätskriterien sind folgende Aspekte von grundlegender Bedeutung:

1. Das Ausmaß der jeweiligen Kompatibilität läßt sich nicht objektiv und eindeutig messen. Relativ zu den Sollvorstellungen ergeben sich hierfür hohe oder niedrige Werte. Die Anspruchsniveaus werden nach subjektiven Zweckmäßigkeitsvorstellungen (unter Berücksichtigung bestimmter Zielvorstellungen und

der erwarteten Auswirkungen auf den Erfolg) fixiert. Wird z.B. die Anforderungskompatibilität durch den Quotienten

$$\frac{\text{benötigte Zeit für das Treffen „guter" Entscheidungen}}{\text{verfügbare Zeit}}$$

gemessen[1]), so ist zumindest ein subjektives Urteil über den Wert des Zählers abzugeben. Die Werturteile verschiedener Organisationsmitglieder können sehr unterschiedlich ausfallen: Das Organisationsmitglied A ist z.B. davon überzeugt, daß gute Entscheidungen zahlreiche Informationen erfordern, deren Beschaffung und Verarbeitung viel Zeit in Anspruch nimmt; deshalb wählt es als „benötigte Zeit" einen relativ hohen Wert. Das Organisationsmitglied B dagegen mag die Meinung vertreten, daß nur ein Teil dieser Informationen beschafft und verarbeitet werden sollte, da der Wert der übrigen Informationen niedriger sei als deren Kosten. Dieses Organisationsmitglied setzt dann im Zähler des obigen Quotienten einen relativ niedrigen Betrag ein.

2. Die Kompatibilitätskriterien können grundsätzlich nicht unabhängig voneinander betrachtet werden. Es ist z.B. nicht sinnvoll, zunächst Maßnahmen zur Verbesserung der Informationskompatibilität zu erwägen, dann Maßnahmen zur Verbesserung der Anreizkompatibilität usw. Zum einen kann hinsichtlich des Ausmaßes der einzelnen Kompatibilitätseigenschaften ein „Zielkonflikt" bestehen, zum anderen hängt in der Regel das Gewicht eines einzelnen Kriteriums auch davon ab, welche Ausprägungen die anderen Kriterien aufweisen. Wenn z.B. für eine wirksame Kontrolle die Informationen fehlen, gewinnt das Kriterium der Anreizkompatibilität besondere Bedeutung. Zielkonflikt hinsichtlich der Kompatibilitätseigenschaften besteht dann, wenn (organisatorische) Maßnahmen zur Verbesserung der Ausprägung eines Kriteriums die Ausprägung mindestens eines anderen Kriteriums beeinträchtigen. In einer Unternehmung mögen z.B. im operativen Bereich Anforderungen an die Aufgabenträger gestellt werden, die diese nur schwer erfüllen können. Erfolgt nun zur Verbesserung der Anforderungskompatibilität eine stärkere Spezialisierung, so wird dadurch möglicherweise die Arbeit so eintönig und uninteressant, daß die Anreizkompatibilität beeinträchtigt wird. Konflikte können auch zwischen den Kompatibilitätseigenschaften verschiedener Personen bestehen: Maßnahmen zur Verbesserung der Kompatibilitätseigenschaften eines Organisationsmitgliedes können z.B. diejenigen anderer Mitglieder beeinträchtigen (Kapitel XVII).

---

1)   Die Anforderungskompatibilität ist dann um so geringer einzustufen, je stärker dieser Quotient von 1 abweicht.

6.2. Aspekte der Beurteilung der Informations-, der Kalkül- und der Anreizkompatibilität

6.2.1. *Informationskompatibilität*

Die Informationskompatibilität wäre relativ einfach zu beurteilen, wenn im voraus eindeutig feststünde, welche Informationen zur Lösung der verschiedenen Entscheidungsprobleme benötigt werden. Diese Voraussetzung ist aber grundsätzlich nicht erfüllt. Bei ökonomischen Entscheidungsproblemen gibt es keinen objektiv vorherbestimmten „Informationsbedarf". Jedes Problem kann auf der Basis eines mehr oder weniger umfassenden Informationsstandes über Handlungsalternativen und deren Konsequenzen gelöst werden.

Bei der Entscheidung über organisatorische Maßnahmen, die dazu führen sollen, daß die Objektentscheidungen auf der Basis besserer Informationsstände getroffen werden, sind die jeweiligen Informations*vorteile* gegen die damit verbundenen *Kosten* abzuwägen. Aufgrund der vielfältigen Interdependenzen zwischen den Entscheidungen der verschiedenen Organisationsmitglieder und des unvollkommenen Informationsstandes hinsichtlich der Ausprägungen der Primärdeterminanten ihrer Entscheidungen lassen sich die möglichen Informationsvorteile nur schwer quantifizieren.

Die Informationskosten resultieren nicht allein aus den Preisen, die für Informationen gezahlt werden, und den Ausgaben für technische Einrichtungen zur Beschaffung, Übermittlung und Speicherung von Informationen. Maßnahmen zur Verbesserung der Informationsstände können z.B. auch einen höheren Personaleinsatz verursachen; dann sind die betreffenden Personalkostenerhöhungen ebenfalls zu berücksichtigen.

Für „gute" Objektentscheidungen werden Informationen über realisierbare Handlungsalternativen und solche über deren Konsequenzen benötigt. *Informationen über zusätzliche Handlungsalternativen* haben einen geringen Wert, wenn von vornherein erwartet wird, daß keine dieser Aktionsmöglichkeiten gegenüber einer der bereits bekannten Alternativen besondere Vorteile bieten kann. In diesem Fall ist es (unter Berücksichtigung der Informationskosten) vorteilhaft, die Entscheidung auf der Basis des vorhandenen Informationsstandes zu treffen; die Informationskompatibilität kann in diesem Fall auch hoch sein, wenn ein Entscheidungsträger nur wenige Alternativen kennt.

Die mit neuen Aktionsmöglichkeiten verbundenen Vorteile hängen u.a. davon ab, auf welchem *Niveau* diese Aktionsmöglichkeiten realisiert werden. Ein einfaches Beispiel soll dies verdeutlichen: Eine Unternehmung benötigt die Menge x eines bestimmten Rohstoffes. Der bisherige Lieferant fordert einen Preis von 10 je Einheit. Es wird erwogen, eine günstigere Bezugsquelle zu suchen. Die Wahrscheinlichkeit, daß die Suche zu einem positiven Ergebnis führt, wird auf 0,1 geschätzt; in diesem Fall muß nur noch ein Preis von 9 je Einheit bezahlt werden. Der Erwartungswert des mit den Informationsaktivitäten verbundenen Erfolges beträgt

$$E = 0{,}1 \cdot (10-9) \cdot x = 0{,}1 \cdot x.$$

Der Erwartungswert des Sucherfolges ist eine linear steigende Funktion der benötigten Rohstoffmenge (x). Bei Suchkosten in Höhe von K sind die Informationsaktivitäten vorteilhaft, wenn

$$0,1 \cdot x > K.$$

Je größer die benötigte Rohstoffmenge, desto höher ist der kritische Kostenbetrag $K^* (= 0,1 \cdot x)$, von dem an die Suche nach einer günstigeren Bezugsquelle nachteilig wird.

Das Beispiel verdeutlicht, daß Informationen über zusätzliche Aktionsmöglichkeiten für größere Unternehmungen einen wesentlich höheren Wert aufweisen können als für kleine Unternehmungen. Bei jeweils gleichen Informationskosten ist es deshalb für größere Organisationen eher vorteilhaft, Personal für die Beschaffung von Informationen einzusetzen bzw. auszubilden, als für kleine.

Wie viele Informationen für „gute" Entscheidungen benötigt werden, hängt auch von der Anzahl der Entscheidungsprobleme ab, die ein Entscheidungsträger in einem bestimmten Zeitraum zu lösen hat. In welcher Weise sich dabei der Informationsbedarf kumuliert, ist wiederum abhängig vom Ausmaß der Variabilität (bzw. der Ähnlichkeit) der Entscheidungsprobleme: Je weniger die Aufgabenstellungen variieren, desto weniger variiert tendenziell die Menge der maßgeblichen Handlungsalternativen und desto größer ist die Teilmenge von Informationen, die bei mehreren Entscheidungsproblemen „verwertet" werden können.

Informationen über die *Erfolge der erwogenen Handlungsalternativen* (bzw. über den eintretenden Umweltzustand) haben einen geringen Wert, sofern diese Erfolge in den möglichen Umweltzuständen jeweils annähernd gleich sind. Hohe Informationskompatibilität kann dann schon bei geringem Informationsstand gegeben sein.

Ob bei Übertragung bestimmter Aufgaben auf einen Entscheidungsträger befriedigende Informationskompatibilität besteht, läßt sich a priori nur schwer beurteilen. Es stellt sich somit das Problem, nach Indikatoren zu suchen, durch die das theoretische Konstrukt der Informationskompatibilität operationalisiert werden kann. Gewisse Hinweise könnten z.B. die folgenden Indikatoren geben:
- Zahl der entgangenen Geschäfte (weil möglicherweise die Zeit nicht reichte, sich hinreichend gut über Handlungsalternativen zu informieren),
- Häufigkeit von Entscheidungen, bei denen wichtige Informationen über die Konsequenzen von Handlungsalternativen nicht eingeholt wurden.

Solche Indikatoren können zwar nur erste und relativ schwache Hinweise geben. Sie können aber intensivere Kontrollprozesse auslösen, in denen auf der Basis genauerer Informationen die Informationskompatibilität überprüft wird. (Probleme der Kontrolle werden in den Kapiteln XXII und XXVI behandelt.)

6.2.2. *Kalkülkompatibilität*

Auch die Kalkülkompatibilität wäre relativ einfach zu beurteilen, wenn im voraus eindeutig feststünde, in welcher Weise Informationen im Entscheidungsprozeß zu verarbeiten sind. Diese Voraussetzung ist aber nur bei einfachen Routineaufgaben erfüllt. Ein Entscheidungsträger hat (vor allem bei komplexeren Problemen) im allgemeinen selbst abzuwägen, welche Kalküle seinen jeweiligen Entscheidungsproblemen angemessen sind. Bei der organisatorischen Strukturierung kann daher die Kalkülkompatibilität nur aufgrund sehr allgemeiner Überlegungen beurteilt werden.

Organisatorische Maßnahmen, die den Rahmen dafür schaffen sollen, daß die relevanten Informationen mit Hilfe „guter" bzw. „besserer" Entscheidungskalküle verarbeitet werden (können), sind sowohl hinsichtlich der möglichen „Kalkülvorteile" als auch hinsichtlich der Kosten der Formulierung und Lösung der Kalküle zu beurteilen. Der Wert komplexerer Entscheidungsmodelle ist tendenziell um so höher, je höher das Niveau ist, auf dem die erwogenen Aktionen durchgeführt werden. Bei einer Großinvestition ist es z.B. eher sinnvoll, ein komplexes Entscheidungskalkül zu erstellen, als bei einem kleinen Investitionsvorhaben mit geringen Ein- und Auszahlungen.

Daß wesentliche Unterschiede zwischen den (a priori nicht bekannten) Präferenzwerten der Handlungsalternativen bestehen, ist eine notwendige, jedoch keine hinreichende Voraussetzung dafür, daß die Konstruktion und Lösung eines umfangreichen und komplexen Entscheidungsmodells sinnvoll ist. Eventuell informieren schon einfache Kalkülüberlegungen hinreichend gut darüber, welche Handlungsalternative die beste ist. Dies ist vor allem dann zu erwarten, wenn die Konsequenzen der erwogenen Alternativen einfach abzuschätzen und zu bewerten sind, etwa deshalb, weil nur wenige Alternativen relevant sind, die Zielfunktion einfach ist und die Umweltzustände weitgehend bekannt sind.

Die Kalkülkompatibilität kann gering sein, auch wenn die Informationskompatibilität hoch ist. Es ist möglich, daß ein Entscheidungsträger zwar über einen guten Informationsstand verfügt, jedoch nicht die Zeit und/oder die Fähigkeit besitzt, seine Informationen zu verarbeiten.

Ob bei der Übertragung bestimmter Aufgaben auf einen Entscheidungsträger eine befriedigende Kalkülkompatibilität besteht, läßt sich häufig zunächst nur schwer beurteilen. Spätere Kontrollmaßnahmen können zu einem fundierteren Urteil führen. Als Indikatoren für die Operationalisierung von „Kalkülkompatibilität" können dann z.B. dienen:
– die Anzahl und die Auswirkung von Rechenfehlern,
– die Häufigkeit, mit der wichtige Aspekte wie Folgekosten, einzuhaltende Verträge, Beschaffung der benötigten Rohstoffe im Kalkül übersehen wurden bzw.
– der Umfang von Zwischenlägern aufgrund mangelnder Koordination.

6.2.3. Anreizkompatibilität

Das Ausmaß der Übereinstimmung zwischen den Zielen bzw. Motiven, die die Organisationsmitglieder bei der Aufgabenerfüllung befolgen, und den Organisationszielen läßt sich durch Befragung dieser Mitglieder kaum in befriedigender Weise feststellen; es besteht die Gefahr, daß sie ihre Aussagen manipulieren, um persönliche Vorteile zu erzielen. Auch das tatsächliche (beobachtbare) Verhalten der Organisationsmitglieder läßt nur sehr begrenzte Rückschlüsse auf den Grad der Übereinstimmung der individuellen Ziele mit dem Organisationsziel zu. Zwar können empirisch überprüfbare Indikatoren wie Fehlzeiten, Fluktuationsrate und die für die Erledigung bestimmter Aufgaben benötigte Zeit gewisse Hinweise geben: Je ausgeprägter diese Merkmale in Erscheinung treten, desto größer ist tendenziell der Konflikt zwischen den Individualzielen und dem Ziel der Organisation. Solche Indikatoren lassen aber oft nur recht pauschale Urteile zu. Ein Organisationsmitglied kann z.B. ständig Überstunden machen und sich trotzdem bei der Erfüllung seiner Aufgaben nicht am Organisationsziel (bzw. den ihm vorgegebenen Zielen), sondern an abweichenden persönlichen Zielen orientieren.

Der Aspekt der Anreizkompatibilität ist zudem gerade für jene Aufgabenbereiche von besonderer Bedeutung, in denen es *nicht* möglich (oder zumindest zu teuer) ist, durch die Kontrolle bestimmter Indikatoren hinreichend gut festzustellen, ob sich die Entscheidungsträger bei der Aufgabenerfüllung am Organisationsziel oder an abweichenden persönlichen Zielen orientieren, bzw. wo diese Kontrolle zwar prinzipiell durchführbar ist, aber erst zu einem so späten Zeitpunkt, daß im Falle eines Zielkonflikts bereits erhebliche Nachteile für die Organisation entstanden sein können. Zur Beurteilung der Anreizkompatibilität ist abzuschätzen, welche Bedürfnisse die Organisationsmitglieder haben und inwieweit sie ihre eigenen Bedürfnisse befriedigen, wenn sie die ihnen übertragenen Aufgaben im Sinne der Organisation erfüllen. (Vgl. hierzu Kapitel XXIII bis XXV.)

6.3.   Zur Erfassung zusätzlicher Effizienzkriterien

In der Literatur werden für die Beurteilung organisatorischer Maßnahmen *andere* Effizienzkriterien herangezogen als in dieser Arbeit (vgl. z.B. den Überblick bei GRABATIN, 1981). FRESE z.B. berücksichtigt bei seinen Strukturierungsüberlegungen

– das Ausmaß, in dem die vorhandenen Ressourcen der Unternehmung ausgenutzt werden,
– das Ausmaß, in dem bestehende Marktinterdependenzen bei den Entscheidungen berücksichtigt werden,
– die Schnelligkeit, mit der die Unternehmung auf laufende Veränderungen im Entscheidungsfeld reagiert,
– die Fähigkeit, sich mittel- und langfristigen Änderungen im Entscheidungsfeld durch Innovation anzupassen (FRESE, 1998, S. 292ff.).

Solche Aspekte sind zwar nicht explizit Gegenstand der Kompatibilitätskriterien, sie sind aber für die *Beurteilung ihrer Ausprägungen* von Bedeutung. Bei der Beurteilung der *Informationskompatibilität* z.B. ist zu prüfen, inwieweit die Entscheidungsträger jene Informationen erhalten (können), die sie für das Treffen „guter" Entscheidungen benötigen. Ob bestimmte Entscheidungen gut sind, hängt u.a. davon ab, in welchem Ausmaß dabei vorhandene Ressourcen ausgenutzt und Marktinterdependenzen berücksichtigt werden. Wenn den Entscheidungsträgern die Informationen fehlen, vorhandene Erfolgspotentiale wahrzunehmen und ihre Entscheidungen aufeinander abzustimmen, so besteht tendenziell nur geringe Informationskompatibilität. Sie ist auch dann als unbefriedigend anzusehen, wenn es „zu lange" dauert, bis die Entscheidungsträger über die relevanten Informationen verfügen (können).

Die *Kalkülkompatibilität* ist möglicherweise dann gering, wenn ein Entscheidungsträger über zahlreiche Einzelprobleme zu entscheiden hat, zwischen denen enge Interdependenzen bestehen, ihm jedoch die Zeit bzw. Qualifikation fehlt, den Abhängigkeiten zwischen den Einzelproblemen in seinem Entscheidungskalkül hinreichend Rechnung zu tragen.

Die *Anreizkompatibilität* ist möglicherweise gering, wenn für die Entscheidungsträger kein Anreiz besteht, Interdependenzen zu erfassen, Erfolgspotentiale frühzeitig wahrzunehmen und auszuschöpfen und auf Veränderungen im Entscheidungsfeld (in Form von Innovationen) zu reagieren.

Ergänzende und vertiefende Literatur:

FESSMANN (1979); FUCHS-WEGNER/WELGE (1974); GRABATIN (1981); GROCHLA/WELGE (1978); GZUK (1975); KOSSBIEL/SPENGLER (1992); THOM (1980); WELGE/FESSMANN (1980).

XV.   Verbesserung von Kompatibilitätseigenschaften: Möglichkeiten und Konsequenzen

1.   Problemstellung

Im vorliegenden Kapitel sollen Möglichkeiten der Verbesserung der Informations-, der Kalkül- und der Anreizkompatibilität für *Objektentscheidungen* aufgezeigt werden. Da sowohl Organisations- als auch Kommunikationsentscheidungen letztlich die Voraussetzungen für gute Objektentscheidungen schaffen sollen, stehen Objektentscheidungsprobleme zu Recht im Vordergrund der folgenden Überlegungen.

Die Ausprägung der Informations- bzw. der Kalkülkompatibilität hängt einerseits von den Qualifikationen und den Möglichkeiten der Informationsbeschaffung bzw. -verarbeitung ab, andererseits von den Erfordernissen einer „guten" Informationsbeschaffung bzw. -verarbeitung. Maßnahmen zur Verbesserung der Informations- und/oder Kalkülkompatibilität können sich deshalb auf die Qualifikationen und Möglichkeiten von Entscheidungsträgern und/oder auf die an sie gestellten Anforderungen beziehen. Die Anforderungen hängen ihrerseits von den zu erfüllenden Aufgaben ab.

Die *Qualifikationen* der Aufgabenträger können z.B. durch Ausbildung (Schulung) verbessert werden, die *Möglichkeiten* der Informationsbeschaffung bzw. -verarbeitung durch Entlastung von Routineaufgaben, die mit den zu treffenden Objektentscheidungen in keinem Zusammenhang stehen und/oder durch Erleichterung des Kommunikationsprozesses.

Die *Anforderungen* können in quantitativer und qualitativer Hinsicht variiert werden, indem die Objektentscheidungsbereiche derart verändert werden, daß Umfang, Variabilität, Ähnlichkeit und Strukturiertheit der einzelnen Entscheidungsaufgaben steigen oder sinken.

Hinsichtlich der Variation der Anforderungen an die Entscheidungsträger bestehen allerdings gewisse Grenzen:

1. Die Anforderungen werden wesentlich bestimmt durch die Gesamtaufgabe, die schließlich gut erfüllt werden soll. Wenn z.B. Produkte hergestellt werden, bei denen die entscheidungsrelevanten Daten (auf den Beschaffungs- und Absatzmärkten) stark variieren und schwer zu prognostizieren sind, so können nicht nur Aufgabenbereiche mit wohlstrukturierten und wenig variablen Entscheidungsproblemen gebildet werden.

2. Maßnahmen zur Verminderung der Anforderungen an einzelne Entscheidungsträger bewirken im allgemeinen, daß an andere Entscheidungsträger höhere Anforderungen gestellt werden (müssen). Wenn z.B. eine stärkere Spezialisierung auf Objektentscheidungen mit ähnlichen Anforderungen vorgenommen wird, so wird zugleich die Koordination der Entscheidungen durch die jeweiligen Entscheidungsträger erschwert. Die ihnen vorgesetzten Instanzen müssen dann in

stärkerem Maße als zuvor Koordinationsaufgaben wahrnehmen, so daß die an sie gestellten Informations- und Kalkülanforderungen steigen können.

3. Die Verminderung der Anforderungen hinsichtlich bestimmter Entscheidungs-aufgaben führt bei gegebener Gesamtaufgabe tendenziell zu einem Anwachsen der Zahl der Mitarbeiter und damit möglicherweise auch der Personalkosten. (Da die jeweils erforderlichen Qualifikationen der betreffenden Entscheidungs-träger sinken, können die Personalkosten auch fallen.)

Das Kriterium der *Anreizkompatibilität* fragt danach, inwieweit die Ziele der Auf-gabenträger im Einklang mit dem Organisationsziel bzw. mit den vorgegebenen Unterzielen stehen. Die Ziele, die bei Objektentscheidungen verfolgt werden, sind grundsätzlich kein Datum. Für die Instanz stellt sich das Problem, Ziele so zu be-einflussen, daß die Wahrscheinlichkeit dafür steigt, daß die Entscheidungträger ihre eigenen Ziele in der Unternehmung dann am besten befriedigen, wenn sie ihre Entscheidungsprobleme im Sinne der Organisation „gut" lösen.

Im folgenden sollen praktisch bedeutsame Möglichkeiten zur Verbesserung der Informationskompatibilität (Abschnitt 2), der Kalkülkompatibilität (Abschnitt 3) und der Anreizkompatibilität (Abschnitt 4) näher betrachtet werden.

2.   Informationskompatibilität

2.1.   Maßnahmen zur Verbesserung der Informationskompatibilität: Ein Überblick

Die Informationskompatibilität kann insbesondere deshalb (zu) gering sein, weil der Informationsbedarf für das Treffen „guter" Objektentscheidungen im Vergleich zu den vorhandenen Fähigkeiten und Möglichkeiten der Informationsbeschaffung zu hoch ist. Es stellt sich dann das Problem, den Informationsbedarf zu reduzieren und/oder die Informationskapazität zu vergrößern. Im folgenden sollen einige Möglichkeiten hierzu dargestellt werden (GALBRAITH, 1973, S. 14-66; 1977, S. 81-165).[1] Die Abbildung XV.1 gibt einen Überblick über die betrachteten Maßnah-men.

Diese Maßnahmen schließen sich nicht gegenseitig aus; sie können in vielfälti-ger Weise miteinander kombiniert werden. Welche Strategie am besten ist, richtet sich (auch) nach den jeweiligen Kosten.

Die betrachteten Maßnahmen zur Verminderung des Informationsbedarfs und zur Vergrößerung der Informationskapazität sind vor allem bei Objektentschei-dungen mit großem Umfang, hoher Variabilität und geringer Strukturiertheit von Bedeutung. Da dann die Delegation von Entscheidungskompetenzen an nach-

---

1)   Die folgenden Darstellungen lassen sich relativ einfach auf den Fall übertragen, daß die Fä-higkeiten bzw. Möglichkeiten der Informationsbeschaffung den Informationsbedarf übersteigen.

geordnete Mitarbeiter naheliegend ist, stehen dezentrale Entscheidungssysteme im Vordergrund der folgenden Überlegungen.

Erhöhung der Bestände an verfügbaren Ressourcen	Vergröße-rung der Ressourcen-autonomie	Bündelung von Aktivitäten mit jeweils ähnlichem Informa-tionsbedarf	Variation des Aktivitäten-feldes der Unterneh-mung		Verbesserung des hierarchi-schen Infor-mations-systems	Verbesserung der lateralen Kommunika-tionsmög-lichkeiten
Maßnahmen zur Verminderung des Informationsbedarfs					Maßnahmen zur Vergrößerung der Informationskapazität	

Abb. XV.1: Möglichkeiten der Verbesserung der Informationskompatibilität

2.2.   Erhöhung der Bestände an verfügbaren Ressourcen

2.2.1. Konzept

Der Informationsbedarf für gute Entscheidungen steigt tendenziell mit dem Ausmaß der Interdependenzen zwischen den verschiedenen Entscheidungsbereichen einer Unternehmung. Eine wesentliche Ursache für Interdependenzen ist der *Restriktionsverbund*. Falls es nicht gelingt, die Einzelaktionen aufeinander abzustimmen, können erhebliche Nachteile entstehen. Möglicherweise ergeben sich lange Leerzeiten bei Maschinen, weil die Zwischenprodukte nicht rechtzeitig fertiggestellt werden; die Liefertermine werden erheblich überschritten, weil es nicht gelingt, Absatz, Produktion und Einkauf aufeinander abzustimmen; in einem Bereich entstehen gravierende Engpässe, weil jene Ressourcen fehlen, die in anderen Bereichen unwirtschaftlich eingesetzt werden. Außerdem können Störungen wie der Ausfall einer Maschine oder eines Mitarbeiters oder Schwierigkeiten bei der Beschaffung von Material immer wieder umfassende bereichsübergreifende Anpassungsprozesse notwendig machen.

Die Vergrößerung des Bestandes an verfügbaren Ressourcen reduziert die gegenseitige Abhängigkeit und damit die Zahl jener Faktoren, die bei Entscheidungen simultan berücksichtigt werden müssen; außerdem wird die Wahrscheinlichkeit vermindert, daß aufgrund von Störungen oder anderer (unvorhergesehener) Ereignisse umfassende Planrevisionen notwendig werden, die einen relativ hohen Informationsbedarf aufweisen.

2.2.2. Beispiele

Einige Beispiele sollen die Verminderung des Informationsbedarfs durch eine Vergrößerung des Ressourcenpotentials verdeutlichen:

- Mit einem Lieferanten wird ein Rahmenvertrag abgeschlossen, in dem dieser sich verpflichtet, bestimmte Produktionsfaktoren vorrätig zu halten und im Bedarfsfall kurzfristig zu liefern. Dadurch sinkt der Informationsbedarf für die Produktionsplanung, da sie nicht oder nur in geringem Maße mit den Beschaffungsaktivitäten abgestimmt werden muß.
- Der Lagerbestand an eigenen Rohstoffen wird vergrößert. Fertigungs- und Beschaffungsbereich können dann vermehrt unabhängig voneinander agieren, ohne daß Versorgungsprobleme entstehen. Die genaue (terminliche) Abstimmung der Entscheidungen in beiden Bereichen erübrigt sich. Im Rahmen der Produktionsplanung werden weniger Informationen (z.B. über Lieferzeiten) aus dem Beschaffungsbereich benötigt; die Beschaffung kann aufgrund relativ pauschaler Informationen über den Bedarf im Fertigungsbereich vorgenommen werden.
- Es werden größere Läger an Zwischenprodukten gehalten. Für die Abstimmung der einzelnen Aktivitäten ergeben sich dann Toleranzen. Zum Beispiel kommt man bei der Produktionsplanung mit weniger genauen Informationen über Umrüstzeiten, Produktionsgeschwindigkeiten und/oder Ausschußraten aus. Wenn Störungen bei einzelnen Arbeitsplätzen eintreten, muß die Arbeit an anderen Stellen nicht sofort unterbrochen werden; der Informationsbedarf für Anpassungsmaßnahmen wird reduziert.
- Die Kapazität eines Fertigungsbereichs, der mehrere Geschäftsbereiche mit Zwischenprodukten beliefert, wird derart erweitert, daß keine Engpässe mehr entstehen können. Damit sinkt in jedem Geschäftsbereich der Informationsbedarf für die Produktions- und Absatzplanung. Die einzelnen Geschäftsbereiche können ihre Pläne unabhängig voneinander erstellen, ohne daß die Gefahr besteht, daß diese Pläne aufgrund von Engpässen im Fertigungsbereich nicht (termingerecht) realisiert werden können; die Geschäftsbereiche benötigen - sofern keine anderen Interdependenzen bestehen - keine Informationen über die Auswirkungen ihrer Entscheidungen für andere Geschäftsbereiche.
- Es werden größere Bestände an Fertigfabrikaten gehalten: Dann sinkt der Informationsbedarf der einzelnen Verkäufer, da sie ihre Verkaufsdispositionen nicht mehr oder nur in geringerem Maße aufeinander abstimmen müssen, um Lieferschwierigkeiten zu vermeiden. Dieser Vorteil kann u.U. auch dadurch erreicht werden, daß zwar geringe Lagerbestände gehalten, jedoch längere Liefertermine (die unterschritten werden dürfen) mit den Kunden vereinbart werden.

Die Vergrößerung des Ressourcenbestandes zur Erleichterung der Steuerung der internen Entscheidungsprozesse wird als Bildung eines „organisatorischen Schlupfes" (organizational slack) bezeichnet. Die zieladäquate „Höhe des Schlupfes" ist tendenziell um so größer, je stärker die Aktionsmöglichkeiten und ihre Konsequenzen im Zeitablauf variieren, je weniger gut diese Änderungen zu prognostizieren sind und je größere Interdependenzen zwischen den Einzelaktionen bestehen.

2.2.3. *Kosten*

Die Bildung von organisatorischem Schlupf verursacht jedoch Kosten. Werden z.B. die Lagerbestände an Produktionsfaktoren erhöht, so wird zusätzliches Kapital gebunden, das anderweitig investiert werden könnte; werden längere Lieferzeiten festgesetzt, so können Erlöseinbußen entstehen, da die Kunden weniger nachfragen und/oder weniger zu zahlen bereit sind. Die Kosten eines organisatorischen Schlupfes sind mit den Kosten anderer Maßnahmen zur Verbesserung der Informationskompatibilität und mit den damit jeweils verbundenen Vorteilen zu vergleichen.

2.3.   Vergrößerung der Ressourcenautonomie

2.3.1. *Konzept*

Eine zweite Möglichkeit zur Verminderung des Informationsbedarfs besteht darin, die „Autonomie" der Organisationseinheiten zu vergrößern. Eine organisatorische Einheit wird als völlig autonom hinsichtlich des *Ressourceneinsatzes* bezeichnet, wenn sie keinerlei Güter und Leistungen von anderen Bereichen innerhalb der Organisation bezieht.[2] Über alle Ressourcen, die sie für die Erfüllung ihrer Aufgaben benötigt, verfügt sie bereits bzw. stellt sie selbst her oder beschafft sie am externen Markt.

Die Geschäftsbereiche einer Unternehmung mit divisionaler Organisationsstruktur z.B. sind dann völlig autonom hinsichtlich des Ressourceneinsatzes, wenn sie untereinander keine Güter und Leistungen austauschen und außerdem keine Ressourcen von anderen Stellen (z.B. Zentralbereichen) empfangen.

Die Bildung völlig autonomer Bereiche wird allerdings nur in Ausnahmefällen sinnvoll sein. Gerade die gemeinsame Beschaffung bzw. Nutzung von Ressourcen kann erhebliche Vorteile bieten, z.B. durch Arbeitsteilung und Spezialisierung, durch Stärkung der Verhandlungsposition gegenüber Lieferanten und durch Größenvorteile im technischen Bereich. Diese Vorteile können gerade den Ausschlag dafür gegeben haben, daß die betreffenden Bereiche in einer einheitlichen Organisation (in einem hierarchischen System) miteinander verbunden sind. Bei der organisatorischen Gestaltung geht es daher selten um die Frage, wie völlig unabhängige Bereiche gebildet werden können, sondern darum, welcher Grad an (Un-)Abhängigkeit für die organisatorischen Einheiten angestrebt werden soll.

Die Vergrößerung der Ressourcenautonomie erleichtert die Zerlegung der Gesamtaufgabe der Unternehmung in solche Teilaufgaben, die (weitgehend) unabhängig voneinander erfüllt werden können. Gegenüber einem System mit vielfältigen

---

2)   Wie noch deutlich wird, kann die Vergrößerung der Ressourcenautonomie zugleich auch die Erhöhung der Bestände bestimmter Ressourcen erforderlich machen. „Völlige Autonomie" besagt nicht, daß die betreffende Einheit mit ihren Ressourcen beliebig verfahren darf. Bei ihren Entscheidungen über Beschaffung und Einsatz von Ressourcen ist sie an bestimmte Normen gebunden, etwa an die Maximierung des Gewinns.

Interdependenzen zwischen den verschiedenen Aktionsbereichen wird der Informationsbedarf für die einzelnen Aktionsbereiche (Abteilungen) reduziert.

2.3.2. Beispiel

Eine Unternehmung stellt drei Produkte her, für deren Absatz je ein Geschäftsbereich (A, B bzw. C) zuständig ist. Dabei werden die Produkte nicht in den Geschäftsbereichen selbst hergestellt, sondern in einer zentralen Produktionsabteilung, die aufgrund von Kapazitätsrestriktionen häufig nicht in der Lage ist, die Produktionsaufträge aller Geschäftsbereiche in quantitativer, qualitativer und zeitlicher Hinsicht zu erfüllen; es kommt immer wieder zu Konflikten, in denen Prioritäten gesetzt werden müssen. Andererseits gibt es aber auch Zeiten, in denen die nachgefragten Produktmengen sehr niedrig sind und somit die Kapazitäten nur zum Teil ausgelastet werden. Um eine gute Kapazitätsauslastung zu erreichen bzw. die knappe Kapazität besser auf die Geschäftsbereiche zu verteilen, ist es notwendig, die verschiedenen Produktionspläne aufeinander abzustimmen. Diejenigen Entscheidungsträger, die die Koordination vornehmen müssen, benötigen einen umfassenden Informationsstand über die Gegebenheiten im zentralen Produktionsbereich und in den einzelnen Geschäftsbereichen. Es werden u.U. umfangreiche Informationsaktivitäten zwischen den Geschäftsbereichen und dem Produktionsbereich notwendig, damit gute Entscheidungen getroffen werden können.

Erhält dagegen jeder Geschäftsbereich seinen eigenen Produktionsapparat (und stellt jeder Bereich das von ihm vertriebene Produkt selbst her), so verschwinden die Interdependenzen zwischen den Geschäftsbereichen; die Notwendigkeit der gegenseitigen Abstimmung entfällt. In jedem Geschäftsbereich erfolgt die Koordination von Beschaffung, Fertigung und Absatz ausschließlich aufgrund der eigenen, bereichsspezifischen Informationen. Der jeweilige Informationsbedarf kann dadurch beträchtlich sinken. Die Informationen werden zudem dort verarbeitet, wo sie eingehen. Die hierarchischen Informationskanäle werden entlastet.

Analoge Informationsvorteile können sich auch im Dienstleistungsbereich ergeben: Erbringen z.B. Einkäufer, Ingenieure oder Stäbe Leistungen für mehrere Bereiche, so können sich ebenfalls erhebliche Probleme hinsichtlich der Verteilung der (knappen) Ressourcen auf die einzelnen Bereiche ergeben. Es kann immer wieder zu Konflikten kommen, in denen Prioritäten gesetzt werden müssen. Hierzu sind Informationen aus mehreren Bereichen erforderlich. Erhält hingegen jeder Bereich seine eigenen Einkäufer, Ingenieure bzw. Stäbe, so erübrigt sich der bereichsübergreifende Informationsaustausch. Die Koordination erfolgt jeweils nur aufgrund bereichsspezifischer Informationen.

2.3.3. Kosten

Auch die Vergrößerung der Ressourcenautonomie verursacht Kosten. Bei dezentraler Produktion in den einzelnen Geschäftsbereichen z.B. können sich erheblich höhere Produktionskosten ergeben als bei zentraler Produktion. Anstelle von Großanlagen müssen bei dezentraler Produktion möglicherweise mehrere kleinere Aggregate eingesetzt werden, die höhere Anschaffungs- und laufende Betriebskosten verursachen. Je heterogener allerdings die Produkte in fertigungstechnischer Hinsicht sind, desto geringer ist tendenziell die Zahl jener Produktionsanlagen, die für die Produkte verschiedener Geschäftsbereiche eingesetzt werden können und desto weniger steigen die Fertigungskosten, wenn die Produktion dezentral vorgenommen wird.

Höhere Kosten können sich auch im Dienstleistungsbereich (wie z.B. im Einkauf, in der technischen Planung, in der Rechtsberatung) ergeben, wenn die Ressourcenautonomie vergrößert wird. Es wird dann mehr Personal benötigt, das möglicherweise nicht voll ausgelastet werden kann, und/oder die Möglichkeiten der Arbeitsteilung und Spezialisierung werden eingeschränkt. Zwar können dezentrale Dienstleistungsbereiche insgesamt mehr Personal erfordern als ein einziger, zentraler Dienstleistungsbereich; trotzdem sind dezentrale Dienstleistungsbereiche in der Regel kleiner als zentrale Einheiten, da sonst die Mitarbeiter nicht hinreichend ausgelastet wären. Die Spezialisierungsmöglichkeit wird damit reduziert: Die Mitarbeiter benötigen umfassendere Qualifikationen und verursachen möglicherweise höhere Personalkosten.

2.4. Bündelung von Aktivitäten mit jeweils ähnlichem Informationsbedarf

2.4.1. Konzept

Eine dritte Möglichkeit zur Verminderung des Informationsbedarfs besteht darin, die Aufgaben von Entscheidungsträgern derart zu „bündeln", daß bei jedem Entscheidungsträger die für seine Einzelentscheidungen relevanten Informationsmengen relativ große Überschneidungen aufweisen. Der einzelne Entscheidungsträger kann dann einen relativ großen Anteil seiner Informationen für die Lösung mehrerer Entscheidungsprobleme nutzen, wodurch sein Informationsbedarf verringert wird. Zugleich wird der Umfang der Informationen, die von *mehreren* Entscheidungsträgern beschafft bzw. an mehrere Entscheidungsträger übermittelt werden müssen, reduziert.

Ein einfaches Beispiel dient zur Verdeutlichung: Vier Aufgabengebiete (A, B, C und D) sind auf zwei Entscheidungsträger (I und II) zu verteilen, von denen jeder genau zwei Aufgaben übernehmen soll. Abbildung XV.2 charakterisiert die Mengen jener Informationen, die für die Lösung der einzelnen Aufgaben benötigt werden, wenn „gute" Objektentscheidungen getroffen werden sollen.

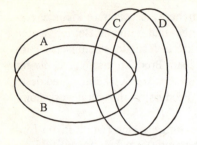

Abb. XV.2: Die für die einzelnen Aufgaben relevanten Informationsmengen

Die vier Informationsmengen weisen Überschneidungen auf, d.h. es gibt Indikatoren, die für mindestens zwei Aufgabenbereiche relevant sind. Der Informationsbedarf jedes Entscheidungsträgers ist offenbar am geringsten, wenn einerseits die Aufgaben A und B, andererseits die Aufgaben C und D zusammengefaßt werden. Für jeden Entscheidungsträger ist dann die Zahl der Indikatoren, die zweifach von Bedeutung sind, relativ groß. Zugleich ist die Zahl jener Indikatoren, über deren Ausprägungen sich *beide* Entscheidungsträger informieren müssen, relativ gering.

Werden hingegen einem Entscheidungsträger die Aufgaben A und C zugewiesen, so ist sein Informationsbedarf groß; die Zahl der Informationen, die er zweifach nutzen kann, ist gering. Das gleiche gilt dann für den anderen Entscheidungsträger mit den Aufgaben B und D: Die Menge der Informationen, die von *beiden* Entscheidungsträgern eingeholt werden müssen, ist groß.

2.4.2. Beispiel

Es gibt in der Realität viele Möglichkeiten, durch entsprechende Bündelung von Aktivitäten den Informationsbedarf zu reduzieren. Wir wählen ein Beispiel aus dem Absatzbereich (vgl. auch Kapitel XVIII). Eine Unternehmung verkauft drei Produkte auf drei regional verschiedenen Märkten. Für die Absatzaktivitäten werden drei Entscheidungsträger eingesetzt: Sind die Produkte hinsichtlich ihrer Qualität und ihrer Verwendungsmöglichkeiten ähnlich und die Märkte hinsichtlich der Reaktionsweise der Nachfrager auf absatzpolitische Maßnahmen heterogen, so ist es sinnvoll, die absatzpolitischen Aktivitäten nach *Märkten* zu bündeln; jeder Entscheidungsträger ist dann für einen bestimmten Markt zuständig. Die Mehrfachbeschaffung von Informationen hat dann einen geringeren Umfang als bei produktorientierter Aufgabenbündelung; außerdem kann durch räumliche Nähe der Entscheidungsträger zu dem jeweiligen Markt die Beschaffung der relevanten Informationen erleichtert werden.

Sind hingegen die Produkte sehr heterogen und reagieren die Nachfrager auf den verschiedenen Märkten in jeweils gleicher Weise auf die absatzpolitischen Maßnahmen für ein einzelnes Produkt, so unterscheiden sich die relevanten Informationsmengen von Produkt zu Produkt relativ stark und von Markt zu Markt relativ wenig. Es liegt dann nahe, die Aufgaben nach Produkten zu bündeln; jeder Entscheidungsträger betreut ein Produkt auf allen Märkten.

Sind für die verschiedenen Kundengruppen sehr verschiedenartige Informationen relevant, so ist eine *kundenorientierte* Verteilung der Entscheidungskompetenzen naheliegend.

Analoge Aussagen lassen sich z.B. auch für den Beschaffungsbereich formulieren: Je nach den Schnittmengen der entscheidungsrelevanten Indikatoren kann eine Gliederung nach Marktregionen, Faktorarten oder Lieferantengruppen sinnvoll sein (vgl. Kapitel XVIII).

2.4.3. Kosten

Eine Bündelung von Teilaufgaben, die dazu führt, daß die relevanten Informationsmengen verschiedener Entscheidungsträger nur wenige gemeinsame Elemente aufweisen, bewirkt im allgemeinen eine Spezialisierung, die den Entscheidungsträgern die Selbstabstimmung ihrer Entscheidungen erschwert. Dadurch steigt der Bedarf an Koordination durch übergeordnete Instanzen und damit tendenziell auch deren Informationsbedarf. Es besteht somit die Gefahr, daß durch Informationsbündelung die Informationskompatibilität *nachgeordneter* Mitarbeiter zu Lasten der Informationskompatibilität *vorgesetzter* Instanzen verbessert wird. Die damit verbundenen Opportunitätskosten dürfen nicht vernachlässigt werden.

2.5.   Variation des Aktivitätenfeldes der Unternehmung

Die bisher dargestellten Möglichkeiten zur Erhöhung der Informationskompatibilität vermindern den Informationsbedarf einiger oder aller Entscheidungsträger bei gleichbleibendem Tätigkeitsfeld der Unternehmung, also z.B. bei gegebener Menge herzustellender Zwischen- und Endprodukte, bei gegebenen Absatzregionen und Kundengruppen. Dieses Tätigkeitsfeld ist jedoch nicht unabänderlich, sondern seinerseits das Ergebnis von Objektentscheidungen.

Auch die Variation des Tätigkeitsfeldes ist eine wichtige Maßnahme zur Verminderung des Informationsbedarfs und damit zur Erhöhung der Informationskompatibilität. Einige Beispiele verdeutlichen dies:

– Die Unternehmung nimmt z.B. solche Produkte ersatzlos aus ihrem Angebot, die spezielle und aufwendige Informationen erfordern (etwa über Beschaffungsmärkte, Fertigungstechnologien, Absatzmärkte), die für die Erfüllung der übrigen Aufgaben nicht oder nur zu einem geringen Teil benötigt werden. Dadurch sinken der Informationsbedarf und die Informationskosten; die Organisationsmitglieder können ihre Informationsaktivitäten auf diejenigen Produkte konzentrieren, die im Fertigungsprogramm verbleiben.

– Es werden Produkte mit extrem hohem Informationsbedarf aus dem Programm genommen und statt dessen neue Produkte angeboten, die gegenüber dem übrigen Produktionsprogramm wenig zusätzliche Informationen erfordern.

– Die Unternehmung erzeugt bestimmte Zwischenprodukte oder Dienstleistungen nicht (mehr) selbst, sondern bezieht sie auf dem externen Markt (vgl. Kapitel XXVI).

Auch solche Formen der Verminderung des Informationsbedarfs können Kosten verursachen: Wenn etwa ein Produkt aus dem Programm genommen wird, gehen die damit verbundenen Erfolgschancen verloren. (Allerdings werden sie gering sein, wenn die Informationskompatibilität hinsichtlich dieses Produkts niedrig ist.) Bei der Entscheidung über die Produkteliminierung sind die möglichen Nachteile (u.a.) gegen die Vorteile aus der Erhöhung der Informationskompatibilität hinsichtlich der verbleibenden Produkte abzuwägen.

Für die Festlegung des Produktionsprogramms kann der Aspekt der Risikostreuung besondere Bedeutung haben. Risikostreuung kann vor allem in der Weise erfolgen, daß Güter und Leistungen auf heterogenen Märkten angeboten werden. Der Informationsbedarf ist dann hoch. Andererseits kann die Eliminierung von Produkten zu einem erheblichen Anstieg der Varianz der Erfolge führen.

Während die bisher beschriebenen Möglichkeiten zur Verbesserung der Informationskompatibilität den Informationsbedarf vermindern sollen, dienen die nachfolgend beschriebenen Maßnahmen dem Ziel, die externe Beschaffung, die interne Verteilung und die Speicherung von Informationen zu erleichtern bzw. zu verbessern.

2.6.   Verbesserung des hierarchischen Informationssystems

Maßnahmen zur Verbesserung des hierarchischen Informationssystems dienen vor allem dazu, den vertikalen Informationsfluß in der Hierarchie (also die Informationsübermittlung von vorgesetzten Stellen an nachgeordnete und umgekehrt) sowie die Möglichkeiten der externen Informationsbeschaffung und der internen Informationsspeicherung zu verbessern.

Unter *technischen Aspekten* kommen hierfür z.B. folgende Maßnahmen in Betracht:
– Einrichtung von Datenspeichern und Kommunikationsverbindungen,
– räumliche Nähe der Vorgesetzten und ihrer nachgeordneten Mitarbeiter,
– räumliche Nähe zu externen Informationsquellen, etwa zu Absatzmärkten oder Beschaffungsmärkten.

Personelle Gesichtspunkte führen z.B. zu folgenden Maßnahmen:
– Bildung von Stäben, die Informationen über Handlungsalternativen und deren Konsequenzen beschaffen und an bestimmte Instanzen übermitteln,
– Entlastung von Mitarbeitern (zur Verbesserung ihrer Möglichkeiten bei der Informationsbeschaffung und der Kommunikation) durch Einstellung zusätzlichen Personals.

2.7.   Verbesserung der lateralen Kommunikationsmöglichkeiten

Bei der lateralen Kommunikation geht es um die Informationsübermittlung *quer zur Hierarchie*, also z.B. von (Unter-)Abteilung zu (Unter-)Abteilung. Eine solche Kommunikation ist insbesondere bei engen Interdependenzen zwischen den Aktionen dieser Bereiche geboten. Die laterale Kommunikation läßt sich im Prinzip ebenso verbessern wie die hierarchische Informationsübermittlung zwischen vorgesetzten und nachgeordneten Mitarbeitern. Zwei Möglichkeiten sollen hier hervorgehoben werden:

– *Die Einrichtung von Gremien* mit Vertretern aus verschiedenen Abteilungen, die regelmäßig oder fallweise zusammentreffen, einander Informationen übermitteln und gegebenenfalls auch kollektive (Gruppen-)Entscheidungen treffen. Solche Gremien können auf unterschiedlichen Hierarchieebenen etabliert werden.

– *Die übergreifende Ausbildung* in den verschiedenen Abteilungen (Trainee-Programme): Wie empirische Untersuchungen gezeigt haben (GALBRAITH, 1973, S. 49), bewirkt diese Maßnahme bei den betroffenen Entscheidungsträgern eine verstärkte Bereitschaft und Fähigkeit zum lateralen (meist informellen) Informationsaustausch.

3.   Kalkülkompatibilität

Die Ursache für eine (zu) geringe Kalkülkompatibilität kann darin bestehen, daß die für „gute" Entscheidungen erforderlichen Entscheidungskalküle im Vergleich zu den vorhandenen Qualifikationen bzw. Möglichkeiten der Informationsverarbeitung zu umfangreich und/oder zu komplex sind. Es stellt sich dann das Problem, die Kalkülanforderungen zu reduzieren und/oder die Fähigkeiten bzw. Möglichkeiten der Informationsverarbeitung zu verbessern.

Die Qualifikationen bzw. Möglichkeiten der Informationsverarbeitung können z.B. verbessert werden durch

– die Einstellung qualifizierterer Mitarbeiter bzw. durch Mitarbeiterschulung,
– die Entlastung der Entscheidungsträger von Tätigkeiten, die mit ihren Entscheidungsaufgaben in keiner Beziehung stehen.
– die Zuordnung von Stäben und/oder technischen Einrichtungen zur Unterstützung bei der Speicherung und Verarbeitung von Informationen.

Die Anforderungen können in *quantitativer* Hinsicht vor allem in der Weise reduziert werden, daß die Aufgabenbereiche der einzelnen Entscheidungsträger eingeengt und/oder die Interdependenzen zwischen ihren Entscheidungsbereichen (durch Erhöhung der Bestände an verfügbaren Ressourcen und/oder durch Vergrößerung der Ressourcenautonomie) abgebaut bzw. verringert werden; dadurch sinkt nicht nur der jeweilige Informationsbedarf, sondern auch der Umfang der einzelnen Entscheidungskalküle. Die Anforderungen an einen Entscheidungsträger können auch dadurch reduziert werden, daß ihm Entscheidungsprobleme mit geringerer Variabilität bzw. größerer Ähnlichkeit übertragen werden. Er kann dann bei späteren Entscheidungen in relativ starkem Maße auf seinen früheren Kalkülüberlegungen aufbauen; der gebotene Planungsaufwand kann damit erheblich sinken.

Die dargestellten Möglichkeiten der Verminderung des Umfangs von Entscheidungskalkülen können natürlich auch bewirken, daß die Anforderungen in *qualitativer* Hinsicht sinken. Die qualitativen Anforderungen an einen Entscheidungsträger lassen sich auch vermindern, indem seine Aufgaben so gebündelt werden, daß sie jeweils ähnliche qualitative Anforderungen hinsichtlich der Informationsverarbeitung stellen. Dann kann der betreffende Mitarbeiter leichter hinreichend gute Erfahrungen sammeln und spezielle Fähigkeiten entwickeln.

4.   Anreizkompatibilität

Bei der Bildung von Entscheidungsbereichen und ihrer Zuordnung zu Entscheidungsträgern ist mehr oder weniger sorgfältig abzuschätzen, ob und inwieweit sich die jeweiligen Entscheidungsträger am Organisationsziel bzw. an den gesetzten Unterzielen orientieren werden. Die Ziele bzw. Motive, die die Entscheidungsträger bei ihren Objektentscheidungen verfolgen, sind grundsätzlich nicht als Datum vorgegeben; es gibt vielfältige Möglichkeiten, sie zu beeinflussen und damit eine größere Anreizkompatibilität zu erreichen. Die Möglichkeiten der Zielbeeinflussung lassen sich zu drei Grundformen zusammenfassen (Kapitel XXIII):
- Beeinflussung der Bedürfnisstruktur nach Art und Stärke der Bedürfnisse,
- Gewährung von materiellen und/oder immateriellen Belohnungen zur Befriedigung von Bedürfnissen (bzw. Verhängung von Sanktionen),
- Beeinflussung der Fähigkeiten, Resultate zu erzielen, die mit Belohnungen verbunden sind.

Organisatorische Maßnahmen können zum einen darauf abzielen, die *Bedürfnisstrukturen* der Organisationsmitglieder derart zu beeinflussen, daß sie sich stärker mit den allgemeinen Zielen der Unternehmung (etwa der „Unternehmensphilosophie", den Produkten der Unternehmung, ihrer Wachstumsstrategie) identifizieren. Sie können zum anderen auch dazu dienen, die Bedürfnisse nach jenen Belohnungen zu wecken bzw. zu verstärken, die in der Unternehmung für „gute" Objektentscheidungen gewährt werden (sollen), etwa Prämien, Beförderung, Anerkennung durch Vorgesetzte, Erweiterung der Entscheidungsspielräume.

Bei gegebenen Bedürfnisstrukturen kann die Anreizkompatibilität in der Weise vergrößert werden, daß ein *Belohnungssystem* (ein *Anreizsystem*) geschaffen wird, bei dem die Entscheidungsträger genau dann ihre persönlichen Bedürfnisse in der Unternehmung am besten befriedigen, wenn sie ihre Aufgaben hinsichtlich des Unternehmenszieles bzw. der vorgegebenen Unterziele gut erfüllen (Kapitel XXIII und XXIV).

Die Ziele, die ein Entscheidungsträger bei der Aufgabenerfüllung befolgt, hängen nicht nur von seiner Bedürfnisstruktur und dem für ihn maßgeblichen Belohnungssystem ab, sondern auch von seinen Erwartungen darüber, inwieweit er überhaupt *Resultate* erzielen kann, *denen Belohnungen entsprechen.* Wenn einem Entscheidungsträger z.B. ein Objektentscheidungsproblem übertragen wird, bei dem er davon überzeugt ist, keine befriedigende Lösung zu finden, so wird er kaum motiviert sein, seine Aufgabe zu erfüllen, auch dann nicht, wenn andere Organisationsmitglieder - z.B. der Vorgesetzte - sicher sind, daß er bei entsprechender Motivation das Entscheidungsproblem gut lösen würde. Er scheut die Verantwortung und zögert die Entscheidung hinaus. Es wird deutlich, daß auch Maßnahmen zur Verbesserung der Qualifikation und/oder des Selbstvertrauens der Mitarbeiter die Anreizkompatibilität erhöhen können. Umgekehrt kann natürlich die Verbesserung der Anreizkompatibilität auch dazu beitragen, daß die Mitarbeiter (längerfristig) zusätzliche Qualifikationen erwerben.

Ergänzende und vertiefende Literatur:

GALBRAITH (1973; 1977).

TEIL G: ORGANISATORISCHE STRUKTURIERUNG IM LICHTE DER KOMPATIBILITÄTSKRITERIEN

Vor dem Hintergrund der in Kapitel XIV entwickelten Kompatibilitätskriterien wird untersucht, welche organisatorischen Grundstrukturen in unterschiedlichen Situationen tendenziell vorteilhaft sind. Die organisatorische Grundstruktur wird geprägt durch die Aufbauorganisation und die sonstigen „dauerhaften" Regelungen, die mehr oder weniger präzise die Objekt-, Organisations- und Kommunikationsaufgaben der Organisationsmitglieder zum Ausdruck bringen. Die betreffenden Verhaltensnormen bilden den Rahmen, in dem die konkreten Entscheidungsprozesse vollzogen werden. Bei der Gestaltung der organisatorischen Grundstruktur ist darauf zu achten, daß diese Prozesse in sinnvolle Bahnen gelenkt werden. Die Antizipation zukünftiger Entscheidungsprozesse kann dabei allerdings nur in sehr grober Form erfolgen (Kapitel XXVI). Die globalen Prozeßüberlegungen sind im Zeitablauf in Abhängigkeit von der jeweiligen Umweltentwicklung zu präzisieren. (Die Steuerung solcher konkreter Objektentscheidungsprozesse im Rahmen gegebener organisatorischer Grundstrukturen wird im Teil H behandelt.)

Zunächst werden die prinzipiellen Vorteile der Abteilungsbildung dargestellt, Aspekte für Strukturierungsüberlegungen aufgezeigt und als zwei Grundformen die funktionale und die divisionale Organisation gegenübergestellt (Kapitel XVI). Mit der Entscheidung für eine funktionale bzw. divisionale Organisation als Strukturform verbleibt immer noch ein weiter Spielraum für die konkrete Verteilung der Objekt-, Organisations- und Kommunikationsaufgaben. Mit diesem Problemkreis befaßt sich Kapitel XVII: In allgemeiner Form wird untersucht, welche Strukturierungsformen in unterschiedlichen Situationen tendenziell vorteilhaft sind. In Kapitel XVIII werden die allgemeinen Überlegungen exemplarisch auf die speziellen Problemstellungen in den Aufgabenbereichen Beschaffung, Fertigung und Absatz angewendet.

XVI.   Die Abteilungsbildung: Ein Instrument zur Verbesserung von Kompatibilitätseigenschaften

1.   Problemstellung

Abteilungen entstehen dadurch, daß eine einstufige Hierarchie zu einer Hierarchie mit mehr als zwei Ebenen erweitert wird. Dabei erfolgt in der Regel zunächst eine Grobgliederung der Unternehmung in (Haupt-)Abteilungen, die ihrerseits in Unterabteilungen aufgeteilt werden. Die Untergliederung setzt sich solange fort, bis schließlich (als kleinste Gliederungseinheiten) die einzelnen Stellen auf der untersten Hierarchieebene erreicht sind. An der Spitze jeder Abteilung, Unterabteilung usw. steht eine Leitungsinstanz, die mit Entscheidungskompetenzen und Weisungsrechten ausgestattet ist und die Verantwortung dafür trägt, daß die Aufgaben ihres jeweiligen Bereichs gut erfüllt werden.

Die Abteilungsbildung (KIESER/KUBICEK, 1983, S. 86ff.; MINTZBERG, 1983, S. 45ff.; BEA/GÖBEL, 2002) hat neben der Möglichkeit der Spezialisierung bei operativen Tätigkeiten vor allem den Zweck, die Beschaffung und die Verarbeitung von Informationen zu erleichtern und damit die *Informations-* und *Kalkülkompatibilität* zu erhöhen. Darüber hinaus kann die Abteilungsbildung auch zur Verbesserung der *Anreizkompatibilität* beitragen.

Die grundsätzliche Bedeutung einer Abteilungsbildung tritt besonders deutlich hervor, wenn die Grenzen einer einstufigen Hierarchie hinsichtlich ihrer Rationalität beleuchtet werden und demgegenüber aufgezeigt wird, welche Erleichterungen bei der Informationsbeschaffung und -verarbeitung durch Abteilungsbildung bewirkt werden können. Dieser Argumentationsweise wollen wir im vorliegenden Kapitel folgen. Zunächst wird allgemein untersucht, inwieweit eine Gliederung der Unternehmung in Abteilungen dazu beitragen kann, daß „gute" Objekt-, Organisations- und Kommunikationsentscheidungen getroffen werden (Abschnitt 2). Im Abschnitt 3 werden vor dem Hintergrund der Kompatibilitätseigenschaften Kriterien für vorteilhafte Gliederungsstrukturen zusammengestellt. Schließlich werden als zwei Grundformen der Abteilungsgliederung die funktionale und die divisionale Organisation gegenübergestellt (Abschnitt 4).

2.   Zweck und Konsequenzen der Abteilungsbildung

2.1.   Abteilungsbildung im Einliniensystem

2.1.1.   Grenzen der einstufigen Hierarchie

In einer einstufigen Hierarchie sind alle nachgeordneten Mitarbeiter unmittelbar der oberen (und zugleich einzigen) Leitungsinstanz (kurz: der Instanz) unterstellt. Es gibt dabei zwei typische Formen der Aufgabenverteilung:

1. Die Instanz trifft alle wesentlichen Objektentscheidungen selbst und bindet die nachgeordneten Mitarbeiter, die die Entscheidungen der Instanz in die Wirklichkeit umsetzen sollen, weitgehend an explizite Verhaltensnormen. Die Instanz überwacht die Befolgung dieser Normen und greift gegebenenfalls korrigierend ein.
2. Die Instanz delegiert Entscheidungskompetenzen an die nachgeordneten Mitarbeiter und kontrolliert deren Entscheidungen und Ausführungsmaßnahmen. Die Koordination erfolgt z.T. durch die Instanz selbst, z.T. durch Selbst- oder Gruppenabstimmung der nachgeordneten Mitarbeiter.

Eine einstufige Hierarchie mit Zentralisation der wesentlichen Entscheidungen bei der Instanz ist dann naheliegend, wenn die Zahl der Beschäftigten klein ist und die zu lösenden Objektentscheidungsprobleme in qualitativer und quantitativer Hinsicht geringe Anforderungen stellen. Je höher die Variabilität, je größer der Umfang und je geringer die Strukturiertheit der Aufgaben, desto höher sind die quantitativen und qualitativen Anforderungen (Kapitel XIV) und desto eher ist zu erwarten, daß die Instanz nicht in der Lage ist, alle wesentlichen Objektentscheidungen (in „guter" Weise) selbst zu treffen und den nachgeordneten Mitarbeitern präzise Anweisungen zu geben. (Nicht nur die Entscheidungsfindung erfordert Zeit und entsprechende Fähigkeiten, sondern auch die Information der nachgeordneten Mitarbeiter über die zu erfüllenden Aufgaben.)

Die Instanz kann sich von Aufgaben entlasten, indem sie Entscheidungskompetenzen an die nachgeordneten Mitarbeiter delegiert. Das Ausmaß der Entlastung ist jedoch tendenziell gering, wenn die Instanz nur voneinander unabhängige Entscheidungsprobleme delegiert und die interdependenten Entscheidungen selbst trifft. Bei Delegation interdependenter Entscheidungsprobleme stellt sich für die nachgeordneten Mitarbeiter jedoch das Problem der Koordination (durch Selbst- oder Gruppenabstimmung).

Je umfangreicher das Tätigkeitsfeld, je höher die Variabilität der Einzelaktionen und je stärker die Interdependenzen untereinander sind, desto eher ist zu vermuten, daß schon bei einer geringen Zahl nachgeordneter Mitarbeiter die Selbst- oder Gruppenabstimmung eine solche Vielzahl von Einzelaktivitäten erforderlich macht, daß kaum genügend Zeit verbleibt, um die Entscheidungen in die Wirklichkeit umzusetzen. Damit die Selbst- bzw. Gruppenabstimmung zu guten Resultaten führen kann, müssen zudem die nachgeordneten Mitarbeiter über breite Qualifikationen hinsichtlich der Beschaffung und der Verarbeitung von Informationen verfügen. Mitarbeiter mit solchen Qualifikationsmerkmalen verursachen hohe (Personal-)Kosten. Außerdem ist kaum zu erwarten, daß solche Mitarbeiter zugleich auch über die notwendigen operativen Fähigkeiten verfügen, um die Entscheidungen in die Wirklichkeit umzusetzen.

2.1.2. Abteilungsbildung als Ausweg

Es ist folglich naheliegend, den Mitarbeitern auf der operativen Ebene der Unternehmenshierarchie primär Verrichtungsaufgaben zu übertragen (das schließt nicht aus, daß sie in gewissem Umfang auch Selbstabstimmungen vornehmen) und zwischen diesen Mitarbeitern und der obersten Leitungsinstanz weitere Instanzen einzusetzen, die primär dispositive Aufgaben wahrnehmen.

Mit dem Einsatz von „Zwischeninstanzen" erfolgt zugleich eine Gliederung der Unternehmung in Abteilungen, Unterabteilungen usw., wobei jede Instanz für einen bestimmten (Teil-)Bereich verantwortlich ist. Jede Instanz koordiniert die Tätigkeiten in ihrem eigenen Bereich und trägt außerdem dazu bei, die Aktivitäten ihres Bereiches mit denen anderer Bereiche zu koordinieren. Da jeder Bereichsleiter mehrere (u.U. eine große Zahl von) Mitarbeitern repräsentiert, ist der Koordinationsprozeß wesentlich einfacher, als wenn sämtliche Mitarbeiter auf der operativen Ebene gegenseitigen Kontakt aufnehmen würden, um selbst die Abstimmung vorzunehmen.

Durch die Abteilungsbildung kann der Entscheidungsprozeß erheblich vereinfacht werden mit der Folge, daß schnellere und bessere Entscheidungen getroffen werden. Da sich außerdem die Mitarbeiter auf der untersten Ebene der Unternehmenshierarchie auf operative Tätigkeiten konzentrieren, bleibt mehr Zeit für die Ausführung von Entscheidungen. Da diese Mitarbeiter keine besonderen Qualifikationen hinsichtlich der Entscheidungsfindung benötigen, können - trotz des Einsatzes der zwischengeschalteten Instanzen - die Personalkosten gesenkt werden. Dies gilt vor allem dann, wenn die Zahl von Aufgabenträgern auf der operativen Ebene groß ist.

2.2.   Abteilungsbildung im Stabliniensystem

2.2.1. Grenzen der einstufigen Hierarchie

Bei der Begründung der Zweckmäßigkeit der Abteilungsbildung sind wir bisher davon ausgegangen, daß die oberste Leitungsinstanz Entscheidungen an nachgeordnete Mitarbeiter delegiert, sofern sie selbst nicht in der Lage ist, alle relevanten Informationen hinreichend gut zu beschaffen (bzw. aufzunehmen) und zu verarbeiten. Die Leitungsinstanz in einer einstufigen Hierarchie könnte ihre Informations- und Kalkülkompatibilität jedoch auch dadurch verbessern, daß sie sich bei ihren Entscheidungen von einem (Planungs-)Stab unterstützen läßt, der Informationen über Handlungsalternativen und Konsequenzen bereitstellt und/ oder Alternativpläne erarbeitet, auf deren Grundlage dann die Instanz die (Letzt-)Entscheidungen trifft.

Je umfangreicher und komplexer jedoch die zu erfüllenden Aufgaben sind, desto weniger ist die Instanz in der Lage, eine eigenständige Beurteilung der vom Stab vorgelegten Handlungsalternativen bzw. Alternativpläne vorzunehmen und um so mehr ist sie darauf angewiesen, daß der *„Stab"* selbst die wesentlichen (Vor-)Entscheidungen trifft. Je weniger nun die Instanz selbst am Entscheidungsprozeß partizipiert, desto mehr verlagert sich die Koordinationsfunktion von der Instanz auf den Stab.

Der Stab kann die Koordination aber kaum in der Weise vornehmen, daß sich jedes Stabsmitglied ein umfassendes Urteil über *alle* Entscheidungsbereiche bildet und dann mit Hilfe einer Abstimmungsregel eine gemeinsame Entscheidung getroffen wird. Das einzelne Stabsmitglied wäre dann ebenso überfordert wie die Instanz, wenn sie allein entscheiden müßte. Die einzelnen Stabsmitglieder müssen sich vielmehr auf bestimmte Tätigkeitsfelder (etwa bestimmte Funktions- bzw. Objektbereiche) spezialisieren und die dafür erforderlichen Entscheidungen jeweils weitgehend allein treffen.

Bei genauer Befolgung des Stablinienprinzips dürfen die Stabsmitglieder keine Weisungen an Mitarbeiter außerhalb ihres (Stabs-)Bereichs geben; dies ist Aufgabe der Instanz. Je größer jedoch die Zahl der Mitarbeiter und je umfangreicher und komplexer das Aufgabengebiet, desto weniger ist die Instanz in der Lage, die betreffenden Weisungen tatsächlich zu erteilen. Es fragt sich allerdings, *warum* sie überhaupt Weisungen geben soll, wenn sie ohnehin die Entscheidungen der Stabsmitglieder weitgehend akzeptiert, also faktisch nur die Funktion eines *Übermittlers* von Weisungen ausübt.

2.2.2. Abteilungsbildung als Ausweg

Der Kommunikationsprozeß wird wesentlich erleichtert, wenn diejenigen „Stabsmitglieder", die bestimmte Entscheidungen treffen, auch die entsprechenden Weisungen erteilen; sie können sich zudem einen besseren Überblick über die jeweils erforderlichen und die vorhandenen Qualifikationen der ausführenden Mitarbeiter beschaffen. Da dann die Instanz nicht mehr oder nur noch in relativ geringem Maße als Weisungsübermittler fungieren muß, bleibt ihr mehr Zeit, sich mit unternehmerischen Kernproblemen zu befassen, z.B. mit der Entwicklung langfristiger Strategien, der Besetzung von Schlüsselpositionen und der Kontrolle von Entscheidungen mit besonderer Tragweite.

Es ist allerdings kaum sinnvoll, daß den einzelnen „Stabsmitgliedern" die Kompetenz eingeräumt wird, jedem beliebigen Aufgabenträger auf der operativen Ebene der Unternehmenshierarchie Weisungen zu erteilen. Insbesondere bei einer großen Zahl von Aufgabenträgern und Stabsmitgliedern wäre bei einem solchen Mehrliniensystem kaum eine gute Koordination bzw. Kontrolle der ausführenden Tätigkeiten möglich (vgl. hierzu Kapitel XI, Abschnitt 4.2.2). Es ist naheliegend, die Weisungsbefugnis eines jeden „Stabsmitglieds" entsprechend seiner Spezialisierung auf einen bestimmten Personenkreis auf der operativen Ebene zu beschränken. Diese Personen haben dann auch die Aufgabe, die Entscheidungen des betreffenden Stabsmitglieds in die Wirklichkeit umzusetzen. Damit ergibt sich die folgende Struktur:

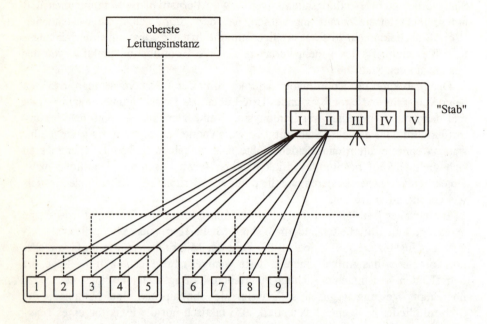

Abb. XVI.1: Stabliniensystem in einer einstufigen Hierarchie

Faktisch ist damit bereits eine Abteilungsbildung mit einer *zweistufigen* Hierarchie entstanden. Sie kann wie folgt charakterisiert werden:

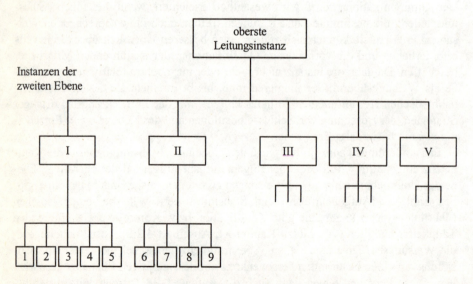

Abb. XVI.2: Hierarchie mit drei Ebenen und fünf Hauptabteilungen

Auch die Instanzen auf der zweiten Ebene können aus denselben Gründen überfordert werden wie die einzige Instanz in einer einstufigen Hierarchie. Dann kann es sinnvoll werden, eine weitere Untergliederung vorzunehmen und eine zusätzliche Instanzenebene einzuschalten.

Trotz der Möglichkeit der Vergrößerung der Informations- und Kalkülkompatibilität durch den Einsatz von Stäben besteht (in größeren Unternehmungen) offenbar die Tendenz zur Abteilungsbildung. Das bedeutet natürlich nicht, daß dann der Einsatz von Stäben *keinen* Vorteil mehr bieten kann. Stäbe können auch in einer mehrstufigen Hierarchie die Instanzen bei ihren Entscheidungen unterstützen, indem sie z.B. Informationen beschaffen und auswerten, Teilpläne koordinieren und die Ausführung getroffener Entscheidungen überwachen (helfen).

2.3.   Weitere Konsequenzen der Abteilungsbildung

2.3.1. *Abteilungsbildung und Koordinationsproblematik*

Die Gründe, die eine Abteilungsbildung als vorteilhaft erscheinen lassen, können ihrerseits zu komplexen Problemen der Koordination von Entscheidungen verschiedener Abteilungen führen. Zur Verdeutlichung betrachten wir den Beschaffungs- und den Fertigungsbereich:

Sind die Faktormärkte vollkommen, die Preise und Qualitäten im Zeitablauf konstant und außerdem die Lieferzeiten sehr kurz, so ist die Koordination von Beschaffung und Fertigung trivial: Zunächst wird unter Berücksichtigung der bekannten Faktorpreise und Faktorqualitäten das Produktionsprogramm ermittelt. Dann werden die entsprechenden Mengen an Produktionsfaktoren berechnet und beschafft, wobei die Suche bzw. Auswahl der Lieferanten kein eigenständiges Problem darstellt. Unter den genannten Voraussetzungen erfordert die Beschaffung der Produktionsfaktoren weder spezielle Marktkenntnisse noch besondere Qualifikationen. Eine eigenständige Beschaffungsabteilung ist gar nicht erforderlich; die technische Abwicklung des Einkaufs kann im Fertigungsbereich erfolgen.

Nun sind aber die genannten Voraussetzungen in der Realität nicht erfüllt. Die Preise, Qualitäten und Lieferzeiten der Produkte verschiedener Anbieter können sich erheblich unterscheiden und außerdem im Zeitablauf stark variieren. Darüber hinaus besteht zu keinem Zeitpunkt a priori vollkommene Markttransparenz über die Menge der Anbieter sowie ihre jeweiligen Konditionen (Faktorpreise, Faktorqualitäten und Lieferzeiten[1]). Vor allem ist auch die zukünftige Entwicklung dieser Größen unbekannt.

Je „dynamischer" die Märkte und je geringer die Markttransparenz (je schwieriger die Prognose der zukünftigen Marktentwicklung), desto größer sind einerseits die Erfolgspotentiale, die im Beschaffungsbereich entdeckt werden können, desto

---

[1]   Die Unvollkommenheit der Markttransparenz ist eine der Ursachen dafür, daß in der Realität erhebliche Unterschiede bezüglich der Preise, Qualitäten und Lieferzeiten bestehen können. Die unvollkommene Information erschwert die Reaktion der Nachfrager.

komplexer sind andererseits aber auch die Entscheidungsprobleme in diesem Bereich.

Erfolgspotential kann z.B. in der Weise entdeckt und realisiert werden, daß Preissteigerungen vorhergesehen und größere Lagerbestände gebildet werden oder daß mit neuen Lieferanten günstigere Verträge abgeschlossen werden. Je größer die benötigten Faktormengen, desto größer sind tendenziell die damit verbundenen Vorteile und desto eher lohnt es sich, die Voraussetzungen für gute Objektentscheidungen im Beschaffungsbereich anzustreben. Dabei sind u.a. folgende Teilaufgaben von Bedeutung: Allgemeine Beobachtung der Beschaffungsmärkte und Prognose ihrer zukünftigen Entwicklung, Suche potentieller Vertragspartner, Beurteilung und Auswahl von Lieferanten, Vertragsabschluß und Vertragskontrolle (z.B. Kontrolle der Qualitäten, Mengen und Lieferzeiten), Pflege von Lieferantenbeziehungen.

Diese Aktivitäten erfordern Informationen und Fähigkeiten (wie z.B. Verhandlungsgeschick und Prognosefähigkeit), die sich ein Aufgabenträger kaum hinreichend gut aneignen kann, wenn er außerdem auch umfangreiche Aufgaben im Fertigungsbereich zu erfüllen hat. Vor allem in größeren Unternehmungen (mit größerem Faktorbedarf) wird daher eine Spezialisierung auf Entscheidungsprobleme im Beschaffungsbereich sinnvoll. Tendenziell führt dies zur Trennung des Beschaffungsbereichs vom Fertigungsbereich und zur Bildung einer eigenständigen Beschaffungsabteilung. Mit der Einrichtung einer eigenen Beschaffungsabteilung wird es nun aber notwendig, die Entscheidungen über *zwei* Abteilungen hinweg zu koordinieren. Die Koordinationsproblematik resultiert jedoch nicht primär aus der Abteilungsbildung an sich, sondern gerade aus denjenigen Aspekten, die die Bildung dieser Abteilungen als zweckmäßig erscheinen lassen.

2.3.2. Abteilungsbildung und Anreizkompatibilität

Die Abteilungsbildung kann auch als Mittel zur Verbesserung der Anreizkompatibilität angesehen werden. Die Motivation der Abteilungsleiter, sich am Organisationsziel zu orientieren, kann vor allem dann groß sein, wenn
– gute Kontrollmöglichkeiten und
– gute Bemessungsgrundlagen für positive Belohnungen geschaffen werden können.

Dies ist insbesondere dann der Fall, wenn die Beiträge der einzelnen Abteilungen zum Gesamterfolg eindeutig gemessen (zugerechnet) bzw. beurteilt werden können (Kapitel XXII und XXIII).

2.3.3. Abteilungsbildung und Organisationsentscheidungen

Die Abteilungsbildung erleichtert auch die Spezialisierung auf Organisationsentscheidungen. Wenn sich ein Abteilungsleiter nicht mit einem sehr heterogenen Aufgabengebiet befassen muß, sondern sich z.B. auf Probleme des Einkaufs kon-

zentrieren kann, fällt es ihm leichter, sich jene Informationen und Fähigkeiten anzueignen, die erforderlich sind, um
- die Qualifikation seiner (potentiellen) Mitarbeiter zu beurteilen,
- die konkreten Aufgaben zu verteilen bzw. allgemeine Normen der Aufgabenstellung zu erarbeiten,
- Kontrollen vorzunehmen und getroffene Entscheidungen zu beurteilen und
- im Bedarfsfalle korrigierend einzugreifen.

Die Abteilungsbildung kann somit auch das Treffen „guter" Organisationsentscheidungen erleichtern.

3.   Beurteilungsgesichtspunkte der Abteilungsgliederung und der Aufgabenzuordnung

Im folgenden sollen einige Kriterien diskutiert werden, an denen sich die Strukturierungsüberlegungen orientieren können. Inwieweit diese Merkmale für die Vorteilhaftigkeit einer bestimmten Abteilungsgliederung maßgeblich sind, leitet sich unmittelbar aus den daraus resultierenden Kompatibilitätseigenschaften ab.

Informationsnähe: Es kann angestrebt werden, die Abteilungen so zu gliedern und die Aufgaben so zu verteilen, daß Entscheidungen im wesentlichen dort getroffen werden (können), wo die relevanten Informationen eingehen oder zumindest in relativ einfacher Weise beschafft werden können. Eine derartige Strukturierung kann den Bedarf an interner Kommunikation wesentlich reduzieren und die Entdeckung und die Nutzung von Erfolgspotential erleichtern. Die hierarchischen Informationskanäle werden entlastet und Anpassungen an die Umweltentwicklung erleichtert. Die Informationsnähe ist z.B. dann Leitlinie der Strukturierung, wenn der Absatzbereich nach Marktregionen oder Kundengruppen gegliedert wird, um (durch räumliche Nähe) die Beobachtung des jeweiligen Abnehmer- und Konkurrentenverhaltens zu erleichtern (Kapitel XVIII).

Koordination: Unter dem Koordinationsaspekt kann es sinnvoll sein, die Einzelaufgaben durch die Abteilungsgliederung derart zu bündeln, daß komplexe Abstimmungsprobleme bereichs*intern* gelöst werden können und *zwischen* den verschiedenen organisatorischen Einheiten lediglich solche Interdependenzen verbleiben, die einfach zu erfassen sind. Die Erfahrung lehrt, daß sich die Tätigkeiten einer einzelnen Abteilung tendenziell schneller und besser aufeinander abstimmen lassen als die Aktionen verschiedener (Teil-)Bereiche. Dies gilt vor allem, wenn die Bereiche gegensätzliche Ziele verfolgen, räumlich weit auseinanderliegen und/oder die Abstimmung auf dem Dienstweg über vorgesetzte Instanzen erfolgen muß, die mit Detailproblemen nicht hinreichend vertraut sind.

Ähnlichkeit der Aufgaben: Die Möglichkeit der Spezialisierung der Mitarbeiter auf ähnliche (operative oder dispositive) Tätigkeiten ist ein weiterer bedeutsamer Aspekt der Abteilungsgliederung. Spezialisierung erleichtert den Erwerb und die Entfaltung der jeweils relevanten Fähigkeiten. Dies gilt für die nachgeordneten Mitarbeiter ebenso wie für die vorgesetzten Instanzen. Je ähnlicher die Aufgaben der nachgeordneten Mitarbeiter sind, desto einfacher ist tendenziell die Steuerung und Kontrolle ihrer Tätigkeiten. Der Aspekt der Ähnlichkeit ist z.B. dann von Bedeutung, wenn die Abteilungsgliederung nach dem Verrichtungsprinzip erfolgt.

Motivationswirkung: Es ist (sofern von anderen Aspekten abgesehen wird) naheliegend, die Tätigkeitsbereiche so abzugrenzen, daß die Aufgabenträger genau dann intrinsische und/oder extrinsische Belohnungen erzielen (können), wenn sie die ihnen übertragenen Aufgaben im Sinne des Organisationsziels gut erfüllen. Insbesondere kann es zweckmäßig sein, abwechslungsreiche Tätigkeitsfelder zu bilden, die die Aufgabenträger als interessant empfinden und/oder denen ein ökonomischer Erfolg zugerechnet werden kann. Eine Erfolgszurechnung kann schon dann motivierend wirken, wenn an die jeweils erzielten Erfolge keine Belohnungen und Sanktionen geknüpft werden; mit dem Ausweis ökonomischer Erfolge werden in gewisser Weise auch persönliche Erfolge (oder Mißerfolge) dokumentiert. Darüber hinaus können erfolgsabhängige Belohnungen wie z.B. Prämien und/oder der Aufstieg in der Unternehmenshierarchie gewährt werden. (Zum Problem der Motivation durch intrinsische und extrinsische Belohnungen vgl. Kapitel XXIII.)

Kontrollierbarkeit: Der Aspekt der Kontrollierbarkeit steht in enger Beziehung zu dem der Motivation und der Informationsnähe. Erfolgt die Abteilungsgliederung derart, daß (z.B. aufgrund einfacher Möglichkeiten der Ergebniszurechnung) gute Kontrollierbarkeit besteht, kann das einen Anreiz schaffen, die jeweiligen Aufgaben gut zu erfüllen. Aber auch dann, wenn ein Entscheidungsträger hoch motiviert ist, kann er Fehlentscheidungen treffen. Die Kontrolle kann dann die Informationsgrundlage für korrigierendes Eingreifen liefern (Kapitel XXII). Die „Informationsnähe" der Kontrollinstanzen erleichtert die Beschaffung derartiger Informationen. Darüber hinaus kommt es aber auch darauf an, ob (und in welchem Umfang) Mängel überhaupt (noch) behoben werden können. Auch in dieser Hinsicht ist es nicht gleichgültig, wie die Abteilungen gegliedert werden (Kapitel XVIII).

Kosten des Ressourceneinsatzes: Die Art der Abteilungsgliederung hat einen wesentlichen Einfluß auf den Bestand an Personal, Betriebsmitteln und anderen Ressourcen; die damit verursachten Kosten stellen ein weiteres bedeutsames Kriterium der Abteilungsbildung dar. Werden z.B. anstelle eines einzigen großen Funktionsbereiches mehrere kleinere Bereiche mit insgesamt dem gleichen Leistungsvolumen gebildet (etwa mehrere dezentrale Fertigungsbereiche anstelle einer zentralen Fertigung), so können die Personal- und Betriebsmittelkosten erheblich höher (die Transportkosten allerdings wesentlich geringer) sein: Einerseits müssen zusätzliche Mitarbeiter und Betriebsmittel eingesetzt werden, die in den kleineren Teilbereichen möglicherweise gar nicht ausgelastet sind, und deren Möglichkeiten zur Spezialisierung begrenzt bleiben (vgl. Kapitel XV). Andererseits gehen „economies of scale" verloren: Mehrere kleine Produktionsanlagen z.B. verursachen tendenziell höhere kalkulatorische Abschreibungen, Zinsen und laufende Betriebskosten als eine große Anlage mit der gleichen Kapazität.

Im allgemeinen existiert kein Strukturierungskonzept, dem hinsichtlich aller Aspekte der Vorzug zu geben ist:

- Werden z.B. Entscheidungen im wesentlichen dort getroffen, wo die relevanten Informationen eingehen, so ist dies hinsichtlich der Informationsbeschaffung zwar vorteilhaft, unter Koordinationsgesichtspunkten jedoch möglicherweise sehr problematisch, wenn zwischen den verschiedenen Entscheidungsbereichen Interdependenzen bestehen, die eine aufwendige Abstimmung erforderlich machen. Soll andererseits eine übergeordnete Instanz die Koordination übernehmen, so müssen die relevanten Informationen an sie übermittelt werden.
- Werden die Aufgaben so gebündelt, daß eine gute Erfolgszurechnung möglich ist, so entstehen damit möglicherweise hohe Kosten des Ressourceneinsatzes.
- Die Spezialisierung auf enge Tätigkeitsbereiche erleichtert zwar die Einarbeitung und die Entwicklung von Fähigkeiten, kann aber zugleich auch demotivierend wirken und/oder die Koordination erschweren.

Bei der Abteilungsgliederung und Aufgabenzuordnung sind die Vor- und Nachteile hinsichtlich der einzelnen Aspekte gegeneinander abzuwägen. Dabei ist z.B. abzuschätzen, welche Konsequenzen sich ergeben können, wenn auf eingehende Informationen weniger schnell reagiert wird, dafür aber die Entscheidungen besser aufeinander abgestimmt werden. Im folgenden (insbesondere auch in den Kapiteln XVII und XVIII) soll versucht werden, ein *intuitives Verständnis* der Problematik der Abteilungsgliederung und der Verteilung von Aufgaben zu vermitteln. Dabei wird u.a. auch verdeutlicht, welche Strukturformen in unterschiedlichen Situationen tendenziell vorteilhaft sind.

4.   Grundstrukturen: Funktionale und divisionale Organisation

4.1.   Charakteristik der funktionalen Organisation

Bei der Gestaltung der Aufbauorganisation stellt sich das Grundproblem, welche organisatorische Rahmenstruktur gewählt werden soll. Im folgenden werden die funktionale und die divisionale Organisation als zwei typische Gestaltungsformen dargestellt und miteinander verglichen (FRESE, 1995; EISENFÜHR, 1970; vgl. auch Kapitel XVIII).

Bei der *funktionalen Organisation* (vgl. Kapitel XI, Abschnitt 4.1) erfolgt die Gliederung auf der zweiten Hierarchieebene nach dem Verrichtungsprinzip. Die Hauptabteilungen spezialisieren sich auf Funktionen wie „Beschaffung", „Fertigung", „Absatz", „Forschung und Entwicklung", „Finanzen und Verwaltung". Die Untergliederung der Bereiche ihrerseits kann ebenfalls nach dem Verrichtungsprinzip oder auch nach dem Objektprinzip erfolgen. Im Beispiel der Abbildung XVI.3 wird der Beschaffungsbereich verrichtungsorientiert gegliedert, der Absatzbereich objektorientiert (vgl. GROCHLA, 1982, S. 132).

Die funktionale Unternehmensgliederung schafft keine autonomen Teilbereiche. Zwischen den Funktionsbereichen bestehen vielfältige Interdependenzen. Der damit verbundene Koordinationsbedarf bewirkt eine Tendenz zur Zentralisierung der Objektentscheidungen.

Bei funktionaler Organisation ist die Gefahr relativ groß, daß sich die einzelnen Abteilungen primär an der Erfüllung ihrer jeweiligen Funktionen orientieren, ohne zu berücksichtigen, welche Konsequenzen für den Erfolg der Unternehmung daraus resultieren. Außerdem ist es relativ schwierig, Ineffizienzen angemessen zuzurechnen. Geht z.B. der Umsatz zurück, so kann die Verantwortung dafür auf jeweils andere Bereiche abgewälzt werden: Vom Absatzbereich auf den Produktionsbereich, von dort auf die Forschungs- und Entwicklungsabteilung usw.

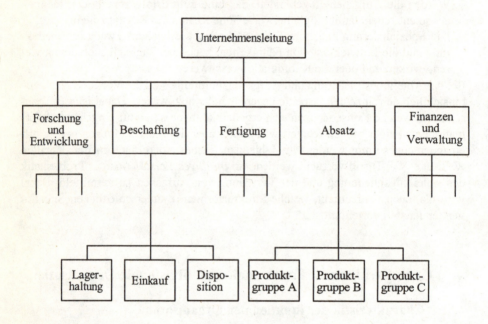

Abb. XVI.3: Beispiel für eine funktionale Organisation

4.2.   Charakteristik der divisionalen Organisation

Bei *divisionaler Organisation* (vgl. Kapitel XI, Abschnitt 4.1) werden die Hauptabteilungen nach dem Objektprinzip gegliedert. Die betreffenden Objektbereiche - sie werden als Geschäftsbereiche, Sparten oder „divisions" bezeichnet - können z.B. nach Produkten bzw. Produktgruppen, Marktregionen oder Kundengruppen gebildet werden. Es ist auch möglich, verschiedene Objektkriterien miteinander zu kombinieren.

Bei Spartenorganisation erfolgt die Koordination der Grundfunktionen wie Beschaffung, Fertigung, Absatz, Forschung und Entwicklung nicht in zentralen Funktionsbereichen, sondern *innerhalb* der einzelnen Sparten bezogen auf das jeweilige Produkt bzw. die Produktgruppe, die Marktregion oder die Kundengruppe. Der einzelne Spartenleiter ist dabei in seinem Bereich für alle jene Grundfunktionen verantwortlich, die in einer (Gesamt-)Unternehmung auftreten können. Da eine

Sparte leichter zu überschauen ist als die gesamte Unternehmung, kann die Koordination im Vergleich zur funktionalen Organisation wesentlich erleichtert werden. Änderungen in den einzelnen Märkten wirken sich nur in den betreffenden Sparten aus. Bei Erweiterung der Produktpalette können gegebenenfalls neue Geschäftsbereiche angegliedert werden, ohne daß weitreichende Änderungen des Gesamtsystems erforderlich werden. Organisatorische Änderungen innerhalb einzelner Bereiche haben ebenfalls keine besonderen Auswirkungen auf andere Einheiten. Dadurch wird die Anpassung der Unternehmung an die Umweltentwicklung erleichtert.

Die Unternehmensleitung hat bei divisionaler Organisationsstruktur vornehmlich die Aufgabe, langfristige Ziele und Strategien zu entwickeln, die Sparten und Zentralbereiche zu steuern, (Erfolgs-)Kontrollen durchzuführen, positive Leistungsanreize zu schaffen, Ressourcen zu verteilen und Schlüsselpositionen zu besetzen (MINTZBERG, 1983, S. 215ff.). Mit laufenden Koordinationsaufgaben ist die Unternehmensleitung relativ wenig belastet.

Aufgrund ihrer begrenzten Fähigkeit zur Informationsbeschaffung (bzw. Informationsaufnahme) und -verarbeitung kann die Unternehmensleitung insbesondere bei hoher Variabilität und geringer Strukturiertheit der Bereichsaufgaben sowie bei heterogenen Produkten ihre Steuerungsfunktion nur aufgrund relativ globaler Informationen wahrnehmen. Als wesentliche Indikatoren für die Steuerung dienen bei der Spartenorganisation die Spartenerfolge (bzw. die Renditen der Sparten). Einerseits liefern sie die Informationsbasis für Kontrollen (Kapitel XXII), andererseits können sie als Bemessungsgrundlage für positive Leistungsanreize dienen (Kapitel XXIII und XXIV). Die Sparten bilden also quasiautonome Einheiten - sogenannte Profit center (POENSGEN, 1973) - deren Leiter für den Spartengewinn verantwortlich sind und auf der Basis des erzielten Gewinns beurteilt werden.

Die Erfolgszurechnung und die Zurechnung von Verantwortung ist dann am einfachsten, wenn Beschaffung, Fertigung, Absatz sowie Forschung und Entwicklung eigenständige Funktionsbereiche der einzelnen Sparten darstellen, also keiner dieser Bereiche zentralisiert ist. Jedoch wird in der Realität das Spartenprinzip in dieser „reinen Form" selten verwirklicht. „In der Regel erfolgt eine ressourcen- und/oder marktorientierte Modifizierung. Solche Modifizierungen äußern sich insbesondere in der Tatsache, daß bestimmte Aktivitäten aus den quasiautonomen Produktbereichen ausgegliedert und die Kompetenzen sog. „zentralen" Bereichen übertragen werden. ... Durch Einführung dieser Formen soll insbesondere verhindert werden, daß durch eine Trennung von Ressourcen Vorteile der Größendegression oder der Spezialisierung aufgegeben werden. In diesem Sinne werden häufig angesichts der nur bedingt teilbaren Ressource „Werbepotential" alle Werbeaktivitäten einer nach dem Spartenprinzip gegliederten Unternehmung in einer zentralen Werbeabteilung durchgeführt" (FRESE, 1988, S. 524).

In der Praxis ist auch die Bildung zentraler Einkaufs- und Beschaffungsbereiche sehr verbreitet. Die Sparten ermitteln zwar in Verbindung mit ihrer Produktions- und Absatzplanung selbständig ihren jeweiligen Bedarf, die betreffenden Mengen werden dann aber dem Zentralbereich gemeldet, der die einzelnen Bedarfswerte zusammenfaßt und unter Berücksichtigung der jeweiligen Marktsituation die Beschaffung vornimmt. Abbildung XVI.4 zeigt ein Beispiel für die Bildung von Zentralbereichen.

Die Divisionalisierung bietet zwar einerseits die Möglichkeit der Komplexitätsreduktion durch Zerlegung heterogener und umfangreicher Gesamtprobleme in relativ homogene und gut überschaubare Teilprobleme. Andererseits können gegenüber einer funktionalen Organisationsstruktur höhere Produktionskosten entstehen, da z.B.

– aufgrund mangelnder Teilbarkeit Bestände an Ressourcen zu halten sind, die nicht voll genutzt werden können,
– die Spezialisierungsmöglichkeiten eingeschränkt werden,
– geringere „economies of scale" erzielt werden und
– bei dezentralem Einkauf die Verhandlungsposition gegenüber den Lieferanten geschwächt wird.

Relativ hohe Produktionskostenzuwächse sind vor allem bei kleineren Unternehmungen zu erwarten. Bei der Entscheidung zwischen divisionaler und funktionaler Organisationsstruktur sind diese Zuwächse gegen die potentiellen Vorteile der Vereinfachung und Beschleunigung der Entscheidungsprozesse abzuwägen.

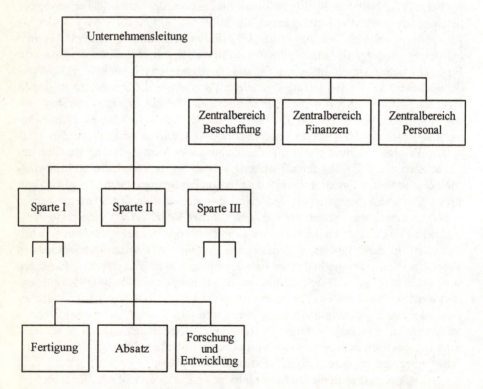

Abb. XVI.4: Divisionale Organisationsstruktur mit zentraler Ausgliederung einiger Funktionsbereiche

Die Entscheidungsfindung ist bei divisionaler Organisation um so einfacher, je weniger Interdependenzen zwischen den Geschäftsbereichen bestehen. Je weniger bereichsübergreifende Interdependenzen relevant sind, desto größer ist der Umfang jener Koordinationsaufgaben, die innerhalb der einzelnen Sparten erfüllt werden können, ohne daß es der Einschaltung der Unternehmensleitung oder der Selbstabstimmung mit anderen Sparten bedarf. Interdependenzen können sich z.B. aus gegenseitigem Austausch von Gütern und Dienstleistungen und aus Verbundeffekten im Absatz- oder Beschaffungsbereich (Marktinterdependenzen) ergeben. Interdependenzen führen nicht nur zu einem Bedarf an bereichsübergreifender Koordination, sondern erschweren auch die Erfolgszurechnung (Kapitel XXIII) und damit die Erfolgskontrolle und die Schaffung erfolgsorientierter positiver Leistungsanreize. Es darf aber nicht übersehen werden, daß die Interdependenzen bei funktionaler Organisation aufgrund der Leistungsverflechtungen zwischen den Funktionsbereichen tendenziell erheblich größer sind als bei divisionaler Organisation.

Zwar kann versucht werden, Marktinterdependenzen abzubauen oder zumindest abzuschwächen, indem jene Produkte, die im Verhältnis der Substitutionalität bzw. der Komplementarität zueinander stehen, jeweils ein und derselben Sparte zugeordnet werden, die dann die produktbezogene Koordination der interdependenten Aktivitäten vornimmt. Diesem Vorgehen können jedoch enge Grenzen gesetzt sein: Zum einen stellt die Unternehmung möglicherweise gar keine (oder nur sehr wenige) Produkte her, zwischen denen überhaupt keine Marktinterdependenzen bestehen. Zum anderen kann sich eine unbefriedigende Informations- und Kalkülkompatibilität ergeben, wenn eine einzige Sparte mit allen jenen Produkten befaßt ist, zwischen denen Marktinterdependenzen bestehen. Der Gesamterfolg kann wesentlich höher sein, wenn sich die einzelnen Sparten jeweils nur auf wenige Produkte konzentrieren, auch wenn den Interdependenzen dann nur partiell Rechnung getragen wird.

Es besteht innerhalb gewisser Grenzen auch die Möglichkeit, Interdependenzen zu beseitigen oder zumindest abzuschwächen, indem die Ressourcenbestände und/oder die Ressourcenautonomie vergrößert werden (Kapitel XV). Jedoch sind damit Kosten verbunden, die den potentiellen Vorteilen einer Vereinfachung der Entscheidungsprozesse gegenüber gestellt werden müssen.

Die divisionale Organisationsstruktur kann auch personalpolitische Vorteile bieten. Da ein Spartenleiter im Rahmen seines Bereiches in der Regel alle jene Grundfunktionen zu erfüllen hat, die in einer Unternehmung auftreten können, bietet die Position eines Spartenleiters gute Voraussetzungen für die Vorbereitung auf Top-Management-Funktionen.

4.3. Erfolgsverantwortung bei funktionaler Organisation mit Matrixstruktur

Eine Erfolgsverantwortlichkeit wie in einer Spartenorganisation kann im Prinzip auch im Rahmen einer funktionalen Organisation bei gleichzeitiger Etablierung eines Mehrliniensystems erreicht werden (DRUMM, 1980c; MINTZBERG, 1983, S. 85ff.). Zur Verdeutlichung wird Abbildung XVI.5 betrachtet.

Bei dem hier dargestellten Strukturierungskonzept werden die Hauptabteilungen nach Funktionen, die Teilbereiche auf der dritten Hierarchieebene nach Produkten (I, II bzw. III) gegliedert. Die Koordination der produktspezifischen Funktionen erfolgt durch die Leiter der Absatzbereiche A_I, A_{II}, A_{III}, die gegenüber den übrigen Instanzen auf der dritten Hierarchieebene, die für das jeweilige Produkt zuständig sind, Weisungsrecht haben. Die Leiter der Absatzbereiche legen aber nur fest, *was* zu tun ist (welche Produktmengen z.B. herzustellen und welche Mengen an Produktionsfaktoren zu beschaffen sind). *Wie* die einzelnen Verrichtungen auszuführen sind (bei welchen Lieferanten z.B. der Einkauf vorzunehmen ist, welche Produktionsanlagen einzusetzen sind), liegt in der Entscheidungskompetenz des Leiters des Beschaffungs-, des Fertigungs- bzw. des Forschungs- und Entwicklungsbereichs.

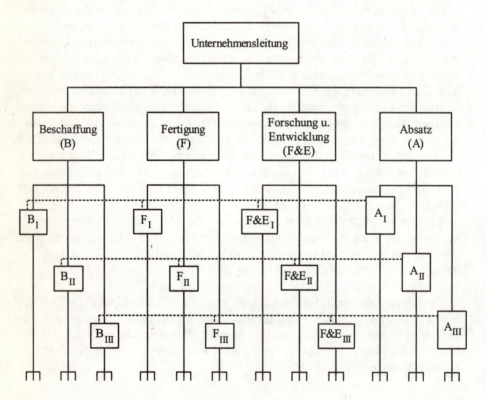

Abb. XVI.5: Funktionale Organisation mit produktorientierter Gliederung der Hauptabteilungen und zweifacher Unterstellung eines Teils der Instanzen auf der dritten Ebene der Unternehmenshierarchie

Das in Abbildung XVI.5 dargestellte Strukturierungskonzept ist eng verwandt mit einer Makro-Matrix-Organisation, in der Produktmanager für ihr jeweiliges Produkt die Koordination der verschiedenen Funktionen vornehmen. Dieses Strukturierungskonzept ist in Abbildung XVI.6 dargestellt. Die Leitungsinstanzen der Bereiche B_I, B_{II}, B_{III}, F_I, ..., A_{III} stehen auf derselben Stufe der Unternehmenshierarchie.

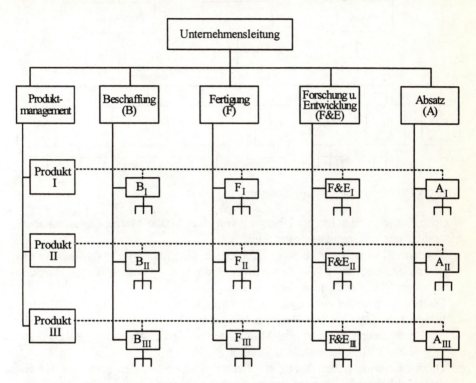

Abb. XVI.6: Makro-Matrix-Organisation mit Weisungskompetenz der Produktmanager gegenüber den Instanzen auf der dritten Hierarchieebene

Gegenüber den in Abbildung XVI.5 und XVI.6 dargestellten Strukturierungskonzepten hat die divisionale Organisation die folgende (einfachere) Gestalt:

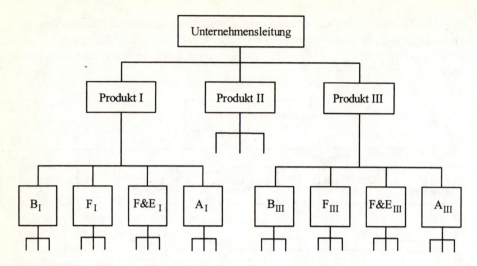

Abb. XVI.7: Divisionale Organisationsstruktur

Welche Konsequenzen hat der Übergang von einer Makro-Matrix-Organisation zu einer divisionalen Organisationsstruktur?

– Tendenziell ist weniger Personal erforderlich. Gegenüber der Makro-Matrix-Organisation (Abbildung XVI.6) werden z.B. die Leitungsstellen für die Hauptabteilungen B, F, F&E und A eingespart.

– Da die Spartenleiter auch dafür verantwortlich sind, *wie* die einzelnen Verrichtungen ausgeführt werden, benötigen sie tendenziell breitere Qualifikationen als die Produktmanager (bzw. die Absatzleiter) in der in Abbildung XVI.6 (bzw. Abbildung XVI.5) dargestellten Struktur.

– Da das Einliniensystem streng eingehalten wird, lassen sich Konflikte aus widersprüchlichen Weisungen vermeiden; die Zurechnung der Verantwortung wird erleichtert.

Insbesondere in kleineren und mittleren Betrieben kann allerdings die Divisionalisierung relativ hohe Betriebsmittelkosten verursachen. Als eine Zwischenlösung - bei der eine produktorientierte Spezialisierung mit der Zentralisation des Ressourceneinsatzes kombiniert wird - bietet sich dann die Matrixorganisation an. Sie ist insbesondere naheliegend, wenn die Produkte im wesentlichen die gleichen Roh-, Hilfs-, und Betriebsstoffe erfordern und auf denselben Produktionsanlagen hergestellt werden.

Freilich kann es auch bei divisionaler Organisation sinnvoll sein, innerhalb der einzelnen Sparten die Strukturierung nach dem Matrixkonzept vorzunehmen.

4.4.   Ein Beispiel zur Demonstration von Vorteilen der divisionalen Organisationsstruktur

Im folgenden soll mit Hilfe eines einfachen Beispiels verdeutlicht werden, warum bei divisionaler Organisationsstruktur Anpassungen an die Umweltentwicklung tendenziell einfacher und schneller vollzogen werden können als bei funktionaler Organisationsstruktur. Für eine Unternehmung, die die Produkte I, II und III herstellt, vergleichen wir die in den Abbildungen XVI.8 und XVI.9 dargestellten Strukturierungsalternativen.

In der ersten Organisationsstruktur werden die Hauptabteilungen nach Funktionen gegliedert und die Absatzabteilung nach Produkten; wie der Beschaffungs- und der Fertigungsbereich gegliedert sind, kann hier offen bleiben. Der für den Absatz des Produkts III zuständige Bereichsleiter hat den Leiter des Absatzbereichs zum Vorgesetzten. Die Koordination der Funktionsbereiche erfolgt einerseits durch die Unternehmensleitung, andererseits durch Selbstabstimmung zwischen den Hauptabteilungsleitern. In der zweiten Organisationsstruktur hat der für den Absatz des Produkts III zuständige Bereichsleiter den Leiter der Sparte „Produkt III" zum Vorgesetzten. Dieser koordiniert die für die Herstellung und den Absatz des Produkts III erforderlichen Funktionen.

Wir nehmen nun an, der für den Absatz des Produkts III zuständige Bereichsleiter (kurz: A_{III}) entdecke eine Möglichkeit der Produktverbesserung, die Rückwirkungen (auch) auf die Aktivitäten im Beschaffungs- und Fertigungsbereich hat.

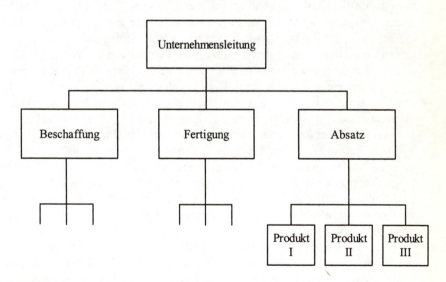

Abb. XVI.8: Funktionale Organisationsstruktur

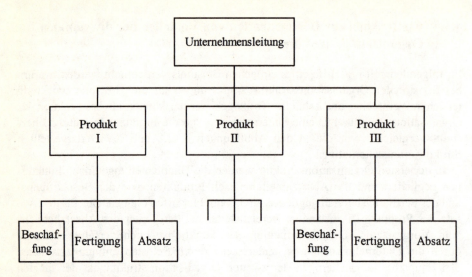

Abb. XVI.9: Divisionale Organisationsstruktur

Bei *funktionaler* Organisationsstruktur führt das zu folgenden Konsequenzen:

- A_{III} muß sich an den Leiter des Absatzbereiches wenden, der sich zwar ein relativ gutes Urteil über die absatzwirtschaftlichen Konsequenzen einer Produktverbesserung bilden kann, jedoch wenig vertraut ist mit den jeweiligen Konsequenzen im Beschaffungs- und im Fertigungsbereich. Der Leiter des Absatzbereichs wird daher kaum in der Lage sein, eine gute Entscheidung darüber zu treffen, ob die Produktverbesserung vorgenommen werden soll oder nicht.
- Er muß die Unternehmensleitung über den Verbesserungsvorschlag informieren, die ihrerseits zwar einen relativ guten Gesamtüberblick über die verschiedenen Teilbereiche hat, jedoch mit Details wenig vertraut ist.
- Zwar kann sie von den Leitern des Beschaffungs- und des Fertigungsbereichs Informationen einholen, bevor sie ihre Entscheidung trifft. Diese Aufgabenträger sind möglicherweise aber nur wenig motiviert, die Unternehmensleitung adäquat zu informieren. Die Tendenz, Informationen zurückzuhalten, zu filtern oder zu verfälschen, wird insbesondere dann groß sein, wenn die Abteilungsleiter primär danach beurteilt werden, wie (reibungslos) sie ihre jeweiligen Funktionen erfüllen, und die Produktverbesserung die Abläufe erschwert, z.B. weil neue organisatorische Regelungen getroffen und/oder neue Fähigkeiten erworben werden müssen.
- Es wird deutlich, daß die Entscheidungsfindung relativ viel Zeit in Anspruch nimmt und/oder die Produktverbesserung aufgrund eines unzureichenden Informationsstandes nicht vorgenommen wird, obwohl sie vorteilhaft gewesen wäre. Solche Aspekte haben Rückwirkungen auf die Bemühungen von A_{III}, überhaupt Ideen zu entwickeln und Vorschläge zu unterbreiten. Seine Motivation ist tendenziell um so geringer, je größer (im Urteil von A_{III}) die Wahrscheinlichkeit ist, daß der Informationsprozeß vorzeitig endet, ohne daß über den Verbesserungsvorschlag entschieden wird, oder daß auch gute Verbesserungsvorschläge

aufgrund unzureichender Informationen abgelehnt werden. Bei gegebener Erfolgswahrscheinlichkeit ist außerdem die Motivation um so geringer, je länger es dauert, bis gute Ideen angenommen werden: Der Barwert einer immateriellen oder materiellen Belohnung ist um so geringer, je später sie gewährt wird.

– Je mehr Personen im Entscheidungsprozeß mitwirken und je größer der Anteil derer ist, die bei Änderung der Aktivitäten Nachteile erfahren, desto höher ist tendenziell die Wahrscheinlichkeit dafür, daß auch gute Ideen „versanden" und deshalb gar nicht erst entwickelt werden.

Bei *divisionaler* Organisation ergeben sich dagegen folgende Konsequenzen:

– A_{III} muß sich mit seinem Verbesserungsvorschlag zwar wiederum an seinen Vorgesetzten wenden. Dieser ist nun aber nicht auf die Probleme des Absatzbereiches spezialisiert, sondern für *alle* diejenigen Probleme verantwortlich, die mit dem Produkt III zusammenhängen. Er hat tendenziell einen besseren Informationsstand über die maßgeblichen Konsequenzen der Produktverbesserung als der Leiter des Absatzbereichs bzw. die Unternehmensleitung bei funktionaler Organisation. Möglicherweise kann der Leiter der Sparte III die Entscheidung treffen, ohne zusätzliche (Detail-)Informationen beschaffen zu müssen.

– Zudem ist auch die Motivation dieses Spartenleiters, gute Ideen zu verwirklichen, größer als die der Bereichsleiter bei funktionaler Organisationsstruktur: Gute Ideen sind (im Hinblick auf das Erfolgsziel) dadurch charakterisiert, daß sie hohe Erfolgschancen versprechen. Die erzielten ökonomischen Erfolge werden der Sparte zugerechnet. Damit werden gewissermaßen persönliche Erfolge dokumentiert (häufig werden zudem erfolgsabhängige Prämien gewährt). Bei funktionaler Organisation dagegen ist die Gefahr relativ groß, daß die Leiter der Hauptabteilungen sich primär an der reibungslosen Erfüllung ihrer Funktionen orientieren, die durch Änderungen (Innovationen) erschwert werden kann. Zwar mag sich zumindest die Unternehmensleitung primär am (Gesamt-)Erfolg orientieren. Jedoch fehlen ihr - insbesondere in größeren Unternehmungen - sowohl die Zeit als auch die Informationen, um in umfassender Weise dafür zu sorgen, daß Ideen entwickelt und in die Wirklichkeit umgesetzt werden.

Ergänzende und vertiefende Literatur:

BEA/GÖBEL (2002); CHILD (1977); CLELAND (1984); DRUMM (1980c); DULLIEN (1972); EISENFÜHR (1970; 1980); FRESE (1980; 1998, S. 327ff.); HALL (1972); LAUX (1980); MERTENS (1969); MINTZBERG (1979, S. 104ff.); POENSGEN (1973); SCANLAN (1973); SCHANZ (1982, S. 99ff.); WELGE (1975); WILD (1973).

XVII. Abteilungsgliederung und Verteilung von Aufgaben: Allgemeine Strukturüberlegungen

1. Problemstellung

Die funktionale und die divisionale Organisationsstruktur sind idealtypische Gestaltungsformen, zwischen denen vielfältige Kombinationsmöglichkeiten bestehen. Mit der Wahl der einen oder anderen Strukturform ist zunächst nur festgelegt, nach welchem Ordnungsprinzip die Aufgabenschwerpunkte der Hauptabteilungen gebildet werden sollen (Verrichtungs- bzw. Objektprinzip). Für die konkrete Verteilung der Objekt-, Organisations- und Kommunikationsaufgaben verbleibt damit immer noch ein weiter Spielraum. Im vorliegenden Kapitel wird untersucht, welche Aufgabenstruktur in unterschiedlichen Situationen tendenziell vorteilhaft ist (vgl. auch HILL/FEHLBAUM/ULRICH, 1981, S. 369ff.; KIESER/ KUBICEK, 1983, S. 243ff.; FRESE, 1998, S. 310ff.; WOLLNIK, 1980; MINTZBERG, 1979, S. 215ff.; PICOT, 1993).

Der Gedankengang dieses Kapitels folgt einem strengen Schema: Es werden drei Problemsituationen behandelt, die jeweils durch das Ausmaß der Strukturiertheit und der Variabilität der Unternehmensaufgabe charakterisiert sind (Abschnitte 2-4). Für jede dieser Situationen wird untersucht, welchen Einfluß die Verteilung der Objekt-, der Organisations- und der Kommunikationsaufgaben - wie sie in der Abteilungsgliederung zum Ausdruck kommt- auf die Kompatibilitätseigenschaften hat und welche Strukturierungskonzepte jeweils tendenziell vorteilhaft sind.

Im vorliegenden Kapitel werden *allgemeine* Grundzusammenhänge aufgezeigt, die im Prinzip für alle Abteilungen gelten. Auf diesen Darstellungen aufbauend werden im nachfolgenden Kapitel die *spezifischen* Probleme der Strukturierung des Beschaffungs-, des Absatz- und des Produktionsbereiches analysiert. Die Darstellungen des vorliegenden Kapitels werden dann an konkreteren Entscheidungssituationen präzisiert.

2. Hohe Strukturiertheit und geringe Variabilität

2.1. Objektaufgaben

2.1.1. Informations- und Kalkülkompatibilität

Wie organisatorische Gestaltungsmaßnahmen zu beurteilen sind, hängt u.a. von der Strukturiertheit und der Variabilität der Gesamtaufgabe der Unternehmung und den daraus resultierenden Einzelaufgaben ab. Im Falle geringer Variabilität der Objektaufgaben ist der laufende Informationsbedarf für „gute" Objektentscheidungen relativ gering. Da bei hoher Strukturiertheit außerdem weitgehend bekannt ist, welche Informationen entscheidungsrelevant sind und wie sie beschafft werden können, liegt die Vermutung nahe, daß hinsichtlich der Informationskompatibilität vor allem in kleineren oder mittelgroßen Unternehmungen keine besonderen Probleme entstehen, wenn die maßgeblichen Informationen von der Unternehmensleitung (bzw. von einer von ihr kontrollierten Planungsgruppe) beschafft und verarbeitet werden.

Bei geringer Variabilität ist auch der laufende Planungsumfang relativ gering, da im Zeitablauf die früheren Pläne nur geringfügig revidiert werden müssen. Da bei hoher Strukturiertheit außerdem weitgehend bekannt ist, wie die relevanten Informationen zu verarbeiten sind, besteht die Tendenz, daß auch hinsichtlich der Kalkülkompatibilität keine Probleme entstehen, wenn die Informationen weitgehend zentral verarbeitet oder wenigstens die Entscheidungen über die abhängigen Maßnahmen zentral getroffen werden.

Je geringer die Variabilität und je höher die Strukturiertheit, desto eher ist zu erwarten, daß die relevanten Informationen auch dann in die Entscheidungen einfließen können, wenn alle wesentlichen Entscheidungen von der Unternehmensleitung getroffen werden. Die Unternehmensleitung erhält dann einen guten Gesamtüberblick über Handlungsalternativen und deren Konsequenzen, so daß sie Interdependenzen zwischen Objektmaßnahmen in relativ einfacher Weise im Entscheidungsprozeß berücksichtigen kann.

Geringe Variabilität und hohe Strukturiertheit bilden ideale Voraussetzungen für eine weitgehende Standardisierung der Objektentscheidungsprozesse: Die Bindung an generelle Regelungen erspart eigene Kalkülüberlegungen der nachgeordneten Mitarbeiter und aufwendige Abstimmungsprozesse. Die Qualifikation der nachgeordneten Mitarbeiter kann relativ gering sein; tendenziell resultieren daraus niedrigere Personalkosten.

Wenn die Objektentscheidungen weitgehend zentral getroffen werden, ist es naheliegend, die Abteilungsgliederung im wesentlichen nach dem Verrichtungsprinzip vorzunehmen. (Eine Gliederung nach dem Verrichtungsprinzip bewirkt umgekehrt die Tendenz zur Zentralisierung.) Dies erleichtert die funktionale Spezialisierung auf jene Aufgaben, die erfüllt werden müssen, um die Entscheidungen der Unternehmensleitung in die Wirklichkeit umzusetzen, z.B. die Kontrolle der Qualität von Rohstoffen, die Beurteilung der Werkstücke, die Überwachung der Zahlungseingänge.

Jedoch kann es in großen Unternehmungen mit umfangreichen und heterogenen Fertigungsprogrammen auch bei geringer Variabilität und hoher Strukturiertheit vorteilhaft sein, Objektentscheidungen zu delegieren, da die zentrale Beschaffung (bzw. Aufnahme) und Verarbeitung der Informationen zu viel Zeit in Anspruch nehmen würde. Ab einer bestimmten Unternehmensgröße, die allgemein nur schwer benannt werden kann, ist auch die Delegation *interdependenter* Entscheidungsprobleme geboten. Für die nachfolgenden Mitarbeiter stellt sich dann das Problem der Koordination. Auch wenn dieses Problem nur unvollkommen gelöst werden kann, ist es nicht ohne weiteres sinnvoll, die Entscheidungen statt dessen zentral zu treffen. Da die Kapazität der Unternehmensleitung hinsichtlich der Informationsbeschaffung und -verarbeitung begrenzt ist, können deren Entscheidungen noch schlechter ausfallen. Die Koordination in einem dezentralen Entscheidungssystem kann dadurch erleichtert werden, daß die Abteilungsgliederung primär nach dem Objektprinzip erfolgt. (Vgl. hierzu die Abschnitte 3.1.1 und 4.1.1)

2.1.2. Anreizkompatibilität

Bei hoher Strukturiertheit und geringer Variabilität hat das Kriterium der Anreizkompatibilität für die organisatorische Strukturierung relativ geringe Bedeutung, da die Kontrolle der Objektentscheidungen in einer solchen Situation tendenziell einfach ist. Zum einen werden die Entscheidungsträger in starkem Maße an explizite Verhaltensnormen gebunden, bei denen relativ leicht überprüft werden kann, ob sie befolgt werden. Zum anderen stellt die Kontrolle selbst dann kein besonderes Problem dar, wenn ein Entscheidungsträger implizite Verhaltensnormen zu befolgen hat. Der Weg, der im Entscheidungsprozeß zu gehen ist, um gute Entscheidungen zu treffen, ist bei hoher Strukturiertheit weitgehend vorgezeichnet; bei der Kontrolle wird überprüft, ob der Aufgabenträger in diesem Sinne vorgegangen ist. Bei geringer Variabilität stellt die Kontrolle auch in quantitativer Hinsicht relativ geringe Anforderungen an die Kontrollinstanzen.

Voraussetzung für gute Kontrollmöglichkeiten der Objektentscheidungen ist allerdings, daß für diese Entscheidungen hinreichend gute Informations- und Kalkülkompatibilität besteht. Wenn einem Entscheidungsträger ein derart umfangreiches Aufgabengebiet übertragen wird, daß er zeitlich gar nicht in der Lage ist, „gute" Entscheidungen zu treffen, so existiert trotz der hohen Strukturiertheit keine eindeutige Sollvorstellung für die Beurteilung seiner Entscheidungen. Damit ergibt sich für ihn ein Spielraum für die Verfolgung persönlicher Ziele. Wenn er eine Objektalternative wählt, die er persönlich präferiert, so kann er beispielsweise gezielt solche Informationen beschaffen, die für diese Alternative sprechen. Im Falle einer Kontrolle kann er seine Entscheidung damit rechtfertigen, daß er aufgrund der Zeitrestriktionen nicht alle Informationen einholen konnte, die er sonst beschafft hätte, und daß im Lichte seiner (lückenhaften) Informationsstruktur eben die von ihm gewählte Alternative die implizite Verhaltensnorm am besten erfüllt. Diese Argumentation ist schwer zu widerlegen, so daß Sanktionen kaum zu rechtfertigen sind. Jedoch ist bei hoher Strukturiertheit und geringer Variabilität relativ gut zu überschauen, welche Anforderungen (in Zukunft) an die Entscheidungsträger gestellt werden. Es ist dann eher möglich, hinreichende Informations- und Kalkülkompatibilität zu erreichen als bei geringer Strukturiertheit und/oder hoher Variabilität.

Der Aspekt der Anreizkompatibilität darf natürlich auch bei hoher Strukturiertheit und geringer Variabilität nicht völlig vernachlässigt werden. In dieser Situation liegt es zwar nahe, eine weitgehende Spezialisierung vorzunehmen. Es besteht dann jedoch die Tendenz, daß die zu erfüllenden (Objekt-)Aufgaben als monoton und uninteressant empfunden werden. Dies kann in starkem Maße demotivierend wirken, so daß trotz guter Kontrollmöglichkeiten die Aufgaben schlecht erfüllt werden. Die Entscheidungsträger sind möglicherweise gar nicht fähig, die

Aufgaben auf Dauer besser zu erledigen. Abgesehen davon sind Sanktionen nur schwer zu rechtfertigen und durchzusetzen, wenn die Aufgaben generell als zu uninteressant und monoton oder gar als inhuman empfunden werden.

2.2.   Organisationsaufgaben

2.2.1.   *Informations- und Kalkülkompatibilität*

Werden bei geringer Variabilität und hoher Strukturiertheit entsprechend der Tendenz zur Zentralisation die Objektentscheidungen (im wesentlichen) von der Unternehmensleitung getroffen, sind hinsichtlich der Verteilung der Organisationsentscheidungen zwei Extremfälle möglich:

1. Die Unternehmensleitung bindet die unmittelbar nachgeordneten Mitarbeiter nur hinsichtlich der Objektentscheidungen; für ihre Organisationsentscheidungen werden ihnen Ermessensspielräume übertragen. Die unmittelbar nachgeordneten Mitarbeiter sollen innerhalb ihrer jeweiligen Abteilung selbst darüber entscheiden, wer welche der vorgesehenen Aufgaben in welcher Zeit mit welchen Ressourcen erfüllen soll.
2. Die Unternehmensleitung trifft nicht nur die Objektentscheidungen, sondern auch die Organisationsentscheidungen. Insbesondere entscheidet sie darüber, welche Stellen die aus den Objektentscheidungen resultierenden Einzelaufgaben erfüllen sollen. Die zwischengeschalteten Instanzen haben dann praktisch nur die Funktion, die Weisungen der Unternehmensleitung an die betroffenen Organisationsmitglieder weiterzugeben und Kontrollen durchzuführen sowie gegebenenfalls korrigierend einzugreifen. Eventuell geben die zwischengeschalteten Instanzen auch Informationen nachgeordneter Mitarbeiter an die Unternehmensleitung weiter, damit diese gute Objekt- und Organisationsentscheidungen treffen kann.

Die Delegation von Organisationsentscheidungen an nachgeordnete Instanzen ist insbesondere dann naheliegend, wenn sich die Unternehmensleitung kein hinreichend gutes Bild über die Motivation und die Fähigkeiten der Mitarbeiter auf den unteren Ebenen machen kann. (Dies ist vor allem in größeren Unternehmungen zu erwarten.) Hinreichende Informationskompatibilität wird dann eher erreicht, wenn die jeweils unmittelbar vorgesetzten Instanzen die Aufgaben nach eigenen Zweckmäßigkeitsvorstellungen verteilen und die Tätigkeiten kontrollieren.

Jedoch können bei geringer Variabilität und hoher Strukturiertheit die (überwiegend geringen) Anforderungen an die Aufgabenträger im Rahmen der Stellenbeschreibungen relativ präzise zum Ausdruck gebracht werden. Werden die Stellen gemäß diesen Anforderungen besetzt und wird mit Hilfe von Kontrollen durchgesetzt, daß die jeweiligen Aufgaben gut erfüllt werden, so ergibt sich auch die Tendenz zur Zentralisation der Organisationsentscheidungen. Im Wege der Standardisierung wird dann in mehr oder weniger starkem Maße festgelegt, welche Stellen welche Teilaufgaben zu erledigen haben. Wenn die Unternehmensleitung z.B. vorschreibt, bestimmte Mengen an Produktionsfaktoren zu beschaffen, steht dann auch zugleich fest, wer die Bestellungen aufgibt, wer die Qualitätsprüfung vornimmt usw.

Bei geringer Variabilität und hoher Strukturiertheit werden auch hinsichtlich der Kalkülkompatibilität keine besonderen Probleme entstehen, wenn über die organisatorischen Regelungen weitgehend zentral entschieden wird. Vor allem in größeren Unternehmungen wird allerdings die Unternehmensleitung nicht in der Lage sein, alle wesentlichen Organisationsentscheidungen selbst zu treffen.

Die Steuerung der Organisationsentscheidungen durch explizite Verhaltensnormen kann dadurch erleichtert werden, daß die Abteilungen nach dem Verrichtungsprinzip gegliedert werden. Wenn eine Instanz auf ähnliche Verrichtungen spezialisiert ist, sind für sie tendenziell weniger Verhaltensnormen relevant, als wenn sie für eine breite Palette heterogener Aufgaben verantwortlich ist. Es wird damit einerseits die Information über die relevanten Verhaltensnormen erleichtert; andererseits ist es einfacher, diesen Normen zu folgen, z.B. die Qualität der bearbeiteten Werkstücke zu kontrollieren oder Mitarbeiter einzuarbeiten.

Bei geringer Variabilität und hoher Strukturiertheit besteht die Tendenz zu Einliniensystemen mit hohen Leitungsspannen. Aufgrund der geringen Änderungen und der starken Standardisierung der Objektaufgaben müssen die Instanzen nicht ständig komplexe Überlegungen darüber anstellen, in welcher Weise das Verhalten der nachgeordneten Mitarbeiter zu steuern ist. Die Mitarbeiter können außerdem relativ einfach und präzise darüber informiert werden, was jeweils zu tun ist. Aufgrund der geringen Variabilität und der hohen Strukturiertheit können sie relativ leicht lernen, ihre Aufgaben gut zu erfüllen, wodurch der Kontrollbedarf sinkt. Zudem erhalten die Kontrollinstanzen rasch auch einen guten Informationsstand über Schwachstellen in den Arbeitsabläufen, wodurch sich ihre Kontrollfähigkeit verbessert.

2.2.2. Anreizkompatibilität

Die Aussagen zur Anreizkompatibilität gelten für Organisationsentscheidungen ebenso wie für Objektentscheidungen (Abschnitt 2.1.2.): Bei geringer Variabilität und hoher Strukturiertheit der Objektaufgaben ist auch die Kontrolle der Organisationsentscheidungen relativ einfach. Wenn die (Kontroll-)Instanzen gut kontrolliert werden können, hat das Kriterium der Anreizkompatibilität relativ geringe Bedeutung.

2.3.   Kommunikationsaufgaben

2.3.1. Informations- und Kalkülkompatibilität

Das Kriterium der Informationskompatibilität fragt *auch* danach, inwieweit die Entscheidungsträger jene Informationen über Kommunikationsmöglichkeiten und deren Konsequenzen besitzen bzw. erhalten, die sie benötigen, um „gute" Kommunikationsentscheidungen treffen zu können. Im Zusammenhang mit der Entscheidung, ob bestimmte Informationen an andere Organisationsmitglieder *über-mittelt* werden sollen und in welcher Weise, können z.B. Informationen zu folgenden Fragestellungen relevant sein: In welchen Entscheidungssituationen stehen die anderen Organisationsmitglieder? Welche Handlungsalternativen kennen sie bereits? Wie groß ist ihre Bereitschaft, Handlungsalternativen, über die sie zusätzlich informiert werden, in ihren Entscheidungskalkülen zu berücksichtigen und sie gegebenenfalls zu realisieren? Wie ändert sich ihr (Wahrscheinlichkeits-)Urteil über die Konsequenzen von Handlungsalternativen, wenn sie zusätzliche Informationen darüber bekommen?

Für die Entscheidung, ob und welche Informationen von anderen Organisationsmitgliedern *erfragt* werden sollen, können etwa folgende Aspekte von Bedeutung sein: Kennen die betreffenden Mitglieder zusätzliche Handlungsalternativen und welche Vorteile können diese Alternativen gegenüber den bereits bekannten Aktionsmöglichkeiten bieten? Welche zusätzlichen Informationen über die Konsequenzen von Alternativen haben diese Mitglieder? Wie groß ist ihre Bereitschaft, ihre Informationen auf Anfrage klar und unverfälscht zu übermitteln? Übermitteln sie eventuell auch dann Informationen, wenn sie nicht danach gefragt werden?

Bei hoher Strukturiertheit und geringer Variabilität kann einerseits die Unternehmensleitung relativ gut überschauen, welche Informationen die nachgeordneten Mitarbeiter benötigen und wer den jeweiligen Informationsbedarf befriedigen könnte. Aufgrund der Tendenz zu starker Spezialisierung haben andererseits die nachgeordneten Organisationsmitglieder in der Regel nur Informationen über jeweils eng begrenzte Tätigkeitsfelder. Sie können kaum beurteilen, welchen Informationsbedarf die anderen Mitglieder haben und welche Informationen diese ihrerseits zur Verfügung stellen könnten. Es ist daher naheliegend, daß die oberste Leitungsinstanz durch explizite Verhaltensnormen vorschreibt, in welchen Fällen an andere Organisationsmitglieder bestimmte Informationen weiterzuleiten bzw. von ihnen anzufordern sind (Standardisierung bzw. Programmierung der Kommunikation).

Auch die Unternehmensleitung benötigt Informationen für ihre Entscheidungen. Einen großen Teil dieser Informationen wird sie nicht selbst (extern) beschaffen; sie ist darauf angewiesen, daß sie von nachgeordneten Mitarbeitern übermittelt werden. Es stellt sich somit auch das Problem, diesen Mitarbeitern Kommunikationsnormen vorzugeben, nach denen sie der Unternehmensleitung berichten sollen. Da die Unternehmensleitung ihren Informationsbedarf tendenziell gut überschauen kann, lassen sich im voraus eindeutige Regelungen darüber treffen, in welchen Fällen welche Informationen an die Unternehmensleitung zu übermitteln sind. Die expliziten Kommunikationsnormen sollen bewirken, daß die Unternehmensleitung (nur) jene Informationen erhält, die sie für „gute" Entscheidungen benötigt. Wenn vermieden wird, daß die Unternehmensleitung ständig mit irrelevanten Informationen konfrontiert wird, trägt das ebenfalls zur Erhöhung der Informationskompatibilität bei.

HOHE STRUKTURIERTHEIT - GERINGE VARIABILITÄT			

	Anforderungen der Aufgabe	Möglichkeiten bzw. Eigenschaften des Entscheiders	Konsequenzen für die Entscheidungsstruktur	Konsequenzen für die Organisationsstruktur
OBJEKTENTSCHEIDUNGEN				
Informations- und Kalkül-kompatibilität	Informationsbedarf tendenziell gering Kalkülumfang (für gute Objektentscheidungen) tendenziell gering; nur wenig Änderungen gegenüber früheren Entscheidungen Informationsbeschaffung und -verarbeitung qualitativ einfach	In kleineren und mittelgroßen Unternehmen hinreichende Kapazität der Unternehmensleitung zur (zentralen) Informationsbeschaffung und -verarbeitung In größeren Unternehmen mit umfangreichem Produktionsprogramm Informationsbeschaffungs- und verarbeitungskapazität der Unternehmensleitung unzureichend	Objektentscheidungen werden tendenziell von der Unternehmensleitung getroffen Bindung nachgeordneter Mitarbeiter an explizite Verhaltensnormen (Standardisierung) Koordination durch zentrale Entscheidung Delegation von Objektentscheidungen an nachgeordnete Mitarbeiter Problem der Koordination der dezentralen Objektentscheidungen	Abteilungsgliederung primär nach dem Verrichtungsprinzip Abteilungsgliederung primär nach dem Objektprinzip
ORGANISATIONSENTSCHEIDUNGEN				
Informations- und Kalkül-kompatibilität	Anforderungen der Aufgabenstellung (Objektentscheidung) präzise beschreibbar Daher Anforderungen an Aufgabenträger tendenziell gering Deshalb für die Organisationsentscheidung nur geringer Informationsbedarf; geringe Kalkülfähigkeit erforderlich	In kleineren und mittelgroßen Unternehmen hinreichende Kapazität der Unternehmensleitung zur (zentralen) Informationsbeschaffung und -verarbeitung In größeren Unternehmen Informationsbeschaffungs- und verarbeitungskapazität der Unternehmensleitung unzureichend	Tendenz zu zentralen Organisationsentscheidungen Bindung nachgeordneter Mitarbeiter an explizite Verhaltensnormen (detaillierte Beschreibung der Aufgaben) Delegation von Organisationsentscheidungen	Einliniensysteme mit großer Leitungsspanne Zunehmende Zahl von Hierarchieebenen
KOMMUNIKATIONSENTSCHEIDUNGEN				
Informations- und Kalkül-kompatibilität	Informationsbedarf für Objektentscheidungen gering (und bekannt) Somit Informationsverteilung auf die Mitarbeiter bekannt (Spezialisierung)	Im allgemeinen hinreichende Kapazität der Unternehmensleitung	Tendenz zu zentralen Kommunikationsentscheidungen bzw. zur zentralen Steuerung von Kommunikationsentscheidungen	Standardisierung der Kommunikationsinhalte und -wege (Pflichtenheft)
OBJEKT-, ORGANISATIONS-, KOMMUNIKATIONSENTSCHEIDUNGEN				
Anreiz-kompatibilität	Gute Kontrollmöglichkeiten	Nur geringe Chancen, bei abweichenden Zielen Sanktionen auszuweichen	Anreizproblematik von nachrangiger Bedeutung	Positive Anreize zur Vermeidung von Kontrollkosten; Anreiz zu überdurchschnittlichem Engagement

Abb. XVII.1: Tendenzaussagen zur Strukturierung bei „hoher Strukturiertheit und geringer Variabilität" der Objektaufgaben

Bei geringer Variabilität und hoher Strukturiertheit werden sich auch hinsichtlich der Kalkülkompatibilität keine besonderen Probleme ergeben, wenn die Unternehmensleitung weitgehende Vorentscheidungen darüber trifft, wie die Kommunikationsprozesse ablaufen sollen: Die Ermittlung eines Systems expliziter Kommunikationsnormen ist tendenziell um so einfacher, je geringer die Variabilität und je höher die Strukturiertheit ist.

2.3.2. Anreizkompatibilität

Bei geringer Variabilität und hoher Strukturiertheit hat das Kriterium der Anreizkompatibilität auch für die Steuerung der Kommunikationsentscheidungen ein relativ geringes Gewicht. Wie verdeutlicht wurde, besteht die Tendenz, den Kommunikationsprozeß durch explizite Verhaltensnormen zu steuern. Deren Einhaltung kann durch die vorgesetzten Instanzen relativ einfach überprüft werden.

2.4.   Zusammenfassender Überblick

Die Abbildung XVII.1 gibt einen zusammenfassenden Überblick über die gewonnenen Tendenzaussagen.

3.   Hohe Strukturiertheit und hohe Variabilität

3.1.   Objektaufgaben

3.1.1.   Informations- und Kalkülkompatibilität

Bei hoher Variabilität ist vor allem in größeren Unternehmungen mit heterogenen Produkten selbst im Falle hoher Strukturiertheit kaum zu erwarten, daß bei zentraler Entscheidung befriedigende Informations- und Kalkülkompatibilität besteht. Die Entdeckung von Erfolgspotentialen, die Planung und die Planrealisation nimmt zu viel Zeit in Anspruch. Wenn schließlich eine Entscheidung getroffen ist, sind die geplanten Aktionsmöglichkeiten u.U. gar nicht mehr gegeben.[1]

Um die oberste Leitungsinstanz sowie die hierarchischen Kommunikationswege zu entlasten, liegt es nahe, Entscheidungskompetenzen an nachgeordnete Mitarbeiter zu delegieren. Die Unternehmensleitung konzentriert sich dann auf eine mehr oder weniger grobe Rahmenplanung, bei der sie wesentlich weniger Informationen aufnehmen (bzw. beschaffen) und verarbeiten muß als jene, die für die Gesamtheit der Entscheidungen relevant sind.

---

1) Je größer die Variabilität, um so stärker verändern sich im Zeitablauf die maßgeblichen Entscheidungsfelder; desto stärker weichen auch die jeweils optimalen Entscheidungen von den früheren Plänen ab und desto umfangreicher sind die gebotenen Planungsaktivitäten.

Je höher die Variabilität der Objektaufgaben, desto geringer ist tendenziell jene Unternehmungsgröße, von der an auch eine Delegation voneinander *abhängiger* Entscheidungen geboten ist. Aufgrund der Interdependenzen können die betreffenden Entscheidungsträger möglicherweise nicht hinreichend gut beurteilen, wie sich ihre Entscheidungen auf den Erfolg der Unternehmung auswirken. Die im Kapitel XV diskutierten Maßnahmen zur Reduktion von Interdependenzen gewinnen dann besondere Bedeutung.

Darüber hinaus erscheint es sinnvoll, die organisatorischen Einheiten so zu gliedern, daß die komplexen Koordinationsprobleme *bereichsintern* gelöst werden können und zwischen den verschiedenen Teilbereichen nur schwache und/oder einfach erfaßbare Interdependenzen bestehen. Eine solche Gliederung kann insbesondere dadurch entstehen, daß die organisatorischen Einheiten primär nach Objekten statt nach Funktionen gegliedert werden (Divisionalisierung). Die Spartenleiter übernehmen dann die Koordination der Funktionen für ihre jeweilige Produktgruppe. Darüber hinaus kann es vorteilhaft sein, auch die einzelnen Funktionsbereiche innerhalb der Sparten nach dem Objektprinzip zu gliedern (Kapitel XVIII).

Wird z.B. ein Fertigungsbereich nach Produkten, Produktgruppen oder Bauteilen gegliedert, so können die Verrichtungen objektbezogen koordiniert werden. Die objektbezogene Koordination kann innerhalb der zuständigen organisatorischen Einheiten vorgenommen werden. Bei funktionaler Gliederung des Fertigungsbereiches muß dagegen die Koordination über alle Funktionsbereiche hinweg vorgenommen werden, wobei im Koordinationskalkül alle Produkte simultan berücksichtigt werden müssen. Störungen in einzelnen Abteilungen haben dann (im Gegensatz zur objektbezogenen Gliederung) Rückwirkungen auf den gesamten Produktionsprozeß; die Zurechnung von Verantwortung wird erschwert.

Da im Falle der Delegation die nachgeordneten Mitarbeiter komplexe Entscheidungsprobleme lösen müssen, sind die an sie gestellten Anforderungen relativ hoch. Die nachgeordneten Organisationsmitglieder müssen relativ umfangreiche Qualifikationen aufweisen, die tendenziell zu höheren Personalkosten führen.

3.1.2. Anreizkompatibilität

Bei hoher Variabilität der Objektentscheidungen gewinnt der Gesichtspunkt der Anreizkompatibilität für organisatorische Gestaltungsmaßnahmen an Bedeutung. Die vorgesetzten Instanzen sind bei hoher Variabilität aufgrund von Zeitrestriktionen im allgemeinen nicht in der Lage, sämtliche Entscheidungsprobleme ihres Bereichs selbst hinreichend gut zu lösen. Um sich zu entlasten, delegieren sie Entscheidungskompetenzen an nachgeordnete Mitarbeiter. Die angestrebte Entlastung wird aber kaum erreicht, wenn sie dann die Entscheidungen dieser Mitarbeiter in hohem Maße kontrollieren. Da andererseits die Einstellung von zusätzlichem Kontrollpersonal Kosten verursacht, sind der Kontrolle bereits in *quantitativer* Hinsicht relativ enge Grenzen gesetzt: Sie kann allenfalls stichprobenweise durchgeführt werden, so daß die Wahrscheinlichkeit, Zielabweichungen aufzudecken, gering sein kann.

Bei hoher Variabilität stellt die Kontrolle außerdem auch in *qualitativer* Hinsicht ein komplexes Problem dar. Im Falle hoher Strukturiertheit ist zwar der Weg weitgehend vorgezeichnet, der im Entscheidungsprozeß zu gehen ist, um gute Entscheidungen zu treffen. Wenn ein Entscheidungsträger aber aufgrund von Zeitrestriktionen nicht in der Lage ist, die betreffenden Aktivitäten vorzunehmen, fehlt eine eindeutige Sollvorstellung für die Beurteilung seiner Entscheidungen. Dies eröffnet ihm Spielräume für die Rechtfertigung auch solcher Entscheidungen, die er nach abweichenden persönlichen Zielen getroffen hat.

Zwar kann bei der Aufgabenverteilung darauf geachtet werden, daß hinreichende Informations- und Kalkülkompatibilität besteht (die Entscheidungsträger also u.a. auch die Zeit haben, die maßgeblichen Informationen zu beschaffen und zu verarbeiten). Bei hoher Variabilität der Aufgaben ist aber eine sichere Prognose der konkreten Anforderungen kaum möglich. Die Wahrscheinlichkeit, daß zumindest zeitweise die Anforderungen der Aufgabe die Fähigkeiten bzw. Möglichkeiten der Entscheidungsträger übersteigen - und damit Spielräume für die Orientierung an abweichenden persönlichen Zielen bestehen -, ist relativ hoch.

Bei begrenzten Kontrollmöglichkeiten gewinnt das Problem besondere Bedeutung, wie erreicht werden kann, daß die Entscheidungsträger genau dann persönliche Vorteile erzielen, wenn sie sich bei ihren Entscheidungen am Organisationsziel bzw. an den ihnen gesetzten Unterzielen orientieren. Bereits mit der Abteilungsgliederung kann ein Beitrag zur Lösung dieses Problems geleistet werden. Es ist naheliegend, die Abteilungen so zu gliedern, daß den einzelnen (Teil-)Bereichen in relativ einfacher Weise sinnvolle Output-Größen zugerechnet werden können (z.B. Erfolge, Deckungsbeiträge, Umsätze, Produktmengen). Dadurch wird einerseits die Kontrolle erleichtert (Kapitel XXII). Andererseits können die betreffenden Ergebnisse als Bemessungsgrundlage für positive Leistungsanreize dienen (Kapitel XXIII und XXV).

3.2.   Organisationsaufgaben

3.2.1. *Informations- und Kalkülkompatibilität*

Auch bei weitgehender Delegation der Objektentscheidungen könnte sich die Unternehmensleitung alle wesentlichen *Organisationsentscheidungen* vorbehalten. Sie könnte z.B. detailliert darüber befinden, in welchen Fällen die nachgeordneten Instanzen selbst entscheiden und in welchen Fällen sie die Entscheidungskompetenz delegieren sollen, an wen jeweils zu delegieren ist, welche Ziele dabei zu setzen sind, wie die Informationsprozesse zu steuern, welche Anreize zu gewähren und welche Kontrollen durchzuführen sind. Die Delegation der Objektentscheidungen würde dann aber kaum eine Verbesserung hinsichtlich der Informations- und Kalkülkompatibilität der Unternehmensleitung bewirken; die Problematik würde sich auf den Bereich ihrer Organisationsentscheidungen verlagern.

Für die Unternehmensleitung ist es daher geboten, auch Kompetenzen über Organisationsentscheidungen zu delegieren. Die nachgeordneten Instanzen, die für bestimmte Objektentscheidungen zuständig sind, haben einen besseren Überblick darüber, wie die relevanten Aufgaben am besten erfüllt werden können, denn sie können die spezifischen Qualifikationen und Ziele ihrer nachgeordneten Mitarbeiter besser beurteilen. Sie treffen dann zweckmäßigerweise auch die erforderlichen Organisationsentscheidungen. Die Tendenz zur Delegation von Organisationsentscheidungen ist um so größer, je höher die Variabilität der Objektaufgaben und die damit verbundene Ungewißheit ist.[2]

Jedoch haben nachgeordnete Instanzen in der Regel nicht die Kompetenz, über die Stellenzahl und die Aufbauorganisation ihres jeweiligen Bereichs zu entscheiden; die organisatorische Grundstruktur wird durch die Unternehmensleitung oder zumindest auf höheren Ebenen der Unternehmenshierarchie, z.B. durch Spartenleiter, festgelegt.

Bei hoher Variabilität besteht die Tendenz zu verringerten Leitungsspannen. Je niedriger die Leitungsspanne, desto größer ist allerdings in einem Einliniensystem die Zahl der Hierarchieebenen. Wenn die Kommunikationswege mit den hierarchischen Dienstwegen übereinstimmen, müssen die Informationen viele Stellen durchlaufen, bis sie schließlich dort eingehen, wo sie benötigt werden. Die „zwischengeschalteten" Instanzen sind in starkem Maße mit der bloßen Weitergabe von Informationen belastet. Es dauert lange, bis Informationen die jeweiligen Adressaten erreichen. Darüber hinaus ist die Gefahr der bewußten oder unbewußten Informationsfilterung bzw. -verzerrung relativ groß. Um die Informationskompatibilität zu verbessern, ist es folglich sinnvoll, die Kommunikationswege von den hierarchischen Dienstwegen loszulösen und unmittelbare Kontakte zuzulassen (FAYOL'sche Brücken).

Um die Möglichkeit der Spezialisierung der Informationsbeschaffung (und -verarbeitung) mit rascher Planrealisation zu verbinden, ist es außerdem naheliegend, Mehrliniensysteme zu etablieren. Die Organisationsentscheidungen können dann unmittelbar mit den Objektentscheidungen abgestimmt werden.

3.2.2. Anreizkompatibilität

Bei hoher Variabilität der Objektaufgaben bestehen auch hinsichtlich der Kontrolle von delegierten Organisationsentscheidungen relativ enge Grenzen. Das kann sich z.B. in der Weise auswirken, daß sich Instanzen nicht hinreichend mit ihren Delegationsaufgaben befassen und/oder daß sie nach Sympathie und Antipathie die Aufgaben verteilen, Kontrollen durchführen, Belohnungen gewähren und Sanktio-

---

2) Bei hoher Variabilität ist es kaum sinnvoll, die Aufgaben der einzelnen Stelleninhaber im Rahmen der Stellenbeschreibung präzise darzustellen. Je höher die Variabilität, desto allgemeiner sind tendenziell die Stellenbeschreibungen. Die Präzisierung der jeweiligen Aufgaben erfolgt im Zeitablauf in Abhängigkeit von der Entwicklung der externen und internen Umwelt, wobei die Präzisierung von den vorgesetzten Instanzen und/oder den Inhabern der Stellen selbst vorgenommen wird.

nen verhängen. Das Problem der Schaffung positiver Anreize gewinnt dann auch für die Steuerung der Organisationsentscheidungen besonderes Gewicht (Kapitel XXIII und XXV).

3.3.   Kommunikationsaufgaben

3.3.1. Informations- und Kalkülkompatibilität

Da bei hoher Variabilität die oberste Leitungsinstanz nur einen vagen Überblick über den konkreten Informationsbedarf und die konkreten Informationsmöglichkeiten der nachgeordneten Mitarbeiter hat, besteht die Tendenz, auch Kommunikationsentscheidungen zu delegieren: Die nachgeordneten Mitarbeiter können besser beurteilen, welche der von ihnen benötigten Informationen andere Organisationsmitglieder zur Verfügung stellen können und welche der vorhandenen Informationen für die Entscheidungen anderer Organisationsmitglieder relevant sind.

Zur Verbesserung der Informationskompatibilität kann es sinnvoll sein, nachgeordneten Mitarbeitern allgemeine Hinweise über den Informations-bedarf und das Informationspotential anderer Organisationsmitglieder zu geben bzw. Verhaltensnormen zu formulieren, nach denen solche Anhaltspunkte zu beschaffen bzw. zu übermitteln sind.

Die zentrale Ermittlung eines umfassenden Systems expliziter Kommunikationsnormen, das ohnehin ständig geändert werden müßte, würde einen Planungsaufwand verursachen, der nicht bewältigt werden kann. Auch in qualitativer Hinsicht wäre die Unternehmensleitung überfordert, so daß auch der Aspekt der Kalkülkompatibilität die Delegation von Kommunikationsentscheidungen gebietet.

Zur Erleichterung des Kommunikationsprozesses ist es naheliegend, relativ gut überschaubare organisatorische Einheiten zu bilden, die sich einander in einfacher Weise über gegenseitige Abhängigkeiten informieren können. Der Kommunikationsprozeß kann insbesondere auch dadurch gefördert werden, daß die von gemeinsamen Problemen betroffenen Entscheidungsträger räumlich nahe beieinander arbeiten und/oder der Informationsaustausch institutionalisiert wird, z.B. durch Bildung von Informationsgremien. Die Entwicklung einer gemeinsamen Sprache, die wenig Rückfragen erfordert, bietet zusätzliche Vorteile.

3.3.2. Anreizkompatibilität

Bei hoher Variabilität ist einerseits der Informationsbedarf für „gute" (Objekt-, Organisations- und Kommunikations-)Entscheidungen *hoch*. Andererseits besteht (insbesondere in größeren Unternehmungen mit heterogenen Produkten) die Tendenz zur Delegation von Kommunikationsentscheidungen. Die Gewährung von Anreizen für gute Kommunikationsentscheidungen gewinnt dann besondere Bedeutung. Da die Bewertung von Informationen ein komplexes Problem darstellt, sind Anreizsystemen, bei denen Informationsbeiträge *unmittelbar* zu finanziellen Belohnungen führen, relativ enge Grenzen gesetzt. Das bedeutet freilich nicht, daß finanzielle Belohnungen für die Verbesserung der Anreizkompatibilität keinerlei Bedeutung haben.[3] Eine Erfolgsprämie kann z.B. einen Abteilungsleiter zu stärkerer Partizipation der nachgeordneten Mitarbeiter motivieren, die ihrerseits dann dazu motiviert werden, den Abteilungsleiter über Handlungsalternativen und deren Konsequenzen zu informieren.

Für Kommunikationsentscheidungen haben vor allem auch *immaterielle* Belohnungen (z.B. Anerkennung neuer Ideen) wesentliche Bedeutung. Dabei ist darauf zu achten, daß nicht die falschen Informanten belohnt werden. In Unternehmungen werden z.B. häufig Controller beschäftigt, deren Aufgabe darin besteht, sich über die Entwicklung in einzelnen Abteilungen (etwa die Erfolge, die Renditen, die Absatzmengen, den Marktanteil) zu informieren und die Informationen (in verdichteter Form) an die Unternehmensführung weiterzuleiten (HORVATH, 1979; 1981; MÜLLER, 1980a). Die Informationsaktivitäten der Controller werden vielfach durch die Abteilungsleiter erschwert, die es vorziehen, die betreffenden Informationen der Unternehmensleitung selbst zu übermitteln (etwa um zu demonstrieren, wie gründlich sie informiert sind und/oder um die Lage im eigenen Bereich zu beschönigen). Die Unternehmensleitung sollte dann auf die primäre Zuständigkeit des betreffenden Controllers hinweisen oder aber auf den Einsatz von Controllern verzichten.

Die Motivation zur Beschaffung und Übermittlung von Informationen ist häufig deshalb gering, weil die potentiellen Informanten damit rechnen, daß ihre Informationen (ihre Ideen und Anregungen sowie ihr Faktenwissen) nicht verhaltenswirksam sind: Sie halten die Empfänger der Informationen ihrerseits für nicht motiviert und/oder fähig, diese Informationen zu verarbeiten. Insbesondere in großen Unternehmungen mit vielfältigen Interdependenzen zwischen den einzelnen Abteilungen und zahlreichen Hierarchieebenen kann der einzelne nur schwer erkennen, welche Bedeutung Informationen über Handlungsalternativen und deren Konsequenzen für die Unternehmung als Ganzes haben. Die Zerlegung der Unternehmung in überschaubare und weitgehend unabhängige Teilbereiche (z.B. Sparten) kann daher auch ein wichtiges Instrument zur Verbesserung der Anreizkompatibilität für Kommunikationsentscheidungen darstellen.

3.4.   Zusammenfassender Überblick

In Abbildung XVII.2 werden die herausgearbeiteten Tendenzaussagen im Überblick zusammengefaßt:

---

3)   Finanzielle Anreizsysteme sind z.B. oft Bestandteil des betrieblichen Vorschlagswesen: Für die angenommenen Verbesserungsvorschläge werden Prämien gewährt, deren Höhe von dem Einfluß dieser Vorschläge auf Kosten und Erlöse der Unternehmung abhängen.

HOHE STRUKTURIERTHEIT - HOHE VARIABILITÄT

Anforderungen der Aufgabe	Möglichkeiten bzw. Eigenschaften des Entscheiders	Konsequenzen für die Entscheidungsstruktur	Konsequenzen für die Organisationsstruktur

OBJEKTENTSCHEIDUNGEN

| Informations- und Kalkül- kompatibilität | Informationsbedarf hoch

Umfang von Total- modellen (schon in kleineren Unterneh- men) groß

Informationsbeschaf- fung und -verarbei- tung qualitativ einfach | Unzureichende Kapa- zität der Unterneh- mensleitung zur (zentralen) Informa- tionsbeschaffung und -verarbeitung (schon in kleineren und mit- telgroßen Unterneh- men) | Dezentralisation (auch abhängiger Objektent- scheidungen

Koordination durch Unternehmensleitung und Selbstabstimmung der nachgeordneten Mitarbeiter

Delegationsrisiko relativ groß | Abteilungsgliederung primär nach dem Objektprinzip |

ORGANISATIONSENTSCHEIDUNGEN

| Informations- und Kalkül- kompatibilität | Informationsbedarf hoch

Kalkülumfang eines Gesamtmodells (für gute Objektentschei- dungen) groß | Unzureichende Ka- pazität der Unter- nehmensleitung zur (zentralen) Informa- tionsbeschaffung und -verarbeitung (schon in kleineren und mit- telgroßen Unterneh- men) | Tendenz zur Dezentralisa- tion von Organisations- entscheidungen

Delegation von Objekt- und Organisations- entscheidungen (allgemeine bzw. vage Beschreibung der Stellen- aufgaben) | Kleine Leitungsspannen, evtl. Mehrliniensysteme |

KOMMUNIKATIONSENTSCHEIDUNGEN

| Informations- und Kalkül- kompatibilität | Informationsbedarf hoch

Kalkülumfang (für gute Kommunika- tionsentscheidungen) auch bei zentraler Informationsver- arbeitung hoch | Unzureichende Ka- pazität der Unter- nehmensleitung zur (zentralen) Informa- tionsbeschaffung und -verarbeitung (schon in kleineren und mit- telgroßen Unterneh- men) | Delegation von Kommu- nikationsentscheidungen (offene Kommunikation) | Loslösung der Kommu- nikation von den hierar- chischen Dienstwegen

Bildung überschaubarer Einheiten, die über ge- genseitige Abhängig- keiten einfach infor- mieren können |

OBJEKT-, ORGANISATIONS-, KOMMUNIKATIONSENTSCHEIDUNGEN

| Anreiz- kompatibilität | Kontrollmöglich- keiten begrenzt | Chancen, bei abwei- chenden Zielen Sanktionen auszuweichen | Anreizproblematik von relativ großer Bedeutung | Positive Anreize zur Verfolgung der Unter- nehmensziele; Abteilungsbildung mit Ergebniszuordnung |

Abb. XVII.2: Tendenzaussagen zur Strukturierung bei „hoher Strukturiertheit und hoher Variabilität" der Objektaufgaben

4.   Geringe Strukturiertheit und hohe Variabilität

4.1.   Objektaufgaben

4.1.1.   Informations- und Kalkülkompatibilität

Wenn die Aufgaben nicht nur stark variieren, sondern auch unstrukturiert sind, stellt die Beschaffung (bzw. Wahrnehmung) und Übermittlung von entscheidungsrelevanten Informationen auch in qualitativer Hinsicht hohe Anforderungen an die Entscheidungsträger. Einerseits sind aufgrund der hohen Variabilität schnelle und häufige Problemlösungen geboten. Andererseits wird durch die geringe Strukturiertheit die Beschaffung und Verarbeitung von Informationen erschwert.

Bei geringer Strukturiertheit und hoher Variabilität wird in der Regel die Informations- und die Kalkülkompatibilität sehr gering sein, wenn die Unternehmensleitung die wesentlichen Entscheidungen selbst trifft (bzw. anstrebt, dies zu tun). Insbesondere bei umfangreichem Produktionsprogramm mit heterogenen Produkten, die hinsichtlich der Beschaffung von Produktionsfaktoren, der Fertigung und des Absatzes sehr verschiedenartige Anforderungen stellen, ist die Unternehmensleitung kaum in der Lage, für alle Entscheidungsbereiche hinreichend gut Erfahrungen und spezielle Informationen zu sammeln und Fähigkeiten zu entwickeln. Abgesehen davon könnte sie aufgrund von Zeitrestriktionen selbst in jenen Bereichen des Entscheidungsfeldes keine guten Entscheidungen treffen, in denen sie über gute Fähigkeiten, Erfahrungen und Informationen verfügt.

Je geringer die Strukturiertheit, desto größer ist die Tendenz, daß die Unternehmensleitung Objektentscheidungen nur in sehr globaler Weise trifft und ihre primäre Aufgabe darin sieht, Rahmenbedingungen für gute Objektentscheidungen der nachgeordneten Mitarbeiter zu schaffen. Die Unternehmensleitung entwickelt die langfristige Unternehmensstrategie, entscheidet über Produktions- und Absatzschwerpunkte, über die Besetzung von Schlüsselpositionen, über die organisatorische Grundstruktur; sie nimmt Kontrollen vor und schafft positive Leistungsanreize oder erläßt Richtlinien, nach denen Kontrollen vorzunehmen und positive Leistungsanreize zu gewähren sind.

Je geringer die Strukturiertheit, desto geringer sind die Möglichkeiten der Standardisierung. Auch Entscheidungsträgern auf den unteren Ebenen der Unternehmenshierarchie verbleibt ein relativ weiter Spielraum für kreative Ermessensentscheidungen, z.B. hinsichtlich der Interpretation der vorliegenden Situation und der Konkretisierung der Pläne in der vorliegenden Situation.

Bei hoher Variabilität und geringer Strukturiertheit erscheint es zwar sinnvoll, relativ gut überschaubare organisatorische Einheiten zu bilden, zwischen denen allenfalls einfach erfaßbare Interdependenzen bestehen (Gliederung primär nach dem Objektprinzip). Dies führt jedoch zu einer bereichs- bzw. personenbezogenen Bündelung heterogener Teilaufgaben, die ihrerseits erhebliche Qualifikationen erfordern, insbesondere auch für die vorgesetzten Instanzen, die diese Tätigkeiten steuern und bewerten sollen. Ein Ausweg aus diesem Dilemma besteht darin, für einzelne Funktionen, die außerordentliche Qualifikationen erfordern, eigenständige organisatorische Einheiten zu bilden (vgl. Kapitel XVIII).

Einerseits besteht bei hoher Variabilität und geringer Strukturiertheit zwar die Notwendigkeit, Entscheidungskompetenzen in relativ starkem Maße an nachgeordnete Mitarbeiter zu delegieren; andererseits ist das Delegationsrisiko sehr hoch. Man benötigt qualifizierte und motivierte Mitarbeiter, damit die Aufgaben gut erfüllt werden können; die Personalkosten sind relativ hoch.

4.1.2. Anreizkompatibilität

Bei geringer Strukturiertheit und hoher Variabilität sind der Kontrolle von Objektentscheidungen sowohl in quantitativer als auch qualitativer Hinsicht enge Grenzen gesetzt. Bei geringer Strukturiertheit ist der eindeutige Nachweis von Fehlentscheidungen selbst dann schwer möglich, wenn geringe Variabilität besteht. Es existiert eben bei geringer Strukturiertheit keine Handlungsalternative, die in objektiv überprüfbarer Weise *die* Lösung eines Entscheidungsproblems darstellt. Man kann sich nur subjektive Urteile über die „Güte" von Entscheidungen bilden, die von Individuum zu Individuum sehr unterschiedlich ausfallen können. Anreizsysteme, bei denen die Entscheidungsträger im eigenen Interesse hinsichtlich des Organisationsziels gute Entscheidungen treffen, gewinnen dann besonderes Gewicht.

4.2.   Organisations- und Kommunikationsaufgaben

Je geringer die Strukturiertheit, desto mehr verstärken sich die in den Abschnitten 3.2 und 3.3 aufgezeigten Tendenzen
- zur Delegation von Organisations- und Kommunikationsentscheidungen[4],
- zu breiten Qualifikationen,
- zu Mehrliniensystemen mit flacher Hierarchie und
- zur Motivation durch Schaffung positiver Anreize und allgemeiner Wertorientierung (Auslese von Mitarbeitern, die sich mit den Zielen der Organisation identifizieren).

4.3.   Zusammenfassender Überblick

Die Abbildung XVII.3 gibt einen Überblick über einige Tendenzen.

---

4)   Die Verständigungsprobleme sind bei unstrukturierten Problemen besonders groß. Je geringer die Strukturiertheit, desto größer "die Notwendigkeit für direkte, mündliche und ungebundene Kommunikation, weil andernfalls die bei komplexen Aufgaben anfallenden Verständigungsprobleme nicht adäquat bewältigt, Verzerrungen bzw. Filterungen des Informationsflusses auftreten und Informationen nicht spontan ausgetauscht werden können; zugleich wächst der Zwang zur räumlichen Nähe der beteiligten Organisationseinheiten" (PICOT, 1984, S. 141).

GERINGE STRUKTURIERTHEIT - HOHE VARIABILITÄT

	Anforderungen der Aufgabe	Möglichkeiten bzw. Eigenschaften des Entscheiders	Konsequenzen für die Entscheidungsstruktur	Konsequenzen für die Organisationsstruktur
OBJEKTENTSCHEIDUNGEN				
Informations- und Kalkül-kompatibilität	Informationsbedarf (schon in kleineren Unternehmen) hoch; Umfang von Totalmodellen groß; Informationsbeschaffung und -verarbeitung qualitativ schwierig	Unzureichende Kapazität der Unternehmensleitung zur (zentralen) Informationsbeschaffung und -verarbeitung	Starker Trend zur Delegation (auch abhängiger) Objektentscheidungen; Koordination durch Selbstabstimmung der nachgeordneten Mitarbeiter	Abteilungsgliederung primär nach dem Objektprinzip; Bildung von Spezialeinheiten für besonders anspruchsvolle Aufgaben
ORGANISATIONSENTSCHEIDUNGEN				
Informations- und Kalkül-kompatibilität	Informationsbedarf hoch; Kalkülumfang (für gute Objektentscheidungen) bei zentraler Informationsverarbeitung groß; Zudem Informationsbeschaffung und -verarbeitung qualitativ schwierig; Daher auch Informationsbedarf und Kalkülumfang für (gute) Organisationsentscheidungen hoch	Unzureichende Kapazität der Unternehmensleitung zur (zentralen) Informationsbeschaffung und -verarbeitung	Starker Trend zur Delegation (auch von abhängigen) Organisationsentscheidungen; Sehr allgemeine Beschreibung von Organisationsaufgaben	Kleine Leitungsspannen
KOMMUNIKATIONSENTSCHEIDUNGEN				
Informations- und Kalkül-kompatibilität	Kalkülumfang (für gute Ojektentscheidungen) groß; Informationsbeschaffung und -verarbeitung qualitativ schwierig; daher hohe Anforderungen für gute Kommunikationsentscheidungen	Geringe Information der Unternehmensleitung über Informationsbedarf und Verteilung der relevanten Informationen im Unternehmen	Starker Trend zur Delegation von Kommunikationsentscheidungen (offene Kommunikation)	Loslösung der Kommunikation von hierarchischen Dienstwegen; Bildung überschaubarer Einheiten, die über gegenseitige Abhängigkeiten einfach informieren können
OBJEKT-, ORGANISATIONS-, KOMMUNIKATIONSENTSCHEIDUNGEN				
Anreiz-kompatibilität	Kontrollmöglichkeiten in quantitativer und qualitativer Hinsicht sehr begrenzt	Große Chancen, bei abweichenden Zielen Sanktionen auszuweichen	Anreizproblematik von besonderer Bedeutung	Positive Anreize zur Befolgung der Unternehmensziele; Abteilungsbildung mit Ergebniszuordnung

Abb. XVII.3: Tendenzaussagen zur Strukturierung bei „geringer Strukturiertheit und hoher Variabilität" der Objektaufgaben

Ergänzende und vertiefende Literatur:

ALDRICH (1979); CHILD (1977); FRESE (1998, S. 310ff.); FUCHS-WEGNER/WELGE (1974); HILL/FEHLBAUM/ULRICH (1981, S. 369ff.); KHANDWALLA (1973); KIESER/KUBICEK (1983, S. 243ff.); KUBICEK/THOM (1976); MINTZBERG (1979, S. 215ff.; 1983, S. 73ff.); MÜLLER (1980a; 1980b); MYERS/MYERS (1982); NIGGEMANN (1973); PICOT (1984, S. 138ff.); SCHANZ (1982, S. 99ff.); SCHREYÖGG (1978); SCOTT (1986, S. 323ff.); WOLLNIK (1980).

XVIII. Abteilungsgliederung und Verteilung von Aufgaben: Spezifische Probleme der Strukturierung des Beschaffungs-, des Absatz- und des Produktionsbereichs

1. Problemstellung

Die Aufgabe einer Unternehmung besteht in der Herstellung und dem Absatz von Produkten. Hierzu sind die erforderlichen Produktionsfaktoren bereitzustellen, im Produktionsprozeß zu kombinieren und der Output dieses Prozesses zu veräußern. Die Funktionen Beschaffung, Produktion und Absatz haben daher in der Unternehmung eine zentrale Bedeutung. Im vorliegenden Kapitel wird das Problem der Strukturierung dieser Aufgabenbereiche vor dem Hintergrund von Kapitel XVII, jedoch unter Berücksichtigung der spezifischen Anforderungen und der möglichen Gegebenheiten in den einzelnen Bereichen detailliert untersucht.

Im Abschnitt 2 wird zunächst der Beschaffungsmarkt charakterisiert, dann Grundformen für die Strukturierung des Einkaufsbereiches vorgestellt und schließlich für unterschiedliche Problemsituationen die Eignung der dargestellten Strukturierungsalternativen beurteilt. Der Abschnitt 3 behandelt in gleicher Vorgehensweise das Strukturierungsproblem für den Absatzbereich. Im Abschnitt 4 werden zunächst die Aufgaben des Produktionsbereichs definiert und alternative Fertigungstechnologien betrachtet. Danach wird gezeigt, daß sich je nach der Variabilität, dem Umfang und der Heterogenität des Produktionsprogramms unterschiedliche organisatorische Grundstrukturen im Fertigungsbereich als vorteilhaft erweisen.

2. Beschaffung

2.1. Aufgaben

Der Beschaffungsbereich hat die Aufgabe, die Bedarfsträger in der Unternehmung in wirtschaftlich optimaler Weise mit Material, Dienstleistungen und Energie zu versorgen. Zur Erfüllung dieser globalen Aufgaben sind vielfältige Tätigkeiten auszuführen, z.B. „die Erforschung, Beobachtung und Analyse der Beschaffungsmärkte, das Anbahnen und das Pflegen von Lieferantenbeziehungen, die Auswahl und Beurteilung der Lieferanten, die Vermittlung von Lieferantenkontakten der Bedarfsträger, die Mitwirkung an „make-or-buy"-Entscheidungen sowie das Eingehen von rechtlichen und finanziellen Verpflichtungen der Unternehmung gegenüber Lieferanten" (GROCHLA, 1982, S. 201). Zu den Aufgaben der Beschaffung (bzw. des Einkaufs) werden im vorliegenden Kapitel auch die Übernahme, Prüfung und Lagerung der Materiallieferungen gezählt. In der Praxis fallen diese Funktionen häufig in die Kompetenz einer eigenständigen organisatorischen Einheit, der „Vorratswirtschaft".

Zwischen dem Einkauf, der Fertigung und dem Absatz bestehen enge Interdependenzen. Wenn diese Teilbereiche - wie das häufig der Fall ist - unkoordiniert arbeiten, entstehen hohe Lagerbestände an Roh-, Hilfs- und Betriebsstoffen sowie an Halb- und Fertigfabrikaten. Eine wesentliche Aufgabe des Einkaufs sollte deshalb auch darin bestehen, zur optimalen Koordination beizutragen. Dies kann vor allem auf dem Wege der Selbstabstimmung mit den anderen Teilbereichen erfolgen.

Die organisatorische Gestaltung des Einkaufsbereichs soll den Rahmen dafür schaffen, daß die entsprechenden (Objekt-)Aufgaben möglichst gut erfüllt werden (können). Es soll gewährleistet werden, daß Erfolgspotentiale - etwa in Form von Angeboten mit niedrigeren Preisen und/oder besseren Qualitäten - schnell entdeckt und genutzt werden können. Im folgenden soll untersucht werden, welche organisatorische Grundstruktur in alternativen Situationen jeweils tendenziell vorteilhaft ist, wobei die Situationen mit Hilfe der Aufgabenmerkmale „Variabilität" und „Strukturiertheit" charakterisiert werden. Diese Aufgabenmerkmale werden ihrerseits durch die Situation auf den Beschaffungsmärkten bestimmt.

2.2.   Zur Charakteristik des Beschaffungsmarktes

Die Situation auf dem Beschaffungsmarkt eines Produktionsfaktors läßt sich kennzeichnen durch die Variabilität des Faktorangebots und durch das Ausmaß der Markttransparenz.

Die Variabilität bezieht sich zum einen auf Veränderungen im Zeitablauf, zum anderen auf Unterschiede in den Angeboten der Anbieter zum gleichen Zeitpunkt. Die Angebotsvariabilität zu einem Zeitpunkt ist um so höher, je stärker sich dann die *Preise*, *Qualitäten*, *Konditionen* und/oder *Liefertermine* von Anbieter zu Anbieter unterscheiden. Die zeitbezogene Variabilität ist um so höher, je stärker und häufiger sich diese Größen im Zeitablauf ändern. Veränderungen im Faktorangebot können insbesondere auch daraus resultieren, daß neue Anbieter (z.B. mit niedrigeren Preisen, besseren Qualitäten, zusätzlichen Verwendungsmöglichkeiten für ihre Güter und Leistungen) auf den Markt kommen und/oder bisherige Anbieter ausfallen bzw. ausscheiden.

Das Ausmaß der Markttransparenz ist um so größer, je einfacher es ist, sich über die gegenwärtigen und zukünftigen Faktorpreise, Faktorqualitäten, Liefertermine usw. zu informieren. Die Markttransparenz kann bezüglich der heutigen Angebote hoch, bezüglich der zukünftigen niedrig sein.

Zwischen Markttransparenz und Variabilität des Faktorangebots besteht ein enger Zusammenhang. Bei hoher Markttransparenz wird ein Anbieter kaum Abnehmer finden, wenn er bei gleichen Leistungen höhere Preise fordert als seine Konkurrenten; die Nachfrager, die sich über die Angebote problemlos informieren können, nehmen die günstigeren Angebote wahr. Hohe Markttransparenz bewirkt somit eine Verminderung der Angebotsvariabilität. Wenn zwischen den Anbietern eines Standardproduktionsfaktors ein so starker Wettbewerb herrscht, daß alle den gleichen Preis verlangen, ist die Markttransparenz hinsichtlich dieses Faktors extrem hoch; der einzelne Nachfrager muß dann nur den Preis *eines* Anbieters feststellen, um die Preise aller anderen kennenzulernen. Wenn die Konditionen eines Anbieters im Zeitablauf konstant bleiben, sind mit dem heutigen Angebot auch die künftigen Angebotsbedingungen bekannt.

Je höher die Variabilität, desto größer sind einerseits die Erfolgspotentiale, die im Einkaufsbereich entdeckt werden können, desto umfangreicher und komplexer sind andererseits aber auch die gebotenen Informationsaktivitäten. Nur in Ausnahmefällen ist der Ablauf des Informationsprozesses eindeutig vorgezeichnet. Insbesondere die Prognose der *zukünftigen* Entwicklung (z.B. der Preise und der Technologie) stellt ein unstrukturiertes Problem dar, das hohe Anforderungen an die Aufgabenträger stellt.

Für die Gestaltung der organisatorischen Grundstruktur im Beschaffungsbereich ist nicht allein die Marktsituation hinsichtlich der zu beschaffenden Produktionsfaktoren relevant, sondern auch die Anzahl dieser Faktoren, die jeweils benötigten Mengen und die Ähnlichkeit zwischen den jeweiligen Beschaffungsaufgaben. Wird z.B. von einem Produktionsfaktor nur eine geringe Menge benötigt, lohnt es sich auch dann nicht, umfangreiche Informationsmaßnahmen durchzuführen, um günstigere Angebote wahrnehmen zu können, wenn die Variabilität auf dem betreffenden Faktormarkt groß ist.

2.3.   Grundformen der Strukturierung des Einkaufsbereichs

Für die Stellengliederung und die damit verbundene Aufgabenverteilung innerhalb des Einkaufsbereichs gibt es mehrere Möglichkeiten. Bei einer Objektgliederung erfolgt die Spezialisierung der Einkäufer (oder Einkäufergruppen) nach den zu beschaffenden Materialgruppen (z.B. Stahlbleche, Holz, Lacke, Stoffe) oder nach Erzeugnisgruppen (z.B. Haushaltsgeräte, Sportartikel, Kfz-Zubehör, Unterhaltungselektronik).

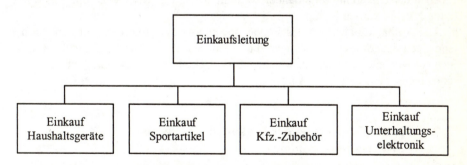

Abb. XVIII.1: Gliederung des Einkaufsbereichs nach Erzeugnisgruppen

Anstelle einer solchen Objektgliederung kann auch eine Verrichtungsgliederung (Abb. XVIII.2) gewählt werden. Häufig erfolgt eine Aufteilung in „Beschaffungsmarktforschung mit Lieferantenauswahl, Bestellabwicklung, Terminüberwachung und Eingangsprüfung" (GROCHLA, 1982, S. 198).

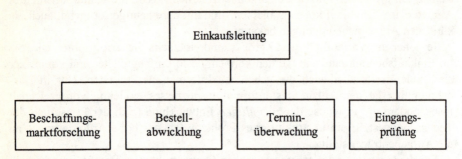

Abb. XVIII.2: Gliederung des Einkaufsbereichs nach Verrichtungen
(Quelle: GROCHLA, 1982, S. 199)

Auch nach geographischen Gesichtspunkten kann die Gliederung erfolgen.

Abb. XVIII.3: Gliederung des Einkaufsbereichs nach Regionen

Die dargestellten Gliederungsformen können auf derselben oder auf verschiedenen Ebenen der Hierarchie miteinander kombiniert werden, wie das Beispiel in Abbildung XVIII.4 verdeutlicht.

Die Aufbauorganisation des Einkaufsbereichs determiniert gemeinsam mit den sonstigen dauerhaften Regelungen die organisatorische Grundstruktur. Im folgenden soll verdeutlicht werden, welche Grundstrukturen in unterschiedlichen Situationen tendenziell vorteilhaft sind.

2.4.   Die Strukturierung des Einkaufsbereichs als Entscheidungsproblem

2.4.1. Hohe Strukturiertheit und geringe Variabilität

Die Variabilität der Aufgaben im Beschaffungsbereich ist gering, wenn in der Unternehmung immer wieder die gleichen Produktionsfaktoren benötigt werden, wenn der Markt für diese Faktoren wenig variabel ist und zudem der Faktorbedarf der Unternehmung im Zeitablauf nur wenig schwankt. In diesem Fall erübrigt sich weitgehend die Beschaffungsmarktforschung mit ständiger Überprüfung der Lieferantenauswahl. Im Vordergrund stehen dann die laufende Bestellabwicklung, die

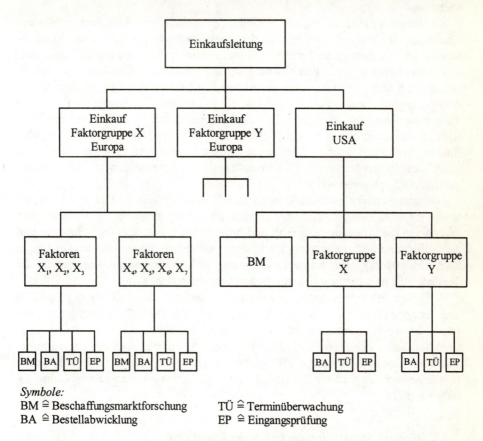

Symbole:
BM ≙ Beschaffungsmarktforschung   TÜ ≙ Terminüberwachung
BA ≙ Bestellabwicklung   EP ≙ Eingangsprüfung

Abb. XVIII.4: Gliederung des Einkaufsbereichs nach gemischten Kriterien

Terminüberwachung und die Eingangsprüfung. Diese Aufgaben lassen sich in relativ einfacher Weise strukturieren. Allenfalls die Qualitätskontrolle könnte besondere Qualifikationen erfordern.

Bei hoher Strukturiertheit und geringer Variabilität im Beschaffungsbereich ist eine weitgehende Zentralisation der Objektentscheidungen naheliegend: Die Steuerung der Tätigkeiten erfolgt primär nach expliziten Verhaltensnormen (generellen Regelungen), die eindeutig vorschreiben, welche Lieferanten zu wählen, welche Preis-, Qualitäts- und Mengenvereinbarungen mit ihnen zu treffen sind und in welcher Weise die Terminüberwachung und die Eingangsprüfung vorzunehmen sind. Zudem legen diese Normen fest, *wer* diese Aufgaben zu erfüllen hat. Über unvorhergesehene Ereignisse wird der Einkaufsleiter (oder bei kleineren Abweichungen der Einkaufsgruppenleiter) informiert, der dann die Entscheidung trifft.

In großen Einkaufsabteilungen mit breitem Beschaffungsprogramm kann es sinnvoll sein, die Aufgabe der Ermittlung von Richtlinien bzw. (für Routineaufgaben) von Programmen für die Koordination der Beschaffungsaktivitäten Stäben zu übertragen.

Bei hoher Strukturiertheit und geringer Variabilität der Aufgaben erfolgt die Gliederung des Einkaufs primär unter dem Gesichtspunkt, die Kosten des Ressourceneinsatzes (insbesondere für Personal und Betriebsmittel) niedrig zu halten; andere Aspekte wie z.B. die Erleichterung der Informationsbeschaffung, der Koordination mit Nachbarbereichen oder der Einarbeitung neuer Mitarbeiter haben für die Abteilungsgliederung ein relativ geringes Gewicht. Sind z.B. für die Qualitätskontrolle besondere Einrichtungen erforderlich, so ist es naheliegend, einen einheitlichen Funktionsbereich „Eingangsprüfung" zu bilden. Im Vergleich zu dezentralen Eingangsprüfungen können Leerkosten eingespart und verstärkt „economies of scale" genutzt werden. Auch die computergestützte Terminüberwachung kann organisatorisch integriert werden.

Die vorgesetzten Instanzen können ihre Kontrollaufgaben in relativ einfacher Weise erfüllen. Zum Beispiel wird geprüft, ob entsprechend der vorgeschriebenen Richtlinien die Angebote eingeholt und bewertet, die Verträge abgeschlossen und deren Einhaltung überwacht worden sind. Da außerdem die vorgesetzten Instanzen auch nicht ständig neue Aufgaben definieren und übertragen müssen, besteht die Tendenz zu Einliniensystemen mit großen Leitungsspannen.

Aufgrund des relativ geringen Informationsbedarfs (der geringen Variabilität) und der hohen Strukturiertheit der Aufgaben kann das Beschaffungsprogramm mit relativ wenigen Mitarbeitern abgewickelt werden. Insbesondere bei Standardgütern, bei denen der Preis- und Qualitätsvergleich einfach ist, kann ein einzelner Einkäufer eine breite Faktorpalette betreuen. Da die gestellten Anforderungen auch in qualitativer Hinsicht niedrig sind, können die Personalkosten relativ gering gehalten werden.

2.4.2. Geringe Strukturiertheit und hohe Variabilität

2.4.2.1. Allgemeine Tendenzen

Je stärker sich die qualitativen und quantitativen Anforderungen der Bedarfsträger in der Unternehmung im Zeitablauf ändern und je höher die Variabilität der betreffenden Faktormärkte ist, desto höher ist tendenziell die Variabilität der Aufgaben im Beschaffungsbereich. Die Variabilität ist insbesondere auch dann hoch, wenn immer wieder neue Faktoren benötigt werden, so daß erneut Vertragspartner gesucht und mit ihnen Verträge abgeschlossen werden müssen. Bei hoher Variabilität besteht die Tendenz, daß zumindest ein Teil der Aufgaben wenig strukturiert ist, so vor allem die Suche nach neuen Lieferanten, der Abschluß und die Überwachung von Verträgen, die Prognose des eigenen Bedarfs und der Entwicklungen auf den Beschaffungsmärkten.

Bei hoher Variabilität besteht ein erheblicher Informationsbedarf. Bei geringer Strukturiertheit stellt zugleich die Beschaffung und Verarbeitung der relevanten Informationen (insbesondere auch die Abstimmung mit dem Fertigungsbereich) ein komplexes Problem dar. Während bei geringer Variabilität und hoher Strukturiertheit ein Einkäufer eine breite Palette von Produktionsfaktoren betreuen kann, ist in der betrachteten Situation eine Konzentration auf wenige Faktoren geboten, damit die Aufgaben hinreichend gut erfüllt werden können; dies gilt insbesondere für jene Faktoren, die in größeren Mengen benötigt werden. Der Bedarf an qualifiziertem Personal ist relativ hoch.

Bei hoher Variabilität und geringer Strukturiertheit ist die Tendenz zur Delegation von Objekt-, Organisations- und Kommunikationsentscheidungen groß. Die Entscheidungen werden eher durch allgemeine Richtlinien gesteuert als durch eindeutige generelle Regelungen. Aufgrund der umfangreichen und komplexen Steuerungs- und Kontrollaufgaben der vorgesetzten Instanzen besteht die Tendenz zu kleinen Leitungsspannen.

Zwei Fragestellungen gewinnen dann für die Abteilungsgliederung besonderes Gewicht:

1. Welche Möglichkeiten bestehen für die Aufgabenträger, die entscheidungsrelevanten Informationen zu beschaffen und welche Kosten sind mit den maßgeblichen Informationsaktivitäten verbunden?
2. Welche Spezialisierungsmöglichkeiten sind gegeben?

2.4.2.2. Regionale Gliederung bei vorwiegend gebietsspezifischem Informationsbedarf

Wenn die Produktionsfaktoren in verschiedenen Regionen beschafft werden und zwischen diesen Regionen erhebliche Unterschiede bezüglich der Angebotsstrukturen bestehen, so liegt (vor allem in großen Einkaufsabteilungen mit umfangreichem Beschaffungsprogramm) eine *regionale* Gliederung insbesondere der Beschaffungsmarktforschung und der Bestellabwicklung (Vertragsanbahnung und Vertragsabschluß) nahe. Die Aufgabenträger in diesen Bereichen haben dann aufgrund ihrer persönlichen Präsenz relativ gute Möglichkeiten, die Entwicklung auf dem jeweiligen Markt zu beobachten und zu analysieren, persönliche Kontakte zu Lieferanten zu unterhalten, deren Gewohnheiten kennenzulernen und Vertragsverhandlungen zu führen.

Damit die jeweils *besten* Angebote wahrgenommen und die beschafften Mengen mit dem Bedarf abgestimmt werden können, müssen allerdings die Einkäufer ihre Entscheidungen koordinieren. Das kann z.B. dadurch geschehen, daß Kollegien und Arbeitskreise eingerichtet werden.

Da die Beschaffungsmarktforschung und die Bestellabwicklung qualitativ höhere Anforderungen stellen als die Terminüberwachung und die Eingangsprüfung, ist es naheliegend, diese Bereiche organisatorisch zu trennen. Dadurch werden Spezialisierungsmöglichkeiten eröffnet und der Bedarf an qualifiziertem Personal reduziert. Die Bereiche „Terminüberwachung" und „Eingangsprüfung" müssen dann über die abgeschlossenen Verträge informiert werden. Die betriebsinterne Übermittlung und Speicherung von Informationen verursacht aufgrund der technischen Entwicklung immer geringere Probleme. Bei stark variierenden und wenig transparenten Faktormärkten besteht das Kernproblem darin, an die Marktinformationen „heranzukommen" und jeweils gute Verträge auszuhandeln.

Ob auch die Terminüberwachung und die Eingangsprüfung regional gegliedert werden sollen, hängt primär von den jeweiligen (Personal-, Betriebsmittel- und Kommunikations-)Kosten ab. Wenn damit annähernd dieselben Personal- und Betriebsmittelkosten entstehen, ist die regionale Aufteilung der zentralen Lösung vorzuziehen. Die räumliche Nähe erleichtert z.B. bei Terminüberschreitungen oder bei Qualitätsmängeln die Kommunikation mit den Lieferanten sowie mit den Entscheidungsträgern in der Beschaffungsmarktforschung und in der Bestellabwicklung. Bei dezentraler Terminüberwachung und Eingangsprüfung kann aber ein zusätzlicher Bedarf an Ressourcen bestehen, die nur zum Teil genutzt werden können. Wenn z.B. für die Qualitätskontrolle teure technische Einrichtungen benötigt werden und die Verarbeitung der Produktionsfaktoren zentral erfolgt, ist es naheliegend, die Eingangsprüfung zu zentralisieren und in räumlicher Nähe des Fertigungsbereichs anzusiedeln.

2.4.2.3. Objektgliederung bei vorwiegend faktorspezifischem Informationsbedarf

Die Gliederung der Beschaffung nach Material- bzw. Erzeugnisgruppen (Abbildung XVIII.1) ist dann sinnvoll, wenn
– für den Einkauf der verschiedenen Faktorarten der einzelnen Gruppen jeweils Informationsmengen relevant sind, die sich stark überschneiden, und/oder
– die gemeinsame Beschaffung der jeweiligen Informationen technisch einfacher ist als die getrennte Beschaffung durch mehrere Aufgabenträger.

Die „*Informationsbündelung*" erspart dann weitgehend die mehrfache Beschaffung und Verarbeitung von Informationen. Die Aufgabenträger können zudem besser lernen, die Informationen zu beschaffen und daraus Rückschlüsse abzuleiten.

Durch die Objektgliederung kann insbesondere dann der Informationsprozeß erleichtert werden, wenn die zu den einzelnen Objektbereichen zählenden Faktorarten jeweils von denselben Lieferanten angeboten werden.

2.4.2.4. Die Bildung eigenständiger organisatorischer Einheiten für komplexe Funktionen

Für die Gliederung des Einkaufsbereichs sind nicht nur die objektiven Möglichkeiten der Informationsbeschaffung und -verarbeitung von Bedeutung. Bei geringer Strukturiertheit ist auch darauf zu achten, welche Anforderungen an die Aufgabenträger in qualitativer Hinsicht gestellt werden. Zu den besonders unstrukturierten Aufgaben zählt die langfristige Prognose der Entwicklung der Beschaffungsmärkte. Diese Prognose ist z.B. relevant für Grundsatzentscheidungen wie Erweiterung der Fertigungskapazität, Aufnahme neuer Produkte in das Angebotsprogramm, Abschluß langfristiger Lieferverträge. Die Bündelung der entsprechenden Aktivitäten in einer besonderen organisatorischen Einheit erleichtert die Spezialisierung und die gegenseitige Unterstützung bzw. Förderung bei der Aufgabenerfüllung. Wenn jedoch langfristige Prognosen nur sporadisch erstellt werden müssen, kann es auch zweckmäßig sein, jeweils zeitlich befristete Informationsgremien einzusetzen.

2.4.3. Zentrale vs. dezentrale Beschaffung bei Spartenorganisation

2.4.3.1. Die betrachteten Strukturierungsformen

Ein wichtiges Problem der Gliederung des Einkaufsbereichs besteht darin, ob der Einkauf zentral oder dezentral erfolgen soll. Dieses Problem soll hier für den Fall der *Spartenorganisation* untersucht werden. Dabei vergleichen wir die in den Abbildungen XVIII.5 - XVIII.7 dargestellten Strukturierungsformen.

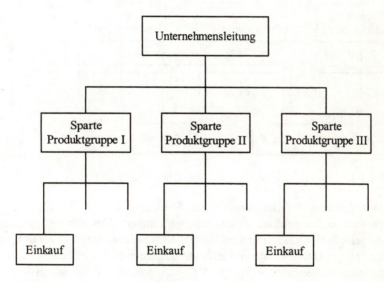

Abb. XVIII.5: Divisionale Organisation mit vollständig dezentralisiertem Einkauf

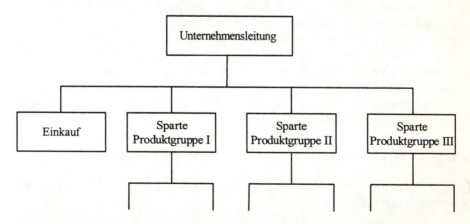

Abb. XVIII.6: Divisionale Organisation mit zentralisiertem Einkauf

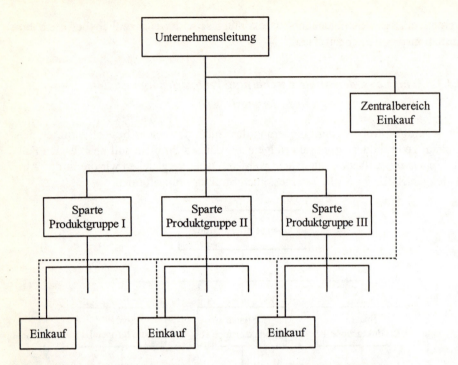

Abb. XVIII.7: Divisionale Organisation mit Querschnittsfunktion Einkauf

Bei der in Abbildung XVIII.5 dargestellten Strukturform wird der Einkauf ausschließlich von den einzelnen Sparten vorgenommen. Bei der in Abbildung XVIII.6 dargestellten Strukturform erfolgt der Einkauf (vollständig) zentral durch eine eigenständige Abteilung, deren Leiter auf derselben Hierarchieebene steht wie die Spartenleiter. Bei der in Abbildung XVIII.7 dargestellten Lösung existieren neben einem Zentralbereich Einkauf in den Sparten dezentrale Einkaufsabteilungen. Die Leitung des Zentralbereichs Einkauf hat fachliche Weisungsbefugnisse gegenüber den Einkaufsleitern in den Sparten (Mehrliniensystem). Die Aufgabe des Zentralbereichs kann z.B. darin bestehen, Rahmenverträge mit Lieferanten abzuschließen, Richtlinien für den Einkauf in den Sparten zu erarbeiten, langfristige Beschaffungsmarktprognosen zu erstellen, die Einstellung der Einkäufer vorzunehmen und Trainingsprogramme für sie zu organisieren. Darüber hinaus könnte eine Arbeitsteilung auch in dem Sinne erfolgen, daß der Zentralbereich für einen Teil der Produktionsfaktoren zuständig ist, während die anderen Faktoren dezentral von den Sparten beschafft werden.

2.4.3.2.   Zentralisation vs. Dezentralisation als Entscheidungsproblem

Die vollständige Dezentralisation des Einkaufs (Abbildung XVIII.5) ist insbesondere dann sinnvoll,

- wenn die Sparten unterschiedliche Material- oder Erzeugnisgruppen benötigen und
- im Falle eines zentralen Einkaufs die dem Einkaufsleiter unmittelbar unterstellten Abteilungen ohnehin nach diesen Faktorgruppen gebildet würden.

Die Verlagerung dieser Abteilungen in jene Sparten, die die betreffenden Faktoren benötigen, erleichtert insbesondere bei räumlicher Nähe der jeweiligen Entscheidungsträger die Koordination der Beschaffung mit der Fertigung. Zudem werden die Personalkosten für die oberste Leitungsinstanz des Zentralbereichs Einkauf eingespart. Da jetzt andererseits der Einkauf durch die Spartenleiter gesteuert wird, werden an diese Mitarbeiter qualitativ und quantitativ höhere Anforderungen gestellt, als wenn sie nur für Fertigung und Absatz zuständig sind. Möglicherweise sind die Spartenleiter für die Aufgaben des Einkaufs weniger qualifiziert als ein spezialisierter Leiter eines zentralen Einkaufsbereichs. Dieser Aspekt hat allerdings ein relativ geringes Gewicht, wenn die Leiter der dezentralen Einkaufsbereiche ihrerseits gut qualifiziert und motiviert sind, ihre Aufgaben zu erfüllen. Außerdem kann eine niedrigere Qualifikation der Spartenleiter kompensiert werden durch eine höhere Motivation. Die Spartenleiter können insbesondere dadurch motiviert werden, daß sie nach ihren Erfolgen beurteilt und belohnt werden. Als Belohnung können z.B. Erfolgsprämien dienen (Kapitel XXV). Für den Leiter eines Funktionsbereichs ist es schwieriger, ein adäquates Anreizsystem zu schaffen (Kapitel XXIII).

Unter den genannten Voraussetzungen erfolgt die Dezentralisierung des Einkaufs einfach in der Weise, daß die (potentiellen) Hauptabteilungen eines zentralen Einkaufs als Einkaufsabteilungen den Sparten angegliedert werden. Wenn diese Voraussetzungen nicht erfüllt sind (und dies ist der Regelfall), kann die Dezentralisierung des Einkaufs erhebliche Auswirkungen haben auf die Verteilung der Aufgaben, die Zahl der Mitarbeiter, die erforderlichen Qualifikationen und den Bestand an Betriebsmitteln. Die Entscheidung zwischen zentralem und dezentralem Einkauf ist dann ein wesentlich komplexeres Problem. Im folgenden sollen mögliche Vor- und Nachteile eines zentralen Einkaufs gegenüber einer dezentralen Lösung dargestellt werden:

- Bei zentralem Einkauf wird die Koordination zwischen Beschaffung und Fertigung erschwert. Dies gilt insbesondere dann, wenn die von den gemeinsamen Problemen betroffenen Entscheidungsträger räumlich weit voneinander entfernt arbeiten.
- Der Leiter eines zentralen Einkaufsbereichs ist möglicherweise weniger motiviert, die Tätigkeiten der nachgeordneten Einkäufer zu steuern und zu kontrollieren, als die Spartenleiter, deren Tätigkeitsfeldern leichter Erfolge zuzurechnen sind. Andererseits ist der spezialisierte Leiter eines zentralen Einkaufsbereichs oft für die Aufgaben des Einkaufs besser qualifiziert als die Spartenleiter. Bei breiten Beschaffungsprogrammen fehlt dem Leiter eines zentralen Einkaufs möglicherweise aber die Zeit, seine Aufgaben „gut" zu erfüllen.
- Der zentrale Einkauf erleichtert die Bündelung des jeweiligen Bedarfs der einzelnen Sparten zu Großaufträgen, die zu günstigeren Konditionen (z.B. zu Preisnachlässen oder zu kürzeren Lieferzeiten) führen. Auf diese Weise können

vor allem bei jenen Produktionsfaktoren Synergieeffekte erzielt werden, die von mehreren Sparten benötigt werden.

- Die Zentralisierung erleichtert die Spezialisierung der Aufgabenträger. Die Möglichkeit der Spezialisierung besteht natürlich auch bei dezentralem Einkauf. Hier führt jedoch die Spezialisierung (insbesondere bei kleineren dezentralen Beschaffungsprogrammen) relativ schnell dazu, daß das Personal nicht ausgelastet werden kann. Bei dezentralem Einkauf benötigen die Einkäufer tendenziell breitere Qualifikationen, so daß im Vergleich zur zentralen Lösung höhere Personalkosten entstehen.

- Die Zentralisation des Einkaufs erleichtert die Einstellung von Mitarbeitern mit besonderen Qualifikationen, die mit komplexen Problemen betraut werden können, z.B. mit der langfristigen Beschaffungsprognose, der Verhandlung mit Lieferanten, der Rechtsberatung bei der Vertragsgestaltung. Bei Beschäftigung solcher Experten in den einzelnen Sparten werden diese - insbesondere bei kleinen dezentralen Beschaffungsprogrammen - jedoch nicht adäquat ausgelastet.

- Der zentrale Einkauf kann schließlich auch zu einer Verminderung der Betriebsmittelkosten führen (etwa im Bereich der technischen Qualitätskontrolle).

- Der zentrale Einkauf erleichtert die Koordination von Einkaufsrisiken. Dies hat insbesondere Bedeutung bei hochwertigen und homogenen Faktoren (Öl, Edelmetalle), deren Preise primär auf Terminmärkten bestimmt werden.

Eine völlige Zentralisation ist in der Regel ebensowenig sinnvoll wie eine völlige Dezentralisation. Wenn neben einem Zentralbereich Einkauf in den Sparten dezentrale Einkaufsabteilungen existieren, kann die Arbeitsteilung vor allem in der Weise erfolgen, daß der Zentralbereich jene Produktionsfaktoren beschafft, die von mehreren Sparten benötigt werden, während der bereichsspezifische Faktorbedarf durch die jeweilige Sparte gedeckt wird.

3.   Absatz

3.1.   Aufgaben

Der Absatzbereich hat die Aufgabe, die Beziehung der Unternehmung zum Absatzmarkt zu gestalten. Konkrete Aufgaben eines Absatzbereiches sind (vgl. ALEWELL, 1980; WÖHE, 1996, S. 631ff.):

- Preispolitik,
- Mengenpolitik (Festlegung der Absatzmengen),
- Werbung (Information über Produkteigenschaften, Präferenzpolitik),
- Produktgestaltung, Sortimentsgestaltung und Marktsegmentierung,
- Kundendienst- und Konditionenpolitik (Gestaltung z.B. von Service, Lieferzeiten, Zahlungsbedingungen),
- Distributionspolitik (Transport, Festlegung der Vertriebssysteme und der Absatzwege),
- Informationspolitik (Information über die Konditionen),

– Verkauf (Verhandlung mit Kunden, Vertragsabschluß, Meldung des Bedarfs an den Fertigungsbereich).

Zur Erledigung dieser Aufgaben benötigt der Absatzbereich Informationen über absatzbeeinflussende Marktdaten. Die Marktforschung dient der Gewinnung solcher Informationen; sie bildet eine wesentliche Grundlage für die Entscheidungen über absatzpolitische Maßnahmen.

3.2.   Zur Charakteristik des Absatzmarktes

Die Situation auf dem Absatzmarkt einer Unternehmung ist primär charakterisiert durch die *Variabilität* der Reaktionsweise der (potentiellen) Nachfrager auf absatzpolitische Maßnahmen der Unternehmung sowie durch die *Strukturiertheit* des Problems der Prognose der jeweiligen Reaktionen. Die Reaktionsweise der (potentiellen) Nachfrager auf die absatzpolitischen Maßnahmen einer Unternehmung ist vor allem abhängig von

– den Präferenzvorstellungen der Nachfrager (die ihrerseits von der Präferenzpolitik aller Anbieter abhängen),
– den finanziellen Möglichkeiten der Nachfrager,
– den absatzpolitischen Maßnahmen der Konkurrenz, die ihrerseits durch die Absatzpolitik der betrachteten Unternehmung beeinflußt werden, und
– dem Informationsstand der Nachfrager über die Angebote der maßgeblichen Anbieter. Er hängt von der Informationspolitik aller Anbieter ab (Markttransparenz).

Hinsichtlich der Variabilität der Reaktionsweise der Nachfrager auf die absatzpolitischen Maßnahmen einer Unternehmung sollen hier vier Komponenten unterschieden werden:

Die *zeitbezogene Variabilität* charakterisiert Veränderungen, die sich im Zeitablauf ergeben, z.B. aufgrund von Geschmacks- bzw. Bedarfsverschiebungen, Änderungen der Menge der Wettbewerber und/oder ihres Verhaltens, Änderungen in der Transparenz des Absatzmarktes.

Die *produktbezogene Variabilität* mißt die Unterschiede in den Reaktionsweisen der Nachfrager für die verschiedenen Produkte der Unternehmung. Unterschiede können sich vor allem aus den verschiedenen Verwendungsmöglichkeiten der Produkte ergeben, aber auch aus Unterschieden in den jeweiligen Angebotsstrukturen der Konkurrenten. Je höher die Heterogenität des Produktprogramms, desto höher ist die produktbezogene Variabilität des Absatzmarktes der Unternehmung.

Die *kundenbezogene Variabilität* fragt nach Unterschieden in den Reaktionsweisen verschiedener Kunden(-gruppen) eines (gleichen) Produkts, z.B. zwischen privaten und kommerziellen Nachfragern und/oder zwischen Industrie, Handel und Versicherungen.

Die *gebietsbezogene Variabilität* schließlich bezieht sich auf Unterschiede in den Reaktionsweisen der (potentiellen) Nachfrager in verschiedenen Regionen. Unterschiede können z.B. resultieren aus rechtlichen, sprachlichen und währungs-

spezifischen Gegebenheiten oder aus einer asymmetrischen Verteilung des Kon-
kurrenzangebots.

Bei hoher Variabilität ist der Informationsbedarf für das Treffen guter Entscheidungen relativ hoch: Informationen über das heutige Verhalten der Nachfrager lassen möglicherweise nur geringe Rückschlüsse auf die zukünftigen Verhaltensweisen zu; Informationen über das Verhalten der Kundengruppe A geben möglicherweise nur wenig Hinweise auf Reaktionen der Kundengruppe B.

Bei hoher Variabilität des Absatzmarktes ist die Prognose des Verhaltens der
(potentiellen) Nachfrager tendenziell ein unstrukturiertes Problem. Dies gilt insbesondere für die langfristige Prognose bei hoher zeitbezogener Variabilität. Die
kurzfristige Prognose ist insbesondere für solche Produkte einfach, für die vollkommene Märkte existieren: Fixiert ein Anbieter den Preis eines solchen Produkts
über dem Marktpreis, so verliert er sämtliche Nachfrager. Senkt er ihn unter den
Marktpreis, so reagieren seine Konkurrenten nicht darauf. Er gewinnt zwar alle
Nachfrager, kann jedoch deren Nachfrage nicht befriedigen. Der vollkommene
Markt ist jedoch ein theoretischer Grenzfall, in dem kaum ein eigenständiger Absatzbereich benötigt wird. Eine besondere absatzwirtschaftliche Qualifikation wird
dann allenfalls für die Prognose der zukünftigen Entwicklung des Marktpreises benötigt, den der einzelne Anbieter als Datum hinnehmen muß.

3.3.   Grundformen der Strukturierung des Absatzbereichs

Für die Stellengliederung und die damit verbundene Aufgabenverteilung innerhalb
einer Absatzabteilung gibt es mehrere Möglichkeiten. Bei verrichtungsorientierter
Strukturierung kann die Spezialisierung der Absatztätigkeiten z.B. nach den in Abbildung XVIII.8 dargestellten Funktionen erfolgen.

Abb. XVIII.8: Gliederung eines Absatzbereichs nach Verrichtungen
(Quelle: GROCHLA, 1982, S. 208)

Sind aufgrund der Produktvielfalt die an den Absatzleiter gestellten Anforderungen
zu hoch, so kann z.B. wie in Abbildung XVIII.9 eine zweistufige Gliederung vorgenommen werden.

Eine verrichtungsorientierte Gliederung kann je nach Größe und Heterogenität des Absatzprogramms durch eine objektweise Gliederung ersetzt oder ergänzt werden.

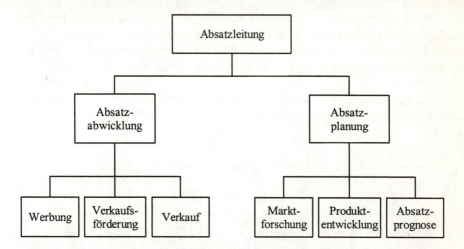

Abb. XVIII.9: Zweistufige Gliederung eines Absatzbereichs nach Funktionen
(Quelle: GROCHLA, 1982, S. 208)

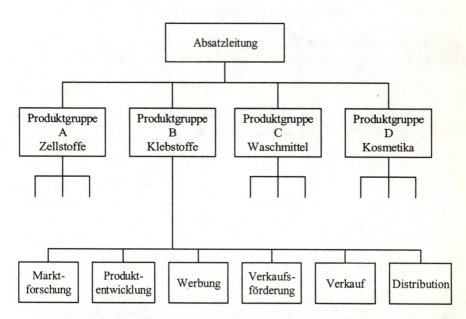

Abb. XVIII.10: Zweistufige Gliederung eines Absatzbereichs nach Produkten und Verrichtungen
(Quelle: GROCHLA, 1982, S. 209)

Bei einer Strukturierung des Absatzbereichs nach Objekten erfolgt die Gliederung nach produkt(-gruppen)-, kunden(-gruppen)- oder gebietsorientierten Gesichtspunkten. Eine solche Strukturierung „ist besonders typisch für Unternehmungen mit breitem Produktionsprogramm und heterogenen Produkten" (GROCHLA, 1982, S. 209). In einem produktorientierten Absatzbereich dient das Produkt bzw. die Produktgruppe als Kriterium für die Bildung organisatorischer Einheiten auf der zweiten Hierarchieebene. Auf der dritten Ebene kann wiederum eine objektweise Gliederung erfolgen, aber auch eine Gliederung nach Funktionen (Abbildung XVIII.10).

Bei gebietsorientierter Gliederung erfolgt die Strukturierung des Absatzbereichs nach Absatzregionen (Abbildung XVIII.11).

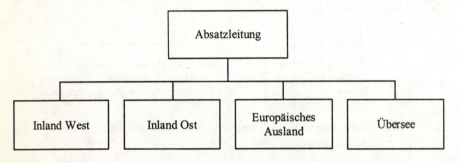

Abb. XVIII.11: Gliederung des Absatzbereichs nach Regionen

Bei einer kundenorientierten Strukturierung werden die organisatorischen Einheiten nach Kunden bzw. Kundengruppen gebildet (Abbildung XVIII.12).

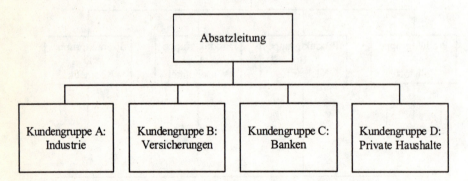

Abb. XVIII.12: Gliederung eines Absatzbereichs nach Kundengruppen

Wie im folgenden Abschnitt näher begründet wird, sind produkt-(gruppen-)orientierte organisatorische Einheiten insbesondere dann naheliegend, wenn
– einerseits zwischen den (optimalen) Absatzmaßnahmen in den einzelnen Einheiten jeweils enge Interdependenzen bestehen und andererseits die Abhängig-

keiten zwischen den Absatzmaßnahmen verschiedener Einheiten relativ gering sind und/oder
– für die produktbezogenen Absatzaktivitäten in den einzelnen organisatorischen Einheiten jeweils besondere Informationen und Fähigkeiten erforderlich sind.

Die produktorientierte Gliederung erleichtert dann die Informationsbeschaffung, die Spezialisierung und/oder die Koordination der Funktionen im Absatzbereich. Das Analoge gilt für die gebiets- und die kundenorientierte Gliederung.

Bei einer produkt-, gebiets- oder kundenorientierten Struktur ist mit einer Erhöhung der Mitarbeiterzahl zu rechnen. Andererseits erschwert die rein verrichtungsorientierte Gliederung die Koordination der Absatzaktivitäten. Ein Kompromiß besteht darin, dem Absatzleiter zwar nach Verrichtungen gleicher Art gegliederte organisatorische Einheiten nachzuordnen, jedoch besondere Stellen einzurichten, die für die produktbezogene (oder auch kunden- bzw. gebietsbezogene) Koordination der funktionalen Teilaufgaben zuständig sind. Dies geschieht im Rahmen des Produkt-Management, das in der Praxis zunehmend Verbreitung findet.

„Das *Produkt-Management* ist eine auf dem Objektprinzip basierende, zeitlich nicht befristete Organisationsform des Absatzbereiches, bei der ein Produkt-Manager eine produktbezogene Querschnittskoordinationsfunktion übernimmt (vgl. KÖHLER, 1980). Damit soll erreicht werden, daß Produkte als die zentralen Erfolgsträger einer Unternehmung in den Mittelpunkt der Betrachtung gestellt werden" (GROCHLA, 1982, S. 212). Die Aufgabe eines Produkt-Managers umfaßt neben der laufenden Koordination aller Absatzmaßnahmen für sein(e) Produkt(e) die Kontrolle und die Produktinnovation.

Für das Produkt-Management gibt es zwei typische Grundformen der Gestaltung, zwischen denen vielfältige Kombinationsmöglichkeiten bestehen. Bei der ersten Gestaltungsform werden die Produkt-Manager der Absatzabteilung als Stab zugeordnet (Abbildung XVIII.13).

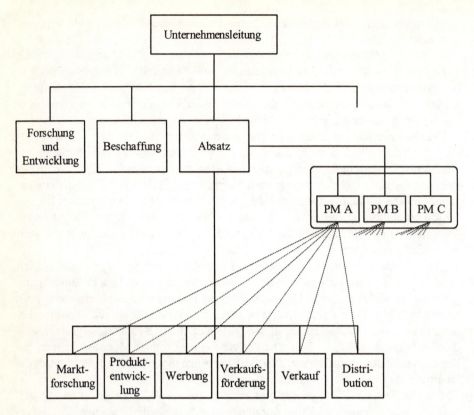

Abb. XVIII.13: Produkt-Manager als Stab der Absatzabteilung
(vgl. GROCHLA, 1982, S. 213)

In der zweiten Strukturform erhalten die Produkt-Manager im Rahmen einer Matrixstruktur Entscheidungskompetenzen (Abbildung XVIII.14). (Einen umfassenden Überblick geben WILD, 1973; WEIRICH, 1979; LEMBKE, 1980.)

Bei der in Abbildung XVIII.13 dargestellten Strukturform behält der Absatzleiter die Weisungsbefugnis. Die Aufgabe der Produkt-Manager besteht (bei strenger Beachtung des Stablinienprinzips) darin, die Absatzleitung zu beraten. Inwieweit die Vorarbeiten eines Produkt-Managers in die Entscheidungen des Absatzleiters einfließen, hängt wesentlich davon ab, wie der Absatzleiter die Qualität der Vorschläge des Produkt-Managers einschätzt.

Häufig erhalten Produkt-Manager jedoch gewisse Richtlinienkompetenzen und damit auch einen *unmittelbaren* Einfluß auf die einzelnen Funktionsbereiche. Die konsequente Fortentwicklung der Idee, Produkt-Manager mit Weisungsrechten auszustatten, führt zu sogenannten „Produkt-Leitstellen" im Rahmen einer (Mikro-) Matrixorganisation im Absatzbereich (GROCHLA, 1982, S. 214). Dabei werden den Produkt-Managern neben Weisungs- auch Einspruchs- und Mitspracherechte eingeräumt. Wenn zwischen den Produkt-Managern und den Leitern der Funktionsbereiche Konflikte entstehen und keine Einigung erzielt werden kann,

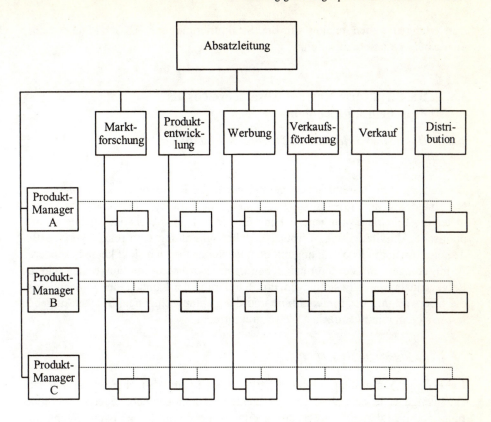

Abb. XVIII.14: Produkt-Management als (Mikro-)Matrixorganisation
(vgl. GROCHLA, 1982, S. 215)

entscheidet der Absatzleiter als übergeordnete Instanz. Die Verteilung knapper Ressourcen auf die Produkt-Manager erfolgt häufig durch sogenannte „Absatz-Komitees", in denen in der Regel der Absatzleiter den Vorsitz führt (KÖHLER, 1980).

Die vielschichtigen Aufgaben des Produkt-Managers erfordern eine eindeutige Festlegung von Aufgaben, Kompetenzen und Verantwortung. In Stellenbeschreibungen werden solche Aufgaben konkretisiert: „Laufende Analyse der Produkt-/ Marktsituation, d.h. Umsatz- und Erfolgskontrolle, Entwicklung von Produkt-/ Marktstrategien, Vorschläge zur Produktinnovation, Produktänderung und -elimination (vgl. KÖHLER, 1980), Entwicklung kurz- bis mittelfristiger Produktabsatzpläne und die Abstimmung dieser Pläne mit anderen Stellen, Koordination von Werbe- und Verkaufsförderungsstrategien etc. (vgl. hierzu WILD, 1973; LINNERT, 1974; KREUZ, 1975)" (GROCHLA, 1982, S. 214).

Die obige Charakteristik verdeutlicht, welche Vielfalt an Strukturierungsmöglichkeiten für den Absatzbereich in der Praxis besteht. Für den Organisator stellt sich das Problem, *wie* er verfahren soll. Mit diesem Problem befassen wir uns im folgenden Abschnitt, wobei wir eine Unternehmung als Ganzes betrachten; die

Darstellungen gelten analog für die Strukturierung der Absatzaufgaben einer
Sparte bei Spartenorganisation.

3.4. Die Strukturierung des Absatzbereichs als Entscheidungsproblem

3.4.1. Hohe Strukturiertheit und geringe Variabilität

3.4.1.1. Die Situation

Die zeitbezogene Variabilität ist gering, wenn die Produktpalette, die Menge der
Nachfrager und deren Bedarf sowie die Menge der Anbieter und deren Absatzpara-
meter im Zeitablauf weitgehend konstant bleiben. In diesem Fall haben absatzpolitische Aktivitäten wie Werbung und Preisgestaltung eine relativ geringe Bedeutung. Auch die Koordination mit dem Fertigungsbereich stellt keine besonderen
Anforderungen. Im Vordergrund stehen dann eher technische Funktionen wie die
Entgegennahme von Bestellungen, die Belieferung der Kunden, der Kundendienst,
die Überwachung der Liefertermine und der Zahlungseingänge. Solche Aufgaben
lassen sich in relativ einfacher Weise strukturieren.

3.4.1.2. Allgemeine Tendenzen

Bei geringer Variabilität und hoher Strukturiertheit im Absatzbereich ist demnach
eine weitgehende Zentralisation der Objektentscheidungen naheliegend. Die Steuerung der Tätigkeiten erfolgt primär durch generelle Regelungen. Wenn unvorhergesehene Ereignisse eintreten (was unter den getroffenen Annahmen ohnehin selten vorkommt), trifft der Absatzleiter - oder in kleineren Unternehmungen
sogar die Unternehmensleitung selbst - die Entscheidung.

Die Gliederung der Aufgaben des Absatzbereichs erfolgt primär unter dem Aspekt, die Kosten des Ressourceneinsatzes (insbesondere für Personal und Betriebsmittel) zu minimieren. Dies wird - vor allem, wenn neben der zeitbezogenen Variabilität auch die produkt-, gebiets- und kundenbezogene Variabilität gering ist -
am ehesten mit einer funktionalen Gliederung erreicht. Zum Beispiel könnten die
Funktionsbereiche Verkauf (mit Überwachung der Zahlungseingänge), Transport
(mit Kontrolle der Liefertermine) und Kundendienst gebildet werden.

Da die vorgesetzten Instanzen ihre Steuerungs- und Kontrollaufgaben in relativ
einfacher Weise erfüllen können, besteht die Tendenz zu Einliniensystemen mit
hohen Leitungsspannen. Die Personalkosten im Absatzbereich sind relativ gering.

3.4.2. Geringe Strukturiertheit und hohe Variabilität

3.4.2.1. Die Situation

Je stärker sich das Produktionsprogramm der Unternehmung im Zeitablauf ändert
und je höher die Variabilität der maßgeblichen Absatzmärkte, desto höher ist die

Variabilität der Aufgaben im Absatzbereich und desto geringer ist tendenziell die Strukturiertheit dieser Aufgaben. Es sind häufig Entscheidungen zu treffen, z.B. über Preise, Konditionen, Werbemaßnahmen, Absatzmengen. Die Abstimmung der absatzpolitischen Maßnahmen untereinander sowie die Koordination zwischen dem Absatz- und dem Fertigungsbereich stellt in quantitativer und qualitativer Hinsicht hohe Anforderungen an die Entscheidungsträger. Der Bedarf an qualifiziertem Personal (an Trainingsprogrammen und anderen Ausbildungsmaßnahmen) ist hoch.

3.4.2.2. Allgemeine Tendenzen

Bei hoher Variabilität und geringer Strukturiertheit besteht eine starke Tendenz zur Delegation von Objekt-, Organisations- und Kommunikationsentscheidungen und zu Mehrliniensystemen mit geringen Leitungsspannen. Für die Gliederung des Absatzbereichs haben folgende Fragestellungen besondere Bedeutung:
1. Welche Möglichkeiten bestehen für die Entscheidungsträger, entscheidungsrelevante Informationen zu beschaffen und welche Kosten sind mit den maßgeblichen Informationsaktivitäten verbunden?
2. Welche Möglichkeiten und welcher Anreiz bestehen, die absatzpolitischen Maßnahmen untereinander sowie mit den Maßnahmen des Fertigungsbereichs zu koordinieren?
3. Welche Möglichkeiten bestehen hinsichtlich der Spezialisierung auf komplexe Probleme der Informationsbeschaffung und -verarbeitung?
Die optimale Strukturform ist vor allem abhängig von der Stärke der produkt-, kunden- und gebietsbezogenen Variabilität, dem jeweiligen Koordinationsbedarf für die absatzpolitischen Maßnahmen und dem jeweiligen Absatzvolumen.

3.4.2.3. Gebietsorientierte Gliederung bei vorwiegend gebietsspezifischem Informations- und Koordinationsbedarf

Ist die gebietsbezogene Variabilität besonders hoch und besteht für die einzelnen Gebiete ein hoher Koordinationsbedarf, so ist eine gebietsorientierte Gliederung naheliegend. Dadurch wird nicht nur die gebietsbezogene Koordination erleichtert, sondern auch die Beschaffung der gebietsspezifischen Informationen. (Dies gilt insbesondere bei räumlicher Präsenz der Mitarbeiter in den jeweiligen Absatzregionen.) Zudem können die Aufgabenträger besser lernen, die typischen Verhaltensweisen der jeweiligen Nachfrager und Konkurrenten zu prognostizieren. Wenn allerdings die Absatzmengen in einer Region unabhängig von den eigenen absatzpolitischen Maßnahmen stets sehr gering sind, dann dürfte es sich kaum rentieren, eine eigenständige Abteilung für diese Region zu bilden.

3.4.2.4. Produktorientierte Gliederung bei vorwiegend produktspezifischem Informations- und Koordinationsbedarf

Stellt eine Unternehmung heterogene Produkte (Produktgruppen) her, zwischen denen keine spürbaren absatzwirtschaftlichen Interdependenzen bestehen und die jeweils spezifische Absatzmaßnahmen erfordern (etwa Bier und Schuhmaschinen), so ist es naheliegend, das Produkt (bzw. die Produktgruppe) als Kriterium für die Bildung organisatorischer Einheiten auf der zweiten Hierarchieebene des Absatzbereichs heranzuziehen (vgl. Abbildung XVIII.10). Die Beschaffung von Informationen und die Prognose der Konsequenzen absatzpolitischer Maßnahmen sowie die produktspezifische Koordination dieser Maßnahmen wird dadurch erleichtert. Die Koordination kann primär in den zuständigen organisatorischen Einheiten erfolgen; die bereichsübergreifende Koordination mit anderen Absatzmaßnahmen erübrigt sich.

Ein bereichsübergreifender Koordinationsbedarf besteht allerdings auch bei hoher absatzwirtschaftlicher Produktvariabilität z.B. dann, wenn die Produkte verschiedener organisatorischer Einheiten auf denselben Produktionsanlagen hergestellt werden, deren Kapazitäten begrenzt ist, oder wenn dem Absatzbereich ein Werbeetat vorgegeben wird, der auf die verschiedenen Teileinheiten aufzuteilen ist.

3.4.2.5. Verrichtungsorientierte Gliederung bei vorwiegend funktionsspezifischem Informations- und Koordinationsbedarf

Bestehen zwischen den Auswirkungen einer absatzpolitischen Maßnahme auf die verschiedenen Produkte enge Interdependenzen, die nur schwer zu erfassen sind, während sich für das einzelne Produkt die Abhängigkeiten zwischen den Konsequenzen der verschiedenen absatzfördernden Maßnahmen leicht berücksichtigen lassen, so ist eine produktbezogene organisatorische Gliederung weniger sinnvoll. Naheliegend ist vielmehr eine Gliederung nach Funktionen.

Zum Beispiel wäre es kaum sinnvoll, die Gliederung der Absatzabteilung einer Brauerei primär nach den Biersorten „Pils", „Export", „Starkbier" und „Weizenbier" vorzunehmen. Zwischen solchen Teilbereichen existieren sehr enge Abhängigkeiten. Zum Beispiel hat der Preis für „Pils" einen wesentlichen Einfluß auf den Absatz von „Export". Es ist bedeutsamer und schwieriger, z.B. die Preise oder die Werbeaktivitäten für die verschiedenen Biersorten aufeinander abzustimmen als die Preise und Werbemaßnahmen jeweils produktbezogen zu koordinieren. Die Gliederung des Absatzbereichs einer Brauerei nach Funktionen erleichtert nicht nur die Koordination der Absatzmaßnahmen, sondern auch die Beschaffung der maßgeblichen Informationen; bei produktorientierter Gliederung entsteht erhebliche Mehrfacharbeit bezüglich der Informationsbeschaffung, da für die verschiedenen Biersorten dieselben Kunden (z.B. Handel, Gastronomie, Kantinen) relevant sind. Zudem besteht bei produktorientierter Gliederung die Gefahr, daß die einzelnen Bereiche über Gebühr versuchen, ihre eigenen „Verkaufserfolge" zu Lasten anderer Biersorten zu vergrößern.

Bei verrichtungsorientierter Gliederung des Absatzbereichs stellt sich das Problem, die Aktivitäten der verschiedenen Funktionsbereiche, etwa die Preispolitik mit der Werbung und dem Kundendienst zu koordinieren. Wie bereits erläutert wurde, können zur Lösung dieses Problems Produkt-Manager eingesetzt werden (Abbildung XVIII.13 und XVIII.14), die die bilaterale Kommunikation über die Funktionsbereiche hinweg fördern und die Entscheidungen auf ihr(e) Produkt (-gruppe) bezogen koordinieren (helfen).

3.4.2.6. Kundenorientierte Gliederung bei vorwiegend kundenspezifischem Informations- und Koordinationsbedarf

Ist die kundenbezogene Variabilität besonders hoch und besteht für die einzelnen Kundengruppen ein besonderer Bedarf an Koordination der absatzpolitischen Maßnahmen, so ist eine kundenorientierte Gliederung (vgl. Abbildung XVIII.12) naheliegend. Dadurch wird nicht nur die kundenbezogene Koordination erleichtert, sondern auch die Beschaffung der relevanten Informationen. Der unmittelbare und persönliche Kontakt mit den (potentiellen) Abnehmern wird erleichtert, die Kunden müssen nicht mehrfach von Repräsentanten aus verschiedenen Absatzbereichen betreut werden. Zudem können die Aufgabenträger besser lernen, die typischen Verhaltensweisen der jeweiligen Nachfrager (und Konkurrenten) zu prognostizieren; der Absatz von Produkten an private Haushalte kann eben ganz andere Qualifikationen erfordern als der an industrielle Abnehmer.

Wenn mehrere Gliederungskriterien zur Anwendung kommen sollen, stellt sich die Frage nach der Reihenfolge. Die Strukturierung kann insbesondere nach dem Gesichtspunkt des fallenden Koordinationsbedarfs geschehen: Wenn erwogen wird, sowohl nach Kundengruppen als auch nach Regionen zu gliedern, und wenn besonderer Bedarf an kundenbezogener Koordination besteht und die gebietsbezogene Koordination relativ einfach ist, so wird eine Gliederung zunächst nach Kundengruppen und dann nach Regionen vorteilhaft sein. Wenn hingegen der Aspekt der gebietsbezogenen Koordination besonderes Gewicht hat, wird zunächst eine Gliederung nach Regionen und erst dann eine Gliederung nach Kundengruppen erfolgen.

3.4.2.7. Die Bildung eigenständiger organisatorischer Einheiten für komplexe Funktionen

Die Gliederung des Absatzbereichs nach Produkten, Regionen und/oder Kundengruppen erleichtert die Koordination der jeweiligen absatzpolitischen Maßnahmen sowie die Beschaffung objektspezifischer Informationen. Andererseits können im Rahmen einzelner Funktionen Interdependenzen bestehen, die bei einer Gliederung nach dem Objektprinzip nicht adäquat erfaßt werden (können). Besteht z.B. ein besonderer Bedarf an Koordination der Werbeaktivitäten für verschiedene Produkte, Regionen oder Kundengruppen, so liegt es nahe, der Absatzleitung unmittelbar einen eigenständigen Bereich „Werbung" nachzuordnen und ansonsten auf derselben Hierarchieebene nach Objekten zu gliedern. Die Werbeentscheidungen werden

dann in der Werbeabteilung koordiniert, die ihrerseits ihre Entscheidungen natürlich mit den anderen organisatorischen Einheiten des Absatzbereichs abstimmen
muß und von denen sie entscheidungsrelevante Informationen, z.B. über Bedarfsverschiebungen und die Auswirkungen von Werbemaßnahmen, erhält. Es kann
sinnvoll sein, neben einem zentralen Werbebereich auch in den objektweise gegliederten Einheiten Werbebereiche zu unterhalten. Die zentrale Werbeabteilung
ist dann primär zuständig für „Public Relations", die dezentralen Einheiten für eine
stärkere produkt-, gebiets- oder kundenbezogene Umwerbung der (potentiellen)
Nachfrager.

Eine zentrale Werbeabteilung kann auch unter dem Aspekt vorteilhaft sein, daß
ideenreiche Werbung eine sehr unstrukturierte Aufgabe darstellt. Einerseits wird
durch die Zentralisation der Einsatz besonders qualifizierter Mitarbeiter erleichtert,
die in dezentralen Werbebereichen nicht adäquat ausgelastet wären. Andererseits
fördert die räumliche Nähe der mit Werbeaufgaben betrauten Mitarbeiter im Rahmen einer organisatorischen Einheit deren Zusammenarbeit (die gegenseitige Bera-
tung und Ideenübermittlung). Die damit verbundenen Vorteile können die Bildung
einer eigenständigen Werbeabteilung rechtfertigen, selbst wenn dadurch die Koordination mit anderen absatzpolitischen Maßnahmen erschwert wird.

3.4.3. *Zentraler vs. dezentraler Absatz bei Spartenorganisation*

Bei divisionaler Organisationsstruktur werden den einzelnen Sparten stets eigene
Absatzabteilungen zugeordnet; bei völliger Zentralisation des Absatzbereichs liegt
definitionsgemäß gar keine Spartenorganisation vor. Bei divisional organisierten
Unternehmungen wird jedoch oft auf höchster Ebene eine Stabsabteilung „Absatzplanung" (bzw. „Marketingplanung") angesiedelt. Aufgabe eines zentralen Absatzbereichs ist vor allem die Koordination der Absatzaktivitäten der Sparten (etwa
durch Erarbeitung von Richtlinien für die Preis- und Lieferzeitpolitik).

Wenn hinsichtlich eines bestimmten absatzwirtschaftlichen Instruments zwischen den Sparten besonders enge Interdependenzen bestehen (wenn z.B. der
„Werbeerfolg" einer jeden Sparte in starkem Maße von den Werbeaktivitäten in
den anderen Sparten abhängt), aber zwischen diesen Aktivitäten und den übrigen
absatzpolitischen Maßnahmen nur schwache Abhängigkeiten bestehen (die optimalen Preise z.B. weitgehend unabhängig sind von der Werbepolitik und umgekehrt), dann liegt es nahe, die entsprechenden Aktivitäten im Rahmen einer zentralen organisatorischen Einheit zu koordinieren, etwa in der Abteilung „Public
Relations". Schließlich könnte ein zentraler Absatzbereich auch zuständig sein für
die Aus- und Weiterbildung sowie die Erarbeitung von Richtlinien für die Auswahl
und Beurteilung von Mitarbeitern sowie für die Kontrolle und die Schaffung positiver Leistungsanreize in den dezentralen Absatzbereichen.

4.   Produktion

4.1.   Aufgaben

Aufgabe des Produktionsbereichs ist die zielgerechte Planung und Durchführung des betrieblichen Produktionsprozesses. Dabei sind (z.T. unter Abstimmung mit Nachbarabteilungen) folgende Bereiche zu planen:
- Produktionsprogramm,
- Produktionsablauf,
- Bereitstellung der für die Produktion erforderlichen Produktionsfaktoren.

Das Produktionsprogramm wird primär in Abstimmung mit der Absatzabteilung geplant, die Bereitstellung der Produktionsfaktoren primär in Abstimmung mit der Beschaffungsabteilung.

Zu den konkreten Aufgaben in der Produktionsabteilung zählen z.B. die (Mit-) Gestaltung der Fertigungstechnologie, die Installation neu erworbener Produktionsanlagen, die Einarbeitung neuer Mitarbeiter, die Wartung und Reparatur von Betriebsmitteln, die Erstellung von Maschinenbelegungsplänen, die Gestaltung des innerbetrieblichen Transports, die Bedienung von Maschinen und die Kontrolle von Tätigkeiten. Die Variabilität dieser Aufgaben hängt in starkem Maße von der Fertigungstechnologie ab, die ihrerseits wesentlich bestimmt wird von der Situation auf dem Absatzmarkt der hergestellten Produkte und dem Umfang des Produktionsprogramms.

4.2.   Charakteristik der Fertigungstechnologie

4.2.1.   Werkstattfertigung

Fertigungstechnologien lassen sich einteilen (KIESER/KUBICEK, 1983, S. 274ff.; WÖHE, 1996, S. 555ff.)
- nach der technischen Gestaltung des Fertigungsablaufs in Werkstattfertigung, Reihenfertigung, Fließfertigung und kontinuierliche Prozeßfertigung,
- nach der Zahl der produzierten Einheiten in Einzelfertigung, Serienfertigung und Massenfertigung.

Bei der Werkstattfertigung erfolgt die Anordnung der Betriebsmittel und der Einsatz an Arbeitskräften nach dem Verrichtungsprinzip. Gleichartige Maschinen werden räumlich zu Werkstätten zusammengefaßt, z.B. Dreherei, Schleiferei, Fräserei, Schlosserei. Ist ein Werkstück durch eine bestimmte Maschine zu bearbeiten, so muß es in die entsprechende Werkstatt transportiert werden. Möglicherweise müssen Werkstücke mehrmals zwischen denselben Werkstätten hin- und herbefördert werden. Es entstehen relativ lange Transportwege und hohe Bestände an Halbfabrikaten zwischen den Werkstätten und in den Werkstätten selbst.

4.2.2. Reihen- und Fließfertigung

Bei Reihenfertigung und Fließfertigung erfolgt die Anordnung der Betriebsmittel und Arbeitsplätze nicht nach Verrichtungen, sondern nach dem Produktionsablauf, d.h. nach der *Reihenfolge* der Verrichtungen an den einzelnen Produkten. Der Unterschied zwischen Fließfertigung und Reihenfertigung besteht darin, daß bei Fließfertigung die Arbeitsgänge zeitlich genau aufeinander abgestimmt sind, während bei Reihenfertigung der einzelne Arbeiter in gewissen Grenzen sein Arbeitstempo selbst bestimmen kann.

Da bei Reihenfertigung die Arbeitsverrichtungen zeitlich nicht genau aufeinander abgestimmt werden, entstehen auch bei diesem Fertigungsverfahren noch kleine Zwischenlager zwischen den einzelnen Fertigungsstellen. Obwohl keine genaue zeitliche Abstimmung erfolgt, kann auf einer Fertigungsreihe nur eine begrenzte Zahl von Produkten hergestellt werden, die hinsichtlich des Produktionsprozesses einander ähnlich sind. Wenn die Reihenfolge der Verrichtungen bei verschiedenen Produkten oder Produktgruppen unterschiedlich ist, werden häufig mehrere Reihen eingerichtet. In der Regel werden die verschiedenen Produkte, die auf derselben Fertigungsreihe bearbeitet werden, nicht gleichzeitig diese Reihe durchlaufen. Es erfolgt eine Fertigung in Losen, wobei nach Fertigstellung eines Loses die Betriebsmittel auf ein anderes Produktlos umgerüstet werden.

Bei Fließfertigung werden die Werkstücke zwischen den einzelnen Arbeitsplätzen durch Verwendung von Fließbändern befördert. Im günstigsten Fall entstehen keine Wartezeiten zwischen den einzelnen Arbeitsverrichtungen, so daß Zwischenlagerungen nicht erforderlich sind. Außer den gerade bearbeiteten Werkstücken sind keine Bestände an Halbfabrikaten vorhanden. Der Fertigungsprozeß wird dann allerdings sehr anfällig gegenüber Störungen durch Menschen und Maschinen; bei Ausfall einer Maschine oder eines Arbeiters kommt der gesamte Produktionsfluß zum Erliegen. Zum kurzfristigen Ausgleich von Störungen werden daher in der Regel an verschiedenen Stellen Pufferlager gebildet und breiter qualifizierte Mitarbeiter als „Springer" eingesetzt.

Aufgrund der genauen zeitlichen Abstimmung ist es bei Fließfertigung noch schwieriger als bei Reihenfertigung, verschiedenartige Produkte in einer Reihe von Stellen zu bearbeiten. „Verschiedenartige Produkte nehmen die einzelnen Verrichtungen unterschiedlich lange in Anspruch und gefährden so die zeitliche Abstimmung. Deshalb sind Fließfertigungen in der Regel nur für ein Produkt oder ein Produktteil eingerichtet. Allerdings ist es möglich, gewisse Variationen (Farben, Ausstattung) zuzulassen" (KIESER/KUBICEK, 1983, S. 276).

4.2.3. Kontinuierliche Prozeßfertigung

Bei der *kontinuierlichen Prozeßfertigung* wird der Produktionsprozeß entweder von einer einzigen Maschine bewerkstelligt oder von mehreren Maschinen, die direkt aneinander gekoppelt sind. Menschen nehmen keinen direkten Eingriff in den Fertigungsprozeß vor. Sie bedienen und kontrollieren Maschinen, wobei die jeweiligen Handgriffe nicht in unmittelbarer Verbindung mit der Herstellung einzelner Produkteinheiten stehen. Kontinuierliche Prozeßfertigung ist typisch für die chemische Industrie. Zu diesem Fertigungstyp zählen aber auch voll automatisierte Fertigungsstraßen für andere als chemische Produkte, wie z.B. Walzstraßen (KIESER/ KUBICEK, 1983, S. 276).

In einem Unternehmen können *mehrere Fertigungsverfahren* gleichzeitig angewendet werden. Bestimmte Produkte oder Produktteile werden in Reihen- oder Fließfertigung hergestellt, andere in Werkstattfertigung.

4.2.4. Vor- und Nachteile der verschiedenen Fertigungsverfahren

Der technische Vorteil der Reihen- bzw. Fließfertigung gegenüber der Werkstattfertigung liegt vor allem in der Verkürzung der Transportwege und der Durchlaufzeiten der Werkstücke sowie in der Verminderung von Lagerbeständen an Halbfabrikaten. Dies führt zu Einsparungen an Transport- und Lagerkosten. Da aufgrund der mehr oder weniger kontinuierlichen Prozeßabläufe bei Fließ- bzw. Reihenfertigung der Materialverbrauch genauer bestimmt werden kann als bei Werkstattfertigung, lassen sich auch die Bestände an Roh-, Hilfs- und Betriebsstoffen stärker reduzieren. Da die Mitarbeiter stets gleiche oder ähnliche Handgriffe verrichten, sind die an sie gestellten Anforderungen relativ gering. Sie können eine besondere Geschicklichkeit erwerben, die eine Erhöhung des Arbeitstempos gegenüber der Werkstattfertigung ermöglicht. Für die Arbeitskräfte kann aber der Zwang, stets gleiche oder ähnliche Verrichtungen ausführen zu müssen, eine hohe psychische Belastung darstellen.

Da die Arbeiter bei Werkstattfertigung tendenziell breitere Qualifikationen benötigen als bei Reihen- oder Fließfertigung, sind bei Werkstattfertigung die Personalkosten vergleichsweise hoch. Bei Fließ- oder Reihenfertigung können andererseits wesentlich höhere Betriebsmittelkosten in Form kalkulatorischer Abschreibungen und Zinsen entstehen als bei Werkstattfertigung. (Der Anteil dieser Kosten an den Produktionskosten ist insbesondere bei kontinuierlicher Prozeßfertigung erheblich.) Geht die Beschäftigung zurück, so entstehen (höhere) Leerkosten, da das fertigungstechnische System entweder überhaupt nicht oder nur mit sehr hohen Kosten verkleinert werden kann. Bei Werkstattfertigung dagegen besteht in der Regel eine wesentlich größere Elastizität, da in den Werkstätten Universalmaschinen eingesetzt werden, die vielseitig verwendbar sind. Zudem besitzen die Arbeitskräfte aufgrund einer entsprechenden Personalauswahl und aufgrund häufiger Produktionsumstellungen breitere Qualifikationen (größere Erfahrung und Vielseitigkeit).

4.2.5. Fertigungsverfahren und Produktionsprogramm

Welches Fertigungsverfahren optimal ist, hängt davon ab, ob Einzel-, Serien- oder Massenfertigung erfolgt. Bei Einzelfertigung werden einzelne Produkte (z.B. Maschinen, Gebäude, Schiffe) nach Kundenaufträgen hergestellt, die sich sehr unterscheiden können. Bei Serienfertigung werden größere Stückzahlen gefertigt. Massenfertigung ist dadurch charakterisiert, daß ein bestimmtes Produkt oder eine bestimmte Produktgruppe in (praktisch) unbegrenzter Zahl hergestellt wird, ohne daß ein Ende des Fertigungsprozesses festgelegt wird (Ziegelfabrik, Zigarettenfabrik, Bierbrauerei).

Einzelfertigung erfolgt im allgemeinen nach dem Werkstattprinzip. Je größer die Auflagen werden und je weniger die monatlichen Absatzmengen schwanken, desto eher sind Reihen-, Fließ- oder kontinuierliche Prozeßfertigung rentabel einzusetzen. „Ob der Sprung von der Fließfertigung zur kontinuierlichen Prozeßfertigung durchgeführt wird, hängt allerdings weitgehend von den technologischen Möglichkeiten ab: Eine kontinuierliche Prozeßfertigung für die Autoproduktion ist bisher nur begrenzt möglich. Viele Teile eines Autos werden jedoch automatisch gefertigt (z.T. auch in Roboterstraßen)" (KIESER/KUBICEK, 1983, S. 277).

4.2.6. Fertigungstechnologie und Organisation

Die Fertigungstechnologie hat einen erheblichen Einfluß auf die optimale organisatorische Gliederung des Fertigungsbereichs. Andererseits kann auch die Abteilungsgliederung einen Einfluß auf die optimale Fertigungstechnologie haben. Für die organisatorische Strukturierung sind aber nicht nur die „reinen" Fertigungskosten relevant (etwa die Kosten der Produktions- und Transportanlagen, die Kosten für ausführende Arbeitskräfte, die Kosten der Roh-, Hilfs- und Betriebsstoffe). Zusätzliche Bedeutung haben u.a. der Koordinations-, der Anreiz- und der Kontrollaspekt. Im folgenden soll für verschiedene Situationen gezeigt werden, welche organisatorische Grundstruktur jeweils vorteilhaft ist (vgl. auch KIESER/KUBICEK, 1983, S. 280ff.).

4.3.   Die Strukturierung des Fertigungsbereichs als Entscheidungsproblem

4.3.1. Geringe Variabilität

4.3.1.1. Strukturierung im Einproduktfall

a. Die Tendenz zur Strukturierung nach dem Produktionsablauf

Geringe Variabilität im Fertigungsbereich ist dadurch charakterisiert, daß das Produktionsprogramm in quantitativer und qualitativer Hinsicht weitgehend konstant ist, also z.B. von Monat zu Monat immer wieder dieselben Produkte in den gleichen Mengen hergestellt werden. Bei geringer Variabilität ist die optimale organisatorische Struktur im wesentlichen abhängig von der Zahl der hergestellten Produkte, deren Mengen und dem Grad ihrer fertigungstechnischen Homogenität (bzw. Heterogenität).

Stellt die Unternehmung nur *ein* Produkt her, so ist eine organisatorische Gliederung des Fertigungsbereichs nach Werkstätten nur unter der Voraussetzung sinnvoll, daß die entsprechenden Arten von Verrichtungen (z.B. Fräsen, Bohren, Drehen, Schleifen) jeweils in ununterbrochener Reihenfolge durchzuführen sind (also z.B. nicht zuerst Fräsarbeiten, dann Bohrarbeiten und dann wieder Fräsarbeiten usw. anfallen). Zur Reduktion der Transport- und Lagerkosten ist es dann naheliegend, die Werkstätten nach dem Produktionsablauf anzuordnen.

Die genannte Voraussetzung ist jedoch in der Realität selten erfüllt. Es ist dann sinnvoll, nicht nach dem Werkstattprinzip zu gliedern, sondern die Betriebsmittel und Arbeitsplätze nach dem Produktionsablauf anzuordnen und in organisatorischen Einheiten zusammenzufassen. Der optimale Grad der Mechanisierung und Automatisierung und der Spezialisierung der Arbeitskräfte hängt dann von der Produktionsmenge ab.

b. Strukturierung bei geringer Produktionsmenge

Wird von dem Produkt nur eine geringe Menge hergestellt, so ist Reihenfertigung mit *Mehrzweckanlagen* naheliegend. Der Einsatz von Mehrzweckanlagen bedingt allerdings eine geringe Spezialisierung der Arbeitskräfte im Fertigungsbereich. Aufgrund der geringen Variabilität können die Tätigkeiten der ausführenden Arbeiter trotzdem weitgehend durch generelle Regelungen gesteuert werden (Standardisierung bzw. Programmierung).

Die Meister müssen nur in Ausnahmefällen Koordinationsprobleme selbst lösen und durch persönliche Weisungen ihre Entscheidungen in die Wirklichkeit umsetzen; dies bewirkt eine Tendenz zu großen Leitungsspannen. Andererseits ist aufgrund der geringen Spezialisierung der Arbeitskräfte die Kontrolle ihrer Tätigkeiten relativ zeitaufwendig; dies wiederum bewirkt eine Tendenz zu geringeren Leitungsspannen.

Die organisatorische Gliederung sollte so erfolgen, daß einerseits die vorgesetzten Instanzen (z.B. die Meister) ihre Steuerungs- und Kontrollfunktion gut erfüllen können, daß andererseits die (Halb-)Fabrikate, die eine organisatorische Einheit herstellt, gut auf ihre Qualität bzw. Funktionsfähigkeit überprüft werden können. Dadurch wird für die verantwortlichen Instanzen ein Anreiz geschaffen, ihre eigenen Kontrollaufgaben gut zu erfüllen.

c. Strukturierung bei großer Produktionsmenge

Mit steigender Produktionsmenge besteht die Tendenz zur Fertigung nach dem Fließprinzip bzw. zur kontinuierlichen Prozeßfertigung.[1] Die Fließbandfertigung bedingt eine hohe Spezialisierung. Hohe Spezialisierung führt zwar generell zu einem hohen Koordinationsbedarf. Das Koordinationsproblem muß aber nur einmal gelöst werden, nämlich bei der Entscheidung über das Fertigungssystem und der genauen zeitlichen Abstimmung der Verrichtungen. Für die Meister bleiben kaum Koordinationsprobleme. Da zudem die Kontrolle der Arbeiter relativ einfach ist, besteht die Tendenz zu großen Leitungsspannen und zu organisatorischen Einheiten mit großer Mitarbeiterzahl.

---

1)   Wenn die Prozeßfertigung aus technischen Gründen *geboten* ist, so kommen natürlich Werkstatt-, Reihen- und Fließfertigung als Technologien gar nicht erst in Betracht.

Bei der kontinuierlichen Prozeßsteuerung nehmen Mitarbeiter keine direkten Eingriffe in den Fertigungsprozeß vor. „Die Automaten und nicht mehr die eigentlichen Fertigungsobjekte sind Gegenstand der menschlichen Arbeit" (KIESER/ KUBICEK, 1983, S. 282). Diese Arbeit läßt sich weniger gut spezialisieren als unmittelbar produktbezogene Verrichtungen. Der Betreuer eines Automaten hat ihn zu warten, zu kontrollieren, hat Störungen zu beseitigen, die Materialbereitstellung zu sichern usw., also ein ganzes Bündel heterogener Verrichtungen vorzunehmen. Die größere Komplexität der fertigungstechnischen Aufgaben bewirkt eine Tendenz zu geringen Leistungsspannen.

Die Tätigkeiten der Automatenkontrolleure können zum Teil durch generelle Regelungen gesteuert werden, die z.B. vorschreiben, wie bei Störungen zu verfahren ist. Insoweit solche Regelungen nicht sinnvoll sind, ist es naheliegend, den Kontrolleuren gewisse Objektentscheidungskompetenzen zu übertragen. „Es kommt auf schnelle Reaktion des einzelnen Automatenkontrolleurs an, und die wird durch autonomes Handeln und schnelle gegenseitige Verständigung eher garantiert als durch hierarchische Weisungen, denen aber wegen ihrer Flexibilität ebenfalls große Bedeutung zukommt" (KIESER/KUBICEK, 1983, S. 282).

Das Problem der Kontrolle von Betriebsmitteln, der Beseitigung von Störungen, der laufenden Instandhaltung usw. stellt sich natürlich nicht nur bei der kontinuierlichen Prozeßfertigung, sondern auch bei allen anderen Fertigungstypen. Je stärker nun die Arbeiter, die direkt in den Fertigungsprozeß eingreifen, spezialisiert sind, desto weniger sind sie in der Lage, diese Aufgaben selbst wahrzunehmen. Es ist daher naheliegend, unterstützende Abteilungen einzurichten, die für Wartung und Instandhaltung zuständig sind. Für die Strukturierung solcher Bereiche gelten die Darstellungen zur kontinuierlichen Prozeßfertigung analog.

Für die Strukturierung des Fertigungsbereichs ist auch von Bedeutung, inwieweit die Produktion mit dem Einkauf und dem Absatz koordiniert werden kann. Bei geringer Variabilität ist jedoch das Koordinationsproblem relativ einfach zu lösen.

4.3.1.2. Strukturierung im Mehrproduktfall

a. Verrichtungsorientierte Strukturierung bei geringen Produktmengen

Stellt die Unternehmung mehrere Produkte her, so hängt die optimale organisatorische Strukturierung (auch) von den jeweiligen Produktmengen und dem Grad der fertigungstechnologischen Ähnlichkeit der Produkte ab. Sind die Produktmengen gering und die Produkte in fertigungstechnologischer Hinsicht sehr heterogen, ist es naheliegend, den Fertigungsbereich nach dem Werkstattprinzip zu gliedern und in den Werkstätten Universalmaschinen einzusetzen, mit denen die verschiedenen Produkte bearbeitet werden können. Es sind dann zwar ständig Umrüstungen von Produkt zu Produkt vorzunehmen; trotzdem können bei weitgehender Konstanz der Produkteigenschaften und der (monatlichen) Produktmengen die Einzeltätigkeiten primär durch generelle Regelungen gesteuert werden. Die vorgesetzten Instanzen greifen nur bei Störungen des Produktionsflusses, z.B. bei Ausfall einer

Maschine oder eines Mitarbeiters oder bei Qualitätsmängeln, in den Fertigungsablauf ein.

Wenn für verschiedene Produkte dieselben Bauteile in größeren Mengen benötigt werden, kann es zweckmäßig sein, diese nach dem Prinzip der Reihen- oder Fließfertigung in eigenständigen organisatorischen Einheiten herzustellen. Auf derselben Ebene wie die nach dem Verrichtungsprinzip gebildeten Werkstätten werden dann Abteilungen angesiedelt, die nach dem Objektprinzip gegliedert sind (Abbildung XVIII.15).

Abb. XVIII.15: Gliederung des Fertigungsbereichs nach Objekten und Verrichtungen

b. Produktorientierte Strukturierung bei großen Produktmengen

Wie bereits verdeutlicht wurde, besteht bei Werkstattfertigung die Tendenz zu hohen Transportzeiten, Transportkosten und Beständen an Halbfabrikaten. Darüber hinaus wird bei einer organisatorischen Gliederung nach dem Werkstattprinzip die Kontrolle und die Zurechnung von Ergebnissen erschwert; treten in einem Bereich Störungen oder höhere Kosten auf, so wird die Verantwortung dafür auf andere Abteilungen abgewälzt. Zudem können größere Störungen in einer Werkstätte bereichsübergreifende Anpassungsprozesse erforderlich machen, deren Koordination einen umfassenden Informationsstand voraussetzt.

Die Wahrscheinlichkeit von Störungen ist um so höher und das Problem der Kontrolle und der bereichsübergreifenden Anpassung um so komplexer, je umfangreicher das gesamte Produktionsprogramm ist. Je größer die benötigten Produktmengen sind, desto weniger steigen jedoch tendenziell die Betriebsmittelkosten, wenn die Werkstätten „gesplittet" werden, also z.B. statt einer einzigen zentralen Werkstätte „Dreherei" mehrere kleinere dezentrale Werkstätten eingerichtet werden. Von einem bestimmten Produktionsvolumen an, das allgemein nur schwer benannt werden kann, ist es vorteilhaft, den Fertigungsbereich primär nach Produkten oder Produktgruppen (Gruppen von Produkten, die in fertigungstechnischer Hinsicht ähnlich sind) zu gliedern und die weitere Untergliederung dann wieder nach dem Werkstattprinzip vorzunehmen (vgl. Abbildung XVIII.16).

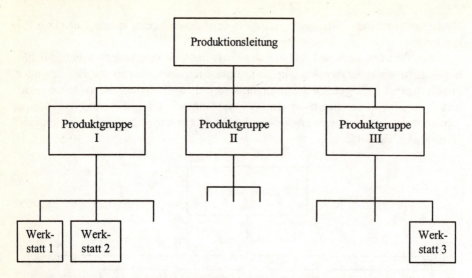

Abb. XVIII.16: Gliederung eines Fertigungsbereichs nach Produkten und Verrichtungen

Bei dieser Gliederung sind die Hauptabteilungen des Fertigungsbereichs voneinander unabhängig. Die Ursachen für Störungen und Unwirtschaftlichkeiten lassen sich relativ einfach zurechnen. Störungen in einer Hauptabteilung berühren nicht die anderen Hauptabteilungen. Es entstehen relativ gut überschaubare organisatorische Einheiten, deren Output relativ einfach kontrolliert werden kann. Da jeder Hauptabteilungsleiter selbst gut kontrolliert werden kann, besteht die Tendenz, daß er seinen eigenen Kontrollaufgaben ebenfalls gut nachkommt. Die Motivation kann außerdem durch eine vom Output abhängige Prämie verstärkt werden.

Eine Gliederung nach dem Objektprinzip wie in Abbildung XVIII.16 kann hinsichtlich einzelner Verrichtungen hohe Kosten verursachen, da bestimmte Spezialaggregate mehrfach eingesetzt werden müssen, die in den einzelnen Objektbereichen nicht adäquat ausgelastet werden können. Ein Ausweg besteht darin, bestimmte Verrichtungen zentral durchzuführen, wodurch allerdings höhere Transportkosten und größere Koordinationsprobleme entstehen können. Als Koordinationsinstrument bietet sich dann u.a. die „*pretiale Lenkung*" an (Kapitel XX).

Wenn die benötigten Mengen der einzelnen Produkte bzw. Produktgruppen sehr groß sind, ist es naheliegend, diese nach dem Prinzip der Reihen-, Fließ- oder Prozeßfertigung herzustellen, wobei für jedes Produkt bzw. jede Produktgruppe z.B. eine besondere Reihe oder ein besonderes Fließband eingerichtet wird.

4.3.2. Hohe Variabilität

4.3.2.1. Werkstattfertigung und Koordinationsproblematik

Bei hoher Variabilität (etwa bei Einzelfertigung) besteht aus technischen Gründen die Tendenz zur Werkstattfertigung. Die Möglichkeit zur Steuerung durch generelle Regelungen (Programmierung) ist aufgrund ständiger und unvorhersehbarer Änderungen der gebotenen operativen Tätigkeiten begrenzt. Das Problem der Koordination (der Ablauforganisation) stellt sich im Zeitablauf immer wieder neu. Die Koordination erfolgt in relativ starkem Maße durch persönliche Weisungen der Meister und Vorarbeiter sowie durch Selbstabstimmung zwischen den Arbeitern.

Da diese Aufgabenträger aber nur einen sehr begrenzten Teil der Unternehmung überblicken, besteht auch ein erheblicher Bedarf an Koordination durch übergeordnete Instanzen. Je größer nun das Tätigkeitsfeld ist, für das die Aktivitäten koordiniert werden sollen, desto größer ist der jeweilige Informationsbedarf dieser Instanzen und desto größer ist die Komplexität ihrer Entscheidungskalküle. Je größer der Umfang und je höher die Variabilität, desto mehr Zeit wird für die simultane Koordination über alle Werkstätten hinweg benötigt und desto größer ist die Wahrscheinlichkeit, daß die einzelnen Tätigkeiten nicht adäquat aufeinander abgestimmt werden (können).

4.3.2.2. Vereinfachung der Koordination durch primäre Gliederung nach dem Objektprinzip

Bei hoher Variabilität gewinnt (zusätzlich zum Kontroll- und Anreizaspekt) der *Koordinationsaspekt* besondere Bedeutung für die Strukturierung des Fertigungsbereichs. Eine Vereinfachung der Koordination kann in der Weise erfolgen, daß der Fertigungsbereich in solche Teilbereiche untergliedert wird, die voneinander unabhängig oder deren Interdependenzen leicht erfaßbar sind. Dies kann bei größeren Produktionsmengen insbesondere in der Weise geschehen, daß die Hauptabteilungen des Fertigungsbereichs nach dem Objektprinzip gebildet, die Hauptabteilungen ihrerseits nach dem Werkstattprinzip gegliedert werden.

Stellt die Unternehmung *mehrere* Produkte her, so liegt es nahe, primär nach Produkten oder Produktgruppen zu gliedern. Es entstehen unabhängige Teilbereiche, deren Koordination einen geringeren Informationsbedarf und weniger komplexe Entscheidungskalküle (Modelle der Ablaufplanung) erfordert als die simultane Koordination *aller* Aktivitäten im Fertigungsbereich, wie sie bei Einrichtung zentraler Werkstätten erforderlich wäre. Wenn die Unternehmung nur *ein* Produkt herstellt, kann die Objektgliederung nach Produktteilen (Bauelementen) erfolgen. Eine Unternehmung, die Flugzeuge herstellt, könnte z.B. Fertigungsabteilungen wie „Flügel", „Rumpf", „Kabine", „Innenaustattung", „Leitwerke" bilden. Die Tätigkeiten dieser Abteilungen müssen zwar auch aufeinander abgestimmt werden. Diese Koordination ist jedoch relativ einfach durchzuführen. Die immense Vielzahl der Detailaktivitäten, die erledigt werden müssen, um die Bauteile termingerecht herstellen (und installieren) zu können, werden innerhalb der einzelnen Abteilungen aufeinander abgestimmt.

Bei der Gliederung nach dem Objektprinzip können höhere Betriebsmittelkosten entstehen als bei primärer Gliederung nach dem Verrichtungsprinzip. Möglicherweise wird auch zusätzliches qualifiziertes Personal für bestimmte Verrichtungen benötigt, das nicht adäquat ausgelastet werden kann. Derartige Kostenzuwächse müssen gegen die Vorteile der Reduktion des Koordinationsbedarfs abgewogen werden. Diese Vorteile können sich z.B. aus folgenden Aspekten ergeben:

- Es wird weniger (qualifiziertes) Personal für die Koordination im Fertigungsbereich (die Ablauforganisation) benötigt.
- Durch bessere Abstimmung der Aktivitäten können Wartezeiten und Zwischenlager reduziert werden. Störungen können leichter erkannt und beseitigt (bzw. vorhergesehen und vermieden) werden.
- Die Zusammenarbeit mit dem Beschaffungsbereich wird vereinfacht. U.a. können raschere und präzisere Angaben über den Materialbedarf gemacht werden.
- Auch die Zusammenarbeit mit dem Absatzbereich wird erleichtert. Der Absatzbereich kann z.B. schneller darüber informiert werden, ob Kundenaufträge angenommen werden können und welche Kosten sie verursachen. Die Anpassungsfähigkeit an Entwicklungen im Absatzmarkt wird dadurch erleichtert.

Der Koordinationsbedarf kann auch reduziert werden, indem durch technische Maßnahmen die Variabilität verringert wird: Zum Beispiel werden Bauelemente für verschiedene Produkte vereinheitlicht. Auch wenn das Produktionsprogramm als Ganzes stark variiert, können die von den Bauelementen benötigten Mengen im Zeitablauf weitgehend konstant bleiben; es ist dann nicht notwendig, die Mengenabstimmung ständig erneut vorzunehmen. Zudem können durch eine Produktion der Bauelemente nach dem Fließprinzip technische Vorteile erzielt werden.

4.3.3. Zentrale vs. dezentrale Produktion bei Spartenorganisation

Bei divisionaler Organisationsstruktur stellt sich das Problem, ob die Produktion zentral oder dezentral in den einzelnen Sparten erfolgen soll. Für die Lösung dieses Problems sind ähnliche Aspekte relevant wie für die Entscheidung darüber, ob der Einkauf zentral oder dezentral vorgenommen werden soll. Die dezentrale Produktion in den Sparten erleichtert (insbesondere bei räumlicher Nähe der jeweiligen Entscheidungsträger) die Koordination mit den anderen Aufgabenbereichen und reduziert (vor allem, wenn die Sparten räumlich weit voneinander entfernt sind) tendenziell die Transportkosten. Andererseits kann die zentrale Produktion fertigungstechnische Vorteile bieten. Hier sollen nur einige Tendenzaussagen formuliert werden:

- Die dezentrale Produktion ist dann naheliegend, wenn die Produkte (bzw. Produktgruppen) der Sparten in fertigungstechnischer Hinsicht so heterogen sind, daß bei zentraler Produktion weder besondere Spezialisierungsvorteile noch „economies of scale" erzielt werden können.
- Die zentrale Produktion ist naheliegend, wenn sie fertigungstechnische Vorteile bietet, die den Zuwachs an Koordinations- und Transportkosten und/oder mögliche Nachteile eines unbefriedigten Koordinationsbedarfs überkompensieren.
- Es kann auch sinnvoll sein, die Produktion nur zum Teil zentral durchzuführen: Zentral werden vorwiegend jene Produkte hergestellt, die von mehreren Sparten abgesetzt werden, während die spartenspezifische Produktion dezentral erfolgt. Zentral können auch Zwischenprodukte hergestellt werden, die in mehreren

Sparten benötigt werden. Als Koordinationskonzept hierfür bietet sich die „pretiale Lenkung" an (Kapitel XX).

Egänzende und vertiefende Literatur:

ALEWELL (1980); BRINK (1981); BROCKHOFF (1974); DRUMM (1970); EISENFÜHR (1970; 1980); FIETEN (1979); FRESE (1998); GROCHLA (1982, S. 197ff.); HAHN (1980); HAUSCHILDT (1970); HAX (1980); KIESER/KUBICEK (1983, S. 273ff.); KÖHLER (1980); MEFFERT (1974); MINTZBERG (1979, S. 104ff.); NIESCHLAG/ DICHTL/ HÖRSCHGEN (1985, S. 902ff.); SCHANZ (1982, S. 99ff.); WEIRICH (1979); WILD (1973).

TEIL H: DIE STEUERUNG KONKRETER (OBJEKT-)ENTSCHEIDUNGSPROZESSE

Die organisatorische Grundstruktur bringt die Aufgaben der Organisationsmit-glieder nur in relativ allgemeiner Weise zum Ausdruck. Zur konkreten Steuerung der Objektentscheidungsprozesse müssen diese Aufgaben im Zeitablauf entspre-chend der jeweiligen Situation präzisiert werden. Es soll nun untersucht werden, wie eine solche Präzisierung erfolgen kann. Das Kapitel XIX befaßt sich mit dem Problem der Vorgabe (bzw. der Vereinbarung) geeigneter Ziele bei Delegation von Entscheidungen. Das Kapitel XX behandelt Grundprobleme der Steuerung des innerbetrieblichen Güter- und Leistungsaustausches mit Hilfe des Konzeptes der pretialen Lenkung; hierbei geht es primär um die Frage der (optimalen) Nutzung von Leistungspotentialen. Im Kapitel XXI werden Grundprobleme der Steuerung von Investitionsentscheidungen dargestellt; dabei steht die Schaffung bzw. der Ab-bau von Leistungspotentialen im Vordergrund.

XIX. Zielvorgabe bei Delegation von Entscheidungen: Die Grenzen der Operationalität und der Kompatibilität

1. Problemstellung

Die organisatorische Grundstruktur ist insbesondere auch gekennzeichnet durch die Art und den Umfang der Delegation von Entscheidungen an nachgeordnete Mitarbeiter. Hinsichtlich der übertragenen Aufgaben ist neben der Begrenzung der Entscheidungsspielräume die Zielvorgabe das wesentliche Steuerungsinstrument. Im folgenden wird untersucht, welche Zielvorgabe im Einperioden-Fall aus der Sicht einer delegierenden Instanz, etwa der Unternehmensleitung oder eines Ab-teilungsleiters, in unterschiedlichen Entscheidungssituationen jeweils vorteilhaft erscheint. (Zum Mehrperioden-Fall vgl. Kapitel XXI.)

Im Abschnitt 2 werden dazu zunächst die Kompatibilität und die Operationalität als grundsätzliche (und plausible) Eigenschaften einer Zielvorgabe gefordert. Der Abschnitt 3 befaßt sich mit der Zielvorgabe an einen einzelnen Entscheidungsträ-ger, zunächst bei Sicherheit und anschließend in Risikosituationen. Wir werden sehen, daß in Risikosituationen die in Abschnitt 2 geforderte Operationalität mit dem Zweck der Delegation in Konflikt gerät. Im Abschnitt 3 werden Zielvorgaben für *einen* nachgeordneten Entscheidungsträger behandelt. In Abschnitt 4 werden die Darstellungen auf *mehrere* nachgeordnete Entscheidungsträger erweitert. Vor allem bei Abhängigkeiten zwischen ihren Entscheidungen und/oder bei Nicht-risikoneutralität der Instanz entstehen hierbei erhebliche Probleme: Nur in Einzelfällen sind dann Zielvorgaben möglich, die mit der Zielsetzung der Instanz im Einklang stehen.

In den Abschnitten 3 und 4 wird für Risikosituationen unmittelbar das BERNOULLI-Prinzip zugrunde gelegt. In Abschnitt 5 werden Probleme der Zielformulierung vor dem Hintergrund der Kapitalmarkttheorie diskutiert. Dabei werden Kapitalmarktmodelle betrachtet, bei denen die Maximierung des Marktwertes des Investitionsprogramms (der Aktien) des Unternehmens zumindest näherungsweise im Einklang mit subjektiver Nutzenmaximierung steht.

2.   Anforderungen an die Zielvorgabe

2.1.   Die Bedingung der Kompatibilität

Es erscheint sinnvoll, für die einem Entscheidungsträger vorzugebende (bzw. mit ihm zu vereinbarende) Zielsetzung bestimmte Eigenschaften zu fordern (BERTHEL, 1973). Die erste übliche Forderung an die Zielsetzung ist die

> *Bedingung der Kompatibilität*:
>
> Die Zielvorgabe steht im Einklang mit den Zielvorstellungen der delegierenden Instanz.

Ist diese Bedingung verletzt (besteht also ein Konflikt zwischen der Zielvorgabe für den Entscheidungsträger und den übergeordneten Zielvorstellungen der Instanz), so kann die Befolgung des vorgegebenen Zieles durch den Entscheidungsträger zu einer Handlungsweise führen, die vom Standpunkt der Instanz nachteilig ist. Zielkonflikt besteht z.B. dann, wenn sich die Instanz (etwa als Eigentümer einer Unternehmung) am Ziel der Einkommensmaximierung orientiert, jedoch dem Entscheidungsträger (z.B. dem Geschäftsleiter der Unternehmung) das Ziel der Umsatzmaximierung vorgibt.

2.2.   Die Bedingung der Operationalität

Die zweite übliche Forderung an eine Zielvorgabe ist die

> *Bedingung der Operationalität*:
>
> „Operationalität von Zielen liegt dann vor, wenn überprüft werden kann, bis zu welchem Grad sie erreicht wurden" (SCHMIDT-SUDHOFF 1967, S. 125).

Wird kein klares, operationales Ziel gesetzt, so können auch die erwogenen Handlungsalternativen nicht eindeutig bewertet werden. Das kann zu folgenden Konsequenzen führen:

1. Dem Entscheidungsträger fehlt eine eindeutige Leitlinie für seine Entscheidungen. Selbst wenn sich der Entscheidungsträger bemüht, das vorgegebene Ziel im Sinne der Instanz zu interpretieren und zu präzisieren, besteht die Gefahr, daß er Entscheidungen trifft, die vom Standpunkt der delegierenden Instanz nachteilig sind. Eine adäquate Präzisierung kann Informationen und Fähigkeiten erfordern, über die der Entscheidungsträger nicht verfügt.

2. Wird ein nicht operationales Unterziel gesetzt, so kann sich der Entscheidungsträger in starkem Maße an persönlichen (von den Zielvorstellungen der Instanz abweichenden) Zielen orientieren. Eine Abweichung vom gesetzten Unterziel ist um so schwerer nachzuweisen, je unbestimmter dieses Ziel formuliert worden ist.

3. Die meisten Menschen haben das Bedürfnis nach Erfolgserlebnissen. Die Befriedigung dieses Bedürfnisses setzt einen *Maßstab* für die Messung des Erfolges voraus. Ein eindeutiger Maßstab fehlt aber dem Entscheidungsträger, wenn ihm ein nicht operationales Unterziel vorgegeben wird. Die Güte seiner Entscheidungen kann dann nicht eindeutig überprüft werden. Damit wird nicht nur die Selbstkontrolle des Entscheidungsträgers erschwert; ihm wird auch nicht klar ersichtlich, nach welchem Maßstab die Instanz seine Arbeit beurteilt. Er mag dann befürchten, daß hierfür Kriterien herangezogen werden, die im gesetzten Unterziel nicht zum Ausdruck kommen, jedoch zu einer negativen Beurteilung führen. Solche Unsicherheiten wirken im allgemeinen demotivierend.

Die Möglichkeit der Instanz, das (Unter-)Ziel für einen Entscheidungsträger zu operationalisieren, hängt davon ab, welchen Entscheidungsspielraum sie ihm einräumt. Je enger der Entscheidungsspielraum, desto einfacher ist tendenziell die Bestimmung eines operationalen Unterzieles. Einer Abteilung z.B., die bestimmte Produktionsaufträge abzuwickeln hat, kann das Ziel gesetzt werden, die Produktionskosten zu minimieren. Entscheidet diese Abteilung indessen auch über Investitionen, so ergeben sich erhebliche Schwierigkeiten bei der Ermittlung eines operationalen Unterziels, das im Einklang mit den Zielvorstellungen der delegierenden Instanz steht (Kapitel XXI).

Die Forderung, bei Delegation von Entscheidungen *operationale* Unterziele zu setzen, erscheint auf den ersten Blick als sehr plausibel. Wie später noch gezeigt wird, kann jedoch zwischen der Bedingung der Operationalität und der der Kompatibilität ein Konflikt bestehen. Der Zweck der Delegation kann sogar verfehlt werden, wenn dem Entscheidungsträger ein Ziel gesetzt wird, das der Operationalitätsbedingung (streng) genügt.

3.   Delegation an einen Entscheidungsträger

3.1.   Die betrachtete Situation

Zunächst gehen wir davon aus, die Instanz delegiere Entscheidungskompetenzen nur an *einen* nachgeordneten Entscheidungsträger; andere Mitarbeiter der nachgeordneten Hierarchieebene werden weitgehend an explizite Verhaltensnormen gebunden. Im Rahmen der betrachteten „Zweierbeziehung" lassen sich in relativ einfacher Weise Grundprobleme und Lösungskonzepte analysieren, die im Prinzip auch für den Fall der Delegation von Entscheidungen an *mehrere* nachgeordnete Mitarbeiter relevant sind. Dieser Fall weist darüber hinaus noch zusätzliche Probleme auf, von denen einige in Abschnitt 4 behandelt werden.

3.2.   Zielvorgabe bei Sicherheit

3.2.1.   *Eine Zielgröße*

Zunächst wird angenommen, der Entscheidungsträger kenne spätestens zum Zeitpunkt seiner Entscheidung den maßgeblichen Umweltzustand und die Instanz orientiere sich nur an einer Zielgröße Z, dem Erfolg (oder Gewinn), wobei sie einen höheren Wert der Zielgröße einem niedrigeren vorzieht. In diesem Fall ist es naheliegend, dem Entscheidungsträger das Ziel

$$(\text{XIX.1}) \quad Z \to \text{Max!}$$

vorzugeben. Der Entscheidungsträger hat dann die Aufgabe, nach Handlungsalternativen zu suchen und diejenige auszuwählen und zu realisieren, die zum größten Erfolg führt. Da die Instanz einen höheren Erfolg einem niedrigeren vorzieht, erfüllt die Zielvorgabe (XIX.1) die Bedingung der Zielkompatibilität. Da außerdem der Entscheidungsträger zum Zeitpunkt seiner Entscheidung annahmegemäß den maßgeblichen Umweltzustand und mithin auch die mit den erwogenen Alternativen erzielbaren Erfolge kennt, ist diese Zielvorgabe hinsichtlich der Auswahlentscheidung auch operational. Sie ist jedoch nicht streng operational hinsichtlich der Suchphase: Im Verlauf der Suche nach Handlungsalternativen kennt der Entscheidungsträger noch nicht die Erfolge jener Handlungsalternativen, die er möglicherweise entdecken wird. Er muß nach eigenem Ermessen die Suchkosten und die noch unbekannten Sucherfolge gegeneinander abwägen.

Um den Entscheidungsträger zu motivieren, die Alternativensuche und die Auswahlentscheidung so zu gestalten, daß ein (aus der Sicht der Instanz) gutes Ergebnis erzielt wird, kann es sinnvoll sein, für den Erfolg einen bestimmten Sollwert vorzugeben bzw. mit dem Entscheidungsträger zu vereinbaren und sowohl den Suchprozeß als auch die Auswahlentscheidung zu überprüfen, wenn mit der gewählten Alternative dieser Sollwert nicht erreicht wird. Durch Vorgabe eines bestimmten Soll-Gewinns bringt die Instanz zum Ausdruck, welcher Gewinn ihrer Meinung nach bei entsprechenden Anstrengungen erreicht werden kann. Die Offenlegung ihrer Erwartungen kann bewirken, daß der Entscheidungsträger länger und intensiver nach Handlungsalternativen sucht (zumal er mit einer Überprüfung seines Entscheidungsprozesses rechnen muß, wenn der vorgegebene Sollgewinn nicht erreicht wird). Andererseits kann die Vorgabe eines Soll-Gewinns jedoch auch dazu führen, daß der Entscheidungsträger seinen Suchprozeß deshalb schon relativ früh beendet, weil er eine Alternative gefunden hat, deren Gewinn dem Anspruchsniveau genügt (HOFSTEDE, 1970, S. 148f.; STEDRY, 1960; LAUX/ LIERMANN, 1986, S. 131).

Da die Menge der möglichen Handlungsalternativen und deren Gewinne zunächst noch nicht bekannt sind, bereitet die Bestimmung eines geeigneten Soll-Gewinns erhebliche Schwierigkeiten: Die Instanz muß sich im voraus ein (mehr oder weniger präzises) Urteil darüber bilden, welcher Gewinn bei angemessenen Bemühungen erreichbar ist (welches „Erfolgspotential" also gegeben ist) (LAUX/ LIERMANN, 1986). Andernfalls besteht die Gefahr, daß ein ungeeigneter Soll-Gewinn vorgegeben wird. Bei sehr hohem Soll-Gewinn ist der Entscheidungsträger möglicherweise auch bei besonderen Anstrengungen nicht in der Lage, diesen Gewinn zu erreichen. Die Soll-Gewinnvorgabe kann dann demotivierend wirken; das gilt vor allem dann, wenn der Entscheidungsträger schon kurz nach Beginn seiner Bemühungen zur Überzeugung kommt, der Soll-Gewinn könne nicht erreicht werden. Um eine Demotivation zu verhindern, mag es naheliegen, einen relativ niedrigen Soll-Gewinn zu wählen. Dann ist es aber u.U. sehr einfach, ihn zu erreichen; die Vorgabe des Soll-Gewinns hat möglicherweise keine positiven Auswirkungen auf die Aktivitäten des Entscheidungsträgers, wenn - wie üblich - bei Erreichen des Soll-Gewinns keine weiteren Kontrollen vorgenommen werden.

Die Vorgabe eines adäquaten Soll-Gewinns setzt also einen guten Informationsstand der Instanz über das Erfolgspotential beim vorliegenden Entscheidungsproblem voraus. Die Instanz könnte den Soll-Gewinn in der Weise festsetzen, daß sie (auch unter Mitwirkung des Entscheidungsträgers) umfassend prüft, welche Handlungsalternativen offen stehen und welcher Gewinn damit maximal erreichbar ist. (Dieses Vorgehen schlägt SOLOMONS, 1965, S. 64ff., vor.) Dann kann die Instanz aber die Entscheidung gleich selbst treffen und der Zweck der Delegation wird verfehlt. Damit die Instanz durch die Delegation überhaupt entlastet wird, muß sie sich bei der Festsetzung des Soll-Gewinns mit einem recht groben Bild über das Gewinnpotential begnügen. Dann besteht aber die Gefahr, daß sie einen Soll-Gewinn vorgibt, der als Beurteilungsbasis nicht geeignet ist und den Entscheidungsträger möglicherweise sogar demotiviert (LAUX/LIERMANN, 1986).

3.2.2. Mehrere Zielgrößen

Orientiert sich die Instanz an zwei oder mehr Zielgrößen (z.B. neben dem kurzfristigen Erfolg auch am Marktanteil), so ergeben sich im allgemeinen komplexe Probleme bei der Beschreibung einer adäquaten Zielvorgabe, sofern nicht gerade der Spezialfall der Zielneutralität oder der Zielkomplementarität vorliegt (vgl. Kapitel II). Das vorgegebene Ziel muß in expliziter oder in impliziter Weise zum

Ausdruck bringen, welche Gewichte die Instanz den einzelnen Zielgrößen beimißt. Wenn die Instanz nur mitteilt, an welchen Zielgrößen sie sich orientiert und welche Werte sie hinsichtlich der einzelnen Zielgrößen anstrebt, etwa möglichst hohe oder möglichst niedrige Werte, so fehlt dem Entscheidungsträger eine klare Leitlinie für seine Entscheidung.

Die Beschreibung der Präferenzvorstellungen der Instanz ist relativ einfach, wenn sie sich nur an zwei Zielgrößen orientiert. In diesem Fall kann, wenn auch der damit verbundene Planungsaufwand recht groß sein mag, mit Hilfe von Indifferenzkurven zum Ausdruck gebracht werden, gegenüber welchen (Z_1, Z_2)-Konstellationen die Instanz indifferent ist und welche sie vorzieht.

Bei mehr als zwei Zielgrößen $(Z_1, Z_2, ..., Z_Z)$ können die Präferenzvorstellungen der Instanz allenfalls durch eine numerische Nutzenfunktion „exakt" beschrieben werden. Die Bestimmung einer derartigen Nutzenfunktion stellt jedoch ein so komplexes Problem dar, daß es in der Regel notwendig wird, bei der Beschreibung der Präferenzvorstellungen Vereinfachungen vorzunehmen.

Die Instanz kann sich dann in der Weise behelfen, daß sie dem Entscheidungsträger eines der in Kapitel II dargestellten Ersatzkriterien vorgibt. Zum Beispiel könnte sie Gewichtungsfaktoren $g_1, ..., g_Z$ fixieren und als Ziel setzen:

(XIX.2) $g_1 \cdot Z_1 + g_2 \cdot Z_2 + ... + g_Z \cdot Z_Z \to Max!$

Sie könnte auch die Anweisung geben, eine bestimmte Zielgröße Z_z zu maximieren unter der Nebenbedingung, daß die übrigen Zielgrößen die von ihr fixierten Unter- bzw. Obergrenzen nicht unter- bzw. überschreiten. Diese einfachen Zielbeschreibungen sind (hinsichtlich der Auswahlentscheidung) zwar operational, sie verletzen aber in der Regel die Kompatibilitätsbedingung: Sie stehen nicht im Einklang mit den wahren Präferenzvorstellungen der Instanz. Deshalb führen sie auch nicht notwendig zu der Handlungsalternative, die im Lichte dieser Präferenzvorstellungen optimal ist.

3.2.3. *Vorauswahl durch den Entscheidungsträger und (Letzt-)Entscheidung durch die Instanz*

3.2.3.1. *Das allgemeine Konzept*

Bei mehr als zwei Zielgrößen besteht hinsichtlich der Zielformulierung i.d.R. der folgende Konflikt: Zum einen verursacht die präzise Darstellung der Präferenzvorstellungen der Instanz einen unvertretbar großen Aufwand. Zum anderen führen einfache Ersatzkriterien möglicherweise zu einer nachteiligen Entscheidung. Ein Ausweg aus diesem Dilemma kann darin bestehen, daß dem Entscheidungsträger nur die Kompetenz für eine Vorauswahl eingeräumt wird (*partielle* Delegation der Entscheidungsbefugnis). In diesem Fall hat der „Entscheidungsträger" die Aufgbe,
- Handlungsalternativen zu suchen,
- nach einem von der Instanz vorgegebenen Beurteilungsmaßstab aus der Menge der dann bekannten Handlungsalternativen eine Vorauswahl zu treffen und
- die verbleibenden Alternativen der Instanz zur Beurteilung vorzulegen.

Zugleich hat der Entscheidungsträger der Instanz mitzuteilen, welche Zielgrößenwerte den vorgelegten Alternativen entsprechen.

Aus der Menge dieser Alternativen - wir bezeichnen sie als *Vorauswahlmenge* - wählt dann die Instanz entsprechend dem Gewicht, das sie selbst den einzelnen Zielgrößen beimißt, die zu realisierende Alternative aus; sie trifft also die endgültige Entscheidung. Bei diesem Vorgehen wird die Instanz - im Vergleich zur alleinigen Entscheidung durch sie selbst - in folgender Hinsicht entlastet: Nicht die Instanz, sondern der „Entscheidungsträger" sucht nach Handlungsalternativen; die Instanz muß nicht *alle* Handlungsalternativen gegeneinander abwägen, sondern nur jene, die in der Vorauswahlmenge enthalten sind; außerdem muß die Instanz nicht selbst die Zielgrößenwerte der einzelnen Handlungsalternativen der Vorauswahlmenge bestimmen; sie werden ihr vom „Entscheidungsträger" mitgeteilt. Der „Entscheidungsträger" erfüllt damit die Aufgaben eines Stabes.

Die (Letzt-)Entscheidung durch die Instanz ist tendenziell um so einfacher zu treffen, je weniger Elemente die Vorauswahlmenge enthält.

Bei partieller Delegation, d.h. bei dem beschriebenen zweistufigen Vorgehen, verliert das Problem an Gewicht, ein operationales Ziel vorzugeben, das der Bedingung der Kompatibilität entspricht. Der „Entscheidungsträger" benötigt jedoch ein Kriterium für die *Vorauswahl*.

3.2.3.2. *Vorauswahl nach dem Effizienzkriterium*

Die Instanz kann z.B. vorschreiben, die Vorauswahl nach dem Effizienzkriterium vorzunehmen; die Vorauswahlmenge ist dann mit der Menge der effizienten Alternativen identisch. Der Vorteil dieser Verfahrensweise besteht darin, daß die Instanz nur wenig Informationen über ihre Präferenzvorstellungen geben muß: Sie muß nur mitteilen, an welchen Zielgrößen sie sich orientiert und ob sie für die Zielgröße Z_z ($z=1,2,...,Z$) einen möglichst hohen oder niedrigen Wert anstrebt. Andererseits kann der Nachteil entstehen, daß die Zahl der effizienten Handlungsalternativen so groß ist, daß der Entscheidungsträger die Vorauswahlmenge entweder gar nicht bestimmen kann oder nur mit einem unvertretbar großen Aufwand. Außerdem ist möglicherweise auch die Instanz überfordert, wenn sie ihre (Letzt-)Entscheidung auf der Grundlage einer Vorauswahlmenge mit sehr vielen Elementen treffen muß.

Wie kann nun eine Vorauswahlmenge mit relativ wenig Elementen ermittelt werden? Angenommen, die Instanz ziehe bei jeder Zielgröße Z_z ($z=1,2,...,Z$) einen höheren Wert einem niedrigeren vor. Eine der möglichen Verfahrensweisen besteht dann darin, daß die Instanz dem Entscheidungsträger die Zielfunktion

(XIX.2) $g_1 \cdot Z_1 + g_2 \cdot Z_2 + ... + g_Z \cdot Z_Z \rightarrow \text{Max!}$

vorgibt und gleichzeitig für die Gewichtungsfaktoren $g_1, g_2, ..., g_Z$ alternative Wertekonstellationen fixiert (wobei jeweils $g_z > 0$ und $g_1 + ... + g_Z = 1$ gilt).

Der Entscheidungsträger hat dann für jede Wertekonstellation (für jeden „Gewichtungsvektor" $(g_1, g_2, ..., g_Z)$) jeweils diejenige Handlungsalternative zu bestimmen, bei der die gewichtete Summe (XIX.2) maximiert wird (vgl. hierzu LAUX, 2002a, S. 194ff.). Die Menge der betreffenden Alternativen bildet die Vorauswahlmenge, auf deren Grundlage die Instanz die (Letzt-)Entscheidung trifft.

3.2.3.3. *Vorauswahl durch Fixierung von Anspruchsniveaus*

Die Instanz kann auch den Auftrag geben, die Vorauswahlmenge in der Weise zu ermitteln, daß eine bestimmte Zielgröße Z_z maximiert wird unter Berücksichtigung alternativer Anspruchsniveaus hinsichtlich der übrigen Zielgrößen. Es wird also als Ziel

(XIX.3) $Z_z \rightarrow Max!$

unter den Nebenbedingungen

$$Z_{z'} \geq \overline{Z}_{z'} \qquad (z' \in \{1, 2, ..., Z\}; z' \neq z)$$

vorgegeben, wobei alternative Vektoren für die Werte der Untergrenzen $\overline{Z}_{z'}$ fixiert werden. Der Entscheider hat für jeden dieser Vektoren jeweils diejenige Handlungsalternative zu bestimmen, bei der Z_z maximiert wird. Die Menge der so bestimmten Alternativen ist jetzt die Vorauswahlmenge, auf deren Grundlage die Instanz die Entscheidung trifft.

3.3.   Zielvorgabe in Risikosituationen (bei subjektiver Nutzenmaximierung)

3.3.1. *Kompatibilität der Zielvorgabe*

In der Realität wird der Entscheidungsträger nur in Ausnahmefällen den in Zukunft eintretenden Umweltzustand mit Sicherheit kennen. Im allgemeinen hat er mehrwertige Erwartungen über die Ergebnisse der einzelnen Handlungsalternativen. Im folgenden sollen Probleme der Zielformulierung für *Risikosituationen* diskutiert werden. Der Einfachheit halber wird wieder angenommen, die Instanz orientiere sich nur an der einen Zielgröße, wobei sie einen höheren Wert dieser Zielgröße einem niedrigeren vorzieht. Zielgröße sei im folgenden der Unternehmensgewinn G.

Hat der Entscheidungsträger die endgültige Entscheidung zu treffen, d.h. die zu realisierende Handlungsalternative definitiv auszuwählen, so ist es grundsätzlich nicht sinnvoll, ihm das Ziel

(XIX.4) $G \rightarrow Max!$

vorzugeben. Diese Zielsetzung liefert nur dann eine eindeutige Leitlinie für die Entscheidung, wenn eine Alternative existiert, die alle anderen erwogenen Alternativen dominiert. Diese Voraussetzung ist aber grundsätzlich nicht erfüllt. Die Zielvorgabe (XIX.4) ist dann nicht operational, da zum Zeitpunkt der Entscheidung (noch) offen ist, welche Handlungsalternative zum maximalen Gewinn führt.

Der Entscheidungsträger benötigt eine Entscheidungsregel, die der Tatsache gerecht wird, daß die Entscheidung in einer Risikosituation getroffen wird (und keine Alternative existiert, die alle anderen dominiert). Für die Instanz stellt sich das Problem, diese Regel so zu formulieren, daß sie mit ihren eigenen Präferenzvorstellungen kompatibel ist. Orientiert sie sich am BERNOULLI-Prinzip, so ist das folgende Vorgehen naheliegend: Die Instanz informiert den Entscheidungsträger über die Gestalt ihrer Nutzenfunktion $U = U(G)$ und setzt ihm das Ziel

$$(XIX.5) \quad E[U(G)] \rightarrow Max!$$

Der Entscheidungsträger hat sich nun ein Wahrscheinlichkeitsurteil über die maßgeblichen Umweltzustände zu bilden, den erwogenen Handlungsalternativen entsprechend der von der Instanz vorgegebenen Nutzenfunktion Nutzenerwartungswerte zuzuordnen und schließlich die Alternative mit dem höchsten Nutzenerwartungswert auszuwählen.

(XIX.5) setzt bei Risikoaversion (bei konkaver Nutzenfunktion) grundsätzlich voraus, daß es außerhalb des Unternehmens keine (privaten) Risiken gibt, mit denen die Entscheidungen im Unternehmen abgestimmt werden müssen. Man kann sich vorstellen, daß das Unternehmen einem einzigen Eigentümer gehört, der ausschließlich am riskanten Unternehmenserfolg beteiligt ist. Die Instanz ist entweder mit diesem Eigentümer identisch oder sie vertritt als sein „Agent" dessen Interessen, d. h. sie „übernimmt" seine Nutzenfunktion $U(G)$.

Die folgenden Darstellungen gelten jedoch analog auch für den Fall, daß mehrere Gesellschafter linear am Unternehmenserfolg beteiligt sind und die betreffende Teilungsregel pareto-effizient ist.[1] Es besteht dann *Einmütigkeit* zwischen allen Gesellschaftern: Wird der Erwartungsnutzen eines beliebigen Gesellschafters (d. h. der Erwartungsnutzen des auf ihn entfallenden Anteils am Erfolg) maximiert, so gilt dies zugleich auch für jeden anderen Gesellschafter (LAUX, 2005 b, Kapitel III).

Ist die Instanz (der Eigentümer oder die Gesellschafter) *risikoneutral*, kann (XIX.5) wie folgt dargestellt werden:

$$(XIX.6) \quad E[G] \rightarrow Max!$$

Der Entscheidungsträger hat dann die Handlungsalternative mit dem höchsten Erwartungswert des Erfolges auszuwählen. Bei Risikoneutralität erübrigt sich also die explizite Vorgabe einer Nutzenfunktion.

Orientiert sich die Instanz neben dem Erwartungswert des Erfolges auch an der Standardabweichung (bzw. Varianz), so können ihre Präferenzvorstellungen durch ein System von Indifferenzkurven in einem (μ, σ)-Diagramm ausgedrückt werden.

---

1) Eine Teilungsregel ist dann pareto-effizient, wenn durch eine Umverteilung der zustandsabhängigen Erfolge kein Gesellschafter einen höheren Nutzenerwartungswert erzielen kann, ohne daß der (mindestens) eines anderen Gesellschafters sinkt.

Der Entscheidungsträger hat dann diejenige Alternative zu wählen, deren (μ, σ)-Konstellation auf der Indifferenzkurve mit dem höchsten Nutzenniveau liegt.

3.3.2. *Operationalität der Zielvorgabe im Widerspruch zum Zweck der Delegation*

3.3.2.1. *Vorgabe einer Maximierungsvorschrift*

Da die Eintrittswahrscheinlichkeiten für die Umweltzustände in der Regel nicht objektiv gemessen werden können, ist auch das Ziel der Maximierung des Nutzenerwartungswertes nicht streng operational: Der Zielerreichungsgrad (d.h. der mit einer Alternative verbundene Nutzenerwartungswert) kann nicht intersubjektiv überprüft werden. Man mag daher diese Zielvorgabe ablehnen und die Forderung nach einer anderen, *operationalen* Zielvorgabe stellen. Bei Vorgabe einer (streng) operationalen Zielsetzung wird aber grundsätzlich der Zweck der Delegation verfehlt. Zur Verdeutlichung dient eine einfache Entscheidungssituation:

1. Die Instanz ist risikoneutral und läßt sich von der Absicht leiten, den Gewinnerwartungswert zu maximieren.
2. Aus einer *gegebenen* (und bekannten) Menge A von Handlungsalternativen ist eine Alternative auszuwählen. Die Gewinne der Alternativen hängen davon ab, welcher der Umweltzustände $S_1, S_2, ..., S_S$ in Zukunft eintreten wird. Zwar kennt die Instanz die Gewinne in den einzelnen Umweltzuständen; sie weiß jedoch nicht, welcher Umweltzustand S_s ($s \in \{1, 2, ..., S\}$) sich einstellen wird.
3. Die Instanz delegiert das Entscheidungsproblem, weil sie damit rechnet, daß der Entscheidungsträger
   - mehr Informationen zur Prognose des Umweltzustandes besitzt bzw. beschaffen, kann als die Instanz und/oder
   - besser „qualifiziert" ist, den eintretenden Umweltzustand zu prognostizieren.

Für die Instanz liegt es hier nahe, dem Entscheidungsträger das Ziel der Maximierung des Gewinnerwartungswertes vorzugeben. (Eine andere Zielvorgabe würde die Bedingung der Kompatibilität grundsätzlich verletzen.) Der Entscheidungsträger hat sich dann (i.d.R. nach Beschaffung zusätzlicher Informationen) ein Wahrscheinlichkeitsurteil über die Umweltzustände $S_1, S_2, ..., S_S$ zu bilden und aus der Alternativenmenge A jene Alternative auszuwählen, die im Lichte dieser Wahrscheinlichkeiten den höchsten Gewinnerwartungswert aufweist.

Das Ziel der Maximierung des Gewinnerwartungswertes wäre nur dann streng operational (d.h. eine eindeutige Überprüfung des Zielerreichungsgrades wäre möglich), wenn die Wahrscheinlichkeiten der Umweltzustände objektiv gemessen werden könnten. Diese Voraussetzung ist indessen bei ökonomischen Entscheidungsproblemen im allgemeinen nicht erfüllt. Es existieren allenfalls subjektive Wahrscheinlichkeiten, deren intersubjektive Überprüfung ex definitione nicht möglich ist.

Andererseits wird aber bei Vorgabe einer operationalen Zielsetzung grundsätzlich der Zweck der Delegation verfehlt: Die Instanz könnte z.B. der Forderung nach Operationalität der Zielvorgabe nachkommen, indem sie explizit angibt, welche Wahrscheinlichkeiten bei der Ermittlung der Gewinnerwartungswerte zugrunde zu legen sind. Die Delegation erfolgt aber gerade deshalb, weil die Instanz damit rechnet, daß der Entscheidungsträger mehr Informationen zur Prognose des eintretenden Umweltzustandes besitzt bzw. beschaffen kann als sie selbst und/oder besser qualifiziert ist, den eintretenden Umweltzustand zu prognostizieren. Delegiert die Instanz z.B. in der Absicht, den besseren Informationsstand des Entscheidungsträgers zu nutzen, so ist es paradox, definitiv vorzuschreiben, welche Wahrscheinlichkeiten bei der Entscheidung zugrunde zu legen sind. Die zusätzlichen Informationen des Entscheidungsträgers würden dann gerade *nicht* zur Bildung eines Wahrscheinlichkeitsurteils beitragen.

Die Instanz könnte allerdings für die Umweltzustände bedingte Wahrscheinlichkeiten vorgeben und für jede als möglich erachtete Informationsstruktur des Entscheidungsträgers ihre eigenen a posteriori-Wahrscheinlichkeiten vorschreiben. Mit der jeweiligen Informationsstruktur des Entscheidungsträgers wäre dann auch das Wahrscheinlichkeitsurteil über die Umweltzustände determiniert. Wenn die Zahl der von der Instanz als möglich erachteten Informationsstrukturen des Entscheidungsträgers groß ist, verursacht jedoch die Vorgabe bedingter Wahrscheinlichkeiten einen sehr hohen Planungsaufwand. Es wäre dann weniger aufwendig, wenn sich die Instanz durch den potentiellen Entscheidungsträger über dessen Informationsstruktur informieren ließe und die Entscheidung selbst träfe. Delegiert die Instanz zudem in der Erwartung, daß der Entscheidungsträger besser als sie selbst qualifiziert ist, ein Wahrscheinlichkeitsurteil über die Umweltzustände zu bilden, so kann es ohnehin nicht sinnvoll sein, dem Entscheidungsträger Wahrscheinlichkeiten vorzugeben.

Jedoch dürfen nicht die besonderen Gefahren übersehen werden, die sich ergeben können, wenn ein Ziel wie das der Maximierung des Gewinnerwartungswertes (allgemein: des Nutzenerwartungswertes) vorgegeben wird und dabei der Entscheidungsträger sein *eigenes* Wahrscheinlichkeitsurteil über die Umweltzustände zugrunde legt:

1. Der Entscheidungsträger hat dann einen weiten Spielraum für die Verfolgung eigener Ziele. (Zur Problematik der Kontrolle bei Delegation von Entscheidungen vgl. Kapitel XXII.)
2. Der Entscheidungsträger wird möglicherweise nicht genügend motiviert, das gesetzte Ziel zu verfolgen, da ein objektiver Maßstab zur Beurteilung seiner Entscheidung fehlt.

3.3.2.2. *Vorgabe eines Sollwertes*

Es könnte als sinnvoll erscheinen, daß die Instanz anstelle der Zielvorgabe „Maximierung des Gewinnerwartungswertes" einen bestimmten Soll-Gewinn $\overline{G}$ vorgibt und dem Entscheidungsträger die Verhaltensnorm setzt, so zu entscheiden, daß mindestens ein Gewinn in Höhe dieses Soll-Gewinns erzielt wird. Diese Verhaltensnorm ist jedoch vom Standpunkt der Instanz außerordentlich problematisch. Wenn eine Handlungsalternative existiert, deren Gewinn bei keinem der Umweltzustände $S_1, S_2, ..., S_S$ unter dem Soll-Gewinn liegt, kann die Instanz diese Alternative gleich selbst auswählen; sie würde ja auch im Falle der Delegation gewählt werden.[2] Die Delegation der Entscheidungen kann allenfalls dann sinnvoll sein, wenn keine Alternative existiert, die mit Sicherheit einen Gewinn bietet, der mindestens ebenso hoch ist wie der Soll-Gewinn. In diesem Fall liefert aber die Verhaltensnorm „Wähle eine Handlungsalternative, bei der der Soll-Gewinn $\overline{G}$ erreicht wird" kein eindeutiges Kriterium für die Entscheidung, da bei jeder Handlungsalternative dieser Gewinn möglicherweise auch unterschritten wird. Die Verhaltensnorm müßte daher lauten: „Maximiere die Wahrscheinlichkeit W dafür, daß der Soll-Gewinn $\overline{G}$ erreicht wird." Diese Verhaltensnorm ist jedoch mit dem Ziel der Instanz (Maximierung des Gewinnerwartungswertes) nur in Ausnahmefällen kompatibel (LAUX/LIERMANN, 1986, S. 142ff.; LAUX, 1995a, S. 216f.).

Die Maximierung der Wahrscheinlichkeit W ist grundsätzlich nur dann sinnvoll, wenn die Nutzenfunktion der Instanz folgende Gestalt hat: Jedem Gewinn $G \geq \overline{G}$ entspricht der Nutzenwert 1, jedem Gewinn $G < \overline{G}$ der Nutzenwert 0. Demgegenüber hat aber die Nutzenfunktion der risikoneutralen Instanz annahmegemäß die Gestalt $U(G)=G$ (d.h. der Nutzen ist eine linear steigende Funktion des Gewinns). Außerdem kann die Zielgröße W ebensowenig eindeutig überprüft werden wie der Gewinnerwartungswert, denn auch die Wahrscheinlichkeit W ist eine subjektive Größe; sie wird aus den subjektiven Wahrscheinlichkeiten für die Umweltzustände abgeleitet.

Die Maximierung von W ist nicht nur dann als Zielvorgabe ungeeignet, wenn die Menge der Handlungsalternativen bereits feststeht, sondern auch in Situationen, in denen der Entscheidungsträger (zusätzliche) Alternativen suchen muß.

3.3.3. Vorauswahl durch den Entscheidungsträger und (Letzt-)Entscheidung durch die Instanz

Wenn der Entscheidungsträger die (Letzt-)Entscheidung trifft, muß ihm die Instanz ihre Risikoeinstellung (genauer: ihre Nutzenfunktion) bekanntgeben. Damit können erhebliche Probleme verbunden sein. So ist es z.B. möglich, daß die Instanz zum Zeitpunkt der Delegation noch gar nicht geklärt hat, welche konkrete Gestalt ihre Nutzenfunktion aufweist. Es kann daher für die Instanz sinnvoll sein, dem Entscheidungsträger die Weisung zu geben, nur eine Vorauswahl unter den Handlungsalternativen zu treffen. Der Entscheider benötigt dann aber wenigstens ein Kriterium für die Vorauswahl.

Ist die Nutzenfunktion der Instanz quadratisch (wobei der genaue Verlauf dieser Funktion zunächst nicht bekannt sein muß), so steht das (μ, σ)-Prinzip im Einklang mit dem BERNOULLI-Prinzip (vgl. Kapitel II). Die Vorauswahlmenge kann dann als die Menge der (μ, σ)-effizienten Handlungsalternativen bestimmt werden. Damit der „Entscheidungsträger" diese Menge bestimmen kann, muß er darüber informiert werden, ob die Instanz risikoscheu oder risikofreudig ist, ob sie also bei ge-

---

[2] Annahmegemäß kennt die Instanz die Handlungsalternativen und deren Gewinne in den Umweltzuständen $S_1, S_2, \ldots S_s$

gebenem Erwartungswert einen möglichst niedrigen oder einen möglichst hohen Wert für die Standardabweichung des Erfolges anstrebt.

Nachdem die Instanz die Menge der effizienten Handlungsalternativen und deren (μ,σ)-Konstellationen kennt, trifft sie die (Letzt-)Entscheidung, wozu sie dann allerdings die Gewichte fixieren muß, die sie den Größen μ und σ beimißt.

4.   Delegation an mehrere Entscheidungsträger

4.1.   Die betrachtete Situation

In den folgenden Abschnitten betrachten wir als delegierende Instanz eine Unternehmensleitung, die Entscheidungskompetenzen auf mehrere nachgeordnete Entscheidungsträger, die Leiter von n Geschäftsbereichen, überträgt. Für die Zielvorgabe entstehen daraus komplexe Probleme; einige Grundprobleme sollen hier dargestellt werden. Dabei beschränken wir uns wieder auf den Fall, daß sich die Instanz an nur *einer* Zielgröße, am Gesamterfolg der Unternehmung, orientiert. Die Geschäftsbereichsleiter sind für ihren jeweiligen Bereichserfolg verantwortlich.

4.2.   Zielvorgabe bei Sicherheit

Besteht zwischen den Geschäftsbereichen weder ein Restriktions- noch ein Erfolgsverbund (Kapitel XII), so haben die Aktivitäten eines einzelnen Geschäftsbereichs keinen Einfluß auf die Erfolge anderer Bereiche. Der Erfolg G_i des Geschäftsbereichs i ($i=1,2,...,n$) ist dann ausschließlich von der in diesem Bereich gewählten Handlungsalternative A^i und der für diesen Bereich maßgeblichen Umweltkonstellation S^i abhängig. Für den Gesamterfolg der Unternehmung gilt dann also:

(XIX.7) $G = G_1(A^1, S^1) + G_2(A^2, S^2) + ... + G_n(A^n, S^n).$

Sofern jeder Spartenleiter den für seinen Bereich maßgeblichen Umweltzustand mit Sicherheit kennt, läßt sich das Organisationsziel unmittelbar auf die einzelnen Geschäftsbereiche übertragen: Der Gesamtgewinn G wird gerade dann maximiert, wenn jede Sparte den eigenen Bereichsgewinn maximiert.

Um die Spartenleiter zu motivieren, gute Ergebnisse zu erzielen, kann es - analog wie im Fall eines einzigen Entscheidungsträgers - sinnvoll sein, Sollerfolge vorzugeben bzw. zu vereinbaren. Dabei sollte allerdings den unterschiedlichen Erfolgspotentialen der verschiedenen Bereiche Rechnung getragen werden.

Besteht demgegenüber zwischen den Geschäftsbereichen Restriktions- und/oder Erfolgsverbund, so stellt sich das Problem der Koordination der Entscheidungen der verschiedenen Sparten. Den einzelnen Sparten könnte dann das Ziel gesetzt werden, ihren jeweiligen „Beitrag zum Gesamterfolg" zu maximieren. Allerdings wäre damit das Koordinationsproblem nicht gelöst. Da der einzelne Spartenleiter nicht weiß, welche Aktionen in den anderen Sparten erwogen werden, kann er gar nicht beurteilen, durch welche Maßnahmen er den eigenen Beitrag zum Gesamterfolg maximieren kann; er hat mehrwertige Erwartungen sowohl über den eigenen Handlungsspielraum (der von den Aktionen in den anderen Bereichen abhängt) als auch über die Erfolgskonsequenzen der eigenen Handlungen.

Resultieren die Interdependenzen zwischen den Bereichen aus einem Austausch von Gütern und/oder Dienstleistungen, so lassen sie sich unter bestimmten Voraussetzungen durch entsprechende Verrechnungspreise erfassen. Dann führt die Maximierung der Spartenerfolge zum maximalen Gesamterfolg. (Zum Konzept der „pretialen Lenkung" vgl. Kapitel XX.)

4.3.   Zielvorgabe in Risikosituationen (bei subjektiver Nutzenmaximierung)

4.3.1. Die Problematik

In Risikosituationen ergeben sich (sofern nicht Risikoneutralität besteht) selbst dann Koordinationsprobleme, wenn weder ein Restriktions- noch ein Erfolgsverbund besteht. Es existieren grundsätzlich keine Unterziele für die einzelnen Spartenleiter, die mit dem Ziel der Instanz (der Unternehmensleitung) kompatibel sind. Das bedeutet, daß bei dezentraler Entscheidung andere Handlungsalternativen gewählt werden als bei einer Entscheidung durch die Unternehmensleitung, falls dieser

1. die gleichen Handlungsalternativen wie den Spartenleitern bekannt wären und sie
2. die gleichen Wahrscheinlichkeiten für die entscheidungsrelevanten Daten zugrunde legen würde wie die Bereichsleiter.

Analog zu (XIX.5) lautet das Organisationsziel formal:

$$(XIX.8)\quad E[U(G)] = E[U(G_1 + G_2 + ... + G_n)] \rightarrow Max!$$

Das zu untersuchende Problem besteht nun darin, unter welchen Bedingungen Unterziele existieren mit der Eigenschaft, daß bei unabhängiger Verfolgung dieser Ziele durch die jeweiligen Geschäftsbereiche der Erwartungswert des Nutzens des Gesamterfolges maximiert wird.

4.3.2. Risikoneutralität

Bei Risikoneutralität kann die Nutzenfunktion U wie folgt dargestellt werden

$$(XIX.9)\quad U(G) = G.$$

Aus (XIX.8) und (XIX.9) folgt für das Organisationsziel:

$$(XIX.10)\quad E[U(G)] = E[G] = E[G_1 + G_2 + ... + G_n] \rightarrow Max!$$

Da der Erwartungswert einer Summe von Zufallsvariablen gleich der Summe der Erwartungswerte dieser Zufallsvariablen ist, kann (XIX.10) auch wie folgt dargestellt werden:

(XIX.11) $E[G] = E[G_1] + E[G_2] + ... + E[G_n] \rightarrow Max!$

Der Erwartungswert des Gesamterfolges wird somit genau dann maximiert, wenn jeder Geschäftsbereich i (i = 1, 2, ..., n) den Erwartungswert *seines* Erfolges maximiert. Das Organisationsziel kann daher unmittelbar auf die Geschäftsbereiche übertragen werden: Dem Bereich i (i = 1, 2, ..., n) wird das Ziel

(XIX.12.i) $E[G_i] \rightarrow Max!$

vorgegeben. Eine weitere Koordination der Entscheidungen erübrigt sich.

4.3.3. *Nichtrisikoneutralität*

4.3.3.1. *Stochastisch unabhängige Erfolge*

Wir betrachten nun den realistischeren und komplexeren Fall der Nichtrisikoneutralität: Die Nutzenfunktion U für den Gesamterfolg ist dann nicht linear. Sind die Bereichserfolge voneinander stochastisch unabhängig, so mag es naheliegen, analog zum Fall der Risikoneutralität das Organisationsziel unmittelbar auf die einzelnen Teilbereiche zu übertragen, also dem Geschäftsbereich i (i = 1, 2, ..., n) das folgende Unterziel zu setzen:[3]

(XIX.13.i) $E[U(G_i)] \rightarrow Max!$

Im folgenden wird jedoch gezeigt, daß dieses Vorgehen grundsätzlich nicht mit dem Organisationsziel (XIX.8) im Einklang steht. Zur Verdeutlichung wird zunächst ein einfaches *Beispiel* betrachtet (nach HAX, 1965, S. 119):

1. Die Unternehmung besteht aus zwei Geschäftsbereichen (n = 2).

2. Für den Gesamterfolg ist die Nutzenfunktion $U(G) = \sqrt{G}$ maßgeblich. Für das Organisationsziel gilt also:

(XIX.14) $E[U(G)] = E[\sqrt{G}] \rightarrow Max!$

3. In jedem Bereich sind zwei Handlungsalternativen gegeben und zwei Datenkonstellationen (S_1^1 und S_2^1 bzw. S_1^2 und S_2^2) möglich. Für die Datenkonstellationen gelten folgende Wahrscheinlichkeiten:

$$w(S_1^1) = \frac{1}{3}; \quad w(S_2^1) = \frac{2}{3}$$

---

3) Hierin bezeichnet U die Nutzenfunktion für den Gesamterfolg, die der Zielfunktion (XIX.8) für die gesamte Organisation zugrunde liegt.

$$w(S_1^2) = \frac{1}{2}; \quad w(S_2^2) = \frac{1}{2}$$

Die möglichen Erfolge der Handlungsalternativen sind in den Ergebnismatrizen XIX.1 und XIX.2 zusammengestellt.

	$\frac{1}{3}$ S_1^1	$\frac{2}{3}$ S_2^1	Nutzenerwartungswerte $E[\sqrt{G_1}]$
A_1^1	25	36	$5\frac{2}{3}$
A_2^1	0	64	$5\frac{1}{3}$

Matrix XIX.1: Ergebnismatrix für den Geschäftsbereich 1

	$\frac{1}{2}$ S_1^2	$\frac{1}{2}$ S_2^2	Nutzenerwartungswerte $E[\sqrt{G_2}]$
A_1^2	64	36	7
A_2^2	169	0	$6\frac{1}{2}$

Matrix XIX.2: Ergebnismatrix für den Geschäftsbereich 2

4. Die Datenkonstellationen für die beiden Geschäftsbereiche sind voneinander stochastisch unabhängig. Es gilt also:

$$w(S_1^1;S_1^2) = \frac{1}{3}\cdot\frac{1}{2} = \frac{1}{6}; \quad w(S_1^1;S_2^2) = \frac{1}{3}\cdot\frac{1}{2} = \frac{1}{6}$$

$$w(S_2^1;S_1^2) = \frac{2}{3}\cdot\frac{1}{2} = \frac{1}{3}; \quad w(S_2^1;S_2^2) = \frac{2}{3}\cdot\frac{1}{2} = \frac{1}{3}$$

Bei unmittelbarer Übertragung des Organisationsziels (XIX.14) auf die Geschäftsbereiche wird dem Bereich i (i=1, 2) das Unterziel

(XIX.15.i) $E[\sqrt{G_i}] \rightarrow Max!$

gesetzt.

Die jeweiligen Werte der Zielfunktion (XIX.15.1) bzw. (XIX.15.2) sind in Matrix XIX.1 bzw. in Matrix XIX.2 angegeben. Entsprechend wird im Geschäftsbereich 1 die Alternative A_1^1 gewählt, im Bereich 2 die Alternative A_1^2. Bei diesem

Aktionsprogramm wird aber der Erwartungswert des Nutzens des Gesamterfolges $E[\sqrt{G_i}]$ nicht maximiert. Den partiellen Ergebnismatrizen XIX.1 und XIX.2 für die beiden Geschäftsbereiche entspricht die Ergebnismatrix XIX.3 hinsichtlich des Gesamterfolgs ($G = G_1 + G_2$).

	$\dfrac{1}{6}$ S_1^1, S_1^2	$\dfrac{1}{6}$ S_1^1, S_2^2	$\dfrac{1}{3}$ S_2^1, S_1^2	$\dfrac{1}{3}$ S_2^1, S_2^2	Nutzenerwartungswerte $E[\sqrt{G}]$
A_1^1, A_1^2	89	61	100	72	9,04
A_1^1, A_2^2	194	25	205	36	9,93
A_2^1, A_1^2	64	36	128	100	9,44
A_2^1, A_2^2	169	0	233	64	9,92

Matrix XIX.3: Ergebnismatrix für die Unternehmung als Ganzes

Der erwartete Nutzen des Gesamterfolges wird dann maximiert, wenn die Handlungsalternativen A_1^1 und A_2^2 gewählt werden. Die bei isolierter Entscheidung durch die Teilbereiche gewählten Alternativen A_1^1 und A_1^2 bieten dagegen den *niedrigsten* Nutzenerwartungswert.

Bei unmittelbarer Übertragung des Organisationsziels auf die Geschäftsbereiche wird grundsätzlich das Gesamtoptimum verfehlt. Nur in Spezialfällen können Nutzenfunktionen U_i ($i = 1, 2, ..., n$) für die einzelnen Teilbereiche bestimmt werden, die die Eigenschaft aufweisen, daß $E[U(G)]$ (der Erwartungswert des Nutzens des Gesamterfolges) maximiert wird, wenn jeder Teilbereich den Erwartungswert des Nutzens des eigenen Bereichserfolges maximiert.

Die Problematik der Formulierung geeigneter Unterziele bei Nichtrisikoneutralität (bei nichtlinearer Nutzenfunktion) resultiert daraus, daß der Nutzen eines bestimmten Bereichserfolges von den Erfolgen in den anderen Teilbereichen abhängt. Zur Verdeutlichung betrachten wir zwei Teilbereiche ($n = 2$) und die Nutzenfunktion U für den Gesamterfolg G in Abbildung XIX.1. Ist der Erfolg des Teilbereichs 2 gleich G_2^1 und wird im Teilbereich 1 ein Erfolg von $\overline{G}_1$ erzielt, so steigt der Nutzen des Gesamterfolges um Δ_1. Ist der Erfolg im Teilbereich 2 gleich G_2^2, so steigt der Gesamtnutzen durch den Erfolg $\overline{G}_1$ im Bereich 1 nur um Δ_2.

Bei nichtlinearer Nutzenfunktion für den Gesamterfolg kann also der Nutzen, den ein bestimmter Bereichsgewinn stiftet, nicht isoliert von den Erfolgen in den anderen Teilbereichen bestimmt werden. Mithin können grundsätzlich auch die Unterziele für die einzelnen Geschäftsbereiche nicht isoliert von den Erfolgen in den *anderen Bereichen* formuliert werden. Diese Erfolge sind aber bei der Formulierung der Unterziele noch gar nicht bekannt: Sie hängen ab von der jeweiligen

Auswahlentscheidung, die durch die Zielvorgabe gerade gesteuert werden soll, und von dem jeweils eintretenden Umweltzustand.

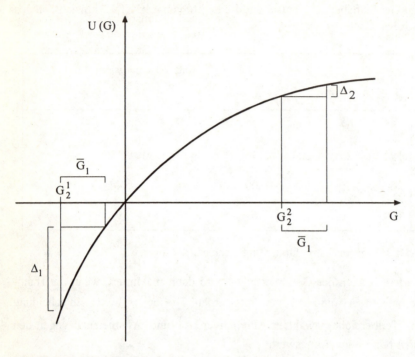

Abb. XIX.1: Nutzenfunktion U für den Gesamterfolg G

Die Überlegungen verdeutlichen, daß es bei Nichtrisikoneutralität selbst bei stochastischer Unabhängigkeit der Bereichserfolge in der Regel nicht möglich ist, die Aktionsmöglichkeiten in den einzelnen Geschäftsbereichen unabhängig von den Alternativen in den anderen Bereichen zu bewerten. Welche Handlungsalternative in einem Bereich i optimal ist, hängt davon ab, welche Alternative in einem Bereich j gewählt wird. Umgekehrt hängt die optimale Alternative für den Bereich j davon ab, welche Alternative im Bereich i gewählt wird: Es besteht ein Bewertungsverbund (Kapitel XII), der eine Koordination der Einzelentscheidungen notwendig macht.

4.3.3.2. Stochastisch abhängige Erfolge

Wie in Abschnitt 4.3.3.1 verdeutlicht wurde, besteht bei Nichtrisikoneutralität (aufgrund eines Bewertungsverbundes) im allgemeinen selbst dann ein Koordinationsbedarf, wenn die Bereichserfolge voneinander stochastisch unabhängig sind. In der Regel wird jedoch stochastische Abhängigkeit vorliegen und damit ein Risikoverbund bestehen. Wie weit die Varianz des Gesamterfolges (G) steigt, wenn in einem Geschäftsbereich eine bestimmte Alternative realisiert wird, hängt dann davon ab, welche Alternativen in den anderen Bereichen gewählt werden und wie die

Bereichserfolge miteinander korreliert sind. Ein Gesamtoptimum kann dann nur erreicht werden, wenn dem Risikoverbund Rechnung getragen wird. Wie im folgenden gezeigt wird, besteht bei Risikoverbund (bei stochastischer Abhängigkeit zwischen den Bereichserfolgen) selbst dann ein Koordinationsbedarf, wenn *kein* Bewertungsverbund existiert. Ein Bewertungsverbund existiert bei Risikoaversion genau dann nicht, wenn die Nutzenfunktion die folgende Gestalt hat (exponentielle Nutzenfunktion):

$$U(G) = -\frac{1}{e^{aG}} \qquad \text{mit } a > 0.$$

Das Organisationsziel kann dann wie folgt dargestellt werden (FREUND, 1956):

$$(XIX.16) \quad S\ddot{A}(G) = E[G] - \frac{a}{2} \cdot \sigma^2(G) \to Max!$$

Hierin kennzeichnet $S\ddot{A}(G)$ das Sicherheitsäquivalent, $E[G]$ den Erwartungswert und $\sigma^2(G)$ die Varianz des Gesamterfolges. Der Risikoaversionskoeffizient a bringt die Risikoeinstellung derjenigen Instanz zum Ausdruck, die das Organisationsziel setzt. Wegen $a > 0$ ist die Instanz risikoavers: Das Sicherheitsäquivalent ist ebenso wie der Erwartungswert des Nutzens des Gesamterfolges eine fallende Funktion der Varianz des Gesamterfolges. Dabei ist das Sicherheitsäquivalent (bzw. der Nutzenerwartungswert) für jede Kombination von $E[G]$ und $\sigma^2(G)$ um so kleiner, je größer a ist.

Bei der Zielfunktion (XIX.16) besteht kein Bewertungsverbund. Bei stochastischer Unabhängigkeit der Bereichserfolge könnte hier das Organisationsziel unmittelbar auf den einzelnen Geschäftsbereich übertragen, also dem Bereich i ($i = 1, 2, ..., n$) das folgende Unterziel vorgegeben werden:

$$(XIX.17i) \quad E[G_i] - \frac{a}{2} \cdot \sigma^2(G_i) \to Max!$$

$E[G_i]$ bezeichnet den Erwartungswert und $\sigma^2(G_i)$ die Varianz des Bereichserfolges G_i.

Im folgenden wird gezeigt, daß die Unterziele (XIX.17.i) bei stochastischer Unabhängigkeit zwar mit dem Organisationsziel (XIX.16) kompatibel sind; sind die Bereichserfolge hingegen voneinander stochastisch abhängig, so stehen die Unterziele allenfalls zufällig mit dem Organisationsziel im Einklang. Außerdem wird verdeutlicht, *warum* es bei stochastischer Abhängigkeit grundsätzlich nicht möglich ist, die Handlungsalternativen verschiedener Bereiche unabhängig voneinander zu bewerten. Zur Vereinfachung betrachten wir nur zwei Geschäftsbereiche. Für den Erwartungswert des Gesamterfolges gilt dann:

$$(XIX.18) \quad E(G) = E(G_1) + E(G_2).$$

Die Varianz des Gesamterfolges beträgt

(XIX.19) $\sigma^2(G) = \sigma^2(G_1) + \sigma^2(G_2) + 2 \cdot r(G_1 G_2) \cdot \sigma(G_1) \cdot \sigma(G_2)$

mit

$\sigma^2(G_i)$ $\hat{=}$ Varianz des Gewinns G_i (i = 1, 2),

$r(G_1 G_2)$ $\hat{=}$ Korrelationskoeffizient für G_1 und G_2.

Der Korrelationskoeffizient ist ein Maß für die stochastische Abhängigkeit zwischen den Bereichserfolgen ($-1 \le r(G_1 G_2) \le +1$). Bei stochastischer Unabhängigkeit gilt $r(G_1 G_2) = 0$.

Setzt man (XIX.18) und (XIX.19) in (XIX.16) ein, so erhält man für das Organisationsziel:

(XIX.16a) $SÄ(G) = E[G_1] + E[G_1]$

$$- \frac{a}{2} \left[\sigma^2(G_1) + \sigma^2(G_2) + 2 \cdot r(G_1 G_2) \cdot \sigma(G_1) \cdot \sigma(G_2) \right] \rightarrow \text{Max!}$$

Zur Erleichterung der Argumentation definieren wir:

(XIX.20) $B := 2 \cdot r(G_1 G_2) \cdot \sigma(G_1) \cdot \sigma(G_2).$

Aus (XIX.16.a) folgt in Verbindung mit (XIX.20):

(XIX.16.b) $SÄ(G) = \underbrace{E[G_1] - \frac{a}{2} \cdot \sigma^2(G_1)}_{D_1} + \underbrace{E[G_2] - \frac{a}{2} \cdot \sigma^2(G_2)}_{D_2} - \frac{a}{2} \cdot B \rightarrow \text{Max!}$

Bei der Vorgabe der Unterziele (XIX.17.i) maximiert der Bereich 1 die Differenz D_1 und der Bereich 2 die Differenz D_2. Damit wird das Sicherheitsäquivalent (bzw. der Erwartungswert des Nutzens des Gesamterfolges) aber nur dann maximiert, wenn B *unabhängig* davon ist, welche Handlungsalternativen in beiden Geschäftsbereichen gewählt werden, wenn als B (und folglich auch $\frac{a}{2} \cdot B$) eine Konstante ist. Diese Bedingung ist gemäß (XIX.20) z.B. dann erfüllt, wenn in jedem Fall $r(G_1 G_2) = 0$, wenn also die Bereichserfolge voneinander stochastisch unabhängig sind. (Dann gilt für jedes mögliche Alternativenpaar B = 0.) Folglich stehen bei stochastischer Unabhängigkeit die Unterziele (XIX.17.i) im Einklang mit dem Organisationsziel (XIX.16.b).

Im Fall $r(G_1 G_2) \ne 0$ (also bei stochastischer Abhängigkeit der Bereichserfolge) ist gemäß (XIX.20) der Ausdruck B dann konstant, wenn

- einerseits $r(G_1 G_2)$ unabhängig davon ist, welches Paar von Alternativen in den Bereichen 1 und 2 realisiert wird, und
- andererseits jeder Alternative in Bereich 1 (bzw. in Bereich 2) dieselbe Standardabweichung $\sigma(G_1)$ (bzw. $\sigma(G_2)$) entspricht.

Diese Voraussetzung ist jedoch extrem unrealistisch: Bei stochastischer Abhängigkeit ist in aller Regel B von den Entscheidungen in den beiden Teilbereichen abhängig. Hat jedoch der Ausdruck $\frac{a}{2} \cdot B$ für die erwogenen Paare von Handlungsalternativen jeweils *annähernd* denselben Wert, so liegt es nahe, ihn vereinfachend als konstant anzunehmen und die Unterziele (XIX.17.i) vorzugeben. Zwar wird dann bei Maximierung von D_1 bzw. D_2 nicht zwingend die Zielfunktion (XIX.16.i) maximiert; der maximale Nutzenerwartungswert wird aber annähernd erreicht.

Allgemein gilt bei Risikoverbund: Wie weit der Erwartungswert des Nutzens des Gesamterfolges ansteigt, wenn in einem Entscheidungsbereich eine bestimmte Handlungsalternative gewählt wird, hängt davon ab, welche Handlungsalternativen in den anderen Bereichen realisiert werden. Bei Risikoverbund besteht somit ein Koordinationsbedarf. Die Entscheidungen in den einzelnen Teilbereichen sind so aufeinander abzustimmen, daß eine gute Kombination aus Erwartungswert und Varianz des Gesamterfolges (allgemein: ein guter Erwartungswert des Nutzens des Gesamterfolges) erzielt wird.

Um den Risikoverbund adäquat Rechnung tragen zu können, mag es naheliegen, die Entscheidungen durch die Instanz (die Unternehmensleitung) treffen zu lassen. Eine solche Vorgehensweise ist jedoch nicht ohne weiteres sinnvoll. Die Instanz muß von den Bereichen Informationen erhalten, damit sie sich ein geeignetes Wahrscheinlichkeitsurteil über die entscheidungsrelevanten Daten bilden kann. Außerdem besteht die Gefahr der Demotivation der Bereichsleiter. Es kann daher sinnvoll sein, auch dann Entscheidungskompetenzen zu delegieren, wenn keine Bereichsziele vorgegeben werden können, die mit dem Organisationsziel streng kompatibel sind (Kapitel XXI).

5.   Zielvorgabe und Kapitalmarkt

5.1.   State Preference - Ansatz (SPA) als theoretische Grundlage

In den Abschnitten 3 und 4 wurde für Risikosituationen unmittelbar das BERNOULLI-Prinzip als Grundlage für die Analyse von Zielvorgaben herangezogen. Der Eigentümer oder die Gesellschafter waren nur am riskanten Erfolg des betrachteten Unternehmens beteiligt. Im folgenden wird untersucht, wie die Ergebnisse vor dem Hintergrund von Kapitalmarktmodellen zu modifizieren sind. Dabei steht jeweils die Maximierung des Marktwertes der Aktien (des Investitionsprogramms) des Unternehmens zumindest „näherungsweise" im Einklang mit subjektiver Nutzenmaximierung für alle Anteilseigner.

Zunächst wird der State Preference-Ansatz (SPA) betrachtet.[4] Hierin wird ein vollkommener Kapitalmarkt vorausgesetzt, auf dem für jeden Zustand S_s ($s = 1, 2, ..., S$) im Unternehmen und im privaten Bereich zustandsbedingte Zahlungsansprüche gehandelt werden können. Ein zustandsbedingter Zahlungsanspruch wirft (in dem hier behandelten Einperioden-Fall) zum Zeitpunkt 1 genau dann einen bestimmten Geldbetrag ab, wenn der betreffende Zustand S_s eintritt.

---

4)   Zur Erweiterung und Vertiefung vgl. FRANKE/HAX (2004) und LAUX (2005b).

Ein Anspruch auf 1 GE (Geldeinheit) für den Zustand S_{s*} z. B. bringt dem Inhaber bei Eintreten dieses Zustandes 1 GE; tritt ein anderer Zustand ein, so erhält er aus diesem Anspruch nichts. Der Preis, zu dem zum Zeitpunkt 0 Ansprüche auf 1 GE für den Zustand S_s (s = 1, 2, ..., S) gehandelt werden, beträgt für alle Akteure auf dem Kapitalmarkt π_s. Für die Preise muß gelten:

$$(XIX.21) \quad \sum_{s=1}^{S} \pi_s = (1+r)^{-1},$$

wobei r den risikolosen Kapitalmarktzins bezeichnet. Die Summe der Preise ist gleich dem Diskontierungsfaktor, der diesem Zinssatz entspricht. Wäre (XIX.21) nicht erfüllt, so bestünde die Möglichkeit einer gewinnbringenden Arbitrage. Im Fall $\sum_{s=1}^{S} \pi_s > (1+r)^{-1}$ z.B. könnte man für jeden Zustand S_s (s = 1, 2, ..., S) einen bedingten Zahlungsanspruch auf 1 GE verkaufen, einen Betrag von $(1+r)^{-1}$ GE zum Zinssatz r anlegen[5] und hiermit zum Zeitpunkt 0 einen Arbitragegewinn von $\sum_{s=1}^{S} \pi_s - (1+r)^{-1} > 0$ erzielen.

Der Marktwert eines Finanztitels, der (zum Zeitpunkt 1) im Zustand S_s den Wert W_{1s} aufweist, beträgt zum Zeitpunkt 0:

$$W_0 = \sum_{s=1}^{S} \pi_s \cdot W_{1s}.$$

Andernfalls wäre wiederum eine gewinnbringende Arbitrage möglich.

Im Rahmen des SPA steht unabhängig von der Finanzierung die Maximierung des Marktwertes des Investitionsprogramms im Einklang mit subjektiver Nutzenmaximierung, sofern sich bei Durchführung zusätzlicher Investitionen die Preise π_s nicht ändern. Die Kompatibilität von Marktwert- und subjektiver Nutzenmaximierung gilt unabhängig von der Zahl der Gesellschafter des Unternehmens. Bei mehreren Anteilseignern müssen allerdings der Erfolg bzw. die Überschüsse proportional zwischen ihnen geteilt werden. Ist das Unternehmen nicht börsengehandelt, so ist ein „virtueller" Marktwert relevant, der den Preisen π_s entspricht.

Zur Verdeutlichung der Kompatibilität von Marktwertmaximierung und subjektiver Nutzenmaximierung für einen beliebigen Anteilseigner wird ein Projekt betrachtet, das zum Zeitpunkt 0 die Anschaffungsauszahlung A_{0p} verursacht und zum Zeitpunkt 1 den Überschuß $e_{1p,s}$ erbringt, sofern dann der Zustand S_s eintritt. Der betrachtete Anteilseigner ist mit dem Anteil z > 0 am Unternehmen beteiligt. (Im Fall z = 1 ist er der alleinige Eigentümer. Bei mehreren Gesellschaftern gilt z < 1.) Bei Durchführung des Projekts wird (zusätzlich) der Fremdkapitalbetrag

---

5)   Mit der entsprechenden Einzahlung von $(1+r) \cdot (1+r)^{-1} = 1$ zum Zeitpunkt 1 wird die eingegangene Verbindlichkeit erfüllt.

F_{0p} ($< A_{0p}$) aufgenommen und die Ausschüttung an die Anteilseigner um $A_{0p} - F_{op}$ gesenkt. Zur Rechtfertigung des Ziels der Marktwertmaximierung kann von der Fiktion ausgegangen werden, daß der betrachtete Anteilseigner bei Durchführung des Projekts zum Zeitpunkt 0 für jeden Zustand S_s einen Zahlungsanspruch in Höhe des Betrages $z \cdot [e_{1p,s} - (1+r) \cdot F_{0p}]$ von seinem Anteil am Netto-Überschuß des Projekts verkauft. Da diese Zahlungsansprüche (zurück-)gekauft werden können, ist mit dem Verkauf kein Nachteil verbunden. Das Projekt ist für den Anteilseigner vorteilhaft, wenn sein Verkaufserlös höher ist als die Ausschüttungseinbuße $z \cdot (A_{0p} - F_{0p})$, wenn also

$$(\text{XIX.22}) \quad \sum_{s=1}^{S} \pi_s \cdot z \cdot \left[e_{1p,s} - (1+r) \cdot F_{0p} \right] - z \cdot (A_{0p} - F_{0p}) > 0$$

gilt. Mit diesem Überschuß kann der Anteilseigner zustandsbedingte Zahlungsansprüche in der Weise erwerben, daß sich für ihn eine Wahrscheinlichkeitsverteilung über das Endvermögen ergibt, die jene in der Ausgangssituation dominiert; sein Erwartungsnutzen steigt.

Wegen $z > 0$ und da für die Summe der Preise π_s die Gleichung (XIX.21) gilt, kann die Vorteilhaftigkeitsbedingung (XIX.22) wie folgt vereinfacht werden:

$$(\text{XIX.23}) \quad M_{0p} \equiv \sum_{s=1}^{S} \pi_s \cdot e_{1p,s} - A_{0p} > 0.$$

Das Projekt erhöht somit den Erwartungsnutzen eines Anteilseigners, wenn sein Marktwert M_{0p} positiv ist. Maximierung des Marktwertes des Investitionsprogramms (bzw. der Aktien des Unternehmens) und subjektive Nutzenmaximierung sind kompatible Zielfunktionen.

Zwar kann das optimale Investitionsprogramm ohne Rücksicht auf die subjektiven Nutzenfunktionen der Anteilseigner („risikopräferenzfrei") ermittelt werden. Jedoch führt gemäß den obigen Darstellungen das Investitionsprogramm mit dem maximalen Marktwert nicht unmittelbar zum maximalen Nutzenerwartungswert für jeden Anteilseigner, sondern mittelbar in Verbindung mit den individuellen Kapitalmarkttransaktionen. Damit diese überhaupt durchgeführt werden können, müssen die Anteilseigner über die zustandsabhängigen Überschüsse informiert werden.

Im übrigen können die Projekte (bei Fehlen von Erfolgs- und Restriktionsverbund) unabhängig voneinander bewertet werden. Weder ist einem Bewertungsverbund noch einem Risikoverbund bei der Investitionsplanung Rechnung zu tragen. Jeder Anteilseigner hedgt das auf ihn entfallende Programmrisiko selbst durch private Transaktionen auf dem Kapitalmarkt, wobei er die beiden Verbundeffekte berücksichtigt.

Die Darstellungen haben grundlegende Bedeutung für die Zielvorgabe und die Koordination von Entscheidungen in Unternehmen. Bei Fehlen von Erfolgs- und Restriktionsverbund zwischen den verschiedenen Unternehmensbereichen kann jedem Entscheidungsträger das Ziel gesetzt werden, den Marktwert des Investitionsprogramms seines Bereichs zu maximieren; eine Koordination der Entscheidungen zwischen verschiedenen Bereichen erübrigt sich. Zwar benötigen die Entscheidungsträger keine Informationen über die Nutzenfunktionen der Anteilseigner. Jedoch müssen diese über die zustandsabhängigen Überschüsse des Investitionsprogramms des *gesamten* Unternehmens informiert werden, damit sie ihre optimalen Hedgeportefeuilles aufbauen können.

5.2.   Capital Asset Pricing Model (CAPM) als theoretische Grundlage

5.2.1.   *Bewertung auf Grund von risikoangepaßten Zinssätzen*

Das Capital Asset Pricing Model (CAPM) ist ein einperiodiges Modell der Preisbildung auf dem Kapitalmarkt, dessen Bewertungsfunktionen unabhängig davon gelten, ob für die Zustände bedingte Zahlungsansprüche gehandelt werden können oder nicht. Es wurde in den grundlegenden Arbeiten von LINTNER (1965), MOSSIN (1966) und SHARPE (1964; 1970) entwickelt. Es ist auch heute noch das wichtigste Gleichgewichtsmodell. Dies liegt daran, daß es auf Grund strenger Voraussetzungen eine einfache Struktur aufweist.

Das Modell beruht u. a. auf der Annahme, daß alle Akteure auf dem Kapitalmarkt risikoavers sind, sich am (μ, σ)-Prinzip orientieren und homogene Erwartungen über die Erwartungswerte, Varianzen und Kovarianzen der Renditen bzw. der Endwerte der Wertpapiere haben. Im Kapitalmarktgleichgewicht hält dann jeder Anteilseigner einen Anteil am Marktportefeuille, das sämtliche riskanten Wertpapiere enthält. Die Eigentümer des betrachteten Unternehmens sind also jeweils mit dem gleichen Anteil auch an den anderen Unternehmen der Volkswirtschaft beteiligt. Je größer die Risikoaversion eines Anteilseigners, desto geringer ist c.p. sein Anteil am Marktportefeuille. (Zu ausführlichen Beweisen und Interpretationen der Darstellungen im vorliegenden und dem nachfolgenden Abschnitt vgl. LAUX, 2002 b.)

Bei quadratischen und exponentiellen Nutzenfunktionen (allgemein bei Nutzenfunktionen der HARA-Klasse) bezüglich des Endvermögens zum Zeitpunkt 1 wird im Marktgleichgewicht das aus allen Wertpapieren resultierende Risiko zwischen den Anteilseignern pareto-effizient geteilt; durch Umverteilung der zustandsabhängigen Endwerte der individuellen Wertpapierportefeuilles kann kein Anteilseigner einen Vorteil erzielen, ohne daß ein anderer einen Nachteil erleidet. Werden neue (bisher nicht in den Wertpapierpreisen antizipierte) Projekte durchgeführt, so bleibt bei pareto-effizienter Risikoteilung das Marktgleichgewicht erhalten; die Marktwerte der Wertpapiere ändern sich so, daß kein Anteilseigner die zusätzlich realisierten Projekte zum Anlaß nimmt, seinen Anteil am Marktportefeuille zu ändern. Es besteht wiederum Einmütigkeit zwischen allen Anteilseignern. Die Maximierung des subjektiven Nutzenerwartungswertes für einen beliebigen Anteilseigner impliziert, daß zugleich auch der Erwartungsnutzen jedes anderen Anteilseigners maximiert wird. Dabei führt das betreffende Investitionsprogramm direkt zum Nutzenmaximum; ein Handel mit Wertpapieren wird durch zusätzliche Investitionen nicht ausgelöst.

Die Maximierung des Marktwertes des Investitionsprogramms (bzw. der Aktien) des Unternehmens steht zwar nicht streng im Einklang mit subjektiver Nutzenmaximierung, jedoch kann dies immerhin „annähernd" der Fall sein. Besteht keine generelle Einmütigkeit zwischen den Anteilseignern, so können sich Zielkonflikte zwischen ihnen bei Durchführung neuer Projekte ergeben. Marktwertmaximierung kann dann als „Kompromißzielfunktion" interpretiert werden.

Die Orientierung am Ziel der Marktwertmaximierung gewinnt unter dem Schlagwort „Shareholder Value" (RAPPAPORT, 1986; COPELAND/KOLLER/MURRIN, 1994) zunehmende Bedeutung. In Anlehnung an das einperiodige CAPM werden in der praxisorientierten Literatur zum Shareholder Value-Ansatz auch Empfehlungen zur marktwertorientierten Beurteilung *mehrperiodiger* Investitionsprojekte gegeben.[6] Der Marktwert des einperiodigen Projekts P unter Berücksichtigung der Anschaffungsauszahlung beträgt:

$$(\text{XIX.24}) \quad M_{0p} = \left[1 + r + (E(r_G) - r) \cdot \beta_p\right]^{-1} \cdot E(e_{1p}) - A_{0p}.$$

$$\text{mit } \beta_p \equiv \frac{\text{Kov}(r_p; r_G)}{\text{Var}(r_G)}.$$

$E(r_G)$ bzw. $\text{Var}(r_G)$ bezeichnet den Erwartungswert bzw. die Varianz der Rendite r_G des Marktportefeuilles und $\text{Kov}(r_p; r_G)$ die Kovarianz zwischen der Marktrendite des Projekts und der des Marktportefeuilles. Dabei gilt:

$$(\text{XIX.25}) \quad r_p = \frac{e_{1p} - M_{0p}}{M_{0p}}.$$

Gemäß (XIX.24) wird der Marktwert M_{0p} durch Diskontierung des erwarteten Projektüberschusses mit dem risikoangepaßten Zinssatz

$$(\text{XIX.26}) \quad k_p = r + \left[E(r_G) - r\right] \cdot \beta_p$$

ermittelt. Da das Marktportefeuille riskant ist, sind Investoren nur dann bereit, einen Teil davon zu halten, wenn sie eine positive Risikoprämie erzielen. Mithin muß $E(r_G) - r > 0$ gelten, so daß der risikoangepaßte Zinssatz eine linear steigende Funktion des Beta-Faktors β_p ist. Für $\text{Kov}(r_p; r_G) = 0$ ist dieser Faktor gleich null, wobei $k_p = r$ gilt. Die Kovarianz ist dann gleich null, wenn e_{1p} stochastisch unabhängig ist von der Gesamtheit der Überschüsse aller Investitionen, an denen die Anteilseigner beteiligt sind. Man sagt dann, das (Projekt-)Risiko sei unsystema-

---

6) Zur Darstellung und Kritik dieses Ansatzes vgl. BALLWIESER (1994).

tisch. Unsystematisches Risiko wird in den individuellen Portefeuilles praktisch eliminiert, sofern in diesen wie im CAPM das Risiko „gut" gemischt ist.

Bei positiver (bzw. negativer) Kovarianz $Kov(r_p; r_G)$ gilt $k_p > r$ (bzw. $k_p < r$). Bei gegebener Kovarianz $Kov(r_p; r_G) \neq 0$ weicht k_p um so mehr von r ab, je höher die Risikoprämie je Risikoeinheit,

$$\frac{E(r_G) - r}{Var(r_G)},$$

ist. Dabei ist $E(r_G)$ um so größer, je höher die Risikoaversion der Investoren auf dem Kapitalmarkt ist.

Bei der Ermittlung bzw. Schätzung des risikoangepaßten Zinssatzes gemäß (XIX.26) ergibt sich zunächst das Problem, daß die Wahrscheinlichkeitsverteilung über r_p nicht ex ante gegeben ist, sondern gemäß (XIX.25) vom Marktwert M_{0p} abhängt. Dieser ist aber gerade zu ermitteln (Zirkularitätsproblem). Man kann sich hier durch Iteration behelfen.

Ein weiteres Problem resultiert daraus, daß bei Durchführung des Projekts in der Marktrendite r_G auch die Marktrendite des Projekts enthalten ist. Streng genommen müßte man dem Einfluß des Projekts auf r_G (in $E(r_G)$ und $Kov(r_p; r_G)$) Rechnung tragen. Wenn jedoch der Umfang des Projekts im Vergleich zu dem aller Investitionen gering ist, liegt es nahe, den Einfluß des Projekts auf r_G zu vernachlässigen. Die Annahme, daß zusätzliche Projekte im Unternehmen die Marktrendite nicht beeinflussen, wird in Literatur und Praxis oft getroffen.

Bei unveränderlicher Marktrendite erübrigt sich wieder eine bereichsübergreifende Koordination von Investitionsentscheidungen, sofern zwischen den verschiedenen Investitionsbereichen weder Restriktions- noch Erfolgsverbund besteht. Bei Orientierung am Ziel der Maximierung des Marktwertes des gesamten Investitionsprogramms kann jedem Bereich das Ziel gesetzt werden, den Marktwert *seines* Investitionsprogramms zu maximieren. Dabei sind die Beta-Faktoren auf der Basis der bisherigen stochastischen Marktrendite r_G zu ermitteln.

Bei projektspezifischen Beta-Faktoren wird die delegierende Instanz kaum in der Lage sein, sie einzeln vorzugeben bzw. in Zusammenarbeit mit den Entscheidungsträgern zu ermitteln. Jedoch kann die Vorgabe eines einheitlichen Beta-Faktors für einen Unternehmensbereich in Betracht kommen, wenn hierin nur (Real-) Investitionen einer gegebenen Risikoklasse durchgeführt werden können, für die (annähernd) derselbe Beta-Faktor maßgeblich ist. Wird weiter vereinfachend angenommen, daß auch die Risikoprämie $E(r_G) - r$ vom Investitionsvolumen des Unternehmensbereichs unabhängig ist, kann zur Steuerung der Investitionsentscheidungen direkt auch der entsprechend risikoangepaßte Zinssatz k gemäß (XIX.26) vorgegeben werden. Dieses Vorgehen ist charakteristisch für den Shareholder Value-Ansatz (Kapitel XXI).

5.2.2. Bewertung auf Grund von Sicherheitsäquivalenten

Die Implikationen der Vernachlässigung eines unternehmensinternen Risiko- und Bewertungsverbundes lassen sich anschaulich auch in der Weise zeigen, daß der Marktwert $M_0(\ddot{U}_1)$ des Überschusses des gesamten Investitionsprogramms wie folgt dargestellt wird (LAUX, 2005b, Kapitel V und VII):

$$(XIX.27) \quad M_0(\ddot{U}_1) = (1+r)^{-1} \cdot \underbrace{[E(\ddot{U}_1) - \frac{RP_G}{Var(M_{1G}} \cdot Kov(\ddot{U}_1; M_{1G})]}_{\equiv S\ddot{A}(\ddot{U}_1)}$$

$$mit \; RP_G = E(M_{1G}) - (1+r) \cdot M_{0G}.$$

M_{0G} (bzw. M_{1G}) bezeichnet den Marktwert des gesamten Marktportefeuilles zum Zeitpunkt 0 (bzw. 1) und RP_G die (absolute) Risikoprämie dieses Portefeuilles. Gemäß (XIX.27) wird der Marktwert des Überschusses $\ddot{U}_1$ ermittelt, indem sein Marktsicherheitsäquivalent $S\ddot{A}(\ddot{U}_1)$ mit dem risikolosen Zinssatz r diskontiert wird. Wegen der Risikoaversion der Anteilseigner gilt $RP_G > 0$, so daß $S\ddot{A}(\ddot{U}_1)$ und mithin auch der Marktwert $M_0(\ddot{U}_1)$ eine linear fallende Funktion der Kovarianz $Kov(\ddot{U}_1, M_{1G})$ ist. Ist sie gleich null, so folgt

$$M_0(\ddot{U}_1) = (1+r)^{-1} \cdot E(\ddot{U}_1).$$

Es ist zu beachten, daß auch $\ddot{U}_1$ in M_{1G} enthalten ist. Bezeichnet man den Marktwert ohne den Überschuß mit $M_{1G}^0 (M_{1G}^0 = M_{1G} - \ddot{U}_1)$, so kann die bewertungsrelevante Kovarianz wie folgt dargestellt werden.

$$(XIX.28) \quad Kov(\ddot{U}_1; M_{1G}) = Kov(\ddot{U}_1; M_{1G}^0 + \ddot{U}_1)$$

$$= Kov(\ddot{U}_1; M_{1G}^0) + Kov(\ddot{U}_1; \ddot{U}_1)$$

$$= Kov(\ddot{U}_1; M_{1G}^0) + Var(\ddot{U}_1).$$

Ist $\ddot{U}_1$ im Vergleich zu M_{1G}^0 sehr klein, so kommt es vor allem darauf an, die Kovarianz $Kov(\ddot{U}_1; M_{1G}^0)$ zu erfassen.[7] Wird die Varianz von $\ddot{U}_1$ vereinfachend vernachlässigt, so erübrigt sich die Erfassung eines Risikoverbundes zwischen den verschiedenen Projektüberschüssen des Unternehmens. Bei der Bewertung eines Projekts P wird lediglich der Risikoverbund seines Überschusses e_{1p} mit M_{1G}^0 erfaßt. Für den Marktwert des Überschusses e_{1p} gilt nun:

---

7)   Zum Beispiel gilt für $M_{1G}^0 = 10000 \cdot \ddot{U}_1$ die Relation

$Kov(\ddot{U}_1; M_{1G}^0) = Kov(10000 \cdot Kov(\ddot{U}_1; \ddot{U}_1) = 10000 \cdot Var(\ddot{U}_1).$

$$(XIX.29) \quad M_0(e_{1p}) = (1+r)^{-1} \cdot \left[E(e_{1p}) - \frac{RP_G}{Var(M_{1G})} \cdot Kov(e_{1p}; M_{1G}^0) \right].$$

Die Vernachlässigung eines Risikoverbundes ist jedoch keine hinreichende Bedingung dafür, daß der Projektüberschuß e_{1p} unabhängig davon bewertet werden kann, welche Projekte sonst noch im Unternehmen durchgeführt werden. Eine isolierte Bewertung setzt voraus, daß kein Bewertungsverbund besteht, d. h. die anderen Projekte keinen Einfluß auf die Risikoprämie je Risikoeinheit, $RP_G/Var(M_{1G})$, haben. Diese Bedingung ist nur dann streng erfüllt, wenn die Anteilseigner exponentielle Nutzenfunktionen haben. Ist jedoch der Umfang der Investitionen im Vergleich zur Gesamtheit aller Investitionen gering, kann die Annahme einer unveränderlichen Risikoprämie je Risikoeinheit auch bei anderen Nutzenfunktionen gerechtfertigt sein. Ein Bedarf an Koordination der Investitionsentscheidungen kann sich dann nur noch bei Erfolgs- und Restriktionsverbund ergeben.

Können in einem Unternehmensbereich nur (Real-)Investitionen einer gegebenen Risikoklasse durchgeführt werden, so kann ein „Basisprojekt" mit dem riskanten Überschuß e_{1B} definiert werden, so daß zwischen dem Überschuß jedes realisierbaren Projekts und e_{1B} eine proportionale Beziehung besteht. Wird e_{1B} so normiert, daß $E(e_{1B}=1)$ gilt, kann sein Marktwert analog zu (XIX.29) wie folgt dargestellt werden:

$$(XIX.30) \quad M_0(e_{1B}) = (1+r)^{-1} \cdot \left[1 - \frac{RP_G}{Var(M_{1G})} \cdot Kov(e_{1B}; M_{1G}) \right]$$
$$= (1+r)^{-1} \cdot SÄF.$$

SÄF stellt den „Sicherheitsäquivalent-Faktor" für eine Einheit Erwartungswert der gegebenen Risikoklasse dar. Wird der erwartete Überschuß eines beliebigen Projektes (der betrachteten Risikoklasse) mit diesem Faktor multipliziert, so erhält man das (Markt-)Sicherheitsäquivalent seines Überschusses.

Beweis: Bietet ein Projekt P den Überschuß $e_{1p} = x_p \cdot e_{1B}$ (x_p ist eine positive deterministische Größe), so gilt (wegen $E(e_{1B}=1)$) $E(e_{1p}) = x_p$ und

$$(XIX.31) \quad M_0(e_{1p}) = (1+r)^{-1} \cdot \left[x_p - \frac{RP_G}{Var(M_{1G})} \cdot Kov(x_p \cdot e_{1B}; M_{1G}^0) \right]$$

$$= (1+r)^{-1} \cdot x_p \cdot \left[1 - \frac{RPG}{Var(M_{1G}} \cdot Kov(e_{1B}; M_{1G}^0) \right]$$

$$= (1+r)^{-1} \cdot x_p \cdot SÄF = (1+r)^{-1} \cdot \underbrace{E(e_{1p}) \cdot SÄF}_{=SÄ(e_{1p})}$$

Das Sicherheitsäquivalent des Projektüberschusses ergibt sich somit, indem sein Erwartungswert mit dem Faktor SÄF gewichtet wird.

Bei gegebener Risikoklasse kann somit die Investitionssteuerung in der Weise erfolgen, daß statt eines einheitlichen risikoangepaßten Zinssatzes ein einheitlicher Faktor SÄF vorgegeben wird. Damit ist für jedes Projekt der Erwartungswert des Überschusses in ein Sicherheitsäquivalent zu transformieren, der dann mit dem risikolosen Zinssatz zu diskontieren ist.

Die Vernachlässigung eines Risiko- bzw. Bewertungsverbundes kann insbesondere dann gerechtfertigt sein, wenn am Marktportefeuille und mithin auch am Unternehmen viele Anteilseigner mit jeweils geringem Anteil beteiligt sind, so daß aus ihrer Sicht das Investitionskalkül des Unternehmens ein Marginalkalkül ist. Anders ist die Situation, wenn das Unternehmen nur einem Gesellschafter (oder wenigen Gesellschaftern) gehört, der das Erfolgsrisiko des Unternehmens allein trägt und im Vergleich dazu nur wenig an anderen Risiken beteiligt ist; die Darstellungen in Abschnitt 4.3 haben dann eine besondere Bedeutung.

Ergänzende und vertiefende Literatur:

BERTHEL (1973); FRANKE/HAX (2004); HAX (1965, S. 114ff.); HOFSTEDE (1970); LAUX (1993, S. 185ff.; 2005b); LAUX/LIERMANN (1986, S. 131ff.); ODIORNE (1966).

XX. Koordination kurzfristiger Entscheidungen: Pretiale Lenkung des innerbetrieblichen Güter- und Leistungsaustausches

1. Problemstellung

Während im vorhergehenden Kapitel XIX die Probleme der Zielvorgabe bei Delegation von Entscheidungen in relativ allgemeiner Form diskutiert wurden, soll im folgenden das Konzept der pretialen Lenkung als eine spezielle Zielvorgabe eingehender betrachtet werden. Dieses Konzept ist von großer praktischer und theoretischer Bedeutung. Es wird vor allem dann angewendet, wenn zwischen den Teilbereichen einer Unternehmung Leistungsverflechtungen bestehen. Die Interdependenzen zwischen den einzelnen Teilbereichen resultieren dann daraus, daß Zwischenprodukte von einem oder von mehreren Teilbereichen an andere Teilbereiche geliefert und/oder Leistungen von mehreren Teilbereichen benötigt werden. Es liegt nahe, die Steuerung eines innerbetrieblichen Güter- und Leistungsaustausches nach dem marktwirtschaftlichen Prinzip der Koordination durch Preise vorzunehmen (*pretiale Lenkung*).

Die Koordination nach dem Konzept der pretialen Lenkung kann wie folgt charakterisiert werden:
1. Jedem Teilbereich (z.B. Geschäftsbereich) wird als Verhaltensnorm das Ziel gesetzt, den eigenen Bereichsgewinn zu maximieren.
2. Die Bereichsgewinne werden (u.a.) auf der Basis von Verrechnungspreisen (sogenannten *Lenkpreisen*) für die ausgetauschten Güter und Leistungen ermittelt: Diejenigen Teilbereiche, die Zwischenprodukte beziehen bzw. Leistungen in Anspruch nehmen, werden dafür je Einheit mit Kosten in Höhe der Verrechnungspreise belastet; den (Geschäfts-)Bereichen, die Zwischenprodukte liefern bzw. Leistungen erbringen, werden entsprechende (fiktive) Erlöse zugerechnet.
3. Die Verrechnungspreise sollen so festgelegt werden, daß mit der Maximierung der einzelnen Bereichsgewinne zugleich auch der Gesamtgewinn der Unternehmung maximiert wird.

Der Grundgedanke der innerbetrieblichen Lenkung durch Preise geht vor allem auf SCHMALENBACH (1948) zurück, der in seiner grundlegenden Arbeit zu diesem Problemkreis den Begriff „pretiale Lenkung" geprägt hat. Er spricht von pretialer Lenkung, wenn den Entscheidungsbereichen die Verhaltensnorm vorgegeben wird, ihre Gewinne zu maximieren. Heute wird der Begriff der pretialen Lenkung in der Regel enger gefaßt und darunter die innerbetriebliche Lenkung des Güter- und Leistungsaustausches mit Hilfe von Verrechnungspreisen verstanden. In diesem Sinne soll der Begriff auch hier verwendet werden. Die Begriffe Verrechnungspreis und Lenkpreis werden dabei als synonym betrachtet.

Das Kernproblem der pretialen Lenkung besteht darin, solche Verrechnungspreise zu ermitteln, bei denen die einzelnen Teilbereiche ihre Gewinne genau dann maximieren, wenn sie jene Mengen an Zwischenprodukten herstellen bzw. verarbeiten (oder jene Leistungen anbieten bzw. nachfragen), bei denen der Gesamtgewinn maximiert wird. Die Lösung dieses Problems ist trivial, wenn für die auszutauschenden Güter und Leistungen außerhalb der Unternehmung vollkommene Märkte existieren. In diesem Fall stimmen die optimalen Verrechnungspreise mit den betreffenden Marktpreisen überein. Allerdings stellt sich dann gar nicht das Problem, den innerbetrieblichen Güter- und Leistungsaustausch zu steuern, da die einzelnen Teilbereiche voneinander unabhängig sind; es entsteht weder ein Nachteil noch ein Vorteil, wenn auf den *innerbetrieblichen* Austausch von Gütern und Leistungen verzichtet wird und diese nur über den externen Markt abgesetzt bzw. von dort beschafft werden.

Existieren keine vollkommenen Märkte (und dies ist der Regelfall), so sind die Verrechnungspreise nicht mehr exogen vorgegeben. Es sind dann *endogene* Größen, die davon abhängen, welcher Güter- und Leistungsaustausch zwischen den Teilbereichen zum maximalen Gesamtgewinn führt. Das Optimum ist aber bei der Fixierung der Verrechnungspreise noch gar nicht bekannt; es soll ja gerade durch die Orientierung an Verrechnungspreisen dezentral bestimmt werden (*Dilemma der pretialen Lenkung*).

Die optimalen Verrechnungspreise sind zwar in aller Regel erst dann genau bekannt, wenn auch bekannt ist, welcher innerbetriebliche Leistungsaustausch optimal ist. Dann sind aber die Verrechnungspreise überflüssig. Das ist jedoch kein Grund, auf pretiale Lenkung zu verzichten. Sie kann auch dann ein brauchbares Koordinationskonzept sein, wenn die Lenkpreise hinreichend genau *geschätzt* werden können. Eine solche Schätzung setzt jedoch voraus, daß bekannt ist, von welchen Bestimmungsgrößen die Lenkpreise abhängen bzw. welche Anforderungen an sie zu stellen sind.

Im folgenden sollen - auf einfachen Entscheidungssituationen aufbauend - die Bestimmungsfaktoren der Lenkpreise näher analysiert und Möglichkeiten und Probleme der Ermittlung dieser Preise diskutiert werden. Im Abschnitt 2 werden sehr einfache Lenkpreisprobleme graphisch veranschaulicht. Im Abschnitt 3 wird die Existenz von optimalen Lenkpreisen für komplexere Problemsituationen auf der Basis des *Preistheorems* diskutiert. Grundprobleme der Ermittlung der Lenkpreise werden in Abschnitt 4 behandelt. Die Bedeutung des Steuerungskonzepts wird in Abschnitt 5 gewürdigt.

2.   Lenkpreise in einfachen Problemsituationen: Graphische Darstellung

2.1.   Eine anbietende und eine nachfragende Abteilung

2.1.1.   Kein externer Markt für das Zwischenprodukt

2.1.1.1.   Die Angebotskurve

Zunächst werden sehr einfache Problemsituationen betrachtet, die sich graphisch gut veranschaulichen lassen (HIRSHLEIFER, 1957; SOLOMONS, 1965; POENSGEN, 1973; LAUX, 1975a). Es wird dabei untersucht, wie Lenkpreise für Zwischenprodukte im Prinzip bestimmt werden können und welche Höhe sie unter verschiedenen Bedingungen aufweisen.

Die Unternehmung bestehe aus zwei Abteilungen: Abteilung A kann ein Zwischenprodukt herstellen, das die Abteilung N zu einem Endprodukt weiterbearbeiten und anschließend verkaufen kann. Je Einheit des Endprodukts wird eine Einheit des Zwischenprodukts benötigt. Außerdem nehmen wir zunächst an, die Abteilung A könne das Zwischenprodukt nur an Abteilung N liefern und diese das Zwischenprodukt nur von Abteilung A beziehen; es existiert kein externer Markt für dieses Produkt. Im Höchstfall können in Abteilung A $\overline{x}$ Einheiten erzeugt werden. Die Grenzkosten der Herstellung des Zwischenprodukts werden durch K'_A gekennzeichnet. Sie sind zunächst konstant und nehmen von einer bestimmten Menge x_1 an progressiv zu.

Die Grenzkostenkurve K'_A gibt an, welche Produktionsmenge x bei alternativen Verrechnungspreisen jeweils den Gewinn der Abteilung A maximiert (vgl. Abbildung XX.1): Ist der Verrechnungspreis niedriger als die minimalen Grenzkosten (d.h. niedriger als v_1), so bietet die Abteilung keine Einheiten des Zwischenprodukts an. Sie erzielt damit einen Verlust in Höhe ihrer Fixkosten; bei einer positiven Liefermenge wäre der Verlust allerdings noch größer. Stimmt der Verrechnungspreis mit den minimalen Grenzkosten überein (ist er also gleich v_1), so ist die Abteilung A bei dem hier angenommenen Kurvenverlauf indifferent zwischen allen Angebotsmengen x $(0 \leq x \leq x_1)$. Die Abteilung erzielt wieder einen Verlust in Höhe ihrer Fixkosten. Würde sie jedoch mehr als x_1 Einheiten liefern, so würden die Grenzkosten den Verrechnungspreis übersteigen und der Verlust wäre noch höher. Liegt der Verrechnungspreis zwischen dem minimalen und dem maximalen Wert der Grenzkosten, so wird genau jene Menge angeboten, bei der die Grenzkosten mit dem Verrechnungspreis übereinstimmen. Wird z.B. der Verrechnungspreis v_2 vorgegeben, so beträgt die Angebotsmenge x_2. Ihr entspricht in der Abteilung A ein Gewinn in Höhe des Inhalts der schraffierten Fläche in Abbildung XX.1 abzüglich der Fixkosten. Ist der Verrechnungspreis größer oder gleich dem maximalen Wert der Grenzkosten (also größer oder gleich v_3), so werden $\overline{x}$ Einheiten - die maximal herstellbare Menge - angeboten. Die Kurve $\overline{ABC}$ in Abbildung XX.1 kann somit als *Angebotskurve* für das Zwischenprodukt interpretiert werden.

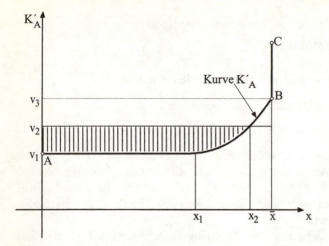

Abb. XX.1: Angebotskurve für das Zwischenprodukt

2.1.1.2. Die Nachfragekurve

Der Grenzgewinn, der sich aus der Weiterbearbeitung des Zwischenprodukts und dem Verkauf des daraus entstandenen Endprodukts ergibt, wird durch G'_N gekennzeichnet. G'_N entspricht der Differenz aus dem Grenzerlös für das Endprodukt und den Grenzkosten der Weiterbearbeitung des Zwischenprodukts zum Endprodukt. G'_N sei eine linear fallende Funktion der bearbeiteten Menge x. Eine solche Abhängigkeit besteht z.B., wenn die Preis-Absatz-Funktion (PAF) für das Endprodukt linear fällt und die Grenzkosten der Verarbeitung (K'_N) konstant sind (Abbildung XX.2).

Die Kurve $\overline{CD}$ in Abbildung XX.2 kennzeichnet die (die als linear angenommene) Preis-Absatz-Funktion für das Endprodukt. Die entsprechende Grenzerlöskurve wird durch $\overline{CE}$ charakterisiert. Die (hier als konstant angenommenen) Grenzkosten der Weiterbearbeitung des Zwischenprodukts zum Endprodukt kennzeichnen wir mit K'_N; sie beziehen sich allein auf den Verarbeitungsprozeß und berücksichtigen nicht den Verrechnungspreis für das Zwischenprodukt. Verschiebt man nun die Grenzerlöskurve um den Betrag K'_N parallel nach unten, so erhält man die Grenzgewinnkurve $\overline{AB}$, die den Zusammenhang zwischen dem Grenzgewinn G'_N der Abteilung N und der Verarbeitungsmenge abbildet. (Es ist zu beachten, daß im Grenzgewinn G'_N der Verrechnungspreis für das Zwischenprodukt nicht enthalten ist.)

Die Grenzgewinnkurve gibt an, welche Menge des Zwischenprodukts bei alternativen Verrechnungspreisen den Gewinn der Abteilung N maximiert. Ist der Verrechnungspreis *höher* als der maximale Grenzgewinn, so werden keine Einheiten des Zwischenprodukts nachgefragt. Ist der Verrechnungspreis *nicht höher*, so wird diejenige Menge nachgefragt, für die der Grenzgewinn mit dem Verrechnungspreis übereinstimmt. Die Grenzgewinnkurve der Abteilung N kann somit als *Nachfrage-*

kurve für das Zwischenprodukt interpretiert werden. Wird z.B. der Verrechnungspreis v_1 vorgegeben, so wird die Menge x_1 nachgefragt (vgl. Abbildung XX.3). Die Abteilung N erzielt dann einen Gewinn in Höhe des Inhalts der schraffierten Fläche (abzüglich der Fixkosten).

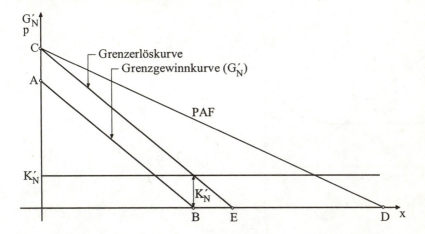

Abb. XX.2: Zur Ermittlung der Nachfragekurve für das Zwischenprodukt

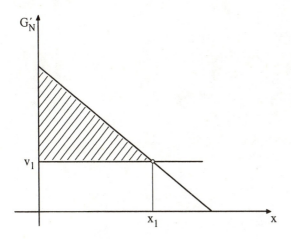

Abb. XX.3: Nachfragemenge und Gewinn (vor Fixkosten) der Abteilung N beim Verrechnungspreis v_1

2.1.1.3. Der optimale Verrechnungspreis

Bei welchem Verrechnungspreis führt die Maximierung der Abteilungsgewinne zum maximalen Gesamtgewinn der Unternehmung? Der Gesamtgewinn wird mit derjenigen Menge des Zwischenprodukts maximiert, bei der die Grenzkosten der

Herstellung dieses Produkts mit dem Grenzgewinn der Weiterbearbeitung übereinstimmen. Die optimale Menge für das Zwischenerzeugnis wird mit x_{opt} bezeichnet
(vgl. die Abbildungen XX.4-XX.6).

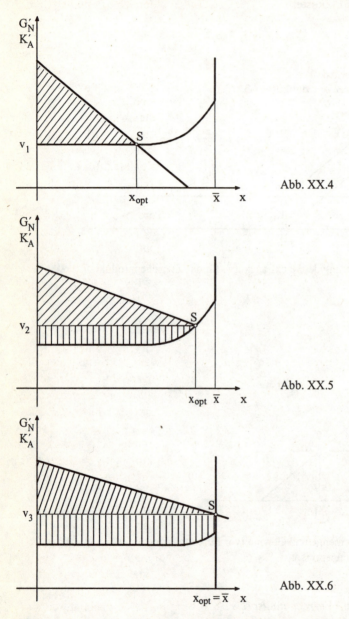

Abb. XX.4

Abb. XX.5

Abb. XX.6

Abb. XX.4-XX.6: Zur Bestimmung und Höhe des optimalen Verrechnungspreises

Der Verrechnungspreis ist demnach so festzusetzen, daß die Abteilung A (bzw. N)
gerade dann ihren Gewinn maximiert, wenn sie die Menge x_{opt} des Zwischenpro-

dukts herstellt (bzw. weiterverarbeitet). Der entsprechende Verrechnungspreis stimmt mit dem Ordinatenwert des Schnittpunktes S von Angebots- und Nachfragekurve überein.

In der Abbildung XX.4 liegt die Menge x_{opt} in dem Bereich konstanter Grenzkosten des Bereichs A. Der optimale Verrechnungspreis v_1 ist hier gleich den minimalen Grenzkosten. Bei diesem Verrechnungspreis verarbeitet die *Abteilung* N bei Maximierung ihres Bereichsgewinns die Menge x_{opt}. Sie erzielt damit einen Gewinn in Höhe des Inhalts der schraffierten Fläche abzüglich ihrer Fixkosten. Da die *Abteilung* A für jede Produkteinheit einen (Verrechnungs-)Preis in Höhe ihrer Grenzkosten erzielt, ist ihr Gewinn unabhängig davon, ob sie die nachgefragte Menge x_{opt} des Zwischenprodukts liefert oder ganz auf die Produktion verzichtet; in beiden Fällen entsteht ein Verlust in Höhe der Fixkosten. Die Abteilung A ist also indifferent zwischen den betreffenden Mengen. Damit gewährleistet ist, daß sie die nachgefragte (und für die Unternehmung optimale) Menge x_{opt} auch tatsächlich herstellt, erhält die Abteilung A zweckmäßigerweise von der Zentrale die Weisung, die nachgefragte Menge zu produzieren.

In der Abbildung XX.5 entspricht der Verrechnungspreis v_2 den Grenzkosten $K'_A(x_{opt})$. Bei diesem Preis wird der Gewinn der Abteilung A (bzw. N) genau dann maximiert, wenn sie die für die Gesamtunternehmung optimale Menge x_{opt} herstellt (bzw. weiterbearbeitet). Die Abteilung A erzielt jetzt einen Gewinn in Höhe des Inhalts der senkrecht schraffierten Fläche (abzüglich ihrer Fixkosten). Der Gewinn der Abteilung N (vor Abzug der Fixkosten) entspricht wieder der schräg schraffierten Fläche.

In der Abbildung XX.6 gilt $x_{opt} = \bar{x}$, d.h. im Optimum ist die Kapazitätsobergrenze der Abteilung A erreicht. Der Verrechnungspreis v_3 ist jetzt höher als der Grenzkostensatz und gleich dem Grenzgewinn der Weiterverarbeitung des Zwischenprodukts bei der Menge $\bar{x}$. Bei diesem Verrechnungspreis wird der Gewinn der Abteilung N genau dann maximiert, wenn sie die vom Standpunkt der Gesamtunternehmung optimale Menge $\bar{x}$ nachfragt; zugleich maximiert die Abteilung A ihren Gewinn, wenn sie die Menge liefert.

Der Verrechnungspreis stimmt also in allen Fällen mit dem Grenzgewinn $G'_N(x_{opt})$ der Weiterbearbeitung bei der optimalen Produktmenge x_{opt} überein. Sofern x_{opt} kleiner ist als $\bar{x}$, stimmt er außerdem mit den Grenzkosten $K'_A(x_{opt})$ bei der Produktmenge x_{opt} überein.

Weicht der Verrechnungspreis von dem Ordinatenwert des Schnittpunktes der Angebots- und Nachfragekurve für das Zwischenprodukt ab, so kann sich zwar für eine einzelne Abteilung ein höherer Gewinn ergeben, die Summe der Abteilungsgewinne (und somit der Gesamtgewinn der Unternehmung) wird jedoch vermindert. Zur Verdeutlichung betrachten wir Abbildung XX.7 und Abbildung XX.8.

Bei der in Abbildung XX.7 dargestellten Situation wird der Gesamtgewinn mit dem Verrechnungspreis v maximiert. Wird statt dessen der Verrechnungspreis v_1 vorgegeben, so liefert die Abteilung A nur die Menge $x_1 < x_{opt}$ (während die Abteilung N eine Menge nachfragt, die größer ist als x_{opt}). Bei der Menge x_1 ist der Gesamtgewinn um den Inhalt der schräg schraffierten Fläche geringer als der maximale Gesamtgewinn, der mit der Menge x_{opt} erzielt wird.

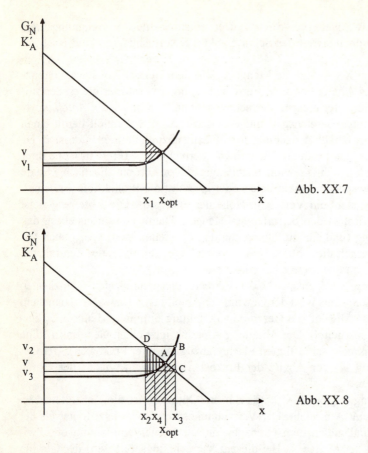

Abb. XX.7

Abb. XX.8

Abb. XX.7 und XX.8: Zur Auswirkung eines nichtoptimalen Verrechnungspreises

Mit dem Verrechnungspreis v_2 in Abbildung XX.8 ergibt sich ebenfalls ein niedrigerer Gesamtgewinn als beim optimalen Verrechnungspreis v. Die Abteilung N fragt dann nur die Menge $x_2 < x_{opt}$ nach. Stellt die Abteilung A genau diese Menge her, so ist der Gesamtgewinn der Unternehmung um den Inhalt der senkrecht schraffierten Fläche geringer als im Optimum. Beim Verrechnungspreis v_2 ist jedoch aus der Sicht der Abteilung A die Menge $x_3 > x_{opt}$ optimal. In der Erwartung, diese Menge an Abteilung N liefern zu können (was sie ja auch könnte, wenn v_2 der richtige Verrechnungspreis wäre), stellt die Abteilung A möglicherweise die Menge x_3 her. Da aber die Abteilung N nur x_2 Einheiten abnimmt, sinkt dann - sofern Lagerhaltung ausgeschlossen wird - der Gesamtgewinn zusätzlich um den Inhalt der schräg schraffierten Fläche in Abbildung XX.9, d.h. um die variablen Kosten jener $x_3 - x_2$ Einheiten des Zwischenprodukts, die hergestellt, aber nicht weiterbearbeitet werden.

Um zu erreichen, daß alle hergestellten Einheiten auch weiterbearbeitet werden, müßte die *Zentrale* korrigierend eingreifen. Werden dann tatsächlich alle x_3 Einheiten weiterbearbeitet und verkauft, so ergibt sich ein Gesamtgewinn, der nur noch um den Inhalt der Fläche ABC unter dem maximalen Gesamtgewinn liegt. Durch welche Maßnahmen kann die Zentrale bewirken, daß alle x_3 Einheiten des Zwischenprodukts von Abteilung N weiterbearbeitet werden? Zwei Möglichkeiten sind naheliegend:

1. Die Zentrale gibt der Abteilung N die Weisung, alle x_3 Einheiten (und nicht nur x_2) zum Verrechnungspreis v_2 zu übernehmen.

2. Die Zentrale senkt den Verrechnungspreis nachträglich auf den Betrag v_3, bei dem die Abteilung N genau dann ihren Gewinn maximiert, wenn sie x_3 Einheiten nachfragt.

Beide Möglichkeiten sind problematisch: Im ersten Fall wird die Abteilung N gezwungen, eine Maßnahme zu ergreifen, die ihren Gewinn schmälert. Durch die zusätzliche Verarbeitung der $x_3 - x_2$ Einheiten sinkt nämlich ihr Gewinn um den Inhalt der Fläche BCD. Man könnte freilich der Abteilung N nach wie vor jenen Gewinn zurechnen, den sie erzielt hätte, wenn sie nur x_2 Einheiten weiterverarbeitet hätte. Dann jedoch wird das Lenkpreissystem ad absurdum geführt.

Auch die zweite Möglichkeit ist problematisch: Die Abteilung A hat ihre Produktionsentscheidung unter der Annahme getroffen, einen Verrechnungspreis von v_2 zu erzielen. Ihr wird aber nur noch der Preis v_3 gutgeschrieben. Wenn dieser Verrechnungspreis von vornherein bekannt gewesen wäre, hätte sie nur die Menge x_4 hergestellt (und einen höheren Gewinn erzielt).

2.1.2. Externer Markt für das Zwischenprodukt

2.1.2.1. Die Angebots- und die Nachfragekurve

Wir nehmen nun an, das Zwischenprodukt könne am externen Markt gekauft und verkauft werden. Der Absatzpreis des Zwischenprodukts (nach Abzug der Absatzkosten je Einheit) sei p_A, der Beschaffungspreis (inklusive der Beschaffungsnebenkosten je Einheit) sei p_B und es gelte $p_B > p_A$.[1]) Der Verkauf (bzw. Einkauf) des Zwischenprodukts am externen Markt erfolgt durch die Abteilung A (bzw. N). Das Gewinnmaximum für die gesamte Unternehmung ist wieder durch den Schnittpunkt von Angebots- und Nachfragekurve für das Zwischenprodukt determiniert. Aus Sicht der Gesamtunternehmung ist bei der Bestimmung dieser Kurven ist jetzt allerdings die *externe* Nachfrage und das *externe* Angebot für das Zwischenprodukt zu berücksichtigen.

Die Kurve $\overline{ABG}$ in Abbildung XX.9 sei die Grenzkostenkurve der Abteilung A. Der Kurvenzug $\overline{ABC}$ stellt dann die Angebotskurve für das Zwischenprodukt unter Berücksichtigung des externen Angebots dar: Bis zur Menge x_A ist es für die Unternehmung optimal, den Bedarf für das Zwischenprodukt durch Eigenerstellung zu decken. Zusätzlich benötigte Einheiten werden auf dem externen Markt be-

---

1)   Es kann hier nicht optimal sein, das Zwischenprodukt am externen Markt zu kaufen und gleichzeitig zu verkaufen (also Handel zu treiben). Das Zwischenprodukt wird allenfalls für eine interne Weiterverarbeitung erworben.

schafft, da die Grenzkosten der Eigenerzeugung dieser Einheiten über dem Beschaffungspreis p_B liegen würden.

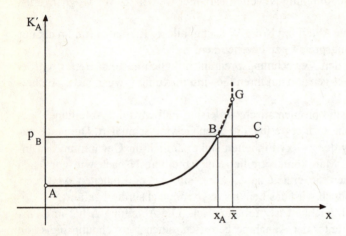

Abb. XX.9: Angebotskurve für das Zwischenprodukt

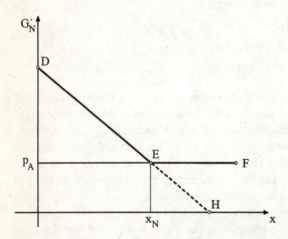

Abb. XX.10: Nachfragekurve für das Zwischenprodukt

Die Kurve $\overline{DH}$ in Abbildung XX.10 sei die Grenzgewinnkurve von Abteilung N. Der Kurvenzug $\overline{DEF}$ stellt dann die relevante Nachfragekurve für das Zwischenprodukt dar: Es kann nicht optimal sein, mehr als x_N Einheiten des Zwischenprodukts in Abteilung N zu verarbeiten. Werden mehr als x_N Einheiten hergestellt, so wird die Überschußmenge am Markt verkauft, da der Grenzgewinn bei Weiterbearbeitung dieser Einheiten unter den Preis p_A fallen würde, der am externen Markt erzielt werden kann.

2.1.2.2. Der optimale Verrechnungspreis

Bezüglich des Schnittpunktes von Angebots- und Nachfragekurven sind drei Fälle zu unterscheiden (vgl. die Abbildungen XX.11-XX.13).

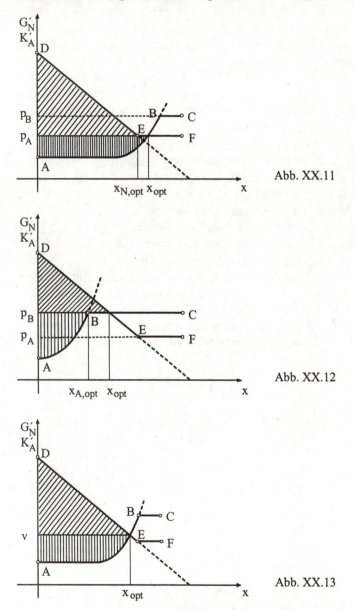

Abb. XX.11

Abb. XX.12

Abb. XX.13

Abb. XX.11-XX.13: Zur Ermittlung und Höhe des optimalen Verrechnungspreises

In der Abbildung XX.11 wird der Gesamtgewinn der Unternehmung gerade dann maximiert, wenn die Abteilung A x_{opt} Einheiten des Zwischenprodukts herstellt, in Abteilung N $x_{N,opt}$ Einheiten weiterverarbeitet und die restlichen $x_{opt}-x_{N,opt}$ Einheiten am externen Markt verkauft werden. Diese Lösung wird bei pretialer Lenkung durch einen Lenkpreis erreicht, der mit dem Absatzpreis p_A übereinstimmt. Bei diesem (Verrechnungs-)Preis maximiert die Abteilung N ihren Gewinn, wenn sie $x_{N,opt}$ Einheiten des Zwischenprodukt verarbeitet, während die Abteilung A ihren Gewinn maximiert, wenn sie x_{opt} Einheiten herstellt. Der betreffende Gewinn der Abteilung A (bzw. N) ist gleich dem Inhalt der senkrecht (bzw. schräg) schraffierten Fläche. Da die Abteilung N weniger Einheiten des Zwischenprodukts nachfragt als die Abteilung A herstellt, verkauft die Abteilung A die Überschußmenge ($x_{opt}-x_{N,opt}$) am externen Markt.

In der Abbildung XX.12 wird der Gesamtgewinn gerade dann maximiert, wenn in der Abteilung N x_{opt} Einheiten des Zwischenprodukts verarbeitet werden und die Abteilung A $x_{A,opt}$ Einheiten herstellt; die fehlenden $x_{opt}-x_{A,opt}$ Einheiten werden von der Abteilung N am externen Markt beschafft. Dieses Optimum wird erreicht, wenn der Verrechnungspreis mit dem Beschaffungspreis p_B übereinstimmt: Abteilung N (bzw. A) maximiert dann ihren Gewinn, wenn sie x_{opt} (bzw. $x_{A,opt}$) Einheiten des Zwischenprodukts verarbeitet (bzw. herstellt); die Menge $x_{opt}-x_{A,opt}$ wird von der Abteilung N am externen Markt beschafft.

In der Abbildung XX.13 wird der Gesamtgewinn gerade dann maximiert, wenn die Abteilung A die Menge x_{opt} herstellt und die Abteilung N diese Menge weiterverarbeitet; der Kauf und/oder der Verkauf von Einheiten des Zwischenprodukts am externen Markt sind nachteilig. Der maximale Gesamtgewinn wird bei pretialer Lenkung durch den Verrechnungspreis v erreicht, wobei $p_A<v<p_B$.

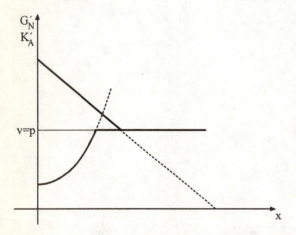

Abb. XX.14: Verrechnungspreis bei vollkommenem Markt ($p_A=p_B$) für das Zwischenprodukt

Auch bei Existenz eines externen Marktes für das Zwischenprodukt ist im Falle $p_B > p_A$ der Verrechnungspreis vom Optimum für die Gesamtunternehmung abhängig: Ist es optimal, eine oder mehrere Einheiten des Zwischenerzeugnisses am externen Markt zu verkaufen (bzw. zu beschaffen), so ist der Verrechnungspreis gleich dem Absatzpreis p_A (bzw. dem Beschaffungspreis p_B). Wird im Optimum am externen Markt weder gekauft noch verkauft, so liegt der Verrechnungspreis v zwischen p_A und p_B ($p_A < v < p_B$). Im Spezialfall $p_A = p_B = p$ folgt für den Verrechnungspreis zwingend $v = p$ (Abbildung XX.14). Der Verrechnungspreis ist dann eine exogen vorgegebene Größe.

2.2.   Mehrere anbietende und nachfragende Abteilungen

Kann das Zwischenprodukt in mehreren Abteilungen hergestellt und in mehreren Abteilungen zu Endprodukten weiterverarbeitet werden, so kann der Verrechnungspreis analog bestimmt werden, indem einerseits die Angebotskurven und andererseits die Nachfragekurven der einzelnen Abteilungen horizontal aggregiert werden. Der Ordinatenwert des Schnittpunktes der durch die Aggregation entstehenden Kurven ist der gesuchte Verrechnungspreis.

2.3.   Mehrstufiger Produktionsprozeß für das Zwischenprodukt

Unter bestimmten Voraussetzungen kann auch der Fall graphisch veranschaulicht werden, daß das Zwischenprodukt mehrere Produktionsabteilungen durchläuft, bevor es zu einem Endprodukt verarbeitet wird. Wir gehen davon aus, das Zwischenprodukt werde in Abteilung A_1 bis zur Produktionsstufe 1 hergestellt, in Abteilung A_2 zur Produktionsstufe 2 weiterbearbeitet und schließlich von Abteilung N zum Endprodukt verarbeitet und verkauft. Der Einfachheit halber sehen wir von Kapazitätsgrenzen ab.

In Abbildung XX.15 (bzw. XX.16) sei die Grenzkostenkurve der Abteilung A_1 (bzw. A_2) dargestellt. Dabei kennzeichnet x_1 bzw. x_2 die jeweils hergestellte bzw. verarbeitete Menge.

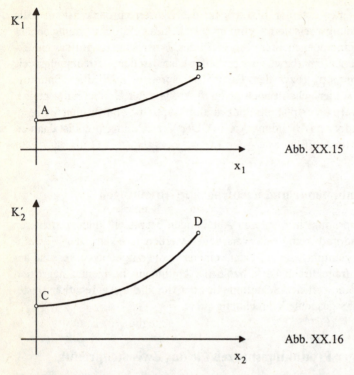

Abb. XX.15 und XX.16: Grenzkostenkurven der Abteilungen A_1 und A_2

Werden die Ordinatenwerte dieser Grenzkostenkurven vertikal addiert, so erhält man die Grenzkostenkurve $\overline{EF}$ für die Herstellung des Zwischenprodukts bis zur Produktionsstufe 2 (vgl. Abbildung XX.17).

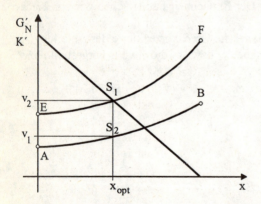

Abb. XX.17: Zur Ermittlung und Höhe der Verrechnungspreise bei zweistufiger Produktion

Der Schnittpunkt S_1 zwischen der aggregierten Grenzkostenkurve und der Grenz-gewinnkurve der Abteilung N kennzeichnet die Menge des Zwischenprodukts, mit der der Gesamtgewinn der Unternehmung maximiert wird. Das Gewinnmaximum wird bei pretialer Lenkung erreicht, wenn für das Zwischenprodukt der ersten (zweiten) Produktionsstufe der Lenkpreis v_1 (v_2) vorgegeben wird. Dabei ent-spricht v_1 den Grenzkosten der Abteilung A_1, v_2 der Summe der Grenzkosten der Abteilungen A_1 und A_2 bei der Menge x_{opt} (vgl. Abbildung XX.17).

Die Abteilung A_1 maximiert beim Verrechnungspreis v_1 ihren Gewinn, indem sie die Menge x_{opt} herstellt. Ihr Gewinn ist dann gleich dem Inhalt der senkrecht schraffierten Fläche (abzüglich ihrer Fixkosten).

Die Abteilung A_2 maximiert ihren Gewinn, indem sie x_{opt} Einheiten des Zwi-schenprodukts von Abteilung A_1 bezieht und nach Weiterbearbeitung an die Abtei-lung N liefert. Bei dieser Menge stimmt nämlich die Summe aus dem Verrech-nungspreis v_1, mit dem die Abteilung A_2 belastet wird, und den Grenzkosten der Weiterverarbeitung gerade mit dem Verrechnungspreis v_2 überein, den die Abtei-lung A_2 für das Zwischenprodukt der Produktionsstufe 2 erzielt.

Die Abteilung N schließlich fragt x_{opt} Einheiten des Zwischenprodukts nach, da bei dieser Menge der Verrechnungspreis v_2, mit dem die Abteilung N belastet wird, dem Grenzgewinn der Abteilung N entspricht. Der Gewinn der Abteilung N ist gleich dem Inhalt der schräg schraffierten Fläche (abzüglich der Fixkosten).

3.   Komplexere Problemsituationen: Preistheorem und pretiale Lenkung

3.1.   Die betrachtete Situation

Die Möglichkeit der graphischen Analyse des Koordinationsproblems ist auf rela-tiv einfache Problemsituationen beschränkt. Kann jedoch das Entscheidungspro-blem als Modell linearer Programmierung dargestellt werden und bestehen für die Variablen keine Ganzzahligkeitsbedingungen, so kann die Existenz geeigneter Lenkpreise mit Hilfe des Preistheorems der linearen Programmierung nach-gewiesen werden. Entsprechende Ergebnisse liegen z.B. vor für Unternehmungen mit mehreren Abteilungen, die End- und Zwischenprodukte herstellen, zwischen denen Kuppelbeziehungen bestehen (HAX, 1965, S. 164 ff.). Mit dem Nachweis der Existenz geeigneter Lenkpreise ist allerdings praktisch noch nicht viel gewon-nen. Der Planungsaufwand bei pretialer Lenkung ist nur dann kleiner als bei zen-traler Bestimmung des Optimums, wenn es gelingt, die Verrechnungspreise in we-niger aufwendiger Weise zu bestimmen. Dies ist jedoch ein noch weitgehend un-gelöstes Problem.

Im folgenden soll die Bedeutung des Preistheorems für die pretiale Lenkung an einem einfachen Beispiel verdeutlicht werden. Wir betrachten folgende Situation (HAX, 1965, S. 155ff.):

Eine Unternehmung besteht aus mehreren Abteilungen, in denen (insgesamt) n Produkte hergestellt und abgesetzt werden. Die Unternehmung verfügt über m Produktionsanlagen, die von *allen* Abteilungen in Anspruch genommen werden. Es besteht nun das Problem, für die Inanspruchnahme dieser Anlagen Lenkpreise festzusetzen, die eine derartige Zuteilung der begrenzten Anlagenkapazitäten auf die verschiedenen Produkte gewährleisten, daß der Gesamtgewinn G der Unternehmung maximiert wird.

Die Produktionsmenge des Produkts j $(j=1,2,...,n)$ wird mit x_j bezeichnet. Mit der Herstellung und dem Absatz des Produkts j wird ein Deckungsbeitrag (Preis ./. proportionale Stückkosten) in Höhe von d_j je Einheit erzielt. Die Herstellung einer Einheit dieses Produkts erfordert a_{ij} Betriebsstunden der i-ten Produktionsanlage $(i=1,2,...,m)$. Deren Kapazität beträgt b_i Betriebsstunden.

3.2.   Eigenschaften der optimalen Lösung

Wird das optimale Produktionsprogramm durch die Zentrale bestimmt, so ist folgendes Programm zu lösen: Maximiert wird die Zielfunktion

$$(XX.1) \quad G = \sum_{j=1}^{n} d_j \cdot x_j$$

unter den Kapazitätsrestriktionen

$$(XX.2) \quad \sum_{j=1}^{n} a_{ij} \cdot x_j \le b_i \qquad (i=1,2,...,m)$$

und den Nichtnegativitätsbedingungen

$$(XX.3) \quad x_j \ge 0 \qquad (j=1,2,...,n).$$

Die Kapazitätsrestriktionen bringen zum Ausdruck, daß bei keiner Anlage die Inanspruchnahme durch die Abteilungen größer sein kann als die Kapazität.

Nach dem Preistheorem gilt nun: Die Produktionsmengen $x_1^*, x_2^*, ..., x_n^*$ sind dann und nur dann eine Lösung des Maximierungsproblems (XX.1)-(XX.3), wenn m nichtnegative Werte $y_1^*, y_2^*, ..., y_m^*$ existieren, für die folgende Bedingungen gelten:

$$(XX.4) \quad \sum_{i=1}^{m} a_{ij} \cdot y_j \ge d_j \qquad (j=1,2,...,n),$$

$$(XX.5) \quad \left\{ \begin{array}{l} x_j^* \geq 0 \text{ und } \sum_{i=1}^{m} a_{ij} \cdot y_i^* = d_j \\[2ex] x_j^* = 0 \text{ und } \sum_{i=1}^{m} a_{ij} \cdot y_i^* > d_j \end{array} \right\} \quad (j=1,2,...,n),$$

$$(XX.6) \quad \left\{ \begin{array}{l} y_i^* \geq 0 \text{ und } \sum_{j=1}^{n} a_{ij} \cdot x_j^* = b_i \\[2ex] y_i^* = 0 \text{ und } \sum_{j=1}^{n} a_{ij} \cdot x_j^* < b_i \end{array} \right\} \quad (j=1,2,...,m).$$

Dabei gibt y_i^* $(i=1,2,...,m)$ an, wie weit der Gesamtgewinn steigt, wenn der Unternehmung vom Anlagentyp i eine weitere Betriebsstunde kostenlos zur Verfügung gestellt wird und die Produktionsanlagen jeweils optimal genutzt werden. y_i^* $(i=1,2,...,m)$ kann als Lenkpreis für die Inanspruchnahme einer Betriebsstunde der Anlage i gedeutet werden; $a_{ij} \cdot y_i^*$ ist dann der Kostenbetrag, welcher der zuständigen Abteilung für die Bearbeitung einer Einheit des Produkts j auf der Anlage i zugerechnet wird. Die Gesamtbelastung für die Bearbeitung einer Einheit des j-ten Produkts auf allen m Anlagen beträgt

$$(XX.7) \quad \sum_{i=1}^{m} a_{ij} \cdot y_i^* \,.$$

Die Bedingung (XX.5) besagt nun, daß im optimalen Produktionsprogramm nur solche Erzeugnisse enthalten sind, bei denen die Gesamtbelastung durch die Nutzung der Produktionsanlagen gleich dem Deckungsbeitrag ist; Erzeugnisse, deren Deckungsbeitrag niedriger ist als die Gesamtbelastung, sind im optimalen Produktionsprogramm nicht enthalten. Nach Bedingung (XX.6) können die Lenkpreise nur für solche Anlagen positiv sein, deren Kapazität im Optimum voll ausgelastet wird.

3.3. Zur Ermittlung des optimalen Produktionsprogramms mit Hilfe von Verrechnungspreisen

Sind die Lenkpreise bekannt, so wird die Bestimmung des optimalen Produktionsprogramms erleichtert. Sämtliche Erzeugnisse, bei denen die Gesamtbelastung aus der Anlagennutzung größer ist als der Deckungsbeitrag, gehören nicht zum optimalen Programm; sie können in den weiteren Überlegungen vernachlässigt werden. Nur Erzeugnisse, bei denen die Gesamtbelastung gleich dem Deckungsbeitrag ist, können im optimalen Programm enthalten sein. Über deren optimale Mengen macht das Preistheorem jedoch keine Aussagen. Sie sind vielmehr im Rahmen eines Simultanansatzes des Typs (XX.1)-(XX.3) zu bestimmen. Dabei brauchen allerdings die Anlagen, deren Verrechnungspreis null beträgt, nicht berücksichtigt zu werden; ihre Kapazitäten sind im Optimum nicht voll ausgelastet und haben somit auf das Optimum keinen Einfluß.

Wenn die Entscheidungsbefugnisse über die Produktion delegiert werden, kann das optimale Produktionsprogramm wie folgt bestimmt werden: Der Verrechnungspreis für die Anlage i (i=1,2,..., m) pro Betriebsstunde wird in Höhe von y_i^* festgesetzt. Die Produktionsabteilungen teilen sodann der zentralen Anlagenabteilung mit, welche Produkte sie in ihr jeweiliges Programm aufnehmen wollen. Hierzu wählen sie nur solche Produkte aus, bei denen die Gesamtbelastung (XX.7) nicht größer ist als der Deckungsbeitrag, da andernfalls ihr Gewinn sinken würde. Die Anlagenabteilung legt nun fest, welche Mengen von diesen Erzeugnissen hergestellt werden. Um ihren (Abteilungs-)Gewinn zu maximieren, wird sie die Produktionsmengen so festlegen, daß die Anlagen mit positivem Verrechnungspreis voll ausgelastet sind. Hierzu löst sie einen Simultanansatz, wobei diejenigen Anlagen vernachlässigt werden, deren Verrechnungspreis null beträgt und die somit das optimale Produktionsprogramm nicht beeinflussen. Bei diesem Verfahren bestimmt die Anlagenabteilung im wesentlichen das Produktionsvolumen der übrigen Abteilungen. Die Produktionsabteilungen treffen lediglich eine *Vorauswahl*, indem sie diejenigen Erzeugnisse aussondern, die nicht im optimalen Programm enthalten sein können.

3.4.   Die Problematik der Ermittlung der Verrechnungspreise

Es fragt sich nun wieder, wie die Lenkpreise $y_1^*, y_2^*, ..., y_m^*$ bestimmt werden können. Eine Möglichkeit wäre, die optimale Lösung des Maximierungsproblems (XX.1)-(XX.3) mit Hilfe der linearen Programmierung zu bestimmen. Man erhält dann die Lenkpreise simultan mit der optimalen Lösung. Dieses Verfahren ist jedoch kaum sinnvoll. Erstens müßten sämtliche relevanten Informationen zentral verarbeitet werden und zweitens sind nach Lösung des Maximierungsproblems die optimalen Erzeugnismengen bereits bekannt, so daß Lenkpreise zur Bestimmung des optimalen Produktionsprogramms gar nicht mehr benötigt werden.

Eine tatsächliche Delegation von Entscheidungsbefugnissen wird nur erreicht, wenn die Lenkpreise ermittelt werden, ohne daß alle relevanten Daten zentral gesammelt und verarbeitet werden. Einen Ansatzpunkt zur Lösung dieses Problems bietet ein Verfahren von KOOPMANS (1951a, S. 93 f.), bei dem die Verrechnungspreise nach einer bestimmten Regel so lange variiert werden, bis schließlich das Optimum auf iterativem Weg gefunden wird. Offen ist dabei, ob die Zahl der benötigten Schritte so klein ist, daß gegenüber der zentralen Bestimmung des Optimums der Planungsaufwand verringert wird (vgl. HAX, 1965, S. 162 ff.).

Sind die Zielfunktion und die Nebenbedingungen des Programmierungsproblems nicht linear, so kann zum Beweis der Existenz geeigneter Verrechnungspreise das Theorem von KUHN/TUCKER herangezogen werden, das eine Verallgemeinerung des Preistheorems darstellt (HAX, 1965, S. 184 ff.). Voraussetzung für den Existenzbeweis ist jedoch, daß der Bereich der zulässigen Lösungen des Optimierungsproblems konvex und die zu maximierende Zielfunktion konkav ist. Aber auch in diesem Fall bleibt das praktische Problem bestehen, wie die Verrechnungspreise adäquat bestimmt werden können.

4. Grundprobleme der pretialen Lenkung

4.1. Bestimmung der Verrechnungspreise

Wenn für ein Zwischenprodukt (oder eine Leistung) kein vollkommener Markt existiert, ist auch sein Lenkpreis keine dem Entscheidungskalkül vorgegebene (exogene) Größe, sondern eine erst durch die optimale Lösung determinierte (endogene) Variable. Es stellt sich das Problem, wie der Verrechnungspreis dann zu bestimmen ist. Es bieten sich mehrere grundsätzliche Lösungsmöglichkeiten an:

Es mag naheliegen, den Abteilungsleitern die Weisung zu erteilen, den Verrechnungspreis untereinander *auszuhandeln*. Jeder Abteilungsleiter ist dann daran interessiert, einen Preis durchzusetzen, bei dem der Gewinn der eigenen Abteilung maximiert wird. Da das Ergebnis dieses Prozesses vom Verhandlungsgeschick abhängt, wird damit der Verrechnungspreis, bei dem der Gesamtgewinn der Unternehmung maximiert wird, allenfalls zufällig erreicht. In der durch Abbildung XX.18 dargestellten Situation ist v der Verrechnungspreis, bei dem der Gesamtgewinn der Unternehmung maximiert wird. Setzt die Abteilung A statt dessen denjenigen Preis durch, bei dem ihr eigener Gewinn maximiert wird, so ergibt sich als Verrechnungspreis der COURNOT'sche Preis p_C. Es werden dann weniger als x_{opt} Einheiten des Zwischenprodukts hergestellt und verarbeitet und das Maximum des Gesamtgewinns wird verfehlt.

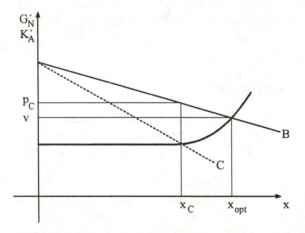

Abb. XX.18: Mögliche Auswirkung einer Aushandlung des Verrechnungspreises durch die Abteilungsleiter

Der Verrechnungspreis für ein Zwischenprodukt (oder eine Leistung), bei dem der Gesamtgewinn maximiert wird, könnte wie folgt bestimmt werden: Die Abteilungen, die das Zwischenprodukt anbieten, geben der *Zentrale* ihre Grenzkostenkurven und Kapazitäten bekannt und die nachfragenden Abteilungen ihre Grenzgewinnkurven. Die Zentrale bestimmt sodann die optimale Menge für das Zwischenprodukt und gibt den Abteilungen den entsprechenden Verrechnungspreis vor. Dieses Verfahren ist jedoch nicht sinnvoll, da die Zentrale - die ja durch pretiale Lenkung entlastet werden soll - unter Berücksichtigung sämtlicher relevanter Informationen das Optimum bestimmen müßte. Außerdem wird der Verrechnungspreis gar nicht mehr benötigt, da die Zentrale den Abteilungen gleich die optimalen Mengen bekannt geben könnte.

Zur Verringerung der Planungsarbeit könnte die Zentrale folgendermaßen versuchen, sich *schrittweise* dem optimalen Verrechnungspreis anzunähern: Zunächst gibt sie einen beliebigen Verrechnungspreis vor. Daraufhin geben die Abteilungen bekannt, wieviele Einheiten des Zwischenerzeugnisses sie bei diesem Verrechnungspreis jeweils herstellen bzw. nachfragen. Stimmen die angebotene und die nachgefragte Gesamtmenge überein, so ist das Optimum bereits determiniert. Ist die angebotene Menge größer (kleiner) als die nachgefragte Menge, so wird der Verrechnungspreis herabgesetzt (erhöht) und die Abteilungen bestimmen erneut ihre Angebots- bzw. Nachfragemengen. Der Verrechnungspreis wird so lange korrigiert, bis angebotene und nachgefragte Gesamtmenge übereinstimmen. Bei diesem Verfahren entsteht das Problem, ob das Gleichgewicht nach einer endlichen Zahl von Schritten erreicht wird, und wenn ja, ob diese Zahl so klein ist, daß gegenüber der zentralen Lösung ein Vorteil entsteht.

Die *Bestimmungsgrößen* der Verrechnungspreise (also die Kapazitäten, die Grenzkosten- und Grenzgewinnkurven) können sich von Periode zu Periode ändern. Die laufende Anpassung der Lenkpreise verursacht jedoch in der Regel hohe Kosten. Es besteht daher die Tendenz, Verrechnungspreise über mehrere Perioden konstant zu halten. Dabei besteht das noch weitgehend offene Problem, die Lenkpreise so zu bestimmen, daß damit im Durchschnitt ein möglichst gutes Ergebnis erzielt wird.

4.2.   Existenz von Verrechnungspreisen

Nicht in jedem Fall ist gewährleistet, daß überhaupt ein Verrechnungspreis *existiert*, der bei Maximierung der Bereichsgewinne zum maximalen Gesamtgewinn führt. Hierzu wird die Abbildung XX.19 betrachtet, in der dies besonders deutlich wird.

Die Grenzgewinnkurve G'_N der Abteilung N schneidet hier die Grenzkostenkurve K'_A der Abteilung A in deren Minimum. Der Abszissenwert x_{opt} des Schnittpunktes S kennzeichnet die Produktmenge, bei der der Gesamtgewinn maximiert wird (er entspricht dem Inhalt der senkrecht schraffierten Fläche abzüglich der gesamten Fixkosten der Unternehmung). Dem Schnittpunkt S entspricht der Verrechnungspreis v, bei dem zwar die Abteilung N die Menge x_{opt} nachfragt, die

Abteilung A hingegen keine einzige Einheit des Zwischenprodukts anbietet. Würde sie die nachgefragte Menge liefern, so wäre ihr Gewinn um den Inhalt der schräg schraffierten Fläche geringer. Wird ein höherer Verrechnungspreis als v vorgegeben, so fragt die Abteilung N weniger als x_{opt} Einheiten nach; vom Standpunkt der Abteilung A ist es außerdem wieder optimal eine Menge des Zwischenprodukts herzustellen, die von der nachgefragten Menge abweicht. Beim Verrechnungspreis v_1 z.B. fragt die Abteilung N die Menge x_1 nach, während die Abteilung A die Menge x_2 anbietet.

Es kann gezeigt werden, daß auch dann kein Verrechnungspreis existiert, wenn *nachteilige* Ganzzahligkeitsbedingungen gelten. Ganzzahligkeitsbedingungen sind nachteilig, wenn sie 1. eine Abweichung von einer optimalen nichtganzzahligen Lösung erzwingen und wenn 2. aufgrund dieser Abweichung der Gesamtgewinn sinkt. (Vgl. hierzu auch Kapitel XXI.)

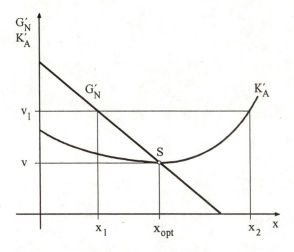

Abb. XX.19: Beispiel für eine Situation, in der kein Verrechnungspreis existiert

4.3.   Nachteilige Beeinflussung der Verrechnungspreise durch die Abteilungen

4.3.1.   *Täuschung*

Eine weitere Problematik der pretialen Lenkung besteht darin, daß die Abteilungen häufig die Lenkpreise in der Weise beeinflussen können, daß zwar der eigene Bereichsgewinn steigt, zugleich aber der Gesamtgewinn der Unternehmung sinkt. Dies soll im folgenden für den Fall verdeutlicht werden, daß kein externer Markt für das Zwischenprodukt existiert und die Unternehmung nur aus den Abteilungen A (Anbieter) und N (Nachfrager des Zwischenprodukts) besteht. Der Lenkpreis werde durch die Zentrale bestimmt (bzw. geschätzt).

Eine Abteilung kann den Lenkpreis in der Weise beeinflussen, daß sie die Zentrale über ihre Grenzkostenkurve, ihre Kapazität und/oder ihre Grenzgewinnkurve täuscht.

Gegeben seien die Grenzgewinnkurve $\overline{AB}$ und die Grenzkostengerade $\overline{CD}$ in Abbildung XX.20. Die Abteilung A habe die Produktionskapazität $\overline{x}$. Bei diesen Größen wird der Gesamtgewinn dann maximiert, wenn der Verrechnungspreis v_1 vorgegeben wird. Dabei entsteht für die Abteilung A ein Verlust in Höhe ihrer Fixkosten. Teilt sie statt dessen der Zentrale mit, ihre Kapazität sei $\overline{\overline{x}}$, so führt dies zum Verrechnungspreis v_2. Bei diesem Verrechnungspreis fragt die Abteilung N nur noch die Menge $\overline{\overline{x}}$ nach und der Gesamtgewinn der Unternehmung sinkt um den Inhalt des senkrecht schraffierten Dreiecks. Zugleich steigt aber der Gewinn der Abteilung A um den Inhalt des schräg schraffierten Rechtecks.

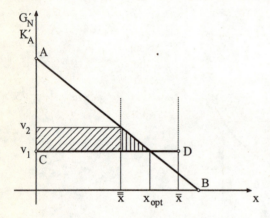

Abb. XX.20: Zur Gefahr der Fehlsteuerung

Auch durch die Angabe höherer Grenzkosten könnte die Abteilung A eine Erhöhung des Verrechnungspreises bewirken. Unter bestimmten Bedingungen kann auch die Abteilung N durch Täuschung über ihre Grenzgewinnkurve einen höheren Gewinn erzielen, wobei der Gesamtgewinn der Unternehmung sinkt.

4.3.2. Fehlentscheidungen

Selbst wenn Täuschung ausgeschlossen ist, besteht die Gefahr, daß bei pretialer Lenkung das Maximum des Gesamtgewinns verfehlt wird. Der Lenkpreis hängt ab von den Grenzkosten, den Kapazitäten und den Grenzgewinnen der beteiligten Abteilungen. Diese Determinanten sind jedoch grundsätzlich nicht unveränderlich. Aus der Sicht der Unternehmung als Ganzes ist es optimal, wenn die Abteilungen diese so beeinflussen, daß der Gesamtgewinn (nach Abzug der Kosten der betreffenden Maßnahmen) maximiert wird. Die einzelnen Abteilungen orientieren sich aber nicht primär am Gesamtgewinn, sondern an ihrem jeweiligen Bereichsgewinn; ihnen wird ja gerade das Ziel vorgegeben, den eigenen Bereichsgewinn zu

maximieren. Daraus resultiert das folgende Dilemma: Zum einen können Maßnahmen einer Abteilung, bei denen der Gesamtgewinn steigt, eine derartige Veränderung des Verrechnungspreises bewirken, daß der Gewinn der betreffenden Abteilung sinkt. Zum anderen können Maßnahmen, bei denen der Gesamtgewinn
sinkt, zu einem höheren Abteilungsgewinn führen. Im ersten Fall besteht die Gefahr, daß aus der Sicht der Unternehmung vorteilhafte Maßnahmen unterlassen
werden. Im zweiten Fall besteht die Gefahr, daß aus der Sicht der Unternehmung
nachteilige Maßnahmen durchgeführt werden.

Die Gefahr der Fehlsteuerung wird in Abbildung XX.21 veranschaulicht: In der
Ausgangssituation ist für die Abteilung N die Grenzgewinnkurve $\overline{AB}$ gegeben.
Mit dem entsprechenden Verrechnungspreis v_1 erzielt die Abteilung N einen Gewinn in Höhe des Flächeninhalts des schräg schraffierten Dreiecks (abzüglich der
Fixkosten). Die Abteilung N könne nun (kostenlos) produktionstechnische und/
oder absatzpolitische Maßnahmen durchführen, die zu der Grenzgewinnkurve $\overline{CD}$
führen. Der Gesamtgewinn der Unternehmung würde dann um den Inhalt der Fläche AB'D'C steigen. Zugleich würde aber der Verrechnungspreis auf v_2 anwachsen
und die Abteilung N damit nur noch einen Gewinn in Höhe des senkrecht schraffierten Dreiecks (abzüglich der Fixkosten) erzielen. Unter dem Gesichtspunkt der
Maximierung des Abteilungsgewinns sind die betreffenden Maßnahmen nachteilig,
obwohl sie den Gesamtgewinn der Unternehmung erhöhen würden. Es besteht die
Tendenz, diese Maßnahmen zu unterlassen.

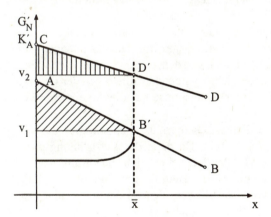

Abb. XX.21: Zur Gefahr der Fehlsteuerung

Auch für die Abteilung A kann es vorteilhaft sein, auf Maßnahmen zu verzichten,
die den Gewinn für die gesamte Unternehmung erhöhen würden: Gegeben sei die
Ausgangssituation in Abbildung XX.6, in der die Abteilung A einen Gewinn in
Höhe des Inhalts der senkrecht schraffierten Fläche (abzüglich der Fixkosten) erzielt. Die Abteilung A habe nun die Möglichkeit, durch verfahrenstechnische Verbesserungen, die keine Kosten verursachen, ihre Grenzkosten derart zu beeinflussen, daß sie bis zur Kapazitätsgrenze $\overline{x}$ konstant verlaufen. Der Gewinn der Unter-

nehmung würde dadurch ansteigen. Die Abteilung A erzielt dann aber einen Verlust in Höhe ihrer Fixkosten, da sie für *jede* Einheit des Zwischenprodukts nur noch einen Preis in Höhe des (nun konstanten) Grenzkostensatzes erhält.

Pretiale Lenkung kann auch bewirken, daß *Investitionen*, die vom Standpunkt der gesamten Unternehmung vorteilhaft sind, unterlassen werden, weil sie zu einem niedrigeren Abteilungsgewinn führen würden. Wenn z.B. die Kapazität der ein Zwischenprodukt anbietenden Abteilung voll ausgelastet ist, kann der Verrechnungspreis höher sein als die (Grenz-)Kosten der letzten Einheit dieses Zwischenprodukts. Wird nun durch Investitionen der Engpaß beseitigt, so sinkt der Verrechnungspreis auf die Grenzkosten. Dadurch kann sich der Abteilungsgewinn trotz einer höheren Liefermenge vermindern. Sind die Grenzkosten unabhängig von der Ausbringung, so sinkt der Gewinn *vor* Fixkosten sogar auf null; zusätzlich wird die Abteilung durch die kalkulatorischen Abschreibungen und Zinsen der (Neu-)Investitionen belastet.

Man mag einwenden, die Zentrale habe eben zu verhindern, daß die Abteilungen Entscheidungen treffen, mit denen das Maximum des Gesamtgewinns verfehlt wird. Dann benötigt sie aber Informationen, die sie von den Abteilungen oft nicht erhalten wird. Außerdem wird die angestrebte Entlastung durch die Delegation von Entscheidungen weitgehend verfehlt. Es können sich darüber hinaus erhebliche Konflikte ergeben, wenn die Zentrale korrigierend in die Entscheidungsbereiche der Abteilungen eingreift. Das Steuerungssystem der pretialen Lenkung soll doch gerade dazu führen, daß die Abteilungen im *eigenen Interesse* Entscheidungen treffen, die vom Standpunkt der Gesamtunternehmung optimal sind.

Damit für die Abteilungen ein Anreiz besteht, Entscheidungen im Sinne der Gesamtunternehmung zu treffen, müßte der Abteilungsgewinn stets dann steigen (sinken), wenn Maßnahmen durchgeführt werden, die den Gesamtgewinn vergrößern (verringern). Diese Bedingung ist jedoch nicht zwingend erfüllt, wenn der Gesamtgewinn der Unternehmung über die Verrechnungspreise auf die Abteilungen verteilt wird.

Bestehen *vollkommene Märkte* für die Zwischenprodukte, so stimmen die Verrechnungspreise mit den Marktpreisen überein. Da dann die Verrechnungspreise exogen vorgegeben sind, können sie von den Bereichen nicht beeinflußt werden; der Erfolg jedes Bereichs stimmt dann mit seinem Beitrag zum Gesamterfolg überein. Die Erfolgszurechnung genügt dann sowohl dem Prinzip der Vermeidung externer Effekte als auch dem der Vermeidung unternehmensinterner Störgrößen.

Aber auch bei *unvollkommenem* Markt für ein Zwischenprodukt ist es möglich, daß die Maximierung der Bereichsgewinne äquivalent ist mit der Maximierung der Beiträge zum Gesamtgewinn. Sind zum Beispiel im Unternehmen nur Rahmenbedingungen realisierbar (bzw. zugelassen), bei denen es jeweils optimal ist, Einheiten des Zwischenproduktes am externen Markt zu einem einheitlichen Preis p_B zu *kaufen*, so stimmt der Verrechnungspreis des Zwischenproduktes stets mit dem *Beschaffungspreis* überein. Werden in einem Bereich die Rahmenbedingungen derart verändert, daß der Bereichsgewinn steigt, so steigt gleichermaßen auch der Gesamterfolg. Zur Verdeutlichung dient Abbildung XX.22, wobei hier wieder davon ausgegangen wird, es existiere (nur) ein Zwischenprodukt und es gäbe nur einen internen Anbieter (A) und einen internen Nachfrager (N).

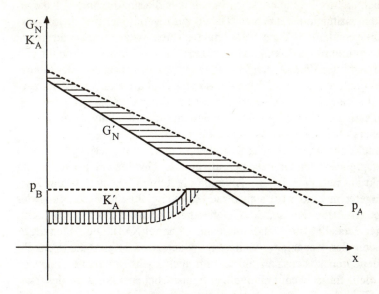

Abb. XX. 22:   Anreizkompatibilität bei konstantem Verrechnungspreis trotz veränderter Rahmenbedingungen

In der Ausgangssituation gelte die durchgezogene Angebotskurve und die durchgezogene Nachfragekurve (Grenzgewinnkurve) für das Zwischenprodukt. Werden nun die Rahmenbedingungen derart geändert, daß sich die gestrichelten Kurven ergeben, so steigt der Gewinn der Abteilung A (bzw. N) um den Inhalt der senkrecht (bzw. waagerecht) schraffierten Fläche abzüglich zusätzlicher fixer Kosten. In gleicher Weise steigt auch der Gewinn des Unternehmens.

Sind im Unternehmen nur Rahmenbedingungen realisierbar bzw. zugelassen, bei denen es optimal ist, Einheiten des Zwischenproduktes am externen Markt zu *verkaufen*, so stimmt der Verrechnungspreis stets mit dem *Absatzpreis* überein. Auch hier ändert sich mit veränderten Rahmenbedingungen der Erfolg eines Bereichs in gleicher Weise wie der Gesamterfolg.

4.4.   Pretiale Lenkung und Problematik der Zurechnung von Fixkosten

4.4.1.   Keine externen Märkte für die Zwischenprodukte

Wie verdeutlicht wurde, haben Fixkosten keinen Einfluß auf die Höhe der optimalen Verrechnungspreise. Dieser Sachverhalt kann zu erheblichen Konflikten führen, wenn Maßnahmen zur Debatte stehen, die zusätzliche Fixkosten verursachen (zu diesen Maßnahmen zählt insbesondere auch die Erweiterung der Produktionskapazität für ein Zwischenprodukt). Es stellt sich dann das Problem, welcher Bereich bzw. welche Bereiche die zusätzlichen Fixkosten „tragen" sollen.

Zur Verdeutlichung der Problematik wird nochmals die in Abschnitt 2.1 dargestellte Entscheidungssituation betrachtet. Dabei wird vereinfachend davon ausgegangen, die Grenzkosten des Zwischenproduktes seien bis zur Kapazitätsgrenze konstant. Ist im Optimum die Produktionskapazität für das Zwischenprodukt voll ausgeschöpft, so kann der Verrechnungspreis wesentlich *höher* sein als der Grenzkostensatz. Wird nun die Kapazität erweitert, so sinkt bei unveränderter Grenzgewinnkurve der Abteilung N der Verrechnungspreis und der Gewinn der Abteilung N vor Fixkosten steigt. Gleichzeitig kann der Gewinn der Abteilung A vor Fixkosten trotz der höheren Menge des Zwischenproduktes sinken.

Wird der Produktionsengpaß für das Zwischenprodukt völlig beseitigt, so sinkt der Verrechnungspreis auf den Grenzkostensatz und der Gewinn *vor* Fixkosten der Abteilung A sinkt auf null. Werden der Abteilung N keine Fixkosten für das Zwischenprodukt zugerechnet, so wird sich diese Abteilung für die Beseitigung des Engpasses einsetzen. Dabei besteht die Gefahr, daß sie ihre zukünftigen Absatzchancen günstiger darstellt als sie tatsächlich sind (Kapitel XXI). Die Abteilung A indessen wird sich der Kapazitätserweiterung widersetzen, wenn der Verrechnungspreis auf den Grenzkostensatz sinkt und ihr auch noch zusätzliche Fixkosten zugerechnet werden. Es ist wenig sinnvoll, die zusätzlichen Fixkosten des Zwischenproduktes allein der Abteilung A zuzurechnen, etwa mit dem Argument, daß diese ja das Produkt herstellt.

Andererseits sollten Fixkosten nicht in der Weise der Abteilung N zugerechnet werden, daß der Verrechnungspreis um „anteilige" Fixkosten erhöht wird. Bei gegebener Kapazität fragt dann die Abteilung N eine kleinere Menge nach als jene, bei der der Gesamtgewinn maximiert wird. Wenn nach Kapazitätserweiterung kein Engpaß mehr in der Abteilung A besteht, ist der Verrechnungspreis, bei dem der Gesamtgewinn maximiert wird, gleich dem Grenzkostensatz für das Zwischenprodukt. Wird der Verrechnungspreis um anteilige Fixkosten erhöht, besteht für die Abteilung N kein Anreiz, die vorhandene Kapazität optimal auszuschöpfen. Sie reduziert die ihr zugerechneten Fixkosten, indem sie eine geringere Menge des Zwischenproduktes nachfragt als jene, die aus Sicht des Unternehmens optimal ist; dabei ist die nachgefragte Menge um so niedriger, je höher der Fixkostenanteil pro Einheit des Zwischenproduktes ist.

Es wird somit ein weiteres *Dilemma* deutlich: Wird die Abteilung N nicht mit Fixkosten für das Zwischenprodukt belastet, so hat sie ein Interesse an der Beseitigung von Kapazitätsengpässen, auch wenn dies (nach Fixkosten) zu Lasten des Gesamterfolges geht. Wird der Verrechnungspreis um einen „Fixkostenanteil" erhöht, so wird andererseits bei gegebener Kapazität von dem Bereich N eine zu geringe Menge nachgefragt. Ein Ausweg aus dieser Problematik kann darin bestehen, daß Fixkosten unabhängig von der empfangenen Menge des Zwischenproduktes zugerechnet werden. Wenn sich Abteilung N für die Beseitigung eines Engpasses einsetzt, liegt es nahe, sie in vollem Umfang mit den zusätzlichen Fixkosten zu belasten.

Andererseits ist es nicht sinnvoll, der Abteilung A in keinem Fall Fixkosten zu zurechnen. Es ist dann möglich, daß *sie* den ihr zugerechneten Gewinn zu Lasten des Gesamtgewinns erhöht, indem sie die Kapazität (bis zu einem bestimmten Punkt) erweitert. Voraussetzung ist dabei, daß die bisherige Kapazität für das Zwischenprodukt kleiner ist als die COURNOT-Menge x_C (Abbildung XX.15). Wird die Kapazität bis zur COURNOT-Menge erweitert, so steigt der Gewinn des Bereichs A, wenn ihm keine Fixkosten zugerechnet werden. Der Gesamtgewinn des Unternehmens sinkt indessen, wenn der betreffende Gewinnanstieg kleiner ist als die zusätzlichen Fixkosten.

Im Intervall $[0, x_C]$ ist auch dann Anreizkompatibilität nicht gewährleistet, wenn der Abteilung A die zusätzlichen Fixkosten einer Kapazitätserweiterung in vollem Umfang zugerechnet werden. Zwar steigt in diesem Intervall bei einer Erhöhung der Kapazität der Gesamtgewinn vor Fixkosten. Da hierbei der Verrechnungspreis sinkt und die Menge des ausgetauschten Zwischenproduktes steigt, wird ein Teil des betreffenden Gewinnzuwachses der Abteilung N zugerechnet. Muß die Abteilung A die zusätzlichen Fixkosten allein tragen, ist es folglich möglich, daß mit einer Kapazitätserweiterung der Gesamtgewinn nach Fixkosten zwar steigt, jedoch der Gewinn der Abteilung A sinkt; es besteht dann keine Anreizkompatibilität. Wird die Kapazität über x_C ausgedehnt, so sinkt der Gewinn der Abteilung A schon vor Fixkosten. Trotzdem kann dabei - wie verdeutlicht wurde - der *Gesamtgewinn* nach Fixkosten steigen. Die Abteilung A wird sich jedoch auch dann gegen eine Erweiterung der Kapazität über x_C hinaus sträuben, wenn ihr die zusätzlichen Fixkosten gar nicht zugerechnet werden. Um Anreizkompatibilität zu erzeugen, müßte sie von bisherigen Fixkosten „entlastet" werden.

Die anreizkompatible Zurechnung von Fixkosten in realistischen Entscheidungssituationen stellt ein noch offenes Problem dar, sofern kein externer Markt für die Zwischenprodukte existiert.

4.4.2. *Externe Märkte für die Zwischenprodukte*

Die Zurechnung der den Maßnahmen in einem Bereich entsprechenden Fixkosten auf diesen Bereich ist dann sinnvoll, wenn für das Zwischenprodukt ein *vollkommener* Markt besteht oder wenn der Markt zwar *unvollkommen* ist, jedoch der (optimale) Verrechnungspreis von den einzelnen Bereichen nicht beeinflußt wird. Dies ist zum Beispiel dann der Fall, wenn
– ein einheitlicher (d.h. von der Menge unabhängiger) Absatzpreis und ein (höherer) einheitlicher Beschaffungspreis besteht und
– es unabhängig von den Maßnahmen in den Bereichen optimal ist, Einheiten des Zwischenprodukts am externen Markt zu verkaufen bzw. zu kaufen. (Vgl. hierzu die Darstellungen zu Abbildung XX.22.)

4.5.   Pretiale Lenkung, Erfolgsbeteiligung und Erfolgskontrolle

Wie erläutert wurde, ergibt sich bei Zurechnung des Gesamterfolges auf die einzelnen Bereiche auf der Grundlage von Verrechnungspreisen das folgende Grundproblem: Kann ein Bereich einen oder mehrere Verrechnungspreise beeinflussen, so ist nicht gewährleistet, daß sein Gewinn genau dann steigt, wenn er so agiert, daß auch der Gesamtgewinn steigt. Einerseits kann er eventuell seinen Gewinn erhöhen, indem er Maßnahmen ergreift, bei denen der Gesamtgewinn sinkt. Andererseits mag er auch seinen Gewinn erhöhen können, indem er Maßnahmen unterläßt, die den Gesamtgewinn erhöhen würden.

Der zugerechnete Erfolg ist dann nicht nur für die Erfolgskontrolle, sondern auch als Bemessungsgrundlage für Prämien ungeeignet; dies gilt insbesondere dann, wenn einzelne Bereiche einen wesentlichen Einfluß auf die Höhe von Verrechnungspreisen haben. (Die Bereiche können vor allem dann einen maßgeblichen Einfluß haben, wenn für die ausgetauschten Güter und Leistungen keine externen Märkte existieren.) Wenn eine vom Bereichsgewinn abhängige Prämie die Tendenz zu Fehlentscheidungen hervorruft bzw. verstärkt, liegt es nahe, die Prämien an den *Gesamtgewinn* zu binden. Allerdings besteht dann die Tendenz, daß die Entscheidungsträger in Risikosituationen eine relativ hohe Risikoprämie fordern (Kapitel XIX).

Werden die Bereiche am *Gesamtgewinn* beteiligt, so besteht für sie ein Anreiz, Rahmenbedingungen zu schaffen, bei denen dieser Gewinn maximiert wird. Die Verrechnungspreise werden derart an die jeweiligen Rahmenbedingungen angepaßt, daß jeweils die Maximierung der Bereichserfolge zum maximalen Gesamterfolg führt. Die Verrechnungspreise dienen dann also nicht dazu, Bemessungsgrundlagen für Prämien zu schaffen. Sie sind ein Instrument zur Ermittlung desjenigen innerbetrieblichen Güter- und Leistungsaustausches, der bei den jeweils gegebenen Rahmenbedingungen optimal ist.

Sind die Verrechnungspreise aufgrund externer Märkte exogen vorgegeben und ist im Urteil eines Bereichsleiters die Varianz des Erfolges seines Bereichs kleiner als die des Gesamterfolges, so ist es (bei Risikoaversion) naheliegend, seine Prämie statt an den Gesamterfolg an den Bereichserfolg zu binden. Er fordert dann eine niedrigere Risikoprämie.

5.   Zur Bedeutung der pretialen Lenkung

In den vorhergehenden Abschnitten wurde deutlich, daß selbst in sehr einfachen Problemsituationen und unter der Annahme sicherer Erwartungen (der Abteilungsleiter über die bereichsbezogenen Determinanten der Verrechnungspreise) die Bestimmung optimaler Lenkungspreise mit erheblichen Problemen verbunden ist. Jedoch erscheint die Annahme sicherer Erwartungen als unrealistisch: Die Verläufe der Grenzkosten- und der Grenzgewinnkurven hängen *auch* von zahlreichen exogenen Faktoren ab, deren Ausprägung weder die Zentrale noch die Bereichsleiter festlegen oder beobachten (können). Dabei sind im allgemeinen die Entscheidungsträger in den Sparten über die relevanten Einflußfaktoren ihres jeweiligen Bereichs besser informiert als die Unternehmensleitung (die Zentrale). In solchen Situationen verliert das Dilemma der pretialen Lenkung seine Bedeutung (LIERMANN, 1987): Die zentrale Ermittlung und Vorgabe eines Verrechnungspreises führt in der Regel zu *anderen* Konsequenzen als die zentrale Fixierung der auszutauschenden Mengen.

Die Ermittlung optimaler Lenkpreise (die Beurteilung ihrer Vorteilhaftigkeit) verursacht in Risikosituationen einen erheblich größeren Planungsaufwand als bei sicheren Erwartungen. Da in Risikosituationen nur in Ausnahmefällen die Verrechnungspreise so fixiert werden können, daß die angebotene und die nachgefragte Menge übereinstimmen, ist hinsichtlich der auszutauschenden Menge des Zwischenprodukts eine Transferregel festzulegen; außerdem sind die Kosten von Überschuß- und von Fehlmengen zu berücksichtigen (WINTER, 1986; LIERMANN, 1987; WAGENHOFER (1992; 1994)).

Das Konzept der pretialen Lenkung soll der Komplexitätsreduktion dienen: Auf der Basis der Verrechnungspreise sollen die Mengenentscheidungen mit Hilfe relativ einfacher Kalküle dezentral in den einzelnen Teilbereichen getroffen werden. Dabei wird eine Vereinfachung allerdings nur dann erreicht, wenn die Verrechnungspreise nicht zentral im Rahmen eines Totalkalküls ermittelt werden. Die Verrechnungspreise können insbesondere in der Weise vereinfacht ermittelt werden, daß sie aufgrund relativ grober Kalkülüberlegungen *geschätzt* werden. Dann besteht natürlich die Gefahr, daß das Optimum verfehlt wird. Dies ist aber kein Grund, die pretiale Lenkung als Koordinationskonzept pauschal abzulehnen. Ein Konzept der Komplexitätsreduktion sollte nicht allein an jener Ideallösung gemessen werden, die dann erzielt wird, wenn *keine* Kalkülvereinfachungen vorgenommen werden (müssen). Vielmehr ist ein solches Konzept mit *anderen Möglichkeiten der Vereinfachung* zu vergleichen.

Das Konzept der pretialen Lenkung ist in der Literatur wesentlich sorgfältiger theoretisch analysiert worden als andere vereinfachende Konzepte der Koordination. Damit werden zugleich aber auch die Schwächen der pretialen Lenkung besser sichtbar als die anderer Konzepte. Diese „Informationsasymmetrie" dürfte ein wesentlicher Grund dafür sein, daß das Konzept der pretialen Lenkung in der Literatur gelegentlich abgelehnt wird.

So schlägt z.B. STREIM (1975) als Alternative zur pretialen Lenkung das Koordinationsinstrument der *Budgetierung* vor. Beim Vergleich beider Konzepte wird die pretiale Lenkung primär durch ihre potentiellen Schwächen charakterisiert, die Budgetierung primär durch ihre potentiellen Vorteile. Bei der Budgetierung ergeben sich jedoch analoge Probleme wie bei der pretialen Lenkung. So besteht z.B. die Gefahr, daß die betroffenen Mitarbeiter ihre Informationen über die eigenen Aktionsmöglichkeiten filtern bzw. verfälschen, um leicht erfüllbare Budgets durchzusetzen.

Der mit der Budgetierung verbundene Planungsaufwand ist tendenziell um so größer, je stärker die den Budgets zugrunde liegenden Pläne ins Detail gehen. Eine wesentliche Vereinfachung der bereichsübergreifenden Koordination kann nur dadurch erfolgen, daß Globalpläne erstellt werden; dann ist aber nur schwer abzuschätzen, zu welchen Konsequenzen die entsprechenden Budgets führen werden.

Im übrigen stellen pretiale Lenkung und Budgetierung keine Alternative dar, die sich einander ausschließen. Budgetsysteme können durch die den zugrunde liegenden (Global-)Plänen entsprechenden Verrechnungspreise ergänzt werden. Die Entscheidungsträger können dann besser beurteilen, wie es sich auswirkt, wenn sie (z.B. aufgrund neu entdeckter Aktionsmöglichkeiten) von den Budgets abweichen und dabei zusätzliche Einheiten von Zwischenprodukten und Leistungen in Anspruch nehmen.

Die pretiale Lenkung (die Erfolgszurechnung aufgrund von Verrechnungspreisen) mag insbesondere dann ein akzeptables Konzept der Steuerung des innerbetrieblichen Güter- und Leistungsaustausches sein, wenn die relevanten Rahmenbedingungen von den Teilbereichen nicht (mehr) beeinflußt werden können oder wenn es optimal ist, Güter und Leistungen zu gegebenen Preisen am externen Markt abzusetzen bzw. zu beschaffen.

Ergänzende und vertiefende Literatur:

ALBACH (1974); COENENBERG (1973); DANERT/DRUMM/HAX, K. (1973); DANTZIG/WOLFE (1961); DEAN (1955); DRUMM (1972); EISENFÜHR (1974); EWERT/ WAGENHOFER (2000, S. 583-655); FRESE/ GLASER (1980); GROVES/LOEB (1979); HAX (1965, S. 129ff.); HIRSHLEIFER (1957); JENNERGREN (1982); KOOPMANS (1951); LAUX (1975a); LIERMANN (1987); OBEL/VAN DER WEIDE (1979); POENSGEN (1973); RIEBEL/PAUDTKE/ZSCHERLICH (1973); RONEN/MCKINNEY (1970); SCHMIDT, R. (1978; 1983; 1985); SCHNEIDER (1966); SOLOMONS (1965); STREIM (1975); WAGENHOFER (1992; 1994); WINTER (1986).

XXI.   Koordination langfristiger Entscheidungen: Zentrale vs. dezentrale Steuerung des Kapitaleinsatzes

1.   Problemstellung

Das in Kapitel XX dargestellte Konzept der pretialen Lenkung des innerbetrieblichen Güter- und Leistungsaustausches zielt primär darauf ab, bereits vorhandenes Leistungspotential möglichst vorteilhaft einzusetzen. Das Leistungspotential seinerseits wird durch Investitionen geschaffen, bei denen finanzielle Mittel mehr oder weniger langfristig gebunden werden. Da mit der Schaffung von Leistungspotentialen die zukünftige betriebliche Leistungserstellung und somit auch die zukünftigen Erfolge der Unternehmung weitgehend vorbestimmt werden, kommt der Investitionstätigkeit für die Entwicklung der Unternehmung eine überragende Bedeutung zu. Die betriebliche Investitionspolitik zählt daher zu den wichtigsten Aufgaben der Unternehmensleitung.

Gegenstand der Investitionspolitik ist die systematische Suche und Auswahl von vorteilhaften Investitionsprojekten, die Realisation der beschlossenen Projekte und die Kontrolle der gesamten betrieblichen Investitionstätigkeit. Für die Unternehmensleitung stellt sich das Problem, die damit zusammenhängenden Tätigkeiten so zu steuern und aufeinander abzustimmen, daß das Unternehmensziel möglichst gut erreicht wird.

Wir nehmen im folgenden an, die Unternehmung habe eine divisionale Organisationsstruktur mit B Sparten. Daneben existiere eine Zentralabteilung „Finanzen", deren Aufgabe darin besteht, den Kapitalbedarf möglichst kostengünstig zu decken:

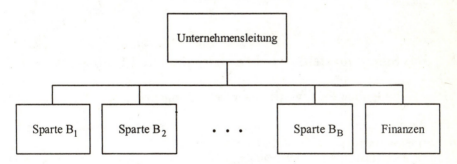

Abb. XXI.1: Die betrachtete Organisationsstruktur

Für verschiedene Typen von Entscheidungssituationen wird untersucht, welche Verteilung der Entscheidungskompetenzen auf die Spartenleiter und die Unternehmensleitung tendenziell optimal ist und wie die jeweiligen Entscheidungsträger über Investitionsprojekte und deren Konsequenzen informiert werden sollen.

Zwischen dem vorliegenden und dem vorhergehenden Kapitel bestehen enge Beziehungen: Im Vordergrund der nachfolgenden Darstellungen steht neben dem „zentralen Entscheidungssystem" das Konzept der *pretialen Lenkung des Kapitaleinsatzes*. Dabei werden den Sparten Entscheidungskompetenzen über Investitionen eingeräumt („dezentrales Entscheidungssystem") und Kalkulationszinsfüße („Verrechnungspreise" für Kapital) vorgegeben, an denen sich die Sparten bei ihren Investitionsentscheidungen zu orientieren haben.

Aus didaktischen Gründen wird jedoch zuvor der Investitionsentscheidungsprozeß in Teilaufgaben zerlegt und erläutert, welche Steuerungs- und Koordinationsprobleme für die Unternehmensleitung entstehen, wenn sie Kompetenzen hinsichtlich dieser Teilaufgaben an nachgeordnete Mitarbeiter delegiert. Zugleich wird das Spannungsfeld zwischen Delegation und Koordination aufgezeigt (Abschnitt 2).

Die Investitionstheorie befaßt sich im Kern mit dem Problem, wie ein *einzelner* Investor sein optimales Investitionsprogramm bestimmen kann. Dabei wird in der Regel davon ausgegangen, daß er bereits die zur Wahl stehenden Investitions- und Finanzierungsmöglichkeiten kennt und sich ein (Wahrscheinlichkeits-)Urteil über deren Zahlungsreihen gebildet hat. Zu lösen ist nur noch das (technische) Problem, die Investitions- und Finanzierungsmöglichkeiten derart miteinander zu kombinieren, daß die Zielgröße des Investors (z.B. der Marktwert der Aktien des Unternehmens, das „Endvermögen" oder der Kapitalwert der Projekte) maximiert wird. Die in Abschnitt 2 skizzierten Grundprobleme werden allenfalls am Rande behandelt. Trotzdem liefert die Investitionstheorie wichtige Leitlinien und Orientierungshilfen auch für die Lösung dieser Probleme. Im Abschnitt 3 werden einige Grundkonzepte der Investitionstheorie in Umrissen dargestellt. Darauf aufbauend wird in den Abschnitten 4 und 5 gezeigt, wie in einem System mit mehreren Entscheidungsträgern Investitionsentscheidungen gesteuert werden können. Kontroll- und Anreizprobleme werden dabei ausgeklammert; sie sind Gegenstand der Kapitel XXII bis XXV.

2.   Das Spannungsfeld zwischen Delegation und Koordination

2.1.   Teilaufgaben im Investitionsentscheidungsprozeß

Die mit der Investitionstätigkeit verbundenen Aktivitäten können, wie andere Problemlösungsprozesse auch, in die Teilaufgaben
- Suche nach (Investitions-)Alternativen,
- Beschaffung von Informationen über die Konsequenzen der gefundenen Alternativen,
- Bewertung der Konsequenzen und Auswahl der zu realisierenden Investitionsprojekte,
- Durchführung der geplanten Investitionen und
- Kontrolle der gesamten Investitionstätigkeit
gegliedert werden.

Die *Suche nach erfolgversprechenden Investitionsmöglichkeiten* kann unterschiedliche Schwierigkeitsgrade aufweisen: Während die unveränderte Wiederbeschaffung unbrauchbar gewordener Maschinen oder Werkzeuge (Ersatzinvestitionen) u.U. gar keine Alternativensuche notwendig macht, ist z.B. für Rationalisierungs- und Erweiterungsinvestitionen ein hohes Maß an Kreativität und Sachverstand erforderlich. Für das Erforschen des Alternativenraumes werden Spezialkenntnisse des jeweiligen Unternehmensbereichs benötigt. Investitionen in neue Arbeitsgebiete (Neuinvestitionen) erfordern darüber hinaus auch einen Gesamtüberblick über zukünftige Erfolgspotentiale und deren Verträglichkeit mit der Unternehmensstrategie.

Die *Konsequenzen der erwogenen Investitionsmöglichkeiten* für den jeweiligen Unternehmensbereich können am ehesten von den Mitarbeitern in diesem Bereich abgeschätzt werden; auch wird dort die Beschaffung fehlender Informationen in der Regel am leichtesten möglich sein. Haben die erwogenen Investitionen auch Auswirkungen auf andere Teile der Unternehmung, so können diese Konsequenzen eher von der Unternehmensleitung erfaßt und quantifiziert werden. Sie ist dabei jedoch auf Informationen aus den einzelnen Bereichen angewiesen.

Die *Bewertung der erwogenen Investitionsmöglichkeiten* erfolgt anhand von Vorteilhaftigkeitskriterien, die die Unternehmensleitung festlegt. Da die Unternehmensleitung für die Investitionspolitik verantwortlich ist, wird sie sich außerdem (zumindest für umfangreiche Investitionsprojekte) die Auswahlentscheidung vorbehalten. Sie steht dann vor dem Problem, entweder auf der Grundlage ihres derzeitigen Informationsstandes (möglicherweise schlechte) Investitionsentscheidungen zu treffen, oder sich durch einen (mehr oder weniger umfangreichen) Informationsbeschaffungs- und -verarbeitungsprozeß eine bessere Informationsbasis zu schaffen. Wenn die Beschaffung der maßgeblichen Informationen zu (zeit-)aufwendig ist und/oder der Unternehmensleitung der nötige Sachverstand hinsichtlich der Detailzusammenhänge fehlt, kann sie auch einen Teil ihrer Entscheidungskompetenzen delegieren und sich darauf beschränken, die Bereichsentscheidungen koordinierend zu steuern. Selbst bei schlechter Koordination treffen dann möglicherweise die Bereichsleiter bessere Investitionsentscheidungen als die Unternehmensleitung, wenn sie sämtliche Entscheidungen selbst trifft.

Die *Durchführung der geplanten Investitionen* wird in der Regel vollständig an die Bereichsleiter oder andere nachgeordnete Mitarbeiter delegiert. Die Akzeptanz der getroffenen Entscheidungen wird bei diesen Mitarbeitern um so höher und deren Engagement für eine planmäßige und sorgfältige Realisation um so beachtlicher sein, je größer deren Anteil an der Entscheidungsfindung ist. Das Ausmaß der Partizipation der Unternehmensbereiche bei der Alternativensuche, der Alternativenbewertung und der Auswahlentscheidung ist somit für eine reibungslose Realisation und damit letztendlich für die Vorteilhaftigkeit der Investition von erheblicher Bedeutung.

Wenn die Unternehmensleitung Investitionsaktivitäten delegiert, so ist auch eine *Kontrolle* der Ausführung und der daraus resultierenden Konsequenzen erforderlich, um bei Fehlentscheidungen korrigierend eingreifen zu können (damit z.B.

in Zukunft eine Aufgabenverteilung vorgenommen werden kann, die eine höhere Anforderungs- und/oder Anreizkompatibilität aufweist).

2.2.   Entscheidungssysteme

Wir stellen im folgenden zwei Entscheidungssysteme gegenüber:

Im *zentralen Entscheidungssystem* trifft die Unternehmensleitung (oder eine von ihr kontrollierte zentrale Planungsabteilung) alle „wesentlichen" Investitionsentscheidungen (und Finanzierungsentscheidungen) und teilt dann den Geschäftsbereichen mit, welche Investitionsprojekte zu realisieren sind. Auch bei zentraler Investitionsplanung sind die Geschäftsbereiche am Entscheidungsprozeß beteiligt: Insbesondere suchen sie nach Investitionsmöglichkeiten, unterbreiten der Zentrale Investitionsvorschläge und geben ihr Informationen zur Beurteilung der Projekte; darüber hinaus treffen sie bei der Realisation der genehmigten Investitionsprojekte Entscheidungen über jene Details, die die Unternehmensleitung (die Zentrale) in ihrer Entscheidung offen gelassen hat.

Im *dezentralen Entscheidungssystem* delegiert die Unternehmensleitung Entscheidungskompetenzen über Investitionen an die Sparten(-leiter), die ihre Entscheidungen unabhängig voneinander treffen. Das Ausmaß der Delegation kann dabei unterschiedlich groß sein. Bei *vollständiger Dezentralisation* werden die Investitionsentscheidungen ausschließlich von den Geschäftsbereichen getroffen; die Unternehmensleitung beschränkt sich im wesentlichen darauf, den Geschäftsbereichen Informationen zu geben, Kontrollen vorzunehmen und positive Anreize zu gewähren. Bei *partieller Dezentralisation* treffen die Spartenleiter die Entscheidung nur über einen Teil der Investitionsprojekte; die übrigen Projekte sind der Unternehmensleitung (der Zentrale) zur Genehmigung vorzulegen.

Die Entscheidung zwischen einem zentralen und einem dezentralen Entscheidungssystem ist charakterisiert durch das Spannungsfeld zwischen Delegation und Koordination: Die *Delegation* von Investitionsentscheidungen hat den Zweck, die Unternehmensleitung von umfangreichen Informationsaktivitäten und Kalkülüberlegungen zu entlasten. Der Entscheidungsprozeß wird dadurch beschleunigt. Unter Umständen lassen sich dann auch Investitionsmöglichkeiten realisieren, die sich nach längeren Planungsprozessen gar nicht mehr anbieten. Schließlich werden die Mitarbeiter in den Bereichen um so stärker motiviert sein, die getroffenen Entscheidungen in vorteilhafter Weise umzusetzen und zu verwirklichen, je mehr sie selbst am Entscheidungsprozeß mitwirken.

Andererseits erfordert die bereichsübergreifende *Koordination* der Einzelentscheidungen eine (zentrale) Gesamtsicht der relevanten Zusammenhänge: Wenn die Konsequenzen der Entscheidungen in den einzelnen Bereichen davon abhängen, welche Entscheidungen in anderen Bereichen getroffen werden, kann der einzelne Spartenleiter weder die Konsequenzen seiner Entscheidungen im *eigenen* Bereich noch die Auswirkungen auf die *anderen* Bereiche und damit auf die Gesamtunternehmung angemessen beurteilen. Für die Unternehmensleitung entsteht dann das Problem, die dezentralen Entscheidungsprozesse in den Sparten zu steuern und aufeinander abzustimmen. Im folgenden werden einige Grundprobleme der Steuerung des Investitionsentscheidungsprozesses diskutiert.

2.3.   Grundprobleme der Entscheidungssteuerung

2.3.1.   Zentrales Entscheidungssystem

Auch in einem zentralen Entscheidungssystem hat die Unternehmensleitung Teilaufgaben delegiert: Die Bereichsleiter informieren über Investitionsmöglichkeiten und deren Konsequenzen; sie realisieren die Entscheidung der Unternehmensleitung (der Zentrale). In diesem Zusammenhang entstehen folgende Steuerungsprobleme:

– *Information über Investitionsmöglichkeiten und Vorentscheidung durch die Spartenleiter:* Im allgemeinen ist es nicht sinnvoll, daß die Investitionsbereiche der Zentrale *alle* sich zur Durchführung anbietenden Investitionsprojekte zur Beurteilung vorlegen. Die Zentrale wäre dann kaum in der Lage, zieladäquat zu entscheiden. Außerdem wären die Investitionsbereiche in außerordentlich starkem Maße mit der Ausarbeitung von Investitionsvorschlägen belastet. Es ist daher sinnvoll und praktisch unumgänglich, daß die einzelnen Bereichsleiter *Vorentscheidungen* treffen, indem sie einen Teil der möglichen Projekte „aussortieren" und nur noch die verbleibenden Projekte der Zentrale zur Beurteilung vorlegen. Dabei stellt sich das Problem, nach welchen Kriterien die Bereichsleiter ihre Vorauswahl treffen sollen.

– *Information über die Konsequenzen von Investitionsprojekten:* Es besteht die Gefahr, daß die Geschäftsbereiche die Konsequenzen der vorgelegten Projekte manipuliert darstellen, um Partikularinteressen besser durchsetzen zu können. Diese Gefahr ist vor allem dann relativ groß, wenn die Bereichsleiter nicht über objektiv nachprüfbare Daten berichten, sondern Angaben über subjektive Urteile machen. Hat z.B. ein Bereichsleiter die Zentrale darüber zu informieren, welche subjektiven Wahrscheinlichkeiten er den möglichen Überschüssen von Investitionsprojekten zuordnet, so hat er einen relativ weiten Manipulationsspielraum (Kapitel XXII). Berichtet er dagegen über die Marktpreise der vergangenen Woche, so ist eine Manipulation relativ leicht aufzudecken und daher weniger wahrscheinlich. Die Zentrale kann somit der Gefahr einer Manipulation begegnen, indem sie sich nicht über (Wahrscheinlichkeits-)Urteile, sondern über objektiv nachprüfbare Fakten informieren läßt und sich anschließend ein eigenes Urteil bildet. Dies mag gerade auch dann sinnvoll sein, wenn die Bereichsleiter aus Informationen andere (Wahrscheinlichkeits-)Urteile ableiten als die Zentrale und die Zentrale ihrem eigenen Urteil mehr vertraut.

Auch wenn die Bereichsleiter nur über objektiv nachprüfbare Daten informieren, ist die Gefahr der Manipulation nicht ausgeschlossen. Eine „Fehlinformation" kann z.B. auch darin bestehen, daß nachteilige Konsequenzen von Investitionsprojekten nicht erwähnt werden. Die Gefahr der Manipulation kann vermindert werden, wenn neutrale Stellen als Informanten herangezogen wer-

den, die durch die Investitionen weder Vorteile noch Nachteile zu erwarten haben. Das kann jedoch zu höheren Informationskosten führen.

Hinsichtlich der Steuerung des Informationsprozesses sind z.B. folgende Teilprobleme zu lösen: Durch welche Merkmale sollen die der Zentrale zur Genehmigung vorgelegten Investitionsprojekte charakterisiert werden? Welche Informationen zur Prognose der möglichen Konsequenzen der Investitionsprojekte
soll die Zentrale von den Geschäftsbereichen erhalten? In welcher Weise sollen
diese Informationen zu überschaubaren Indikatoren verdichtet werden?

- *Prüfung der Angaben über die Investitionsprojekte:* Die zur Beurteilung vorgelegten Investitionsprojekte werden durch bestimmte Merkmale (z.B. Ein- und
  Auszahlungen, Kapazitäten, zugrunde liegende Produktionspläne) beschrieben.
  Wegen der Gefahr von Manipulationen oder von unbeabsichtigten Fehlern kann
  es sinnvoll sein, diese Angaben zu überprüfen. Hier stellt sich z.B. das Problem,
  wie oft solche Kontrollen durchgeführt und welche Angaben jeweils überprüft
  werden sollen.
- *Durchführungskontrolle:* Ebenso ist die Durchführung der genehmigten Investitionsprojekte zu kontrollieren. Die Durchführungskontrolle soll die Abweichung vom vorgeschriebenen Plan verhindern und Anpassungsmaßnahmen vor-
  bereiten helfen, falls Soll-Ist-Abweichungen eingetreten sind (Kapitel XXII).
- *Positive Leistungsanreize:* Schließlich stellt sich das Problem, positive (Lei-
  stungs-)Anreize dafür zu schaffen, daß die Bereichsleiter der Zentrale „gute" Investitionsvorschläge unterbreiten und sich für die planmäßige Realisierung der
  ge'nehmigten Projekte einsetzen (Kapitel XXIII, XXIV und XXV).

2.3.2. Dezentrales Entscheidungssystem

In einem dezentralen Entscheidungssystem treffen die Bereichsleiter auch die Auswahl der Investitionsprojekte, die realisiert werden sollen. Hieraus entstehen folgende Steuerungsprobleme:

- *Formulierung geeigneter Unterziele:* Die Bereichsleiter können nur dann zum
  Erfolg der Unternehmung beitragen, wenn die Zentrale ihnen Unterziele setzt,
  die im Einklang mit dem Organisationsziel stehen. Die Formulierung solcher
  Unterziele für die einzelnen Geschäftsbereiche stellt jedoch ein äußerst komplexes Problem dar, sofern zwischen den einzelnen Geschäftsbereichen Interdependenzen bestehen und/oder unsichere Erwartungen über die Entwicklung der
  Umwelt der Unternehmung gegeben sind (Kapitel XIX).
- *Abgrenzung der Kompetenzbereiche:* Ob es vorteilhaft ist, für die einzelnen Geschäftsbereiche enge oder weite Entscheidungsspielräume zu schaffen, hängt
  davon ab, inwieweit es gelingt, im Einklang mit dem Unternehmensziel stehende operationale Unterziele zu formulieren. Existieren für die Teilbereiche Unterziele, nach denen eindeutig beurteilt werden kann, welche Maßnahmen vom
  Standpunkt der Gesamtunternehmung vorteilhaft oder nachteilig sind, so liegt
  es nahe, weite Entscheidungsspielräume einzuräumen.
  Die Kompetenzbereiche können auf unterschiedliche Weise begrenzt werden.
  Einige Beispiele dienen der Verdeutlichung:

1. Die Unternehmensleitung gibt (nach Rücksprache mit den Spartenleitern) jeder Sparte jährlich einen Etat für Investitionsausgaben vor; über die Verwendung dieses Betrages kann jede Sparte selbständig entscheiden (*Gesamtbetragslimitierung*).

2. Jede Sparte kann über Investitionsprojekte entscheiden, deren Anschaffungsauszahlung einen bestimmten Betrag nicht überschreitet; größere Projekte müssen von der Unternehmensleitung genehmigt werden (*Einzelbetragslimitierung*).

3. Jeder Geschäftsbereich ist für bestimmte Produkte zuständig. Er kann selbständig über alle Investitionsprojekte entscheiden, die zu ihrer Herstellung erforderlich sind. Investitionen zur Einführung neuer Produkte bedürfen jedoch der Genehmigung der Unternehmensleitung. Die Gefahr von Fehlentscheidungen bei der Einführung neuer Produkte soll damit verringert werden. Es soll insbesondere verhindert werden, daß ein Teilbereich neue Produkte in sein Programm aufnimmt und dabei die Absatzchancen anderer Teilbereiche derart beeinträchtigt, daß der Gesamterfolg sinkt.

4. Die Unternehmensleitung gibt ein Kriterium vor, mit dessen Hilfe die Sparten jeweils nur einen Teil der Investitionsprojekte beurteilen können: Projekte, die nach diesem Kriterium als vorteilhaft (bzw. als nachteilig) erscheinen, sind durchzuführen (bzw. zu unterlassen). Projekte, die nach diesem Kriterium weder als vorteilhaft noch als nachteilig eingestuft werden können, sind der Zentrale zur Entscheidung vorzulegen (Abschnitt 4.1.2.3.a).

- *Kontrolle:* Es besteht die Gefahr, daß die Spartenleiter ihre Kompetenzen überschreiten und/oder daß sie im Rahmen ihrer Kompetenzen schlechte Investitionsentscheidungen treffen. Es kann daher vorteilhaft sein, (Investitions-)Kontrollen vorzunehmen, um bei Fehlentscheidungen korrigierend eingreifen zu können (Kapitel XXII).

- *Anreiz:* Schließlich stellt sich daß Problem, den Sparten(-leitern) auch positive Anreize dafür zu gewähren, daß sie gute Investitionsentscheidungen treffen (Kapitel XXIII, XXIV und XXV).

Für eine Diskussion von Problemen der Investitionsorganisation sind gewisse Grundkenntnisse der Investitionstheorie unentbehrlich. Im Vordergrund der folgenden investitionstheoretischen Darstellungen steht das Problem der Zerlegung von investitionstheoretischen Totalmodellen, in denen *alle* erwogenen Investitions- und Finanzierungsprojekte simultan berücksichtigt werden, in Partialmodelle, die weniger umfangreich und damit einfacher zu formulieren und zu lösen sind. Die Zerlegung in Partialmodelle stellt eine bedeutsame Form der Komplexitätsreduktion dar. Sie ist zugleich das wesentliche Charakteristikum eines *dezentralen* Entscheidungssystems, in dem die einzelnen Partialmodelle von *verschiedenen* Entscheidungsträgern formuliert und gelöst werden.

3.   Investitionstheoretische Grundlagen

3.1.   Grundannahmen

Im Rahmen dieser Arbeit können speziellere Aspekte der Investitions- und Finanzierungstheorie nicht   vertieft werden. Wir betrachten vielmehr relativ einfache Entscheidungssituationen:

1. Der Planungszeitraum besteht aus T Perioden. Der Beginn der ersten Periode (also der Beginn des Planungszeitraumes) wird als Zeitpunkt 0 bezeichnet, das Ende der t-ten Periode (t=1,2,...,T) als Zeitpunkt t.
2. Zum Zeitpunkt T−1 können zum letzten Mal Investitions- und Finanzierungsprojekte durchgeführt werden. Zum Zeitpunkt T sind die Zahlungsreihen aller Projekte abgeschlossen.
3. Die Besteuerung hat keinen Einfluß auf das optimale Investitions- und Finanzierungsprogramm. (Vgl. hierzu jedoch MELLWIG, 1985.)

Das Problem besteht in der Ermittlung des Investitionsprogramms mit dem optimalen Strom von Kapitalausschüttungen an die Eigentümer des Unternehmens oder die Gesellschafter. Dabei kann eine Ausschüttung auch negativ sein; in diesem Fall wird eine Beteiligungsfinanzierung vorgenommen, also Eigenkapital in die Unternehmung eingebracht.

3.2.   Investitionsentscheidungen bei sicheren Erwartungen

3.2.1.   Vollkommener Kapitalmarkt

Zunächst nehmen wir vereinfachend an, die mit den Investitionen verbundenen Ein- und Auszahlungen seien dem Investor mit Sicherheit bekannt. Außerdem bestehe ein *vollkommener* Kapitalmarkt, wobei jedes Wirtschaftssubjekt jederzeit (praktisch unbegrenzt viele) Mittel zum (risikolosen) Einheitszinssatz r aufnehmen oder anlegen kann.

Bei sicheren Erwartungen und vollkommenem Kapitalmarkt verursacht jede Finanzierungsart Kapitalkosten in Höhe des Einheitszinssatzes r. Im Finanzbereich stellt sich folglich kein Optimierungsproblem; die Art der Finanzierung ist gleichgültig. Das optimale Investitionsprogramm kann dann ohne explizite Berücksichtigung der Finanzierungsentscheidungen bestimmt werden, d.h. Investitionsbereich einerseits und Finanzbereich andererseits sind trennbar: Bei der Beurteilung der Investitionsprojekte werden die konkreten Aktionen des Finanzbereichs durch den Einheitszinssatz r repräsentiert. Wie im folgenden ersichtlich wird, besteht dann auch weitgehende Trennbarkeit zwischen den Entscheidungen im Investitionsbereich selbst.

Das einfachste Investitionsproblem besteht in der Entscheidung, ob ein einzelnes Investitionsprojekt durchgeführt werden soll oder nicht. Ein Projekt ist dann vorteilhaft (bzw. nachteilig), wenn der mit Hilfe des Einheitszinssatzes r berechnete Kapitalwert seiner Zahlungsreihe, bezogen auf einen Zeitpunkt vor der ersten Zahlung, positiv (bzw. negativ) ist. Ist der Kapitalwert gleich null, so ist das Projekt weder vorteilhaft noch nachteilig. Für den Kapitalwert KW_p eines Investitionsprojektes P, bezogen auf den Zeitpunkt $t=0$ (den Beginn des Planungszeitraums), gilt:

$$(XXI.1) \quad KW_p = \sum_{t=0}^{T} e_{tp} \cdot \left(\frac{1}{1+r}\right)^t .$$

Dabei bezeichnet e_{tp} den Einzahlungsüberschuß des Projektes zum Zeitpunkt t ($t=0,1,...,T$); ist e_{tp} negativ, so liegt ein Auszahlungsüberschuß vor. (XXI.1) impliziert nicht, daß das Projekt schon zum Zeitpunkt 0 begonnen und erst zum Zeitpunkt T abgeschlossen wird. Für ein Projekt, das erst zum Zeitpunkt $t^*>0$ durchgeführt wird und dessen Nutzungsdauer nur bis zum Zeitpunkt $t^{**}<T$ ($t^{**}>t^*$) reicht, gilt $e_{tp}=0$ für $t=0,...,t^*-1, t^{**}+1,..,T$.

Daß ein Investitionsprojekt bei positivem Kapitalwert vorteilhaft ist, gilt nicht nur unter der Voraussetzung eines vollkommenen Kapitalmarktes. Allerdings ist bei unvollkommenem Kapitalmarkt der für die Berechnung des Kapitalwertes relevante Zinssatz, der sogenannte Kalkulationszinsfuß, keine exogen vorgegebene Größe, sondern eine *endogene* Größe, die selbst (exakt) erst in einem Kalkül des Investors zu bestimmen ist (MOXTER, 1961).

Schließen sich mehrere Investitionsprojekte (etwa aus technischen oder absatzwirtschaftlichen Gründen) einander aus, so ist das Projekt mit dem höchsten *positiven* Kapitalwert am vorteilhaftesten; ist der maximale Kapitalwert allerdings negativ, so wird keines der Projekte realisiert.

Bei vollkommenem Kapitalmarkt wird zur Bestimmung eines optimalen Investitionsprogramms kein (Total-)Modell benötigt, das sämtliche Investitions- und Finanzierungsmöglichkeiten *simultan* berücksichtigt. Die Entscheidung über einzelne Projekte bzw. die Auswahl aus der Menge sich gegenseitig ausschließender Projekte kann unabhängig davon getroffen werden, welche Projekte sonst noch realisiert werden und in welcher Weise der Kapitalbedarf gedeckt wird. Anstelle eines Totalmodells können also voneinander unabhängige Partialmodelle formuliert und gelöst werden.

3.2.2. Unvollkommener Kapitalmarkt

3.2.2.1. Annahmen

Die Annahme eines vollkommenen Kapitalmarktes ist allerdings unrealistisch. Der Kapitalmarkt ist unvollkommen: Der Zins ist nicht für alle Kredite gleich hoch, außerdem kann eine Obergrenze für die Kreditaufnahme bestehen. Bei unvollkommenem Kapitalmarkt existiert kein exogen vorgegebener Zinssatz, der für die Ermittlung von Kapitalwerten zugrunde gelegt werden kann. Es soll nun gezeigt werden, wie das optimale Kapitalbudget auch ohne vorgegebenen Kalkulationszinsfuß im Rahmen eines Totalmodells bestimmt werden kann, in dem alle Investitions- und Finanzierungsmaßnahmen simultan berücksichtigt werden. Dabei werden folgende Annahmen zugrunde gelegt:

1. Der Planungszeitraum besteht aus einer Periode (T=1).
2. Es steht bereits fest, welcher Betrag W an eigenen Mitteln investiert werden soll.
3. Darüber hinaus können (bis zu einer bestimmten Obergrenze) Mittel durch Fremdfinanzierung beschafft werden, wobei der Zins nicht für alle Kreditgeschäfte gleich hoch ist.
4. Die Investitions- und Finanzierungsprojekte sind beliebig teilbar und voneinander unabhängig. (Zur Erfassung von Abhängigkeiten zwischen Investitionsprojekten vgl. HAX, 1985, S. 64ff.)
5. Die Renditen bzw. die Kapitalkosten der Investitions- bzw. Finanzierungsprojekte sind dem Investor mit Sicherheit bekannt.
6. Die Zielfunktion besteht in der Maximierung desjenigen Einzahlungsüberschusses, der zum Zeitpunkt 1 nach Tilgung der Schulden (einschließlich der Zinsschulden) erzielt wird (*Maximierung des Endvermögens*).

3.2.2.2. Darstellung des Grundmodells

Unter diesen Voraussetzungen kann das optimale Investitionsprogramm in relativ einfacher Weise mit Hilfe des Modells von DEAN bestimmt werden (DEAN, 1951; MOXTER, 1961; HAX, 1985, S. 62ff.):

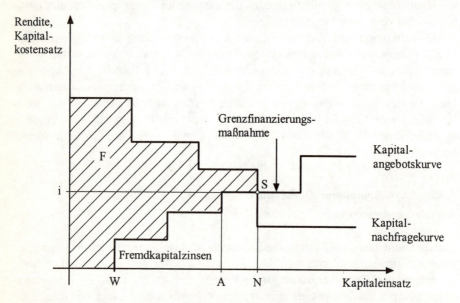

Abb. XXI.2: Zur Ermittlung eines optimalen Kapitalbudgets im Einperiodenfall

Die *Kapitalnachfragekurve* in Abbildung XXI.2 gibt an, welche Rendite auf die jeweils zuletzt investierte Geldeinheit erzielt wird, sofern (ausgehend von null) der investierte Kapitalbetrag sukzessive erhöht wird und dabei die Mittel jeweils optimal angelegt werden, d.h. zunächst im Projekt mit der höchsten Rendite, dann im Projekt mit der zweithöchsten Rendite usw. Die *Kapitalangebotskurve* gibt an, welcher Betrag W an eigenen Mitteln für Investitionen zur Verfügung steht und welche Fremdkapitalzinsen die jeweils letzte Geldeinheit verursacht, wenn der aufgenommene Kreditbetrag sukzessive steigt und dabei zunächst der günstigste Kredit in Anspruch genommen wird, dann der zweitgünstigste usw.

Die Differenz aus dem Ertrag der Investitionen und den Fremdkapitalzinsen wird maximiert, wenn das Investitionsvolumen bis zu jenem Wert ausgedehnt wird, von dem an die Rendite auf eine zusätzlich investierte Geldeinheit unter die (Finanzierungs-)Kosten dieser Geldeinheit sinkt. Mithin determiniert der Schnittpunkt S in Abbildung XXI.2 das optimale Kapitalbudget. Die zugehörige Differenz aus dem Ertrag der Investitionen und den Fremdkapitalzinsen ist gleich dem Inhalt der schraffierten Fläche F. Werden hierzu die zum Zeitpunkt $t=0$ investierten eigenen Mittel (W) addiert, so erhält man den entsprechenden (maximalen) Einzahlungsüberschuß zum Zeitpunkt $t=1$.

3.2.2.3. *Entscheidung auf der Grundlage von Kapitalwerten*

Der Ordinatenwert des Schnittpunkts S von Kapitalangebots- und Kapitalnachfragekurve bestimmt den Kalkulationszinsfuß i, mit dessen Hilfe das optimale Kapitalbudget nach der Kapitalwertmethode ermittelt werden kann, sofern dieser Zinsfuß a priori bekannt ist. Wie die Abbildung XXI.2 verdeutlicht, gilt der folgende Zusammenhang:
1. Jedes Investitionsprojekt, dessen interner Zinsfuß höher ist als der Kalkulationszinsfuß i (das also einen positiven Kapitalwert aufweist), ist bis zu seiner Obergrenze im optimalen Kapitalbudget enthalten.
2. Jedes Finanzierungsprojekt, dessen Zinssatz niedriger ist als der Kalkulationszinsfuß i (das damit einen positiven Kapitalwert aufweist), ist ebenfalls bis zu seiner Obergrenze im optimalen Kapitalbudget enthalten.
3. Investitions- und Finanzierungsprojekte mit negativem Kapitalwert sind nicht im optimalen Kapitalbudget enthalten.
4. Jene Finanzierungsmaßnahme, deren Zinssatz mit dem Kalkulationszinsfuß i übereinstimmt und mithin einen Kapitalwert von null aufweist, wird nur zum Teil durchgeführt; sie steht also „an der Grenze der Vorteilhaftigkeit". Der Kostensatz dieser „Grenzfinanzierungsmaßnahme" bestimmt den Kalkulationszinsfuß i.

Der Kalkulationszinsfuß i kann auch durch die Rendite einer „Grenzinvestition" determiniert werden (Abbildung XXI.3).

Wenn der Kalkulationszinsfuß i a priori bekannt ist (bzw. hinreichend gut geschätzt werden kann), läßt sich das optimale Kapitalbudget aufgrund der entsprechenden Kapitalwerte wie folgt bestimmen:
1. Alle Investitions- und Finanzierungsprojekte mit positivem Kapitalwert werden bis zur Obergrenze ins Programm aufgenommen. Alle Projekte mit negativem Kapitalwert werden als nachteilig abgelehnt.

2. Ist die Summe der Anschaffungsauszahlungen (N) aller Investitionsprojekte mit positivem Kapitalwert größer als derjenige Kapitalbetrag (A), der nach Durchführung aller Finanzierungsmaßnahmen mit positivem Kapitalwert zur Verfügung steht, so wird der noch fehlende Kapitalbetrag N–A über das Finanzierungsprojekt mit dem Kapitalwert 0 beschafft (vgl. Abbildung XXI.2). Gilt A > N, so wird der Betrag A–N in dem Investitionsprojekt mit dem Kapitalwert 0 angelegt (vgl. Abbildung XXI.3). Auf diese Weise erhält man jeweils dasjenige Kapitalbudget, das dem Schnittpunkt S von Kapitalangebots- und Kapitalnachfragekurve entspricht.

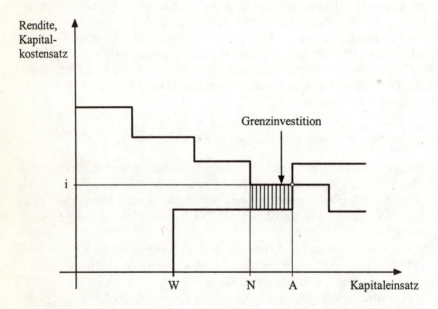

Abb. XXI.3: Kalkulationszinsfuß als Rendite der Grenzinvestition

Wenn zu einem Einheitszinssatz unbegrenzt Kapital aufgenommen und angelegt werden kann, ist es gleichgültig, in welchem Umfang ein Projekt mit einem Kapitalwert von null durchgeführt wird. Bei unvollkommenem Kapitalmarkt ist dies jedoch grundsätzlich *nicht* der Fall. Im Beispiel der Abbildung XXI.3 ist es optimal, die Grenzinvestition (mit dem Kapitalwert 0) etwa zur Hälfte zu realisieren. Die damit verbundene Differenz aus Ertrag und Kapitalkosten ist gleich dem Inhalt der senkrecht schraffierten Fläche.

Bei unvollkommenem Kapitalmarkt ist der Kalkulationszinsfuß keine dem Entscheidungskalkül vorgegebene (exogene) Größe. Der Kalkulationszinsfuß ist zwar genau bekannt, wenn der Schnittpunkt von Kapitalangebots- und Kapitalnachfragekurve bestimmt worden ist. Damit ist aber auch das optimale Kapitalbudget bekannt und der Kalkulationszinsfuß wird nicht mehr benötigt. Eine Entscheidung auf der Basis von Kapitalwerten kann jedoch auch sinnvoll sein, wenn der Kalkulationszinsfuß wenigstens hinreichend genau *geschätzt* werden kann. Eine solche

Schätzung setzt aber voraus, daß bekannt ist, wovon die theoretisch exakte Höhe des Kalkulationszinsfußes abhängt.

Der Nachweis der Existenz eines endogenen Kalkulationszinsfußes setzt beliebige Teilbarkeit der Grenzprojekte voraus. Sofern *nachteilige* Ganzzahligkeitsbedingungen zu beachten sind, existiert *kein* Kalkulationszinsfuß, mit dem das *exakte* Optimum nach der Kapitalwertmethode bestimmt werden kann (LAUX/FRANKE, 1970).

3.3. Investitionsentscheidungen bei Risiko

3.3.1. *Risikoneutralität*

Im folgenden wird die Problematik der Investitionsentscheidung bei Risiko untersucht, wobei wir der Einfachheit halber wieder davon ausgehen, es sei ein vollkommener Kapitalmarkt mit einem Einheitszinssatz r gegeben.

Für die Ermittlung des Kalkulationszinsfußes für eine Investition gibt es im Prinzip zwei Möglichkeiten: Man kann versuchen, auf die erwartete Rendite einer Alternativanlage zurückzugreifen, die hinsichtlich des Risikos mit der erwogenen Investition vergleichbar ist; allerdings wird eine solche Vergleichsinvestition oft nicht existieren. Die zweite Möglichkeit besteht darin, sich zwar an der sicheren Anlage zum Einheitszinssatz r zu orientieren, zur Ermittlung des Kalkulationszinsfußes den Einheitszinssatz jedoch um eine Risikoprämie zu erhöhen. „Die Problematik dieses Lösungsweges liegt in der Bestimmung der Risikoprämie. Da objektive Anhaltspunkte fehlen, bleibt die Höhe dieses Zuschlags dem rein subjektiven Ermessen des Investors überlassen" (HAX, 1984, S. 405).

Sind an der Unternehmung mehrere Anteilseigner beteiligt, so kann sich für den Investor das Problem stellen, deren Risikoeinstellung zu erkunden und bei seinen Investitionsentscheidungen die Interessenkonflikte zwischen den Anteilseignern mit unterschiedlichen Risikoeinstellungen auszugleichen. Diese Problematik ist in der Literatur vor allem für den Fall behandelt worden, daß das Unternehmen börsengehandelt wird. Als „Kompromißzielfunktion" wird dabei in der Regel die Maximierung des Marktwertes der Aktien des investierenden Unternehmens zugrunde gelegt.

Sofern der Investor *risikoneutral* ist, kann analog entschieden werden wie bei Sicherheit. An die Stelle der sicheren Einzahlungsüberschüsse treten dann deren *Erwartungswerte*; der Kapitalwert eines Investitionsprojekts P ist wie folgt definiert:

$$(XXI.2) \quad KW_p = \sum_{t=0}^{T} E[e_{tp}] \cdot \frac{1}{(1+r)^t}.$$

Hierin bezeichnet $E[e_{tp}]$ den Erwartungswert des Einzahlungsüberschusses des Projekts zum Zeitpunkt t. Wird das Projekt zum Zeitpunkt t=0 durchgeführt und ist seine Anschaffungsauszahlung $A_{0p} = -e_{0p}$ (mit $e_{0p} < 0$) bekannt, so kann man für (XXI.2) auch schreiben:

$$(XXI.3) \quad KW_p = \sum_{t=0}^{T} E[e_{tp}] \cdot \frac{1}{(1+r)^t} - A_{0p}.$$

Falls $KW_p > 0$ (bzw. $KW_p < 0$), ist das Projekt vorteilhaft (bzw. nachteilig). Ist $KW_p = 0$, so entsteht bei Durchführung des Projekts weder ein Vorteil noch ein Nachteil.

3.3.2. *Risikoaversion*

Halten jedoch die Anteilseigner breit gestreute Wertpapierportefeuilles und werden im Unternehmen nur Investitionen mit unsystematischen Risiken durchgeführt, die im Rahmen dieser Portefeuilles für die Anteilseigner nicht spürbar sind, so ist (auch) bei Risikoaversion der Anteilseigner für die Ermittlung der Kapitalwerte der risikolose Zinssatz r maßgeblich. Die Bewertung der Investitionsprojekte erfolgt dann gemäß (XXI.2) bzw. (XXI.3) so, als ob die Anteilseigner (die Instanz) *risikoneutral* wären. Im Rahmen der nachfolgenden Darstellungen wird gelegentlich davon ausgegangen, die Anteilseigner seien risikoneutral. Die Darstellungen gelten dann für die oben beschriebene Entscheidungssituation analog.

Bei Investitionen mit systematischen Risiken ist es (aufgrund der Risikoaversion der Anteilseigner) nicht sinnvoll, als Kalkulationszinsfuß den risikolosen Zinssatz r zugrunde zu legen. Die Diskontierung mit dem risikolosen Zinssatz ist nur dann sinnvoll, wenn statt der Erwartungswerte die Sicherheitsäquivalente der Überschüsse zugrunde gelegt werden. Bei Diskontierung der Erwartungswerte ist dagegen i.a. ein risikoangepaßter Zinssatz k maßgeblich.

Der für ein Projekt maßgebliche Kalkulationszinsfuß k hängt davon ab, wie dessen Überschüsse stochastisch von der Gesamtheit der Überschüsse *aller* Investitionen, an denen die Anteilseigner beteiligt sind, abhängen. Je mehr die Kovarianz zwischen diesen Überschüssen über null liegt, desto mehr liegt der Kalkulationszinsfuß k über r. Bei negativer Kovarianz gilt k<r; die „Risikoprämie" ist dann negativ. Jedoch ist in der Realität eher mit positiven Kovarianzen zu rechnen. (Zur Ermittlung eines risikoangepaßten Kalkulationszinsfußes vgl. z. B. FRANKE/ HAX (2004); RUDOLPH (1986); LAUX (2005 b).)

Wenn sich die Risikostrukturen der verschiedenen Investitionsprojekte unterscheiden, sind zwar projektspezifische Kalkulationszinssätze bei der Ermittlung der Kapitalwerte zugrunde zu legen. Häufig wird jedoch (wenn auch nur implizit) in Literatur und Praxis vereinfachend davon ausgegangen, daß alle Investitionen des Unternehmens (oder eines Unternehmensbereichs) derselben Risikoklasse angehören, so daß für alle Projekte derselbe risikoangepaßte Zinssatz maßgeblich ist. Er wird (bei Vernachlässigung von Steuern) wie folgt als gewogener Durchschnitt aus dem „Eigenkapitalkostensatz" k_e und dem „Fremdkapitalkostensatz" r ermittelt:

(XXI.4) $k = \dfrac{M_0}{M_0 + F_0} \cdot k_e + \dfrac{F_0}{M_0 + F_0} \cdot r.$

k wird als durchschnittlicher gewogener Kapitalkostensatz für das Gesamtkapital bezeichnet (Weighted Average Cost of Capital, WACC). Bei Risikobeteiligung der Gläubiger ist nicht nur die „Renditeforderung" der Anteilseigner, sondern auch die der Gläubiger durch einen risikoangepaßten Zinssatz auszudrücken; dieser Zinssatz tritt dann an die Stelle des risikolosen Zinssatzes r.

Die „WACC-Formel" (XXI.4) ist charakteristisch für den Shareholder Value-Ansatz (RAPPAPORT, 1986; BALLWIESER, 1994). Der Eigenkapitalkostensatz (die „Renditeforderung" der Anteilseigner) wird dabei in Anlehnung an das einperiodige CAPM wie folgt ermittelt:

(XXI.5) $k_e = r + \big[E(r_G) - r \big] \cdot \beta$

mit $\beta = \dfrac{Kov(r_A; r_G}{Var(r_G)}.$

$Kov(r_A; r_G)$ bezeichnet die Rendite der Aktien des Unternehmens und der Rendite r_G des Marktportefeuilles.

4.   Informations- und Entscheidungsprozesse bei unabhängigen Geschäftsbereichen

4.1.   Sichere Erwartungen

4.1.1. Vollkommener Kapitalmarkt

Im folgenden wird untersucht, wie Investitionsentscheidungen in einem System mit mehreren Entscheidungsträgern (Unternehmensleitung einerseits und Spartenleiter andererseits) getroffen werden können. Dabei gehen wir zunächst davon aus, die Geschäftsbereiche seien voneinander *unabhängig*: Kein Geschäftsbereich kann die Überschüsse einer anderen Sparte beeinflussen.

Außerdem nehmen wir zunächst an, jedem Investitionsprojekt entspreche ein sicherer Zahlungsstrom. Das bedeutet nicht, daß von vornherein sämtliche Kapitalverwendungsmöglichkeiten bekannt sind; die Spartenleiter haben auch die Aufgabe, nach Investitionsmöglichkeiten zu suchen. Die Annahme sicherer Erwartungen besagt vielmehr, daß für jedes entdeckte Investitionsprojekt dem betreffenden Spartenleiter bekannt ist, welche Ein- und Auszahlungen ihm entsprechen. Auch die Unternehmensleitung ist - eventuell nach Übermittlung bestimmter, objektiv überprüfbarer Informationen - in der Lage, sich ein sicheres Urteil über die Zahlungsreihen zu bilden.

Bei sicheren Erwartungen, vollkommenem Kapitalmarkt und unabhängigen Geschäftsbereichen kann die Zentrale sehr einfach über die maßgeblichen Konsequenzen der Investitionsprojekte informiert werden: Alle wesentlichen Informationen sind in deren Kapitalwerten enthalten, die in den Sparten problemlos berechnet werden können. Dieser Aspekt spricht allerdings nicht für, sondern eher gegen ein zentrales Entscheidungssystem: Die Spartenleiter können aufgrund der Kapitalwerte gleich selbst die Investitionsentscheidungen treffen. Eine Zentralisation würde kaum die Wahrscheinlichkeit dafür erhöhen, daß eine gute Investitionsauslese erfolgt. Da sich (auch) die Zentrale annahmegemäß ein sicheres Urteil über die Zahlungsreihen der Investitionsprojekte bilden kann, hat sie gute Kontrollmöglichkeiten hinsichtlich der durchgeführten Investitionsprojekte. Daher ist kaum damit zu rechnen, daß in den Sparten (entgegen der Zielvorgabe) Investitionen mit negativem Kapitalwert durchgeführt werden. Dagegen kann zwar bei Dezentralisation die Gefahr groß sein, daß in den Sparten Investitionsprojekte mit positiven Kapitalwerten unterlassen werden. Diese Gefahr ist jedoch in einem zentralen Entscheidungssystem kaum geringer: Die Spartenleiter legen dann die betreffenden Investitionsprojekte erst gar nicht zur Genehmigung vor.

In komplexeren Problemsituationen gibt es hingegen auch gewichtige Gründe für eine zentrale Entscheidung. Dabei wird eine grundlegende *Tendenz* sichtbar: Die Ursachen, die ein zentrales Entscheidungssystem vorteilhaft erscheinen lassen, erschweren die adäquate Information der Zentrale. Je größer die Vorteile sind, die ein zentrales Entscheidungssystem vor Informationskosten bieten kann, desto höher sind die Kosten einer adäquaten Information der Zentrale, damit diese Vorteile überhaupt erzielt werden können. Daher ist es schwierig, allgemeine (und präzise) Aussagen darüber zu machen, in welchen Situationen ein zentrales Entscheidungssystem unter Berücksichtigung der Informationserfordernisse gegenüber einem dezentralen Entscheidungssystem vorteilhaft ist.

4.1.2. Unvollkommener Kapitalmarkt

4.1.2.1. Die Koordinationsproblematik

Bei unvollkommenem Kapitalmarkt besteht auch dann das Bedürfnis nach Koordination der Investitionen verschiedener Geschäftsbereiche, wenn deren Zahlungsreihen voneinander unabhängig sind. Wie weit der Erfolg der Unternehmung steigt, wenn in einem Geschäftsbereich B_b bestimmte Investitionsprojekte realisiert werden, hängt von den Kosten der hierfür (zusätzlich) benötigten Finanzierungsmittel ab, die bei unvollkommenem Kapitalmarkt wiederum von den Investitionen der übrigen Bereiche abhängen: Die betreffenden Kosten sind tendenziell um so höher, je größer die Investitionssumme in den anderen Bereichen (und damit insgesamt) ist. Die Investitionen in den anderen Bereichen müssen analog auch mit den Investitionen im Bereich B_b abgestimmt werden. Aus Sicht der Gesamtunternehmung ist es nachteilig, wenn in einem Geschäftsbereich Kapital investiert wird, das sich in anderen Sparten höher rentieren würde. Bestehen für die erwogenen Investitionsprojekte keine Ganzzahligkeitsbedingungen, so ist eine vorgenommene Verteilung der knappen Finanzierungsmittel nur dann optimal, wenn in allen Geschäftsbereichen die letzte investierte Geldeinheit dieselbe Verzinsung bietet. Im folgenden soll für den Einperioden-Fall untersucht werden, wie bei unvollkommenem Kapitalmarkt die Investitionsprogramme der Geschäftsbereiche koordiniert werden können. Die Darstellungen gelten analog für den Mehrperioden-Fall. (Vgl. die 4. Auflage dieses Buches.)

4.1.2.2. *Zentrales Entscheidungssystem*

Im zentralen System wird die Koordination in der folgenden Weise vorgenommen:

1. Die Geschäftsbereiche legen ihre Investitionsvorhaben und die Obergrenzen für die einzelnen Projekte der Zentrale vor (Bottom-Up-Planung). Dabei werden alle Projekte durch die Einzahlungsüberschüsse gekennzeichnet, die ihnen je Einheit entsprechen. Um diese Zahlungsreihen prognostizieren zu können, müssen zwar die einzelnen Geschäftsbereiche die mit den Investitionsprojekten verbundenen Produktions- und Absatzpläne erarbeiten. Für die Bestimmung eines optimalen Kapitalbudgets durch die Zentrale ist es jedoch nicht notwendig, ihr diese Pläne vorzulegen; es genügt, wenn die Zentrale die Einzahlungsüberschüsse der einzelnen Projekte kennt.
2. Der Finanzbereich informiert die Zentrale über Finanzierungsmöglichkeiten und die entsprechenden Einzahlungsüberschüsse (und gegebenenfalls auch über die Finanzinvestitionsmöglichkeiten).
3. Die Zentrale bestimmt dann das optimale Investitions- und Finanzierungsprogramm und teilt den Bereichen mit, welche Projekte in welchem Umfang zu realisieren sind.

Bei diesem Entscheidungsprozeß wird die Zentrale sehr stark mit Entscheidungsaufgaben belastet. Außerdem ist der Kommunikationsprozeß zwischen Zentrale und Investitionsbereichen sehr aufwendig. Im einzelnen gilt:

1. Die Formulierung und Lösung eines *Totalmodells* (durch die Zentrale) erfordert im allgemeinen mehr Zeit als die Formulierung und Lösung mehrerer kleiner Partialmodelle (durch die Sparten).
2. Da die Zentrale durch die Aufnahme der relevanten Informationen und die Ermittlung des Investitions- und Finanzierungsprogramms erheblich belastet wird, kann sie andere Aufgaben nur in begrenztem Umfang wahrnehmen. Solche Aufgaben bestehen z.B. in der Suche nach Investitionsmöglichkeiten, die die Teilbereiche bisher nicht entdeckt haben, in der Kontrolle der Durchführung von Investitionsprojekten und der Auswahl und Förderung des Führungspersonals.
3. Bei Entscheidung durch die Zentrale kann die Motivation der Teilbereichsleiter, sich für das Organisationsziel einzusetzen, geringer sein als bei Delegation von Investitionsentscheidungen.

4.1.2.3. Dezentrales Entscheidungssystem

a. Partielle Dezentralisation

Das Entscheidungskalkül der Zentrale und der Kommunikationsprozeß zwischen der Zentrale und den Teilbereichen kann vereinfacht werden, indem die Teilbereiche über einen Teil der Projekte selbst entscheiden und nur die verbleibenden Projekte der Zentrale zur Genehmigung vorlegen. Es fragt sich, nach welchem Kriterium die Teilbereiche ihre Entscheidungen darüber treffen sollen, ob ein Projekt durchzuführen ist oder nicht oder ob es zur Beurteilung der Zentrale vorgelegt werden soll.

Wie bei der Darstellung der investitionstheoretischen Grundlagen erläutert wurde, existieren - sofern keine nachteiligen Ganzzahligkeitsbedingungen zu berücksichtigen sind - endogene Kalkulationszinsfüße, mit denen das optimale Kapitalbudget ermittelt werden kann. Wenn der Zentrale diese Kalkulationszinsfüße bekannt sind bzw. von ihr mit hinreichender Genauigkeit geschätzt werden können, kann in einem dezentralen Entscheidungssystem der Entscheidungsprozeß analog ablaufen wie der eines einzelnen Investors:

1. Die Zentrale informiert die Geschäftsbereiche und den Finanzbereich über die maßgeblichen Kalkulationszinsfüße.
2. Alle Projekte mit positivem Kapitalwert sind bis zu ihrer Obergrenze zu realisieren; Projekte mit negativem Kapitalwert dürfen nicht durchgeführt werden.
3. (Grenz-)Projekte mit einem Kapitalwert von null sind der Zentrale zur Genehmigung vorzulegen. Diese bestimmt dann die Aktivitätsniveaus dieser Projekte mit Hilfe eines (relativ einfachen) Simultanansatzes. Damit sie ihr Kalkül formulieren kann, wird sie von den Bereichen darüber informiert,
   – welche Zahlungsreihen den einzelnen Grenzprojekten (mit einem Kapitalwert von null) entsprechen und welche Obergrenzen für sie maßgeblich sind,
   – welche (positiven oder negativen) Einzahlungsüberschüsse aufgrund der Projekte mit positiven Kapitalwerten erzielt werden.
4. Die Zentrale teilt nach Lösung ihres Kalküls den Teilbereichen mit, wieviele Einheiten der Projekte mit einem Kapitalwert von null zu realisieren sind.

Sind also die endogenen Kalkulationszinsfüße bekannt, kann das optimale Kapitalbudget für die Unternehmung relativ einfach bestimmt werden. Bei dem beschriebenen Entscheidungssystem erfolgt eine *partielle* Dezentralisation: Die einzelnen Teilbereiche treffen nur bei Projekten mit positivem oder negativem Kapitalwert die Auswahl.[1] Die Zentrale entscheidet über diejenigen Projekte aller Bereiche, deren Kapitalwert null ist; hinsichtlich dieser Projekte existiert also ein zentrales Entscheidungssystem.

Das Kernproblem des beschriebenen Konzepts besteht darin, die Kalkulationszinsfüße zu bestimmen. Sie können ohne Kenntnis der gesamten Optimallösung ermittelt werden, wenn es wenigstens gelingt, von vornherein abzuschätzen, welche Projekte im Optimum zu Grenzprojekten werden (FRANKE/LAUX, 1968). Wie

---

1) Die Geschäftsbereiche entscheiden natürlich auch über die Produktions- und Absatzmaßnahmen, die sie in Verbindung mit den realisierten Investitionsprojekten realisieren.

die Abbildung XXI.4 verdeutlicht, kann es der Zentrale auch dann gelingen, den Kalkulationszinsfuß genau zu ermitteln, wenn ihr Informationsstand gering ist.

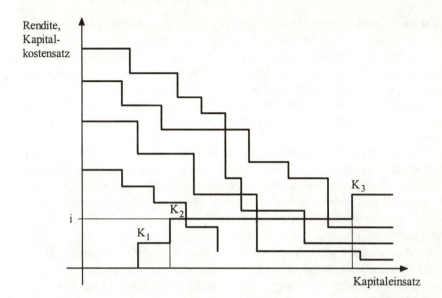

Abb. XXI.4: Bekannter Kalkulationszinsfuß bei ungewisser Kapitalnachfragekurve

Die Zentrale weiß in dieser Situation zwar nicht genau, wie die Kapitalnachfragekurve verläuft. Sie rechnet aber damit, daß sie die Kapitalangebotskurve in jedem Fall so schneidet, daß die Finanzierungsart K_2 Grenzfinanzierungsmaßnahme ist. Deren Kostensatz i determiniert dann den Kalkulationszinsfuß. Die Verwendung dieses Zinssatzes als Kalkulationszinsfuß ist auch dann naheliegend, wenn es zwar nicht ausgeschlossen ist, daß K_1 oder K_3 Grenzfinanzierungsmaßnahme ist, jedoch die Wahrscheinlichkeit dafür sehr gering ist. Der Erwartungswert des Nachteils, der sich daraus ergibt, daß i möglicherweise nicht der richtige Kalkulationszinsfuß ist, wird dann gering sein.

Auch wenn die Zentrale die endogenen Kalkulationszinsfüße nicht hinreichend genau kennt bzw. schätzen kann, kann sich der dezentrale Entscheidungsprozeß an Kapitalwerten orientieren, sofern wenigstens ein (relativ enges) *Intervall* angegeben werden kann, in dem der endogene Kalkulationszinsfuß liegen wird. Wenn unbegrenzt viele Mittel zum Zinssatz r_A angelegt und zum Zinssatz $r_B(r_B > r_A)$ geliehen werden können, ist dieses Intervall a priori eindeutig bekannt: Der endogene Kalkulationszinsfuß ist dann nicht höher als r_B und nicht niedriger als r_A. Wenn nun die Kapitalwerte der Projekte mit steigendem Kalkulationszinsfuß sinken, kann den Bereichen folgende *Vorauswahlregel* gegeben werden:

1. Alle Projekte, die beim Kalkulationszinsfuß in Höhe von r_B (noch) einen positiven Kapitalwert aufweisen, sind bis zu ihrer Obergrenze durchzuführen.
2. Alle Projekte, die beim Kalkulationszinsfuß die in Höhe von r_A (schon) einen *negativen* Kapitalwert aufweisen, sind zu unterlassen.

3. Alle Projekte, die weder nach der ersten Regel durchzuführen noch nach der zweiten Regel zu unterlassen sind, müssen der Zentrale zur Entscheidung vorgelegt werden.

Die Zentrale überprüft dann im Rahmen eines Simultanansatzes, welche dieser Projekte zu realisieren sind. In diesem Simultanansatz bleiben alle Projekte unberücksichtigt, die bereits von den Teilbereichen als nachteilig abgelehnt wurden. Die Projekte, die von den Teilbereichen in ihre Investitionsprogramme aufgenommen wurden, werden ebenfalls nicht explizit in den Simultanansatz der Zentrale einbezogen; die ihnen entsprechenden Einzahlungsüberschüsse werden jedoch der Zentrale gemeldet, damit sie diese in ihrem Entscheidungskalkül als Daten berücksichtigen kann.

Die Voraussetzung, daß zu einem festen Zinssatz unbegrenzt viele Mittel angelegt bzw. aufgenommen werden können, ist zwar in der Realität selten erfüllt. Der Entscheidungsprozeß kann aber auch in komplexeren Situationen in der dargestellten Weise ablaufen, sofern geeignete Grenzen für den Kalkulationszinsfuß *geschätzt* werden können. Die Obergrenze kennzeichnen wir im folgenden durch r^o, die Untergrenze mit r^u.

Hinsichtlich dieser Größen ergibt sich allerdings folgendes Dilemma: Da die Grenzen nicht als Daten vorgegeben sind, müssen sie von der Zentrale nach subjektivem Ermessen festgelegt werden. Dabei besteht die Gefahr, daß der Kalkulationszinsfuß außerhalb der gesetzten Grenzen liegt und die Vorauswahlregel zu nachteiligen Entscheidungen führt. Diese Gefahr kann zwar vermindert werden, indem eine hohe Obergrenze und eine niedrige Untergrenze fixiert werden. Je höher aber der r^o-Wert und je niedriger der r^u-Wert sind, desto niedriger ist tendenziell die Zahl der Investitionsprojekte, über die die Sparten selbständig entscheiden können, und desto größer ist die Zahl der Projekte, die der Zentrale vorzulegen sind.

b. Vollständige Dezentralisation

Die Delegation von Entscheidungskompetenzen an die Spartenleiter erleichtert den internen Kommunikationsprozeß; zudem sind die jeweiligen Partialmodelle einfacher zu formulieren und zu lösen als ein Totalmodell. Jedoch dürfte der Aspekt der technischen Informationsübermittlung und der Informationsverarbeitung aufgrund der rasanten Entwicklung in der Informationstechnologie immer mehr an Bedeutung verlieren. Das Kernproblem der Investitionspolitik besteht primär darin, die Voraussetzungen dafür zu schaffen, daß gute Investitions*ideen* entwickelt und gegen internen und externen Widerstand in die Wirklichkeit umgesetzt werden.

Bei zentraler Entscheidung kann über die Investitionen der einzelnen Sparten erst dann entschieden werden, nachdem alle Sparten ihre Vorschläge gemeldet haben. Verzögerungen in einzelnen Sparten wirken sich dann stets auf das Gesamtsystem aus. Je größer die Zahl der Sparten, desto geringer ist die Anpassungsfähigkeit der Unternehmung. Wenn die einzelnen Sparten ihre Investitionsvorschläge verspätet einreichen, können sich für andere Bereiche erhebliche Nachteile ergeben: Wohlfundierte Investitionsideen können nicht mehr oder nur noch unter ungünstigen Bedingungen realisiert werden. Je mehr Zeit die zentrale Entscheidungsfindung in Anspruch nimmt, desto geringer ist tendenziell die Motivation von Spartenleitern, gute Ideen zu entwickeln und entsprechende Planungsaktivitäten durchzuführen. Unabhängig von der Dauer der „übergeordneten" (Bewilligungs-)Entscheidung sind viele Mitarbeiter stärker motiviert, Ideen zu entwickeln und in die Wirklichkeit umzusetzen, wenn sie selbst entscheiden können und für ihre Vorhaben nicht ständig Genehmigungen einholen müssen.

Unter Berücksichtigung dieser Gesichtspunkte kann es sinnvoll sein, eine *vollständige* Dezentralisation vorzunehmen, also sämtliche Investitionsentscheidungen durch die Sparten(-leiter) treffen zu lassen. Bei völliger Dezentralisation besteht zwar die Gefahr, daß die Investitionsprojekte nicht optimal koordiniert werden.[2] Die potentiellen Nachteile einer unvollkommenen Koordination können aber überkompensiert werden durch eine höhere Motivation, Investitionsideen zu entwickeln und in die Wirklichkeit umzusetzen: Ein (dezentrales) Entscheidungssystem, bei dem gute (innovative) Investitionsprojekte entdeckt, aber vielleicht nicht optimal aufeinander abgestimmt werden, kann zu wesentlich höheren Erfolgen führen als ein (zentrales) Entscheidungssystem, in dem weniger vorteilhafte Projekte „optimal" koordiniert werden. Bei der Entscheidung über das Ausmaß der Dezentralisation sind Koordinations- und Motivationsaspekte gegeneinander abzuwägen.

Der Nachteil einer unvollkommenen Koordination ist tendenziell gering, wenn die Fremdkapitalzinsen mit steigender Verschuldung nur wenig ansteigen und keine Obergrenze für die Beschaffung von Fremdkapital gegeben ist. Diese Bedingung dürfte vor allem in solchen (größeren) Unternehmungen erfüllt sein, die allgemein als liquide angesehen werden.

4.2.   Unsichere Erwartungen und Risikoneutralität

4.2.1. *Zweck der Delegation*

Im folgenden werden spezifische Probleme der Steuerung von Investitionsentscheidungen bei Risiko untersucht. Wir gehen zunächst davon aus, die das Organisationsziel setzende Instanz (bzw. der Eigentümer oder die Gesellschafter, die durch sie vertreten werden) sei risikoneutral: Zu maximieren ist der Barwert der Erwartungswerte der Einzahlungsüberschüsse der Unternehmung (die an den bzw. die Anteilseigner ausgeschüttet werden). Im Falle der Delegation von Investitionsentscheidungen an die Spartenleiter haben diese nach dem Kapitalwert-Kriterium zu entscheiden.

---

[2]   Diese Gefahr ist selbst dann gegeben, wenn derjenige endogene Kalkulationszinsfuß vorgegeben wird, der dem optimalen Investitions- und Finanzierungsprogramm entspricht: Die Spartenleiter können nämlich nicht beurteilen, welche Aktivitätsniveaus für Projekte mit einem Kapitalwert von null optimal sind. Sie müssen willkürlich entscheiden, so daß allenfalls zufällig ein Optimum erzielt wird. Nun sind aber die endogenen Kalkulationszinsfüße in der Regel a priori nicht genau bekannt Auf der Grundlage der dann vorgegebenen Kalkulationszinsfüße können Investitionsprojekte als vorteilhaft oder als nachteilig erscheinen, obwohl sie es gar nicht sind.

Bei Risikoneutralität und vollkommenem Kapitalmarkt besteht zwar (sofern die Geschäftsbereiche voneinander unabhängig sind) kein Bedarf an bereichsübergreifender Koordination; das optimale Investitionsprogramm eines Geschäftsbereichs ist dann unabhängig davon, welche Investitionen in anderen Bereichen realisiert werden. Trotzdem ist es - im Gegensatz zum Fall *sicherer* Erwartungen und vollkommenem Kapitalmarkt - grundsätzlich nicht gleichgültig, ob die Zentrale oder die Spartenleiter über die Investitionsprojekte entscheiden.

Eine Delegation von Entscheidungen an die Spartenleiter ist z.B. dann naheliegend, wenn die Zentrale (die Unternehmensleitung) nicht hinreichend *qualifiziert* ist, sich ein gutes Wahrscheinlichkeitsurteil über die Zahlungsreihen der Investitionsprojekte zu bilden. Dieser Aspekt soll jedoch im folgenden nicht berücksichtigt werden. Wir gehen davon aus, daß sich die Unternehmensleitung ausreichend qualifiziert fühlt, ein eigenes Wahrscheinlichkeitsurteil über die maßgeblichen Umweltentwicklungen zu bilden. Würden die Spartenleiter der Zentrale ihre Informationen über Investitionsmöglichkeiten und deren Konsequenzen geben, so würde sich die Zentrale (sofern sie ausreichend Zeit zur Verfügung hätte) ein eigenes a posteriori-Wahrscheinlichkeitsurteil über die Umweltentwicklungen bilden und jene Projekte wählen, die im Lichte dieser Wahrscheinlichkeiten optimal erscheinen. Sie würde von dieser Entscheidung auch dann nicht abweichen, wenn die Spartenleiter aus ihren Informationen andere Schlüsse ziehen und für die Durchführung anderer Projekte plädieren. Die Delegation von Entscheidungen dient dann einerseits dazu, die Informationen der Spartenleiter zu nutzen, ohne daß die Zentrale diese Informationen selbst aufnehmen und verarbeiten muß. Andererseits sollen die Spartenleiter motiviert werden, sich für die Ziele der Organisation einzusetzen.

Bei völliger Dezentralisation trifft die Zentrale keine Investitionsentscheidungen. Die Spartenleiter entscheiden allein über die Investitionen in ihrem jeweiligen Bereich, wobei jedem Spartenleiter das Ziel gesetzt wird, den Barwert der Erwartungswerte der Einzahlungsüberschüsse seines Bereichs zu maximieren.

4.2.2. Gegebene Informationsmengen

4.2.2.1. Die betrachtete Entscheidungssituation

Welches Entscheidungssystem optimal ist, hängt u.a. ab von
- der Verteilung der prognoserelevanten Informationen auf Unternehmensleitung (Zentrale) und Spartenleiter,
- den Kosten und der Manipulationsanfälligkeit der Informationsübermittlung,
- der Qualität der Prognosefunktionen und den Zielen bzw. der Motivation der Spartenleiter.

Zur Verdeutlichung betrachten wir zunächst eine sehr einfache Entscheidungssituation:

1. Die Informationsmengen von Zentrale und Spartenleiter vor gegenseitiger Informationsübermittlung sind gegeben; das Problem der externen Beschaffung zusätzlicher Informationen stellt sich nicht.

2. Kein Spartenleiter kennt die Ausprägungen von Indikatoren, die für die Prognose der Überschüsse in anderen Bereichen maßgeblich sind. Ein Informationsaustausch zwischen den Sparten erübrigt sich dann. Zudem hat die Übermittlung
von Informationen von einer Sparte an die Zentrale keine Rückwirkung auf die
Beurteilung von Investitionen anderer Sparten durch die Zentrale.

4.2.2.2. Vollständige Dezentralisation

In der betrachteten Entscheidungssituation ist eine vollständige Dezentralisation
sinnvoll, wenn folgende Bedingungen erfüllt sind:

Bedingung XXI.1:

Es besteht *kein Prognosekonflikt*, d.h. der Leiter der Sparte B_b ($b=1,2,...,B$)
ordnet mit Sicherheit den für seinen Bereich maßgeblichen Umweltentwicklungen dieselben Wahrscheinlichkeiten zu wie die Zentrale, wenn sie (zusätzlich
zu ihren eigenen Informationen) die Informationen dieses Spartenleiters hätte.
Mit anderen Worten: Das Wahrscheinlichkeitsurteil eines jeden Spartenleiters
stimmt mit den jeweiligen a posteriori-Wahrscheinlichkeiten der Zentrale überein.

Bedingung XXI.2:

Es besteht *kein Zielkonflikt*, d.h. jeder Spartenleiter wählt mit Sicherheit diejeni-
gen (der ihm bekannten) Investitionsprojekte, die im Lichte seiner subjektiven
Wahrscheinlichkeiten für die maßgeblichen Umweltentwicklungen den höchsten
(Gesamt-)Kapitalwert bieten.

Sind diese Bedingungen erfüllt, so ist es nicht nur sinnvoll, die Investitionsentscheidungen völlig zu dezentralisieren; es entfällt auch weitgehend das Problem
der Kontrolle der Spartenleiter und der Schaffung positiver Leistungsanreize. Die
Aufgabe der Zentrale besteht dann primär darin, Investitionsideen zu entwickeln
und den Sparten(-leitern) Anregungen zu geben.

Wann zieht nun der Leiter der Sparte B_b ($b=1,2,...,B$) aus seinen Informationen
dieselben (probabilistischen) Rückschlüsse auf die für seine Investitionen maßgeblichen Umweltentwicklungen wie die Zentrale, wenn sie diese Informationen auch
hätte? Zur Beantwortung dieser Frage definieren wir einige Symbole:

IM_b $\hat{=}$ Informationsmenge des Leiters der Sparte B_b,

IM_z^b $\hat{=}$ Menge der für den Bereich B_b prognoserelevanten Indikatoren, deren Ausprägungen die Zentrale kennt (kurz: Informationsmenge der
Zentrale),

PF_b $\hat{=}$ Prognosefunktion des Leiters der Sparte B_b bezüglich der für seinen
Bereich maßgeblichen Umweltzustände (Umweltentwicklungen),

PF_z $\hat{=}$ Prognosefunktion der Zentrale bezüglich dieser Umweltzustände
(Umweltentwicklungen).

Wir betrachten folgende Informationsverteilungen:

Informationsverteilung I

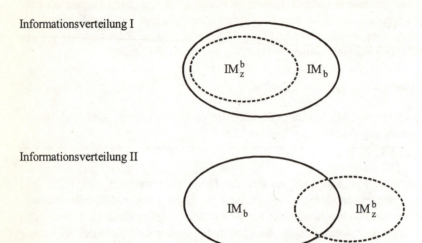

Informationsverteilung II

Abb. XXI.5: Die betrachteten Informationsverteilungen

Bei der Informationsverteilung I ist die Informationsmenge der Zentrale eine echte Teilmenge der Informationsmenge des Leiters der Sparte B_b (kurz: des Spartenleiters). Bei der Informationsverteilung II ist die Zentrale über Indikatoren informiert, deren Ausprägungen der Spartenleiter nicht kennt; umgekehrt gibt es Indikatoren, deren Ausprägungen nur dem Spartenleiter, nicht aber der Zentrale bekannt sind.

Bei der Informationsverteilung I ist die Bedingung XXI.1 genau dann erfüllt, wenn $PF_b=PF_z$. *Beweis*: Ist IM_z^b eine echte Teilmenge von IM_b, so gibt es keine Indikatoren, die zwar der Zentrale, aber nicht dem Spartenleiter bekannt sind. Wenn der Spartenleiter die Zentrale vollständig über seine Informationsmenge unterrichtet, stimmt anschließend die Informationsstruktur der Zentrale mit der des Spartenleiters überein. Die Wahrscheinlichkeiten des Entscheidungsträgers stimmen folglich im Fall $PF_b=PF_z$ zwingend mit den a posteriori-Wahrscheinlichkeiten der Zentrale überein, während sie im Fall $PF_b \neq PF_z$ bei mindestens einer möglichen Informationsstruktur davon abweichen.

Bei unterschiedlichen Prognosefunktionen kann ein Spartenleiter aus der Sicht der Zentrale auch dann ein schlechtes Wahrscheinlichkeitsurteil über die Umweltzustände haben, wenn er über einen guten Informationsstand verfügt; er zieht im Urteil der Zentrale aus seinen Informationen keine befriedigenden Schlüsse.

Bei der *Informationsverteilung II* ist die Bedingung XXI.1 verletzt (bzw. möglicherweise erfüllt), wenn $PF_b=PF_z$ (bzw. $PF_b \neq PF_z$) gilt. *Beweis*: Ist IM_z^b keine Teilmenge von IM_b, so gibt es mindestens einen Indikator, dessen Ausprägung der Instanz, nicht aber dem Spartenleiter bekannt ist. Wenn der Spartenleiter die Zentrale vollständig über seine Informationsstruktur unterrichtet, ist anschließend die Informationsmenge der Zentrale eine echte Obermenge von IM_b. Die a posteriori-

Wahrscheinlichkeiten der Zentrale stimmen folglich im Fall $PF_b = PF_z$ nicht mit den Wahrscheinlichkeiten des Entscheidungsträgers überein, während sie im Fall $PF_b \neq PF_z$ gleich sein können: Bei unterschiedlichen Prognosefunktionen können Zentrale und Spartenleiter auch dann zu demselben Wahrscheinlichkeitsurteil gelangen, wenn die Zentrale über mehr Informationen verfügt als der Entscheidungsträger. Allerdings dürfte es eine Ausnahme sein, daß Unterschiede in den Prognosefunktionen Unterschiede in den Informationsständen gerade ausgleichen.

4.2.2.3. Partielle Dezentralisation

Ist mindestens eine der Bedingungen XXI.1 und XXI.2 nicht erfüllt, besteht also Prognose- und/oder Zielkonflikt, so kann es für die Zentrale sinnvoll sein, sich bestimmte Investitionsentscheidungen vorzubehalten, um Fehlentscheidungen zu verhindern. Auch in diesem Fall suchen die Geschäftsbereiche nach Investitionsmöglichkeiten, die sie dann aber zum Teil der Zentrale zur Genehmigung vorlegen.

Es ist allerdings zu beachten, daß Abweichungen zwischen den Wahrscheinlichkeitsvorstellungen der Spartenleiter und den entsprechenden a posteriori-Wahrscheinlichkeiten der Zentrale im Falle der Entscheidung durch die Spartenleiter nur dann zu besonderen Nachteilen führen können, wenn diese Abweichungen *groß* sind. Zur Verdeutlichung betrachten wir ein einzelnes Investitionsprojekt, dessen Kapitalwert

$$(XXI.6) \quad KW_p = \sum_{t=0}^{T} E[e_{tp}] \cdot \frac{1}{(1+r)^t}$$

im Lichte der a posteriori-Wahrscheinlichkeiten der Zentrale über die maßgebliche Umweltentwicklung den Wert KW^* aufweist. Falls $KW^* > 0$, ist das Projekt aus Sicht der Zentrale vorteilhaft; im Falle $KW^* < 0$ ist es nachteilig. Ist KW^* annähernd null, so können zwar schon kleine Abweichungen zwischen dem Wahrscheinlichkeitsurteil des Spartenleiters und den a posteriori-Wahrscheinlichkeiten der Zentrale bewirken, daß der Spartenleiter die Investition durchführt (bzw. unterläßt), obwohl $KW^* < 0$ (bzw. $KW^* > 0$). Aus der Sicht der Zentrale entsteht dann aber ein geringer Nachteil. Nur wenn KW^* weit von null abweicht, ergibt sich für die Zentrale ein großer Nachteil, wenn der Spartenleiter nicht optimal entscheidet. Ein solches Ereignis kann aber, sofern kein Zielkonflikt besteht, grundsätzlich nur dann eintreten, wenn die Wahrscheinlichkeiten des Spartenleiters *erheblich* von den a posteriori-Wahrscheinlichkeiten der Zentrale abweichen: Bei kleineren Abweichungen zwischen den Wahrscheinlichkeitsurteilen weist das betrachtete Investitionsprojekt auch mit den Wahrscheinlichkeitsvorstellungen des Spartenleiters einen positiven (bzw. negativen) Kapitalwert auf, sofern $KW^* > 0$ (bzw. $KW^* < 0$).

Es liegt die Vermutung nahe, daß bei der Delegation von Investitionsentscheidungen aus der Sicht der Zentrale die Verletzung der Bedingung XXI.2 eher zu einem großen Nachteil führt als die Verletzung der Bedingung XXI.1. Die Zentrale kennt das subjektive Wahrscheinlichkeitsurteil eines Spartenleiters grundsätzlich nicht genau; selbst wenn sie es kennen würde, könnte sie es nicht objektiv eindeutig beurteilen. Daraus ergeben sich für die Sparten Spielräume zur Verfolgung von Partikularinteressen (Kapitel XXII).

Es liegt nahe, daß sich die Zentrale die Entscheidungskompetenz vor allem vorbehält für

- Projekte, bei denen sich Prognose- und/oder Zielkonflikte stark auswirken können, weil einerseits ein hoher Kapitalbetrag investiert wird und andererseits Kontrollen schwer durchführbar bzw. Nachteile bei Fehlentscheidungen kaum noch abwendbar sind (hierzu zählen z.B. teure Spezialaggregate mit wenig alternativen Verwendungen und geringen Liquidationserlösen),
- Projekte, bei denen in starkem Maße Partikularziele berührt werden (hierzu gehören z.B. prestigeträchtige Erweiterungsinvestitionen; bei Ersatzinvestitionen ist die Gefahr eines Zielkonfliktes tendenziell geringer),
- Projekte in Bereichen, in denen die Spartenleiter bisher nur wenig Erfahrungen gesammelt haben (etwa die Errichtung von Kapazitäten für neue Produkte, die Erschließung neuer Märkte, langfristige Forschungsvorhaben).

Wie sollen nun die Sparten die Zentrale über die genehmigungspflichtigen Investitionsprojekte informieren? Die Gründe, die eine Entscheidung durch die Zentrale vorteilhaft erscheinen lassen, bewirken gerade auch, daß es nicht sinnvoll ist, die betreffenden Investitionsprojekte nur durch die Erwartungswerte ihrer Einzahlungsüberschüsse (oder gar nur durch ihre Kapitalwerte) charakterisieren zu lassen.

Im Falle eines *Zielkonflikts* besteht die Gefahr, daß die Erwartungswerte gerade so fixiert werden, daß der Zentrale die von den Spartenleitern persönlich präferierten Investitionsprojekte als vorteilhaft erscheinen. Es ist kaum zu erwarten, daß ein Spartenleiter im Falle der Delegation der Investitionsentscheidungen zwar die Verhaltensnorm verletzt, dann aber bei Entscheidung durch die Zentrale dieser seine Vorstellungen über die Erwartungswerte der Einzahlungsüberschüsse unverfälscht mitteilt. Da Informationen über *objektive* Indikatoren (z.B. die bisherige Preisentwicklung, die Zahl der Konkurrenten) leichter nachgeprüft werden können, ist es naheliegend, daß sich die Zentrale (zusätzlich oder ausschließlich) über die Ausprägungen objektiver Indikatoren informieren läßt. Zugleich muß die Zentrale über die geplanten Maßnahmen und die relevanten Datentypen informiert werden, damit sie weiß, *was* sie überhaupt prognostizieren soll. Die Zentrale bildet sich dann ein eigenes Wahrscheinlichkeitsurteil über die maßgeblichen Umweltzustände, ermittelt (bzw. schätzt) die erwarteten Einzahlungsüberschüsse sowie die Kapitalwerte und trifft die Entscheidung.

Die Information über die Ausprägungen objektiver Indikatoren ist auch im Falle eines Prognosekonfliktes sinnvoll. Insbesondere bei stark divergierenden Prognosefunktionen ziehen die Spartenleiter aus ihren Informationen (aus Sicht der Zentrale) problematische Schlüsse, die in ihre Erwartungswertberechnungen eingehen.

Je größer die Menge jener Investitionsprojekte ist, die von der Zentrale genehmigt werden müssen, desto langwieriger ist der Entscheidungsprozeß und desto geringer ist tendenziell die Motivation der Spartenleiter, gute Investitionsideen zu entwickeln und in die Wirklichkeit umzusetzen. Es ist daher naheliegend, daß die Unternehmensleitung eine weitgehende Delegation der Entscheidungskompetenzen vornimmt und sich darauf konzentriert, *Prognose-* und *Zielkonflikte* zu reduzieren, Ideen zu übermitteln und Kontrollen vorzunehmen. Die Anreizkompatibilität kann insbesondere dadurch verbessert werden, daß positive Belohnungen für gute Investitionsentscheidungen gewährt werden (Kapitel XXV). Prognosekonflikte können vermindert werden durch den Einsatz von Spartenleitern mit guten Prognosefähigkeiten, durch Ausbildungsmaßnahmen und durch die Übermittlung von entscheidungsrelevanten Informationen von der Zentrale an die Sparten.

4.2.3. *Variable Informationsmengen*

Wir betrachten nun eine komplexere und realistischere Situation, die wie folgt charakterisiert ist:

1. Die Informationsmengen von Zentrale und Spartenleitern *vor* gegenseitiger Informationsübermittlung sind nicht vorgegeben. Sowohl die Zentrale als auch die Spartenleiter können ihre Informationsstände durch externe Informationsbeschaffung verbessern.

2. Die Mengen der für die einzelnen Sparten prognoserelevanten Informationen überschneiden sich; es gibt Indikatoren, die für die Prognose der Einzahlungsüberschüsse von zwei oder mehr Sparten relevant sind *(„bereichsübergreifende Informationen")*. Den Spartenleitern gehen also auch Informationen zu, die für andere Bereiche maßgeblich sind.

In dieser Situation stellt sich nicht nur das Problem, welche Informationen zwischen Zentrale einerseits und den Sparten andererseits zu übermitteln sind, sondern auch, welche Informationen von wem extern beschafft und welche Informationen zwischen den Sparten untereinander übermittelt werden sollen. Bei der Ermittlung eines Informationssystems sind die Erträge und die Kosten der Informationen gegeneinander abzuwägen.

Die vollständige Dezentralisation ist nun selbst dann nicht ohne weiteres sinnvoll, wenn kein Zielkonflikt vorliegt und die Spartenleiter aus gleichen Informationen dieselben Schlüsse ziehen wie die Zentrale: Wenn die Zentrale über einen Teil der Investitionen selbst entscheidet, können niedrigere Informationskosten entstehen. Es liegt nahe, daß die Zentrale insbesondere über jene Projekte der verschiedenen Sparten befindet, bei denen die relevanten Informationsmengen relativ große Überschneidungen aufweisen, während die Sparten jene Projekte auswählen (oder jene Detailentscheidungen treffen), für die primär spartenspezifische Informationen maßgeblich sind. In diesem Fall wird die mehrfache Beschaffung bzw. Aufnahme derselben Informationen durch mehrere Sparten weitgehend vermieden, so daß die Informationskosten sinken.

In einem *dezentralen* Entscheidungssystem sind die Informationskosten dann relativ gering, wenn der Informationsprozeß wie folgt abläuft:

1. Die Zentrale beschafft diejenigen Informationen, die von mehreren Sparten benötigt werden (bereichsübergreifende Informationen) und übermittelt sie an die betreffenden Sparten. Dadurch werden im Vergleich zu einer mehrfachen externen Beschaffung der Informationen durch diese Sparten Informationskosten eingespart.

2. Die Sparten beschaffen extern primär diejenigen Informationen, die allein für ihren jeweiligen Bereich maßgeblich sind. Allerdings ist es möglich, daß einzelne Sparten (z.B. aufgrund ihrer Kundennähe) bereichsübergreifende Informationen günstiger beschaffen können als die Zentrale. In diesem Fall beschaffen die Sparten auch solche Informationen.

3. Die Sparten übermitteln bereichsübergreifende Informationen, die sie entweder aktiv beschafft haben oder die ihnen ungefragt zugegangen sind, an die Zentrale zur Weiterleitung an andere Sparten.

Der interne Informationsprozeß dient dazu, Informationsasymmetrien abzubauen. Informationsasymmetrien können auch hinsichtlich des Informationsbedarfs bestehen: Möglicherweise gibt ein Spartenleiter deshalb bereichsübergreifende Informationen nicht an die Zentrale weiter, weil er nicht weiß, daß diese Informationen auch in anderen Sparten benötigt werden. Der Abbau von Informationsasymmetrien über den Informationsbedarf und das Informationsangebot ist eines der Kernprobleme in einem dezentralen Entscheidungssystem.

4.3.   Unsichere Erwartungen und Risikoaversion

4.3.1. Koordination und subjektive Nutzenmaximierung

Abschließend betrachten wir den Fall der Risikoaversion, indem wir zunächst analog zu den Darstellungen in Kapitel XIX, Abschnitt 3.3, vom Ziel der Maximierung des erwarteten Nutzens der Überschüsse des Gesamtprogramms ausgehen (wobei es kein entscheidungsrelevantes Risiko außerhalb des Unternehmens gibt). Ist weder Ziel- noch Prognosekonflikt gegeben, besteht bei Dezentralisation im wesentlichen nur die Gefahr, daß einem internen Risikoverbund und/oder einem Bewertungsverbund nicht adäquat Rechnung getragen wird. Bei Risiko- bzw. Bewertungsverbund kann ein einzelnes Investitionsprojekt nicht unabhängig davon bewertet werden, welche Projekte sonst noch durchgeführt werden. Umgekehrt können die übrigen Projekte nicht unabhängig davon bewertet werden, ob das erwogene Projekt durchgeführt wird oder nicht; es besteht ein Bedarf an Koordination (insbesondere auch im Hinblick auf die Investitionsprojekte verschiedener Sparten).

Übernimmt eine „Zentrale" die Koordinationsfunktion, so fragt sich, wie sie über diejenigen Projekte informiert werden soll, die ihr zur Genehmigung vorgelegt werden. Damit sie dem unternehmensinternen Risiko- und dem Bewertungsverbund Rechnung tragen kann, muß sie darüber informiert werden, welche Pläne den vorgelegten Investitionsprojekten entsprechen (Information z.B. über die herzustellenden Produkte und die geplanten Absatzmaßnahmen). Darüber hinaus benötigt die Zentrale Informationen, die einen Rückschluß darauf zulassen, ob die Pläne überhaupt realisierbar sind und welche Überschüsse mit ihnen erzielt werden können. Insbesondere sollte die Zentrale (mehr oder weniger detailliert) informiert werden über die Fertigungstechnologie, die benötigten Produktionsfaktoren, die

Verwendungsmöglichkeiten der Produkte, die Kundenstruktur, die Rohstoffmärkte und die Konkurrenzsituation.

Die Übermittlung der maßgeblichen Informationen und deren Aufnahme und Verarbeitung durch die Zentrale kann einen sehr hohen Aufwand verursachen. Um eine akzeptable Informations- und Kalkülkompatibilität zu erreichen, ist es notwendig, daß die Sparten einen Teil der Informationen selbst verarbeiten: Sie können z.B. die Zentrale informieren über die Einzahlungsüberschüsse in bestimmten „repräsentativen" Umweltentwicklungen und/oder über den Variationsbereich, den Erwartungswert und die Standardabweichung wichtiger Kosten- und Erlöskomponenten. Eventuell wird die Zentrale auch darüber informiert, welche Erwartungswerte und Standardabweichungen die Spartenleiter den Kapitalwerten der zur Genehmigung vorgelegten Investitionsprojekte zurechnen. Darüber hinaus benötigt die Zentrale Informationen, die einen Rückschluß auf den Risikoverbund zulassen.

Um den Planungs- und Informationsprozeß zu erleichtern, kann der Entscheidungsprozeß als „Dialog" zwischen den Spartenleitern und der Zentrale ablaufen: Die der Zentrale vorgelegten Projekte werden zunächst nur relativ global charakterisiert. Die Zentrale zerlegt dann die Menge dieser Projekte in drei Teilmengen A, B und C:

- Die Projekte der Menge A werden von der Zentrale abgelehnt; sie werden aus der weiteren Betrachtung ausgeschlossen.
- Die Projekte der Menge B werden akzeptiert. Die jeweiligen Sparten erhalten den Auftrag, detaillierte Pläne zu erarbeiten und sie zu realisieren.
- Bei den Projekten der Menge C kann die Zentrale noch nicht hinreichend gut beurteilen, ob sie realisiert werden sollen oder nicht. Daher fordert sie von den zuständigen Sparten weitere Informationen an. Anschließend zerlegt sie die Projekte der Menge C wiederum in drei Teilmengen, wobei sie analog verfährt wie in der Ausgangssituation, usw.

Wenn die von der Zentrale genehmigten Globalpläne in den Sparten präzisiert werden, stellt sich wiederum das Problem, der Unsicherheit Rechnung zu tragen. Dabei besteht insbesondere die Gefahr, daß die stochastischen Abhängigkeiten zwischen den Einzahlungsüberschüssen verschiedener Sparten nicht hinreichend berücksichtigt werden. Die Globalpläne der Zentrale begrenzen jedoch die Entscheidungsspielräume in den Sparten. Gegenüber einem „reinen" dezentralen Entscheidungssystem kann dadurch die Gefahr gemildert werden, daß der Risikoverbund über Gebühr vernachlässigt wird. Jedoch muß er dann zumindest bei der Erstellung der Globalpläne (durch die Zentrale) berücksichtigt werden.

4.3.2. Koordination und Marktwertmaximierung

Wird das Unternehmen börsengehandelt, so kann es aus Sicht der Anteilseigner vorteilhaft sein, den Marktwert des Investitionsprogramms (unter Berücksichtigung der Anschaffungsauszahlungen) zu maximieren. Werden im Unternehmen nur Investitionsprojekte mit unsystematischen Risiken durchgeführt, die im Rahmen der (gut gemischten) Portefeuilles der Anteilseigner praktisch „wegdiversifiziert" werden, so können (wie in Abschnitt 3.2.4 erläutert wurde) die Kapitalwerte der Projekte so ermittelt werden, als wären die Anteilseigner risikoneutral; es besteht kein Bedarf an Koordination. Der für ein Investitionsprojekt maßgebliche Kalkulationszinsfuß beträgt r, unabhängig davon, welche Projekte sonst noch durchgeführt werden.

Auch bei Investitionsprojekten mit *systematischen* Risiken besteht kein Koordinationsbedarf, wenn
– alle Sparten *derselben Risikoklasse* angehören,
– somit für jede Sparte derselbe risikoangepaßte Kalkulationszinsfuß k maßgeblich ist und
– dieser Zinsfuß unabhängig davon ist, auf welchem Niveau in den verschiedenen Sparten investiert wird (vgl. Kapitel XIX, Abschnitt 5.2).
Es ist dann wieder die völlige Dezentralisation der Investitionsentscheidungen naheliegend: Jede Sparte hat die Erwartungswerte der zukünftigen Einzahlungsüberschüsse der Investitionsprojekte mit dem unternehmenseinheitlichen risikoangepaßten Kalkulationszinsfuß k zu diskontieren und die Entscheidung nach dem Kapitalwert-Kriterium zu treffen.

Die Annahme einer für alle Sparten identischen Risikoklasse ist indessen wenig realistisch. Eine vollständige Dezentralisation ist jedoch auch dann naheliegend, wenn zwar nicht alle Sparten derselben Risikoklasse angehören, jedoch jede Sparte jeweils nur Investitionen derselben (bereichsspezifischen) Risikoklasse durchführt. Allerdings darf dann nicht für alle Sparten ein einheitlicher Kalkulationszinsfuß festgesetzt werden; jeder Sparte ist vielmehr derjenige Kalkulationszinsfuß vorzugeben, der ihrer eigenen Risikokategorie entspricht. Dabei bestehen „ideale" Bedingungen für ein dezentrales Entscheidungssystem, wenn der für eine Sparte maßgebliche Kalkulationszinsfuß (weitgehend) unabhängig von den Investitionsentscheidungen in den anderen Sparten ist; damit ist vor allem dann zu rechnen, wenn die Sparten ihr Investitionsvolumen relativ wenig (durch Investitionen bzw. Desinvestitionen) verändern und an dem Unternehmen zahlreiche Anteilseigner mit jeweils relativ wenigen Aktien beteiligt sind (so daß sich die Risikoposition eines einzelnen Anteilseigner so wenig ändert, daß ein Bewertungsverbund vernachlässigt werden kann).

Auch die Annahme, jede Sparte realisiere jeweils nur Investitionen der gleichen Risikokategorie, kann problematisch sein. Die für die Beurteilung der Investitionen maßgeblichen Kalkulationszinsfüße können dann nicht mehr als Daten angesehen werden, die vom Investitionsprogramm unabhängig sind. Ob eine Investition in einer Sparte vorteilhaft ist, kann dann streng genommen (auch) davon abhängen, welche Investitionen in anderen Sparten durchgeführt werden und welcher Risikoverbund zwischen den Investitionen der verschiedenen Sparten besteht (wie deren Überschüsse miteinander korreliert sind). Wenn die Investitionen nicht isoliert voneinander beurteilt werden können, stellt sich das Problem der Koordination. Da zunächst kein Spartenleiter weiß, welche Investitionsprojekte in den anderen Sparten erwogen werden, können die Spartenleiter die Koordination nicht unabhängig voneinander vornehmen, sondern allenfalls im Rahmen einer Selbst- oder einer Gruppenabstimmung (Kapitel VI und XIX) bzw. unter Mitwirkung einer koordinierenden „Zentrale".

Wie jedoch in Kapitel XIX, Abschnitt 5.2, gezeigt wurde, kann für den Kapitalwert eines Investitionsprojekts die Kovarianz seiner Einzahlungsüberschüsse mit den übrigen Überschüssen des Unternehmens eine erheblich geringere Bedeutung haben als die Kovarianz mit den Überschüssen *aller anderen* Unternehmen, an denen die Anteilseigner beteiligt sind. Es kann dann sinnvoll sein, Komplexität wie im Einperioden-Fall in der Weise zu reduzieren, daß der interne Risikoverbund im Entscheidungsprozeß vernachlässigt und „nur" der Risikoverbund mit den Überschüssen der anderen Unternehmen berücksichtigt wird. Ist auch der Bewertungsverbund zwischen den Projekten (d. h. ihr Einfluß auf die Überrendite des Marktportefeuilles) vernachlässigbar, so lassen sich die Projekte unabhängig voneinander bewerten. Trotzdem stellt die Ermittlung der projektspezifischen risikoangepaßten Kalkulationszinsfüße noch ein komplexes Problem dar.

Werden die Investitionsentscheidungen an die Sparten delegiert, so besteht die Gefahr von Fehlentscheidungen. Möglicherweise sind die Entscheidungsträger nicht hinreichend qualifiziert und/oder motiviert, die Zinssätze gut zu ermitteln bzw. zu schätzen. Sie mögen auch bewußte Fehlschätzungen vornehmen, um Investitionsprojekte rechtfertigen (ablehnen) zu können, die ihnen persönliche Vorteile (Nachteile) bieten, jedoch beim „wahren" Kalkulationszinsfuß einen negativen (positiven) Kapitalwert aufweisen. Um bewußte oder unbewußte Fehlentscheidungen zu vermeiden, mag des naheliegen, den Entscheidungsträgern objektiv überprüfbare Verhaltensnormen bezüglich der Ermittlung der Kalkulationszinsfüße vorzugeben. Erhebliche Grenzen für eine „objektivierte" Steuerung der Entscheidungen ergeben sich schon dann, wenn für alle Investitionen ein einheitlicher Kalkultionszinsfuß relevant ist.

Wie erläutert wurde, soll bei Anwendung der WACC-Formel (XXI.4) der Eigenkapitalkostensatz k_e in Anlehnung an das einperiodige CAPM gemäß (XXI.5) ermittelt werden. Im Sinne einer „Objektivierung" der Entscheidungen wird in der Literatur empfohlen, sich bei der Schätzung der Risikoprämie $E(r_G)-r$ und des Beta-Faktors β an Vergangenheitswerten zu orientieren, insbesondere auch, um Nachprüfbarkeit zu gewährleisten und Ermessensmißbrauch oder unbewußte Fehler bei der Unternehmensbewertung und der Investitionsplanung in engen Grenzen zu halten. So empfehlen zum Beispiel COPELAND/KOLLER/MURRIN (1993, S. 210): „für US-amerikanische Unternehmen eine Risikoprämie von 5 bis 6 Prozent anzusetzen. Das ergibt sich aus dem langfristigen geometrischen Mittel der Risikoprämie für die Rendite der S & P 500-Aktien im Vergleich zur Rendite langfristiger Staatsanleihen zwischen 1926 und 1988...". Bei börsennotierten Unternehmen soll man bei der Beta-Schätzung auf veröffentlichte Schätzwerte von Finanzdienstleistern zurückgreifen (die im allgemeinen auf Grund von Regressionsanalysen ermittelt werden). Bei starken Abweichungen zwischen den Schätzwerten verschiedener Finanzdienstleister sollen Schätzwerte für Branchen-Betas zugrunde gelegt werden (COPELAND/KOLLER/MURRIN, 1993, S. 214; 1994, S. 264 f.).[3]

Bei der empirischen Ermittlung der Risikoprämie $E(r_G) - r$ und des Beta-Faktors β aus Vergangenheitswerten ergibt sich das allgemeine Problem, daß das Marktportefeuille letztlich nicht beobachtbar ist und somit das CAPM streng genommen nicht empirisch überprüft werden kann (ROLL, 1977). Bei praktischer Ermittlung wird daher nicht von einem umfassenden Marktportefeuille ausgegangen, sondern ein „repräsentativer" Aktienindex (etwa der DAX) zugrunde gelegt.

Außerdem impliziert die Diskontierung der erwarteten Überschüsse des Leistungsbereichs mit einem einheitlichen risikoangepaßten Kalkulationszinsfuß im Mehrperioden-Fall sehr spezielle Risikostrukturen bezüglich der Überschüsse. Die Herleitung des risikoangepaßten Zinssatzes aus den in der Vergangenheit beobachteten Renditen ist selbst bei einer solchen Risikostruktur nur dann zielführend, wenn sie sich adäquat in den historischen Renditen widerspiegelt. Dies dürfte jedoch die Ausnahme sein.

Selbst für die Bewertung des Überschusses am Ende einer einzigen Periode ist die beschriebene Vergangenheitsorientierung problematisch. Die in früheren Perioden beobachteten Renditen können grundsätzlich nur dann zu einem geeigneten Wert für den in der laufenden Periode maßgeblichen Beta-Faktor führen, wenn die Zahl n der zugrunde liegenden Perioden „hinreichend" groß ist und außerdem die beobachteten Realisationen von Renditen aus Wahrscheinlichkeitsverteilungen resultieren, die mit denen für die laufende Periode „vergleichbar" sind. Diese Voraussetzung wird selten erfüllt sein. Je größer die Anzahl n der Beobachtungen ist und je größer damit der Zeitraum ist, in dem das Zufallsexperiment durchgeführt wurde, desto eher ist zu erwarten, daß sich der Ursachenkomplex des Zufallsexperiments geändert hat. Dann ist aber der Beta-Faktor, der *früheren* Renditen entspricht kein geeignetes Maß für den der laufenden Periode. In vielen Entscheidungssituationen sind außerdem Handlungsalternativen und/oder Ereignisse relevant, die das erste Mal vorliegen oder gar einmalig sind. Zum Beispiel kann die Aufnahme neuer Produkte ins Produktionsprogramm oder der Kauf von Unternehmen Änderungen der Geschäftspolitik und der Risikostrukturen der Überschüsse bewirken, die den Beta-Faktor stark verändern. In diesem Zusammenhang ist zu beachten, daß der Shareholder Value-Ansatz insbesondere auch dazu dienen soll, grundlegende Strategieänderungen zu fundieren und zu bewerten. Es besteht folgende allgemeine Tendenz: Gerade dann, wenn Beta-Faktoren für die Bewertung von Projekten besondere Bedeutung haben, können sie aus Vergangenheitswerten nicht abgeleitet werden.

---

3)   Für nichtbörsengehandelte Unternehmen oder für Unternehmen, die aus mehreren Geschäftsbereichen mit unterschiedlichen Risikostrukturen bestehen, stellt sich das Problem der Schätzung eines risikoangepaßten Kalkulationszinsfußes als komplexer dar (COPELAND/KOLLER/ MURRIN, 1994, S. 315-345). Zum Vorgehen bei der empirischen Ermittlung des Beta-Faktors in der Praxis vgl. auch TAETZNER (2000, S. 92 ff.). Zur Problematik der empirischen Ermittlung des Eigenkapitalkostensatzes auf Grund empirischer Erhebungen vgl. KRUSCHWITZ, 1999, S. 203ff.; SPREMANN, 1990, S. 475-482; SCHMIDT/TERBERGER, 1996, S. 354; TAETZNER (2000, S. 127-136); WINTER (2000, S. 12ff.)

Der Aussagegehalt empirisch ermittelter Beta-Faktoren und Risikoprämien $E(r_G)-r$ wird auch dadurch eingeschränkt, daß je nach der angewendeten Untersuchungsmethode sehr verschiedene Resultate erzielt werden können. So wurde in der Literatur gezeigt, daß die Vergangenheitswerte für $E(r_G)-r$ relativ anfällig bezüglich der Betrachtungszeiträume, der Meßmethoden und der Mittelwertbildung sind (CARLETON/LAKONISHOK, 1985; STEHLE/HARTMOND, 1991).

Weitere Probleme ergeben sich für den Fall, daß Kapitalkosten für nicht börsennotierte Unternehmen oder für verschiedene Geschäftsbereiche eines börsennotierten Unternehmens ermittelt werden sollen, weil dann keine historischen Kursbzw. Renditeentwicklungen für die Regressionsschätzung gegeben sind (COPELAND/KOLLER/MURRIN, 1994, S. 315-345). „Eine Möglichkeit, in diesem Fall zu β-Faktoren zu kommen, besteht ... darin, am Kapitalmarkt ein dem jeweiligen Geschäftsbereich vergleichbares Unternehmen zu finden, dessen Anteile gehandelt werden und für das mithin ein β-Faktor ermittelt werden kann. Ein Problem besteht freilich darin, entsprechende Vergleichsunternehmen zu finden. Selbst wenn Unternehmen vorhanden sein sollten, die eine ähnliche Struktur und Ausrichtung wie ein betrachteter Geschäftsbereich haben, so hängt deren β doch von deren konkreter „Mischung" der Aktivitäten inklusive der im Unternehmen getätigten Kapitalmarktanlagen ab. Zur Messung operativer Risiken eines Geschäftsbereichs müssen strenggenommen auch diese Aspekte herausgerechnet werden" (EWERT/WAGENHOFER, 2000, S. 34.).

Der Nachprüfbarkeit der Qualität von Investitionsentscheidungen (die „Objektivierung" der Entscheidungen) durch Vergangenheitsorientierung sind somit enge Grenzen gesetzt. In die Quantifizierung eines risikoangepaßten Zinssatzes fließen (wie in die Prognose zukünftiger Überschüsse) in starkem Maße subjektive Informationen und Interpretationen ein. Je größer die Ermessensspielräume der Entscheidungsträger im Unternehmen sind, desto größer ist die Gefahr, daß sie sich bei ihren Entscheidungen nicht an den Zielen der Anteilseigner, sondern an abweichenden persönlichen Zielen orientieren. Es stellt sich somit das Problem, die Entscheidungsträger zu motivieren, sich (verstärkt) an den Zielen der Anteilseigner zu orientieren. Eine in der Praxis weit verbreitete Form der Motivation ist die Erfolgsbeteiligung.

Aber selbst bei hoher Motivation kann die Gefahr von Fehlentscheidungen bestehen, weil unbewußt problematische risikoangepaßte Zinssätze zugrunde gelegt werden. Die Ermittlung des für ein Projekt maßgeblichen Zinssatzes erfordert u. a. die Prognose seiner zukünftigen Überschüsse. Im Gegensatz zum Fall der Risikoneutralität (Abschnitt 4.2) genügt es dabei nicht, deren Erwartungwerte zu antizipieren; es müssen auch deren Risikostrukturen analysiert werden, insbesondere die stochastischen Beziehungen zwischen den Projektüberschüssen und den anderen bewertungsrelevanten Überschüssen. Im Gegensatz zu den Darstellungen in Abschnitt 4.3.1 sind nun vor allem die Überschüsse der Gesamtheit der Investitionen *außerhalb* des Unternehmens (an denen die Anteilseigner auch beteiligt sind) zu berücksichtigen.

Um Fehlentscheidungen vorzubeugen, kann sich die Zentrale für bestimmte Typen von Projekten (insbesondere für innovative Projekte mit hohen Anschaffungsauszahlungen, bei denen im Unternehmen bisher nur wenige Erfahrungen vorliegen) das Recht vorbehalten, die risikoangepaßten Zinssätze selbst festzusetzen oder von Sparten vorgenommene Schätzungen zu revidieren. Dazu benötigt sie projektspezifische Informationen (auch) von den Sparten, um sich ein eigenes Urteil bilden zu können. Z.B. könnte sie darüber informiert werden, welche Produkte mit den erwogenen Investitionsprojekten hergestellt werden können bzw. sollen, welche stochastischen Beziehungen zwischen der Nachfrage nach diesen und der Nachfrage nach den Produkten anderer Unternehmen bestehen, von welchen Ereignissen Nachfragemengen und Preise abhängen, wie diese Ereignisse tendenziell die Überschüsse anderer Unternehmen beeinflussen und welche Risikostrukturen bei den variablen Produktionskosten (Beschaffungsrisiken, Preisrisiken) bestehen.

5. Informations- und Entscheidungsprozesse bei abhängigen Geschäftsbereichen

5.1. Die betrachtete Entscheidungssituation

Die Überschüsse der Investitionen einer Sparte sind oft nicht unabhängig davon, welche Investitionen in anderen Sparten durchgeführt werden. Je stärker die Überschüsse eines Bereichs von den Investitionen anderer Bereiche abhängen, desto größer ist das Bedürfnis nach bereichsübergreifender Koordination. Einige Probleme der Koordination abhängiger Sparten sollen im folgenden untersucht werden. Dabei wird wieder eine relativ einfache Entscheidungssituation betrachtet; die Problematik der Koordination von *Risiken* bei abhängigen Geschäftsbereichen soll nicht untersucht werden:

1. Die Abhängigkeiten zwischen Sparten resultieren ausschließlich aus einem Absatzverbund der hergestellten Produkte.
2. Es existiert ein vollkommener Kapitalmarkt.
3. Der Leiter der Sparte B_b (b=1,2,...,B) kennt mit Sicherheit diejenigen Ein- und Auszahlungen der Investitionen seines Bereichs, die von den Entscheidungen in den anderen Bereichen *unabhängig* sind. Die Höhe der abhängigen Zahlungen ist ihm in der Regel ebensowenig mit Sicherheit bekannt wie die (zukünftigen) Entscheidungen in den anderen Geschäftsbereichen. Außerdem hat der Spartenleiter nur ungenaue Vorstellungen darüber, wie sich die Investitionen des eigenen Bereichs auf die Überschüsse in anderen Bereichen auswirken.
4. Wenn die Zentrale die Investitionsprogramme der verschiedenen Sparten kennt und zudem darüber informiert ist, welche Produktions- und Absatzpläne ihnen entsprechen, kann sie sich ein sicheres Urteil über die Einzahlungsüberschüsse aller Sparten bilden.

5.2. Die Koordinationsproblematik

Für die Analyse des Koordinationsproblems ist es sinnvoll, zwischen „internen" und „externen" Abhängigkeiten zu unterscheiden: Wenn die Zahlungsreihe, die ein Geschäftsbereich mit einem Investitionsprojekt erzielt, von mindestens einem anderen Investitionsprojekt des eigenen Bereichs abhängt, bestehen *interne* Abhängigkeiten. *Externe* (bereichsübergreifende) Abhängigkeiten bestehen dann, wenn die Überschüsse eines Projekts von mindestens einer Investition in einem anderen Geschäftsbereich abhängen.

Bestehen nur interne Abhängigkeiten, so erübrigt sich die bereichsübergreifende Koordination; jeder Spartenleiter kann den Interdependenzen im eigenen Bereich selbst Rechnung tragen und die Projekte optimal aufeinander abstimmen. Ein einzelner Spartenleiter allein ist jedoch in der Regel nicht in der Lage, *externe* Abhängigkeiten zieladäquat zu berücksichtigen, und zwar vor allem deshalb nicht, weil er nicht weiß, welche Maßnahmen in den anderen Geschäftsbereichen durchgeführt werden. Bei externen Abhängigkeiten stellt sich das Problem der bereichsübergreifenden Koordination.

Wenn zwischen den Produkten verschiedener Geschäftsbereiche Absatzverbund besteht, bedeutet das nicht, daß alle ihre Investitionen voneinander abhängig sind. Wenn z.B. die Grundsatzentscheidung getroffen ist, die Produktionskapazitäten für bestimmte Produkte nicht zu verändern, so stehen hinsichtlich dieser Produkte nur noch Ersatz- und/oder Rationalisierungsinvestitionen zur Debatte. Die entsprechenden Investitionsalternativen eines Bereichs beeinflussen zwar die eigenen Produktionskosten, nicht aber die Erlöse des eigenen Bereichs und die der anderen Bereiche. (Voraussetzung ist allerdings, daß die Produktqualität unabhängig davon ist, ob die Produktionsanlagen ersetzt werden und, wenn ja, in welcher Weise.) Die bereichsübergreifende Koordination der Ersatz- bzw. Rationalisierungsinvestitionen erübrigt sich in diesem Fall.

Die Kapazitäten im Fertigungsbereich sind aber nur in Ausnahmefällen für alle Produkte vorgegeben. Wenn z.B. ein Geschäftsbereich die Fertigungskapazität für ein bestimmtes Produkt erweitert und zusätzliche Einheiten dieses Produkts absetzt, so können damit die Erfolge anderer Bereiche steigen oder sinken, je nachdem, ob sie komplementäre oder substitutionale Produkte herstellen. Analoge Konsequenzen sind zu erwarten, wenn Investitionen durchgeführt werden, um neue Produkte herstellen und absetzen zu können.

Wenn ein Geschäftsbereich erwägt, die Fertigungskapazität für ein Produkt zu verändern, stellt sich folglich das Problem der Koordination mit anderen Bereichen. Das Problem der Koordination der Investitionen verschiedener Geschäftsbereiche ist schon dann komplex, wenn die Abhängigkeit zwischen ihnen „*einseitig*" ist.

5.3.   Koordination bei einseitiger Abhängigkeit

5.3.1. Problematik der Sukzessivplanung

Die Abhängigkeiten zwischen zwei Geschäftsbereichen B_1 und B_2 sind z.B. dann einseitig, wenn zwar die Überschüsse der Projekte des Bereichs B_2 davon abhängen, welche Investitionen im Bereich B_1 durchgeführt werden, wenn jedoch umgekehrt die Aktivitäten des Bereichs B_2 keinen Einfluß haben auf die Überschüsse im Bereich B_1. Es mag dann naheliegen, daß die Sparte B_1 ihr Investitionsprogramm zuerst ermittelt, dann dem Bereich B_2 ihre Pläne mitteilt und dieser sich daran optimal anpaßt. Eine solch einfache Variante der Sukzessivplanung (Kapitel XII) kann jedoch zu einem unbefriedigenden Gesamtresultat führen. Zwar werden die Investitionsentscheidungen des Bereichs B_2 optimal mit denen des Bereichs B_1 abgestimmt. Es besteht aber nicht die Gewähr, daß im Bereich B_1 Basisentscheidungen getroffen werden, die unter Berücksichtigung der Folgeentscheidungen im Bereich B_2 zu einem optimalen Gesamtprogramm führen. Der Leiter der Sparte B_1 müßte bei seinen Entscheidungen antizipieren, wie sich der Bereich B_2 an alternative Investitionsprogramme des Bereichs B_1 anpassen kann und welcher Kapitalwert jeweils mit den Investitionsprojekten *beider* Bereiche erzielt wird. Der Leiter der Sparte B_1 kann aber diese Antizipation in der Regel nur in unvollkommener Weise vornehmen, weil er nicht darüber informiert ist, welche Projekte sich im Bereich B_2 zur Durchführung anbieten und/oder welche Konsequenzen damit verbunden sind. Es kann daher vorteilhaft sein, wenn die *Zentrale* gewisse Koordinationsaufgaben wahrnimmt. Das Kernproblem besteht dann darin, wie die Zentrale informiert werden soll, damit sie zieladäquat entscheiden kann.

5.3.2. Mitwirkung der Zentrale

Wir gehen davon aus, im Bereich B_1 werde erwogen, eine der Investitionsalternativen $A_1, A_2, ..., A_A$ zu realisieren. Besteht einseitige Abhängigkeit in dem Sinne, daß zwar der Bereich B_1 mit seinen Maßnahmen die Überschüsse in den Bereichen B_b (b=2,3,...,B) beeinflußt, diese aber ihrerseits keinen Einfluß auf die Überschüsse im Bereich B_1 haben, so kann der Bereich B_1 für jede Investitionsalternative A_a (a=1,2,...,A) den jeweiligen Strom von Einzahlungsüberschüssen im eigenen Bereich prognostizieren, den jeweiligen Kapitalwert $KW_1(A_a)$ berechnen und der Zentrale mitteilen.

Die Kapitalwerte $KW_1(A_1), KW_1(A_2), ..., KW_1(A_A)$ stellen zwar eine wichtige Information für die Zentrale dar, sie sind jedoch als Entscheidungsgrundlage nicht ausreichend; wenn es so wäre, könnte der Bereich B_1 die Entscheidung auch selbst treffen. In den Kapitalwerten $KW_1(A_a)$ sind die Auswirkungen auf die Überschüsse der Bereiche $B_2, B_3, ..., B_B$ noch nicht berücksichtigt. Die Kapitalwerte sind entsprechend zu *modifizieren*. Hierzu überprüft die Zentrale unter Mitwirkung der betroffenen Geschäftsbereiche, welche Zahlungsreihen in den Bereichen $B_2, B_3, ..., B_B$ erzielt werden, sofern man sich dort jeweils optimal an die Maßnahmen des Bereichs B_1 anpaßt. Bezeichnet $KW_b(A_a)$ den Betrag, um den sich der

Barwert der Einzahlungsüberschüsse des Bereichs B_b $(b = 2, 3, ..., B)$ bei optimaler Anpassung gegenüber dem Status quo ändert, sofern im Bereich B_1 die Alternative A_a $(a = 1, 2, ..., A)$ realisiert wird, so lautet das Auswahlkriterium für die Zentrale:

$$(XXI.7) \quad KW_1(A_a) + KW_2(A_a) + ... + KW_B(A_a) \underset{a}{\rightarrow} Max!$$

Die Zentrale kann allerdings die Kapitalwertangaben des Bereichs B_1 nur dann hinreichend gut modifizieren, wenn sie entsprechende Vorstellungen darüber hat, welche Aktionen den im Bereich B_1 erwogenen Investitionsalternativen entsprechen. Die Zentrale benötigt z.B. Informationen über die jeweiligen Produktionsprogramme, die Produktmengen, die Absatzpreise, die Kundengruppen und Werbemaßnahmen.

Die Zentrale kann nun diese Informationen an den Bereich B_b $(b = 2, 3, ..., B)$ weiterleiten mit der Weisung, für die erwogenen Alternativen $A_1, A_2, ..., A_A$ die jeweilige Kapitalwertänderung im eigenen Bereich zu ermitteln und mitzuteilen. Der betreffende Kommunikationsprozeß (insbesondere auch die Ermittlung der Kapitalwertänderungen) ist jedoch relativ aufwendig. Die Zentrale muß für ihre Entscheidung aber gar nicht die *exakten* modifizierten Kapitalwerte kennen; es genügt zu wissen, welcher Alternative A_a der *höchste* (modifizierte) Kapitalwert entspricht. Aufgrund ihres allgemeinen Überblicks über die Geschäftsbereiche kann die Zentrale möglicherweise auch dann beurteilen, mit welcher der Alternativen der maximale (modifizierte) Kapitalwert erzielt wird, wenn sie von den Bereichen $B_2, B_3, ..., B_B$ keine konkreten Kapitalwertangaben erhält.

Beispielsweise könnte der Bereich B_1 erwägen, die Produktionskapazität für ein Produkt zu erweitern, wobei der Kapitalwert der Überschüsse im eigenen Bereich um 10.000.000 GE steigen würde. Wenn die Zentrale davon überzeugt ist, daß die gesamte Kapitalwerteinbuße in den anderen Bereichen höchstens 9.000.000 GE beträgt, ist es naheliegend, die beantragte Investition zu genehmigen, ohne zusätzliche Informationen aus diesen Bereichen zu beschaffen. Natürlich müssen diese Bereiche über die genehmigten Pläne des Bereichs B_1 informiert werden, damit sie sich mit ihren Aktionen (frühzeitig) optimal anpassen können.

5.4. Koordination bei gegenseitiger Abhängigkeit

Bei gegenseitiger Abhängigkeit ist dem Leiter einer Sparte nicht nur unbekannt, wie sich seine Investitionen in den anderen Bereichen auswirken. Er weiß auch nicht genau, welche Einzahlungsüberschüsse damit im *eigenen* Bereich verbunden sind. Diese Überschüsse hängen von den Maßnahmen der anderen Bereiche ab, die der betreffende Spartenleiter nicht kennt. Möglicherweise muß sich der Spartenleiter an die Aktionen der anderen Bereiche anpassen, so daß ihm noch nicht einmal genau bekannt ist, welche *Aktivitäten* (z.B. Produktions- und Absatzmaßnahmen) mit Investitionen im eigenen Bereich verbunden sind. In dieser Situation ist kein Spartenleiter in der Lage anzugeben, wie sich der Kapitalwert der Einzahlungsüberschüsse im eigenen Bereich ändert, wenn er bestimmte Investitionen realisiert. Jedoch steht in der Regel zumindest ein Teil der Zahlungen eindeutig fest, über die die Zentrale informiert werden kann, z.B. die Anschaffungsauszahlungen der erwogenen Projekte, die fixen Gehälter für das Bedienungspersonal, die fixen Auszahlungen für (nutzungsunabhängige) Wartungen und Reparaturen, die Versicherungsprämien, die Liquidationserlöse am Ende der Nutzungsdauer (sofern sie von der Nutzung unabhängig sind).

Wenn Art und Umfang der Nutzung einer Realinvestition davon abhängen, welche Maßnahmen in anderen Bereichen durchgeführt werden, kann ein einzelner Bereich zwar nicht definitiv angeben, welche nutzungsabhängigen Auszahlungen diesen Investitionen entsprechen. Er kann aber u.U. hinreichend genau prognostizieren, welcher Beschäftigungsgrad unter der Bedingung optimal ist, daß die anderen Geschäftsbereiche ihre bisherigen Aktionsprogramme nicht wesentlich ändern und welche Auszahlungen diesem Beschäftigungsgrad entsprechen. Damit die Zentrale die Auswirkung von Beschäftigungsänderungen prognostizieren kann, ist es naheliegend, sie über die variablen Kosten pro Beschäftigungseinheit zu informieren.

Am schwierigsten dürfte bei Absatzverbund die Prognose der Verkaufserlöse sein. Ein einzelner Bereich kann allenfalls dann den erwogenen Investitionsalternativen hinreichend genaue Erlöse zurechnen, wenn die übrigen Bereiche ihre bisherige Geschäftspolitik fortsetzen. Ob dies der Fall ist, entscheidet z.T. die Zentrale, die annahmegemäß die Koordinationsfunktion wahrnimmt. Damit die Zentrale die Erlöskonsequenzen ihrer Entscheidungen prognostizieren kann, sollte sie z.B. darüber informiert werden, welche Produkte mit den vorgelegten Investitionsprojekten hergestellt werden können bzw. sollen, welche Kapazitäten die Produktionsanlagen aufweisen, welche zusätzlichen Kundengruppen und Märkte für den Absatz in Betracht kommen, ob die Produkte sich noch in der Wachstumsphase oder bereits in der Sättigungsphase befinden und wie stark die Wettbewerbsintensität auf dem Markt ist.

Die Zentrale entscheidet dann nicht nur darüber, welche der Investitionsanträge realisiert werden sollen. Sie legt auch mehr oder weniger grob fest, welche sonstigen Aktivitäten die einzelnen Teilbereiche (nicht) durchführen sollen. Sie fixiert z.B. Obergrenzen für die Produktions- und Absatzmengen, entscheidet über die Marktregionen, in denen die Produkte vorwiegend verkauft werden sollen und legt Grenzen für die Absatzpreise fest.

In diesem Zusammenhang gelten allerdings wieder diejenigen Tendenzen, die für die Koordination bei unvollkommenem Kapitalmarkt aufgezeigt wurden: Je mehr die Zentrale am Entscheidungsprozeß partizipiert, desto besser mögen zwar die Entscheidungen aufeinander abgestimmt werden. Die potentiellen Nachteile einer unvollkommenen Koordination bei Dezentralisation von Entscheidungen können aber überkompensiert werden durch eine höhere *Motivation* der Spartenleiter, Investitionsideen zu entwickeln und umzusetzen: Ein dezentrales Entscheidungssystem, bei dem gute Investitionsmöglichkeiten entdeckt und realisiert, die Entscheidungen aber nicht optimal aufeinander abgestimmt werden, kann zu höheren Erfolgen führen als ein zentrales Entscheidungssystem, in dem weniger ideenreiche (bzw. weniger vorteilhafte) Projekte „optimal" koordiniert werden.

Bei der Entscheidung über das Ausmaß der (De-)Zentralisation sind Koordinations- und Motivationsaspekte gegeneinander abzuwägen. Der Koordinationsaspekt hat ein um so größeres Gewicht, je stärker der mit den Investitionen eines Bereichs verbundene Erfolgsbeitrag davon abhängt, welche (Investitions-) Entscheidungen in anderen Bereichen getroffen werden.

Ergänzende und vertiefende Literatur:

FRANKE (1975); FRANKE/HAX (2004); FRANKE/LAUX (1968); HAUSCHILDT (1970); HAX (1980); HURWICZ (1971; 1972); LAUX (2005b); LAUX/FRANKE (1970); LÜDER (1969a;1969b); MOXTER (1961); SCHMIDT, R. (1978; 1983; 1985); SPIELBERGER (1983).

TEIL I: ANREIZ UND KONTROLLE

Die Vorteilhaftigkeit organisatorischer Regelungen hängt auch davon ab, inwieweit die gesetzten Verhaltensnormen von den nachgeordneten Entscheidungsträgern befolgt werden. Die Durchführung von Kontrollen und die Gewährung von Anreizen kann die Wahrscheinlichkeit hierfür erhöhen. Im Kapitel XXII werden zunächst die Möglichkeiten und die Grenzen der Kontrolle von Objektentscheidungen aufgezeigt. Das Kapitel XXIII befaßt sich mit Grundproblemen der Schaffung von Leistungsanreizen. Im Kapitel XXIV werden Grundzüge der „Agency-Theorie" dargestellt und Grenzen der Ermittlung eines optimalen Anreizsystems (insbesondere) bei Delegation von Entscheidungen erläutert. Wenn es nicht möglich oder zu aufwendig ist, ein „optimales" Anreizsystem zu ermitteln, gewinnt die Bedingung der „Anreizkompatibilität" besondere Bedeutung. Ist sie erfüllt, so können Entscheidungsträger im Rahmen des Anreizsystems nur dann einen Vorteil erzielen, wenn sie so agieren, daß auch die Instanz einen Vorteil erzielt. In Kapitel XXV wird die Anreizkompatibilität praxisrelevanter erfolgsorientierter Prämiensysteme überprüft.

XXII. Die Kontrolle von Objektentscheidungen: Möglichkeiten und Grenzen

1. Problemstellung

Der Erfolg einer Organisation hängt wesentlich davon ab, welche Verhaltensnormen den nachgeordneten Entscheidungsträgern gesetzt und wie gut diese Normen erfüllt werden. Die Wahrscheinlichkeit, daß die Verhaltensnormen gut befolgt werden, kann im allgemeinen dadurch erhöht werden, daß Sanktionen verhängt werden, wenn die getroffenen Entscheidungen mit den Verhaltensnormen nicht in Einklang stehen, und/oder für „gute" Entscheidungen positive Belohnungen gewährt werden. Sanktionen und Belohnungen setzen voraus, daß die Entscheidungen überprüft und an bestimmten Sollvorstellungen gemessen werden. Eine solche Kontrolle kann auch Informationen darüber liefern, ob die Verhaltensnormen ihrerseits vorteilhaft sind; möglicherweise wird aufgrund des Kontrollergebnisses eine Modifikation des Systems von Verhaltensnormen vorgenommen.

Das vorliegende Kapitel behandelt Probleme der Kontrolle von *Objektentschei-dungen*. (Kontrollprobleme im Zusammenhang mit Organisationsentscheidungen werden in Kapitel XXVI untersucht.) Es wird gezeigt, wie die Befolgung expliziter und impliziter Verhaltensnormen im Prinzip überprüft werden kann und welche (probabilistischen) Rückschlüsse eine „Verfahrens-" bzw. „Planungskontrolle" und eine „Ergebniskontrolle" in unterschiedlichen Situationen ermöglichen. Dabei wird berücksichtigt, daß die Kontrollinstanz nur begrenzte Fähigkeiten besitzt, (Kon-troll-)Informationen zu beschaffen, zu speichern und zu verarbeiten. Ihre Informa-tionsmöglichkeiten werden im allgemeinen auch dadurch beeinträchtigt, daß der kontrollierte Entscheidungsträger versucht, Kontrollinformationen in seinem Sinne zu manipulieren, um Sanktionen abzuwenden oder einen Belohnungsanspruch zu begründen. Manipulationsanfällig sind vor allem solche Größen, deren Ausprägun-gen von der Instanz nicht (in einfacher Weise) objektiv gemessen werden können.

Die folgenden Überlegungen verdeutlichen, daß insbesondere der Kontrolle im-pliziter Verhaltensnormen in einer Welt unsicherer Erwartungen Grenzen gesetzt sind: Der Entscheidungsträger hat einen relativ weiten Spielraum für die Be-folgung abweichender persönlicher Ziele, ohne daß dies objektiv und eindeutig nachgewiesen werden kann. Da dann Sanktionen kaum zu rechtfertigen bzw. durchzusetzen sind, kommt positiven Anreizsystemen, bei denen die Entschei-dungsträger im eigenen Interesse im Hinblick auf das Organisationsziel gute Ent-scheidungen treffen, eine besondere Bedeutung zu (Kapitel XXIII bis XXV).

Zunächst werden im Abschnitt 2 Zweck und Formen der Kontrolle erläutert. Im Abschnitt 3 werden die Möglichkeiten und Probleme der Kontrolle von *expliziten* Verhaltensnormen aufgezeigt. Die Kontrolle von *impliziten* Verhaltensnormen er-weist sich demgegenüber als wesentlich komplexer. Wir beschränken deshalb die Analyse der Problematik dieser Kontrolle in Abschnitt 4 zunächst auf Entschei-dungen, die mit Ablauf der betrachteten Periode vollständig realisiert und abge-schlossen sind (Einperiodenfall). Im Abschnitt 5 stehen die zusätzlichen Kontroll-probleme im Mehrperiodenfall im Vordergrund. Abschnitt 6 schließlich befaßt sich mit Problemen der kurzfristigen Erfolgsrechnung.

2.   Zweck und Formen der Kontrolle

2.1.   Ursachen für Fehlentscheidungen

Bei einer Übertragung von Aufgaben besteht stets die Gefahr, daß vom Standpunkt der (vorgesetzten) Instanz Fehlentscheidungen getroffen werden. Die möglichen Ursachen lassen sich vor dem Hintergrund der Primärdeterminanten der Entschei-dung systematisieren:

- *Menge der erwogenen Alternativen:* Der Entscheidungsträger trifft seine Ent-scheidung auf der Basis eines „schlechten" Informationsstandes hinsichtlich möglicher Alternativen (und erwägt in seinem Kalkül nur nachteilige Hand-lungsalternativen).

- *Informationsstruktur:* Der Entscheidungsträger verfügt zum Zeitpunkt seiner Entscheidung nur über wenig aussagefähige Informationen zur Prognose der Konsequenzen der erwogenen Alternativen. Dies ist vor allem dann zu erwarten, wenn der Entscheidungsträger nicht ausreichend motiviert ist, Informationen einzuholen, und/oder wenig befähigt ist, Möglichkeiten zur Informationsbeschaffung wahrzunehmen und durchzusetzen.
- *Prognosefunktion:* Der Entscheidungsträger leitet aus seiner Informationsstruktur ein „inadäquates" Wahrscheinlichkeitsurteil über die maßgeblichen Umweltzustände ab. In diesem Fall kann auch dann eine vom Standpunkt der Instanz nachteilige Entscheidung getroffen werden, wenn der Entscheidungsträger zum Zeitpunkt seiner Entscheidung über einen guten Informationsstand verfügt.
- *Ergebnisse der Alternativen:* Der Entscheidungsträger charakterisiert die Ergebnisse der Handlungsalternativen in den verschiedenen Umweltzuständen nicht zieladäquat. Zum Beispiel vernachlässigt er wichtige Zielgrößen und/oder verwendet Effizienzkriterien, die mit den vorgegebenen Zielen nicht kompatibel sind.
- *Zielfunktion des Entscheidungsträgers:* Der Entscheidungsträger orientiert sich (bei seinen Meta-Entscheidungen im Verlauf des Entscheidungsprozesses und/oder) bei der Auswahl der Handlungsalternative nicht am Ziel der Instanz bzw. dem Organisationsziel, sondern an abweichenden persönlichen Zielen. In diesem Fall wird möglicherweise auch dann eine vom Standpunkt der Instanz nachteilige Entscheidung getroffen, wenn der Entscheidungsträger zum Zeitpunkt der Entscheidung über einen guten Informationsstand verfügt und außerdem aus seinen Informationen ein gutes Wahrscheinlichkeitsurteil über die Umweltzustände ableitet.
- *Entscheidungsmodell:* Der Entscheidungsträger verwendet für die Abbildung der Entscheidungssituation einen ungeeigneten Modelltyp.

Für die Instanz kann es sinnvoll sein, im Rahmen einer mehr oder weniger eingehenden Kontrolle Informationen über den Ablauf und das Ergebnis des Entscheidungsprozesses zu beschaffen (bzw. von einer neutralen Stelle beschaffen zu lassen), um im Fall einer Fehlentscheidung geeignete organisatorische Maßnahmen ergreifen zu können (vgl. hierzu den Überblick in Kapitel IX). Diese Maßnahmen sollen dazu dienen, die Informations-, Kalkül- und/oder Anreizkompatibilität zu verbessern.

2.2. Kontrolle als Instrument der Informationsbeschaffung für Organisationsentscheidungen

Der Zweck der Kontrolle kann generell darin gesehen werden, Informationen über die Abläufe und/oder die Ergebnisse von Entscheidungsprozessen und operativen Tätigkeiten zu beschaffen; aufgrund dieser Informationen wird über organisatorische (Folge-)Maßnahmen entschieden:

- Je nach Kontrollergebnis werden *Belohnungen* gewährt (Kapitel XXIV, Abschnitt 4) oder *Sanktionen* verhängt. „Wenn ein Entscheidungsträger häufig

Fehlentscheidungen trifft, muß er damit rechnen, daß seine Befugnisse beschränkt werden, oder daß er sogar seine Position verliert. Fehlentscheidungen, die auf Irrtum beruhen, werden weniger wahrscheinlich, weil unqualifizierte Entscheidungsträger durch andere ersetzt werden. Gleichzeitig wird der Entscheidungsträger persönlich daran interessiert, Fehlentscheidungen zu vermeiden; er muß damit rechnen, daß er dafür zur Rechenschaft gezogen wird. Die Fehlentscheidung hat dann für ihn nachteilige Folgen; ihm drohen Rügen, Beschränkung seiner Befugnisse, in schlimmeren Fällen sogar Entlassung und, wenn es zu einem Delikt gekommen ist, strafrechtliche Verfolgung. Absichtliche Fehlentscheidungen aus persönlichen Motiven lohnen sich daher nicht, wenn man weiß, daß sie nicht unentdeckt bleiben" (HAX, 1965, S. 201f.). Um einen zusätzlichen Anreiz zu schaffen, kann es sinnvoll sein, darüber hinaus für gute Entscheidungen Belohnungen zu gewähren.

- Wenn die Kontrollen erweisen, daß Fehlentscheidungen getroffen (bzw. operative Aufgaben schlecht erfüllt) worden sind, können *Korrekturmaßnahmen* ergriffen werden, um potentielle Nachteile aus diesen Entscheidungen so weit wie (noch) möglich abzuwenden. Wurde mit der Durchführung der gewählten Objektalternative noch nicht begonnen, so kann die Instanz in der Weise eingreifen, daß sie im Anschluß an die Kontrolle die Entscheidung durch eine eigene Entscheidung revidiert oder das anstehende Entscheidungsproblem erneut an einen anderen Entscheidungsträger delegiert. Ist die Handlungsalternative bereits teilweise durchgeführt worden, kann die Instanz Anpassungsmaßnahmen anordnen, um nachteiligen Folgen zu begegnen. (Es ist zu beachten, daß ein kontrollierter Entscheidungsträger solche Maßnahmen auch als Belohnungen bzw. Bestrafungen empfinden kann.)
- Selbst wenn nachteilige Konsequenzen aus bereits getroffenen Fehlentscheidungen nicht mehr abwendbar sind, können Kontrollen vorteilhaft sein. Sie liefern Informationen für organisatorische Maßnahmen hinsichtlich *künftiger personalpolitischer Entscheidungen*. Wenn z.B. die Kontrolle erweist, daß ein Entscheidungsträger mit bestimmten Aufgaben überfordert wird, können ihm in Zukunft andere oder weniger umfangreiche Aufgaben übertragen werden.
- Schließlich können Kontrollen auch dann vorteilhaft sein, wenn die nachgeordneten Entscheidungsträger die vorgegebenen Verhaltensnormen mit Sicherheit gut befolgen: Die *vorgegebenen Verhaltensnormen* können ihrerseits problematisch sein (und z.B. zu langen Wartezeiten und hohen Zwischenlägern führen). Eine Kontrolle der Konsequenzen dieser Verhaltensnormen schafft die Informationsgrundlage, um die bisherigen Normen zu revidieren.

Die Kontrolle kann möglicherweise Fehlentscheidungen bereits a priori verhindern. Wenn ein Entscheidungsträger mit einer Kontrolle rechnen muß, ist im allgemeinen eher zu erwarten, daß er seine Aufgaben gut erfüllt. Dieser Effekt wird als *Verhütungswirkung der Kontrolle* bezeichnet.

Kontrollmaßnahmen und andere Organisationsmaßnahmen dürfen nicht isoliert voneinander betrachtet werden:

- Einerseits ist bei der Bewertung bzw. der Beurteilung von Kontrollmaßnahmen zu antizipieren, welche „Kontrollergebnisse" eintreten können, welche organisatorischen Folgemaßnahmen jeweils gewählt werden und welche Vorteile diese Maßnahmen gegenüber denjenigen Organisationsentscheidungen bieten, die bei Verzicht auf die betreffenden Kontrollmaßnahmen als vorteilhaft erscheinen. (Vgl. zu diesem Problemkreis LAUX, 1979a, S. 269ff.)

– Andererseits ist bei der Entscheidung über organisatorische Maßnahmen stets in Betracht zu ziehen, welche Möglichkeiten dabei bestehen, durch Kontrollen Fehlentscheidungen a priori zu verhindern bzw. getroffene Fehlentscheidungen frühzeitig aufzudecken und nachteilige Folgen abzuwenden. Die optimale Organisationsform und die optimale Kontrollstrategie müßten streng genommen im Rahmen eines Simultankalküls bestimmt werden. Dies ist in der Regel jedoch kaum möglich, weil dann ein zu hoher Planungsaufwand entstehen würde.

2.3.   Nutzenkomponenten der Kontrolle

Die Informationen, die die Instanz im Zuge ihrer Kontrollaktivitäten erhält, werden als *Kontrollergebnis* bezeichnet. Das Kontrollergebnis hängt von den Kontrollaktivitäten ab. Wenn etwa die Instanz den zu kontrollierenden Entscheidungsträger nach dem erzielten Gewinn fragt, besteht das Kontrollergebnis in dessen Gewinnangabe; wenn die Instanz den Gewinn mit Hilfe von Zahlen des Rechnungswesens selbst berechnet, wird das Kontrollergebnis durch das Resultat dieser Berechnung bestimmt. Wenn die Instanz die Informationsstruktur des Entscheidungsträgers bezogen auf den Zeitpunkt seiner Entscheidung überprüft, indem sie z.B. die damalige Aktenlage kontrolliert und den Entscheidungsträger befragt, wird das Ergebnis durch den wahrgenommenen Inhalt dieser Akten und durch die Antworten des Entscheidungsträgers beschrieben.

Die Reaktion der Instanz auf das Kontrollergebnis wird als ihre *Folgemaßnahme* bezeichnet. Diese Maßnahme setzt sich in der Regel aus mehreren Teilaktionen zusammen. Ergibt z.B. die Kontrolle, daß der Entscheidungsträger eine Fehlentscheidung getroffen hat, so können Anpassungsmaßnahmen angeordnet werden, um nachteilige Folgen abzuwenden; zugleich kann der Aufgabenbereich des Entscheidungsträgers bis auf weiteres auf solche Entscheidungen beschränkt werden, bei denen sich im Fall einer Fehlentscheidung keine großen Nachteile ergeben können. Derartige Maßnahmen kann die Instanz auch dann ergreifen, wenn sie *keine* Kontrolle vornimmt. Die Informationsbasis zur Beurteilung der Konsequenzen ihrer Maßnahmen ist dann aber entsprechend geringer. Jene Maßnahme, die die Instanz bei Verzicht auf Kontrolle vornimmt, wird hier der Einfachheit halber ebenfalls als *Folgemaßnahme* bezeichnet.

Der Nutzen einer Kontrolle setzt sich aus mehreren Komponenten zusammen:

– *Der Anpassungseffekt* resultiert daraus, daß die Instanz durch die Kontrolle Informationen für ihre Folgemaßnahmen erhält. Er kann nur dann positiv sein, wenn bei mindestens einem möglichen Kontrollergebnis die Instanz eine vorteilhaftere Folgemaßnahme wählt als bei Verzicht auf Kontrolle: Falls bei jedem möglichen Kontrollergebnis jene Folgemaßnahme als die beste erscheint, die auch bei Verzicht auf Kontrolle realisiert wird, ist der Anpassungseffekt gleich null.

–   Auch bei einem Anpassungseffekt von null kann eine Kontrolle vorteilhaft sein: Die Maßnahmen und Entscheidungen der nachgeordneten Mitarbeiter hängen von deren Erwartungen über zukünftige Kontrollaktivitäten der Instanz und den daraus resultierenden Konsequenzen ab. Diese Erwartungen werden davon geprägt, welche Kontrollaktivitäten die Instanz gegenwärtig vornimmt. Somit beeinflussen die derzeitigen Kontrollaktivitäten mittelbar die zukünftigen Maßnahmen und Entscheidungen der Mitarbeiter. Der hiermit verbundene Vor- bzw. Nachteil wird als *Verhütungseffekt* bezeichnet. Der Verhütungseffekt ist z.B. *positiv*, wenn die Kontrolle dazu führt, daß die Mitarbeiter mit höherer Wahrscheinlichkeit auch in Zukunft Kontrollen erwarten und sich aufgrund dieser Erwartung verstärkt für die Erfüllung ihrer Aufgaben einsetzen und bessere Entscheidungen treffen. Der Verhütungseffekt ist z.B. *negativ*, wenn die Mitarbeiter zwar eher mit Kontrollen rechnen, aber die möglichen Kontrollen als besonderen Druck empfinden und demotiviert werden.

–   Wenn die Instanz ihre Folgemaßnahmen *ohne* vorherige Kontrolle anordnet, können die unterstellten Mitarbeiter den Eindruck gewinnen, ihre Fähigkeiten und ihre Einsatzbereitschaft würden in leichtfertiger Weise beurteilt. Ein solcher Eindruck kann die Leistungsbereitschaft der Mitarbeiter beeinträchtigen. Die Kontrolle kann dazu dienen, diesen Eindruck zu vermeiden. Den damit verbundenen Vorteil bezeichnen wir als *Rechtfertigungseffekt*. Zur Verdeutlichung wird eine Situation betrachtet, in der die Instanz (z.B. von einem anderen Mitarbeiter) bereits Informationen erhalten hat, aus denen sie den Schluß zieht, daß ein Entscheidungsträger eine Fehlentscheidung getroffen hat. Sie will daher bis auf weiteres nur noch Entscheidungsprobleme von untergeordneter Bedeutung an ihn delegieren. Um diese (einschneidende) Folgemaßnahme gegenüber dem Entscheidungsträger rechtfertigen zu können, kann es für die Instanz sinnvoll sein, auch dann eine eingehende Kontrolle vorzunehmen, wenn sie (a priori) davon überzeugt ist, daß sich ihr Urteil und ihre Folgemaßnahme mit Sicherheit *nicht* ändern werden. Eine Kontrolle kann folglich auch dann vorteilhaft sein, wenn der Anpassungs- und der Verhütungseffekt gleich null sind.

2.4. Grundformen der Kontrolle

Bei einer Kontrolle genügt es im allgemeinen nicht, die Ausprägungen bestimmter Größen (etwa des Informationsstandes des Entscheidungsträgers oder des erzielten Gewinnes) nur zu überprüfen: Diese Größen sind mit bestimmten Sollwerten zu vergleichen, damit sich die Instanz ein Bild darüber machen kann, ob es erforderlich ist, korrigierend einzugreifen. Die Kontrolle stellt also einen *Soll-Ist-Vergleich* dar.

Je nach dem Gegenstand der Kontrolle werden folgende Kontrollvarianten unterschieden:

(a) In einer *Verfahrenskontrolle* werden die operativen Tätigkeiten und/oder der Informationsbeschaffungs- und -verarbeitungsprozeß des Entscheidungsträgers (mehr oder weniger eingehend) überprüft. Treffen die Entscheidungsträger primär (Objekt-)Entscheidungen, so wird die Verfahrenskontrolle auch als *Planungskontrolle* bezeichnet.

(b) In einer *Ergebniskontrolle* werden die Ergebnisse von Verrichtungen bzw. der gewählten Handlungsalternativen festgestellt und mit „Soll-Ergebnissen" verglichen.

Zu (a): Im Rahmen einer Verfahrenskontrolle werden bei *operativen* Tätigkeiten in expliziter Weise die ausgeführten Arbeitsverrichtungen nachvollzogen. Zugleich wird überprüft, inwieweit die Verrichtungen den vorgegebenen Verhaltensnormen entsprechen. Wenn Ermessensspielräume für die Ausführung von Arbeitsverrichtungen bestehen, wird im Rahmen der Kontrolle überprüft, ob die gewählte Verfahrensweise im Einklang mit den gesetzten impliziten Verhaltensnormen (etwa dem Ziel der Kostenminimierung) steht. Bei *dispositiven* Tätigkeiten dient die Verfahrens- bzw. Planungskontrolle primär dazu, das Vorgehen im Entscheidungsprozeß nachzuvollziehen. Bei der Planungskontrolle kann z.B. überprüft werden, welche Handlungsalternativen der Entscheidungsträger erwogen, welche Informationen er zur Prognose der Konsequenzen der Alternativen eingeholt, welche Schlüsse er daraus gezogen und welche Handlungsalternative er dann gewählt hat. Eine Planungskontrolle kann erfolgen, nachdem bekannt ist, welches Ergebnis mit der gewählten Handlungsalternative erzielt worden ist. Sie kann aber auch schon früher vorgenommen werden, etwa noch bevor mit der Durchführung der gewählten Alternative begonnen wird.

Zu (b): Da die unmittelbare Kontrolle der Verrichtungen bzw. der Entscheidungsprozesse eines Aufgabenträgers einen erheblichen Aufwand verursacht, liegt es nahe, eine *mittelbare* Kontrolle der Entscheidungen bzw. der operativen Tätigkeiten über die damit erzielten Ergebnisse vorzunehmen (*Ergebniskontrolle*). Hierbei erfolgt die Kontrolle erst, wenn (Zwischen-)Ergebnisse beobachtet bzw. ermittelt werden können. Bei *operativen* Tätigkeiten sind für die Ergebniskontrolle z.B. Größen wie „Produktmenge", „Produktqualität", „Ausschußrate", „Materialverbrauch", „Kosten" und „Zustand der Maschinen" relevant. Bei *dispositiven* Tätigkeiten orientiert sich die Ergebniskontrolle z.B. an Ergebnissen wie „Gewinn", „Umsatz", „Marktanteil", „Absatzmenge" und „Lagerbestand". Wenn durch die Ergebniskontrolle der Verdacht einer Fehlentscheidung aufkommt, werden möglicherweise im Rahmen einer Verrichtungs- bzw. Planungskontrolle weitere Kontrollaktivitäten durchgeführt, um zusätzliche Informationen zu gewinnen.

Bei operativen Tätigkeiten bezieht sich die Ergebniskontrolle primär auf bereits realisierte Handlungsalternativen (bzw. abgeschlossene Verrichtungen). Bei dispositiven Tätigkeiten können auch Pläne für *zukünftige* Maßnahmen Gegenstand der Ergebniskontrolle sein. Die Kontrolle der (Plan-)Ergebnisse geplanter Maßnahmen kann die Revision der betreffenden Pläne durch die Kontrollinstanz auslösen.

3. Kontrolle expliziter Verhaltensnormen

3.1. Grundproblematik

Da explizite Verhaltensnormen dem Entscheidungsträger präzise vorschreiben, welche Informationen zu beschaffen sind und wie auf empfangene Informationen zu reagieren ist, steht hier (im Vergleich zu impliziten Verhaltensnormen) die Sollbasis der Kontrolle relativ eindeutig fest. Grenzen der Kontrolle können sich dann insbesondere daraus ergeben, daß die Kontrolle Kosten verursacht und/oder daß nur in unvollkommener Weise überprüft werden kann, welche Informationen der Entscheider einholt (bzw. eingeholt hat) und wie er auf empfangene Informationen reagiert (bzw. reagiert hat). Die nachträgliche Rekonstruktion der Ist-Komponente des Soll-Ist-Vergleichs ist tendenziell um so schwieriger, je weniger sich die Aktivitäten des Entscheidungsträgers in Resultaten niederschlagen, die ihrerseits überprüfbar sind. Solche Resultate sind bei operativen Tätigkeiten z.B. die bearbeitete Produktmenge oder der Zustand von Betriebsmitteln, bei dispositiven Tätigkeiten etwa schriftliche Dokumentationen und vorliegende Berechnungen zum Vorteilsvergleich von Alternativen.

3.2. Operative Tätigkeiten (Arbeitsverrichtungen)

3.2.1. Typen expliziter Verhaltensnormen

Bei operativen Tätigkeiten können sich explizite Verhaltensnormen auf den Input und/oder auf den Output der Aktivitäten beziehen. *Input-Normen* regeln, in welcher Weise die Aufgaben zu verrichten sind. Sie beinhalten z.B. Regelungen hinsichtlich der Reihenfolge der Bearbeitung von Produkten, der Bedienung, Wartung und Reparatur von Betriebsmitteln, der Lagerung und des Verbrauchs von Rohstoffen, der Einhaltung von Sicherheitsbestimmungen.

Explizite *Output-Normen* bringen zum Ausdruck, welche konkreten Ergebnisse mit den Verrichtungen zu erreichen sind. Sie legen z.B. gewünschte Produktmengen (oder Mengen bearbeiteter Produkteinheiten), Produkteigenschaften (Abmessungen, Gewichte, Qualitäten, Toleranzen), Fertigstellungstermine, Zustände von Betriebsmitteln, Lagerbestände und Kosten fest.

Die Kontrolle der Einhaltung expliziter Verhaltensnormen kann sich dementsprechend auf die Vorgehensweise und auf die damit erzielten Ergebnisse beziehen (Verfahrenskontrolle bzw. Ergebniskontrolle).

3.2.2. Verfahrenskontrolle

Die Verfahrenskontrolle ist relativ einfach durchzuführen, wenn die Kontrollinstanz (z.B. ein Meister oder ein Vorarbeiter) unmittelbar beobachten kann, welche Verrichtungen die nachgeordneten Mitarbeiter ausüben. Eine *laufende* Kontrolle setzt jedoch die räumliche Nähe der Beteiligten voraus. Wenn diese Voraussetzung nicht erfüllt ist, kann die unmittelbare Verfahrenskontrolle allenfalls stichprobenweise durchgeführt werden.

Eine *nachträgliche* Verfahrenskontrolle (ex post-Kontrolle) kann z.B. in der Weise erfolgen, daß der Kontrollierte danach gefragt wird, welche Tätigkeiten er im einzelnen ausgeführt hat. Möglicherweise können auch dritte Personen befragt werden, die seine Aktivitäten beobachtet haben. Solche Befragungen sind jedoch nicht unproblematisch, da die Gefahr manipulierter Antworten besteht. Die ex post-Kontrolle des Verhaltens ist dagegen relativ einfach, wenn zwischen den Aktivitäten und den damit erzielbaren Ergebnissen ein relativ enger Zusammenhang besteht (und dieser der Kontrollinstanz bekannt ist): Aus den erzielten Ergebnissen kann dann ein guter Rückschluß auf die ausgeführten Tätigkeiten gezogen werden.

3.2.3. Ergebniskontrolle

Bei einer Ergebniskontrolle werden die in einem bestimmten Zeitraum erzielten Resultate überprüft und mit Sollvorgaben verglichen. Dabei wird u.a. durch Zählen, Ausmessen, Wiegen und eine Funktionskontrolle die erbrachte Leistung in quantitativer und qualitativer Hinsicht gemessen und beurteilt. Bei Mitarbeitern, die operative Tätigkeiten außer Haus auszuführen haben, wird z.B. überprüft, wieviele Aufträge verschiedener Art ohne Kundenbeanstandung erledigt wurden.

Die Ergebniskontrolle kann auch Informationen liefern für die Entscheidung, ob *Verfahrenskontrollen* durchgeführt werden sollen und wenn ja, welche. Die Idee, die Ergebniskontrolle als potentiellen Auslöser von Verfahrenskontrollen zu verwenden, liegt vor allem auch der *flexiblen Plankostenrechnung* zugrunde, bei der als Kontrollergebnis die Differenz aus Ist- und Sollkosten ermittelt wird (HABERSTOCK, 1981; KILGER, 1981). Für jede Kostenstelle[1] wird mit Hilfe von Verbrauchsstudien und technischen Berechnungen überprüft, wie alternative Arbeitsverrichtungen wirtschaftlich durchgeführt werden können. Danach werden für die einzelnen Kostenstellen Input-Normen fixiert, die vorschreiben, in welcher Weise Aufträge zu erledigen bzw. zu bearbeiten sind. Jedoch wird nicht in jedem Fall explizit überprüft, ob diese Normen auch tatsächlich eingehalten werden. Verfahrenskontrollen erfolgen nur dann, wenn Ist-Kosten höher sind als „Sollkosten".

Die Sollkosten werden - nach Kostenarten differenziert - für jede Kostenstelle und für alle möglichen Beschäftigungsgrade (Produkt- oder Leistungseinheiten) ermittelt. Sie geben jene Kosten an, die bei wirtschaftlichem Vorgehen (also bei Befolgung der gesetzten Input-Normen) anfallen, wenn die Beschäftigung (Ausbringung) einen beliebigen Wert annimmt. Die Kostenkontrolle erfolgt am Ende jeder Abrechnungsperiode (im allgemeinen monatlich). Es wird festgestellt, welche Ist-Kosten in den einzelnen Kostenstellen entstanden sind und ob für jede Kostenart die Ist-Kosten mit den Sollkosten übereinstimmen. Da bei den „Ist-Kosten" die Einflüsse von Preisänderungen durch die Berechnung sogenannter Preisabwei-

---

1) Unter einer Kostenstelle wird ein betrieblicher Teilbereich verstanden, der kostenrechnerisch selbständig abgerechnet wird.

chungen bereits ausgeschaltet sind, erhält man als Ergebnis des Soll-Ist-Vergleichs die *Verbrauchsabweichungen*. Sie dienen als Maßstab der Wirtschaftlichkeit.[2] Zur Verdeutlichung der Arbeitsweise der flexiblen Plankostenrechnung wird ein einfaches Beispiel betrachtet:

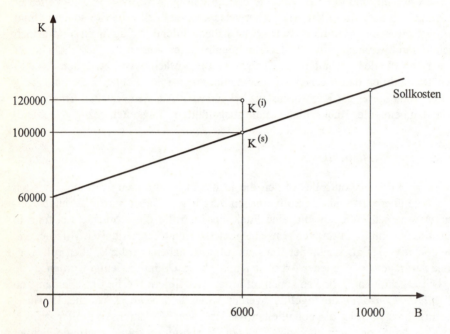

Abb. XXII.1: Zur Ermittlung von Verbrauchsabweichungen

Die linear verlaufende Sollkostenkurve gibt an, wie die Sollkosten hinsichtlich einer bestimmten Faktorart von der Beschäftigung (B) abhängen. Für eine Beschäftigung von 6.000 (also z.B. für 6.000 bearbeitete Einheiten) beträgt die Kostenvorgabe 100.000 GE. Demgegenüber sind Ist-Kosten in Höhe von 120.000 GE angefallen. Die Mehrkosten in Höhe der Differenz aus Ist- und Sollkosten (20.000 GE) geben die Verbrauchsabweichung bei der betreffenden Faktorart an. Eine anschließende Analyse muß zeigen, worauf die Verbrauchsabweichung zurückzuführen ist und wer sie zu verantworten hat. Der Kostenstellenleiter muß dann erläutern (bzw. nachweisen), in welchen Fällen und aus welchen Gründen von den vorgege-

---

2)   "Daneben werden je nach Kostenrechnungssystem, Branche und angestrebter Aussagefähigkeit der Kostenkontrolle noch weitere Abweichungen ermittelt. Es kann sich z.B. um Beschäftigungsabweichungen handeln, die allerdings nur in Vollkostensystemen errechnet werden, oder um spezielle Abweichungen, die (ebenfalls) darauf zurückzuführen sind, daß bestimmte Kostenbestimmungsfaktoren in ihren Ist-Werten von den als optimal erachteten Plan- bzw. Sollwerten abgewichen sind. So gibt die Intensitätsabweichung beispielsweise an, wieviel Mehrkosten ein Abweichen von der Optimalintensität verursacht hat; die Arbeitsablaufabweichung zeigt an, was eine Änderung der optimalen Maschinenbelegung, etwa aufgrund eines Zusatzauftrages oder eines Maschinenausfalles gekostet hat" (HABERSTOCK, 1982, S. 120).

benen Input-Normen abgewichen wurde. Der Kostenstellenleiter könnte die Abweichung etwa damit rechtfertigen, daß eine Produktionsanlage ausgefallen ist und daher intensitätsmäßige Anpassungen erforderlich wurden und/oder daß erfahrene Mitarbeiter durch weniger qualifizierte Arbeitskräfte ersetzt werden mußten. Die Aktivitäten, die den Verhaltensnormen entsprechen, werden hierbei nicht näher untersucht. Nur Abweichungen von der Norm sind noch Gegenstand der Verfahrenskontrolle. Somit wird die Verfahrenskontrolle durch die Ergebniskontrolle gesteuert und erleichtert.

3.3.   Dispositive Tätigkeiten

Die Organisationsmitglieder, die operative Aufgaben zu erledigen haben, treffen zwar ebenfalls Entscheidungen, ihre Entscheidungsspielräume sind jedoch relativ gering; im Vordergrund ihrer Tätigkeit stehen Verrichtungen. Daneben gibt es in der Unternehmung Personen, die praktisch nur Entscheidungen (z.B. über Investitionen, Produktmengen, Werbemaßnahmen, die Einstellung von Personal) zu treffen haben. Sie sollen im Rahmen eigener Entscheidungskalküle nach impliziten Verhaltensnormen Handlungsalternativen auswählen, die dann von anderen Organisationsmitgliedern realisiert werden. Die Delegation von Entscheidungen schließt die Vorgabe expliziter Verhaltensnormen nicht aus. Explizite Verhaltensnormen für Objektentscheidungen können den Spielraum für Meta-Entscheidungen einengen und/oder unmittelbar die Wahlmöglichkeiten von Objektalternativen begrenzen.

Explizite Verhaltensnormen für Meta-Entscheidungen enthalten Regelungen über das Vorgehen im Entscheidungsprozeß selbst. Sie schreiben z.B. konkret vor, bestimmte Informationen (nicht) einzuholen, aus bestimmten Ausprägungen von Indikatoren bestimmte Schlüsse zu ziehen und/oder einen bestimmten Modelltyp anzuwenden. Explizite Verhaltensnormen, die unmittelbar die Wahlmöglichkeiten hinsichtlich der Objektalternativen begrenzen, bringen Anforderungen zum Ausdruck, denen die gewählte Alternative genügen soll.

Es ist auch in diesem Zusammenhang zweckmäßig, zwischen Input- und Output-Normen zu unterscheiden. *Input-Normen* beziehen sich auf den mit den Objektalternativen verbundenen Ressourceneinsatz. Sie kommen etwa zum Ausdruck in Finanz-, in Mengen-, in Kosten- und in Personalbudgets (z.B. in Form von Stellenplänen). *Output-Normen* dagegen stellen gewisse Anforderungen an die mit den Objektalternativen zu erzielenden Ergebnisse (oder Endzustände). Sie fixieren z.B. Untergrenzen für anzustrebende Lagerbestände, Maschinenkapazitäten und Marktanteile. Output-Normen können auch vorschreiben, bis zu welchem Zeitpunkt bestimmte (Zwischen-)Ergebnisse vorliegen sollen.

Auch bei Delegation von Entscheidungen kann die Kontrolle expliziter Verhaltensnormen große Bedeutung haben. Dabei ergeben sich analoge Probleme wie bei der Kontrolle operativer Tätigkeiten. Insbesondere bei expliziten Verhaltensnormen für Meta-Entscheidungen kann es sehr schwierig sein, in einem Soll-Ist-Vergleich ex post die Ist-Komponenten zu überprüfen und zu bewerten. Ob ein

Entscheidungsträger jene Informationen, die er einholen sollte, auch tatsächlich beschafft hat, kann im nachhinein möglicherweise gar nicht mehr überprüft werden.

4.   Kontrolle impliziter Verhaltensnormen im Einperioden-Fall

4.1.   Grundprobleme

Bei Delegation von Entscheidungen an einen Entscheidungsträger hat dieser grundsätzlich nicht die Freiheit, im Rahmen seines durch explizite Verhaltensnormen begrenzten Entscheidungsspielraumes eine *beliebige* Handlungsalternative zu wählen. Ihm wird ein Ziel - eine implizite Verhaltensnorm - vorgegeben, an dem er sich zu orientieren hat. Bei der Kontrolle impliziter Verhaltensnormen geht es darum, ob die Entscheidungsträger ihre Entscheidungsspielräume im Sinne der jeweils maßgeblichen Ziele gut genutzt haben (SIEBEN/BRETZKE/RAULWING, 1976; LAUX, 1979a, S. 249ff.; SPIELBERGER, 1983; LAUX/LIERMANN, 1986).

Eine Kontrollinstanz kann nicht *unmittelbar* beurteilen, ob die von einem Entscheidungsträger gewählte Alternative „gut" ist. Für eine solche Beurteilung benötigt die Instanz u.a. Informationen über Handlungsalternativen und deren Konsequenzen, die sie zunächst gar nicht hat. Die Tatsache, daß ihre eigenen Fähigkeiten, Informationen zu beschaffen, zu speichern und zu verarbeiten, begrenzt sind, ist für die Instanz gerade einer der wesentlichen Gründe dafür, Entscheidungskompetenzen zu delegieren. Einerseits wird sie dadurch entlastet, andererseits fehlt ihr damit aber (zunächst) auch die Informationsbasis zur Beurteilung der „Güte" der Entscheidung eines Entscheidungsträgers.

Im Rahmen einer Planungskontrolle wird der Prozeß der Informationsbeschaffung und -verarbeitung des Entscheidungsträgers nachvollzogen und an bestimmten Sollvorstellungen gemessen. Die Überprüfung der vom Entscheidungsträger im Entscheidungsprozeß getroffenen Ermessensentscheidungen verursacht zwar im Prinzip die gleichen Probleme wie die Kontrolle expliziter Verhaltensnormen. Im Gegensatz zu expliziten Verhaltensnormen fehlt aber bei impliziten Verhaltensnormen im allgemeinen eine (intersubjektiv) eindeutige *Sollbasis* für die Kontrolle. Das bedeutet freilich nicht, daß *keinerlei* allgemein akzeptierte Kriterien existieren. Wenn ein Entscheidungsträger z.B. bei Investitionsentscheidungen sehr hohe Folgekosten völlig übersehen oder zukünftige Überschüsse mit Aufzinsungs- statt mit Abzinsungsfaktoren „diskontiert" hat, wird er kaum überzeugende Gründe finden, dieses Vorgehen zu rechtfertigen.

Daneben sind aber im Entscheidungsprozeß immer wieder Ermessensentscheidungen zu treffen, die sich an *subjektiven* Zweckmäßigkeitsvorstellungen orientieren, die ihrerseits von Individuum zu Individuum sehr verschieden sein können. Dies gilt insbesondere bei komplexen (innovativen) und umfangreichen Entscheidungsproblemen, bei denen das Ausmaß der Unsicherheit und der gebotenen Komplexitätsreduktion groß ist. Die Kontrollinstanz hat zwar in der Regel eigene Vorstellungen darüber, wie bei der Entscheidungsfindung vorgegangen werden sollte (diese Vorstellungen entwickelt sie insbesondere auch im Kontrollprozeß selbst), sie kann jedoch nicht ihre Überzeugungen als „objektiv richtig" zum Maßstab erheben. Es gibt keine objektiven Normen, die als Maßstab dienen können. Sanktionen gegen den Entscheidungsträger bei Ermessensentscheidungen, die aus der Sicht der Instanz nicht als sinnvoll getroffen erscheinen, können daher sehr problematisch sein. Dem Entscheidungsträger sollte die Gelegenheit gegeben werden, sein Vorgehen im Entscheidungsprozeß zu begründen. Eventuell trägt dies auch dazu bei, daß die Instanz ihre eigenen Vorstellungen revidiert.

Um die Kontrolle zu erleichtern, kann es für die Instanz zweckmäßig sein, den Entscheidungsträger stärker an explizite Verhaltensnormen zu binden. Die Vorgabe solcher Normen belastet aber die Instanz (sie muß die Normen im Rahmen eines eigenen Kalküls ermitteln und so formulieren, daß der Entscheidungsträger sie verstehen kann). Sie wird durch die Delegation der Entscheidung tendenziell um so weniger entlastet, je mehr sie den Ermessensspielraum des Entscheidungsträgers durch explizite Normen einengt.

Auch dann, wenn Sanktionen gegenüber dem Entscheidungsträger schwer zu rechtfertigen sind, können natürlich Kontrollen vorteilhaft sein. Wenn die Instanz sich qualifiziert fühlt, gute Entscheidungen zu treffen, nimmt sie z.B. deshalb Kontrollen vor, um bei Fehlentscheidungen korrigierend eingreifen und (weitere) Nachteile abwenden zu können.

4.2. Die betrachtete Entscheidungssituation

Zur Einführung in die Grundprobleme der Ergebnis- und Planungskontrolle bei Vorgabe impliziter Verhaltensnormen betrachten wir zunächst eine einfache Entscheidungssituation:

1. Die Instanz delegiert ein bestimmtes Entscheidungsproblem an einen nachgeordneten Entscheidungsträger. Der Einfachheit halber wird hier die Phase der Alternativensuche als bereits abgeschlossen betrachtet. Aus einer gegebenen Menge von Handlungsalternativen, $\{A_1, A_2, ..., A_A\}$, soll der Entscheidungsträger eine Alternative auswählen. Die Gewinne und andere Konsequenzen der einzelnen Handlungsalternativen hängen davon ab, welcher der Umweltzustände $S_1, S_2, ..., S_S$ eintreten wird.
2. Die Instanz orientiert sich nur am Gewinn und ist risikoneutral. Sie setzt dem Entscheidungsträger die implizite Verhaltensnorm, den Gewinnerwartungswert zu maximieren: Er soll Informationen beschaffen, sich ein (subjektives) Wahrscheinlichkeitsurteil über die Umweltzustände bilden und jene Alternative auswählen, die im Lichte dieser Wahrscheinlichkeiten den höchsten Gewinnerwartungswert aufweist.
3. Der für das Entscheidungsproblem maßgebliche Planungszeitraum besteht aus *einer* Periode; mit den erwogenen Handlungsalternativen sind keine Konsequenzen verbunden, die erst in späteren Perioden wirksam werden.
4. Eine Ergebniskontrolle erfolgt erst am Ende der Periode, nachdem also die Durchführung der gewählten Handlungsalternative A_a vollständig abgeschlos-

sen ist und das Ergebnis E_{as} feststeht. Da annahmegemäß vom Standpunkt der Instanz nur die Zielgröße „Gewinn" relevant ist, wird davon ausgegangen, die Ergebniskontrolle beziehe sich ausschließlich auf den erzielten Gewinn.

Im folgenden soll zunächst die Aussagefähigkeit der Ergebniskontrolle, dann die der Planungskontrolle analysiert werden.

4.3.   Erfolgskontrolle: Gewinnorientierter Soll-Ist-Vergleich

4.3.1. Problemstellung

Die unmittelbare Kontrolle der Planungsaktivitäten des Entscheidungsträgers verursacht einen großen Aufwand; außerdem sind - wie später noch ersichtlich wird - der Beschaffung zweifelsfreier Informationen im Zuge einer Planungskontrolle (relativ enge) Grenzen gesetzt. Wenn die Möglichkeit besteht, dem Entscheidungsträger den mit seinen Aktivitäten erzielten Gewinn in eindeutiger Weise zuzurechnen (wie hier vorausgesetzt wird), kann statt dessen eine *mittelbare* Kontrolle über den erzielten Gewinn vorgenommen werden (Erfolgskontrolle). Wenn bei einer solchen Ergebniskontrolle der Verdacht von Fehlentscheidungen aufkommt, können immer noch weitere (Planungs-)Kontrollen vorgenommen werden, indem etwa der Informationsstand des Entscheidungsträgers zum Zeitpunkt seiner Entscheidung näher überprüft wird.

Auch Erfolgskontrollen werden in Form eines Soll-Ist-Vergleichs durchgeführt. Hierzu wird von der delegierenden Instanz ein bestimmter Soll-Gewinn vorgegeben und später der erzielte Ist-Gewinn mit diesem Soll-Gewinn verglichen. Dabei werden im allgemeinen genau dann weitere Kontrollaktivitäten vorgenommen, wenn der Ist-Gewinn den Soll-Gewinn unterschreitet, wenn also eine negative Abweichung vorliegt.

Im folgenden wird jedoch gezeigt, daß Abweichungen zwischen Soll- und Ist-Gewinn nur in Ausnahmefällen einen eindeutigen Rückschluß darauf zulassen, ob der Entscheidungsträger seine Aufgaben gut oder schlecht erfüllt hat. Natürlich wird es die Instanz begrüßen, wenn der Sollgewinn überschritten (und nicht unterschritten) wird. Es ist aber verfehlt, daraus den Schluß zu ziehen, daß sich dann weitere Kontrollaktivitäten erübrigen. Auch im Fall einer Fehlentscheidung (also bei ungewollten Fehlern und/oder Manipulationen der Planung) kann je nach dem eintretenden Umweltzustand der spätere Ist-Gewinn *über* dem Sollgewinn liegen. (Wenn sich solche Fehlentscheidungen wiederholen, können aus Sicht der Instanz erhebliche Nachteile entstehen; es besteht keine Gewähr, daß solche Entscheidungen aufgrund günstiger Umweltzustände stets zu einem guten Ergebnis führen.) Umgekehrt kann der Ist-Gewinn auch dann unter einem Sollgewinn liegen, wenn eine gute Entscheidung getroffen wurde. Es ist nur in Ausnahmefällen sinnvoll, genau dann weitere Kontrollen vorzunehmen, wenn der Ist-Gewinn kleiner ist als der Sollgewinn. Dies soll nun näher begründet werden.

4.3.2. Soll-Ist-Vergleich bei einmaliger Entscheidung

4.3.2.1. Unsichere Erwartungen des Entscheidungsträgers

In der Realität kennt häufig der Entscheidungsträger zum Zeitpunkt seiner Entscheidung nicht mit Sicherheit den in Zukunft eintretenden Umweltzustand. Er kann sich lediglich bemühen, durch Beschaffung zusätzlicher Informationen sein Wahrscheinlichkeitsurteil zu verbessern. Unabhängig davon, ob er eine aus Sicht der Instanz gute Entscheidung trifft, kann sich dabei - je nach dem eintretenden Umweltzustand - ein hoher oder ein niedriger Gewinn einstellen.

Zunächst soll die Problematik des Soll-Ist-Vergleichs für den Fall behandelt werden, daß die Instanz (wie in der Praxis üblich) einen *unbedingten* Soll-Gewinn vorgibt und nur bei negativer Abweichung zwischen Ist- und Soll-Gewinn weitere Kontrollen vornimmt. Dieses Vorgehen wäre nur dann sinnvoll, wenn aus dem Vorzeichen der Abweichung in eindeutiger Weise geschlossen werden kann, ob der Entscheidungsträger seinen Aufgaben in guter oder schlechter Weise nachgekommen ist. Diese Voraussetzung ist aber nicht erfüllt, wie immer auch der Sollgewinn festgesetzt wird.

Zwei Beispiele machen dies deutlich:

Beispiel XXII.1: Gegeben sei die Gewinnmatrix XXII.1:

	0,3 S_1	0,2 S_2	0,4 S_3	0,1 S_4	Gewinnerwartungswerte
A_1	100	200	300	-400	150
A_2	0	0	0	300	30
A_3	200	200	200	-500	130

Matrix XXII.1: Gewinnmatrix in Beispiel XXII.1

In der oberen Kopfzeile sind die Wahrscheinlichkeiten aufgeführt, die der Entscheidungsträger zum Zeitpunkt seiner Entscheidung den Umweltzuständen zuordnet. Befolgt er die Verhaltensnorm (Maximierung des Gewinnerwartungswertes), so wählt er die Alternative A_1. Wenn nun der Umweltzustand S_4 eintritt, ergibt sich ein *Verlust* in Höhe von 400. Bei Wahl der Alternative A_2 wäre dagegen ein Gewinn von 300 erzielt worden; dennoch hätte der Entscheidungsträger mit der Wahl von A_2 seine Aufgaben nicht pflichtgemäß erfüllt.

Beispiel XXII.2: Es wird nun angenommen, der Entscheidungsträger entscheide *nicht* auf der Basis der Gewinnmatrix XXII.1, sondern hole zusätzliche Informationen ein. Dies führt zur Revision seines Wahrscheinlichkeitsurteils und damit zu Gewinnmatrix XXII.2:

	0,8 S_1	0,1 S_2	0,05 S_3	0,05 S_4	Gewinnerwartungswerte
A_1	100	200	300	−400	95
A_2	0	0	0	300	15
A_3	200	200	200	−500	165

Matrix XXII.2: Gewinnmatrix nach Information in Beispiel XXII.2

Befolgt der Entscheidungsträger die Verhaltensnorm, so wählt er jetzt die Alternative A_3. Tritt der Umweltzustand S_4 ein, wird ein Verlust von 500 erzielt. Hätte der Entscheidungsträger keine weiteren Informationen eingeholt und auf der Basis der Gewinnmatrix XXII.1 entschieden, hätte sich A_1 als optimal erwiesen und es wäre nur ein Verlust in Höhe von 400 entstanden. Die Beschaffung zusätzlicher Informationen kann also ex post zu einem niedrigeren Gewinn führen.

Die Beispiele verdeutlichen, daß der tatsächlich erzielte Gewinn kein eindeutiger Indikator dafür ist, ob der Entscheidungsträger im Sinne der Instanz seine Aufgaben gut oder schlecht erfüllt hat. Aus dem erzielten Gewinn kann allenfalls ein *probabilistischer Rückschluß* auf die Güte der Aufgabenerfüllung gezogen werden (vgl. hierzu LAUX, 1979a).

Erfolgen nur dann weitere Kontrollaktivitäten, wenn der Soll-Gewinn unterschritten wird, kann für den Entscheidungsträger ein Anreiz bestehen, nicht die Alternative mit dem höchsten Gewinnerwartungswert zu wählen, sondern jene, bei der mit möglichst hoher Wahrscheinlichkeit der Soll-Gewinn erreicht wird. Bei dieser Entscheidung - die *nicht* im Einklang mit dem Ziel der Instanz steht - wird die Wahrscheinlichkeit für eine Kontrolle minimiert. (Hier ist zu beachten, daß Entscheidungsträger umfangreichere Kontrollen häufig auch dann als physische und psychische Belastung empfinden, wenn sie davon überzeugt sind, eine „gute" Entscheidung getroffen zu haben.)

Es mag naheliegen, den Soll-Gewinn nicht unbedingt, sondern *zustandsabhängig* vorzugeben und dabei dem Umweltzustand S_s (s=1,2,...,S) das Maximum der entsprechenden Gewinnspalte als Soll-Gewinn zuzuordnen. Wenn dieser Umweltzustand eintritt, wird beim Soll-Ist-Vergleich der entsprechende Soll-Gewinn zugrunde gelegt. Auch in diesem Fall läßt die Soll-Ist-Abweichung keinen eindeutigen Rückschluß auf die Güte der Entscheidung zu: Zum Zeitpunkt der Entscheidung ist dem Entscheidungsträger (ebenso wie der Instanz) der in Zukunft eintretende Umweltzustand noch nicht bekannt. Er kann sich zwar bemühen, sein Wahrscheinlichkeitsurteil über die Umweltzustände zu verbessern, indem er zusätzliche Informationen einholt. Da aber in der Regel die verfügbaren Informationen unvollkommen sind (also keine sicheren Rückschlüsse zulassen) und/oder eine vollkommene Information unvertretbar hohe Kosten verursacht, wird der Entscheidungsträger trotzdem seine Entscheidung bei unsicheren Erwartungen über die Gewinne treffen. Es ist nicht sinnvoll, die nachträgliche Beurteilung der Entscheidung auf der Basis eines Informationsstandes vorzunehmen, der zum Zeitpunkt der Entscheidung nicht realisierbar war oder unvertretbar hohe Kosten verursacht hätte.

Der erzielte Ist-Gewinn kann sogar mit dem *Maximalgewinn* im eingetretenen Umweltzustand übereinstimmen, obwohl eine Fehlentscheidung getroffen wurde. Er kann umgekehrt auch erheblich davon abweichen, selbst wenn die Verhaltensnorm befolgt wurde.

Zur Verdeutlichung dienen zwei Beispiele:

Beispiel XXII.3: Die Gewinnmatrix habe folgende Gestalt (A=2):

	0,7 S_1	0,1 S_2	0,1 S_3	0,1 S_4	Gewinnerwartungswerte
A_1	100	100	100	20	92
A_2	20	20	20	90	27

Matrix XXII.3: Gewinnmatrix in Beispiel XXII.3

In der oberen Kopfzeile sind wieder diejenigen Wahrscheinlichkeiten aufgeführt, die der Entscheidungsträger zum Zeitpunkt der Entscheidung den Umweltzuständen beimißt. Nach der vorgegebenen Verhaltensnorm muß er die Alternative A_1 wählen. Entscheidet er sich statt dessen für A_2 und tritt der Umweltzustand S_4 ein, so beträgt die Abweichung zwischen Soll- und Ist-Gewinn (90–90=) 0. Im nachhinein wird es die Instanz zwar begrüßen, daß der Maximalgewinn erreicht wurde. Trotzdem ist die Situation bedenklich: Es ist zu befürchten, daß der Entscheidungsträger bei zukünftiger Delegation die Verhaltensnorm wieder verletzt; dann kann sich aber vom Standpunkt der Instanz mit hoher Wahrscheinlichkeit ein erheblicher Nachteil ergeben.

Wählt der Entscheidungsträger pflichtgemäß die Alternative A_1 und tritt der Umweltzustand S_4 ein, so ergibt sich beim Vergleich des Ist-Gewinns mit dem Soll-Gewinn eine Abweichung von (20–90=) –70.

Beispiel XXII.4: Die Gewinnmatrix habe folgende Gestalt (A=4):

	1/3 S_1	1/3 S_2	1/3 S_3	Gewinnerwartungswerte
A_1	100	–50	–50	0
A_2	–50	100	–50	0
A_3	–50	–50	100	0
A_4	30	30	30	30

Matrix XXII.4: Gewinnmatrix in Beispiel XXII.4

Nach der vorgegebenen Verhaltensnorm hat der Entscheidungsträger die Alternative A_4 zu wählen. Bei Wahl dieser Alternative ergibt sich eine Abweichung des Ist-

Gewinns vom Soll-Gewinn in Höhe von (30−100=) −70, unabhängig davon, welcher Umweltzustand eintritt; bei Wahl einer anderen Alternative ist die Soll-Ist-Abweichung möglicherweise null.

4.3.2.2. Sichere Erwartungen des Entscheidungsträgers

Der ergebnisabhängige Soll-Ist-Vergleich kann grundsätzlich nur dann einen eindeutigen Rückschluß auf die Güte der Entscheidung ermöglichen, wenn der Entscheidungsträger zum Zeitpunkt seiner Entscheidung den in Zukunft eintretenden Umweltzustand und mithin auch die mit den erwogenen Alternativen erzielbaren Gewinne mit Sicherheit kennt.

Wenn auch die Instanz den Umweltzustand kennt, ist es sinnvoll, jenen Gewinn als Sollgewinn vorzugeben, der in diesem Zustand mit den erwogenen Alternativen maximal erzielt werden kann. (Annahmegemäß ist die Menge $\{A_1, A_2,..., A_A\}$ der Handlungsalternativen gegeben.) Wird ein niedrigerer Gewinn erzielt als der Soll-Gewinn, so ist dies ein Indiz dafür, daß der Entscheidungsträger das gesetzte Ziel (hier die Maximierung des Gewinns) nicht verfolgt und eine vom Standpunkt der Instanz nachteilige Alternative gewählt hat. In der beschriebenen Situation bereitet also die ergebnisorientierte Kontrolle keine Probleme: Es ist unmittelbar klar, welche Höhe der Sollgewinn aufweist; eine Abweichung zwischen Soll- und Ist-Gewinn kann nur aus einer Fehlentscheidung resultieren. Jedoch entfällt in einer solchen Situation zugleich die Notwendigkeit von Delegation und Kontrolle: Wenn die Instanz den Umweltzustand im voraus kennt, kann sie die Alternative gleich selbst auswählen; die Delegation der Entscheidung kann für sie keinen Vorteil bringen.

Der Soll-Ist-Vergleich läßt sich bei sicheren Erwartungen des Entscheidungsträgers auch dann relativ einfach durchführen, wenn die Instanz zwar bei der Festsetzung des Soll-Gewinns noch unsichere Erwartungen über den Umweltzustand hat, jedoch nachträglich überprüfen kann, welcher Umweltzustand tatsächlich eingetreten ist. Es ist dann allerdings nicht mehr sinnvoll, den Soll-Gewinn unbedingt vorzugeben und anschließend den Ist-Gewinn damit zu vergleichen. Der Ist-Gewinn ist ja nicht nur von der gewählten Handlungsalternative abhängig, sondern auch vom eintretenden Umweltzustand, den der Entscheidungsträger nicht beeinflussen kann.

Dem Einfluß des Umweltzustandes kann jetzt in der Weise Rechnung getragen werden, daß der Soll-Gewinn *zustandsabhängig* festgesetzt wird: Dem Umweltzustand S_s $(s=1,2,...,S)$ wird das Maximum der entsprechenden Gewinnspalte als Soll-Gewinn zugeordnet. Ergibt sich eine negative Abweichung zwischen Ist- und Soll-Gewinn, so steht eindeutig fest, daß eine Fehlentscheidung getroffen wurde; die Soll-Ist-Abweichung gibt an, welche Gewinneinbuße mit dieser Fehlentscheidung verbunden ist. Stimmen Ist- und Soll-Gewinn überein, so hat der Entscheidungsträger mit Sicherheit die Alternative mit dem maximalen Gewinn gewählt, also die Verhaltensnorm befolgt.

Die Annahme, wonach die Instanz später eindeutig feststellen kann, welcher Umweltzustand eingetreten ist, wird allerdings in der Realität oft nicht erfüllt sein.

Zur Verdeutlichung betrachten wir das Entscheidungsproblem, die Herstellmenge für ein bestimmtes Produkt festzusetzen; $A_1, A_2, ..., A_A$ seien alternative Produktionsmengen, die Zustände $S_1, S_2, ..., S_S$ alternative Nachfragemengen. Werden z.B. 1000 Produkteinheiten hergestellt, so kann die Instanz nur dann die tatsächliche Nachfragemenge eindeutig feststellen, wenn diese kleiner ist als 1000, wenn also ein unverkäuflicher Restbestand verbleibt. Ist dieser Bestand z.B. 100, so war die Nachfragemenge offenbar 900. Wird dagegen die gesamte Produktionsmenge verkauft, so ist daraus kein sicherer Rückschluß auf die Nachfrage möglich. Sie kann 1000 Einheiten betragen haben, aber auch wesentlich höher gewesen sein. Für die Instanz kann es sehr schwierig sein, sich ein Bild darüber zu machen, wieviele Produkteinheiten zusätzlich hätten verkauft werden können. Hinweise könnten etwa die Bestellungen von Kunden geben. Solche Unterlagen bieten aber nur vage Anhaltspunkte. Möglicherweise haben Kunden gerade deshalb keine (weiteren) Bestellungen aufgegeben, weil ihnen bekannt war, daß keine Lieferung erfolgen kann.

Wenn die Instanz nicht selbst überprüfen kann, welcher Umweltzustand eingetreten ist, ergibt sich das noch offene Problem, an welchem Sollgewinn dann der Ist-Gewinn zu messen ist. Man mag einwenden, der Entscheidungsträger könne doch die Instanz darüber informieren, welcher Umweltzustand der wahre ist. Wenn aber die Instanz diese Angaben nicht überprüfen kann, ist einer Manipulation nur schwer zu begegnen.

4.3.2.3. *Soll-Ist-Vergleich auf der Basis des Gewinnerwartungswertes*

Wie erläutert wurde, läßt der gewinnorientierte Soll-Ist-Vergleich in einer Welt *unsicherer* Erwartungen über die zukünftigen Gewinne nur geringe Rückschlüsse darauf zu, ob der Entscheidungsträger seine Aufgaben gut oder schlecht erfüllt hat; das gilt unabhängig davon, ob der Sollgewinn zustandsabhängig festgesetzt wird oder nicht. Man könnte einen Soll-Ist-Vergleich auf der Basis des *Gewinnerwartungswertes* als geeigneter ansehen. Da annahmegemäß die Instanz dem Entscheidungsträger das Ziel setzt, diesen Erwartungswert zu maximieren, könnte sie zugleich auch einen *Soll-Gewinnerwartungswert* vorgeben. Der Entscheidungsträger müßte dann nach Wahl einer Handlungsalternative die Instanz über den damit verbundenen Gewinnerwartungswert informieren. Wenn der genannte Gewinnerwartungswert unter dem Soll-Wert liegt, kann die Instanz weitere Kontrollen vornehmen. Auch dieses Vorgehen ist jedoch problematisch:

1. Der Gewinnerwartungswert der gewählten Alternative ist keine objektive Größe. Je nachdem, welche (subjektiven) Wahrscheinlichkeiten den Umweltzuständen zugeordnet werden, ergibt sich ein hoher oder ein niedriger Gewinnerwartungswert. Daher besteht die Gefahr, daß der Entscheidungsträger - welche Alternative er auch immer gewählt haben mag - den Gewinnerwartungswert über dem Soll-Wert ansetzt und die Instanz folglich auch keine weiteren Kontrollen vornimmt. Um der Gefahr der Manipulation zu begegnen, müßte die Instanz die Angaben des Entscheidungsträgers überprüfen, also doch weitere Kontrollaktivitäten vornehmen. Eine positive Abweichung soll aber gerade als Indiz dafür gelten, daß weitere Kontrollen überflüssig sind.

2. Auch wenn keine Manipulationsgefahr besteht, ist der Soll-Ist-Vergleich auf der Basis von Gewinnerwartungswerten problematisch. Wenn der vom Entscheidungsträger ermittelte Gewinnerwartungswert über einem bestimmten Soll-Wert liegt, ist das kein eindeutiges Indiz dafür, daß dieser eine vom Standpunkt der Instanz gute Entscheidung getroffen hat. Die Abweichung kann gerade daraus resultieren, daß er bei der Berechnung der Gewinnerwartungswerte und damit auch bei seiner Entscheidung von Wahrscheinlichkeiten für die Umweltzustände ausgegangen ist, die vom Standpunkt der Instanz „unvertretbar" sind.

3. Schließlich ergeben sich bereits Probleme bei der Festlegung eines geeigneten Sollgewinnerwartungswertes; die Instanz weiß ja nicht, welche Gewinnerwartungswerte mit den erwogenen Alternativen im Licht der Informationen des Entscheidungsträgers erzielbar sind.

4.3.2.4. *Soll-Ist-Vergleich bei unbekannter Alternativenmenge*

Wenn in einer Entscheidungssituation die Handlungsalternativen vom Entscheidungsträger erst entdeckt werden müssen (und dies ist der Normalfall), verursacht der gewinnabhängige Soll-Ist-Vergleich noch größere Schwierigkeiten (vgl. hierzu LAUX/LIERMANN, 1986, S. 73ff.). Zur Verdeutlichung der Problematik wird ein einfacher Fall betrachtet: Sowohl der Entscheidungsträger als auch die Instanz kennen bereits den in Zukunft eintretenden Umweltzustand, aber noch nicht die Menge der möglichen Handlungsalternativen. Dem Entscheidungsträger wird die Verhaltensnorm gesetzt, nach Handlungsalternativen zu suchen und dann diejenige mit dem höchsten Gewinn auszuwählen.

Ohne Kenntnis der Menge der möglichen Handlungsalternativen und deren Gewinne bereitet die Bestimmung eines geeigneten Sollgewinns erhebliche Schwierigkeiten. Die Instanz muß sich im voraus ein Urteil darüber bilden, welcher Gewinn bei pflichtgemäßer Erfüllung der Verhaltensnorm erreichbar ist. Andernfalls besteht die Gefahr, daß ein ungeeigneter Sollgewinn vorgegeben wird: Wird z.B. ein sehr hoher Sollgewinn gesetzt, so ist der Entscheidungsträger möglicherweise auch bei besonderen Anstrengungen nicht in der Lage, diesen Gewinn zu erreichen. Die Sollgewinnvorgabe kann dann demotivierend wirken; das gilt vor allem dann, wenn der Entscheidungsträger schon zu Beginn seiner Bemühungen zu der Überzeugung kommt, den Soll-Gewinn nicht erreichen zu können. Um eine Demotivation zu verhindern, könnte es naheliegen, einen niedrigeren Soll-Gewinn zu wählen. Dann jedoch ist es u.U. sehr einfach, diesen Soll-Gewinn zu erreichen, und die Vorgabe des Soll-Gewinns hat keine oder nur geringe Auswirkungen auf die Aktivitäten des Entscheidungsträgers, wenn - wie üblich - bei Erreichen des Soll-Gewinns keine weiteren Kontrollen vorgenommen werden.

Die Vorgabe eines adäquaten Soll-Gewinns setzt bei der Instanz einen guten Informationsstand über das Gewinnpotential bei der Lösung des vorliegenden Entscheidungsproblems voraus. Die Instanz könnte den Soll-Gewinn in der Weise festsetzen, daß sie (unter Mitwirkung des Entscheidungsträgers) umfassend prüft, welche Handlungsalternativen offen stehen und welcher Gewinn damit maximal erreichbar ist. Sie kann dann aber die Entscheidung gleich selbst treffen und der

Zweck der Delegation wird verfehlt. Damit die Instanz durch die Delegation überhaupt entlastet wird, muß sie sich bei der Festsetzung des Soll-Gewinns mit einem relativ groben Bild über das Gewinnpotential begnügen. Dann besteht aber die Gefahr, daß ein Soll-Gewinn vorgegeben wird, der als Beurteilungsbasis nicht geeignet ist und der den Entscheidungsträger nicht motiviert, sondern möglicherweise sogar demotiviert. Ist die zu erfüllende Aufgabe jedoch wenig variabel, so kann die Instanz allerdings im Zeitablauf einen guten Einblick in das Erfolgspotential gewinnen.

4.3.3. Soll-Ist-Vergleich bei mehrmaligen Entscheidungen

Wie in den Abschnitten 4.3.2.1 und 4.3.2.3 erläutert wurde, läßt ein gewinnorientierter Soll-Ist-Vergleich bei einem einmaligen Entscheidungsproblem nur geringe Rückschlüsse zu, sofern der Entscheidungsträger zum Zeitpunkt seiner Entscheidung den Umweltzustand noch nicht mit Sicherheit kennt. Wesentlich aussagefähiger hingegen kann der Soll-Ist-Vergleich bei *mehrmaligen* Entscheidungen desselben Entscheidungsträgers sein. Zur Verdeutlichung betrachten wir eine Folge von Entscheidungsproblemen, in denen jeweils die Alternativenmenge gegeben ist und die Instanz im nachhinein überprüfen kann, welcher Umweltzustand eingetreten ist.[3] Die Kontrolle kann dann in der Weise erfolgen, daß für jedes Entscheidungsproblem geprüft wird, welcher Gewinn erzielt wurde, welcher Umweltzustand eingetreten ist und welcher Gewinn im eingetretenen Umweltzustand maximal hätte erzielt werden können; danach wird die jeweilige Abweichung zwischen Maximalgewinn und Ist-Gewinn festgestellt.

Eine *geringe* durchschnittliche Abweichung[4] ist ein Indiz dafür, daß der Entscheidungsträger über eine gute Prognosefähigkeit verfügt und sich außerdem am Ziel der Instanz orientiert. Dieses Indiz ist vor allem dann aussagekräftig, wenn die Zahl der berücksichtigten Entscheidungsprobleme groß ist.

Ist die durchschnittliche Abweichung hingegen *groß*, so kann daraus nicht ohne weiteres geschlossen werden, der Entscheidungsträger habe sich nicht bewährt. Es ist möglich, daß für die einzelnen Entscheidungsprobleme nur wenig relevante Informationen beschafft werden konnten, so daß die jeweilige Prognosegrundlage unzulänglich war. Als Beurteilungsbasis könnte hier der *interpersonelle* Vergleich dienen, sofern andere Entscheidungsträger im Zeitablauf ähnliche Entscheidungsprobleme zu lösen hatten. Ist bei einem Entscheidungsträger die durchschnittliche Abweichung erheblich größer als die der anderen, so liegt die Vermutung nahe, daß er weniger gut befähigt ist, den eintretenden Umweltzustand zu

---

3)   Es wird nicht vorausgesetzt, daß die jeweiligen Entscheidungsprobleme gleich oder ähnlich sind.

4)   Die durchschnittliche Abweichung ist gleich der Summe der Abweichungen bei den einzelnen Entscheidungsproblemen dividiert durch die Anzahl der kontrollierten Entscheidungen.

prognostizieren, und/oder weniger bereit ist, das Ziel der Instanz zu verfolgen, als die anderen Entscheidungsträger.[5]

4.4.   Planungskontrolle

4.4.1. Gründe für eine Planungskontrolle

Die bisherigen Überlegungen führen zu dem Schluß, daß der gewinnorientierte Soll-Ist-Vergleich als *ausschließliches* Kontrollinstrument unzureichend ist:

– Der gewinnorientierte Soll-Ist-Vergleich kann (im Einperioden-Fall) erst erfolgen, wenn die Handlungsalternative abgeschlossen ist und damit eine mögliche Fehlentscheidung nicht mehr korrigiert werden kann.

– Bei einem einmaligen Entscheidungsproblem unter unsicheren Erwartungen über den Umweltzustand ermöglicht der nachträgliche gewinnorientierte Soll-Ist-Vergleich im allgemeinen nur einen geringen Rückschluß auf die Güte der Entscheidung. Der Ist-Gewinn hängt auch von dem eintretenden Umweltzustand ab, den der Entscheidungsträger nicht beeinflussen kann. Er kann sich lediglich bemühen, durch Beschaffung weiterer Informationen sein Wahrscheinlichkeitsurteil zu verbessern, bevor er seine Entscheidung trifft. Das führt aber nicht zwingend dazu, daß die Differenz aus Soll- und Ist-Gewinn sinkt; sie kann sogar steigen.

– Hat der Entscheidungsträger im Zeitablauf zahlreiche Entscheidungsprobleme gelöst, kann zwar unter bestimmten Voraussetzungen eine durchschnittliche Abweichung zwischen Soll- und Ist-Gewinn ermittelt werden, die eine gute Beurteilungsbasis bildet. Bis diese Information aber vorliegt, können infolge der wiederholten Delegation bereits erhebliche Nachteile entstanden sein.

Es kann daher sinnvoll sein, schon nach einem oder wenigen Entscheidungsproblemen eine *Planungskontrolle* vorzunehmen, um im Falle von Fehlentscheidungen korrigierend eingreifen zu können. Bei einer Planungskontrolle wird der Entscheidungsprozeß des Entscheidungsträgers (mehr oder weniger grob) nachvollzogen und die überprüften Größen mit bestimmten Sollgrößen verglichen. Die Möglichkeit der Planungskontrolle macht die Ergebniskontrolle nicht überflüssig. Da es (wie noch ersichtlich wird) auch im Rahmen einer Planungskontrolle nur schwer möglich ist, unbewußte Fehler und Manipulationen der Planung klar aufzudecken, kann es sinnvoll sein, ergänzend zur Planungskontrolle auch Ergebniskontrollen durchzuführen, um im Zeitablauf einen zusätzlichen Beurteilungsmaßstab für die Güte der Entscheidungen zu erhalten. Es kann im Einzelfall auch vorteilhaft sein, zunächst nur eine Ergebniskontrolle durchzuführen. Erst wenn dabei der Verdacht

---

5)   Die Überlegungen beruhen auf der Annahme, die jeweilige Menge der Handlungsalternativen sei der Instanz bekannt. Diese Voraussetzung ist aber in der Realität oft nicht erfüllt. Für die Instanz stellt sich dann das Problem, welche Sollgewinne den jeweiligen Ist-Gewinnen gegenüberzustellen sind. Die Instanz kennt ja nicht die Gewinne, die in den eingetretenen Umweltzuständen maximal hätten erzielt werden können (sie kennt ja nicht die möglichen Alternativen). Die Überlegungen in Abschnitt 4.3.2.4 gelten hier analog.

einer Fehlentscheidung aufkommt, werden zusätzliche Kontrollaktivitäten in Form einer Planungskontrolle vorgenommen. Im folgenden sollen Aufgaben und Grundprobleme der Planungskontrolle diskutiert werden.

4.4.2. Kontrolle bei hinreichendem Sachverstand der Instanz

4.4.2.1. Grundlagen

Es wird von folgenden Voraussetzungen ausgegangen:
1. Die Instanz delegiert das Entscheidungsproblem in der Absicht, die Informationen des Entscheidungsträgers zu nutzen, ohne diese Informationen selbst aufnehmen und verarbeiten zu müssen.
2. Die Instanz fühlt sich hinreichend qualifiziert, sich ein eigenes Wahrscheinlichkeitsurteil über die Umweltzustände $S_1, S_2, ..., S_S$ zu bilden. Würde sie vom Entscheidungsträger dessen Informationen erhalten, so würde sie jene Alternative wählen, die im Lichte ihrer a posteriori-Wahrscheinlichkeiten für die Umweltzustände den höchsten Gewinnerwartungswert aufweist. Sie würde diese Alternative auch dann wählen, wenn der Entscheidungsträger aus seinen Informationen ein anderes Wahrscheinlichkeitsurteil über die Umweltzustände ableitet und für eine andere Alternative plädiert.

Gemäß der zweiten Annahme führt die Delegation vom Standpunkt der Instanz zu einem optimalen Ergebnis, wenn der Entscheidungsträger (möglichst gute Informationen beschafft und) bei jeder Informationsstruktur diejenige Alternative wählt, die im Lichte der entsprechenden a posteriori-Wahrscheinlichkeiten der Instanz den höchsten Gewinnerwartungswert aufweist.

Im Zuge der Planungskontrolle wird überprüft, welche Ausprägungen die *Primärdeterminanten* des Entscheidungsträgers zum Zeitpunkt seiner Entscheidung aufwiesen und wie diese Ausprägungen zu beurteilen sind (SIEBEN/BRETZKE/RAULWING, 1976; LAUX, 1979a, S. 262ff.). Außerdem wird überprüft, welche Handlungsalternative der Entscheidungsträger gewählt hat. Die gewählte Alternative kann zusätzliche probabilistische Rückschlüsse auf die Ausprägungen von Entscheidungsdeterminanten ermöglichen; zudem kann die Entscheidung des Entscheidungsträgers revidiert werden, falls sie sich als nachteilig erweist.

4.4.2.2. Kontrolle der Ausprägungen der Entscheidungsdeterminanten

a. Kontrolle des verwendeten Modelltyps

Im Rahmen der Kontrolle kann zunächst überprüft werden, ob der Entscheidungsträger einen für das vorliegende Entscheidungsproblem geeigneten *Modelltyp* verwendet hat. Möglicherweise wird er über die Problematik des gewählten Modells und die komparativen Vorteile anderer Modelle aufgeklärt.

b. Kontrolle der erwogenen Handlungsalternativen

Die Kontrolle der *Menge der erwogenen Handlungsalternativen* hat relativ geringe Bedeutung, sofern die Alternativenmenge vorgegeben ist.[6)] In der Regel besteht aber die Aufgabe eines Entscheidungsträgers gerade auch darin, neue Handlungsalternativen zu (er-)finden. Die Alternativenkontrolle soll dann Aufschluß darüber geben, welche Alternativen der Entscheidungsträger entdeckt und in seinem Entscheidungskalkül berücksichtigt hat. Die Kontrolle der erwogenen Alternativen verursacht im Prinzip dieselben Probleme wie die Kontrolle des Informationsstandes zur Prognose der Konsequenzen von Alternativen.

c. Kontrolle der Informationsstruktur

Für die Instanz kann es auch zweckmäßig sein zu prüfen, über welche *Informationsstruktur* der Entscheidungsträger zum Zeitpunkt seiner Entscheidung verfügt hat, um
- den damaligen Informationsstand des Entscheidungsträgers beurteilen zu können,
- um feststellen zu können, welche Handlungsalternative aus der Sicht der Instanz optimal gewesen wäre, und
- um sich ein Bild darüber machen zu können, welche Schlüsse der Entscheidungsträger aus Informationen ableitet.

Am *Informationsstand* des Entscheidungsträgers (bezogen auf den Zeitpunkt seiner Entscheidung) kann die Instanz erkennen, ob er Möglichkeiten der Informationsbeschaffung adäquat genutzt hat. Gegebenenfalls prüft die Instanz auch, warum bestimmte Informationen nicht eingeholt wurden. Wenn der Entscheidungsträger damit rechnen muß, daß sein Informationsstand überprüft wird, ist er möglicherweise stärker motiviert, zusätzliche Informationen zu beschaffen, bevor er die Entscheidung trifft. Darüber hinaus können dem Entscheidungsträger u.U. zusätzliche Informationsmöglichkeiten eingeräumt werden.

Bei der Kontrolle des Informationsstandes kann die Instanz zugleich auch prüfen, welche Ausprägungen die beobachteten Indikatoren aufweisen. Die Instanz kann sich dann ein Urteil darüber bilden, welche Alternative im Lichte dieser Informationen *von ihrem Standpunkt* aus optimal gewesen wäre. Hat der Entscheidungsträger eine andere Alternative gewählt, so wird die Instanz möglicherweise dessen Entscheidung revidieren. Bei einer Revision sollten jedoch auch diejenigen Informationen berücksichtigt werden, die bis zum gegenwärtigen Zeitpunkt der Kontrolle beschafft worden bzw. ungefragt zugegangen sind.

Wenn die Instanz die Informationsstruktur des Entscheidungsträgers und außerdem dessen Wahrscheinlichkeitsurteil über die Umweltzustände $S_1, S_2, ..., S_S$ kennt, kann sie auch (probabilistische) Rückschlüsse auf dessen *Prognosefunktion* ziehen. Darauf kommen wir zurück.

---

6)   Aber auch in diesem Fall ist die Alternativenkontrolle nicht ohne weiteres überflüssig. Der Entscheidungsträger könnte von vornherein einen Teil der Alternativen aus seinem Entscheidungskalkül ausschließen, weil sie hinsichtlich eigener Ziele nachteilig sind.

Die Überprüfung des Informationsstandes, über den der Entscheidungsträger zum Zeitpunkt der Entscheidung verfügt hat, kann erhebliche Schwierigkeiten bereiten. Ein Teil der Informationen kann zwar schriftlich niedergelegt sein, etwa in Gutachten, Briefen, Kostenvoranschlägen, Kursnotierungen. Darüber hinaus ist die Instanz jedoch auf mündliche Berichte des Entscheidungsträgers angewiesen. Solche Berichte sind aber oft sehr unvollkommen, da das Erinnerungsvermögen des Entscheidungsträgers begrenzt ist. Außerdem besteht die Gefahr der Manipulation. So könnte der Entscheidungsträger - etwa um den Eindruck einer gründlichen Entscheidungsvorbereitung zu erwecken - z.B. behaupten, über bestimmte Informationen habe er schon zum Zeitpunkt seiner Entscheidung verfügt, während sie ihm tatsächlich erst später zugegangen sind. Umgekehrt besteht auch die Gefahr, daß der Entscheidungsträger vorgibt, bestimmte Informationen seien ihm nicht bekannt gewesen, obwohl sie bereits vorgelegen haben. Eine solche Täuschung ist vor allem dann zu erwarten, wenn sich der Entscheidungsträger an persönlichen Zielen orientiert und eine Alternative gewählt hat, die im Lichte seiner wahren Informationsstruktur im Urteil der Instanz als nachteilig erscheint.

Zur Beurteilung der Informationsaktivitäten des Entscheidungsträgers ist dessen Informationsstand (bezogen auf den Zeitpunkt seiner Entscheidung) mit einem bestimmten *Soll-Informationsstand* zu vergleichen. Die Instanz kann den Soll-Informationsstand in Ausnahmefällen bereits zum Zeitpunkt der Delegation vorgeben, indem sie explizit vorschreibt, welche Informationen der Entscheidungsträger einholen (welche Indikatoren er beobachten) soll. Zeigt sich später im Zuge der Kontrolle, daß bestimmte Informationen nicht eingeholt worden sind, ergibt sich also eine „negative" Soll-Ist-Abweichung, so hat der Entscheidungsträger diese Abweichung zu begründen. In der Realität ist es allerdings oft nur schwer möglich, die Ursachen für Abweichungen zwischen Soll- und Ist-Informationsmenge eindeutig festzustellen bzw. zu überprüfen.

Im allgemeinen ist die Instanz jedoch *nicht* in der Lage, schon zum Zeitpunkt der Delegation der Entscheidung eindeutig und umfassend den *Soll-Informationsstand* festzulegen. Die Instanz würde bei einem solchen Vorgehen kaum entlastet. Sie kann sich allenfalls nachträglich im Zuge der Überprüfung des Ist-Informationsstandes eine Vorstellung darüber bilden, welcher Soll-Informationsstand als Beurteilungsgrundlage dienen könnte. Bestehen dann negative Abweichungen, so kann die Instanz den Entscheidungsträger nicht ohne weiteres zur Rechenschaft ziehen. Dessen Argument, er habe den nicht eingeholten Informationen einen geringen Wert beigemessen, kann die Instanz nicht widerlegen. Sie kann allenfalls argumentieren, daß der Entscheidungsträger nicht fähig ist, optimale Informationsaktivitäten im Sinne der Instanz vorzunehmen.

Auch wenn *größere* negative Soll-Ist-Abweichungen beobachtet werden, ist es nicht in jedem Fall sinnvoll, an den Entscheidungsträger in Zukunft keine Entscheidungen mehr zu delegieren. Die Instanz kann dem Entscheidungsträger ihrerseits auch zusätzliche Informationen geben, ihn über Möglichkeiten der Informationsbeschaffung aufklären, ihm (technische) Informationsmöglichkeiten einräumen und/oder sein Aufgabengebiet einengen (Verbesserung der Informationskompatibilität).

d. Kontrolle der Prognosefunktion

Für die Instanz kann es auch zweckmäßig sein zu überprüfen, welche *Wahrschein-lichkeiten* der Entscheidungsträger zum Zeitpunkt der Entscheidung den maßgeblichen Umweltzuständen $S_1, S_2, ..., S_S$ zugeordnet hat. Die Kenntnis dieser Wahrscheinlichkeiten und der Informationsstruktur ermöglicht einen Rückschluß auf die *Prognosefunktion* des Entscheidungsträgers, die angibt, in welcher Weise er aus Informationen Wahrscheinlichkeitsurteile ableitet. Sind die damaligen Wahrscheinlichkeiten des Entscheidungsträgers, die von ihm gewählte Alternative und die Gewinne der Alternativen in den damals möglichen Umweltzuständen bekannt, kann überprüft werden, ob der Entscheidungsträger das *gesetzte Ziel* (Maximierung des Gewinnerwartungswertes) verfolgt hat.

Wenn die Instanz die Informationsstruktur des Entscheidungsträgers (bezogen auf den Zeitpunkt seiner Entscheidung) kennt, kann sie den Umweltzuständen $S_1, S_2, ..., S_S$ ihre eigenen a posteriori-Wahrscheinlichkeiten zuordnen und diese mit den Wahrscheinlichkeiten des Entscheidungsträgers vergleichen. Dadurch kann sie feststellen, ob der Entscheidungsträger in ihrem Sinne gute Schlüsse aus seinen Informationen abgeleitet hat. Die a posteriori-Wahrscheinlichkeiten der Instanz dienen hier also als Beurteilungsmaßstab (als Sollgrößen). Die Eignung dieser Wahrscheinlichkeiten als Beurteilungsmaßstab resultiert daraus, daß sich die Instanz (annahmegemäß) hinreichend qualifiziert fühlt, ein eigenes Wahrscheinlichkeitsurteil zu bilden. Zeigt die Kontrolle, daß die Wahrscheinlichkeiten des Entscheidungsträgers erheblich von den a posteriori-Wahrscheinlichkeiten der Instanz abweichen, so kann die Instanz beispielsweise die folgenden Maßnahmen (zur Verbesserung der Kalkülkompatibilität) ergreifen:

- Der Entscheidungsträger wird zur Rechenschaft gezogen. Die Sanktionsmöglichkeiten sind allerdings sehr begrenzt: Da es sich bei den Wahrscheinlichkeiten für die Umweltzustände um subjektive Größen handelt, kann die Instanz nicht objektiv nachweisen, daß gerade *ihr* (a posteriori-)Wahrscheinlichkeitsurteil „richtig" ist und Abweichungen davon auf Prognosefehler zurückzuführen sind.
- Die Instanz beeinflußt die Prognosefunktion des Entscheidungsträgers in ihrem Sinne, um späteren Fehlentscheidungen entgegenzuwirken. So kann sie etwa den Entscheidungsträger darüber aufklären, welche Schlüsse er aus bestimmten Informationen ziehen soll, oder auf Theorien hinweisen, die er bei der Bildung seiner Prognosen zugrundezulegen hat.
- Wenn eine solche Aufklärung zu aufwendig ist und/oder erwartet werden muß, daß der Entscheidungsträger nicht dabei lernt, Informationen im Sinne der Instanz gut zu verarbeiten, werden möglicherweise keine weiteren Entscheidungsprobleme an ihn delegiert.

Auch die Überprüfung der Wahrscheinlichkeiten für die Umweltzustände, über die der Entscheidungsträger zum Zeitpunkt seiner Entscheidung verfügt hat, bereitet in der Realität erhebliche Schwierigkeiten. Die Instanz kann den Entscheidungsträger nach diesen Wahrscheinlichkeiten befragen. Vielleicht hat er zum Zeitpunkt der Kontrolle darüber nur noch vage Erinnerungen. Daher kann es (vor allem bei Entscheidungsproblemen von besonderer Bedeutung) sinnvoll sein, dem Entscheidungsträger ex ante die Weisung zu geben, sein Wahrscheinlichkeitsurteil schon bei seiner Entscheidung schriftlich festzuhalten.

Der Entscheidungsträger könnte jedoch auch ein Interesse daran haben, seine Wahrscheinlichkeitsangaben zu manipulieren: Hat er sich bei seiner Entscheidung an abweichenden Zielen orientiert und nicht die Alternative mit dem höchsten Gewinnerwartungswert gewählt, so wird er im Falle einer Kontrolle kaum seine wahren Wahrscheinlichkeiten offenlegen, sondern Wahrscheinlichkeitsangaben machen, bei der die gewählte (suboptimale) Alternative einen maximalen Gewinnerwartungswert aufweist. Das gilt auch dann, wenn der Entscheidungsträger seine Wahrscheinlichkeiten schon bei seiner Entscheidung schriftlich zu fixieren hat. Er macht dann bereits zu diesem Zeitpunkt falsche Angaben. Da die Wahrscheinlichkeiten des Entscheidungsträgers subjektive Größen sind und mithin von der Instanz nicht unmittelbar beobachtet werden können, bestehen nur begrenzte Möglichkeiten, eine Manipulation nachzuweisen. Der Entscheidungsträger kann argumentieren, zum Zeitpunkt der Entscheidung sei sein Informationsstand sehr begrenzt gewesen und er habe aus diesen Informationen eben die von ihm angegebenen Wahrscheinlichkeiten abgeleitet.

Andererseits sind dem Entscheidungsträger für eine Manipulation gewisse Grenzen gesetzt. Er muß damit rechnen, daß gerade die von ihm genannten Argumente dazu führen, daß in Zukunft keine Entscheidungen mehr an ihn delegiert werden, weil er nicht in der Lage zu sein scheint, im Sinne der Instanz relevante Informationen zu beschaffen und daraus gute Rückschlüsse zu ziehen.

e. Kontrolle der Ergebnisverteilungen

Die optimale Handlungsalternative hängt nicht nur von den Eintrittswahrscheinlichkeiten der Umweltzustände ab, sondern auch davon, welche Ergebnisse (hier: Gewinne) die Alternativen dann jeweils bieten. Es kann daher zweckmäßig sein, zumindest stichprobenartig zu überprüfen, ob der Entscheidungsträger die möglichen Gewinne mit hinreichender Sorgfalt ermittelt bzw. geschätzt hat. Solange nicht bekannt ist, mit welchen Gewinnen der Entscheidungsträger gerechnet hat, ist unbestimmt, welche Alternative er hat wählen sollen. Jedoch auch die Kontrolle der Gewinnzuordnung bereitet erhebliche Probleme. Dies gilt insbesondere, wenn die Zahl der Handlungsalternativen und der Umweltzustände groß ist. Der Entscheidungsträger kann dann die Gewinnzurechnung nur in recht globaler Form vornehmen. Dies erleichtert die Manipulation. Verfälschte Gewinnzuordnungen kann er mit der Begründung rechtfertigen, ihm habe die Zeit für genauere Berechnungen gefehlt. Es besteht die Gefahr, daß der Entscheidungsträger persönlich präferierten Alternativen relativ hohe Gewinne zuordnet, für andere Alternativen dagegen relativ niedrige Werte schätzt.

Bei der Kontrolle der Wahrscheinlichkeitsverteilungen über den Gewinn hat die Instanz nicht nur zu prüfen, welche Gewinne der Entscheidungsträger den maßgeblichen Umweltzuständen zugerechnet hat. Sie muß sich auch ein eigenes Urteil darüber bilden, welche Gewinne den Umweltzuständen tatsächlich entsprechen. Die eigenen Schätzgrößen dienen zum einen als Sollbasis für die Beurteilung von zustandsabhängigen Gewinnprognosen des Entscheidungsträgers. Zum andern bilden sie die Grundlage für das Entscheidungsproblem der Instanz, ob und wie sie die Alternativenwahl des Entscheidungsträgers korrigieren soll.

f. Kontrolle der Zielfunktion

Schließlich kann es im Rahmen der Planungskontrolle sinnvoll sein zu überprüfen, welche *Zielfunktion der Entscheidungsträger* bei seiner Entscheidung verfolgt hat. Stellt sich heraus, daß er die ihm gesetzte Verhaltensnorm verletzt und sich an abweichenden Zielen orientiert hat, so kann die Instanz z.B. folgende Maßnahmen (zur Verbesserung der Anreizkompatibilität) ergreifen:

- Der Entscheidungsträger wird zur Rechenschaft gezogen. Er muß also bei Zielabweichungen mit nachteiligen Folgen rechnen. Dadurch kann ex ante die Wahrscheinlichkeit für eine zielkonforme Entscheidung steigen.
- Wenn die Gefahr besteht, daß sich der Entscheidungsträger auch in Zukunft an abweichenden Zielen orientieren wird, delegiert die Instanz an ihn keine weiteren Entscheidungsprobleme.
- Die Instanz kann ein Anreizsystem schaffen, um die Wahrscheinlichkeit für spätere zielkonforme Entscheidungen zu erhöhen (Kapitel XXIII, XXIV und XXV).

Ob die Verhaltensnorm befolgt wurde, läßt sich ebenfalls nur schwer nachprüfen. Das verfolgte Ziel hat zwar einen Einfluß auf die gewählte Alternative, die sich oft eindeutig ermitteln läßt (vor allem, wenn sie bereits abgeschlossen ist). Die gewählte Alternative wird jedoch nicht nur von der Zielfunktion des Entscheidungsträgers bestimmt, sondern auch von dessen Wahrscheinlichkeiten für die Umweltzustände, die die Instanz nicht eindeutig nachprüfen kann. Eine zweifelsfreie Kontrolle der verfolgten Ziele ist somit ebenfalls kaum möglich.

4.4.2.3. Kontrolle der gewählten Handlungsalternative

Die Kontrolle der gewählten Handlungsalternative dient zunächst einmal zur Erleichterung der Kontrolle der Informationsstruktur, der Prognosefunktion und der Zielfunktion des Entscheidungsträgers. Hat der Entscheidungsträger eine Fehlentscheidung getroffen, so wird sich die Instanz bemühen, die Entscheidung zu revidieren, um nachteilige Folgen abzuwenden. Je früher die Kontrolle erfolgt, je weniger weit also die Durchführung der gewählten Handlungsalternativen fortgeschritten ist, um so größer ist tendenziell der noch verbleibende Spielraum für mögliche Revisionen.

4.4.2.4. Die Kontrolle als sequentieller Entscheidungsprozeß

Annahmegemäß delegiert die Instanz die Entscheidung, um die Informationen des Entscheidungsträgers nutzen zu können, ohne diese selbst aufnehmen und verarbeiten zu müssen. Zweck der Delegation ist also die Entlastung der Instanz. Dieser Zweck wird verfehlt, wenn die Instanz mit Sicherheit nachträglich eine umfassende Kontrolle der Ausprägungen der Primärdeterminanten des Entscheidungsträgers und der von ihm gewählten Handlungsalternative vornehmen wird. Für die Instanz entsteht ein wesentlich geringerer Aufwand, wenn sie sich von vornherein die Informationen des Entscheidungsträgers übermitteln läßt und dann die Entscheidung *selbst* trifft.

Grundsätzlich ist es nicht sinnvoll, die (mehr oder weniger umfangreichen) Kontrollaktivitäten *im voraus* definitiv festzulegen. Der Kontrollprozeß stellt einen sequentiellen Entscheidungsprozeß dar, in dem die weiteren Maßnahmen der Instanz jeweils davon abhängen, zu welchem Ergebnis die bisherigen Kontrollaktivitäten geführt haben. Die Instanz beginnt mit bestimmten Testaktivitäten. Je nach dem erzielten Ergebnis stellt sie anschließend die Kontrolle ein und ergreift die erforderlichen Folgemaßnahmen oder sie nimmt weitere Kontrollaktivitäten vor.

Die Instanz stellt die Kontrolle dann ein, wenn sie sich ein hinreichend fundiertes Urteil über den Entscheidungsprozeß des Entscheidungsträgers bilden kann. Ob diese Bedingung erfüllt ist, hängt ab von den Erwartungen der Instanz zu Beginn der Kontrolle und den Informationen, die sie während der Kontrolle erhält. Wenn sie etwa aufgrund früherer positiver Erfahrungen von der Erwartung ausgeht, der Entscheidungsträger habe eine gute Entscheidung getroffen, und wenn die ersten Kontrollaktivitäten diese Erwartungen bestätigen, liegt es nahe, die Kontrolle zu beenden und auch in Zukunft ähnliche Entscheidungsprobleme an den Entscheidungsträger zu delegieren. Wenn indes die ersten Kontrollaktivitäten den Eindruck erwecken, der Entscheidungsträger habe eine Fehlentscheidung getroffen, wird die Instanz ihr Ausgangsurteil in Zweifel ziehen. Für die Instanz ist es dann naheliegend, weitere Kontrollen vorzunehmen, um sich ein besseres Urteil bilden zu können.

Wenn die Instanz *weitere* Kontrollen durchführt, muß sie sich im Anschluß daran wieder für die Fortsetzung oder Einstellung der Kontrolle entscheiden. Die Entscheidung hängt von dem zunächst noch unbekannten Ergebnis der weiteren Kontrollen ab. Bei der Kontrolle der Informationsstruktur wird z.B. die Instanz überprüfen, ob der Entscheidungsträger bestimmte Indikatoren (z.B. die Konkurrenzpreise) beobachtet hat und wenn ja, welche Ausprägungen diese zum Zeitpunkt der Entscheidung aufwiesen. Je nach dem Ergebnis dieser Kontrolle wird sie anschließend überprüfen, ob auch andere Informationen eingeholt wurden.

4.4.3. Kontrolle bei unzureichendem Sachverstand der Instanz

Delegiert die Instanz die Entscheidung deshalb, weil sie sich beim vorliegenden Entscheidungsproblem *nicht qualifiziert* fühlt, aus Informationen ein befriedigendes Wahrscheinlichkeitsurteil über die Umweltzustände $S_1, S_2, ..., S_S$ abzuleiten, hat sie äußerst begrenzte Möglichkeiten, im Rahmen *eigener* Kontrollaktivitäten zu überprüfen, ob der Entscheidungsträger seine Aufgaben gut oder schlecht erfüllt hat:

– Die Instanz ist nicht in der Lage festzustellen, ob der Entscheidungsträger sich in angemessener Weise bei der Beschaffung zusätzlicher Informationen eingesetzt und ob er aus seinen Informationen ein adäquates Wahrscheinlichkeitsurteil über die Umweltzustände abgeleitet hat.

– Die Instanz kann kaum feststellen, ob der Entscheidungsträger sich bei seiner Entscheidung an abweichenden Zielen orientiert hat. Der Entscheidungsträger kann immer argumentieren, bei den Wahrscheinlichkeiten, die er den Umweltzuständen $S_1, S_2, ..., S_S$ zuordnet, weise die von ihm gewählte Handlungsalternative den höchsten Gewinnerwartungswert auf. Der Instanz fehlt die Qualifikation, die Wahrscheinlichkeitsangaben des Entscheidungsträgers zu überprüfen.

Die Instanz kann sich allenfalls dadurch behelfen, daß sie eine neutrale und qualifizierte Person mit der Durchführung der Kontrolle beauftragt.

5. Kontrolle impliziter Verhaltensnormen im Mehrperioden-Fall

5.1. Die betrachtete Entscheidungssituation

In der bisherigen Analyse von Kontrollproblemen wurden die geplanten Maßnahmen zukünftiger Zeitpunkte nicht explizit berücksichtigt. Zwischen den Entscheidungen über Aktionen zu verschiedenen Perioden bestehen jedoch im allgemeinen so enge Interdependenzen, daß die gegenwärtigen Maßnahmen isoliert von den zukünftigen Aktionen weder bestimmt noch kontrolliert werden können; die zukünftigen Maßnahmen beeinflussen die gegenwärtigen und umgekehrt.

Zur expliziten Erfassung von intertemporalen Interdependenzen sind mehrstufige (sequentielle) Entscheidungsmodelle erforderlich, die simultan mit den gegenwärtigen Maßnahmen auch die Aktionen für spätere Zeitpunkte festlegen. Wären die Umweltentwicklung und die gegenwärtigen und zukünftigen Aktionsmöglichkeiten mit Sicherheit bekannt, so könnten alle zukünftigen Aktionen endgültig und unwiderruflich festgelegt werden. In Risikosituationen bestehen jedoch zumindest mehrwertige Erwartungen über die Umweltentwicklung, wobei sich grundsätzlich die Wahrscheinlichkeitsvorstellungen über die weitere Entwicklung der Umwelt im Zeitablauf je nach den zwischenzeitlich zugehenden Informationen ändern. Es ist dann nicht sinnvoll, zukünftige Aktionen schon im voraus *endgültig festzulegen*. Im Konzept der *flexiblen Planung* wird nur die zu Beginn des Planungszeitraumes zu ergreifende Aktion endgültig festgelegt; simultan dazu wird für jede zukünftige Periode ein System von *Eventualplänen* erstellt. Welcher Plan in einer zukünftigen Periode tatsächlich realisiert (welche Aktion dann also gewählt) wird, hängt von der Umweltentwicklung ab, die bis dahin eintritt.

In der Realität treten immer wieder Umweltzustände ein, mit denen vorher nicht als Möglichkeit gerechnet wurde. Es kann daher notwendig werden, sich an Umweltzustände anzupassen, die bei der Aufstellung der bedingten Pläne nicht berücksichtigt wurden. Darüber hinaus können sich Anpassungen auch deshalb als vorteilhaft erweisen, weil neue Aktionsmöglichkeiten entdeckt werden. Es ist daher auch bei flexibler Planung notwendig, im Zeitablauf ständig Planrevisionen bzw. Neuplanungen vorzunehmen.

Bei Verzicht auf Modellvereinfachung würde bereits zu Beginn des Planungszeitraumes eine umfassende Strategie bis zum Ende des Planungszeitraumes erarbeitet werden. Eine solch umfassende Planung ist aber in der Regel nicht möglich, da hierzu die Planungskapazität nicht ausreicht; zumindest würden zu hohe Planungskosten entstehen. Es stellt sich daher das Problem der Komplexitätsreduktion. Eine Vereinfachung kann vor allem in der Weise erfolgen, daß die zukünftigen Folgemaßnahmen nur in Form einer Globalplanung antizipiert werden. Dabei wird die Vielzahl möglicher Umweltentwicklungen durch wenige „repräsentative" Entwicklungen erfaßt, für die relativ global festgelegt wird, was jeweils zu tun ist. In späteren Zeitpunkten werden, je nach der eintretenden Umweltentwicklung, vorhandene Pläne verworfen und neue (Detail- oder Global-)Pläne erstellt und/oder es werden vorhandene Pläne revidiert bzw. detailliert ausgestaltet. Die Notwendigkeit der Modellvereinfachung ist also ein weiterer Grund dafür, daß auch bei flexibler Planung im Zeitablauf ständig Planrevisionen bzw. Neuplanungen erforderlich sind (*rollende flexible Planung*).

5.2.   Planungskontrolle

Im Falle mehrperiodiger Entscheidungen verursacht die Planungskontrolle im Prinzip dieselben Probleme wie bei einperiodigen Entscheidungen. Hier sollen nur einige Besonderheiten dargestellt werden, die sich ergeben, wenn der Entscheidungsträger nach dem Prinzip der flexiblen Planung entscheidet (LAUX/LIERMANN, 1986).

Es besteht u.a. aus folgenden Gründen die Gefahr, daß der Entscheidungsträger aus der Sicht der Instanz Fehlentscheidungen trifft:

1. Die Erwartungen des Entscheidungsträgers über die zukünftige Umweltentwicklung weichen von jenen Erwartungen ab, die sich die Instanz bilden würde, wenn sie über die Informationen des Entscheidungsträgers verfügte.
2. Der Entscheidungsträger übersieht gegenwärtige und zukünftige Aktionsmöglichkeiten.
3. Der Entscheidungsträger orientiert sich nicht an der vorgegebenen impliziten Verhaltensnorm, sondern an abweichenden persönlichen Zielen.

Für die Instanz kann es daher vorteilhaft sein, von Zeit zu Zeit z.B. Informationen zu beschaffen über die vom Entscheidungsträger bereits realisierten Maßnahmen, seinen Informationsstand über Aktionsmöglichkeiten und die in Zukunft eintretende Umweltentwicklung, die Eventualpläne, die er für mögliche zukünftige Umweltentwicklungen aufgestellt hat und über die Wahrscheinlichkeiten, die er den denkbaren Entwicklungen der Umwelt zuordnet. Die Instanz kann dann die Eventualpläne revidieren, falls sie in bezug auf die bereits durchgeführten Maßnahmen und auf der Grundlage der Erwartungsstruktur der Instanz nicht optimal sind. Die Instanz bildet sich ihr Wahrscheinlichkeitsurteil über die zukünftige Umweltwicklung auch aufgrund jener Informationen, die sie vom Entscheidungsträger bekommt.

Die Entscheidungen des Entscheidungsträgers hängen jedoch von seiner eigenen Erwartungsstruktur ab. Weicht diese von der der Kontrollinstanz ab, so besteht die Gefahr, daß der Entscheidungsträger andere Entscheidungen treffen wird, als die Instanz es tun würde. Folglich kann die Instanz daran interessiert sein, die Wahrscheinlichkeitsvorstellungen des Entscheidungsträgers kennenzulernen, um sie entsprechend korrigieren zu können, sofern sie von ihren eigenen Einschätzungen abweichen.

Man mag einwenden, die Instanz brauche gar nicht zu wissen, welche Wahrscheinlichkeiten der Entscheidungsträger den denkbaren Entwicklungen der Umwelt zuordnet, um künftige Fehlentscheidungen zu verhindern. Es genüge, wenn sie die Eventualpläne kenne, die der Entscheidungsträger für diejenigen Umweltentwicklungen aufgestellt hat, die er als möglich ansieht. Die Kontrollinstanz könne dann die aufgestellten Pläne in optimaler Weise revidieren und gegebenenfalls dem Entscheidungsträger weitere Eventualpläne für solche Umweltentwicklungen vorgeben, die dieser bislang für unmöglich erachtet hat, die sie (die Instanz) jedoch als möglich ansieht. Dieser Einwand ist nicht stichhaltig: In der Regel ist es aufgrund begrenzter Planungskapazitäten gar nicht möglich oder wegen der anfallenden Planungskosten zumindest nicht vorteilhaft, für alle möglichen Umweltentwicklungen ein umfassendes und detailliertes System von Eventualplänen aufzustellen.

Der Entscheidungsträger stellt daher bewußt für viele von ihm als möglich erachtete Umweltentwicklungen keine Eventualpläne auf. Das gilt insbesondere für diejenigen Entwicklungen, denen er sehr niedrige Eintrittswahrscheinlichkeiten zuordnet. Außerdem arbeitet er seine Eventualpläne in der Regel nicht im Detail aus, sie werden vielmehr nur grob umrissen. Ein Eventualplan wird erst dann detailliert ausgearbeitet, wenn die Wahrscheinlichkeit seiner Realisation im Zeitablauf hinreichend gestiegen ist.

Auch für die Instanz ist es in der Regel nicht möglich oder zumindest nicht vorteilhaft, die aufgestellten Globalpläne in detaillierter Weise auszugestalten bzw. zu revidieren und außerdem für diejenigen der von ihr als möglich erachteten Umweltentwicklungen Feinpläne aufzustellen, für die der Entscheidungsträger selbst keine Pläne erarbeitet hat. Würde sich die Instanz in einer solch eingehenden Weise an der Planung beteiligen, wäre sie durch die Delegation kaum entlastet. In der Regel wird sie sich darauf beschränken, nur allgemeine Anweisungen (z.B. bezüglich der Revision bereits aufgestellter Eventualpläne und der Aufstellung zusätzlicher Eventualpläne) zu geben, so daß dem Entscheidungsträger noch ein weiter Entscheidungsspielraum verbleibt. Wie er sich dann entscheiden wird, hängt (auch) von seiner Erwartungsstruktur ab. Die Instanz kann daher - entgegen dem Einwand - ein eigenständiges Interesse daran haben, Informationen über die Erwartungsstruktur des Entscheidungsträgers zu erhalten, um diese entsprechend zu korrigieren, falls sie mit ihrer eigenen nicht übereinstimmt.

Die von dem Entscheidungsträger bereits ergriffenen Maßnahmen und seine Eventualpläne bezeichnen wir im folgenden als dessen *Strategie*. Die Überprüfung dieser Strategie, des Informationsstandes des Entscheidungsträgers sowie seiner Erwartungsstruktur (über die zukünftige Umweltentwicklung) ist in der Regel mit hohen Kosten verbunden. Daher stellt sich für die Instanz die Frage, ob sie überhaupt eine solche Kontrolle vornehmen soll. Es handelt sich hierbei um ein Entscheidungsproblem bei Unsicherheit über den erzielbaren Kontrollgewinn. Die Instanz kann ihre Entscheidung dann von gewissen Grundinformationen abhängig machen, die probabilistische Rückschlüsse auf die Vorteilhaftigkeit einer Planungskontrolle zulassen. Als wichtiger Indikator für Entscheidungen über Planungskontrollen dient in der Praxis der „Erfolg" oder „Gewinn". Er soll in komprimierter Form zum Ausdruck bringen, ob der Entscheidungsträger „gute" oder „schlechte" (bedingte) Entscheidungen getroffen hat.

Wir wollen im folgenden einige Konzepte der Erfolgsermittlung darstellen und prüfen, welche Rückschlüsse die jeweiligen Erfolge im Zeitablauf zulassen. Zur Veranschaulichung der Darstellung gehen wir davon aus, der Entscheidungsträger sei der Leiter einer Sparte (einer strategischen Geschäftseinheit), der ein Erfolg zugerechnet werden kann.

5.3.   Erfolgskontrolle

5.3.1. *Grundprobleme und Grundannahmen*

Mit den Maßnahmen, die in einer Sparte im Verlauf einer Periode realisiert werden, sind Konsequenzen verbunden, die zum Teil erst in zukünftigen Perioden eintreten. Diese Konsequenzen sind nicht allein von der Umweltentwicklung abhängig, sondern auch von weiteren Aktionen in den zukünftigen Perioden. Die Aktionen einer Periode können daher nicht isoliert von den zukünftigen (Folge-) Maßnahmen optimal bestimmt werden. Demnach kann auch der Erfolg, der den Aktivitäten in einer Periode entspricht, nur in Verbindung mit den zukünftigen (Folge-)Maßnahmen ermittelt werden. Diese Maßnahmen lassen sich aber nicht unmittelbar beobachten; sie sind zunächst nur durch (Eventual-)Pläne charakterisiert. Die Güte und Genauigkeit dieser Pläne bestimmt wesentlich die Aussagekraft des ermittelten Periodenerfolges.

Die Pläne für zukünftige Perioden haben nicht nur Bedeutung für die Beurteilung bereits realisierter Maßnahmen. Eine wesentliche Aufgabe des Entscheidungsträgers besteht auch darin, unabhängig von den Aktionen der laufenden Periode Strategien für die Zukunft zu entwickeln und deren Realisation in Form von Plänen vorzubereiten. Der Indikator „Erfolg" sollte (auch) möglichst frühzeitig signalisieren, ob die Aufgabe der Zukunftsvorsorge gut erfüllt wird oder nicht. In LAUX/ LIERMANN (1986) und in LAUX (2005c) wird untersucht, wie bei der Ermittlung des Erfolges einer Periode die zukünftigen Aktionen und deren Konsequenzen im Prinzip antizipiert werden können. Dabei wird deutlich, daß die Antizipation zukünftiger Ergebnisse bei der Ermittlung des laufenden Periodenerfolges in Risikosituationen große Probleme aufwirft; der ausgewiesene Erfolg hat tendenziell nur eine geringe Aussagekraft.

Insbesondere müssen bei der Ermittlung des Periodenerfolges neben den jeweiligen Einzahlungsüberschüssen der betreffenden Periode *auch* die zukünftigen Überschüsse der getroffenen Entscheidungen antizipiert werden. Dies kann z.B. durch die Erfassung von Ertragswerten geschehen, wobei der Ertragswert eines Zeitpunkts definiert ist als der auf diesen Zeitpunkt bezogene Barwert der Erwartungswerte der späteren Einzahlungsüberschüsse. Wie im folgenden deutlich wird, können jedoch die Ertragswertansätze in Risikosituationen gerade das verschleiern, was sie messen sollen.

5.3.2. Zur Aussagekraft des Erfolges bei Gefahr eines schlechten Wahrscheinlichkeitsurteils als Basis der Ertragswerte

Die Ertragswerte sind nicht objektiv vorgegeben, sondern - aufgrund der Subjektivität des zugrundeliegenden Wahrscheinlichkeitsurteils über die zukünftige Umweltentwicklung - *subjektiv* geprägt. Die Vorstellungen über die jeweils angemessene Höhe können deshalb von Person zu Person verschieden sein: Subjektive Wahrscheinlichkeiten (und mithin die Ertragswerte) können sich unterscheiden, weil die betreffenden Personen unterschiedlich gut informiert sind und/oder weil sie aus gleichen Informationen unterschiedliche probabilistische Rückschlüsse auf die zukünftige Umweltentwicklung ziehen. Die Aussagefähigkeit des Periodenerfolges wird u.a. dadurch beeinträchtigt, daß nicht die Gewähr besteht, daß der Entscheidungsträger bei der Ermittlung der Ertragswerte ein gutes Wahrscheinlichkeitsurteil zugrunde legt.

Zur Verdeutlichung dieser Problematik betrachten wir den Ertragswert EW_t am Ende einer Periode t:

1. Die Tatsache, daß die Bestimmung des Ertragswertes EW_t auf der Basis subjektiver Wahrscheinlichkeiten erfolgt, erleichtert die Manipulation des Erfolgsausweises. Es besteht die Gefahr, daß der Entscheidungsträger - welche Strategie er auch immer gewählt haben mag - für EW_t einen hohen Wert ansetzt und somit einen hohen Periodenerfolg G_t ausweist. Um der Gefahr der Manipulation zu begegnen, müßte die Kontrollinstanz die Angaben des Entscheidungsträgers überprüfen, also Planungskontrollen vornehmen. Nun soll gerade der ausgewiesene Erfolg die Entscheidungsgrundlage dafür liefern, ob Planungskontrollen durchgeführt werden sollen oder nicht. Es ergeben sich hier im Prinzip dieselben Probleme wie beim Soll-Ist-Vergleich im Einperiodenfall auf der Basis von Gewinnerwartungswerten (Abschnitt 4.3.2.3).

2. Auch wenn keine Manipulationsgefahr besteht, ist der Informationswert des ausgewiesenen Erfolges tendenziell gering. Ein *hoher* Erfolgsausweis kann daraus resultieren,

   – daß gute Entscheidungen getroffen wurden,

   – daß der Entscheidungsträger bei der Berechnung des Ertragswertes EW_t und bei den zugrundeliegenden Entscheidungen von einem Wahrscheinlichkeitsurteil über die zukünftige Umweltentwicklung ausgegangen ist, das vom Standpunkt der Instanz problematisch ist. Sie selbst würde sich, wenn sie die

Informationen des Entscheidungsträgers hätte, u.U. ein stark abweichendes Wahrscheinlichkeitsurteil bilden und andere Entscheidungen treffen.

Ein *niedriger* Erfolgsausweis kann ebenfalls verschiedene Ursachen haben, z.B.:

- Der Entscheidungsträger legt der Berechnung von EW_t ein „gutes" Wahrscheinlichkeitsurteil über die zukünftige Umweltentwicklung zugrunde, er ist aber wenig kreativ bei der Entdeckung neuer Aktionsmöglichkeiten oder scheut die Mühe ihrer Realisation.
- Der Entscheidungsträger ist extrem pessimistisch und unterläßt Maßnahmen, die die Instanz bei eigener Entscheidung auf der Grundlage der Informationen des Entscheidungsträgers in das Aktionsprogramm aufgenommen hätte.
- Der Entscheidungsträger bildet sich ein gutes Wahrscheinlichkeitsurteil über die zukünftige Umweltentwicklung, ist kreativ bei der Suche nach Aktionsmöglichkeiten und wählt ein unter den gegebenen Bedingungen gutes Aktionsprogramm; es gibt aber nur wenige Aktionsmöglichkeiten, die in Zukunft hinreichende Überschüsse erwarten lassen.

3. Wenn der Entscheidungsträger zusätzliche Informationen beschafft und damit bessere Entscheidungen trifft, führt dies nicht notwendigerweise zu einem höheren Erfolgsausweis. Der Erfolg kann auch erheblich sinken: Die Informationen führen möglicherweise zu dem Schluß, daß die Kapitalwerte der erwogenen Aktionen gering sind und die zukünftigen Einzahlungsüberschüsse der bereits realisierten Projekte niedriger sind, als vorher angenommen wurde.

4. Wie in Abschnitt 5.1 erläutert wurde, ist es in Risikosituationen sinnvoll, die Entscheidung nach dem Prinzip der flexiblen Planung zu treffen, wobei die zukünftigen Aktionen allerdings nur in Form von (bedingten) Globalplänen antizipiert werden können. Da Details im voraus nicht bekannt sind, können auch die Erwartungswerte der zukünftigen Einzahlungsüberschüsse nur grob geschätzt werden. Schätzfehler bei der Ermittlung der Ertragswerte und somit auch der Erfolge sind selbst dann unvermeidlich, wenn der Entscheidungsträger seine Schätzungen mit großer Sorgfalt vornimmt. Darüber hinaus erhöht die Tatsache, daß es praktisch nicht möglich ist, Globalplänen in eindeutiger Weise Einzahlungsüberschüsse zuzuordnen, die Manipulationsanfälligkeit des Erfolgsausweises.

Die Darstellungen verdeutlichen, daß kein eindeutiger Zusammenhang zwischen dem ausgewiesenen Erfolg und der Güte der Entscheidungen besteht. Insbesondere dann, wenn die Kontrollinstanz nicht weiß, ob der Ertragswert aufgrund eines guten oder schlechten Wahrscheinlichkeitsurteils ermittelt und/oder ob Manipulationen vorgenommen wurden oder nicht, ermöglicht der Erfolgsausweis nur einen geringen probabilistischen Rückschluß. Es ist dann müßig, der Frage nachzugehen, an welchem (Soll-)Erfolg der ausgewiesene Erfolg gemessen werden soll; die Erfolgskontrolle kann dann allenfalls als *Ergänzung* zu Planungskontrollen dienen.

5.3.3. *Zur Aussagekraft des Erfolges bei gutem Wahrscheinlichkeitsurteil als Basis der Ertragswerte*

Der ausgewiesene Periodenerfolg kann selbst dann zu gravierenden Fehlschlüssen führen, wenn bei der Ermittlung der Ertragswerte ein *gutes* Wahrscheinlichkeitsurteil über die zukünftige Umweltentwicklung zugrunde gelegt wird, wenn sich also der Entscheidungsträger gründlich informiert und aus seinen Informationen dieselben Schlüsse zieht, wie es die Instanz bei diesem Informationsstand tun würde: Wenn zum Zeitpunkt t ein Verlust ausgewiesen wird, ist dies kein Indiz dafür, daß der Entscheidungsträger schlechte Entscheidungen getroffen hat. Er hat seine Entscheidungen ja nicht aufgrund des Informationsstandes zum Zeitpunkt t getroffen, sondern auf der Basis der Informationen zu früheren Zeitpunkten. Wenn andererseits ein (hoher) positiver Gewinn ausgewiesen wird, ist dies auch kein Indiz dafür, daß gute Entscheidungen getroffen wurden. Die Beurteilung des Entscheidungsträgers aufgrund des am Ende der Periode t ausgewiesenen Erfolges ist ebenso problematisch wie eine Beurteilung aufgrund des Ist-Erfolges im Einperioden-Fall.[7]

6.   Die kurzfristige Erfolgsrechnung (KER)

6.1.   Einführung und Grundannahmen

Die Erfolgsermittlung unter Berücksichtigung von Ertragswerten ist außerordentlich aufwendig und komplex. Zudem können zukünftige Überschüsse im Grunde nur vom Entscheidungsträger selbst geschätzt und mitgeteilt werden, weil der Instanz für eine eigene Schätzung die erforderliche Informationsgrundlage fehlt und es dem Ziel der Delegation widerspricht, wenn sie sich solche Informationen in jedem Fall beschaffen würde. Die Schätzungen des Entscheidungsträgers sind jedoch mit Ungenauigkeiten behaftet, die die Instanz - weil sie ihr nicht bekannt sind - bei der Auswertung der Kontrollinformation nicht angemessen berücksichtigen kann. Darüber hinaus hat der Entscheidungsträger die Möglichkeit, manipulierte Angaben zu machen. Die Instanz kann eine solche Manipulation allenfalls unter dem erheblichen Aufwand einer Planungskontrolle feststellen.

Eine in der Praxis weit verbreitete Form der Vereinfachung der Erfolgsrechnung besteht darin, *zukünftige* Überschüsse nicht explizit zu berücksichtigen, sondern die Vermögenspositionen am Anfang und am Ende der jeweiligen Rechnungsperiode mit Hilfe einfacher Regeln zu bewerten. Diese Regeln beruhen auf Konventionen und unterscheiden sich danach, ob die Erfolgsermittlung zur internen Kontrolle und Steuerung von Entscheidungsprozessen dient oder zur Information

---

7)   Daß der ausgewiesene Erfolg in Risikosituationen nur begrenzte Rückschlüsse auf die Qualität der Entscheidung und auf Verbesserungsmöglichkeiten zuläßt, bedeutet freilich nicht, daß er *überhaupt keine* entscheidungsrelevanten Informationen enthält: Er kann z.B. der Unternehmungsleitung als Indikator für ihre Ausschüttungsentscheidung dienen.

und Rechenschaftslegung gegenüber Außenstehenden (z.B. Anteilseignern, Banken, Fiskus).

Im Rahmen des externen Rechnungswesens wird der Erfolg im Zusammenhang mit der Erstellung der Bilanz sowie der Gewinn- und Verlustrechnung als *Jahresergebnis* ermittelt. Der Jahreserfolg der Finanzbuchhaltung ergibt sich als Differenz zwischen den Erträgen und den Aufwendungen des Geschäftsjahres. Dieser Erfolg ist aus mehreren Gründen als Kontroll- und Lenkungsinstrument für die Unternehmungsleitung wenig geeignet:

– Da der Gewinn bzw. Verlust eines Jahres erst zu Beginn des folgenden Jahres bekannt ist, steht er für kurzfristige Dispositionen zu spät zur Verfügung.
– Die Gliederung der Jahreserfolgsrechnung läßt nicht erkennen, welche Erfolgsbeiträge einzelne Produkte und/oder Betriebsbereiche zum Gesamterfolg geleistet haben.
– Im Jahresabschluß werden (insbesondere) die negativen Erfolgskomponenten nach Konventionen (gesetzlichen Regelungen) erfaßt, die für *interne* Kontroll- und Lenkungszwecke nicht sinnvoll sind. So werden z.B. zwar Fremdkapitalzinsen als Aufwand berücksichtigt, nicht aber kalkulatorische Zinsen auf das Eigenkapital.

Bei der Aufstellung der kurzfristigen (internen) Erfolgsrechnung (KER) hingegen ist man nicht an gesetzliche Normen gebunden, sondern kann bei der Erfolgsermittlung nach eigenen Zweckmäßigkeitsvorstellungen vorgehen. Die Aufgabe der KER besteht vor allem darin, eine laufende Erfolgskontrolle zu ermöglichen und Informationen für Entscheidungen (insbesondere im Produktions- und Absatzbereich) zu liefern. Als Abrechnungsperiode hat sich bei der KER der *Monat* durchgesetzt. Gelegentlich wird sogar ein noch kürzerer Beobachtungszeitraum gewählt.

6.2.   Die KER nach dem Umsatzkostenverfahren auf Teilkostenbasis

In der KER nach dem Umsatzkostenverfahren auf Teilkostenbasis[8] erfolgt eine Unterscheidung nach fixen und proportionalen Kosten. Auf die einzelnen Produkte (Projekte) werden nur jene Kosten verteilt, die zum Produktions- und Absatzvolumen proportional sind. Das Betriebsergebnis wird wie folgt ermittelt:

$$(XXII.1) \quad Betriebsergebnis = \sum_{i=1}^{n} x_{ai} \cdot \left[p_{ai} - k_{pi} \right] - \sum_{j=1}^{m} F_j .$$

Hierin bezeichnen p_{ai} den Absatzpreis und k_{pi} die proportionalen Selbstkosten/Stück des Produkts i; F_j steht für die Fixkosten der Kostenstelle j. Die Differenz aus p_{ai} und k_{pi} gibt den Deckungsbeitrag je Einheit des Produkts i an; multipliziert mit der Absatzmenge x_{ai} ergibt dies den gesamten Deckungsbeitrag des Produkts i, der dazu beiträgt, die Fixkosten zu decken bzw. einen Gewinn zu erzielen.

---

8)   Zur kurzfristigen Erfolgsrechnung vgl. HABERSTOCK (1982); KILGER (1962; 1981).

Beim Umsatzkostenverfahren auf *Teilkostenbasis* werden Bestände an Halb- und Fertigfabrikaten zu proportionalen Kosten bewertet; Fixkosten bleiben außer Ansatz. Wird in einer Periode auf Lager produziert, so ändert sich dadurch der Erfolg dieser Periode nicht (der Wertansatz des Lagerbestandes steigt im gleichen Maße wie die Kosten); erst dann, wenn die Bestände zu Preisen verkauft werden, die höher sind als die (aktivierten) proportionalen Kosten, steigt der ausgewiesene Erfolg.

6.3. Beurteilung des Informationswertes der KER

Von den bekannten Varianten der KER hat die nach dem Umsatzkostenverfahren auf Teilkostenbasis den größten Informationswert. Jedoch lassen auch die Deckungsbeiträge der abgesetzten Produkte keinen *eindeutigen* Rückschluß auf die Qualität der getroffenen Entscheidungen und auf die Vorteile organisatorischer Steuerungsmaßnahmen zu. Wenn z.B. die Deckungsbeiträge einzelner verkaufter Produkte negativ sind, so ist das kein sicheres Indiz für schlechte Entscheidungen. Die betreffenden Produkte können entwicklungsfähig sein und/oder den Absatz von anderen Produkten mit positiven Deckungsbeiträgen fördern. Auch der Ausweis von positiven Deckungsbeiträgen liefert keine eindeutige Beurteilungsbasis; vielleicht wäre es z.B. möglich gewesen, größere Mengen dieser Produkte herzustellen und abzusetzen.

Mehrperiodige Entscheidungen können auf der Basis der KER allenfalls dann beurteilt und gesteuert werden, wenn die Erfolgsentwicklung über einen längeren Zeitraum hinweg beobachtet wird. Der Informationswert des ausgewiesenen Erfolgsstromes wird u.a. jedoch dadurch beeinträchtigt, daß die Erfolge auch von der Umweltentwicklung abhängen, die der Entscheidungsträger im Zeitablauf selbst nicht beeinflussen kann und die er im voraus nicht mit Sicherheit kennt. Auch dann, wenn der Entscheidungsträger gute (bzw. schlechte) Entscheidungen trifft, können in Zukunft aufgrund ungünstiger (bzw. günstiger) Umweltentwicklung niedrige (bzw. hohe) Erfolge eintreten. Mit der Sollvorgabe und der Beurteilung von Soll-Ist-Abweichungen sind auch hier wieder jene Probleme verbunden, die für den Fall einperiodiger Entscheidungen bei Unsicherheit aufgezeigt wurden.

Die Deckungsbeiträge sind jedoch Indikatoren, die die Planungskontrolle, also den Prozeß der Beschaffung *zusätzlicher* Informationen, in sinnvolle Bahnen lenken können. Dies gilt vor allem dann, wenn der laufende Erfolgsausweis mit dem Erfolgsstrom (der Entwicklung der Deckungsbeiträge) in früheren Perioden verglichen wird. Die beobachteten Deckungsbeiträge können Planungskontrollen auslösen, bei denen z.B. Antwort auf die Frage gesucht wird, warum die Absatzmenge von Produkten mit positiven Deckungsbeiträgen zurückgegangen ist, warum die Absatzmengen nicht durch Werbung erhöht wurden, warum der Deckungsbeitrag/Stück eines bestimmten Produkts gesunken ist, was getan wurde, um das Erfolgspotential von Produkten mit negativen Deckungsbeiträgen zu verbessern.

6.4.   Indikatoren für die langfristige Gewinnerzielung

Allen Varianten der KER ist gemeinsam, daß bei der Erfolgskontrolle nur jeweils die gegenwärtigen Periodenerfolge erfaßt werden; die zukünftigen Einzahlungs-überschüsse hingegen werden nicht explizit berücksichtigt. Der gegenwärtige Peri-odenerfolg ist (auch) geprägt von den negativen Konsequenzen derjenigen Maß-nahmen, die erst in späteren Perioden zu positiven Erfolgsbeiträgen führen.

Beispiele für Maßnahmen, die zwar in zukünftigen Perioden positive Erfolgs-beiträge aufweisen (können), jedoch in der laufenden Periode den Erfolg mindern, sind (vgl. POENSGEN, 1973, S. 404f.)

– im Beschaffungsbereich: Ausbau der Lieferantenbeziehungen;
– im technischen Bereich: sorgfältiges Einfahren neuer Aggregate, Schulung des Bedienungspersonals, Instandhaltung;
– im Produktbereich: Forschung, Entwicklung, Konstruktion und Einführung neuer Produkte zur Erhaltung bzw. zum Ausbau des Marktanteils;
– im Kundenbereich: Kundendienst und -beratung, Kulanz, Werbung;
– im Bereich Rechnungswesen und Organisation: Maßnahmen zur Erhöhung der Schnelligkeit, der Genauigkeit und der Detailliertheit der Informationsverarbei-tung;
– im Personalbereich: Maßnahmen zur Betriebssicherheit, Gestaltung des Arbeits-platzes, Personalentwicklung;
– im Öffentlichkeitsbereich: Mitwirkung bei kommunalen Problemlösungen.

Die Art der Zurechnung der Erfolge mehrperiodiger Entscheidungen auf die einzel-nen Perioden im Rahmen der KER kann somit zu irreführenden Kontroll-ergebnissen führen:

1. Obwohl in einer Periode *gute* Entscheidungen getroffen wurden, ist der ausge-wiesene Erfolg *niedrig*. Diese Situation kann z.B. eintreten,
   – wenn der Entscheidungsträger Maßnahmen durchführt, die den laufenden Er-folgsausweis mit Kosten belasten, während die damit verbundenen Erlöszu-wächse erst in Zukunft eintreten,
   – wenn er die ihm übertragenen Aufgaben qualifiziert und motiviert erfüllt, je-doch das Erfolgspotential der Periode gering ist, weil sich nun die Versäum-nisse früherer Perioden auswirken.
2. Obwohl in einer Periode *schlechte* Entscheidungen getroffen wurden, ist der ausgewiesene Erfolg *hoch*. Diese Situation kann z.B. eintreten,
   – wenn der Entscheidungsträger Maßnahmen unterlassen hat, die insgesamt zwar vorteilhaft sind, aber den Erfolg der laufenden Periode beeinträchtigt hätten,
   – wenn der laufende Überschuß nur deshalb hoch ist, weil sich nun frühere Maßnahmen, wie z.B. Werbung, Forschung und Entwicklung, positiv aus-wirken.

Die Erfolgsgrößen der KER allein reichen damit als Kontrollinformation im allge-meinen nicht aus, um der Instanz eine Beurteilungsgrundlage für die Qualität der Aufgabenerfüllung und für den Zielbeitrag der Entscheidungen zu geben. Auf-grund der Verengung des Betrachtungszeitraumes auf jeweils nur eine Periode

(bzw. auf *vergangene* Perioden) kann die Entwicklung der langfristigen Gewinn-
möglichkeiten von der Instanz nicht adäquat kontrolliert werden.

Eine zweite Tendenz kommt hinzu: Wird die Qualität der Aufgabenerfüllung
von Entscheidungsbereichen ausschließlich an gegenwärtigen periodenbezogenen
Größen gemessen, so wird der Entscheidungsträger dazu motiviert, primär kurzfristige Erfolge anzustreben. Neben einem verstärkten Einsatz zur Erzielung von Erlösen in naher Zukunft steht dabei stets auch die andere Möglichkeit, den Erfolg
der Periode dadurch positiv zu beeinflussen, daß die Kosten verringert werden. In
Frage kommen hierbei aus kurzfristiger Sicht vor allem solche Kostenbestandteile,
die erst in (sehr viel) späteren Perioden zu Erlösen führen. Der Entscheidungsträger hat damit die Möglichkeit, den kurzfristigen Erfolg zu Lasten zukünftiger Erfolge zu erhöhen. Das Ziel der Schaffung eines langfristigen Gewinnpotentials
wird dabei verfehlt.

Die Art der Periodisierung der Erfolge durch die KER ist vor allem auch dann
problematisch, wenn ein Wechsel in der Leitung der Sparte erfolgt (bzw. vom derzeitigen Spartenleiter erwartet wird). Die Tatsache, daß sich im Erfolgsausweis des
neuen Spartenleiters die Aktivitäten oder Versäumnisse des Vorgängers niederschlagen, erschwert die Beurteilung der Qualität der Aufgabenerfüllung und des
Zielbeitrages der jeweiligen Entscheidungen. Andererseits ist ein Entscheidungsträger tendenziell um so weniger motiviert, bei seinen Entscheidungen die langfristigen Auswirkungen zu antizipieren, je früher er aus der Sparte ausscheidet. Vielleicht strebt der Spartenleiter gerade deshalb maximale kurzfristige Erfolge an,
weil er sich damit größere Chancen erhofft, in der Hierarchie aufzusteigen. Wenn
ihm dies gelingt (und er damit auch Kontrollbefugnisse über seinen bisherigen
Aufgabenbereich erhält), können ihm die späteren nachteiligen Konsequenzen seiner Entscheidungen ohnehin nicht (mehr) eindeutig zugerechnet werden. Selbst
dann, wenn die Zurechnung möglich ist, bestehen in der Regel kaum Sanktionsmöglichkeiten gegenüber einem früheren Spartenleiter, der nun Mitglied des vorgesetzten Leitungsorgans ist.

Wegen der Bedeutung langfristiger Zielsetzungen für die Unternehmung muß
die Instanz dem Trend zur Kurzfristbetrachtung entgegenwirken. Sie kann dies nur
dadurch erreichen, daß sie neben den kurzfristigen Erfolgsausweisen noch weitere
Indikatoren beobachtet, die Rückschlüsse auf die zukünftigen Erfolge zulassen
(KÖHLER, 1976). Zu diesen Indikatoren können zwar durchaus auch (mehr oder
weniger komprimierte) Aussagen bzw. Darstellungen des Entscheidungsträgers
über künftige Erfolge und deren Eintrittswahrscheinlichkeiten gehören. Ergänzend
sollten im Zeitablauf jedoch noch weitere Kennzahlen berücksichtigt werden, deren Ausprägungen schon in der Periode der Erfolgskontrolle beobachtbar bzw.
eindeutig überprüfbar sind (Periodenkennzahlen zur Prognose langfristiger Erfolge). Solche Indikatoren sind z.B. erzielter Marktanteil, Umsatzzuwachs, Zahl neu
gewonnener Kunden, Ausgaben für Forschung und Entwicklung, für Werbung und
für die Ausbildung von Personal.

Damit aus der Beobachtung von Periodenkennzahlen auf die künftigen Erfolge
geschlossen werden kann, müssen deren Ausprägungen in einem (stochastischen)
Zusammenhang zu dem künftigen Erfolgspotential stehen. Da die Beobachtung

von Periodenkennzahlen der Tendenz entgegenwirken soll, den gegenwärtigen Periodenerfolg über Gebühr zu Lasten künftiger Erfolge zu verbessern, stehen als geeignete Kennzahlen vor allem auch solche Periodengrößen zur Wahl, die in der betrachteten Periode Kosten verursachen, aber erst in Zukunft zu Erlösen führen und damit zunächst erfolgsmindernd wirken. Schließlich müssen die Kennzahlen leicht beobachtbar und objektiv überprüfbar sein, damit für Manipulationen kein Raum gegeben wird. Zudem soll die Beobachtung von Erfolgsindikatoren anstelle von (langfristigen) Erfolgen die Kontrolle erleichtern; der durch die Kennzahlen verursachte Kontrollaufwand muß deshalb relativ gering sein.

Ergänzende und vertiefende Literatur:

BAETGE (1984); BOTTA (1984); DEMSKI/FELTHAM (1978); DUNBAR (1971); EWERT/WAGENHOFER (2000); HABERSTOCK (1982); HOFSTEDE (1970); HORVATH (1979; 1981); KELLERS/ORDELHEIDE (1984); KILGER (1962; 1981); KNOLMAYER (1981); KÖHLER (1976); KROMSCHRÖDER (1972); LACHNIT (1976); LAUX (1974a; 1974b; 1979a, S. 249ff.; 2005b, Kapitel XV; 2005c); LAUX/LIERMANN (1986); LIERMANN (2004); LÜDER (1969a; 1969b; 1985); LÜDER/STREITFERDT (1978); MOXTER (1982); MÜLLER (1980a); PFOHL (1981); REICHMANN (1985); REICHMANN/LANGE (1985); REICHMANN/LACHNIT (1976); SIEBEN/BRETZKE/RAULWING (1976); SOLOMONS (1965); SPIELBERGER (1983); STEDRY (1960); STREITFERDT (1983; 1985).

XXIII. Positive Leistungsanreize: Grundprobleme und Lösungswege

1. Problemstellung

Kontrollen und Sanktionen können zwar in gewissem Umfang Fehlentscheidungen a priori verhindern. Sie schaffen jedoch keinen *positiven* Anreiz, sich im Sinne der Organisation einzusetzen. Die Entscheidungsträger werden allenfalls veranlaßt, sich so zu verhalten, daß die Kontrollinstanzen keine Beanstandungen geltend machen können. Wie in Kapitel XXII gezeigt wurde, ist es insbesondere bei impliziten Verhaltensnormen schwierig, Fehlentscheidungen eindeutig nachzuweisen, so daß Sanktionen schwer zu rechtfertigen sind.

„Ein allzu perfektionierendes Kontrollsystem gibt überdies dem einzelnen das Gefühl, ständig überwacht zu werden. Das kann als Herausforderung empfunden werden und Abwehrreaktionen auslösen. Eine zunächst vorhandene spontane Bereitschaft, sich für das Ziel der Organisation einzusetzen, geht damit verloren und wird vielleicht sogar ins Gegenteil verkehrt: Alle Energie richtet sich darauf, möglichst viele persönliche Vorteile zu erringen, ohne die Aufmerksamkeit der Kontrolle zu erregen" (HAX, 1965, S. 204f.).

Eine Kontrolle wird als weniger unangenehm empfunden, wenn nicht nur Fehlentscheidungen mit Sanktionen bedroht, sondern auch für „gute" Entscheidungen *positive* Belohnungen gewährt werden. Derartige Belohnungen vergrößern nicht nur die Akzeptanz von Kontrollen, sondern können darüber hinaus einen eigenständigen Anreiz schaffen, sich verstärkt für das Organisationsziel einzusetzen. Positive Leistungsanreize können sogar den Kontrollbedarf reduzieren: Eine Erfolgsprämie für den Leiter eines Geschäftsbereichs kann z.B. bewirken, daß er sich im eigenen Interesse am Organisationsziel orientiert (Kapitel XXV). Besondere Kontrollen seiner Aktivitäten werden dann möglicherweise überflüssig.

Im folgenden werden Grundprobleme behandelt, die mit der Schaffung positiver Leistungsanreize verbunden sind. Im Abschnitt 2 werden die grundsätzliche Bedeutung sowie Möglichkeiten und Grenzen positiver Anreize erläutert. Der Abschnitt 3 gibt einen (kurzen) Überblick über konkrete intrinsische und extrinsische Belohnungen. In Abschnitt 4 werden die *„Basiselemente"* eines Belohnungssystems vorgestellt und in Abschnitt 5 allgemeine Kriterien für deren Konkretisierung diskutiert. In den nachfolgenden Abschnitten des vorliegenden Kapitels (sowie in den Kapiteln XXIV und XXV) stehen erfolgsorientierte *Prämiensysteme* im Vordergrund: Zunächst wird die Grundidee dargestellt und Grenzen der Erfolgszurechnung aufgezeigt (Abschnitt 6). In Abschnitt 7 werden Anforderungen an geeignete Bemessungsgrundlagen für Prämien formuliert.

2. Bedeutung und potentielle Auswirkungen von Leistungsanreizen

2.1. Zweck positiver Anreize

Positive Belohnungen können sich unmittelbar oder mittelbar auf die Ausprägungen aller Primärdeterminanten der Entscheidungsträger auswirken. Eine höhere Motivation kann und soll folgenden Einfluß ausüben:
- Die Wahl des Komplexionsgrades des verwendeten Modelltyps wird gründlicher vorbereitet; die Einführung von Vereinfachungen und die Vernachlässigung von Modellelementen wird vorsichtiger gehandhabt.
- Bei der Suche nach Handlungsalternativen und/oder bei der Vorauswahl von zu erwägenden Alternativen wird größerer Einsatz und mehr Sorgfalt verwendet; zudem werden die Suche und die Vorauswahl stärker an der vorgegebenen Zielfunktion (statt an abweichenden persönlichen Zielen) ausgerichtet.
- Die Ergebnisermittlung erfolgt sorgfältiger und detaillierter.
- Es werden mehr oder bessere Informationen zur Prognose der Konsequenzen erwogener Alternativen beschafft und bei der Entscheidung berücksichtigt.
- Es werden sorgfältigere Prognosen erstellt.
- Bei der abschließenden Auswahl der zu realisierenden Handlungsalternative wird die vorgegebene Zielfunktion eher befolgt. Persönliche Zielgrößen wie Prestige, Bequemlichkeit und nichtpekuniäres Arbeitseinkommen (z.B. in Form teurer Dienstwagen, kostspieliger, aber wenig erfolgversprechender „Dienstreisen" und Repräsentationsaktivitäten) verlieren an relativem Gewicht; eigene Zielvorstellungen treten in den Hintergrund.

Die Gewährung von positiven Anreizen soll also den Entscheidungsträger anspornen, im Rahmen seines Aufgabengebietes Informationen über Handlungsalternativen und deren Konsequenzen zu beschaffen und zu verarbeiten und schließlich diejenige Handlungsalternative zu wählen (zu realisieren), die sich - gemessen an der vorgegebenen Verhaltensnorm - im Licht der Kalkülüberlegungen als am besten erweist.

Art und Stärke der Auswirkungen positiver Anreize auf die Entscheidungsdeterminanten hängen (auch) von dem Aufgabenbereich des Entscheidungsträgers ab. Wenn er vorwiegend operative Tätigkeiten auszuführen hat, haben für ihn die „Suche von Handlungsalternativen", die „Beschaffung von Informationen zur Prognose der Konsequenzen von Alternativen", die „Erstellung einer Prognose" sowie die „Formulierung und Lösung eines Entscheidungsmodells" eine relativ geringe Bedeutung. Positive Anreize sollen dann primär dazu motivieren, aus der Menge der *operativen* Aktionsmöglichkeiten jene Alternative zu realisieren, die qualitativ und quantitativ im Einklang mit den gesetzten Verhaltensnormen steht. Je höher ein Entscheidungsträger in der Unternehmenshierarchie steht, desto eher ist jedoch zu vermuten, daß für die Analyse und Beurteilung von positiven Anreizsystemen *alle* Entscheidungsdeterminanten maßgeblich sind.

Die Schaffung positiver Anreize ist nicht nur ein Instrument zur Steuerung der Entscheidungen der *nachgeordneten* Mitarbeiter der Unternehmensleitung. In der Realität erfolgt vielfach eine Trennung von „Management und Eigentum". Es ist dann nicht ohne weiteres davon auszugehen, daß die Unternehmensleitung ihrerseits sich bei ihren Objekt- und Organisationsentscheidungen primär an den Zielen des Eigentümers oder der Gesellschafter orientiert. Gerade den Kontrollen von Entscheidungen der Unternehmensleitung sind Grenzen gesetzt, so daß ein weiter Spielraum für die Befolgung abweichender persönlicher Ziele besteht. Für den bzw. die Eigentümer (oder Kontrollorgane wie den Aufsichtsrat) stellt sich somit ebenfalls das Problem, den Managern positive Anreize für gute Entscheidungen zu gewähren. Dies geschieht in der Regel in Form einer Erfolgsbeteiligung (Kapitel XXV).

2.2.   Zur möglichen Wirkungslosigkeit eines Anreizsystems

Die Schaffung positiver Anreize kann zwar die Wahrscheinlichkeit dafür erhöhen, daß gute Entscheidungen getroffen werden. Jedoch besteht nicht die *Gewähr*, daß Belohnungen in jedem Fall zur Verbesserung der Entscheidungen beitragen. Zur Verdeutlichung betrachten wir zwei Entscheidungssituationen des Entscheidungsträgers „Unternehmensleitung", wobei wir davon ausgehen, daß eine gewinnabhängige Prämie mit dem Prämiensatz f gewährt wird.

Entscheidungssituation A: Die Unternehmensleitung hat die Wahl zwischen den beiden Investitionsprogrammen A_1 und A_2, wobei A_1 einen Gewinnerwartungswert von 100 bietet, A_2 einen Gewinnerwartungswert von $100 + \Delta$ ($\Delta > 0$). Vor Berücksichtigung der Prämie habe die Unternehmensleitung eine persönliche Präferenz für A_1 (z.B. weil diese Alternative einen höheren Prestigeerfolg verspricht oder weil es weniger mühsam ist, sie in die Wirklichkeit umzusetzen). Wenn nun A_2 statt A_1 realisiert wird, so führt das zwar zu einem Zuwachs der erwarteten Prämie um $(f \cdot (100 + \Delta) - f \cdot 100 =) f \cdot \Delta$. Dieser finanzielle Vorteil reicht aber möglicherweise nicht aus, um die nichtfinanziellen Vorteile der Alternative A_1 zu kompensieren. Je höher allerdings der Prämiensatz f und der Differenzbetrag Δ ist, desto eher ist zu erwarten, daß A_2 gewählt wird. Je geringer Δ ist, desto größer ist zwar tendenziell die Wahrscheinlichkeit, daß der gewährte finanzielle Anreiz die Wahl von A_1 nicht verhindert, um so geringer ist zugleich aber auch der finanzielle Nachteil für die Anteilseigner, wenn statt A_2 die Alternative A_1 gewählt wird.

Entscheidungssituation B: Die Unternehmensleitung erwägt die Möglichkeit, ihr nichtpekuniäres Einkommen zu Lasten der Eigentümer um 100 zu erhöhen. Bei einem Prämiensatz von z.B. 5% würde damit auch ihre Prämie um 5 sinken. Dies könnte zwar bewirken, daß die Unternehmensleitung auf diese Möglichkeit verzichtet. Da die Unternehmensleitung jedoch neben der Prämieneinbuße ihr nichtpekuniäres Einkommen um 100 erhöht, fallen demgegenüber die Opportunitätskosten von 5 kaum ins Gewicht.

Bei einer Trennung von Management und Eigentum kann jedoch die oberste Leitungsinstanz kaum ihr eigenes nichtpekuniäres Einkommen in wesentlichem

Umfang zu Lasten der Eigentümer erhöhen und zugleich den nachgeordneten Mitarbeitern (etwa den Abteilungsleitern) solche Möglichkeiten verwehren. Wenn die oberste Leitungsinstanz Möglichkeiten der Verbesserung ihres nichtpekuniären Einkommens nutzt, muß sie dies in gewissen Grenzen auch den nachgeordneten Mitarbeitern zugestehen; „strengere" Regelungen könnte sie kaum rechtfertigen. Dieses Zugeständnis bewirkt aber eine weitere Verminderung des Gewinns und damit auch eine höhere Prämieneinbuße der obersten Leitungsinstanz. Unter Berücksichtigung dieser Folgewirkungen können für die oberste Leitungsinstanz daraus so hohe Opportunitätskosten entstehen, daß sie ihr eigenes nichtpekuniäres Einkommen und zugleich das der nachgeordneten Mitarbeiter (trotz eines geringen Prämiensatzes) in engen Grenzen hält.

2.3.   Zur Gefahr von Fehlentscheidungen

Belohnungen beeinflussen offenbar die Entscheidungen nicht unbedingt in der Weise, daß sich vom Standpunkt des Organisationsziels eine günstigere Position ergibt. Es kann - wie noch gezeigt wird - daraus sogar ein Anreiz entstehen, *Fehlentscheidungen* zu treffen. Die Einführung eines Belohnungssystems (etwa eines Prämiensystems) erfordert daher eine vorhergehende Analyse der möglichen Auswirkungen. Sie ist vor allem deshalb von Bedeutung, weil es oft schwierig ist, ein bereits installiertes Belohnungssystem wieder aufzugeben oder zu ändern, wenn es sich aus der Sicht der Organisation als problematisch erweist („Besitzstandswahrung").

Eines der Kernprobleme der Gewährung positiver Anreize besteht in der Wahl geeigneter Bemessungsgrundlagen für die Belohnungen. Dieses Problem soll nachfolgend - insbesondere auch in Kapitel XXV - mit Hilfe des betriebswirtschaftlichen Instrumentariums analysiert werden. Zunächst sollen hier Gefahren für Fehlentscheidungen verdeutlicht werden, die bei der Wahl ungeeigneter Bemessungsgrundlagen für Prämien entstehen können:

- Wenn ein Entscheidungsträger z.B. eine vom *Umsatz* abhängige Prämie bezieht, besteht die Tendenz, daß er in seinen Entscheidungskalkülen Kostenaspekte vernachlässigt.
- Wenn für die Aufstiegschancen eines Abteilungsleiters die *Größe* seiner Abteilung (etwa die Zahl der darin beschäftigten Personen) von besonderer Bedeutung ist, wird er vermutlich innerhalb gewisser Grenzen auch solche Erweiterungsmaßnahmen durchführen, bei denen die Kosten stärker ansteigen als die Erlöse.
- Wenn Aufgabenträger primär danach beurteilt und belohnt werden, wie sie bestimmte *Funktionen* erfüllen, besteht die Gefahr, daß sie sich um Verbesserungen in ihrer jeweiligen Funktion bemühen, auch wenn daraus für die Organisation als Ganzes Nachteile erwachsen. Daraus entstehen sowohl Konflikte zwischen den Zielen der betreffenden Aufgabenträger und dem Organisationsziel, als auch Konflikte zwischen Aufgabenträgern selbst: Bei funktionaler Organisationsstruktur z.B. besteht die Tendenz, daß die Entscheidungsträger im Ferti-

gungsbereich in erster Linie an einem störungsfreien Produktionsablauf interessiert sind, bei dem möglichst niedrige Abweichungen zwischen Soll- und Ist-Kosten entstehen; sie erschweren Produktverbesserungen und die Einführung neuer Produkte, die den Produktionsablauf „beeinträchtigen" könnten. Umgekehrt tendieren die Entscheidungsträger im Absatzbereich dazu, bei ihren Entscheidungen die Auswirkungen auf den Fertigungsbereich (etwa die damit verbundenen Kosten) zu vernachlässigen.

2.4. Zusammenwirken von Anreiz und Kontrolle

Die Gewährung finanzieller Anreize kann zwar den Kontrollbedarf reduzieren; die Kontrolle wird hierdurch jedoch *nicht überflüssig:*

– Zumindest müssen in der Regel die Ausprägungen jener Größen überprüft werden, von denen die Belohnungen abhängen (Kontrolle der Bemessungsgrundlagen für die Belohnungen). Der damit verbundene Aufwand kann sehr hoch sein.

– Trotz positiver Belohnungen kann die Motivation der Mitarbeiter gering sein. Dann kann es neben einer Gewährung von Belohnungen sinnvoll sein, zugleich auch Kontrollen einzuführen, um einen zusätzlichen Anreiz für gute Entscheidungen zu schaffen. Insbesondere können Kontrollindikatoren, die stochastisch vom Arbeitseinsatz abhängen, als zusätzliche Bemessungsgrundlagen für Belohnungen gewählt werden (Kapitel XXIV, Abschnitt 4.4).

– Auch dann, wenn ein Entscheidungsträger hoch motiviert ist, trifft er möglicherweise Fehlentscheidungen, z.B. weil die an ihn gestellten Anforderungen in qualitativer und/oder quantitativer Hinsicht zu hoch sind. Kontrollen ermöglichen es dann, im Falle einer Fehlentscheidung korrigierend einzugreifen.

– Die Gewährung positiver Anreize kann sogar dazu führen, daß sich Entscheidungsträger bewußt über gewisse Regelungen hinwegsetzen, um höhere Belohnungen zu erzielen. Wenn z.B. ein Geschäftsbereichsleiter eine vom Erfolg seiner Sparte abhängige Prämie bezieht, kann die Gefahr bestehen, daß er die Bereiche Forschung, Entwicklung und Ausbildung vernachlässigt, um kurzfristig höhere Gewinne und damit auch höhere Prämien zu erzielen. Diese Gefahr kann insbesondere dann groß sein, wenn die später eintretenden nachteiligen Konsequenzen aus den gegenwärtigen Versäumnissen den jetzigen Spartenleiter nicht berühren, z.B. weil er vorher aus der Sparte ausscheidet und seine Prämien nicht von den späteren Erfolgen der Sparte abhängen. Es kann dann sinnvoll sein, Kontrollen durchzuführen, um die Verletzung von (expliziten oder impliziten) Verhaltensnormen zum Vorteil höherer Belohnungen zu erschweren.

– Bei der Schaffung bzw. der Änderung eines Anreizsystems wird von gewissen Erwartungen hinsichtlich der Art und Stärke der Bedürfnisse der betreffenden Organisationsmitglieder sowie der Eignung von Belohnungen zur Befriedigung dieser Bedürfnisse ausgegangen. Diese Erwartungen können sehr unrealistisch sein. Reaktionskontrollen können die Informationsbasis für die Erwartungsbildung (und die Revision von Anreizsystemen) verbessern.

– Selbst wenn (z.B. aufgrund des etablierten Anreizsystems) die Verhaltensnormen mit Sicherheit gut erfüllt werden, können Kontrollen sinnvoll sein: Die Verhaltensnormen können ihrerseits unbefriedigend sein (z.B. entstehen aufgrund mangelnder Koordination vermeidbare Wartezeiten und Zwischenlager). Die Planungs- und Ergebniskontrolle kann dann Informationen darüber liefern, inwieweit sich Verhaltensnormen bewähren (Kapitel XXVI).

– Schließlich liefern Kontrollen die Informationen für die Beurteilung der nachgeordneten Mitarbeiter; sie sind daher auch für personalpolitische Entscheidungen wie z.B. Beförderungen von Bedeutung.

3.   Extrinsische und intrinsische Anreize

3.1.   Überblick

Je nach den durch Belohnungen angesprochenen Bedürfnissen wird zwischen „extrinsischen" und „intrinsischen" Anreizen unterschieden (ACKERMANN, 1974; GALBRAITH, 1977, S. 243ff.):

Intrinsische Anreize liegen in der Aufgabe selbst begründet. Die Belohnungen resultieren unmittelbar aus der (Art der) Aufgabenerfüllung und befriedigen Bedürfnisse immaterieller Art: Die Tätigkeit als solche und/oder die unmittelbar damit erzielten Ergebnisse (z.B. die Fertigstellung eines Werkstückes, die Lösung eines schwierigen Problems) bieten eigenständige Befriedigung.

Extrinsische Anreize beziehen sich auf Bedürfnisse, die außerhalb des jeweiligen Arbeitsbereiches liegen: Die (Art der) Aufgabenerfüllung und/oder die dabei erzielten Resultate (z.B. die hergestellte Produktmenge, die Zahl der abgeschlossenen Verträge, der erzielte Gewinn) führen zu bestimmten „Gratifikationen" wie z.B. Einkommenszuwachs, Beförderung, Anerkennung durch andere, die ihrerseits einen Eigenwert besitzen und/oder Möglichkeiten der Befriedigung übergeordneter Bedürfnisse bieten.

Intrinsische und extrinsische Anreize sind häufig eng miteinander verknüpft. Der Anreizwert der extrinsischen Belohnung „Beförderung" kann z.B. daraus resultieren, daß mit dem neuen Aufgabengebiet sowohl intrinsische als auch extrinsische Anreize verbunden sind: Zum einen wird das Bedürfnis nach verantwortungsvoller Tätigkeit besser befriedigt, zum anderen steigen Ansehen und Gehalt. Während also intrinsische Belohnungen primär Bedürfnisse immaterieller Art befriedigen, können extrinsische Anreize sowohl immateriellen als auch materiellen Charakter haben.

Die Motivation eines Entscheidungsträgers hängt nicht nur von seiner Bedürfnisstruktur und dem für ihn maßgeblichen Belohnungssystem ab, sondern auch von seinen Erwartungen darüber, Resultate erzielen zu können, denen Belohnungen entsprechen. Wenn einem Entscheidungsträger z.B. ein Objektentscheidungsproblem übertragen wird, bei dem er davon überzeugt ist, keine befriedigende Lösung zu finden, so wird er kaum motiviert sein, diese Aufgabe zu erfüllen; er scheut die

Verantwortung und zögert die Entscheidung hinaus. Es wird damit deutlich, daß auch Maßnahmen zur Verbesserung der Qualifikation der Mitarbeiter oder auch nur zur Stärkung ihres Selbstvertrauens ein wichtiges Instrument der Motivierung darstellen können.

3.2.   Intrinsische Anreize

Die Motivierung durch die Gewährung intrinsischer Anreize ist ein Aspekt, der insbesondere für die *Verteilung der Aufgaben* bzw. die *Formulierung von Verhaltensnormen* relevant ist. Welche Resultate bzw. Rahmenbedingungen der Aufgabenerfüllung ein Entscheidungsträger als intrinsische Belohnungen empfindet und wie er diese bewertet, hängt von seiner Bedürfnisstruktur ab, die ihrerseits von zahlreichen persönlichkeits- und umweltbezogenen Determinanten bestimmt wird (Kapitel IV, Abschnitt 3). Da sich Art und Stärke der Bedürfnisse verschiedener Organisationsmitglieder stark unterscheiden können, divergieren auch ihre Bewertungen von Aufgaben:

Manche Organisationsmitglieder empfinden bei bestimmten Aufgaben besondere intrinsische Belohnungen und neigen deshalb dazu, sich auf diese Aufgaben zu spezialisieren. Für andere wiederum verlieren diese Belohnungen bei ständiger Wiederholung der betreffenden Aufgaben bald an Wert; sie präferieren breitere Tätigkeitsfelder. Generell besteht die Tendenz, daß sehr eng spezialisierte Tätigkeiten kaum Resultate bieten können, die dauerhaft als intrinsische Belohnungen empfunden werden.

In der Praxis wird daher zunehmend versucht, eine extreme Spezialisierung in der Aufgabenstellung der Arbeitnehmer zu überwinden bzw. von vornherein zu vermeiden. Einige Ansätze dazu sollen kurz skizziert werden (vgl. SCHANZ, 1982, S. 142ff.):

- *Job Rotation:* Im Rahmen eines systematischen Arbeitsplatzwechsels tauschen die Mitglieder einer Gruppe in bestimmten zeitlichen Abständen ihre Arbeitsplätze. Damit wird die Gefahr einseitiger Belastungen verringert und der Monotonie und ihren Folgeerscheinungen entgegengewirkt. Die mit Job Rotation verbundene Arbeitserleichterung stellt einen ersten Schritt zur Humanisierung der Arbeit dar. Die Gruppenmitglieder erfüllen im Zeitablauf unterschiedliche Einzelaufgaben, die jeweils spezifische Kenntnisse und Fähigkeiten erfordern: Die Spezialisierung wird dadurch verringert.
- *Job Enrichment:* Die Aufgabengebiete der Mitarbeiter werden in horizontaler *und* vertikaler Richtung erweitert. Eine Erweiterung in vertikaler Richtung erfolgt z.B., wenn ein Mitarbeiter an denjenigen (Organisations-)Entscheidungen mitwirkt, die sein eigenes Aufgabengebiet betreffen, d.h. wenn er seine Tätigkeiten in gewissem Umfang selbst planen, steuern und das Ergebnis kontrollieren kann. Die vertikale Spezialisierung (auf Objekt- bzw. Organisationsentscheidungen) wird dadurch verringert.
- *Teilautonome* bzw. *selbststeuernde Gruppen:* Die Aufgabengebiete einer Gruppe von Mitarbeitern werden in horizontaler *und* vertikaler Richtung erweitert.

Die Gruppe ist für ein Bündel von Teilaufgaben (Aufgabenkomplex) verantwortlich; sie kann die Aufgabenerfüllung in gewissem Umfang selbst planen, steuern und kontrollieren. Die Einrichtung solcher Gruppen wird unter den Aspekten „Humanisierung der Arbeitswelt" und „Abbau der Entfremdung am Arbeitsplatz" experimentell untersucht und diskutiert.

3.3.   Extrinsische Anreize

Bei der Bildung und Verteilung von Aufgabenbereichen (der Formulierung und personellen Zuordnung von Verhaltensnormen) sollte zwar berücksichtigt werden, inwieweit die betreffenden Aufgabenfelder den jeweiligen Entscheidungsträgern intrinsische Anreize für gute Entscheidungen bieten. Daneben sind für die Aufgabenzuordnung aber auch andere Aspekte wie z.B. die Fähigkeiten der Organisationsmitglieder, die Höhe der Kosten, die Möglichkeiten und Probleme der Koordination der verschiedenen Tätigkeiten von Bedeutung, so daß einer Motivation durch intrinsische Anreize Grenzen gesetzt sind. Um zusätzliche Anreize für gute Entscheidungen zu schaffen, liegt es nahe, gezielt auch extrinsische Belohnungen zu gewähren.

Wie bereits erläutert, können extrinsische Belohnungen sowohl materieller als auch immaterieller Art sein. *Immaterielle* Anreize sind dadurch charakterisiert, daß ihnen die einheitliche Bezugsgröße „Geld" fehlt. Das bedeutet freilich nicht, daß diese Anreize für den Anreizgeber grundsätzlich keine Kosten verursachen. Anreize z.B. in der Form von Statussymbolen können eventuell recht hohe Kosten beinhalten, während der (Opportunitäts-) Kostenaspekt bei einer Belobigung offenbar keine Rolle spielt.

Zu den *materiellen* (bzw. finanziellen) Anreizen zählen alle Geldzuwendungen des Anreizgebers an den Aufgabenträger, z.B. Tantiemen, Provisionen und Prämien. Hinzu kommen alle sonstigen Zuwendungen, denen ein monetärer Wert zugeordnet werden kann, z.B. Dienstwohnungen, Dienstwagen und Deputate.[1]

Finanzielle Belohnungen können z.B. wie folgt gewährt werden, wobei die einzelnen Verfahrensweisen miteinander kombiniert werden können:
– Das einzelne Organisationsmitglied erhält so lange ein festes (Anfangs-)Gehalt, wie es auf derselben oder einer vergleichbaren Stelle beschäftigt ist. Bei guter

---

1)   In der Literatur wird oft die Ansicht vertreten, Geld habe keine besondere motivierende Wirkung. So postulieren z.B. HERZBERG/MAUSNER/SNYDERMAN (1959), daß ein Individuum mit „angemessenem" Einkommen durch zusätzliche Geldbeträge nicht motiviert werden kann; erhält es indessen ein niedrigeres Einkommen, so leistet es weniger, d.h. es erfolgt eine Demotivation. HERZBERG u.a. ziehen diesen Schluß aus Daten, die sie im Rahmen einer Befragung gewonnen haben. Nach OPSAHL/DUNNETTE (1970, S. 130f.) steht jedoch ihre Schlußfolgerung nicht im Einklang mit diesen Daten. Hinzu kommt, daß eine Befragung kaum befriedigende Rückschlüsse auf die Motive der Befragten zuläßt. Darüber hinaus gibt es eine Reihe von Untersuchungen, in denen die Hypothese bestätigt wird, daß Entscheidungsträger durch Geldprämien mehr oder weniger stark motiviert werden können. (Einen breiten Überblick über die Bedeutung finanzieller Anreize geben OPSAHL/DUNNETTE, 1970.)

Aufgabenerfüllung kann es jedoch in der Unternehmenshierarchie aufsteigen und damit Gehaltszuwächse erzielen. (Zugleich können mit einer Beförderung auch immaterielle Vorteile oder Nachteile verbunden sein.) Die Stärke der Motivation eines Organisationsmitgliedes, das nach Beförderung strebt, ist tendenziell um so größer, je höher die Wahrscheinlichkeit dafür ist, bei guter Aufgabenerfüllung in der Hierarchie aufzusteigen. Maßgeblich ist dabei das subjektive Wahrscheinlichkeitsurteil des betreffenden Organisationsmitgliedes. Dieses Urteil hängt auch von der bisher praktizierten Beförderungspolitik ab. Die Erwartung, in höhere Positionen aufzusteigen, ist dann gering, wenn z.B. aufgrund der gegebenen Altersstruktur kaum damit zu rechnen ist, daß eine dieser Positionen frei wird, oder wenn diese Positionen besondere Qualifikationen voraussetzen, von denen das betreffende Organisationsmitglied glaubt, daß es darüber im Urteil der vorgesetzten Instanzen nicht verfügt.
– Das Organisationsmitglied erzielt ein festes Gehalt, das bei Bewährung auch dann angehoben wird, wenn sich der Aufgabenbereich nicht ändert.
– Das Gehalt des Organisationsmitgliedes ist *unmittelbar* abhängig von seinen Aktivitäten (z.B. von der Sorgfalt, mit der Maschinen gewartet werden) und/ oder von den damit erzielten Ergebnissen (z.B. der Ausbringungsmenge, der Abweichung zwischen Soll- und Ist-Kosten, dem erzielten Gewinn): Es wird ein Leistungslohn bezahlt oder zusätzlich zu einem festen Gehalt eine Prämie gewährt.

4.   Basiselemente eines Belohnungssystems

4.1.   Überblick

Mit der Ermittlung eines extrinsischen Belohnungssystems sind allgemein folgende *Grundprobleme* verbunden:
– Welche *Arten von Belohnungen* sollen gewährt werden?
– Welche *Bemessungsgrundlagen* sollen ihnen zugrunde gelegt werden, d.h. von welchen (ökonomischen) Größen sollen die Belohnungen abhängen?
– Welche „*Belohnungsfunktion*" soll vorgegeben bzw. vereinbart werden, d.h. welcher funktionale Zusammenhang soll zwischen den Belohnungen und den Ausprägungen der Bemessungsgrundlagen bestehen?
Die Arten der (vereinbarten) Belohnungen, die Bemessungsgrundlagen und die Belohnungsfunktion bilden die *Basiselemente* eines jeden Belohnungssystems (Abbildung XXIII.1).

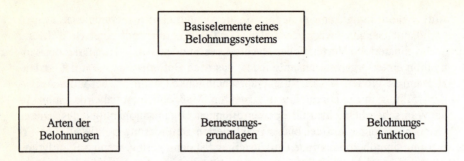

Abb. XXIII.1: Basiselemente eines Belohnungssystems für einen Entscheidungsträger

4.2.   Arten der Belohnungen

Finanzielle Belohnungen stehen im Vordergrund der nachfolgenden Darstellungen. Sie haben gegenüber anderen Belohnungsarten grundlegende Vorteile. Geld ist unabhängig von individuellen Präferenzen einsetzbar, da der Empfänger durch Geld in die Lage versetzt wird, verschiedene Bedürfnisse und Wünsche zu erfüllen. Geld kann zudem flexibler eingesetzt werden. Es ist zum Beispiel leichter, Geld als eine einmalige Prämie für besondere Leistungen einzusetzen als andere Belohnungsarten, die nur schwer wieder rückgängig gemacht werden können. Des weiteren verursachen Geldzahlungen einen geringeren Verwaltungsaufwand als beispielsweise die Gewährung von Werkswohnungen oder betrieblichen Versicherungsleistungen. Geld dient zudem als Maßstab für den beruflichen Erfolg und als Statussymbol.

Es wird häufig behauptet, Prämien oder Tantiemen hätten für einen Entscheidungsträger, der ohnehin ein sehr hohes festes Gehalt bezieht, geringe Anreizwirkungen, da für ihn der Grenznutzen des Einkommens bereits sehr niedrig sei. Die Motivationswirkung mag in der Tat schwach sein, wenn die Prämie auch bei besonderen Anstrengungen im Vergleich zum Fixum gering ist. Die Anreizwirkung kann indessen verstärkt werden, indem ein relativ geringes Fixum vereinbart und die Belohnung stärker an den erzielten Erfolg oder einen Erfolgsindikator gebunden wird.

Oft wird auch das Argument vorgebracht, für die Gestaltung eines Belohnungssystems seien *nichtfinanzielle* Ziele bzw. Zielgrößen viel gewichtiger als finanzielle, so daß finanzielle Belohnungssysteme eine relativ geringe Bedeutung hätten. Die Tatsache, daß sich Entscheidungsträger (auch) an nichtfinanziellen Zielen orientieren, spricht jedoch nicht gegen, sondern *für* die Bedeutung finanzieller Belohnungssysteme. Eine Orientierung an Zielgrößen wie Ansehen, Macht und/oder Bequemlichkeit können zu erheblichen Fehlentscheidungen aus Sicht der delegierenden Instanz führen. Finanzielle Belohnungssysteme können dazu motivieren, sich verstärkt an den (finanziellen) Zielen der Instanz zu orientieren.

Im übrigen schließen finanzielle Belohnungssysteme die Motivation auf der Grundlage nichtfinanzieller Zielkomponenten gar nicht aus; sie können sogar die

Grundlage dafür schaffen, in verstärktem Maße über nichtfinanzielle Zielkomponenten zu motivieren: Wenn der Entscheidungsträger z.B. Entscheidungen selbst trifft, kann er stärker motiviert sein, diese in die Wirklichkeit umzusetzen, als wenn eine vorgesetzte Instanz entscheidet und den Entscheidungsträger an explizite Verhaltensnormen bindet. Die Instanz mag aber eine Motivation durch Delegation deshalb nicht in Betracht ziehen, weil sie befürchtet, daß der Entscheidungsträger aufgrund abweichender persönlicher Ziele Fehlentscheidungen treffen würde. Wird ein finanzielles Belohnungssystem vereinbart, bei dem sich der Entscheidungsträger (verstärkt) an den Zielen der Instanz orientiert, kann der Entscheidungsträger zusätzlich auch dadurch motiviert werden, daß sein Entscheidungsspielraum erweitert wird.

4.3.   Bemessungsgrundlagen

4.3.1. Die Problematik des Inputs des Entscheidungsprozesses als primäre Bemessungsgrundlage

Belohnungen können an erzielte Ergebnisse gebunden werden, aber auch unmittelbar an die *Aktivitäten* des Entscheidungsträgers. Eine aktivitätsbezogene Belohnung kann freilich nicht in der Weise erfolgen, daß eine Belohnungsfunktion formuliert wird, die für alle möglichen Aktionsprogramme explizit die jeweilige Belohnung beschreibt; der damit verbundene Aufwand kann nicht bewältigt werden. Es ist einfacher, wie folgt zu verfahren: Die Instanz vereinbart mit dem Entscheidungsträger ein Aktionsprogramm (das auch tatsächlich realisiert werden kann) und eine bestimmte Belohnung, die genau dann ex post gewährt wird, wenn eine Kontrolle erwiesen hat, daß die betreffenden Maßnahmen durchgeführt worden sind. Aber auch ein solches aktivitätsbezogenes Belohnungssystem wird in komplexeren Entscheidungssituationen kaum sinnvoll sein:

1. Die Ermittlung bzw. Vereinbarung eines umfassenden Systems expliziter (bedingter) Verhaltensnormen verursacht in komplexeren Entscheidungssituationen einen zu hohen Planungsaufwand. Es können zudem immer wieder Ereignisse eintreten, mit denen bei der Vereinbarung des Aktionsprogramms sowie der entsprechenden Belohnungen nicht gerechnet wurde und die Revision dieser Vereinbarungen erfordern; auch damit ist ein hoher Aufwand verbunden.

2. Die *Kontrolle* der Aktivitäten des Entscheidungsträgers durch die Instanz oder eine von ihr beauftragte Person[2] kann prohibitiv hohe Kosten verursachen. Zudem können Ereignisse und Informationen entscheidungsrelevant sein, die die Instanz explizit gar nicht überprüfen (lassen) *kann*.

Die Vereinbarung und Kontrolle eines umfassenden Systems expliziter Verhaltensnormen ist insbesondere dann nicht sinnvoll, wenn die Instanz die Aufgaben gerade deshalb überträgt, weil sie sich selbst nicht qualifiziert fühlt, gute Entscheidungen zu treffen.

---

2) Überträgt die Instanz die Kontrollaufgabe, so stellt sich wiederum das Problem, dem betreffenden Kontrollorgan einen Anreiz für eine gute Aufgabenerfüllung zu gewähren.

4.3.2. Der Output (das Ergebnis) des Entscheidungsprozesses als primäre Bemessungsgrundlage

Je schwieriger die Aktivitäten zu kontrollieren und im voraus zu bewerten sind, desto mehr gewinnen erzielte *Ergebnisse* als Bemessungsgrundlage an Bedeutung. Der Entscheidungsträger sollte derart an diesen Ergebnissen beteiligt werden, daß er im eigenen Interesse aus Sicht der Instanz gute Entscheidungen trifft.

Ist der Entscheidungsträger z.B. für den „Erfolg" eines bestimmten Entscheidungsbereichs verantwortlich, so ist es naheliegend, diesen Erfolg als Bemessungsgrundlage zu wählen. Grundsätzlich sind die mit den Maßnahmen des Entscheidungsträgers verbundenen zukünftigen Erfolge von der Umweltentwicklung abhängig, die im voraus nicht bekannt ist. Es ist möglich, daß sich der Entscheidungsträger gründlich über Handlungsalternativen und deren Konsequenzen informiert und aus Sicht der Instanz gute Entscheidungen trifft, dann aber aufgrund einer ungünstigen Umweltentwicklung nur geringe Erfolge oder sogar Verluste erzielt; die Belohnungen sind dann niedrig (vielleicht sogar negativ). Eine Erfolgsbeteiligung ist somit zugleich auch eine Risikobeteiligung.[3]

Ein Belohnungsrisiko kann auch dann bestehen, wenn die Erfolge der erwogenen Handlungsalternativen im voraus bekannt sind, es aber zum Zeitpunkt der Vereinbarung des Belohnungssystems unsicher ist, welche Handlungsalternativen sich in Zukunft tatsächlich bieten werden; die Menge der vorteilhaften Maßnahmen kann ihrerseits umweltabhängig sein.

Wird der „Erfolg" eines Entscheidungsbereichs als Basis für Belohnungen gewählt, so ist das Problem der Bemessungsgrundlage noch nicht gelöst. Es gibt zahlreiche Konzepte der Erfolgsmessung. Von der Art der Erfolgsmessung hängt es ab, ob bei Erfolgsbeteiligung ein Anreiz zu „guten" oder zu „schlechten" Entscheidungen besteht. In Kapitel XXV wird untersucht, welche Formen der Erfolgsmessung in unterschiedlichen Entscheidungssituationen jeweils zu solchen Periodenerfolgen führen, die als Grundlage für Anreiz und Kontrolle geeignet sind.

4.4.   Die Gestalt der Belohnungsfunktion

Definitionsgemäß bringt die Belohnungsfunktion zum Ausdruck, *wie* die Belohnungen von den Bemessungsgrundlagen abhängen. Bei gegebenen Bemessungsgrundlagen können die Entscheidungen des Entscheidungsträgers in starkem Maße von der Gestalt der Belohnungsfunktion abhängen. Dies wird in Abschnitt 7 von Kapitel XXIV verdeutlicht.

---

[3]   Die Problematik der Reduktion des Belohnungsrisikos bei Erfolgsbeteiligung wird in den Kapiteln XXIV und XXV diskutiert.

5.   Beurteilungskriterien für Belohnungssysteme

5.1.   Intersubjektive Überprüfbarkeit

Bei der Konkretisierung der Basiselemente eines Belohnungssystems sind die Konsequenzen zu antizipieren, die mit alternativen Belohnungssystemen verbunden sind. Die Antizipation wird erleichtert, wenn Kriterien bekannt sind, an denen man sich orientieren kann. Im folgenden werden einige Kriterien vorgestellt, die von besonderer Bedeutung sind.

Das *Prinzip der intersubjektiven Überprüfbarkeit* fordert, daß die Ausprägungen der Basiselemente des Belohnungssystems von Entscheidungsträger und Instanz (und im Streitfall auch von Dritten, insbesondere von Gerichten) in intersubjektiv überprüfbarer Weise kontrolliert werden können. Dies impliziert, daß die Bemessungsgrundlagen, die Belohnungen und der funktionale Zusammenhang zwischen den Belohnungen und den Bemessungsgrundlagen operational definiert und die Ausprägungen eindeutig gemessen werden können.

Das Prinzip der intersubjektiven Überprüfbarkeit ist vor allem im Hinblick auf die Bemessungsgrundlagen von großer Bedeutung. Wenn diese Bedingung verletzt ist, entstehen Kontroll- und Erhebungskosten, die höher sein können als der „Ertrag" des Belohnungssystems. Es besteht die Gefahr, daß erhebliche Zeit für die Diskussion um die „wahre" Ausprägung der Bemessungsgrundlagen verschwendet wird. Die Bedingung der intersubjektiven Überprüfbarkeit ist verletzt, wenn keine der Parteien oder nur eine Partei die Ausprägung der Bemessungsgrundlagen kontrollieren kann. Es ist zum Beispiel wenig sinnvoll, die Belohnung des Entscheidungsträgers an seinen „Arbeitseinsatz" zu binden, wenn die Instanz diesen gar nicht überprüfen kann. Auch wenn die Instanz die Aktivitäten des Entscheidungsträgers überprüfen kann, ist die Bedingung der intersubjektiven Überprüfbarkeit verletzt, sofern keine eindeutigen Kriterien vereinbart worden sind, an denen der „Arbeitseinsatz" gemessen werden soll.

Wird der Entscheidungsträger am „erzielten" Gewinn beteiligt, so besteht intersubjektive Überprüfbarkeit nur dann, wenn eine eindeutige Vereinbarung darüber getroffen wurde, nach welchen Prinzipien bzw. nach welchem Konzept der Gewinn ermittelt werden soll. Wird lediglich eine „Erfolgsbeteiligung" vereinbart, so können ex post erhebliche Divergenzen im Hinblick auf die Höhe des erzielten „Erfolges" bestehen. Der Entscheidungsträger wird zum Beispiel den Gewinn als Jahresüberschuß interpretieren, weil hierbei keine Zinsen auf das investierte Eigenkapital zu verrechnen sind. Die Instanz dagegen mag einen niedrigeren Erfolg als maßgeblich ansehen, weil sie auch Zinsen auf das Eigenkapital berücksichtigt. Es sollte von vornherein geklärt werden, nach welchem Konzept der Erfolg zu messen ist (Kapitel XXV). Damit verbunden ist meistens die Festlegung bestimmter Regeln, nach denen im Rahmen dieses Konzepts der Erfolg zu ermitteln ist. Zum Beispiel wird vereinbart, daß die lineare Abschreibungsmethode herangezogen wird und daß die Abschreibungen auf der Grundlage der tatsächlichen Anschaffungsauszahlungen und nicht der Wiederbeschaffungskosten bestimmt werden. Dabei muß die Instanz in der Lage sein zu überprüfen (oder überprüfen zu lassen), ob diese Regeln auch eingehalten werden.

Die Formulierung intersubjektiv überprüfbarer Bemessungsgrundlagen kann (insbesondere im Mehrperiodenfall) einen sehr hohen Planungsaufwand verursachen. Zudem kann die Gefahr bestehen, daß sie zu Entscheidungen führen, die sich im Lichte späterer Informationen als problematisch erweisen. Mithin kann das Prinzip der intersubjektiven Überprüfbarkeit im Konflikt mit dem Prinzip der Effizienz stehen, das noch näher erläutert wird.

Das Prinzip der intersubjektiven Überprüfbarkeit ist auch dann verletzt, wenn nicht eindeutig geklärt ist, welche Belohnungsarten gewährt werden sollen und wie die einzelnen Belohnungen von den Ausprägungen der Bemessungsgrundlagen abhängen. Wird zum Beispiel einem Entscheidungsträger eine Beförderung für den Fall zugesagt, daß sich die Erfolgssituation „günstig" entwickelt, so liegt ein Verstoß gegen das Prinzip der intersubjektiven Überprüfbarkeit vor. Der Entscheidungsträger kann ex post nicht (eindeutig) beurteilen, ob die Voraussetzung für eine Beförderung erfüllt ist oder nicht.

5.2.   Anreizkompatibilität

Das *Prinzip* (bzw. die Bedingung) *der Anreizkompatibilität* fordert, daß der Entscheidungsträger aus dem Belohnungssystem nur dann einen Vorteil erzielen kann, wenn er so agiert, daß auch die Instanz einen Vorteil erzielt; das Belohnungssystem soll einen Anreiz für „gute" Entscheidungen schaffen. Das Prinzip der Anreizkompatibilität ist hier noch sehr allgemein formuliert; für eine konkrete Anwendung muß es präzisiert werden. In den beiden nachfolgenden Kapiteln wird gezeigt, wie dies geschehen kann. Dabei wird in der Regel davon ausgegangen, daß der Entscheidungsträger Prämien (oder Tantiemen) in Abhängigkeit von den erzielten „Periodenerfolgen" erhalten soll. Die Frage der Anreizkompatibilität beinhaltet dann zwei Teilprobleme: Wie sollen die Periodenerfolge ermittelt werden? Wie sollen die Prämien an diese Erfolge gebunden werden?

Für die Präzisierung der Bedingung der Anreizkompatibilität ist insbesondere von Bedeutung, an welchem Ziel das Belohnungssystem ausgerichtet werden soll, etwa an der Maximierung des Marktwertes der Aktien des Unternehmens oder an der Maximierung des erwarteten Nutzens des Nettoerfolges für einen einzelnen Eigentümer (eine Singularinstanz).

5.3.   Pareto-effiziente Risikoteilung

Für die Beurteilung eines Belohnungssystems ist auch von Bedeutung, inwieweit es eine *pareto-effiziente* Teilung des ungewissen Erfolges (eine pareto-effiziente „Risikoteilung") ermöglicht. Eine pareto-effiziente Teilungsregel liegt dann vor, wenn durch Umverteilung der möglichen Erfolge keine Partei einen Vorteil erzielen kann, ohne daß sich die andere schlechter stellt (vgl. z.B. LAUX, 2005b, Kapitel II). Ideal wäre es aus Sicht der Instanz, ein Belohnungssystem zu etablieren, das zum einen das Erfolgsrisiko pareto-effizient auf beide Parteien aufteilt und zum anderen den Entscheidungsträger motiviert, im Sinne der Instanz gute Entscheidungen zu treffen. Zwischen dem Ziel der Motivation (der Schaffung von Anreizkompatibilität) und dem der pareto-effizienten Risikoteilung besteht jedoch grundsätzlich ein Konflikt.

Dieser Konflikt wird besonders deutlich für den Fall, daß der Entscheidungsträger risikoavers ist und die Instanz risikoneutral. Eine pareto-effiziente Risikoteilung besteht dann darin, daß der Entscheidungsträger einen festen Betrag F erhält und die Instanz das gesamte Erfolgsrisiko trägt. Bei fixer Entlohnung partizipiert der Entscheidungsträger jedoch nicht an einer Verbesserung der Erfolgsaussichten; empfindet er Arbeitsleid, so wird er bei fixer Entlohnung einen möglichst geringen Arbeitseinsatz erbringen (Kapitel XXIV). Seine Motivation, die Erfolgssituation zu verbessern, kann erhöht werden, indem er (anreizkompatibel) am Erfolg beteiligt wird. Dann partizipiert er aber zwangsläufig auch am Erfolgsrisiko, was im Widerspruch zum Ziel einer pareto-effizienten Risikoteilung steht.

5.4. Effizienz

Geht man davon aus, daß das Belohnungssystem einem bestimmten Ziel dienen soll, so sind bei der Konkretisierung seiner Basiselemente mögliche Vor- und Nachteile im Hinblick auf dieses Ziel gegeneinander abzuwägen. Besteht das Ziel darin, höhere ökonomische Erfolge (bzw. höhere finanzielle Überschüsse) oder eine „bessere" Wahrscheinlichkeitsverteilung über die Erfolge (bzw. die Überschüsse) zu erreichen, stellt sich das Problem, „ökonomische Erträge" und „Kosten" des Belohnungssystems gegeneinander abzuwägen. Erträge können dadurch erzielt werden, daß sich der Entscheidungsträger bei seinen Entscheidungen stärker an den (finanziellen) Zielen der Instanz statt an abweichenden persönlichen Zielen orientiert. Kosten ergeben sich einerseits aus den Belohnungen selbst, andererseits aus der Ermittlung des Belohnungssystems, aus der Information des Entscheidungsträgers über die maßgeblichen Ausprägungen der Basiselemente dieses Systems und schließlich aus der konkreten Anwendung des Belohnungssystems.

Im Zuge der Ermittlung eines Belohnungssystems ist im Prinzip eine Vielzahl von Informationen einzuholen und im Rahmen eines Entscheidungskalküls zu verarbeiten. Je umfangreicher die Informationsaktivitäten und/oder die Entscheidungskalküle, desto höher sind die Kosten der Ermittlung des Belohnungssystems. Es entsteht somit das Problem der Vereinfachung.

Je größer die Zahl der Bemessungsgrundlagen und je komplexer die Belohnungsfunktion, desto höher sind die Kosten der Information des Entscheidungsträgers über die maßgeblichen Basiselemente des Belohnungssystems. Kosten entstehen dabei nicht nur in Form von Ausgaben, sondern auch durch Einsatz von Arbeit und Zeit. Je komplexer das Belohnungssystem, desto mehr Zeit benötigt der Entscheidungsträger, es zu verstehen und zu erkennen, was er tun muß, um (höhere) Belohnungen zu erzielen. Auch die Anwendung eines Belohnungssystems, d.h.

die laufende Ermittlung und Überprüfung der Bemessungsgrundlagen sowie die Berechnung der entsprechenden Belohnungen, verursacht Kosten, die den Erträgen gegenübergestellt werden müssen. Das Prinzip der Effizienz gebietet, ein Belohnungssystem nur dann umfassender und detaillierter zu gestalten, wenn die damit verbundenen zusätzlichen Erträge höher sind als die zusätzlichen Kosten. Jedoch sind Kosten und Erträge in der Regel nur schwer vorherzusehen.

Der Effizienzgesichtspunkt ist auch dann von Bedeutung, wenn es um die Frage geht, wie hoch die finanziellen Belohnungen bei alternativen Ausprägungen der Bemessungsgrundlagen sein sollen. Ist die Belohnung jeweils gering, so ist zu vermuten, daß das Belohnungssystem die Entscheidungen bzw. die Maßnahmen des Entscheidungsträgers nur wenig beeinflußt. Je stärker ein risikoaverser Entscheidungsträger am Erfolg beteiligt wird, desto größer ist zwar tendenziell seine Motivation, die Erfolgssituation zu verbessern, desto höher ist aber tendenziell auch die von ihm geforderte Risikoprämie und desto geringer ist der Anteil der Instanz am Erfolg. Eine Erhöhung des Erfolgsanteils des Entscheidungsträgers wird somit aus Sicht der Instanz von einer bestimmten (allerdings schwer abschätzbaren) Grenze an nachteilig sein.

Bei Risikoaversion des Entscheidungsträgers gibt es grundsätzlich kein Belohnungssystem, das im Licht aller Prinzipien am besten erscheint; die Ermittlung eines „guten" Belohnungssystems ist dann ein Entscheidungsproblem bei Zielkonflikt.

6.   Erfolgsorientierte Prämien: Grundidee und Grenzen

6.1.   Gesamterfolg vs. Erfolgsbeitrag als Bemessungsgrundlage

Im Vordergrund der nachfolgenden Überlegungen steht das Problem der Motivation durch die Gewährung von *Prämien*. Die (in Abschnitt 4.1) dargestellten Grundprobleme reduzieren sich dann zu den folgenden Fragestellungen:
1. Von welchen Bemessungsgrundlagen sollen die Prämien abhängen?
2. Welche funktionale Beziehung soll zwischen den Prämien und den Bemessungsgrundlagen bestehen, d.h. welche *Prämienfunktion* soll gewählt werden?

Da die Gewährung von Prämien letztlich bewirken soll, daß der Unternehmenserfolg nach Prämie steigt, liegt es - wie bereits erläutert wurde - nahe, die Bemessungsgrundlage für die Prämien unmittelbar erfolgsorientiert festzulegen. Eine relativ einfache Möglichkeit wäre, für die Prämien aller Organisationsmitglieder den Gesamterfolg der Unternehmung als Bemessungsgrundlage zu wählen. Dieses Vorgehen ist aber kaum sinnvoll:
- Je größer die Zahl der Organisationsmitglieder ist, die am Gesamterfolg beteiligt werden sollen, desto niedriger müssen die Prämiensätze festgelegt werden, damit die Summe der Prämien den Gesamterfolg (oder einen bestimmten Prozentsatz des Gesamterfolges) nicht überschreitet. Je niedriger die Prämiensätze, desto weniger steigt mit dem Gesamterfolg die Prämie eines einzelnen Ent-

scheidungsträgers und desto geringer ist tendenziell die Motivationswirkung des Prämiensystems.

- Wenn ein Organisationsmitglied durch seine Aktivitäten den Gesamterfolg schmälert (bzw. erhöht), so *sinken* (bzw. steigen) die Prämien *aller* Organisationsmitglieder. Dieser Aspekt kann als ungerecht empfunden werden und zu Konflikten zwischen Prämienbeziehern führen.

Es ist daher naheliegend, die Prämie eines Mitglieds von seinem jeweiligen „*Beitrag*" zum Gesamterfolg abhängig zu machen. Dieses Vorgehen könnte u.a. folgende Vorteile bieten:

- Die Offenlegung der einzelnen Erfolgsbeiträge kann schon dann zu einer verstärkten Orientierung am Organisationsziel führen, wenn die Prämien gering sind. Mit dem Ausweis der Beiträge zum Unternehmenserfolg werden in gewisser Weise auch „persönliche" Erfolge dokumentiert.
- Die Erfolgszurechnung bietet - im Gegensatz zur alleinigen Verwendung des Gesamterfolges als Bemessungsgrundlage - die Möglichkeit eines Anreizsystems mit beitragsorientierter Differenzierung der Belohnungen.
- Im Vergleich zu einer vom Gesamterfolg abhängigen Prämie besteht bei einer vom Erfolgsbeitrag abhängigen Prämie der Vorteil, daß bei gegebenen prozentualen Anteil der Summe aller Prämien am Gesamterfolg höhere individuelle Prämiensätze fixiert werden können, die tendenziell eine stärkere Anreizwirkung entfalten.
- In der Regel ist das Risiko des Gesamterfolges (gemessen durch die Varianz) höher als das Risiko eines einzelnen Erfolgsbeitrages. Wird ein Entscheidungsträger am Gesamterfolg beteiligt, ist bei gegebenem Prämiensatz das Prämienrisiko relativ hoch, so daß der Entscheidungsträger eine relativ hohe Risikoprämie (ein relativ hohes Fixum) fordert. Das Belohnungsrisiko eines Entscheidungsträgers und mithin die von ihm geforderte Risikoprämie kann in der Regel reduziert werden, indem die Prämie bei gegebenem Prämiensatz statt an den Gesamterfolg an den Erfolgsbeitrag des Entscheidungsträgers gebunden wird. Aufgrund einer Reduktion der Varianz der Bemessungsgrundlage kann es zudem aus Sicht der Instanz vorteilhaft werden, den Prämiensatz zu erhöhen, um eine größere Anreizwirkung zu erzeugen (Kapitel XXIV, Abschnitt 4).
- Die Erfolgszurechnung ist nicht nur für die Gewährung von Belohnungen von Bedeutung. Sie liefert darüber hinaus auch Informationen, aus denen (probabilistische) Rückschlüsse auf die Ziele und Fähigkeiten der Aufgabenträger gezogen werden können. Vom Urteil über die Ziele und Fähigkeiten können organisatorische Maßnahmen wie z.B. Beförderung und/oder Erweiterung von Entscheidungsspielräumen abhängen, die ihrerseits in der Regel als Belohnungen empfunden werden.

In der Praxis ist die Erfolgszurechnung eine häufige Form der Beurteilung:

- Bei Geschäftsbereichsorganisation werden den einzelnen Sparten ihre jeweiligen Erfolge (ihre Beiträge zum Gesamterfolg) zugerechnet.
- Bei Matrixorganisation werden den einzelnen Produktmanagern Erfolgsbeiträge in Form der Deckungsbeiträge (Erlöse abzüglich variable Kosten) jener Produkte bzw. Produktgruppen zugerechnet, die von ihnen betreut werden.

– Die Verkäufer einer Unternehmung werden nach den Deckungsbeiträgen beurteilt und belohnt, die sie mit ihren Verkaufsaktivitäten erzielen.

Zur Verdeutlichung einiger Zusammenhänge wird das Beispiel XXIII.1 betrachtet: Die Leitung einer Unternehmung, die drei unabhängige Produkte herstellt, beabsichtigt, 15% des Gesamterfolges in gleichen Teilen an die Hauptabteilungsleiter auszuschütten. Die Unternehmung verfügt über eine funktionale Organisationsstruktur mit drei Hauptabteilungen: Beschaffung, Fertigung und Absatz. Da eine sinnvolle Zurechnung des Gesamterfolges nicht möglich erscheint, wird als Bemessungsgrundlage für die Prämie der Gesamterfolg zugrunde gelegt. Jeder Hauptabteilungsleiter erhält eine Prämie in Höhe von (15:3=)5% des Gesamterfolges. Für die Summe der Prämien gilt dann:

$$0{,}05 \cdot G + 0{,}05 \cdot G + 0{,}05 \cdot G = 0{,}15 \cdot G.$$

Wird nun die Unternehmung divisionalisiert und für jedes der drei unabhängigen Produkte eine Sparte gebildet, so können die Spartenerfolge als Bemessungsgrundlage für die Prämien dienen. Jeder Hauptabteilungsleiter (jeder Leiter einer Sparte) erhält dann eine Prämie in Höhe von 15% des *eigenen* Bereichserfolges. Die Summe der Prämien ist bei gleichem Gesamterfolg G ebenso hoch wie in der Ausgangssituation, in der jedem Hauptabteilungsleiter eine Prämie von 5% des Gesamterfolges gewährt wird:

$$0{,}15 \cdot G_1 + 0{,}15 \cdot G_2 + 0{,}15 \cdot G_3 = 0{,}15 \cdot (G_1 + G_2 + G_3) = 0{,}15 \cdot G.$$

Dabei bezeichnet G_i (i=1,2,3) den Erfolg der Sparte i. Wenn ein Spartenleiter bewirkt, daß der Gesamterfolg um Δ steigt, indem er Maßnahmen ergreift, die den eigenen Bereichserfolg um Δ erhöhen, so kommt die zusätzliche Prämie von $0{,}15 \cdot \Delta$ allein *ihm* zugute. Bei einer vom Gesamterfolg abhängigen Prämie dagegen muß er den Prämienzuwachs mit den beiden anderen Hauptabteilungsleitern teilen (jeder Hauptabteilungsleiter erzielt dann einen Prämienzuwachs von $0{,}05 \cdot \Delta$); es ist zu vermuten, daß in diesem Fall die Motivation, Erfolgsbeiträge zu leisten, geringer ist.

6.2. Die Problematik der Erfolgszurechnung

6.2.1. Grenzen der Erfolgszurechnung bei Erfolgsverbund

Die Überlegungen verdeutlichen die prinzipiellen Vorteile beitragsabhängiger Belohnungen. Jedoch sind der Zurechnung des Gesamterfolges auf einzelne Entscheidungsbereiche bzw. Aufgabenträger enge Grenzen gesetzt:

– Wenn zwischen den Teilbereichen der Unternehmung Interdependenzen bestehen (und dies ist der Regelfall), ist eine genaue Zurechnung des erzielten Erfolges theoretisch und praktisch gar nicht möglich.

– Selbst wenn eine genaue Erfolgszurechnung prinzipiell möglich ist, kann es sinnvoll sein, darauf zu verzichten, weil sie einen zu großen Aufwand verursachen würde.

Die Problematik der Erfolgszurechnung soll im folgenden für den Erfolgsverbund und den Restriktionsverbund verdeutlicht werden. Zwischen zwei Entscheidungsbereichen besteht *Erfolgsverbund*, wenn für mindestens einen Bereich die Bedingung gilt: Der Erfolgsbeitrag, der mit der Wahl einer Objektalternative in diesem Bereich erzielt wird, hängt von den Aktionen im anderen Bereich ab (Kapitel XII). Der Gesamterfolg wird dann nicht allein von Einzelmaßnahmen bestimmt, sondern von der Gesamtheit aller Maßnahmen. Eine genaue Zurechnung des Erfolges auf einzelne Maßnahmen (und damit auf die Entscheidungsträger, die über diese Maßnahmen entscheiden) ist somit nicht möglich.

Angenommen, eine Preissenkung allein habe, ebenso wie eine bestimmte Werbemaßnahme, keinerlei Auswirkung auf den Erfolg, während beide in Kombination miteinander zu einem Erfolgszuwachs von Δ führen. Die Zurechnung dieses Betrages auf die beiden Maßnahmen ist deshalb nicht möglich, weil keine dieser Maßnahmen ohne die andere einen Erfolgszuwachs bewirkt hätte; sie haben den Erfolgszuwachs gemeinsam hervorgerufen. Eine sinnvolle Aussage darüber, welchen Anteil eine einzelne Maßnahme am Erfolgszuwachs hat, kann nicht getroffen werden.

Eine theoretisch eindeutige Erfolgszurechnung auf die beiden Maßnahmen ist auch dann nicht möglich, wenn der Erfolg schon bei der Durchführung nur einer dieser Maßnahmen steigt. Angenommen, der Erfolg steige um 6 (bzw. um 10), wenn nur der Preis reduziert (bzw. nur die Werbemaßnahme durchgeführt) wird, während beide Maßnahmen in Verbindung miteinander den Erfolg um 20 vergrößern. Der Differenzbetrag von $(20-6-10)=4$ kann ebensowenig sinnvoll zugerechnet werden wie der Betrag Δ im vorhergehenden Beispiel.

6.2.2. Grenzen der Erfolgszurechnung bei Restriktionsverbund

Bei Restriktionsverbund ist die Erfolgszurechnung ebenfalls nicht eindeutig möglich. Zwischen zwei Entscheidungsbereichen besteht Restriktionsverbund, wenn in mindestens einem Bereich der mögliche Werteraum für die Entscheidungsvariablen davon abhängt, welche Maßnahmen im anderen Bereich durchgeführt werden (Kapitel XII). Bei Restriktionsverbund kann ein einzelner Bereich A (innerhalb gewisser Grenzen) nur in Verbindung mit anderen Bereichen einen Erfolgsbeitrag erzielen: Die anderen Bereiche bestimmen den Handlungsspielraum des Bereiches A und/oder übernehmen Beiträge des Bereiches A - z.B. Informationen, Anregungen, Halb- oder Fertigfabrikate - als Input ihres eigenen Leistungsprozesses.

Die Problematik der Erfolgszurechnung bei Restriktionsverbund wurde bereits bei der Diskussion des Konzepts der pretialen Lenkung verdeutlicht (Kapitel XX). Bei gegebenen Kapazitäten, Grenzkosten- und Grenzgewinnkurven sowie den entsprechenden Verrechnungspreisen führt zwar die Maximierung der Bereichsgewinne dazu, daß zugleich auch der Gesamterfolg maximiert wird. Trotzdem bringen die mit Hilfe der Verrechnungspreise ermittelten Bereichserfolge nicht adäquat zum Ausdruck, welche Beiträge die einzelnen Abteilungen zum Gesamterfolg leisten. Dies zeigt sich u.a. darin, daß Maßnahmen eines Bereiches zur Beeinflussung der Kapazitäten, der Grenzkosten- und/oder der Grenzgewinnkurven dazu führen können, daß der Gesamtgewinn der Unternehmung sinkt (bzw. steigt), während der eigene Bereichserfolg steigt (bzw. sinkt).

Man könnte einwenden, für die Ermittlung des Erfolgsbeitrages seien dann eben *andere* Verrechnungspreise relevant als jene, die für die Steuerung des innerbetrieblichen Leistungsaustausches maßgeblich sind. Aber auch mit modifizierten Verrechnungspreisen läßt sich das Problem der Zurechnung des Gesamterfolges auf die einzelnen Bereiche nicht sinnvoll lösen. Die Entscheidungsbereiche maximieren bei derartigen Verrechnungspreisen ihre „Erfolgsbeiträge" gerade dann, wenn sie nicht jene Mengen an Zwischenprodukten herstellen bzw. nachfragen, bei denen der Gesamterfolg der Unternehmung maximiert wird (vgl. Kapitel XX, Abschnitt 4.3). Ein Zurechnungskonzept, bei dem der zugerechnete Erfolgsbeitrag steigt, wenn Maßnahmen durchgeführt werden, die den Gesamterfolg der Unternehmung vermindern, schafft einen Anreiz für Fehlentscheidungen.

Das Problem der Erfolgszurechnung ist auch bei geistigen (Zwischen-)„Produkten" in aller Regel nicht eindeutig lösbar. Wenn z.B. mehrere Mitarbeiter an einer gemeinsamen Aufgabe - einem Forschungsprojekt oder dem Entwurf einer Werbestrategie - arbeiten, läßt sich die Erfolgszurechnung schon deshalb nicht vornehmen, weil sich praktisch kaum überprüfen läßt, welche Resultate ohne die Ideen der einzelnen Mitarbeiter erzielt worden wären. Damit ist ein Aspekt angesprochen, der im folgenden näher betrachtet werden soll.

6.2.3. Grenzen der Erfolgszurechnung bei Unsicherheit über die Auswirkungen von Tätigkeiten

Selbst wenn eine übergeordnete Instanz den Erfolg eindeutig zurechnen könnte, wäre eine Prämie auf den zugerechneten Erfolg kaum sinnvoll, sofern die nachgeordneten Entscheidungsträger - aufgrund der Enge ihres jeweiligen Tätigkeitsfeldes und der bestehenden Interdependenzen - ihrerseits gar nicht beurteilen können, wie sich ihre Aktivitäten auf den Erfolg auswirken. Nun können aber auch die vorgesetzten Instanzen trotz ihres besseren Gesamtüberblicks in einer Welt unsicherer Erwartungen (selbst ex post) nicht eindeutig beurteilen, wie sich die einzelnen Aktivitäten der nachgeordneten Mitglieder ausgewirkt haben. Wie hoch wäre der Gesamterfolg gewesen, wenn keine oder andere Werbemaßnahmen durchgeführt worden wären? Wie hätte sich der Gesamterfolg geändert, wenn bestimmte Vorschläge der Forschungs- und Entwicklungsabteilung realisiert worden wären? Wie haben sich Produktverbesserungen ausgewirkt?

Für die Beantwortung solcher Fragen gibt es keine eindeutigen Informationen. Es stellt sich daher das Problem, Kriterien zu finden, die einen Zusammenhang mit dem Erfolg wenigstens vermuten lassen. Für die Messung des Erfolgsbeitrages der Forschungs- und Entwicklungsabteilung z.B. werden u.a. die Kriterien „Zahl der vorgelegten Verbesserungsvorschläge" und „Zahl der aufgenommenen Verbesserungsvorschläge" genannt (THOM, 1980, S. 65f.). Mit diesen Beispielen kann die allgemeine Problematik von Hilfskriterien der Erfolgsbeurteilung gut verdeutlicht werden: Die Zahl der unterbreiteten Verbesserungsvorschläge kann deshalb groß sein, weil die Vorschläge schlecht sind; die Quantität geht zu Lasten der Qualität. Die Zahl der angenommenen Vorschläge kann gering sein, obwohl die Forschungs- und Entwicklungsabteilung viele gute Vorschläge unterbreitet hat; die anderen Unternehmensbereiche waren nicht genügend motiviert, diese Vorschläge zu würdigen bzw. zu realisieren (THOM, 1980, S. 65). Der Versuch einer Messung der Qualität der Vorschläge der Forschungs- und Entwicklungsabteilung führt aber gerade wieder zu demjenigen Problem, das mit den Effizienzkriterien umgangen werden soll: Die Prognose des (potentiellen) Einflusses der Vorschläge auf den Erfolg.

6.2.4. Grenzen der Erfolgszurechnung auf die Unternehmensleitung und nachgeordnete Mitarbeiter

Grundsätzlich läßt sich der Gesamterfolg auch nicht eindeutig der Unternehmensleitung einerseits und nachgeordneten Mitarbeitern andererseits zurechnen. Besteht z.B. die Aufgabe der Unternehmungsleitung allein darin, den nachgeordneten Mitarbeitern Verhaltensnormen vorzugeben und entsprechende Durchsetzungsmaßnahmen zu ergreifen, so müßte sich die Zurechnung an der „Güte" der Formulierung der Normen einerseits und der „Güte" der Befolgung der Normen andererseits orientieren. Dieses Problem kann weder theoretisch noch praktisch eindeutig gelöst werden: Ob Normen „gut" (bzw. „schlecht") befolgt werden, hängt zugleich auch davon ab, ob diese Normen „gut" (bzw. „schlecht") formuliert sind.

6.3. Partielle Erfolgszurechnung als Hilfskonzept

Die Problematik der exakten Zurechnung von Erfolgsbeiträgen ist kein Grund, auf Erfolgsprämien völlig zu verzichten. Auch Prämien, die auf „partiellen" Erfolgszurechnungen beruhen, können bewirken, daß insgesamt bessere Entscheidungen getroffen werden. Eine partielle Erfolgszurechnung kann z.B. in der Weise vorgenommen werden, daß einem Entscheidungsträger jener Betrag zugerechnet wird, um den der Gesamterfolg aufgrund seiner Entscheidungen steigt oder sinkt. Im Fall von Interdependenzen stellt dies zwar keine exakte Erfolgszurechnung dar, da dann die Aktionsmöglichkeiten des betreffenden Entscheidungsträgers und/oder deren Konsequenzen auch von den Aktivitäten *anderer* Organisationsmitglieder abhängen: Es ist möglich, daß der partiell zugerechnete Erfolg gerade deshalb steigt oder sinkt, weil *diese* Mitglieder bessere Entscheidungen getroffen haben. Trotzdem kann dieser Erfolg eine sinnvolle Basis für die Gewährung von Prämien bilden: Wie auch immer die anderen Organisationsmitglieder entscheiden, besteht für den betreffenden Entscheidungsträger ein Anreiz, sich an die getroffenen Entscheidungen optimal anzupassen.

Bei der Bemessung von Prämien werden in der Praxis oft Konzepte der partiellen Erfolgszurechnung zugrunde gelegt. Verkäufer erhalten z.B. häufig eine vom

Verkaufserfolg abhängige Provision, wobei dieser Erfolg durch den Deckungsbeitrag (Differenz aus Erlösen und proportionalen Kosten) der verkauften Produkte gemessen wird. Wenn es nun dem Fertigungsbereich gelingt, die proportionalen Kosten zu senken, so kann in Zukunft der einem Verkäufer zugerechnete Erfolg steigen, obwohl er selbst keinen Beitrag zur Kostenreduktion geleistet hat.[4] Wenn sich die Fertigungsabteilung sträubt, notwendige Produktverbesserungen vorzunehmen, so kann andererseits trotz größerer Bemühungen des Verkäufers der ihm zugerechnete Erfolg (und damit auch seine Prämie) sinken. Der Verkaufserfolg ermöglicht also keine *eindeutige* Erfolgszurechnung, da er nicht allein von den Aktivitäten und Entscheidungen des Verkäufers, sondern auch von denen anderer Entscheidungsträger abhängt. Trotzdem kann es sinnvoll sein, eine am Verkaufserfolg orientierte Prämie zu gewähren. Was immer auch andere Organisationsmitglieder tun mögen, der Verkäufer maximiert dann sein Einkommen, wenn er sich entsprechend anpaßt und mit seinen Verkaufsanstrengungen den Deckungsbeitrag maximiert; damit steigt zugleich der Gewinn der Unternehmung.

Eine zweite Variante der partiellen Erfolgszurechnung besteht darin, den Erfolg eines Entscheidungsbereiches der obersten Leitungsinstanz dieses Bereiches voll zuzurechnen. Zwar ist der Bereichserfolg das Ergebnis der Entscheidungen aller Entscheidungsträger in diesem Bereich. Aufgrund besonderer Bemühungen und kreativer Ideen nachgeordneter Mitarbeiter kann z.B. der Erfolg eines Bereiches auch dann hoch sein, wenn dessen Leitungsinstanz selbst nur wenig leistet. Da jedoch der Erfolgsbeitrag der Leitungsinstanz nicht eindeutig gemessen werden kann, sind praktikable Ersatzgrößen für die Bemessung ihrer Prämie zu verwenden, sofern überhaupt eine Erfolgsprämie gewährt werden soll. Bei Wahl des Bereichserfolges als Bemessungsgrundlage besteht für den Bereichsleiter ein Anreiz, sich bei seinen Entscheidungen an der Erfolgssituation seines *Bereiches als Ganzes* zu orientieren. Die Gefahr, daß er einzelne Teilbereiche über Gebühr zu Lasten anderer forciert, wird verringert.

Eine partielle Erfolgszurechnung erfolgt häufig auch in der Weise, daß *mehrere* Entscheidungsträger, die einen wesentlichen Einfluß auf den Erfolg eines bestimmten Entscheidungsbereiches haben (z.B. die oberste Leitungsinstanz und die unmittelbar nachgeordneten Mitarbeiter), deren Erfolgsbeitrag aber nicht eindeutig gemessen werden kann, am (Gesamt-)Erfolg dieses Bereiches beteiligt werden.

Der Erfolg eines Entscheidungsbereichs ist selbst für die Güte und den Umfang der Aufgabenerfüllung der in diesem Bereich tätigen Aufgabenträger als *Gruppe* kein eindeutiger Indikator. Der Erfolg ist auch von Daten bzw. Ereignissen abhängig, die von ihnen gar nicht beeinflußt werden können. In einem Entscheidungsbereich kann z.B. der Erfolg trotz aller Bemühungen niedrig sein, weil die relevante Umweltsituation sehr ungünstig ist (weil etwa der Marktwiderstand und die Zahl

---

4)   Es wäre nicht sinnvoll, bei der Ermittlung der Bemessungsgrundlage für die Provision des Verkäufers die ursprünglichen proportionalen Kosten zugrunde zu legen. Für den Verkäufer besteht dann ein Anreiz, bei seinen Verkaufsentscheidungen nicht die aktuellen, sondern die bisherigen proportionalen Kosten zugrunde zu legen. Es besteht die Tendenz, Aufträge, die hinsichtlich der alten Kostensituation negative Deckungsbeiträge aufweisen, auch dann abzulehnen, wenn die Deckungsbeiträge bezüglich der neuen Kostensituation positiv sind.

der Konkurrenten groß ist), während in einem anderen Bereich der Erfolg dank einer günstigen Umweltsituation trotz geringer Anstrengungen hoch ist.

Eine Erfolgsbeteiligung kann nur dann eine spürbare Anreizwirkung auf einen Entscheidungsträger ausüben, wenn sein Einfluß auf den Erfolg verhältnismäßig groß ist. „Gewinnbeteiligung als materieller Anreiz ... ist also nur wirksam bei den Entscheidungsträgern auf den höheren Stufen der Hierarchie, deren Entscheidungen größeren Einfluß auf den Gewinn haben, nicht jedoch bei der Masse der Entscheidungsträger auf den unteren Rängen. Damit ist nicht gesagt, daß eine allgemeine Gewinnbeteiligung nutzlos ist. Sie kann wie auch andere sozialpolitische Maßnahmen das Aufkommen einer dem Betrieb feindlichen Stimmung verhindern helfen. Nur unmittelbare Anreizwirkungen sind von ihr nicht bei allen Entscheidungsträgern zu erwarten" (HAX, 1965, S. 211).

7. Die Wahl von Bemessungsgrundlagen als Entscheidungsproblem

7.1. Explizite Verhaltensnormen

7.1.1. Zur Problematik von Erfolgsprämien

Da es bei Interdependenzen zwischen den Aufgabenbereichen theoretisch nicht möglich ist, den Gesamterfolg eindeutig den einzelnen Aufgabenträgern zuzurechnen, können auch die Prämien nicht exakt von den Erfolgsbeiträgen der einzelnen Organisationsmitglieder abhängig gemacht werden. Insbesondere Mitarbeiter auf den unteren Ebenen der Unternehmenshierarchie können aufgrund von Interdependenzen zwischen ihren Tätigkeiten und ihres jeweils geringen Informationsstandes über die maßgeblichen Zusammenhänge nicht beurteilen, wie sich bestimmte Einzelmaßnahmen auf den Erfolg auswirken. Aus diesem Grund werden solche Organisationsmitglieder weitgehend an explizite Verhaltensnormen gebunden; dies gilt insbesondere auch für die Aufgabenträger im operativen Bereich.

Selbst wenn eine Kontrollinstanz beurteilen könnte, welchen Erfolgsbeitrag ein an explizite Normen gebundener Entscheidungsträger geleistet hat, wäre es kaum sinnvoll, seine Prämie nach diesem Beitrag zu bemessen. Der Entscheidungsträger kann sich zwar bemühen, die expliziten Verhaltensnormen gut zu erfüllen. Für die Formulierung der Verhaltensnormen ist jedoch nicht *er*, sondern die übergeordnete Instanz verantwortlich. Es ist wenig sinnvoll, z.B. einem Mitarbeiter, der ein bestimmtes Produkt bearbeitet hat, eine versprochene Prämie mit dem Argument zu verweigern, dieses Produkt könne nicht abgesetzt werden. Häufig kann ein Organisationsmitglied auch deshalb nur geringe Leistungen erbringen, weil aufgrund einer unzulänglichen Koordination oder wegen Maschinenschäden längere Wartezeiten entstehen, für die das betreffende Organisationsmitglied nicht verantwortlich ist.

7.1.2. Kriterien zur Messung der „Güte" und des „Umfanges" der Aufgabenerfüllung

Es ist naheliegend, die Prämie eines an explizite Verhaltensnormen gebundenen Organisationsmitgliedes von Größen abhängig zu machen, die einen Rückschluß auf die *Güte* der Befolgung dieser Normen zulassen. Indikatoren für die Güte der Aufgabenerfüllung sind z.B. die Abweichung zwischen Soll- und Ist-Kosten, die Ausschußrate, die Menge des eingesparten Materials, Qualitätsmerkmale (z.B. die Einhaltung von Toleranzgrenzen bei den bearbeiteten Produkten) und die Sorgfalt im Umgang mit Betriebsmitteln. Hängt die Prämie eines Organisationsmitgliedes von mehreren Größen ab, kann als Bemessungsgrundlage die gewichtete Summe dieser Größen dienen.

Auch Organisationsmitglieder, die im wesentlichen an explizite Verhaltensnormen gebunden werden, können häufig innerhalb gewisser Grenzen über den Umfang ihrer Aktivitäten eigenständig entscheiden oder zumindest mitentscheiden. In diesem Fall kann es sinnvoll sein, die Prämie auch von Größen abhängig zu machen, die den *Umfang* der Aufgabenerfüllung zum Ausdruck bringen. Als Maßgrößen können u.a. die Anzahl der bearbeiteten oder hergestellten Produkteinheiten (die einem bestimmten Qualitätsstandard genügen), die Anzahl der erledigten Aufträge, die zurückgelegte Entfernung und/oder die Arbeitszeit dienen. Eine vom Umfang der Aufgabenerfüllung abhängige Prämie ist allerdings dann problematisch, wenn ein Organisationsmitglied zwar leistungsbereit ist, wegen ständiger Wartezeiten, in denen keine Arbeitsverrichtungen anfallen, jedoch keine hinreichenden Leistungen erbringen kann.

7.1.3. Anforderungen an Bemessungsgrundlagen

Es ist plausibel, an Bemessungsgrundlagen für Prämien (bzw. an ein System von Bemessungsgrundlagen) folgende Anforderungen zu stellen:

Bedingung XXIII.1: Anreizkompatibilität

Die Ausprägung der Bemessungsgrundlage ist eine steigende Funktion der „*Güte*" und des „*Umfanges*" der Aufgabenerfüllung.

Wenn diese Bedingung verletzt ist, schafft das Prämiensystem einen Anreiz, die Aufgaben nicht im Sinne der Organisation zu erledigen.

Bedingung XXIII.2: Intersubjektive Überprüfbarkeit

Die Ausprägung der Bemessungsgrundlage (bzw. die Ausprägungen ihrer einzelnen Komponenten) kann in einfacher und intersubjektiv überprüfbarer Weise ermittelt werden. Es kann objektiv und ohne besonderen Aufwand überprüft werden, ob die Bemessungsgrundlage manipuliert worden ist.

Wenn die Bemessungsgrundlage (bzw. deren Komponenten) nicht in relativ einfacher Weise ermittelt bzw. berechnet werden kann, entstehen Kontroll- und Erhebungskosten, die die potentiellen Vorteile des Anreizsystems zunichte machen können. Wenn außerdem die Bemessungsgrundlage nicht objektiv eindeutig gemessen werden kann, besteht die Gefahr, daß erhebliche Energie auf die Diskussion um die „wahre" Ausprägung der Bemessungsgrundlage verschwendet wird: Anreizempfänger setzen sich für hohe, Kontrollinstanzen eher für niedrige Wertansätze ein. Derartige Konflikte können die Prämienempfänger insbesondere auch dann demotivieren, wenn damit ihre Prämienhoffnungen enttäuscht werden.

Wenn die Bedingung XXIII.2 verletzt ist, besteht zudem die Gefahr, daß Organisationsmitglieder gezielt schlechte Handlungsalternativen wählen, um eine höhere Prämie zu beziehen. Erhält z.B. ein Organisationsmitglied eine Prämie auf die Zahl der von ihm hergestellten Produkteinheiten, die einem bestimmten „Qualitätsstandard" genügen, und kann die Qualität nicht in intersubjektiv überprüfbarer Weise gemessen werden, so besteht die Tendenz, daß die Produktmenge zu Lasten der Qualität vergrößert wird.

Zwischen den Bedingungen XXIII.1 und XXIII.2 besteht häufig ein Konflikt: Bezugsgrößen, die im Urteil des Prämiengebers die Bedingung XXIII.1 hinreichend gut erfüllen, sind nicht objektiv eindeutig oder nur in aufwendiger Weise zu messen. Bemessungsgrundlagen, die einfach und eindeutig zu messen sind, stehen im Konflikt zu Bedingung XXIII.1 und schaffen einen Anreiz, *nicht* im Sinn der gesetzten Verhaltensnormen zu agieren.

Bei der Beurteilung von Bemessungsgrundlagen sind die Kosten der Kontrolle bzw. der Berechnung der Prämienbezugsgrößen und die Erfolgskonsequenzen der möglichen Reaktionsweisen der betroffenen Entscheidungsträger gegeneinander abzuwägen. Insbesondere bei komplexen und stark variierenden Aufgabenbereichen ist es naheliegend, auf die Gewährung von Prämien zu verzichten, um eine aufwendige Ermittlung von Bemessungsgrundlagen und Konflikte zu vermeiden.

7.2. Implizite Verhaltensnormen

7.2.1. *Prämien für die Unternehmensleitung*

Die Bedingungen XXIII.1 und XXIII.2 sind im Prinzip auch an die Bemessungsgrundlage jener Prämien zu stellen, die Entscheidungsträgern bei der Vorgabe *impliziter* Verhaltensnormen gewährt werden. Im Vergleich zu expliziten kann es aber bei impliziten Verhaltensnormen wesentlich schwieriger sein, Indikatoren zu entdecken, die die „Güte" und den „Umfang" der Aufgabenerfüllung gut charakterisieren und zudem hinreichend eindeutig und einfach meßbar sind.

Für die Prämie der Unternehmensleitung ist es naheliegend, den Erfolg des *gesamten* Entscheidungsbereiches „Unternehmung" zugrunde zu legen. (Möglichkeiten und Probleme der Messung des Gesamterfolges werden in Kapitel XXV diskutiert.) Zwar ist dann bei gegebenem Prämiensatz das Belohnungsrisiko und mithin die geforderte Risikoprämie relativ hoch. Jedoch besteht dann für die Unternehmungsleitung ein Anreiz, den Gesamterfolg zu verbessern (und nicht primär die Erfolge einzelner Unternehmensbereiche). Die Erfolgsprämie kann u.a. auch bewirken, daß die Unternehmensleitung ihrerseits Anreizsysteme schafft, die die nachgeordneten Mitarbeiter motivieren, Erfolgschancen zu entdecken und in die Wirklichkeit umzusetzen.

7.2.2. Prämien für Spartenleiter

Wie in Abschnitt 6.1 verdeutlicht wurde, ist es naheliegend, die Prämien von Spartenleitern nicht vom Gesamterfolg abhängig zu machen, sondern vom jeweiligen Spartenerfolg. Wenn der Leiter eines Geschäftsbereichs zugleich auch Mitglied der Unternehmensleitung (z.B. des Vorstandes einer Aktiengesellschaft) ist, dürfte es zweckmäßig sein, bei der Bemessung seiner Prämie zusätzlich zum Erfolg des eigenen Geschäftsbereichs auch den Gesamterfolg der Unternehmung zu berücksichtigen. Für die Prämie P_i des Leiters der Sparte i gilt dann

$$(XXIII.1) \quad P_i = f_1 \cdot G + f_2 \cdot G_i,$$

wobei G den Gesamterfolg des Unternehmens, G_i den Erfolg der Sparte i und f_1 bzw. f_2 die entsprechenden Prämiensätze bezeichnen. Ein solches Prämiensystem kann einen Anreiz schaffen, sich einerseits bei der auf die Gesamtunternehmung bezogenen strategischen Planung einzusetzen und andererseits die Globalpläne bzw. Globalziele für den eigenen Bereich gut zu realisieren.

Im folgenden soll untersucht werden, wie *Spartenerfolge* als Bemessungsgrundlagen für Prämien ermittelt werden können. Ein einfaches und in der Praxis übliches Konzept der Erfolgsermittlung besteht darin, jeder Sparte einen Erfolg in Höhe des eigenen *Umsatzes* abzüglich der eigenen *Produktions-* und *Vertriebskosten* zuzurechnen. Dieses Konzept der Erfolgsermittlung steht jedoch nicht in Einklang mit Bedingung XXIII.1, sofern zwischen den Sparten ein Erfolgsverbund besteht.[5] Es besteht dann die Tendenz, daß eine Sparte

- zur Vergrößerung des eigenen Bereichserfolges auch solche Maßnahmen *durchführt*, bei denen mit den Erfolgen anderer Bereiche zugleich auch der Gesamterfolg *sinkt*,
- Maßnahmen, die den eigenen Bereichserfolg reduzieren würden, auch dann *unterläßt*, wenn diese mit den Erfolgen der anderen Bereiche auch den Gesamterfolg erhöhen würden.

Diese Tendenz ist selbst dann gegeben, wenn die Prämien der Spartenleiter nicht nur vom eigenen Bereichserfolg, sondern auch vom Gesamterfolg abhängen. Angenommen, der Leiter einer Sparte treffe eine Entscheidung, die den Erfolg der eigenen Sparte um 100 erhöht, jedoch den Gesamterfolg um 10 reduziert. Die aus der Sicht der „Unternehmung als Ganzes" nachteilige Entscheidung bewirkt dann solange einen Prämienzuwachs, wie

$$(XXIII.2) \quad -f_1 \cdot 10 + f_2 \cdot 100 > 0.$$

---

5) Die Problematik der Erfolgszurechnung bei innerbetrieblichem Güter- und Leistungsaustausch wird in Kapitel XX behandelt.

Hieraus folgt:

$$(XXIII.3) \quad f_2 > \frac{f_1}{10}.$$

Nur wenn der Prämiensatz f_1 (für den Gesamterfolg) mehr als das Zehnfache des Prämiensatzes f_2 (für den Spartenerfolg) beträgt, ist die betrachtete Maßnahme für den Spartenleiter in finanzieller Hinsicht nachteilig.

Die Bedingung XXIII.1 kann nur dann erfüllt sein, wenn bei der Ermittlung der Erfolge der einzelnen Sparten auch die Auswirkungen ihrer Maßnahmen auf die Erfolge der anderen Sparten berücksichtigt werden. Dies kann im Prinzip in der folgenden Weise geschehen (SOLOMONS, 1965, S. 59ff.): Wenn ein Bereich mit bestimmten Maßnahmen den Erfolg eines anderen Bereiches erhöht, so wird ihm der betreffende Betrag als (externer) Ertrag zugerechnet; wenn er den Erfolg eines anderen Bereichs beeinträchtigt, wird er entsprechend mit Opportunitätskosten belastet. Für die Sparten(-leiter) besteht dann ein finanzieller Anreiz, die externen Effekte ihrer Maßnahmen auf die Erfolge der anderen Bereiche zu internalisieren, sich also bei ihren Entscheidungen am Gesamterfolg der Unternehmung zu orientieren.

Das Konzept von SOLOMONS löst das Problem der Zurechnung des Gesamterfolges auf die einzelnen Sparten allerdings nicht in *eindeutiger* Weise. Externe Effekte werden sowohl in der Erfolgszurechnung der Sparte erfaßt, die diese Effekte verursacht, als auch in den Erfolgsrechnungen jener Bereiche, in denen sich diese Effekte auswirken. Wenn z.B. die Sparte B_1 Maßnahmen durchführt, die die Differenz aus Erlös und Kosten des Bereichs B_2 um ΔG_2 und die des Bereichs B_3 um ΔG_3 *erhöht*, so steigt zugleich auch der Erfolg der Sparte 1 um $\Delta G_2 + \Delta G_3$. Jeder aus externen Effekten herrührende Erfolgszuwachs erhöht somit die Prämie sowohl des Leiters jener Sparte, die den externen Effekt verursacht hat, als auch des Leiters derjenigen Sparte, in der sich dieser Effekt auswirkt.

Wenn der Bereich B_1 Maßnahmen durchführt, die den Erfolg des Bereiches B_2 um ΔG_2 *schmälern*, so sinkt die Prämie des Leiters des Bereichs B_2, obwohl er für den entsprechenden Erfolgsrückgang nicht „verantwortlich" ist. Für den Leiter der Sparte B_1 besteht jedoch ein finanzieller Anreiz, die betreffenden Maßnahmen *nur* dann durchzuführen, wenn der eigene Spartenerfolg *vor* Opportunitätskosten um einen Betrag steigt, der höher ist als $|\Delta G_2|$; in diesem Fall steigt auch der Gesamterfolg der Unternehmung.

Das Konzept von SOLOMONS steht im Einklang mit der Bedingung XXIII.1 und schafft prinzipiell einen Anreiz, bei den Entscheidungen auch externe Effekte zu berücksichtigen. Hinsichtlich der Bedingung XXIII.2 ist dieses Konzept jedoch problematisch: Ein Geschäftsbereichsleiter ist häufig gar nicht in der Lage, die Auswirkungen seiner Entscheidungen auf die Erfolge anderer Bereiche hinreichend gut zu antizipieren. Selbst ex post lassen sich solche Auswirkungen nur schwer abschätzen. (Wie hoch wäre der Erfolg im Bereich B_1 gewesen, wenn der Bereich B_2 keine zusätzlichen Werbemaßnahmen durchgeführt hätte? Wie haben sich die Preissenkungen im Bereich B_1 auf den Erfolg des Bereiches B_2 ausgewirkt?) Hinsichtlich der Erfolgszurechnung können sich ständig Konflikte ergeben; die Geschäftsbereichsleiter sträuben sich gegen die Belastung mit Opportunitätskosten und plädieren für die Zurechnung von externen Erträgen.

Wird andererseits jeder Sparte ein Erfolg in Höhe des eigenen Erlöses abzüglich der eigenen Produktions- und Vertriebskosten zugerechnet, so ist zwar die Bedingung XXIII.2 relativ gut erfüllt, jedoch besteht - wie verdeutlicht wurde - kein finanzieller Anreiz, einem Erfolgsverbund Rechnung zu tragen. Bei der Entscheidung für ein bestimmtes Konzept der Erfolgsermittlung sind die jeweiligen Konsequenzen gegeneinander abzuwägen (LAUX, 2005c). Wenn die Unternehmensleitung erwartet, daß zwischen den Sparten nur ein schwacher Erfolgsverbund besteht, wird sie dazu neigen, die Sparten anzuweisen, in ihren Erfolgsrechnungen externe Effekte zu vernachlässigen; mögliche Konflikte um die „richtige" Erfolgszurechnung werden dann vermieden.

Ergänzende und vertiefende Literatur:

ACKERMANN (1974); BECKER, F.G. (1986); EWERT/WAGENHOFER (2003, S. 451ff.); FAMA (1980); GALBRAITH (1977, S. 243-380); GILLENKIRCH (2004); JENNERGREN (1980); JOST (2000); KRÄKEL (1992); LAUX (2005b, Kapitel XV-XIX; 2005c); SCHABEL (2004); VELTHUIS (2004); WINTER (1996).

XXIV. Grundzüge der ökonomischen Agency-Theorie: (Grenzen der) Ermittlung einer optimalen Belohnungsfunktion und Bedingung der Anreizkompatibilität

1. Problemstellung

Bei der Ermittlung eines optimalen Anreizsystems ist zu antizipieren, wie sich die Entlohnungen auf die Aktivitäten des (potentiellen) Entscheidungsträgers auswirken werden und welche Konsequenzen damit verbunden sind. Die Entscheidungslogik liefert hierzu ein theoretisches Instrumentarium, um dieses Problem zu strukturieren und einer Lösung näherzubringen.

Entscheidungslogische Analysen von Problemen im Zusammenhang mit der Etablierung von Anreizsystemen sind in jüngster Zeit zum Gegenstand zahlreicher wissenschaftlicher Arbeiten geworden.[1] Der betreffende Theoriebereich wird als *ökonomische Agency-Theorie* bezeichnet.

Kernpunkt dieser Theorie ist die Ermittlung eines aus Sicht der Instanz (eines „Prinzipals") optimalen finanziellen Anreizsystems. Für unterschiedliche Situationen wird untersucht, wie jeweils eine optimale Belohnungsfunktion ermittelt werden kann und welche Gestalt sie aufweist. Dabei gibt eine Belohnungsfunktion an, von welcher Bemessungsgrundlage bzw. von welchen Bemessungsgrundlagen die Belohnung abhängt und welcher funktionale Zusammenhang besteht. Im folgenden soll ein Überblick über die Problemstruktur gegeben und einige Ergebnisse der Agency-Theorie dargestellt werden.

In Abschnitt 2 wird zunächst die Problemstellung relativ allgemein dargestellt. Sodann werden in Abschnitt 3 einige Grundzusammenhänge im Rahmen speziellerer Annahmen verdeutlicht. In Abschnitt 4 wird gezeigt, wie durch Reduktion des Erfolgsrisikos ein höheres (optimales) Aktivitätsniveau induziert werden kann. In Abschnitt 5 werden Grenzen der Ermittlung eines optimalen Anreizsystems bei Delegation von Entscheidungen dargestellt. Wenn es nicht möglich oder zu aufwendig ist, ein „optimales" Anreizsystem zu ermitteln, liegt es - wie in Abschnitt 6 näher begründet wird - nahe, das Anreizsystem so zu gestalten, daß immerhin Anreizkompatibilität besteht. In Abschnitt 7 schließlich wird die Gestalt anreizkompatibler und nichtanreizkompatibler Prämienfunktionen betrachtet.

---

1) Vgl. z.B. BALLWIESER/SCHMIDT (1981); BAMBERG/SPREMANN (1987); EWERT (1990); GILLENKIRCH (1997; 2004); GROSSMANN/HART (1983); HARRIS/RAVIV (1976; 1978; 1979); HOLMSTRÖM (1979); LAUX (1972; 1979a; 1979b; 1988a; 1988b; 1988c; 1990; 2005c); LAUX/SCHENK/MATHES (1992); MIRRLEES (1976); NEUS (1989); PETERSEN (1989); REES (1985); ROSS (1973); ROUSEK (1995); RUHL (1989); SCHABEL (2004); SPREMANN (1988); VELTHUIS (1998; 2004); WAGENHOFER/EWERT (1993); WOSNITZA (1990; 1991).

2.   Allgemeine Darstellung

2.1.   Das Grundmodell der ökonomischen Agency-Theorie

2.1.1. Die betrachtete Entscheidungssituation

Das Grundmodell der ökonomischen Agency-Theorie ist für Entscheidungsprobleme mit folgender Struktur konzipiert:

1. Der Handlungsspielraum bezieht sich auf *eine* Periode (Einperioden-Modell).
2. Der Entscheidungsträger (als „Agent" der Instanz bzw. des „Prinzipals") hat aus einer gegebenen Menge von Handlungsalternativen eine Alternative auszuwählen bzw. zu realisieren. Die mit den Alternativen verbundenen ökonomischen Erfolge der betrachteten Periode hängen von dem in Zukunft eintretenden Umweltzustand ab, den weder die Instanz noch der Entscheidungsträger beeinflussen kann. Dabei bestehen sowohl bei der Ermittlung der Belohnungsfunktion als auch bei den einzelnen Entscheidungen des Entscheidungsträgers unsichere Erwartungen über die Ausprägung des Umweltzustandes: Das hieraus entstehende Risiko ist ein wesentliches Charakteristikum der Entscheidungssituation.
3. Die Instanz und der Entscheidungsträger lösen ihre jeweiligen Entscheidungsprobleme *rational*; beide orientieren sich am BERNOULLI-Prinzip, d.h. sie bewerten die maßgeblichen Alternativen nach dem Erwartungswert ihres jeweiligen Nutzens.
4. Der Entscheidungsträger agiert in seinem eigenen Interesse; er realisiert diejenige Handlungsalternative, mit der er den Erwartungswert *seines* individuellen Nutzens (kurz: seinen Erwartungsnutzen) maximiert. Die Instanz hingegen orientiert sich bei der Gestaltung einer Belohnungsfunktion an dem Ziel, den Erwartungswert *ihres* Nutzens zu maximieren. Dabei trägt sie im Rahmen ihres Kalküls dem Sachverhalt Rechnung, daß der Entscheidungsträger bei jeder Belohnungsfunktion jeweils im eigenen Interesse agieren wird.
5. Der Entscheidungsträger empfindet Arbeitsleid; sein Erwartungsnutzen ist eine monoton fallende Funktion des Arbeitsaufwandes. Neben der finanziellen Belohnung ist deshalb der persönliche Arbeitsaufwand des Entscheidungsträgers (bzw. sind seine persönlichen Kosten) die zweite Zielgröße in seiner Nutzenfunktion: Der Erwartungsnutzen, den er einer Handlungsalternativen zuordnet, hängt allein davon ab, welcher Arbeitsaufwand und welche Wahrscheinlichkeitsverteilung über die Belohnung mit ihr verbunden sind; zwischen den sonstigen Merkmalen der Alternativen ist er indifferent. Der Arbeitsaufwand kann mit Hilfe eines Skalars angegeben werden. Dessen Ausprägung bezeichnen wir als *Aktivitätsniveau*. Hinter dem Aktivitätsniveau können sich zahlreiche Merkmale verbergen, z.B. Arbeitszeit, Arbeitsgeschwindigkeit, Gründlichkeit (vgl. hierzu STIGLITZ, 1974, S. 242).
6. Der Entscheidungsträger akzeptiert eine Belohnungsfunktion nur dann (er kooperiert nur dann mit der Instanz), wenn er damit einen Erwartungsnutzen von mindestens V_{Min} erreichen kann (*Kooperationsbedingung*). Der Wert für V_{Min}

ist exogen vorgegeben; er wird durch persönliche Merkmale des Entscheidungsträgers und durch den Markt bestimmt. V_{Min} kann interpretiert werden als dasjenige Nutzenniveau, das der Entscheidungsträger auch bei anderweitiger Beschäftigung erzielen kann.

7. Die Instanz ist indifferent zwischen den Handlungsalternativen als solchen (sie haben für sie keinen eigenständigen Wert); der Nutzen der Instanz hängt allein ab von dem mit diesen Alternativen verbundenen ökonomischen Erfolg nach Abzug der Belohnung (d.h. dem Nettoerfolg). Sie orientiert sich bei der Ermittlung einer optimalen Belohnungsfunktion am Ziel, den Erwartungswert des Nutzens des Nettoerfolges zu maximieren.

8. Als Bemessungsgrundlagen für Belohnungen werden nur solche Variablen in Betracht gezogen, die von beiden Parteien beobachtet (und vor Gericht verifiziert) werden können. Die Instanz kann ex post den erzielten Erfolg überprüfen, jedoch grundsätzlich nicht den eingetretenen Umweltzustand und die realisierte Handlungsalternative.

9. Mit zunehmendem Aktivitätsniveau wird eine immer „günstigere" Wahrscheinlichkeitsverteilung über den Erfolg (vor Belohnung) erzielt. Diese Annahme kann z.B. wie folgt interpretiert werden: Die Erhöhung des Aktivitätsniveaus I führt zu einer Rechtsverlagerung der Verteilung für den Erfolg G im Sinne der stochastischen Dominanz erster Ordnung; jedoch ist das Intervall, über das G verteilt ist (Trägermenge der Dichtefunktion), unabhängig von I (vgl. Abbildung XXIV.1).[2]

Bei normalverteiltem Erfolg G strebt G_{Min} gegen $-\infty$ und G_{Max} gegen $+\infty$.

Wenn das Intervall, in dem G verteilt ist, von I unabhängig ist, kann die Instanz bei *keinem* beobachtbaren Ist-Erfolg einen sicheren Rückschluß dahingehend ziehen, ob ein hohes oder ein niedriges Aktivitätsniveau realisiert worden ist. Jedem möglichen Ist-Erfolg in dem betrachteten Intervall $[G_{Min}, G_{Max}]$ können alle realisierbaren Aktivitätsniveaus zugrunde liegen.

Die Annahme, daß jedem Aktivitätsniveau eine einzige Wahrscheinlichkeitsverteilung über den Erfolg entspricht, impliziert, daß jedem Aktivitätsniveau a priori ein bestimmtes Bündel von Objektentscheidungen zugeordnet ist. Die vorgegebene Belohnungsfunktion hat auf die einem Aktivitätsniveau entsprechenden Maßnahmen bzw. auf die entsprechende Wahrscheinlichkeitsverteilung über den Erfolg keinen Einfluß.

10. Die Instanz kennt die Nutzenfunktion des Entscheidungsträgers sowie dessen Wahrscheinlichkeitsurteil hinsichtlich der denkbaren Umweltzustände. Dieses Urteil wiederum stimmt mit jenem der Instanz überein; Entscheidungsträger und Instanz haben identische Erwartungen darüber, wie die Wahrscheinlichkeitsverteilung über den Erfolg vom Arbeitseinsatz abhängt.

---

2)   Zum Konzept der stochastischen Dominanz vgl. z.B. DINKELBACH (1982, S. 141-149); HANF (1986, S. 92-100).

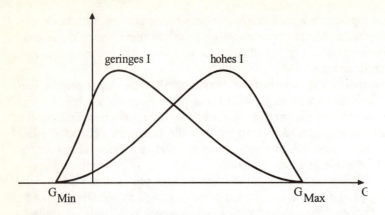

Abb. XXIV.1: Zum Einfluß des Aktivitätsniveaus auf die Verteilung des Erfolges
(vgl. z.B. REES, 1985, S. 19)

11. Der Entscheidungsträger bezieht außerhalb der betrachteten Kooperationsbe-
ziehung keine ungewissen Einkünfte. Wäre diese Voraussetzung nicht erfüllt,
so würde sich bei Risikoaversion des Entscheidungsträgers das Problem stellen, bei der Ermittlung der optimalen Belohnungsfunktion auch die Risikostruktur seiner anderen ungewissen Einkünfte zu erfassen (vgl. dazu
CAMPBELL/KRACAW, 1985; 1987; DIAMOND/VERRECCHIA, 1982; RAMAKRISH-
NAN/THAKOR, 1982; 1984; NEUS, 1989).

2.1.2. Implikationen

Aus Sicht der Instanz ist es optimal, wenn der Entscheidungsträger bei gegebener
(Wahrscheinlichkeitsverteilung über die finanzielle) Belohnung ein möglichst *hohes* Aktivitätsniveau wählt. Da andererseits der Entscheidungsträger Arbeitsleid
empfindet, ist für ihn bei gegebener Belohnung ein möglichst *niedriges* Aktivitätsniveau optimal. Es besteht somit ein Interessengegensatz zwischen der Instanz
und dem Entscheidungsträger: Möglicherweise wird der Entscheidungsträger zusätzliche erfolgversprechende Aktionen unterlassen, weil sie einen zu hohen Arbeitseinsatz erfordern.

Bei der Ermittlung eines optimalen Anreizsystems muß die Instanz berücksichtigen, daß der Entscheidungsträger eine Belohnungsfunktion nur dann akzeptiert, wenn damit sein Erwartungsnutzen V_{Min} nicht unterschritten wird (*Kooperationsbedingung*), und daß er dann jeweils diejenige Handlungsalternative realisiert,
die seinen eigenen Erwartungsnutzen maximiert. Für die Instanz ist ihrerseits diejenige Belohnungsfunktion optimal, die zum höchsten erwarteten Nutzen des Nettoerfolges führt.

Kann die Instanz das Aktivitätsniveau des Entscheidungsträgers eindeutig und
kostenlos beobachten, so kann sie mit ihm ein bestimmtes Aktivitätsniveau und eine Belohnung vereinbaren, die er nur dann erhält, wenn er dieses Aktivitätsniveau
realisiert (Forcing Contract). Dabei kann die Belohnungsfunktion so fixiert wer-

den, daß das aus dem Umwelteinfluß herrührende Risiko pareto-effizient auf die Instanz und den Entscheidungsträger aufgeteilt wird (BORCH, 1962; DEMSKI, 1976; HORST/SCHMIDT/TERBERGER, 1982; REES, 1985, Part I; LAUX, 1990; 2005b, Kapitel II). Eine bestimmte Aufteilung des unsicheren Erfolges ist dann pareto-effizient, wenn bei gegebener Wahrscheinlichkeitsverteilung über den Erfolg durch Umverteilung der zustandsabhängigen Erfolge keine Steigerung des Erwartungsnutzens einer der Parteien erzielt werden kann, ohne daß der Erwartungsnutzen der anderen Partei sinkt. Die optimale Lösung bei vollkommener Kontrollierbarkeit des Aktivitätsniveaus wird als *First-Best-Lösung* bezeichnet.

Die Voraussetzung einer vollkommenen Aktivitätskontrolle ist aber bei Delegation von Entscheidungen grundsätzlich nicht erfüllt. Die Instanz kann weder die Aktionen bzw. die Entscheidungen des Entscheidungsträgers *explizit* beobachten (zumindest sind damit zu hohe Kosten verbunden), noch kann sie aus dem erzielten Erfolg einen *sicheren Rückschluß* auf das Aktivitätsniveau ziehen. Wie erläutert wurde, bestimmen nicht allein die Aktionen bzw. die Entscheidungen des Entscheidungsträgers den Erfolg; der Erfolg ist auch vom eintretenden Umweltzustand abhängig, den die Instanz a priori nicht kennt und auch ex post nicht kontrollieren kann. Die Instanz kann daher nicht beurteilen, inwieweit ein hoher bzw. ein niedriger Erfolg auf den Einsatz des Entscheidungsträgers bzw. den Umweltzustand zurückzuführen ist. Es besteht die Gefahr, daß der Entscheidungsträger ein (zu) niedriges Aktivitätsniveau wählt und einen eventuell niedrigen Erfolg mit einem ungünstigen Umweltzustand rechtfertigt. Diese Situation wird von ARROW als *Hidden Action* bezeichnet: „The most typical hidden action is the effort of the agent. Effort is a disutility to the agent, but it has value to the principal in the sense that it increases the likelihood of a favourable outcome" (ARROW, 1985, S. 38).

Wenn die Instanz weder den Arbeitseinsatz des Entscheidungsträgers noch den Umweltzustand feststellen kann, kommt als Bemessungsgrundlage für die Belohnung insbesondere der Erfolg in Frage. Eine erfolgsorientierte Belohnungsfunktion kann allgemein wie folgt charakterisiert werden:

(XXIV.1) $B = \varphi(G) + F$.

Hierin bezeichnet B die Belohnung des Entscheidungsträgers, G den erzielten Erfolg, F ein Fixum (das dem Entscheidungsträger unabhängig vom Erfolg gewährt wird) und $\varphi(G)$ eine Funktion, die angibt, wie der erfolgsabhängige Teil der Belohnung (die „Prämie") vom Erfolg abhängt. Dabei kann F auch negativ sein; der Entscheidungsträger zahlt dann den entsprechenden Betrag an die Instanz.

Wenn der Erfolg bei gegebenem Aktivitätsniveau unsicher ist, führt eine erfolgsabhängige Belohnung dazu, daß der Entscheidungsträger am Erfolgsrisiko beteiligt wird. Für die Bestimmung eines optimalen Anreizsystems ist dann nicht nur das Ziel der Motivierung, sondern auch das einer effizienten Risikoallokation maßgeblich. Zwischen beiden Zielen besteht ein Konflikt. Er kann anschaulich für den Fall verdeutlicht werden, daß die Instanz risikoneutral und der Entscheidungsträger risikoavers ist: Die pareto-effiziente Risikoteilung besteht dann darin, daß die Instanz das gesamte Erfolgsrisiko übernimmt und der Entscheidungsträger für seine Arbeit eine feste Vergütung erhält. Wenn jedoch das Aktivitätsniveau des Entscheidungsträgers nicht beobachtet werden kann, ist diese Art der Belohnung nicht sinnvoll; der Entscheidungsträger wählt dann das geringstmögliche Aktivitätsniveau. Er kann insbesondere motiviert werden, die Erfolgssituation zu verbessern, indem seine Belohnung um einen erfolgsabhängigen Teil ergänzt wird (wobei das Fixum F verändert werden kann). Dann partizipiert er aber zwangsläufig auch am Erfolgsrisiko. Der risikoaverse Entscheidungsträger wird das mit seiner (erfolgsabhängigen) Belohnung verbundene Risiko nur dann zu tragen bereit sein, wenn er dafür eine Risikoprämie erhält.

Die geforderte Risikoprämie ist tendenziell um so höher, je größer das Erfolgsrisiko ist, je stärker der Entscheidungsträger daran partizipiert und je höher die Risikoaversion des Entscheidungsträgers ist. Der Konflikt kann somit konkretisiert werden: Je höher der Anteil des Entscheidungsträgers am Risiko, desto stärker ist zwar tendenziell seine Motivation, die Erfolgssituation zu verbessern, desto größer ist jedoch auch die von ihm geforderte Risikoprämie und damit aus Sicht der Instanz der Preis des Anreizsystems. Wenn dann das Aktivitätsniveau nicht kontrollierbar ist, kann bei Risikoaversion des Entscheidungsträgers die First-Best-Lösung nicht erreicht werden; die tatsächlich realisierbare Optimallösung wird als *Second-Best-Lösung* bezeichnet.

Die Ermittlung einer optimalen Belohnungsfunktion wird erheblich erleichtert, wenn die Instanz die Nutzenfunktion des Entscheidungsträgers sowie dessen Wahrscheinlichkeitsurteil hinsichtlich der denkbaren Umweltzustände kennt und dieses Urteil wiederum mit ihrem eigenen Urteil identisch ist. Auf dieser Voraussetzung beruht das Grundmodell der ökonomischen Agency-Theorie (Annahme 10); nur die Aktivitäten des Entscheidungsträgers sind der Instanz „verborgen". Das bedeutet allerdings „nur", daß sie diese Aktivitäten nicht *explizit* beobachten kann: Wenn die Instanz die Nutzenfunktion und die Erwartungsstruktur des Entscheidungsträgers kennt, kann sie bei gegebener Belohnungsfunktion jeweils einen sicheren Rückschluß auf dessen Aktivitätsniveau ziehen; dieser Rückschluß ist deshalb möglich, weil die Instanz zudem auch weiß, daß der Entscheidungsträger *rational* handelt.

2.1.3. *Das Optimierungskalkül*

Annahmegemäß ist aus Sicht der Instanz diejenige Belohnungsfunktion (XXIV.1) optimal, bei der der Erwartungswert des Nutzens des Nettoerfolges NG maximiert wird. Bei Ermittlung der Belohnungsfunktion muß beachtet werden, daß der Entscheidungsträger nur dann die Aufgabe übernimmt, wenn er damit einen Erwartungsnutzen von mindestens V_{Min} erzielen kann (Kooperationsbedingung), und daß er sich dann bei der Wahl des Aktivitätsniveaus nicht am Ziel der Instanz orientiert, sondern am Ziel, den eigenen Erwartungsnutzen zu maximieren. Die Ermittlung der optimalen Belohnungsfunktion erfordert die Lösung des folgenden Optimierungsansatzes (vgl. hierzu HOLMSTRÖM, 1979). Zu maximieren ist die Zielfunktion

(XXIV.2) $E[U(NG)] = E[U(G - \varphi(G(I^*)) - F)] \rightarrow \underset{\varphi, F}{Max!}$

unter den Nebenbedingungen

(XXIV.3) $E[V(B,I^*)] = E[V(\varphi(G(I^*)) + F, I^*)] \geq V_{Min}$

und

(XXIV.4) $E[V(\varphi(G(I^*)) + F, I^*)] = \underset{I}{Max} \ E[V(\varphi(G(I)) + F, I)].$

Die Zielfunktion bringt zum Ausdruck, daß die Instanz den Erwartungswert des Nutzens des Nettoerfolges maximiert; ihre Nutzenfunktion wird mit $U(\cdot)$ bezeichnet. Die Nebenbedingung (XXIV.3) soll garantieren, daß der Entscheidungsträger den von ihm geforderten minimalen Erwartungsnutzen V_{Min} erzielt (*Kooperationsbedingung*); seine Nutzenfunktion wird mit $V(\cdot)$ charakterisiert. Die Nebenbedingung (XXIV.4) bringt zum Ausdruck, daß der Entscheidungsträger dasjenige Aktivitätsniveau $I = I^*$ realisiert, dem der höchste Wert für $E[V(\varphi(G(I)) + F, I)]$ entspricht. Sie setzt voraus, daß für jede Belohnungsfunktion $\varphi(G)$ genau *ein* Aktivitätsniveau existiert, das den Erwartungsnutzen des Entscheidungsträgers maximiert. Die Nebenbedingung (XXIV.4) ist deshalb relevant, weil die Instanz das Aktivitätsniveau des Entscheidungsträgers *nicht* kontrollieren kann.

Die Lösung des Optimierungsproblems als auch die Analyse der Eigenschaften des Optimums können sich als sehr schwierig erweisen. In Abschnitt 3 gehen wir dagegen von Voraussetzungen aus, bei denen die optimale Belohnungsfunktion relativ einfach ermittelt und anschaulich interpretiert werden kann.

2.2.   Erweiterungen des Grundmodells

2.2.1.   *Der Arbeitseinsatz des Entscheidungsträgers ist von seinen „privaten" Informationen abhängig*

Die Annahme gleicher Wahrscheinlichkeitsvorstellungen hinsichtlich des Umweltzustandes bedeutet eine erhebliche Einschränkung der Problemstellung. Ein wesentlicher Grund für eine Delegation von Entscheidungen wird jedoch in der Regel gerade auch darin bestehen, daß der Entscheidungsträger einen besseren Informationsstand hat bzw. sich aneignen kann als die Instanz und/oder besser qualifiziert ist, aus Informationen einen probabilistischen Rückschluß auf die Umweltzustände zu ziehen (LAUX, 1979a; 1979b).

Der Entscheidungsträger mag vor allem deshalb mehr Informationen haben bzw. im Verlauf seiner Tätigkeit erhalten, weil er näher am „Ort des Geschehens" ist: Der Entscheidungsträger beobachtet Indikatoren, die Rückschlüsse auf die Umweltzustände zulassen und deren Ausprägungen der Instanz nicht bekannt sind. Der Entscheidungsträger berücksichtigt diese Informationen bei seinen Entscheidungen und *soll* sie auch berücksichtigen. Dabei kann allerdings die Instanz nicht sicher sein, daß er sie in *ihrem* Interesse nutzt. Dieses Problem wird von ARROW (1985, S. 39) als *Hidden Information* charakterisiert.

Hat der Entscheidungsträger „private" Informationen, über die die Instanz nicht verfügt, so kann die Instanz nicht mit Sicherheit antizipieren, wie der Entscheidungsträger auf eine Belohnungsfunktion reagieren wird; sie kennt in einer solchen Situation nicht die Wahrscheinlichkeiten, die er den denkbaren Umweltzuständen und somit den Konsequenzen seiner Handlungsalternativen zuordnet. Dieser Sachverhalt kann in relativ einfacher Weise erfaßt werden, wenn von folgenden Voraussetzungen ausgegangen wird (HOLMSTRÖM, 1979, S. 88f.; BAIMAN/EVANS III, 1983): Zum Zeitpunkt der Ermittlung bzw. der Vereinbarung der Belohnungsfunktion ordnen der Entscheidungsträger und die Instanz den möglichen Umweltzuständen dieselben (a priori-)Wahrscheinlichkeiten zu. Nachdem der Anreizvertrag abgeschlossen ist, jedoch bevor der Entscheidungsträger über seine Aktivitäten entscheidet, gehen ihm kostenlos und ohne eigene Anstrengungen Informationen zu, deren Inhalt stochastisch vom eintretenden Umweltzustand abhängt und die folglich einen probabilistischen Rückschluß auf den Umweltzustand ermöglichen. Zum Zeitpunkt der Vereinbarung der Belohnungsfunktion haben Instanz und Entscheidungsträger die gleichen Vorstellungen darüber, *wie* die Ausprägungen der vom Entscheidungsträger beobachteten Indikatoren stochastisch vom Umweltzustand abhängen.

In dieser Situation kann die Instanz eindeutig antizipieren, welche Aktivitäten der Entscheidungsträger bei alternativen Konstellationen von Ausprägungen der relevanten Indikatoren jeweils wählen wird, sofern irgendeine Belohnungsfunktion vereinbart wird. Die Ermittlung einer optimalen Belohnungsfunktion (die der Kooperationsbedingung genügt) ist nun allerdings aufwendiger als bei bekanntem Wahrscheinlichkeitsurteil, da der Entscheidungsträger je nach den erhaltenen Informationen unterschiedlich reagieren wird. In LAUX (1990) wird untersucht, wie optimale Belohnungsfunktionen bestimmt werden können, die einen Anreiz schaffen, *„aktiv"* Informationen zu beschaffen und dann eine Objektalternative zu wählen, die vom Standpunkt der Instanz optimal ist.

2.2.2. *Bindung der Belohnung (auch) an Kontrollindikatoren*

Das Grundmodell (in dem davon ausgegangen wird, daß die Instanz zwar den Erfolg, nicht aber explizit die Aktivitäten des Entscheidungsträgers beobachtet) kann erweitert werden, indem organisatorische Instrumente zur Beschaffung von (Kontroll-)Informationen über die Aktivitäten des Entscheidungsträgers einbezogen werden. Sofern die Ausprägungen der Kontrollindikatoren sowohl von der Instanz als auch vom Entscheidungsträger beobachtbar sind, können sie (zusätzlich zum Erfolg) in der Belohnungsfunktion berücksichtigt werden, um eine bessere Risikoaufteilung und/oder Anreizwirkung zu erreichen. Die Bedeutung von Kontrollindikatoren für die Etablierung von Anreizsystemen untersuchen z.B. BAIMAN (1982), BAIMAN/EVANS III (1983), GILLENKIRCH (2004); GJESDAL (1982), HARRIS/RAVIV (1979), HOLMSTRÖM (1979; 1982), LAUX (1990), SHAVELL (1979); SINGH (1985) und VELTHUIS (1998). Es wird u.a. gezeigt, wie die optimale Belohnungsfunktion von der „Genauigkeit" abhängt, mit der der Indikator bzw. die Indikatoren das Aktivitätsniveau messen, und welche Vorteile sich aus Sicht der Instanz ergeben (können), wenn sie die Belohnung nicht nur an den Erfolg, sondern auch an die Ausprägung der betrachteten Indikatoren bindet (vgl. auch Abschnitt 4.4).

2.2.3. *Kommunikation zwischen Entscheidungsträger und Instanz*

Wenn Informationsasymmetrie in dem Sinne besteht, daß der Entscheidungsträger *besser* über seine Nutzenfunktion (insbesondere über seine Arbeitsaversion und seine Risikoeinstellung) und/oder die Konsequenzen seiner Aktivitäten (die „Produktionsbedingungen", unter denen er arbeitet) informiert ist als die Instanz, ergibt sich für diese ein Nachteil, weil sie die Belohnungsfunktion nicht optimal an die relevanten Determinanten anpassen kann. Informationen über die Nutzenfunktion und die Erwartungen des Entscheidungsträgers können daher für die Instanz einen positiven Wert haben. Da der Entscheidungsträger seine Nutzenfunktion und seine Erwartungsstruktur kennt, ist es für die Instanz naheliegend, sich von ihm darüber informieren zu lassen (Kommunikation). Der seinen eigenen Erwartungsnutzen maximierende Entscheidungsträger wird aber die Instanz nur dann wahrheitsgemäß informieren, wenn er dadurch einen Vorteil oder zumindest keinen Nachteil erzielt. Damit stellt sich das Problem, den Entscheidungsträger zur wahrheitsgemäßen Information zu motivieren (vgl. BAIMAN/EVANS III 1983, CHRISTENSEN, 1981; KIENER, 1989 und die dort angegebene Literatur).

Die Instanz kann jedoch den Informationsvorsprung (die privaten Informationen) des Entscheidungsträgers „partiell" nutzen, auch ohne die betreffenden Informationen von ihm zu erhalten. Dem Entscheidungsträger wird hierzu die Belohnungsfunktion (bzw. die „Prämienfunktion") nicht definitiv vorgegeben, sondern es werden ihm zwei oder mehrere Belohnungsfunktionen zur Wahl gestellt: Er kann dann selbst darüber entscheiden, nach welcher der Belohnungsfunktionen seine (erfolgsabhängige) Belohnung ermittelt werden soll; er hat die Entscheidung zu treffen, bevor er mit seinen eigentlichen Aktivitäten beginnt (vgl. z.B. LAUX, 1990).

3.   Die allgemeine Bedeutung der Risikoeinstellungen für die Steuerung des Aktivitätsniveaus

3.1.   Die Entscheidungssituation

Im folgenden sollen einige Grundzusammenhänge auf der Basis vereinfachender Annahmen dargestellt werden (LAUX/SCHENK-MATHES, 1992; SPREMANN, 1988; RUHL, 1989; VELTHUIS, 1998). Wir betrachten hierzu die folgende Entscheidungssituation:

1. Die Varianz σ^2 des Erfolges ist vom Aktivitätsniveau unabhängig. Der Erwartungswert des Erfolges ist eine linear oder streng konkav steigende Funktion des Arbeitseinsatzes.

2. Falls bei einer Belohnungsfunktion, die der Kooperationsbedingung genügt, in einem Umweltzustand die Belohnung negativ wird, ist der Entscheidungsträger bereit und in der Lage, die betreffende Zahlung an die Instanz vorzunehmen.

3. Die Instanz kann nur den ex post erzielten Erfolg überprüfen und verifizieren, jedoch nicht den Arbeitseinsatz. Sie wählt daher den Erfolg als ausschließliche Bemessungsgrundlage. Außerdem erwägt sie nur lineare Belohnungsfunktionen des Typs

$$B = f \cdot G + F.$$

Hierin bezeichnet f den Prämiensatz (f > 0) und F ein Fixum, das der Entscheidungsträger unabhängig vom Erfolg erhält (sofern F > 0 gilt). Ist F negativ, so muß der Entscheidungsträger den entsprechenden Betrag an die Instanz zahlen.

4. Die Nutzenwerte, die der Entscheidungsträger alternativen Belohnungen zuordnet, sind von seinem Aktivitätsniveau unabhängig; die Nutzenfunktion des Entscheidungsträgers ist also separierbar. Es gilt:

(XXIV.5) $V(B,I) = V^*(B) - L(I)$.

Hierin bezeichnet L(I) das Maß für das Arbeitsleid des Entscheidungsträgers. Das Arbeitsleid kann hier als monetäre Größe interpretiert werden; der Arbeitseinsatz mindert das Sicherheitsäquivalent des Entscheidungsträgers so, als ob ihm persönliche (und sichere) Kosten in Höhe von L(I) entstünden. L(I) sei eine konvex steigende Funktion von I, d.h. das Grenzleid der Arbeit ist um so höher, je höher der Arbeitseinsatz ist.

Die Nutzenfunktion $V^*(B)$ ist entweder linear (der Entscheidungsträger ist dann risikoneutral) oder konkav (er ist dann risikoavers). Für den Fall der Risikoneutralität gilt $V^*(B) = B$ und für das Sicherheitsäquivalent der Belohnung SÄ(B) = E(B): Für den Fall der Risikoaversion wird davon ausgegangen, daß der Erfolg normalverteilt ist und die Nutzenfunktion $V^*(B)$ folgende exponentielle Gestalt hat:

(XXIV.6) $V^*(B) = -\dfrac{1}{e^{a(ET) \cdot B}}$ mit a(ET) > 0.

Da der Entscheidungsträger linear am Erfolg beteiligt wird, ist auch seine Belohnung normalverteilt, so daß für das Sicherheitsäquivalent seiner Belohnung gilt (FREUND, 1956; SCHNEEWEIß, 1967, S. 146 ff.):

(XXIV.7) $SÄ(B) = E(B) - \dfrac{a(ET)}{2} \cdot Var(B)$ mit a(ET) ≥ 0.

Var(B) ist die Varianz der Belohnung. Das Sicherheitsäquivalent der Belohnung ist kleiner als der Erwartungswert der Belohnung. Je größer die Risikoaversion

benem Sicherheitsäquivalent der Belohnung zieht der Entscheidungsträger ein kleineres Aktivitätsniveau einem größeren vor.3)

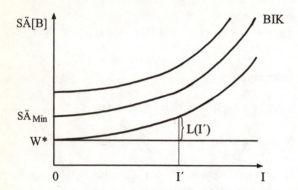

Abb. XXIV.2: Indifferenzkurvensystem und Basisindifferenzkurve

Die Indifferenzkurve, die dem vom Entscheiderungsträger geforderten Sicherheits-Äquivalent $SÄ_{Min}$ entspricht, bezeichnen wir als „Basisindifferenzkurve" (BIK).

6. Die Instanz orientiert sich bei der Festsetzung der Parameter f und F am Ziel, das Sicherheitsäquivalent des Nettoerfolges NG (des Erfolges nach Belohnung), zu maximieren. Sie ermittelt dieses wie folgt:

$$(XXIV.10) \quad SÄ(NG) = E(NG) - A_{IN} \cdot Var(NG).$$

$$= (1-f) \cdot E(G) - F - A_{IN} \cdot (1-f)^2 \cdot \underbrace{Var(NG)}_{=\sigma^2}$$

mit $A_{IN} = 0$, falls die Instanz risikoneutral ist,

$$A_{IN} = \frac{a(IN)}{2}, \text{ falls die Instanz risikoavers ist.}$$

Für den Fall der Risikoaversion wird wie beim Entscheidungsträger davon ausgegangen, daß der Erfolg und mithin auch

$$NG = (1-f) \cdot G - F$$

normalverteilt ist und die Instanz eine exponentielle Nutzenfunktion mit dem Risikoaversionskoeffizienten a(IN) hat.

---

3)   Eine Obergrenze für physisch durchführbare Aktivitätsniveaus wird hier nicht explizit berücksichtigt. Eine Beschränkung des Aktivitätsniveaus läßt sich jedoch mit dem hier vorgestellten Konzept leicht vereinbaren, indem man davon ausgeht, daß die Steigungen der Indifferenzkurven bei Annäherung an das maximal durchführbare Aktivitätsniveau gegen unendlich gehen; das Aktivitätsniveau kann dann durch das Anreizsystem nicht beliebig erhöht werden.

des Entscheidungsträgers, desto größer ist $a(ET)$ und desto geringer ist c.p. das Sicherheitsäquivalent SÄ(B).

Für das Sicherheitsäquivalent der Belohnung gilt allgemein:

$$(XXIV.8) \quad SÄ(B) = E(B) - A_{ET} \cdot Var(B) = f \cdot E(G) + F - A_{ET} \cdot f^2 \cdot Var(G)$$

$A_{ET} = 0$, falls der Entscheidungsträger risikoneutral ist,

$$A_{ET} = \frac{a(ET)}{2}, \text{ falls die Nutzenfunktion } V^*(B) \text{ die Form (XXIV.6) hat.}$$

Für das Sicherheitsäquivalent einer Konstellation (B,I) (die Belohnung B ist hierbei eine stochastische, das Aktivitätsniveau I eine deterministische Größe; letztere wird vom Entscheidungsträger festgelegt) gilt entsprechend:

$$(XXIV.9) \quad SÄ(B,I) = \underbrace{f \cdot E(G) + F - A_{ET} \cdot f^2 \cdot \sigma^2}_{=SÄ(B)} - L(I)$$

5. Der Entscheidungsträger akzeptiert nur dann eine Belohnungsfunktion und

SA(B,I) von mindestens $SÄ_{Min}$ erzielen kann (Kooperationsbedingung). Bei einer Belohnungsfunktion, die der Kooperationsbedingung genügt, wählt er das

miert.

In einem [SÄ(B,I)]-Diagramm können Indifferenzkurven dargestellt werden,

trägers gleichwertig sind. Nach (XXIV.9) gilt für ein beliebiges $SÄ(B,I) = W^*$

$$SA(B) = W^* + L(I).$$

Indifferenzkurven im ersten konvex steigend. Für alternative Werte von W^* ergibt sich eine Schar von Indifferenzkurven, die für gegebenes I jeweils die gleiche Steigung aufweisen (Parallelverschiebung). Einer Indifferenzkurve ent-

gelangt man zu Indifferenzkurven mit immer kleinerem Nutzenwert; bei gege-

E[G(0)]=0, so ist bei der Belohnungsfunktion B=f·G+F der Ordinatenwert der BAK(EW) an der Stelle I=0 gleich dem Fixum F.

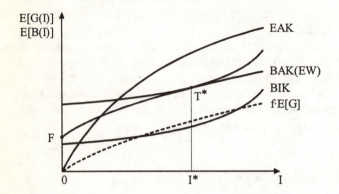

Abb. XXIV.3: Ermittlung des Aktivitätsniveaus I*des Entscheidungsträgers bei gegebener (f,F)-Konstellation

Der Entscheidungsträger wird eine (f,F)-Konstellation nur dann akzeptieren, wenn die Kooperationsbedingung erfüllt ist, d.h. wenn die BAK(EW) nicht vollständig unterhalb seiner BIK verläuft. Ist diese Bedingung erfüllt, so realisiert er dasjenige Aktivitätsniveau I=I*, bei dem die BAK(EW) eine Indifferenzkurve tangiert (vgl. den Tangentialpunkt T* in Abbildung XXIV.3). Bei diesem Aktivitätsniveau ist der Nutzenwert des Entscheidungsträgers für die gegebene Belohnungsfunktion maximal. Der entsprechende Erwartungswert des Nettoerfolges ist gleich der Differenz der Ordinatenwerte der EAK und der BAK(EW) an der Stelle I=I*.

Eine (f,F)-Konstellation ist aus Sicht der Instanz nicht optimal, wenn wie in Abbildung XXIV.3 die entsprechende BAK(EW) eine Indifferenzkurve oberhalb der BIK tangiert. In diesem Fall kann das Fixum F vermindert werden, was einer Parallelverschiebung der BAK(EW) nach unten gleichkommt. Bei der Parallelverschiebung sinkt der Ordinatenwert des Tangentialpunktes der BAK(EW) mit einer Indifferenzkurve, während der Abszissenwert konstant bleibt, da die Steigungen der Indifferenzkurven für gegebenes I übereinstimmen. Mit der Verringerung des Fixums F sinkt bei unverändertem Aktivitätsniveau der Erwartungswert der Belohnung und damit steigt der Erwartungswert des Nettoerfolges entsprechend. Wegen der Kooperationsbedingung darf allerdings F nicht so niedrig gewählt werden, daß die BAK(EW) vollständig unterhalb der BIK verläuft.

Mit einem *minimalen* Erwartungswert der Belohnung wird nur dann irgendein Aktivitätsniveau I=I* bewirkt, wenn der Prämiensatz f und das Fixum F derart festgelegt werden, daß die BAK(EW) die BIK an der Stelle I=I* tangiert. Es muß also folgende Bedingung erfüllt sein:

(XXIV.13) $ST(BAK(EW))_{I=I*}=ST(BIK)_{I=I*}$.

In Worten: An der Stelle I=I* muß die Steigung (ST) der BAK(EW) gleich der Steigung der BIK sein.

Gemäß (XXIV.12) gilt:

$$(XXIV.14) \qquad \frac{dE[B(I)]}{dI}\bigg|_{I=I^*} = f \cdot \frac{dE[G(I)]}{dI}\bigg|_{I=I^*}$$

und mithin

$$(XXIV.15) \qquad ST(BAK(EW))_{I=I^*} = f \cdot ST(EAK)_{I=I^*}.$$

Hieraus folgt in Verbindung mit (XXIV.13):

$$(XXIV.16) \qquad ST(BIK)_{I=I^*} = f \cdot ST(EAK)_{I=I^*}.$$

Hierfür kann man schließlich schreiben:

$$(XXIV.17) \qquad f = \frac{ST(BIK)_{I=I^*}}{ST(EAK)_{I=I^*}}.$$

Interpretation: Der Entscheidungsträger wählt (sofern die Kooperationsbedingung erfüllt ist) das Aktivitätsniveau $I=I^*$ genau dann, wenn der Erwartungswert der Belohnung für die letzte Aktivitätseinheit das entsprechende Grenzleid der Arbeit gerade kompensiert. Je größer das Grenzleid der Arbeit (d.h. $ST(BIK)_{I=I^*}$), desto größer ist c.p. der entsprechende Prämiensatz f. Je größer der Grenzerwartungswert des Erfolges (d.h. $ST(EAK)_{I=I^*}$), desto weniger muß der Entscheidungsträger am Erfolg partizipieren, damit das Grenzleid der Arbeit kompensiert wird, und desto geringer ist der Prämiensatz f.

Da (annahmegemäß) die BIK konvex und die EAK linear oder konkav verläuft und da beide Kurven monoton steigend sind, folgt aus (XXIV.17): Der Prämiensatz ist eine monoton steigende Funktion des zu induzierenden Aktivitätsniveaus. Ist für $I=0$ die Steigung der BIK gleich null (bzw. positiv), so strebt gemäß (XXIV.17) der Prämiensatz f gegen null (bzw. gegen eine *positive* Untergrenze), wenn das zu induzierende Aktivitätsniveau I^* gegen null geht.

3.2.2. Charakteristik des Optimums

Der Erwartungswert des Erfolges nach Belohnung wird dann maximiert, wenn f und F so festgesetzt werden, daß die BAK(EW) die BIK bei demjenigen Aktivitätsniveau I_{opt} tangiert, bei dem der senkrechte Abstand zwischen der EAK und der BIK am größten ist (vgl. die Kurve BAK(EW)$_{opt}$ in Abbildung XXIV.4). Da beim Aktivitätsniveau I_{opt} die Steigung der EAK und die der BIK identisch sind, gilt nach (XXIV.17) für den optimalen Prämiensatz: $f_{opt} = 1$.

Man erhält das dazugehörige optimale Fixum F_{opt}, indem die EAK so weit nach unten verschoben wird, bis sie die BIK tangiert. $|F_{opt}|$ ist dann gleich dem Betrag der Parallelverschiebung. Wenn - wie angenommen - der Erwartungswert des Erfolges bei dem Aktivitätsniveau $I=0$ gleich null ist, stimmt F_{opt} mit dem Ordinatenwert der BAK(EW)$_{opt}$ an der Stelle $I=0$ überein. F_{opt} ist also bei Risikoneutralität des Entscheidungsträgers stets negativ und um so höher, je steiler die EAK und je flacher die BIK verläuft (je größer also das Erfolgspotential und je kleiner die Arbeitsaversion des Entscheidungsträgers).

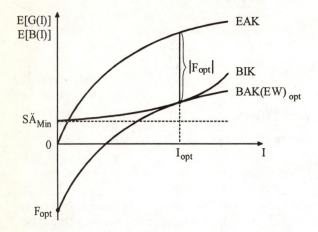

Abb. XXIV.4: Optimales Aktivitätsniveau bei Risikoneutralität des Entscheidungsträgers

Die $BAK(EW)_{opt}$ gibt an, wie bei der optimalen (f, F)-Konstellation der Erwartungswert der Belohnung, $E[B(I)]$, vom Aktivitätsniveau I abhängt: Wählt der Entscheidungsträger das Aktivitätsniveau I=0, so erzielt er einen Verlust in Höhe von $|F_{opt}|$; der Entscheidungsträger muß diesen Betrag an die Instanz zahlen. Erhöht er sukzessive sein Aktivitätsniveau, so steigt (wegen f=1) der Erwartungswert seiner Belohnung jeweils um denselben Betrag wie der Erwartungswert des Erfolges, $E[G(I)]$. Der Entscheidungsträger maximiert seinen Nutzen, wenn er jenes Aktivitätsniveau I_{opt} wählt, bei dem die $BAK(EW)_{opt}$ die BIK tangiert. Dabei erzielt er einen Erwartungswert der Belohnung in Höhe des Ordinatenwertes der BIK an der Stelle $I=I_{opt}$. Damit erreicht er exakt den von ihm geforderten Mindestnutzen; die Kooperationsbedingung ist als Gleichung erfüllt. Wegen $f_{opt}=1$ trägt der Entscheidungsträger im Optimum das gesamte Erfolgsrisiko; wenn er risikoneutral ist, fordert er hierfür keine Risikoprämie.

3.2.3. Praktische Beispiele für Belohnungsfunktionen mit einem Prämiensatz von f=1

Anreizsysteme mit einem Prämiensatz von f=1 scheinen in der Realität unüblich zu sein. Es gibt jedoch zahlreiche Rechtsgeschäfte, die als Vereinbarung eines Fixums F bei gleichzeitiger Wahl eines Prämiensatzes f=1 interpretiert werden können:

1. Ein typisches Beispiel ist die Verpachtung einer Unternehmung. Dabei vereinbart der Eigentümer (die Instanz) mit dem Pächter (dem Entscheidungsträger) in der Regel einen festen Pachtbetrag: Wird dieser in entsprechender Höhe fixiert, so ergeben sich dieselben Konsequenzen, wie wenn der Entschei-

dungsträger als „Geschäftsführer" tätig ist und mit ihm die Konstellation (f=1; F=F$_{opt}$) vereinbart wird. Bei Verpachtung verfügt der Entscheidungsträger über den gesamten (Residual-)Erfolg nach Abzug der Pacht. Für den Entscheidungsträger ist dann ein höheres Aktivitätsniveau optimal als in dem Fall, daß er als Geschäftsführer eingesetzt ist und neben einem fixen Gehalt eine Prämienfunktion P=f·G (mit f<1) vereinbart wird. Mithin ergibt sich auch ein höherer Bruttoerfolg. An dem betreffenden Erfolgszuwachs kann die Instanz in der Weise partizipieren, daß ein entsprechend hoher Pachtbetrag festgelegt wird.

2. In den USA kaufen Manager relativ häufig jene Unternehmung auf, in der sie beschäftigt sind (*Management buy-out*). Die damit für die bisherigen Eigentümer und die Manager verbundenen Vorteile können u.a. damit erklärt werden, daß unter dem Anreizaspekt der Prämiensatz f=1 optimal ist.

3. Bei Auftragsfertigung wird in der Regel ein Festpreis vereinbart. Diese Vereinbarung kann ebenfalls als Anreizsystem mit einem Prämiensatz von f=1 interpretiert werden kann: Wenn es dem Produzenten (dem Entscheidungsträger) gelingt, z.B. durch sorgfältige Planung und Kontrolle die Kosten bei gegebenem Preis zu reduzieren, kommt der damit verbundene Erfolgszuwachs allein ihm zugute; sind die Kosten höher als der Preis, so trifft ihn die entsprechende Erfolgsschmälerung allerdings ebenfalls allein. Festpreise schaffen einen größeren Anreiz, die Kosten zu senken, als kostenabhängige Preise, bei denen der Produzent Unwirtschaftlichkeiten auf den Auftraggeber (die Instanz) überwälzen kann: An dem Vorteil relativ niedriger Kosten kann der Auftraggeber in der Weise partizipieren, daß ein relativ niedriger Festpreis vereinbart wird. Kostenabhängige Preise sind nicht pareto-effizient, sofern die Kosten vom Aktivitätsniveau des Produzenten abhängen.

4. Ein Investor (ein Entscheidungsträger) hat grundsätzlich zwei Möglichkeiten, Kapital von einem Financier (einer Instanz) zu beschaffen. Einerseits kann er Fremdkapital aufnehmen, bei dem ein fester Zins vereinbart wird. Andererseits kann er Eigenkapital aufnehmen, indem er den Financier am Erfolg G seiner Aktivitäten beteiligt. Wenn der Financier einen Erfolgsanteil von x (0<x<1) erhält, so hat dies dieselbe Anreizwirkung für den Entscheidungsträger, als wäre er als Geschäftsführer tätig und bezöge eine erfolgsabhängige Belohnung in Höhe von P=f·G=(1−x)·G. Sowohl der Financier als auch der Investor können einen Vorteil erzielen, wenn statt einer Erfolgsbeteiligung des Financiers ein fester Zins vereinbart wird. Die vereinbarten Zinsen und Tilgungsraten haben den Charakter eines Fixums: Alle Überschüsse, die darüber hinaus erzielt werden, stehen allein dem Investor zur Verfügung. Für ihn ergibt sich demnach ein besonderer Anreiz, ein hohes Aktivitätsniveau zu realisieren. Der Financier kann an dem entsprechenden Erfolgszuwachs in der Weise partizipieren, daß relativ hohe Zinsen vereinbart werden.

3.3.   Risikoaversion des Entscheidungsträgers

3.3.1. *Analyse des Sicherheitsäquivalents der Belohnung*

Aufbauend auf den Darstellungen in Abschnitt 3.2 untersuchen wir nun den Fall der Risikoaversion des Entscheidungsträgers. Bezeichnet man die Varianz des Erfolges (die annahmegemäß vom Aktivitätsniveau unabhängig ist) mit σ^2, so gilt für die Varianz der Belohnung:

$$(\text{XXIV.18}) \qquad \text{Var}[B(I)] = f^2 \cdot \sigma^2$$

und für das Sicherheitsäquivalent der Belohnung

$$(\text{XXIV.19}) \qquad \text{SÄ}[B(I)] = f \cdot E[G(I)] + F - \frac{a(ET)}{2} \cdot f^2 \cdot \sigma^2$$

$$= E[B(I)] - \frac{a(ET)}{2} \cdot f^2 \cdot \sigma^2.$$

Verschiebt man die einer (f, F)-Konstellation entsprechende BAK(EW) (die angibt, wie bei der entsprechenden Konstellation der Erwartungswert der Belohnung vom Aktivitätsniveau abhängt) um den Betrag $a(ET)/2 \cdot f^2 \cdot \sigma^2$ parallel nach unten, so erhält man eine Kurve, die die Abhängigkeit des Sicherheitsäquivalents der Belohnung vom Aktivitätsniveau widerspiegelt. Diese Kurve sei als „Belohnung-Aktivität-Kurve (SÄ)" oder kurz als BAK(SÄ) bezeichnet (vgl. Abbildung XXIV.5). Eine BAK(EW) bringt zum Ausdruck, welche Kosten die betreffende (f,F)-Konstellation aus Sicht der Instanz bei alternativen Aktivitätsniveaus verursacht. Die entsprechende BAK(SÄ) bringt zum Ausdruck, welchen Wert (welches Sicherheitsäquivalent) die betreffenden Belohnungen jeweils aus Sicht des Entscheidungsträgers aufweisen. Der Entscheidungsträger orientiert sich bei seinen Entscheidungen am Sicherheitsäquivalent der Belohnung, während die (risikoneutrale) Instanz sich primär am Erwartungswert der Belohnung orientiert: Für sie ist diejenige (f,F)-Konstellation optimal, die zur maximalen Differenz zwischen dem Erwartungswert des Erfolges und dem Erwartungswert der Belohnung führt; dabei berücksichtigt sie freilich, daß sich der Entscheidungsträger selbst am Sicherheitsäquivalent seiner Belohnung orientiert.

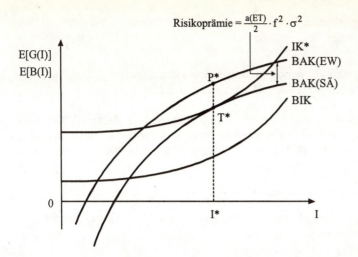

Abb. XXIV.5: Zur Ermittlung einer Belohnung-Aktivität-Kurve (SÄ)

3.3.2. Das Aktivitätsniveau in Abhängigkeit von den Parametern f und F

3.3.2.1. Die Reaktion des Entscheidungsträgers auf alternative (f, F)-Konstellationen

Der Entscheidungsträger wird eine (f,F)-Konstellation nur dann akzeptieren (und die Aufgabe übernehmen), wenn die entsprechende BAK(SÄ) nicht vollständig unterhalb seiner BIK verläuft. Bei jeder Belohnungsfunktion, die dieser Bedingung genügt, realisiert der Entscheidungsträger dasjenige Aktivitätsniveau, bei dem die entsprechende BAK(SÄ) eine Indifferenzkurve tangiert. Dieser Indifferenzkurve entspricht der bei gegebener Belohnungsfunktion höchstmögliche Nutzenwert. Bei der BAK(SÄ) in Abbildung XXIV.5 wählt der Entscheidungsträger das Aktivitätsniveau I*, das zu dem Tangentialpunkt T* auf der Indifferenzkurve IK* gehört. Dabei erzielt er ein *Sicherheitsäquivalent* der Belohnung in Höhe des Ordinatenwertes des Punktes T* und einen Erwartungswert der Belohnung in Höhe des Ordinatenwertes des Punktes P*.

Eine (f,F)-Konstellation ist aus Sicht der Instanz nicht optimal, wenn wie in Abbildung XXIV.5 die entsprechende BAK(SÄ) eine Indifferenzkurve oberhalb der BIK tangiert. In diesem Fall kann das Fixum F vermindert werden, was einer Parallelverschiebung der BAK(EW) und der BAK(SÄ) nach unten gleichkommt. (Da F eine deterministische Größe ist, bleiben dabei die senkrechten Abstände zwischen diesen beiden Kurven unverändert.) Bei der Parallelverschiebung sinkt der Ordinatenwert des Tangentialpunktes der BAK(SÄ) mit einer Indifferenzkurve, während der Abszissenwert konstant bleibt, da die Steigungen der Indifferenzkurven für gegebenes I übereinstimmen. Mit der Verringerung des Fixums F sinkt bei unverändertem Aktivitätsniveau der Erwartungswert der Belohnung und damit steigt der Erwartungswert des Nettoerfolges entsprechend. Wegen der Kooperationsbedingung darf allerdings F nicht so niedrig gewählt werden, daß die BAK(SÄ) vollständig unterhalb der BIK verläuft.

3.3.2.2. Die funktionale Beziehung zwischen dem Prämiensatz und dem zu induzierenden Aktivitätsniveau

Mit einem minimalen Erwartungswert der Belohnung wird nur dann ein Aktivitätsniveau $I=I^*$ bewirkt, wenn der Prämiensatz f und das Fixum F derart festgelegt werden, daß die BAK(SÄ) die BIK an der Stelle $I=I^*$ tangiert. Es muß also folgende notwendige Bedingung erfüllt sein:

(XXIV.20) $ST(BAK(SÄ))_{I=I^*}=ST(BIK)_{I=I^*}.$

In Worten: An der Stelle $I=I^*$ muß die Steigung der BAK(SÄ) mit der Steigung der BIK übereinstimmen.

Gemäß (XXIV.19) gilt:

(XXIV.21) $$\left.\frac{dSÄ[B(I)]}{dI}\right|_{I=I^*} = f \cdot \left.\frac{dE[G(I)]}{dI}\right|_{I=I^*}$$

und mithin

(XXIV.22) $ST(BAK(SÄ))_{I=I^*} = f \cdot ST(EAK)_{I=I^*}.$

Dabei steht „ST" für „Steigung". Aus (XXIV.22) folgt in Verbindung mit (XXIV.20):

(XXIV.23) $ST(BIK)_{I=I^*} = f \cdot ST(EAK)_{I=I^*}$

bzw.

(XXIV.24) $$f = \frac{ST(BIK)_{I=I^*}}{ST(EAK)_{I=I^*}}.$$

Ein Vergleich mit (XXIV.7) zeigt, daß bei Risikoaversion des Entscheidungsträgers dem Aktivitätsniveau $I=I^*$ derselbe Prämiensatz entspricht wie bei Risikoneutralität (sofern die Varianz des Erfolges und mithin auch für jeden Prämiensatz f die Varianz der Belohnung von I unabhängig ist). Je größer das zu induzierende Aktivitätsniveau I^*, desto höher muß der Prämiensatz f sein, damit die BAK(SÄ) die BIK tangieren kann.[4] Je höher nun aber der Prämiensatz f, desto stärker partizipiert der Entscheidungsträger am Erfolgsrisiko und desto höher ist die von ihm geforderte Risikoprämie $a(ET)/2 \cdot f^2 \cdot \sigma^2$. Abbildung XXIV.6 verdeutlicht diesen Zusammenhang für die Aktivitätsniveaus I_1 ($f_1=0,5$) und I_2 ($f_2=1$).

---

4)   Ist für $I=0$ die Steigung der BIK gleich null (bzw. positiv), so strebt gemäß (XXIV.24) der Prämiensatz f gegen null (bzw. gegen eine positive Untergrenze), wenn das zu induzierende Aktivitätsniveau gegen null geht.

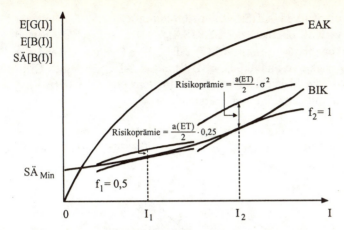

Abb. XXIV.6: Zur Abhängigkeit der Risikoprämie von dem
(von der Instanz angestrebten) Aktivitätsniveau

Es wird der folgende Konflikt deutlich:

– Hohe Prämiensätze, bei denen die Belohnung in starkem Maße mit dem Erfolg variiert, schaffen zwar einen hohen Anreiz, die Erfolgssituation zu verbessern. Da dann aber der Entscheidungsträger in (relativ) starkem Maße am Erfolgsrisiko partizipiert, verlangt er eine hohe Risikoprämie; das Anreizsystem kann aus Sicht der Instanz zu teuer werden.

– Bei niedrigen Prämiensätzen mit relativ geringer Varianz der Belohnung ist die geforderte Risikoprämie zwar gering; jedoch ist dann zugleich die Anreizwirkung schwach (und das Aktivitätsniveau gering).

3.3.3. *Charakteristik des Optimums*

Den Prämiensatz, der erforderlich ist, um ein Aktivitätsniveau I zu induzieren, bezeichnen wir im folgenden mit $f(I)$. Addiert man zu jedem Ordinatenwert der BIK die jeweilige Risikoprämie $a(ET)/2 \cdot f(I)^2 \cdot \sigma^2$, so erhält man eine *Effizienzkurve*, die angibt, welchen Erwartungswert der Belohnung die Instanz dem Entscheidungsträger mindestens gewähren muß, damit er alternative Aktivitätsniveaus realisiert (vgl. hierzu auch LAUX, 1990).

Der Erwartungswert des Erfolges nach Belohnung wird maximiert, wenn diejenige (f, F)-Konstellation gewählt wird, bei der

– der Entscheidungsträger jenes Aktivitätsniveau $I=I_{opt}$ realisiert, bei dem der senkrechte Abstand zwischen der EAK und der Effizienzkurve am größten ist, und

– er einen Erwartungswert der Belohnung in Höhe des Ordinatenwertes der Effizienzkurve beim Aktivitätsniveau $I=I_{opt}$ erhält.

Der Entscheidungsträger realisiert das Aktivitätsniveau I_{opt} und erzielt den genannten Erwartungswert der Belohnung, wenn der entsprechende Prämiensatz $f(I_{opt})$ gewählt und F so niedrig fixiert wird, daß die BAK(SÄ) an der Stelle $I=I_{opt}$

die BIK tangiert (vgl. die Kurve BAK(SÄ)$_{opt}$ in Abbildung XXIV.7). Die entsprechende BAK(EW)$_{opt}$ verläuft oberhalb der BAK(SÄ)$_{opt}$. Der senkrechte Abstand zwischen beiden Kurven beträgt jeweils a(ET)/2·f(I$_{opt}$)^2·σ^2. Entsprechend der Konstruktion der Effizienzkurve muß die BAK(EW)$_{opt}$ bei I=I$_{opt}$ denselben Ordinatenwert aufweisen wie die Effizienzkurve. Der Ordinatenwert der BAK(EW)$_{opt}$ an der Stelle I=0 stimmt mit dem Fixum F$_{opt}$ überein.

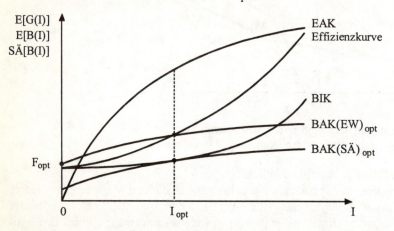

Abb. XXIV.7: Das optimale Aktivitätsniveau I$_{opt}$ bei Risikoaversion des Entscheidungsträgers und einer von I unabhängigen Erfolgsvarianz[5])

Wie erläutert, ist der Prämiensatz f(I) eine monoton steigende Funktion des zu induzierenden Aktivitätsniveaus I. Ist dabei f(I)^2 eine konvexe Funktion von I, so ist auch die Risikoprämie a(ET)/2·f(I)^2·σ^2 eine konvex steigende Funktion von I, so daß die Effizienzkurve steiler verläuft als die BIK.[6]) Das Aktivitätsniveau I$_{opt}$, bei dem die Effizienzkurve dieselbe Steigung aufweist wie die EAK, ist dann kleiner als das Aktivitätsniveau I**, das sich bei Risikoneutralität des Entscheidungsträgers als optimal erweist (und bei dem die Steigung der EAK mit der Steigung der BIK identisch ist). Abbildung XXIV.8 verdeutlicht diesen Zusammenhang.

---

5) Die Abb. XXIV.7 impliziert, daß für I=0 die Steigung der BIK gleich null ist. Dem betreffenden Aktivitätsniveau entspricht dann gemäß (XXIV.24) ein Prämiensatz von null; die dazugehörige Risikoprämie ist ebenfalls gleich null und die Effizienzkurve hat an der Stelle I=0 denselben Ordinatenwert wie die BIK. Steigt das zu induzierende Aktivitätsniveau, so steigen der Prämiensatz und die entsprechende Risikoprämie *stetig* an.

6) Die Effizienzkurve ist dann konvex, wenn die zweite Ableitung dieser Funktion nach I nichtnegativ ist, d.h. wenn gilt:

$$L''(I) + 2 \cdot \frac{a(ET)}{2} \cdot \sigma^2 \cdot \left[f'(I) + f(I) \cdot f''(I) \right] \geq 0.$$

Für f''(I) > 0 ist diese Bedingung stets erfüllt. Eine konvexe Krümmung der Effizienzkurve ist aber auch dann möglich, wenn die Funktion f(I) konkav verläuft, da dann nur der zweite Summand in der Klammer negativ wird.

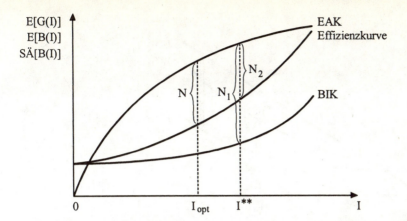

Abb. XXIV.8: Das optimale Aktivitätsniveau bei Risikoaversion und bei
Risikoneutralität des Entscheidungsträgers im Vergleich

Der Zusammenhang ist zwingend: An der Stelle $I=I^{**}$ hat die BIK dieselbe Steigung wie die EAK. Da die Effizienzkurve steiler verläuft als die BIK, muß folglich bei $I=I^{**}$ die Steigung der Effizienzkurve *größer* sein als die der EAK. Da die Effizienzkurve konvex und die EAK konkav (oder linear) verläuft, muß das Aktivitätsniveau I_{opt}, bei dem beide Kurven dieselbe Steigung haben, kleiner sein als I^{**}.

Da dem Aktivitätsniveau $I=I^{**}$ der Prämiensatz $f=1$ entspricht und außerdem der Prämiensatz $f(I)$ eine monoton steigende Funktion von I ist, folgt aus $I_{opt}<I^{**}$ die Relation $f_{opt}<1$. Je größer c.p. $a(ET)$ und/oder σ_2, desto steiler verläuft die Effizienzkurve bei gegebenem Ausgangspunkt auf der Ordinate und desto kleiner ist das Aktivitätsniveau I_{opt} (sowie der entsprechende Prämiensatz) und der Erwartungswert des Nettoerfolges. Abbildung XXIV.9 verdeutlicht diesen Zusammenhang.

Der (steiler) verlaufenden Effizienzkurve 2 entspricht offensichtlich ein niedrigeres optimales Aktivitätsniveau und ein geringerer maximaler Erwartungswert des Nettoerfolges als der Effizienzkurve 1 ($I_{opt,2}<I_{opt,1}$; $Max_2<Max_1$). Dieser Zusammenhang ist zwingend. Er kann analog bewiesen werden wie der entsprechende Zusammenhang in Abbildung XXIV.8. Eine Erhöhung von $a(ET)$ und/oder σ^2 hat tendenziell dieselben Konsequenzen wie ein Anwachsen des Arbeitsleides.

Aus Sicht der Instanz kann es vorteilhaft sein, Maßnahmen zur Verringerung des Erfolgsrisikos σ^2 durchzuführen, z.B. Feuerversicherungen abzuschließen. Zwar ergibt sich daraus für die risikoneutrale Instanz kein unmittelbarer Vorteil (sind die Kosten nicht niedriger als der Erwartungswert des Schadens, ergibt sich c.p. sogar ein unmittelbarer Nachteil), jedoch kann sie dann das Anreizsystem derart verändern, daß der Erwartungswert des Nettoerfolges mittelbar steigt.

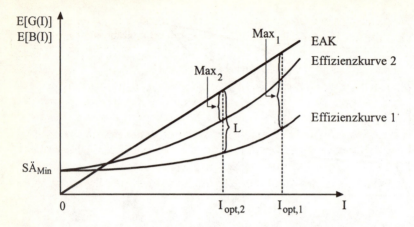

Abb. XXIV.9: Zum Einfluß von σ^2 bzw. a(ET) auf I_{opt} und den maximalen Erwartungswert des Nettoerfolges bei Risikoneutralität der Instanz und Risikoaversi-
on des Entscheidungsträgers

Bei mehreren potentiellen Entscheidungsträgern mit demselben Mindestnutzen,
demselben Arbeitsleid und derselben Qualifikation (d.h. hier auch derselben Wahrscheinlichkeitsverteilung über den Erfolg in Abhängigkeit von I) wird die Instanz
mit demjenigen kooperieren, der am wenigsten risikoavers eingestellt ist; mit ihm
kann diejenige Belohnungsfunktion vereinbart werden, die die höchste Anreizwirkung aufweist und zu dem höchsten Erwartungswert des Nettoerfolges führt.

Wenn die Instanz (entgegen der getroffenen Annahme) in der Lage wäre, das
Aktivitätsniveau kostenlos zu kontrollieren und zu verifizieren, könnte ein *sicherer*
Zusammenhang zwischen der Belohnung und dem Aktivitätsniveau hergestellt
werden, indem die Belohnung (nur) an das Aktivitätsniveau I gebunden würde. Im
Gegensatz zum Erfolg als Bemessungsgrundlage würde dann der Entscheidungsträger, der ja sein Aktivitätsniveau selbst festlegt, keine Risikoprämie fordern. Der Erwartungswert des Erfolges nach Belohnung wird dann maximiert,
wenn die aktivitätsabhängige Belohnungsfunktion derart fixiert wird, daß der Entscheidungsträger das Aktivitätsniveau I^{**} (Abbildung XXIV.8) wählt, bei dem der
senkrechte Abstand zwischen der EAK und der BIK am größten ist, und er dafür
eine sichere Belohnung in Höhe des Ordinatenwertes seiner BIK beim Aktivitätsniveau I^{**} bekommt (*First-Best-Lösung*). Der Erwartungswert des Erfolges nach
Belohnung ist dann gleich N_1 (vgl. Abbildung XXIV.8). Die Belohnungsfunktion
kann zum Beispiel in der Weise festgelegt werden, daß mit dem Entscheidungsträger das Aktivitätsniveau I^{**} „vereinbart" wird und er die zugehörige Belohnung
genau dann erhält, wenn er dieses realisiert (Forcing Contract).

Da nun aber das Aktivitätsniveau annahmegemäß nicht kontrolliert werden
kann, wird die Belohnung stattdessen an den erzielten Erfolg gebunden. Der Entscheidungsträger wählt dann das Aktivitätsniveau $I=I^{**}$ nur im Fall f=1; er trägt
dann das gesamte Erfolgsrisiko. Bei Risikoaversion (a(ET)>0) fordert er dafür eine relativ hohe Risikoprämie. Wenn die Instanz dem Entscheidungsträger diese
hohe Risikoprämie gewährt (d.h. das Fixum F entsprechend hoch festsetzt), ergibt

sich ein Erwartungswert des Nettoerfolges von N_2 (Second-Best-Lösung). Dieser Betrag ist niedriger als jener, der bei Vorgabe der (aus Sicht der Instanz) optimalen (f,F)-Konstellation realisiert wird $(N_2 < N)$ (vgl. Abbildung XXIV.8). Bei dieser Konstellation ist das Aktivitätsniveau zwar kleiner als I^{**} $(I_{opt} < I^{**})$. Da jedoch dem Aktivitätsniveau I_{opt} ein kleinerer Prämiensatz als dem Aktivitätsniveau I^{**} zugeordnet ist, fordert der Entscheidungsträger eine entsprechend geringere Risikoprämie.

Die Differenz $N_1 - N$ bezeichnet den Wohlfahrtsverlust, der sich für die Instanz dadurch ergibt, daß sie das Aktivitätsniveau nicht kontrollieren kann. Dieser Wohlfahrtsverlust wird als *„Agency Costs"* bezeichnet. Diese Kosten sind um so höher, je höher das Erfolgsrisiko (σ^2) und die Risikoaversion des Entscheidungsträgers $a(ET)$ sind.

3.4. Risikoaversion der Instanz

Ist die Instanz risikoavers, so orientiert sie sich bei der Festlegung des Prämiensatzes an dem folgenden Sicherheitsäquivalent:

$$(XXIV.25) \quad S\ddot{A}[NG(I)] = (1-f) \cdot E[G(I)] - F - \underbrace{\frac{a(IN)}{2} \cdot (1-f)^2 \cdot \sigma^2}_{\substack{\text{Risikoabschlag der} \\ \text{Instanz}}}.$$

Der „Risikoabschlag" der Instanz ist bis zum Wert $f=1$ eine fallende konvexe Funktion von f. Da f eine steigende Funktion des zu induzierenden Aktivitätsniveaus I^* ist, ist im relevanten Bereich der Risikoabschlag auch eine monoton fallende *konvexe* Funktion von I^*. Er ist bei demjenigen Aktivitätsniveau gleich null, das dem Prämiensatz 1 entspricht. In Abbildung XXIV.10 wird dieses Aktivitätsniveau mit I_1 bezeichnet; es ist bei Risikoneutralität von Instanz und Entscheidungsträger optimal.

Subtrahiert man von jedem Ordinatenwert der EA-Kurve den jeweiligen Risikoabschlag der Instanz, so erhält man eine *konkave* Kurve, die angibt, wie

$$E[G(I^*)] - \frac{a(IN)}{2} \cdot (1-f(I^*))^2 \cdot \sigma^2$$

von I^* abhängt. Wir bezeichnen diese Kurve als *modifizierte* EA-Kurve oder kurz als mEA-Kurve (Abbildung XXIV.10). Beim Aktivitätsniveau $I=I_1$, dem der Prämiensatz $f=1$ entspricht, stimmt die Steigung der mEA-Kurve mit der der EA-Kurve überein; für jedes $I < I_1$ ist die Steigung der mEA-Kurve größer als die der EA-Kurve.

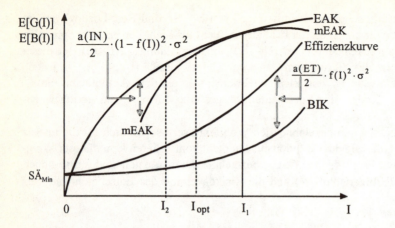

Abb. XXIV.10:   Zur Ermittlung des optimalen Aktivitätsniveaus bei Risikoaversion des Entscheidungsträgers und der Instanz

Abbildung XXIV.10 verdeutlicht den folgenden Zusammenhang: Mit steigendem Aktivitätsniveau I - in Verbindung mit einer entsprechenden Erhöhung des Prämiensatzes - wird das Risiko immer mehr von der Instanz auf den Entscheidungsträger verlagert. Einerseits wird damit die vom Entscheidungsträger geforderte Risikoprämie immer größer, andererseits der Risikoabschlag der Instanz immer geringer. Der senkrechte Abstand zwischen der Kurve mEAK und der Effizienzkurve kennzeichnet das (maximale) Sicherheitsäquivalent des Nettoerfolges für alternative Aktivitätsniveaus. Aus Sicht der Instanz ist dasjenige Aktivitätsniveau $I=I_{opt}$ optimal, bei dem dieser Abstand am größten ist, bei dem also beide Kurven dieselbe Steigung haben.

I_{opt} ist *kleiner* als das Aktivitätsniveau I_1, das bei Risikoneutralität von Instanz *und* Entscheidungsträger optimal ist. *Beweis*: In $I=I_1$ sind die Steigungen der Kurven BIK und EAK identisch. Da nun in $I=I_1$ zum einen die Steigung der Effizienzkurve *größer* ist als die der BI-Kurve und zum anderen die Steigungen der Kurven mEAK und EAK identisch sind, folgt: In $I=I_1$ ist die Steigung der Effizienzkurve *größer* als die der mEA-Kurve. Da die Effizienzkurve konvex und die mEA-Kurve konkav verläuft, muß das Aktivitätsniveau $I=I_{opt}$, bei dem beide Kurven dieselbe Steigung haben, kleiner sein als I_1 ($I_{opt}<I_1$).

I_{opt} ist jedoch größer als das Aktivitätsniveau I_2, das bei Risikoneutralität der Instanz optimal ist. *Beweis*: In $I=I_2$ haben die EA-Kurve und die Effizienzkurve dieselbe Steigung. Da nun aber in $I=I_2$ die Kurve mEAK eine größere Steigung hat als die EA-Kurve, muß folglich die mEA-Kurve in $I=I_2$ auch eine größere Steigung als die Effizienzkurve aufweisen. Das Aktivitätsniveau I_2 kann folglich bei Risikoaversion der Instanz nicht optimal sein. Da die mEA-Kurve konkav und die Effizienzkurve konvex verläuft, muß das Aktivitätsniveau $I=I_{opt}$, bei dem beide Kurven dieselbe Steigung aufweisen, größer sein als I_2 ($I_{opt}>I_2$): Entsprechend ist auch der Prämiensatz f bei Risikoaversion der Instanz *höher* als bei Risikoneutralität.

Je größer a(IN), desto niedriger ist für alternative Aktivitätsniveaus $I<I_1$ der jeweilige Ordinatenwert der mEA-Kurve und desto höher ist deren jeweilige Steigung und desto größer ist das Aktivitätsniveau I_{opt} und desto kleiner ist das entsprechende Sicherheitsäquivalent des Nettoerfolges.

4. Analyse der Eigenschaften optimaler Belohnungssysteme zur Steuerung des Aktivitätsniveaus

4.1. Konkretisierung der Entscheidungssituation

Im folgenden sollen vertiefend grundlegende Eigenschaften optimaler Belohnungssysteme analytisch gezeigt werden. Dabei wird die Entscheidungssituation von Abschnitt 3.1 wie folgt spezifiziert:

1. Der Erwartungswert des Erfolges ist eine *linear* steigende Funktion von I:

(XXIV.26) $E(G) = x \cdot I$ (mit $x > 0$).

2. Es gilt $L(I) = y \cdot I^2$, so daß die Funktion (XXIV.5) folgende Gestalt hat:

(XXIV.27) $V(B,I) = V^*(B) - y \cdot I^2$.

$y \cdot I^2$ ist das Maß für das Arbeitsleid des Entscheidungsträgers beim Aktivitätsniveau I.

3. Der Erfolg und mithin auch der Nettoerfolg sowie die Belohnung sind normalverteilt. Beide Parteien haben eine exponentielle Nutzenfunktion ($A_{ET} = \frac{a(ET)}{2}$ und $A_{IN} = \frac{a(IN)}{2}$), so daß analog zu (XXIV.9) bzw. (XXIV.10) gilt:

(XXIV.28) $S\ddot{A}(B,I) = f \cdot x \cdot I + F - \frac{a(ET)}{2} \cdot f^2 \cdot \sigma^2 - y \cdot I^2$

bzw.

(XXIV.29) $S\ddot{A}(NG) = (1-f) \cdot x \cdot I - F - \frac{a(IN)}{2} \cdot (1-f)^2 \cdot \sigma^2$.

Im folgenden wird stets der Erfolg als Bemessungsgrundlage verwendet.

Darüber hinaus kann die Belohnung auch von verifizierbaren Kontrollinformationen abhängen, die einen sicheren oder (wie der Erfolg selbst) einen prohabilistischen Rückschluß auf den Arbeitseinsatz ermöglichen. Die Darstellungen verdeutlichen die prinzipielle Bedeutung einer Aktivitätskontrolle für die Gestaltung eines Belohnungssystems.

4.2. Aktivitätsniveau und Erfolg als Bemessungsgrundlagen

4.2.1. Das Optimierungskalkül

Zunächst wird angenommen, daß das Aktivitätsniveau I kostenlos kontrolliert und verifiziert werden kann. Wie erläutert wurde, kann dann eine First-Best-Lösung realisiert werden. Mit dem Entscheidungsträger wird das aus Sicht der Instanz optimale Aktivitätsniveau vereinbart, wobei er eine Belohnung nur dann erhält, wenn er es realisiert. Zugleich wird das Erfolgsrisiko pareto-effizient auf beide Parteien aufgeteilt.

Das mit dem Entscheidungsträger vereinbarte Aktivitätsniveau bezeichnen wir allgemein mit I^*; dieses wird mit Sicherheit realisiert, weil das Belohnungssystem entsprechend festgelegt wird. Aus Sicht der Instanz ist diejenige Kombination aus I^*, Prämiensatz f und Fixum F optimal, bei der SÄ(NG) maximiert wird. Gemäß (XXIV.29) kann die Zielfunktion wie folgt dargestellt werden:

$$(XXIV.30) \quad S\ddot{A}(NG) = (1-f) \cdot x \cdot I^* - F - \frac{a(IN)}{2} \cdot (1-f)^2 \cdot \sigma^2 \to \underset{I^*,f,F}{Max!}$$

Unter Berücksichtigung von (XXIV.28) kann die Kooperationsbedingung folgendermaßen definiert werden:

$$(XXIV.31) \quad S\ddot{A}(B,I^*) = f \cdot x \cdot I^* + F - \frac{a(ET)}{2} \cdot f^2 \cdot \sigma^2 - y \cdot I^{*2} \geq S\ddot{A}_{Min}.$$

$S\ddot{A}_{Min}$ bezeichnet den Mindestwert für das Sicherheitsäquivalent. Unabhängig vom Aktivitätsniveau I^* und vom Prämiensatz f wird das Sicherheitsäquivalent des Nettoerfolges genau dann maximiert, wenn F so (niedrig) fixiert wird, daß die Kooperationsbedingung (XXIV.31) als *Gleichung* erfüllt ist. Mithin kann diese Bedingung a priori auch wie folgt dargestellt werden:

$$(XXIV.32) \quad \underbrace{f \cdot x \cdot I^* + F - \frac{a(ET)}{2} \cdot f^2 \cdot \sigma^2 - y \cdot I^{*2}}_{= S\ddot{A}(B)} = S\ddot{A}_{Min}$$

Interpretation: I^*, f und F werden so festgelegt, das der Entscheidungsträger sein Mindestsicherheitsäquivalent erzielt. Wird bei gegebenem I^* der Prämiensatz f erhöht und mithin dem Entscheidungsträger ein höheres Risiko aufgebürdet, erzielt er keinen Nachteil: Das Fixum F wird derart angepaßt, daß das Sicherheitsäquivalent der Belohnung konstant bleibt.

Für das Fixum F gilt gemäß (XXIV.32):

$$(XXIV.33) \quad F = S\ddot{A}_{Min} - f \cdot x \cdot I^* + y \cdot I^{*2} + \frac{a(ET)}{2} \cdot f^2 \cdot \sigma^2.$$

4.2.2. Die pareto-effiziente Risikoteilung bei beliebigem I^*

Setzt man (XXIV.33) in (XXIV.30) ein, erhält man nach Umformung:

$$(XXIV.34) \qquad S\ddot{A}(NG) = x \cdot I^* - S\ddot{A}_{Min} - \frac{a(ET)}{2} \cdot f^2 \cdot \sigma^2 - y \cdot I^{*2}$$

$$- \frac{a(IN)}{2} \cdot (1-f)^2 \cdot \sigma^2 \rightarrow \underset{I^*,f}{Max!}$$

Hieraus folgt als Bedingung für den optimalen Prämiensatz:

$$\frac{dS\ddot{A}[NG]}{df} = - \frac{a(ET)}{2} \cdot 2f_{opt} \cdot \sigma^2 - \frac{a(IN)}{2} \cdot (-2 + 2f_{opt}) \cdot \sigma^2 = 0$$

bzw.

$$-a(ET) \cdot f_{opt} + a(IN) - a(IN) \cdot f_{opt} = 0$$

bzw.

$$(XXIV.35) \qquad f_{opt} \cdot [a(IN) + a(ET)] = a(IN).$$

Hieraus folgt:

$$(XXIV.36) \qquad f_{opt} = \frac{a(IN)}{a(IN) + a(ET)} = \frac{1}{1 + \dfrac{a(ET)}{a(IN)}}.$$

Der optimale Prämiensatz ist somit unabhängig vom Erfolgspotential (x), von der Varianz des Erfolges (σ^2), dem Arbeitsleid des Entscheidungsträgers (y) und dem vereinbarten Aktivitätsniveau (I^*). Er ist ausschließlich von den Risikokoeffizienten abhängig und teilt das Erfolgsrisiko *pareto-effizient* auf beide Parteien auf.

Geht der Ausdruck a(ET)/a(IN) gegen 0, so geht gemäß (XXIV.36) f_{opt} gegen 1; je geringer also die Risikoaversion des Entscheidungsträgers im Vergleich zu jener der Instanz ist, desto stärker partizipiert der Entscheidungsträger bei optimaler Risikoallokation am Erfolgsrisiko. (Ist er risikoneutral, gilt f_{opt}=1.) Geht der Ausdruck a(ET)/a(IN) gegen unendlich, so geht f_{opt} gegen null; je größer also die Risikoaversion des Entscheidungsträgers im Vergleich zu jener der Instanz, desto geringer ist der Anteil am Erfolgsrisiko, den der Entscheidungsträger übernimmt. Im Fall a(ET)=a(IN) gilt gemäß (XXIV.36) f_{opt}=0,5; das Erfolgsrisiko wird dann gleichmäßig auf Instanz und Entscheidungsträger aufgeteilt. Im Fall a(ET)>a(IN) (bzw. a(ET)<a(IN)) gilt f_{opt}<0,5 (bzw. f_{opt}>0,5), d.h. der Entscheidungsträger trägt den kleineren (bzw. den größeren) Anteil am Erfolgsrisiko.

Der optimale Prämiensatz kann unabhängig davon festgesetzt werden, welches Aktivitätsniveau I^* und welches Fixum F vereinbart werden. Jedoch ist unabhängig von I^* das Fixum so festzulegen, daß die Kooperationsbedingung (XXI.33) erfüllt ist. Der Entscheidungsträger akzeptiert ein höheres Aktivitätsniveau nur dann, wenn das Fixum derart erhöht wird, daß das zusätzliche Arbeitsleid kompensiert wird. (Dabei wird das Fixum nur dann gezahlt, wenn ex post die Kontrolle erweist, daß das vereinbarte Aktivitätsniveau realisiert worden ist.)

4.2.3. Das optimale Aktivitätsniveau

Beim *optimalen* Aktivitätsniveau $I^* = I^*_{opt}$ ist die erste Ableitung von (XXIV.34) nach I^* gleich null. Für I^*_{opt} gilt also:

$$\frac{dS\ddot{A}(NG)}{dI^*} = x - 2y \cdot I^*_{opt} = 0.$$

Hieraus folgt:

(XXIV.37) $I^*_{opt} = \dfrac{x}{2y}.$

Das optimale Aktivitätsniveau ist also unabhängig von dem Erfolgsrisiko (σ^2) und den Risikoaversionskoeffizienten $a(ET)$ und $a(IN)$ Dieses Ergebnis resultiert daraus, daß das Erfolgsrisiko seinerseits vom Aktivitätsniveau unabhängig ist.

Das optimale Aktivitätsniveau I^*_{opt} liegt dort, wo der senkrechte Abstand zwischen der linearen EAK (Ordinatenwert $= x \cdot I$) und der BIK (Ordinatenwert $= S\ddot{A}_{Min} + y \cdot I^2$) am größten ist, also beide Kurven dieselbe Steigung aufweisen, d.h. $x = 2y \cdot I_{opt}$ bzw. (XXIV.37) gilt.

Setzt man (XXIV.36) und (XXIV.37) in (XXIV.33) ein, erhält man das f_{opt} und I^*_{opt} entsprechende Fixum. Der Erwartungswert der Belohnung ist höher als für $f = 0$: Der Entscheidungsträger übernimmt einen Teil des Erfolgsrisikos und erhält dafür eine Risikoprämie in Höhe von:

$$f^2_{opt} \cdot a(ET) \cdot \sigma^2 = \left(\frac{a(IN)}{a(IN) + a(ET)} \right)^2 \cdot a(ET) \cdot \sigma^2 > 0.$$

Jedoch ist das *Sicherheitsäquivalent* der Belohnung ebenso hoch wie für den Fall $f = 0$. Den Nachteil, der sich daraus ergibt, daß *beide* Parteien risikoavers sind, muß hier allein die Instanz tragen. Das Sicherheitsäquivalent ihres Nettoerfolges ist niedriger als der Erwartungswert des Nettoerfolges, der bei Risikoneutralität von mindestens einem der Beteiligten erzielt wird: Zum einen muß die Instanz dem Entscheidungsträger eine Risikoprämie als Gegenleistung für die Übernahme eines Teils des Erfolgsrisikos gewähren; dadurch wird der Erwartungswert des Erfolges nach Belohnung reduziert. Zum anderen trägt auch die (risikoaverse) Instanz einen Teil des Erfolgsrisikos, was sie negativ bewertet; das Sicherheitsäquivalent des Nettoerfolges ist ihrerseits kleiner als der Erwartungswert des Nettoerfolges. Jedoch wird bei pareto-effizienter Risikoteilung der Nachteil aus der Risikoaversion beider Parteien für die Instanz minimiert.

4.3.   Der Erfolg als ausschließliche Bemessungsgrundlage

4.3.1. Die Problematik

In Abschnitt 4.2 wurde davon ausgegangen, daß das Aktivitätsniveau kostenlos kontrolliert und verifiziert werden kann. Es besteht dann kein Konflikt zwischen pareto-effizienter Risikoteilung und Motivation zu einem hohen Arbeitseinsatz; es kann eine first best-Lösung realisiert werden. Anders ist es, wenn das Aktivitätsniveau nicht kontrolliert und der Entscheidungsträger nur über eine (höhere) Erfolgsbeteiligung zu einem (höheren) Arbeitseinsatz motiviert werden kann. Der Konflikt zwischen pareto-effizienter Risikoteilung und Motivation sowie damit verbundene Implikationen sollen im folgenden gezeigt werden.

4.3.2. Das Optimierungsprogramm

Wir betrachten die in Abschnitt 4.1 dargestellte Entscheidungssituation (jetzt aber ohne die Möglichkeit der Kontrolle des Aktivitätsniveaus). Die Zielfunktion der Instanz lautet nun:

$$(XXIV.38) \quad S\ddot{A}(NG) = (1-f) \cdot x \cdot I^* - F - \frac{a(IN)}{2} \cdot (1-f)^2 \cdot \sigma^2 \to \underset{f,F}{Max!}$$

Im Gegensatz zur Zielfunktion (XXIV.30) fehlt nun beim Maximierungsoperator die Größe I^*. Da das Aktivitätsniveau nicht verifizierbar ist, kann es auch nicht direkt zum Gegenstand eines Anreizvertrages gemacht werden. Bei der Fixierung von f und F wird jedoch antizipiert, daß der Entscheidungsträger dasjenige Aktivitätsniveau wählt, mit dem er seinen Nutzen (sein Sicherheitsäquivalent) maximiert, sofern die Kooperationsbedingung erfüllt ist.
Für diese Bedingung gilt:

$$(XXIV.39) \quad S\ddot{A}(B,I^*) = f \cdot x \cdot I^* + F - \frac{a(ET)}{2} \cdot f^2 \cdot \sigma^2 - y \cdot I^{*2} \geq S\ddot{A}_{Min}.$$

Wird eine Belohnungsfunktion gewählt, die der Kooperationsbedingung genügt, so realisiert der Entscheidungsträger dasjenige Aktivitätsniveau $I=I^*$, bei dem die folgende Gleichung erfüllt ist:

$$(XXIV.40) \quad S\ddot{A}(B,I^*) = \quad f \cdot x \cdot I^* + F - \frac{a(ET)}{2} \cdot f^2 \cdot \sigma^2 - y \cdot I^{*2}$$

$$= \underset{I}{max}(f \cdot x \cdot I + F - \frac{a(ET)}{2} \cdot f^2 \cdot \sigma^2 - y \cdot I^2).$$

Die Zielfunktion (XXIV.38) und die Nebenbedingung (XXIV.39) und (XXIV.40) bilden das Programm, mit dessen Hilfe im folgenden die optimale (f,F)-Kombination bestimmt wird.

4.3.3. *Ermittlung der optimalen (f,F)-Konstellation*

Gemäß (XXIV.40) muß die erste Ableitung von $f \cdot x \cdot I + F - \dfrac{a(ET)}{2} \cdot f^2 \cdot \sigma^2 - y \cdot I^2$

nach I für $I = I^*$ gleich null sein: $f \cdot x - 2y \cdot I^* = 0$ bzw.

(XXIV.41) $2y \cdot I^* = f \cdot x$.

In Worten: Bei dem gewählten Aktivitätsniveau ist das (monetär gemessene) Grenzleid der Arbeit ($2y \cdot I^*$) gleich dem Erwartungswert der Grenzprämie (d.h. dem Erwartungswert des marginalen Prämienbetrages, $f \cdot x$). Aus Gleichung (XXIV.41) folgt:

(XXIV.42) $I^* = f \cdot \dfrac{x}{2y}$.

Das einem Prämiensatz f entsprechende Aktivitätsniveau ist unabhängig von der Varianz σ^2 des Erfolges. Dieses Ergebnis resultiert daraus, daß diese Varianz σ^2 und mithin - bei gegebenem Prämiensatz f - auch $a(ET)/2 \cdot f^2 \cdot \sigma^2$ von I unabhängig ist.

Auch das Fixum F hat keinen Einfluß auf das gewählte Aktivitätsniveau I^*, solange F die Kooperationsbedingung erfüllt; mithin wird bei jedem Prämiensatz f das Sicherheitsäquivalent des Nettoerfolges jeweils maximiert, wenn F so niedrig festgesetzt wird, daß die Kooperationsbedingung (XXIV.39) als *Gleichung* erfüllt ist. Folglich kann man für (XXIV.39) auch schreiben:

(XXIV.43) $F = SÄ_{Min} - f \cdot x \cdot I^* + \dfrac{a(ET)}{2} \cdot f^2 \cdot \sigma^2 + y \cdot I^{*2}$.

Wird (XXIV.43) in (XXIV.38) eingesetzt, so erhält man als Zielfunktion:

(XXIV.44) $SÄ(NG) = x \cdot I^* - SÄ_{Min} - \dfrac{a(ET)}{2} \cdot f^2 \cdot \sigma^2 - y \cdot I^{*2}$

$$- \dfrac{a(IN)}{2} \cdot (1 - f)^2 \cdot \sigma^2 \to \underset{f}{Max!}$$

Hieraus folgt in Verbindung mit (XXIV.42):

(XXIV.45) $$S\ddot{A}(NG) = f \cdot \frac{x^2}{2y} - S\ddot{A}_{Min} - \frac{a(ET)}{2} \cdot f^2 \cdot \sigma^2 - f^2 \cdot \frac{x^2}{4y}$$

$$- \frac{a(IN)}{2} \cdot (1-f)^2 \cdot \sigma^2 \to \underset{f}{Max}!$$

Wird (XXIV.45) nach f differenziert und die erste Ableitung gleich null gesetzt, erhält man die Bedingung für den optimalen Prämiensatz:

(XXIV.46) $$\frac{dS\ddot{A}(NG)}{df} = \frac{x^2}{2y} - 2f_{opt} \cdot \frac{x^2}{4y}$$

$$- 2\frac{a(ET)}{2} \cdot f_{opt} \cdot \sigma^2 - \frac{a(IN)}{2} \cdot (-2 + 2f_{opt}) \cdot \sigma^2 = 0.$$

Hieraus folgt:

(XXIV.47) $$f_{opt} = \frac{a(IN) \cdot \sigma^2 + \frac{x^2}{2y}}{a(IN) \cdot \sigma^2 + \frac{x^2}{2y} + a(ET) \cdot \sigma^2} = \frac{a(IN) + \frac{x^2}{2y \cdot \sigma^2}}{a(IN) + a(ET) + \frac{x^2}{2y \cdot \sigma^2}}.$$

Ein analoges Ergebnis erzielt SPREMANN (1988, S. 52) für den Fall x=y=1.

Wird (XXIV.47) in die Zielfunktion (XXIV.45) eingesetzt, so erhält man das maximale Sicherheitsäquivalent des Nettoerfolges.

Werden (XXIV.47) und (XXIV.42) in die Kooperationsbedingung (XXIV.43) eingesetzt, ergibt sich das optimale Fixum:

(XXIV.48) $$F_{opt} = S\ddot{A}_{Min} - f_{opt}^2 \cdot \frac{x^2}{2y} + \frac{a(ET)}{2} \cdot f_{opt}^2 \cdot \sigma^2 + f_{opt}^2 \cdot \frac{x^2}{4y}$$

$$= S\ddot{A}_{Min} - f_{opt}^2 \cdot \frac{x^2}{4y} + \frac{a(ET)}{2} \cdot f_{opt}^2 \cdot \sigma^2.$$

4.3.4. *Die Abhängigkeit des optimalen Fixums vom optimalen Prämiensatz*

Zur Analyse der Beziehung zwischen dem Fixum F_{opt} und dem Prämiensatz f_{opt} schreiben wir für (XXIV.48):

(XXIV.49) $$F_{opt} = S\ddot{A}_{Min} - f_{opt}^2 \cdot \left(\frac{x^2}{4y} - \frac{a(ET)}{2} \cdot \sigma^2 \right).$$

Wie unmittelbar ersichtlich wird, ist F_{opt} im Fall $x^2/4y > 1/2 \cdot a(ET) \cdot \sigma^2$ (bzw. im Fall $x^2/4y < 1/2 \cdot a(ET) \cdot \sigma^2$) eine monoton *fallende* (bzw. monoton *steigende*) Funktion von f_{opt}. *Interpretation*: Wird der Prämiensatz f erhöht, so partizipiert der Entscheidungsträger einerseits in stärkerem Maße am Erfolgsrisiko (*Risikokomponente*). Andererseits erzielt er dann bei gegebenem Fixum F auch einen höheren Erwartungswert der Belohnung (*Erfolgskomponente*), denn zum einen ist gemäß (XXIV.42) sein optimales Aktivitätsniveau und mithin auch der Erwartungswert des Erfolges eine monoton steigende Funktion von f (das Aktivitätsniveau steigt dabei um so mehr, je geringer y und je größer x ist), zum anderen erhält er mit steigendem f einen größeren Anteil am Erfolg. Im Fall $x^2/4y > 1/2 \cdot a(ET) \cdot \sigma^2$ kompensiert die Erfolgskomponente die Risikokomponente derart, daß der Entscheidungsträger einen Nutzenzuwachs erzielt, wenn bei konstantem Fixum F der Prämiensatz f erhöht wird; die Instanz kann dann folglich F senken (und zwar gerade so weit, daß die Kooperationsbedingung wieder als Gleichung erfüllt ist), d.h. F ist eine fallende Funktion von f. Im Fall $x^2/4y < 1/2 \cdot a(ET) \cdot \sigma^2$ überwiegt die Risikokomponente. Der Entscheidungsträger erzielt bei Erhöhung des Prämiensatzes f c.p. eine Nutzeneinbuße; die Instanz muß folglich das Fixum F erhöhen, damit die Kooperationsbedingung wieder erfüllt ist, d.h. F ist eine monoton steigende Funktion von f.

4.3.5. Die Höhe des optimalen Prämiensatzes

4.3.5.1. Grundzusammenhänge

Zur Analyse der Höhe des optimalen Prämiensatzes formen wir (XXIV.47) wie folgt um:

$$(XXIV.50) \quad f_{opt} = \frac{a(IN) + a(ET) + \dfrac{x^2}{2y \cdot \sigma^2}}{a(IN) + a(ET) + \dfrac{x^2}{2y \cdot \sigma^2}} - \frac{a(ET)}{a(IN) + a(ET) + \dfrac{x^2}{2y \cdot \sigma^2}}$$

bzw.

$$(XXIV.51) \quad f_{opt} = 1 - \frac{a(ET)}{a(IN) + a(ET) + \dfrac{x^2}{2y \cdot \sigma^2}}.$$

Da die Parameter $a(ET)$, $a(IN)$, x, y und σ^2 positiv sind, ist der Quotient auf der rechten Seite von (XXIV.51) größer als null und kleiner als eins. Somit folgt: $0 < f_{opt} < 1$.

f_{opt} ist folgendermaßen von seinen Bestimmungsgrößen abhängig:

(a) Je größer $x^2/(2y \cdot \sigma^2)$, desto *kleiner* ist der Quotient auf der rechten Seite von (XXIV.51) und desto größer ist f_{opt}. Mithin ist f_{opt} eine steigende Funktion von x und eine fallende Funktion von y und σ^2.

(b) f_{opt} ist eine steigende Funktion von a(IN).

(c) Wie unmittelbar aus (XXIV.47) ersichtlich ist, ist f_{opt} jedoch eine fallende Funktion von a(ET).

4.3.5.2. *Vergleich mit dem bezüglich der Risikoaufteilung optimalen Prämiensatz*

Welcher Unterschied besteht zwischen dem Prämiensatz nach (XXIV.51), der bei Risikoaversion der Instanz und des Entscheidungsträgers zum maximalen Sicherheitsäquivalent des Nettoerfolges führt, und dem Prämiensatz

$$f_{opt} = \frac{a(IN)}{a(IN) + a(ET)}$$

gemäß (XXIV.36), der eine *pareto-effiziente* Risikoaufteilung bewirkt? Zur Beantwortung dieser Frage formen wir (XXIV.36) wie folgt um:

$$(XXIV.52) \quad f_{opt} = \frac{a(IN) + a(ET)}{a(IN) + a(ET)} - \frac{a(ET)}{a(IN) + a(ET)}$$

bzw.

$$(XXIV.53) \quad f_{opt} = 1 - \frac{a(ET)}{a(IN) + a(ET)}.$$

Wegen $x^2/(2y \cdot \sigma^2) > 0$ ist der Quotient in (XXIV.51) *kleiner* als der in (XXIV.53). Folglich ist der optimale Prämiensatz nach (XXIV.51) *höher* als der nach (XXIV.53). *Interpretation*: Bei der pareto-effizienten Risikoaufteilung wird nur berücksichtigt, wie die Instanz und der Entscheidungsträger *riskante Erfolgsanteile bewerten*; das Arbeitsleid des Entscheidungsträgers bleibt außer Betracht. Bei einer Übertragung von Aufgaben geht es aber nicht nur um die pareto-effiziente Teilung des Risikos, sondern auch darum, dem Entscheidungsträger einen „guten" Leistungsanreiz zu gewähren.

Wenn das Aktivitätsniveau kostenlos kontrollierbar ist, kann der Leistungsanreiz in der Weise geschaffen werden, daß der Entscheidungsträger nur dann eine positive Belohnung erhält, wenn die Kontrolle zeigt, daß er ein vereinbartes Aktivitätsniveau realisiert hat. Unabhängig davon, welches Aktivitätsniveau vereinbart wird, kann stets eine pareto-effiziente Risikoaufteilung in der Weise vorgenommen werden, daß der Prämiensatz $f = a(IN)/(a(IN) + a(ET))$ vorgegeben und F so fixiert wird, daß die Kooperationsbedingung als Gleichung erfüllt ist.

Wenn nun aber das Aktivitätsniveau *nicht* kontrolliert werden kann, besteht ein Konflikt zwischen dem Ziel einer pareto-effizienten Risikoallokation und dem der Gewährung eines hinreichenden Leistungsanreizes: Dann bewirkt der Prämiensatz

$f = a(IN) / (a(IN) + a(ET))$ ein zu *niedriges* Aktivitätsniveau. Wird der Prämiensatz bei entsprechender Veränderung von F erhöht, so wird zwar dem Entscheidungsträger, wenn man vom Anreizaspekt absieht, ein zu hohes Erfolgsrisiko aufgebürdet. (Den damit verbundenen Nachteil hat hier allein die Instanz zu tragen; sie muß dem Entscheidungsträger eine höhere Risikoprämie gewähren.) Der Entscheidungsträger wählt dann jedoch ein höheres Aktivitätsniveau und erzielt damit einen höheren Erwartungswert des Erfolges; dieser Sachverhalt bewirkt, daß der unter Berücksichtigung des Anreizaspektes optimale Prämiensatz (XXIV.51) höher ist als derjenige Prämiensatz (XXIV.53), der eine pareto-effiziente Risikoallokation impliziert.

Der Prämiensatz nach (XXIV.51) liegt um so mehr über dem nach (XXIV.53), je größer $x^2 / (2y \cdot \sigma^2)$ ist. Die betreffende Differenz ist

(a) eine fallende Funktion von σ^2,

(b) eine fallende Funktion von y und

(c) eine steigende Funktion von x.

Zu (a): Je größer das Erfolgsrisiko σ^2 ist, desto mehr steigt mit wachsendem f die vom Entscheidungsträger geforderte Risikoprämie und desto weniger liegt der unter Berücksichtigung des Anreizaspekts optimale Prämiensatz über jenem Prämiensatz $f = a(IN) / (a(ET) + a(IN))$, der eine pareto-effiziente Risikoaufteilung bewirkt.

Zu (b): Wird der Prämiensatz f um Δ erhöht, so steigt gemäß (XXIV.42) das Aktivitätsniveau des Entscheidungsträgers um den Betrag $\Delta \cdot x / 2y$. Dieser Betrag ist um so niedriger, je größer y ist. Je mehr also das Arbeitsleid des Entscheidungsträgers mit steigendem Aktivitätsniveau wächst, desto weniger erhöht er sein Aktivitätsniveau, wenn f (und entsprechend auch seine Risikoprämie) steigt und desto weniger liegt der unter Berücksichtigung des Anreizaspektes optimale Prämiensatz über $f = a(IN) / (a(ET) + a(IN))$.

Zu (c): Wird der Prämiensatz f um Δ erhöht, so steigt gemäß (XXIV.42) das Aktivitätsniveau um so mehr, je größer x ist. Zudem ist auch der Anstieg des Erfolgserwartungswertes bei Erhöhung des Aktivitätsniveaus um einen bestimmten Betrag eine steigende Funktion von x. Je höher also x, desto mehr steigt der Erwartungswert des Erfolges, wenn f erhöht wird und desto mehr liegt der unter Berücksichtigung des Anreizaspektes optimale Prämiensatz über $f = a(IN) / (a(ET) + a(IN))$.

4.3.6. Der Einfluß der fehlenden Kontrollierbarkeit des Aktivitätsniveaus auf den Erwartungsnutzen von Entscheidungsträger und Instanz

In der betrachteten Entscheidungssituation kann der Entscheidungsträger keinen Vorteil daraus ziehen, daß die Instanz seine Aktivitäten nicht kontrollieren kann; die Instanz antizipiert in ihrem Kalkül die Verhaltensweise des Entscheidungsträgers und fixiert f und F so, daß er gerade das Mindestnutzenniveau V_{Min} erzielt. Für die Instanz entsteht jedoch ein *Nachteil*, sofern der Entscheidungsträger nicht risikoneutral ist (und dies ist der Regelfall); es kann dann nur eine sogenannte *Se-*

cond-Best-Lösung erreicht werden, bei der das Aktivitätsniveau des Entscheidungsträgers niedriger und das von ihm zu tragende Risiko größer ist, jeweils verglichen mit der First-Best-Lösung bei vollkommener und kostenloser Kontrollierbarkeit des Aktivitätsniveaus. Dies soll im folgenden näher verdeutlicht werden:

Wie bereits erläutert wurde, geht das in Abschnitt 4.3.2 formulierte Optimierungsprogramm aus einer Modifikation des Modells hervor, das in Abschnitt 4.2 für den Fall dargestellt wurde, daß das Aktivitätsniveau kostenlos kontrolliert werden kann: Die Modifikation trägt dem Sachverhalt Rechnung, daß bei verborgenen Aktivitäten der Entscheidungsträger nicht ein vereinbartes Aktivitätsniveau wählt, sondern dasjenige, bei dem er *seinen* Erwartungsnutzen gemäß (XXIV.40) maximiert.

Für die First-Best-Lösung gilt:

$$(XXIV.37) \qquad I_{opt}^* = \frac{x}{2y}$$

und

$$(XXIV.36) \qquad f_{opt} = \frac{a(IN)}{a(IN) + a(ET)}$$
(Prämiensatz mit paretooptimaler Risikoteilung).

Wie gezeigt wurde, ist bei der Second-Best-Lösung der Prämiensatz stets kleiner als 1, sofern der Entscheidungsträger risikoavers ist. In Verbindung mit (XXIV.42) folgt demnach für das Aktivitätsniveau bei der Second-Best-Lösung:

$$(XXIV.54) \qquad I_{opt}^* < \frac{x}{2y}.$$

Dieses Aktivitätsniveau ist *niedriger* als jenes, das der First-Best-Lösung entspricht (vgl. (XXIV.37)). Wie gezeigt wurde, ist andererseits bei der Second-Best-Lösung der Prämiensatz *höher* als bei der First-Best-Lösung (wenn der Entscheidungsträger risikoavers ist); mithin ist bei der Second-Best-Lösung auch das vom Entscheidungsträger zu tragende Risiko größer.

Einerseits entspricht dem geringeren Aktivitätsniveau ein kleinerer Erwartungswert des Erfolges, andererseits ist der Entscheidungsträger bei Risikoaversion nur dann bereit, das größere Risiko zu übernehmen, wenn er hierfür eine zusätzliche Risikoprämie erhält. Beide Effekte führen dazu, daß der Erwartungswert des Nutzens der Instanz sinkt. Dieser Wohlfahrtsverlust der Instanz wird auch als Agency-Costs bezeichnet, da er aus der Agency-Problematik resultiert. (In LAUX, 1990, Kapitel VI Abschnitt 2.3 und Abschnitt 2.4, wird graphisch gezeigt, wie die Unterschiede zwischen der Second-Best-Lösung und der First-Best-Lösung von ihren Determinanten abhängen.)

4.4.   Aktivitätsindikator und Erfolg als Bemessungsgrundlagen

4.4.1. Die Problematik

Wie in Abschnitt 4.3 gezeigt wurde, ist das Aktivitätsniveau eine monoton steigende Funktion des Prämiensatzes. Je höher aber der Prämiensatz, desto höher ist in einer Risikosituation bei Risikoaversion des Entscheidungsträgers die von ihm geforderte Risikoprämie und desto teurer wird das Belohnungssystem aus Sicht der Instanz.

Wenn nun ein von der Instanz und dem Entscheidungsträger überprüfbarer Indikator existiert, dessen Ausprägung *stochastisch* vom Aktivitätsniveau abhängt, so kann das Risiko des Entscheidungsträgers *reduziert* werden, indem seine Belohnung nicht nur an den Erfolg, sondern auch an den realisierten Wert dieses Aktivitätsindikators (den sogenannten „Monitor") geknüpft wird. Alternative Aktivitätsniveaus können dann jeweils mit einem geringeren Erwartungswert der Belohnung induziert werden. Im folgenden wird gezeigt, wie eine optimale Belohnungsfunktion ermittelt werden kann, wie diese von ihren Determinanten abhängt und zu welchen Konsequenzen sie führen kann (vgl. hierzu SPREMANN, 1987).

4.4.2. Die betrachtete Entscheidungssituation

Wir betrachten die folgende Entscheidungssituation:
1. Der Entscheidungsträger und die Instanz haben die gleichen Erwartungen darüber, wie die Wahrscheinlichkeitsverteilung über den Erfolg G vom Aktivitätsniveau I abhängt. Der Erwartungswert des Erfolges ist wieder gemäß (XXIV.26) eine linear steigende Funktion des Aktivitätsniveaus I. Die Varianz des Erfolges ist für jedes Aktivitätsniveau wie bisher identisch. Sie wird im folgenden mit σ_G^2 bezeichnet.
2. Die Ausprägung des Aktivitätsindikators M kann von der Instanz und dem Entscheidungsträger erst beobachtet werden, nachdem der Entscheidungsträger sein Aktivitätsniveau realisiert hat. Der Entscheidungsträger und die Instanz haben homogene Erwartungen darüber, wie die Wahrscheinlichkeitsverteilung über M von I abhängt. Die Erwartungen des Entscheidungsträgers ändern sich im Verlauf seiner Aktivitäten nicht. Die Kontrolle der Ausprägung von M verursache keine Kosten. (Zur Berücksichtigung von Kontrollkosten vgl. BLICKLE, 1987.) Zwischen dem Erwartungswert von M und dem Aktivitätsniveau I besteht eine proportionale Beziehung. Da die Maßeinheit von M beliebig definiert werden kann, können wir zur Vereinfachung der Darstellung von dem folgenden funktionalen Zusammenhang ausgehen:

(XXIV.55) $E[M(I)] = I$

Die Varianz von M ist für jedes Aktivitätsniveau I gleich σ_M^2 :

(XXIV.56) $\mathrm{Var}[M(I)] = \sigma_M^2$ für jedes $I \geq 0$.

Je niedriger σ_M^2, desto genauer mißt der Indikator M das Aktivitätsniveau. Auch die Kontrollgröße M ist normalverteilt.

3. Der Korrelationskoeffizient für M und G ist für jedes Aktivitätsniveau I jeweils gleich null.
4. Der Entscheidungsträger soll eine Vergütung nach der folgenden Belohnungsfunktion erhalten:

(XXIV.57) $B = f_G \cdot G + f_M \cdot M + F.$

f_G (bzw. f_M) bezeichnet den auf den erzielten Erfolg G (bzw. auf den beobachteten Wert M des Indikators) bezogenen Prämiensatz.

5. Die Instanz ist *risikoneutral*; aus ihrer Sicht ist jene Konstellation (f_G, f_M, F) optimal, bei der der Erwartungswert des Erfolges nach Belohnung maximiert wird.
6. Der Entscheidungsträger ist *risikoavers*; für sein Sicherheitsäquivalent SÄ(B, I) gilt:

(XXIV.58) $\mathrm{S\ddot{A}}(B, I) = \mathrm{S\ddot{A}}(B) \qquad\qquad - y \cdot I^2$

$\qquad\qquad\qquad = E(B) - \dfrac{a(ET)}{2} \cdot \mathrm{Var}(B) - y \cdot I^2.$

7. Der Entscheidungsträger akzeptiert eine Belohnungsfunktion wieder nur dann, wenn er damit ein Sicherheitsäquivalent SÄ(B, I) von mindestens $\mathrm{S\ddot{A}}_{Min}$ erzielen kann (*Kooperationsbedingung*). Bei einer Belohnungsfunktion, die dieser Bedingung genügt, wählt er dasjenige Aktivitätsniveau $I = I^*$, mit dem er das Sicherheitsäquivalent (XXIV.58) maximiert. Die Instanz weiß, daß er sich an diesem Sicherheitsäquivalent orientiert und welche Werte er $a(ET)$ und y beimißt; außerdem kennt sie die Höhe von $\mathrm{S\ddot{A}}_{Min}$.

4.4.3. Die Bestimmung der optimalen (f_G, f_M, F)-Konstellation

Die Zielfunktion der risikoneutralen Instanz lautet nun:

(XXIV.59) $E(NG) = E[G(I^*) - f_G \cdot G(I^*) - f_M \cdot M(I^*) - F]$

$\qquad\qquad = E[G(I^*)] - f_G \cdot E[G(I^*)] - f_M \cdot E[M(I^*)] - F \rightarrow \underset{f_G, f_M, F}{\mathrm{Max!}}$

Dabei bezeichnet I^* das vom Entscheidungsträger realisierte Aktivitätsniveau, das über die Parameter f_G, f_M und F von der Instanz gesteuert wird. In Verbindung mit (XXIV.26) und (XXIV.55) kann die Zielfunktion wie folgt dargestellt werden:

(XXIV.60) $E(NG) = x \cdot I^* - f_G \cdot x \cdot I^* - f_M \cdot I^* - F \to \underset{f_G, f_M, F}{\text{Max!}}$

Unter Berücksichtigung von (XXIV.58) lautet die Kooperationsbedingung:

$$\begin{aligned}
\text{(XXIV.61)} \quad S\ddot{A}(B, I^*) &= E[B(I^*)] - \frac{a(ET)}{2} \cdot Var[B(I^*)] - y \cdot I^{*2} \\
&= E[f_G \cdot G(I^*) + f_M \cdot M(I^*) + F] \\
&\quad - \frac{a(ET)}{2} \cdot Var[f_G \cdot G(I^*) + f_M \cdot M(I^*) + F] - y \cdot I^{*2} \\
&\geq S\ddot{A}_{Min}.
\end{aligned}$$

Hieraus folgt:

$$\begin{aligned}
\text{(XXIV.62)} \quad S\ddot{A}(B, I^*) &= f_G \cdot x \cdot I^* + f_M \cdot I^* + F - \frac{a(ET)}{2} \cdot \left(f_G^2 \cdot \sigma_G^2 + f_M^2 \cdot \sigma_M^2 \right) \\
&\quad - y \cdot I^{*2} \geq S\ddot{A}_{Min}.
\end{aligned}$$

Da I^* dasjenige Aktivitätsniveau ist, bei dem der Entscheidungsträger sein Sicherheitsäquivalent $S\ddot{A}(B, I)$ maximiert, muß für $I = I^*$ die folgende Gleichung erfüllt sein:

(XXIV.63)

$$\begin{aligned}
S\ddot{A}(B, I^*) &= f_G \cdot x \cdot I^* + f_M \cdot I^* + F - \frac{a(ET)}{2} \cdot (f_G^2 \cdot \sigma_G^2 + f_M^2 \cdot \sigma_M^2) - y \cdot I^{*2} \\
&= \max_I (f_G \cdot x \cdot I + f_M \cdot I + F - \frac{a(ET)}{2} \cdot (f_G^2 \cdot \sigma_G^2 + f_M^2 \cdot \sigma_M^2) - y \cdot I^2).
\end{aligned}$$

Die Zielfunktion (XXIV.60) und die Nebenbedingungen (XXIV.62) und (XXIV.63) bilden das Programm, mit dem nun die optimale Konstellation (f_G, f_M, F) bestimmt wird.

Gemäß (XXIV.63) ist für $I = I^*$ die erste Ableitung von $S\ddot{A}(B, I)$ nach I gleich null:

$$\frac{dS\ddot{A}(B, I)}{dI} = f_G \cdot x + f_M - 2y \cdot I^* = 0.$$

Hieraus folgt:

(XXIV.64) $I^* = f_G \cdot \dfrac{x}{2y} + f_M \cdot \dfrac{1}{2y}.$

Da das Fixum F keinen Einfluß auf I^* hat (solange die Kooperationsbedingung erfüllt ist), wird bei jeder (f_G, f_M)-Konstellation der Erwartungswert des Nettoerfolges jeweils genau dann maximiert, wenn F so niedrig festgesetzt wird, daß die Kooperationsbedingung (XXIV.62) als *Gleichung* erfüllt ist:

$$(XXIV.65) \qquad F = S\ddot{A}_{Min} - f_G \cdot x \cdot I^* - f_M \cdot I^*$$

$$+ \frac{a(ET)}{2} \cdot (f_G^2 \cdot \sigma_G^2 + f_M^2 \cdot \sigma_M^2) + y \cdot I^{*2}.$$

Wird in der Zielfunktion (XXIV.60) das Fixum F durch (XXIV.65) substituiert, so erhält man:

$$(XXIV.66) \qquad E(NG) = x \cdot I^* - S\ddot{A}_{Min}$$

$$- \frac{a(ET)}{2} \cdot (f_G^2 \cdot \sigma_G^2 + f_M^2 \cdot \sigma_M^2) - y \cdot I^{*2} \underset{f_G, f_M}{\rightarrow Max!}$$

Hieraus folgt in Verbindung mit (XXIV.64):

$$(XXIV.67) \qquad E(NG) = x \cdot (f_G \cdot \frac{x}{2y} + f_M \cdot \frac{1}{2y}) - S\ddot{A}_{Min}$$

$$- \frac{a(ET)}{2} \cdot (f_G^2 \cdot \sigma_G^2 + f_M^2 \cdot \sigma_M^2) - f_G^2 \cdot \frac{x^2}{4y}$$

$$- 2 f_G \cdot f_M \cdot \frac{x}{4y} - f_M^2 \cdot \frac{1}{4y} \underset{f_G, f_M}{\rightarrow Max!}$$

Wird diese Funktion nach f_G und f_M differenziert und werden die beiden Ableitungen gleich null gesetzt, so erhält man die Bedingungen für die optimalen Prämiensätze $f_{G,opt}$ und $f_{M,opt}$:

$$(XXIV.68) \qquad \frac{x^2}{2y} - 2\frac{a(ET)}{2} \cdot f_{G,opt} \cdot \sigma_G^2 - 2 f_{G,opt} \cdot \frac{x^2}{4y} - 2 f_{M,opt} \cdot \frac{x}{4y} = 0$$

bzw.

$$(XXIV.69) \qquad \frac{x}{2y} - 2\frac{a(ET)}{2} \cdot f_{M,opt} \cdot \sigma_M^2 - 2 f_{G,opt} \cdot \frac{x}{4y} - 2 f_{M,opt} \cdot \frac{1}{4y} = 0.$$

Aus (XXIV.68) folgt:

$$(XXIV.70) \qquad f_{G,opt} = \frac{1 - f_{M,opt} \cdot \frac{1}{x}}{1 + a(ET) \cdot \frac{2y \cdot \sigma_G^2}{x^2}}.$$

Aus (XXIV.69) folgt:

$$(XXIV.71) \qquad f_{M,opt} = \frac{1 - f_{G,opt}}{\dfrac{1}{x} + a(ET) \cdot \dfrac{2y \cdot \sigma_M^2}{x}}.$$

Das lineare Gleichungssystem (XXIV.70) und (XXIV.71) hat die explizite Lösung:

$$(XXIV.72) \qquad f_{G,opt} = \frac{1}{1 + a(ET) \cdot \dfrac{2y \cdot \sigma_G^2}{x^2} + \dfrac{1}{x^2} \cdot \dfrac{\sigma_G^2}{\sigma_M^2}}$$

und

$$(XXIV.73) \qquad f_{M,opt} = \frac{1}{\dfrac{1}{x} + a(ET) \cdot \dfrac{2y \cdot \sigma_M^2}{x} + x \cdot \dfrac{\sigma_M^2}{\sigma_G^2}}.$$

Ein analoges Ergebnis erzielt SPREMANN (1987, S. 28) für den Fall $x = y = 1$.

Werden $f_{G,opt}$ und $f_{M,opt}$ in (XXIV.64) eingesetzt, so erhält man das optimale Aktivitätsniveau I^*_{opt}. Werden schließlich I^*_{opt}, $f_{G,opt}$ und $f_{M,opt}$ in (XXIV.65) eingesetzt, erhält man das optimale Fixum F_{opt}.

4.4.4. Die Höhe der optimalen Prämiensätze

Da annahmegemäß alle Parameter auf der rechten Seite von (XXIV.72) und (XXIV.73) positiv sind, gilt:

$$(XXIV.74) \qquad f_{G,opt} > 0 \text{ und } f_{M,opt} > 0.$$

Wenn also der Erfolg ungewiß ist ($\sigma_G^2 > 0$) und das Aktivitätsniveau nicht genau gemessen werden kann ($\sigma_M^2 > 0$), ist es optimal, die Belohnung sowohl vom Erfolg (dem Output des Arbeitseinsatzes) als auch vom Kontrollindikator M (dem Maß für den Arbeitseinsatz) abhängig zu machen.

Wenn die Belohnung, aus welchen Gründen auch immer, nur an den Erfolg G gebunden werden kann, erweist sich gemäß (XXIV.47) wegen $A_{ET} = 0$ bzw. $a(IN) \equiv 0$ (die Instanz ist annahmegemäß risikoneutral) der folgende Wert für f_G als optimal:

$$(XXIV.75) \qquad f_G^0 = \frac{1}{1 + a(ET) \cdot \dfrac{2y \cdot \sigma_G^2}{x^2}}$$

(optimaler Prämiensatz f_G, wenn die Belohnung nur von G abhängt).

Hieraus folgt in Verbindung mit (XXIV.72):

$$(XXIV.76) \qquad f_{G,opt} < f_G^0.$$

Wird also die Belohnung an den Arbeitseinsatz (d.h. an den beobachteten Wert M des Kontrollindikators) *und* den Erfolg gebunden, so ist der optimale Wert für f_G *niedriger* als bei alleiniger Berücksichtigung des Erfolges als Bemessungsgrundlage. Aus (XXIV.72) und (XXIV.75) folgt, daß $f_{G,opt}$ um so mehr unter f_G^0 liegt, je niedriger σ_M^2 ist.

Ein Vergleich von (XXIV.72) und (XXIV.73) verdeutlicht die folgenden Zusammenhänge zwischen $f_{G,opt}$ und $f_{M,opt}$:

1. Wenn die Varianz des Erfolges (σ_G^2) c.p. steigt, wird einerseits $f_{G,opt}$ kleiner und andererseits $f_{M,opt}$ größer. Mit anderen Worten: Der vom Erfolg abhängige Teil der Belohnung wird verringert und der vom Arbeitseinsatz abhängige Teil der Belohnung erhöht. Wie in LAUX (1990, S. 151) graphisch verdeutlicht wird, sinkt durch diese Modifikation die Varianz der Belohnung und folglich auch die vom Entscheidungsträger geforderte Risikoprämie. Geht (σ_G^2) gegen null, so nähert sich $f_{G,opt}$ dem Wert 1 und $f_{M,opt}$ dem Wert null.

2. Wenn die Varianz des Kontrollindikators (σ_M^2) c.p. steigt, wird $f_{M,opt}$ kleiner und $f_{G,opt}$ größer, d.h. der vom Arbeitseinsatz abhängige Teil der Belohnung wird verringert und der vom Erfolg abhängige erhöht. Geht σ_M^2 gegen null, so nähert sich $f_{M,opt}$ dem Wert x und $f_{G,opt}$ dem Wert null.

Wird (XXIV.73) durch (XXIV.72) dividiert, so erhält man nach Umformung:

$$\frac{f_{M,opt}}{f_{G,opt}} = \frac{\sigma_G^2}{x \cdot \sigma_M^2}.$$

Das Verhältnis der optimalen Prämiensätze $f_{M,opt}$ und $f_{G,opt}$ ist also umgekehrt proportional zu den Varianzen der entsprechenden Bemessungsgrundlagen. Dabei ist $f_{M,opt}$ im Vergleich zu $f_{G,opt}$ jeweils um so größer, je niedriger x ist, je weniger also der Erwartungswert des Erfolges mit wachsendem Aktivitätsniveau I steigt.

Die prinzipielle Bedeutung einer Beteiligung an M läßt sich anschaulich für den Fall verdeutlichen, daß x=1 und $\sigma_G^2 = \sigma_M^2$. Wird hier ausgehend von einer Beteiligung nur an G der hierfür optimale Prämiensatz f_G^0 halbiert und der Entscheidungsträger mit diesem Prämiensatz sowohl an G als auch an M beteiligt

$(f_G = \frac{1}{2} \cdot f_G^0$ und $f_M = \frac{1}{2} \cdot f_G^0)$, so sinkt die Varianz der Bemessungsgrundlage

von $f_G^{02} \cdot \sigma_G^2$ auf $\frac{1}{4} \cdot f_G^{02} \cdot \sigma_G^2 + \frac{1}{4} \cdot f_M^{02} \cdot \sigma_M^2 = \frac{1}{2} \cdot f_G^{02} \cdot \sigma_G^2$. Jedoch steigt der Erwartungswert der Belohnung mit steigendem Aktivitätsniveau ebenso wie in der Ausgangssituation. Der Entscheidungsträger wählt also dasselbe Aktivitätsniveau und fordert eine niedrige Risikoprämie. Daher ist es vorteilhaft, für beide Bemessungsgrundlagen einen höheren Prämiensatz als f_G^0 zu wählen, um ein höheres Aktivitätsniveau zu induzieren. Es ergeben sich dieselben Implikationen wie für den Fall, daß der Entscheidungsträger nur am Erfolg G beteiligt wird und die Varianz des Erfolges auf die Hälfte sinkt. Analoge Interpretationen lassen sich für $x \neq 1$ und $\sigma_G^2 \neq \sigma_M^2$ vornehmen.

4.4.5. Zur Gefahr einer ineffizienten Aktivitätsstruktur

In der Realität ist der Erfolg im allgemeinen das Resultat des Zusammenwirkens mehrerer Aktivitäten. So kann zum Beispiel der von einem Entscheidungsträger im Absatzbereich erzielte Deckungsbeitrag abhängen von seinen Werbemaßnahmen, der Zahl der von ihm besuchten Kunden und seinem Einsatz bei seinen Verhandlungen mit ihnen. Wenn nun der Entscheidungsträger an einem Indikator beteiligt wird, der seine Aktivitäten nur zum Teil (oder „verzerrt") wiederspiegelt, so besteht die Gefahr, daß er sich primär auf jene Aktivitäten konzentriert, die den Indikator günstig beeinflussen, und dabei eine Erfolgseinbuße in Kauf nimmt. Er wählt eine *„ineffiziente"* Aktivitätsstruktur. Zur Verdeutlichung dieser Problematik gehen wir davon aus, das Aktivitätsniveau I sei wie folgt eine zweidimensionale Entscheidungsvariable:

(XXIV.77) $I = I_1 + z \cdot I_2$.

Das Arbeitsleid sei eine monoton steigende Funktion von I. (XXIV.77) impliziert dann, daß eine Erhöhung von I_1 um eine Einheit dasselbe zusätzliche Arbeitsleid verursacht wie eine Erhöhung von I_2 um $1/z$ Einheiten. Im folgenden bezeichnen wir die Summe I als „*Arbeitsinput*" und die Relation $I_1:I_2$ als „*Aktivitätsstruktur*". Wird für I ein bestimmter Wert I^* eingesetzt, so ergibt sich nach Umformung:

(XXIV.78) $I_1 = I^* - z \cdot I_2$.

Diese Funktion beschreibt den geometrischen Ort aller (I_1,I_2)- Konstellationen, denen derselbe Arbeitsinput und mithin auch dasselbe Arbeitsleid entspricht („Iso-Input-Kurve"). Werden für I^* alternative Werte eingesetzt, erhält man eine Schar paralleler Iso-Input-Kurven mit der Steigung -z. Drei derartige Kurven sind in Abbildung XXIV.11 dargestellt. Einer Iso-Input-Kurve entspricht ein um so höherer Arbeitsinput, je weiter rechts oben sie im Koordinatensystem verläuft.

Der Erfolgserwartungswert, den der Entscheidungsträger bei gegebenem Aktivitätsniveau erzielt, hängt von seiner Aktivitätsstruktur ab. Zur Analyse dieser Abhängigkeit gehen wir davon aus, der Erwartungswert des Erfolges sei folgendermaßen von den Entscheidungsvariablen I_1 und I_2 abhängig:

(XXIV.79) $E(G) = x \cdot I_1 \cdot I_2$ mit $x > 0$.

Die Kurven im (I_1, I_2)-Diagramm, die zum Ausdruck bringen, welche (I_1, I_2)-Kombinationen jeweils zu demselben erwarteten Erfolg führen, sind Hyperbeln. Wir bezeichnen sie als Iso-Erfolg-Kurven. Einer Iso-Erfolg-Kurve entspricht ein um so höherer Erfolgserwartungswert, je weiter rechts oben sie im Koordinatensystem verläuft.

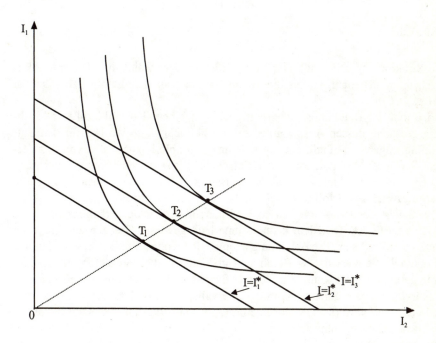

Abb. XXIV.11:   Zur Ermittlung der effizienten Aktivitätsstruktur des Entscheidungsträgers

Bei gegebenem Arbeitsinput $I = I^* = I_1 + z \cdot I_2$ maximiert der Entscheidungsträger den Erwartungswert des Erfolges, wenn er den Tangentialpunkt der betreffenden Iso-Input-Kurve mit einer Iso-Erfolg-Kurve „realisiert". Für $I^* = I_2^*$ z.B. ist der Tangentialpunkt T_2 (Abbildung XXIV.11) zu realisieren. Welche Eigenschaften hat der Tangentialpunkt einer Iso-Input-Kurve mit einer Iso-Erfolg-Kurve? Für die durch einen Punkt $P(I_1, I_2)$ verlaufende Iso-Erfolg-Kurve gilt in diesem Punkt die Bedingung:

(XXIV.80) $\dfrac{\partial E(G)}{\partial I_1} \cdot dI_1 + \dfrac{\partial E(G)}{\partial I_2} \cdot dI_2 = 0.$

Hieraus folgt in Verbindung mit (XXIV.79) für die Steigung der Iso-Erfolg-Kurve im Punkt $P(I_1, I_2)$:

(XXIV.81) $\dfrac{dI_1}{dI_2} = -\dfrac{\partial E(G)}{\partial I_2} : \dfrac{\partial E(G)}{\partial I_1} = -\dfrac{I_1 \cdot x}{I_2 \cdot x} = -\dfrac{I_1}{I_2}.$

Wie erläutert wurde, ist die Steigung der Iso-Input-Kurve gleich -z. Da in jedem Tangentialpunkt die Steigung der betreffenden Iso-Erfolg-Kurve und die der betreffenden Iso-Input-Kurve identisch sind, muß also jeweils gelten:

(XXIV.82) $\dfrac{I_1}{I_2} = z.$

Diese Struktur ist „effizient". Der Entscheidungsträger wählt die effiziente Aktivitätsstruktur z.B. dann, wenn die Belohnung *nur* an den Erfolg gebunden ist $(f_G > 0; f_M = 0)$.

Wird nun die Belohnung außerdem auch von einem Kontrollindikator M abhängig gemacht, dessen Ausprägung nur von I_2 abhängt, so wird es für den Entscheidungsträger vorteilhaft, die Entscheidungsvariable I_2 zugunsten von I_1 zu erhöhen. Welches Aktivitätsniveau der Entscheidungsträger auch immer realisieren mag, er wählt eine (ineffiziente) Aktivitätsstruktur, bei der er einen *niedrigeren* Erwartungswert des Erfolges erzielt als bei der effizienten: Für jedes I>0 ist der Ordinatenwert der EA-Kurve um so niedriger, je größer der Prämiensatz f_M im Vergleich zu f_G ist. Trotzdem kann es innerhalb gewisser Grenzen aus Sicht der Instanz vorteilhaft sein, die Belohnung auch an den Kontrollindikator M zu binden, weil dadurch die Varianz der Belohnung und mithin auch die geforderte Risikoprämie gesenkt werden kann: Für jedes I>0 sinkt auch der Ordinatenwert der Effizienzkurve innerhalb eines bestimmten Intervalls, wenn f_M erhöht und f_G entsprechend verringert wird (so daß das jeweilige Aktivitätsniveau unverändert bleibt).

Wird der Entscheidungsträger nur am Indikator M beteiligt $(f_G = 0)$, so maximiert er ohne Rücksicht auf den Erfolg bei jedem Arbeitseinsatz des Aktivitätsniveau I_2 (wobei jeweils $I_1 = 0$ gilt), sofern der Indikator M nur von I_2 abhängt.

5.   Delegation von Entscheidungen

5.1.   Charakteristik des Anreizproblems

Wir sind bisher (wie in den Grundmodellen der Agency-Theorie) von der vereinfachenden Annahme ausgegangen, jedem Aktivitätsniveau entspreche eine gegebene Wahrscheinlichkeitsverteilung über den Erfolg. Bei Delegation hängt indessen die einem Aktivitätsniveau entsprechende Wahrscheinlichkeitsverteilung von den dabei realisierten Objektmaßnahmen ab, über die im Rahmen der Delegationsbeziehung letztlich zu entscheiden ist, z.B. den realisierten Produktionsmaßnahmen, Werbemaßnahmen oder (anderen) Investitionsmaßnahmen. Die Aktivitäten des Entscheidungsträgers bestehen primär in der Beschaffung und Verarbeitung von Informationen.

In der Realität wird sich ein Entscheidungsträger in der Regel bei seinen Aktionen und Entscheidungen nicht nur an den Zielgrößen „finanzielle Belohnung" und „Arbeitsaufwand" orientieren. Es ist z.B. möglich, daß er sich bei der Delegation von Investitionsentscheidungen gründlich über Investitionsobjekte und deren Konsequenzen informiert, dann aber eine Investitionsalternative realisiert bzw. realisieren läßt, die *ihm* zwar Prestigeerfolg, soziales Ansehen, Macht und andere Vorteile gewährt, jedoch einen relativ geringen Erwartungswert des Erfolges bietet. Sein Aktivitätsniveau ist dann hoch, seine Investitionsentscheidung jedoch vom Standpunkt der Instanz „schlecht". Es ist auch möglich, daß der Entscheidungsträger ein hohes Aktivitätsniveau realisiert, dann aber deshalb eine Investitionsalternative mit niedrigem Erfolgserwartungswert wählt, weil er im Gegensatz zur Instanz risikoavers ist.

Die finanzielle Belohnung (bzw. eine erfolgsabhängige Prämie) soll allgemein in zweierlei Hinsicht eine Anreizwirkung hervorrufen:

(a) Der Entscheidungsträger wird angespornt, Informationen einzuholen und zu verarbeiten, um sich ein besseres (Wahrscheinlichkeits-)Urteil über Objektalternativen und die maßgeblichen Umweltzustände bilden zu können.

(b) Der Entscheidungsträger wird motiviert, diejenige Objektalternative auszuwählen und gegebenenfalls zu realisieren, die im Lichte seines Wahrscheinlichkeitsurteils über die Umweltzustände den höchsten Erwartungswert des Nettoerfolges aufweist.

Für welche Objektalternative sich der Entscheidungsträger nach Abschluß seines Informationsprozesses entscheiden wird, hängt davon ab, welche subjektiven Wahrscheinlichkeiten er den möglichen Umweltzuständen zuordnet, welche Konsequenzen die erwogenen Objektalternativen in den möglichen Umweltzuständen für ihn haben und wie er diese Konsequenzen subjektiv bewertet (an welcher Zielfunktion er sich orientiert bzw. welche Risikoeinstellung er hat). Das Wahrscheinlichkeitsurteil hängt seinerseits ab von den Informationen des Entscheidungsträgers und von den probabilistischen Rückschlüssen, die er daraus zieht.

5.2.   Grenzen der Ermittlung eines optimalen Belohnungssystems

In einer Delegationsbeziehung besteht somit die Aufgabe des Entscheidungsträgers nicht einfach darin, eine Wahrscheinlichkeitsverteilung über den Erfolg „nach rechts zu verschieben" (womit ein mehr oder weniger großes Arbeitsleid verbunden sein mag). Er hat vor allem auch *Objektentscheidungen* zu treffen. Das Aktivitätsniveau, das der Entscheidungsträger bei einer bestimmten Belohnungsfunktion wählt, ist dabei grundsätzlich keine deterministische, sondern eine von den

Ergebnissen der Informationsbeschaffung und -verarbeitung abhängige stochastische Größe.

Das Problem der Bestimmung einer optimalen Aktionsstrategie setzt sich aus mehreren Teilproblemen zusammen, die nicht unabhängig voneinander vom Entscheidungsträger gelöst und von der Instanz gesteuert werden können:

- In welcher Weise sollen Informationen über Handlungsalternativen und deren Konsequenzen beschafft werden?
- Unter welchen Bedingungen soll der Informationsprozeß beendet werden?
- Welche Objektalternative soll nach Beendigung des Informationsprozesses jeweils realisiert werden?
- Auf welchem „Niveau" sollen die entsprechenden Projekte realisiert werden? (Der mit einem Projekt erzielbare Gewinn kann zum Beispiel um so höher sein, je größer der Arbeitseinsatz bei dessen Realisation ist.)

Bei der Ermittlung einer „optimalen" Belohnungsfunktion müßte antizipiert werden, welche Strategie der Entscheidungsträger bei alternativen Belohnungsfunktionen wählen wird und welchen Erwartungsnutzen damit die Instanz jeweils erzielt. Jedoch ist mit dieser Antizipation schon in extrem einfachen hypothetischen Entscheidungssituationen ein immenser Aufwand verbunden. Grenzen der Ermittlung einer optimalen Belohnungsfunktion ergeben sich nicht nur daraus, daß die „Rationalität" der Instanz beschränkt ist. Auch der Entscheidungsträger muß bei der Ermittlung seiner Informationsstrategie Vereinfachungen vornehmen, da er sonst den Planungsaufwand nicht bewältigen kann. Die Instanz weiß nun aber gar nicht, in welcher Weise der Entscheidungsträger sein Entscheidungskalkül vereinfachen wird. Dies wiederum erschwert die Prognose der Reaktion des Entscheidungsträgers auf alternative Belohnungsfunktionen.

Eine theoretisch exakte Bestimmung eines optimalen Belohnungssystems ist zudem aufwendiger als die Bestimmung eines optimalen eindeutigen Systems expliziter Verhaltensnormen (LAUX, 1979a, S. 111 und S. 168ff.; REESE, 1989): Nun will aber die Instanz die Alternativenwahl des Entscheidungsträgers gerade deshalb *nicht* durch Vorgabe expliziter Verhaltensnormen steuern, um den damit verbundenen Planungsaufwand zu vermeiden. Zum Zwecke der Vereinfachung delegiert sie die Entscheidungskompetenz. Dieses Vorgehen ist jedoch nicht sinnvoll, wenn dabei für die Instanz sogar ein noch höherer Planungsaufwand anfällt. Bei Delegation der Entscheidung wird gegenüber der Vorgabe expliziter Verhaltensnormen in der Regel nur dann ein Vorteil erzielt, wenn bei der Gestaltung eines Belohnungssystems dessen Auswirkungen auf die Aktivitäten des Entscheidungsträgers in den möglichen Entscheidungssituationen nur grob geschätzt werden. Die Bedeutung der entwickelten Modelle der ökonomischen Agency-Theorie besteht vor allem darin, *Orientierungshilfen* für die vereinfachte Schätzung der Konsequenzen alternativer Belohnungssysteme zu geben.

6. Entscheidungssteuerung und Bedingung der Anreizkompatibilität

Wenn die Ermittlung einer optimalen Belohnungsfunktion nicht möglich ist oder einen zu großen Aufwand verursacht, so sollte doch wenigstens eine Belohnungsfunktion gewählt werden, die der Bedingung der *„Anreizkompatibilität"* genügt. Eine Belohnungsfunktion ist dann anreizkompatibel, wenn der Entscheidungsträger den erwarteten Nutzen seiner Belohnungen nur verbessern kann, wenn er so agiert, daß dabei auch der erwartete Nutzen der Instanz steigt. Diese Bedingung ist vor allem für den Fall der Delegation von Entscheidungen von Bedeutung. Hier soll ein Belohnungssystem nicht nur zu einem hohen Arbeitseinsatz motivieren, sondern auch dazu, dabei (aus Sicht der Instanz) gute Entscheidungen zu treffen.

Wenn vereinfachend unterstellt wird, der Entscheidungsträger könne explizit nur über seinen Arbeitseinsatz entscheiden, verliert die Bedingung der Anreizkompatibilität an Bedeutung. Zum einen hat der Entscheidungsträger einen geringen Freiheitsgrad; bei gegebenem Arbeitseinsatz hat er keine Möglichkeiten, aus Sicht der Instanz Fehlentscheidungen zu treffen. Das Belohnungssystem dient dann allein dazu, das Aktivitätsniveau des Entscheidungsträgers zu steuern. Die Ermittlung einer aus Sicht der Instanz „optimalen" Belohnungsfunktion ist dann relativ einfach. In einer Modellwelt, in der ein „Optimum" ermittelt werden kann, braucht man sich nicht mit der Bedingung der Anreizkompatibilität zu begnügen.

In Risikosituationen sind Belohnungsfunktionen des Typs $B = f \cdot G + F$ grundsätzlich *nicht* anreizkompatibel (Abschnitt 7). Auch in der Praxis werden oft erfolgsorientierte Belohnungsfunktionen angewendet, die der Bedingung der Anreizkompatibilität nicht genügen. Wenn die Wahrscheinlichkeitsverteilung über den Erfolg nicht eindeutig durch das Aktivitätsniveau, sondern auch von den jeweiligen Objektentscheidungen bestimmt wird, besteht bei nicht anreizkompatibler Belohnungsfunktion die Gefahr, daß aus Sicht der Instanz sehr ungünstige Entscheidungen getroffen werden.

Falls keine einschränkenden Annahmen über die Wahrscheinlichkeitsverteilung des Erfolges getroffen werden, bewirken anreizkompatible Belohnungsfunktionen nur bei speziellen Nutzenfunktionen von Instanz und Entscheidungsträger eine *pareto-effiziente Risikoteilung* zwischen beiden Parteien (Vgl. LAUX, 2005b, Kapitel III; VELTHUIS, 2004). Es besteht grundsätzlich ein Konflikt zwischen dem Ziel, durch Motivation des Entscheidungsträgers die Wahrscheinlichkeitsverteilung des Nettoerfolges aus Sicht der Instanz zu verbessern, und dem Ziel einer pareto-effizienten Risikoteilung. In einer solchen Situation mag es vorteilhaft erscheinen, eine Belohnungsfunktion zu wählen, die zwar nicht anreizkompatibel ist, jedoch zu einer relativ „guten" Risikoallokation führt: Zwar kann eine nicht anreizkompatible Belohnungsfunktion innerhalb gewisser Grenzen dazu führen, daß der Entscheidungsträger den Erwartungsnutzen seiner Belohnung erhöht, indem er für die Instanz nachteilige Objektentscheidungen trifft; jedoch könnte dieser Nachteil durch den Vorteil einer „guten" Risikoallokation mit einer relativ geringen Risikoprämie für den Entscheidungsträger kompensiert werden.

Welche Gefahren von Fehlentscheidungen sich bei einer nicht anreizkompatiblen Belohnungsfunktion ergeben können, läßt sich in realistischeren Entscheidungssituationen nur schwer antizipieren; dies gilt vor allem dann, wenn die Aufgabe des Entscheidungsträgers gerade auch darin besteht, *neue* Aktionsmöglichkeiten zu finden bzw. zu erfinden. Es ist dann extrem schwierig, die Frage zu beantworten, ob der mögliche Nachteil einer Verletzung der Bedingung der Anreizkompatibilität durch eine „Verbesserung" der Risikoteilung kompensiert wird. In der Realität ist es naheliegend, der Bedingung der Anreizkompatibilität ein großes Gewicht beizumessen, weil die Konsequenzen einer Verletzung dieser Bedingung nur schwer zu antizipieren sind.

Die Auswirkung eines erfolgsorientierten Belohnungssystems auf die Entscheidungen des Entscheidungsträgers hängt nicht nur davon ab, welche funktionale Beziehung zwischen Belohnung und Erfolg besteht, sondern vor allem auch davon, *wie* die Bemessungsgrundlage „Erfolg" ermittelt wird. Im Einperiodenfall, der im Vordergrund der Agency-Theorie steht, ist die Erfolgsmessung einfach. Im Mehrperiodenfall stellt jedoch die Erfolgsmessung ein komplexes Problem dar. Dieser Fall ist vor allem dann relevant, wenn es um die Steuerung von Investitionsentscheidungen geht. Für die Instanz ist hier ein Belohnungssystem optimal, bei dem eine möglichst günstige Wahrscheinlichkeitsverteilung über die Periodenüberschüsse *nach Abzug der Belohnungen* erzielt wird. Schwierigkeiten bei der Bestimmung eines solchen Belohnungssystems ergeben sich insbesondere daraus, daß die Investitionsmöglichkeiten dem Entscheidungsträger und der Instanz a priori nicht (alle) bekannt sind. Mit diesem Problemkreis befaßt sich Kapitel XXV.

Für die Instanz ist es schwierig zu antizipieren, welche Projekte der Entscheidungsträger bei alternativen Belohnungssystemen entdecken, welche er davon realisieren und welches Niveau der Realisation er wählen wird. Die Gefahr kann groß sein, daß ein Belohnungssystem gewählt wird, das sich bald für die Instanz als nachteilig erweist. Zwar besteht im Prinzip die Möglichkeit, ein bestehendes Belohnungssystem abzuändern. Damit können aber hohe (Verhandlungs-)Kosten verbunden sein. Da der Entscheidungsträger eine Änderung wohl nur akzeptiert, wenn er sich gegenüber dem Status quo nicht verschlechtert (Besitzstandswahrung), kann der Spielraum für Änderungen gering sein. Gerade bei Delegation von Investitionsentscheidungen können aus Sicht der Instanz erhebliche Nachteile entstehen, wenn eine nicht anreizkompatible Bemessungsgrundlage gewählt wird.

Die Problematik der (fehlenden) Anreizkompatibilität wird in der Literatur oft diskutiert, auch wenn dabei nicht explizit Bezug genommen wird auf die Bedingung der Anreizkompatibilität und auch keine Belohnungssysteme im Sinne der vorliegenden Arbeit betrachtet werden. So wird zum Beispiel im Rahmen der Agency-Theorie der Finanzierung untersucht, ob und in welcher Weise ein Investor bei alternativen Formen der Finanzierung finanzielle Vorteile zu Lasten von Kapitalgebern erzielen kann (vgl. BARNEA/HAUGEN/SENBET, 1985; FRANKE/HAX, 2004, S. 419ff.). Solche Bereicherungsmöglichkeiten für den Entscheidungsträger resultieren daraus, daß der Finanzierungsvertrag nicht die Bedingung der Anreizkompatiblität erfüllt.

7. Zur Gestalt anreizkompatibler und nichtanreizkompatibler Prämienfunktionen

7.1. Die betrachtete Entscheidungssituation

Im folgenden soll untersucht werden, wie für alternative Situationen Prämienfunktionen gestaltet werden können, bei denen der Entscheidungsträger gerade dann einen finanziellen Vorteil erzielt, wenn er im Sinne der delegierenden Instanz handelt. Um eine relativ anschauliche Darstellung zu ermöglichen, soll eine einfache Entscheidungssituation betrachtet werden:

1. Eine Instanz überträgt einem nachgeordneten Entscheidungsträger ein einperiodiges Entscheidungsproblem. (Der Mehrperioden-Fall wird in Kapitel XXV betrachtet.)

2. Für die Beurteilung der Handlungsalternativen durch die Instanz ist (nur) die Zielgröße Erfolg maßgeblich. Die Instanz ist risikoneutral. Demgemäß läßt sie sich bei ihren Überlegungen über die Gestalt der Prämienfunktion von der Absicht leiten, den Erfolgserwartungswert zu maximieren.

4. Der erzielte Erfolg hängt davon ab, welche Handlungsalternative A_a gewählt wird und welcher Umweltzustand S_s eintritt.

5. Der Entscheidungsträger ist im Urteil der Instanz in der Lage, aus Informationen ein „gutes" Wahrscheinlichkeitsurteil über die maßgeblichen Umweltzustände $S_1, S_2, ..., S_S$ abzuleiten. Vom Standpunkt der Instanz ist es optimal, wenn der Entscheidungsträger bei jeder Informationsstruktur die Alternative wählt, die im Lichte seiner jeweiligen Wahrscheinlichkeiten den höchsten Erwartungswert des *Nettoerfolges*, d.h. des Erfolges nach Prämie, bietet. Entsprechend lautet die Verhaltensnorm für den Entscheidungsträger: Maximiere den Erwartungswert des *Nettoerfolges*. Die Aufgabe des Entscheidungsträgers besteht also darin, Handlungsalternativen zu suchen, Informationen zur Prognose der maßgeblichen Umweltzustände einzuholen, sich ein Wahrscheinlichkeitsurteil über diese Umweltzustände zu bilden und dann jene der entdeckten Alternativen zu wählen, der er den höchsten Erfolgserwartungswert (nach Prämie) zuordnet. Die Prämie soll einen positiven Anreiz schaffen, diese Aufgaben gut zu erfüllen.

7.2. Grundlagen

7.2.1. Bedingungen der Anreizkompatibilität

Die Bedingung der Anreizkompatibilität lautet nun:

Bedingung XXIV.1: Anreizkompatibilität

Der Entscheidungsträger erzielt genau dann einen finanziellen „Vorteil" (bzw. „Nachteil"), wenn er so entscheidet, daß der Erwartungswert des Erfolges nach Prämie steigt (bzw. sinkt).

Ist diese Bedingung erfüllt, so besteht für den Entscheidungsträger ein finanzieller Anreiz, eine Entscheidung zu treffen, die im Einklang mit dem Ziel der Instanz steht. Im folgenden soll untersucht werden, wie Prämienfunktionen bestimmt werden können, die in *Risikosituationen* die Bedingung XXIV.1 erfüllen.[7)]

7.2.2. Vom Erfolgserwartungswert abhängige Prämien: Gefahr der Manipulation

Die Eignung eines Prämiensystems hängt sowohl von der Gestalt der Prämienfunktion als auch von der gewählten Bemessungsgrundlage ab. In Risikosituationen mag es naheliegen, den Erfolgserwartungswert der gewählten Alternative als Bemessungsgrundlage für die Prämie zu wählen (je höher dieser Erwartungswert, desto höher ist auch die Prämie). Für diese Bemessungsgrundlage erfüllt jede lineare Prämienfunktion mit einem Prämiensatz $f < 1$ die Bedingung XXIV.1.

Allerdings ist die Bemessungsgrundlage an sich problematisch. Sie hängt davon ab, welche Wahrscheinlichkeiten den Umweltzuständen zugeordnet werden. Je höher die Wahrscheinlichkeiten sind, die denjenigen Umweltzuständen beigemessen werden, bei denen die gewählte Handlungsalternative hohe Erfolge bietet, desto höher ist die Bemessungsgrundlage und damit auch die Prämie. Der Entscheidungsträger könnte ein Interesse daran haben, durch entsprechende Manipulation der Wahrscheinlichkeiten die Bemessungsgrundlage zu seinen Gunsten zu beeinflussen. Eine solche Manipulation wäre durch die Instanz nur schwer aufzudecken. Sie delegiert die Entscheidung gerade deshalb, weil sie sich nicht ausreichend informiert und/oder qualifiziert fühlt, ein adäquates Wahrscheinlichkeitsurteil über die Umweltzustände zu bilden.

7.2.3. Erfolgsabhängige Prämien: Notwendigkeit der Berücksichtigung individueller Nutzenfunktionen

Um unfruchtbare Diskussionen über die Prämienhöhe zu vermeiden, sollte eine Bemessungsgrundlage gewählt werden, die einfach zu bestimmen und möglichst wenig manipulierbar ist. Dieser Bedingung genügt hier der tatsächlich erzielte Erfolg. Dabei wird die Prämie erst gezahlt, nachdem einer der Umweltzustände $S_1, S_2, ..., S_S$ eingetreten ist und folglich eindeutig feststeht, welcher Gewinn mit der gewählten Handlungsalternative erzielt worden ist.

---

7)   Für den Spezialfall sicherer Erwartungen kann die Bedingung XXIV.1 wie folgt formuliert werden: Die Prämie (P) ist eine monoton steigende Funktion des Erfolges nach Prämie (G–P). Diese Bedingung ist immer dann erfüllt, wenn für jeden möglichen Wert von G die Größenrelation $1 > dP/dG > 0$ gilt. Hiermit können sowohl lineare, degressive als auch progressive Prämienfunktionen in Einklang stehen. Bei sicheren Erwartungen über den eintretenden Umweltzustand besteht also ein extrem weiter Gestaltungsspielraum für die Prämienfunktion. Bei unsicheren Erwartungen des Entscheidungsträgers (und der Instanz) ist der Freiheitsgrad hinsichtlich der Fixierung der Prämienfunktion wesentlich geringer.

Welche Prämie der Entscheidungsträger bei der Wahl einer bestimmten Alternative erzielen wird, hängt dann aus seiner Sicht von dem zunächst noch unbekannten Umweltzustand ab, den er selbst nicht beeinflussen kann. Mithin besteht die Belohnung des Entscheidungsträgers in einer *Wahrscheinlichkeitsverteilung* über die Prämie. Wie der Entscheidungsträger - er handelt annahmegemäß nach dem BERNOULLI-Prinzip - eine solche Wahrscheinlichkeitsverteilung einschätzt, hängt von der Gestalt seiner *Nutzenfunktion* ab, mit der er die Prämie bewertet und in der u.a. seine Risikoeinstellung zum Ausdruck kommt. Bei der Bestimmung der Prämienfunktion muß der Gestalt dieser (individuellen) Nutzenfunktion Rechnung getragen werden, da sonst die Gefahr besteht, daß ein Anreiz für Entscheidungen geschaffen wird, die aus der Sicht der risikoneutralen Instanz nachteilig sind.

Es soll untersucht werden, wie erfolgsbezogene Prämienfunktionen ermittelt werden können, die die Bedingung XXIV.1 erfüllen.[8]

Wird eine Prämienfunktion festgesetzt, die der Bedingung XXIV.1 genügt, entsteht zwar für den Entscheidungsträger ein Anreiz, eine von Standpunkt der Instanz gute Entscheidung zu treffen. Bei niedrigen Prämien (für alternative Erfolge) kann jedoch der Anreiz so schwach sein, daß der Entscheidungsprozeß nur unmaßgeblich beeinflußt wird. Andererseits kann bei hohen Prämien der Entscheidungsträger zwar stark motiviert werden; möglicherweise entsteht aber nach Abzug der (hohen) Prämien ein noch niedrigerer Erwartungswert des Erfolges als bei Fehlen eines Anreizsystems. Für die Instanz stellt sich somit das Problem, die Höhe der Prämien so zu bemessen, daß ein möglichst hoher Erwartungswert des Erfolges nach Prämie erzielt wird; dieses Problem soll hier nicht untersucht werden.

7.3. Anreizkompatible und nichtanreizkompatible Prämienfunktionen bei Risikoneutralität des Entscheidungsträgers

7.3.1. Anreizkompatible (lineare) Prämienfunktionen

Am einfachsten lassen sich anreizkompatible Prämienfunktionen für einen risikoneutralen Entscheidungsträger ermitteln. Bei Risikoneutralität orientiert sich der Entscheidungsträger am Erwartungswert der Prämie, so daß die Bedingung XXIV.1 wie folgt präzisiert werden kann:

Bedingung XXIV.2:

Der Erwartungswert der Prämie ist eine monoton steigende Funktion des Erwartungswertes des Nettoerfolges, $E[G - P(G)]$.

---

8) Ist die Instanz nicht risikoneutral (ist also ihre Nutzenfunktion für den Nettoerfolg nicht linear), so ergibt sich das Problem, Prämienfunktionen zu bestimmen, bei denen für den Entscheidungsträger entsprechend seiner Risikoeinstellung ein Anreiz besteht, so zu entscheiden, daß der Erwartungswert des Nutzens des Nettoerfolges für die Instanz maximiert wird. (Vgl. hierzu LAUX (1972; 2005c); ROSS (1973; 1974); VELTHUIS (2004).)

Diese Bedingung ist bei *jeder* Prämienfunktion des Typs

(XXIV.83) $P = f \cdot G$ $(0 < f < 1)$

erfüllt. Dabei kennzeichnet f den Prämiensatz. Ist der Erfolg G negativ, hat der Entscheidungsträger an die Unternehmung (bzw. die Instanz) einen Betrag in Höhe des absoluten Wertes von $f \cdot G$ zu zahlen.

Die Übereinstimmung mit der Bedingung XXIV.2 läßt sich für Prämienfunktionen des Typs (XXIV.83) leicht nachweisen. Für den Erwartungswert der Prämie gilt bei einer solchen Prämienfunktion:

(XXIV.84) $E[P] = E[f \cdot G] = f \cdot E[G]$.

Für den Erwartungswert des Nettoerfolges gilt:

(XXIV.85) $E[G - P] = E[G - f \cdot G] = E[(1 - f) \cdot G] = (1 - f) \cdot E[G]$.

Hieraus folgt:

(XXIV.86) $E[G] = \dfrac{1}{1 - f} \cdot E[G - P]$.

Setzt man (XXIV.86) in (XXIV.84) ein, so ergibt sich:

(XXIV.87) $E[P] = \dfrac{f}{1 - f} \cdot E[G - P]$.

Wegen $0 < f < 1$ ist $\dfrac{f}{1 - f} > 0$. Folglich ist nach (XXIV.87) die erwartete Prämie eine linear steigende Funktion des erwarteten Nettoerfolges und die Bedingung XXIV.2 ist bei linearer Prämienfunktion erfüllt.[9]

7.3.2. Zur Problematik nichtlinearer Prämienfunktionen: Vorgabe eines Sollgewinns

Die Bedingung XXIV.2 ist dagegen verletzt, wenn eine nichtlineare Prämienfunktion gewählt wird. Erhält der Entscheidungsträger z.B. erst dann eine Prämie, wenn der Ist-Erfolg G höher ist als der Sollerfolg $\overline{G}$, so ist die Prämienfunktion nicht linear:

(XXIV.88) $\begin{cases} P = f \cdot (G - \overline{G}), & \text{falls } G > \overline{G} \qquad (0 < f \le 1) \\ P = 0, & \text{falls } G \le \overline{G}. \end{cases}$

---

[9]   Ist nur der Entscheidungsträger, nicht aber die Instanz risikoneutral, so ist die Vorgabe einer linearen Prämienfunktion problematisch. Für den Entscheidungsträger besteht dann ein Anreiz, den Erwartungswert der Prämie und damit auch den des Nettogewinns zu maximieren. Vom Standpunkt einer nichtrisikoneutralen Instanz ist aber die Maximierung dieses Erwartungswertes nicht sinnvoll.

Ist G kleiner oder gleich $\overline{G}$, so erhält der Entscheidungsträger keine Prämie, er braucht dann aber auch nichts an die Unternehmung zu zahlen. Im Fall $\overline{G} = 0$ wird der Entscheidungsträger zwar am Erfolg, jedoch nicht am Verlust beteiligt.

Prämienfunktionen des Typs (XXIV.88) werden oft in der Praxis zugrunde gelegt (vgl. hierzu SOLOMONS, 1965, S. 64f.; POENSGEN, 1973, S. 175). Sie schaffen einen Anreiz, gerade nicht die Alternative zu wählen, die vom Standpunkt der Instanz optimal ist. Ihre grundlegende Problematik besteht darin, daß die Prämie zwar um so höher ist, je weiter der Isterfolg G über dem Sollerfolg $\overline{G}$ liegt, daß aber der Entscheidungsträger nicht belastet wird, wenn G unter $\overline{G}$ fällt.

Beispiel XXIV.1: Gegeben sei folgende Erfolgsmatrix, wobei in der oberen Kopfzeile diejenigen Wahrscheinlichkeiten aufgeführt sind, die der Entscheidungsträger zum Zeitpunkt seiner Entscheidung den Umweltzuständen zuordnet:

	0,5 S_1	0,5 S_2	Erfolgserwartungswert (vor Prämie)
A_1	200	100	$0,5 \cdot 200 + 0,5 \cdot 100 \quad = 150$
A_2	300	–100	$0,5 \cdot 300 + 0,5 \cdot (-100) = 100$

Matrix XXIV.1:   Erfolgsmatrix für Beispiel XXIV.1

Bei dem Sollerfolg $\overline{G} = 100$ z.B. entsprechen den Alternativen A_1 und A_2 die folgenden Erwartungswerte der Prämie:

$$E[P(A_1)] = f \cdot 0,5 \cdot (200 - 100) + 0,5 \cdot 0 = f \cdot 50,$$

$$E[P(A_2)] = f \cdot 0,5 \cdot (300 - 100) + 0,5 \cdot 0 = f \cdot 100.$$

Der Entscheidungsträger maximiert also den Erwartungswert seiner Prämie, wenn er die Alternative A_2 wählt. Ihr entspricht aber schon *vor* Berücksichtigung der Prämie ein niedrigerer Erfolgserwartungswert als der Alternative A_1. Bei der Wahl von A_2 ergibt sich also in zweifacher Hinsicht für die Instanz ein Nachteil: Der Erwartungswert des Erfolgs vor Prämie ist niedriger, der Erwartungswert der zu zahlenden Prämie ist höher als bei Wahl von A_1.

7.4. Anreizkompatible und nichtanreizkompatible Prämienfunktionen bei Nichtrisikoneutralität des Entscheidungsträgers

7.4.1. Die Problematik linearer Prämienfunktionen

Verhält sich der Entscheidungsträger nicht risikoneutral (verläuft also seine Nutzenfunktion bezüglich der Prämie nicht linear), so ist die Bedingung XXIV.2 folgendermaßen zu präzisieren:[10]

---

10) Im folgenden wird davon ausgegangen, der Entscheidungsträger beziehe außer seiner Prämie keine ungewissen Einkünfte. Wenn diese Voraussetzung nicht erfüllt ist, stellt sich bei Nicht-

---

Bedingung XXIV.3:

Der Erwartungswert des Nutzens der Prämie ist eine monoton steigende Funktion des Erwartungswertes des Nettoerfolges, $E[G-P(G)]$.

Für einen nichtrisikoneutralen Entscheidungsträger ist diese Bedingung bei linearen Prämienfunktionen verletzt. Die Problematik linearer Prämienfunktionen bei Nichtrisikoneutralität des Entscheidungsträgers wird an *Beispiel XXIV.2* deutlich:

Für die Prämie gelte:

(XXIV.89) $P = f \cdot G$ mit $0 < f < 1$.

Der Entscheidungsträger orientiere sich bei seiner Entscheidung am (μ,σ)-Prinzip. In einem Koordinatensystem können Indifferenzkurven für $(E[P], \sigma[P])$-Kombination angegeben werden, gegenüber denen der Entscheidungsträger indifferent ist, denen also jeweils derselbe Erwartungswert des Nutzens der Prämie entspricht.

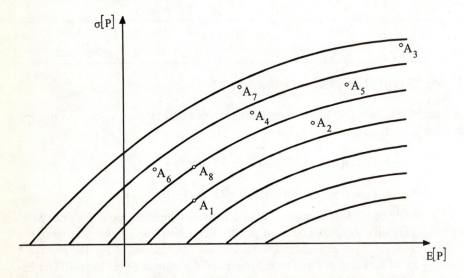

Abb. XXIV.12: Indifferenzkurven für einen risikoscheuen Entscheidungsträger

Einer Indifferenzkurve entspricht ein um so höherer Erwartungswert des Nutzens der Prämie, je weiter rechts sie im Koordinatensystem verläuft. Hierin kommt zum Ausdruck, daß der Entscheidungsträger (bei gegebener Standardabweichung) einen größeren Erwartungswert der Prämie einem kleineren vorzieht. Bei festem $E[P]$ und steigendem $\sigma[P]$ kommt man zu Indifferenzkurven mit kleinerem Nutzenerwartungswert. Es gilt:

$E[P] = f \cdot E[G]$ und $\sigma[P] = f \cdot \sigma[G]$,

---

risikoneutralität des Entscheidungsträgers das Problem, bei der Bestimmung der Prämienfunktion auch die Risikostruktur der anderen ungewissen Einkünfte zu erfassen.

wobei $\sigma[G]$ die Standardabweichung des Bruttoerfolges bezeichnet. Der Entscheidungsträger maximiert dann den erwarteten Nutzen seiner Prämie, wenn er die Alternative wählt, deren $(E[P], \sigma[P])$-Kombination auf einer Indifferenzkurve liegt, die möglichst weit rechts im Koordinatensystem verläuft. Bei dieser Alternative wird in der Regel nicht der Erwartungswert der Prämie und folglich auch nicht der Erwartungswert des Nettoerfolges maximiert. Im Falle der Abbildung XXIV.12 z.B. wird der erwartete Nutzen der Prämie bei der Alternative A_1 maximiert. Bei der Alternative A_3 ist jedoch der Erwartungswert der Prämie und folglich auch der des Nettoerfolges etwa viermal so groß wie bei A_1. Dies zeigt, daß lineare Prämienfunktionen bei Risikoaversion des Entscheidungsträgers (und Risikoneutralität der Instanz) die Bedingung XXIV.3 verletzen.

7.4.2. Zur Gestalt anreizkompatibler Prämienfunktionen

In Laux (1979a, S. 297ff.; 1999; 2002b) wird gezeigt, wie nichtlineare Prämienfunktionen bestimmt werden können, die im Einklang mit der Bedingung XXIV.3 stehen. Hinsichtlich der Gestalt solcher Prämienfunktionen gelten folgende Sätze:

> *Satz XXIV.1*:
>
> Ist die Nutzenfunktion des Entscheidungsträgers *konkav* (verhält er sich also risikoscheu), so ist die Prämienfunktion *konvex*. Mit anderen Worten: Ist der Grenznutzen der Prämie eine fallende Funktion der Prämie, so ist die Grenzprämie eine steigende Funktion des Erfolges.[11]

Interpretation: Für die risikoneutrale Instanz ist der Grenznutzen des Nettoerfolges konstant. Für den Entscheidungsträger dagegen ist der Grenznutzen der Prämie eine fallende Funktion der Prämie. Zum Ausgleich dieser Bewertungsunterschiede muß die Grenzprämie mit zunehmendem Erfolg steigen. Analog gilt:

> *Satz XXIV.2*:
>
> Ist die Nutzenfunktion des Entscheidungsträgers konvex (verhält er sich also risikofreudig), so ist die Prämienfunktion konkav.

7.4.3. Zur Problematik zweiwertiger Anreizsysteme

Abschließend wird ein sehr einfaches Prämiensystem betrachtet, an dem die grundsätzliche Problematik von in der Praxis anzutreffenden Prämiensystemen verdeutlicht werden kann: Es wird ein Sollerfolg $\overline{G}$ gesetzt. Ist der erzielte Erfolg kleiner als $\overline{G}$, erhält der Entscheidungsträger die (*positive* oder *negative*) „Belohnung" B_1.

---

11) Die Grenzprämie bezeichnet den Betrag, um den die Prämie wächst, wenn der Erfolg um eine (marginale) Einheit steigt. Die irgendeinem Erfolg G entsprechende Grenzprämie ist gleich der Steigung der Prämienfunktion bei diesem Erfolg.

Ist der Erfolg größer oder gleich $\overline{G}$, erhält er die Belohnung B_2. Für die Belohnungen könnte z.B. gelten:

$B_1 \equiv$ Entlassung

$B_2 \equiv$ Weiterbeschäftigung beim bisherigen Gehalt

oder

$B_1 \equiv$ Weiterbeschäftigung beim bisherigen Gehalt

$B_2 \equiv$ Gehaltserhöhung um einen bestimmten Betrag.

Wenn der Entscheidungsträger die Belohnung B_2 der Belohnung B_1 vorzieht, besteht für ihn ein Anreiz, die Wahrscheinlichkeit dafür zu maximieren, daß der Sollwert $\overline{G}$ erreicht und folglich die Belohnung B_2 erzielt wird. Bei Maximierung dieser Wahrscheinlichkeit wird aber grundsätzlich nicht die vom Standpunkt der Instanz optimale Handlungsalternative gewählt.

Zur Verdeutlichung dient das *Beispiel XXIV.3*:

Gegeben sei folgende Erfolgsmatrix, wobei in der Kopfzeile diejenigen Wahrscheinlichkeiten aufgeführt sind, die der Entscheidungsträger zum Zeitpunkt seiner Entscheidung den Umweltzuständen zuordnet:

	0,2 S_1	0,2 S_2	0,2 S_3	0,2 S_4	0,2 S_5	Erfolgserwartungswerte
A_1	−200	−250	300	320	340	102
A_2	260	280	290	400	500	346

Matrix XXIV.2: Erfolgsmatrix für Beispiel XXIV.3

Ein Sollerfolg von $\overline{G} = 300$ z.B. wird bei der Wahl von A_1 bzw. A_2 mit folgenden Wahrscheinlichkeiten gerade erreicht oder überschritten:

A_1: $Ws(G \geq \overline{G}) = 0,2 + 0,2 + 0,2 \quad = 0,6$

A_2: $Ws(G \geq \overline{G}) = 0,2 + 0,2 \quad\quad = 0,4.$

Unabhängig von seiner Risikoeinstellung ist es für den Entscheidungsträger in finanzieller Hinsicht optimal, die Wahrscheinlichkeit für die Belohnung B_2 zu maximieren; er wählt dann die Alternative A_1. Der maximale Erwartungswert des Bruttoerfolges wird aber mit der Alternative A_2 erzielt.

Ergänzende und vertiefende Literatur:

BAMBERG/SPREMANN (1988); BREUER (1995); FRANKE (2004); GILLENKIRCH (1997; 2004); HARTMANN-WENDELS (1992); HOLMSTRÖM (1979); KOSSBIEL (2004); LAUX (1990; 2005b; 2005c); LAUX/SCHENK-MATHES (1992); MIRRLEES (1976); PETERSEN (1989); REES (1985); RUHL (1989); SCHABEL (2004); SPREMANN (1988); VELTHUIS (1998; 2004); WAGENHOFER (1996).

XXV. Erfolgsorientierte Prämiensysteme für den Mehrperioden-Fall: Analyse ihrer Anreizkompatibilität

1. Problemstellung

Die Analyse der potentiellen Auswirkungen erfolgsabhängiger Prämien auf Entscheidungen stellt vor allem dann ein komplexes Problem dar, wenn die Entscheidungen die „Erfolge" *mehrerer* Perioden beeinflussen (können). Maßnahmen, deren Konsequenzen mehrere Perioden betreffen, werden als Investitionen bezeichnet. Investitionsentscheidungen können einerseits Objektentscheidungen darstellen (z.B. die Erweiterung der Produktkapazität, der Erwerb von Beteiligungen), andererseits aber auch Organisationsentscheidungen (z.B. die Änderungen der Aufbauorganisation, die Einführung eines Prämiensystems).

Im folgenden wird untersucht, bei welchen Prämiensystemen Entscheidungsträger, die über Investitionen und Desinvestitionen befinden, genau dann (zusätzliche) finanzielle Vorteile erzielen, wenn sie Entscheidungen treffen, die im Hinblick auf das Organisationsziel (nach Abzug der Prämien) vorteilhaft sind (LAUX, 1999).

Wie in Kapitel XXIII verdeutlicht wurde, sind bei der Bestimmung eines Prämiensystems für einen Entscheidungsträger zwei Grundprobleme zu lösen:
1. Von welcher *Bemessungsgrundlage* soll die Prämie abhängen?
2. Welche funktionale Beziehung soll zwischen der Prämienhöhe und der gewählten Bemessungsgrundlage bestehen, d.h. welche *Prämienfunktion* soll gewählt werden?

Vom finanziellen Standpunkt des Eigentümers oder der Gesellschafter (im folgenden kurz als *Instanz* bezeichnet) ist ein Prämiensystem optimal, bei dem ein Anreiz besteht, Entscheidungen zu treffen, denen *nach Abzug der Prämien* ein möglichst günstiger Strom von finanziellen Überschüssen entspricht. Die Bestimmung eines solchen Prämiensystems stellt ein komplexes Problem dar. Schwierigkeiten ergeben sich insbesondere daraus, daß die Kapitalverwendungsmöglichkeiten des Unternehmens teilweise erst im Rahmen eines mehr oder weniger kreativen Suchprozesses gefunden bzw. erfunden werden müssen. Dabei ist noch weitgehend offen, von welchen Motiven Intensität und Richtung diese Suchprozesses abhängen und wie dieser gesteuert werden kann.

Das vorliegende Kapitel befaßt sich insbesondere mit der Bestimmung der *Bemessungsgrundlage einer Prämie*. Es werden mehrere (auch in der Praxis verwendete) Bemessungsgrundlagen diskutiert und gezeigt, daß nur bei einigen von ihnen ein Anreiz besteht, die Interessen der Instanz wahrzunehmen; bei den anderen Bemessungsgrundlagen erzielt der (oder die) Entscheidungsträger einen finanziellen Vorteil, wenn er (in einer noch näher erläuterten Weise) von dem für die Instanz optimalen Investitions- und Finanzierungsprogramm abweicht.

Die folgende Untersuchung geht zunächst von der Annahme *sicherer* Erwartungen über die mit den gefundenen Kapitalverwendungsmöglichkeiten verbundenen Ein- und Auszahlungen aus. Freilich haben in der Realität sowohl die Investoren als auch die Instanz unsichere Erwartungen über diese Zahlungen. Dennoch ist die auf der Annahme sicherer Erwartungen basierende Analyse von praktischer Bedeutung: sie zeigt, welche grundlegenden Mängel bestimmte Bemessungsgrundlagen aufweisen. Da diese Mängel durch die Unsicherheit allenfalls zufällig behoben werden, ermöglicht die Analyse bei sicheren Erwartungen bereits eine *Vorauswahl ungeeigneter Bemessungsgrundlagen*. Im übrigen gelten die Darstellungen zum Fall sicherer Erwartungen unmittelbar auch für Risikosituationen, sofern der Entscheidungsträger risikoneutral ist und die Instanz entweder ebenfalls risikoneutral ist oder nur Anteilseigner am Unternehmen beteiligt sind, die breit gestreute Portefeuilles halten, in denen unsystematische Risiken praktisch eliminiert werden, und im Unternehmen nur Investitionen mit unsystematischem Risiko durchgeführt werden; die stochastischen Größen sind dann durch ihre Erwartungswerte zu repräsentieren.

In Abschnitt 2 werden die Grundannahmen für die nachfolgende Analyse beschrieben und die mit diesen Annahmen in Einklang stehende Bedingung der Anreizkompatibilität formuliert. In Abschnitt 3 wird insbesondere untersucht, inwieweit praxisrelevante Bemessungsgrundlagen mit dieser Bedingung im Einklang bzw. im Widerspruch stehen. In Abschnitt 4 werden Anreizprobleme bei unterschiedlichen Zeitpräferenzen und in Abschnitt 5 bei Risiko und Risikoaversion von Entscheidungsträger und Instanz untersucht. Eine Bemessungsgrundlage, die die Bedingung der Anreizkompatibilität im Prinzip erfüllt, ist nicht für alle Entscheidungsträger in der Organisation in gleicher Weise geeignet. In Abschnitt 6 wird daher untersucht, welche Bemessungsgrundlagen für unterschiedliche Kategorien von Entscheidungsträgern in Betracht kommen.

2.   Grundlagen

2.1.   Grundannahmen

Die Analyse beruht auf folgenden Annahmen[1]:

1. Die Restlebensdauer der Unternehmung besteht aus T Perioden. Das Ende der t-ten Periode (t=1,2,...,T) wird als Zeitpunkt t bezeichnet, das Ende der Restlebensdauer (der Zeitpunkt der Liquidation) als Zeitpunkt T. Die Restlebensdauer der meisten Unternehmungen ist zwar nicht von vornherein begrenzt. Wird jedoch ein entsprechend großes T gewählt, so kann eine beliebige Annäherung an die Realität erzielt werden.

2. Ein- und Auszahlungen fallen nur zu den Zeitpunkten t=0,1,...,T an; dabei bezeichnet 0 den Beginn der ersten Periode.

---

[1]   Vgl. hierzu die Verallgemeinerungen und Vertiefungen in LAUX (2005c).

3. Ausschüttungen an den Eigentümer des Unternehmens oder die Gesellschafter werden nur zu den Zeitpunkten $t = 0, 1, ..., T$ vorgenommen. Unter der Ausschüttung D_t des Zeitpunkts t ($t = 0, 1, ..., T$) verstehen wir die gesamte Auszahlung, die zu diesem Zeitpunkt an die „Instanz" (den bzw. die Anteilseigner) vorgenommen wird (einschließlich Ausschüttungen im Zusammenhang mit Kapitalherabsetzungen und der Liquidation). Ist die „Ausschüttung" negativ, so werden auf dem Wege einer Eigenkapitalerhöhung finanzielle Mittel in die Gesellschaft eingebracht.

4. Es besteht ein vollkommener Kapitalmarkt, auf dem zum Einheitszinssatz r (praktisch) unbegrenzt Geld angelegt und aufgenommen werden kann.

5. Zum Zeitpunkt 0 bieten sich bereits bestimmte Investitionsprojekte zur Durchführung an, die in das Investitionsprogramm aufgenommen werden können. Außerdem können (und sollen) die jeweiligen Entscheidungsträger in jeder Periode t ($t = 1, 2, ..., T-1$) nach weiteren vorteilhaften Projekten suchen.

6. Für die Instanz ist es optimal, wenn zu jedem Zeitpunkt t ($t = 1, 2, ..., T-1$) jene der dann bekannten Investitionsprojekte ins Aktionsprogramm aufgenommen werden, bei denen der Barwert aller Ausschüttungen nach Prämie (der Ertragswert des Unternehmens nach Prämie) möglichst weit ansteigt. Das Anreizsystem soll daher am Ziel der Maximierung dieses Barwertes (dieses Ertragswertes) ausgerichtet werden.

7. Es bestehen (mit Ausnahme von Abschnitt 5) sichere Erwartungen, d.h. jedem Investitionsprojekt entspricht - sofern es ordnungsgemäß realisiert wird - ein sicherer Strom von Einzahlungsüberschüssen. Das bedeutet jedoch nicht, daß von vornherein sämtliche Investitionsprojekte mit den damit verbundenen Aktionsmöglichkeiten bekannt sind. Aufgabe der Entscheidungsträger ist es ja auch, zusätzliche Investitionsmöglichkeiten zu finden bzw. zu erfinden. Die Annahme sicherer Erwartungen besagt lediglich, daß für jede *entdeckte* Investitionsmöglichkeit dem betreffenden Entscheidungsträger bekannt ist, welche Ein- und Auszahlungen bei ihrer Realisation entstehen werden.

8. Jeder Entscheidungsträger zieht zu jedem Zeitpunkt t ($t = 0, 1, ..., T-1$) von zwei Prämienströmen denjenigen mit dem höheren Barwert vor.

9. Die einem Entscheidungsträger gewährte Prämie ist (von den Darstellungen in Abschnitt 3.8. abgesehen) eine lineare Funktion der gewählten Bemessungsgrundlage, z.B. des Gewinns oder der Ausschüttung; der Prämiensatz f bleibt im Zeitablauf konstant. (Ist die Bemessungsgrundlage negativ, so wird die Prämie ebenfalls negativ.)

Zur Vereinfachung der formalen Darstellung gehen wir davon aus, daß zu jedem Zeitpunkt t die Ausschüttung um die Prämie reduziert wird. (Ist zu einem Zeitpunkt die Prämie negativ, so zahlt der betrachtete Entscheidungsträger den betreffenden Betrag unmittelbar an die Instanz.) Da ein vollkommener Kapitalmarkt besteht, wird die Allgemeinheit der Ergebnisse durch diese Annahme nicht eingeschränkt.

2.2. Bedingungen für das Prämiensystem

Einerseits zieht jeder Entscheidungsträger zu jedem Zeitpunkt von zwei Prämienströmen jenen mit dem größeren Barwert vor. Andererseits hat die Instanz ein Interesse daran, daß zu jedem Zeitpunkt t (t=0, 1,..., T-1) so entschieden wird, daß der Barwert der Ausschüttungen nach Prämie jeweils möglichst weit ansteigt. Es erscheint daher sinnvoll, das Prämiensystem eines Entscheidungsträgers so zu bestimmen, daß folgende Bedingung erfüllt ist.

> *Bedingung XXV.1*: *Anreizkompatibilität:*
>
> Entscheidet der Entscheidungsträger zum Zeitpunkt t (t =0, 1,..., T−1) so, daß der Barwert der Ausschüttungen nach Prämie steigt (bzw. sinkt), so steigt (bzw. sinkt) auch der *Barwert* seiner Prämien (beim Zinssatz r). Maßnahmen, die den Barwert der Ausschüttungen nach Prämie nicht beeinflussen, haben auch keinen Einfluß auf den Barwert der Prämien.

Diese Bedingung entspricht der Bedingung XXIV.1 in Kapitel XXIV, Abschnitt 7.2.1, die für den (relativ) einfachen Einperioden-Fall gilt. Ist die Bedingung XXV.1 erfüllt, besteht für den Entscheidungsträger ein finanzieller Anreiz, so zu agieren, daß der Barwert der Ausschüttungen nach Prämie ansteigt. Es besteht allerdings nicht die Gewähr, daß er Maßnahmen wählt, bei denen dieser Barwert *maximiert wird*. Wählt der Entscheidungsträger jedoch von zwei Alternativen jene mit dem niedrigeren Barwert, so entstehen für ihn Opportunitätskosten durch die Verringerung des Barwertes seiner Prämien. Dies schafft einen finanziellen Anreiz, die Alternative mit dem höheren Barwert der Ausschüttungen nach Prämie zu realisieren.

Außerdem sollte das Prämiensystem soweit wie möglich auch folgender Bedingung genügen (vgl. hierzu Kapitel XXIII):

> *Bedingung XXV.2*: *Manipulationsfreiheit der Bemessungsgrundlage:*
>
> Es kann objektiv und ohne besonderen Aufwand überprüft werden, ob die Bemessungsgrundlage für die Prämie manipuliert worden ist.

Im folgenden werden alternative Bemessungsgrundlagen daraufhin untersucht, inwieweit sie die Bedingungen XXV.1 und XXV.2 erfüllen. Bei der Diskussion der Bedingung XXV.1 wird jeweils davon ausgegangen, die Ausprägung der Bemessungsgrundlage werde entsprechend der jeweiligen Ermittlungsvorschrift „*exakt*" bestimmt. Auf die Probleme, die entstehen, wenn die Bemessungsgrundlage relativ einfach manipuliert werden kann, wird bei der Diskussion der Bedingung XXV.2 eingegangen.

Die Prämie des Entscheidungsträgers zum Zeitpunkt t (t=0, 1,..., T) wird allgemein mit P_t bezeichnet, der Prämiensatz mit f. Der auf den Zeitpunkt t (t=0, 1,..., T−1) bezogene Barwert des Prämiensystems $P_t, P_{t+1},..., P_T$ des Entscheidungsträgers wird mit B_t bezeichnet:

$$(XXV.1) \quad B_t = \sum_{\tau=t}^{T} P_\tau \cdot \frac{1}{(1+r)^{\tau-t}}.$$

Für den Barwert der Ausschüttungen (den Ertragswert des Unternehmens) zum Zeitpunkt t $(t=0,1,...,T)$ unmittelbar vor der Ausschüttung D_t und ohne Berücksichtigung von Prämien des Entscheidungsträgers gilt:

$$(XXV.2) \quad M_t = \sum_{\tau=t}^{T} D_\tau \cdot \frac{1}{(1+r)^{\tau-t}}.$$

Gemäß (XXV.1) und (XXV.2) gilt für den Barwert $\overline{M}_t$ der Ausschüttungen nach Prämie:

$$(XXV.3) \quad \overline{M}_t = M_t - B_t.$$

Die Bedingung XXV.1 kann nun wie folgt formalisiert werden: Zu jedem Zeitpunkt t $(t=0,1,...,T-1)$ ist B_t eine monoton steigende Funktion von $\overline{M}_t$.

3. Analyse von Bemessungsgrundlagen

3.1. Barwert der Ausschüttungen

Da die Instanz annahmegemäß daran interessiert ist, daß der Entscheidungsträger zu jedem Zeitpunkt t $(t=1,2,...,T-1)$ so entscheidet, daß der Barwert der Ausschüttungen nach Prämie jeweils möglichst weit ansteigt, liegt es nahe, seine Prämie direkt an die Barwerte M_t zu knüpfen, ihm also zu jedem Zeitpunkt t eine von M_t abhängige Prämie zu zahlen (f kennzeichnet den Prämiensatz):

$$(XXV.4) \quad P_t = f \cdot M_t \quad (0 < f < 1).$$

Dieses Prämiensystem steht jedoch *nicht* im Einklang mit der Bedingung XXV.1: Der Entscheidungsträger kann den Barwert seiner Prämien erhöhen, indem er zu einem beliebigen Zeitpunkt die Ausschüttung kürzt (bzw. Eigenkapital beschafft), die betreffenden Mittel zum Einheitszinssatz r anlegt und sie einschließlich der Zinseszinsen zu einem späteren Zeitpunkt ausschüttet. Da die Instanz (der Eigentümer oder die Gesellschafter) ebenfalls Kapital zum Zinssatz r anlegen können, ist eine solche Maßnahme für sie weder vorteilhaft noch nachteilig, solange von der Prämie abgesehen wird. Da damit aber die Prämien des Entscheidungsträgers steigen, ergibt sich für die Anteilseigner nach Prämienzahlung ein Nachteil; die Bedingung XXV.1 ist verletzt.

Wird etwa zum Zeitpunkt $t=0$ die Ausschüttung um ΔD_0 verringert und der betreffende Betrag bis zum Zeitpunkt T zum Zinssatz r angelegt, so ändert sich M_0 nicht: Der Barwert der Ausschüttung des Zeitpunkts T steigt um den Betrag $\Delta D_0 \cdot (1+r)^T / (1+r)^T = \Delta D_0$ und kompensiert damit gerade die Ausschüttungseinbuße für den Zeitpunkt $t=0$. Die Maßnahme ist also vor Berücksichtigung der Prämie für die Instanz weder vorteilhaft noch nachteilig.

Trotzdem steigt der Barwert der Prämien. Da M_0 konstant bleibt, ändert sich zwar die Prämie P_0 nicht. Zum Zeitpunkt t $(t=1,2,...,T)$ steigt jedoch infolge der Einbehaltung des Betrages ΔD_0 der Ertragswert M_t um

$$\Delta M_t = \Delta D_0 \frac{(1+r)^T}{(1+r)^{T-t}} = \Delta D_0 \cdot (1+r)^t .$$

Somit steigt die Prämie P_t $(t=1,2,...,T)$ um $\Delta P_t = f \cdot \Delta D_0 \cdot (1+r)^t$.

Es mag naheliegen, dem Entscheidungsträger die Einbehaltung von Mitteln bei gleichzeitiger Anlage auf dem Kapitalmarkt zu untersagen. Dann besteht aber die Gefahr, daß *Realinvestitionen* durchgeführt werden, deren Kapitalwerte null oder gar negativ sind. Die Instanz (die Anteilseigner) müßten dann überprüfen (lassen), ob Projekte mit negativen Kapitalwerten durchgeführt werden. Das würde jedoch einen erheblichen Aufwand verursachen. Durch die Prämie soll gerade ein Anreiz geschaffen werden, daß der Entscheidungsträger in eigenem Interesse Entscheidungen trifft, die für die Anteilseigner vorteilhaft sind.

Eine weitere grundlegende Schwäche des Anreizsystems (XXV.4) besteht darin, daß die *Bedingung XXV.2* verletzt ist: M_t $(t=1,2,...,T-1)$ hängt von Zukunftsgrößen ab, die zum Zeitpunkt t weder vom Entscheidungsträger noch von der Instanz (und auch nicht von einem neutralen Schiedsrichter) unmittelbar beobachtbar sind. Es können sich erhebliche Konflikte zwischen dem Entscheidungsträger und der Instanz bezüglich der „wahren" Ausprägung der Bemessungsgrundlage ergeben. Es besteht die Gefahr, daß der Entscheidungsträger Fehlinformationen über die zukünftigen Ausschüttungen gibt, um eine Erhöhung der Bemessungsgrundlage zu erwirken. Besonders problematisch ist dabei, daß die Manipulation einer Bemessungsgrundlage M_t keine (für den Entscheidungsträger nachteiligen) Rückwirkungen auf die Prämien zu den Zeitpunkten $t+1$, $t+2$, ..., T hat.

3.2.   Ökonomischer Gewinn nach Zinsen

Eine sinnvollere Variante eines ertragswertorientierten Prämiensystems besteht darin, die Prämie für $t=0,1,...,T$ wie folgt zu bemessen:

$$(XXV.5) \quad P_t = f \cdot [M_t - (M_{t-1} - D_{t-1}) \cdot (1+r)] \quad (0 < f < 1).$$

Der Entscheidungsträger erhält jetzt zum Zeitpunkt t nur dann eine positive Prämie, wenn der Ertragswert (des Unternehmens) zum Zeitpunkt t unmittelbar vor der Ausschüttung D_t den aufgezinsten Ertragswert nach Ausschüttung des Zeitpunktes $t-1$ übersteigt. Den Ausdruck in der eckigen Klammer in (XXV.5) bezeichnen wir als „*ökonomischen* Gewinn *nach Zinsen*". Ist er negativ, so wird auch die Prämie negativ; der Entscheidungsträger hat den betreffenden Betrag an die Instanz zu zahlen.

Für den ökonomischen Gewinn nach Zinsen gelten folgende Zusammenhänge:

1. Wenn am Ende der Periode keine neuen Investitionsprojekte ins Programm aufgenommen werden, ist der Gewinn in dieser Periode null.
2. Investitionen mit einem Kapitalwert von null haben in keiner Periode einen Einfluß auf den Gewinn.
3. Wenn in einer Periode neue Investitionen mit positivem Kapitalwert entdeckt und in das Investitionsprogramm aufgenommen werden, stimmt am Ende dieser Periode der Gewinn mit der Summe der Kapitalwerte der betreffenden Projekte überein. (Bei Projekten mit negativem Kapitalwert ist auch der Gewinnzuwachs negativ.) In späteren Perioden ergeben sich keine weiteren Auswirkungen auf den Gewinnausweis.
4. Wird in einem Zeitpunkt $\bar{t}$ für einen Zeitpunkt $\bar{\bar{t}}$ eine zusätzliche Ausschüttung angekündigt, die dann aber gar nicht vorgenommen wird, ändert sich der *Barwert* der Gewinnausweise nicht (vgl. LAUX/LIERMANN, 1986, S. 88ff.).

Hieraus folgt für die Prämie:

1. Wenn in einer Periode keine neuen Investitionen in das Programm aufgenommen werden, ist die Prämie in dieser Periode null.
2. Investitionen mit einem Kapitalwert von null haben keinen Einfluß auf den Prämienstrom.
3. Der Entscheidungsträger kann seine Prämie nur dadurch erhöhen, daß er neue Investitionen mit positiven Kapitalwerten entdeckt und in das Investitionsprogramm aufnimmt. (Der Barwert der Ausschüttungen (vor Prämie) steigt dann um den Kapitalwert der neuen Projekte.) Dabei ist die Prämie eine linear steigende Funktion der Summe der Kapitalwerte. Werden Projekte mit negativen Kapitalwerten ins Programm aufgenommen, so sinkt die Prämie; möglicherweise wird sie sogar negativ.
4. Beim Prämiensystem (XXV.5) ist der Anreiz für Manipulationen bei der Berichterstattung über zukünftige Ausschüttungen geringer als beim Prämiensystem (XXV.4). Da sich der *Barwert* der ökonomischen Gewinne nach Zinsen nicht ändert, wenn eine zusätzliche Ausschüttung versprochen, dann aber nicht vorgenommen wird, ändert sich durch eine solche Fehlinformation auch nicht der Barwert des Prämienstroms. Voraussetzung dafür ist allerdings, daß der Entscheidungsträger *nicht* aus dem Unternehmen ausscheidet, *bevor* sich herausstellt, daß die tatsächliche Ausschüttung niedriger ist als aufgrund der Fehlinformation erwartet (und der ökonomische Gewinn nach Zinsen entsprechend sinkt) und daß die Prämie bei negativer Bemessungsgrundlage ebenfalls negativ ist.

Wird die Unternehmung in der Rechtsform einer Aktiengesellschaft geführt, deren Aktien an der Börse gehandelt werden, kann als Indikator für den ökonomischen Gewinn nach Zinsen der „*residuale Marktwertzuwachs*" herangezogen werden, wobei nun M_t ($t = 1, 2, ..., T$) den Marktwert der Aktien des Unternehmens zum Zeitpunkt t unmittelbar vor der Ausschüttung D_t bezeichnet. Gemäß (XXV.5) dient dann als Bemessungsgrundlage für P_t der Marktwert der Aktien des Unternehmens zum Zeitpunkt t vor der Ausschüttung D_t abzüglich des aufgezinsten Marktwertes dieser Aktien zum Zeitpunkt t–1 nach der Ausschüttung D_{t-1}.

Spiegelt der Marktwert der Aktien zum Zeitpunkt t (t=1,2,..., T−1) korrekt den Barwert der zukünftigen Ausschüttungen wieder, die denjenigen Investitionsprojekten entsprechen, die zu diesem Zeitpunkt im Programm enthalten sind[2]), so gilt: Werden zum Zeitpunkt t (t=1,2,..., T−1) zusätzliche Investitionsprojekte (deren Überschüsse noch nicht im Marktwert der Aktien antizipiert worden sind) mit einem Kapitalwert von insgesamt $KW_t > 0$ (bzw. $KW_t < 0$) in das Programm aufgenommen, so steigt (bzw. sinkt) zu diesem Zeitpunkt die Bemessungsgrundlage um KW_t und die Prämie entsprechend um $f \cdot KW_t$. Die Projekte haben jedoch keinen Einfluß auf zukünftige Prämien.

Der residuale Marktwertzuwachs bietet den Vorteil der intersubjektiven Überprüfbarkeit. Im Gegensatz zu einem nach subjektivem Ermessen des Entscheidungsträgers bzw. der Instanz ermittelten Ertragswert ist der Marktwert der Aktien zu jedem Zeitpunkt t (t=0,1,2,..., T) eine objektive Größe. Entsprechend kann auch der residuale Marktwertzuwachs eindeutig ermittelt werden. Es können (im Gegensatz zu subjektiven ökonomischen Gewinnen nach Zinsen) keine Konflikte zwischen Entscheidungsträger und Instanz über die „wahre" Ausprägung der Bemessungsgrundlage entstehen.

Der residuale Marktwertzuwachs ist zwar intersubjektiv überprüfbar (und von einem neutralen Schiedsrichter verifizierbar), jedoch seinerseits nicht völlig frei von Manipulationen. Für den Entscheidungsträger kann ein Anreiz bestehen, durch gezielte Fehlinformationen zu bewirken, daß der Kurs steigt, oder durch Vorenthaltung von Informationen zu verhindern, daß er sinkt. Die Gefahr solcher Manipulationen mag insbesondere dann groß sein,
– wenn der Entscheidungsträger vor dem Zeitpunkt T aus dem Unternehmen ausscheidet und an der späteren Marktwertentwicklung nicht beteiligt ist, oder
– wenn der Entscheidungsträger zwar bis zum Zeitpunkt T im Unternehmen verbleibt, jedoch nur an positiven, nicht an negativen residualen Marktwertzuwächsen beteiligt wird.

Manipulationen sind jedoch um so engere Grenzen gesetzt, je besser die Instanz (die Anteilseigner) von anderen Informanten über das Unternehmen und dessen Rahmenbedingungen informiert wird und je schneller sich der Aktienkurs an diese Informationen anpaßt.

3.3.   Ausschüttung bzw. Überschuß des Leistungsbereichs

Bei dem im folgenden betrachteten Prämiensystem wird zu jedem Zeitpunkt t (t=0,1,..., T) eine von der Ausschüttung abhängige Prämie gewährt:

(XXV.6) $P_t = f \cdot D_t$ $(0 < f < 1)$.

---

2)   Überschüsse von Projekten, die erst in Zukunft entdeckt und ins Programm aufgenommen werden, werden hierbei im Aktienkurs allerdings nicht antizipiert.

D_t kennzeichnet die Ausschüttung zum Zeitpunkt t vor Prämie. Ist D_t negativ - erfolgt also eine Kapitalerhöhung -, so hat der Entscheidungsträger zum Zeitpunkt t eine Zahlung in Höhe des Absolutbetrags von $f \cdot D_t$ an die Instanz zu leisten. Wäre der Entscheidungsträger bei einer Kapitalerhöhung nicht zahlungspflichtig, so würde der Barwert seiner Prämien bereits dann steigen, wenn er eine Kapitalerhöhung durchsetzen, die Mittel zum Einheitszinssatz r anlegen und später wieder ausschütten würde; nach Prämie wäre diese Maßnahme vom Standpunkt der Instanz jedoch nachteilig.

Da beim Prämiensystem (XXV.6) die Bemessungsgrundlage für die Prämie zu jedem Zeitpunkt t (t=0, 1,..., T) eindeutig feststeht, ist die Bedingung XXV.2 erfüllt. Wie im folgenden gezeigt wird, ist auch die Bedingung XXV.1 erfüllt. Für den Ertragswert $\overline{M}_t$ des Unternehmens zum Zeitpunkt t (t=0, 1,..., T) *nach* Prämie gilt:

$$(XXV.7) \quad \overline{M}_t = \sum_{\tau=t}^{T} \left(D_\tau - P_\tau \right) \cdot \frac{1}{(1+r)^{\tau-t}}.$$

Hieraus folgt in Verbindung mit (XXV.6):

$$(XXV.8) \quad \overline{M}_t = \sum_{\tau=t}^{T} \left(D_\tau - f \cdot D_\tau \right) \cdot \frac{1}{(1+r)^{\tau-t}}$$

$$= \sum_{\tau=t}^{T} \left(1-f \right) \cdot D_\tau \cdot \frac{1}{(1+r)^{\tau-t}}$$

$$= \left(1-f \right) \cdot \sum_{\tau=t}^{T} D_\tau \cdot \frac{1}{(1+r)^{\tau-t}}.$$

Für den Barwert B_t der zukünftigen Prämien zum Zeitpunkt t gilt gemäß (XXV.1) und (XXV.6):

$$(XXV.9) \quad B_t = \sum_{\tau=t}^{T} f \cdot D_\tau \cdot \frac{1}{(1+r)^{\tau-t}} = f \cdot \sum_{\tau=t}^{T} D_\tau \cdot \frac{1}{(1+r)^{\tau-t}}.$$

In Verbindung mit (XXV.8) folgt hieraus:

$$(XXV.10) \quad B_t = \frac{f}{1-f} \cdot \overline{M}_t.$$

Wegen $0 < f < 1$ gilt $\frac{f}{1-f} > 0$. Folglich ist gemäß (XXV.10) für jeden Zeitpunkt t (t=0, 1,..., T−1) der Barwert der Prämien eine (linear) steigende Funktion von $\overline{M}_t$. Die Bedingung XXV.1 ist damit erfüllt: Für den Entscheidungsträger besteht ein Anreiz, zu jedem Zeitpunkt t (t=0, 1,..., T−1) so zu entscheiden, daß der Barwert der Ausschüttungen nach Prämie steigt.

Scheidet der Entscheidungsträger zu einem Zeitpunkt $T' < T$ aus dem Unternehmen aus, so ist es nicht ohne weiteres sinnvoll, dann auch die Prämie nur von den Ausschüttungen zu den Zeitpunkten $0, 1, ..., T'$ abhängig zu machen und die Ausschüttungen für die späteren Zeitpunkte zu vernachlässigen. Bedingung XXV.1 ist dann verletzt: Der Entscheidungsträger kann den Barwert seiner Prämien erhöhen, indem er die Ausschüttungen bis zum Zeitpunkt $t = 0, 1, ..., T'$ zu Lasten späterer Ausschüttungen erhöht. Er kann z.B. in den Zeitpunkten $t = 0, 1, ..., T'$ Geld leihen und zusätzlich ausschütten: Dann steigt der Barwert seines Prämienstromes, weil sich die mit der Schuldentilgung verbundenen Ausschüttungskürzungen *nach* dem Zeitpunkt T' nicht prämienmindernd auswirken. Er kann die Ausschüttungen für die Zeitpunkte $t = 0, 1, ..., T'$ auch dadurch erhöhen, daß er auf die Durchführung solcher Investitionen verzichtet, die unter Berücksichtigung sämtlicher Überschüsse (also auch jener, die *nach* dem Zeitpunkt T' erzielt worden wären) den Ertragswert des Unternehmens erhöht hätten[3].

Zur Verbesserung der Anreizkompatibilität ist es naheliegend, bei der Bemessung der Prämie des Entscheidungsträgers auch solche Ausschüttungen zu berücksichtigen, die *nach* seinem Ausscheiden ausgeschüttet werden. Das kann z.B. in der Weise geschehen, daß er nach seinem Ausscheiden aus dem Unternehmen noch eine bestimmte Zeit (z.B. 5 Jahre) lang eine Prämie auf die jeweilige Ausschüttung erhält. Wird das Unternehmen in der Rechtsform einer Aktiengesellschaft geführt, deren Aktien an der Börse gehandelt werden, so ist es naheliegend, dem Entscheidungsträger zum Zeitpunkt seines Ausscheidens eine Prämie auf den Marktwert der Aktien des Unternehmens zu gewähren. Dabei wird der Bedingung der Anreizkompatibilität um so mehr entsprochen, je besser die zukünftigen Überschüsse der vom Entscheidungsträger begonnenen, aber noch nicht abgeschlossenen Projekte im Aktienkurs antizipiert werden.[4]

---

3) Allerdings sind solchen Manipulationen in der Realität gewisse Grenzen gesetzt, wenn z.B. der Entscheidungsträger als „Vorstand" des Unternehmens aus mehreren Mitgliedern besteht, die nicht alle zu demselben Zeitpunkt (hier T') ausscheiden. Diejenigen Mitglieder, die im Vorstand verbleiben (wollen), werden bei der Beurteilung von Investitions- und Ausschüttungsentscheidungen *auch* die Ausschüttungen nach dem Zeitpunkt T' berücksichtigen. Daraus können durchaus Konflikte mit den ausscheidenden Vorstandsmitgliedern erwachsen, da deren Planungshorizont tendenziell kürzer ist, sofern sie nicht an den Ausschüttungen nach dem Zeitpunkt T' beteiligt werden.

4) In der Praxis erhalten Vorstände häufig eine Tantieme von X GE für jedes Prozent Dividende, das die Gesellschaft den Anteilseigner auf den Nominalbetrag ihrer Aktien ausschüttet, soweit in der Dividende kein Gewinnvortrag und keine aufgelösten Gewinnrücklagen enthalten sind. Bei dieser Regelung ist die Bedingung XXV.1 nicht (streng) erfüllt: Wenn der Vorstand Selbstfinanzierung vornimmt (also Gewinnrücklagen bildet), kann der Barwert seiner Prämien erheblich sinken, auch wenn die Mittel zu einem höheren Zinssatz als r angelegt werden. Die Prämie wird einerseits durch die *Bildung* der Gewinnrücklagen und die entsprechend reduzierte Dividende vermindert. Andererseits wirkt sich die *Auflösung* und *Ausschüttung* von Gewinnrücklagen nicht prämienerhöhend aus. Der Vorstand kann Prämien nur auf die *Erträge* der zurückbehaltenen Mittel erzielen; auch dies gilt nur, wenn diese Erträge unmittelbar ausgeschüttet werden.

Sieht man von einem Ausscheiden des Entscheidungsträgers vor dem Zeitpunkt T aus dem Unternehmen ab, so besteht Anreizkompatibilität auch dann, wenn der Entscheidungsträger am laufenden Überschuß des Leistungsbereichs (dem *free operating cash flow*) beteiligt wird. Die Überschüsse des Leistungsbereichs enthalten alle Zahlungsvorgänge mit Ausnahme der Ein- und Auszahlungen aus Anlage und Aufnahme von Kapital zum Zinssatz r.

3.4.   Aktienrechtlicher Jahresüberschuß

3.4.1.   Allgemeine Problematik

Häufig erhalten Entscheidungsträger (insbesondere Vorstände von Aktiengesellschaften) eine vom „Gewinn" abhängige Prämie. Ob dabei die Bedingung XXV.1 erfüllt ist, hängt von der Art der Gewinnermittlung ab. Es ist naheliegend, den Gewinn als Jahresüberschuß zu definieren. Im Aktiengesetz findet sich hierzu folgende Regelung:

§ 86. Gewinnbeteiligung der Vorstandsmitglieder

(1) Den Vorstandsmitgliedern kann für ihre Tätigkeit eine Beteiligung am Gewinn gewährt werden. Sie soll in der Regel in einem Anteil am Jahresgewinn der Gesellschaft bestehen.

(2) Wird den Vorstandsmitgliedern ein Anteil am Jahresgewinn der Gesellschaft gewährt, so berechnet sich der Anteil nach dem Jahresüberschuß, vermindert um einen Verlustvortrag aus dem Vorjahr und um die Beträge, die nach Gesetz oder Satzung aus dem Jahresüberschuß in Gewinnrücklagen einzustellen sind. Entgegenstehende Festsetzungen sind nichtig.[5]

Der § 86 AktG stellt eine Sollvorschrift dar. Sie schließt nicht aus, daß für die Tantieme eine andere Bemessungsgrundlage als der Jahresgewinn gewählt wird. Besteht allerdings die Gewinnbeteiligung in einem Anteil am Jahresgewinn der Gesellschaft, so berechnet sich die Tantieme nach § 86 (2) AktG. Abweichungen hiervon sind nur insoweit zulässig, als sie zu einer niedrigeren Tantieme führen.

Im folgenden wird gezeigt, daß die Bedingung XXV.1 verletzt wird, sofern für die Prämie die in § 86 (2) AktG beschriebene Bemessungsgrundlage gewählt wird. Dabei wird der Einfachheit halber zunächst angenommen, weder nach Gesetz noch nach Satzung seien aus dem Jahresüberschuß Einstellungen in die Gewinnrücklagen vorzunehmen und der Jahresüberschuß sei in keinem Fall negativ; es erfolgt dann kein Verlustvortrag.

Für die Prämie (die Tantieme) P_t (t=1,2,...,T) gilt nun

(XXV.11) $P_t = f \cdot G_t$ $(0 < f < 1)$.

Dabei kennzeichnet G_t den aktienrechtlichen Jahresüberschuß (kurz: den Gewinn) der Gesellschaft in Periode t.

Der Entscheidungsträger kann nun den Barwert seiner Prämien erhöhen, indem er Entscheidungen trifft, die den Barwert der Ausschüttungen vor Prämie unverän-

---

5)   Nach herrschender Meinung ist bei der Ermittlung der Bemessungsgrundlage für die Tantieme vom Jahresüberschuß vor Abzug der Tantieme auszugehen.

dert lassen oder sogar schmälern. Die Bedingung XXV.1 ist also verletzt und es besteht ein Anreiz, Entscheidungen zu treffen, die zumindest nach Prämie für die Instanz nachteilig sind. Im einzelnen gilt:

1. Bei der Ermittlung des Jahresüberschusses werden zwar Fremdkapitalzinsen berücksichtigt, jedoch keine kalkulatorischen Zinsen auf das Eigenkapital. Die Prämien steigen daher, wenn Fremdkapital durch Eigenkapital substituiert wird. Bei vollkommenem Kapitalmarkt fällt dieser Nachteil des Prämiensystems zwar weniger stark in Gewicht, weil dann - sieht man von den höheren Prämienzahlungen ab - Eigenfinanzierung im Vergleich zur Fremdfinanzierung für die Instanz weder vorteilhaft noch nachteilig ist. In der Realität kann dagegen (z.B. aus steuerlichen Gründen) Fremdfinanzierung gegenüber Eigenfinanzierung vorteilhaft sein; das Prämiensystem diskriminiert dann die für die Instanz vorteilhaftere Finanzierung.

2. Der Barwert der Prämien steigt auch dann, wenn die Ausschüttungen reduziert und die Mittel zum Einheitszinssatz angelegt werden (dadurch steigen die zukünftigen Jahresüberschüsse).

3. Der Entscheidungsträger kann einen finanziellen Vorteil erzielen, indem er Abschreibungen auf spätere Perioden verschiebt. Dabei steigt zwar nicht die Summe seiner Prämien, sofern man von einem Ausscheiden vor dem Zeitpunkt T absieht. Die Prämien früherer Perioden werden jedoch zu Lasten späterer Perioden erhöht, so daß der Entscheidungsträger einen Zinsgewinn erzielt: Der *Barwert* seiner Prämien steigt. Daß der Entscheidungsträger durch eine entsprechende Abschreibungspolitik den Barwert der Prämien erhöhen kann, dürfte allerdings weniger stark ins Gewicht fallen. Durch entsprechende Regeln über die Abschreibungsbemessung könnte dieser Nachteil in relativ engen Grenzen gehalten werden. Schwerwiegender dürfte der folgende Nachteil sein:

4. Je nach Abschreibungsmethode kann der Barwert der Prämien auch dann steigen wenn
- Realinvestitionen mit *negativem* Kapitalwert (vor Prämie) durchgeführt werden und/oder
- auf die Realisation von Projekten mit *positivem* Kapitalwert zugunsten einer Finanzanlage zum Einheitszinssatz r verzichtet wird.

Dies soll im folgenden Abschnitt gezeigt werden.

3.4.2. *Zur Gefahr von Fehlentscheidungen bei Realinvestitionen*

3.4.2.1. *Keine Anlage zum Einheitszinssatz*

Im folgenden Beweis wird vereinfachend angenommen, daß die Investitionen ausschließlich mit Eigenkapital finanziert werden. Die Ergebnisse gelten tendenziell jedoch auch für den Fall teilweiser Fremdfinanzierung. Wir betrachten ein einzelnes Realinvestitionsprojekt, das sich zum Zeitpunkt t=0 zur Durchführung anbietet; dessen Einzahlungsüberschuß zum Zeitpunkt t ($t=0, 1, ..., T$) wird mit e_t bezeichnet. Diesem Projekt entspreche in der Periode t ($t=1, 2, ..., T$) ein Gewinn in Höhe von

(XXV.12) $e_t - a_t,$

wobei a_t die Abschreibung in der Periode t kennzeichnet. (XXV.12) beruht auf der Annahme, es erfolge keine Lagerung von Roh-, Hilfs- und Betriebsstoffen sowie von Halb- und Fertigfabrikaten von einer Periode zur nächsten.

Die Anschaffungsauszahlung e_0 stellt eine negative Einzahlung dar ($e_0 < 0$); deshalb gilt $-e_0 > 0$. Für die Summe der Abschreibungen folgt somit:

$$(XXV.13) \qquad \sum_{t=1}^{T} a_t = -e_0 > 0.$$

Zur Vereinfachung der Überlegungen gehen wir zunächst davon aus, daß in der Unternehmung keine Mittel zum Einheitszinssatz angelegt werden: Die Anschaffungsauszahlungen des Projekts werden auf dem Wege der Selbst- bzw. Beteiligungsfinanzierung gedeckt, seine laufenden Einzahlungsüberschüsse werden an die Anteilseigner ausgeschüttet bzw. in Realinvestitionsprojekten wiederangelegt. Wird das betrachtete Projekt durchgeführt, so verändert sich der Barwert B_0 der Prämien um ΔB_0:

$$(XXV.14) \qquad \Delta B_0 = \sum_{t=1}^{T} f \cdot (e_t - a_t) \cdot \frac{1}{(1+r)^t}$$

$$= f \cdot \left[\sum_{t=1}^{T} e_t \cdot \frac{1}{(1+r)^t} - \sum_{t=1}^{T} a_t \cdot \frac{1}{(1+r)^t} \right].$$

Da $r > 0$, folgt gemäß (XXV.13) für den Barwert der Abschreibungen

$$(XXV.15) \qquad \sum_{t=1}^{T} a_t \cdot \frac{1}{(1+r)^t} < -e_0.$$

Somit ist der Ausdruck in der eckigen Klammer auf der rechten Seite von (XXV.14) größer als der Kapitalwert des Projekts. Folglich steigt der Barwert B_0 der Prämien auch dann um einen positiven Betrag, wenn dieser Kapitalwert null ist. Er kann auch bei negativem Kapitalwert steigen. Es besteht somit die Tendenz, das Investitionsvolumen in einer für die Instanz nachteiligen Weise zu vergrößern (Tendenz zur Überinvestition).

Gemäß (XXV.14) ist B_0 um so größer, je kleiner der Barwert der Abschreibungen ist. Bei gegebenen Anschaffungsauszahlungen ist dieser Barwert um so kleiner, je später die Abschreibungen erfolgen. Projekte, bei denen eine rasche Abschreibung vorzunehmen ist, sind daher in finanzieller Hinsicht für den Entscheidungsträger weniger vorteilhaft. Dies gilt in besonderem Maße für Forschungs- und Entwicklungsprojekte, bei denen die anfallenden Auszahlungen nicht aktiviert werden dürfen.

3.4.2.2. Eine Anlage zum Einheitszinssatz ist zulässig

Wenn in der Unternehmung eine Anlage zum Einheitszinssatz r zugelassen ist, so kann der Entscheidungsträger möglicherweise einen höheren Barwert seiner Prämien erzielen, wenn er das betrachtete Realinvestitionsprojekt nicht realisiert und die eingesparten Auszahlungen am Kapitalmarkt anlegt. Ein positiver Wert für ΔB_0 ist dann keine hinreichende Bedingung dafür, daß das betrachtete Realinvestitionsprojekt für den Entscheidungsträger in finanzieller Hinsicht vorteilhaft ist. Ob bei seiner Durchführung ein höherer oder niedrigerer Barwert des Prämienstromes erzielt wird als bei Anlage zum Einheitszinssatz r, hängt (auch) davon ab, wie die betreffende Anschaffungsauszahlung als Abschreibungen auf die Jahre der Nutzung verteilt werden: Je nach Abschreibungsverfahren kann das Realinvestitionsprojekt auch dann zu einem höheren Barwert des Prämienstromes führen, wenn sein Kapitalwert negativ ist; umgekehrt kann ihm aber auch dann ein niedrigerer Barwert des Prämienstromes entsprechen, wenn sein Kapitalwert positiv ist. (Vgl. im einzelnen LAUX, 2005c.)

3.4.2.3. Konsequenzen einer ausschließlichen Gewinnbeteiligung

Wird der Entscheidungsträger gemäß § 86 (2) AktG nur an *positiven* Gewinnen (nicht aber an Verlusten) beteiligt und wird der Gewinn als Differenz zwischen Jahresüberschuß und einem Verlustvortrag aus dem Vorjahr definiert, so ergeben sich zusätzlich Gefahren von Fehlentscheidungen. Die Gefahr von Fehlentscheidungen kann insbesondere dann hoch sein, wenn der Entscheidungsträger durch Auflösung von Gewinnrücklagen Verlustvorträge umgeht. Der Barwert seiner Prämien steigt in diesem Fall, sofern er zusätzliche Investitionen durchführt, die in solchen Jahren, in denen ohnehin ein Jahresfehlbetrag entsteht, zwar zu Verlusten führen, jedoch gerade in erfolgreichen Jahren (mit einem Jahresüberschuß) Gewinne bieten: Die Gewinne führen dann zu einem Anstieg der Prämien, während sich die Verluste nicht prämienmindernd auswirken, da (aufgrund der Auflösung von Gewinnrücklagen) kein Verlustvortrag erfolgt. Dies kann dazu führen, daß auch solche Projekte in das Programm aufgenommen werden, bei denen die Verluste die Gewinne weit übersteigen. (Vgl. hierzu auch Abschnitt 3.8.)

3.5. Kapitalwerte der Projekte

Die Bedingung XXV.1 ist dann erfüllt, wenn zu jedem Zeitpunkt t ($t=0,1,...,T-1$) eine einmalige Prämie auf die Kapitalwerte der jeweils neu ins Programm aufgenommenen Investitionsprojekte gewährt wird. Für P_t ($t=0,1,...,T-1$) gilt dann:

(XXV.16) $P_t = f \cdot KW_t \quad (0 < f < 1)$.

Das Prämiensystem (XXV.16) verletzt jedoch die Bedingung XXV.2: Um festzustellen, welche Prämie zu einem Zeitpunkt t zu zahlen ist, müßte überprüft werden, welche Projekte neu ins Programm aufgenommen wurden und welche Kapital-werte ihnen bei ordnungsgemäßer Abwicklung entsprechen. Die Ermittlung und Überprüfung der Ausprägung der Bemessungsgrundlage verursacht tendenziell um so höhere Kosten, je größer die Zahl der neuen Projekte ist. Es besteht zudem die Gefahr, daß Prämien für Kapitalwerte gewährt werden, die anschließend nicht in der betreffenden Höhe realisiert werden. Investitionen führen ja nicht unmittelbar zu Kapitalwerten, sondern nur in Verbindung mit zukünftigen Maßnahmen, etwa mit Produktions- und Absatzaktivitäten. Es besteht ein Anreiz, bei der Prämien-bemessung Versprechungen hinsichtlich zukünftiger Aktivitäten zu machen, die nachher nur zum Teil (oder gar nicht) eingehalten werden. Diesem Sachverhalt könnte zwar dadurch Rechnung getragen werden, daß die Prämien in Zukunft ge-kürzt werden, sofern dann die tatsächlichen Überschüsse niedriger sind als die ge-planten (die versprochenen) Beträge. Die Bemessung der Prämien würde dann aber einen noch größeren Aufwand verursachen. Bei negativer „Prämie" besteht zudem die Gefahr, daß der Entscheidungsträger seiner Zahlungsverpflichtung nicht nach-kommt.

Der im folgenden als Bemessungsgrundlage analysierte „Residualgewinn" ist einfacher zu ermitteln und weniger leicht zu manipulieren als der Kapitalwert der neuen Investitionsprojekte.

3.6.   Residualgewinn

3.6.1. Allgemeine Beurteilung

Das Residualgewinn-Konzept verbindet Elemente der kaufmännischen Gewinner-mittlung mit Elementen der internen Betriebserfolgsrechnung (der Kosten- und Leistungsrechnung). Bei Zugang von Anlagegütern und von Roh-, Hilfs- und Be-triebsstoffen und Waren werden diese zu den Anschaffungsauszahlungen aktiviert. Bei selbsterstellten Anlagegütern sowie bei Produktion auf Lager werden die va-riablen „Herstellungsauszahlungen" aktiviert. Der Zugang ist jeweils erfolgsneu-tral; zukünftige Überschüsse werden im Erfolgsausweis nicht *explizit* antizipiert. Der Residualgewinn unterscheidet sich vom kaufmännischen Gewinn durch fol-gende Aspekte:
- Für die Ermittlung von Abschreibungen sind keine gesetzlichen Regelungen maßgeblich; sie können nach internen „Zweckmäßigkeitsvorstellungen" vorge-nommen werden.
- Auch sämtliche Ausgaben für Goodwill-Maßnahmen (z.B. für Forschung und Entwicklung, für Werbung und Ausbildung) können aktiviert werden; die be-treffenden Aktivposten zählen dann zum „Anlagevermögen" und werden in späteren Perioden erfolgswirksam abgeschrieben.
- Es werden nicht nur Fremdkapitalzinsen berücksichtigt, sondern auch kalkulato-rische Zinsen auf das Eigenkapital. Dies geschieht technisch in der Weise, daß bei der Ermittlung des Erfolges einer Periode (statt der Fremdkapitalzinsen) kal-

kulatorische Zinsen auf die (Rest-)Buchwerte aller Aktiva zu Beginn dieser Periode ermittelt werden.

Das Residualgewinn-Konzept unterscheidet sich auch von der (internen) Betriebserfolgsrechnung (in der in Theorie und Praxis vorherrschenden Form):

- Die Abschreibungen werden (beim Residualgewinn-Konzept) auf der Basis der historischen Anschaffungsauszahlungen vorgenommen und nicht auf der Basis von Wiederbeschaffungspreisen (Wiederbeschaffungskosten) bzw. von Tageswerten.
- Bei der Gewinnermittlung werden sämtliche Überschüsse konsequent erfaßt; es werden z.B. auch Veräußerungsgewinne bzw. -verluste berücksichtigt.
- Die kalkulatorischen Zinsen werden auf der Basis aller Restbuchwerte ermittelt; es wird nicht nur das „betriebsnotwendige Vermögen" erfaßt. (Die Bedeutung dieser Aspekte wird in Abschnitt 3.6.2 erläutert.)

Sofern von einer Periode zur nächsten kein Vorratsvermögen gehalten wird, ist der Residualgewinn für die Periode t (t=1, 2,..., T) wie folgt definiert:

laufender Einzahlungsüberschuß in der Periode t
(ohne Berücksichtigung von Anschaffungsauszahlungen für Investitionsprojekte)

./.   Abschreibungen in Periode t

./.   kalkulatorische Zinsen auf die (Rest-)Buchwerte der Anlagegüter zu Beginn der Periode t

---

=   Residualgewinn der Periode t

Unter dem (Rest-)Buchwert eines Investitionsprojekts wird derjenige Teil der (historischen) Anschaffungsauszahlung verstanden, der noch nicht in Form von Abschreibungen verrechnet worden ist.

Bei vollkommenem Kapitalmarkt werden die kalkulatorischen Zinsen mit Hilfe des Einheitszinssatzes r bestimmt; die Art der Finanzierung hat dann keinen Einfluß auf den Residualgewinn. Dieser Gewinn ändert sich auch dann nicht, wenn Mittel zum Einheitszinssatz r angelegt werden, da kalkulatorische Zinsen auf die investierten Mittel in Höhe der jeweiligen Zinserträge verrechnet werden müssen. Folglich hat es auch keine Auswirkung auf die Prämie, wenn die Kapitalstruktur geändert wird und/oder (zusätzliche) Mittel zum Einheitszinssatz angelegt werden. Da diese Maßnahmen auch aus der Sicht der Instanz weder vorteilhaft noch nachteilig sind, ist insoweit die Bedingung XXV.1 erfüllt.

Diese Bedingung ist auch für Realinvestitionen erfüllt, sofern die tatsächlichen Anschaffungsauszahlungen der Projekte voll als Abschreibungen verrechnet werden. Wird zum Zeitpunkt t (t=0,1,...,T−1) - also zu Beginn der Periode t+1 - ein Investitionsprojekt zusätzlich ins Programm aufgenommen, so steigt der Barwert B_t des Prämienstromes um den Betrag ΔB_t:

$$(XXV.17) \qquad \Delta B_t = \sum_{\tau=t+1}^{T} f \cdot (e_\tau - a_\tau - r \cdot b_{\tau-1}) \cdot \frac{1}{(1+r)^{\tau-t}}$$

$$= f \cdot \sum_{\tau=t+1}^{T} (e_\tau - a_\tau - r \cdot b_{\tau-1}) \cdot \frac{1}{(1+r)^{\tau-t}} \,.$$

Hierin kennzeichnet $b_{\tau-1}$ den (Rest-)Buchwert des Projekts zum Zeitpunkt $\tau-1$, also zu *Beginn* der Periode τ ($\tau=t+1,t+2,...,T$), und a_τ die Abschreibung für die Periode τ ($\tau=t+1,t+2,...,T$). Gemäß (XXV.17) ist ΔB_t gleich dem Produkt aus dem Prämiensatz und dem Barwert der Gewinne des Projekts. Wie in Abschnitt 3.6.2 gezeigt wird, ist dieser Barwert bei jedem Abschreibungsverfahren gleich dem Kapitalwert KW des Projekts (bezogen auf den Zeitpunkt t). Es gilt also jeweils:

$$(XXV.18) \qquad \underbrace{\sum_{\tau=t+1}^{T} (e_\tau - a_\tau - r \cdot b_{\tau-1}) \cdot \frac{1}{(1+r)^{\tau-t}}}_{\text{Barwert der Residualgewinne}}$$

$$= \underbrace{\sum_{\tau=t+1}^{T} e_\tau \cdot \frac{1}{(1+r)^{\tau-t}} + e_t}_{\text{Kapitalwert}}$$

$$= KW \,.$$

Aus (XXV.17) und (XXV.18) folgt

$$(XXV.19) \qquad \Delta B_t = f \cdot KW \,.$$

ΔB_t ist also eine linear steigende Funktion des Kapitalwertes KW. Bei Durchführung irgend eines Investitionsprojekts steigt (bzw. sinkt) der Barwert der Prämien genau dann, wenn der Kapitalwert des Projekts positiv (bzw. negativ) ist; im Falle KW=0 bleibt dieser Barwert unverändert.

Die Bedingung XXV.1 ist somit erfüllt: Es besteht bei jedem Abschreibungsverfahren ein Anreiz, (nur) Projekte mit positivem Kapitalwert ins Programm aufzunehmen. Bei sich gegenseitig ausschließenden Projekten ist es in finanzieller Hinsicht für den Entscheidungsträger vorteilhaft, jenes mit dem höchsten (positiven) Kapitalwert durchzuführen. Wird ein Projekt mit positivem Kapitalwert KW zusätzlich ins Programm aufgenommen, so steigt der Ertragswert des Unternehmens nach Prämie um $(1-f) \cdot KW > 0$, so daß (wegen $f < 1$) auch vom Standpunkt der Instanz ein Vorteil entsteht.

Der Residualgewinn hat gegenüber der Ausschüttung als Bemessungsgrundlage den Nachteil, daß seine Ermittlung einen höheren Aufwand verursacht und nicht ohne weiteres nachgeprüft werden kann, ob er „richtig" bestimmt worden ist oder nicht. Die Bedingung XXV.2 ist somit bei einer vom Residualgewinn abhängigen Prämie weniger gut erfüllt als bei dividendenabhängiger Prämie[6].

3.6.2. Der Barwert der Residualgewinne im Vergleich zum Kapitalwert

Der Barwert der Gewinne des in Abschnitt 3.6.1 betrachteten Projekts stimmt genau dann mit dessen Kapitalwert überein (vgl. Gleichung (XXV.18)), wenn die folgende Gleichung erfüllt ist:

$$(XXV.20) \qquad \sum_{\tau=t+1}^{T} (-a_\tau - r \cdot b_{\tau-1}) \cdot \frac{1}{(1+r)^{\tau-t}} = e_t \,.$$

Daraus ergibt sich als Bedingung:

$$(XXV.21) \qquad \sum_{\tau=t+1}^{T} (a_\tau + r \cdot b_{\tau-1}) \cdot \frac{1}{(1+r)^{\tau-t}} = -e_t \,.$$

Somit stimmt der Barwert der Residualgewinne genau dann mit dem Kapitalwert KW des Projekts überein, wenn der auf den Zeitpunkt t bezogene Barwert der Abschreibungen und kalkulatorischen Zinsen auf die (Rest-)Buchwerte der (historischen) Anschaffungsauszahlung $-e_t$ entspricht. Diese Bedingung ist erfüllt, wie immer auch die Anschaffungsauszahlung als Abschreibungen auf die Jahre der Nutzung verteilt wird (LÜCKE, 1955). Zum *Beweis* wird zunächst angenommen, daß die Anschaffungsauszahlung am Ende der Periode t+1 in vollem Umfang als Abschreibungen verrechnet wird. Für a_τ und $b_{\tau-1}$ ($\tau=t+1, t+2,..., T$) gilt dann:

$$a_{t+1} = -e_t, \quad a_{t+2} = 0, \quad a_{t+3} = 0, ..., \quad a_T = 0$$
$$b_t = -e_t, \quad b_{t+1} = 0, \quad b_{t+2} = 0, ..., \quad b_{T-1} = 0$$

Mit diesen Werten ergibt sich für den Barwert der Abschreibungen und kalkulatorischen Zinsen:

---

6) Immerhin kann der Entscheidungsträger durch eine "Manipulation" von Residualgewinnen den Barwert seiner Prämien nicht erhöhen, sofern er bis zum Zeitpunkt T im Unternehmen verbleibt und anreizkompatibel an negativen Residualgewinnen beteiligt wird; wie immer die Aktiva bewertet werden – der Barwert aller Residualgewinne ist gleich dem Barwert aller Ausschüttungen des Unternehmens.

(XXV.22)
$$\sum_{\tau=t+1}^{T} (a_\tau + r \cdot b_{\tau-1}) \cdot \frac{1}{(1+r)^{\tau-t}}$$

$$= (-e_t - r \cdot e_t) \cdot \frac{1}{(1+r)^{t+1-\tau}}$$

$$= -e_t \cdot (1+r) \cdot \frac{1}{1+r}$$

$$= -e_t .$$

Der betreffende Barwert stimmt in diesem Fall also mit der Anschaffungsauszahlung überein. Wird nun von der Abschreibung der Periode t+1 ein Betrag Δa_{t+1} ($\Delta a_{t+1} \le -e_t$) in die Periode t+2 verschoben, so folgt für die Abschreibungen a_τ und die (Rest-)Buchwerte $b_{\tau-1}$:

$$a_{t+1} = -e_t - \Delta a_{t+1}, \quad a_{t+2} = \Delta a_{t+1}, \quad a_{t+3} = 0, ..., \quad a_T = 0$$
$$b_t = -e_t, \qquad\qquad b_{t+1} = \Delta a_{t+1}, \quad b_{t+2} = 0, ..., \quad b_{T-1} = 0$$

Die zeitliche Verschiebung eines Teils der Abschreibung ändert zum einen den Barwert der Abschreibungsbeträge um den Betrag

$$\Delta a_{t+1} \cdot \frac{1}{(1+r)^2} - \Delta a_{t+1} \cdot \frac{1}{(1+r)}$$

$$= \Delta a_{t+1} \cdot \frac{1}{(1+r)^2} - \Delta a_{t+1} \cdot \frac{1}{(1+r)^2} \cdot (1+r)$$

$$= \Delta a_{t+1} \cdot \frac{1}{(1+r)^2} \cdot [1 - (1+r)]$$

$$= (-r) \cdot \Delta a_t \cdot \frac{1}{(1+r)^2}$$

Zum anderen steigt der Barwert der kalkulatorischen Zinsen um

$$r \cdot \Delta a_{t+1} \cdot \frac{1}{(1+r)^2} .$$

Die Summe beider Veränderungen ist null: Durch die zeitliche Verschiebung eines Teils der Abschreibung sinkt zwar der Barwert der Abschreibungsbeträge. Dieser Effekt wird jedoch kompensiert durch einen entsprechenden Anstieg des Barwertes der kalkulatorischen Zinsen. Analog kann gezeigt werden, daß auch die Verlagerung eines Teils der Abschreibung von der Periode t+2 auf die Periode t+3 keinen Einfluß hat auf den Barwert aller Abschreibungen und kalkulatorischen Zinsen, usw. Dieser Barwert ist bei jedem Abschreibungsverfahren gleich der Anschaffungsauszahlung; entsprechend ist der Barwert der Residualgewinne des Projekt gleich dem Kapitalwert des Projekts[7].

Der Beweis, daß bei einer vom Residualgewinn abhängigen Prämie die Bedingung XXV.1 erfüllt ist, beruht auf drei Voraussetzungen:

(a) Bei jedem Projekt werden im Zeitablauf Abschreibungen genau in Höhe der jeweiligen (historischen) Anschaffungsauszahlung verrechnet.

(b) Bei der Gewinnermittlung werden sämtliche Überschüsse (auch die Liquidationserlöse) berücksichtigt.

(c) Die kalkulatorischen Zinsen werden in jeder Periode auf der Basis aller (Rest-) Buchwerte bestimmt.

In der Praxis werden jedoch im Rahmen der Kostenrechnung (der Betriebserfolgsrechnung) diese Voraussetzungen häufig nicht erfüllt. Wird dann der entsprechende Betriebserfolg als Bemessungsgrundlage für die Prämie gewählt, so wird ein Anreiz für Investitionsentscheidungen geschaffen, die für die Anteilseigner nachteilig sind.

Zur Voraussetzung (a): In der Kostenrechnung werden im allgemeinen nicht die tatsächlichen Anschaffungsauszahlungen der Projekte als Abschreibungsbasis gewählt, sondern deren zukünftige Wiederbeschaffungspreise bzw. deren Tagespreise. Bei Preisänderungen stimmen dann die Barwerte der Residualgewinne nicht mit den Kapitalwerten überein. Für den Entscheidungsträger kann es vorteilhaft sein, Entscheidungen zu treffen, die nicht im Einklang mit dem Kapitalwert-Kriterium stehen: Steigen z.B. die Preise der Projekte im Zeitablauf, so sind die Barwerte ihrer Residualgewinne niedriger als ihre Kapitalwerte. Das kann dazu führen, daß auch Projekte mit *positiven* Kapitalwerten nicht ins Programm aufgenommen werden, weil sie den Barwert der Residualgewinne und damit auch den der Prämien schmälern würden. Im Extremfall kann (bei entsprechendem Anstieg der Projektpreise) für den Entscheidungsträger ein Anreiz bestehen, von sich gegenseitig ausschließenden Projekten dasjenige mit dem kleinsten Kapitalwert zu realisieren.

Zur Voraussetzung (b): Häufig werden im Rahmen der auf den Zahlen der Kostenrechnung basierenden (kurzfristigen) Erfolgsrechnung die Veräußerungsgewinne bzw. -verluste der Investitionsprojekte vernachlässigt. In diesem Fall stimmen die Barwerte der Residualgewinne ebenfalls nicht mit den Kapitalwerten der Projekte überein, sofern die Restbuchwerte zum Zeitpunkt des Verkaufs von den Veräußerungserlösen abweichen. Wird bei einem Projekt in der Erfolgsrechnung ein Veräußerungs*verlust* vernachlässigt, so liegt der Barwert der Gewinne des Projekts über dessen Kapitalwert; ein solches Projekt kann auch dann zu einem Anstieg des Barwertes der Prämien führen, wenn sein Kapitalwert negativ ist. Ist mit einem Projekt ein Veräußerungs*gewinn* verbunden, der in der Erfolgsrechnung

---

7) Dieser Zusammenhang gilt nicht nur für ein einzelnes Investitionsprojekt, sondern auch für die Unternehmung als Ganzes: Der Barwert der Residualgewinne des Unternehmens in den Perioden 1, 2, ..., T (bezogen auf den Zeitpunkt 0) ist gleich dem Barwert aller (positiven bzw. negativen) Ausschüttungen (den Überschüssen) des Unternehmens in den Zeitpunkten 0, 1, 2, ..., T (dem Ertragswert des Unternehmens zum Zeitpunkt 0 vor der Ausschüttung D_0).

nicht berücksichtigt wird, so ist der Barwert der Gewinne niedriger als der Kapital-wert; ein solches Projekt kann auch dann den Barwert der Prämien schmälern, wenn sein Kapitalwert *positiv* ist. In beiden Fällen besteht die Gefahr, daß der Ent-scheidungsträger einen finanziellen Vorteil erzielt, wenn er eine vom Standpunkt der Instanz nachteilige Entscheidung trifft.

Zur Voraussetzung (c): In der Regel werden bei der Bestimmung der kalkulato-rischen Zinsen nicht die (Rest-)Buchwerte aller Investitionsprojekte berücksichtigt, sondern nur die solcher Vermögensteile, die laufend dem Betriebszweck dienen (betriebsnotwendiges Vermögen). Nicht zum betriebsnotwendigen Vermögen wer-den z.B. landwirtschaftlich genutzte Grundstücke, Wertpapiere und stillgelegte Anlagen gezählt. Werden nur die (Rest-)Buchwerte der betriebsnotwendigen Ver-mögensgüter als Basis für die kalkulatorischen Zinsen gewählt, so besteht eben-falls die Gefahr einer Fehlsteuerung von Investitionsentscheidungen: Da dann bei „nicht betriebsnotwendigen" Projekten keine kalkulatorischen Zinsen erfaßt wer-den, sind bei ihnen die Barwerte der Gewinne höher als die Kapitalwerte. Sie kön-nen folglich auch dann zu einem Anstieg des Barwertes der Prämien führen, wenn ihnen negative Kapitalwerte entsprechen. Die Gefahr einer Fehlsteuerung besteht vor allem auch bei Produktionsanlagen. Ist der laufende Einzahlungsüberschuß ei-ner Anlage niedriger als die ihr entsprechenden kalkulatorischen Zinsen, so steigt die Prämie, wenn die Anlage stillgelegt wird. Für die Instanz ist diese Maßnahme jedoch nachteilig, sofern die Einzahlungsüberschüsse bei Weiternutzung *positiv* sind.

Scheidet der Entscheidungsträger zum Zeitpunkt T'<T aus dem Unternehmen aus, so ist es nicht sinnvoll, seine Prämie nur von den Residualgewinnen für die Perioden 1,2,...,T' abhängig zu machen. Damit das Prämiensystem die Bedingung XXV.1 erfüllt, sind auch die Residualgewinne der Perioden T'+1,T'+2,...,T zu be-rücksichtigen. Das kann in der Weise geschehen, daß zum Zeitpunkt T' eine Prä-mie in Höhe von

$$(XXV.23) \qquad P_{T'} = f \cdot \left[G_{T'} + \sum_{\tau=T'+1}^{T} G_\tau \cdot \frac{1}{(1+r)^{\tau-T'}} \right]$$

gewährt wird. Hierin kennzeichnet G_τ (τ=T',T'+1,...,T) den Residualgewinn der Periode τ, der denjenigen Projekten entspricht, die bis zum Zeitpunkt T' ins Pro-gramm aufgenommen worden sind.

3.7.   Return on Investment (ROI)

3.7.1.   ROI-Kennziffer ohne Berücksichtigung kalkulatorischer Zinsen

Obwohl die Problematik der „Return on Investment-Kennziffer" (ROI-Kennziffer) in der Literatur schon oft aufgezeigt wurde, werden in der Praxis Entscheidungs-träger häufig nach dieser Kennziffer beurteilt. Unter der ROI-Kennziffer einer Periode wird der Quotient aus dem betreffenden „Periodengewinn" und dem jeweils „investierten Kapital" verstanden. Die Entscheidungen werden dabei um so günstiger beurteilt, je höher die ROI-Kennziffer ist.

Die ROI-Kennziffer ist als Bemessungsgrundlage für Prämien (allgemein: für die Steuerung und Beurteilung von Entscheidungen) problematisch, da in der Regel ein Anstieg der ROI-Kennziffer kein Indiz für bessere Entscheidungen ist (vgl. SOLOMONS, 1965).

Die Problematik der ROI-Kennziffer kann für den Einperiodenfall (T=1) in besonders anschaulicher Weise aufgezeigt werden. Die Problematik gilt unabhängig davon, ob bei der Gewinnermittlung kalkulatorische Zinsen auf das investierte Kapital verrechnet werden oder nicht. Bei Vernachlässigung kalkulatorischer Zinsen gilt für die ROI-Kennziffer:

$$(XXV.24) \qquad ROI\text{-}Kennziffer = \frac{Gewinn \text{ (vor kalkulatorischen Zinsen)}}{investiertes \text{ } Kapital}.$$

In der Darstellung in Abbildung XXV.1 wird davon ausgegangen, daß mit steigender Investitionssumme der Gewinn (vor kalkulatorischen Zinsen) monoton steigt, und zwar zunächst mit wachsender, dann mit fallender Zuwachsrate.

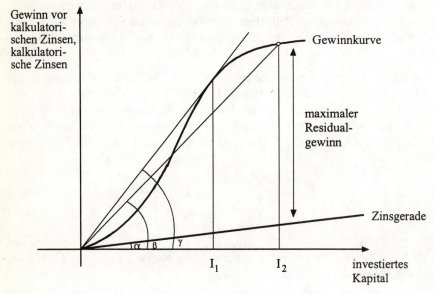

Abb. XXV.1: Zur Problematik der ROI-Kennziffer

Die Zinsgerade gibt an, wie die kalkulatorischen Zinsen vom Investitionsvolumen abhängen. Die Steigung dieser Geraden stimmt mit dem Kalkulationszinsfuß r überein (tg $\alpha = r$). Der senkrechte Abstand zwischen Gewinnkurve und Zinsgerade kennzeichnet den Residualgewinn: Aus der Sicht der Anteilseigner ist jenes Investitionsvolumen I_2 optimal, bei dem dieser Gewinn maximiert wird. Der entsprechende ROI-Wert ist gleich dem Tangens des Winkels ß.

Wird der Entscheidungsträger nach der ROI-Kennziffer beurteilt (erhält er eine davon abhängige Prämie), so besteht die Gefahr, daß er ein kleineres Investitionsvolumen wählt, um einen höheren ROI-Wert zu erzielen: Die ROI-Kennziffer wird maximiert, wenn das Investitionsvolumen I_1 gewählt wird; der betreffende ROI-Wert ist gleich dem Tangens des Winkels γ.

3.7.2. ROI-Kennziffer auf der Basis des Residualgewinns

Die ROI-Kennziffer ist auch dann als Steuerungskonzept ungeeignet, wenn der Gewinn als Residualgewinn definiert wird:

$$(XXV.25) \qquad ROI\text{-}Kennziffer = \frac{Residualgewinn}{investiertes\ Kapital}.$$

Auch in diesem Fall steht die Maximierung der ROI-Kennziffer nicht im Einklang mit der Maximierung des Residualgewinns. Die Abbildung XXV.2 gibt an, wie der Residualgewinn von der Investitionssumme abhängt. (Der Residualgewinn stimmt jeweils überein mit dem senkrechten Abstand zwischen der Gewinnkurve und der Zinsgeraden in Abbildung XXV.1.)

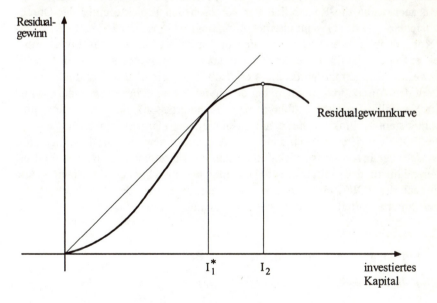

Abb. XXV.2: Zur Problematik der ROI-Kennziffer

Die Maximierung der ROI-Kennziffer führt jetzt zu dem Investitionsvolumen I_1^*. Es ist zwar größer als derjenige Investitionsbetrag I_1, bei dem die ROI-Kennziffer (XXV.24) maximiert wird. I_1^* liegt aber ebenfalls unter dem Investitionsvolumen mit dem höchsten Residualgewinn (I_2). Verläuft die Gewinnkurve streng konkav, so wird die ROI-Kennziffer dann maximiert, wenn nur eine (marginale) Geldeinheit investiert wird. Dies gilt unabhängig davon, ob bei der Gewinnermittlung kalkulatorische Zinsen verrechnet werden oder nicht.

Es zeigt sich, daß bei Verwendung der ROI-Kennziffer als Bemessungsgrundlage die Bedingung XXV.1 nicht erfüllt ist. Es besteht ein Anreiz, ein kleineres als das vom Standpunkt der Instanz optimale Investitionsvolumen zu wählen.

3.7.3. *Allgemeine Beurteilung*

Die ROI-Kennziffer ist auch dann als Beurteilungs- und Vergleichsgröße problematisch, wenn der Entscheidungsträger nicht autonom über das Investitionsvolumen entscheiden darf, sondern die Investitionen von einem Kontrollorgan genehmigt werden müssen. Es besteht dann die Gefahr, daß der Entscheidungsträger zu wenig Kapital für Investitionsprojekte beantragt bzw. sich sträubt, mehr zu investieren als jenen Betrag, bei dem die ROI-Kennziffer maximiert wird.

In der Literatur wird das ROI-Konzept z.B. für die Steuerung von Entscheidungen bei Spartenorganisation damit gerechtfertigt, daß es eine zu hohe Kapitalanforderung durch die Sparten verhindere. Würde „der absolute Gewinn der Divisionen als Lenkungsinstrument verwendet, so würden die Divisionen von der zentralen Unternehmensführung zur Gewinnsteigerung ständig neue Investitionsmittel verlangen, auch wenn die Rentabilität der vorgesehenen Projekte unter der Durchschnittsrentabilität der Gesamtunternehmung liegt" (GROCHLA, 1972, S. 191). Das ROI-Konzept mag zwar verhindern, daß die Sparten „ständig neue Investitionsmittel" anfordern. Es führt aber tendenziell dazu, daß zu wenig Kapital für Investitionszwecke nachgefragt wird. Im Vergleich dazu bietet das Residualgewinn-Konzept den Anreiz, Investitionen, bei denen der Ertrag höher (bzw. niedriger) ist als die Kapitalkosten, durchzuführen (bzw. zu unterlassen). Eine solche Investitionspolitik steht im Einklang mit dem (angenommenen) Organisationsziel.

Die ROI-Kennziffer ist auch dann problematisch, wenn sich die jeweilige Nutzungsdauer der Investitionsprojekte über mehrere Jahre erstreckt. Hier kommt erschwerend hinzu, daß vielfältige Möglichkeiten bestehen können, die Gewinne und damit auch die ROI-Kennziffer derart zu manipulieren, daß der Entscheidungsträger persönliche Vorteile zu Lasten der Unternehmung erzielt.

3.8.   Sollvorgabe bei gewinnabhängiger Prämie

3.8.1. *Kein Vortrag negativer Soll-Abweichungen*

In der Praxis werden bei gewinnabhängiger Prämie oft Sollerfolge vorgegeben und in einer Periode eine Prämie erst dann gezahlt, wenn der Ist-Gewinn höher ist als der Sollgewinn. Für die Prämie der Periode t (t = 1,...,T) gilt dann:

$$(XXV.26) \quad \begin{cases} P_t = f \cdot (G_t - \overline{G}_t), \text{ falls } G_t > \overline{G}_t, \\ P_t = 0, \qquad\qquad \text{ falls } G_t \leq \overline{G}_t. \end{cases}$$

Dabei bezeichnet $\overline{G}_t$ den Sollgewinn für Periode t.

In LAUX (1975b) wird für den Einperioden-Fall gezeigt, daß die Vorgabe eines Sollgewinns bewirken kann, daß das Aktivitätsniveau des Entscheidungsträgers und der Gewinn nach Prämie steigen. Auch im Mehrperioden-Fall kann die Vorgabe eines Sollgewinns zu einer Erhöhung des Aktivitätsniveaus führen. Wie im folgenden gezeigt wird, können jedoch Prämienfunktionen des Typs (XXV.26) im Mehrperioden-Fall auch zu *nachteiligen* Entscheidungen führen.

Im Mehrperioden-Fall kann bereits bei gegebenem Investitionsprogramm durch eine entsprechende (Um-)Verteilung der Abschreibungen der Barwert der Prämie erhöht werden: Der Barwert steigt, wenn für Perioden, in denen der Gewinn nicht über $\overline{G}$ liegt, die Abschreibungen erhöht und für Perioden, in denen der Gewinn über $\overline{G}$ liegt, die Abschreibungen entsprechend verringert werden. In Perioden, in denen der Gewinn ohnehin nicht über $\overline{G}$ liegt und folglich keine Prämie gezahlt wird, wirkt sich eine zusätzliche Abschreibung nicht prämienmindernd aus; in Perioden, in denen der Gewinn über $\overline{G}$ liegt, steigt dagegen die Prämie, wenn geringere Abschreibungen verrechnet werden. Einer Erhöhung von Prämien durch Manipulationen der Abschreibungsverläufe kann jedoch durch entsprechende Bewertungsregeln entgegengewirkt werden.

Prämienfunktionen vom Typ (XXV.26) können für den Entscheidungsträger jedoch auch einen Anreiz bieten, Investitionsentscheidungen zu treffen, die für die Instanz bereits vor Berücksichtigung der Prämien nachteilig sind. Liegt nämlich der Gewinn in einer oder mehreren Perioden über dem Sollgewinn, in einer oder mehreren anderen Perioden darunter, so kann der Barwert der Prämien steigen, wenn Investitionsprojekte mit negativen Kapitalwerten ins Programm aufgenommen werden und/oder auf die Realisation von Projekten mit positiven Kapitalwerten verzichtet wird. Ein Beispiel soll dies verdeutlichen:

Der Sollgewinn betrage $\overline{G}=100$ und der Einheitszinssatz r sei 0,10. Beim bisherigen Investitionsprogramm werden in den Perioden 1 bis 4 die in Tabelle XXV.1 dargestellten (Residual-)Gewinne und Prämien erzielt.

Periode t	1	2	3	4
Sollgewinn $\overline{G}$	100	100	100	100
Gewinn G_t	130	120	90	110
Prämie P_t	$f \cdot 30$	$f \cdot 20$	$f \cdot 0$	$f \cdot 10$

Tabelle XXV.1: (Residual-)Gewinne und Prämien beim bisherigen Investitionsprogramm

Zum Zeitpunkt $t=0$ kann nun ein weiteres Investitionsprojekt mit negativem Kapitalwert realisiert werden, dessen Anschaffungsauszahlung 400 GE beträgt und das am Ende der Perioden 1 bis 4 die in Tabelle XXV.2 aufgeführten Überschüsse erbringt. In der Tabelle XXV.2 sind zugleich auch die Gewinne des Projekts bei linearer Abschreibung aufgeführt.

Periode t	1	2	3	4
Einzahlungsüberschuß e_t am Ende der Periode t	200	100	60	40
– Abschreibung a_t	100	100	100	100
– kalkulatorische Zinsen auf den (Rest-)Buchwert $(b_{t-1} \cdot p)$	40	30	20	10
= Gewinn g_t des Projekts	60	–30	–60	–70

Tabelle XXV.2: Gewinne des erwogenen Investitionsprojekts

Die Tabelle XXV.3 zeigt, welche Gewinne G'_t insgesamt bei Realisation des Projekts erzielt werden und welche Prämien P'_t (beim Soll-Gewinn $\overline{G} = 100$) gezahlt werden.

Periode t	1	2	3	4
Sollgewinn $\overline{G}$	100	100	100	100
Gewinn G'_t	190	90	30	40
Prämie P'_t	$f \cdot 90$	$f \cdot 0$	$f \cdot 0$	$f \cdot 0$

Tabelle XXV.3: Gewinne und Prämien bei Realisation des erwogenen Projekts

Ein Vergleich der Tabellen XXV.1 und XXV.3 zeigt, daß bei Durchführung des Projekts die Prämie der ersten Periode um $f \cdot 60$ steigt, während die Prämie der Periode 2 (bzw. 4) um nur $f \cdot 20$ (bzw. um $f \cdot 10$) sinkt. Der Barwert der Prämien steigt somit an, obwohl der Kapitalwert des Projekts negativ ist. Analog kann gezeigt werden, daß der Barwert der Prämien auch dann steigen kann, wenn ein Projekt mit positivem Kapitalwert nicht ins Programm aufgenommen wird.

3.8.2. Vortrag negativer Soll-Abweichungen

Der Anreiz zu Fehlentscheidungen kann dadurch aufgehoben werden, daß die Soll-Ist-Abweichung einer Periode einschließlich entsprechender kalkulatorischer Zinsen auf den Sollgewinn der Folgeperiode geschlagen wird (DEARDEN/EDGERLY, 1965, S. 88f.):

Ist in der Periode 1 der Gewinn niedriger als der Sollgewinn $\overline{G}$ ($G_1 < \overline{G}$), so wird die Soll-Ist-Abweichung $\overline{G} - G_1 > 0$ auf die zweite Periode vorgetragen. Außerdem werden in dieser Periode kalkulatorische Zinsen in Höhe von $r \cdot (\overline{G} - G_1)$ verrechnet. Eine Prämie wird zum Zeitpunkt t=2 nur dann gezahlt, wenn

$$(XXV.27) \qquad G_2 > \overline{G} + (\overline{G} - G_1) \cdot (1+r).$$

Die entsprechende Prämie beträgt

(XXV.28) $P_2 = f \cdot \left[G_2 - \overline{G} - (\overline{G} - G_1) \cdot (1+r) \right]$.

Ist dagegen G_2 kleiner als die rechte Seite von (XXV.27), so wird (auch in der zweiten Periode) keine Prämie gewährt. Die Differenz

$$\overline{G} + (\overline{G} - G_1) \cdot (1+r) - G_2 > 0.$$

wird einschließlich kalkulatorischer Zinsen auf die dritte Periode übertragen. Die Prämie der Periode 3 ist nur dann positiv, wenn die folgende Bedingung erfüllt ist:

(XXV.29) $G_3 > \overline{G} + \left[\overline{G} + (\overline{G} - G_1) \cdot (1+r) - G_2 \right] \cdot (1+r)$.

Die entsprechende Prämie beträgt

(XXV.30) $P_3 = f \cdot \left[G_3 - \overline{G} - \left[\overline{G} + (\overline{G} - G_1) \cdot (1+r) - G_2 \right] \cdot (1+r) \right]$.

Ist die linke Seite von (XXV.29) kleiner als die rechte, so wird der Differenzbetrag

$$\overline{G} + \left[\overline{G} + (\overline{G} - G_1) \cdot (1+r) - G_2 \right] \cdot (1+r) - G_3$$

einschließlich kalkulatorischer Zinsen auf die vierte Periode übertragen, usw.

Das beschriebene Konzept kann an folgendem Beispiel verdeutlicht werden (Tabelle XXV.4). Dabei wird wieder angenommen, der Sollgewinn betrage $\overline{G} = 100$ und der Einheitszinssatz sei $r = 0,10$.

Periode t	1	2	3	4	5
(1) Istgewinn G_t	80	90	130	180	130
(2) Sollgewinn $\overline{G}$	100	100	100	100	100
(3) Vortrag aus der Vorperiode	-	20	32	5,2	-
(4) kalkulatorische Zinsen auf den Vortrag aus der Vorperiode	-	2	3,2	0,52	-
(5) Summe [(2) bis (4)]	100	122	135,2	105,72	100
(6) Soll-Ist-Abweichung [(1)−(5)]	−20	−32	−5,2	74,28	30
(7) Vortrag in die Folgeperiode max [−(6),0)]	20	32	5,2	0	0
(8) Bemessungsgrundlage für die Prämie max [(6),0)]	0	0	0	74,28	30
(9) Prämie [f·(8)]	0	0	0	f·74,28	f·30

Tabelle XXV.4: Zur Prämienermittlung bei einem Vortrag negativer Soll-Abweichungen

Können (kumulierte) Vorträge einschließlich der entsprechenden kalkulatorischen Zinsen aus zukünftigen Residualgewinnen voll gedeckt werden, so steigt bei Durchführung eines Investitionsprojekts der Barwert der Prämien um das f-fache des Barwertes seiner Residualgewinne und damit zugleich auch um das f-fache seines Kapitalwertes. Auch wenn in einer oder mehreren Perioden die Bemessungsgrundlage für die Prämie negativ ist, wirken sich die Gewinne bzw. Verluste des Projekts in vollem Umfang aus: Sie beeinflussen die jeweils zu bildenden Vorträge, so daß die Prämien späterer Perioden steigen bzw. sinken.

3.8.3. *Partizipative Festlegung des Sollgewinns*

Die Vorgabe eines Sollgewinns $\overline{G}$ setzt einen relativ hohen Informationsstand der Instanz über das Gewinnpotential voraus. Andernfalls besteht die Gefahr, daß ein ungeeigneter Sollgewinn vorgegeben wird. Wird ein Sollgewinn vorgegeben, bei dem es dem Entscheidungsträger nicht möglich oder nicht lohnend erscheint, die Suche nach zusätzlichen Kapitalverwendungsmöglichkeiten so stark zu intensivieren, daß der Sollgewinn überschritten wird, so sucht der Entscheidungsträger im besten Fall mit derselben Intensität nach zusätzlichen Projekten wie bei Fehlen eines Prämiensystems; das Anreizsystem bleibt dann ohne Wirkung. Die Vorgabe eines zu hohen Sollgewinns kann aber auch demotivierend wirken; das Aktivitätsniveau des Entscheidungsträgers ist dann niedriger als im Nichtprämienfall.

DEARDEN/EDGERLY (1965, S. 86ff.) beschreiben ein Verfahren, bei dem die Kontrollinstanz die Sollgewinne nicht autonom vorgibt, sondern den Entscheidungsträger bei der Fixierung der Sollgewinne beteiligt. Die partizipative Festlegung des Sollgewinns soll dessen Akzeptanz und Motivationswirkung verbessern. Im folgenden soll eine enge Variante des Konzepts von DEARDEN/EDGERLY diskutiert werden:

Der Entscheidungsträger legt zu Beginn des Planungszeitraumes der Kontrollinstanz ein bestimmtes Investitionsprogramm für die Perioden $t=1,2,...,\overline{T}$ ($\overline{T} \leq T$) zur Genehmigung vor. Wird dieses Programm akzeptiert, so werden die bei gegebener Abschreibungspolitik entsprechenden Periodengewinne (auch wenn sie negativ sind) als Sollgewinne vorgegeben und dem Entscheidungsträger in der Periode t ($t=1,2,...,\overline{T}$) eine Prämie von

$$(XXV.31) \qquad P_t = f \cdot (G_t - \overline{G}_t) + FP$$

gewährt. Hierin kennzeichnet $\overline{G}_t$ wieder den Sollgewinn für die Periode t (also den geplanten Gewinn für diese Periode auf der Grundlage des Ausgangsprogramms) und FP eine feste Prämie. Wird in der Periode t ($t=1,2,...,\overline{T}$) ein Gewinn in Höhe des Sollgewinns erzielt ($G_t = \overline{G}_t$), so wird gemäß (XXV.31) eine Prämie von FP gezahlt. Ist der Gewinn höher (niedriger) als der Sollgewinn, so wird eine entsprechend höhere (niedrigere) Prämie gewährt.

Die Prämienfunktion (XXV.31) kann wie folgt umgeformt werden:

$$(XXV.32) \qquad P_t = f \cdot G_t + FP - f \cdot \overline{G}_t.$$

Hierin ist FP eine konstante Größe. Nach Genehmigung des Ausgangsprogramms ist außerdem auch $f \cdot \overline{G}_t$ (t=1,2,..., $\overline{T}$) konstant. Nimmt nun der Entscheidungsträger nach Genehmigung des Ausgangsprogramms zusätzliche Projekte mit positivem Kapitalwert ins Programm auf, so steigt der Barwert der Gewinne und damit gemäß (XXV.32) auch der Barwert der Prämien. Das Prämiensystem kann daher den Entscheidungsträger dazu motivieren, nach Genehmigung des Ausgangsprogramms zusätzliche Projekte mit positivem Kapitalwert zu suchen und zu realisieren.

Die Schwäche der Prämienfunktion (XXV.32) besteht darin, daß sie keinerlei Anreiz bietet, von vornherein ein möglichst vorteilhaftes Ausgangsprogramm vorzulegen. Im Gegenteil: Der Entscheidungsträger erzielt einen Vorteil, wenn er ihm bekannte Projekte mit positiven Kapitalwerten nicht ins Ausgangsprogramm aufnimmt, da dann niedrigere Sollgewinne vorgegeben werden. Bei der späteren Durchführung dieser Projekte werden diese Gewinne überschritten und höhere Prämien erzielt. Solchen Manipulationen sind indessen enge Grenzen gesetzt, wenn die Kontrollinstanz gut über die Investitionsmöglichkeiten des Entscheidungsträgers informiert ist. In diesem Fall kann aber die Kontrollinstanz vermutlich die Sollgewinne auch ohne die Mitwirkung des Entscheidungsträgers bestimmen. Das Verfahren von DEARDEN/EDGERLY dient jedoch gerade der Bestimmung von Sollgewinnen bei unzureichender Information der Kontrollinstanz über das Erfolgspotential.

3.9.   Fazit

Wie verdeutlicht wurde, sind der ökonomische Gewinn nach Zinsen, die Ausschüttung und der Residualgewinn als Bemessungsgrundlage anreizkompatibel. Bei gegebenem Prämiensatz kann der Entscheidungsträger den Barwert seiner Prämien jeweils nur erhöhen, indem er zusätzliche Projekte mit *positivem* Kapitalwert in das Programm aufnimmt (und realisiert)[8].

Sofern der Entscheidungsträger und die Instanz sichere Einkünfte mit demselben Zinssatz r diskontieren, kann eine Beteiligung des Entscheidungsträgers an Periodenerfolgen gegenüber einer Dividendenbeteiligung keine Vorteile bieten[9]. Werden die Periodengewinne „falsch" bemessen, so besteht für den Entscheidungsträger ein Anreiz zu Fehlentscheidungen. Werden sie anreizkompatibel ermittelt, so ergibt sich dieselbe Anreizwirkung wie bei einer Dividendenbeteiligung.

---

8)   Scheidet der Entscheidungsträger vor dem Zeitpunkt T aus dem Unternehmen aus, so besteht bei der Ausschüttung bzw. dem Residualgewinn als Bemessungsgrundlage allerdings nur dann Anreizkompatibilität, wenn der Entscheidungsträger "adäquat" an den späteren Überschüssen bzw. Gewinnen seiner Maßnahmen beteiligt wird.

9)   Vgl. hierzu die erweiterten und vertieften Darstellungen in LAUX (2005c).

4.   Erfolgsbeteiligung bei unterschiedlichen Zeitpräferenzen

4.1.   Unterinvestitionsproblem bei Überschußbeteiligung

Diskontiert jedoch der Entscheidungsträger (bei unvollkommenem Kapitalmarkt) sichere Einkünfte mit einem höheren Zinssatz als die Instanz (hat er also eine höhere Zeitpräferenz), so gewinnt der Periodenerfolg als Bemessungsgrundlage besondere Bedeutung[10].

Wird der Entscheidungsträger an der *Ausschüttung* beteiligt, so besteht grundsätzlich *keine* Anreizkompatibilität. Dies gilt nicht nur für den Fall, daß der Entscheidungsträger vor dem Zeitpunkt T (der Liquidation) aus dem Unternehmen ausscheidet und keine Prämien auf spätere Ausschüttungen erhält, sondern auch dann, wenn er bis zum Zeitpunkt T im Unternehmen verbleibt und bis dahin mit einem konstanten Prämiensatz f an den Ausschüttungen beteiligt wird.

Zur Erläuterung der Problematik wird folgende Situation zugrunde gelegt:

1. Es kann nur im Unternehmen zum Zinssatz r (praktisch) unbegrenzt Kapital angelegt und aufgenommen werden. Im privaten Bereich können zu diesem Zinssatz nur Mittel *angelegt* werden. Der Zinssatz für *aufgenommene* Mittel beträgt dagegen r+d (d>0).

2. Die Instanz ist unverschuldet; Einkünfte, die sie nicht konsumiert, legt sie zum Zinssatz r an. Sie diskontiert somit die Ausschüttungen des Unternehmens und die Prämien mit dem Zinssatz r.

3. Der Entscheidungsträger dagegen ist verschuldet. Er verwendet Prämien, soweit er sie nicht konsumiert, zur Schuldentilgung; sein Kalkulationszinsfuß beträgt r+d. (Zur Ermittlung und Interpretation des Kalkulationszinsfußes bei unterschiedlichen Soll- und Habenzinsen vgl. HAX, 1985, S. 101ff.)

In dieser Situation ist aus Sicht der Instanz ein Projekt dann vorteilhaft, wenn dessen Nettokapitalwert (dessen Kapitalwert unter Berücksichtigung der entsprechenden Prämien) beim Zinssatz r positiv ist. Jedoch besteht die Tendenz, daß der Entscheidungsträger aus Sicht der Instanz vorteilhafte Projekte gar nicht realisiert.

Zur Verdeutlichung betrachten wir ein Investitionsprojekt, das zum Zeitpunkt 0 eine Anschaffungsauszahlung von A_{0p} ($A_{0p} = -e_{0p}$) verursacht und in den Zeitpunkten t (t=1,2,...,T) zu den nichtnegativen Einzahlungsüberschüssen e_{tp} führt, wobei mindestens einer dieser Überschüsse *positiv* ist (*Normalinvestition*); der Kapitalwert des Projekts ist dann eine monoton fallende Funktion des Kalkulationszinsfußes. Der Einfachheit halber nehmen wir hier an, das Projekt werde nur mit Eigenkapital finanziert. Wird es in das Programm aufgenommen, so sinkt die Ausschüttung des Zeitpunkts 0 (vor Prämie) um A_{0p}, während sie zum Zeitpunkt t (t=1,2,...,T) um e_{tp} steigt. Dem Projekt entspricht dann aus Sicht des Entscheidungsträgers der folgende Barwert der Prämien:

---

10)   Vgl. zu den folgenden Darstellungen GILLENKIRCH/SCHABEL (2001); LAUX (2005c, Kapitel IX und XII); SCHABEL (2004).

$$(XXV.33) \qquad \Delta BP_{r+d} = \sum_{t=1}^{T} \frac{1}{(1+r+d)^t} \cdot f \cdot e_{tp} - f \cdot A_{0p}$$

$$= f \cdot \underbrace{\left[\sum_{t=1}^{T} \frac{1}{(1+r+d)^t} \cdot e_{tp} - A_{0p} \right]}_{\equiv BKW_{r+d}}.$$

Gemäß (XXV.33) steigt der Barwert aller Prämien aus Sicht des Entscheidungsträgers, wenn der mit dem Zinssatz r+d ermittelte Bruttokapitalwert BKW_{r+d} des Projekts positiv ist.

Aus Sicht der Instanz ist das Projekt genau dann vorteilhaft, wenn der mit dem Zinssatz r ermittelte Nettokapitalwert (NKW_r) positiv ist. Für diesen Kapitalwert gilt:

$$(XXV.34) \qquad NKW_r = \sum_{t=1}^{T} \frac{1}{(1+r)^t} \cdot (1-f) \cdot e_{tp} - (1-f) \cdot A_{0p}$$

$$= (1-f) \cdot \underbrace{\left[\sum_{t=1}^{T} \frac{1}{(1+r)^t} \cdot e_{tp} - A_{0p} \right]}_{\equiv BKW_r}.$$

Der Nettokapitalwert ist wegen f<1 genau dann positiv, wenn der mit dem Zinssatz r ermittelte Bruttokapitalwert BKW_r positiv ist. Für den Entscheidungsträger ist aber nicht BKW_r relevant, sondern gemäß (XXV.33) der Bruttokapitalwert BKW_{r+d}. Je größer d (je mehr also der Kalkulationszinsfuß des Entscheidungsträgers über dem der Instanz liegt), desto mehr liegt BKW_{r+d} unter BKW_r und desto eher ist zu erwarten, daß BKW_{r+d} negativ ist, auch wenn BKW_r >0 (und folglich gemäß (XXV.34) auch NKW_r>0) gilt. Je höher d, desto größer ist die Gefahr, daß der Entscheidungsträger Projekte unterläßt, die aus Sicht der Instanz vorteilhaft sind (Gefahr der *Unterinvestition*). Bei gegebenem Nettokapitalwert NKW_r eines Projekts ist der entsprechende Barwert ΔBP_{r+d} der Prämien tendenziell um so niedriger, je später die Überschüsse des Projekts erzielt werden. Hat der Entscheidungsträger die Wahl zwischen einem kurzfristigen Projekt mit niedrigem positivem NKW_r und einem langfristigen mit hohem NKW_r, so mag er das erste vorziehen; es besteht die Tendenz zur kurzfristigen statt langfristigen Orientierung

Die Tendenz zur Unterinvestition bzw. zur kurzfristigen Orientierung besteht zwar auch dann, wenn die Projekte teilweise mit Fremdkapital finanziert werden (LAUX, 1999, S. 292ff). Jedoch wird dann diese Tendenz abgeschwächt.

Wird der Entscheidungsträger an den Überschüssen $ÜL_t$ des Leistungsbereichs beteiligt, so erzielt er bei gegebenem Prämiensatz f zu jedem Zeitpunkt dieselbe Prämie wie wenn er bei reiner Eigenfinanzierung an den Ausschüttungen des Unternehmens beteiligt wird; so daß wiederum die hierfür betriebenen Gefahren für Fehlentscheidungen bestehen.

4.2.   Beteiligung am (Residual-)Gewinn

Der Übergang von der Dividende bzw. dem Überschuß des Leistungsbereichs auf den *Periodenerfolg* als Bemessungsgrundlage bietet eine Möglichkeit, Prämien zeitlich vorzuverlagern. Ideal wäre unter Anreizgesichtspunkten, den Erfolg einer Periode als (Brutto-)Kapitalwert der neu in das Programm aufgenommenen (Investitions-)Projekte zu ermitteln und dabei den Kapitalwerten den Zinssatz r der Instanz zugrunde zu legen. Das oben betrachtete Projekt ist dann für den Entscheidungsträger in finanzieller Hinsicht genau dann vorteilhaft, wenn $BKW_r > 0$ gilt. Die entsprechende Prämie (zum Zeitpunkt 0) beträgt $f \cdot BKW_r > 0$, der entsprechende Nettokapitalwert $(1-f) \cdot BKW_r > 0$. Es besteht Anreizkompatibilität. Die (zusätzliche) Prämie des Entscheidungsträgers ist ebenso hoch wie der Barwert der (zusätzlichen) Prämien für den Fall, daß der Entscheidungsträger an Dividenden oder Residualgewinnen beteiligt wird und zukünftige Prämien mit demselben Zinssatz r diskontiert wie die Instanz.

Bei Beteiligung an *Kapitalwerten* (bei einer entsprechenden Erfolgsmessung) ist die Zeitpräferenz des Entscheidungsträgers für die Auswahl von Investitionsprojekten zwar ohne Bedeutung. Jedoch ist diese Bemessungsgrundlage besonders anfällig gegenüber Manipulationen. Es besteht die Gefahr, daß der Entscheidungsträger hohe Kapitalwerte verspricht, dann aber nicht motiviert ist, sie zu „realisieren". Diese Gefahr kann insbesondere in Risikosituationen groß sein; niedrige laufende Überschüsse können dann mit einer ungünstigen Umweltentwicklung gerechtfertigt werden, mit der zum Zeitpunkt der Kapitalwertermittlung nicht gerechnet werden konnte bzw. der bei dem damaligen Informationsstand eine geringe Eintrittswahrscheinlichkeit entsprach.

Um die Gefahr der Manipulation zu verhindern, ist es naheliegend, die Erfolgsrechnung verstärkt an erzielte und nicht an versprochene Überschüsse zu binden. Eine einfache Möglichkeit wäre, die Belohnungen explizit an die *Überschüsse der Projekte* zu binden. Wie jedoch gezeigt wurde, besteht dann die Gefahr der Unterinvestition bzw. die Tendenz zur kurzfristigen Orientierung. Um dem entgegenzuwirken, sollte der Entscheidungsträger frühzeitig Prämien erhalten und nicht zu Beginn eines Projektes (mit einer negativen Prämie) belastet werden.

Die Vorverlagerung von Prämien kann in der Weise erfolgen, daß sie an Residualgewinne gebunden werden. Jedoch ändert sich hierbei der Barwert der Prämien beim Kalkulationszinsfuß r+d des Entscheidungsträgers nicht, sofern mit diesem Zinssatz auch die kalkulatorischen Zinsen auf die Restbuchwerte ermittelt werden. Analog zu den Darstellungen in Abschnitt 3.6.2 ist dann aus Sicht des Entscheidungsträgers der Barwert der Gewinne und mithin auch der der Prämien unabhängig von der Abschreibungspolitik; der Entscheidungsträger trifft dieselben Entscheidungen wie bei Beteiligung an den Überschüssen des Leistungsbereichs.

Werden jedoch die kalkulatorischen Zinsen mit dem Zinssatz r ermittelt, so ist der Barwert der Prämien aus Sicht der *Instanz* unabhängig von der Abschreibungspolitik, während der Entscheidungsträger durch zeitliche Vorverlagerung von Gewinnen einen Vorteil erzielt.

Die Prämien werden um so früher gewährt, je später die Anschaffungsauszahlungen als Abschreibungen verrechnet werden und je umfassender die zukünftigen Überschüsse der ins Programm aufgenommenen Investitionsprojekte im Erfolgsausweis antizipiert werden. Die Antizipation kann in der Weise erfolgen, daß die Anschaffungsauszahlungen von Investitionsprojekten (z. B. für Betriebsmittel, für Forschungs- und Entwicklungsmaßnahmen, für Werbung und Ausbildung) aktiviert werden. Dabei wird von der Hypothese ausgegangen, der Barwert der zukünftigen Überschüsse der Projekte stimme mit den Anschaffungsauszahlungen überein (die Kapitalwerte seien also gleich null). Eine verstärkte Antizipation zukünftiger Überschüsse kann in der Weise erfolgen, daß zu Beginn einiger oder aller Projekte ein Buchwert in Höhe der jeweiligen Anschaffungsauszahlung zuzüglich des jeweiligen (geschätzten) Kapitalwertes angesetzt wird. Werden auf die Buchwerte kalkulatorische Zinsen (mit dem Zinssatz r der Instanz) verrechnet und werden sie im Zeitablauf konsequent auf null abgeschrieben, so ändert sich durch diese Überschußantizipation der Barwert der Erfolge aus Sicht der Instanz nicht; somit bleibt auch der Barwert der Prämien beim Zinssatz der Instanz konstant. Jedoch steigt der Barwert der Prämien aus Sicht des Entscheidungsträgers (der seine Prämien mit dem Zinssatz r+d diskontiert).

Der Barwert der Prämien bleibt bei einer Vorverlagerung von Erfolgsausweisen aus Sicht der Instanz jedoch nur dann konstant, wenn in zukünftigen Perioden keine Verluste ausgewiesen werden oder wenn der Entscheidungsträger (mit dem Prämiensatz f) auch an Verlusten beteiligt wird (und die betreffenden Beträge tatsächlich zahlt). Eine Verlustbeteiligung ist jedoch in der Realität eher die Ausnahme.

Wird der Entscheidungsträger *nicht* anreizkompatibel an Verlusten beteiligt, so kann er sich bei gegebenem Investitionsprogramm zum Nachteil der Instanz bereichern, indem er gegenwärtige Erfolgsausweise zu Lasten zukünftiger Verluste erhöht. Darüber hinaus besteht (analog zu den Darstellungen in Abschnitt 3.8[11]) die Gefahr, daß er (zusätzliche) Vorteile erzielt, indem er Projekte mit negativem Kapitalwert durchführt und mit positivem Kapitalwert unterläßt. Statt eines Unterinvestitionsproblems (wie bei Überschußbeteiligung) kann sich ein Überinvestitionsproblem ergeben.

Das Kernproblem der Ermittlung von Periodenerfolgen (als Bemessungsgrundlagen für Prämien) besteht darin, einen „guten" Kompromiß zwischen dem *„Prinzip der Entscheidungsverbundenheit"* und dem der *„Manipulationsfreiheit"* zu finden (HAX, 1989; LAUX, 2005c, Kapitel IV und XII).

Dem Prinzip der Entscheidungsverbundenheit kann eventuell dadurch entsprochen werden, daß der Entscheidungsträger am residualen Marktwertzuwachs (der Aktien des Unternehmens) beteiligt wird (Abschnitt 3.2). Diese Bemessungsgrundlage ist intersubjektiv überprüfbar und einfach zu ermitteln.

Im Vergleich zum residualen Marktwertzuwachs sind Periodenerfolge, die nach internen Regeln der Antizipation zukünftiger Überschüsse ermittelt werden, dann als Bemessungsgrundlagen von Bedeutung, wenn zu vermuten ist, daß die Aktien-

---

11)   Für den Fall des Ausschlusses einer Verlustbeteiligung gilt $\overline{G} = 0$.

kurse die zukünftigen Überschüsse (die Ausschüttungen bzw. Dividenden) des Unternehmens in problematischer Weise widerspiegeln oder wenn das Unternehmen nicht in der Rechtsform einer Aktiengesellschaft geführt wird, deren Anteile an der Börse gehandelt werden.

5.   Anreize bei Risikoaversion und gegebener Risikoklasse

5.1.   Unterinvestitionsproblem bei Überschußbeteiligung

Im folgenden werden Anreizprobleme für den Fall betrachtet, daß der Entscheidungsträger und die Instanz risikoavers sind. Dabei wird eine einfache Entscheidungssituation betrachtet. (Zur Diskussion der folgenden Annahmen vgl. LAUX, 2005b, Kapitel XVIII):

1. Der Entscheidungsträger wird (zunächst) an den Überschüssen des Leistungsbereichs beteiligt.
2. Sowohl die Instanz als auch der Entscheidungsträger können zum risikolosen Zinssatz r Kapital anlegen und aufnehmen.
3. Alle zulässigen (Real-)Investitionen gehören zu derselben Risikoklasse.
4. Die Instanz diskutiert die Erwartungswerte der Überschüsse des Leistungsbereichs vor und nach Prämie mit dem risikoangepaßten Zinssatz k (wobei im allgemeinen davon ausgegangen wird, es gelte $k > r$).
5. Der Entscheidungsträger diskontiert die Erwartungswerte seiner Prämien mit dem Zinssatz $k + D$ ($D \geq 0$). Der Kalkulationszinsfuß des Entscheidungsträgers kann insbesondere deshalb höher sein als der der Instanz, weil am Unternehmen zahlreiche Anteilseigner beteiligt sind und der Entscheidungsträger im Vergleich zu einem einzelnen Anteilseigner stark an den Überschüssen beteiligt ist, um ihn wirksam zu motivieren, im Sinne der Anteilseigner zu handeln.

In der beschriebenen Situation ergibt sich ein analoges Unterinvestitionsproblem wie in Abschnitt 4.

Zum Vergleich wird wieder ein Investitionsprojekt betrachtet, das im Zeitpunkt 0 die (sichere) Anschaffungsauszahlung ($A_{0p} = -e_{0p}$) verursacht und zu den Zeitpunkten 1,2,...,T zu ungewissen Einzahlungsüberschüssen mit den nichtnegativen Erwartungswerten $E(e_{1p}), E(e_{2p}), ..., E(e_{Tp})$ führt. Dabei ist mindestens einer der Erwartungswerte positiv, so daß der Kapitalwert des Projekts eine streng monoton fallende Funktion des Kalkulationszinsfußes ist.

Dem Projekt entspricht aus der Sicht des Entscheidungsträgers der folgende Barwert der (erwarteten) Prämien:

$$(XXV.35) \qquad \Delta BP_{k+D} = \sum_{t=1}^{T} (1+k+D)^{-t} \cdot E(f \cdot e_{tp}) - f \cdot A_{0p}$$

$$= f \cdot \underbrace{\left[\sum_{t=1}^{T} (1+k+D)^{-t} \cdot E(e_{tp}) - A_{0p} \right]}_{= BKW_{k+D}}$$

Es gilt also:

$$(XXV.36) \qquad \Delta BP_{k+D} = f \cdot BKW_{k+D}.$$

Dabei bezeichnet BKW_{k+D} den mit dem Zinssatz $k+D$ ermittelten Bruttokapitalwert des Projekts. Es ist in finanzieller Hinsicht für den Entscheidungsträger vorteilhaft, wenn $BKW_{k+D} > 0$ gilt.

Aus Sicht der Anteilseigner ist das Projekt genau dann vorteilhaft, wenn der mit dem Zinssatz k ermittelte Nettokapitalwert positiv ist. Hierfür gilt:

$$(XXV.37) \qquad NKW_k = (1-f) \cdot \left[\sum_{t=1}^{T} (1+k)^{-t} \cdot E(e_{tp}) - A_{0p} \right]$$

$$= (1-f) \cdot BKW_k.$$

Der Nettokapitalwert NKW_k ist (wegen $f<1$) genau dann positiv, wenn der Bruttokapitalwert BKW_k positiv ist. Je größer D ist, je mehr also der Kalkulationszinsfuß $k+D$ des Entscheidungsträgers über dem der Instanz liegt, desto mehr liegt der Kapitalwert BKW_{k+D} unter BKW_k und desto eher ist zu erwarten, daß er *negativ* ist, auch wenn $BKW_k > 0$ und somit gemäß (XX.37) auch $NKW_k > 0$ gilt. Je größer der Kalkulationszinsfuß des Entscheidungsträgers im Vergleich zu dem der Instanz, desto größer ist die Gefahr, daß der Entscheidungsträger bei einem im Zeitablauf konstanten Prämiensatz f Projekte unterläßt, die aus der Sicht der Instanz vorteilhaft sind (Gefahr der *Unterinvestition*).

Hat der Entscheidungsträger die Wahl zwischen einem kurzfristigen Projekt mit niedrigem positiven Nettokapitalwert NKW_k und einem langfristigen Projekt mit hohem Nettokapitalwert NKW_k, so kann er das erste vorziehen, weil er hiermit ein höherer Barwert BP_{k+D} der Prämien erzielt. Ein im Zeitablauf konstanter Prämiensatz fördert kurzfristiges gegenüber langfristigem (strategischem) Denken. Jedoch schafft das Prämiensystem keinen Anreiz, Entscheidungen zu treffen, die aus Sicht der Instanz nachteilig sind. Der Entscheidungsträger kann mit der Realisation des betrachteten Projekts *nur* dann den Barwert seiner erwarteten Prämien erhöhen, wenn das Projekt auch für die Instanz *vorteilhaft* ist.[12]

---

[12]   Der Entscheidungsträger erzielt gemäß (XXV.36) bei Realisation des Projekts genau dann einen finanziellen Vorteil, wenn $BKW_{k+D} > 0$ gilt. Wegen $BKW_k > BKW_{k+D}$ muß dann auch $BKW_k > 0$ gelten. Dann gilt aber gemäß (XX.37) auch $NKW_k > 0$, d.h. das Projekt ist (auch) aus Sicht der Instanz vorteilhaft.

5.2.   Beteiligung am Residualgewinn

Im folgenden wird der Residualgewinn als Bemessungsgrundlage betrachtet. Dabei wird der Einfachheit halber wieder davon ausgegangen, im Leistungsbereich seien nur kalkulatorische Zinsen auf die (Rest-)Buchwerte der Investitionsprojekte relevant; es erfolgt keine Lagerung von Roh-, Hilfs- und Betriebsstoffen sowie von Halb- und Fertigfabrikaten von einer Periode zur nächsten. Bei der betrachteten Bemessungsgrundlage hängt der Prämienstrom von der Abschreibungsmethode und vom Zinssatz ab, mit dem die kalkulatorischen Zinsen ermittelt werden. Hierfür bieten sich nun die Zinssätze r, k und k+D an. Bei Sofortabschreibung zu Beginn eines Projekts sind allerdings kalkulatorische Zinsen irrelevant. Zu Beginn des Projekts sinkt dann die Bemessungsgrundlage um die Anschaffungsauszahlung, während sie zu einem zukünftigen Zeitpunkt t um den laufenden Einzahlungsüberschuß steigt. Es ergibt sich derselbe Prämienstrom wie bei einer Beteiligung an den Überschüssen des Leistungsbereichs. Wie gezeigt wurde, besteht dann die Tendenz zur Unterinvestition. Sie gilt somit auch bei Beteiligung am residualen Reinvermögenszuwachs mit Sofortabschreibung. Werden Abschreibungen in die Zukunft verlagert, so ergeben sich unterschiedliche Auswirkungen, je nachdem, ob die kalkulatorischen Zinsen mit dem Zinssatz r, k oder k+D ermittelt werden.

Werden die kalkulatorischen Zinsen mit dem Zinssatz r für risikolose Anlagen ermittelt, so erzielt der Entscheidungsträger weder einen Vorteil noch einen Nachteil, wenn Abschreibungen in die Zukunft verlagert werden. Angenommen, zum Zeitpunkt 0 werde (wie beim Residualgewinn bzw. kaufmännischen Gewinn) für das Projekt ein Buchwert von A_{0p} angesetzt und für Periode 1 eine Abschreibung von A_{0p} verrechnet. Gegenüber der Sofortabschreibung (zum Zeitpunkt 0) steigt dann der Gewinn der Periode 0 um A_{0p}, während er in Periode 1 um den *sicheren* Betrag $(1+r) \cdot A_{0p}$ sinkt. Unabhängig von der Umweltentwicklung ändern sich die Prämien wie folgt:

Prämie für den Zeitpunkt 0: $+ f \cdot A_{0p}$

Prämie für den Zeitpunkt 1: $- f \cdot (1+r) \cdot A_{0p}$

Da der Entscheidungsträger die *sichere* Minderung der Prämie des Zeitpunkts 1 mit dem risikolosen Zinssatz r diskontiert, ändert sich der Barwert der Prämien gegenüber der Sofortabschreibung nicht. Analog kann gezeigt werden, daß er sich auch dann nicht ändert, wenn in Periode 1 nur ein Teil der aktivierten Anschaffungsauszahlung A_{0p} abgeschrieben und der Restwert in Periode 2 als Aufwand verrechnet wird, usw. (Eine Abschreibungsänderung führt deshalb zu einer *sicheren* Änderung des Prämienstroms, weil die entsprechenden Abschreibungsbeträge sichere Größen sind und annahmegemäß Konkurs ausgeschlossen ist. Außerdem wird davon ausgegangen, daß der Entscheidungsträger auch an Verlusten beteiligt wird.) Werden also die kalkulatorischen Zinsen auf die (Rest-)Buchwerte mit dem Zinssatz r für risikolose Anlagen ermittelt, so bewertet der Entscheidungsträger ein

Projekt bei jedem Abschreibungsverfahren in der gleichen Weise. Wie bei Sofortabschreibung besteht jeweils die Gefahr der *Unterinvestition*.

Werden die kalkulatorischen Zinsen auf die (Rest-)Buchwerte mit dem risikoangepaßten Zinssatz k der Instanz ermittelt und gilt k>r, so ergibt sich aus Sicht des Entscheidungsträgers ein Nachteil, wenn Abschreibungen in die Zukunft verlagert werden; der Barwert der Prämien sinkt und die bereits bei Sofortabschreibung bestehende Tendenz zur Unterinvestition wird verstärkt. Angenommen, zum Zeitpunkt 0 werde für das Projekt ein Buchwert von A_{0p} angesetzt und für Periode 1 eine Abschreibung in dieser Höhe verrechnet. Gegenüber der Sofortabschreibung (zum Zeitpunkt 0) steigt dann der Gewinn der Periode 0 um A_{0p}, während er in Periode 1 um $(1+k) \cdot A_{0p}$ sinkt. Unabhängig von der Umweltentwicklung ändern sich die Prämien wie folgt:

Zeitpunkt 0: $+ f \cdot A_{0p}$

Zeitpunkt 1: $- f \cdot (1+k) \cdot A_{0p}$.

Der Barwert der Prämien sinkt, denn es gilt (für k>r):

$$f \cdot A_{0p} - (1+r)^{-1} \cdot f \cdot (1+k) \cdot A_{0p} = f \cdot A_{0p} \cdot \left(1 - \frac{1+k}{1+r}\right) = f \cdot A_{0p} \cdot \left(\frac{r-k}{1+r}\right) < 0.$$

Analog kann gezeigt werden, daß der Barwert der Prämien noch weiter sinkt, wenn am Ende der Periode 1 nur ein Teil der aktivierten Anschaffungsauszahlung A_{0p} abgeschrieben wird (usw.). Je später Abschreibungen zu verrechnen sind, desto mehr verstärkt sich die Tendenz zur *Unterinvestition*. Die Ermittlung der kalkulatorischen Zinsen mit Hilfe des risikoangepaßten Zinssatzes k ist somit sehr problematisch, wenn der Prämiensatz f im Zeitablauf konstant ist.[13] Dies gilt natürlich um so mehr für den Zinssatz k+D, der wegen D>0 noch höher ist als der Zinssatz k.[14]

Die Ermittlung der kalkulatorischen Zinsen mit dem risikoangepaßten Zinssatz k der Anteilseigner ist charakteristisch für das auf dem Economic Value Added

---

13) Dies gilt selbst dann, wenn für den Entscheidungsträger derselbe risikoangepaßte Zinssatz k>r relevant ist wie für die Instanz (D=0). Werden die kalkulatorischen Zinsen mit dem Zinssatz k ermittelt, so ist zwar bei *diesem Zinssatz* der Barwert der Erwartungswerte der Gewinne gleich dem Kapitalwert des Projekts. Der Entscheidungsträger diskontiert aber nur die riskanten Einzahlungsüberschüsse bzw. die ihnen entsprechenden Belohnungen mit dem Zinssatz k. Die sicheren Abschreibungen und kalkulatorischen Zinsen bzw. die entsprechenden Minderungen der zukünftigen Prämien diskontiert er mit dem risikolosen Zinssatz r; eine Verschiebung von Abschreibungen in die Zukunft erhöht den Barwert der Abschreibungen und der kalkulatorischen Zinsen und reduziert den Barwert der Prämien entsprechend, sofern die kalkulatorischen Zinsen mit dem Zinssatz k ermittelt werden.

14) Im Fall k< r (der allerdings eher die Ausnahme sein dürfte) erzielt der Entscheidungsträger bei Verlagerung von Abschreibungen in die Zukunft einen Vorteil, wenn die kalkulatorischen Zinsen mit dem Zinssatz k ermittelt werden. Je später Abschreibungen verrechnet werden, desto mehr wird die Tendenz zur Unterinvestition abgeschwächt. Es kann nun die Tendenz zur *Überinvestition* entstehen: Projekte können aus Sicht des Entscheidungsträgers vorteilhaft sein, obwohl ihr Kapitalwert aus Sicht der Instanz negativ ist.

(EVA) beruhende EVA-Bonussystem. Der EVA wird von der Beratungsgesellschaft STERN STEWART & Co. mit dem Argument vermarktet, daß er der „wahre Erfolgsmaßstab" („the true measure of performance") für ein Unternehmen sei. „EVA" ist ein eingetragenes Warenzeichen der STERN STEWART & Co.[15] Zur allgemeinen Problematik des EVA-Bonussystem vgl. LAUX (2005b, Kapitel XVIII).

5.3.   Anreizkompatible, im Zeitablauf steigende Prämiensätze

Wie in LAUX (2005b, Kapitel XVIII; 2005c, Kapitel X) gezeigt wird, besteht jedoch dann Anreizkompatibilität, wenn der Überschuß des Leistungsbereichs als Bemessungsgrundlage gewählt und der Prämiensatz wie folgt festgelegt wird:

$$(XXV.38) \qquad f_t = \frac{1}{\frac{1}{\alpha} \cdot \left(\frac{1+k}{1+k+D}\right)^t + 1} \qquad (t = 0,1,\dots,T).$$

α ($\alpha > 0$) ist ein Niveauparameter, durch dessen Variation unterschiedliche Systeme anreizkompatibler Prämiensätze induziert werden können.

6.   Die Problematik der Auswahl einer Bemessungsgrundlage für verschiedene Kategorien von Entscheidungsträgern

6.1.   Unternehmensbezogene Erfolgsgrößen

In Abschnitt 3 wurde untersucht, welche Bemessungsgrundlagen der Bedingung der Anreizkompatibilität und der Manipulationsfreiheit (nicht) genügen. Die Bemessungsgrundlagen bezogen sich dabei auf die Unternehmung als Ganzes.

Solche Bemessungsgrundlagen sind vor allem für die Unternehmensleitung relevant. Wird sie am Gesamterfolg des Unternehmens beteiligt, so wird ihr zwar ein relativ hohes Belohnungsrisiko aufgebürdet, jedoch dürfte es kaum sinnvoll sein, dieses Risiko generell zu reduzieren, indem der Objektbereich des Erfolgsausweises eingeengt wird; für die Unternehmensleitung besteht dann kein Anreiz, die nicht berücksichtigten Erfolgskomponenten zieladäquat zu steuern[16].

---

15)   STEWART, 1991; HOSTETTLER, 1997; O'HANLON/PEASNELL, 1998. Andere Erfolgskonzepte verwenden vergleichbare Maßstäbe wie zum Beispiel *Economic Profit* von MCKINSEY & Company (COPELAND/COLLER/MURRIN, 1994) oder *Added Value* von der *London Business School* (HOSTETTLER, 1997, S. 60) und *Cash Value Added* von der *Boston Consulting Group* (LEWIS, 1994).

16)   Wenn ein Erfolgsbereich existiert, auf den die Unternehmensleitung keinen Einfluß hat, mag es naheliegen, diese an dem entsprechenden Erfolg nicht zu beteiligen. Wenn die Unternehmensleitung allerdings keinen Einfluß auf einen Erfolgsbereich hat, so kann die Existenz dieses Bereichs im Unternehmen allenfalls dem Ziel dienen, die Varianz des Gesamterfolges zu

Als Bemessungsgrundlagen für die Prämie der Unternehmensleitung kommen vor allem der ökonomische Gewinn nach Zinsen (der residuale Marktwertzuwachs), die Ausschüttung und der Residualgewinn des Unternehmens in Betracht. Im einfachsten Fall erhält man den Residualgewinn, indem der (ohnehin zu ermittelnde) kaufmännische Gewinn um kalkulatorische Zinsen auf das Eigenkapital reduziert wird. (Dabei werden in jeder Periode die Fremdkapitalzinsen durch kalkulatorische Zinsen auf die (Rest-)Buchwerte der Aktiva zu Beginn dieser Periode substituiert.) Jedoch kann im Rahmen des Residualgewinnkonzepts auch im stärkerem Maße dem Prinzip der Entscheidungsverbundenheit Rechnung getragen werden, indem z.B. Ausgaben für Goodwill-Maßnahmen aktiviert und zukünftige finanzielle Überschüsse im Erfolgsausweis relativ früh antizipiert werden. Die Orientierung am Prinzip der Entscheidungsverbundenheit ist vor allem dann von Bedeutung, wenn die Unternehmensleitung eine relativ hohe Zeitpräferenz für Prämien hat.

Es kann sinnvoll sein, auch einem nachgeordneten Entscheidungsträger, der einen maßgeblichen Einfluß auf alle wesentlichen Komponenten des Gesamterfolges hat, den Gesamterfolg zuzurechnen, d.h. diesen Erfolg als Bemessungsgrundlage für seine Prämie zu wählen. Dies gilt insbesondere dann, wenn aufgrund schwer durchschaubarer Interdependenzen dessen „Beitrag" zum Gesamterfolg nicht intersubjektiv überprüfbar gemessen werden kann.

Bei funktionaler Organisationsstruktur kann z.B. der Leiter des Absatzbereichs einen besonderen Einfluß auf den Gesamterfolg haben. Wird er daran finanziell beteiligt, so wird ihm zwar ein relativ hohes Belohnungsrisiko aufgebürdet; trotz großer eigener Anstrengungen kann der zugerechnete Erfolg niedrig sein, weil Entscheidungsträger in den anderen Bereichen ihre Aufgaben schlecht erfüllen. Jedoch besteht dann die Tendenz, daß er sich bei seinen Entscheidungen am Gesamterfolg orientiert und zum Beispiel nicht ausschließlich am Erlös oder am Deckungsbeitrag seines Bereichs.

Für die Beantwortung der Frage, ob der Leiter der Absatzabteilung am Gesamterfolg beteiligt werden soll oder z.B. nur am Deckungsbeitrag der verkauften Produkte, sind nicht nur seine Objekt- und Organisationsentscheidungen von Bedeutung, sondern auch seine Kommunikationsentscheidungen. Eine wesentliche Aufgabe des Leiters der Absatzabteilung kann darin bestehen, die oberste Leitungsinstanz über potentielle zukünftige Entwicklungen im Absatzbereich zu informieren, wobei dann diese Instanz aufgrund dieser Informationen über die Erweiterung von Kapazitäten entscheidet. Werden dem Leiter der Absatzabteilung die Fixkosten des Fertigungsbereichs nicht zugerechnet, kann es für ihn vorteilhaft sein, Angaben über Erfolgschancen „nach oben" zu manipulieren, um eine Kapazitätserweiterung zu bewirken. Die Beteiligung am Gesamterfolg ist vor allem dann naheliegend, wenn das Risiko des Gesamterfolges im wesentlichen aus ungewissen Variablen des Absatzbereichs resultiert (Mengenrisiken, Preisrisiken, Forderungsrisi

---

reduzieren. Ist dies tatsächlich der Fall, so ist es nicht sinnvoll, die Unternehmensleitung *nicht* an dem betreffenden Bereichserfolg zu beteiligen; ihr Belohnungsrisiko würde dann steigen.

ken) und die Fixkosten in den anderen Bereichen sowie die (proportionalen) Stückkosten der Produkte gut prognostizierbar sind (bzw. wenig streuen).

6.2.   Bereichsbezogene Erfolgsgrößen

Kann einem nachgeordneten Entscheidungsträger (sinnvoll) ein Beitrag zum Gesamterfolg (ein „Bereichserfolg") zugerechnet werden, so ist es in der Regel vorteilhaft, seine Prämie nicht an den Gesamterfolg zu binden, sondern an den *Erfolgsbeitrag* (Kapitel XXIII) bzw. den Bereichserfolg.

Bereichserfolge als Bemessungsgrundlage kommen vor allem für Spartenleiter (oder für die Leiter (noch) kleinerer strategischer Geschäftseinheiten) in Betracht; dies gilt insbesondere dann, wenn zwischen den Sparten bzw. Geschäftseinheiten weder Erfolgs- noch Restriktionsverbund besteht.

Der Leiter einer Sparte wird dann z.B. nicht an der Dividende des Unternehmens beteiligt, sondern an dem finanziellen Überschuß seiner Sparte (den er an einen zentralen Finanzbereich des Unternehmens abführt[17]). Als Bemessungsgrundlage kommt auch der Residualgewinn der Sparte in Betracht.

In der Praxis werden Spartenleiter häufig nach der erzielten ROI-Kennziffer beurteilt. Wie jedoch in Abschnitt 3.7 gezeigt wurde, ist die ROI-Kennziffer als Bemessungsgrundlage problematisch; die Maximierung dieser Kennziffer führt grundsätzlich zur Unterinvestition.

Die Höhe der Prämie eines Spartenleiters kann einen Einfluß auf die Aktivitätsniveaus anderer Spartenleiter haben. Es erscheint sinnvoll, das Prämiensystem so zu bestimmen, daß die Spartenleiter für gleiche Leistungen auch annähernd gleich hohe Prämien erzielen. Wird diese Bedingung verletzt, kann das Prämiensystem als ungerecht empfunden und die Leistungsbereitschaft beeinträchtigt werden. Außerdem können sich erhebliche Probleme ergeben, wenn ein Spartenleiter in einen anderen Bereich versetzt werden soll, in dem weniger gute Chancen bestehen, Prämien zu erzielen. Damit wird der Aktionsspielraum der obersten Leitungsinstanz hinsichtlich des Personaleinsatzes verringert: Es kann schwierig sein, Bereichsleiter in solche Geschäftsbereiche zu versetzen, in denen sie am meisten benötigt werden.

Es kann daher zweckmäßig sein, für Geschäftsbereiche, in denen ohne besondere Anstrengung höhere Gewinne erwirtschaftet werden können, relativ hohe Sollgewinne vorzugeben, dagegen für solche, in denen die Ausgangssituation weniger günstig ist, relativ niedrige Sollgewinne. Sind in einem Geschäftsbereich aufgrund früherer Fehlentscheidungen Verluste zu erwarten, so kann es auch sinnvoll sein, negative Sollgewinne vorzugeben. Der Leiter erhält in diesem Fall schon dann eine Prämie, wenn es ihm gelingt, die Verluste zu verringern. Bei positivem Sollgewinn würde er erst dann eine Prämie erzielen, wenn er die Situation so weit

---

17) Ist dieser Überschuß negativ, so stellt der Finanzbereich den betreffenden Kapitalbetrag zur Verfügung.

verbessert, daß Gewinne erzielt werden; dies mag auch bei besonderen Anstrengungen zunächst nicht möglich sein.

6.3.   Prämiensysteme auf der Basis von Wertgeneratoren

Bisher wurde davon ausgegangen, daß die Prämie eines Entscheidungsträgers allein vom „Erfolg" (des Unternehmens bzw. seines Entscheidungsbereichs) abhängt. Dabei wurde (auch) der folgende Konflikt deutlich: Belohnungssysteme, bei denen die Prämie nur wenig mit dem Erfolg variiert, haben tendenziell eine geringe Anreizwirkung. Die Motivation, die Erfolgssituation zu verbessern, kann zwar erhöht werden, indem die Belohnung stärker an den erzielten Erfolg gebunden wird. Dann steigt aber das Belohnungsrisiko und mithin die vom Entscheidungsträger geforderte Risikoprämie; das Belohnungssystem verursacht aus Sicht der Instanz relativ hohe Kosten. Je größer die Risikoaversion des Entscheidungsträgers und je höher das Erfolgsrisiko, desto enger sind die Grenzen für erfolgsorientierte Belohnungssysteme.

Die Anreizwirkung kann verstärkt werden, indem die Prämien nicht (nur) an die erzielten Erfolge gebunden werden, sondern (auch) an die Ausprägungen solcher Größen, die der Entscheidungsträger (mehr oder weniger) direkt beeinflussen kann und die ihrerseits einen Einfluß auf den Barwert der erwarteten Überschüsse des Leistungsbereichs bzw. der erwarteten Ausschüttungen des Unternehmens (den Unternehmenswert) haben[18]). Größen, die einen besonderen Einfluß auf den Unternehmenswert haben, werden als *Wertgeneratoren* (bzw. als *Erfolgsgeneratoren*) bezeichnet.

Zu den für ein Unternehmen bedeutsamen Wertgeneratoren können zum Beispiel folgende Größen zählen: Kapazitäten, Marktanteile, Auftragsbestände, Produktqualitäten, Stückkosten, Funktionsfähigkeit von Produktionsanlagen, Qualität der Vertragserfüllung, „Zufriedenheit" von Kunden und Mitarbeitern.

Insbesondere Entscheidungsträger auf *nachgeordneten* Ebenen der Unternehmenshierarchie haben zwar einen direkten Einfluß auf einzelne Wertgeneratoren, können jedoch darüber hinaus den Erfolg nicht beeinflussen. Es ist dann naheliegend, deren Prämien nicht an den Erfolg zu binden, sondern an die Ausprägungen der betreffenden Wertgeneratoren.

Die Orientierung an Wertgeneratoren kann es ermöglichen, ein differenziertes („maßgeschneidertes") Anreizsystem zu schaffen, bei dem zum einen die Anreizwirkung hoch und zum andern das Belohnungsrisiko gering ist. Zum Beispiel kann die Unternehmensleitung eine Prämie für den Fall erhalten, daß Unternehmenskapazitäten in der geplanten Weise erweitert werden; die Absatzleitung erhält eine Prämie, wenn für ein Produkt die Marktführerschaft errungen wird; der Leiter des Fertigungsbereichs erhält eine Prämie für den Fall, daß ein Großauftrag termingerecht und ohne Überschreitung von Kostenbudgets abgewickelt wird; ein

---

18)   Es wird hier davon ausgegangen, die Anteilseigner seien risikoneutral.

Arbeiter bekommt eine Prämie in Abhängigkeit des Zustandes der von ihm gewarteten Produktionsanlage.

Freilich ist die Bindung von Prämien an die Ausprägungen von Wertgeneratoren nur dann sinnvoll, wenn

– die dem Entscheidungsträger vorgesetzte Instanz prinzipiell in der Lage ist, die Bedeutung von Wertgeneratoren für das Unternehmen (hinreichend gut) zu beurteilen und

– (nicht nur der Entscheidungsträger, sondern auch) die vorgesetzte Instanz die erzielten Ausprägungen der betreffenden Wertgeneratoren kontrollieren bzw. verifizieren kann.

Diese Bedingungen können insbesondere dann erfüllt sein, wenn die vorgesetzte Instanz (aufgrund einer entsprechenden Zusammenarbeit mit dem Entscheidungsträger) einen relativ guten Informationsstand über Aktionsmöglichkeiten und deren Konsequenzen hat.

Ergänzende und vertiefende Literatur:

BECKER (1986); BECKER/HOLZER (1986); DEARDEN (1962, 1968); DEARDEN/EDGERLY (1965); FAMA (1980); GILLENKIRCH (2004); HAX (1989; 2004); KNOLL (1994); LAUX (1975d; 2005b; 2005c); SCHABEL (2004); VELTHUIS (2004); WAGENHOFER (1996).

XXVI. Organisation als Prozeß:
Die Koordination, Durchsetzung und Kontrolle von
Organisationsentscheidungen

1. Problemstellung

Aufgrund der immensen Vielzahl von Einzelaspekten, die für die organisatorische Gestaltung von Bedeutung sind, ist die Gefahr groß, daß sich der Organisator in Details verliert und nur „Insellösungen" seiner Probleme erzielt. Bei der organisatorischen Gestaltung ist darauf zu achten, daß die einzelnen Maßnahmen in sachlicher und zeitlicher Hinsicht zu einem sinnvollen Gesamtprogramm koordiniert werden. Dabei sind Organisationspläne auch mit Maßnahmen ihrer Durchsetzung abzustimmen. Da Organisationsentscheidungen bei unsicheren Erwartungen über die Konsequenzen getroffen werden, stellt sich zudem das Problem der Organisationskontrolle, das wiederum nicht isoliert von der Planung und der Durchsetzung organisatorischer Maßnahmen gelöst werden kann.

Organisation (im funktionalen Sinn) stellt einen komplexen (Entscheidungs-) Prozeß dar, dessen Grundstruktur im folgenden erläutert werden soll. (Vgl. hierzu auch SCHANZ, 1982, S. 323ff.) Im Abschnitt 2 steht im Rahmen der Organisationsplanung die Koordination der organisatorischen Einzelmaßnahmen im Vordergrund. Der Abschnitt 3 beschäftigt sich mit Problemen der Durchsetzung von Organisationsentscheidungen. Der Abschnitt 4 befaßt sich mit den Möglichkeiten und Grenzen einer Kontrolle von Organisationsentscheidungen. Dabei werden sowohl die Aspekte einer Eigenkontrolle (Abschnitt 4.2) als auch die einer Fremdkontrolle (Abschnitt 4.3) behandelt. Schließlich stellt sich stets auch die Frage, ob die für den Prozeß der Leistungserstellung erforderlichen Ressourcen in der Unternehmung selbst bereitgestellt oder am externen Markt beschafft werden sollen. Der Abschnitt 5 befaßt sich mit dem Problem der Entscheidung zwischen interner und externer Organisation.

2.   Organisationsplanung

2.1.   Die Koordination von Organisationsentscheidungen als Gegenstand der Organisationsplanung

Die Wirkung einer einzelnen organisatorischen Maßnahme hängt davon ab, welche organisatorischen Maßnahmen außerdem durchgeführt werden. So können sich z.B. Maßnahmen zur Motivierung von Mitarbeitern sehr unterschiedlich auf deren Aufgabenerfüllung auswirken, je nachdem, ob zugleich auch deren Qualifikation verbessert wird oder nicht. Es stellt sich somit das Problem, nicht nur die Objektentscheidungen, sondern auch die Organisationsentscheidungen aufeinander abzustimmen. Interdependenzen bestehen vor allem auch zwischen den organisatorischen Maßnahmen verschiedener Zeitpunkte, so daß die gegenwärtigen Organisationsmaßnahmen nicht ohne Berücksichtigung zukünftiger (Folge-)Maßnahmen optimal bestimmt werden können (und umgekehrt): Bei der Entscheidung über die gegenwärtigen Maßnahmen müssen auch zukünftige Maßnahmen geplant werden.

Bei grundlegenden Objektentscheidungen (z.B. bei der Errichtung neuer Produktionsstätten, der Schaffung neuer Vertriebssysteme, der Aufnahme neuer Produkte in das Produktions- und Absatzprogramm) kann der Organisationsplanung ein Zeitraum von mehreren Jahren zugrunde liegen. Die Koordination von Personalauswahl, Ausbildung, Fertigungstechnologie, Stellengefüge und Stellenbeschreibung kann ihrerseits vielfältige Einzelaktivitäten erfordern, die sich über mehrere Jahre hinziehen können.

Die zukünftigen organisatorischen Maßnahmen hängen davon ab, wie sich die Umwelt der Unternehmung und die Situation in der Unternehmung selbst (z.B. die Fertigungstechnologie, das Fertigungsprogramm, die Qualifikation der Mitarbeiter) entwickeln werden. Diese Entwicklung ist dem Organisator im voraus nicht mit Sicherheit bekannt. Er kann allenfalls versuchen, sich ein Wahrscheinlichkeitsurteil darüber zu bilden. Da in Zukunft weitere Informationen zugehen (z.B. über die Faktor- und Produktmärkte, die Fertigungstechnologie, die Reaktion der Aufgabenträger auf bestimmte Regelungen), ist es nicht sinnvoll, zukünftige organisatorische Maßnahmen schon im voraus *endgültig* festzulegen. Trotzdem darf nicht völlig auf deren Planung verzichtet werden, da sonst die Voraussetzung für die optimale Entscheidung über die gegenwärtigen Maßnahmen fehlt. Einen Ausweg bietet das Konzept der flexiblen Planung, bei dem zukünftige Organisationsentscheidungen in Form von *Eventualplänen* antizipiert werden.

2.2.   Organisationsplanung und organisatorische Änderungen

In einem System organisatorischer Regelungen, die im Prinzip auf Dauer gelten sollen, kann ein Eventualplan auch darin bestehen, diese Regelungen unter bestimmten Bedingungen zu revidieren. Auch die Frage, unter welchen Bedingungen und auf welche Weise organisatorische Strukturen geändert werden sollen, ist ein

Grundproblem der Organisationsplanung. Ein Änderungsbedarf kann sich z.B. aus folgenden Gründen ergeben:

– Im Zeitablauf ändern sich die Determinanten der optimalen Organisationsstruktur, z.B. das Produktions- und Absatzprogramm, die Fertigungstechnologie, die Transparenz und Variabilität der Faktormärkte, die Qualifikation und Motivation der Mitarbeiter. „Vor allem wachsende Unternehmungen durchlaufen verschiedene kritische Stadien, die u.a. strukturelle Veränderungen notwendig machen (z.B. GREINER, 1972; ALBACH, 1976; MINTZBERG, 1979, S. 24ff.; KIRSCH/ESSER/GABELE, 1979, S. 8). Die mit einem nachhaltigen Wachstumsprozeß typischerweise verbundene Umwandlung eines handwerklichen Kleinbetriebs in einen verrichtungsorientiert gegliederten Mittelbetrieb und schließlich in ein divisionalisiertes Großunternehmen mit Matrixstrukturen und Standortstreuung bringt zahlreiche tiefgreifende organisatorische Veränderungen mit sich" (PICOT, 1993, S. 165).

– Zwar bleiben die Ausprägungen der für die optimalen Organisationsstruktur maßgeblichen Determinanten konstant, jedoch ergibt sich deshalb ein Änderungsbedarf, weil sich die bisherige Organisationsstruktur in der vorgegebenen Situation nicht bewährt.

– Es werden völlig neue (bisher nicht erwogene) Gestaltungsmöglichkeiten entdeckt und in die Überlegungen einbezogen.

Die Schnelligkeit, mit der jeweils ein Änderungsbedarf wahrgenommen werden kann, sowie die Änderungsmöglichkeiten und deren Konsequenzen haben einen wesentlichen Einfluß auf die Vorteilhaftigkeit von organisatorischen Regelungen. Dieser Sachverhalt kann jedoch bei Organisationsentscheidungen nur berücksichtigt werden, indem organisatorische Änderungen im voraus geplant und nicht erst dann vorgenommen werden, wenn sie durch Umstände erzwungen werden. Andererseits bestehen für organisatorische Änderungen auch gewisse Grenzen:

– Die Ermittlung neuer Regelungen erfordert Entscheidungskalküle, die hohe (Opportunitäts-)Kosten verursachen.

– Die Organisationsmitglieder müssen über die neuen Regelungen informiert werden, z.B. in Form von Organisationshandbüchern oder durch persönliche Weisungen der Vorgesetzten. Auch hierdurch entstehen Kosten durch Einsatz von Zeit und anderen Ressourcen; die Anpassung der Organisationsmitglieder an die neuen organisatorischen Regelungen verzögert die Erfüllung ihrer Objektaufgaben.

– Die Organisationsmitglieder werden (zum Teil) mit neuen Aufgaben konfrontiert, denen sie nicht oder vielleicht erst nach längeren Anlaufschwierigkeiten gewachsen sind. Darüber hinaus können sich Probleme der Akzeptanz der neuen organisatorischen Regelungen ergeben. Auf diesen Aspekt kommen wir im Abschnitt 3 zurück.

2.3.   Komplexitätsreduktion bei der Organisationsplanung

Die zukünftigen organisatorischen Maßnahmen können - insbesondere bei dauerhaften Regelungen mit weitem Geltungsbereich - nur sehr global antizipiert werden (Kapitel XIII). Einerseits ist das Wissen über die zukünftige Entwicklung der Umwelt begrenzt. Andererseits würde die umfassende Verarbeitung auch nur der vorhandenen Informationen bereits einen Planungsaufwand verursachen, der nicht bewältigt werden kann; es besteht ein Zwang zur Komplexitätsreduktion. Sie kann im Prinzip ebenso vorgenommen werden wie bei Objektentscheidungen (Kapitel III). Insbesondere kann auf der Basis von Effizienzkriterien der (eigene) organisatorische Gestaltungsspielraum sukzessive eingeengt werden, bis schließlich die zu realisierende Organisationsalternative feststeht. Als Effizienzkriterien können dabei die in Kapitel XIV entwickelten Kompatibilitätseigenschaften und die Produktionskosten dienen.

Zur Verdeutlichung betrachten wir die Gestaltung der Aufbauorganisation. Da eine immense Vielzahl von Gliederungsmöglichkeiten existiert, die nicht alle erforscht und im Rahmen einer fundierten Analyse bewertet bzw. beurteilt werden können, besteht das Grundproblem darin, gute Ideen der Gestaltung zu entwickeln bzw. zu verfolgen und schlechte Gestaltungsmöglichkeiten frühzeitig zu verwerfen, um die begrenzte Planungskapazität zu entlasten.

Für eine erste Begrenzung des Gestaltungsspielraums werden zunächst die Ausprägungen jener Determinanten näher charakterisiert, die für die optimale Aufbaustruktur relevant sein können, z.B. das Produktionsprogramm, die Produktmengen, die Fertigungstechnologie, die Variabilität und Transparenz der Beschaffungsmärkte und die Qualifikation des Personals. Dabei werden zugleich auch die zu erfüllenden Teilaufgaben skizziert. Danach werden in relativ globaler Weise einige Grundtypen organisatorischer Gestaltung gegeneinander abgewogen, indem eine mehr oder weniger grobe Beurteilung der Kompatibilitätseigenschaften sowie der jeweiligen Produktionskosten vorgenommen wird. Dabei kommt der Organisator möglicherweise zu dem Ergebnis, daß nur noch divisionale Organisationsstrukturen in die engere Wahl zu ziehen sind, da bei verrichtungsorientierter Gliederung keine hinreichende Informations- und Kalkülkompatibilität erzielt werden kann.

Nach der (Vor-)Entscheidung für z.B. eine divisionale Gliederung verbleiben immer noch viele Gestaltungsmöglichkeiten. Im nächsten Schritt wird nun geprüft, in welcher Weise (nach welchen Produkten bzw. Märkten) die Spartenbildung erfolgen soll. Dabei werden die für die Spartenbildung maßgeblichen Determinanten detaillierter als bisher charakterisiert. Zum Beispiel werden die geographischen Verteilungen der Nachfrager und der Lieferanten erkundet und die Transportkosten geschätzt. Danach wird für verschiedene Grundformen der Divisionalisierung untersucht, in welcher Weise im Zeitablauf die relevanten Informationen beschafft und verarbeitet, welche Anreizsysteme geschaffen werden können, usw. Nachdem eine Grundform gewählt ist, erfolgt die Strukturierung innerhalb der Sparten selbst, wobei die Strukturierungsüberlegungen wiederum detaillierter vorgenommen werden als bisher.

Schließlich entsteht eine vorläufige Aufbauorganisation, die im Rahmen einer Simulation „getestet" werden kann, indem sie gedanklich mit möglichen zukünftigen Umweltentwicklungen und/oder internen Ereignissen konfrontiert wird, z.B. mit Bedarfsverschiebungen im Markt, mit Änderungen der Angebotsstruktur und mit Störungen im Produktionsprozeß. Dabei wird abgeschätzt, inwieweit das „System" fähig und motiviert ist, diese Entwicklungen bzw. Ereignisse vorherzusehen und darauf zu reagieren. Wenn sich das System im Lichte dieser *ex ante-Kontrolle* bewährt, wird es etabliert. Andernfalls wird erneut der Prozeß der Strukturierung durchlaufen. Die Eignung organisatorischer Regelungen kann auch durch Pilotversuche in einzelnen Bereichen getestet werden.

Da die organisatorische Strukturierung immer nur auf der Basis eines sehr begrenzten Informationsstandes und stark vereinfachter Kalkülüberlegungen erfolgen kann, geht man bei organisatorischen Maßnahmen schwer abschätzbare Risiken ein. Insbesondere können nachteilige Konsequenzen eintreten, die man vorher nicht als möglich erkannt hat. Für die organisierenden Instanzen ist es daher wichtig, gegenüber den eigenen Maßnahmen stets kritisch eingestellt zu sein. Dabei genügt es im allgemeinen nicht, nur sporadisch auf aktuelle Probleme zu reagieren. Vielmehr sollten Probleme durch eine systematische Suche nach Schwachstellen antizipiert werden. Dies erfordert einen permanenten organisatorischen Kontrollprozeß (Abschnitt 4).

Die Möglichkeit, aus Fehlern Konsequenzen zu ziehen, ist insbesondere bei kurzfristigen organisatorischen Maßnahmen gegeben, bei denen im Zeitablauf ohnehin immer wieder neu entschieden wird. Bei organisatorischen Regelungen, die auf Dauer gelten sollen, z.B. die Aufbauorganisation, sind (ständigen) Änderungen relativ enge Grenzen gesetzt.

3.   Durchsetzung von Organisationsentscheidungen

Mit der Realisierung einer gewählten organisatorischen Gestaltungsalternative werden Einführungs- und Durchsetzungsmaßnahmen erforderlich. Auch diese Aktivitäten dienen der Steuerung des Verhaltens von Organisationsmitgliedern. Ob bestimmte Organisationsentscheidungen zu vorteilhaften Konsequenzen führen, hängt davon ab, in welcher Weise sie durchgesetzt werden (können). Durchsetzungsmaßnahmen und deren Konsequenzen können jedoch in der Regel nur in grober Weise antizipiert werden. Die Durchsetzungsmaßnahmen werden im Detail erst erwogen, wenn die gewählte Organisationsalternative in die Wirklichkeit umgesetzt werden soll. Dabei kann sich herausstellen, daß die ursprüngliche Organisationsentscheidung revidiert werden muß, weil sich die damit verbundenen Maßnahmen nicht adäquat durchsetzen lassen. Um diesem Sachverhalt Rechnung zu tragen, kann es zweckmäßig sein, organisatorische Regelungen zunächst nur in ihrer Grundstruktur zu formulieren und die Konkretisierung bzw. Präzisierung erst im Zuge ihrer Durchsetzung vorzunehmen.

„Weil man erkannt hat, daß es heute oft schwieriger ist, eine neue Organisation einzuführen und durchzusetzen als sie zu entwickeln, findet diese Gestaltungsphase in Theorie und Praxis zunehmend Beachtung. Ohne Zweifel hängt der Erfolg jedes Organisators letztlich davon ab, ob die neue Struktur akzeptiert wird, d.h. die personellen Aktionsträger sich entsprechend den Regeln verhalten und die maschinellen Aktionsträger nach den programmierten Regeln funktionieren" (GROCHLA, 1982, S. 71).

Schwierigkeiten bei der Einführung und Durchsetzung organisatorischer Regelungen können folgende Ursachen haben:
- Die betroffenen Organisationsmitglieder kennen die an sie gerichteten Verhaltensnormen nicht genügend und/oder haben sie nicht richtig verstanden,
- sie sind nicht bereit, die Verhaltensnormen zu erfüllen,
- sie sind dazu nicht in der Lage (z.B. weil ihnen die relevanten Informationen, Qualifikationen und/oder Ressourcen wie Arbeitsmittel und Kapital fehlen).

Zur Vermeidung bzw. Überwindung solcher Schwierigkeiten kommen neben einer geeigneten Personalauswahl und der Bereitstellung von Ressourcen diejenigen ergänzenden Maßnahmen in Betracht, die in Kapitel IX diskutiert worden sind:
- Informationsaktivitäten zur Verbesserung des Verständnisses und der Akzeptanz der Verhaltensnormen (Erhöhung der Redundanz, Information über die Bedeutung der Regelungen für die betroffenen Mitarbeiter und für die Organisation als Ganzes),
- Verbesserung der Informationsstände und Fähigkeiten der betroffenen Aufgabenträger durch allgemeine Ausbildung (z.B. Einführungs- und Übungskurse, Gruppentraining) und spezielle Information über Handlungsalternativen und Konsequenzen,
- Erhöhung der Bereitschaft zur Befolgung der Verhaltensnormen durch die Beteiligung der betroffenen Mitarbeiter bei der Ermittlung der Normen, durch Beeinflussung ihrer Motivationsstrukturen (Anpassung der Wertvorstellungen an die neue Situation), durch Gewährung von Belohnungen und/oder die Ankündigung von Sanktionen.

Diese Maßnahmen sind vor allem dann von großer Bedeutung, wenn tiefgreifende Reorganisationen vorgenommen werden sollen. Derartige Änderungen stoßen häufig auf erhebliche Widerstände. Zwar mögen alle Beteiligten davon überzeugt sein, daß ein Änderungsbedarf besteht. Daraus folgt aber nicht, daß eine bestimmte Lösung auch akzeptiert wird. „In den meisten Fällen gibt es nicht nur Gewinner, sondern auch Verlierer im Gefolge von Reorganisationen" (PICOT, 1993, S. 166). Nachteile für den Einzelnen können z.B. daraus resultieren, daß die zu erfüllenden neuen Aufgaben als zu anspruchsvoll erscheinen (zu hohe Lernkosten verursachen), daß der Zugang zu Informationen erschwert wird, das soziale Umfeld sich ändert und/oder die Aufstiegschancen sinken. Demgegenüber mag die Wahrscheinlichkeit, Vorteile zu erzielen, als gering erscheinen. Die Neigung, für sich selbst den Status quo zu erhalten und die Lasten von Änderungen anderen aufzubürden, ist weit verbreitet.

Um *zukünftige* Änderungen zu erleichtern, ist es naheliegend, frühzeitig vorbereitende Maßnahmen zu ergreifen:

- Die Organisationsmitglieder werden auf die Vorläufigkeit der organisatorischen Regelungen hingewiesen.
- Es erfolgt eine allgemeine Ausbildung, die die Elastizität für organisatorische Änderungen erhöht.

4.   Kontrolle von Organisationsentscheidungen

4.1.   Überblick

Die nachträgliche Kontrolle von Konsequenzen einer Entscheidung hat den Zweck, die auf der Basis des damaligen Informationsstandes getroffene Alternativenwahl zu beurteilen, um die gegebenenfalls erforderlichen Korrektur- und Anpassungsmaßnahmen durchzuführen und aus den beobachteten Wirkungszusammenhängen für zukünftige Entscheidungssituationen zu lernen. Diese Zielsetzung gilt auch für die Kontrolle von Organisationsentscheidungen. Allerdings ist die nachträgliche Beurteilung von Organisationsmaßnahmen außerordentlich komplex: Da organisatorische Maßnahmen dazu dienen, nachgeordnete Objektentscheidungen zu steuern, lassen sich die Konsequenzen der Organisationsentscheidungen zwar im Prinzip an den dann getroffenen Objektentscheidungen und den damit erzielten Resultaten messen. Da jedoch diese Resultate in der Regel von *mehreren* Objektentscheidungen (und von der jeweiligen Umweltsituation) abhängen, ist eine Zuordnung von beobachteten Konsequenzen zu einzelnen Organisationsmaßnahmen schwierig. Selbst wenn kein Zurechnungsproblem besteht, läßt sich bei beobachteten Konsequenzen häufig nicht beurteilen, ob sie eine vorteilhafte oder eine nachteilige Entwicklung signalisieren. Wenn zu einem späteren Zeitpunkt größere Klarheit besteht, ist es für sinnvolle Änderungsmaßnahmen vielleicht schon zu spät.

Es geht bei der Organisationskontrolle nicht nur darum, Entscheidungen aus der Vergangenheit „richtigzustellen", sondern sich fortlaufend an die veränderte externe und interne Umweltentwicklung anzupassen. Vor diesem Hintergrund sollen im folgenden Probleme der Organisationskontrolle behandelt werden. Die Organisationskontrolle kann den Charakter einer Eigenkontrolle oder einer Fremdkontrolle aufweisen. Bei *Eigenkontrolle* überprüft die Kontrollinstanz die Konsequenzen ihrer *eigenen* organisatorischen Entscheidungen. Bei *Fremdkontrolle* hingegen überprüft sie die Organisationsentscheidungen *nachgeordneter* Instanzen (oder überträgt diese Aufgabe einem „Kontrolleur", z.B. einer Stabsabteilung). Beide Formen der Organisationskontrolle werden in den folgenden Abschnitten dargestellt und die zwischen ihnen bestehenden Zusammenhänge aufgezeigt.

4.2.   Eigenkontrolle in einer einstufigen Hierarchie

In einer einstufigen Hierarchie werden Organisationsentscheidungen ausschließlich von einer einzigen Instanz getroffen. Die Kontrolle dieser Entscheidungen ist stets eine Eigenkontrolle. Der Kontrollbedarf kann folgende Ursachen haben:

– Zum Zeitpunkt der Organisationsentscheidung hat die Instanz unsichere Erwartungen darüber, wie die betroffenen Organisationsmitglieder in unterschiedlichen internen und externen Umweltsituationen auf organisatorische Maßnahmen reagieren werden.

– Zu diesem Zeitpunkt kennt die Instanz auch nicht mit Sicherheit die für die Aufgabenerfüllung charakteristischen (zukünftigen) internen und externen Umweltsituationen.

– Die Instanz trifft ihre Organisationsentscheidungen aufgrund von vereinfachten Kalkülen, in denen nur wenige organisatorische Gestaltungsalternativen erwogen und dabei deren zukünftige Konsequenzen nur grob antizipiert werden.

Im Zuge einer Organisationskontrolle werden Informationen über die Konsequenzen von Organisationsmaßnahmen und/oder die Ausprägungen von Situationsmerkmalen eingeholt. Da die organisatorischen Maßnahmen der Instanz in einer einstufigen Hierarchie allein dazu dienen, die Objektentscheidungen (und Kommunikationsentscheidungen[1]) der nachgeordneten Mitarbeiter zu steuern, erfolgt die Eigenkontrolle von Organisationsentscheidungen primär als Fremdkontrolle von *Objektentscheidungen* (Kapitel XXII):

Die Kontrollinstanz überprüft die Aktivitäten der nachgeordneten Mitarbeiter und/oder deren Konsequenzen und mißt diese an bestimmten (subjektiven) Sollvorstellungen. Einerseits wird kontrolliert, wie gut die gesetzten Verhaltensnormen befolgt worden sind. Andererseits wird überprüft, ob die Verhaltensnormen ihrerseits zu den gewünschten Ergebnissen führen; auch wenn Verhaltensnormen gut erfüllt werden, kann es sinnvoll sein, sie zu ändern, weil deren Befolgung in der vorliegenden Umwelt- und Unternehmenssituation zu nachteiligen Konsequenzen führt.

Bei der Kontrolle der nachgeordneten Mitarbeiter werden nicht nur ausführende Tätigkeiten überprüft (Verrichtungskontrolle), sondern auch das Vorgehen im Entscheidungsprozeß selbst (Planungskontrolle). Dabei orientieren sich die Kontrollmaßnahmen z.B. an folgenden Fragestellungen:

– *Ausmaß der Informationskompatibilität:* In welcher Weise und in welchem Umfang informieren sich die Entscheidungsträger? Haben sie adäquate Informationsmöglichkeiten? Können sie ihre Informationsmöglichkeiten nutzen? Wie kann der Informations- und Kommunikationsprozeß verbessert werden?

– *Ausmaß der Kalkülkompatibilität:* Verarbeiten die Entscheidungsträger ihre Informationen in angemessener Weise? Können sie die maßgeblichen Entscheidungsmodelle gut anwenden? Wie kann erreicht werden, daß die Informationen rascher und/oder besser verarbeitet werden?

---

1) Der Einfachheit halber werden im folgenden die Kommunikationsentscheidungen nicht explizit betrachtet. Sie können analog kontrolliert werden wie Objektentscheidungen.

– *Ausmaß der Anreizkompatibilität:* Sind die Entscheidungsträger motiviert, ihre Aufgaben gut zu erfüllen? Wie können extrinsische und intrinsische Anreize geschaffen werden?

Während die Planungs- und die Verrichtungskontrolle primär auf den *Input* des Leistungsprozesses ausgerichtet ist, steht bei der Ergebniskontrolle dessen Output im Vordergrund. Gegenstand der Ergebniskontrolle sind z.B. die Bestände an Halb- und Fertigfabrikaten, die Ausschußrate, die Kostenabweichungen im Fertigungsbereich, die Anzahl der Kundenreklamationen und der entgangenen Aufträge. Im Verlauf der Ergebniskontrolle wird zudem geprüft, worauf die beobachteten Sachverhalte zurückzuführen sind und wie durch organisatorische Änderungen Verbesserungen erzielt werden können.

4.3.   Eigen- und Fremdkontrolle in einer zweistufigen Hierarchie

In einer Hierarchie mit mehr als zwei Ebenen stellt sich für die Instanzen der höheren Hierarchieebenen nicht nur das Problem der Kontrolle der eigenen Organisationsentscheidungen (Eigenkontrolle), sondern auch das der Kontrolle der Organisationsentscheidungen nachgeordneter Instanzen (Fremdkontrolle). Zur Erläuterung betrachten wir eine Hierarchie mit drei Ebenen (Abbildung XXVI.1).

Die organisatorischen Maßnahmen der (Kontroll-)Instanz I dienen dazu, sowohl die Objekt- als auch die Organisationsentscheidungen der Instanzen II zu steuern[2]. Mithin darf sich die Eigenkontrolle der Instanz I nicht wie in einer einstufigen Hierarchie auf die Fremdkontrolle der unmittelbar nachgelagerten Objektentscheidungen beschränken. Damit die Instanz I ihre *eigenen* Organisationsentscheidungen beurteilen kann, muß sie auch die *Organisationsentscheidungen* der Instanzen II kontrollieren; zeigt sich dabei, daß deren organisatorische Maßnahmen nicht zulässig bzw. nicht sinnvoll sind, so kann die Instanz I korrigierend eingreifen. Darüber hinaus soll die Fremdkontrolle der Organisationsentscheidungen die Instanzen II schon ex ante dazu motivieren, selbst wieder gute Organisationsentscheidungen zu treffen (und u.a. eine sorgfältige Kontrolle ihrer *eigenen* Organisationsentscheidungen vorzunehmen).

Bei der Fremdkontrolle wird die Instanz in der Regel zunächst überprüfen, welche organisatorischen Maßnahmen die Instanzen II *realisiert* haben. Die Überprüfung des *„Ist-Zustandes"* orientiert sich primär an folgenden Fragestellungen:

– Welche Verhaltensnormen haben die Instanzen II den nachgeordneten Aufgabenträgern vorgegeben und welche Verfügungsmöglichkeiten über Ressourcen haben sie ihnen eingeräumt?

– Welche Anstrengungen haben die Instanzen II (nicht) unternommen, um die Verhaltensnormen adäquat durchzusetzen? In welcher Weise haben sie z.B. die Entscheidungsträger über ihre Aufgaben informiert? In welcher Weise und in welchem Umfang haben sie die Aufgabenerfüllung kontrolliert?

Die festgestellten organisatorischen Maßnahmen (bzw. Versäumnisse) sind mit gewissen subjektiven Sollvorstellungen der Instanz I zu vergleichen. Diese Sollvor-

---

2)   Es sei daran erinnert, daß Kommunikationsentscheidungen nicht explizit betrachtet werden.

stellungen werden z.T. schon durch die expliziten Verhaltensnormen zum Ausdruck gebracht, mit denen die Instanz I die Ermessensspielräume für die Organisationsentscheidungen der Instanzen II begrenzt. Die Kontrolle, ob die Ermessensspielräume eingehalten worden sind (Zulässigkeitskontrolle), ist dabei tendenziell einfacher als die Kontrolle, ob im Rahmen der vorgegebenen Ermessensspielräume „gute" Organisationsentscheidungen getroffen wurden (Zweckmäßigkeitskontrolle). Die Zweckmäßigkeitskontrolle kann ebenso wie bei der Kontrolle von Objektentscheidungen als Ergebnis- und/oder als Planungskontrolle durchgeführt werden.

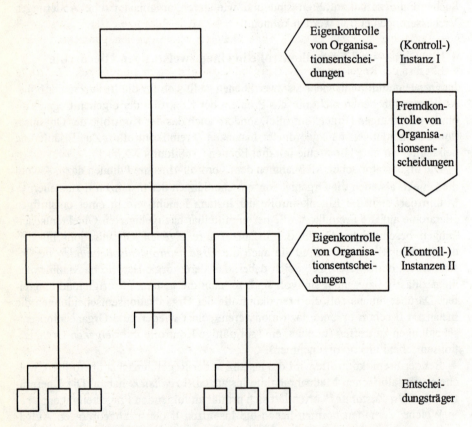

Abb. XXVI.1: Kontrolle von Organisationsentscheidungen in einer zweistufigen Hierarchie

In einer *Ergebniskontrolle* werden die Resultate der organisatorischen Maßnahmen der Instanzen II überprüft (und an bestimmten Sollvorstellungen gemessen). Da diese Maßnahmen allein dazu dienen, die nachgeordneten Objektentscheidungen zu steuern, ist es naheliegend, diese Entscheidungen und/oder deren Konsequenzen als Ergebnisse der Organisationsmaßnahmen der Instanzen II zu interpretieren: Die ergebnisorientierte Fremdkontrolle der Organisationsentscheidungen der Instanzen der zweiten Hierarchieebene erfolgt also in der Weise, daß die Tätigkeiten der Aufgabenträger der dritten Hierarchieebene und/oder deren Konsequenzen überprüft werden. Dabei kann im Prinzip ebenso vorgegangen werden wie bei (ergebnisorientierter) Eigenkontrolle der Organisationsentscheidungen in der zweistufigen Hierarchie.

Zeigen sich bei der ergebnisorientierten Fremdkontrolle Mängel bzw. Schwachstellen, so ist dies kein eindeutiges Indiz, daß die Instanzen II ihre Organisationsaufgaben schlecht erfüllt bzw. vernachlässigt haben. Vielleicht ist ihr Aufgabengebiet so umfangreich, daß sie damit in quantitativer und qualitativer Hinsicht überfordert werden. Außerdem können auch dann nachteilige Ergebnisse eintreten, wenn die Organisationsentscheidungen mit hinreichender Sorgfalt getroffen werden. Wenn ein Vorgesetzter z.B. einem bewährten Mitarbeiter die Lagerverwaltung überträgt, so kann er nicht ohne weiteres verantwortlich gemacht werden, wenn nun dieser Mitarbeiter Lagerdiebstahl begeht.

Es ist in der Regel sinnvoll, die Ergebniskontrolle durch eine *Planungskontrolle* der Organisationsentscheidungen zu ergänzen. Bei Planungskontrolle wird der Entscheidungsprozeß der kontrollierten Instanz II (in mehr oder weniger groben Zügen) nachvollzogen: Zum Beispiel wird überprüft, welche Organisationsalternativen sie in Betracht gezogen hat, welche Informationen zur Prognose der Konsequenzen dieser Alternativen sie eingeholt, welche Schlüsse sie daraus gezogen und an welchen Zielen sie sich bei ihren Organisationsentscheidungen orientiert hat. (Die Darstellungen zur Planungskontrolle von Objektentscheidungen in Kapitel XXII gelten analog auch für Organisationsentscheidungen.)

Die Beurteilung organisatorischer Maßnahmen kann immer nur vor dem Hintergrund der externen und internen Situation der Unternehmung erfolgen. Die Instanz I muß sich (sofern sie nicht bereits über einen hinreichenden Informationsstand verfügt) im Verlauf der Kontrolle auch über die relevanten Situationsmerkmale informieren und sich ein Urteil darüber bilden, wie durch alternative organisatorische Gestaltungsmaßnahmen die Verrichtungs- und Entscheidungsprozesse beschleunigt und/oder verbessert werden können. Die Instanz I muß sich dabei auch ein Urteil bilden über die *zukünftige Entwicklung* der Situation, die von ihr nur zum Teil beeinflußt werden kann, sowie über die jeweiligen Auswirkungen der alternativen organisatorischen Gestaltungsformen. Dies erleichtert die frühzeitige Wahrnehmung und Bewältigung eines Anpassungsbedarfs: „Wird beispielsweise in Erwartung eines expansiven Wachstums eine neue Rahmenstruktur geplant und verlangsamt sich nun dieses Wachstum, so hätte eine Organisationskontrolle auf eine rechtzeitige Anpassung der generellen Entwicklung der Organisationsstruktur hinzuwirken, und zwar indem entweder die Einführung der geplanten Rahmenstruktur zeitlich verschoben oder einer sachlichen Veränderung unterworfen wird" (GROCHLA, 1982, S. 79).

Das rechtzeitige Erkennen von Anpassungsbedarf stellt in der Praxis jedoch ein erhebliches Problem dar: „Zum einen fehlen bisher organisationspolitische Informations- oder Frühwarnsysteme, die den Verantwortlichen rechtzeitig und verläßlich eine relevante Veränderung des organisatorischen Bedingungsrahmens anzeigen könnten. Zum anderen sind derartige Änderungen oft auch deshalb schwer zu erkennen, weil sie sich schleichend und somit zunächst kaum spürbar entwickeln.

Schließlich ist die Neigung vieler Menschen, Bestehendes zu rechtfertigen und Änderungen nur zögernd zu ertragen, ein weiteres Hindernis für ein rechtzeitiges Anerkennen von Anpassungserfordernissen" (PICOT, 1993, S. 165f.). Strukturanpassungen werden häufig erst dann vorgenommen, wenn sie durch unübersehbare Symptome (wie z.B. Fluktuation und Abwesenheit des Personals, Konflikte, Verzögerungen und Störungen im Produktionsprozeß, Kostenerhöhungen) erzwungen werden.

5.   Interne Organisation vs. externe Organisation als Entscheidungsproblem

5.1.   Entscheidungsrelevante Sachverhalte

Für eine Organisation stellt sich stets auch das Problem, ob bestimmte Teilaufgaben im Rahmen „interner" oder „externer Koordination" abgewickelt werden sollen (Eigenerstellung vs. Fremdbezug von Gütern und Leistungen). Bei gleichen Qualitäten ist die Eigenerstellung dann vorzuziehen, wenn
– die Summe aus den reinen Produktionskosten und den internen Koordinationskosten niedriger ist als
– die Summe aus den reinen Beschaffungskosten und den externen Transaktionskosten (d.h. den Kosten der Suche nach Vertragspartnern, der Vertragsformulierung, der Kontrolle und Anpassung von Verträgen) bei Fremdbezug (Kapitel I, Abschnitt 2.2).

Stimmen die reinen Produktionskosten mit den reinen Beschaffungskosten überein, so konzentriert sich bei gleichen Qualitäten das Entscheidungsproblem auf den Vergleich der internen Koordinationskosten und der externen Transaktionskosten (PICOT, 1993, S. 106ff.). Bei Koordination über den Markt sind die (Transaktions-) Kosten für den Bedarfsträger tendenziell um so höher,
– je vager die Aufgabe und der Prozeß ihrer Erstellung definiert sind,
– je größer die Unsicherheit der Umwelt ist und
– je schwieriger es ist, im Falle von Konflikten mit den bisherigen Vertragspartnern auf neue auszuweichen.

5.2.   Schwer definierbare Güter und Leistungen: Die Tendenz zur Eigenerstellung

Je schwieriger es ist, die zu erfüllende Aufgabe eindeutig zu definieren, desto schwieriger ist auch der Vergleich der Angebote, die Vertragsformulierung, die Kontrolle und die Steuerung der auszuführenden Aktivitäten. Das Problem einer eindeutigen Aufgabendefinition stellt sich insbesondere dann, wenn die „Aufgabe" gerade auch darin bestehen soll, die gestellte Aufgabe zu präzisieren, also Lösungen für unstrukturierte (komplexe) Probleme zu suchen. Wenn z.B. einer Werbeagentur der Auftrag erteilt wird, eine Werbekonzeption zu erarbeiten, kann im voraus nicht eindeutig vertraglich vereinbart werden, was zu tun ist bzw. wie die Problemlösung aussehen soll. Wenn das bereits bekannt wäre, würde sich der Auftrag im allgemeinen erübrigen.

Wenn ein Vertrag Ermessensspielräume beläßt, besteht die Gefahr, daß er aus der Sicht des Auftraggebers schlecht erfüllt wird. Der Auftraggeber besteht eventuell auf zusätzlichen Leistungen, während der Vertragspartner die Meinung vertritt, den Vertrag bereits erfüllt zu haben. Möglicherweise muß die Einhaltung des Vertrags auf dem Rechtsweg durchgesetzt werden.

Werden schwer definierbare Aufgaben im Rahmen interner Koordination abgewickelt, so stellt sich zwar ebenfalls das Problem, daß zunächst nicht bekannt ist, wie diese Aufgaben zu erfüllen sind. Wenn jedoch eine Instanz *nachgeordneten* Mitarbeitern solche Aufgaben überträgt, hat sie vielfältige Möglichkeiten der unmittelbaren Kontrolle (Kapitel XXII). Sie kann mittels Weisungen korrigierend eingreifen, wenn sie den Eindruck gewinnt, daß die Aufgabe nicht gut erfüllt wird. Wenn der Vorgesetzte und ein nachgeordneter Mitarbeiter über Aufgabe und Aufgabenerfüllung in Konflikt geraten, können sie sich an übergeordnete Instanzen wenden, die sich tendenziell leichter ein Urteil bilden können als ein außenstehender Richter im Fall von Konflikten bei marktlicher Koordination. Es ist daher naheliegend, schwer definierbare (unstrukturierte) Aufgaben durch interne Koordination zu erledigen, sofern die dafür notwendigen Qualifikationen und Ressourcen in der eigenen Unternehmung vorhanden sind.

Gerade bei unstrukturierten Aufgaben können allerdings die Qualifikationen für eine gute Aufgabenerfüllung in der eigenen Unternehmung fehlen. Zwar mögen bei Fremdbezug von Gütern und Dienstleistungen wesentlich höhere Transaktionskosten entstehen als bei interner Abwicklung. Dieser Nachteil kann aber überkompensiert werden durch die Chance einer *besseren* Aufgabenerfüllung.

Insbesondere bei einmaligen Aufgaben ist es in der Regel nicht möglich oder zumindest zu teuer, die benötigten Qualifikationen und/oder Ressourcen zu erwerben. Je häufiger die entsprechenden Transaktionen durchgeführt werden, um so eher lohnt sich die *interne* Koordination dieser Aufgaben. Einerseits besteht die Tendenz, daß dann die benötigten Ressourcen adäquat ausgelastet werden können, andererseits entstehen aufgrund der wiederholten Abwicklung Lern- und Spezialisierungseffekte.

5.3.   Leicht definierbare Güter und Leistungen

5.3.1. *Standardgüter und -leistungen: Die Tendenz zum Fremdbezug*

Umgekehrt besteht die Tendenz, Standardgüter und -leistungen (z.B. Nägel, Zement, standardisierte Werkzeuge, wohldefinierte Schlosser- und Schreinerleistungen) selbst dann am externen Markt zu beziehen, wenn die Zahl der entsprechenden Transaktionen hoch ist. Es ist bei derartigen Gütern relativ einfach, sich einen guten Überblick über Anbieter und deren Konditionen (z.B. Preise, Qualitäten, Liefertermine) zu verschaffen, Verträge abzuschließen und Kontrollen vorzunehmen. Die Beschaffung am externen Markt ist insbesondere dann naheliegend, wenn die Produzenten (z.B. aufgrund großer Erfahrung und/oder hoher Produktionsmengen) kostengünstiger produzieren können als die eigene Unternehmung und zwischen ihnen (den Produzenten) ein starker Wettbewerb herrscht.

5.3.2. Unternehmensspezifische Güter und Leistungen: Die Tendenz zur Eigenerstellung bei hoher Variabilität und Ungewißheit

Bei spezifischen Zwischenprodukten, die (fast) nur in der *eigenen* Unternehmung benötigt werden und deren Produktion produktspezifische Vorleistungen erfordert (etwa den Erwerb spezieller Maschinen, die Einstellung und Ausbildung von Personal), besteht auch dann die Tendenz zur internen Abwicklung, wenn die betreffenden Güter und Leistungen leicht definiert werden können und (folglich) die Qualitätskontrolle einfach ist.

Einerseits wird ein externer Produzent die notwendigen Vorleistungen nur dann erbringen, wenn er eine hinreichende Chance sieht, seine Kapazitäten adäquat nutzen zu können; insbesondere richtet sich sein Interesse auf möglichst weitgehende Kapazitätsauslastung, einen möglichst hohen Preis und einen reibungslosen Produktionsablauf. Andererseits möchte der Bedarfsträger seinen Bedarf adäquat decken; sein Interesse richtet sich vor allem auf möglichst niedrige Kosten (bzw. niedrigen Preis) des Zwischenprodukts, und darauf, daß die Lieferungen in qualitativer, quantitativer und zeitlicher Hinsicht seinem Bedarf entsprechen. Die Interessen des Bedarfsträgers stehen in Konflikt mit denen des (potentiellen) externen Produzenten. Beide Seiten werden tendenziell erst dann miteinander kooperieren, wenn ein (langfristiger) Vertrag zustande kommt, der die Wahrung ihrer jeweiligen Interessen hinreichend sichert.

Wenn die zukünftige Entwicklung (z.B. der Produktionskosten, des qualitativen und quantitativen Bedarfs) variabel und ungewiß ist, dann verursacht aber die Vertragsformulierung große Probleme. Ein umfassendes Vertragswerk, in dem für alle möglichen Eventualitäten bedingte Transaktionen festgelegt werden, würde extrem hohe Verhandlungs- und Formulierungskosten verursachen. Werden nur globale Rahmenvereinbarungen getroffen, so können Änderungen der Aufgabenstellung (der Qualitäten, Mengen, Termine usw.) immer wieder konfliktträchtige Interpretationen und Anpassungen der Vereinbarungen erforderlich machen.

Bei *unsicheren Produktionskosten* des Zwischenprodukts können sich selbst dann ständig Konflikte ergeben, wenn die Aufgabe im Zeitablauf weitgehend konstant bleibt: Die Bindung des Preises an einen Preisindex bereitet deshalb Schwierigkeiten, weil für das Produkt annahmegemäß kein Marktpreis existiert, der als Orientierung dienen könnte[3]. Um die individuelle Kostensituation des (potentiellen) Produzenten zu berücksichtigen, könnte zwar ein Kostenpreis vereinbart werden (Preis = Stückkosten plus Gewinnzuschlag). Da dann der Produzent Unwirt-

---

3) Produzent und Abnehmer könnten allerdings vereinbaren, zumindest die wesentlichen Einsatzfaktoren, die in das Produkt eingehen, an beobachtbare Marktpreise bzw. Preisindizes (Metalle etc.) zu binden.

schaftlichkeiten auf den Bedarfsträger überwälzen kann, besteht für den Produzenten kein hinreichender Anreiz, die Kosten möglichst niedrig zu halten. Zwar kann dem Abnehmer vertraglich das Recht eingeräumt werden, Kostenkontrollen vorzunehmen. Jedoch dürfte die Wahrnehmung dieses Rechts praktisch sehr schwierig sein. Die Aufgabenträger, die mit der Herstellung des Produkts befaßt sind, werden versuchen, sich der *externen* Kontrolle zu entziehen. Das Klima für interne Kontrollen ist zwar grundsätzlich günstiger, jedoch besteht für die *internen* Kontrollinstanzen in einem Produktionsbetrieb kein besonderer Anreiz, ihre Kontrollaufgaben sorgfältig zu erfüllen, wenn Unwirtschaftlichkeiten der „eigenen" Unternehmung überwälzt werden können und mithin keinen oder nur einen geringen Nachteil mit sich bringen[4]. (Die Überwälzung wird erleichtert, wenn der Bedarfsträger nur mit Schwierigkeiten auf andere Produzenten ausweichen kann.)

Die aufgezeigten Probleme bewirken eine Tendenz zur Eigenerstellung des Produkts (interne Kooperation der Aufgabenträger im Rahmen einer Hierarchie). Bei der Beurteilung des Fremdbezuges von Gütern und/oder Leistungen sollte allerdings im allgemeinen nicht davon ausgegangen werden, daß die (potentiellen) Vertragspartner jede Gelegenheit nützen werden, Vorteile zu Lasten von Bedarfsträgern zu erzielen. Sie müssen damit rechnen, daß sie damit Vertragsbeziehungen zerstören. Außerdem schafft eine kooperative und kulante Zusammenarbeit mit Vertragspartnern Vertrauen. Das (berechtigte) Vertrauen der jetzigen Vertragspartner in einen Produzenten kann bewirken, daß auch andere Kunden mit ihm Vertragsbeziehungen aufnehmen.

Auch für die interne Kooperation in einer Organisation kann Vertrauen einen hohen ökonomischen Wert aufweisen. Vertrauen zu vorgesetzten Instanzen erleichtert die Akzeptanz ihrer organisatorischen Regelungen und motiviert dazu, diese gut zu erfüllen (daraus wiederum resultiert eine Reduktion der internen Koordinationskosten). Um Vertrauen zu schaffen, müssen die vorgesetzten Instanzen bemüht sein, Organisationsaufgaben in fairer Weise zu erfüllen.

Ergänzende und vertiefende Literatur:

ALBACH (1976; 1980); BARTÖLKE (1980b); BLEICHER/HAHN (1980); DRUMM (1980a; 1980b); ESSER/GABELE/KIRSCH (1979); GROCHLA (1982); KRÜGER (1983); SCHANZ (1982, S. 323ff.).

---

4) Konflikte zwischen einem externen Produzenten und dem Bedarfsträger können sich auch aufgrund divergierender Risikoeinstellungen und Erwartungen über die zukünftige Umweltentwicklung ergeben. Sie sind insbesondere dann von Bedeutung, wenn Kapazitätsänderungen zur Debatte stehen. So mag der Bedarfsträger z.B. für eine Erweiterung der Kapazität plädieren, während der Produzent die Entwicklung des Bedarfs skeptischer beurteilt und das Risiko zusätzlicher Investitionen scheut.

Literaturverzeichnis

Ackermann, K.-F.: Anreizsysteme. In: HWB. Grochla, E., Wittmann, W. (Hrsg.), 4. Aufl., Bd. I/1, Sp. 156-163. Stuttgart 1974

Adam, D.: Kurzlehrbuch Planung. Wiesbaden 1980

Albach, H.: Zur Theorie der Unternehmensorganisation. ZfhF 11, S. 238-259 (1959)

Albach, H.: Entscheidungsprozeß und Informationsfluß in der Unternehmensorganisation. In: Organisation. TFB-Handbuchreihe, Bd.1, Schnaufer, E., Agthe, K. (Hrsg.), S. 355-402. Berlin 1961

Albach, H.: Innerbetriebliche Lenkpreise als Instrument dezentraler Unternehmensführung. In: ZfbF 26, S. 216-242 (1974)

Albach, H.: Kritische Wachstumsschwellen in der Unternehmensentwicklung. In: ZfB 46, S. 683-696 (1976)

Albach, H.: Organisationsänderung. In: HWO. Grochla, E. (Hrsg.), 2. Aufl., Sp. 1446-1460. Stuttgart 1980

Albach, H. (Hrsg.): Organisation. Wiesbaden 1989

Albers, S.: Außendienststeuerung mit Hilfe von Lohnanreizsystemen. In: ZfB 50, S. 713-736 (1980)

Alchian, A., Demsetz, H.: Production, Information Costs, and Economic Organisation. In: AER 62, S. 777-795 (1972)

Alchian, A., Demsetz, H.: The Property Rights Paradigm. Journal of Economic History 23, S. 16-27 (1973)

Aldrich, H.E.: Organizations and Environments. Englewood Cliffs (N.Y.) 1979

Alewell, K.: Absatzorganisation. In: HWO. Grochla, E. (Hrsg.), 2. Aufl., Sp. 30-42. Stuttgart 1980

Alt, A.: Grundzüge der Unternehmensführung. München 2004

Argyris, C.: Integrating the Individual and the Organization. New York 1964

Argyris, C.: Management and Organizational Development. New York 1971

Arrow, K.J.: The Limits of Organization. New York 1974

Arrow, K.J.: The Economics of Agency. In: Pratt, J.W., Zeckhauser, R.J. (eds.): Principals and Agents: The Structure of Business. Boston, S. 37-51 (1985)

Asch, S.E.: Änderung und Verzerrung von Urteilen durch Gruppendruck. In: Texte aus der experimentellen Sozialpsychologie. Irle, M. (Hrsg.), S. 57-73. Neuwied 1969

Atkinson, A.A.: Standard Setting in an Agency. In: MS 24, S. 1351-1361 (1978)

Atkinson, J.W.: Einführung in die Motivationsforschung. Stuttgart 1975

Baetge, J.: Teamtheorie. In: HdWW. Albers, W. u.a. (Hrsg.), Sp. 553-566. Stuttgart 1977

Baetge, J.: Motivation von Mitarbeitern im Unternehmen. In: Unternehmenstheorie und Unternehmensplanung. Mellwig, W. (Hrsg.), S. 11-30. Wiesbaden 1979

Baetge, J.: Überwachung. In: Vahlens Kompendium der Betriebswirtschaftslehre. Baetge, J. et al. (Hrsg.), Bd. 2, S. 159-200. München 1984

Baiman, S.: Agency Research in Managerial Accounting: A Survey. In: Journal of Accounting Literature, Vol. 1 (1982), S. 154-213, wiederabgedruckt in: Modern Accounting Theory: History, Survey, and Guide. Richard Mattesich (ed.). Vancouver 1984, S. 251-292

Baiman, S., Evans III, J.H.: Pre-Decision Information and Participative Management Control Systems. In: Journal of Accounting Research, Vol. 21 (1983), S. 371-395

Ballwieser, W.: Unternehmensbewertung und Komplexitätsreduktion. Wiesbaden 1983

Ballwieser, W.: Adolf Moxter und der Shareholder Value-Ansatz, in: BALLWIESER, W. u.a. (Hrsg.): Bilanzrecht und Kapitalmarkt, Festschrift für ADOLF MOXTER, Düsseldorf 1994, S. 1377-1405.

Ballwieser, W., Schmidt, R.H.: Unternehmensverfassung, Unternehmensziele und Finanztheorie. In: Unternehmensverfassung als Problem der Betriebswirtschaftslehre. Bohr, K. et al. (Hrsg.), S. 645-682. Berlin 1981

Bamberg, G., Coenenberg, A.G.: Betriebswirtschaftliche Entscheidungslehre. 11. Aufl. München 2002

Bamberg, G., Spremann, K. (Hrsg.): Agency Theory, Information, and Incentives. Berlin u.a. 1987

Barnard, C.I.: The Functions of the Executive. Cambridge, Mass. 1938; deutsche Übersetzung: Die Führung großer Organisationen. Essen 1970

Bartölke, K.: Hierarchie. In: HWO. Grochla, E. (Hrsg.), 2. Aufl., Sp. 830-837. Stuttgart 1980a

Bartölke, K.: Organisationsentwicklung. In: HWO. Grochla, E. (Hrsg.), 2. Aufl., Sp. 1468-1481. Stuttgart 1980b

Baumol, W.J., Fabian, T.: Decomposition, Pricing for Decentralization and External Economics. MS 11, S. 1-32 (1964)

Bea, F.X., Göbel, E.: Organisation. 2. Aufl. Stuttgart 2002

Becker, F.G.: Anreizsysteme für Führungskräfte im Strategischen Management. 2. Aufl. Bergisch Gladbach 1986

Becker, F.G., Holzer, H.P.: Erfolgsbeteiligung und Strategisches Management in den USA. In: DBW 46, S. 438-459 (1986)

Becker, H.: Eine transaktionskostentheoretische Interpretation interner Arbeitsmärkte. Berlin 1985

Beckhard, R.: Organisationsentwicklung. Baden-Baden 1972

Beckmann, M.J.: Rank in Organizations. Berlin 1978

Beckmann, M.J.: Tinbergen Lectures on Organization Theory. Berlin 1983

Bendixen, P.: Kreativität und Unternehmensorganisation. Köln 1976

Bendixen, P.: Der theoretische und pragmatische Anspruch der Organisationsentwicklung. In: DBW 40, S. 187-203 (1980)

Bennis, W.G.: Organization Development. Its Nature, Origins and Prospects. Reading, Mass. 1969; deutsche Übersetzung: Organisationsentwicklung. Baden-Baden 1972

Berg, C.C.: Organisationsgestaltung. Stuttgart 1981

Berthel, J.: Zielorientierte Unternehmenssteuerung. Die Formulierung operationaler Zielsysteme. Stuttgart 1973

Berthel, J.: Managementprinzipien. In: HWO. Grochla, E. (Hrsg.), 2. Aufl., Sp. 1265-1280. Stuttgart 1980

Bitz, M.: Strukturierung ökonomischer Entscheidungsmodelle. Wiesbaden 1977

Bitz, M.: Entscheidungstheorie. München 1981

Bitz, M., Rogusch, M.: Risikonutzen, Geldnutzen und Risikoeinstellung. In: ZfB 46, S. 853-868 (1976)

Black, D.: The Theory of Committees and Elections. Cambridge 1958

Blau, P.M., Schoenherr, F.: The Structure of Organizations. New York 1971

Blau, P.M., Scott, W.R.: Formal Organizations: A Comparative Approach. San Francisco 1962

Bleicher, K.: Kollegien. In: HWB. Grochla, E., Wittmann, W. (Hrsg.), 4. Aufl., Bd. 2, Sp. 2157-2169. Stuttgart 1975

Bleicher, K.: Führung. In: HWO. Grochla, E. (Hrsg.), 2. Aufl., Sp. 729-744. Stuttgart 1980

Bleicher, K.: Organisation. Formen und Modelle. Wiesbaden 1981

Bleicher, K., Hahn, D.: Organisationsplanung. In: HWO. Grochla, E. (Hrsg.), 2. Aufl., Sp. 1718-1729. Stuttgart 1980

Bleicher, K., Meyer, E: Führung in der Unternehmung - Formen und Modelle. Reinbek 1976

Blum, E.: Betriebsorganisation. Methoden und Techniken. Wiesbaden 1982

Bössmann, E.: Die ökonomische Analyse von Kommunikationsbeziehungen in Organisationen. Berlin 1967

Bössmann, E.: Unternehmungen, Märkte, Transaktionskosten: Die Koordination ökonomischer Aktivitäten. In: WiSt 3, S. 105-111 (1983)

Borch, K.: Equilibrium in a Reinsurance Market. In: Econometrica (30), S. 424-444 (1962)

Botta, V.: Kennzahlensysteme als Führungsinstrumente. Planung, Steuerung und Kontrolle der Rentabilität im Unternehmen. Berlin 1984

Braun, W.: Die Organisation ökonomischer Aktivitäten. Wiesbaden 1987

Bretzke, W.-R.: Der Problembezug von Entscheidungsmodellen. Tübingen 1980

Breuer, W.: Linearitäten in Anreizverträgen bei groben Informationstrukturen. Wiesbaden 1995

Brickley, J.A., Smith, C.W., Zimmermann, J.L.: Managerial Economics and Oranizational Architecture. Chicago 1997

Brink, H.-J.: Die Koordination funktionaler Teilbereiche der Unternehmung. Stuttgart 1981

Brockhoff, K.: Forschung und Entwicklung, Planung und Organisation von. In: HWB. Grochla, E., Wittmann, W. (Hrsg.), 4. Aufl., Sp. 1530-1542. Stuttgart 1974

Brown, W.B., Moberg, D.J.: Organization Theory and Management: A Macro Approach. New York 1980

Bühner, R.: Strategie und Organisation. Wiesbaden 1985

Bühner, R.: Organisation (Sammelrezension). In: DBW 46, S. 501-509 (1986)

Bühner, R.: Betriebswirtschaftliche Organisationslehre. 3. Aufl. München 1987

Bühner, R.: Spartenorganisation. In: HWO. Frese, E. (Hrsg.), 3. Aufl., Sp. 2274-2287. Stuttgart 1992

Bühner, R., Walter, H.: Divisionalisierung in der Bundesrepublik Deutschland. In: Der Betrieb 30, S. 1205-1207 (1977)

Buxmann, P.: Informationsmanagement in vernetzten Unternehmen. Wiesbaden 2001

Calvo, G.A., Wellisz, St.: Supervision, Loss of Control and the Optimum Size of the Firm. Journal of Political Economy 86, S. 943-952 (1978)

Campbell, T.S., Kracaw, W.A.: The Market for Managerial Labor Services and Capital Market Equilibrium. In: Journal of Financial and Quantitative Analysis 20, S. 277-297 (1985)

Campbell, T.S., Kracaw, W.A.: Optimal Managerial Incentive Contracts and the Value of Corporate Insurance. In: Journal of Financial and Quantitative Analysis 22, S. 315-328 (1987)

Carleton, W.T.,Lakonishok, J.: Risk and Return on Equity: The Use and Misuse of Historical Estimates, in: Financial Analysts Journal 41, S. 38-47 (1985)

Cartwright, D., Zander, A. (eds.): Group Dynamics. New York 1968

Chandler, A.D.: Strategy and Structure. Chapters in the History of the Industrial Enterprise. Cambridge, Mass. 1962 (Paperback Edition 1969); auszugsweise übersetzt in: Entscheidungstheorie. Witte, E., Thimm, A. (Hrsg.), S. 147-180. Wiesbaden 1977

Chandler, A.D.: The Visible Hand. Cambridge 1978

Child, J.: Organization. London 1977

Christensen, J.: Communication in Agencies. In: Bell Journal of Economics, Vol. 12 (1981), S. 661-674

Cleland, D.I. (ed.): Matrix Management Systems Handbook. New York 1984

Coase, R.H.: The Nature of the Firm. In: Economica 4, S. 386-405 (1937)

Coenenberg, A.G.: Verrechnungspreise zur Steuerung divisionalisierter Unternehmen. WiSt 2, S. 373-382 (1973)

Collins, B.E.: Social Psychology. Menlo Park (California) 1970

Copeland, T.,Koller, T.,Murrin, J.: Valuation - Measuring and Managing the Value of Companies, 4. Aufl., New York 1994

Cyert, R., March, J.G.: A Behavioral Theory of the Firm. Englewood Cliffs (N.Y.) 1963

Danert, G., Drumm, H.-J., Hax, K. (Hrsg.): Verrechnungspreise. Opladen 1973

Dantzig, G.B., Wolfe, Ph.: The Decomposition Algorithm for Linear Programs. In: Econometrica 29, S. 767-778 (1961)

Dean, J.: Capital Budgeting. New York 1951

Dean, J.: Decentralisation and Intracompany Pricing. In: HBR 33, S. 65-74 (1955)

Dearden, J.: Problem in Decentralized Profit Responsibility. In: HBR 38, S. 79-86 (1960)

Dearden, J.: Mirage of Profit Decentralization. In: HBR 40, S. 140-154 (1962)

Dearden, J.: Appraising Profit Center Managers. In: HBR 46, S. 80-87 (1968)

Dearden, J., Edgerly, W.S.: Bonus Formula for Division Heads. In: HBR 43, S. 83-90 (1965)

Demski, J.S.: Uncertainty and Evaluation Based on Controllable Performance. In: Journal of Accounting Research, Vol. 14 (1976), S. 230-245.

Demski, J., Feltham, G.A.: Economic Incentives in Budgetory Control Systems. In: Accounting Review 53, S. 336-359 (1978)

Deutsch, M.: Group Behavior. In: International Encyclopedia of the Social Sciences. Skills, D.L. (Hrsg.) (1968)

Diamond, D.W., Verrecchia, R.E.: Optimal Managerial Contracts and Equilibrium Security Prices. In: Journal of Finance (37), S. 275-287 (1982)

Dinkelbach, W.: Entscheidungsmodelle. Berlin 1982

Domsch, M.: Personal. In: Vahlens Kompendium der Betriebswirtschaftslehre. Baetge, J. et al. (Hrsg.), Bd. 1, S. 483-539. München 1984

Drumm, H.J.: Theorie und Praxis der Lenkung durch Preise. In: ZfbF 24, S. 253-267 (1972)

Drumm, H.J.: Zur Koordinations- und Allokationsproblematik bei Organisationen mit Matrix-Struktur. In: Unternehmensführung. Festschrift für Erich Kosiol zu seinem 75. Geburtstag. Wild, J. (Hrsg.), S. 323-349. Berlin 1974

Drumm, H.J.: Planungs- und Anpassungsprobleme der Geschäftsbereichsorganisation. In: ZfB 48, S. 87-104 (1978)

Drumm, H.J.: Grundlagen und theoretische Konzepte der Organisationsplanung. In: WiSt 9, S. 311-317 (1980a)

Drumm, H.J.: Pragmatische Ansätze der Organisationsplanung. In: WiSt 9, S. 353-356 (1980b)

Drumm, H.J.: Matrix-Organisation. In: HWO. Grochla, E. (Hrsg.), 2. Aufl., Sp. 1291-1301. Stuttgart 1980c

Drumm, H.J.: Organisationsplanung. In: HWO. Frese, E. (Hrsg.), 3. Aufl., Sp. 1589-1602. Stuttgart 1992

Drumm, H.J.: Das Paradigma der neuen Dezentralisation. In: DBW 56, S. 7-20 (1996)

Drumm, H.J.: Personalwirtschaftslehre, 5. Aufl. Berlin 2004

Dullien, M.: Flexible Organisation. Praxis, Theorie und Konsequenzen des Projekt- und Matrix-Management. Opladen 1972

Dunbar, R.L.M.: Budgeting for Control. In: ASQ 16, S. 88-96 (1971)

Dyckhoff, H.: Informationsverdichtung zur Alternativenbewertung. In: ZfB 56, S. 848-872 (1986)

Eisenführ, F.: Zur Entscheidung zwischen funktionaler und divisionaler Organisation. In: ZfB 40, S. 725-746 (1970)

Eisenführ, F.: Lenkungsprobleme der divisionalisierten Unternehmung. In: ZfbF 26, S. 824-842 (1974)

Eisenführ, F.: Divisionale Organisation. In: HWO. Grochla, E. (Hrsg.), 2. Aufl., Sp. 558-568. Stuttgart 1980

Eisenführ, F.: Budgetierung. In: HWO. Frese, E. (Hrsg.), 3. Aufl., Sp. 363-373. Stuttgart 1992

Eisenführ, F., Weber, M.: Rationales Entscheiden. 4. Aufl. Berlin 2003

Etzioni, A.: A Comparative Analysis of Complex Organizations. New York 1961

Ewert, R.: Wirtschaftsprüfung und asymmetrische Information. Berlin 1990

Ewert, R., Wagenhofer, A.: Interne Unternehmensrechnung. 5. Aufl. Berlin 2003

Fama, E.F.: Agency Problems and the Theory of the Firm. In: Journal of Political Economy 88, S. 288-307 (1980)

Fama, E.F., Jensen, M.C.: Separation of Ownership and Control. In: Journal of Law and Economics 26, S. 301-325 (1983)

Fandel, G.: Zur Formulierung und Lösung organisatorischer Entscheidungsprobleme. In: ZfB 49, S. 604-626 (1979a)

Fandel, G.: Optimale Entscheidungen in Organisationen. Berlin 1979b

Farquharson, R.: Straight Forwardness in Voting Procedures. In: Oxford Economic Papers, NS 8, S. 80-89 (1956)

Fayol, H.: Allgemeine und industrielle Verwaltung. München 1929; deutsche Übersetzung von: Administration industrielle et generale. Paris 1916

Fessmann, K.-D.: Effizienz der Organisation. In: RKW-Handbuch Führungstechnik und Organisation. Band 1482. Potthoff, E. (Hrsg.), S. 1-49. Berlin 1979

Fieten, R.: Die Gestaltung der Koordination betrieblicher Entscheidungssysteme. Frankfurt 1977

Fieten, R.: Einkaufsorganisation. In: HWProd. Kern, W. (Hrsg.), Sp. 450-457. Stuttgart 1979

Fieten, R.: Beschaffung, Organisation der. In: HWO. Frese, E. (Hrsg.), 3. Aufl., Sp. 340-353. Stuttgart 1992

Föhr, S.: Ökonomische Analyse der internen Organisation. Wiesbaden 1991

Föhr, S.: Organisation und Gleichgewicht: Möglichkeiten und Grenzen einer strukturalistisch fundierten Organisationstheorie. Wiesbaden 1997

Franke, G.: Investitionspolitik, betriebliche. In: HWB. Grochla, E., Wittmann, W. (Hrsg.), 4. Aufl., Bd. 2, Sp. 1996-2004. Stuttgart 1975

Franke, G.: Stellen- und Personalbedarfsplanung. Opladen 1977

Franke, G.: Kapitalmarktverfassung, Managerentlohnung und Bilanzpolitik. In: Gillenkirch, R.M., Schauenberg, B., Schenk-Mathes, H.Y., Velthuis, L.J. (Hrsg.): Wertorientierte Unternehmenssteuerung. Festschrift für Helmut Laux. S. 23-46. Berlin 2004

Franke, G., Hax, H.: Finanzwirtschaft des Unternehmens und Kapitalmarkt. 5. Aufl. Berlin 2004

Franke, G., Laux, H.: Die Ermittlung der Kalkulationszinsfüße für investitionstheoretische Partialmodelle. In: ZfbF, NF 20, S. 740-759 (1968)

French, J.R.P., Raven, B.: The Bases of Social Power. In: Group Dynamics. Cartwright, D., Zander, A. (Hrsg.), S. 259-269. New York 1968

Frese, E.: Organisation und Koordination. In: ZfO 41, S. 404-411 (1972)

Frese, E.: Koordination von Entscheidungen in Sparten-Organisationen. In: BFuP 27, S. 217-234 (1975a)

Frese, E.: Koordination. In: HWB. Grochla, E, Wittmann, W. (Hrsg.), 4. Aufl., Bd. 2, Sp. 2263-2273. Stuttgart 1975b

Frese, E.: Arbeitsteilung und -bereicherung. In: HWProd. Kern, W. (Hrsg.), Sp. 147-160. Stuttgart 1979

Frese, E.: Projektorganisation. In: HWO. Grochla, E. (Hrsg.), 2. Aufl., Sp. 1960-1974. Stuttgart 1980

Frese, E.: Grundlagen der Organisation. 7. Aufl. Wiesbaden 1997

Frese, E.: Organisationsstrukturen, mehrdimensionale. In: HWO. Frese, E. (Hrsg.), 3. Aufl., Sp. 1670-1688. Stuttgart 1992a

Frese, E.: Organisationstheorie. In: HWO. Frese, E. (Hrsg.), 3. Aufl., Sp. 1706-1733. Stuttgart 1992b

Frese, E.: Produktion, Organisation der. In: HWO. Frese, E. (Hrsg.), 3. Aufl., Sp. 2039-2058. Stuttgart 1992c

Frese, E.: Organisationstheorie. 2. Aufl. Wiesbaden 1992d

Frese, E.: Grundlagen der Organisation. 7. Aufl. Wiesbaden 1998

Frese, E., Glaser, H.: Verrechnungspreise in Spartenorganisationen. In: DBW 40, S. 109-123 (1980)

Fuchs, R.: Hierarchie im Wandel. In: ZfO 44, S. 9-18 (1975)

Fuchs-Wegner, G.: Management by ... . Eine kritische Betrachtung moderner Managementprinzipien und Konzeptionen. In: BFuP 25, S. 678-692 (1973)

Fuchs-Wegner, G., Welge, M.: Kriterien für die Beurteilung und Auswahl von Organisationskonzeptionen. In: ZfO 43, S. 71-82, 163-170 (1974)

Gabele, E.: Unternehmungsstrategie und Organisationsstruktur. In: ZfO 48, S. 181-190 (1979)

Gabele, E.: Unternehmungsgrundsätze. Ein Spiegelbild innerbetrieblicher und gesellschaftlicher Entwicklungen. In: ZfO 50, S. 245-252 (1981)

Gaitanides, M.: Planungsmethodologie. Berlin 1979

Gaitanides, M.: Prozeßorganisation. München 1983

Galbraith, J.R.: Designing Complex Organization. Reading, Mass. 1973

Galbraith, J.R.: Organization Design. Reading, Mass. 1977

Gaugler, E.: Instanzenbildung. In: HWO. Grochla, E. (Hrsg.), 2. Aufl., Sp. 959-969. Stuttgart 1980

Gebert, D.: Organisationsentwicklung. In: DBW 42, S. 447-456 (1982)

Gellerman, S.W.: Management by Motivation. New York 1968

Gillenkirch, R.M.: Gestaltung optimaler Anreizverträge: Motivation, Risikoverhalten und beschränkte Haftung. Wiesbaden 1997

Gillenkirch, R.M.: Gewinn- und aktienkursorientierte Managementvergütung. Wiesbaden 2004

Gillenkirch, R.M.,Schabel, M.M.: Investitionssteuerung, Motivation und Periodenerfolgsrechnung bei ungleichen Zeitpräferenzen. In: ZfbF 53, S. 216-245 (2001)

Gjesdal, F.: Information and Incentives: The Agency Information Problem. In: Review of Economic Studies, Vol. 49 (1982), S. 373-390

Golembiewski, R.T.: Organization Men and Power. Pattern of Behavior and Line-Staff Models. Chicago 1967

Gordon, M.J., Shapiro, E.: Capital Equipment Analysis: The Required Rate of Profit. In: MS 3, S. 102-110 (1956); deutsche Übersetzung in: Die Finanzierung der Unternehmung. Hax, H., Laux, H. (Hrsg.). Köln 1975

Grabatin, G.: Effizienz von Organisationen. Berlin 1981

Grass, R.-D., Stützel, W.: Volkswirtschaftlehre. München 1983

Greiner, L.E.: Evolution and Revolution as Organizations Grow. In: HBR 50, S. 37-46 (1972)

Grochla, E.: Unternehmensorganisation. Reinbek 1972

Grochla, E.: Organisationstheorie. 1. Bd. Stuttgart 1975

Grochla, E.: Organisationstheorie. 2. Bd. Stuttgart 1976

Grochla, E.: Leitungsorganisation im Produktionsbereich. In: HWProd. Kern, W. (Hrsg.), Sp. 1104-1115. Stuttgart 1979

Grochla, E. (Hrsg.): Handwörterbuch der Organisation (HWO). 2. Aufl. Stuttgart 1980

Grochla, E.: Grundlagen der organisatorischen Gestaltung. Stuttgart 1982

Grochla, E., Welge, M.K.: Zur Problematik der Effizienzbestimmung von Organisations-strukturen. In: Elemente der organisatorischen Gestaltung. Grochla, E. (Hrsg.), S. 191-210. Reinbek 1978

Grossman, S.J., Hart, O.D.: An Analysis of the Principal-Agent-Problem. In: Econometrica (51), S. 7-45 (1983)

Groves, T., Loeb, M.: Incentives in a Divisionalized Firm. In: MS 25, S. 221-230 (1979)

Grün, O.: Zielbildung, Prozesse der. In: HWB. Grochla, E., Wittmann, W. (Hrsg.), 4. Aufl., Bd. I/3, Sp. 4719-4730. Stuttgart 1976

Grün, O.: Projektorganisation. In: HWO. Frese, E. (Hrsg.), 3. Aufl., Sp. 2102-2116. Stuttgart 1992

Gümbel, R.: Handel, Markt und Ökonomik. Wiesbaden 1985

Gutenberg, E.: Unternehmensführung, Organisation und Entscheidung. Wiesbaden 1962

Gzuk, R.: Messung der Effizienz von Entscheidungen. Tübingen 1975

Haberfellner, R.: Organisationsmethodik. In: HWO. Grochla, E. (Hrsg.), 2. Aufl., Sp. 1701-1710. Stuttgart 1980

Haberfellner, R.: Projektmanagement. In: HWO. Frese, E. (Hrsg.), 3. Aufl., Sp. 2090-2102. Stuttgart 1992

Haberstock, L.: Grundzüge der Kosten- und Erfolgsrechnung. 3. Aufl. München 1982

Häusler, J.: Führungsstile und Führungsverhalten. In: HWB. Grochla, E., Wittmann, W. (Hrsg.), 4. Aufl., Bd. I/1, Sp. 1577-1596. Stuttgart 1974

Hage, J.: Theories of Organizations. New York 1980

Hage, J., Aiken, M.: Social Change in Complex Organizations. New York 1970

Hahn, D.: Fertigung, Organisation der. In: HWO. Grochla, E. (Hrsg.), 2. Aufl., Sp. 680-698. Stuttgart 1980

Hall, R.H.: Organizations: Structure and Process. Englewood Cliffs (N.J.) 1972

Hamel, W.: Zur Zielvariation in Entscheidungsprozessen. In: ZfbF 25, S. 739-759 (1973)

Hamel, W.: Zieländerungen im Entscheidungsprozeß. Tübingen 1974

Hanf, C.H.: Entscheidungslehre. München, Wien 1986

Hanssmann, F.: Optimierung der Organisationsstruktur. In: ZfB 40, S. 17-30 (1970)

Harris, M., Raviv, A.: Optimal Incentive Contracts with Imperfect Information. Carnegie Mellon University, Mimeo 1976

Harris, M., Raviv, A.: Some Results on Incentive Contracts with Application to Education and Employment, Health Insurance, and Law Enforcement. In: AER (68), S. 20-30 (1978)

Harris, M., Raviv, A.: Optimal Incentive Contracts with Imperfect Information. In: Journal of Economic Theory (20), S. 231-259 (1979)

Hartmann-Wendels, T.: Agency-Theorie. In: HWO. Frese, E. (Hrsg.), 3. Aufl., Sp. 72-79. Stuttgart 1992

Hauschildt, J.: Organisation der finanziellen Unternehmensführung. Stuttgart 1970

Hauschildt, J.: Entscheidungsziele. Tübingen 1977

Hax, H.: Investitions- und Finanzierungsplanung mit Hilfe der linearen Programmierung. In: ZfbF 16, S. 430-446 (1964)

Hax, H.: Die Koordination von Entscheidungen. Köln 1965

Hax, H.: Die Koordination von Entscheidungen in der Unternehmung. In: Unternehmerische Planung und Entscheidung. Busse von Colbe, W., Meyer-Dohm, P. (Hrsg.), S. 39-70. Bielefeld 1969a

Hax, H.: Optimierung von Organisationsstrukturen. In: HWO. Grochla, E. (Hrsg.), 1. Aufl., Sp. 1083-1089. Stuttgart 1969b

Hax, H.: Entscheidungsmodelle in der Unternehmung. Einführung in Operations Research. Reinbek 1974

Hax, H.: Betriebswirtschaftliche Fragestellungen. Schriftenreihe der Fernuniversität-Gesamthochschule in Hagen (1977)

Hax, H.: Finanzwirtschaft, Organisation der. In: HWO. Grochla, E. (Hrsg.), 2. Aufl., Sp. 698-707. Stuttgart 1980

Hax, H.: Die arbeitsgeleitete Unternehmung - Probleme der Unternehmensführung und Überwachung. In: Management und Kontrolle. Seicht, G. (Hrsg.), S. 337-364. Berlin 1981

Hax, H.: Finanzierung. In: Vahlens Kompendium der Betriebswirtschaftslehre. Baetge, J. et al. (Hrsg.), Bd. 1, S. 367-422. München 1984

Hax, H.: Investitionstheorie. 5. Aufl. Würzburg 1985

Hax, H.: Was bedeutet Periodenerfolgsmessung? In: Gillenkirch, R.M., Schauenberg, B., Schenk-Mathes, H.Y., Velthuis, L.J. (Hrsg.): Wertorientierte Unternehmenssteuerung. Festschrift für Helmut Laux. S. 77-98. Berlin 2004

Hax, H.: Unternehmen und Unternehmer in der Marktwirtschaft. Buchmanuskript. Erscheint 2005

Hax, H., Laux, H.: Investitionstheorie. In: Beiträge zur Unternehmensforschung. Menges, G. (Hrsg.), S. 227-284. Würzburg 1969

Hax, H., Laux, H.: Flexible Planung - Verfahrensregeln und Entscheidungsmodelle für die Planung bei Ungewißheit. In: ZfbF 24, S. 318-340 (1972)

Heinen, E.: Grundlagen betriebswirtschaftlicher Entscheidungen. 3. Aufl. Wiesbaden 1976

Heinen, E.: Einführung in die Betriebswirtschaftslehre. 9. Aufl. Wiesbaden 1985

Hentze, J., Brose, P.: Organisation. Landsberg am Lech 1985

Herzberg, F., Mausner, B., Snyderman, B.B.: The Motivation to Work. 2. Aufl. New York 1959

Hill, W., Fehlbaum, R., Ulrich, P.: Organisationslehre. Bd. 1 und Bd. 2. 3. Aufl. Bern 1981

Hirshleifer, J.: Economics of the Divisionalized Firm. In: Journal of Business 30, S. 96-108 (1957)

Hoffmann, F.: Entwicklung der Organisationsforschung. 2. Aufl. Wiesbaden 1976

Hoffmann, F.: Unternehmensleitung, Organisation der. In: HWO. Grochla, E. (Hrsg.), 2. Aufl., Sp. 2261-2272. Stuttgart 1980a

Hoffmann, F.: Organisation, Begriff der. In: HWO. Grochla, E. (Hrsg.), 2. Aufl., Sp. 1426-1431. Stuttgart 1980b

Hofstede, G.H.: The Game of Budget Control. 2. Aufl. Assen 1970

Holmström, B.: Moral Hazard and Observability. In: Bell Journal of Economics (10), S. 74-91 (1979)

Holmström, B.: Moral Hazard in Teams. In: Bell Journal of Economics, Vol. 13 (1982), S. 324-340 (1982)

Horst, M., Schmidt, R.H., Terberger, E.: Risikoaufteilung durch Prämiensysteme. In: ZfB 52, S. 942-958 (1982)

Horvath, P.: Controlling. München 1979

Horvath, P.: Controlling. In: HWR. Kosiol, E. (Hrsg.), 2. Aufl., Sp. 364-374. Stuttgart 1981

Hurwicz, L.: Centralization and Decentralization in Economic Processes. In: Comparison of Economic Systems. Theoretical and Methodological Approaches. Eckstein, A. von (Hrsg.), S. 79-102, Berkeley 1971

Hurwicz, L.: On Informationally Decentralized Systems. In: Decision and Organisation. McGuire, C.B., Radner, R. (Hrsg.), S. 297-336. Amsterdam 1972

Hurwicz, L.: The Design of Mechanism for Ressource Allocation. In: AER 63, S. 1-30 (1973)

Jensen, M.C.: Foundations of Organizational Strategy. Cambridge, Massachusetts 1998

Jensen, M.C., Meckling, W.H.: Theory of the Firm: Managerial Behavior, Agency Costs and Ownership Structure. In: Journal of Financial Economics 3, S. 305-360 (1976)

Jennergren, L.P.: On the Design of Incentives in Business Firms - a Survey of Sane Research. In: MS 26, S. 180-200 (1980)

Jennergren, L.P.: Entscheidungsprozesse und Schummeln in einem Planungsproblem von Hirshleifer: Eine Übersicht. In: ZfB 52, S. 370-380 (1982)

Jost, P.-J.: Strategisches Konfliktmanagement in Organisationen. Wiesbaden 1998

Jost, P.-J.: Organisation und Motivation. Wiesbaden 2000a

Jost, P.-J.: Ökonomische Organisationstheorie. Wiesbaden 2000b

Kappler, E., Wegmann, M.: Konstitutive Entscheidungen. In: Industriebetriebslehre. Heinen, E. (Hrsg.), 7. Aufl., S. 77-267. Wiesbaden 1983

Katz, D., Kahn, R.L.: The Social Psychology of Organizations. New York 1966

Kaus, H.-P.: Die Steuerung von Entscheidungsgremien über Verhaltensnormen. Würzburg 1985

Kellers, R., Ordelheide, D.: Interne Betriebsergebnisrechnung. In: ZfbF, Sonderheft 17, S. 103-114 (1984)

Kelley, H.H., Thibaut, J.W.: Group Problem Solving. In: The Handbook of Social Psychology. Lindzey, G., Aronson, E. (eds.), 2nd ed., Vol. IV, S. 29-101. Reading, Mass. 1969

Kern, W.: Kennzahlensysteme als Niederschlag interdependenter Unternehmensplanung. In: ZfbF 23, S. 701-718 (1971)

Khandwalla, P.N.: Viable and Effective Organizational Designs of Firms. In: Academy of Management Journal 16, S. 481-495 (1973)

Kiener, S.: Die Principal-Agent-Theorie aus informationsökonomischer Sicht. Dissertation Regensburg 1989.

Kieser, A.: Organisationstheoretische Ansätze. München 1981a

Kieser, A.: Die Bedeutung internationaler Forschung auf dem Gebiet der Organisationstheorie. In: ZfB, Ergänzungsheft 1, S. 107-117 (1981b)

Kieser, A.: Abteilungsbildung. In: HWO. Frese, E. (Hrsg.), 3. Aufl., Sp. 57-72. Stuttgart 1992a

Kieser, A.: Organisationsstrukturen, historische Entstehung von. In: HWO. Frese, E. (Hrsg.), 3. Aufl., Sp. 1648-1670. Stuttgart 1992b

Kieser, A., Kubicek, H.: Organisationstheorien. Stuttgart 1978

Kieser, A., Kubicek, H.: Organisation. 2. Aufl. Berlin 1983

Kilger, W.: Kurzfristige Erfolgsrechnung. Wiesbaden 1962

Kilger, W.: Flexible Plankostenrechnung und Deckungsbeitragsrechnung. 8. Aufl. Wiesbaden 1981

Kirsch, W.: Die Unternehmungsziele in organisationstheoretischer Sicht. In: ZfbF 21, S. 665-675 (1969)

Kirsch, W.: Die Koordination von Entscheidungen in Organisationen. In: ZfbF 23, S. 61-82 (1971)

Kirsch, W.: Einführung in die Theorie der Entscheidungsprozesse. 2. Aufl. Wiesbaden 1977

Kirsch, W., Esser, W.-M., Gabele, E.: Das Management des geplanten Wandels von Organisationen. Stuttgart 1979

Kirsch, W., Gabele, E. u.a.: Reorganisationsprozesse in Unternehmen. München 1975

Kliemt, H., Schauenberg, B.: Coalitions and Hierarchies: Some Observations on the Fundamentals of Human Cooperation. In: Coalitions and Collective Action. Holler, M.J. (Hrsg.). Würzburg 1984

Kloock, J.: Budgetsysteme. In: HWO. Grochla, E. (Hrsg.), 2. Aufl., Sp. 379-386. Stuttgart 1980

Kloock, J.: Verrechnungspreise. In: HWO. Frese, E. (Hrsg.), 3. Aufl., Sp. 2554-2572. Stuttgart 1992

Knoll, L.: Intertemporale Entlohnung und ökonomische Effizienz. München 1994

Knolmayer, G.: Die Beurteilung von Leistungen des dispositiven Faktors durch Prüfungen höherer Ordnung. In: Management und Kontrolle. Festgabe für Erich Loitlsberger zum 60. Geburtstag. Seicht, G. (Hrsg.), S. 365-390. Berlin 1981

Koch, H.: Integrierte Unternehmensplanung. 2. Aufl. Wiesbaden 1983

Köhler, R.: Die Kontrolle strategischer Pläne als betriebswirtschaftliches Problem. In: ZfB 46, S. 301-318 (1976)

Köhler, R.: Produkt-Management, Organisation des. In: HWO. Grochla, E. (Hrsg.), 2. Aufl., Sp. 1923-1942. Stuttgart 1980

Köhler, R.: Absatzorganisation. In: HWO. Frese, E. (Hrsg.), 3. Aufl., Sp. 34-56. Stuttgart 1992

Körner, D.: Anreizverträglichkeit innerbetrieblicher Erfolgsrechnung. Köln 1994

Koontz, H., O'Donnell, C.: Principles of Management. An Analysis of Managerial Functions. 3. Aufl. New York 1964; auszugsweise übersetzt in: Organisationstheorie. 1. Bd. Grochla, E. (Hrsg.), S. 62-78. Stuttgart 1975

Koopmans, T.C.: Analysis of Production as an Efficient Combination of Activities. In: Activity Analysis of Production and Allocation. Koopmans, T.C. (Hrsg.), S. 33-97. New York 1951

Kosiol, E.: Organisation der Unternehmung. 2. Aufl. Wiesbaden 1976

Kossbiel, H.: Organisation des Personalwesens. In: HWO. Grochla, E. (Hrsg.), 2. Aufl., Sp. 1872-1884. Stuttgart 1980

Kossbiel, H.: Die Abbildung von Arbeitsleid und Arbeitsfreude in Nutzenfunktionen - Erkenntnisse aus einem Experiment. In: Gillenkirch, R.M., Schauenberg, B., Schenk-Mathes, H.Y., Velthuis, L.J. (Hrsg.): Wertorientierte Unternehmenssteuerung. Festschrift für Helmut Laux. S. 99-131. Berlin 2004

Kossbiel, H., Spengler, T.: Personalwirtschaft und Organisation. In: HWO. Frese, E. (Hrsg.), 3. Aufl., Sp. 1949-1962. Stuttgart 1992

Kräkel, M.: Auktionstheorie und interne Organisation. Wiesbaden 1992

Kräkel, M.: Organisation und Management. Tübingen 1999

Kreikebaum, H.: Stellen- und Arbeitsplatzbeschreibung. In: HWO. Grochla, E. (Hrsg.), 2. Aufl., Sp. 2138-2148. Stuttgart 1980

Kreikebaum, H.: Strategische Unternehmensplanung. Stuttgart 1981

Kreuz, A.: Der Produkt-Manager. Seine Rolle im Marketing-Prozeß. Essen 1975

Kromschröder, B.: Ansätze zur Optimierung des Kontrollsystems der Unternehmung. Berlin 1972

Krüger, W.: Macht in der Unternehmung. Stuttgart 1976

Krüger, W.: Grundlagen der Organisationsplanung. Gießen 1983

Krüger, W.: Organisation der Unternehmung. Stuttgart 1984

Krüger, W.: Bedeutung und Formen der Hierarchie. In: DBW 45, S. 292-307 (1985)

Kruschwitz, L.: Finanzierung und Investition, 2. Aufl., Berlin 1999

Kubicek, H.: Organisationsstruktur. Messung der. In: HWO. Grochla, E. (Hrsg.), 2. Aufl., Sp. 1778-1795. Stuttgart 1980

Kubicek, H., Thom, N.: Umsystem, betriebliches. In: HWB. Grochla, E., Wittmann, W. (Hrsg.), 4. Aufl., Bd. I/3, Sp. 3977-4017. Stuttgart 1976

Küpper, H.U.: Gestaltungsmöglichkeiten und Funktionen eines Beirats bei GmbH und KG. In: Unternehmensverfassung als Problem der Betriebswirtschaftslehre. Bohr, K. et al. (Hrsg.), S. 329-370. Berlin 1981

Küpper, H.U.: Ablauforganisation. Stuttgart 1982

Kuhn, A.: Unternehmensführung. München 1982

Lachnit, L.: Zur Weiterentwicklung betriebswirtschaftlicher Kennzahlensysteme. In: ZfbF 28, S. 216-230 (1976)

Laske, S., Weiskopf, R.: Hierarchie. In: HWO. Frese, E. (Hrsg.), 3. Aufl., Sp. 791-807. Stuttgart 1992

Laux, C., Laux, V.: Strategische Informationsbeschaffung in Delegationsbeziehungen. In: Gillenkirch, R.M., Schauenberg, B., Schenk-Mathes, H.Y., Velthuis, L.J. (Hrsg.): Wertorientierte Unternehmenssteuerung. Festschrift für Helmut Laux. S. 133-152. Berlin 2004

Laux, H.: Kapitalkosten und Ertragsteuern. Köln 1969

Laux, H.: Expected Utility Maximation and Capital Budgeting Subgoals. In: Unternehmensforschung 15, S. 130-146 (1971); deutsche Übersetzung in: Die Finanzierung der Unternehmung. Hax, H., Laux, H. (Hrsg.). Köln 1975

Laux, H.: Anreizsysteme bei unsicheren Erwartungen. In: ZfbF 24, S. 784-803 (1972)

Laux, H.: Der Wert von Informationen für Kontrollentscheidungen. In: ZfbF 26, S. 433-450 (1974a)

Laux, H.: Kontrollertrag und Gewinn. In: ZfbF 26, S. 505-520 (1974b)

Laux, H.: Pretiale Lenkung. In: HWB. Grochla, E., Wittmann, W. (Hrsg.), 4. Aufl., Bd. I/2, Sp. 3058-3068. Stuttgart 1975a

Laux, H.: Über optimale Prämiensätze bei gewinnabhängiger Prämie. In: Die Unternehmung 29, S. 101-119 (1975b)

Laux, H.: Zum Einfluß einer Sollgewinnvorgabe bei gewinnabhängiger Prämie. In: Die Unternehmung 29, S. 169-186 (1975c)

Laux, H.: Tantiemensysteme für die Investitionssteuerung. In: ZfB 45, S. 597-618 (1975d)

Laux, H.: Dividendenabhängige Prämien für die Investitonssteuerung bei Unsicherheit. In: ZfgSt 132, S. 256-281 (1976)

Laux, H.: Grundfragen der Organisation: Delegation, Anreiz und Kontrolle. Berlin 1979a

Laux, H.: Der Einsatz von Entscheidungsgremien - Grundprobleme der Organisationslehre in entscheidungstheoretischer Sicht. Berlin 1979b

Laux, H.: Organisation II: Aufbau und Ablauf. In: HdWW. Albers, W. (Hrsg.), S. 15-26. Stuttgart 1980

Laux, H.: Grundprobleme der Ermittlung optimaler erfolgsabhängiger Anreizsysteme. In: ZfB, 58. Jg., S. 24-36 (1988a)

Laux, H.: Optimale Prämienfunktionen bei Informationsasymmetrie. In: ZfB, 58. Jg., S. 588-612 (1988b)

Laux, H.: (Pareto-) Optimale Anreizsysteme bei sicheren Erwartungen. In: ZfbF, 40. Jg., S. 959-989 (1988c)

Laux, H.: Risiko, Anreiz und Kontrolle. Berlin 1990

Laux, H.: Anreizsysteme, ökonomische Dimension. In: HWO. Frese, E. (Hrsg.), 3. Aufl., Sp. 112-122. Stuttgart 1992a

Laux, H.: Organisationstheorie, entscheidungslogisch orientiert. In: HWO. Frese, E. (Hrsg.), 3. Aufl., Sp. 1733-1745. Stuttgart 1992b

Laux, H.: Entscheidungstheorie 2. Erweiterung und Vertiefung. 3. Aufl. Berlin 1993

Laux, H.: Entscheidungstheorie. 6. Aufl. Berlin 2005a

Laux, H.: Wertorientierte Unternehmenssteuerung und Kapitalmarkt. 2. Aufl. Berlin 2005b

Laux, H.: Wertorientierte Erfolgsrechnung, Anreiz und Kontrolle. 3. Aufl. Berlin 2005c

Laux, H., Franke, G.: Das Versagen der Kapitalwertmethode bei Ganzzahligkeitsbedingungen. In: ZfbF 22, S. 517-527 (1970)

Laux, H., Liermann, F.: Grundfragen der Erfolgskontrolle. Berlin 1986

Laux, H., Liermann, F.: Entscheidungsmanagement. In: Funktionale Managementlehre. Hofmann, M., von Rosenstiel, L. (Hrsg.). Berlin 1988

Laux, H., Schenk-Mathes, H.Y.: Lineare und nichtlineare Anreizsysteme. Berlin 1992

Lawler, E.E.: Pay and Organizational Effectivness. A Psychological View. New York 1971

Lawler, E.E.: Motivierung in Organisationen. Bern 1977

Lawrence, P.R., Lorsch, J.W.: Organization and Environment. Managing Differentation and Integration. Boston 1967

Lawrence, P.R., Lorsch, J.W.: Differentation and Integration in Complex Organisations. In: Administrative Science Quarterly 12, S. 1-47 (1967/68)

Lehmann, H.: Leitungssysteme. In: HWO. Grochla, E. (Hrsg.), 1. Aufl., Sp. 928-939. Stuttgart 1969

Lehmann, H.: Organisationslehre, betriebswirtschaftliche. In: HWO. Frese, E. (Hrsg.), 3. Aufl., Sp. 1537-1554. Stuttgart 1992

Lembke, P.M.: Strategisches Produktmanagement. Organisation der Produktplanung als integrativer Bestandteil der Unternehmensplanung. Berlin 1980

Liermann, F.: Koordinationsentscheidungen bei Unsicherheit. Würzburg 1982

Liermann, F.: Lenkpreise bei unsicheren Erwartungen als Instrument zur Koordination von Entscheidungen. In: OR-Proceedings 1986. Isermann, H. u.a. (Hrsg.), S. 487-494. Berlin 1987

Liermann, F.: Zum Wert von Controlling-Informationen - ein entscheidungsorientierter Erklärungsansatz. In: Gillenkirch, R.M., Schauenberg, B., Schenk-Mathes, H.Y., Velthuis, L.J. (Hrsg.): Wertorientierte Unternehmenssteuerung. Festschrift für Helmut Laux. S. 153-179. Berlin 2004

Likert, R.: New Patterns of Management. New York 1961; deutsche Übersetzung: Neue Ansätze der Unternehmensführung. Bern 1972

Likert, R.: The Human Organization: Its Management and Value. New York 1967; deutsche Übersetzung: Die integrierte Führungs- und Organisationsstruktur. Frankfurt/Main 1975

Lindblom, Ch.E.: The "Science" of Muddling Through. In: Public Administration Review, 19, S. 79-88 (1959); deutsche Übersetzung in: Organisationstheorie. 2. Bd. Grochla, E. (Hrsg.), S. 373-396, Stuttgart 1976

Lindstädt, H.: Optimierung der Qualität von Gruppenentscheidungen. Heidelberg 1997

Link, J.: Führungssysteme: strategische Herausforderung für Organisation, Controlling und Personalwesen. München 1996

Linnert, P.: Produkt-Manager. Aufgaben und Stellung im Unternehmen. Gernsbach 1974

Litner, J.: The Valuation of Risk Assets and the Selection of Risky Investments in Stock Portfolios and Capital Budgets. In: Review of Economics and Statistics 47, S. 13-37 (1965a)

Longenecker, J.G.: Principles of Management and Organizational Behavior. 3. Aufl. Columbus 1973

Luce, R.D., Raiffa, H.: Games and Decisions. New York 1957

Lücke, W.: Investitionsrechnung auf der Grundlage von Ausgaben oder Kosten? In: ZfhF 7, S. 310-324 (1955)

Lüder, K.: Investitionskontrolle. Wiesbaden 1969a

Lüder, K.: Investment-Center-Kontrollverfahren zur Steuerung dezentralisierter Großunternehmen. In: Rechnungswesen und Betriebswirtschaftspolitik. Festschrift für Gerhard Krüger. Layer, M., Strebel, H. (Hrsg.), S. 305-319. Berlin 1969b

Lüder, K.: Organisatorische Schwachstellen und Pathologieforschung in der Betriebswirtschaftlehre. In: Angewandte Betriebswirtschaftslehre und Unternehmensführung. Heinrich, L.H., Lüder, K. (Hrsg.), S. 151-169. Berlin 1985

Lüder, K., Streitferdt, L.: Die kurzfristige Erfolgsrechnung als Kontrollinstrument der Unternehmensführung. In: BFuP 30, S. 545-564 (1978)

Luhmann, N.: Funktionen und Folgen formaler Organisation. 3. Aufl. Berlin 1976

Macharzina, K.: Führungsmodelle. In: HWO. Grochla, E. (Hrsg.), 2. Aufl., Sp. 744-756. Stuttgart 1980

Mag, W.: Grundlagen einer betriebswirtschaftlichen Organisationstheorie. 2. Aufl. Opladen 1971

Mag, W.: Entscheidung und Information. München 1977

Mag, W.: Kommunikation. In: HWO. Grochla, E. (Hrsg.), 2. Aufl., Sp. 1031-1040. Stuttgart 1980

Mag, W.: Bringt die "organisatorische Gestaltung" neue Ideen für die Organisationstheorie und Organisationspraxis? In: ZfbF 35, S. 1026-1039 (1983)

Mag, W.: Planung. In: Vahlens Kompendium der Betriebswirtschaftslehre. Baetge, J. et al. (Hrsg.), Bd. 2, S. 1-52. München 1984

Mag, W.: Ausschüsse. In: HWO. Frese, E. (Hrsg.), 3. Aufl., Sp. 252-262. Stuttgart 1992

Manke, J.: Gremien im Entscheidungsprozeß. Wiebaden 1980

March, J.G., Simon, H.A.: Organizations. New York 1958; deutsche Übersetzung: Organisation und Individuum. Menschliches Verhalten in Organisationen. Wiesbaden 1976

Marr, R.: Innovation und Kreativität. Wiesbaden 1973

Marr, R.: Innovation. In: HWO. Grochla, E. (Hrsg.), 2. Aufl., Sp. 947-959. Stuttgart 1980

Marschak, J.: Towards an Economic Theory of Organization and Information. In: Decision Processes. Thrall, R.M., Coombs, C.H., Davis, R.L. (eds.), S. 187-220. New York 1954

Marschak, J.: Elements for a Theory of Teams. In: MS 1, S. 127-137 (1955)

Marschak, J.: Efficient and Viable Organizational Forms. In: Modern Organization Theory. Haire, M. (Hrsg.), S. 307-320. New York 1959

Marschak, J., Radner, R.: Economic Theory of Teams. New Haven 1972

Mayntz, R.: Soziologie der Organisation. Reinbek 1963

McGuire, C.B., Radner, R.: Decision and Organization. A Volume in Honor of Jakob Marschak. Amsterdam 1972

Meffert, H.: Absatzorganisation. In: HWB. Grochla, E., Wittmann, W. (Hrsg.), 4. Aufl., Bd. I/1, Sp. 51-63. Stuttgart 1974

Mellwig, W.: Integrierte Unternehmensplanung und betriebswirtschaftliche Modellanalyse. In: Unternehmenstheorie und Unternehmensplanung. Mellwig, W. (Hrsg.), S. 147-179. Wiesbaden 1979

Mellwig, W.: Investition und Besteuerung. Wiesbaden 1985

Mertens, P.: Divisionalisierung. In: Neue Betriebswirtschaft und Betriebswirtschaftliche Datenverarbeitung. S.1-10 (1969)

Meyer, R.: Die Vorgabe einer Abstimmungsregel als Entscheidungsproblem. Dissertation Frankfurt am Main 1983

Meyer, R.: Entscheidungstheorie. Wiesbaden 1999

Milgrom, P.; Roberts, J. : Economics, Organization, and Management, Englewood Cliffs 1992

Mintzberg, H.: The Nature of Managerial Work. New York 1973

Mintzberg, H.: The Structuring of Organizations. A Synthesis of the Research. Englewood Cliffs (N.Y.) 1979

Mintzberg, H.: Structure in Fives: Designing Effective Organizations. Englewood Cliffs (N.Y.) 1983

Mirrlees, J.A.: The Optimal Structure of Incentives and Authority within an Organization. In: Bell Journal of Economics 7, S. 105-131 (1976)

Moore, P.G., Thomas, H.: The Anatomy of Decisions. Harmondsworth 1976

Mossin, J.: Equilibrium in a Capital Asset Market, in: Econometrica 34, S.768-783 (1966)

Moxter, A.: Die Bestimmung des Kalkulationszinsfußes bei Investitionsentscheidungen. In: ZfhF, NF 13, S. 186-200 (1961)

Moxter, A.: Betriebswirtschaftliche Gewinnermittlung. Tübingen 1982

Müller, H., Schreyögg, G.: Das Stab-Linie-Konzept. In: WiSt 10, S. 205-212 (1982)

Müller, W.: Kontrolle, Organisation der. In: HWO. Grochla, E. (Hrsg.), 2. Aufl., Sp. 1091-1104. Stuttgart 1980a

Müller, W.: Leitungsspanne. In: HWO. Grochla, E. (Hrsg.), 2. Aufl., Sp. 1199-1205. Stuttgart 1980b

Müller-Böling, D.: Handlungsspielraum und Arbeitszufriedenheit von Organisationsmitgliedern. In: ZfO 48, S. 303-308 (1979)

Müller-Merbach, H.: Ablaufplanung, Optimierungsmodelle zur. In: HWProd. Kern, W. (Hrsg.), Sp. 38-52. Stuttgart 1979

Müller-Merbach, H.: Aufbauorganisation, Ansätze zur Optimierung der. In: HWO. Grochla, E. (Hrsg.), 2. Aufl., Sp. 187-200. Stuttgart 1980

Myers, M.T., Myers, G.E.: Management by Communication. An Organizational Approach. New York 1982

Neuberger, O.: Organisation und Führung. Stuttgart 1977

Neus, W.: Ökonomische Agency-Theorie und Kapitalmarktgleichgewicht. Wiesbaden 1989

Nick, F.R.: Management durch Motivation. Stuttgart 1974

Nieschlag, R., Dichtl, E., Hörschgen, H.: Marketing. 14. Aufl. Berlin 1985

Niggemann, W.: Optimale Informationsprozesse in betriebswirtschaftlichen Entscheidungssituationen. Wiesbaden 1973

Obel, B., van der Weide, J.: On the Decentralized Capital Budgeting Problem under Uncertainty. In: MS 25, S. 873-882 (1979)

Odiorne, G.S.: Management by Objectives. A System of Managerial Leadership. New York 1966

Olson, M.: Die Logik des kollektiven Handelns. Tübingen 1968

Opsahl, R.L., Dunnette, M.D.: The Role of Financial Compensation in Industrial Motivation. In: Management and Motivation. Vroom, V.H., Deci, E.L. (eds.), S. 127-159. Harmondsworth 1970

Osborn, A.F.: Applied Imagination. New York 1953

Ouchi, W.G.: Markets, Bureaucracies and Clans. In: ASQ 25, S. 129-141 (1980)

Pattanaik, P.K.: On the Stability of Sincere Voting Situations. In: Journal of Economic Theory 6, S. 558-574 (1973)

Perrow, C.: A Framework for the Comparative Analysis of Organizations. In: American Sociological Review 32, S. 194-208 (1967)

Perrow, C.: Organizational Analysis: A Sociological View. London 1970

Petersen, T.: Optimale Anreizsysteme. Wiesbaden 1989

Pfohl, H.Ch.: Problemorientierte Entscheidungsfindung in Organisationen. Berlin 1977

Pfohl, H.Ch.: Planung und Kontrolle. Stuttgart 1981

Pfohl, H.Ch., Braun, G.E.: Entscheidungstheorie. Landsberg am Lech 1981

Pfeiffer, W., Staudt, E.: Arbeitsgruppen, teilautonome. In: HWO. Grochla, E. (Hrsg.), 2. Aufl., Sp. 112-118. Stuttgart 1980

Picot, A.: Organisationsprinzipien. In: WiSt 8, S. 480-485 (1979)

Picot, A.: Transaktionskostenansatz in der Organisationstheorie: Stand der Diskussion und Aussagewert. In: DBW 42, S. 267-284 (1982)

Picot, A.: Organisation. In: Vahlens Kompendium der Betriebswirtschaftslehre. Baetge, J. et al. (Hrsg.), Bd. 2, 3. Aufl., S. 101-174. München 1993

Picot, A., Dietl, H., Frank, E.: Organisation. 2. Aufl. Stuttgart 1999

Poensgen, O.H.: Geschäftsbereichsorganisation. Opladen 1973

Poensgen, O.H.: Koordination. In: HWO. Grochla, E. (Hrsg.), 2. Aufl., Sp. 1130-1141. Stuttgart 1980

Porter, L.W., Lawler, E.E.: The Effects of "Tall" versus "Flat". Organizational Structures on Managerial Job Satisfaction. In: Personnel Psychology 17, S. 135-148 (1964)

Porter, L.W., Lawler III, E., Hackmann, J.R.: Behavior in Organizations. New York 1975

Raiffa, H.: Einführung in die Entscheidungstheorie. München 1973

Ramakrishnan, R.T.S., Thakor, A.V.: Moral Hazard, Agency Costs and Asset Prices in a Competitive Equilibrium. In: Journal of Financial and Quantitative Analysis (17), S. 503-532 (1982)

Ramakrishnan, R.T.S., Thakor, A.V.: The Valuation of Assets under Moral Hazard. In: Journal of Finance (39), S. 229-238 (1984)

Rappaport, A.: Creating Shareholder Value, London u.a. 1986.

Reber, G.: Personales Verhalten im Betrieb. Analyse entscheidungstheoretischer Ansätze. Stuttgart 1973

Reber, G. (Hrsg.): Macht in Organisationen. Stuttgart 1980a

Reber, G.: Anreizsysteme. In: HWO. Grochla, E. (Hrsg.), 2. Aufl., Sp. 78-86. Stuttgart 1980b

Rees, R.: The Theory of Principal and Agent. In: Bulletin of Economic Research (37), Part I: S. 3-26, Part II: S. 75-95 (1985)

Reichmann, Th.: Controlling mit Kennzahlen. München 1985

Reichmann, Th., Lange, Ch.: Aufgaben und Instrumente des Investitions-Controlling. In: DBW 45, S. 454-466 (1985)

Reichmann, Th., Lachnit, L.: Planung, Steuerung und Kontrolle mit Hilfe von Kennzahlen. In: ZfbF 28, S. 705-723 (1976)

Richter, H.J.: Organisation des Absatzes in Unternehmen der Konsumgüterindustrie. In: RKW-Handbuch Führungstechnik und Organisation. 2. Bd., S. 1-20 (1982)

Riebel, P., Paudtke, J., Zscherlich, W.: Verrechnungspreise für Zwischenprodukte. Opladen 1973

Roethlisberger, F.J., Dickson, W.J.: Management and the Worker. Cambridge 1939

Rogers, E.M., Angarwala-Rogers, R.: Communication in Organizations. London 1976

Rohner, J.: Reorganisationen industrieller Unternehmungen. Bern 1976

Roll, R.: A Critique of the Asset Pricing Theory's Tests, Part I: On Past and Potential Testability of the Theory, in: Journal of Financial Economics 4, S. 129-179 (1977)

Ronen, J., McKinney, G.: Transfer Pricing for Divisional Autonomy. In: Journal of Accounting Research 8, S. 99-112 (1970)

Rosenstiel, L. von: Motivation im Betrieb. München 1974

Rosenstiel, L. von: Die motivationalen Grundlagen des Verhaltens in Organisationen. Leistung und Zufriedenheit. Berlin 1975

Ross, S.A.: The Economic Theory of Agency: The Principal's Problem. In: AER 63, S. 134-139 (1973)

Ross, S.A.: On the Economic Theory of Agency and the Principle of Similarity. In: Balch, M., McFadden, D., Wu, S. (Hrsg.): Essays on Economic Behaviour Under Uncertainty, S. 215-240. Amsterdam 1974

Rousek, O.: Integrative Anreizsysteme: Eine modelltheoretische Untersuchung im Rahmen des Principal-Agent-Modells. Dissertation Frankfurt 1995.

Rudolph, B.: Klassische Kapitalkostenkonzepte zur Bestimmung des Kalkulationszinsfußes für die Investitionsrechnung. In: ZfbF 38, S. 608-617 (1986)

Rühli, E.: Leitungssysteme. In: HWO. Grochla, E. (Hrsg.), 2. Aufl., Sp. 1205-1261. Stuttgart 1980

Rühli, E.: Koordination. In: HWO. Frese, E. (Hrsg.), 3. Aufl., Sp. 1164-1175. Stuttgart 1992

Ruhl, F.: Erfolgsabhängige Anreizsysteme in ein- und zweistufigen Hierarchien. Ein Beitrag zur Principal-Agent-Theorie. Dissertation Frankfurt am Main 1989

Rush, H.F.M.: Organization Development: A Reconnaissance. New York 1973

Savage, L.J.: The Foundation of Statistics. New York 1954

Scanlan, B.K.: Principles of Management and Organizational Behavior. New York 1973

Schabel, M.: Investitionssteuerung, Periodenerfolgsrechnung und Economic Value Added. Wiesbaden 2004

Schanz, G.: Verhalten in Wirtschaftsorganisationen. München 1978

Schanz, G.: Organisationsgestaltung. München 1982

Schauenberg, B.: Zur Logik kollektiver Entscheidungen. Ein Beitrag zur Organisation interessenpluralistischer Entscheidungsprozesse. Wiesbaden 1978

Schauenberg, B.: Der Verlauf von Informationswertfunktionen. In: Information und Wirtschaftlichkeit. Ballwieser, W., Berger, K. H. (Hrsg.), S. 229-251. Wiesbaden 1985

Schauenberg, B.: Die Höhe des Delegationswertes. In: OR-Proceedings 1986. Isermann, H. u.a. (Hrsg.), S. 496-504. Berlin 1987

Schauenberg, B.: Entscheidungsregeln, kollektive. In: HWO. Frese, E. (Hrsg.), 3. Aufl., Sp. 566-575. Stuttgart 1992

Schauenberg, B.: Organisation von Zuverlässigkeit: Befunde, Probleme und Lösungsmöglichkeiten. In: Gillenkirch, R.M., Schauenberg, B., Schenk-Mathes, H.Y., Velthuis, L.J. (Hrsg.): Wertorientierte Unternehmenssteuerung. Festschrift für Helmut Laux. S. 233-263. Berlin 2004

Schenk-Mathes, H.Y.: Trittbrettfahren in Teams: Theorie und experimentelle Ergebnisse. In: Gillenkirch, R.M., Schauenberg, B., Schenk-Mathes, H.Y., Velthuis, L.J. (Hrsg.): Wertorientierte Unternehmenssteuerung. Festschrift für Helmut Laux. S. 265-294. Berlin 2004

Schertler, W.: Unternehmungsorganisation. 2. Aufl. München 1985

Schmalenbach, E.: Über Verrechnungspreise. In: ZfhF 3, S. 165-185 (1908/1909)

Schmalenbach, E.: Pretiale Wirtschaftslenkung. Bd. 2. Bremen 1948

Schmidt, G.: Methode und Techniken der Organisation. 6. Aufl. Gießen 1983

Schmidt, G.: Grundlagen der Aufbauorganisation. Gießen 1985

Schmidt, R.: Zur Dekomposition von Unternehmensmodellen. In: ZfB 48, S. 949-966 (1978)

Schmidt, R.: Neuere Entwicklungen der modellgestützten Gesamtplanung von Banken. In: ZfB 53, S. 304-318 (1983)

Schmidt, R.: Zur Effizienz dezentralisierter Steuerung auf Basis des Dekompositionsprinzips am Beispiel der Filialbank. In: Information und Wirtschaftlichkeit. Ballwieser, W., Berger, K.H. (Hrsg.), S. 597-616. Wiesbaden 1985

Schmidt, R.H.: Grundformen der Finanzierung. Eine Anwendung des neoinstitutionalistischen Ansatzes der Finanzierungstheorie. In: Kredit und Kapital 14, S. 186-221 (1981)

Schmidt, R.H.: Zur Lösbarkeit von Vorentscheidungsproblemen. In: OR-Proceedings 1982. Bühler, W. u.a. (Hrsg.), S. 417-425. Berlin 1983

Schmidt, R.H.: Organisationstheorie, transaktionskostenorientierte. In: HWO. Frese, E. (Hrsg.), 3. Aufl., Sp. 1854-1865. Stuttgart 1992

Schmidt-Sudhoff, U.: Unternehmerziele und unternehmerisches Zielsystem. Wiesbaden 1967

Schneeweiß, H.: Das Grundmodell der Entscheidungstheorie. In: Statistische Hefte, NF 4, S. 125-137 (1966)

Schneeweiß, H.: Entscheidungskriterien bei Risiko. Berlin 1967

Schneider, D.: Zielvorstellungen und innerbetriebliche Lenkungspreise in privaten und öffentlichen Unternehmen. In: ZfbF 18, S. 260-275 (1966)

Scholz, Ch.: Personalmanagement. München 1989

Scholz, Ch.: Matrix-Organisation. In: HWO. Frese, E. (Hrsg.), 3. Aufl., Sp. 1302-1315. Stuttgart 1992

Schreyögg, G.: Umwelt, Technologie und Organisationsstruktur. Bern 1978

Schreyögg, G., Steinmann, A., Zauner, B.: Arbeitshumanisierung für Angestellte. Stuttgart 1978

Schüler, W.: Teamtheorie als Komponente betriebswirtschaftlicher Organisationstheorie. In: ZfB 48, S. 343-355 (1978)

Schüler, W.: Mathematische Organisationstheorie. In: ZfB 50, S. 1284-1304 (1980)

Schüler, W.: Organisationstheorie, mathematische Ansätze der. In: HWO. Frese, E. (Hrsg.), 3. Aufl., Sp. 1806-1817. Stuttgart 1992

Schwarz, H.: Betriebsorganisation als Führungsaufgabe. 9. Aufl. Landsberg am Lech 1983

Schweitzer, M.: Ablauforganisation. In: HWB. Grochla, E., Wittmann, W. (Hrsg.), 4. Aufl., Bd. 1, Sp. 1-8. Stuttgart 1974

Schweitzer, M.: Profit-Center. In: HWO. Frese, E. (Hrsg.), 3. Aufl., Sp. 2078-2089. Stuttgart 1992

Scott, W.R.: Grundlagen der Organisationstheorie. Frankfurt/Main 1986

Seelbach, H.: Ablaufplanung. Würzburg 1975

Seelbach, H.: Ablaufplanung bei Einzel- und Serienproduktion. In: HWProd. Kern, W. (Hrsg.), Sp. 12-28. Stuttgart 1979

Seidel, E.: Gremienorganisation. In: HWO. Frese, E. (Hrsg.), 3. Aufl., Sp. 714-724. Stuttgart 1992

Sharpe, W.F.: Capital Asset Prices: A Theory of Market Equilibrium under Conditions of Risk, in: Journal of Finance 19, S. 425-442 (1964)

Sharpe, W.F.: Portfolio Theory and Capital Markets, New York 1970

Shavell, S.: Risk Sharing and Incentives in Principal and Agent Relationship. In: Journal of Economics 10, S. 55-73 (1979)

Sieben, G., Bretzke, W.R., Raulwing, H.: Zur Problematik einer Prüfung von Managementleistungen. In: BFuP 28, S. 181-201 (1976)

Sievers, B.: Organisationsentwicklung als Problem. Stuttgart 1977

Simon, H.A.: Models of Man. New York 1957

Simon, H.A.: Theories of Bounded Rationality. In: Decision and Organization. A Volume in Honor of Jacob Marschak. McGuire, C. B., Radner, R. (Hrsg.). Amsterdam 1972

Simon, H.A.: Administrative Behavior. A Study of Decision-Making Processes in Administrative Organization. 3. Aufl. New York 1976; deutsche Übersetzung: Entscheidungsverhalten in Organisationen. München 1981

Singh, N.: Monitoring and Hierarchies: The Marginal Value of Information in a Principal-Agent Model. In: Journal of Political Economy, Vol. 93 (1985), S. 599-609

Smith, A.: An Inquiry into the Wealth of Nations. London 1776; deutsche Übersetzung: Der Wohlstand der Nationen. München 1974

Solomons, D.: Divisional Performance: Measurement and Control. Homewood-Georgetown 1965

Spielberger, M.: Betriebliche Investitionskontrolle. Würzburg 1983

Spremann, K.: Principal and Agent. In: Agency Theory, Information and Incentives. Bamberg, G., Spremann, K.(Hrsg.). Berlin 1987, S. 3-37

Spremann, K.: Profit-Sharing Arrangements in a Team and the Cost of Information. In: Taiwan Economic Rewiev 16, S.41-57 (1988)

Spremann, K.: Investition und Finanzierung, 4. Aufl., München 1991.

Staehle, W.H.: Management. Eine verhaltenswissenschaftliche Einführung. 4. Aufl. München 1989

Starbuck, W.H.: Organizational Growth and Development. In: Handbook of Organizations. March, J.G. (ed.), S. 451-533. Chicago 1965

Staudt, E.: Planung als "Stückwerktechnologie". Göppingen 1979

Stedry, A.C.: Budget Control and Cost Behavior. Chicago 1960

Steers, R.M.: Problems in the Measurement of Organizational Effectiveness. In: Administrative Science Quarterly 20, S. 546-558 (1975)

Stehle, R./Hartmond, A.: Durchschnittsrenditen deutscher Aktien 1954-1988, in: Kredit und Kapital 24.Jg. (1991)

Steiner, G.A.: Die Budgetierung. In: Unternehmungsplanung. Wild, J. (Hrsg.), S. 329-355. Reinbek 1975

Steiner, G.A.: Strategic Planning. New York 1979

Steinle, C.: Delegation. In: HWO. Frese, E. (Hrsg.), 3. Aufl., Sp. 500-513. Stuttgart 1992

Steinmann, H.: Das Großunternehmen im Interessenkonflikt. Stuttgart 1969

Steinmann, H., Gerum, E.: Unternehmenspolitik in der mitbestimmten Unternehmung. In: AG 25, S. 5-12 (1980)

Steinmann, H., Müller, H.: Gewinnbeteiligung. In: HWR. Kosiol, E., Chmielewicz, K., Schweitzer, M. (Hrsg.), Sp. 647-657. Stuttgart 1981

Steffen, R.: Ablaufplanung bei Massenproduktion. In: HWProd. Kern, W. (Hrsg.), Sp. 28-38. Stuttgart 1979

Stiglitz, J.E.: Incentives and Risk Sharing in Sharecropping. In: The Review of Economic Studies (41), S. 219-255 (1974)

Stiglitz, J.E.: Incentives, Risk and Information: Notes Towards a Theory of Hierarchy. In: Bell Journal of Economics 6, S. 552-579 (1975)

Streim, H.: Profit Center-Konzeption und Budgetierung. In: Die Unternehmung 29, S. 23-42 (1975)

Streitferdt, L.: Entscheidungsregeln zur Abweichungsauswertung. Ein Beitrag zur betriebswirtschaftlichen Abweichungsanalyse. Würzburg 1983

Streitferdt, L.: Pathologische Muster (Schwachstellenprofile) von Organisationen (Verwaltungsorganisationen). In: Betriebswirtschaftliche Organisationstheorie und öffentliche Verwaltung. Speyerer Forschungsberichte 46, Lüder, K. (Hrsg.), S. 101ff. Speyer 1985

Strobel, B.: Beschaffung, Organisation der. In: HWO. Grochla, E. (Hrsg.), 2. Aufl., Sp. 330-340. Stuttgart 1980

Szyperski, N.: Das Setzen von Zielen - Primäre Aufgabe der Unternehmensleitung. In: ZfB 41, S. 639-670 (1971)

Taetzner, T.: Das Bewertungskalkül des Shareholder Value-Ansatzes in kritischer Betrachtung, Frankfurt am Main u.a. 2000.

Tannenbaum, R., Schmidt, W.H.: How to Choose a Leadership Pattern. In: HBR 36, S. 95-101 (1958)

Taylor, F.W.: Die Grundsätze wissenschaftlicher Betriebsführung. München 1913; deutsche Übersetzung von: The Principles of Scientific Management. New York 1911

Terberger, E.: Der Kreditvertrag als Instrument zur Lösung von Anreizproblemen. Heidelberg 1987

Thieme, H.R.: Verhaltensbeeinflussung durch Kontrolle. Berlin 1982

Thom, N.: Innovationsfördernde Organisations- und Führungsformen: Projekt- und Produktmanagement. In: Der Betriebswirt 15, S. 118-125 (1974)

Thom, N.: Grundlagen des betrieblichen Innovationsmanagements. 2. Aufl. Königstein/Ts. 1980

Thom, N.: Organisationsentwicklung. In: HWO. Frese, E. (Hrsg.), 3. Aufl., Sp. 1477-1491. Stuttgart 1992a

Thom, N.: Stelle, Stellenbildung und -besetzung. In: HWO. Frese, E. (Hrsg.), 3. Aufl., Sp. 2321-2333. Stuttgart 1992b

Thompson, J.D.: Organizations in Action. Social Science bases of Administrative Theory. New York 1967

Türk, K.: Gruppenentscheidungen. In: ZfB 43, S. 295-322 (1973)

Türk, K. (Hrsg.): Organisationstheorie. Hamburg 1975

Türk, K.: Grundlagen einer Pathologie der Organisation. Stuttgart 1976

Türk, K.: Soziologie der Organisation. Eine Einführung. Stuttgart 1978

Van de Ven, A., Ferry, D.L.: Measuring and Assessing Organizations. New York 1980

Velthuis, L.J.: Lineare Erfolgsbeteiligung: Grundprobleme der Agency-Theorie im Licht des LEN-Modells. Heidelberg 1998

Velthuis, L.J.: Anreizkompatible Erfolgsteilung und Erfolgsrechnung. Wiesbaden 2004

Vetschera, R.: Private Präferenzinformation und strategisches Verhalten in Gruppenentscheidungen bei mehrfacher Zielsetzung. In: Gillenkirch, R.M., Schauenberg, B., Schenk-Mathes, H.Y., Velthuis, L.J. (Hrsg.): Wertorientierte Unternehmenssteuerung. Festschrift für Helmut Laux. S. 325-345. Berlin 2004

Voßbein, R.: Organisation. München 1984

Vroom, V.H.: Work and Motivation. New York 1964

Vroom, V.H., Deci, E.L. (eds.): Management and Motivation. Harmondsworth 1970

Vroom, V.H., Yetton, P.W.: Leadership and Decision Making. Pittsburg 1973

Wagenhofer, A.: Vorsichtsprinzip und Managementanreize. In: ZfbF 48, S. 1051-1074 (1996).

Wagenhofer, A.: Anreizsysteme in Agency-Modellen mit mehreren Aktionen. In: DBW, 56. Jg., S. 155-165

Wagenhofer, A., Ewert, R.: Linearität und Optimalität in ökonomischen Agency-Modellen. In: ZfB, 63. Jg., S. 373-391 sowie S. 1077-1079

Weidermann, P.H.: Das Management des Organizational Slack. Wiesbaden 1984

Weimer, Th.: Das Substitutionsgesetz der Organisation. Wiesbaden 1988

Weingartner, M.H.: Mathematical Programming and the Analysis of Capital Budgeting Problems. Englewood Cliffs (N.Y.) 1963

Weirich, W.: Das Produkt-Management als Führungs- und Organisationssystem. Analyse der Ziele, Elemente und Beziehungen. Berlin 1979

Welge, M.K.: Profit-Center-Organisation. Wiesbaden 1975

Welge, M.K., Fessmann, K.D.: Organisatorische Effizienz. In: HWO. Grochla, E. (Hrsg.), 2. Aufl., Sp. 577-592. Stuttgart 1980

Wild, J.: Produkt-Management. Ziele, Kompetenzen und Arbeitstechniken des Produkt-Managers. 2. Aufl. München 1973

Williamson, O.E.: Hierarchical Control and Optimum Firm Size. In: Journal of Political Economy 75, S. 123-138 (1967)

Williamson, O.E.: Corporate Control and Business Behavior. Englewood Cliffs (N.Y.) 1970

Williamson, O.E.: Markets and Hierarchies: Analysis and Antitrust Implications. A Study in the Economics of Internal Organizations. New York 1975

Williamson, O.E.: On the Nature of the Firm: Some Recent Developments. In: ZfgSt 137, S. 675-680 (1981)

Williamson, O.E., Ouchi, W.G.: The Markets and Hierarchies and Visible Hand Perspectives. The Markets and Hierarchies Program of Research. In: Perspectives on Organization Design an Behavior. Van de Ven, A.H., Joyce, W.F. (eds.), S. 347-370. New York 1981

Winter, R.: Pretiale Lenkung bei sicheren und unsicheren Erwartungen. Frankfurt/Main 1986

Winter, S.: Prinzipien der Gestaltung von Managementanreizsystemen. Wiesbaden 1996

Witte, E.: Führungsstile. In: HWO. Grochla, E. (Hrsg.), 1. Aufl., Sp. 595-602. Stuttgart 1969

Witte, E.: Das Informationsverhalten in Entscheidungsprozessen. Tübingen 1972

Witte, E.: Organisation für Innovationsentscheidungen. Das Promotoren-Modell. Göttingen 1973

Wittlage, H.: Methoden und Techniken praktischer Organisationsarbeit. Herne 1980

Wittmann, W.: Unternehmung und unvollkommene Information. Köln 1959

Wöhe, G.: Einführung in die Allgemeine Betriebswirtschaftslehre. 19. Aufl. München 1996

Wollnik, M.: Einflußgrößen der Organisation. In: HWO. Grochla, E. (Hrsg.), 2. Aufl., Sp. 592-613. Stuttgart 1980

Wosnitza, M.: Das Unterinvestitionsproblem in der Publikumsgesellschaft. In: ZfbF (42), S. 947-962 (1990)

Wosnitza, M.: Das agency-theoretische Unterinvestitionsproblem in der Publikumsgesellschaft, Heidelberg 1991

Wunderer, R. (Hrsg.): Führungsgrundsätze in Wirtschaft und öffentlicher Verwaltung. Stuttgart 1983

Wunderer, R., Grunwald, W.: Führungslehre. 2 Bde. Berlin 1980

Yarrow, G.K.: Managerial Utility Maximization under Uncertainty. Economica, S. 155-172 (1973)

Zentes, J.: Die Optimalkomplexion von Entscheidungsmodellen. Köln 1976

Sachverzeichnis